français, e [fʀɑ̃sɛ, ɛz] **1.** *adj* französisch; *m* (*LING*) Französisch *nt;* **apprendre le** Französisch lernen; **parler ~** französisch sprechen; **traduire en ~** ins Französische übersetzen; **Français, e** *m, f* Franzose *m,* Französin *f.*

mou (mol), molle ⟨-s⟩ [mu, mɔl] **1.** *a.* weich; (*bruit*) schwach; (*fig: geste, personne*) lässig, schlaff; (*péj: résistance*) schwach; **2.** *m* (*fam: homme faible*) Schwächling *m,* Weichling *m;* (*abats*) Lunge *f.*

molle [mɔl] *adj v.* **mou**.

pardonner ⟨1⟩ *vt* ...
percer [pɛʀse] ⟨2⟩ **1.** *vt* ...
partir [paʀtiʀ] ⟨10⟩ *vi* ...
connaître [kɔnɛtʀ(ə)] *irr* **1.** *vt* ...
paraître [paʀɛtʀ(ə)] *irr comme connaître* ...

installation [ɛ̃stalasjɔ̃] *f* (*de l'électricité, du téléphone*) Anschließen *nt;* (*TECH*) Anlage *f,* Vorrichtung *f;* (*INFORM: logiciel*) Installation *f;* (*INFORM: matériel*) Anlage *f.*

stimuler [stimyle] ⟨1⟩ *vt* (*personne*) stimulieren, anregen; (*appétit*) anregen; (*exportations*) beleben.

dépendre [depɑ̃dʀ(ə)] ⟨14⟩ **1.** *vt* (*objet*) abnehmen, abhängen; **2.** *vi:* **~ de** (*personne, pays*) abhängig sein von; (*résultat, situation*) abhängen von.

disque [disk(ə)] *m* Scheibe *f;* (*INFORM*) Platte *f;* (*MUS*) Schallplatte *f;* (*SPORT*) Diskus *m;* **~ audionumérique, ~ compact** CD *f,* Compact Disc *f;* **~ dur** (*INFORM*) Festplatte *f.*

emmerder [ɑ̃mɛʀde] ⟨1⟩ *vt* (*fam!*) nerven, auf den Geist gehen +*dat.*

surabondance [syʀabɔ̃dɑ̃s] *f* (*de produits, de richesses*) Überfluß *m* (*de* an +*dat*); (*de couleurs, de détails*) Überfülle *f* (*de* von).

Grundform (Maskulin Singular) angegeben. Sie sind außerdem am alphabetischen Ort aufgeführt und verwiesen.

Alle **Verben** sind mit einem Hinweis auf ein Konjugationsmuster versehen. Die entsprechend bezifferten Musterverben befinden sich im Anhang.
Unregelmäßige Verben sind mit *irr* bezeichnet. Ihre unregelmäßigen Formen sind im Anhang aufgeführt.

Es werden zahlreiche Hinweise für die Verwendung des Stichworts und seiner Übersetzungen im Satzzusammenhang gegeben, z. B. durch

● **Erklärungen** zur Unterscheidung mehrerer Übersetzungen,

● **typische Kollokationen** (Verbindungen),

● Angabe von **typischen Subjekten,**

● Angabe des **Fachgebietes** bei fachsprachlichen Begriffen,

● Kennzeichnungen von **Stilschichten,** die von der Schriftsprache abweichen (*fam, fam!*),

● Angabe der zugehörigen **Präpositionen.**

PONS

Standardwörterbuch

Französisch - Deutsch
Deutsch - Französisch

Neubearbeitung 1994

Ernst Klett Verlag für Wissen und Bildung
Stuttgart · Dresden

PONS Standardwörterbuch Französisch
Bearbeitet von: Veronika Schnorr, Bernadette Poltorak-Pfenning,
Sabine Citron, Cornelia Enz, Bernard Gillmann, Beate Wengel, Renate Winter

Neubearbeitung 1994:
Bearbeitet von: Dr. Michaela Heinz, Noële Lolivier
unter Mitwirkung und Leitung der Redaktion **PONS** Wörterbücher

Warenzeichen
Wörter, die unseres Wissens eingetragene Warenzeichen darstellen,
sind als solche gekennzeichnet. Es ist jedoch zu beachten,
daß weder das Vorhandensein noch das Fehlen
derartiger Kennzeichnungen die Rechtslage hinsichtlich eingetragener
Warenzeichen berührt.

Die Deutsche Bibliothek · CIP · Einheitsaufnahme

PONS Standardwörterbuch. · Stuttgart ; Dresden : Klett Verlag
für Wissen und Bildung.
NE: Standardwörterbuch
Französisch-Deutsch, Deutsch-Französisch / [bearb. von
Veronika Schnorr ...]. · Neubearb. 2., vollst. neubearb. Aufl.
/ Bearb. von Michaela Heinz ; Noële Lolivier. · 1994
ISBN 3-12-517262-4
NE: Schnorr, Veronika

Gedruckt auf Papier, das aus chlorfrei gebleichtem Zellstoff hergestellt wurde.

2. vollständig neubearbeitete Auflage 1994

Redaktion: Edgar Braun
Sprachdatenverarbeitung: Andreas Lang, conTEXT AG
für Informatik und Kommunikation, Zürich
Einbandentwurf: Erwin Poell, Heidelberg
Fotosatz: Fotosatz Kaufmann, Stuttgart
Druck: Clausen und Bosse, Leck
Printed in Germany
ISBN 3-12-517262-4

Inhalt

Hinweise zur Benutzung des Wörterbuchs

Sie werden dieses Wörterbuch benutzen, entweder weil Sie die Bedeutung eines französischen Wortes wissen wollen, oder aber die französische Entsprechung für ein deutsches Wort suchen. Das sind zwei unterschiedliche Vorgänge, und entsprechend verschieden sind auch die Probleme bei der Benutzung der beiden Teile des Wörterbuchs. Um Ihnen dabei zu helfen, Ihr Wörterbuch richtig zu benutzen, werden die Hauptmerkmale dieses Buches im folgenden erläutert.

Die „Wortliste" ist eine alphabetisch angeordnete Auflistung aller fettgedruckten Wörter, nämlich der „Stichwörter". Das Stichwort steht am Anfang eines „Eintrags": Ein Eintrag kann weitere Untereinträge, wie z. B. Wendungen und zusammengesetzte Wörter in halbfettem Druck und Ableitungen in Fettdruck enthalten. In Absatz 1. wird beschrieben, wie diese Untereinträge angeordnet sind.

Im ganzen Wörterbuch stehen wahlweise mögliche Buchstaben oder Wortteile in eckigen Klammern. Beim Stichwort **öd[e]** bedeutet das, daß man sowohl öde als auch öd sagen kann, ohne den Sinn zu verändern. Beim Stichwort **abréger** steht die Übersetzung [ab]kürzen. Das heißt, daß man abréger sowohl mit abkürzen als auch mit kürzen übersetzen kann.

Um die drei verschiedenen Textarten im Wörterbuch zu unterscheiden, werden drei verschiedene Schriftarten verwendet. Alle **fett** und **halbfett** gedruckten Wörter gehören der „Ausgangssprache" an. Sie haben eine Entsprechung in der anderen Sprache, der „Zielsprache". Diese Übersetzungen in der Zielsprache sind mager gedruckt. *Kursiv* Gedrucktes gibt nähere Auskunft über das zu übersetzende Wort in Form einer Abkürzung, eines „Wegweisers" zur richtigen Übersetzung, einer Erklärung.

1. Wo findet man das gesuchte Wort?

1.1 Ableitungen

Aus Platzersparnisgründen wurden einige Ableitungen eines Stichworts im selben Eintrag abgehandelt, soweit sie in der alphabetischen Reihenfolge direkt im Anschluß an das Stichwort kommen. So findet sich in der französischen Wortliste das Wort **automobiliste** im Eintrag des Stichworts **automobile**, die Wörter **alcoolique, alcoolisé, e, alcoolisme** im Eintrag alcool. In der deutschen Wortliste findet man die Wörter **haltbar, Haltbarkeitsdatum** und **Haltbarkeitsdauer** unter dem Stichwort **Halt**. Die Ableitungen sind im Anschluß an den Artikel des (Haupt)stichworts aufgeführt und erscheinen in fettem Druck.

1.2 Homographe

Homographe sind zwei verschiedene Wörter, die genau gleich geschrieben werden, wie z. B. die französischen Wörter **barde** (Speckstreifen) und **barde** (Barde) oder die deutschen Wörter **Bank** (zum Sitzen) und **Bank** (Geldinstitut). Im allgemeinen sind diese Wörter in einem Eintrag unter einem einzigen Stichwort abgehandelt und mit arabischen Ziffern voneinander unterschieden. In den wenigen Fällen, in denen mehrere Stichwörter aufgeführt sind, lassen sich diese meist dadurch unterscheiden, daß bei einem davon eine weibliche Form angegeben ist (**boucher** und **boucher, -ère, vu** und **vu, e** und **vue**).

1.3 Beispiele und Wendungen

In einem Wörterbuch der vorliegenden Größe kann aus Platzgründen nur eine begrenzte Anzahl idiomatischer Wendungen gegeben werden. Besonderes Gewicht wurde bei der Auswahl auf verbale Wendungen wie **mettre au point, mettre à jour, prendre feu, faire feu, faire du feu** etc. gelegt und auf Anwendungsbeispiele, die Aufschluß über die Konstruktion geben (siehe Einträge für **berichten, greifen, apprendre, moment**). Verbale Wendungen für die etwa zehn elementaren Verben wie *faire, mettre, prendre* etc. sind im Eintrag des Substantivs abgehandelt. Alle anderen Beispielsätze und idiomatischen Wendungen sind unter dem ersten bedeutungtragenden Element aufgeführt (z. B. nicht unter einer Präposition). So ist also die Wendung **filer doux** unter **filer** zu finden, der Ausdruck **d'emblée** unter **emblée**.

1.4 Abkürzungen und Eigennamen

Um das Auffinden zu erleichtern, wurden Abkürzungen, Kurzwörter und Eigennamen an der entsprechenden alphabetischen Stelle in der Wortliste aufgeführt und nicht in einer gesonderten Liste im Anhang behandelt. Der **Pkw** wird genauso als Wort gebraucht wie der **Lastwagen** oder das **Motorrad, P.V.** genauso wie **contravention, bac** wie **examen** und daher werden diese Wörter entsprechend abgehandelt.

1.5 Zusammengesetzte Wörter

Großeltern, Liebesbrief, liebgewinnen, grands-parents und **pomme de terre** sind zusammengesetzte Wörter. Im Deutschen werden die meisten davon zusammengeschrieben und stellen daher bei der Suche weniger Probleme dar, da sie an der entsprechenden Stelle in der alphabetischen Reihenfolge zu finden sind. In anderen Sprachen jedoch bestehen zusammengesetzte Wörter oft aus einzelnen Elementen, die nicht oder mit einem Bindestrich verbunden sind. Sie sind schwieriger zu finden.

1.5.1 Zusammengesetzte Wörter im Französischen

Es gibt viele zusammengesetzte Wörter , die aus zwei oder mehreren Elementen bestehen. In diesen Fällen muß man zuerst erkennen, daß es sich um ein zusammengesetztes Wort und nicht um eine Aneinanderreihung einzelner eigenständiger Wörter handelt, ansonsten wird es zu einem sehr aufwendigen Hin- und Herblättern kommen.

Von der Schreibung der zusammengesetzten Wörter im Französischen hängt es ab, an welchem Ort sie zu finden sind. Ein zusammengesetztes Wort, das aus unverbundenen einzelnen Teilen besteht, ist unter dem Stichwort ersten Elements aufgeführt.

Man findet z. B. **cour martiale** im Eintrag **cour** vor dem neuen Stichwort **courage**. Mehrere solcher zusammengesetzten Wörter mit dem gleichen Element sind innerhalb des Eintrags alphabetisch angeordnet, wie z. B. **planche à dessin, planche à repasser, planche à roulettes, planche de salut, planche à voile** unter dem Stichwort **planche**. Zusammengesetzte Wörter, die mit einem Bindestrich oder in einem Wort geschrieben werden, sind an der entsprechenden alphabetischen Stelle in der Wortliste aufgeführt. Also findet man **fête mobile** im Eintrag **fête** vor den Stichwörtern **Fête-Dieu** und **fêter**.

Die Bedeutung einer Wendung oder eines zusammengesetzten Wortes kann völlig anders sein als die Bedeutung der einzelnen Elemente. Es ist daher sehr wichtig, daß man sich den ganzen Eintrag gründlich durchliest, um diese zu finden.

1.5.2 Zusammengesetzte Wörter im Deutschen

Alle zusammengesetzten Wörter befinden sich an ihrer entsprechenden alphabetischen Stelle in der deutschen Wortliste. Sie sind in den Fällen in einem fortlaufenden Block angeordnet, wo die alphabetische Reihenfolge es zuläßt. Vergleichen Sie die Wörter **Schlafanzug, Schlafgelegenheit, schlafwandeln**.

1.6 Unregelmäßige Formen

Wenn Sie ein französisches Wort nachschlagen wollen, kann es sein, daß Sie es nicht in der von Ihnen gesuchten Form finden, obwohl sich das Wort an sich durchaus im Wörterbuch befindet. Das kann in den Fällen passieren, in denen Sie ein unregelmäßiges Substantiv oder Verb nachschlagen, und die sind nicht immer in all ihren unregelmäßigen Erscheinungsformen aufgeführt. Elementare grammatische Grundkenntnisse über Verb-, Feminin- und Pluralformen werden vorausgesetzt. Es wird also vorausgesetzt, daß Sie wissen, daß „chantent" eine Form des Verbs **chanter**, „enfants" der Plural von **enfant** usw. ist. Zu Ihrer Hilfe werden jedoch die wichtigsten unregelmäßigen Formen an ihrer entsprechenden Stelle aufgeführt und zur Grundform verwiesen. Wenn es Ihnen nicht gelingen sollte, eine unregelmäßige Form auf ihren Infinitiv zurückzuführen, wird Ihnen die Liste der unregelmäßigen Verben im Anhang dabei helfen. Wenn Sie z. B. zu dem Wort „buvais" erfolglos nach einem Stichwort „buver" gesucht haben, schlagen Sie in der Liste der unregelmäßigen Verben beim Buchstaben B nach und suchen Sie da nach Ihrem Wort „buvais" ; damit haben Sie den dazugehörigen Infinitiv **boire** gefunden und können somit im Wörterbuchteil die Bedeutung nachschlagen. Vorsicht bei den Verben **aller, avoir, être** denn bei diesen Verben fangen nicht alle unregelmäßigen Formen mit dem Anfangsbuchstaben des Infinitivs an.

Beim Partizip Perfekt kann es vorkommen, daß dieses auch als Adjektiv oder Substantiv gebraucht wird, wie z. B. **connu** oder **meublé**. Diese Substantive und Adjektive werden als eigenständige Stichwörter behandelt, und bei unregelmäßigen Verben wird zusätzlich auf den Infinitiv verwiesen (siehe die Einträge für **couvert** oder **dû**).

2. Wie sind die Einträge aufgebaut?

Alle Einträge, egal wie lang oder komplex sie sind, sind äußerst systematisch aufgebaut. Verschiedene Wortarten sind mit arabischen Ziffern numeriert. Die Beispielsätze zu allen Wortarten folgen im Anschluß. Zu Anfang mag es wohl etwas schwierig sein, sich in langen Einträgen wie **passer, faire, richten** oder **können** zurechtzufinden, weil Homographe zusammen behandelt werden (siehe 1.2) und zusammengesetzte Wörter und Ableitungen oft fortlaufend im gleichen Abschnitt aufgeführt sind (siehe 1.5). Mit der Zeit wird Ihnen jedoch Ihr Wörterbuch vertraut werden. Die folgenden Informationen werden Ihnen helfen, das jedem Eintrag zugrundeliegende System zu verstehen.

2.1 „Wegweiser" zur richtigen Übersetzung

Wenn Sie ein französisches Wort nachschlagen und eine Reihe sehr unterschiedlicher deutscher Übersetzungen vorfinden, wird es Ihnen nicht schwerfallen, diejenige auszusuchen, die für Ihren Sinnzusammenhang die passende ist, denn Sie wissen ja, was die deutschen Wörter bedeuten, und in dem gegebenen Zusam-

menhang werden sich die unpassenden automatisch ausschließen.

Anders jedoch, wenn Sie das passende französische Wort für
z. B. **Bahn** in dem Zusammenhang „der Rock hat vier Bahnen"
suchen und einen Eintrag vorfinden, der Ihnen folgendes anbie-
tet: „**Bahn** voie *f*; piste *f*; trajectoire *f*; bande *f*; panneau *m*;
chemin *m* de fer; tram *m*; voie *f* ferrée." Natürlich könnten Sie
jetzt im anderen Teil des Wörterbuchs nachschlagen um heraus-
zufinden, was jedes dieser französischen Wörter bedeutet. Das
braucht jedoch viel Zeit und gibt außerdem nicht immer den
gewünschten Aufschluß.

Aus diesem Grunde finden Sie in diesem Wörterbuch
„Wegweiser", die zur richtigen Übersetzung führen. Im Falle
von Bahn finden Sie dann folgenden Eintrag: voie *f*; (*Kegel~,
Renn~*) piste *f*; (*von Gestirn, Geschoß*) trajectoire *f*; (*Tapeten~*)
bande *f*; (*Stoff~*) panneau *m*; (*Eisen~*) chemin *m* de fer; (*Stra-
ßen~*) tram *m*; (*Schienenstrecke*) voie *f* ferrée… In Ihrem Zusammenhang handelt es sich um einen aus Stoff hergestellten Rock,
und daher wissen Sie, daß „panneau" die richtige Übersetzung
ist.

2.2 Grammatische Kategorisierung und Bedeutungs-
unterscheidung

Komplexe Einträge werden zuallererst in grammatische Katego-
rien unterteilt, z. B. **richten 1.** *vt*, **2.** *vi*, und **3.** *vr*. Lesen Sie den
ganzen Eintrag für Wörter wie **halten** oder **gehen** durch und Sie
werden feststellen, wie nützlich die „Wegweiser" sind. Jede ein-
zelne grammatische Kategorie ist, wo nötig, in verschiedene
Bedeutungen unterteilt:

richten 1. *vt* adresser (*an +akk* à); (*Waffe*) pointer (*auf +akk*
sur); (*einstellen*) ajuster; (*instand setzen*) réparer; (*zurecht-
machen*) préparer; (*bestrafen*) juger; **2.** *vi* (*urteilen*) juger (*über
jdn* qn); **3.** *vr*: **sich nach jdm** ~ faire comme qn.

Die „Wegweiser" führen Sie direkt zur richtigen Übersetzung
von Zusammenhängen wie „er hat den Brief an Frau X gerichtet" (il a adressé la lettre à Madame X) und „ich will über ihn

nicht richten" (je ne veux pas le juger) oder „der Mechaniker kam, um die Maschine zu richten" (le mécanicien est venu pour réparer la machine).

3. Wie wird die Übersetzung im Satz verwendet?

3.1 Das Geschlecht

Im deutsch-französischen Teil sind alle Femininformen von französischen Adjektiven und Substantiven aufgeführt. Das mag unnötig erscheinen, da diese Information auch im französisch-deutschen Teil zu finden ist, erspart jedoch einen zweiten Nachschlagegang und ist ein nützlicher Hinweis darauf, daß das Adjektiv an das Geschlecht des Substantivs angepaßt werden muß. Wenn im deutsch-französischen Teil nur eine männliche Übersetzung für ein Substantiv angegeben ist, bedeutet das, daß keine entsprechende weibliche Form vorhanden ist und die männliche Form auch für Frauen verwendet wird (vgl. **Zeugin** und **Richterin**).

3.2 Der Plural

Die Kenntnis der regelmäßigen Pluralbildung von französischen Substantiven wird vorausgesetzt (vgl. Kurzgrammatik im Anhang). In den Fällen, in denen Unregelmäßigkeiten auftreten, wird im französisch-deutschen Teil beim Stichwort darauf hingewiesen, wie z. B. **œil** <yeux>, **cheval** <-aux>, **cheveu** <x>. Der Plural von œil heißt also yeux, von cheval chevaux und von cheveu cheveux; der Bindestrich vor der Pluralform deutet darauf hin, daß die Vokale der letzten Silbe des Singulars ersetzt werden. Wenn Sie keinen Hinweis beim Stichwort finden, können Sie davon ausgehen, daß der Plural der Regel entsprechend gebildet wird.

3.3 Das Verb

Im deutsch-französischen Teil werden unregelmäßige Verben nicht besonders gekennzeichnet. Im französisch-deutschen Teil sind alle Verben entweder mit einer Ziffer gekennzeichnet, die auf ein entsprechend konjugiertes Musterverb im Anhang verweist, oder sie haben den Vermerk *irr* = unregelmäßig. Diese unregelmäßigen Verben sind mit ihren Formen in einer gesonderten Liste im Anhang aufgeführt. Bei zusammengesetzten unregelmäßigen Verben steht ein Verweis auf die unregelmäßige Grundform, z. B.: **abattre** *irr comme battre*

3.4 Umgangssprachliche Wörter

Grundsätzlich sollten Sie beim Benutzen von umgangssprachlichen französischen Wörtern sehr vorsichtig sein. Wenn ein deutsches Wort oder ein deutscher Beispielsatz mit (*umg*), d.h. umgangssprachlich, gekennzeichnet ist, können Sie davon ausgehen, daß die französische Übersetzung ebenso umgangssprachlich ist, und daher in manchen Situationen genauso unangebracht wäre wie das Deutsche. Wenn ein Wort oder eine Übersetzung mit (*umg!*) bzw. (*fam!*) gekennzeichnet ist, handelt es sich um einen ziemlich vulgären Ausdruck, den Sie möglichst nicht benutzen sollten.

3.5 „Grammatische Wörter"

Es ist äußerst schwierig, in einem so kleinen Wörterbuch Wörter wie **für, weg, der, wer** etc. ausführlich genug zu behandeln. Es wurde versucht, möglichst viel nützliche Informationen über die häufigsten Anwendungsfälle zu geben. In vielen Fällen ist es jedoch empfehlenswert, ein gutes einsprachiges Wörterbuch, vor allem eines, das für den ausländischen Benutzer erstellt wurde, und eine gute französische Grammatik hinzuzuziehen.

3.6 „Ungefähre" Übersetzungen und kulturell bedingte Unterschiede

Es ist nicht immer möglich, eine genaue Entsprechung in der anderen Sprache anzugeben, wenn z. B. ein deutsches Wort einen Gegenstand oder eine Einrichtung bezeichnet, die es in Frankreich in der Form nicht gibt. Hier kann nur eine ungefähre Übersetzung oder aber eine Erklärung gegeben werden. Siehe

z. B. die Einträge für **Pudding, Polterabend**, oder im französisch-deutschen Teil **T.C.F., agrégation**.

3.7 Mehrere Übersetzungen

Übersetzungen, die durch ein Komma getrennt nebeneinander-
stehen, können im allgemeinen austauschbar verwendet werden.
Durch Strichpunkte getrennte Übersetzungen können nicht
gegeneinander ausgetauscht werden, da ein Bedeutungsunterschied zwischen den beiden besteht. Sollte dieser Bedeutungsunterschied nicht hinlänglich klar sein, sollten Sie sich in einem
einsprachigen Wörterbuch oder einem größeren zweisprachigen
vergewissern. Sie werden allerdings äußerst selten Fälle finden,
in denen ein Strichpunkt steht, dem nicht ein „Wegweiser" folgt
und so den Bedeutungsunterschied deutlich macht.
In den Wendungen bedeutet ein Schrägstrich, daß es sich um
parallele, aber nicht gleichbedeutende Aussagen handelt. Vgl.
im Eintrag **gegen: gegen ihn bin ich klein/arm** en comparaison
de lui, je suis petit(e)/pauvre. Hier sind zwei unterschiedliche
Aussagen zusammengefaßt, nämlich: **gegen ihn bin ich klein** en
comparaison de lui, je suis petit(e) und **gegen ihn bin ich arm**
en comparaison de lui, je suis pauvre.
Ein in Klammern stehender mit *o* eingeleiteter Ausdruck in den
Wendungen gibt eine teilweise austauschbare Alternative an.
Vgl. im Eintrag **halten: jdn/etw für jdn/etw halten** prendre [*o*
considérer] qn/qch comme qn/qch. Die beiden Übersetzungs-
möglichkeiten heißen also: prendre qn/qch comme qn/qch und
considérer qn/qch comme qn/qch.

Im Text verwendete Abkürzungen

auch	*a.*	aussi
Abkürzung	*abk, abr*	abréviation
Akronym	*acr*	acronyme
Adjektiv	*adj*	adjectif
Verwaltung	ADMIN	administration
Adverb	*adv*	adverbe
Landwirtschaft	*AGR*	agriculture
Akkusativ	*akk*	accusatif
Akronym	*akr*	acronyme
Anatomie	ANAT	anatomie
Architektur	ARCHIT	architecture
Artikel	*art*	article
Astronomie, Astrologie	ASTR	astronomie, astrologie
Auto, Verkehr	AUTO	automobile
Luftfahrt	AVIAT	aviation
Biologie	BIO	biologie
Botanik	BOT	botanique
Chemie	CHEM, CHIM	chimie
Film	CINÉ	cinéma
Handel	COMM	commerce
Konjunktion	*conj*	conjonction
Komparativ	*comp*	comparatif
Dativ	*dat*	datif
Wirtschaft	ÉCON	économie
Elektrizität	ELEK, ÉLEC	éléctricité
und so weiter	*etc*	et cetera
etwas	*etw*	quelque chose
Interjektion	*excl*	exclamation
Femininum	*f*	féminin
umgangssprachlich	*fam*	langue familière
derb	*fam!*	emploi vulgaire
übertragen	*fig*	emploi figuré
Film	FILM	cinéma
Finanzen, Börse	FIN	finance

Luftfahrt	*FLUG*	aviation
Fotografie	*FOTO*	photographie
Gastronomie	*GASTR*	gastronomie
Genitiv	*gen*	génitif
Geographie, Geologie	*GEO, GÉO*	géographie, géologie
Geschichte	*HIST*	histoire
Imperativ	*imp*	impératif
Imperfekt	*imperf, imparf*	imparfait
unpersönlich	*impers*	impersonnel
Indikativ	*ind*	indicatif
Infinitiv	*inf*	infinitif
Informatik, Computer	*INFORM*	informatique, ordinateurs
Interjektion, Ausruf	*interj*	exclamation
unveränderlich	*inv*	invariable
unregelmäßig	*irr*	irrégulier
jemand, jemandem, jemanden, jemandes	*jd, jdm, jdn, jds*	
Rechtsprechung	*JUR*	domaine juridique
Komparativ	*komp*	comparatif
Konjunktion	*konj*	conjonction
Sprachwissenschaft, Grammatik	*LING*	linguistique et grammaire
Maskulinum	*m*	masculin
Mathematik	*MATH*	mathématiques
Medizin	*MED, MÉD*	médicine
Meteorologie	*METEO, MÉTÉO*	météorologie
Maskulinum und Femininum	*mf*	masculin et féminin
Maskulinum oder Femininum	*m/f*	masculin ou féminin suivant le sexe
Militär	*MIL*	domaine militaire
Musik	*MUS*	musique
Seefahrt	*NAUT*	nautisme, navigation
Neutrum	*nt*	neutre

Zahlwort	*num*	adjectif ou nom numérique
oder	*o*	ou
pejorativ,abwertend	*pej, péj*	péjoratif
Fotografie	*PHOTO*	photografie
Physik	*PHYS*	physique
Plural	*pl*	pluriel
Politik	*POL*	politique
Partizip Perfekt	*pp*	participe passé
Präfix	*präf, préf*	préfixe
Präposition	*präp, prép*	préposition
Pronomen	*pron*	pronom
Psychologie	*PSYCH*	psychologie
	qch	quelque chose
	qn	quelqu'un
Warenzeichen	®	marque déposée
Religion	*REL*	religion
siehe	*s.*	voir
Schule, Universität	*SCH, SCOL*	domaine scolaire et universitaire
Singular	*sing*	singulier
Konjunktiv	*subj*	subjonctif
Superlativ	*superl*	superlatif
Technik	*TECH*	domaine technique
Nachrichtentechnik	*TEL, TÉL*	télécommunications
Theater	*THEAT, THÉÂT*	théâtre
Fernsehen	*TV*	télévision
Typographie	*TYP, TYPO*	typographie
umgangssprachlich	*umg*	langue familière
derb	*umg!*	emploi vulgaire
unpersönlich	*unpers*	impersonnel
siehe	*v.*	voir
Verb	*vb*	verbe
intransitives Verb	*vi*	verbe intransitif
Pronominalverb	*vpr*	verbe pronominal
reflexives Verb	*vr*	verbe réfléchi

transitives Verb	*vt*	verbe transitif
Wirtschaft	*WIRTS*	économie
Zoologie	*ZOOL*	zoologie
ungefähre Entsprechung	≈	indique une équivalence culturelle

Regelmäßige deutsche Substantivendungen

Nominativ		Genitiv	Plural	Nominativ		Genitiv	Plural
-ade	f	-ade	-aden	-ion	f	-ion	-ionen
-ant	m	-anten	-anten	-ist	m	-isten	-isten
-anz	f	-anz	-anzen	-ium	nt	-iums	-ien
-ar	m	-ars	-are	-ius	m	-ius	-iusse
-är	m	-ärs	-äre	-ive	f	-ive	-iven
-at	nt	-at[e]s	-ate	-keit	f	-keit	-keiten
-atte	f	-atte	-atten	-lein	nt	-leins	-lein
-chen	nt	-chens	-chen	-ling	m	-lings	-linge
-ei	f	-ei	-eien	-ment	nt	-ments	-mente
-elle	f	-elle	-ellen	-mus	m	-mus	-men
-ent	m	-enten	-enten	-nis	f	-nis	-nisse
-enz	f	-enz	-enzen	-nis	nt	-nisses	-nisse
-ette	f	-ette	-etten	-nom	m	-nomen	-nomen
-eur	m	-eurs	-eure	-rich	m	-richs	-riche
-eurin	f	-eurin	-eurinnen	-schaft	f	-schaft	-schaften
-euse	f	-euse	-eusen	-sel	nt	-sels	-sel
-heit	f	-heit	-heiten	-tät	f	-tät	-täten
-ie	f	-ie	-ien	-tiv	nt, m	-tivs	-tive
-ik	f	-ik	-iken	-tor	m	-tors	-toren
-in	f	-in	-innen	-ung	f	-ung	-ungen
-ine	f	-ine	-inen	-ur	f	-ur	-uren

Substantive, die mit einem geklammerten „r" oder „s" enden (z. B. **Angestellte(r)** *mf*, **Beamte(r)** *m*, **Gute(s)** *nt*) werden wie Adjektive dekliniert:

der Angestellte *m*	**die Angestellte** *f*	**die Angestellten** *pl*
ein Angestellter *m*	**eine Angestellte** *f*	**Angestellte** *pl*
der Beamte *m*	**die Beamten** *pl*	
ein Beamter *m*	**Beamte** *pl*	
das Gute *nt*		
ein Gutes *nt*		

Lautschrift

Vokale

plat, amour	[a]	matt
bas, pâte	[ɑ]	
jouer, été	[e]	Etage
lait, merci	[ɛ]	Wäsche
le, premier	[ə]	mache
ici, vie, lyre	[i]	Vitamin
or, homme	[ɔ]	Most
mot, gauche	[o]	Oase
beurre, peur	[œ]	Götter
peu, deux	[ø]	Ökonomie
genou, roue	[u]	zuletzt
rue, urne	[y]	Typ

Halbvokale

yeux, paille, pied	[j]	ja
fouetter, oui	[w]	
huile, lui	[ɥ]	

Konsonanten

bombe	[b]	Ball
dinde	[d]	denn
fer, phare	[f]	fern
gag, bague	[g]	gern
coq, qui, képi	[k]	Kind
lent, salle	[l]	links
maman, femme	[m]	Mann
non, nonne	[n]	Nest
agneau, vigne	[ɲ]	
camping	[ŋ]	Gong
poupée	[p]	Paar
rare, rentrer	[ʀ]	
sale, ce, nation	[s]	Bus
tache, chat	[ʃ]	Stein, Schlag
gilet, juge	[ʒ]	Etage
tente, thermal	[t]	Tafel
vase	[v]	wer
zéro, rose	[z]	singen

Nasale

sang, dans	[ɑ̃]	Gourmand
matin, plein	[ɛ̃]	timbrieren
brun	[œ̃]	Parfum
non, pont	[ɔ̃]	

Stichwörter mit einem „h aspiré" sind mit einem Sternchen *
markiert. In der Lautschrift steht [']. Diese Wörter werden nicht
mit dem vorhergehenden Wort zusammengezogen.

Französisch – Deutsch

A

A, a [ɑ] *m* A, a *nt.*

A *abr de* **autoroute** A *f.*

à ⟨à + le = au, à + les = aux⟩ [a, o] *prép* (*situation*) in +*dat*; (*direction*) in +*akk*; (*avec villes*) nach; **donner qch ~ qn** jdm etw geben; **prendre de l'eau ~ la fontaine** Wasser am Brunnen holen; **aller ~ la campagne** aufs Land fahren; **un ami ~ moi** ein Freund von mir; **cinq ~ six heures** fünf bis sechs Stunden; **payer au mois** monatlich bezahlen; **100 km/unités ~ l'heure** 100 Stundenkilometer/ Einheiten pro Stunde; **~ 3 heures** um 3 Uhr; **se chauffer au gaz** mit Gas heizen; **l'homme aux yeux verts** der Mann mit den grünen Augen; **~ la semaine prochaine** bis nächste Woche; **~ la russe** auf russische Art.

A.B. *abr de* **assez bien** (*SCOL*) befriedigend.

abaisser [abese] ⟨1⟩ **1.** *vt* (*vitre*) herunterlassen; (*manette*) nach unten drücken; (*prix, limite, niveau*) senken; (*humilier*) demütigen; **2.** *vpr:* **s'~** sich senken; **s'~ à faire/à qch** sich herablassen, etw zu tun/ sich etw herablassen.

abandon [abɑ̃dɔ̃] *m* Verlassen *nt*; Aufgeben *nt*; (*détente*) Ungezwungenheit *f*; **être à l'~** (*sans entretien*) verwahrlost sein; **abandonner** [abɑ̃dɔne] ⟨1⟩ **1.** *vt* verlassen; (*projet, activité*) aufgeben; **2.** *vi* (*SPORT*) aufgeben.

abasourdir [abazurdir] ⟨8⟩ *vt* betäuben, benommen machen.

abat-jour [abaʒur] *m inv* Lampenschirm *m.*

abats [aba] *mpl* (*GASTR*) Innereien *pl.*

abattement [abatmɑ̃] *m* (*déduction*) Abzug *m*; (*COMM*) Rabatt *m.*

abattoir [abatwar] *m* Schlachthof *m.*

abattre [abatR(ə)] *irr comme battre* **1.** *vt* (*arbre*) fällen; (*mur, maison*) niederreißen; (*avion*) abschießen; (*animal*) schlachten; (*personne*) niederschießen; (*pluie*) niederprasseln; (*mât, malheur*) niederstürzen (*sur* +*akk*); **abattu, e** [abaty] *adj* (*déprimé*) entmutigt; (*fatigué*) entkräftet.

abbaye [abei] *f* Abtei *f.*

abbé [abe] *m* (*d'une abbaye*) Abt *m*; (*de paroisse*) Pfarrer(in *m*(*f*).

abcès [apsɛ] *m* (*MÉD*) Abszeß *m.*

abdiquer [abdike] ⟨1⟩ **1.** *vi* abdanken; **2.** *vt* verzichten auf +*akk.*

abdomen [abdɔmɛn] *m* Bauch *m*, Unterleib *m.*

abeille [abɛj] *f* Biene *f.*

aberrant, e [aberɑ̃, ɑ̃t] *adj* absurd.

abîme [abim] *m* Abgrund *m.*

abîmer [abime] ⟨1⟩ **1.** *vt* beschädigen; **2.** *vpr:* **s'~** (*se détériorer*) kaputtgehen.

ablation [ablasjɔ̃] *f* (*MÉD*) Entfernung *f.*

aboiement [abwamɑ̃] *m* Bellen *nt.*

abois [abwa] *mpl:* **être aux ~** in die Enge getrieben sein.

abolir [abɔliR] ⟨8⟩ *vt* abschaffen.

abominable [abɔminabl(ə)] *adj* abscheulich.

abondance [abɔ̃dɑ̃s] *f* Reichtum *m*, Fülle *f*; **en ~** in Hülle und Fülle; **abondant, e** *adj* reichlich; **abonder** [abɔ̃de] ⟨1⟩ *vi* im Überfluß vorhanden sein; **~ en** wimmeln von.

abonnement [abɔnmɑ̃] *m* Abonnement *nt*; (*de transports en commun*) Monats[fahr]-karte *f*; **abonner** [abɔne] ⟨1⟩ *vpr:* **s'~ à qch** etw abonnieren.

abord [abɔR] *m:* **être d'un ~ facile/difficile** zugänglich/schwer zugänglich sein; **~s** *mpl* (*d'un lieu*) Umgebung *f*; **au premier ~** auf den ersten Blick; **d'~** zuerst.

aborder [abɔRde] ⟨1⟩ **1.** *vi* (*NAUT*) einlaufen; **2.** *vt* (*prendre d'assaut*) entern; (*heurter*) kollidieren mit; (*fig: sujet*) angehen; (*fig: personne*) ansprechen.

aboutir [abutiR] ⟨8⟩ *vi* (*projet, discussion*) erfolgreich sein; **~ à/dans/sur** enden in +*dat.*

aboyer [abwaje] ⟨6⟩ *vi* bellen.

abrasif [abRazif] *m* Schleifmittel *nt.*

abrégé [abReʒe] *m* Abriß *m.*

abréger [abReʒe] ⟨2, 5⟩ *vt* verkürzen, abkürzen; (*texte, mot*) [ab]kürzen.

abreuver [abRœve] ⟨1⟩ *vpr:* **s'~** (*animal*) saufen; **abreuvoir** *m* Tränke *f.*

abréviation [abRevjasjɔ̃] *f* Abkürzung *f.*

abri [abRi] *m* Schutz *m*; (*lieu couvert*) Unterstand *m*; (*cabane*) Hütte *f*; **être/se mettre à l'~** geschützt sein/sich in Sicherheit bringen (*de* vor +*dat*).

Abribus [abRibys] *m* überdachte Bushaltestelle *f.*

abricot [abRiko] *m* Aprikose *f.*

abriter [abRite] ⟨1⟩ **1.** *vt* (*protéger*) schützen; (*recevoir, loger*) unterbringen; **2.** *vpr:* **s'~** Schutz suchen.

abroger [abRɔʒe] ⟨2⟩ *vt* außer Kraft setzen.

abrupt, e [abRypt] *adj* steil; (*personne, ton*) schroff, brüsk.

abrutir [abRytiR] ⟨8⟩ *vt* benommen machen.

absence [apsɑ̃s] *f* Abwesenheit *f*, Fehlen *nt*; **absent, e** [apsɑ̃, ɑ̃t] **1.** *adj* abwesend; (*inexistant*) fehlend; (*air, attitude*) zerstreut; **2.** *m, f* Abwesende(r) *m(f)*; **absentéisme** [apsɑ̃teism] *m* Blaumachen *nt*, Krankfeiern *nt*; **taux d'~** Abwesenheitsquote *f*; **~ parlementaire** Abwesenheit *f* der Abgeordneten [bei Parlamentssitzungen];

~ **scolaire** Schulschwänzen nt; **absenter** [apsɑ̃te] ⟨1⟩ vpr: **s'~** sich frei nehmen; (momentanément) weggehen.

absolu, e [apsɔly] **1.** adj absolut; **2.** m: dans l'~ absolut [gesehen]; **absolument** adv absolut; (à tout prix) unbedingt.

absorber [apsɔʀbe] ⟨1⟩ vt (manger, boire) zu sich nehmen; (liquide, gaz) absorbieren, aufnehmen; (temps, attention, personne) in Anspruch nehmen.

absoudre [apsudʀ(ə)] irr comme dissoudre, vt lossprechen.

abstenir [apstəniʀ] ⟨9⟩ vpr: **s'~** (POL) sich der Stimme enthalten; **s'~ de qch/de faire qch** etw unterlassen/es unterlassen, etw zu tun; **abstention** [apstɑ̃sjɔ̃] f Enthaltung f; **abstentionniste** [apstɑ̃sjɔnist] m/f (POL) Nichtwähler(in) m(f).

abstraction [apstʀaksjɔ̃] f Abstraktion f; (idée) Abstraktum nt; **faire ~ de qch** von etw absehen; **abstrait, e** [apstʀɛ, ɛt] adj abstrakt.

abus [aby] m (excès) Mißbrauch m; (injustice) Mißstand m; ~ **de confiance** Vertrauensmißbrauch m; **abuser** [abyze] ⟨1⟩ **1.** vi das Maß überschreiten; **2.** vpr: **s'~** sich irren; ~ **de** mißbrauchen; **abusif, -ive** [abyzif, iv] adj (prix) unverschämt, maßlos; **usage ~** Mißbrauch m.

académie [akademi] f (société) Akademie f; **académique** [akademik] adj akademisch; (péj: style) konventionell.

acajou [akaʒu] m Mahagoni nt.

accablant, e [akɑblɑ̃, ɑ̃t] adj (témoignage, preuve) niederschmetternd; (chaleur, poids) unerträglich; **accabler** [akɑble] ⟨1⟩ vt belasten.

accalmie [akalmi] f Flaute f.

accaparer [akapaʀe] ⟨1⟩ vt sich bemächtigen +gen.

accéder [aksede] ⟨5⟩ vt: ~ **à** kommen zu, gelangen zu; (requête, désirs) nachkommen +dat.

accélérateur [akseleʀatœʀ] m (AUTO) Gaspedal nt; (atomique) Beschleuniger m; **accélérer** [akseleʀe] ⟨5⟩ **1.** vt beschleunigen; **2.** vi (AUTO) beschleunigen; (conducteur) Gas geben.

accent [aksɑ̃] m Akzent m; (inflexions expressives) Tonfall m; (LING: intonation) Betonung f; (signe) Akzentzeichen nt, Akzent m; **mettre l'~ sur qch** (fig) etw betonen; **accentuer, accentuer** [aksɑ̃tɥe] ⟨1⟩ **1.** vt (orthographe) Akzente setzen; (intonation, a. fig) betonen; (augmenter) steigern; **2.** vpr: **s'~** zunehmen.

acceptable [akseptabl(ə)] adj annehmbar.

accepter [aksepte] ⟨1⟩ vt annehmen; (risque, responsabilité) auf sich akk nehmen; (fait, hypothèse) anerkennen; (personne)

akzeptieren; ~ **de faire qch** einwilligen, etw zu tun; ~ **que** (tolérer) dulden, daß.

acception [aksepsjɔ̃] f Bedeutung f.

accès [aksɛ] **1.** m Zugang m; (MÉD: de fièvre) Anfall m; (MÉD: de boutons) Ausbruch m; (INFORM) Zugriff m; **2.** mpl (route, etc.) Zufahrtsstraße f; ~ **de colère/joie** Wutanfall m/Freudenausbruch m; **accessible** [aksesibl(ə)] adj leicht zu erreichen; (livre, sujet) zugänglich.

accessoire [akseswaʀ] m (mécanique) Zubehörteil nt.

accident [aksidɑ̃] m Unglück nt; (de voiture) Unfall m; (événement fortuit) Zufall m; **par ~** zufälligerweise, durch Zufall; ~ **de travail** Arbeitsunfall m.

accidenté, e [aksidɑ̃te] adj (terrain) uneben, bergig; (personne) verunglückt; (voiture) beschädigt.

acclamer [aklame] ⟨1⟩ vt zubjueln +dat.

acclimater [aklimate] ⟨1⟩ vpr: **s'~** sich akklimatisieren.

accolade [akolad] f (amicale) Umarmung f; (signe) geschweifte Klammer.

accommodant, e [akɔmɔdɑ̃, ɑ̃t] adj zuvorkommend.

accommoder [akɔmɔde] ⟨1⟩ **1.** vt (GASTR) zubereiten; (points de vue) miteinander vereinbaren; **2.** vpr: **s'~** de sich abfinden mit.

accompagnement [akɔ̃paɲmɑ̃] m Begleitung f; **accompagner** [akɔ̃paɲe] ⟨1⟩ vt begleiten.

accompli, e [akɔ̃pli] adj: **musicien ~** vollendeter Musiker.

accomplir [akɔ̃pliʀ] ⟨8⟩ **1.** vt (tâche, projet) ausführen; (souhait, vœu) erfüllen; **2.** vpr: **s'~** in Erfüllung gehen.

accord [akɔʀ] m Übereinstimmung f; (convention) Abkommen nt; (consentement) Zustimmung f; (MUS) Akkord m; **être d'~ [pour faire qch]** einverstanden sein [, etw zu tun]; **être d'~ [avec qn]** [mit jdm] übereinstimmen.

accorder [akɔʀde] ⟨1⟩ vt (faveur, délai) bewilligen; (harmoniser) abstimmen (avec qch mit etw); (MUS) stimmen; **je vous accorde que ...** ich gebe zu, daß ...

accoster [akɔste] ⟨1⟩ vt (NAUT) anlegen; (personne) ansprechen.

accotement [akɔtmɑ̃] m (de route) Rand m.

accouchement [akuʃmɑ̃] m Entbindung f; **accoucher** [akuʃe] ⟨1⟩ vi entbinden; ~ **d'un enfant** ein Kind gebären.

accouder [akude] ⟨1⟩ vpr: **s'~** sich mit den Ellbogen stützen auf +akk; **accoudoir** [akudwaʀ] m Armlehne f.

accoupler [akuple] ⟨1⟩ **1.** vt (moteurs, bœufs) koppeln; (idées) verbinden; **2.** vpr:

s'~ sich paaren.

accourir [akuRiR] *irr comme courir, vi avec être* herbeilaufen.

accoutrement [akutRəmɑ̃] *m* (*péj*) Aufzug *m*.

accoutumance [akutymɑ̃s] *f* Süchtigkeit *f*.

accoutumé, e [akutyme] *adj* gewohnt (*à qch* an etw *akk*).

accro [akRo] *adj* (*fam*) süchtig.

accroc [akRo] *m* (*déchirure*) Riß *m*; (*fig*) Schwierigkeit *f*, Problem *nt*.

accrochage [akRɔʃaʒ] *m* Aufhängen *nt*; (*AUTO*) Zusammenstoß *m*.

accrocher [akRɔʃe] ⟨1⟩ **1.** *vt* (*suspendre*) aufhängen; (*attacher*) anhängen; (*heurter*) anstoßen; (*déchirer*) hängenbleiben mit; (*MIL*) angreifen; (*attention, regard, client*) anziehen; **2.** *vpr*: **s'~** einen Zusammenstoß haben; **s'~ à** hängenbleiben an +*dat*; (*agripper, fig*) sich klammern an +*akk*.

accroissement [akRwasmɑ̃] *m* Zunahme *f*.

accroître [akRwatR(ə)] *irr comme croître* **1.** *vt* vergrößern; **2.** *vpr*: **s'~** anwachsen, stärker werden.

accroupir [akRupiR] ⟨8⟩ *vpr*: **s'~** hocken, kauern.

accru, e [akRy] *adj* verstärkt.

accueil [akœj] *m* Empfang *m*; **accueillant, e** *adj* gastfreundlich; **accueillir** [akœjiR] *irr comme cueillir*, *vt* begrüßen; (*loger*) unterbringen.

accumuler [akymyle] ⟨1⟩ **1.** *vt* anhäufen; (*retard*) vergrößern; **2.** *vpr*: **s'~** sich ansammeln; sich vergrößern.

accusation [akyzasjɔ̃] *f* Beschuldigung *f*; (*JUR*) Anklage *f*; (*JUR: partie*) Anklagevertretung *f*; **accusé, e** *m, f* (*JUR*) Angeklagte(r) *mf*; **~ de réception** Empfangsbestätigung *f*; **accuser** [akyze] ⟨1⟩ *vt* beschuldigen; (*JUR*) anklagen; (*faire ressortir*) betonen; **~ qn de qch** jdn einer Sache *gen* beschuldigen [*o* anklagen].

acerbe [asɛRb(ə)] *adj* bissig.

Ach. *abr de* **achète, achetons** kaufe.

achalandé, e [aʃalɑ̃de] *adj*: **bien/mal ~** (*magasin*) gut/schlecht ausgestattet.

acharné, e [aʃaRne] *adj* (*lutte, adversaire*) unerbittlich, erbarmungslos; (*travailleur*) unermüdlich; **acharner** ⟨1⟩ *vpr*: **s'~ contre** [*o* **sur**] **qn** jdn erbarmungslos angreifen; (*malchance*) jdn verfolgen; **s'~ à faire qch** etw unbedingt tun wollen.

achat [aʃa] *m* Kauf *m*; **faire des ~s** einkaufen.

acheminer [aʃ(ə)mine] ⟨1⟩ **1.** *vt* senden; **2.** *vpr*: **s'~ vers** zusteuern auf +*akk*.

acheter [aʃ(ə)te] ⟨4⟩ *vt* kaufen; **~ qch à qn** (*provenance*) etw von jdm kaufen; (*destination*) etw für jdn kaufen; **acheteur, -euse**

m, f (*client*) Käufer(in) *m(f)*.

achever [aʃ(ə)ve] ⟨4⟩ **1.** *vt* beenden; (*blessé*) den Gnadenschuß geben +*dat*; **2.** *vpr*: **s'~** zu Ende gehen.

acide [asid] **1.** *adj* sauer; **2.** *m* (*CHIM*) Säure *f*; **~ ascorbique** Ascorbinsäure *f*; **~ désoxyribonucléique** Desoxyribonukleinsäure *f*.

acier [asje] *m* Stahl *m*; **~ inoxydable** nichtrostender Stahl; **aciérie** [asjeRi] *f* Stahlwerk *nt*.

acné [akne] *m* Akne *f*.

acolyte [akɔlit] *m* (*péj*) Komplize *m*, Komplizin *f*.

acompte [akɔ̃t] *m* Anzahlung *f*.

à-coup [aku] *m* Ruck *m*; **sans/par ~s** glatt/ruckartig [*o* stoßweise].

acoustique [akustik] *adj* akustisch.

acquéreur [akeRœR] *m* Käufer(in) *m(f)*.

acquérir [akeRiR] *irr vt* (*biens*) erwerben, kaufen; (*habitude*) annehmen; (*valeur*) bekommen; (*droit*) erlangen; (*certitude*) gelangen zu.

acquiescer [akjese] ⟨2⟩ *vi* zustimmen.

acquis, e [aki, iz] *adj* (*habitude, caractère*) angenommen; (*résultat, vitesse*) erreicht.

acquisition [akizisjɔ̃] *f* (*achat*) Kauf *m*; (*de célébrité, droit*) Erlangen *nt*; (*objet acquis*) Erwerbung *f*.

acquit [aki] *m* (*quittance*) Quittung *f*; **par ~ de conscience** zur Gewissensberuhigung.

acquitter [akite] ⟨1⟩ **1.** *vt* (*JUR*) freisprechen; (*payer*) begleichen; **2.** *vpr*: **s'~ de** (*devoir, engagement*) nachkommen +*dat*; (*travail*) erledigen.

âcre [ɑkR(ə)] *adj* bitter, herb.

acrobatie [akRɔbasi] *f* (*art*) Akrobatik *f*; (*exercice*) akrobatisches Kunststück.

acte [akt(ə)] *m* (*action, geste*) Tat *f*; (*papier, document*) Akte *f*; (*THÉÂT*) Akt *m*; **~s mpl** (*compte rendu*) Protokoll *nt*; **prendre ~ de qch** etw zur Kenntnis nehmen; **faire ~ de présence** sich sehen lassen; **faire ~ de candidature** kandidieren; **~ de naissance** Geburtsurkunde *f*.

acteur, -trice [aktœR, tRis] *m, f* Schauspieler(in) *m(f)*.

actif, -ive [aktif, iv] **1.** *adj* aktiv; **2.** *m* (*COMM*) Aktiva *nt*; **mettre/avoir qch à son ~** (*fig*) etw auf seine Erfolgsliste setzen/etw als Erfolg verbuchen können.

action [aksjɔ̃] *f* (*acte*) Tat *f*; (*activité*) Tätigkeit *f*; (*effet*) Wirkung *f*; (*THÉÂT, CINÉ*) Handlung *f*; (*COMM*) Aktie *f*; **mettre en ~** in die Tat umsetzen; **passer à l'~** zur Tat schreiten, aktiv werden; **un film d'~** ein Actionfilm; **liberté d'~** Handlungsfreiheit *f*; **portefeuille d'~s** (*COMM*) Aktienpaket *nt*; **~ en diffamation** Verleumdungsklage *f*.

actionner [aksjɔne] ⟨1⟩ *vt* betätigen.

activité [aktivite] *f* Aktivität *f*; (*occupation,*

loisir) Betätigung f; ~ **professionelle** Erwerbstätigkeit f.

actrice f v. **acteur**.

actualiser [aktyalize] ⟨1⟩ vt (*ouvrage*) aktualisieren.

actualité [aktyalite] f Aktualität f; ~**s** fpl (*TV*) Nachrichten fpl.

actuel, le [aktyɛl] adj (*présent*) augenblicklich; (*d'actualité*) aktuell; **actuellement** adv derzeit.

acupuncture [akypõktyr] f Akupunktur f.

adage [adaʒ] m Sprichwort nt.

adaptateur [adaptatœr] m (*ÉLEC*) Adapter m, Zwischenstecker m.

adaptation [adaptasjõ] f Bearbeitung f.

adapter [adapte] ⟨1⟩ 1. vt (*œuvre*) bearbeiten; 2. vpr: **s'~** (*personne*) sich anpassen (*à* an +*akk*); ~ **qch à** (*approprier*) etw anpassen an +*akk*; (*fixer*) etw anbringen auf/in/ an +*dat*.

additif [aditif] m Zusatz m.

addition [adisjõ] f Hinzufügen nt; (*MATH*) Addition f; (*au restaurant*) Rechnung f; **additionner** [adisjone] ⟨1⟩ vt (*MATH*) addieren; ~ **un produit/vin d'eau** einem Produkt Wasser hinzufügen/Wein mit Wasser strecken.

adepte [adɛpt(ə)] m/f Anhänger(in) m(f).

adéquat, e [adekwa, at] adj passend, angebracht.

adhérence [aderãs] f Haftung f; ~ **au sol** Bodenhaftung f.

adhérent, e [aderã, ãt] m, f Mitglied nt.

adhérer [adere] ⟨5⟩ vi: ~ **à** (*coller*) haften an +*dat*; (*se rallier à: parti, club*) beitreten +*dat*; (*opinion*) unterstützen, eintreten für.

adhésif, -ive [adezif, iv] 1. adj haftend; 2. m Selbstklebefolie f; (*colle*) Klebstoff m.

adhésion [adezjõ] f Beitritt m; (*à une opinion*) Unterstützung f.

adieu ⟨-x⟩ [adjø] 1. excl Lebe wohl!; 2. m Abschied m.

adjectif [adʒɛktif] m Adjektiv nt.

adjoindre [adʒwɛ̃dr(ə)] irr comme joindre, vt: ~ **qch à qch** etw einer Sache dat beifügen; **s'~ un collaborateur** sich dat einen Mitarbeiter ernennen; **adjoint, e** [adʒwɛ̃, ɛ̃t] m, f: [*directeur*] ~ stellvertretender Direktor m; ~ **au maire** zweiter Bürgermeister.

adjudication [adʒydikasjõ] f (*vente aux enchères*) Versteigerung f, Zuschlag m; (*marché administratif*) Ausschreibung f; (*attribution*) Vergabe f.

adjuger [adʒyʒe] ⟨2⟩ vt zusprechen; **adjugé!** (*vendu*) verkauft!

admettre [admɛtr(ə)] irr comme mettre, vt (*visiteur, nouveau venu*) hereinlassen; (*patient, membre*) aufnehmen (*dans* in +*akk*); (*comportement*) durchgehen lassen;

(*fait, point de vue*) anerkennen; (*explication*) gelten lassen; ~ **que** zugeben, daß.

administrateur, -trice [administratœr, tris] m, f Verwalter(in) m(f); ~ **judiciaire** Konkursverwalter m; **administratif, -ive** adj administrativ, Verwaltungs-; (*style, paperasserie*) bürokratisch; **administration** [administrasjõ] f Verwaltung f; **l'Administration** der Staatsdienst; **administrer** ⟨1⟩ vt (*diriger*) führen, leiten; (*remède, correction*) verabreichen; (*sacrement*) spenden.

admirable [admirabl(ə)] adj bewundernswert; **admirateur, -trice** [admiratœr, tris] m, f Bewunderer m, Bewunderin f; **admirer** [admire] ⟨1⟩ vt bewundern.

admissible [admisibl(ə)] adj (*comportement*) zulässig; (*SCOL: candidat*) [zur mündlichen Prüfung] zugelassen.

admission [admisjõ] f Einlaß m; (*de candidat reçu*) Zulassung f; (*patient*) Neuaufnahme f.

A.D.N. m abr de **acide désoxyribonucléique** DNS f.

ado [ado] m, f (*fam: adolescent*) Jugendliche(r) mf.

adolescence [adolesãs] f Jugend f; **adolescent, e** 1. adj jugendlich; 2. m, f Jugendliche(r) mf.

adonner [adone] ⟨1⟩ vpr: **s'~ à** sich hingebungsvoll widmen +*dat*.

adopter [adopte] ⟨1⟩ vt (*projet de loi*) verabschieden; (*politique, attitude, mode*) annehmen; (*enfant*) adoptieren.

adoptif, -ive [adoptif, iv] adj Adoptiv-; (*patrie, ville*) Wahl-.

adorable [adorabl(ə)] adj bezaubernd.

adorer [adore] ⟨1⟩ vt über alles lieben; (*REL*) anbeten.

adosser [adose] ⟨1⟩ 1. vt: ~ **qch à/contre** etw lehnen an/gegen +*akk*; 2. vpr: **s'~ à** sich lehnen an/gegen +*akk*.

adoucir [adusir] ⟨8⟩ 1. vt (*goût*) verfeinern; (*peau*) weich machen; (*caractère*) abschwächen; (*peine*) mildern; 2. vpr: **s'~** sich verfeinern; (*caractère*) sich abschwächen; (*température*) abnehmen; **adoucissant** m Weichspüler m.

adrénaline [adrenalin] f Adrenalin nt.

adresse [adrɛs] f (*domicile, INFORM*) Adresse f; (*habileté*) Geschicklichkeit f; **adresser** [adrese] ⟨1⟩ 1. vt (*lettre*) schicken (*à* an +*akk*); (*écrire l'adresse sur*) adressieren; (*injure, compliments*) richten (*à* an +*akk*); 2. vpr: **s'~ à** (*parler à*) sprechen zu; (*destinataire*) sich richten an +*akk*.

Adriatique [adriatik] f Adria f.

adroit, e [adrwa, at] adj geschickt.

adulte [adylt(ə)] 1. m, f Erwachsene(r) mf;

2. adj (chien, arbre) ausgewachsen; (attitude) reif.

adultère [adyltɛʀ] m Ehebruch m.

advenir [advəniʀ] ⟨9⟩ vi avec être geschehen, sich ereignen; **qu'est-il advenu de ...?** was ist aus ... geworden?

adverbe [advɛʀb(ə)] m Adverb nt.

adversaire [advɛʀsɛʀ] m, f Gegner(in) m(f).

adversité [advɛʀsite] f Not f.

A.E. fpl abr de **Affaires étrangères** (POL) AA nt.

aération [aeʀɑsjɔ̃] f Lüftung f.

aérer [aeʀe] ⟨5⟩ vt lüften; (style) auflockern.

aérien, ne [aeʀjɛ̃, ɛn] adj (AVIAT) Luft-; (câble) oberirdisch; **métro ~** Hochbahn f.

aérobic [aeʀɔbik] f Aerobic nt.

aérodrome [aeʀɔdʀom] m Flugplatz m.

aérogare [aeʀɔgaʀ] f (à l'aéroport) Flughafen m; (en ville) Airterminal m.

aéroglisseur [aeʀɔglisœʀ] m Luftkissenboot nt.

aéronautique [aeʀonotik] adj aeronautisch.

aéronaval, e [aeʀonaval] adj Luft- und See-.

aéroport [aeʀɔpɔʀ] m Flughafen m.

aérosol [aeʀɔsɔl] m (bombe) Spraydose f.

affable [afabl(ə)] adj umgänglich.

affaiblir [afebliʀ] ⟨8⟩ **1.** vt schwächen; **2.** vpr: **s'~** schwächer werden.

affaire [afɛʀ] f (problème, question) Angelegenheit f; (criminelle, judiciaire) Fall m; (scandale) Affäre f; (COMM) Geschäft nt; (occasion intéressante) günstige Gelegenheit; **~s** fpl (intérêts privés ou publics) Geschäfte pl; (effets personnels) Sachen pl; **ce sont mes/tes ~s** (cela me/te concerne) das ist meine/deine Sache; **avoir ~ à qn/qch** es mit jdm/etw zu tun haben.

affairer [afeʀe] ⟨1⟩ vpr: **s'~** geschäftig hin und her eilen.

affaisser [afese] ⟨1⟩ vpr: **s'~** (terrain, immeuble) einstürzen; (personne) zusammenbrechen.

affaler [afale] ⟨1⟩ vpr: **s'~** sich erschöpft fallen lassen (dans/sur in/auf +akk).

affamer [afame] ⟨1⟩ vt aushungern.

affecter [afɛkte] ⟨1⟩ vt (émouvoir) berühren, treffen; (feindre) vortäuschen; (allouer) zuteilen (à dat); **~ qch d'un signe** (MATH) etw mit einem Zeichen versehen.

affectif, -ive [afɛktif, iv] adj affektiv, Gefühls-.

affection [afɛksjɔ̃] f Zuneigung f; (MÉD) Leiden nt.

affectionner [afɛksjɔne] ⟨1⟩ vt mögen.

affectueux, -euse [afɛktyø, øz] adj liebevoll.

affermir [afɛʀmiʀ] ⟨8⟩ vt (décision) bekräftigen; (pouvoir, a. fig) festigen.

affichage [afiʃaʒ] m Anschlag m; (INFORM) Anzeige f, Display nt; **montre à ~ numérique** Digitaluhr f.

affiche [afiʃ] f Plakat nt; **être à l'~** (THÉÂT, CINÉ) gespielt werden; **tenir l'~** lang auf dem Programm stehen; **afficher** ⟨1⟩ vt anschlagen; (attitude) zur Schau stellen; **afficheur** m Plakatankleber m; (INFORM) Display nt; **~ à cristaux liquides** Flüssigkristallanzeige f, LCD-Anzeige f.

affilée [afile] adv: **d'~** ununterbrochen.

affilier [afilje] ⟨1⟩ vpr: **s'~** à Mitglied werden bei.

affinité [afinite] f Verwandtschaft f, Affinität f.

affirmatif, -ive [afiʀmatif, iv] **1.** adj (réponse) bejahend; (personne) positiv; **2.** f: **répondre par l'affirmative** ja sagen, mit Ja antworten.

affirmation [afiʀmɑsjɔ̃] f (assertion) Behauptung f.

affirmer [afiʀme] ⟨1⟩ vt (prétendre, assurer) behaupten; (désir, autorité) geltend machen.

affligé, e [afliʒe] adj erschüttert; **~ d'une maladie** an einer Krankheit leidend; **affliger** ⟨2⟩ vt (peiner) zutiefst bekümmern.

affluence [aflyɑ̃s] f: **heure/jour d'~** Stoßzeit f/geschäftigster Tag.

affluent [aflyɑ̃] m (GÉO) Nebenfluß m.

affluer [aflye] ⟨1⟩ vi (secours, biens) eintreffen; (sang, gens) strömen.

afflux [afly] m Andrang m, Strom m; **~ de réfugiés** Flüchtlingsstrom m.

affolement [afɔlmɑ̃] m Aufregung f; **affoler** ⟨1⟩ **1.** vt verrückt machen; **2.** vpr: **s'~** durchdrehen.

affranchir [afʀɑ̃ʃiʀ] ⟨2⟩ vt freimachen; (esclave) freilassen; (d'une contrainte, menace) befreien.

affréter [afʀete] ⟨5⟩ vt (véhicule, bateau) mieten.

affreux, -euse [afʀø, øz] adj schrecklich.

affrontement [afʀɔ̃tmɑ̃] m Zusammenstoß m; (MIL, fig) Konfrontation f; **affronter** ⟨1⟩ vt (adversaire) entgegentreten +dat.

affût [afy] m: **être à l'~ de qch** auf etw akk lauern.

affûter [afyte] ⟨1⟩ vt (outil) schärfen.

Afghanistan [afganistɑ̃] m: **l'~** Afghanistan nt.

afin [afɛ̃] conj: **~ que** +subj so daß, damit; **~ de faire** um zu tun.

a fortiori [afɔʀsjɔʀi] adv um so mehr.

A.F.P. f abr de **Agence France-Presse** französische Presseagentur.

africain, e [afʀikɛ̃, ɛn] adj afrikanisch; **Africain, e** m, f Afrikaner(in) m(f); **Afrique** [afʀik] f: **l'~** Afrika nt; **l'~ du Nord**

Nordafrika *nt;* l'~ **du Sud** Südafrika *nt.*

A.G. *f abr de* **assemblée générale** Generalversammlung *f.*

agacer [agase] ⟨2⟩ *vt* aufregen.

âge [ɑʒ] *m* Alter *nt;* (ère) Zeitalter *nt;* **quel ~ as-tu?** wie alt bist du?; **âgé, e** [ɑʒe] *adj* alt; **~ de 10 ans** 10 Jahre alt.

agence [aʒɑ̃s] *f* Agentur *f;* (succursale) Filiale *f;* **~ immobilière/matrimoniale/de publicité/de voyages** Immobilienbüro *nt/* Eheinstitut *nt/*Werbeagentur *f/*Reisebüro *nt.*

agencer [aʒɑ̃se] ⟨2⟩ *vt* (éléments, texte) zusammenfügen, arrangieren; (appartement) einrichten.

agenda [aʒɛ̃da] *m* Kalender *m.*

agenouiller [aʒ(ə)nuje] ⟨1⟩ *vpr:* **s'~** [sich] niederknien.

agent [aʒɑ̃] *m* (élément, facteur) Faktor *m;* **~ d'assurances** Versicherungsmakler(in) *m(f);* **~ de change** Börsenmakler(in) *m(f);* **~ [de police]** Polizist(in) *m(f).*

A.G.F. *fpl abr de* **Assurances générales de France** französische Versicherungsgesellschaft.

agglomération [aglɔmeRasjɔ̃] *f* Ortschaft *f;* l'~ **parisienne** der Großraum Paris.

agglomérer [aglɔmeRe] ⟨5⟩ *vt* anhäufen; (TECH) verbinden.

aggraver [agRave] ⟨1⟩ *vt* verschlimmern; (peine) erhöhen.

agile [aʒil] *adj* beweglich.

agio [aʒjo] *m* (FIN) Agio *nt.*

agir [aʒiR] ⟨8⟩ *vi* handeln; (se comporter) sich verhalten; (avoir de l'effet) wirken; **de quoi s'agit-il?** um was handelt es sich?

agitation [aʒitasjɔ̃] *f* Bewegung *f;* (excitation, inquiétude) Erregung *f;* (POL) Aufruhr *m;* **agité, e** [aʒite] *adj* unruhig; (troublé, excité) aufgeregt, erregt; (mer) aufgewühlt; **agiter** ⟨1⟩ *vt* schütteln; (préoccuper) beunruhigen.

agneau (-x) [aɲo] *m* Lamm *nt;* (GASTR) Lammfleisch *nt.*

agonie [agɔni] *f* Todeskampf *m.*

agrafe [agRaf] *f* (de vêtement) Haken *m;* (de bureau) Heftklammer *f;* **agrafer** ⟨1⟩ *vt* zusammenhalten; heften; **agrafeuse** [agRaføz] *f* (de bureau) Heftmaschine *f.*

agraire [agRɛR] *adj* agrarisch.

agrandir [agRɑ̃diR] ⟨8⟩ **1.** *vt* erweitern; (PHOTO) vergrößern; **2.** *vpr:* **s'~** größer werden; **agrandissement** *m* (PHOTO) Vergrößerung *f.*

agréable [agReabl(ə)] *adj* angenehm.

agréé, e [agRee] *adj:* **magasin/concessionnaire ~** eingetragener Laden/Händler.

agrégation [agRegasjɔ̃] *f* höchste Lehramtsbefähigung.

agrément [agRemɑ̃] *m* (accord) Zustim-

mung *f;* (plaisir) Vergnügen *nt.*

agresser [agRese] ⟨1⟩ *vt* angreifen; **agresseur** [agRescœR] *m* Angreifer(in) *m(f);* (POL, MIL) Aggressor(in) *m(f);* **agressif, -ive** [agResif, iv] *adj* aggressiv; **agression** [agResjɔ̃] *f* Aggression *f;* (POL, MIL) Angriff *m.*

agricole [agRikɔl] *adj* landwirtschaftlich.

agriculteur, -trice [agRikyltœR, tRis] *m, f* Landwirt(in) *m(f).*

agriculture [agRikyltyR] *f* Landwirtschaft *f;* **~ biologique** Biolandwirtschaft *f.*

agripper [agRipe] ⟨1⟩ **1.** *vt* schnappen, pakken; **2.** *vpr:* **s'~ à** sich festhalten, festklammern an.

agroalimentaire [agRoalimɑ̃tɛR] *m* Agrarwirtschaft *f.*

agrume [agRym] *m* Zitrusfrucht *f.*

aguerrir [ageRiR] ⟨8⟩ *vt* abhärten, stählen.

aguets [agɛ] *adv:* **être aux ~** auf der Lauer liegen.

aguicher [agiʃe] ⟨1⟩ *vt* aufreizen.

ah [a] *excl* aha.

ahuri, e [ayRi] *adj* verblüfft, verdutzt.

aide [ɛd] **1.** *f* Hilfe *f;* **2.** *m/f* Assistent(in) *m(f);* **à l'~ de** mit Hilfe von; **appeler à l'~** zu Hilfe rufen; **~ m/f comptable** Buchhaltungsgehilfe(-gehilfin) *m(f);* **~ f contextuelle** (INFORM) kontextsensitive Hilfe; **~ f judiciaire** Prozeßkostenhilfe *f;* **~ m/f soignant(e)** Schwesternhelfer(in) *m(f);* **aidemémoire** *m inv* Gedächtnishilfe *f;* **aider** [ede] ⟨1⟩ *vt* helfen +*dat;* **~ à** (faciliter) beitragen zu.

aïeul, e ⟨-s⟩ [ajœl] *m, f* Großvater *m,* Großmutter *f;* **aïeux** [ajø] *mpl* Vorfahren *pl.*

aigle [ɛgl(ə)] *m* Adler *m.*

aigre [ɛgR(ə)] *adj* sauer, säuerlich; (fig) schneidend; **aigreur** [ɛgRœR] *f* saurer Geschmack; (fig) Verbitterung *f;* **~s** *fpl* **d'estomac** Sodbrennen *nt;* **aigrir** [egRiR] ⟨8⟩ *vt* (personne) verbittern.

aigu, ë [egy] *adj* (objet, arête) spitz; (son, voix) hoch; (douleur, conflit, intelligence) scharf.

aigue-marine ⟨aigues-marines⟩ [ɛgmaRin] *f* Aquamarin *m.*

aiguille [eguij] *f* (de réveil, compteur) Zeiger *m;* (à coudre) Nadel *f;* **~ à tricoter** Stricknadel *f.*

aiguilleur [eguijœR] *m:* **~ [du ciel]** Fluglotse *m.*

aiguillon [eguijɔ̃] *m* (d'abeille) Stachel *m;* **aiguillonner** [eguijɔne] ⟨1⟩ *vt* anspornen.

aiguiser [egize] ⟨1⟩ *vt* (outil) schleifen, schärfen; (fig) stimulieren.

ail [aj] *m* Knoblauch *m.*

aile [ɛl] *f* Flügel *m.*

aileron [ɛlRɔ̃] *m* (de requin) Flosse *f;* (d'a-

vion) Querruder *nt.*

ailier [elje] *m* Flügelspieler(in) *m(f).*

ailleurs [ajœʀ] *adv* woanders; **nulle part ~** nirgendwo anders; **d'~** übrigens; **par ~** überdies.

aimable [ɛmabl(ə)] *adj* liebenswürdig.

aimant [ɛmɑ̃] *m* Magnet *m.*

aimer [eme] ⟨1⟩ *vt* lieben; *(d'amitié, d'affection)* mögen; *(chose, activité)* gern haben; **bien ~ qn/qch** jdn/etw gern haben; **~ mieux faire qch** etw lieber tun; **~ autant faire qch** *(préférer)* etw lieber tun.

aine [ɛn] *f* (ANAT) Leiste *f.*

aîné, e [ene] **1.** *adj* älter; **2.** *m, f* ältestes Kind, Älteste(r) *mf.*

ainsi [ɛ̃si] **1.** *adv* so; **2.** *conj:* **~ que** wie; *(et aussi)* sowie, und; **pour ~ dire** sozusagen.

air [ɛʀ] *m (atmosphérique)* Luft *f; (mélodie)* Melodie *f; (expression)* Gesichtsausdruck *m; (attitude)* Benehmen *nt*, Auftreten *m;* **prendre de grands ~s avec qn** jdn herablassend behandeln; **parole/menace en l'~** leere Reden/Drohung; **prendre l'~** Luft schnappen; **avoir l'~** scheinen; **avoir l'~ triste/d'un clown** traurig aussehen/aussehen wie ein Clown.

airbus [ɛʀbys] *m* Airbus *m.*

aire [ɛʀ] *f* Fläche *f; (domaine, zone)* Gebiet *nt;* **~ de jeux** Spielplatz *m;* **~ de repos** Raststätte *f*, Rastplatz *m.*

aisance [ɛzɑ̃s] *f* Leichtigkeit *f; (adresse)* Geschicklichkeit *f; (richesse)* Wohlstand *m.*

aise [ɛz] *f (confort)* Komfort *m;* **être à l'~, être à son ~** sich wohl fühlen; *(financièrement)* sich gut stehen; **se mettre à l'~** es sich *dat* bequem machen; **être mal à l'~** [o **à son ~**] sich nicht wohl fühlen.

aisé, e [eze] *adj (facile)* leicht; *(assez riche)* gutsituiert.

aisselle [ɛsɛl] *f* Achselhöhle *f.*

Aix-la-Chapelle [ɛkslaʃapɛl] *f* Aachen *nt.*

ajourner [aʒuʀne] ⟨1⟩ *vt* vertagen.

ajouter [aʒute] ⟨1⟩ *vt* hinzufügen; **~ foi à** Glauben schenken +*dat.*

ajustement [aʒystəmɑ̃] *m (harmonisation)* Abstimmung *f; (adaptation)* Anpassung *f;* **~ des prix** Preisanpassung *f;* **~ des salaires** Lohnanpassung *f;* **ajuster** [aʒyste] ⟨1⟩ *vt (régler)* einstellen; *(adapter)* einpassen *(à in +akk).*

ajusteur [aʒystœʀ] *m* Metallarbeiter(in) *m(f).*

alambic [alɑ̃bik] *m* Destillierapparat *m.*

alarme [alaʀm(ə)] *f (signal)* Alarm *m; (inquiétude)* Sorge *f*, Beunruhigung *f;* **alarmer** ⟨1⟩ **1.** *vt* warnen; **2.** *vpr:* **s'~** sich *dat* Sorgen machen.

Albanie [albani] *f:* **l'~** Albanien *nt.*

album [albɔm] *m* Album *nt.*

albumine [albymin] *f* Albumin *nt;* **avoir de**

l'~ Eiweiß im Urin haben.

alcool [alkɔl] *m:* **l'~** der Alkohol; **un ~** ein Weinbrand *m;* **à brûler** Brennspiritus *m;* **~ à 90°** Wundbenzin *nt;* **alcoolémie** *f* Alkoholgehalt *m* im Blut; **alcoolique 1.** *adj* alkoholisch; **2.** *m/f* Alkoholiker(in) *m(f);* **alcoolisé, e** *adj (boisson)* alkoholisch; **alcoolisme** *m* Alkoholismus *m;* **alcootest®** *m* Alkoholtest *m.*

aléas [alea] *mpl* Wechselfälle, unvorhergesehene Ereignisse *pl.*

alentour [alɑ̃tuʀ] *adv* darum herum; **alentours** *mpl* Umgebung *f.*

alerte [alɛʀt(ə)] **1.** *adj* aufgeweckt; **2.** *f (menace)* Warnung *f; (signal)* Alarm *m;* **donner l'~** den Alarm auslösen.

algèbre [alʒɛbʀ(ə)] *f* Algebra *f;* **algébrique** [alʒebʀik] *adj* algebraisch.

Algérie [alʒeʀi] *f:* **l'~** Algerien *nt;* **algérien, ne** *adj* algerisch; **Algérien, ne** *m, f* Algerier(in) *m(f).*

algorithme [algɔʀitm(ə)] *m* Algorithmus *m.*

algue [alg(ə)] *f* Alge *f.*

alibi [alibi] *m* Alibi *nt.*

aliéné, e [aljene] *m, f* Geistesgestörte(r) *mf.*

aliéner [aljene] ⟨5⟩ **1.** *vt (JUR: biens)* veräußern; *(liberté)* aufgeben; **2.** *vpr:* **s'~** *(sympathie)* verlieren.

aligner [aliɲe] ⟨1⟩ **1.** *vt* in eine Reihe stellen; *(adapter)* angleichen *(sur* an +*akk); (présenter)* in einer Reihenfolge darlegen; **2.** *vpr:* **s'~** *(concurrents)* sich aufstellen; *(POL)* sich ausrichten *(sur* nach).

aliment [alimɑ̃] *m* Nahrungsmittel *nt.*

alimentation [alimɑ̃tasjɔ̃] *f* Ernährung *f;* Versorgung *f; (commerce)* Lebensmittelhandel *m;* **~ forcée** Zwangsernährung *f;* **~ en énergie** Energieversorgung *f;* **alimenter** [alimɑ̃te] ⟨1⟩ *vt* ernähren; *(en eau, électricité)* versorgen; *(conversation)* in Gang halten.

alinéa [alinea] *m* Absatz *m.*

allaiter [alete] ⟨1⟩ *vt* stillen.

allant [alɑ̃] *m* Elan *m.*

allécher [aleʃe] ⟨5⟩ *vt* anlocken.

allée [ale] *f* Allee *f;* **des ~s et venues** *fpl* das Kommen und Gehen.

allégation [alegasjɔ̃] *f* Behauptung *f.*

alléger [aleʒe] ⟨2, 5⟩ *vt* leichter machen; *(dette, impôt)* senken; *(souffrance)* lindern.

alléguer [alege] ⟨5⟩ *vt (fait, texte)* anführen; *(prétexte)* vorbringen.

Allemagne [alman] *f:* **l'~** Deutschland *nt;* **en ~** in Deutschland; **aller en ~** nach Deutschland fahren; **allemand, e** [almɑ̃, ɑ̃d] *adj* deutsch; **allemand** *m:* **l'~** *(langue)* Deutsch *nt;* **apprendre l'~** Deutsch lernen; **parler ~** deutsch sprechen; **traduire en ~** ins Deutsche übersetzen;

Allemand, e *m, f* Deutsche(r) *mf*.
aller [ale] **1.** *m* (*trajet*) Hinweg *m*; (*billet*) Einfachfahrkarte *f*; ~ **et retour** *m* (*billet*) Rückfahrkarte *f*; **2.** *irr vi avec être* gehen; **je vais y aller/me fâcher/le faire** ich werde hingehen/ärgerlich/es machen; ~ **voir/cher-cher qch** sich *dat* etw ansehen/etw holen; **comment allez-vous/va-t-il?** wie geht es Ih-nen/ihm?; **ça va?** wie geht's?; **il va déjà mieux** es geht ihm schon besser; **cela te va bien** (*couleur, vêtement*) das steht dir gut; (*projet, dispositions*) das paßt mir; **cela va bien avec le tapis/les rideaux** das paßt gut zum Teppich/zu den Vorhängen; **il y a de leur vie** es gibt um ihr Leben; ~ **voir qn** jdn besuchen; **s'en ~** weggehen.
allergie [alɛʀʒi] *f* Allergie *f*; **allergique** *adj* allergisch (*à* gegen).
alliage [aljaʒ] *m* Legierung *f*.
alliance [aljɑ̃s] *f* Allianz *f*; (*bague*) Ehering *m*; **neveu par** ~ angeheirateter Neffe.
allier [alje] ⟨1⟩ **1.** *vt* (*métaux*) legieren; (*unir*) verbünden; **2.** *vpr*: **s'~** (*pays, personnes*) sich verbünden (*à* mit); (*éléments, caractéristiques*) sich verbinden.
allô [alo] *excl* (*au téléphone*) hallo.
allocation [alɔkasjɔ̃] *f* Zuteilung *f*, Zuwei-sung *f*; ~ **[de] logement/chômage** Mietzu-schuß *m*/Arbeitslosengeld *nt*; ~ **de fin de droits** Arbeitslosenhilfe *f*; ~**s** *fpl* familiales Familienbeihilfe *f*.
allocution [alɔkysjɔ̃] *f* [kurze] Ansprache.
allonger [alɔ̃ʒe] ⟨2⟩ **1.** *vt* verlängern; (*bras, jambe*) ausstrecken; **2.** *vpr*: **s'~** (*se coucher*) sich hinlegen; ~ **le pas** den Schritt be-schleunigen.
allumage [alymaʒ] *m* (*AUTO*) Zündung *f*.
allumer [alyme] ⟨1⟩ *vt* (*lampe, phare*) ein-schalten; (*feu*) machen; ~ **[la lumière]** das Licht anmachen.
allumette [alymɛt] *f* Streichholz *nt*.
allure [alyʀ] *f* (*vitesse*) Geschwindigkeit *f*; (*démarche, maintien*) Gang *m*; (*aspect, air*) Aussehen *nt*; **avoir de l'~** Stil haben; **à toute** ~ mit Höchstgeschwindigkeit.
allusion [alyzjɔ̃] *f* Anspielung *f*; **faire** ~ **à** an-spielen auf +*akk*.
alors [alɔʀ] *adv* (*à ce moment-là*) da; (*par conséquent*) infolgedessen, also; ~ **que** (*tandis que*) während.
alouette [alwɛt] *f* Lerche *f*.
alourdir [aluʀdiʀ] ⟨8⟩ *vt* belasten.
Alpes [alp] *fpl*: **les** ~ die Alpen *pl*.
alphabet [alfabɛ] *m* Alphabet *nt*; **alphabé-tiser** ⟨1⟩ *vt* das Schreiben und Lesen bei-bringen +*dat*.
alphanumérique [alfanymeʀik] *adj* alpha-numerisch.
alpinisme [alpinism(ə)] *m* Bergsteigen *nt*; **alpiniste** [alpinist(ə)] *m/f* Bergsteiger(in)

m(f).
Alsace [alzas] *f*: **l'~** das Elsaß; **alsacien, ne** *adj* elsässisch.
altérer [alteʀe] ⟨5⟩ *vt* (*texte, document*) ver-fälschen; (*matériau*) beschädigen, angrei-fen; (*sentiment*) beeinträchtigen.
alternance [altɛʀnɑ̃s] *f* Wechsel *m*; ~ **de pouvoir** Machtwechsel *m*.
alternateur [altɛʀnatœʀ] *m* Wechselstrom-generator *m*.
alternatif, -ive [altɛʀnatif, iv] *adj* (*mouve-ment*) wechselnd; (*courant*) Wechsel-; **les mouvements** ~**s** (*POL*) die Alternativen *pl*; **alternative** *f* (*choix*) Alternative *f*; **alter-nativement** *adv* abwechselnd.
altitude [altityd] *f* Höhe *f*.
alto [alto] *m* (*instrument*) Bratsche *f*; (*canta-trice*) Altistin *f*.
aluminium [alyminjɔm] *m* Aluminium *nt*.
alunir [alyniʀ] ⟨8⟩ *vi* auf dem Mond landen.
alvéole [alveɔl] *f* (*de ruche*) [Bienen]wabe *f*.
amabilité [amabilite] *f* Liebenswürdigkeit *f*; **il a eu l'~ de le faire** er war so nett und hat es gemacht.
amadouer [amadwe] ⟨1⟩ *vt* (*fig*) umgar-nen.
amaigrir [amegʀiʀ] ⟨8⟩ *vt*: **er war total abgemagert** il était extrêmement amaigri.
amalgame [amalgam] *m* Gemisch *nt*.
amande [amɑ̃d] *f* Mandel *f*; **en** ~ mandel-förmig; **amandier** *m* Mandelbaum *m*.
amant [amɑ̃] *m* Liebhaber *m*.
amarrer [amaʀe] ⟨1⟩ *vt* (*NAUT*) vertäuen, festmachen.
amas [ama] *m* Haufen *m*; **amasser** [amase] ⟨1⟩ *vt* anhäufen.
amateur [amatœʀ] *m* (*non professionnel*) Amateur(in) *m(f)*; ~ **de musique** (*qui aime la musique*) Musikliebhaber(in) *m(f)*.
Amazone [amazon] *f*: **l'~** der Amazonas.
ambassade [ɑ̃basad] *f* Botschaft *f*; **ambassadeur, -drice** *m, f* (*POL*) Bot-schafter(in) *m(f)*.
ambiance [ɑ̃bjɑ̃s] *f* Atmosphäre *f*.
ambiant, e [ɑ̃bjɑ̃, ɑ̃t] *adj* in der Umgebung.
ambigu, ë [ɑ̃bigy] *adj* zweideutig.
ambition [ɑ̃bisjɔ̃] *f* Ehrgeiz *m*.
ambre [ɑ̃bʀ] *m*: ~ **jaune** Bernstein *m*; ~ **gris** Amber *m*.
ambulance [ɑ̃bylɑ̃s] *f* Krankenwagen *m*; **ambulancier, -ière** *m, f* Sanitäter(in) *m(f)*.
ambulant, e [ɑ̃bylɑ̃, ɑ̃t] *adj* umherziehend, Wander-.
âme [ɑm] *f* Seele *f*; **rendre l'~** den Geist auf-geben; ~ **sœur** Gleichgesinnte(r) *mf*.
amélioration [ameljɔʀasjɔ̃] *f* Besserung *f*; (*de la situation*) Verbesserung *f*; **amélio-rer** ⟨1⟩ **1.** *vt* verbessern; **2.** *vpr*: **s'~** besser werden.

aménagement [amenaʒmɑ̃] *m* Ausstattung *f*, Einrichtung *f*; ~ **de la durée du temps de travail** Arbeitszeitregelung *f*; **aménager** ⟨2⟩ *vt* (*appartement*) einrichten; (*espace, terrain*) anlegen; (*mansarde, vieille maison*) umbauen; (*coin-cuisine, placards*) einbauen.

amende [amɑ̃d] *f* Geldstrafe *f*; **mettre à l'~** bestrafen; **faire ~ honorable** sich öffentlich schuldig bekennen.

amender [amɑ̃de] ⟨1⟩ **1.** *vt* (*JUR*) ändern; **2.** *vpr*: **s'~** sich bessern.

amener [am(ə)ne] ⟨4⟩ **1.** *vt* mitnehmen, mitbringen; (*causer*) mit sich bringen; **2.** *vpr*: **s'~** (*fam: venir*) aufkreuzen.

amer, -ère [amɛʀ] *adj* bitter.

américain, e [ameʀikɛ̃, ɛn] *adj* amerikanisch; **Américain, e** *m, f* Amerikaner(in) *m(f)*; **Amérique** [ameʀik] *f*: **l'~** Amerika *nt*; **l'~ centrale** Zentralamerika *nt*; **l'~ latine** Lateinamerika *nt*; **l'~ du Nord** Nordamerika *nt*; **l'~ du Sud** Südamerika *nt*.

amerrir [ameʀiʀ] ⟨8⟩ *vi* wassern.

amertume [amɛʀtym] *f* Bitterkeit *f*.

ameublement [amœbləmɑ̃] *m* Mobiliar *nt*.

ameuter [amøte] ⟨1⟩ *vt* (*badauds*) zusammenlaufen lassen.

ami, e [ami] *m, f* Freund(in) *m(f)*; **être [très] ~ avec qn** mit jdm [sehr] gut befreundet sein.

amiable [amjabl(ə)] *adj* gütlich; **à l'~** in gegenseitigem Einverständnis.

amiante [amjɑ̃t] *f* Asbest *m*.

amical, e (amicaux) [amikal, o] *adj* freundschaftlich; **amicale** *f* (*club*) Vereinigung *f*.

amidonner [amidɔne] ⟨1⟩ *vt* stärken.

amincir [amɛ̃siʀ] ⟨8⟩ **1.** *vt* (*objet*) dünn machen; (*robe: personne*) schlank machen; **2.** *vpr*: **s'~** (*personne*) schlanker werden.

amitié [amitje] *f* Freundschaft *f*; **faire** [*o* présenter] **ses ~s à qn** jdm viele Grüße ausrichten lassen.

ammoniaque [amɔnjak] *f* Salmiakgeist *m*.

amnésie [amnezi] *f* Gedächtnisverlust *m*.

amnistie [amnisti] *f* Amnestie *f*.

amoindrir [amwɛ̃dʀiʀ] ⟨8⟩ *vt* [ver]mindern.

amonceler [amɔ̃sle] ⟨3⟩ *vt* anhäufen.

amorce [amɔʀs(ə)] *f* (*sur un hameçon*) Köder *m*; (*explosif*) Zünder *m*; (*fig: début*) Ansatz *m*; **amorcer** ⟨2⟩ *vt* (*hameçon*) beködern; (*munition*) schußfertig machen; (*négociations*) in die Wege leiten; (*virage*) angehen; (*geste*) ansetzen zu.

amorphe [amɔʀf(ə)] *adj* passiv, träge.

amortir [amɔʀtiʀ] ⟨8⟩ *vt* (*choc, bruit*) dämpfen; (*douleur*) mildern; (*mise de fonds*) abschreiben.

amortisseur [amɔʀtisœʀ] *m* (*AUTO*) Stoß-

dämpfer *m*.

amour [amuʀ] *m* (*sentiment*) Liebe *f*; **faire l'~** sich lieben.

amouracher [amuʀaʃe] ⟨1⟩ *vpr*: **s'~ de** (*fam*) sich verschießen in +*akk*.

amoureux, -euse [amuʀø, øz] **1.** *adj* verliebt; (*vie, passions*) Liebes-; **2.** *mpl* Liebespaar *nt*; **être ~** verliebt sein (*de qn* in jdn).

amour-propre (amours-propres) [amuʀpʀɔpʀ] *m* Selbstachtung *f*.

amovible [amɔvibl(ə)] *adj* abnehmbar.

amphithéâtre [ɑ̃fiteɑtʀ(ə)] *m* Amphitheater *nt*; (*SCOL*) Hörsaal *m*.

ample [ɑ̃pl(ə)] *adj* (*vêtement*) weit; (*gestes, mouvement*) ausladend; (*ressources*) üppig, reichlich; **ampleur** [ɑ̃plœʀ] *f* Größe *f*, Weite *f*; (*d'un désastre*) Ausmaß *nt*.

amplificateur [ɑ̃plifikatœʀ] *m* Verstärker *m*.

amplifier [ɑ̃plifje] ⟨1⟩ *vt* (*son, oscillation*) verstärken; (*fig*) vergrößern.

amplitude [ɑ̃plityd] *f* (*d'une onde, oscillation*) Schwingung *f*; (*des températures*) Schwankung *f*.

ampoule [ɑ̃pul] *f* (*électrique*) Birne *f*; (*de médicament*) Ampulle *f*; (*aux mains, pieds*) Blase *f*.

amputer [ɑ̃pyte] ⟨1⟩ *vt* (*MÉD*) amputieren; (*texte, budget*) drastisch reduzieren; **~ qn d'un bras** jdm einen Arm abnehmen.

amusant, e [amyzɑ̃, ɑ̃t] *adj* unterhaltsam; (*comique*) komisch.

amuse-gueule [amyzgœl] *m inv* Appetithappen *m*.

amusement [amyzmɑ̃] *m* (*qui fait rire*) Belustigung *f*; (*divertissement*) Unterhaltung *f*; **amuser** ⟨1⟩ **1.** *vt* (*divertir*) unterhalten; (*faire rire*) belustigen; **2.** *vpr*: **s'~** (*jouer*) spielen; (*se divertir*) sich amüsieren.

amygdale [amidal] *f* (*Rachen*)mandel *f*; **opérer qn des ~s** jdm die Mandeln herausnehmen; **amygdalite** *f* Mandelentzündung *f*.

an [ɑ̃] *m* Jahr *nt*; **être âgé de** [*o* avoir] **3 ~s** 3 Jahre alt sein; **le jour de l'~, le premier de l'~, le nouvel ~** der Neujahrstag.

anabolisant [anabolizɑ̃] *m* Anabolikum *nt*.

analgésique [analʒezik] *m* Schmerzmittel *nt*.

analogique [analɔʒik] *adj* (*INFORM*) analog; **calculateur ~** Analogrechner *m*.

analogue [analɔg] *adj* analog.

analyse [analiz] *f* (*a. PSYCH*) Analyse *f*; **~ fonctionnelle** (*INFORM*) Systemanalyse *f*; **~ syntaxique** (*LING*) Satzanalyse *f*; (*INFORM*) Parsing *nt*; **analyser** ⟨1⟩ *vt* analysieren; **analyste** *m/f* (*a. PSYCH*) Analytiker(in) *m(f)*; **~ système** (*INFORM*) Systemanalytiker(in) *m(f)*; **analytique** *adj* analytisch.

anarchie [anaʀʃi] *f* Anarchie *f;* **anarchiste** *m/f* Anarchist(in) *m(f).*

anathème [anatɛm] *m:* jeter l'~ contre qn jdn mit dem Bann belegen.

anatomie [anatɔmi] *f* Anatomie *f.*

ancestral, e ⟨ancestraux⟩ [ɑ̃sɛstʀal, o] *adj* Ahnen-.

ancêtre [ɑ̃sɛtʀ(ə)] *m/f* Vorfahr *m;* ~s *mpl* (aïeux) Vorfahren *pl.*

anchois [ɑ̃ʃwa] *m* Sardelle *f.*

ancien, ne [ɑ̃sjɛ̃, ɛn] 1. *adj* (vieux) alt; (d'alors) ehemalig; (meuble) antik; 2. *m, f* (d'une tribu) Älteste(r) *mf;* **anciennement** [ɑ̃sjɛnmɑ̃] *adv* früher; **ancienneté** [ɑ̃sjɛnte] *f* Alter *nt;* (ADMIN) Dienstalter *nt.*

ancre [ɑ̃kʀ(ə)] *f* Anker *m;* **jeter/lever l'~** den Anker werfen/lichten; **à l'~** vor Anker; **ancrer** ⟨1⟩ 1. *vt* verankern; 2. *vpr:* s'~ (NAUT) ankern.

Andes [ɑ̃d] *fpl:* **les ~** die Anden *pl.*

Andorre [ɑ̃dɔʀ] *f:* l'~ Andorra *nt.*

andouille [ɑ̃duj] *f* (charcuterie) französische Wurstsorte [aus Innereien]; (péj) Trottel *m.*

âne [ɑn] *m* Esel *m.*

anéantir [aneɑ̃tiʀ] ⟨8⟩ *vt* vernichten; (personne) fertigmachen.

anémie [anemi] *f* Anämie *f;* **anémique** *adj* anämisch.

anémone [anemɔn] *f* Anemone *f;* ~ **de mer** Seeanemone *f.*

ânerie [ɑnʀi] *f* Dummheit *f.*

anesthésie [anɛstezi] *f* Betäubung *f;* ~ **générale/locale** Vollnarkose *f*/örtliche Betäubung.

ange [ɑ̃ʒ] *m* Engel *m.*

angine [ɑ̃ʒin] *f* Angina *f;* ~ **de poitrine** Angina pectoris *f.*

anglais, e [ɑ̃glɛ, ɛz] 1. *adj* englisch; 2. *m:* l'~ (LING) das Englisch; **filer à l'~e** sich auf französisch verabschieden; **Anglais, e** *m, f* Engländer(in) *m(f).*

angle [ɑ̃gl(ə)] *m* Winkel *m;* ~ **droit/obtus/aigu** rechter/stumpfer/spitzer Winkel.

Angleterre [ɑ̃glətɛʀ] *f:* l'~ England *nt.*

angoisse [ɑ̃gwas] *f* Beklemmung *f;* **c'est l'~** (fam) das ist ätzend; **angoisser** ⟨1⟩ 1. *vt* beängstigen, beklemmen; 2. *vi* (fam) ausflippen.

anguille [ɑ̃gij] *f* Aal *m.*

anguleux, -euse [ɑ̃gylø, øz] *adj* eckig, kantig.

animal, e ⟨animaux⟩ [animal, o] 1. *adj* tierisch; (règne) Tier-; 2. *m* Tier *nt.*

animateur, -trice [animatœʀ, tʀis] *m, f* (de TV, music-hall) Conférencier *m;* (d'un groupe) Leiter(in) *m(f);* (d'un club de vacances) Animateur(in) *m(f).*

animer [anime] ⟨1⟩ 1. *vt* (conversation, soirée) beleben; (pousser) beseelen; 2. *vpr:* s'~ (rue, ville) sich beleben; (conversation,

personne) lebhaft werden.

animosité [animozite] *f* Feindseligkeit *f.*

ankyloser [ɑ̃kiloze] ⟨1⟩ *vpr:* s'~ steif werden.

annales [anal] *fpl* Annalen *pl.*

anneau ⟨-x⟩ [ano] *m* (de chaîne) Glied *nt;* (bague; de rideau) Ring *m.*

année [ane] *f* Jahr *nt;* l'~ **scolaire/fiscale** das Schul-/Steuerjahr.

annexe [anɛks(ə)] *f* (bâtiment) Anbau *m;* (document) Anhang *m;* **annexer** ⟨1⟩ *vt* (pays, biens) annektieren; (texte, document) anfügen.

annihiler [aniile] ⟨1⟩ *vt* vernichten.

anniversaire [anivɛʀsɛʀ] *m* Geburtstag *m;* (d'un événement) Jahrestag *m.*

annonce [anɔ̃s] *f* Ankündigung *f;* (publicitaire) Anzeige *f;* (CARTES) Angabe *f;* **les petites ~s** Kleinanzeigen *fpl;* **annoncer** ⟨2⟩ 1. *vt* ankündigen; 2. *vpr:* s'~ **bien/difficile** vielversprechend/schwierig aussehen; **annonceur, -euse** *m, f* (publicitaire) Inserent(in) *m(f).*

annoter [anɔte] ⟨1⟩ *vt* mit Anmerkungen versehen.

annuaire [anɥɛʀ] *m* Jahrbuch *nt;* ~ **téléphonique** Telefonbuch *nt.*

annuel, le [anɥɛl] *adj* jährlich.

annulaire [anylɛʀ] *m* Ringfinger *m.*

annuler [anyle] ⟨1⟩ *vt* (rendez-vous) absagen; (mariage, résultats) annullieren, für ungültig erklären; (MATH) aufheben.

anodin, e [anɔdɛ̃, in] *adj* unbedeutend.

anorak [anɔʀak] *m* Anorak *m.*

anorexie [anɔʀɛksi] *f* Magersucht *f.*

A.N.P.E. *f abr de* **Agence nationale pour l'emploi** ≈ Bundesanstalt *f* für Arbeit; (bureau régional) Arbeitsamt *nt.*

anse [ɑ̃s] *f* (de panier, tasse) Henkel *m;* (GÉO) kleine Bucht *f.*

antarctique [ɑ̃taʀktik] 1. *adj* antarktisch; 2. *m:* l'**Antarctique** die Antarktis.

antécédent [ɑ̃tesedɑ̃] *m* (LING) Bezugswort *nt;* ~s *mpl* (MÉD) Vorgeschichte *f.*

antémémoire [ɑ̃tememwaʀ] *f* (INFORM) Cache[-Speicher] *m.*

antenne [ɑ̃tɛn] *f* Antenne *f;* à l'~ (TV, RADIO) im Radio, auf Sendung.

antérieur, e [ɑ̃teʀjœʀ] *adj* (d'avant) vorig; (de devant) vordere(r, s); ~ à früher/älter als.

anti... [ɑ̃ti] *préf* anti-; **antiatomique** *adj:* **abri** ~ Atomschutzbunker *m;* **antibiotique** *m* Antibiotikum *nt;* **antibrouillard** *adj:* **phare** ~ Nebelscheinwerfer *m;* **antibruit** *adj* Lärmschutz-; **écran** ~, **mur** ~ Lärmschutzwall *m,* Lärmschutzmauer *f;* **anticancéreux, -euse** *adj:* **centre** ~ (MÉD) Krebsforschungsinstitut *nt.*

antichambre [ɑ̃tiʃɑ̃bʀ(ə)] *f* Vorzimmer *nt.*

anticipé, e [ɑ̃tisipe] *adj* (*règlement*) vorzeitig; **avec mes remerciements ~s** im voraus
schon vielen Dank; **anticiper** ⟨1⟩ *vt* (*événement, coup*) vorhersehen.

anticoagulant, e [ɑ̃tikɔagylɑ̃, ɑ̃t] *adj*
(*MÉD*) die Blutgerinnung hemmend; **anti-
conceptionnel, le** *adj* Verhütungs-.

anticorps [ɑ̃tikɔʀ] *m* (*MÉD*) Antikörper *m*.

anticyclone [ɑ̃tisiklon] *m* Hoch[druckge-
biet] *nt*.

antidopage [ɑ̃tidopaʒ] *adj inv* Doping-; **loi
~** Dopingbestimmungen *pl*.

antidote [ɑ̃tidɔt] *m* Gegenmittel *nt*.

antigang [ɑ̃tigɑ̃g] *adj inv*: **brigade ~** (*Brigade de recherche et d'intervention*) *Sonder-
kommando der Polizei gegen Bandenkrimi-
nalität*.

antigel [ɑ̃tiʒɛl] *m* Frostschutzmittel *nt*.

antihistaminique [ɑ̃tiistaminik] *m* Antihi-
stamin *nt*.

Antilles [ɑ̃tij] *fpl*: **les ~** die Antillen *pl*.

antinucléaire [ɑ̃tinykleɛʀ] **1.** *adj* Anti-
kernkraft-; **2.** *m/f* Kernkraftgegner(in)
m(f); **manifestation ~** Demonstration von
Kernkraftgegnern.

ANTIOPE [ɑ̃tjɔp] *f acr de* **Acquisition numérique et télévisualisation d'images organi-
sées en pages d'écriture: le système ~** ≈ Vi-
deotext *m*.

antipathique [ɑ̃tipatik] *adj* unsympathisch.

antipollution [ɑ̃tipɔlysjɔ̃] *adj* umwelt-
freundlich, Umweltschutz-.

antiquaire [ɑ̃tikɛʀ] *m/f* Antiquitätenhänd-
ler(in) *m(f)*.

antisémitisme [ɑ̃tisemitism] *m* Antisemitismus *m*.

antiseptique [ɑ̃tisɛptik] *adj* antiseptisch;
anti-sous-marin, e *adj*: **défense ~e** U-
Boot-Abwehr *f*; **antitabac** *adj inv* gegen
das Rauchen; **antivol** *m* Diebstahlsicherung *f*.

antre [ɑ̃tʀ(ə)] *m* Höhle *f*.

anus [anys] *m* After *m*.

anxieux, -euse [ɑ̃ksjø, øz] *adj* besorgt.

A.O.C. *abr de* **Appellation d'origine contrô-
lée** (*vin, etc*) Bezeichnung eines bestimmten
Anbaugebietes.

août [u(t)] *m* August *m*; **en ~** im August; **le
21 ~** am 21. August; **le 21 ~ 1964** der 21.
August 1964; **aoûtien, ne** [ausjɛ̃, ɛn] *m*
eine Person, die im August in Urlaub fährt.

apaiser [apeze] ⟨1⟩ *vt* (*personne*) beruhigen; (*colère*) besänftigen; (*douleur*) lindern.

apanage [apanaʒ] *m*: **être l' ~ de qn** jds Vor-
recht sein.

aparté [apaʀte] *adv*: **en ~** beiseite, privat.

apatride [apatʀid] *m/f* Staatenlose(r) *mf*.

apercevoir [apɛʀsəvwaʀ] ⟨12⟩ **1.** *vt* wahrnehmen; **2.** *vpr*: **s'~ de** bemerken; **s'~ que**

bemerken, daß.

apéritif [apeʀitif] *m* Aperitif *m*.

apiculteur [apikyltœʀ] *m* Imker(in) *m(f)*.

apitoyer [apitwaje] ⟨6⟩ *vt* mitleidig stimmen.

aplanir [aplaniʀ] ⟨8⟩ *vt* (*surface*) ebnen;
(*fig: difficultés*) beseitigen.

aplatir [aplatiʀ] ⟨8⟩ *vt* flach machen.

aplomb [aplɔ̃] *m* (*fig*) Selbstsicherheit *f*; **d' ~**
(*ARCHIT*) senkrecht.

apogée [apɔʒe] *m* Höhepunkt *m*.

apoplexie [apɔplɛksi] *f* Schlaganfall *m*.

a posteriori [apɔsteʀjɔʀi] *adv* im nachhin-
ein.

apostrophe [apɔstʀɔf] *f* (*signe*) Apostroph
m; (*interpellation*) Beschimpfung *f*.

apôtre [apotʀ(ə)] *m* Apostel *m*.

apparaître [apaʀɛtʀ(ə)] *irr comme connaître*, *vi* erscheinen; (*avec attribut*) [er]schei-
nen.

appareil [apaʀɛj] *m* Apparat *m*; (*avion*)
Maschine *f*; (*dentier*) Spange *f*; **~ digestif**
Verdauungssystem *nt*; **~ à ultra-sons** Ultra-
schallgerät *nt*.

appareil photo ⟨appareils photo⟩
[apaʀɛjfoto] *m* Fotoapparat *m*.

apparemment [apaʀamɑ̃] *adv* anscheinend.

apparence [apaʀɑ̃s] *f* Anschein *m*; **en ~**
scheinbar.

apparent, e [apaʀɑ̃, ɑ̃t] *adj* (*visible*) sichtbar; (*en apparence*) scheinbar.

apparenté, e [apaʀɑ̃te] *adj*: **~ à** verwandt
mit.

apparition [apaʀisjɔ̃] *f* Erscheinung *f*.

appartement [apaʀtəmɑ̃] *m* Wohnung *f*.

appartenir [apaʀtəniʀ] ⟨9⟩ *vi*: **~ à** gehören
+*dat*; (*faire partie de*) angehören +*dat*, gehören zu.

appât [apa] *m* Köder *m*.

appel [apɛl] *m* (*interpellation*) Ruf *m*;
(*nominal, INFORM*) Aufruf *m*; (*TÉL*) Anruf
m; (*MIL*) Einberufung *f*; **faire ~** (*JUR*) Berufung einlegen; **faire ~ à** (*invoquer*) appellieren an +*akk*; (*avoir recours à*) sich
wenden an +*akk*; **sans ~** endgültig; **~ à la
grève** Streikaufruf *m*; **appeler** [ap(ə)le]
⟨3⟩ **1.** *vt* rufen; (*nommer*) nennen; (*nécessiter*) erfordern; (*INFORM*) aufrufen; **2.** *vpr*:
s'~ heißen; **comment ça s'appelle?** wie
heißt das?; **appellation** [apelasjɔ̃] *f* Bezeichnung *f*.

appendicite [apɛ̃disit] *f* Blinddarmentzündung *f*.

appesantir [apəzɑ̃tiʀ] ⟨8⟩ *vpr*: **s'~ sur** sich
verbreiten über +*akk*.

appétissant, e [apetisɑ̃, ɑ̃t] *adj* (*mets*) lek-
ker.

appétit [apeti] *m* Appetit *m*; **bon ~!** guten
Appetit!

applaudir [aplodiʀ] ⟨8⟩ **1.** vt Beifall klatschen +dat; **2.** vi klatschen; **applaudissements** mpl Beifall m.

applique [aplik] f Wandleuchte f.

appliqué, e [aplike] adj (élève, etc) fleißig; (science) angewandt.

appliquer [aplike] ⟨1⟩ **1.** vt anwenden; (poser) anbringen; **2.** vpr: s'~ (élève) sich anstrengen.

appoint [apwɛ̃] m: faire l'~ die genaue Summe zahlen.

appointements [apwɛ̃tmɑ̃] mpl Einkünfte pl.

apport [apɔʀ] m Beitrag m.

apporter [apɔʀte] ⟨1⟩ vt bringen.

appréciable [apʀesjabl] adj (important) beträchtlich.

apprécier [apʀesje] ⟨1⟩ vt (personne) schätzen; (distance) abschätzen; (importance) einschätzen.

appréhender [apʀeɑ̃de] ⟨1⟩ vt (craindre) fürchten; (arrêter) festnehmen.

appréhension [apʀeɑ̃sjõ] f (crainte) Furcht f.

apprendre [apʀɑ̃dʀ(ə)] ⟨13⟩ vt (nouvelle) erfahren; (leçon) lernen; ~ qch à qn (informer) jdm etw mitteilen; (enseigner) jdn etw lehren; ~ à faire qch lernen, etw zu tun.

apprenti, e [apʀɑ̃ti] m, f Lehrling m, Auszubildende(r) mf; **apprentissage** [apʀɑ̃tisaʒ] m Lehre f, Ausbildung f; **contrat d'~** Ausbildungsvertrag m.

apprivoiser [apʀivwaze] ⟨1⟩ vt zähmen.

approbation [apʀɔbasjõ] f Zustimmung f.

approche [apʀɔʃ] f Herannahen nt; (d'un problème) Methode f; (fam: conception) Einstellung f; **approcher** ⟨1⟩ **1.** vi sich nähern; (vacances, date) nahen, näherrücken; ~ **de** (but, moment) näherkommen +dat; **2.** vt näher [heran]rücken, näher [heran]stellen (de an +akk); **3.** vpr: s'~ de sich nähern +dat.

approfondir [apʀɔfõdiʀ] ⟨8⟩ vt vertiefen.

approprié, e [apʀɔpʀije] adj: ~ à angemessen +dat.

approprier [apʀɔpʀije] ⟨1⟩ vpr: s'~ sich dat aneignen.

approuver [apʀuve] ⟨1⟩ vt (projet) genehmigen; (loi) annehmen; (personne) zustimmen +dat.

approvisionner [apʀɔvizjɔne] ⟨1⟩ vt beliefern, versorgen; (compte bancaire) auffüllen.

approximatif, -ive [apʀɔksimatif, iv] adj ungefähr.

Appt. abr de **appartement** Wohnung f.

appui [apɥi] m Stütze f; (de fenêtre) Fensterbrett nt, Brüstung f; (fig) Unterstützung f, Hilfe f; **prendre ~ sur** sich stützen auf +akk; **à l'~ de** zum Nachweis +gen; **appu-**

yer ⟨6⟩ **1.** vt (soutenir) unterstützen; **2.** vpr: s'~ **sur** sich stützen auf +akk; ~ **qch sur/contre/à** (poser) etw stützen auf +akk/ etw lehnen gegen/an +akk; ~ **sur** drücken auf +akk; (frein) betätigen; (mot, détail) unterstreichen.

âpre [ɑpʀ(ə)] adj herb; (voix) rauh; (lutte) heftig, erbittert.

après [apʀɛ] **1.** prép nach; **2.** adv danach; ~ **qu'il est parti** nachdem er weggegangen ist; ~ **avoir fait qch** nachdem er/sie etw getan hat; **d'~ lui** ihm zufolge; ~ **coup** hinterher, nachträglich; **après-demain** adv übermorgen; **après-guerre** m Nachkriegszeit f; **après-midi** m o f inv Nachmittag m.

à-propos [apʀopo] m (présence d'esprit) Geistesgegenwart f; (repartie) Schlagfertigkeit f.

apte [apt(ə)] adj fähig; (MIL) tauglich; **aptitude** [aptityd] f Fähigkeit f; (prédisposition) Begabung f.

aquaplaning [akwaplaniŋ] m Aquaplaning nt.

aquarelle [akwaʀɛl] f Aquarellmalerei f; (tableau) Aquarell nt.

aquarium [akwaʀjɔm] m Aquarium nt.

aquatique [akwatik] adj Wasser-.

A.R. 1. abr de **aller et retour** hin und zurück; **2.** m abr de **accusé de réception** Rückschein m.

arabe [aʀab] adj arabisch; **Arabe** m/f Araber(in) m(f).

Arabie Saoudite [aʀabisaudit] f: l'~ Saudi-Arabien nt.

arachide [aʀaʃid] f Erdnuß f.

araignée [aʀeɲe] f Spinne f.

arbitraire [aʀbitʀɛʀ] adj willkürlich.

arbitre [aʀbitʀ(ə)] m (SPORT) Schiedsrichter(in) m(f); (JUR) Schlichter(in) m(f).

arborer [aʀbɔʀe] ⟨1⟩ vt (drapeau) hissen; (fig) zur Schau tragen.

arbre [aʀbʀ(ə)] m Baum m; ~ **de transmission** (AUTO) Kardanwelle f; ~ **généalogique** Stammbaum m.

arbuste [aʀbyst(ə)] m Busch m, Strauch m.

arc [aʀk] m Bogen m.

A.R.C. [aʀk] f acr de **Association pour la recherche contre le cancer** ≈ Deutsche Krebshilfe f.

arcade [aʀkad] f Arkade f; ~ **sourcilière** Augenbrauenbogen m.

arc-boutant ⟨arcs-boutants⟩ [aʀkbutɑ̃] m (ARCHIT) Strebebogen m.

arc-bouter ⟨1⟩ vpr: s'~ sich aufstemmen.

arc-en-ciel ⟨arcs-en-ciel⟩ [aʀkɑ̃sjɛl] m Regenbogen m.

arche [aʀʃ(ə)] f Brückenbogen m.

archet [aʀʃɛ] m (de violon, etc) Bogen m.

archevêque [aʀʃəvɛk] m Erzbischof m.

architecte [aʀʃitɛkt(ə)] *m/f* Architekt(in) *m(f)*; **architecture** [aʀʃitɛktyʀ] *f* Architektur *f*, (ART) Baustil *m*.

archiver [aʀʃive] ⟨1⟩ *vt* (*a.* INFORM) archivieren; **archives** *fpl* Archiv *nt*.

arctique [aʀktik] **1.** *adj* arktisch; **2.** *m*: **l'Arctique** die Arktis.

ardent, e [aʀdã, ãt] *adj* (*feu, soleil*) glühend, heiß; (*soif*) brennend; (*prière*) inbrünstig; (*amour*) leidenschaftlich; (*lutte*) erbittert.

ardeur [aʀdœʀ] *f* (*du soleil, feu*) Glut *f*, Hitze *f*; (*fig: ferveur*) Leidenschaft *f*, Heftigkeit *f*, Eifer *m*.

ardoise [aʀdwaz] *f* Schiefer *m*; (SCOL) [Schiefer]tafel *f*.

ardu, e [aʀdy] *adj* schwierig.

arête [aʀɛt] *f* (*de poisson*) Gräte *f*; (*d'une montagne*) Grat *m*, Kamm *m*; (MATH, ARCHIT) Kante *f*.

argent [aʀʒã] *m* (*métal*) Silber *nt*; (*monnaie*) Geld *nt*; **~ liquide** Bargeld *nt*; **argenterie** *f* Silber *nt*.

argentin, e [aʀʒãtɛ̃, in] *adj* (*son*) silberhell; (GÉO) argentinisch.

Argentine [aʀʒãtin] *f*: **l'~** Argentinien *nt*.

argile [aʀʒil] *f* Ton *m*, Lehm *m*.

argot [aʀgo] *m* Argot *nt*, Slang *m*.

argument [aʀgymã] *m* (*raison*) Argument *nt*; **argumentaire** *m* Broschüre *f*.

Argus [aʀgys] *m* offizielle Preisliste für Gebrauchtwagen.

aride [aʀid] *adj* ausgetrocknet; (*cœur*) gefühllos.

arithmétique [aʀitmetik] **1.** *adj* arithmetisch; **2.** *f* Arithmetik *f*.

armateur [aʀmatœʀ] *m* Reeder(in) *m(f)*.

armature [aʀmatyʀ] *f* (*de bâtiment*) Gerüst *nt*; (*de tente*) Gestänge *nt*; (*de soutiengorge*) Bügel *m*.

arme [aʀm(ə)] *f* Waffe *f*; **~s** *fpl* (*blason*) Wappen *nt*; **~ à feu** Feuerwaffe *f*.

armé, e [aʀme] *adj* bewaffnet; **~ de** (*garni, équipé*) versehen mit, ausgerüstet mit.

armée [aʀme] *f* Armee *f*; **~ de l'air/de terre** Luftwaffe *f*/Heer *nt*.

armement [aʀməmã] *m* Bewaffnung *f*; (*matériel*) Rüstung *f*.

armer [aʀme] ⟨1⟩ **1.** *vt* bewaffnen; (*arme à feu*) spannen; (*appareil photo*) weiterspulen; **2.** *vpr*: **s'~ de** sich bewaffnen mit; (*courage, patience*) sich wappnen mit.

armistice [aʀmistis] *m* Waffenstillstand *m*.

armoire [aʀmwaʀ] *f* Schrank *m*.

armoiries [aʀmwaʀi] *fpl* Wappen *nt*.

armure [aʀmyʀ] *f* Rüstung *f*.

arnaque [aʀnak] *f*: **c'est de l'~** das ist Wucher; **arnaquer** ⟨1⟩ *vt* (*fam*) übers Ohr hauen; **se faire ~** übers Ohr gehauen werden.

aromate [aʀɔmat] *m* Duftstoff *m*; (*épice*) Gewürz *nt*.

arôme [aʀom] *m* Aroma *nt*; (*odeur*) Duft *m*.

arpenter [aʀpãte] ⟨1⟩ *vt* auf und ab gehen in +*dat*, durchmessen +*akk*.

arpenteur [aʀpãtœʀ] *m* Landvermesser(in) *m(f)*.

arqué, e [aʀke] *adj* gekrümmt.

arrache-pied [aʀaʃpje] *adv*: **d'~** unermüdlich.

arracher [aʀaʃe] ⟨1⟩ **1.** *vt* herausziehen; (*dent*) ausreißen; (*page*) herausreißen; (*fig: obtenir*) abringen; **2.** *vpr*: **s'~** (*personne, article très recherché*) sich reißen um; **s'~ de/à** sich losreißen von.

arraisonner [aʀɛzɔne] ⟨1⟩ *vt* (*bateau*) überprüfen, kontrollieren.

arrangeant, e [aʀãʒã, ãt] *adj* (*personne*) verträglich.

arranger [aʀãʒe] ⟨2⟩ **1.** *vt* (*appartement*) einrichten; (*rendez-vous*) vereinbaren; (*voyage*) organisieren; (*problème*) regeln, in Ordnung bringen; (MUS) arrangieren; **2.** *vpr*: **s'~** (*se mettre d'accord*) sich einigen; **s'~ pour que** sich so einrichten, daß; **cela m'arrange** das paßt mir gut.

arrestation [aʀɛstasjõ] *f* Verhaftung *f*, Festnahme *f*.

arrêt [aʀɛ] *m* Anhalten *nt*, Stillstehen *nt*, Halt *m*, Stillstand *m*; (JUR) Urteil *nt*, Entscheidung *f*; **sans ~** ununterbrochen, unaufhörlich; **~ interdit** Halteverbot *nt*; **~ [d'autobus]** Haltestelle *f*; **~ de mort** Todesurteil *nt*.

arrêté [aʀete] *m* (JUR) Erlaß *m*.

arrêter [aʀete] ⟨1⟩ **1.** *vt* (*projet, construction*) einstellen; (*voiture, personne*) anhalten; (*date*) festlegen; (*suspect*) festnehmen, verhaften; **2.** *vpr*: **s'~** stehenbleiben; (*pluie, bruit*) aufhören; **son choix s'est arrêté sur** seine Wahl fiel auf +*akk*; **~ de faire qch** aufhören, etw zu tun.

arrhes [aʀ] *fpl* Anzahlung *f*.

arrière [aʀjɛʀ] **1.** *adj inv*: **feu/siège/roue ~** Rücklicht *nt*/Rücksitz *m*/Hinterrad *nt*; **2.** *m* (*d'une voiture*) Heck *nt*; (*d'une maison*) Rückseite *f*; (SPORT) Verteidiger(in) *m(f)*; **à l'~** hinten; **en ~** rückwärts.

arriéré, e [aʀjeʀe] **1.** *adj* (*personne*) zurückgeblieben; **2.** *m* (*d'argent*) [Zahlungs]rückstand *m*.

arrière... [aʀjɛʀ] *préf* Hinter-; Nach-; **arrière-goût** (*arrière-goûts*) *m* Nachgeschmack *m*; **arrière-grand-mère** (*arrière-grands-mères*) *f* Urgroßmutter *f*; **arrière-grand-père** (*arrière-grands-pères*) *m* Urgroßvater *m*; **arrière-pays** *m inv* Hinterland *nt*; **arrière-pensée** (*arrière-pensées*) *f* Hintergedanke *m*; **arrière-plan** (*arrière-plans*) *m* Hinter-

grund *m*.
arrimer [aʀime] ⟨1⟩ *vt* (*chargement*) verstauen; (*bateau*) festmachen.
arrivage [aʀivaʒ] *m* (*marchandises*) Eingang *m*.
arrivée [aʀive] *f* Ankunft *f*; (*SPORT*) Ziel *nt*; ~ **d'air/de gaz** (*TECH*) Luft-/Gaszufuhr *f*.
arriver [aʀive] ⟨1⟩ *vi avec être* (*événement, fait*) geschehen, sich ereignen; (*dans un lieu*) ankommen; **j'arrive à faire qch** es gelingt mir, etw zu tun; **il arrive que** es kommt vor, daß; **il lui arrive de rire** es kommt vor, daß er lacht.
arriviste [aʀivist(ə)] *m/f* Streber(in) *m(f)*.
arroger [aʀɔʒe] ⟨2⟩ *vpr*: **s'~** (*droit*) sich *dat* anmaßen.
arrondir [aʀɔ̃diʀ] ⟨8⟩ *vt* (*forme*) runden; (*somme*) [auf]runden, [ab]runden; ~ **ses fins de mois** sein Gehalt aufbessern.
arrondissement [aʀɔ̃dismɑ̃] *m* Verwaltungsbezirk *m*; (*Paris, Lyon, Marseille*) Stadtbezirk *m*.
arroser [aʀoze] ⟨1⟩ *vt* gießen; (*rôti, victoire*) begießen; **arrosoir** [aʀozwaʀ] *m* Gießkanne *f*.
arsenal ⟨arsenaux⟩ [aʀsənal, o] *m* (*NAUT*) Werft *f*; (*MIL*) Arsenal *nt*; (*dépôt d'armes*) Waffenlager *nt*; (*panoplie*) Sammlung *f*.
art [aʀ] *m* Kunst *f*; ~ **dramatique** Schauspielkunst *f*.
art. *abr de* **article** (*JUR*) Artikel *m*.
artère [aʀtɛʀ] *f* Arterie *f*; (*rue*) Verkehrsader *f*.
artichaut [aʀtiʃo] *m* Artischocke *f*.
article [aʀtikl(ə)] *m* Artikel *m*; **faire l'~** seine Ware anpreisen; ~ **de fond** Leitartikel *m*.
articulation [aʀtikylasjɔ̃] *f* (*LING*) Artikulation *f*; (*ANAT*) Gelenk *nt*; **articuler** ⟨1⟩ **1.** *vt* (*prononcer*) aussprechen; **2.** *vpr*: **s'~** [sur] (*ANAT, TECH*) durch ein Gelenk verbunden sein [mit].
artifice [aʀtifis] *m* Trick *m*, Kunstgriff *m*.
artificiel, le [aʀtifisjɛl] *adj* künstlich; (*péj: factice*) gekünstelt.
artisan [aʀtizɑ̃] *m* Handwerker(in) *m(f)*; **artisanat** [aʀtizana] *m* Handwerk *nt*.
artiste [aʀtist(ə)] *m/f* Künstler(in) *m(f)*; **artistique** *adj* künstlerisch.
as [ɑs] *m* As *nt*.
a/s *abr de* **aux bons soins de** zu treuen Händen von.
ascendant, e [asɑ̃dɑ̃, ɑ̃t] **1.** *adj* aufsteigend; **2.** *m* (*influence*) Einfluß *m*; (*ASTR*) Aszendent *m*.
ascenseur [asɑ̃sœʀ] *m* Aufzug *m*.
ascension [asɑ̃sjɔ̃] *f* Besteigung *f*; (*d'un ballon, etc*) Aufstieg *m*; **l'Ascension** [Christi] Himmelfahrt *f*.
aseptiser [asɛptize] ⟨1⟩ *vt* keimfrei machen.

asiatisch; **Asiatique** *m/f* Asiat(in) *m(f)*; **Asie** [azi] *f*: **l'~** Asien *nt*.
asile [azil] *m* (*refuge*) Zuflucht *f*; (*POL*) Asyl *nt*; (*pour troubles mentaux*) Anstalt *f*, Heim *nt*; **droit d'~** Asylrecht *nt*.
aspect [aspɛ] *m* (*apparence*) Aussehen *nt*; (*point de vue*) Aspekt *m*, Gesichtspunkt *m*; **à l'~ de** beim Anblick von.
asperge [aspɛʀʒ(ə)] *f* Spargel *m*.
asperger [aspɛʀʒe] ⟨2⟩ *vt* bespritzen.
aspérité [aspeʀite] *f* Unebenheit *f*.
asphyxie [asfiksi] *f* Ersticken *nt*.
aspic [aspik] *m* (*ZOOL*) Natter *f*; (*GASTR*) Sülze *f*.
aspirateur [aspiʀatœʀ] *m* Staubsauger *m*.
aspiration [aspiʀasjɔ̃] *f* Atemholen *nt*, Einatmen *nt*; Aufsaugen *nt*; (*pl: ambition*) Streben *nt* (*à nach*); **les ~s** *pl* die Ambitionen *pl*; **aspirer** ⟨1⟩ *vt* aufsaugen; (*air*) einatmen; ~ **à** streben nach.
assagir [asaʒiʀ] ⟨8⟩ *vpr*: **s'~** ruhiger werden.
assaillir [asajiʀ] *irr vt* angreifen; (*fig*) überschütten (*de* mit).
assainir [aseniʀ] ⟨8⟩ *vt* sanieren; (*pièce*) desinfizieren; (*nettoyer*) saubermachen.
assaisonnement [asɛzɔnmɑ̃] *m* Gewürz *nt*; (*action*) Würzen *nt*; **assaisonner** ⟨1⟩ *vt* (*plat*) würzen; (*salade*) anmachen.
assassin [asasɛ̃] *m* Mörder(in) *m(f)*; **assassiner** [asasine] ⟨1⟩ *vt* ermorden.
assaut [aso] *m* (*MIL*) [Sturm]angriff *m*; **prendre d'~** stürmen.
assécher [aseʃe] ⟨5⟩ *vt* (*terrain*) trockenlegen.
ASSEDIC [asedik] *fpl acr de* **Association pour l'emploi dans l'industrie et le commerce** ≈ Arbeitslosenversicherung *f*.
assemblée [asɑ̃ble] *f* Versammlung *f*; **assembler** ⟨1⟩ **1.** *vt* (*TECH*) zusammensetzen; (*mots, idées*) verbinden; **2.** *vpr*: **s'~** (*personnes*) sich versammeln; **assembleur** *m* (*INFORM*) Assembler *m*.
assentiment [asɑ̃timɑ̃] *m* Zustimmung *f*, Einwilligung *f*.
asseoir [aswaʀ] *irr* **1.** *vt* hinsetzen; (*autorité, réputation*) festigen; **2.** *vpr*: **s'~** sich setzen.
assermenté, e [asɛʀmɑ̃te] *adj* beeidigt, vereidigt.
assertion [asɛʀsjɔ̃] *f* Behauptung *f*.
assez [ase] *adv* (*suffisamment*) genug; (*avec adjectif, adverbe*) ziemlich; ~ **de pain/livres** genug [o genügend] Brot/Bücher; **en avoir ~ de qch** von etw genug haben, etw satt haben.
assidu, e [asidy] *adj* eifrig; (*consciencieux*) gewissenhaft; **assiduité** [asidɥite] *f* Eifer *m*; Gewissenhaftigkeit *f*; ~**s** *fpl* [lästige]

Aufmerksamkeiten *pl.*

assiéger [asjeʒe] ⟨2, 5⟩ *vt* belagern.

assiette [asjɛt] *f* Teller *m;* ~ **anglaise** kalter Aufschnitt; ~ **plate/creuse/à dessert** flacher Teller/Suppenteller/Dessertteller.

assigner [asiɲe] ⟨1⟩ *vt* (*part, travail*) zuweisen, zuteilen; (*limite, crédit*) festsetzen (à für); (*cause, effet*) zuschreiben (à *dat*).

assimiler [asimile] ⟨1⟩ *vt* (*digérer*) verdauen; (*connaissances, idée*) verarbeiten; (*immigrants*) integrieren; ~ **qch/qn à** (*comparer*) etw/jdn gleichstellen mit.

assis, e [asi, iz] **1.** *adj* sitzend; **2.** *f* (*d'une maison, d'un objet*) Unterbau *m;* (GÉO) Schicht *f;* (*d'un régime*) Grundlage *f;* ~**es** *fpl* (JUR) Schwurgericht *nt.*

assistance [asistɑ̃s] *f* (*public*) Publikum *nt;* (*aide*) Hilfe *f;* ~ **juridique** Rechtsschutzversicherung *f;* **l'Assistance publique** die Fürsorge; **assistant, e** [asistɑ̃, ɑ̃t] *m, f* Assistent(in) *m(f);* ~**s** *mpl* (*public*) Anwesende *pl;* ~(**e**) **social(e)** Sozialarbeiter(in) *m(f).*

assisté, e [asiste] *adj:* **direction** ~**e** (AUTO) Servolenkung.

assister [asiste] ⟨1⟩ *vt, vi:* ~ **à** beiwohnen +*dat;* ~ **qn** jdm helfen.

association [asɔsjasjɔ̃] *f* Vereinigung *f;* (*d'idées*) Assoziation *f;* (*participation*) Beteiligung *f;* (*groupe*) Verein *m;* **associé, e** *m, f* (COMM) Gesellschafter(in) *m(f);* **associer** [asɔsje] ⟨1⟩ **1.** *vt* vereinigen; (*mots, idées*) verbinden; **2.** *vpr:* **s'**~ sich verbinden; **s'**~ **à** sich anschließen an +*akk;* ~ **qn à** (*faire participer*) jdn beteiligen an +*dat;* ~ **qch à** (*joindre*) etw verbinden mit.

assombrir [asɔ̃bʀiʀ] ⟨8⟩ *vt* verdunkeln.

assommer [asɔme] ⟨1⟩ *vt* niederschlagen, totschlagen.

Assomption [asɔ̃psjɔ̃] *f:* **l'**~ Mariä Himmelfahrt *f.*

assorti, e [asɔʀti] *adj* [zusammen]passend; **fromages/légumes** ~**s** Käse-/Gemüseplatte *f;* ~ **à** passend zu; **assortiment** [asɔʀtimɑ̃] *m* Auswahl *f.*

assoupir [asupiʀ] ⟨8⟩ *vpr:* **s'**~ einschlummern, einnicken; (*fig*) sich beruhigen.

assouplir [asupliʀ] ⟨8⟩ *vt* geschmeidig machen; (*fig*) lockern; **assouplissant** *m* Weichspüler *m.*

assourdir [asuʀdiʀ] ⟨8⟩ *vt* (*étouffer*) abschwächen; (*rendre sourd*) betäuben.

assujettir [asyʒetiʀ] ⟨8⟩ *vt* unterwerfen; ~ **qn à qch** (*impôt*) jdm etw auferlegen.

assumer [asyme] ⟨1⟩ *vt* (*fonction, emploi*) übernehmen.

assurance [asyʀɑ̃s] *f* (*confiance en soi*) Selbstbewußtsein *nt;* (*contrat*) Versicherung *f;* ~ **annulation** Reiserücktrittsversicherung *f;* ~ **habitation** Hausratversicherung *f;* ~ **au tiers** [Kraftfahrzeug]haftpflichtversiche-

rung *f;* ~ **tierce** Vollkaskoversicherung *f;* **assurance vol** ⟨assurances vol⟩ *f* Diebstahlversicherung *f;* **assurance voyage** ⟨assurances voyage⟩ *f* Reiseversicherung *f;* **assuré, e** **1.** *adj:* ~ **de qch** einer Sache gen sicher; **2.** *m, f* (*couvert par une assurance*) Versicherte(r) *mf;* **assurément** *adv* sicherlich, ganz gewiß; **assurer** [asyʀe] ⟨1⟩ **1.** *vt* (COMM) versichern; (*démarche, construction*) absichern; (*succès, victoire*) sichern; (*fait*) bestätigen; (*service, garde*) sorgen für, stellen; **2.** *vpr:* **s'**~ (COMM) sich versichern; (*vérifier*) sich überzeugen von; ~ **[à qn] que ...** (*affirmer*) [jdm] versichern, daß ...; ~ **qn de qch** (*confirmer, garantir*) jdm etw zusichern.

astérisque [asteʀisk(ə)] *m* (TYPO) Sternchen *nt.*

asthme [asm(ə)] *m* Asthma *nt.*

asticot [astiko] *m* Made *f.*

astiquer [astike] ⟨1⟩ *vt* polieren.

astre [astʀ(ə)] *m* Gestirn *nt.*

astreindre [astʀɛ̃dʀ(ə)] *irr comme peindre, vt:* ~ **qn à qch** jdn zu etw zwingen; ~ **qn à faire qch** jdn zwingen, etw zu tun.

astrologie [astʀɔlɔʒi] *f* Astrologie *f.*

astronaute [astʀonot] *m/f* Astronaut(in) *m(f).*

astronomie [astʀɔnɔmi] *f* Astronomie *f.*

astuce [astys] *f* (*ingéniosité*) Findigkeit *f;* (*plaisanterie*) Witz *m;* (*truc*) Trick *m,* Kniff *m.*

atelier [atəlje] *m* Werkstatt *f;* (*de peintre*) Atelier *m.*

athée [ate] *adj* atheistisch.

athlète [atlɛt] *m/f* (SPORT) Athlet(in) *m(f);* **athlétisme** [atletism(ə)] *m* Leichtathletik *f.*

atlantique [atlɑ̃tik] *m:* **l'[océan] Atlantique** der Atlantische Ozean.

atmosphère [atmosfɛʀ] *f* Atmosphäre *f;* (*air*) Luft *f.*

atome [atom] *m* Atom *nt;* **atomique** [atomik] *adj* Atom-.

atomiseur [atomizœʀ] *m* Zerstäuber *m.*

atout [atu] *m* Trumpf *m.*

atroce [atʀɔs] *adj* entsetzlich; (*fam*) gräßlich.

attabler [atable] ⟨1⟩ *vpr:* **s'**~ sich an den Tisch setzen.

attachant, e [ataʃɑ̃, ɑ̃t] *adj* liebenswert.

attache [ataʃ] *f* [Heft]klammer *f;* (*fig*) Bindung *f,* Band *nt.*

attacher [ataʃe] ⟨1⟩ **1.** *vt* (*chien*) anbinden, festbinden; (*bateau*) festmachen; (*étiquette*) befestigen; (*mains, pieds, prisonnier*) fesseln; (*ceinture, tablier*) umbinden; (*souliers*) binden, schnüren; ~ **qch** etw festmachen, etw befestigen (à an +*dat*); **2.** *vi* (GASTR: *riz, poêle*) anhängen; **3.** *vpr:* **s'**~ **à**

qn jdn liebgewinnen.

attaque [atak] f Angriff m; (MÉD: cardiaque) Anfall m; (MÉD: cérébrale) Schlag m; **attaquer** ⟨1⟩ vt angreifen; (travail) in Angriff nehmen.

attardé, e [atarde] adj verspätet; (enfant, classe) zurückgeblieben; (conception, etc) rückständig; **attarder** ⟨1⟩ vpr: s'~ sich verspäten, sich aufhalten.

atteindre [atɛ̃dʀ(ə)] irr comme peindre, vt erreichen; (projectile) treffen; **atteint, e** 1. adj: être ~ de (MÉD) leiden an +dat; 2. f Angriff m, Verletzung f; hors d'~e außer Reichweite; porter ~e à angreifen.

attelle [atɛl] f (MÉD) Schiene f.

attenant, e [at(ə)nɑ̃, ɑ̃t] adj: ~ à [an]grenzend an +akk.

attendre [atɑ̃dʀ(ə)] ⟨14⟩ 1. vt warten auf +akk; (être destiné à) erwarten; 2. vi warten bis; ~ un enfant ein Kind erwarten; 3. vpr: s'~ à warten mit; ~ que warten bis; ~ un enfant ein Kind erwarten; ~ qch de qn/qch etw von jdm/etw erwarten.

attendrir [atɑ̃dʀiʀ] ⟨8⟩ 1. vt (personne) rühren; 2. vpr: s'~ gerührt sein (sur von).

attendu, e [atɑ̃dy] adj (personne, jour) erwartet; ~ que (a. JUR) da.

attentat [atɑ̃ta] m Attentat nt, Anschlag m; ~ à la pudeur Sittlichkeitsvergehen nt.

attente [atɑ̃t] f Warten nt, Wartezeit f; (espérance) Erwartung f.

attenter [atɑ̃te] ⟨1⟩ vi: ~ à (vie) einen Anschlag verüben auf +akk; (liberté) verletzen +akk.

attentif, -ive [atɑ̃tif, iv] adj aufmerksam; (soins, travail) sorgfältig.

attention [atɑ̃sjɔ̃] f Aufmerksamkeit f; à l'~ de zu Händen von; faire ~ à achtgeben auf +akk; faire ~ que/à ce que ... aufpassen, daß ...; ~! Achtung!, Vorsicht!; **attentionné, e** [atɑ̃sjɔne] adj aufmerksam, zuvorkommend.

atténuant, e [atenyɑ̃, ɑ̃t] adj: circonstances ~es fpl mildernde Umstände pl; **atténuer** ⟨1⟩ vt abschwächen.

atterrer [atɛʀe] ⟨1⟩ vt bestürzen.

atterrir [atɛʀiʀ] ⟨8⟩ vi landen; **atterrissage** m Landung f.

attestation [atɛstasjɔ̃] f Bescheinigung f; **attester** ⟨1⟩ vt bestätigen; (témoigner de) zeugen von.

attirail [atiʀaj] m Ausrüstung f; (péj) Zeug nt.

attirer [atiʀe] ⟨1⟩ 1. vt anlocken; (chose) anziehen; 2. vpr: s'~ des ennuis sich dat Ärger einhandeln; ~ qn dans un coin/vers soi (entraîner) jdn in eine Ecke/zu sich ziehen.

attitude [atityd] f Haltung f; (comportement) Verhalten nt.

attraction [atʀaksjɔ̃] f (attirance) Reiz m; (terrestre) Anziehungskraft f; (de foire) At-

traktion f.

attrait [atʀɛ] m Reiz m.

attraper [atʀape] ⟨1⟩ vt fangen; (habitude) annehmen; (maladie) bekommen; (fam: amende) aufgebrummt bekommen; (duper) hereinlegen.

attrayant, e [atʀɛjɑ̃, ɑ̃t] adj attraktiv.

attribuer [atʀibɥe] ⟨1⟩ 1. vt (prix) verleihen; (rôle, tâche) zuweisen, zuteilen; (conséquence) zuschreiben; 2. vpr: s'~ für sich in Anspruch nehmen.

attribut [atʀiby] m (symbole) Merkmal nt, Kennzeichen nt; (LING) Attribut nt.

attrouper [atʀupe] ⟨1⟩ vpr: s'~ sich versammeln.

au prép v. **à**.

aubaine [obɛn] f Glücksfall m.

aube [ob] f (du jour) Morgengrauen nt; l'~ de (fig) der Anbruch +gen; à l'~ bei Tagesanbruch.

auberge [obɛʀʒ(ə)] f Gasthaus nt; ~ de jeunesse Jugendherberge f.

aubergine [obɛʀʒin] f Aubergine f.

aubergiste [obɛʀʒist(ə)] m/f [Gast]wirt(in) m(f).

aucun, e [okœ̃, yn] 1. adj kein(e); 2. pron keine(r, s); sans ~ doute zweifellos; plus qu'~ autre mehr als jeder andere; ~ des deux/participants keiner von beiden/keiner der Teilnehmer.

audace [odas] f (hardiesse) Kühnheit f; (péj: culot) Frechheit f; **audacieux, -euse** adj kühn.

au-delà [od(ə)la] 1. adv weiter, darüber hinaus; 2. m: l'~ das Jenseits; ~ de jenseits von; (limite) über +dat.

au-dessous [od(ə)su] adv unten; darunter; ~ de unter +dat; (mouvement) unter +akk.

au-dessus [od(ə)sy] adv oben; darüber; ~ de über +dat; (mouvement) über +akk.

au-devant [od(ə)vɑ̃] prép: aller ~ de entgegengehen +dat; (désirs de qn) zuvorkommen +dat.

audience [odjɑ̃s] f (entrevue) Audienz f; (JUR: séance) Sitzung f.

audiovisuel, le [odjovizɥɛl] 1. adj audiovisuell; 2. m Rundfunk und Fernsehen pl.

auditeur, -trice [oditœʀ, tʀis] m, f [Zu]hörer(in) m(f); ~ libre (SCOL) Gasthörer(in) m(f).

audition [odisjɔ̃] f (ouïe) Hören nt; (de témoins) Anhörung f; (THÉÂT) Vorsprechprobe f; **auditionner** [odisjɔne] ⟨1⟩ vt (artiste) vorsprechen (o vorspielen) lassen.

auditoire [oditwaʀ] m Publikum nt.

augmentation [ɔgmɑ̃tasjɔ̃] f: ~ [de salaire] Gehalts-/Lohnerhöhung f; **augmenter** ⟨1⟩ 1. vt erhöhen; (grandeur) erweitern; (employé, salarié) eine Gehaltserhöhung/Lohnerhöhung geben +dat; 2. vi zunehmen, sich vergrößern; steigen; (*vie, produit*) teurer werden.

augure [ogyʀ] *m* Wahrsager(in) *m(f)*, Seher(in) *m(f)*; **être de bon/mauvais ~** ein gutes/schlechtes Zeichen sein.

aujourd'hui [oʒuʀdɥi] *adv* heute; (*de nos jours*) heutzutage.

auparavant [opaʀavɑ̃] *adv* vorher, zuvor.

auprès [opʀɛ] *prép*: ~ **de** bei.

auquel *pron v.* **lequel**.

auriculaire [oʀikylɛʀ] *m* kleiner Finger.

aurore [oʀoʀ] *f* Morgengrauen *nt*; ~ **boréale** Nordlicht *nt*.

ausculter [oskylte] ⟨1⟩ *vt* (*malade*) abhorchen.

aussi [osi] **1.** *adv* (*également*) auch, ebenfalls; (*avec adjectif, adverbe*) [eben]so; **2.** *conj* (*par conséquent*) also, deshalb; ~ **fort/rapidement que ...** ebenso stark/ schnell wie ...; **moi ~** ich auch; **aussitôt** *adv* sofort, [so]gleich; ~ **que** sobald.

austère [ostɛʀ] *adj* (*personne*) asketisch, streng; (*paysage*) karg; **austérité** *f* (*ÉCON*) Sparmaßnahmen *pl*.

austral, e [ostʀal] *adj* südlich, Süd-.

Australie [ostʀali] *f*: **l'~** Australien *nt*; **australien, ne** *adj* australisch; **Australien, ne** *m, f* Australier(in) *m(f)*.

autant [otɑ̃] *adv* (*tant, tellement*) soviel; ~ [**que**] [eben]soviel [wie]; ~ **de** soviel; ~ **partir/ne rien dire** es ist besser abzufahren/ nichts zu sagen; **il y a ~ de garçons que de filles** es gibt [eben]soviele Jungen wie Mädchen; **pour ~** trotzdem; **pour ~ que** soviel, soweit; **d'~ plus/moins/mieux [que]** um so mehr/weniger/besser [als].

autel [otɛl] *m* Altar *m*.

auteur [otœʀ] *m* (*d'un crime*) Täter(in) *m(f)*; (*d'un livre*) Autor(in) *m(f)*, Verfasser(in) *m(f)*.

authentique [otɑ̃tik] *adj* echt; (*véridique*) wahr.

autisme [otism(ə)] *m* Autismus *m*; **autiste** *adj* autistisch.

auto- [oto] *préf* Auto-, Selbst-; **autoallumage** *m* (*TECH*) Selbstzündung *f*; **autobiographie** *f* Autobiographie *f*.

autobus [otobys] *m* [Stadt]bus *m*; **autocar** *m* [Reise]bus *m*.

autocollant, e [otokɔlɑ̃, ɑ̃t] **1.** *adj* selbstklebend; **enveloppe** ~ **e** Briefumschlag *m* mit Klebverschluß; **2.** *m* Aufkleber *m*; **autocritique** *f* Selbstkritik *f*.

autocuiseur [otokɥizœʀ] *m* Schnellkochtopf *m*.

autodéfense [otodefɑ̃s] *f* Selbstverteidigung *f*; **autodétermination** *f* Selbstbestimmung *f*; **autodidacte** *m/f* Autodidakt(in) *m(f)*.

auto-école [otoekɔl] *f* Fahrschule *f*.

autofocus [otofokys] *m* (*PHOTO*) Autofokus *m*.

autographe [otogʀaf] *m* Autogramm *nt*.

automate [otomat] *m* (*a. fig*) Roboter *m*; **automatique** *adj* automatisch; **automatisme** *m* Automatismus *m*.

automne [otɔn] *m* Herbst *m*; **en ~** im Herbst.

automobile [otomobil] *f* Auto *nt*; **automobiliste** *m/f* Autofahrer(in) *m(f)*.

autonome [otonom] *adj* autonom; (*appareil, système*) unabhängig.

autoreverse [otoʀəvɛʀs, -ʀivœʀs] *adj inv* (*magnétophone*) mit Autoreverse.

autorisation [otoʀizazjɔ̃] *f* Genehmigung *f*, Erlaubnis *f*; **autorisé, e** *adj* (*personne*) berechtigt; (*source*) zuverlässig; (*opinion*) maßgeblich; **autoriser** [otoʀize] ⟨1⟩ *vt* genehmigen; (*permettre*) berechtigen (*à zu*).

autoritaire [otoʀitɛʀ] *adj* autoritär.

autorité [otoʀite] *f* Machtbefugnis *f*; (*ascendant, influence*) Autorität *f*; **faire ~** maßgeblich sein.

autoroute [otoʀut] *f* Autobahn *f*.

auto-stop [otostɔp] *m* Trampen *nt*; **faire de l'~** per Anhalter fahren, trampen; **autostoppeur, -euse** *m, f* Tramper(in) *m(f)*, Anhalter(in) *m(f)*.

autour [otuʀ] *adv* herum, umher; **tout ~** ringsherum; ~ **de** um [... herum]; (*environ*) etwa.

autre [otʀ(ə)] **1.** *adj* (*différent*) andere(r, s); **2.** *pron* andere(r, s); **l'~, les ~s** der andere, die anderen; **l'un l'~, les ~s** beide; **se détester l'un l'~/les uns les ~s** einander verabscheuen; **d'une minute à l'~** von einer Minute auf die andere; **un ~ verre/d'~s verres** (*supplémentaire*) noch ein [*o* ein weiteres] Glas/noch mehr Gläser; ~ **part** anderswo; **d'~ part** andererseits; (*enoutre*) überdies; **d'~s** andere; **entre ~s** unter anderem; **nous ~s** (*fam*) wir; **autrefois** [otʀəfwa] *adv* früher, einst.

Autriche [otʀiʃ] *f*: **l'~** Österreich *nt*; **autrichien, ne** *adj* österreichisch; **Autrichien, ne** *m, f* Österreicher(in) *m(f)*.

autruche [otʀyʃ] *f* Strauß *m*.

autrui [otʀɥi] *pron* der Nächste, die anderen.

Auvergne [ovɛʀɲ(ə)] *f*: **l'~** die Auvergne.

aux *prép v.* **à**.

auxiliaire [oksiljɛʀ] **1.** *adj* Hilfs-; **2.** *m/f* (*ADMIN*) Hilfskraft *f*; **3.** *m* (*LING*) Hilfsverb *nt*.

auxquels *pron v.* **lequel**.

Av. *abr de* **Avenue** *f*.

avalanche [avalɑ̃ʃ] *f* Lawine *f*.

avaler [avale] ⟨1⟩ *vt* [hinunter]schlucken, verschlingen.

avance [avɑ̃s] *f* (*de coureur, dans le travail*)

Vorsprung m; (de train) Verfrühung f; (d'argent) Vorschuß m; **~s** fpl (amoureuses) Annäherungsversuche pl; (**être**) **~** zu früh dran [sein]; **payer/réserver d'~** vorausbezahlen/vorbestellen; **par ~, d'~** im voraus; **à l'~** im voraus.

avancé, e [avɑ̃se] adj (heure) vorgerückt; (saison, travail) fortgeschritten; (technique) fortschrittlich.

avancement [avɑ̃smɑ̃] m (professionnel) Beförderung f.

avancer [avɑ̃se] ⟨2⟩ **1.** vi sich [vorwärts]bewegen; (progresser) vorangehen; (personne) vorankommen; (montre, réveil) vorgehen; **2.** vt vorrücken, vorschieben; (main) ausstrecken; (date, rencontre) vorverlegen; (montre, pendule) vorstellen; (hypothèse) aufstellen; (argent) vorstrecken; **3.** vpr: **s'~** (s'approcher) näherkommen; (être en saillie) herausragen.

avant [avɑ̃] **1.** prép vor +dat; (mouvement) vor +akk; **2.** adj inv Vorder-; **3.** m (d'un véhicule) Vorderteil nt; **~ qu'il parte/de faire qch** bevor er abfährt/man etw tut; **~ tout** vor allem; **en ~** vorwärts; **en ~ de** vor +dat.

avantage [avɑ̃taʒ] m Vorteil m; (supériorité) Überlegenheit f; **avantager** ⟨2⟩ vt bevorzugen; **avantageux, -euse** [avɑ̃taʒø, øz] adj vorteilhaft, günstig.

avant-bras [avɑ̃bʀa] m inv Unterarm m; **avant-dernier, -ière** m, f Vorletzte(r) mf; **avant-garde** ⟨avant-gardes⟩ f (MIL) Vorhut f; (fig) Avantgarde f; **avant-goût** ⟨avant-goûts⟩ m Vorgeschmack m; **avant-hier** adv vorgestern; **avant-première** ⟨avant-premières⟩ f (de film) Voraufführung f; **avant-projet** ⟨avant-projets⟩ m Pilotprojekt nt; **avant-propos** m inv Vorwort nt; **avant-veille:** **l' ~** zwei Tage davor.

avare [avaʀ] adj geizig.

avarié, e [avaʀje] adj (marchandise) verdorben.

avarie [avaʀi] f (bateau, avion) Schaden m.

avec [avɛk] prép mit +dat; (en plus de, en sus de) zu +dat; (envers) zu, gegenüber +dat; **~ habileté/lenteur** geschickt/langsam.

avenant, e [avnɑ̃, ɑ̃t] adj freundlich; **le reste à l'~** der Rest ist entsprechend.

avenir [av(ə)niʀ] m Zukunft f; **à l'~** in Zukunft; **technique à ~** Technik mit Zukunft.

avent [avɑ̃] m Advent m.

aventure [avɑ̃tyʀ] f Abenteuer nt; **aventurer** ⟨1⟩ vpr: **s'~** sich wagen; **aventurier, -ière** [avɑ̃tyʀje, ɛʀ] m, f Abenteurer(in) m(f).

avenue [av(ə)ny] f Allee f, breite Straße (innerhalb einer Stadt).

avérer [aveʀe] ⟨5⟩ vpr: **s'~ faux/coûteux** sich als falsch/kostspielig erweisen.

averse [avɛʀs(ə)] f Regenschauer m.

aversion [avɛʀsjɔ̃] f Abneigung f.

avertir [avɛʀtiʀ] ⟨8⟩ vt warnen (de vor +dat); (renseigner) benachrichtigen (de von); **avertissement** m Warnung f; Benachrichtigung f; (blâme) Mahnung f; **avertisseur** m (AUTO) Hupe f.

aveu ⟨-x⟩ [avø] m Geständnis nt.

aveugle [avœgl(ə)] adj blind; **aveuglément** adv blindlings; **aveugler** ⟨1⟩ vt (lumière, soleil) blenden; (amour, colère) blind machen.

aviateur, -trice [avjatœʀ, tʀis] m, f Flieger(in) m(f); **aviation** [avjasjɔ̃] f Luftfahrt f; (MIL) Luftwaffe f.

avide [avid] adj [be]gierig.

avion [avjɔ̃] m Flugzeug nt; **aller [quelque part] en ~** [irgendwohin] fliegen.

aviron [aviʀɔ̃] m Ruder nt; (SPORT) Rudern nt.

avis [avi] m (point de vue) Meinung f, Ansicht f; (notification) Mitteilung f; **être d'~ que ...** der Meinung [o der Ansicht] sein, daß ...; **changer d'~** seine Meinung ändern.

avisé, e [avize] adj (sensé) vernünftig.

aviser [avize] ⟨1⟩ **1.** vt (voir) bemerken; **2.** vi (réfléchir) nachdenken; **3.** vpr: **s'~ de qch/que** etw bemerken/bemerken, daß; **~ qn de qch/que** (informer) jdn von etw in Kenntnis setzen/jdn davon in Kenntnis setzen, daß.

avocat, e [avɔka, at] **1.** m, f (JUR) Rechtsanwalt m, Rechtsanwältin f; **2.** m (GASTR) Avocado f; **~(e) général(e)** Staatsanwalt m, -anwältin f.

avoine [avwan] f Hafer m.

avoir [avwaʀ] **1.** m Vermögen nt; (FIN) Guthaben nt; **2.** vt haben; (fam: duper) hereinlegen; **3.** vb aux haben; **~ à faire qch** etw tun müssen; **~ faim/peur** Hunger/Angst haben; **en ~ contre qn** auf jdn böse sein; **il y a** es gibt; **il n'y a qu'à faire ...** man braucht nur ... zu tun; **qu'est-ce qu'il y a?** was ist los?

avoisiner [avwazine] ⟨1⟩ vt [an]grenzen an +akk.

avortement [avɔʀtəmɑ̃] m (MÉD) Abtreibung f; **avorter** [avɔʀte] ⟨1⟩ vi abtreiben; (projet) mißlingen, scheitern.

avoué, e [avwe] m Rechtsanwalt m, Rechtsanwältin f (der/die nicht plädiert).

avouer [avwe] ⟨1⟩ vt gestehen; **2.** vpr: **s'~ vaincu/incompétent** sich geschlagen geben/zugeben, daß man inkompetent ist.

avril [avʀil] m April m; **en ~** im April; **le 13 ~** am 13. April; **le 13 ~ 1958** der 13. April 1958.

axe [aks(ə)] m Achse f.

azote [azɔt] *m* Stickstoff *m*.
azur [azyʀ] *m* (*couleur*) Azur *m*, Himmelsblau *nt*.

B

B, b [be] *m* B, b *nt*.
B *abr de* **bien** (*SCOL*) gut.
B.A. *f abr de* **bonne action** (*SCOUTISME*) gute Tat.
baba [baba] **1.** *adj inv*: **en être ~** (*fam*) platt sein; **2.** *m*: **~ au rhum** *leichter, mit Rum getränkter Kuchen.*
babiller [babije] ⟨1⟩ *vi* plappern.
babiole [babjɔl] *f* Kleinigkeit *f*.
bâbord [babɔʀ] *m*: **à ~** an Backbord.
babouin [babwɛ̃] *m* Pavian *m*.
baby-foot [babifut] *m* Tischfußball *m*.
baby-sitting [babisitiŋ, bebi-] *m* Babysitten *nt*; **faire du ~** babysitten.
bac [bak] *m* (*bateau*) Fähre *f*; (*pour laver*) Schüssel *f*, kleine Wanne *f*; (*fam: baccalauréat*) Abi *nt*.
baccalauréat [bakalɔʀea] *m* Abitur *nt*.
bâche [baʃ] *f* Plane *f*; **bâcher** ⟨1⟩ *vt* mit einer Plane zudecken.
bachoter [baʃɔte] ⟨1⟩ *vi* (*fam: préparer un examen*) pauken, büffeln.
bacille [basil] *m* Bazillus *m*.
bâcler [bɑkle] ⟨1⟩ *vt* pfuschen.
bactérie [bakteʀi] *f* Bakterie *f*.
badaud, e [bado, od] *m, f* Schaulustige(r) *mf*.
badge [badʒ] *m* Button *m*.
badigeonner [badiʒɔne] ⟨1⟩ *vt* (*peindre*) tünchen; (*MÉD*) bepinseln.
badinage [badinaʒ] *m* Scherze *pl*, Geplänkel *nt*.
badiner [badine] ⟨1⟩ *vi* plänkeln, scherzen; **ne pas ~ avec qch** mit etw nicht scherzen.
baffe [baf] *f* (*fam*) Ohrfeige *f*.
baffle [bafl(ə)] *m* [Lautsprecher]box *f*.
bafouiller [bafuje] ⟨1⟩ *vt, vi* stammeln.
bâfrer [bofʀe] ⟨1⟩ *vt, vi* (*fam*) schlingen.
bagage [bagaʒ] *m*: **~s** *mpl* Gepäck *nt*; **~ m à main** Handgepäck *nt*.
bagarre [bagaʀ] *f* Rauferei *f*; **il aime la ~** er rauft sich gern; **bagarrer** ⟨1⟩ *vpr*: **se ~** sich raufen.
bagatelle [bagatɛl] *f* Kleinigkeit *f*.
bagnard [baɲaʀ] *m* Sträfling *m*; **bagne** [baɲ] *m* Strafkolonie *f*.
bagnole [baɲɔl] *f* (*fam: Auto*) Karre *f*.
bagout [bagu] *m*: **avoir du ~** nicht auf den Mund gefallen sein.
bague [bag] *f* Ring *m*; **~ de fiançailles** Verlobungsring *m*; **~ de serrage** (*TECH*) Klammer *f*.

baguette [bagɛt] *f* Stab *m*; Stäbchen *nt*; (*de chef d'orchestre*) Taktstock *m*; (*pain*) Baguette *f*; **mener qn à la ~** jdn an der Kandare haben; **~ de tambour** Trommelschlegel *m*.
Bahamas [baama(s)] *fpl*: **les [îles] ~** die Bahamas *pl*, die Bahamainseln *pl*.
bahut [bay] *m* Truhe *f*.
baie [bɛ] **1.** *f* (*GÉO*) Bucht *f*; **2.** *f* (*fruit*) Beere *f*; **3.** *f*: **~ [vitrée]** großes Fenster.
baignade [bɛɲad] *f* Baden *nt*.
baigner [bɛɲe] ⟨1⟩ **1.** *vt* baden; **2.** *vi*: **~ dans la brume** in Nebel gehüllt sein; **3.** *vpr*: **se ~** baden; (*nager*) schwimmen; **ça baigne** (*fam*) alles ist bestens; **baigneur, -euse** [bɛɲœʀ, øz] *m, f* Badende(r) *mf*; **baignoire** [bɛɲwaʀ] *f* Badewanne *f*; (*THÉÂT*) Parterreloge *f*.
bail ⟨baux⟩ [baj, bo] *m* Mietvertrag *m*.
bâiller [bɑje] ⟨1⟩ *vi* gähnen; (*être ouvert*) offen stehen.
bailleur, bailleresse [bajœʀ, bajʀɛs] *m, f*: **~ de fonds** Geldgeber(in) *m(f)*.
bâillon [bɑjɔ̃] *m* Knebel *m*; **bâillonner** ⟨1⟩ *vt* knebeln.
bain [bɛ̃] *m* Bad *nt*; **faire couler un ~** ein Bad einlassen; **se mettre dans le ~** sich eingewöhnen; **~ à remous** Whirlpool *m*; **~ de mer** Bad *nt* im Meer; **~ de pieds** Fußbad *nt*; **~ de soleil** Sonnenbad *nt*; **bain-marie** ⟨bains-marie⟩ *m* (*GASTR*) Wasserbad *nt*.
baisemain [bɛzmɛ̃] *m* Handkuß *m*.
baiser [beze] ⟨1⟩ **1.** *vt* (*main, front*) küssen; **2.** *vi, vt* (*fam!: faire l'amour*) bumsen, ficken; (*fam!: tromper*) bescheißen; **3.** *m* Kuß *m*.
baisse [bɛs] *f* Sinken *nt*; (*de niveau, d'influence*) Abnahme *f*; **baisser** ⟨1⟩ **1.** *vt* (*store, vitre*) herunterlassen; (*tête, yeux, voix*) senken; (*radio*) leiser machen; (*chauffage*) niedriger stellen; (*prix*) herabsetzen; **2.** *vi* (*niveau, température, cours, prix*) fallen, sinken; (*facultés, lumière*) schwächer werden, abnehmen; **3.** *vpr*: **se ~** sich bücken.
bal [bal] *m* Ball *m*.
balade [balad] *f* (*à pied*) Spaziergang *m*; (*en voiture*) Spazierfahrt *f*; **faire une ~** einen Spaziergang machen; **balader** ⟨1⟩ **1.** *vt* (*promener*) spazierenführen; (*traîner*) mit sich herumschleppen; **2.** *vpr*: **se ~** spazierengehen.
baladeur [baladœʀ] *m* Walkman® *m*.
balafre [balafʀ(ə)] *f* (*coupure*) Schmiß *m*, Narbe *f*.
balai [balɛ] *m* Besen *m*; (*fam: an*) Jährchen *nt*; **donner un coup de ~** ausfegen; **balai-brosse** ⟨balais-brosses⟩ *m* Schrubber *m*.
balance [balɑ̃s] *f* Waage *f*; **Balance** (*ASTR*)

Waage f; ~ **des comptes/des paiements** Zahlungsbilanz f; **balancer** ⟨2⟩ **1.** vt (bras, jambes) baumeln lassen; (fam: jeter) wegwerfen; **2.** vi (lustre, etc) schwanken; **3.** vpr: **se** ~ sich hin- und herbewegen; (sur une balançoire) schaukeln; **se** ~ **de** (fam) sich nicht kümmern um; **balancier** [balãsje] m (de pendule) Pendel nt; (perche) Balancierstange f; **balançoire** [balãswaʀ] f (suspendue) Schaukel f; (sur pivot) Wippe f.

balayer [baleje] ⟨7⟩ vt (feuilles, etc) zusammenfegen; (pièce, cour) [aus]fegen; (fig: chasser) vertreiben; (phares, radar) absuchen; **balayeur, -euse** [balɛjœʀ, øz] **1.** m, f Straßenkehrer(in) m(f); **2.** f (engin) Straßenkehrmaschine f.

balbutier [balbysje] ⟨1⟩ vt, vi stammeln.

balcon [balkõ] m Balkon m; (THÉÂT) erster Rang.

baleine [balɛn] f Wal m; (de parapluie) Speiche f.

balise [baliz] f (NAUT) Bake f, Seezeichen nt; (AVIAT) Befeuerungslicht nt; (AUTO, SKI) Markierung f.

balivernes [balivɛʀn(ə)] fpl Geschwätz nt.

Balkans [balkã] mpl: **les** ~ die Balkanländer pl.

ballast [balast] m (sur voie ferrée) Schotter m.

balle [bal] f (de fusil) Kugel f; (de tennis, etc) Ball m; (du blé) Spreu f; (paquet) Ballen m; (fam: franc) Franc m; ~ **perdue** verirrte Kugel.

ballerine [balʀin] f Ballerina f; (chaussure) Ballerina[schuh] m.

ballet [balɛ] m Ballett nt.

ballon [balõ] m Ball m; (AVIAT) Ballon m; (de vin) Glas nt; ~ **de football** Fußball m; **ballonner** [balɔne] ⟨1⟩ vt: **j'ai le ventre ballonné** ich habe einen Blähbauch.

ballot [balo] m Ballen m; (péj) Blödmann m.

ballottage [balɔtaʒ] m (POL) Stichwahl f.

ballotter [balɔte] ⟨1⟩ **1.** vi hin- und herrollen; **2.** vt durcheinanderwerfen; **être ballotté entre** hin- und hergerissen sein zwischen.

balluchon [balyʃõ] m Bündel nt.

balnéaire [balneɛʀ] adj See-.

balourd, e [baluʀ, d(ə)] adj unbeholfen, linkisch; **balourdise** f Unbeholfenheit f, Schwerfälligkeit f.

Baltique [baltik] f: **la** ~ die Ostsee.

balustrade [balystʀad] f Geländer nt.

bambin [bãbɛ̃] m (fam) kleines Kind.

bambou [bãbu] m Bambus m.

ban [bã] m: **être/mettre au** ~ **de** ausgestoßen sein/ausstoßen aus; ~**s** mpl (mariage) Aufgebot nt.

banal, e [banal] adj banal; **banalité** f Banalität f.

banane [banan] f Banane f.

banc [bã] m (siège) Bank f; (de poissons) Schwarm m; ~ **d'essai** Prüfstand m; ~ **de sable** Sandbank f; **le** ~ **des témoins/accusés** die Zeugen-/Anklagebank.

bancaire [bãkɛʀ] adj Bank-.

bancal, e [bãkal] adj wackelig.

bandage [bãdaʒ] m Verband.

bande [bãd] f (de tissu, etc) Streifen m, Band m; (magnétique) Binde f; (magnétique) Band nt; (motif, dessin) Streifen m; **une** ~ **de ...** (péj) eine Horde von ...; **par la** ~ auf Umwegen; **donner de la** ~ (NAUT) krängen; **faire** ~ **à part** sich absondern; ~**-annonce** (CINÉ) Voranzeige f, Trailer m; ~ **d'arrêt d'urgence** Standspur f; ~ **dessinée** Comic m; **la** ~ **de Gaza** (POL) der Gazastreifen; ~ **magnétique** Magnetband nt; ~ **sonore** Tonspur f.

bandeau ⟨-x⟩ [bãdo] m (autour du front) Stirnband nt; (sur les yeux) Augenbinde f.

bander [bãde] ⟨1⟩ vt (blessure) verbinden; (muscle) anspannen; ~ **les yeux à qn** jdm die Augen verbinden.

banderole [bãdʀɔl] f Spruchband nt.

bandit [bãdi] m Bandit(in) m(f); (fig: escroc) Gauner(in) m(f).

bandoulière [bãduljɛʀ] adv: **en** ~ [quer] umgehängt.

banlieue [bãljø] f Vorort m; **quartier de** ~ Vorstadtviertel nt; **banlieusard, e** m, f Vorortbewohner(in) m(f); (personne qui fait la navette pour travailler) Pendler(in) m(f).

bannière [banjɛʀ] f Banner nt; **c'est la croix et la** ~ (fig) es ist verdammt schwierig.

bannir [baniʀ] ⟨8⟩ vt verbannen.

banque [bãk] f Bank f; ~ **d'affaires** Handelsbank f; ~ **centrale** Zentralbank f; ~ **de données** Datenbank f; ~ **d'organes** (MÉD) Organbank f; ~ **de terminologie** (LING) Terminologiedatenbank f.

banqueroute [bãkʀut] f Bankrott m.

banquet [bãkɛ] m Festmahl nt, Bankett nt.

banquette [bãkɛt] f Sitzbank f; (d'auto) Rücksitz m.

banquier [bãkje] m Bankier m.

baptême [batɛm] m Taufe f; ~ **de l'air** Jungfernflug m; **baptiser** [batize] ⟨1⟩ vt taufen.

baquet [bakɛ] m Zuber m, Kübel m.

bar [baʀ] m (établissement) Bar f; (comptoir) Tresen m, Theke f; (meuble) Bar f.

baragouiner [baʀagwine] ⟨1⟩ vt, vi radebrechen.

baraque [baʀak] f Baracke f; (fam: maison) Bude f; ~ **foraine** Jahrmarktsbude f.

baraqué, e [baʀake] adj (fam) kräftig gebaut.

baraquements [baʀakmɑ̃] *mpl* Barackensiedlung *f*.

baratin [baʀatɛ̃] *m* (*fam*) Geschwätz *nt*; **baratiner** [baʀatine] ⟨1⟩ *vt* (*fam*) einreden auf +*akk*.

barbare [baʀbaʀ] **1.** *adj* (*cruel*) barbarisch; (*inculte*) unzivilisiert; **2.** *m/f* Barbar(in) *m(f)*; **barbarie** *f* Barbarei *f*.

barbe [baʀb(ə)] *f* Bart *m*; **à la ~ de** unbemerkt von; **quelle ~!** (*fam*) so was von öde!; **~ à papa** Zuckerwatte *f*.

barbelé [baʀbəle] *m* Stacheldraht *m*.

barber [baʀbe] ⟨1⟩ *vt* (*fam*) langweilen.

barbiche [baʀbiʃ] *f* Spitzbart *m*.

barbiturique [baʀbityʀik] *m* Schlafmittel *nt*.

barboter [baʀbɔte] ⟨1⟩ **1.** *vi* waten; **2.** *vt* (*fam*) klauen.

barboteuse [baʀbɔtøz] *f* Strampelanzug *m*.

barbouiller [baʀbuje] ⟨1⟩ *vt* beschmieren; **avoir l'estomac barbouillé** einen verdorbenen Magen haben.

barbu, e [baʀby] *adj* bärtig.

Barcelone [baʀsəlɔn] *f* Barcelona *nt*.

barda [baʀda] *m* (*fam*) Zeug *nt*, Sachen *pl*.

barde [baʀd(ə)] **1.** *f* (*GASTR*) Speckstreifen *m*; **2.** *m* (*poète*) Barde *m*.

barder [baʀde] ⟨1⟩ *vi*: **ça va ~** (*fam*) das gibt Ärger.

barème [baʀɛm] *m* (*des prix, des tarifs*) Skala *f*; **~ des salaires** Lohnskala *f*.

baril [baʀi(l)] *m* Faß *nt*.

bariolé, e [baʀjɔle] *adj* bunt.

barman [barmɛn] ⟨*barmen o barmans*⟩ [baʀman] *m* Barkeeper *m*.

baroque [baʀɔk] *adj* barock; (*fig*) seltsam.

barque [baʀk(ə)] *f* Barke *f*.

barrage [baʀaʒ] *m* Damm *m*; (*sur route, rue*) Straßensperre *f*; **~ de police** Polizeisperre *f*.

barre [baʀ] *f* (*de fer, etc*) Stange *f*; (*NAUT: pour gouverner*) Ruderpinne *f*; (*de la houle*) Springflut *f*; (*écrite*) Strich *m*; **être à la ~, tenir la ~** (*NAUT*) steuern; **[com]paraître à la ~** (*JUR*) vor Gericht erscheinen; **~ de combustible** Brennstab *m*; **~ fixe** Reck *nt*; **~s fpl parallèles** Barren *m*.

barreau ⟨-x⟩ [baʀo] *m* Stab *m*; **le ~** (*JUR*) die Anwaltschaft.

barrer [baʀe] ⟨1⟩ **1.** *vt* (*route, etc*) [ab]sperren; (*mot*) [durch]streichen; (*chèque*) zur Verrechnung ausstellen; (*NAUT*) steuern; **2.** *vpr*: **se ~** (*fam*) abhauen.

barrette [baʀɛt] *f* (*pour cheveux*) Spange *f*.

barreur [baʀœʀ] *m* Steuermann *m*.

barricade [baʀikad] *f* Barrikade *f*; **barricader** ⟨1⟩ **1.** *vt* verbarrikadieren; **2.** *vpr*: **se ~ chez soi** (*fig*) sich einschließen.

barrière [baʀjɛʀ] *f* Zaun *m*; (*de passage à niveau*) Schranke *f*; (*obstacle*) Barriere *f*; **~ acoustique** Lärmschutzwall *m*, Lärm-

schutzwand *f*; **~s fpl douanières** Zollschranken *pl*; **~ psychologique** Hemmschwelle *f*.

barrique [baʀik] *f* Faß *nt*.

bas, se [bɑ, bɑs] **1.** *adj* niedrig; (*ton*) tief; (*vil*) gemein; **2.** *adv* niedrig, tief; (*parler*) leise; **3.** *m* (*chaussette*) Strumpf *m*; **4.** *f* (*MUS*) Baß *m*; **plus ~** tiefer/leiser; (*dans un texte*) weiter unten; **la tête ~se** mit gesenktem Kopf; **avoir la vue ~se** schlecht sehen; **au ~ mot** mindestens; **enfant en ~ âge** Kleinkind *nt*; **en ~** unten; **en ~ de** unterhalb von; **de haut en ~** von oben bis unten; **à ~ la dictature!** nieder mit der Diktatur!; **le ~ de ...** (*partie inférieure*) der untere Teil von ...

basané, e [bazane] *adj* gebräunt.

bas-côté ⟨*bas-côtés*⟩ [bakote] *m* (*route*) Straßenrand *m*; (*église*) Seitenschiff *nt*.

bascule [baskyl] *f*: **[jeu de] ~** Wippe *f*; **[balance à] ~** Waage *f*; **fauteuil à ~** Schaukelstuhl *m*; **basculer** ⟨1⟩ **1.** *vi* (*tomber*) umfallen; (*sur un pivot*) [um]kippen; **2.** *vt* (*faire ~*) [um]kippen.

base [bɑz] *f* (*d'édifice*) Fundament *nt*; (*de triangle*) Basis *f*; (*de montagne*) Fuß *m*; (*militaire*) Basis *f*, Stützpunkt *m*; (*fondement, principe*) Grundlage *f*, Basis *f*; **la ~** (*POL*) die Basis; **jeter les ~s de qch** die Grundlage für etw legen; **à la ~ de** (*fig*) am Anfang von, zu Beginn von; **sur la ~ de ...** (*fig*) ausgehend von ...; **à ~ de café** auf Kaffeebasis; **~ imprime/produit de ~** Grundprinzip *nt*/Grundprodukt *nt*; **~ de données** Datenbasis *f*; **baser** ⟨1⟩ **1.** *vt*: **~ qch sur qch** etw auf etw basieren lassen; **2.** *vpr*: **se ~ sur** sich stützen auf +*akk*.

bas-fond ⟨*bas-fonds*⟩ [bafɔ̃] *m* (*NAUT*) Untiefe *f*; **~s** *mpl* (*fig*) Abschaum *m*.

basilic [bazilik] *m* (*GASTR*) Basilikum *nt*.

basilique [bazilik] *f* Basilika *f*.

basket [basket] *m* (*SPORT*) Basketball *m*; (*chaussure*) Basketballschuh; **être bien dans ses ~s** (*fam*) sich sauwohl fühlen.

basque [bask(ə)] *adj* baskisch.

basse [bɑs] *adj v.* **bas**; **~-cour** ⟨*basses-cours*⟩ *f* Hühnerhof *m*; Kleintierzucht *f*.

Basse-Saxe [bassaks] *f*: **la ~** Niedersachsen *nt*.

bassin [basɛ̃] *m* (*cuvette*) Becken *nt*, Schüssel *f*; (*pièce d'eau*) Bassin *nt*; **~ houiller** Steinkohlerevier *nt*.

bastingage [bastɛ̃gaʒ] *m* Reling *f*.

bastion [bastjɔ̃] *m* Bastion *f*; (*fig*) Bollwerk *nt*.

bas-ventre ⟨*bas-ventres*⟩ [bavɑ̃tʀ(ə)] *m* Unterleib *m*.

bataille [bataj] *f* Schlacht *f*, Kampf *m*; **~ rangée** offener Kampf.

bâtard, e [bɑtaʀ, d(ə)] **1.** adj (solution)
Misch-; **2.** m, f Bastard m.

bateau (-x) [bato] m Schiff nt; **bateau-
mouche** (bateaux-mouches) m Aussichts-
schiff nt (auf der Seine).

batelier, -ière [batəlje, ɛʀ] m, f Flußschif-
fer(in) m(f).

bâti, e [bati] **1.** adj: **bien ~** gut gebaut; **2.** m
(armature) Rahmen m.

batifoler [batifɔle] ⟨1⟩ vi herumalbern.

bâtiment [batimã] m (édifice) Gebäude nt;
(NAUT) Schiff nt; **le ~** (industrie) das Bauge-
werbe.

bâtir [batiʀ] ⟨8⟩ vt bauen.

bâton [batõ] m Stock m; (d'agent de police)
Knüppel m; **mettre des ~s dans les roues à
qn** jdm Knüppel zwischen die Beine werfen; **à ~s rompus** ohne Zusammenhang; **~
de rouge** [à lèvres] Lippenstift m; **un ~**
(fam) 10 000 FF.

batracien [batʀasjɛ̃] m Amphibie f.

battage [bataʒ] m (publicité) Werbefeldzug
m.

battant, e [batã, ãt] **1.** m (de cloche) Klöp-
pel m; (de volet, de porte) Flügel m; **porte à
double ~** Doppeltür f; **2.** m, f Kämpfertyp
m.

battement [batmã] m (de cœur) Schlagen
nt; (intervalle) Pause f; (entre trains) Aufenthalt m; **10 minutes de ~** [entre] 10 Minuten Zeit [zwischen]; **~ de paupières** Blinzeln nt.

batterie [batʀi] f (MIL, ÉLEC) Batterie f;
(MUS) Schlagzeug nt; **~ de cuisine** Küchengeräte pl.

batteur [batœʀ] m (MUS) Schlagzeuger(in)
m(f); (appareil) Mixer m.

battre [batʀ(ə)] irr **1.** vt schlagen; (tapis)
klopfen; (blé) dreschen; (fer) hämmern; **2.**
vi schlagen; **3.** vpr: **se ~** sich schlagen; **~ de
l'aile** (fig) in schlechter Verfassung sein; **~
des mains** in die Hände klatschen; **~ en
brèche** einreißen; **~ son plein** in vollem
Schwung sein; **~ en retraite** den Rückzug
antreten.

battue [baty] f Treibjagd f.

baume [bom] m Balsam m.

bavard, e [bavaʀ, d(ə)] adj schwatzhaft;
bavardage m Geschwätz nt; **bavarder**
⟨1⟩ vi schwatzen; (indiscrètement) klatschen.

bavarois, e [bavaʀwa, az] adj bay[e]risch.

bave [bav] f Speichel m; (de chien, etc) Gei-
fer m; (d'escargot, etc) Schleim m; **baver**
⟨1⟩ vi sabbern; (chien) geifern; **en ~** (fam)
was mitmachen.

bavette [bavɛt] f Lätzchen nt.

baveux, -euse [bavø, øz] adj sabbernd;
(omelette) schaumig.

Bavière [bavjɛʀ] f: **la ~** Bayern nt.

bavure [bavyʀ] f (fig: erreur) Schnitzer m,
Panne f; **une ~ policière** eine von der Polizei verschuldete Panne.

bazar [bazaʀ] m Basar m; (fam: désordre)
Durcheinander m.

bazooka [bazuka] m Panzerfaust f.

BCBG adj abr de **bon chic bon genre** Ausdruck für eine im französischen Bürgertum
verbreitete, schlichte Vornehmheit.

Bd abr de Boulevard Str.

B.D. f abr de **bande dessinée** Comic m.

béant, e [beã, ãt] adj weit offen, klaffend.

béat, e [bea, at] adj glückselig; (péj: content
de soi) selbstgefällig; **béatitude** f Glückseligkeit f.

beau (**bel**) **belle** ⟨beaux⟩ [bo, bɛl] **1.** adj
schön; (homme) gutaussehend; (morale-
ment) gut; **2.** m: **le temps est au ~** es wird
schönes Wetter; **3.** f: **la belle** (SPORT) der
Entscheidungskampf; **en faire/dire de belles** schöne Geschichten machen/erzählen;
de plus belle noch mehr, stärker; **il fait ~** es
ist schön; **un ~ geste** eine nette Geste; **un ~
salaire** ein gutes Gehalt; **un ~ gâchis/
rhume** (ironique) ein schöner Schlamassel/
Schnupfen; **un ~ jour** eines schönen Tages;
bel et bien gut und schön; **le plus ~ c'est
que ...** das Schönste daran ist, daß ...;
c'est du ~! das ist ein starkes Stück!; **on a ~
essayer** egal, wie sehr man versucht; **faire le
~** (chien) Männchen machen; **~ parleur**
Schönredner m.

beaucoup [boku] adv viel; (très) sehr; **~ de**
(nombre) viele; (quantité) viel; **~ plus/trop**
viel mehr/viel zuviel; **de ~** bei weitem.

beau-fils ⟨beaux-fils⟩ [bofis] m Schwiegersohn m; (d'un remariage) Stiefsohn m;
beau-frère ⟨beaux-frères⟩ [bofʀɛʀ] m
Schwager m; (d'un remariage) Stiefbruder
m; **beau-père** ⟨beaux-pères⟩ [bopɛʀ] m
Schwiegervater m; (d'un remariage) Stief-
vater m.

beauté [bote] f Schönheit f; **de toute ~** wunderbar; **en ~** (femme) bildhübsch; (réussir)
sehr gekonnt.

beaux-arts [bozaʀ] mpl: **les ~** die schönen
Künste pl; **beaux-parents** [bopaʀã] mpl
Schwiegereltern pl; (d'un remariage) Stief-
eltern pl.

bébé [bebe] m Baby nt; **bébé-éprouvette**
⟨bébés-éprouvette⟩ m Retortenbaby nt.

bec [bɛk] m (d'oiseau) Schnabel m; (fam:
bouche) Mund m; **~ de gaz** Gaslaterne f; **~-
verseur** (de récipient) Schnabel m, Tülle f;
bécane [bekan] f (fam) Fahrrad nt; (INFORM)
Kiste f.

bécasse [bekas] f (ZOOL) Waldschnepfe f;
(fam) dumme Gans.

bec-de-lièvre ⟨becs-de-lièvre⟩
[bɛkdəljɛvʀ(ə)] m Hasenscharte f.

bêche [bɛʃ] f Spaten m; **bêcher** ⟨1⟩ vt umgraben.

bécoter [bekɔte] ⟨1⟩ **1.** vt abküssen; **2.** vpr: **se ~** schnäbeln.

becquée [beke] f: **donner la ~ à** füttern.

becquerel [bɛkʀɛl] m Becquerel nt.

bedaine [bɐdɛn] f Wanst m.

bédé [bede] f (fam) Comic m.

bedonnant, e [bədɔnɑ̃, ɑ̃t] adj dick.

bée [be] adj: **bouche ~** mit offenem Mund.

beffroi [befʀwa] m Belfried m (Glockenturm).

bégayer [begeje] ⟨7⟩ vt, vi stottern.

bègue [bɛg] **1.** adj: **être ~** stottern; **2.** m/f Stotterer m, Stottrerin f.

béguin [begɛ̃] m: **avoir le ~ pour qn** für jdn schwärmen.

beige [bɛʒ] adj inv beige.

beignet [beɲɛ] m Beignet m, Krapfen m.

bel adj v. **beau**.

bêler [bele] ⟨1⟩ vi blöken.

belette [bəlɛt] f Wiesel nt.

belge [bɛlʒ(ə)] adj belgisch; **Belge** m/f Belgier(in) m(f); **Belgique** [bɛlʒik] f: **la ~** Belgien f.

bélier [belje] m Widder m; (engin) Rammbock m; **Bélier** (ASTR) Widder m.

belle [bɛl] adj v. **beau**; **belle-fille** (belles-filles) f Schwiegertochter f; (d'un remariage) Stieftochter f; **belle-mère** (belles-mères) f Schwiegermutter f; (d'un remariage) Stiefmutter f; **belle-sœur** (belles-sœurs) f Schwägerin f; (d'un remariage) Stiefschwester f.

belligérant, e [beliʒeʀɑ̃, ɑ̃t] adj kriegführend.

belliqueux, -euse [belikø, øz] adj kriegerisch.

belvédère [bɛlvedɛʀ] m Aussichtspunkt m.

bémol [bemɔl] m (MUS) Erniedrigungszeichen nt, b nt.

bénédiction [benediksjɔ̃] f Segen m.

bénéfice [benefis] m (COMM) Gewinn m; (avantage) Nutzen m; **au ~ de** zugunsten von; **participation aux ~s** Gewinnbeteiligung f; **bénéficiaire** [benefisjɛʀ] m/f Nutznießer(in) m(f); **bénéficier** [benefisje] ⟨1⟩ vi: **~ de** (jouir de, avoir) genießen; (tirer profit de) profitieren von; (obtenir) erhalten.

bénéfique [benefik] adj gut, vorteilhaft.

Bénélux [benelyks] m: **le ~** die Beneluxländer pl.

benêt [bənɛ] m Dummkopf m.

bénévole [benevɔl] adj freiwillig; **bénévolement** adv freiwillig.

bénin, -igne [benɛ̃, iɲ] adj (humeur, caractère) gütig; (tumeur) gutartig; (rhume, punition) leicht.

bénir [beniʀ] ⟨8⟩ vt segnen; **bénit, e** adj ge-

segnet; **eau ~e** Weihwasser nt; **bénitier** [benitje] m Weihwasserbecken nt.

benjamin, e [bɛ̃ʒamɛ̃, in] m, f Benjamin m, Nesthäkchen m.

benne [bɛn] f (de camion) Container m; (pour débris) Container m, Bauschuttmulde f; (de téléphérique) Gondel f; (dans une mine) Förderkorb m; **~ basculante** Kipper m; **~ d'ordures ménagères** Müllcontainer m; (camion) Müllwagen m.

benzine [bɛ̃zin] f Leichtbenzin nt.

B.E.P. m abr de **Brevet d'études professionnelles** ≈ Hauptschulabschlußzeugnis nt.

B.E.P.C. m abr de **brevet d'études du premier cycle** ≈ mittlere Reife.

béquille [bekij] f Krücke f; (de vélo) Ständer m.

berceau ⟨-x⟩ [bɛʀso] m Wiege f.

bercer [bɛʀse] ⟨2⟩ vt wiegen; (musique, etc) einlullen; **~ qn de promesses** jdn mit Versprechungen täuschen.

berceuse [bɛʀsøz] f Wiegenlied nt.

béret [basque] [beʀɛ(bask(ə))] m Baskenmütze f.

berge [bɛʀʒ(ə)] f Ufer nt.

berger, -ère [bɛʀʒe, ɛʀ] m, f Schäfer(in) m(f); **~ allemand** deutscher Schäferhund; **bergère** f (fauteuil) ≈ Polstersessel; **bergerie** f Schafstall m.

Berlin [bɛʀlɛ̃] f Berlin nt; **Berlin-Est** f Ostberlin nt.

berlingot [bɛʀlɛ̃go] m (emballage) Tetraeder m.

Berlin-Ouest f Westberlin nt.

bermuda [bɛʀmyda] m Bermudashorts pl.

Bermudes [bɛʀmyd] fpl: **les ~** die Bermudas pl, die Bermudainseln pl.

berne [bɛʀn(ə)] adv: **en ~** auf Halbmast.

berner [bɛʀne] ⟨1⟩ vt zum Narren halten.

besogne [bəzɔɲ] f Arbeit f; **besogneux, -euse** [b(ə)zɔɲø, øz] adj fleißig.

besoin [bəzwɛ̃] m Bedürfnis nt, Bedarf m; **le ~** (pauvreté) die Bedürftigkeit; **le ~ d'argent** der Bedarf an Geld; **~s énergétiques** Energiebedarf m; **le ~ de gloire** das Bedürfnis nach Ruhm; **le ~ en main-d'œuvre** der Bedarf an Arbeitskräften; **faire ses ~s** seine Notdurft verrichten; **avoir ~ de qch** etw brauchen; **avoir ~ de faire qch** etw tun müssen; **au ~** notfalls.

bestiaux [bɛstjo] mpl Vieh nt.

bestiole [bɛstjɔl] f Tierchen nt.

bêtabloquant [betablɔkɑ̃] m Betablocker m.

bétail [betaj] m Vieh nt.

bête [bɛt] **1.** f Tier nt; **2.** adj (stupide) dumm; **chercher la petite ~** übergenau sein; **c'est ma ~ noire** das ist für mich ein rotes Tuch; **~ de somme** Lasttier nt; **~s fpl sauvages** wilde Tiere; **bêtise** [betiz] f Dummheit f;

(*parole*) Unsinn *m*; (*bagatelle*) Lappalie *f*; **dire des ~s** Unsinn reden; **dire une ~** etwas Dummes sagen.

béton [betɔ̃] *m* Beton *m*; **~ armé** Stahlbeton *m*; **bétonner** ⟨1⟩ *vt* betonieren; **bétonnière** *f* Betonmischmaschine *f*.

betterave [bɛtʀav] *f* Rübe *f*; (*rouge*) rote Bete.

beugler [bøgle] ⟨1⟩ **1.** *vi* (*bovin*) brüllen; (*péj: personne, radio*) plärren; **2.** *vt* (*péj*) schmettern.

beur [bœʀ] *m* (*fam*) junger Franzose maghrebinischer Abstammung.

beurre [bœʀ] *m* Butter *f*; **beurrer** ⟨1⟩ *vt* buttern; **beurrier** [bœʀje] *m* Butterdose *f*.

bévue [bevy] *f* Schnitzer *m*.

B.F. *f abr de* Banque de France *französische Notenbank.*

biais [bjɛ] *m*: **par le ~ de** (*moyen*) mittels +*gen*; **en ~, de ~** (*obliquement*) schräg; (*fig*) indirekt; **biaiser** [bjeze] ⟨1⟩ *vi* (*fig*) ausweichen.

bibelot [biblo] *m* Schmuckstück *nt*.

biberon [bibʀɔ̃] *m* Fläschchen *nt*; **nourrir au ~** mit der Flasche aufziehen.

bible [bibl(ə)] *f* Bibel *f*.

bibliobus [biblijɔbys] *m* Fahrbücherei *f*.

bibliophile [biblijɔfil] *m/f* Bücherfreund(in) *m(f)*.

bibliothécaire [biblijɔtekɛʀ] *m/f* Bibliothekar(in) *m(f)*; **bibliothèque** [biblijɔtɛk] *f* Bibliothek *f*; (*meuble*) Bücherschrank *m*; **~ municipale** Stadtbücherei *f*.

biblique [biblik] *adj* biblisch.

bicarbonate [bikaʀbɔnat] *m*: **~ [de soude]** Natron *nt*.

biceps [bisɛps] *m* Bizeps *m*.

biche [biʃ] *f* Hirschkuh *f*.

bichonner [biʃɔne] ⟨1⟩ *vt* verhätscheln.

bicolore [bikɔlɔʀ] *adj* zweifarbig.

bicoque [bikɔk] *f* (*péj*) Schuppen *m*.

bicyclette [bisiklɛt] *f* Fahrrad *nt*.

bide [bid] *m* (*fam: ventre*) Bauch *m*; (*THÉÂT*) Reinfall *m*, Flop *m*; **faire un ~** (*fam*) ein Reinfall sein.

bidet [bidɛ] *m* (*cuvette*) Bidet *nt*.

bidon [bidɔ̃] **1.** *m* (*récipient*) Kanister *m*; **2.** *adj inv* (*fam: simulé*) Schein-, vorgetäuscht; **c'est [du] ~** (*fam*) das ist Quatsch.

bidule [bidyl] *m* (*fam*) Dingsda *nt*.

bien [bjɛ̃] **1.** *m* (*avantage, profit*) Beste(s) *nt*, Nutzen *m*; (*d'une personne, du public*) Wohl *nt*; (*patrimoine, possession*) Besitz *m*; **2.** *adv* (*travailler, manger*) gut; (*comprendre*) richtig; **3.** *adv inv*: **se sentir/être ~** (*à l'aise*) sich wohl fühlen; **être ~ avec qn** sich mit jdm gut verstehen; **ce n'est pas ~ de** (*juste, moral*) es ist nicht richtig; **cette maison/secrétaire est ~** (*adéquat*) dieses Haus/diese Sekretärin ist genau richtig; **des gens**

~ (*sérieux, convenable*) feine Leute; **~ jeune/souvent** (*très*) sehr jung/oft; **~ assez** wirklich genug; **~ mieux** sehr viel besser; **~ du temps/des gens** (*beaucoup*) viel Zeit/viele Leute; **j'espère ~ y aller** ich hoffe doch, dorthin zu gehen; **je veux ~ y aller** (*concession*) ich will ja gern dorthin gehen; **il faut ~ le faire** es muß getan werden; **~ sûr** natürlich, gewiß; **c'est ~ fait** (*mérité*) er/sie verdient es; **le ~** (*moral*) das Gute; **le ~ public** das Gemeinwohl; **faire du ~ à qn** jdm guttun; **faire le ~** Gutes tun; **dire du ~ de** gut sprechen von; **changer en ~** sich zum Vorteil verändern; **je te veux du ~** ich meine es gut mit dir; **c'est pour son ~ que … ** es ist nur zu seinem Besten, daß …; **les ~s de ce monde** die weltlichen Güter *pl*; **mener à ~** zum guten Ende führen; **~s mpl de consommation** Verbrauchsgüter *pl*, Konsumgüter *pl*; **~ que** +*subj* obwohl; **bien-aimé, e 1.** *adj* geliebt; **2.** *m, f* Geliebte(r) *mf*; **bien-être** *m* (*sensation*) Wohlbefinden *nt*; (*situation*) Wohlstand *m*; **bienfaisance** *f* Wohltätigkeit *f*; **bienfaisant, e** *adj* (*chose*) gut, zuträglich; **bienfait** *m* (*acte*) gute Tat; (*avantage*) Nutzen *m*, Vorteil *m*; **bienfaiteur, -trice** *m, f* Wohltäter(in) *m(f)*; **bien-fondé** *m* Berechtigung *f*; **bienheureux, -euse** *adj* glücklich; (*REL*) selig.

biennal, e (*biennaux*) [bjenal, o] *adj* (*durée*) zweijährig; (*tous les deux ans*) zweijährlich, alle zwei Jahre stattfindend; **plan ~** Zweijahresplan *m*.

bienséance [bjɛ̃seɑ̃s] *f* Anstand *m*.

bientôt [bjɛ̃to] *adv* bald; **à ~** bis bald.

bienveillance [bjɛ̃vɛjɑ̃s] *f* Wohlwollen *nt*; **bienveillant, e** *adj* wohlwollend; **bienvenu, e** [bjɛ̃v(ə)ny] **1.** *adj* willkommen; **2.** *m, f*: **être le ~/la ~e** willkommen sein; **3.** *f*: **souhaiter la ~ à qn** jdm willkommen heißen; **~e à Paris** willkommen in Paris.

bière [bjɛʀ] *f* (*boisson*) Bier *nt*; (*cercueil*) Sarg *m*.

biffer [bife] ⟨1⟩ *vt* durchstreichen.

bifteck [biftɛk] *m* Beefsteak *nt*.

bifurcation [bifyʀkasjɔ̃] *f* [Weg]gabelung *f*; **bifurquer** ⟨1⟩ *vi* (*route*) sich gabeln; (*véhicule, personne*) abbiegen.

bigarré, e [bigaʀe] *adj* [kunter]bunt.

bigorneau ⟨-x⟩ [bigɔʀno] *m* Strandschnecke *f*.

bigot, e [bigo, ɔt] **1.** *adj* bigott; **2.** *m, f* Frömmler(in) *m(f)*.

bigoudi [bigudi] *m* Lockenwickler *m*.

bijou ⟨-x⟩ [biʒu] *m* Schmuckstück *nt*; (*fig*) Juwel *nt*; **~x** [biʒu] *m* Schmuck *m*; **bijouterie** *f* Juweliergeschäft *nt*; **bijoutier, -ière** *m, f* Juwelier(in) *m(f)*.

bilan [bilɑ̃] *m* Bilanz *f*; **faire le ~ de** die Bilanz ziehen aus; **déposer son ~** Konkurs anmelden.

bile [bil] *f* Galle *f;* **se faire de la ~** (*fam*) sich *dat* Sorgen machen; **biliaire** [biljɛʀ] *adj* Gallen-; **bilieux, -euse** [biljø, øz] *adj* (*visage, teint*) gelblich; (*fig: colérique*) aufbrausend.

bilingue [bilɛ̃g] *adj* zweisprachig.

bille [bij] *f* Kugel *f;* (*du jeu de billes*) Murmel *f.*

billet [bijɛ] *m* (**~ de banque**) [Geld]schein *m;* (*de cinéma*) [Eintritts]karte *f;* (*de train*) Fahrkarte *f;* (*d'avion*) Flugschein *m;* (*courte lettre*) Briefchen *nt;* **~ circulaire** Rundreiseticket *nt;* **~ de commerce** Schuldschein *m;* **~ de faveur** Freikarte *f;* **~ de loterie** Los *nt;* **~ de quai** Bahnsteigkarte *f;* **~ doux** Liebesbrief *m.*

billot [bijo] *m* Klotz *m.*

bimensuel, le [bimɑ̃sɥɛl] *adj* vierzehntäglich.

binaire [binɛʀ] *adj* binär.

binette [binɛt] *f* (*outil*) Hacke *f.*

binocle [binɔkl(ə)] *m* Lorgnon *nt,* Kneifer *m.*

bio... *préf* Bio-, bio-; **biodégradable** *adj* biologisch abbaubar; **bioénergie** *f* (*PSYCH*) Bioenergetik *f;* **biographie** *f* Biographie *f;* **biographique** *adj* biographisch; **biologie** *f* Biologie *f;* **biologique** *adj* biologisch; (*agriculture*) Alternativ-, biodynamisch; **biomasse** *f* Biomasse *f;* **biorythme** *m* Biorhythmus *m;* **biosphère** *f* Biosphäre *f;* **biotechnique** *f* Biotechnik *f;* **biotope** *m* Biotop *nt.*

bip [bip] *m:* **~ sonore** Pfeifton *m;* **Laissez votre message après le ~ sonore** (*répondeur*) Hinterlassen Sie Ihre Nachricht nach dem Pfeifton.

bipède [bipɛd] *m* Zweifüßer *m.*

biplan [biplɑ̃] *m* Doppeldecker *m.*

biréacteur [biʀeaktœʀ] *m* zweimotoriges Flugzeug.

bis, e [bis] **1.** *adv* (*après un chiffre*) a; **le 5 ~ de la rue Truffaut** Nr. 5a in der Rue Truffaut; **2.** *m* Zugabe *f;* **3.** *excl* Zugabe *f.*

bisannuel, le [bizanɥɛl] *adj* zweijährlich; (*plante*) zweijährig.

biscornu, e [biskɔʀny] *adj* unförmig, ungestalt; (*péj: idée, esprit*) bizarr, ausgefallen.

biscotte [biskɔt] *f* Zwieback *m.*

biscuit [biskɥi] *m* Keks *m;* (*porcelaine*) Biskuitporzellan *nt.*

bise *f* [biz] (*baiser*) Kuß *m;* (*vent*) [Nord-]wind *m.*

bisexué, e [bisɛksɥe] *adj* bisexuell.

bison [bizɔ̃] *m* Bison *m.*

bisou [bizu] *m* (*fam*) Küßchen *nt.*

bisque [bisk(ə)] *f:* **~ d'écrevisses** Krebssup-

pe *f.*

bisser [bise] ⟨1⟩ *vt* eine Zugabe verlangen.

bissextile [bisɛkstil] *adj:* **année ~** Schaltjahr *nt.*

bistro[t] [bistʀo] *m* Kneipe *f.*

bit [bit] *m* (*INFORM*) Bit *nt.*

bitume [bitym] *m* Asphalt *m.*

bizarre [bizaʀ] *adj* bizarr.

blafard, e [blafaʀ, d(ə)] *adj* bleich.

blague [blag] *f* (*propos*) Witz *m;* (*farce*) Streich *m;* **sans ~!** im Ernst!; **~ à tabac** Tabaksbeutel *m;* **blaguer** ⟨1⟩ *vi* Witze machen; **blagueur, -euse 1.** *adj* neckend; (*sourire*) schelmisch; **2.** *m, f* Witzbold *m.*

blaireau ⟨-x⟩ [blɛʀo] *m* (*animal*) Dachs *m;* (*brosse*) Rasierpinsel *m.*

blairer [blɛʀe] ⟨1⟩ *vt:* **je ne peux pas le ~** (*fam*) ich kann den nicht ausstehen.

blâme [blɑm] *m* Tadel *m;* **blâmer** ⟨1⟩ *vt* tadeln.

blanc, blanche [blɑ̃, blɑ̃ʃ] **1.** *adj* weiß; (*non imprimé*) leer; (*innocent*) rein; **2.** *m* (*couleur*) Weiß *nt;* (*espace non écrit*) freier Raum; **3.** *f* (*MUS*) halbe Note; **d'une voix blanche** mit tonloser Stimme; **le ~** (*linge*) die Weißwaren *pl;* **laisser en ~** (*ne pas écrire*) frei lassen; **le ~ de l'œil** das Weiße im Auge; **chèque en ~** Blankoscheck *m;* **à ~** (*chauffer*) weißglühend; (*tirer, charger*) mit Platzpatronen; **~ [d'œuf]** Eiweiß *nt;* **~ [de poulet]** Hähnchenbrust *f;* **Blanc, Blanche** *m, f* Weiße(r) *mf;* **blanc-bec** ⟨blancs-becs⟩ *m* Grünschnabel *m;* **blancheur** *f* Weiße *f;* **blanchiment** *m* (*mur*) Weißen *nt,* Tünchen *nt;* (*tissu, etc*) Bleichen *nt;* **~ d'argent** (*fig*) Geldwäsche *f;* **blanchir** ⟨8⟩ **1.** *vt* weiß machen; (*mur*) weißen; (*linge*) bleichen; (*GASTR*) blanchieren; (*l'argent de la drogue*) waschen; (*fig: disculper*) reinwaschen; **2.** *vi* weiß werden; (*cheveux*) grau werden; **blanchi à la chaux** geweißt, getüncht; **blanchissage** *m* (*linge blanc*) Waschen und Bleichen *nt;* **blanchisserie** [blɑ̃ʃisʀi] *f* Wäscherei *f;* (*nettoyage à sec*) Reinigung *f;* **blanchisseur, -euse** *m f* Wäscher(in) *m(f).*

blanc-seing ⟨blancs-seings⟩ [blɑ̃sɛ̃] *m* Blankovollmacht *f.*

blanquette [blɑ̃kɛt] *f:* **~ de veau** Kalbsragout *nt.*

blasé, e [blaze] *adj* (*esprit, personne*) blasiert.

blason [blazɔ̃] *m* Wappen *nt.*

blasphème [blasfɛm] *m* Blasphemie *f;* **blasphémer** [blasfeme] ⟨5⟩ **1.** *vi* Gott lästern; **2.** *vt* verspotten.

blatte [blat] *f* Schabe *f.*

blazer [blazɛʀ] *m* Blazer *m.*

blé [ble] *m* Weizen *m.*

bled [blɛd] *m* (*péj: lieu isolé*) Kaff *nt.*

blême [blɛm] *adj* bleich.

blessé, e [blese] **1.** *adj* verletzt; **2.** *m, f* Verletzte(r) *mf;* **un ~ grave, un grand ~** ein Schwerverletzter; **blesser** ⟨1⟩ **1.** *vt* verletzen; *(offenser)* verletzen, kränken; **2.** *vpr:* **se ~** sich verletzen; **se ~ au pied** sich *dat* den Fuß verletzen; **blessure** [blesyʀ] *f* Wunde *f,* Verletzung *f.*

blet, te [blɛ, blɛt] *adj (poire)* überreif.

bleu [blø] **1.** *adj* blau; *(bifteck)* roh, englisch; **2.** *m (couleur)* Blau *nt; (novice)* Neuling *m; (contusion)* blauer Fleck; *(vêtement)* blauer Anton; **au ~** *(GASTR)* blau; **une peur ~e** To-desangst; **une colère ~e** ein unmäßiger Zorn; **~ marine** marineblau.

bleuet [bløɛ] *m* Kornblume *f.*

blindage [blɛ̃daʒ] *m* Panzerung *f;* **blindé, e** **1.** *adj* gepanzert; *(fig)* abgehärtet; **2.** *m* Panzer *m;* **blinder** ⟨1⟩ *vt* panzern; *(fig)* abhärten.

blizzard [blizaʀ] *m* Schneesturm *m.*

bloc [blɔk] *m* Block *m;* **à ~** ganz, fest; **en ~** im ganzen; **faire ~** zusammenhalten; **faire ~ contre qch** geschlossen gegen etw sein.

blocage [blɔkaʒ] *m* Blockieren *nt; (PSYCH)* Komplex *m.*

bloc-moteur ⟨blocs-moteurs⟩ *m* Motorblock *m;* **bloc-notes** ⟨blocs-notes⟩ *m* Notizblock *m.*

blocus [blɔkys] *m* Blockade *f.*

blond, e [blõ, blõd] **1.** *adj (cheveux, personne)* blond; *(sable, blé)* gelb; **2.** *m, f* blonder Mann, Blondine *f;* **~ cendré** aschblond.

bloquer [blɔke] ⟨1⟩ *vt (regrouper)* zusammenfassen; *(passage, pièce mobile)* blockieren; *(crédits, compte)* sperren; **les freins** eine Vollbremsung machen.

blottir [blɔtiʀ] ⟨8⟩ *vpr:* **se ~** sich zusammenkauern.

blouse [bluz] *f* Kittel *m.*

blouson [bluzõ] *m* Blouson *nt;* **~ noir** Halbstarke(r) *mf.*

blue-jean ⟨blue-jeans⟩ [bludʒin] *m* [Blue]jeans *pl.*

bluff [blœf] *m* Bluff *m;* **bluffer** ⟨1⟩ *vt, vi* bluffen.

B.O. *m abr de* **Bulletin officiel** Amtsblatt *nt.*

bobard [bɔbaʀ] *m (fam)* Märchen *nt.*

bobine [bɔbin] *f* Spule *f.*

bobo [bɔbo] *m (fam)* Aua *nt,* Wehwehchen *nt.*

bocage [bɔkaʒ] *m* Knicklandschaft *f (in der Normandie, der Vendée).*

bocal ⟨bocaux⟩ [bɔkal, o] *m* Glasbehälter *m.*

body [bɔdi] *m (vêtement féminin)* Body *m.*

bœuf ⟨-s⟩ [bœf, bø] *m (animal)* Ochse *m; (GASTR)* Rindfleisch *nt.*

bof [bɔf] *excl* na und, na wennschon.

bohémien, ne [bɔemjɛ̃, ɛn] **1.** *adj* Zigeu-

ner-; **2.** *m, f* Zigeuner(in) *m(f).*

boire [bwaʀ] *irr* **1.** *vt* trinken; *(absorber)* aufsaugen; **2.** *vi (alcoolique)* trinken; **~ un verre** ein Gläschen trinken.

bois [bwa] *m (substance)* Holz *nt; (forêt)* Wald *m;* **de ~, en ~** aus Holz.

boiser [bwaze] ⟨1⟩ *vt (chambre)* täfeln; *(galerie de mine)* abstützen; *(terrain)* aufforsten; **boiseries** [bwazʀi] *fpl* Täfelung *f.*

boisson [bwasõ] *f* Getränk *nt;* **s'adonner à la ~** sich dem Trunk ergeben; **~s** *fpl* alcoolisées alkoholische Getränke; **~ gazeuse** kohlensäurehaltiges Getränk.

boîte [bwat] *f* Schachtel *f; (fam: ~ de nuit)* Disko *f; (fam: entreprise)* Firma *f;* **aliments en ~** Büchsennahrung *f;* **une ~ d'allumettes** eine Streichholzschachtel; **une ~ de sardines** eine Sardinenbüchse; **~ aux lettres** Briefkasten *m; (électronique)* Mailbox *f,* elektronischer Briefkasten; **~ de conserves** Konservenbüchse *f;* **~ crânienne** *(ANAT)* Schädel, Hirnschale *m;* **~ de nuit** Nachtclub *m;* **~ de vitesses** Getriebe *nt;* **~ noire** Flug[daten]schreiber *m.*

boiter [bwate] ⟨1⟩ *vi* hinken; **boiteux, euse** **1.** *adj* hinkend; **2.** *m, f* Hinkende(r) *mf.*

boîtier [bwatje] *m* Gehäuse *nt.*

bol [bɔl] *m* Trinkschale *f;* **un ~ d'air** ein bißchen frische Luft.

bolet [bɔlɛ] *m* Röhrling *m.*

bolide [bɔlid] *m* Rennwagen *m;* **comme un ~** rasend schnell.

Bolivie [bɔlivi] *f:* **la ~** Bolivien *nt.*

bombance [bõbãs] *f:* **faire ~** schlemmen.

bombardement [bõbaʀdəmã] *m* Bombardierung *f;* **bombarder** ⟨1⟩ *vt* bombardieren; **~ qn de cailloux** jdn mit Steinen bewerfen; **~ qn de lettres** jdn mit Briefen überhäufen; **~ qn directeur** *(fam)* jdn auf den Posten des Direktors katapultieren.

bombe [bõb] *f* Bombe *f; (atomiseur)* Spraydose *f;* **faire la ~** *(fam)* auf Sauftour gehen; **~ à neutrons** Neutronenbombe *f;* **~ à retardement** Zeitzündbombe *f;* **~ atomique** Atombombe *f.*

bomber [bõbe] ⟨1⟩ **1.** *vt (graffiti)* sprühen; **2.** *vi* sich wölben.

bon, ne [bõ, bɔn] **1.** *adj* gut; **2.** *adv:* **il fait ~** es ist schönes Wetter; **sentir ~** gut riechen; **tenir ~** aushalten; **pour de ~** wirklich; **3.** *excl:* **~!** gut!; **ah ~?** ach wirklich?; **4.** *m (billet)* Bon *m; (de rationnement)* Marke *f;* **il y a du ~** dans ce/da ce qu'il est etwas Gutes für sich/es ist gar nicht so schlecht, was er sagt; **c'est le ~ numéro/moment** *(juste)* das ist der richtige Nummer/der richtige Moment; **un ~ nombre de** eine beträchtliche Zahl von; **une bonne distance** ein gutes Stück; **~ à** *(adopté, appro-*

prié) gut zu; ~ **pour** gut für; ~ **anniver-saire!** herzlichen Glückwunsch zum Geburtstag!; ~ **voyage!** gute Reise!; **bonne route!** gute Fahrt!; **bonne chance!** viel Glück!; **bonne année!** ein gutes Neues Jahr!; **bonne nuit!** gute Nacht!; **bonne femme** (*péj*) Tante *f*; **bonnes œuvres** *fpl* wohltätige Werke *pl*; **avoir** ~ **dos** einen breiten Rücken haben; ~ **[cadeau]** Geschenkgutschein *m*; ~ **de commande** (COMM) Bestellschein *m*; ~ **d'essence** Benzingutschein *m*; ~ **marché** billig, preiswert; ~ **sens** gesunder Menschenverstand; ~ **à tirer** Druckgenehmigung *f*; ~ **vivant** Lebenskünstler(in) *m(f)*; *v. a.* **bonne.**

bonbon [bɔ̃bɔ̃] *m* Bonbon *nt.*

bonbonne [bɔ̃bɔn] *f* Korbflasche *f.*

bond [bɔ̃] *m* Sprung *m*; **faire un** ~ einen Sprung machen; **d'un seul** ~ mit einem Satz.

bonde [bɔ̃d] *f* (*d'évier, etc*) Stöpsel *m*; (*de tonneau*) Spund *m.*

bondé, e [bɔ̃de] *adj* überfüllt.

bondir [bɔ̃diʀ] ⟨8⟩ *vi* springen, einen Satz machen.

bonheur [bɔnœʀ] *m* Glück *nt*; **avoir le** ~ **de ...** das Glück haben, zu ...; **porter** ~ **[à qn]** [jdm] Glück bringen; **au petit** ~ aufs Geratewohl; **par** ~ glücklicherweise.

bonhomie [bɔnɔmi] *f* Gutmütigkeit *f.*

bonhomme ⟨bonshommes⟩ [bɔnɔm] **1.** *m* Mensch *m*, Typ *m*; **2.** *adj* gutmütig; **aller son** ~ **de chemin** (*fig*) unbeirrbar seinen Weg gehen; ~ **de neige** Schneemann *m.*

bonification [bɔnifikasjɔ̃] *f* (*somme*) Bonus *m.*

bonifier [bɔnifje] ⟨1⟩ *vt* verbessern.

bonjour [bɔ̃ʒuʀ] *m*: ~ guten Tag; ~ **Monsieur!** guten Tag!; **donner** [*o* **souhaiter**] **le** ~ **à qn** jdm guten Tag sagen; **dire** ~ **à qn** jdn grüßen.

Bonn [bɔn] *f* Bonn *nt.*

bonne [bɔn] **1.** *adj v.* **bon**; **2.** *f* (*domestique*) Hausgehilfin *f*; ~ **d'enfant** Kindermädchen *nt*; ~ **à tout faire** Mädchen *nt* für alles.

bonnement [bɔnmɑ̃] *adv*: **tout** ~ ganz einfach.

bonnet [bɔnɛ] *m* Mütze *f*; (*de soutien-gorge*) Körbchen *nt*; ~ **d'âne** Papierhut *m* für den schlechtesten Schüler; ~ **de bain** Badekappe *f*, Bademütze *f*; ~ **de nuit** Nachtmütze *f.*

bonsaï [bɔ̃zaj] *m* Bonsai *m.*

bonsoir [bɔ̃swaʀ] *excl* guten Abend.

bonté [bɔ̃te] *f* Güte *f*; **avoir la** ~ **de ...** so gut sein und ...

bonus [bɔnys] *m* Bonus *m*, Schadenfreiheitsrabatt *m.*

boom [bum] *m* Boom *m*; ~ **de la demande** (ÉCON) Nachfrageboom *m*; ~ **démographique** Bevölkerungsexplosion *f.*

bord [bɔʀ] *m* Rand *m*; (*de rivière, lac*) Ufer *nt*; **à** ~ an Bord; **de tous** ~s jedweder Couleur; **monter à** ~ an Bord gehen; **jeter par-dessus** ~ über Bord werfen; **du même** ~ der gleichen Meinung; **au** ~ **de la mer** am Meer; **au** ~ **de la route** am Rand der Straße; **être au** ~ **des larmes** den Tränen nahe sein.

bordeaux [bɔʀdo] **1.** *m* (*vin*) Bordeaux [-wein] *m*; **2.** *adj inv* (*couleur*) weinrot.

bordel [bɔʀdɛl] *m* (*fam*) Puff *m*; (*fam*: *désordre*) heilloses Durcheinander.

border [bɔʀde] ⟨1⟩ *vt* (*être le long de*) säumen; (*garnir*) einfassen (de mit); **bordé de** gesäumt von.

bordereau ⟨-x⟩ [bɔʀdəʀo] *m* Aufstellung *f*; (*facture*) Rechnung *f.*

bordure [bɔʀdyʀ] *f* Umrandung *f*; (*sur un vêtement*) Bordüre *f*; **en** ~ **de** entlang +*dat.*

borgne [bɔʀɲ(ə)] *adj* einäugig; (*fenêtre*) blind; **hôtel** ~ schäbiges Hotel.

borne [bɔʀn(ə)] *f* (*pour délimiter*) Grenzstein *m*, Markstein *m*; ~ **kilométrique** Kilometerstein *m*; ~**s** *fpl* (*limites*) Grenzen *pl*; **dépasser les** ~**s** zu weit gehen; **sans** ~**[s]** grenzenlos.

borné, e [bɔʀne] *adj* engstirnig.

borner [bɔʀne] ⟨1⟩ **1.** *vt* (*terrain, horizon*) begrenzen, eingrenzen; (*désirs, ambition*) zurückschrauben; **2.** *vpr*: **se** ~ **à qch** sich mit etw begnügen; **se** ~ **à faire qch** sich damit begnügen, etw zu tun.

bosquet [bɔskɛ] *m* Wäldchen *nt.*

bosse [bɔs] *f* (*de terrain, sur un objet*) Unebenheit *f*; (*enflure*) Beule *f*; (*du bossu*) Buckel *m*; (*du chameau, etc*) Höcker *m*; **avoir la** ~ **des maths** ein Talent für Mathe haben; **rouler sa** ~ [viel] herumkommen.

bosser [bɔse] ⟨1⟩ *vt* (*fam*: *travailler*) arbeiten; (*travailler dur*) schuften.

bossu, e [bɔsy] **1.** *adj* bucklig; **2.** *m, f* Bucklige(r) *mf.*

botanique [bɔtanik] **1.** *f* Botanik *f*; **2.** *adj* botanisch.

botte [bɔt] *f* (*soulier*) Stiefel *m*; (*escrime*: *coup*) Stoß *m*; ~ **d'asperges** Bündel *nt* Spargel; ~ **de paille** (*gerbe*) Strohbündel *nt*; ~ **de radis** Rettichbund *m*; **botter** ⟨1⟩ *vt* Stiefel anziehen +*dat*; (*donner un coup de pied dans*) einen Tritt versetzen +*dat*; **ça me botte** (*fam*) das reizt mich; **bottier** [bɔtje] *m* Schuhmacher *m(f).*

bottin [bɔtɛ̃] *m* Telefonbuch *nt.*

bottine [bɔtin] *f* Stiefelette *f.*

bouc [buk] *m* (*animal*) Ziegenbock *m*; (*barbe*) Spitzbart *m*; ~ **émissaire** Sündenbock *m.*

boucan [bukɑ̃] *m* (*bruit*) Lärm *m*, Getöse *nt.*

bouche [buʃ] *f* Mund *m*; (*de volcan*) Schlund

m; (de four) Öffnung *f;* **une ~ inutile** ein unnützer Esser; **ouvrir la ~** *(fig)* den Mund aufmachen; **~ cousue!** nicht weitersagen!; **~ de chaleur** Heißluftöffnung *f;* **~ d'égout** Kanalschacht *m;* **~ d'incendie** Hydrant *m;* **~ de métro** Metroeingang *m;* **le ~ à oreille** die Mundpropaganda.

bouché, e [buʃe] *adj* verstopft; *(vin, cidre)* verkorkt; *(temps, ciel)* bewölkt; *(péj: personne)* blöd[e]; **avoir le nez ~** eine verstopfte Nase haben.

bouche-à-bouche *m* Mund-zu-Mund-Beatmung *f.*

bouchée [buʃe] *f* Bissen *m;* **ne faire qu'une ~ de** schnell fertig werden mit; **pour une ~ de pain** für ein Butterbrot; **~s** *fpl* **à la reine** Königinpastetchen *pl.*

boucher [buʃe] ⟨1⟩ **1.** *vt* verstopfen; *(passage, vue)* versperren; **2.** *vpr:* **se ~** sich verstopfen; **se ~ le nez/les oreilles** sich *dat* die Nase/Ohren zuhalten.

boucher, -ère [buʃe, εʀ] *m* Metzger(in) *m(f);* **boucherie** [buʃʀi] *f* Metzgerei *f; (fig)* Gemetzel *nt.*

bouche-trou ⟨bouche-trous⟩ [buʃtʀu] *m (personne)* Lückenbüßer *m; (chose)* Notbehelf *m.*

bouchon [buʃɔ̃] *m (en liège)* Korken *m; (autre matière)* Stöpsel *m; (AUTO)* Stau *m;* **bouchonner** ⟨1⟩ *vi* sich stauen.

boucle [bukl(ə)] *f (forme, figure, INFORM)* Schleife *f; (objet)* Schnalle *f,* Spange *f;* **~ [de cheveux]** Locke *f;* **~ d'oreille** Ohrring *m.*

bouclé, e [bukle] *adj* lockig.

boucler [bukle] ⟨1⟩ **1.** *vt (fermer)* zumachen, abriegeln; *(enfermer)* einschließen; *(terminer)* abschließen; **2.** *vi:* **faire ~** *(cheveux)* Locken machen in *+akk;* **~ son budget** sein Budget ausgleichen.

bouclier [buklije] *m* Schild *m.*

bouder [bude] ⟨1⟩ *vi* schmollen; **boudeur, -euse** *adj* schmollend.

boudin [budɛ̃] *m (charcuterie)* Blutwurst *f.*

boue [bu] *f* Schlamm *m.*

bouée [bwe] *f* Boje *f;* **~ [de sauvetage]** Rettungsring *m.*

boueux, -euse [bwø, øz] **1.** *adj* schlammig; **2.** *m* Müllmann *m;* **3.** *mpl* Müllabfuhr *f.*

bouffant, e [bufɑ̃, ɑ̃t] *adj* bauschig.

bouffe [buf] *f (fam)* Essen *nt;* **se faire une ~** gemütlich zusammen essen.

bouffée [bufe] *f (de fumée)* Stoß *m; (d'air)* Hauch *m; (de pipe)* Wolke *f,* Schwade *f;* **~ de chaleur** Hitzewallung *f;* **~ d'orgueil/de honte** Anfall *m* von Stolz/Scham.

bouffer [bufe] ⟨1⟩ *vt (fam)* fressen.

bouffi, e [bufi] *adj* geschwollen.

bougeoir [buʒwaʀ] *m* Kerzenhalter *m.*

bougeotte [buʒɔt] *f:* **avoir la ~** *(fam)* kein Sitzfleisch haben.

bouger [buʒe] ⟨2⟩ **1.** *vi (remuer)* sich bewegen; *(voyager)* [herum]reisen; *(changer)* sich ändern; *(agir)* sich regen; **2.** *vt* bewegen.

bougie [buʒi] *f* Kerze *f; (AUTO)* Zündkerze *f.*

bougon, ne [buɡɔ̃, ɔn] *adj* mürrisch, grantig; **bougonner** ⟨1⟩ *vi* murren.

bougre [buɡʀ(ə)] *m* Kerl *m;* **ce ~ de ...** dieser verfluchte Kerl von ...

bouillant, e [bujɑ̃, ɑ̃t] *adj (qui bout)* kochend; *(très chaud)* siedend heiß.

bouille [buj] *f (fam)* Birne *f,* Rübe *f.*

bouilli, e [buji] *adj* gekocht; **bouillie** *f* Brei *m;* **en ~** *(fig)* zerquetscht.

bouillir [bujiʀ] *irr vi* kochen; *(pour stériliser)* auskochen *(GASTR)*.

bouilloire [bujwaʀ] *f* Kessel *m.*

bouillon [bujɔ̃] *m (GASTR)* Bouillon *f; (bulles)* Blase *f.*

bouillonner [bujɔne] ⟨1⟩ *vi* sprudeln; *(fig: de colère)* schäumen.

bouillotte [bujɔt] *f* Wärmflasche *f.*

boulanger, -ère [bulɑ̃ʒe, εʀ] *m, f* Bäcker(in) *m(f);* **boulangerie** [bulɑ̃ʒʀi] *f (boutique)* Bäckerei *f; (commerce, branche)* Bäckerhandwerk *nt;* **boulangerie-pâtisserie** ⟨boulangeries-pâtisseries⟩ *f* Bäckerei und Konditorei *f.*

boule [bul] *f* Kugel *f; (de machine à écrire)* Kugelkopf *m;* **roulé en ~** zusammengerollt; **se mettre en ~** *(fig)* wütend werden; **perdre la ~** *(fam)* verrückt werden; **~ de neige** Schneeball *m.*

bouleau ⟨-x⟩ [bulo] *m* Birke *f.*

boulet [bulε] *m (~ de canon)* [Kanonen]kugel *f; (charbon)* Eierbrikett *nt.*

boulette [bulεt] *f* Bällchen *nt; (mets)* Kloß *m.*

boulevard [bulvaʀ] *m* Boulevard *m.*

bouleversement [bulvεʀsəmɑ̃] *m (politique, social)* Aufruhr *m;* **bouleverser** ⟨1⟩ *vt* erschüttern; *(pays, vie, objets)* durcheinanderbringen.

boulier [bulje] *m* Abakus *m; (SPORT)* Anzeigetafel *f.*

boulimie [bulimi] *f* Heißhunger *m; (maladie)* Bulimie *f.*

boulon [bulɔ̃] *m* Bolzen *m;* **boulonner** ⟨1⟩ *vt* festschrauben.

boulot [bulo] *m (fam: travail)* Arbeit *f;* **petit ~** Gelegenheitsarbeit *f.*

boulot, te [bulo, ɔt] *adj* stämmig.

boum [bum] *f (fam)* Fete *f.*

bouquet [bukε] *m (de fleurs)* [Blumen]strauß *m; (de persil, etc)* Bund *nt; (parfum)* Bukett *m;* **c'est le ~!** das ist der Abschuß!

bouquetin [buk(ə)tɛ̃] *m* Steinbock *m.*

bouquin [bukɛ̃] *m (fam)* Buch *nt;* **bouquiner** ⟨1⟩ *vi (fam)* lesen.

bourbeux, -euse [buʀbø, øz] adj schlammig.

bourbier [buʀbje] m Morast m.

bourdon [buʀdɔ̃] m Hummel f.

bourdonnement [buʀdɔnmɑ̃] m Summen nt; **bourdonner** ⟨1⟩ vi (abeilles, etc) summen; (oreilles) dröhnen.

bourg [buʀ] m Stadt f.

bourgade [buʀgad] f [großes] Dorf nt.

bourgeois, e [buʀʒwa, az] **1.** adj bürgerlich; (péj: petit bourgeois) spießig; **2.** m, f Bürger(in) m(f); (péj) Spießer(in) m(f); **bourgeoisie** f Bürgertum nt; **haute/petite ~** Groß-/Kleinbürgertum nt.

bourgeon [buʀʒɔ̃] m Knospe f; **bourgeonner** ⟨1⟩ vi knospen.

bourgogne [buʀgɔɲ] m (vin) Burgunder [-wein] m; **Bourgogne** f: **la ~** Burgund nt; **bourguignon, ne** [buʀgiɲɔ̃, ɔn] adj burgundisch; **bœuf ~** Rindfleisch in Rotwein.

bourlinguer [buʀlɛ̃ge] ⟨1⟩ vi (fam) herumziehen.

bourrade [buʀad] f Schubs m.

bourrage [buʀaʒ] m: **~ de crâne** ≈ Stimmungsmache f.

bourrasque [buʀask(ə)] f Bö f.

bourratif, -ive [buʀatif, iv] adj (aliment) stopfend.

bourré, e [buʀe] adj: **~ de** vollgestopft mit.

bourreau ⟨-x⟩ [buʀo] m (exécuteur) Henker m; (qui maltraite, torture) Folterknecht m; **~ de travail** Arbeitstier nt.

bourrelet [buʀlɛ] m Filzstreifen m; (isolant) Dichtungsmaterial nt; (renflement) Wulst m.

bourrer [buʀe] ⟨1⟩ vt vollstopfen; (pipe) stopfen; **~ qn de coups** auf jdn einschlagen.

bourrique [buʀik] f (âne) Esel m.

bourru, e [buʀy] adj mürrisch, mißmutig.

bourse [buʀs(ə)] f (pension) Stipendium nt; (petit sac) Geldbeutel m; **la Bourse** die Börse; **cote en ~** Börsennotierung f; **opération de ~** Börsengeschäft nt; **sans ~ délier** ohne Geld auszugeben; **boursier, -ière** [buʀsje, jɛʀ] m, f Stipendiat(in) m(f).

boursouflé, e [buʀsufle] adj geschwollen; **boursoufler** ⟨1⟩. **1.** vt anschwellen lassen; **2.** vpr: **se ~** (visage) anschwellen.

bousculade [buskylad] f (remous) Gedränge nt; (hâte) Hast f; **bousculer** ⟨1⟩ vt überrennen; (heurter) anrempeln; (jeter) umwerfen; (fig) einen Stoß geben +dat; **être bousculé(e)** (pressé) unter Zeitdruck stehen.

bouse [buz] f: **~ de vache** Kuhmist m, Kuhfladen m.

boussole [busɔl] f Kompaß m.

bout [bu] m (morceau) Stück nt; (extrémité) Ende nt; (de pied, bâton) Spitze f; **au ~ de** (après) nach; **être à ~** am Ende sein; **pous-**

ser qn à ~ jdn zur Weißglut bringen; **venir à ~ de qch** etw zu Ende bringen; **venir à ~ de qn** mit jdm fertigwerden; **~ à ~** aneinander; **d'un ~ à l'autre, de ~ en ~** von Anfang bis Ende.

boutade [butad] f witzige Bemerkung.

bouteille [butɛj] f Flasche f; **~ consignée** Pfandflasche f; **~ jetable** [o perdue] Einwegflasche f.

boutique [butik] f Laden m; **~ hors taxes** Duty-free-Shop m; **boutiquier, -ière** [butikje, jɛʀ] m, f (péj) Krämer(in) m(f).

bouton [butɔ̃] m Knopf m; (BOT) Knospe f; (MÉD) Pickel m; **~ d'or** Butterblume f; **boutonner** [butɔne] ⟨1⟩ vt zuknöpfen; **boutonnière** [butɔnjɛʀ] f Knopfloch m; **bouton-pression** ⟨boutons-pression⟩ m Druckknopf m.

bouvreuil [buvʀœj] m Dompfaff m.

bovin, e [bɔvɛ̃, in] adj (élevage, race) Rinder-; (fig: air) blöd.

box [bɔks] m (JUR) Anklagebank f; (pour cheval) Box f.

boxe [bɔks(ə)] f Boxen nt; **boxer** ⟨1⟩ vi boxen; **boxeur, -euse** f Boxer(in) m(f).

boyau ⟨-x⟩ [bwajo] m (viscère) Eingeweide pl; (galerie) Gang m; (tuyau) Schlauch m.

boycotter [bɔjkɔte] ⟨1⟩ vt boykottieren.

B.P. f abr de boîte postale Postfach nt.

bracelet [bʀaslɛ] m Armband nt; **bracelet-montre** ⟨bracelets-montres⟩ m Armbanduhr f.

braconnage [bʀakɔnaʒ] m Wilderei f; **braconner** ⟨1⟩ vt wildern; **braconnier** m Wilderer m.

brader [bʀade] ⟨1⟩ vt verschleudern; **braderie** [bʀadʀi] f Billigmarkt m.

braguette [bʀagɛt] f Hosenschlitz m.

braillard, e [bʀajaʀ, d(ə)] adj brüllend.

brailler [bʀaje] ⟨1⟩ **1.** vi grölen, schreien; **2.** vt brüllen.

braire [bʀɛʀ] irr comme traire, vi schreien; (âne) iahen.

braise [bʀɛz] f Glut f.

braiser [bʀeze] ⟨1⟩ vt schmoren; **bœuf braisé** geschmortes Rindfleisch.

bramer [bʀame] ⟨1⟩ vi (cerf) röhren.

brancard [bʀɑ̃kaʀ] m (pour blessé) Tragbahre f; (pour cheval) Deichsel f; **brancardier, -ière** m, f Krankenträger(in) m(f).

branche [bʀɑ̃ʃ] f Ast m; (de lunettes) Bügel m; (enseignement, science) Zweig m.

branché, e [bʀɑ̃ʃe] adj: **être ~** (fam) im Trend liegen.

branchement [bʀɑ̃ʃmɑ̃] m Anschluß m; **brancher** ⟨1⟩ vt anschließen.

branchie [bʀɑ̃ʃi] f Kieme f.

brandir [bʀɑ̃diʀ] ⟨8⟩ vt schwingen, fuchteln mit.

branlant, e [bʀɑ̃lɑ̃, ɑ̃t] adj wacklig.

branle [brɑ̃l] m: **mettre en ~** in Gang bringen; **donner le ~ à qch** etw in Bewegung setzen; **branle-bas** m inv Aufregung f, Durcheinander nt.

branler [brɑ̃le] ⟨1⟩ **1.** vi wackeln; **2.** vt: **~ la tête** mit dem Kopf wackeln.

braquer [brake] ⟨1⟩ **1.** vi (AUTO) einschlagen; **2.** vt (mettre en colère) aufbringen; **3.** vpr: **se ~** [contre] sich widersetzen +dat; **~ qch sur qn** etw auf jdn richten.

bras [brɑ] m Arm m; **avoir le ~ long** viel Einfluß haben; **à ~-le-corps** (saisir) um die Hüfte; **à ~ raccourcis** mit aller Gewalt; **le ~ droit** (fig) die rechte Hand; **~ mpl** (fig: travailleurs) Arbeitskräfte pl; **~ de mer** Meeresarm m.

brassage [brasaʒ] m (fig: des races, des populations) Gemisch nt.

brassard [brasar] m Armbinde f; **~ noir, ~ de deuil** schwarze Armbinde, Trauerflor m.

brasse [bras] f (nage) Brustschwimmen nt; (mesure) Faden m; **~ papillon** Schmetterlingsstil m.

brasser [brase] ⟨1⟩ vt durcheinanderkneten; **~ de l'argent** viel Geld in Umlauf bringen; **~ des affaires** viele Geschäfte tätigen.

brasserie [brasri] f (restaurant) Gaststätte f; (usine) Brauerei f; **brasseur, -euse** [brasœr, øz] m, f (de bière) Brauer(in) m(f); **~ d'affaires** großer Geschäftsmann.

brassière [brasjɛr] f (de bébé) Babyjäckchen nt.

bravade [bravad] f: **par ~** aus Übermut; zur Provokation.

brave [brav] adj (courageux) mutig; (bon, gentil) lieb; (péj) bieder.

braver [brave] ⟨1⟩ vt trotzen +dat.

bravoure [bravur] f Wagemut m.

break [brɛk] m Kombiwagen m; (fam: pause) Pause f.

brebis [brəbi] f Mutterschaf nt; **~ galeuse** (fig) schwarzes Schaf.

brèche [brɛʃ] f Öffnung f; **être sur la ~** (fig) immer auf Trab sein; **battre en ~** (fig) Punkt für Punkt widerlegen.

bredouiller [brəduje] ⟨1⟩ vt, vi murmeln, stammeln.

bref, brève [brɛf, brɛv] **1.** adj kurz; **2.** adv kurz gesagt; **d'un ton ~** kurz angebunden; [voyelle] **brève** kurzer Vokal; **en ~** kurz [gesagt].

breloque [brələk] f (bijou) Anhänger m.

Brême [brɛm] f Bremen nt.

Brésil [brezil] m: **le ~** Brasilien nt; **Brésilien, ne** [breziljɛ̃, ɛn] m, f Brasilianer(in) m(f).

Bretagne [brətaɲ] f: **la ~** die Bretagne.

bretelle [brətɛl] f (de fusil, etc) Tragriemen m; (de soutien-gorge) Träger m; (d'autoroute) Zubringer m; **~s fpl** (pour pantalons) Hosenträger pl.

breton, ne [brətɔ̃, ɔn] adj bretonisch; **Breton, ne** m, f Bretone m, Bretonin f.

brève [brɛv] adj v. **bref**.

brevet [brəvɛ] m Diplom nt; **~ [d'invention]** Patent nt; **~ d'apprentissage** Gesellenbrief m; **breveté, e** adj (invention) patentiert; (diplômé) qualifiziert; **breveter** [brəv(ə)te] ⟨3⟩ vt patentieren.

bréviaire [brevjɛr] m Brevier nt.

bribes [brib] fpl (de conversation) Bruchstücke pl, Fetzen pl; **par ~** stückweise.

bric-à-brac [brikabrak] m inv Trödel m.

bricolage [brikolaʒ] m Basteln nt.

bricole [brikol] f Bagatelle f.

bricoler [brikole] ⟨1⟩ **1.** vi herumwerkeln; **2.** vt herumbasteln an +dat; (faire) basteln; **bricoleur, -euse 1.** m, f Bastler(in) m(f), Heimwerker(in) m(f); **2.** adj Bastler-.

bride [brid] f Zaum m; (d'un bonnet) Band nt; **à ~ abattue** mit/in Windeseile; **tenir en ~** im Zaum halten.

bridé, e [bride] adj: **yeux ~s** mpl Schlitzaugen pl.

brider [bride] ⟨1⟩ vt (réprimer) zügeln; (cheval) aufzäumen; (GASTR) dressieren.

bridge [bridʒ(ə)] m (jeu) Bridge nt; (dentaire) Brücke f.

brièvement [brijɛvmɑ̃] adv kurz.

brièveté [brijɛvte] f Kürze f.

brigade [brigad] f (MIL: petit détachement) Trupp m; (d'infanterie, etc) Brigade f; (de police) Dezernat nt.

brigadier [brigadje] m Gefreite(r) mf.

brigand [brigɑ̃] m Räuber(in) m(f).

brillamment [brijamɑ̃] adv großartig, glänzend.

brillant, e [brijɑ̃, ɑ̃t] **1.** adj strahlend; (fig) großartig; **2.** m (diamant) Brillant m.

briller [brije] ⟨1⟩ vi leuchten, glänzen.

brimade [brimad] f (vexation) Schikane f; **brimer** ⟨1⟩ vt schikanieren.

brin [brɛ̃] m (de laine, ficelle, etc) Faden m; **un ~ de** (fig: un peu) ein bißchen; **~ d'herbe** Grashalm m; **~ de muguet** Maiglöckchenzweig m; **~ de paille** Strohhalm m.

brindille [brɛ̃dij] f Zweig m.

brio [brijo] m: **avec ~** großartig.

brioche [brijoʃ] f Brioche f (rundes Hefegebäck); (fam: ventre) Bauch m.

brique [brik] f **1.** f Ziegelstein m; **2.** adj inv (couleur) ziegelrot.

briquet [brikɛ] m Feuerzeug nt; **~ jetable** Einwegfeuerzeug nt.

brisé, e [brize] adj (ligne, arc) gebrochen.

brisées [brize] fpl: **marcher sur les ~ de qn** jdm ins Gehege kommen.

briser [brize] ⟨1⟩ **1.** vt (casser: objet) zerbrechen; (fig: carrière, vie, amitié) zerstören; (volonté, résistance, personne) brechen; (fatiguer) erschöpfen; **2.** vpr: **se ~** brechen;

(fig) sich zerschlagen; **brisé de fatigue** erschöpft vor Müdigkeit; **d'une voix brisée** mit gebrochener Stimme.

briseur, -euse [bʀizœʀ, øz] *m, f:* ~ **de grève** Streikbrecher(in) *m(f)*.

britannique [bʀitanik] *adj* britisch; **Britannique** *m/f* Brite *m*, Britin *f*.

broc [bʀo] *m* Krug *m*.

brocante [bʀokɑ̃t] *f* Trödelladen *m*; **brocanteur, -euse** *m*, *f* Trödler(in) *m(f)*.

broche [bʀoʃ] *f* Brosche *f*; *(GASTR)* Spieß *m*; **à la** ~ am Spieß.

broché, e [bʀoʃe] *adj (livre)* broschiert.

brochet [bʀoʃɛ] *m* Hecht *m*.

brochette [bʀoʃɛt] *f (GASTR)* Spieß *m*.

brochure [bʀoʃyʀ] *f* Broschüre *f*.

brocoli [bʀokoli] *m* Brokkoli *mpl*.

broder [bʀode] ⟨1⟩ 1. *vt* sticken; 2. *vi:* ~ **sur des faits/une histoire** die Tatsachen/eine Geschichte ausschmücken; **broderie** *f* Stickerei *f*.

broncher [bʀɔ̃ʃe] ⟨1⟩ *vi:* **sans** ~ ohne zu protestieren.

bronchite [bʀɔ̃ʃit] *f* Bronchitis *f*.

bronzé, e [bʀɔ̃ze] *adj* gebräunt, braun; **bronzer** ⟨1⟩ 1. *vt* bräunen; 2. *vi* braun werden; 3. *vpr:* **se** ~ sonnenbaden.

brosse [bʀos] *f* Bürste *f*; **donner un coup de** ~ **à qch** etw abbürsten; **coupe en** ~ Bürstenschnitt *m*; ~ **à cheveux** Haarbürste *f*; ~ **à dents** Zahnbürste *f*; **brosser** ⟨1⟩ 1. *vt (nettoyer)* bürsten; *(fig: tableau, bilan, etc)* in groben Zügen darlegen; 2. *vpr:* **se** ~ sich bürsten; ~ **les dents/cheveux** sich *dat* die Zähne putzen/die Haare bürsten.

brouette [bʀuɛt] *f* Schubkarren *m*.

brouhaha [bʀuaa] *m* Stimmengewirr *nt*, Geräuschkulisse *f*.

brouillard [bʀujaʀ] *m* Nebel *m*.

brouille [bʀuj] *f* Streit *m*; **brouillé, e** *adj (fâché)* [mit jdm] verkracht; *(teint)* unrein; **brouiller** [bʀuje] ⟨1⟩ 1. *vt* durcheinanderbringen; *(embrouiller)* vermischen; *(RADIO)* stören; *(rendre trouble, confus)* trüben; *(amis)* entzweien; 2. *vpr:* **se** ~ *(ciel, temps)* sich bewölken; *(vitres, vue)* beschlagen; *(détails)* durcheinandergeraten; *(amis)* sich überwerfen.

brouillon, ne [bʀujɔ̃, ɔn] 1. *adj* konfus, unordentlich; 2. *m (écrit)* Konzept *nt*; **cahier de** ~[s] Konzeptheft *nt*.

broussailles [bʀusaj] *fpl* Gestrüpp *nt*, Gebüsch *nt*; **broussailleux, -euse** *adj* buschig.

brousse [bʀus] *f:* **la** ~ der Busch.

brouter [bʀute] ⟨1⟩ 1. *vt* abgrasen; 2. *vi* grasen.

broutille [bʀutij] *f* Lappalie *f*.

broyer [bʀwaje] ⟨6⟩ *vt* zerkleinern; ~ **du**

noir deprimiert sein.

brugnon [bʀyɲɔ̃] *m* Nektarine *f*.

bruine [bʀɥin] *f* Nieselregen *m*; **bruiner** ⟨1⟩ *vi impers:* **il bruine** es nieselt.

bruissement [bʀɥismɑ̃] *m* Rascheln *nt*.

bruit [bʀɥi] *m:* **un** ~ ein Geräusch; *(fig: rumeur)* ein Gerücht; **le** ~ der Lärm; **pas/trop de** ~ kein/zuviel Lärm; **sans** ~ geräuschlos; **faire grand** ~ *(fig)* Aufsehen erregen; ~ **de fond** Hintergrundgeräusch *nt*.

bruitage [bʀɥitaʒ] *m* Toneffekte *pl*.

brûlant, e [bʀylɑ̃, ɑ̃t] *adj* siedend heiß; *(regard)* feurig; *(sujet)* heiß; **brûlé, e** *adj (fig: démasqué)* entlarvt; 2. *m:* **odeur de** ~ Brandgeruch *m*; **brûle-pourpoint** [bʀylpuʀpwɛ̃] *adv:* **à** ~ unvermittelt; **brûler** [bʀyle] ⟨1⟩ 1. *vt* verbrennen; *(gaz)* abfackeln; *(eau bouillante)* verbrühen; *(consommer: charbon, électricité)* verbrauchen; *(fig: enfiévrer)* verzehren; 2. *vi* brennen; *(être brûlant, ardent)* glühen; 3. *vpr:* **se** ~ *(accidentellement)* sich verbrennen; *(avec de l'eau bouillante)* sich verbrühen; **se** ~ **la cervelle** sich *dat* eine Kugel durch den Kopf jagen; ~ **un feu rouge** bei Rot über die Ampel fahren; ~ **les étapes** eine Stufe überspringen; ~ **de fièvre** vor Fieber glühen; **brûleur** *m (TECH)* Brenner *m*; **brûlure** *f (lésion)* Verbrennung *f*; *(sensation)* Brennen *nt*; ~**s d'estomac** Sodbrennen *nt*.

brume [bʀym] *f* Nebel *m*.

brun, e [bʀœ̃, yn] 1. *adj* braun; 2. *m (couleur)* Braun *nt*; **brunir** ⟨8⟩ 1. *vi* braun werden; 2. *vt* bräunen.

brushing [bʀœʃiŋ] *m (coiffeur)* Fönen *nt*.

brusque [bʀyskə] *adj (soudain)* plötzlich; *(rude)* schroff; **brusquement** *adv (soudainement)* plötzlich, unvermittelt.

brusquer [bʀyske] ⟨1⟩ *vt (personne)* hetzen, drängen.

brusquerie [bʀyskəʀi] *f (rudesse)* Barschheit *f*.

brut, e [bʀyt] *adj (sauvage)* roh; *(bénéfice, salaire, poids)* brutto; *(champagne)* ~ trockener Champagner.

brutal, e [bʀytal] *(bʀytaux)* *adj* brutal; **brutaliser** ⟨1⟩ *vt* grob behandeln; **brutalité** *f* Brutalität *f*.

brute *f* Rohling *m*.

Bruxelles [bʀysɛl] *f* Brüssel *nt*.

bruyamment [bʀɥijamɑ̃] *adv* laut.

bruyant, e [bʀɥijɑ̃, ɑ̃t] *adj* laut.

bruyère [bʀɥijɛʀ] *f* Heidekraut *nt*.

Bt. *abr de* **bâtiment** Wohnblock *m*.

B.T.S. *m abr de* **brevet de technicien supérieur** Diplom nach zweijähriger Berufsausbildung.

bu, e [by] *pp de* **boire**.

B.U. *f abr de* **bibliothèque universitaire** UB *f*.

buanderie [bɥɑ̃dʀi] *f* Waschküche *f*.

buccal, e ⟨buccaux⟩ [bykal, o] *adj:* **par voie** ~**e** oral.

bûche [byʃ] *f* Holzscheit *m;* **prendre** [*o* **ramasser**] **une** ~ *(fam)* hinfallen; ~ **de Noël** Weihnachtskuchen in Form eines Holzscheits.

bûcheron [byʃʀɔ̃] *m* Holzfäller(in) *m(f).*

budget [bydʒɛ] *m* Budget *nt;* **budgétaire** *adj* Budget-.

buée [bɥe] *f (sur une vitre)* Beschlag *m; (de l'haleine)* Dampf *m.*

buffet [byfɛ] *m (meuble)* Anrichte *f; (de réception)* Büfett *nt;* ~ **[de gare]** Bahnhofsgaststätte *f.*

buffle [byfl(ə)] *m* Büffel *m.*

buisson [bɥisɔ̃] *m* Busch *m.*

buissonnière [bɥisɔnjɛʀ] *adj:* **faire l'école** ~ die Schule schwänzen.

bulbe [bylb(ə)] *m (BOT)* Zwiebel *f; (ANAT)* Knoten *m; (coupole)* Zwiebelturm *m.*

bulgare [bylgaʀ] *adj* bulgarisch; **Bulgare** *m/f* Bulgare *m,* Bulgarin *f;* **Bulgarie** [bylgaʀi] *f:* **la** ~ Bulgarien *nt.*

bulldozer [buldozœʀ] *m* Bulldozer *m.*

bulle [byl] *f* Blase *f; (papale)* Bulle *f;* ~ **de savon** Seifenblase *f.*

bulletin [byltɛ̃] *m (RADIO, TV)* Sendung *f; (SCOL)* Zeugnis *nt;* ~ **de vote** Stimmzettel *m;* ~ **de salaire** Gehaltsabrechnung *f; de* **santé** Krankheitsbericht *m;* ~ **météorologique** Wetterbericht *m.*

buraliste [byʀalist(ə)] *m/f* Tabakwarenhändler(in) *m(f).*

bureau ⟨-x⟩ [byʀo] *m* Büro *nt; (meuble)* Schreibtisch *m;* ~ **de change** Wechselstube *f;* ~ **de poste** Postamt *nt;* ~ **de tabac** Tabakladen *m;* ~ **de vote** Wahllokal *nt;* **bureaucrate** [byʀokʀat] *m/f* Bürokrat(in) *m(f);* **bureaucratie** [byʀokʀasi] *f* Bürokratie *f;* **bureaucratique** [byʀokʀatik] *adj* bürokratisch; **bureautique** *f* Büroautomation *f,* Bürokommunikation *f.*

burlesque [byʀlɛsk(ə)] *adj* lächerlich; *(littérature)* burlesk.

bus [bys] **1.** *m* [Stadt]bus *m;* **2.** *m (INFORM)* Bus *m.*

buse [byz] *f* Bussard *m.*

busqué, e [byske] *adj:* **nez** ~ Hakennase *f.*

buste [byst(ə)] *m (ANAT)* Brustkorb *m; (sculpture)* Büste *f.*

bustier [bystje] *m* Mieder *nt;* ~ **à fines bretelles** Trägertop *nt.*

but [by(t)] *m (cible)* Zielscheibe *f; (fig)* Ziel *nt; (SPORT: limites, point)* Tor *nt;* **de** ~ **en blanc** geradeheraus; **il a pour** ~ **de faire qch** es ist sein Ziel, etw zu tun; **dans le** ~ **de** in der Absicht zu; **à** ~ **non lucratif** *(JUR: association)* gemeinnützig; **gagner par 3** ~**s à 2** 3 : 2 gewinnen.

butane [bytan] *m* Butan *nt.*

buté, e [byte] *adj* stur.

buter [byte] ⟨1⟩ **1.** *vi:* ~ **contre/sur qch** gegen/auf etw *akk* stoßen; **2.** *vt (contrecarrer)* aufbringen; **3.** *vpr:* **se** ~ sich versteifen.

butin [bytɛ̃] *m* Beute *f.*

butiner [bytine] ⟨1⟩ *vi (abeille)* Pollen sammeln.

butte [byt] *f (éminence)* Hügel *m;* **être en** ~ **à** ausgesetzt sein +*dat.*

buvable [byvabl(ə)] *adj* trinkbar.

buvard [byvaʀ] *m* Löschpapier *nt.*

buvette [byvɛt] *f* Erfrischungsraum *m.*

buveur, -euse [byvœʀ, øz] *m, f (péj)* Säufer(in) *m(f);* ~ **de bière/vin** Bier-/Weintrinker(in) *m(f).*

C

C, c [se] *m* C, c *nt.*

ça [sa] *pron (ça)* ~ **va?** wie geht's?; *(d'accord)* in Ordnung?; ~ **alors!** na so was!; **c'est** ~ richtig!

çà [sa] *adv:* ~ **et là** hier und da.

C.A. *m abr de* **chiffre d'affaires** Umsatz *m.*

cabane [kaban] *f* Hütte *f.*

cabaret [kabaʀɛ] *m* Kabarett *f.*

cabillaud [kabijo] *m* Kabeljau *m.*

cabine [kabin] *f (de bateau, de plage)* Kabine *f; (de camion)* Führerhaus *nt; (d'avion)* Cockpit *nt;* ~ **téléphonique** Telefonzelle *f.*

cabinet [kabinɛ] *m (petite pièce)* Kammer *f; (de médecin)* Sprechzimmer *nt; (d'avocat)* Kanzlei *f; (clientèle)* Praxis *f; (POL)* Kabinett *m;* ~**s** *mpl* Toiletten *pl.*

câble [kabl(ə)] *m* Kabel *nt;* ~ **optique** Glasfaserkabel *nt;* ~ **de remorque** Abschleppseil *nt;* **câbler** ⟨1⟩ *vt (message)* telegraphieren; *(pays)* verkabeln; **câblodistribution** [kablodistʀibysjõ] *f* Kabelfernsehen *nt.*

cabrer [kabʀe] ⟨1⟩ **1.** *vpr:* **se** ~ *(cheval)* sich aufbäumen; *(personne)* sich auflehnen; **2.** *vt (avion)* steigen lassen; *(avion)* hochziehen.

caca [kaka] *m (langage enfantin)* Aa *m.*

cacahuète [kakawɛt] *f* Erdnuß *f.*

cacao [kakao] *m* Kakao *m.*

cache [kaʃ] **1.** *m (PHOTO)* Maske *f;* **2.** *f* Versteck *nt;* **cache-cache** *m:* **jouer à** ~ Versteckspielen; **cacher** ⟨1⟩ **1.** *vt* verstecken; *(intentions, sentiments)* verbergen; *(empêcher de voir)* verdecken; *(vérité, nouvelle)* verheimlichen; **2.** *vpr:* **se** ~ sich verstecken; **je ne vous cache pas que** ich verhehle nicht, daß.

cachet [kaʃɛ] *m (comprimé)* Tablette *f; (sceau)* Siegel *nt; (rétribution)* Gage *f; (fig)*

Bier-/Weintrinke-r(in) Stil *m;* **cacheter** 〈3〉 *vt* versiegeln.

cachette [kaʃɛt] *f* Versteck *nt;* **en ~** heimlich.

cachot [kaʃo] *m* Verlies *nt.*

cactus [kaktys] *m* Kaktus *m.*

c.-à-d. *abr de* **c'est-à-dire** d.h.

cadavre [kadavʀ(ə)] *m* Leiche *f.*

caddie [kadi] *m* (GOLF) Caddie *m;* (®*: chariot)* Einkaufswagen *m.*

cadeau 〈-x〉 [kado] *m* Geschenk *nt;* **faire ~ de qch à qn:** faire un **~ à qn** jdm etwas schenken.

cadenas [kadnɑ] *m* Vorhängeschloß *nt;* **cadenasser** 〈1〉 *vt* verschließen.

cadence [kadɑ̃s] *f* (MUS) Kadenz *f; (de travail)* Tempo *nt;* **en ~** im Rhythmus; **cadencé, e** *adj* (MUS) rhythmisch.

cadet, te [kadɛ, ɛt] **1.** *adj* jünger; **2.** *m, f* Jüngste(r) *mf.*

cadran [kadʀɑ̃] *m* Zifferblatt *nt; (du téléphone)* Wählscheibe *f;* **~ solaire** Sonnenuhr *f.*

cadre [kadʀ(ə)] *m* Rahmen *m; (paysage)* Umgebung *f;* (ADMIN) Führungskraft *f;* **dans le ~ de** im Rahmen von; **rayer qn des ~s** jdn entlassen; **~ moyen/supérieur** mittlerer/höherer Angestellter.

cadrer [kadʀe] 〈1〉 **1.** *vi:* **~ avec qch** einer Sache *dat* entsprechen; **2.** *vt* (CINÉ) zentrieren.

caduc, caduque [kadyk] *adj* veraltet; *(annulé)* hinfällig; **arbre à feuilles caduques** Laubbaum *m.*

C.A.F. [kaf] *f acr de* **Caisse d'allocations familiales** Familienausgleichskasse *f.*

cafard [kafaʀ] *m* Schabe *f;* **avoir le ~** deprimiert sein.

café [kafe] *m* Kaffee *m; (bistro)* Kneipe *f;* **~ au lait** Milchkaffee *m;* **~ noir** schwarzer Kaffee; **café-théâtre** 〈cafés-théâtres〉 *m* Kleinkunstbühne *f;* **cafetier, -ière 1.** *m, f* Kneipeninhaber(in) *m(f);* **2.** *f (pot)* Kaffeekanne *f; (machine)* Kaffeemaschine *f.*

cafouillage [kafujaʒ] *m (fam)* Durcheinander *nt,* Chaos *nt.*

cage [kaʒ] *f* Käfig *m;* **~ [des buts]** Tor *nt;* **~ d'escalier** Treppenhaus *nt;* **~ thoracique** Brustkorb *m.*

cagnotte [kaɲɔt] *f* gemeinsame Kasse.

cagoule [kagul] *f* Kapuze *f;* (SKI) Kapuzenmütze *f.*

cahier [kaje] *m* [Schul]heft *nt;* **~ de brouillon** Schmierheft *nt;* **~ des charges** Pflichtenheft *nt.*

cahot [kao] *m* Ruck *m;* **cahoter** 〈1〉 *vi* holpern.

caille [kaj] *f* Wachtel *f.*

caillé, e [kaje] *adj:* **lait ~** geronnene Milch.

cailler [kaje] 〈1〉 *vi* gerinnen; *(fam)* frieren.

caillou 〈-x〉 [kaju] *m* Stein *m; (galet)* Kieselstein *m;* **caillouteux, -euse** *adj* steinig.

caisse [kɛs] *f* Kasse *f; (boîte)* Kiste *f; grosse ~** (MUS) Pauke *f;* **~ enregistreuse** Registrierkasse *f;* **~ d'épargne/de retraite** Spar-/Pensionskasse *f;* **caissier, -ière** *m, f* Kassierer(in) *m(f).*

cajoler [kaʒole] 〈1〉 *vt* ganz lieb sein zu.

cake [kɛk] *m* Früchtekuchen *m.*

cal. *abr de* **calorie[s]** cal.

calaminé, e [kalamine] *adj* (AUTO) verrußt.

calandre [kalɑ̃dʀ(ə)] *f* (AUTO) Kühlergrill *m.*

calanque [kalɑ̃k] *f* kleine Felsenbucht am Mittelmeer.

calcaire [kalkɛʀ] **1.** *m* Kalkstein *m;* **2.** *adj (eau)* kalkhaltig; *(terrain)* kalkig.

calcium [kalsjɔm] *m* Kalzium *nt.*

calcul [kalkyl] *m* Berechnung *f;* **le ~** (SCOL) das Rechnen; **~ biliaire/rénal** Gallen-/Nierenstein *m;* **~ mental** Kopfrechnen *nt;* **calculateur, -trice 1.** *adj* berechnend; **2.** *m, f* Rechner(in) *m(f);* **3.** *m* Rechner *m;* **4.** *f* Rechner *m;* **~ de table** Tischrechner *m;* **calculatrice de poche** Taschenrechner *m;* **calculer** 〈1〉 **1.** *vt* berechnen; *(combiner)* kalkulieren; **2.** *vi* rechnen; **calculette** *f* Taschenrechner *m.*

cale [kal] *f (de bateau)* Laderaum *m; (en bois)* Keil *m;* **~ sèche** Trockendock *nt;* **calé, e** *adj (fixé)* verkeilt; *(fam)* bewandert.

caleçon [kalsɔ̃] *m (sous-vêtement)* Unterhose *f; (pantalon moulant)* Leggings *f o pl.*

calembour [kalɑ̃buʀ] *m* Wortspiel *nt.*

calendes [kalɑ̃d] *fpl:* **renvoyer aux ~ grecques** auf den St. Nimmerleinstag verschieben.

calendrier [kalɑ̃dʀije] *m* Kalender *m; (programme)* Zeitplan *m.*

calepin [kalpɛ̃] *m* Notizbuch *nt.*

caler [kale] 〈1〉 *vt (fixer)* festmachen; **2.** *vi (voiture)* stehenbleiben.

calfeutrer [kalføtʀe] 〈1〉 *vt* abdichten.

calibre [kalibʀ(ə)] *m (d'un fruit)* Größe *f; (d'une arme)* Kaliber *nt; (fig)* Format *nt.*

califourchon [kalifuʀʃɔ̃] *adv:* **à ~** rittlings.

câlin, e [kalɛ̃, in] *adj* anschmiegsam.

câliner [kaline] 〈1〉 *vt* schmusen mit.

calleux, -euse [kalø, øz] *adj* schwielig.

calmant [kalmɑ̃] *m* Beruhigungsmittel *nt.*

calme [kalm(ə)] **1.** *adj* ruhig, friedlich; **2.** *m (d'un lieu)* Stille *f.*

calmer [kalme] 〈1〉 **1.** *vt (personne)* beruhigen; *(douleur, colère)* mildern, lindern; **2.** *vpr:* **se ~** *(personne, mer)* sich beruhigen; *(vent)* sich legen.

calomnie [kalɔmni] *f* Verleumdung *f;* **calomnier** 〈1〉 *vt* verleumden.

calorie [kalɔʀi] *f* Kalorie *f.*

calorifère [kalɔʀifɛʀ] *m* [Warmluft]heizung *f.*

calque [kalk(ə)] *m* (*copie*) Pause *f*; (*fig*) Nachahmung *f*; **papier-calque** *m* Pauspapier *nt*; **calquer** ⟨1⟩ *vt* durchpausen; (*fig*) nachahmen.

calvaire [kalvɛʀ] *m* Kalvarienberg *m* (*in der Bretagne*); (*souffrances*) Martyrium *nt*, Leidensweg *m*.

camarade [kamaʀad] *m/f* Kumpel *m*; (*POL*) Genosse *m*, Genossin *f*; **camaraderie** *f* Freundschaft *f*.

Camargue [kamaʀg] *f*: **la ~** die Camargue.

cambiste [kɑ̃bist(ə)] *m* Devisenhändler(in) *m(f)*; (*pour touristes*) Geldwechsler *m*.

Cambodge [kɑ̃bɔdʒ] *m*: **le ~** Kambodscha *nt*.

cambouis [kɑ̃bwi] *m* Motorenöl *nt*.

cambrer [kɑ̃bʀe] ⟨1⟩ *vt* krümmen.

cambriolage [kɑ̃bʀijɔlaʒ] *m* Einbruch *m*; **cambrioler** ⟨1⟩ *vt* einbrechen; **cambrioleur, -euse** *m*, *f* Einbrecher(in) *m(f)*.

came [kam] *f* (*fam: drogue*) Stoff *m*; **arbre à ~s** Nockenwelle *f*; **camé, e** *m*, *f* (*fam: drogué*) Junkie *mf*.

camelot [kamlo] *m* fliegender Händler.

camelote [kamlɔt] *f* Ramsch *m*.

caméra [kameʀa] *f* Kamera *f*; **~ à miroir réflecteur** Spiegelreflexkamera *f*; **~ vidéo** Videokamera *f*.

caméscope [kameskɔp] *m* Videokamera *f*.

camion [kamjɔ̃] *m* Lastwagen *m*; **camion-citerne** (*camions-citernes*) *m* Tankwagen *m*; **camionnette** *f* Lieferwagen *m*.

camisole [kamizɔl] *f*: **~ de force** Zwangsjacke *f*.

camomille [kamɔmij] *f* Kamille *f*.

camoufler [kamufle] ⟨1⟩ *vt* tarnen.

camp [kɑ̃] *m* Lager *nt*; (*groupe*) Seite *f*; **~ de concentration** Konzentrationslager *nt*; **~ de vacances** Ferienlager *nt*.

campagnard, e [kɑ̃paɲaʀ, d(ə)] *adj* Land-; (*mœurs*) ländlich.

campagne [kɑ̃paɲ] *f* Land *nt*; (*MIL, POL, COMM*) Kampagne *f*; **à la ~** auf dem Land.

campement [kɑ̃pmɑ̃] *m* Lager *nt*.

camper [kɑ̃pe] ⟨1⟩ **1.** *vi* zelten; **2.** *vt* (*chapeau*) keß aufsetzen; **3.** *vpr*: **se ~ devant qn** sich vor jdm aufbauen +*dat*; **campeur, -euse** *m*, *f* Camper(in) *m(f)*.

camphre [kɑ̃fʀ(ə)] *m* Kampfer *m*.

camping [kɑ̃piŋ] *m* Zelten *nt*, Camping *nt*; **faire du ~** zelten; (*terrain de*) ~ Campingplatz *m*; **camping-car** (*camping-cars*) *m* Wohnmobil *nt*.

Canada [kanada] *m*: **le ~** Kanada *nt*; **canadien, ne** *adj* kanadisch; **Canadien, ne** *m*, *f* Kanadier(in) *m(f)*; **canadienne** *f* (*veste*) gefütterte Schafslederjacke; (*tente*) Zweimannzelt *nt*.

canaille [kanaj] *f* Schurke *m*.

canal ⟨canaux⟩ [kanal, o] *m* Kanal *m*;

canalisation *f* (*tuyauterie*) Leitungsnetz *nt*; (*pour vidanges*) Kanalisation *f*; (*d'eau, de gaz*) Leitung *f*; **canaliser** [kanalize] ⟨1⟩ *vt* kanalisieren.

canapé [kanape] *m* Sofa *nt*; (*GASTR*) Kanapee *nt*.

canaque [kanak] **1.** *adj* kanakisch; **2.** *m/f* Kanake *m*, Kanakin *f*.

canard [kanaʀ] *m* Ente *f*, Enterich *m*; (*fam: journal*) Blatt *nt*; **~ boiteux** (*fam: entreprise en difficulté*) marodes Unternehmen.

canari [kanaʀi] *m* Kanarienvogel *m*.

cancer [kɑ̃sɛʀ] *m* Krebs *m*; **Cancer** (*ASTR*) Krebs *m*; **cancéreux, -euse** *adj* krebsartig; **cancérigène, cancérogène** [kɑ̃seʀiʒɛn, kɑ̃seʀɔʒɛn] *adj* krebserzeugend, karzinogen.

cancre [kɑ̃kʀ(ə)] *m* (*fam: élève*) Faulpelz.

candeur [kɑ̃dœʀ] *f* Naivität *f*.

candi [kɑ̃di] *adj inv*: **sucre ~** Kandiszucker *m*.

candidat, e [kɑ̃dida, at] *m*, *f* Kandidat(in) *m(f)*.

candide [kɑ̃did] *adj* naiv, unbefangen.

cane [kan] *f* (*weibliche*) Ente *f*.

canette [kanɛt] *f* (*de bière*) Bierflasche *f*; (*en métal*) Getränkedose *f*.

canevas [kanva] *m* (*COUTURE*) Leinwand *f*.

caniche [kaniʃ] *m* Pudel *m*.

canicule [kanikyl] *f* Hundstage *pl*.

canif [kanif] *m* Taschenmesser *nt*.

canin, e [kanɛ̃, in] *adj* Hunde-.

canine *f* Eckzahn *m*.

caniveau ⟨-x⟩ [kanivo] *m* Rinnstein *m*.

canne [kan] *m* Stock *m*; **~ à pêche** Angelrute *f*; **~ à sucre** Zuckerrohr *nt*.

cannelle [kanɛl] *f* Zimt *m*.

canoë [kanɔe] *m* Kanu *nt*.

canon [kanɔ̃] *m* Kanone *f*; (*d'une arme: tube*) Lauf *m*; (*norme*) Regel *f*; (*MUS*) Kanon *m*; **~ à eau** Wasserwerfer *m*.

canoniser [kanɔnize] ⟨1⟩ *vt* heiligsprechen.

canot [kano] *m* Boot *nt*; **~ pneumatique** Schlauchboot *nt*; **~ de sauvetage** Rettungsboot *nt*.

canotier [kanɔtje] *m* (*chapeau*) Kreissäge *f*.

cantatrice [kɑ̃tatʀis] *f* Sängerin *f*.

cantine [kɑ̃tin] *f* (*réfectoire*) Kantine *f*.

cantique [kɑ̃tik] *m* Kirchenlied *nt*, Hymne *f*.

canton [kɑ̃tɔ̃] *m* (*en France*) Verwaltungseinheit mehrerer Gemeinden; (*en Suisse*) Kanton *m*.

cantonner [kɑ̃tɔne] ⟨1⟩ *vpr*: **se ~ dans** sich beschränken auf +*akk*; (*maison*) sich zurückziehen in +*akk*.

cantonnier [kɑ̃tɔnje] *m* Straßenwärter(in) *m(f)*.

C.A.O. *f abr de* conception assistée par ordinateur CAD.

caoutchouc [kautʃu] *m* Kautschuk *m*; **en ~**

aus Gummi; ~ **mousse** Schaumgummi m.
cap [kap] m Kap nt; **mettre le ~ sur** Kurs nehmen auf +akk.
C.A.P. m abr de **Certificat d'aptitude professionnelle** berufsspezifisches Abschlußzeugnis.
capable [kapabl(ə)] adj fähig; ~ **de faire** fähig zu tun; **un livre ~ d'intéresser** ein möglicherweise interessantes Buch.
capacité [kapasite] f (compétence) Fähigkeit f; (contenance) Kapazität f; ~ **de mémoire** (INFORM) Speicherkapazität f.
cape [kap] f Cape nt; **rire sous ~** sich dat ins Fäustchen lachen.
C.A.P.E.S. [kapɛs] m acr de **Certificat d'aptitude au professorat de l'enseignement secondaire** Lehrbefähigung f für höhere Schulen.
C.A.P.E.T. [kapɛt] m acr de **Certificat d'aptitude au professorat de l'enseignement technique** Lehrbefähigung f für Fachschulen.
capharnaüm [kafarnaɔm] m (fam: désordre) Durcheinander nt.
capillaire [kapilɛr] adj (soins, lotion) Haar-; (vaisseau, etc) kapillar.
capitaine [kapitɛn] m Kapitän m; (MIL) Feldherr m; (de gendarmerie, pompiers) Hauptmann m.
capital, e ⟨capitaux⟩ [kapital, o] 1. adj wesentliche(r, s); 2. m Kapital nt; 3. f (ville) Hauptstadt f; (lettre) Großbuchstabe m. 4. mpl (fonds) Vermögen nt; **augmentation de ~** (société) Kapitalerhöhung f; **évasion des capitaux** Kapitalflucht f; **peine ~e** Todesstrafe f; ~ **génétique** Erbgut nt; **capitaliser** ⟨1⟩ vt (amasser) anhäufen; **capitalisme** m Kapitalismus m; **capitaliste** adj kapitalistisch.
capiteux, -euse [kapitø, øz] adj berauschend.
capitonner [kapitɔne] ⟨1⟩ vt polstern.
capituler [kapityle] ⟨1⟩ vi kapitulieren.
caporal ⟨caporaux⟩ [kapɔral, o] m Obergefreite(r) mf.
capot [kapo] m (AUTO) Kühlerhaube f; ~ **insonorisant** (INFORM) Schallschluckhaube f.
capote [kapɔt] f (de voiture) Verdeck nt; (de soldat) Überziehmantel m; ~ **anglaise** (fam) Pariser m.
capoter [kapɔte] ⟨1⟩ vi (véhicule) sich überschlagen.
câpre [kapr(ə)] f Kaper f.
caprice [kapris] m Laune f; **capricieux, -euse** adj launisch.
Capricorne [kaprikɔrn(ə)] m (ASTR) Steinbock m.
capsule [kapsyl] f (de bouteille) Verschluß m; (spatiale) Kapsel f.
capter [kapte] ⟨1⟩ vt auffangen; (intérêt) er-

regen; **capteur** m: ~ **solaire** Sonnenkollektor m.
captif, -ive [kaptif, iv] adj gefangen.
captiver [kaptive] ⟨1⟩ vt fesseln, faszinieren.
captivité [kaptivite] f Gefangenschaft f.
capturer [kaptyre] ⟨1⟩ vt einfangen.
capuchon [kapyʃɔ̃] m Kapuze f; (de stylo) Kappe f.
capucine [kapysin] f Kapuzinerkresse f.
caqueter [kakte] ⟨3⟩ vi (poule) gackern; (fig) plappern.
car [kar] **1.** m [Reise]bus m; **2.** conj weil, da.
caractère [karaktɛr] m Charakter m; (lettre, signe) Schriftzeichen nt; **avoir bon ~** gutmütig sein; **avoir mauvais ~** ein übles Wesen haben; **en ~s gras** fett gedruckt; ~ **de contrôle** [o de commande] (INFORM) Steuerzeichen nt; ~**s** mpl **d'imprimerie** Druckbuchstaben pl; ~**s** mpl **OCR** OCR-Schrift f.
caractérisé, e [karakterize] adj ausgeprägt.
caractériser [karakterize] ⟨1⟩ vt charakterisieren.
caractéristique [karakteristik] **1.** adj charakteristisch; **2.** f typisches Merkmal.
carafe [karaf] f Karaffe f.
caraïbe [karaib] f: **la mer des Caraïbes, les Caraïbes** die Karibik.
carambolage [karɑ̃bɔlaʒ] m (AUTO fam) Auffahrunfall m.
caramel [karamɛl] m (bonbon) Karamelbonbon m; (substance) Karamel m.
carapace [karapas] f (ZOOL a. fig) Panzer m.
carat [kara] m Karat nt.
caravane [karavan] f (de chameaux) Karawane f; (de camping) Wohnwagen m.
carbone [karbɔn] m Kohlenstoff m; (feuille) Kohlepapier nt; (double) Durchschlag m; **carbonique** adj: **gaz ~** Kohlensäure f; **neige ~** Trockeneis nt; **carboniser** ⟨1⟩ vt karbonisieren.
carburant [karbyrɑ̃] m Kraftstoff m.
carburateur [karbyratœr] m Vergaser m.
carcasse [karkas] f (d'animal) Kadaver m; (chez le boucher) Rumpf m; (de voiture) Karosserie f.
carcinome [karsinom] m Karzinom nt, Krebsgeschwulst f.
cardiaque [kardjak] adj Herz-.
carême [karɛm] m: **le Carême** die Fastenzeit.
carence [karɑ̃s] f (incompétence) Unfähigkeit f; (manque) Mangel m.
caresse [karɛs] f Zärtlichkeit f; **caresser** ⟨1⟩ vt streicheln; (fig: projet, espoir) spielen mit.

cargaison [kargɛzõ] f Schiffsfracht f.
cargo [kargo] m Frachter m.
caricature [karikatyr] f Karikatur f.
carie [kari] f: **la ~** [**dentaire**] Karies f; **une ~** ein Loch nt im Zahn.
carillon [karijõ] m Carillon nt, Glockenspiel nt; **~** [**électrique**] (de porte) Türklingel f.
carlingue [karlɛ̃g] f (AVIAT) Cockpit und Kabine pl.
carnage [karnaʒ] m Gemetzel nt, Blutbad nt.
carnassier, -ière [karnasje, ɛr] adj fleischfressend.
carnaval ⟨-s⟩ [karnaval] m Karneval m.
carnet [karnɛ] m Heft nt; **~ de chèques** Scheckheft nt.
carnivore [karnivɔr] adj fleischfressend.
carotte [karɔt] f Möhre f.
carpe [karp(ə)] f Karpfen m.
carré, e [kare] **1.** adj quadratisch; (visage, épaules) eckig; (franc) aufrichtig, geradeaus; **2.** m (a. MATH) Quadrat nt; (de terrain, jardin) Stück nt; **élever un nombre au ~** eine Zahl ins Quadrat erheben; **mètre/kilomètre ~** Quadratmeter m/-kilometer m.
carreau ⟨-x⟩ [karo] m (en faïence, etc) Fliese f; (de fenêtre) Glasscheibe f; (motif) Karomuster nt; (CARTES) Karo nt; **à ~x** kariert.
carrefour [karfur] m Kreuzung f.
carrelage [karlaʒ] m Fliesen pl; **carreler** ⟨3⟩ vt fliesen.
carrelet [karlɛ] m (poisson) Scholle f.
carrément [karemã] adv wirklich, echt.
carrière [karjɛr] f (de craie, sable) Steinbruch m; (métier) Karriere f; **militaire de ~** Berufssoldat(in) m(f); **carriériste** [karjerist] **1.** adj karrieresüchtig; **2.** m/f Karrierist(in) m(f).
carrossable [karosabl(ə)] adj befahrbar.
carrosse [karɔs] f Kutsche f.
carrosserie [karɔsri] f Karosserie f; **carrossier** [karɔsje] m Karosseriebauer(in) m(f).
carrousel [karuzɛl] m Karussell nt.
carrure [karyr] f Statur f.
cartable [kartabl(ə)] m Schultasche f.
carte [kart(ə)] f Karte f; (d'électeur, de parti, d'abonnement, etc) Ausweis m; (au restaurant) Speisekarte f; **avoir/donner ~ blanche** freie Hand haben/lassen; **~ de crédit** Kreditkarte f; **~ de crédit des télécommunications** [Telefon]buchungskarte f; **~ d'embarquement** (AVIAT) Bordkarte f, Einsteigekarte f; **~ d'étudiant** (SCOL) Studentenausweis m; **la ~ grise** (AUTO) der Kraftfahrzeugschein; **~** [**d'identité**] **bancaire** Scheckkarte f; **~ Inter-Rail** Interrail-Karte f; **~ jeune** Junior-Paß m; **~ météorologique** (MÉTÉO) Wetterkarte f; **~** [**postale**] Postkarte f; **~ routière** Straßenkarte f; **~ de séjour** Auf-

enthaltsgenehmigung f; **~ de télécommunication** Telefonkarte f, Buchungskarte f; **~ vermeil** Seniorenpaß m; **~** [**de visite**] Visitenkarte f.
carter [kartɛr] m (TECH) Gehäuse nt; (AUTO: ~ d'huile) Ölwanne f.
cartilage [kartilaʒ] m Knorpel m.
carton [kartõ] m (matériau) Pappe f; (boîte) Karton m; **faire un ~** (au tir) Treffer landen; **~** [**à dessin**] Mappe f; **cartonné, e** adj (livre) kartoniert.
cartouche [kartuʃ] f Patrone f; (de film, de ruban encreur) Kassette f.
cas [kɑ] m Fall m; **au ~ où** falls; **en ~ de** bei, im ... fall; **en ~ de besoin** notfalls; **en aucun ~** unter keinen Umständen; **en tout ~** auf jeden Fall, in jedem Fall; **faire peu de/grand ~ de** viel/wenig Aufhebens machen um.
casanier, -ière [kazanje, ɛr] adj häuslich.
cascade [kaskad] f Wasserfall m; (fig) Flut f.
cascadeur, -euse [kaskadœr, øz] m Stuntman m, Stuntgirl nt.
case [kɑz] f (hutte) Hütte f; (compartiment) Fach nt; (sur un formulaire, de mots-croisés, d'échiquier) Kästchen nt; **caser** ⟨1⟩ **1.** vt (fam) unterbringen; **2.** vpr: **se ~** (fam) sich verheiraten, einen Hausstand gründen.
caserne [kazɛrn(ə)] f Kaserne f.
cash [kaʃ] adv: **payer ~** (fam) bar bezahlen.
casier [kazje] m (à bouteilles, journaux) Ständer m; (pour le courrier) Fach nt; **~ judiciaire** Strafregister nt.
casque [kask(ə)] m Helm m; (chez le coiffeur) Trockenhaube f; (pour audition) Kopfhörer m; **Casques bleus** (troupes de l'O.N.U.) Blauhelme pl.
casquette [kaskɛt] f Kappe f.
cassant, e [kasã, ãt] adj zerbrechlich; (fig) schroff.
cassation [kasasjõ] f: **recours en ~** Berufung f; **cour de ~** Berufungsgericht nt.
casse [kas] f: **mettre à la ~** (AUTO) verschrotten lassen; **il y a eu de la ~** (dégâts) es gab viel Bruch.
casse-cou [kasku] adj inv waghalsig; **casse-croûte** m inv Imbiß m; **casse-noisette[s]**, **casse-noix** m inv Nußknacker m; **casse-pieds** adj inv (fam) unerträglich.
casser [kase] ⟨1⟩ **1.** vt brechen; (œuf) aufschlagen; (gradé) degradieren; (JUR) aufheben; **2.** vi (lacet, etc) reißen; **3.** vpr: **se ~** brechen.
casserole [kasrɔl] f (Stiel)kasserolle f.
casse-tête [kastɛt] m inv (fig) harte Nuß.
cassette [kasɛt] f (bande magnétique) Kassette f; (coffret) Schatulle f; **~ vidéo** Videokassette f.

casseur, -euse [kɑsœʀ, øz] m, f (vandale) Randalierer(in) m(f); (épaviste) Schrotthändler(in) m(f).

cassis [kasis] m (BOT) schwarze Johannisbeere; (de la route) Unebenheit f.

cassoulet [kasulɛ] m Ragout mit weißen Bohnen u. Gänse-, Hammel- oder Schweinefleisch.

castor [kastɔʀ] m Biber m.

castrer [kastʀe] ⟨1⟩ vt kastrieren.

cat. abr de **catégorie** Kategorie f.

catalogue [katalɔg] m Katalog m; **cataloguer** ⟨1⟩ vt katalogisieren; (péj) einordnen, etikettieren.

catalyseur [katalizœʀ] m Katalysator m; **catalytique** adj katalytisch; **pot ~** (AUTO) Auspuff m mit [eingebautem] Katalysator.

cataplasme [kataplasm(ə)] m (MÉD) Umschlag m.

cataracte [kataʀakt(ə)] f grauer Star.

catastrophe [katastʀɔf] f Katastrophe f; **catastrophé, e** adj (fam) fix und fertig; **catastrophique** adj katastrophal.

catéchisme [kateʃism(ə)] m ≈ Religionsunterricht m.

catégorie [kategɔʀi] f Kategorie f; (SPORT) Klasse f.

catégorique [kategɔʀik] adj kategorisch.

cathédrale [katedʀal] f Kathedrale f.

catholicisme [katɔlisism(ə)] m Katholizismus m; **catholique** [katɔlik] adj katholisch; **pas très ~** (fam) zweifelhaft, nicht ganz sauber.

catimini [katimini] adv: **en ~** still und leise.

cauchemar [koʃmaʀ] m Alptraum m.

cause [koz] f Grund m; (d'un événement, phénomène, accident) Ursache f; (JUR) Fall m; **à ~ de, pour ~ de** wegen; **[et] pour ~** zu Recht; **faire ~ commune avec qn** mit jdm gemeinsame Sache machen; **mettre en ~** verwickeln; **qch est en ~** es geht um etw; **remettre en ~** in Frage stellen; **causer** ⟨1⟩ **1.** vt verursachen; **2.** vi plaudern; **causerie** [kozʀi] f Plauderei f.

caustique [kostik] adj (fig) bissig.

caution [kosjɔ̃] f Kaution f; (fig) Unterstützung f; **libéré sous ~** gegen Kaution freigelassen; **cautionner** ⟨1⟩ vt (soutenir) unterstützen.

cavale [kaval] f: **être en ~** (fam) auf der Flucht sein.

cavalier, -ière [kavalje, ɛʀ] **1.** adj (désinvolte) unbekümmert; **2.** m, f Reiter(in) m(f); (au bal) Partner(in) m(f); **3.** m (ÉCHECS) Springer m.

cave [kav] f Keller m.

caveau ⟨-x⟩ [kavo] m Gruft f.

caverne [kavɛʀn(ə)] f Höhle f.

caverneux, -euse [kavɛʀnø, øz] adj: **voix caverneuse** hohle Stimme.

caviar [kavjaʀ] m Kaviar m.

cavité [kavite] f Hohlraum m.

c.c. abr de **compte courant** Girokonto nt.

C.C.I. f abr de **Chambre de commerce et d'industrie** IHK f.

C.C.P. 1. m abr de **Compte Chèques Postaux** Postgiroamt nt; **2.** m abr de **compte courant postal, compte chèque postal** Postgirokonto nt.

C.D. m abr de **corps diplomatique** CD.

CD m abr de **compact disc** CD f; **CD-ROM** [sedeʀɔm] f inv abr de **compact disc read only memory** Schulbibliothek f.

C.D.I. m abr de **Centre de documentation et d'information** Schulbibliothek f.

ce (**cet**), **cette** ⟨**ces**⟩ [sə, sɛt, se] **1.** adj diese(r, s); (pl) diese; **2.** pron: **~ qui/que** [das,] was; **il est bête, ~ qui me chagrine** er ist dumm und das macht mir Kummer; **~ dont j'ai parlé** [das,] wovon ich gesprochen habe; **~ que c'est grand!** (fam) das ist aber groß!; **c'est petit/grand** es ist klein/groß; **c'est un brave homme** er ist ein guter Mensch; **c'est une girafe** das ist eine Girafe; **qui est-ce? – c'est le médecin** wer ist das? – der Arzt; **(à la porte) wer ist da? –** der Arzt; v. a. **est-ce que, n'est-ce pas, c'est-à-dire**.

C.E. 1. f abr de **Caisse d'épargne** Sparkasse f; **2.** f abr de **Communauté européenne** (HIST) EG f.

ceci [səsi] pron dies[es], das.

cécité [sesite] f Blindheit f.

céder [sede] ⟨5⟩ **1.** vt abtreten; **2.** vi nachgeben; **~ à** erliegen +dat; **~ le passage** Vorfahrt achten.

Cedex [sedɛks] m acr de **Courrier d'entreprises à distribution exceptionnelle** Poststelle f für Selbstabholer.

cédille [sedij] f Cedille f.

cèdre [sɛdʀ(ə)] m Zeder f.

C.E.E. f abr de **Communauté économique européenne** (HIST) E[W]G f.

C.E.I. f abr de **Communauté d'États indépendants** GUS f.

ceindre [sɛ̃dʀ(ə)] irr comme peindre, vt: **~ sa tête/ses épaules de qch** etw um den Kopf/die Schultern schlingen.

ceinture [sɛ̃tyʀ] f Gürtel m; **~ à enrouleur** Automatikgurt m; **~ d'ozone** Ozonschild m; **~ de sécurité** Sicherheitsgurt m; **ceinturer** ⟨1⟩ vt (SPORT) um die Taille fassen, umklammern.

cela [s(ə)la] pron das, jene(r, s).

célèbre [selɛbʀ(ə)] adj berühmt.

célébrer [selebʀe] ⟨5⟩ vt (anniversaire, etc) feiern; (cérémonie) feierlich begehen.

céleri [sɛlʀi] m: **~ en branche** Stangensellerie m o f; **~|-rave** [Knollen]sellerie m o f.

céleste [selɛst(ə)] adj himmlisch.

célibat [seliba] *m* Ehelosigkeit *f*; *(de prêtre)* Zölibat *nt o m*.

célibataire [selibatɛʀ] **1.** *adj* unverheiratet, ledig; **2.** *m/f* Junggeselle *m*, Junggesellin *f*.

celle, celles [sɛl] *pron v.* **celui.**

cellophane® [selɔfan] *f* Cellophan® *nt.*

cellulaire [selylɛʀ] *adj*: **voiture** [*o* **fourgon**] **~** grüne Minna.

cellule [selyl] *f* Zelle *f*; **~** **[photoélectrique]** Photozelle *f.*

cellulite [selylit] *f* Zellulitis *f.*

cellulose [selyloz] *f* Zellulose *f*; **~** **végétale** Ballaststoffe *pl.*

celte [sɛlt(ə)] *adj* keltisch.

celui, celle ⟨*ceux, celles*⟩ [səlɥi, sɛl, sø] *pron* der/die/das; **~** **qui bouge** der[jenige], der/die[jenige], die/das[jenige], das sich bewegt; **~** **dont je parle** der/die/das, von dem/der/dem ich spreche; **~** **qui veut** wer will; **~** **du salon** der/die/das aus dem Wohnzimmer; **~-ci-là, celle-ci/-là** diese[-ci, s] [hier/da]; **ceux-ci/-là, celles-ci/-là** diese [hier/da].

cendre [sɑ̃dʀ(ə)] *f* Asche *f*; **sous la ~** *(GASTR)* in der Glut; **cendré, e** *adj (couleur)* aschfarben; **cendrier** *m* Aschenbecher *m.*

censé, e [sɑ̃se] *adj*: **être ~** **faire qch** etw eigentlich tun sollen.

censure [sɑ̃syʀ] *f* Zensur *f*; **censurer** ⟨1⟩ *vt (CINÉ, PRESSE)* zensieren.

cent [sɑ̃] *num* [ein]hundert; **trois ~[s]** dreihundert; **centaine** *f*: **une ~** **[de]** etwa hundert; **centenaire 1.** *adj* hundertjährig; **2.** *m/f* Hundertjährige(r) *mf*; **3.** *m (anniversaire)* hundertster Geburtstag; **centième** *adj* hundertste(r, s); **centigrade** *m* Celsius *nt*; **centime** *m* Centime *m*; **centimètre** *m* Zentimeter *m*; *(ruban)* Maßband *nt.*

central [sɑ̃tʀal, o] *m*: **~** **[téléphonique]** [Telefon]zentrale *f*; **central, e** *adj* ⟨*centraux*⟩ zentral; **centrale** *f* Kraftwerk *nt*, Anlage *f*; **~e atomique** [*o* **nucléaire**] Atomkraftwerk *nt*, Kernkraftwerk *nt*; **~e de données** Datenzentrum *nt*; **~e électrique** Elektrizitätswerk *nt*; **~e marémotrice** Gezeitenkraftwerk *nt*; **~e de retraitement des combustibles irradiés** Wiederaufbereitungsanlage *f* [für abgebrannte Brennelemente].

centraliser [sɑ̃tʀalize] ⟨1⟩ *vt* zentralisieren.

centre [sɑ̃tʀ(ə)] *m* Zentrum *nt*; *(milieu)* Mitte *f*; **~ d'accueil pour toxicomanes** Drogenberatungsstelle *f*; **~ d'apprentissage** Ausbildungszentrum *nt*; **~ de calcul** Rechenzentrum *nt*; **~ commercial/sportif/culturel** Einkaufs-/Sport-/Kulturzentrum *nt*; **~ de culturisme** Fitneßcenter *nt*, Fitneßstudio *nt*; **~ de gravité** Schwerpunkt *m*; **~ d'hébergement pour femmes battues** Frauenhaus *nt*; **~ de rééducation** Rehabilitationszentrum

nt; **~ de stockage définitif** Endlager *nt*; **~ de transfusion sanguine** Blutspendezentrale *f*; **le ~-ville** das Stadtzentrum.

centrer [sɑ̃tʀe] ⟨1⟩ *vt (TYPO, INFORM)* zentrieren.

centriste [sɑ̃tʀist(ə)] *adj* Zentrums-.

centuple [sɑ̃typl(ə)] *m* Hundertfache(s) *nt.*

cep [sɛp] *m* [Wein]stock *m*; **cépage** [sepaʒ] *m (vin)* Rebsorte *f.*

cèpe [sɛp] *m* Steinpilz *m.*

cependant [s(ə)pɑ̃dɑ̃] *adv* jedoch.

céramique [seʀamik] *f* Keramik *f.*

cercle [sɛʀkl(ə)] *m* Kreis *m*; *(objet)* Reifen *m.*

cercueil [sɛʀkœj] *m* Sarg *m.*

céréale [seʀeal] *f* Getreide *nt.*

cérébral, e ⟨*cérébraux*⟩ [seʀebʀal, o] *adj* zerebral, Hirn-.

cérémonie [seʀemɔni] *f* Feierlichkeiten *pl*; **~s** *fpl (péj)* Theater *nt*, Umstände *pl.*

cerf [sɛʀ] *m* Hirsch *m.*

cerfeuil [sɛʀfœj] *m* Kerbel *m.*

cerf-volant ⟨*cerfs-volants*⟩ [sɛʀvɔlɑ̃] *m (jouet)* Drachen *m.*

cerise [s(ə)ʀiz] *f* Kirsche *f*; **cerisier** *m* Kirschbaum *m.*

cerné, e [sɛʀne] *adj (assiégé)* umzingelt; *(yeux)* mit dunklen Ringen.

cerner [sɛʀne] ⟨1⟩ *vt* umzingeln; *(problème)* einkreisen.

certain, e [sɛʀtɛ̃, ɛn] *adj* bestimmt, gewiß; **un ~ courage/talent** eine ordentliche Portion Mut/ein gewisses Talent; **un ~ Georges/dimanche** ein gewisser Georges/bestimmter Sonntag; **~s cas** gewisse Fälle; **~ [de/que]** *(sûr)* sicher [+gen/daß]; **certainement** *adv (probablement)* höchstwahrscheinlich; *(bien sûr)* sicherlich; **certains** *pron* manche.

certes [sɛʀt(ə)] *adv* sicherlich.

certificat [sɛʀtifika] *m* Zeugnis *nt*, Bescheinigung *f*; **~ de concubinage** Bescheinigung *f* über eine eheähnliche Gemeinschaft; **le ~ d'études** = Volksschulabschluß.

certifier [sɛʀtifje] ⟨1⟩ *vt* bescheinigen; **~ que** bestätigen, daß.

certitude [sɛʀtityd] *f* Gewißheit *f.*

cerveau ⟨-*x*⟩ [sɛʀvo] *m* Gehirn *nt.*

cervelle [sɛʀvɛl] *f* Hirn *nt.*

Cervin [sɛʀvɛ̃] *m*: **le ~** das Matterhorn.

ces [se] *adj v.* **ce.**

C.E.S. *m abr de* **Collège d'enseignement secondaire** Studienseminar *nt.*

césarienne [sezaʀjɛn] *f* Kaiserschnitt *m.*

césium [sezjɔm] *m* Cäsium *nt.*

cesse [sɛs] *adv*: **sans ~** unaufhörlich.

cesser [sese] ⟨1⟩ *vt* aufhören mit.

cessez-le-feu [seselfø] *m inv* Feuerpause *f*; *(plus long)* Waffenruhe *f.*

c'est-à-dire [setadiʀ] *adv* das heißt.

cette [sɛt] *pron v.* **ce**.

ceux [sø] *pron v.* **celui**.

cf *abr de* **confer** (*se reporter à*) vgl.

C.F.C. *m abr de* **chlorofluorocarbone** F.C.K.W. *nt*.

C.F.D.T. *f abr de* **Confédération française démocratique du travail** demokratische Gewerkschaft.

C.F.T.C. *f abr de* **Confédération française des travailleurs chrétien** christliche Arbeitnehmergewerkschaft.

C.G.C. *f abr de* **Confédération générale des cadres** Verband der höheren Angestellten.

C.G.E. *f abr de* **Compagnie générale d'électricité** Allgemeine Elektrizitätsgesellschaft, ≈ AEG *f*.

C.G.T. *f abr de* **Confédération générale du travail** kommunistische Gewerkschaft.

ch. *abr de* **cherche** suche.

chacun, e [ʃakœ̃, yn] *pron* jede(r, s).

chagrin, e [ʃagʀɛ̃, in] **1.** *adj* mißmutig; **2.** *m* Kummer *m*, Leid *nt*.

chahut [ʃay] *m* (*scol*) Allotria *nt*, Rabatz *m*; **chahuter** ⟨1⟩ *vt, vi* (*élèves pendant le cours*) Unfug treiben, Rabatz machen.

chai [ʃɛ] *m* Wein- und Spirituosenlager *nt*.

chaîne [ʃɛn] *f* Kette *f*; **faire la** ~ eine Kette bilden; **sur la 2ième** ~ (*radio, tv*) im 2. Programm; ~ **alimentaire** Nahrungskette *f*; ~ **humaine** Menschenkette *f*; ~ [**de montage**], ~ **de fabrication** Fließband *nt*; ~ [**stéréo**] Stereoanlage *f*; **travail à la** ~ Fließbandarbeit *f*.

chair [ʃɛʀ] *f* Fleisch *nt*; **avoir la** ~ **de poule** eine Gänsehaut haben; [**couleur**] ~ fleischfarben; **être en** ~ **et en os** leibhaftig; **être bien en** ~ gut beieinander sein.

chaire [ʃɛʀ] *f* (*d'église*) Kanzel *f*; (*d'université*) Lehrstuhl *m*.

chaise [ʃɛz] *f* Stuhl *m*; ~ **longue** Liegestuhl *m*.

châle [ʃɑl] *m* Umhängetuch *nt*.

chaleur [ʃalœʀ] *f* Hitze *f*; (*modérée, fig*) Wärme *f*; **les grandes** ~**s** die heißen Tage; **récupération de la** ~ (*tech*) Wärmerückgewinnung *f*; **chaleureux, -euse** [ʃalœʀø, øz] *adj* warm[herzig], herzlich.

chaloupe [ʃalup] *f* Boot *nt*; ~ **de sauvetage** Rettungsboot *nt*.

chalutier [ʃalytje] *m* (*bateau*) Fischdampfer *m*.

chamailler [ʃamaje] ⟨1⟩ *vpr*: **se** ~ (*fam*) sich streiten.

chambouler [ʃɑ̃bule] ⟨1⟩ *vt* umwerfen, durcheinanderbringen.

chambre [ʃɑ̃bʀ(ə)] *f* Zimmer *nt*; (*jur, pol*) Kammer *f*; ~ **à air** (*pneu*) Schlauch *m*; ~ **de commerce/de l'industrie** Handels-/Industriekammer *f*; ~ **à coucher** Schlafzimmer *nt*; ~ **à un lit/deux lits** (*à l'hôtel*) Einzel-/

Doppelzimmer *nt*; ~ **noire** (*photo*) Dunkelkammer *f*.

chambrer [ʃɑ̃bʀe] ⟨1⟩ *vt* (*vin*) auf Zimmerwärme bringen.

chameau ⟨-x⟩ [ʃamo] *m* Kamel *nt*.

chamois [ʃamwa] *m* Gemse *f*.

champ [ʃɑ̃] *m* Feld *nt*; (*fig: domaine*) Gebiet *nt*; ~ **de bataille** Schlachtfeld *nt*.

champagne [ʃɑ̃paɲ] *m* Champagner *m*.

champêtre [ʃɑ̃pɛtʀə] *adj* ländlich.

champignon [ʃɑ̃piɲɔ̃] *m* Pilz *m*; ~ **atomique** Atompilz *m*; ~ **de Paris** Champignon *m*.

champion, ne [ʃɑ̃pjɔ̃, ɔn] *m, f* (*sport*) Champion *m*, Meister(in) *m(f)*; (*d'une cause*) Verfechter(in) *m(f)*.

chance [ʃɑ̃s] *f*: **bonne** ~! viel Glück!; **la** ~ der Zufall; **une** ~ ein Glück; **par** ~ zufälligerweise; glücklicherweise; **tu as de la** ~ du hast Glück; ~**s** *fpl* Chancen *pl*, Aussichten *pl*.

chanceler [ʃɑ̃s(ə)le] ⟨3⟩ *vi* (*personne*) taumeln; (*meuble, mur*) wackeln.

chancelier [ʃɑ̃səlje] *m* (*allemand*) Kanzler(in) *m(f)*; (*d'ambassade*) Sekretär(in) *m(f)*.

chanceux, -euse [ʃɑ̃sø, øz] *adj* glücklich; **être** ~ Glück haben.

chandail [ʃɑ̃daj] *m* [dicker] Pullover *m*.

chandelier [ʃɑ̃dəlje] *m* Kerzenhalter *m*.

chandelle [ʃɑ̃dɛl] *f* Kerze *f*.

change [ʃɑ̃ʒ] *m* (*comm*) Wechseln *nt*; **contrôle des** ~**s** Devisenkontrolle *f*; **le taux du** ~ der Wechselkurs.

changement [ʃɑ̃ʒmɑ̃] *m* Wechsel *m*, Änderung *f*.

changer [ʃɑ̃ʒe] ⟨2⟩ **1.** *vt* wechseln; (*modifier*) abändern; (*rhabiller*) umziehen; **2.** *vi* sich ändern; **3.** *vpr*: **se** ~ sich umziehen; ~ **de** wechseln; (*modifier*) ändern; ~ **de domicile** umziehen; ~ **d'idée** es sich anders überlegen; ~ **de place avec qn** mit jdm [den Platz] tauschen; ~ [**de train**] umsteigen; ~ **de vitesse** (*auto*) schalten.

chanson [ʃɑ̃sɔ̃] *f* Lied *nt*.

chant [ʃɑ̃] *m* Gesang *m*; (*d'église, folklorique*) Lied *nt*.

chantage [ʃɑ̃taʒ] *m* Erpressung *f*.

chanter [ʃɑ̃te] ⟨1⟩ **1.** *vt* singen; (*vanter*) besingen; **2.** *vi* singen; **si cela lui chante** (*fam*) wenn es ihm gefällt.

chanterelle [ʃɑ̃tʀɛl] *f* Pfifferling *m*.

chanteur, -euse [ʃɑ̃tœʀ, øz] *m, f* Sänger(in) *m(f)*.

chantier [ʃɑ̃tje] *m* Baustelle *f*; **être/mettre en** ~ im Entstehen sein/in die Wege leiten; ~ **naval** Werft *f*.

chap. *abr de* **chapitre** Kapitel *nt*.

chaparder [ʃapaʀde] ⟨1⟩ *vt* (*fam*) klauen.

chapeau ⟨-x⟩ [ʃapo] *m* Hut *m*; ~ **de paille/**

de soleil Stroh-/Sonnenhut *m*.

chapelet [ʃaplɛ] *m* Rosenkranz *m*.

chapelle [ʃapɛl] *f* Kapelle *f*; ~ **ardente** Leichenhalle *f*.

chapelure [ʃaplyʀ] *f* Paniermehl *nt*.

chapiteau ⟨-x⟩ [ʃapito] *m* (*de cirque*) Zelt *nt*.

chapitre [ʃapitʀ(ə)] *m* (*d'un livre*) Kapitel *nt*; (*fig*) Thema *nt*; **avoir voix au** ~ ein Wörtchen mitzureden haben.

chaque [ʃak] *adj* jede(r, s).

char [ʃaʀ] *m* (*à foin, etc*) Wagen *m*, Karren *m*; ~ **d'assaut** (*MIL*) Panzer *m*.

charabia [ʃaʀabja] *m* Kauderwelsch *nt*.

charbon [ʃaʀbɔ̃] *m* Kohle *f*.

charcuterie [ʃaʀkytʀi] *f* (*magasin*) Schweinemetzgerei *f*; (*produit*) Wurstwaren *pl* aus Schweinefleisch.

chardon [ʃaʀdɔ̃] *m* Distel *f*.

charge [ʃaʀʒ(ə)] *f* (*fardeau*) Last *f*; (*explosif, ÉLEC*) Ladung *f*; (*rôle, mission*) Aufgabe *f*; (*MIL*) Angriff *m*; (*JUR*) Anklagepunkt *m*; ~**s** *fpl* (*du loyer*) Nebenkosten *pl*; **être à la** ~ **de qn** (*dépendant de*) jdm [finanziell] zur Last fallen; (*aux frais de*) zu Lasten von jdm gehen; **avoir deux enfants à** ~ zwei Kinder zu versorgen haben; **prendre qch en** ~ etw übernehmen; ~**s sociales** Sozialabgaben *pl*; **chargement** (*objets*) Last *f*; Ladung *f*; **charger** ⟨2⟩ **1.** *vt* beladen; (*fusil, batterie, caméra*) laden; (*portrait, description*) übertreiben, überziehen; (*INFORM*) laden; **2.** *vi* (*éléphant, soldat*) stürmen; **3.** *vpr*: **se** ~ **de** (*tâche*) sich kümmern um; ~ **qn de qch/faire qch** jdn mit etw beauftragen/beauftragen, etw zu tun.

chariot [ʃaʀjo] *m* (*table roulante*) Teewagen *m*; (*à bagages*) Kofferkuli *m*; (*à provisions*) Einkaufswagen *m*; (*charrette*) Karren *m*; (*de machine à écrire*) Wagen *m*.

charisme [kaʀism] *m* Charisma *nt*.

charitable [ʃaʀitabl(ə)] *adj* karitativ, wohltätig.

charité [ʃaʀite] *f* (*vertu*) Nächstenliebe *f*; **faire la** ~ **à qn** jdm ein Almosen geben; **fête de** ~ Wohltätigkeitsfest *nt*.

charmant, e [ʃaʀmɑ̃, ɑ̃t] *adj* reizend.

charme [ʃaʀm(ə)] *m* (*d'une personne*) Charme *m*; (*d'un endroit, d'une activité*) Reiz *m*; (*envoûtement*) Anziehungskraft *f*; **faire du** ~ seinen Charme spielen lassen; **charmer** ⟨1⟩ *vt* (*séduire, plaire*) bezaubern.

charnière [ʃaʀnjɛʀ] *f* (*de porte*) Türangel *f*.

charnu, e [ʃaʀny] *adj* fleischig.

charogne [ʃaʀɔɲ] *f* Aas *nt*.

charpente [ʃaʀpɑ̃t] *f* Gerüst *nt*.

charpentier [ʃaʀpɑ̃tje] *m* Zimmermann *m*.

charrette [ʃaʀɛt] *f* Karren *m*; **être** ~ (*fam*) unter großem Zeitdruck arbeiten.

charrue [ʃaʀy] *f* Pflug *m*.

charte [ʃaʀt] *f* Charta *f*; **Charte internationale des Droits de l'homme** Internationale Charta der Menschenrechte.

chasse [ʃas] *f* (*SPORT*) Jagd *f*; (*poursuite*) Verfolgung *f*; **prendre en** ~ verfolgen; ~ **d'eau** [Toiletten]spülung *f*; **tirer la** ~ [**d'eau**] die Spülung betätigen.

châsse [ʃas] *f* Reliquienschrein *m*.

chasse-neige [ʃasnɛʒ] *m inv* Schneepflug *m*.

chasser [ʃase] ⟨1⟩ *vt* (*gibier, voleur*) jagen; (*expulser*) vertreiben; (*employé*) hinauswerfen; (*dissiper*) zerstreuen; **chasseur, -euse 1.** *m, f* Jäger(in) *m(f)*; **2.** *m* (*avion*) Jagdflugzeug *nt*; (*domestique*) Page *m*.

châssis [ʃasi] *m* (*AUTO*) Chassis *nt*; (*cadre*) Rahmen *m*; (*de jardin*) Frühbeet *nt*.

chaste [ʃast(ə)] *adj* keusch.

chasuble [ʃazybl(ə)] *f* Meßgewand *nt*.

chat, te [ʃa, at] *m, f* Katze *f*.

châtaigne [ʃatɛɲ] *f* Kastanie *f*.

châtain [ʃatɛ̃] *adj inv* kastanienbraun.

château ⟨-x⟩ [ʃato] *m* Schloß *nt*; ~ **[fort]** Burg *f*.

châtier [ʃatje] ⟨1⟩ *vt* bestrafen; (*style*) den letzten Schliff geben +*dat*; **châtiment** *m* Bestrafung *f*.

chaton [ʃatɔ̃] *m* (*ZOOL*) Kätzchen *nt*; (*de bague*) Fassung *f*.

chatouiller [ʃatuje] ⟨1⟩ *vt* kitzeln; (*l'odorat, le palais*) anregen; **chatouilleux, -euse** *adj* kitzelig; (*fig*) empfindlich.

chatoyer [ʃatwaje] ⟨6⟩ *vi* schillern.

châtrer [ʃatʀe] ⟨1⟩ *vt* kastrieren.

chatte [ʃat] *f v.* **chat**.

chaud, e [ʃo, od] *adj* warm; (*très* ~) heiß; **il fait** ~ es ist warm/heiß; **j'ai** ~ mir ist warm/heiß; **tenir** ~ warm sein/halten; **chaudière** [ʃodjɛʀ] *f* (*de chauffage central*) Boiler *m*; (*de bateau*) Dampfkessel *m*.

chaudron [ʃodʀɔ̃] *m* großer Kessel.

chauffage [ʃofaʒ] *m* Heizung *f*; ~ **central** Zentralheizung *f*; ~ **au gaz/à l'électricité** Gasheizung *f*/elektrische Heizung; **chauffant, e** [ʃofɑ̃, ɑ̃t] *adj*: **couverture/plaque** ~**e** Heizdecke *f*/Heizplatte *f*.

chauffard [ʃofaʀ] *m* (*péj*) Verkehrsrowdy *m*.

chauffe-eau [ʃofo] *m inv* Warmwasserbereiter *m*.

chauffer [ʃofe] ⟨1⟩ **1.** *vt* (*eau*) erhitzen; (*appartement*) heizen; **2.** *vi* (*eau, four*) sich erwärmen; (*moteur*) heißlaufen; **3.** *vpr*: **se** ~ (*se mettre en train*) warm werden; (*au soleil*) heiß werden.

chauffeur [ʃofœʀ] *m* Fahrer(in) *m(f)*; (*professionnel*) Chauffeur(in) *m(f)*.

chaumière [ʃomjɛʀ] *f* strohgedecktes Haus.

chaussée [ʃose] *f* Fahrbahn *f*.

chausser [ʃose] ⟨1⟩ *vt* (*bottes, skis*) anziehen; (*enfant*) die Schuhe anziehen +*dat*; ~

du 38 Schuhgröße 38 haben.
chaussette [ʃosɛt] f Socke f.
chausson [ʃosõ] m Hausschuh m; ~ [de bébé] Babyschuh m; ~ [aux pommes] (pâtisserie) Apfeltasche f.
chaussure [ʃosyʀ] f Schuh m; ~s basses Halbschuhe pl.
chauve [ʃov] adj kahl[köpfig]; **chauve-souris** (chauves-souris) f Fledermaus f.
chauvin e [ʃovɛ̃, in] adj chauvinistisch.
chaux [ʃo] f Kalk m.
chef [ʃɛf] **1.** m/f Führer(in) m(f); (patron) Chef(in) m(f); (de tribu) Häuptling m; (de cuisine) Koch m; ~ **d'accusation** [Vertreter der] Anklage f; ~ **de l'État** Staatschef(in) m(f); ~ **d'orchestre** Dirigent(in) m(f).
chef-d'œuvre ⟨chefs-d'œuvre⟩ [ʃɛdœvʀ(ə)] m Meisterwerk nt; **chef-lieu** ⟨chefs-lieux⟩ [ʃɛfljø] m Hauptstadt eines französischen Departements.
chemin [ʃ(ə)mɛ̃] m Weg m; (INFORM) Pfad m; en ~ unterwegs; ~ **de fer** Eisenbahn f.
cheminée [ʃ(ə)mine] f Kamin m; (sur le toit) Schornstein m.
cheminer [ʃ(ə)mine] ⟨1⟩ vi (marcher) [langsam] gehen; (avancer) sich vorwärtsbewegen.
cheminot [ʃ(ə)mino] m Eisenbahner m.
chemise [ʃ(ə)miz] f Hemd nt; (dossier) Aktendeckel m; **chemisier** [ʃ(ə)mizje] m Bluse f.
chenal ⟨chenaux⟩ [ʃ(ə)nal, o] m Kanal m.
chêne [ʃɛn] m Eiche f.
chenille [ʃ(ə)nij] f (ZOOL) Raupe f; (AUTO) Raupenkette f.
chèque [ʃɛk] m Scheck m; ~ **barré/sans provision/au porteur** Verrechnungsscheck m/ ungedeckter Scheck/Inhaberscheck m; ~ **de voyage** Reisescheck m; **encaisser un** ~ einen Scheck einlösen; **chéquier** m Scheckheft nt.
cher, chère [ʃɛʀ] **1.** adj (aimé) lieb; (coûteux) teuer; **2.** adv: **coûter/payer** ~ teuer sein/bezahlen.
chercher [ʃɛʀʃe] ⟨1⟩ vt suchen; **aller** ~ holen; **chercheur, -euse** m, f (scientifique) Forscher(in) m(f).
chéri, e [ʃeʀi] adj geliebt; [mon] ~ Liebling m; **chérir** ⟨8⟩ vt lieben.
chétif, -ive [ʃetif, iv] adj schwächlich.
cheval ⟨chevaux⟩ [ʃ(ə)val, o] m Pferd nt; à ~ **sur** rittlings auf +dat; **faire du** ~ reiten; ~**[-vapeur]** (AUTO) Pferdestärke f; **chevalerie** f Rittertum nt.
chevalet [ʃ(ə)valɛ] m Staffelei f.
chevalier [ʃ(ə)valje] m Ritter m.
chevalin, e [ʃ(ə)valɛ̃, in] adj: **boucherie** ~**e** Pferdemetzgerei f.
chevaucher [ʃ(ə)voʃe] ⟨1⟩ **1.** vi, vpr: se ~

sich überlappen; **2.** vt rittlings sitzen auf +dat.
chevelu, e [ʃəv(ə)ly] adj haarig; **cuir** ~ Kopfhaut f; **chevelure** f Haar nt.
chevet [ʃ(ə)vɛ] m: **au** ~ **de qn** an jds Bett; **table de** ~ Nachttisch m.
cheveu ⟨-x⟩ [ʃ(ə)vø] m Haar nt; **avoir les** ~**x courts** kurze Haare haben.
cheville [ʃ(ə)vij] f (ANAT) [Fuß]knöchel m; (de bois) Stift m.
chèvre [ʃɛvʀ(ə)] f Ziege f; **chèvrefeuille** m Geißblatt nt.
chevreuil [ʃəvʀœj] m Reh nt; (viande) Rehfleisch m.
chevron [ʃəvʀõ] m (poutre) Sparren m; à ~**s** im Fischgrät[en]muster.
chevronné, e [ʃəvʀɔne] adj erfahren.
chevrotant, e [ʃəvʀɔtɑ̃, ɑ̃t] adj (voix) bebend, zitternd.
chewing-gum ⟨chewing-gums⟩ [ʃwiŋɡɔm] m Kaugummi m.
chez [ʃe] prép bei +dat; ~ **moi/nous** bei mir/ uns; **chez-soi** m inv Zuhause nt.
chiant, e [ʃjɑ̃, ɑ̃t] adj (fam!) ätzend.
chic [ʃik] **1.** adj inv schick; (fam: généreux) anständig; **2.** m inv Schick m; ~! klasse!; **avoir le** ~ **de** das Talent haben zu.
chicane [ʃikan] f (obstacle) Schikane f; (querelle) Streiterei f.
chiche [ʃiʃ] adj knauserig; ~! wetten, daß!; (en réponse) die Wette gilt.
chichis [ʃiʃi] mpl (fam): **ne fais pas de** ~! stell dich nicht so an!
chicorée [ʃikɔʀe] f (à café) Zichorie f.
chien, ne [ʃjɛ̃, ɛn] **1.** m, f Hund m, Hündin f; **2.** m (de pistolet) Hahn m.
chiendent [ʃjɛ̃dɑ̃] m Quecke f.
chiffon [ʃifõ] m Lappen m, Lumpen m.
chiffonner [ʃifɔne] ⟨1⟩ vt zerknittern.
chiffonnier, -ière [ʃifɔnje, ɛʀ] m, f Lumpensammler(in) m(f).
chiffre [ʃifʀ(ə)] m Ziffer f; (montant, total) Summe f; **en** ~**s ronds** [auf-/ab]gerundet; ~ **d'affaires** Umsatz m; **chiffrer** ⟨1⟩ vt (dépense) beziffern.
chignon [ʃiɲõ] m [Haar]knoten m.
Chili [ʃili] m: **le** ~ Chile nt; **chilien, ne** adj chilenisch.
chimie [ʃimi] f Chemie f; **chimiothérapie** [ʃimjoteʀapi] f Chemotherapie f; **chimique** adj chemisch; **chimiste** m/f Chemiker(in) m(f).
Chine [ʃin] f: **la** ~ China nt; **chinois, e** [ʃinwa, az] **1.** adj chinesisch; **2.** m (langue) Chinesisch nt; **Chinois, e** m, f Chinese m, Chinesin f.
chips [ʃip(s)] fpl [Kartoffel]chips pl.
chiquer [ʃike] ⟨1⟩ **1.** vi Tabak kauen; **2.** vt kauen.
chirurgical, e ⟨chirurgicaux⟩ [ʃiʀyʀʒikal, o]

adj chirurgisch; **chirurgie** *f* Chirurgie *f*; ~ **esthétique** plastische Chirurgie; **chirurgien, ne** *m*, *f* Chirurg(in) *m(f)*.

chlorophylle [klɔʀɔfil] *f* Chlorophyll *nt*.

choc [ʃɔk] *m* Stoß *m*; (*traumatisme*) Schock *m*; **troupes de** ~ Kampftruppen *pl*.

chocolat [ʃɔkɔla] *m* Schokolade *f*; ~ **au lait** Milchschokolade *f*; ~ **noir** Bitterschokolade *f*.

chœur [kœʀ] *m* Chor *m*; (*ARCHIT*) Chor [-raum] *m*; **en** ~ im Chor.

choisir [ʃwaziʀ] ⟨8⟩ *vt* auswählen; (*nommer*) wählen; (*décider de*) sich entscheiden für.

choix [ʃwa] *m* Auswahl *f*; Wahl *f*; (*décision*) Entscheidung *f*; (*assortiment*) Auswahl *f* (*de* an +*dat*); **au** ~ nach Wahl; **avoir le** ~ die Wahl haben; **premier** ~ erste Wahl.

cholestérol [kɔlesteʀɔl] *m* Cholesterin *nt*.

chômage [ʃomaʒ] *m* Arbeitslosigkeit *f*; **être au** ~ arbeitslos sein; **chômeur, -euse** [ʃomœʀ, øz] *m*, *f* Arbeitslose(r) *mf*.

chope [ʃɔp] *f* Seidel *nt*.

choquant, e [ʃɔkɑ̃, ɑ̃t] *adj* schockierend; (*injustice, contraste*) schreiend; **choquer** ⟨1⟩ *vt* schockieren; (*commotionner*) erschüttern.

choriste [kɔʀist(ə)] *m*/*f* Chorsänger(in) *m(f)*.

chose [ʃoz] *f* Ding *nt*; (*événement, histoire*) Ereignis *nt*; (*sujet, matière*) Sache *f*; **les** ~**s** (*la situation*) die Lage, die Dinge; **c'est peu de** ~ das ist nicht der Rede wert.

chou (-x) [ʃu] *m* Kohl *m*; **mon** ~ mein Süßer, meine Süße; ~ **[à la crème]** Windbeutel *m*.

chouchou, te [ʃuʃu, ut] *m*, *f* (*fam*) Liebling *m*, Hätschelkind *nt*.

choucroute [ʃukʀut] *f* Sauerkraut *nt*.

chouette [ʃwɛt] **1.** *f* Eule *f*; **2.** *adj*: **c'est** ~! (*fam*) das ist toll!

chou-fleur (choux-fleurs) [ʃuflœʀ] *m* Blumenkohl *m*.

choyer [ʃwaje] ⟨6⟩ *vt* [ver]hätscheln, verwöhnen.

C.H.R. *m abr de* Centre hospitalier régional Kreiskrankenhaus *nt*.

chrétien, ne [kʀetjɛ̃, ɛn] *adj* christlich.

Christ [kʀist] *m*: **le** ~ Christus *m*; **christianisme** *m* Christentum *nt*.

chrome [kʀom] *m* Chrom *nt*; **chromé, e** *adj* verchromt.

chronique [kʀɔnik] **1.** *adj* (*MÉD*) chronisch; (*problème, difficultés*) andauernd; **2.** *f* (*de journal*) Kolumne *f*; (*historique*) Chronik *f*; **la** ~ **locale** die Lokalnachrichten *pl*; ~ **sportive/théâtrale** (*RADIO, TV*) Sportbericht *m*/ Theaterübersicht *f*.

chronologique [kʀɔnɔlɔʒik] *adj* chronologisch.

chrono[mètre] [kʀɔnɔmɛtʀ(ə)] *m* Stopp-

uhr *f*; **chronométrer** ⟨5⟩ *vt* stoppen.

C.H.U. *m abr de* Centre hospitalier universitaire Universitätsklinik *f*.

chuchoter [ʃyʃɔte] ⟨1⟩ *vt, vi* flüstern.

chut [ʃyt] *excl* pst.

chute [ʃyt] *f* Sturz *m*; (*des feuilles*) Fallen *nt*; (*de bois, papier: déchet*) Stückchen *nt*; **la** ~ **des cheveux** der Haarausfall; ~ **[d'eau]** Wasserfall *m*; ~ **libre** freier Fall; ~**s** *fpl* **de pluie/neige** Regen-/Schneefälle *pl*.

Chypre [ʃipʀ] *f*: **la** ~, **l'île** *f* **de** ~ Zypern *nt*.

-ci, ci- [si] *adv v.* par, comme, ci-contre, cijoint: **ce garçon-ci/-là** dieser/jener Junge; **ces femmes-ci/-là** diese/jene Frauen; **ci-après** *adv* im folgenden.

cibiste [sibist] *m*/*f* CB-Funker(in) *m(f)*; ~ **amateur** Amateurfunker(in) *m(f)*.

cible [sibl(ə)] *f* Zielscheibe *f*.

ciboulette [sibulɛt] *f* Schnittlauch *m*.

cicatrice [sikatʀis] *f* Narbe *f*; **cicatriser** ⟨1⟩ *vpr*: **se** ~ [ver]heilen.

ci-contre [sikɔ̃tʀ] *adv* (*texte écrit*) gegenüber; **ci-dessous** *adv* [weiter] unten; **ci-dessus** *adv* [weiter] oben.

cidre [sidʀ(ə)] *m* Apfelwein *m*.

Cie *abr de* Compagnie Ges.

ciel ⟨cieux⟩ [sjɛl, sjø] *m* Himmel *m*.

cierge [sjɛʀʒ(ə)] *f* Kerze *f*.

cigale [sigal] *f* Zikade *f*.

cigare [sigaʀ] *m* Zigarre *f*.

cigarette [sigaʀɛt] *f* Zigarette *f*.

ci-gît [siʒi] hier ruht.

cigogne [sigɔɲ] *f* Storch *m*.

ci-joint, e [siʒwɛ̃, ɛ̃t] *adj* beiliegend.

cil [sil] *m* [Augen]wimper *f*.

cime [sim] *f* (*d'arbre*) Krone *f*; (*de montagne*) Gipfel *m*.

ciment [simɑ̃] *m* Zement *m*; ~ **armé** Stahlbeton *m*.

cimetière [simtjɛʀ] *m* Friedhof *m*.

cinéaste [sineast(ə)] *m*/*f* Filmemacher(in) *m(f)*.

cinéma [sinema] *m* Film *m*; (*local*) Kino *nt*; **faire du** ~ (*fam*) ein Theater machen; **c'est du** ~ (*fam*) das ist alles Theater [*o* Schau]; **ciné-parc** ⟨ciné-parcs⟩ *m* Autokino *nt*.

cingler [sɛ̃gle] ⟨1⟩ **1.** *vt* peitschen; (*vent, pluie*) peitschen gegen; **2.** *vi*: ~ **vers** (*NAUT*) Kurs halten auf +*akk*.

cinq [sɛ̃k] *num* fünf; **le** ~ **août** der fünfte August; ~ **fois** fünfmal; **de** ~ **ans** fünfjährig; ~ **cents** fünfhundert; **cinquantaine** [sɛ̃kɑ̃tɛn] *f*: **une** ~ **[de]** etwa fünfzig; **cinquante** [sɛ̃kɑ̃t] *num* fünfzig; **cinquième** [sɛ̃kjɛm] **1.** *adj* fünfte(r, s); **2.** *m* (*fraction*) Fünftel *nt*; **3.** *mf* (*personne*) Fünfte(r) *mf*; **cinquièmement** *adv* fünftens.

cintre [sɛ̃tʀ(ə)] *m* Kleiderbügel *m*; (*ARCHIT*) Bogen *m*.

cintré, e [sɛ̃tʀe] *adj* (*bois*) gewölbt; (*che-*

mise) tailliert.

C.I.O. 1. *m abr de* **Comité international olympique** IOK *nt;* **2.** *m abr de* **Centre d'information et d'orientation** Berufsberatung[sstelle] *f.*

cirage [siʀaʒ] *m (pour parquet)* Bohnerwachs *nt; (pour chaussures)* Schuhcreme *f.*

circoncision [siʀkɔ̃sizjɔ̃] *f* Beschneidung *f.*

circonférence [siʀkɔ̃feʀɑ̃s] *f* Umfang *m.*

circonflexe [siʀkɔ̃flɛks(ə)] *adj:* **accent ~** Zirkumflex *m.*

circonscription [siʀkɔ̃skʀipsjɔ̃] *f:* **~ électorale/militaire** Wahlkreis *m*/Wehrerfassungsbereich *m;* **circonscrire** [siʀkɔ̃skʀiʀ] *irr comme écrire, vt* abstecken; *(incendie)* eindämmen.

circonstance [siʀkɔ̃stɑ̃s] *f* Umstand *m;* **~s** *fpl (contexte)* Umstände *pl,* Verhältnisse *pl;* **~s atténuantes** mildernde Umstände *pl;* **circonstancié, e** [siʀkɔ̃stɑ̃sje] *adj* ausführlich.

circuit [siʀkɥi] *m (trajet)* Rundgang *m;* *(ÉLEC)* Stromkreis *m;* **~ intégré** integrierte Schaltung.

circulaire [siʀkylɛʀ] **1.** *adj* kreisförmig; *(mouvement)* Kreis-; *(regard)* umherschweifend; **2.** *f* Rundschreiben *nt.*

circulation [siʀkylasjɔ̃] *f (MÉD)* Kreislauf *m;* *(AUTO)* Verkehr *m;* **mettre en ~** in Umlauf bringen; **libre ~ des capitaux** freier Kapitalverkehr.

circuler [siʀkyle] ⟨1⟩ *vi (personne)* gehen; *(voiture)* fahren; *(sang, électricité, etc)* fließen, zirkulieren; *(devises, capitaux)* im Umlauf sein; **faire ~** *(nouvelle)* verbreiten; *(badauds)* zum Weitergehen auffordern.

cire [siʀ] *f* Wachs *nt;* **ciré** [siʀe] *m (contre la pluie)* Regenmantel *m; (pour le bateau)* Ölzeug *nt;* **cirer** ⟨1⟩ *vt (parquet)* [ein]wachsen; *(souliers)* putzen.

cirque [siʀk(ə)] *m* Zirkus *m; (GÉO)* Kar *nt.*

cirrhose [siʀoz] *f:* **~ du foie** Leberzirrhose *f.*

cisaille[s] [sizaj] *f[pl]* [Garten]schere *f.*

ciseau (-x) [sizo] **1.** *m:* **~ [à bois]** Meißel *m;* **2.** *mpl* Schere *f.*

citadelle [sitadɛl] *f* Zitadelle *f.*

citadin, e [sitadɛ̃, in] *m, f* Städter(in) *m(f).*

citation [sitasjɔ̃] *f (d'auteur)* Zitat *nt; (JUR)* Vorladung *f.*

cité [site] *f* Stadt *f;* **~ satellite** Satellitenstadt *f,* Trabantenstadt *f;* **~ universitaire** Studentenwohnheim *nt;* **cité-dortoir** ⟨cités-dortoirs⟩ *f* Schlafstadt *f.*

citer [site] ⟨1⟩ *vt (un auteur)* zitieren; *(JUR)* vorladen.

citerne [sitɛʀn(ə)] *f* Zisterne *f.*

citoyen, ne [sitwajɛ̃, ɛn] *m, f* Bürger(in) *m(f).*

citron [sitʀɔ̃] *m* Zitrone *f.*

citrouille [sitʀuj] *f* Kürbis *m.*

civet [sivɛ] *m in Rotwein geschmortes Wild.*

civière [sivjɛʀ] *f* Bahre *f.*

civil, e [sivil] **1.** *adj* [staats]bürgerlich; *(institution)* staatlich; *(non militaire, JUR)* Zivil-, zivil; *(guerre)* Bürger-; *(poli)* höflich; **2.** *m* Zivilist(in) *m(f);* **habillé en ~** in Zivil; **mariage/enterrement ~** standesamtliche Trauung/nichtkirchliche Bestattung.

civilisation [sivilizasjɔ̃] *f* Zivilisation *f.*

civilisé, e [sivilize] *adj* zivilisiert.

civisme [sivism(ə)] *m* vorbildliches staatsbürgerliches Verhalten.

clair, e [klɛʀ] **1.** *adj* klar; *(couleur, teint, local)* hell; **2.** *adv:* **voir ~** deutlich sehen; **3.** *m:* **~ de lune** Mondschein *m;* **bleu/rouge ~** hellblau/-rot; **le plus ~ de son temps** die meiste Zeit; **mettre au ~** in Ordnung bringen; **tirer qch au ~** etw klären.

clairière [klɛʀjɛʀ] *f* Lichtung *f.*

clairsemé, e [klɛʀsəme] *adj* dünngesät.

clairvoyant, e [klɛʀvwajɑ̃, ɑ̃t] *adj* klarsichtig.

clameur [klamœʀ] *f* Geschrei *nt.*

clandestin, e [klɑ̃dɛstɛ̃, in] **1.** *adj* geheim; *(passager)* blind; *(commerce)* Schleich-; **2.** *m, f* illegaler Einwanderer, illegale Einwanderin.

clapoter [klapɔte] ⟨1⟩ *vi (eau)* schlagen, plätschern.

claque [klak] *f (gifle)* Klaps *m,* Schlag *m.*

claqué, e [klake] *adj* abgeschlafft.

claquer [klake] ⟨1⟩ **1.** *vi (drapeau)* flattern; *(coup de feu)* krachen; **2.** *vt (porte)* zuschlagen; **faire ~ ses doigts** mit den Fingern schnalzen.

clarifier [klaʀifje] ⟨1⟩ *vt (fig)* klären.

clarinette [klaʀinɛt] *f* Klarinette *f.*

clarté [klaʀte] *f* Helligkeit *f;* Klarheit *f.*

classe [klas] *f* Klasse *f; (local)* Klassenzimmer *nt;* **faire la ~** unterrichten; **un [soldat de] deuxième ~** ein gemeiner Soldat; **~ sociale** soziale Klasse, soziale Schicht.

classement [klasmɑ̃] *m (liste)* [An]ordnung *f; (rang)* Einstufung *f.*

classer [klase] ⟨1⟩ **1.** *vt (papiers, idées)* ordnen; *(candidat, concurrent)* einstufen; *(INFORM)* sortieren; *(JUR: affaire)* abschließen; **2.** *vpr:* **se ~ premier/dernier** als erste(r)/letzte(r) kommen.

classeur [klasœʀ] *m (cahier)* Aktenordner *m; (meuble)* Aktenschrank *m.*

classifier [klasifje] ⟨1⟩ *vt* klassifizieren.

classique [klasik] *adj* klassisch; *(traditionnel)* herkömmlich; *(habituel)* üblich.

clause [kloz] *f* Klausel *f.*

clavecin [klavsɛ̃] *m* Cembalo *nt.*

clavicule [klavikyl] *f* Schlüsselbein *nt.*

clavier [klavje] *m (de piano)* Klaviatur *f; (de machine)* Tastatur *f.*

clé, clef [kle] **1.** *f* Schlüssel *m; (de boîte de*

conserves) [Dosen]öffner *m; (de mécanicien)* Schraubenschlüssel *m; (fig: solution)* Lösung *f;* **2.** *adj inv:* **problème/position ~** Hauptproblem *nt/*Schlüsselstellung *f;* **~ anglaise** Engländer *m;* **~ de contact** Zündschlüssel *m;* **~ en croix** Kreuzschlüssel *m;* **~ de sol/de fa/d'ut** *(MUS)* Violin-/Baß-/C-Schlüssel *m;* **~ de voûte** Schlußstein *m;* **mettre la ~ sous la porte** *(fig)* heimlich verschwinden; *(commerce)* aufgeben.

clément, e [klemã, ãt] *adj* mild.

clerc [klɛʀ] *m:* **~ de notaire/d'avoué** Notariats-/Anwaltsangestellte(r) *mf.*

clergé [klɛʀʒe] *m* Klerus *m.*

clérical, e ⟨cléricaux⟩ [kleʀikal, o] *adj* geistlich.

cliché [kliʃe] *m (PHOTO)* Negativ *nt; (LING)* Klischee *m.*

client, e [klijã, ãt] *m, f (acheteur)* Kunde *m,* Kundin *f; (du docteur)* Patient(in) *m(f); (de l'avocat)* Klient(in) *m(f); (du magasin)* Kundschaft *f; (du docteur, de l'avocat)* Klientel *f.*

cligner [kliɲe] ⟨1⟩ *vi:* **~ de l'œil** zwinkern; **~ des yeux** mit den Augen zwinkern.

clignotant [kliɲɔtã] *m (AUTO)* Blinker *m.*

clignoter [kliɲɔte] ⟨1⟩ *vi (yeux)* zwinkern; *(lumière)* blinken; *(vaciller)* flackern; *(étoile)* funkeln.

climat [klima] *m* Klima *nt;* **climatisé, e** [klimatize] *adj* klimatisiert; **climatologie** [klimatɔlɔʒi] *f* Klimatologie *f,* Klimaforschung *f.*

clin d'œil ⟨clins d'œil⟩ [klɛ̃dœj] *m* Augenzwinkern *nt;* **en un ~** im Nu.

clinique [klinik] *f* Klinik *f.*

clip [klip] *m* Videoclip *m.*

cliquer [klike] ⟨1⟩ *vt (INFORM: avec la souris)* klicken; **~ deux fois/double ~** doppelklicken.

cliqueter [klik(ə)te] ⟨3⟩ *vi* klappern; *(chaîne)* rasseln.

clitoris [klitɔʀis] *m* Klitoris *f.*

clivage [klivaʒ] *m (fig)* Kluft *f.*

clochard, e [klɔʃaʀ, d(ə)] *m, f* Stadtstreicher(in) *m(f),* Penner(in) *m(f).*

cloche [klɔʃ] *f* Glocke *f; (fam)* Trottel *m;* **~ à fromage** Käseglocke *f;* **cloche-pied** *adv:* **aller** [*o* **sauter**] **à ~** auf einem Bein hüpfen; **clocher 1.** *m* Kirchturm *m;* **2.** ⟨1⟩ *vi (fam)* nicht hinhauen.

cloison [klwazɔ̃] *f* Trennwand *f.*

cloître [klwatʀ(ə)] *m* Kreuzgang *m.*

cloîtrer [klwatʀe] ⟨1⟩ *vpr:* **se ~** ⟨1⟩ *(fig)* sich einschließen, zurückgezogen leben.

clonage [klɔnaʒ] *m* Klonen *nt.*

clope [klɔp] *f (fam)* Kippe *f.*

cloque [klɔk] *f* Blase *f.*

clore [klɔʀ] *irr vt* [ab]schließen.

clos, e [klo, oz] *adj (fermé)* geschlossen;

(achevé) beendet.

clôture [klotyʀ] *f* Abschluß *m; (action)* Schließen *nt; (barrière)* Einfriedung *f,* Zaun *m.*

clou [klu] *m* Nagel *m;* **~s** *mpl (passage clouté)* Fußgängerüberweg *m;* **pneus à ~s** Spikes *pl;* **le ~ du spectacle/de la soirée** der Höhepunkt der Veranstaltung/des Abends; **~ de girofle** Gewürznelke *f;* **clouer** ⟨1⟩ *vt* festnageln, zunageln.

clown [klun] *m* Clown *m.*

club [klœb] *m* Club *m.*

cm *abr de* centimètre cm.

C.N.C. *m abr de* Centre national de la cinématographie Filmförderungsanstalt *f.*

C.N.P.F. *m abr de* Conseil national du patronat français französischer Arbeitgeberverband.

C.N.R.S. *m abr de* Centre national de la recherche scientifique nationales Zentrum für wissenschaftliche Forschung.

c/o *abr de* care of [wohnhaft] bei.

coaguler [kɔagyle] ⟨1⟩ *vpr:* **se ~** gerinnen.

C.O.B. [kɔb] *f acr de* Commission des opérations de Bourse Börsenaufsichtsamt *nt.*

cobaye [kɔbaj] *m* Meerschweinchen *nt; (fig)* Versuchskaninchen *nt.*

coca [kɔka] *m* Cola *f.*

cocasse [kɔkas] *adj* komisch, spaßig.

coccinelle [kɔksinɛl] *f* Marienkäfer *m; (AUTO)* VW-Käfer *m.*

cocher [kɔʃe] **1.** *m* Kutscher(in) *m(f);* **2.** ⟨1⟩ *vt* abhaken, ankreuzen.

cochère [kɔʃɛʀ] *adj:* **porte ~** Hoftor *nt.*

cochon, ne [kɔʃɔ̃, ɔn] **1.** *m* Schwein *nt;* **2.** *m, f (péj)* Schwein *nt;* **3.** *adj (fam)* schmutzig, schweinisch; **cochonnerie** *f (obscénité, fam)* Schweinerei *f.*

cochonnet [kɔʃɔnɛ] *m (BOULES)* Zielkugel *f.*

cocktail [kɔktɛl] *m* Cocktail *m; (réception)* Cocktailparty *f.*

coco [kɔko] *m (fam)* Typ *m;* **noix de ~** Kokosnuß *f.*

cocon [kɔkɔ̃] *m* Kokon *m.*

cocorico [kɔkɔʀiko] *excl* kikeriki.

cocotier [kɔkɔtje] *m* Kokospalme *f.*

cocotte [kɔkɔt] *f (en fonte)* Kasserolle *f;* **ma ~** *(fam)* meine Süße; **~-[-minute]®** Dampfkochtopf *m.*

cocu [kɔky] *m* betrogener Ehemann.

code [kɔd] **1.** *m* Kodex *m; (JUR)* Gesetzbuch *nt;* **2.** *adj:* **phares ~** Abblendlicht *nt;* **~ d'accès** Codenummer *f;* **~ ASCII** ASCII-Code *m;* **~ banque** Bankleitzahl *f;* **~ [à] barres** Strichkode *m;* **code civil/pénal** Zivil-/Strafgesetzbuch *nt;* **~ de la nationalité** Staatsbürgerschaftsrecht *nt;* **~ postal** Postleitzahl *f;* **~ de la route** Straßenverkehrsordnung *f.*

codétenu, e [kodet(ə)ny] *m, f* Mitgefangene(r) *m/f*.

coefficient [kɔefisjɑ̃] *m* Koeffizient *m*.

cœur [kœʀ] *m* Herz *nt*; **apprendre/savoir par** ~ auswendig lernen/wissen; **avoir bon/du** ~ gutherzig sein; **avoir à** ~ **de faire qch** Wert darauf legen, etw zu tun; **de bon** [*o* **grand**] ~ bereitwillig, gern; **cela lui tient à** ~ das liegt ihm am Herzen; **j'ai mal au** ~ mir ist schlecht; ~ **du réacteur** Reaktorkern *m*.

coexistence [kɔɛgzistɑ̃s] *f* (*religion*) Koexistenz *f*; (*personne*) Zusammenleben *nt*; ~ **pacifique** friedliches Zusammenleben.

coffre [kɔfʀ(ə)] *m* (*meuble*) Truhe *f*; (*d'auto*) Kofferraum *m*; **avoir du** ~ (*fam*) Puste haben; **coffre-fort** ⟨*coffres-forts*⟩ *m* Tresor *m*; **coffret** [kɔfʀɛ] *m* Schatulle *f*.

cogénération [kɔʒeneʀasjɔ̃] *f* (*TECH*) Kraft-Wärme-Kopplung *f*.

cognac [kɔɲak] *m* Cognac *m*, Weinbrand *m*.

cogner [kɔɲe] ⟨1⟩ *vi* stoßen, schlagen; ~ **à la porte/fenêtre** an die Tür/ans Fenster klopfen; ~ **sur/contre** schlagen auf/gegen +*akk*.

cohabitation [kɔabitasjɔ̃] *f* Zusammenleben *nt*; (*POL*) Kohabitation *f*.

cohérent, e [kɔeʀɑ̃, ɑ̃t] *adj* zusammenhängend; (*politique, équipe*) einheitlich.

coi, coite [kwa, kwat] *adj*: **rester** [*o* **se tenir**] ~ ruhig bleiben, sich ruhig verhalten.

coiffe [kwaf] *f* (*bonnet*) Haube *f*; **coiffé, e** *adj*: **bien/mal** ~ frisiert/nicht frisiert; **être** ~ **en arrière/en brosse** zurückgekämmtes Haar/einen Bürstenschnitt haben; **être** ~ **d'un béret** eine Baskenmütze tragen; **coiffer** [kwafe] ⟨1⟩ **1.** *vt* frisieren; (*surmonter*) bedecken; **2.** *vpr*: **se** ~ (*se peigner*) sich frisieren; ~ **qn de qch** jdm etw aufsetzen; **coiffeur, -euse 1.** *m, f* Friseur *m*, Friseuse *f*; **2.** *f* (*table*) Frisiertisch *m*; **coiffure** *f* (*cheveux*) Frisur *f*; (*chapeau*) Kopfbedeckung *f*.

coin [kwɛ̃] *m* Ecke *f*; (*outil*) Keil *m*; (*endroit*) Winkel *m*; **au** ~ **du feu** am Kamin; **dans le** ~ (*les alentours*) in der Umgebung; **l'épicerie du** ~ der Lebensmittelladen gleich um die Ecke; ~ **cuisine** Kochecke *f*, Kochnische *f*.

coincer [kwɛ̃se] ⟨2⟩ *vt* klemmen; (*fam*) in die Enge treiben.

coïncidence [kɔɛ̃sidɑ̃s] *f* Zufall *m*; **coïncider** ⟨1⟩ *vi*: ~ **avec** zusammenfallen [mit].

col [kɔl] *m* Kragen *m*; (*encolure, cou*) Hals *m*; (*de montagne*) Paß *m*.

colère [kɔlɛʀ] *f* Wut *f*; **en** ~ wütend; **se mettre en** ~ wütend werden; **coléreux, -euse** *adj* jähzornig.

colimaçon [kɔlimasɔ̃] *m*: **escalier en** ~ Wendeltreppe *f*.

colin [kɔlɛ̃] *m* Seehecht *m*.

colique [kɔlik] *f* Kolik *f*.

colis [kɔli] *m* Paket *nt*.

collaborateur, -trice [kɔlabɔʀatœʀ, tʀis] *m, f* Mitarbeiter(in) *m(f)*; (*POL*) Kollaborateur(in) *m(f)*; **collaborer** ⟨1⟩ *vi* zusammenarbeiten; (*POL*) kollaborieren; ~ **à** mitarbeiten an +*dat*.

collant, e [kɔlɑ̃, ɑ̃t] **1.** *adj* klebrig; (*robe*) enganliegend; (*péj*) aufdringlich; **2.** *m* (*bas*) Strumpfhose *f*; (*de danseur*) Gymnastikanzug *m*, Trikot *nt*.

collation [kɔlasjɔ̃] *f* Imbiß *m*.

colle [kɔl] *f* Klebstoff *m*; (*devinette*) harte Nuß; (*SCOL*) Nachsitzen *nt*.

collecte [kɔlɛkt(ə)] *f* Sammlung *f*; **méthode de** ~ **des déchets** Abfallsammelmethode *f*.

collecteur, -trice [kɔlɛktœʀ, tʀis] *adj* Sammel-.

collectif, -ive [kɔlɛktif, iv] *adj* kollektiv; (*LING*) Sammel-.

collection [kɔlɛksjɔ̃] *f* Sammlung *f*; ~ **[de mode]** Kollektion *f*; **collectionner** ⟨1⟩ *vt* sammeln; **collectionneur, -euse** *m, f* Sammler(in) *m(f)*.

collectivité [kɔlɛktivite] *f* Gemeinschaft *f*.

collège [kɔlɛʒ] *m* (*école*) höhere Schule; (*assemblée*) Kollegium *nt*.

collègue [kɔlɛg] *m/f* Kollege *m*, Kollegin *f*.

coller [kɔle] ⟨1⟩ **1.** *vt* kleben; (*morceaux*) zusammenkleben; (*SCOL fam*) nachsitzen lassen; **2.** *vi* (*être collant*) kleben; (*fam*) hinhauen, klappen; ~ **à** kleben an +*dat*.

collet [kɔlɛ] *m* (*piège*) Schlinge *f*; **prendre qn au** ~ (*cou*) jdn am Kragen packen.

collier [kɔlje] *m* (*bijou*) Halskette *f*; (*de chien*) Halsband *nt*.

colline [kɔlin] *f* Hügel *m*.

collision [kɔlizjɔ̃] *f* Zusammenstoß *m*; **entrer en** ~ **[avec]** zusammenstoßen [mit].

colocataire [kɔlɔkatɛʀ] *m/f* Mitbewohner(in) *m(f)*.

Cologne [kɔlɔɲ] *f* Köln *nt*.

colombe [kɔlɔ̃b] *f* [weiße] Taube *f*.

colon [kɔlɔ̃] *m* Siedler(in) *m(f)*.

colonel [kɔlɔnɛl] *m* Oberst *m*.

colonie [kɔlɔni] *f* Kolonie *f*; ~ **[de vacances]** Ferienlager *nt*.

colonne [kɔlɔn] *f* Säule *f*; (*dans un registre, de chiffres, de journal*) Spalte *f*; (*de soldats, camions*) Kolonne *f*; ~ **de secours** Suchtrupp *m*; ~ **vertébrale** Wirbelsäule *f*.

colorant [kɔlɔʀɑ̃] *m* Farbstoff *m*; **coloration** *f* Färbung *f*; **colorer** ⟨1⟩ *vt* färben; **coloris** [kɔlɔʀi] *m* Farbe *f*.

colporter [kɔlpɔʀte] ⟨1⟩ *vt* hausieren mit; (*nouvelle*) verbreiten; **colporteur, -euse** *m, f* Hausierer(in) *m(f)*.

colza [kɔlza] *m* Raps *m*.

coma [kɔma] *m* Koma *nt*.

combat [kɔ̃ba] *m* Kampf *m*; **com-**

battant, e [kɔbatã, ãt] m, f Kampfteilnehmer(in) m(f); ~ **ancien** ~ Kriegsveteran m; **combattre** [kɔbatʀ(ə)] irr comme battre, vt bekämpfen.

combien [kɔbjɛ̃] adv (quantité) wieviel; (avec pl) wie viele; (exclamatif) wie; ~ **coûte/mesure ceci?** wieviel kostet/mißt das?; ~ **de personnes** wie viele Menschen.

combinaison [kɔbinɛzɔ̃] f Zusammenstellung f, Kombination f; (de femme) Unterrock m; (spatiale, de scaphandrier) Anzug m; (de cadenas, de coffre-fort) Kombination f.

combiné [kɔbine] m (téléphone) Hörer m.

combiner [kɔbine] ⟨1⟩ vt kombinieren, zusammenstellen; (plan, horaire, rencontre) planen.

comble [kɔbl(ə)] **1.** adj brechend voll; **2.** m (du bonheur, plaisir) Höhepunkt m; ~**s** mpl Dachboden m; **de fond en** ~ von oben bis unten; **c'est le** ~! das ist die Höhe!; **combler** ⟨1⟩ vt (trou) zumachen; (fig: lacune, déficit) ausgleichen; (satisfaire) zufriedenstellen, vollkommen glücklich machen.

combustible [kɔbystibl(ə)] m Brennstoff m.

comédie [kɔmedi] f Komödie f; (fig) Theater m; **comédien**, **ne** m, f Schauspieler(in) m(f).

comestible [kɔmɛstibl(ə)] adj eßbar.

comique [kɔmik] **1.** adj komisch; **2.** m (artiste) Komiker(in) m(f).

comité [kɔmite] m Komitee nt, Ausschuß m; ~ **de défense** Bürgerinitiative f; ~ **d'entreprise** ≈ Betriebsrat m; ~ **d'experts** Sachverständigengremium nt.

commandant, e [kɔmãdã, ãt] m, f Kommandant(in) m(f); (NAUT) Fregattenkapitän m; ~ **[de bord]** (AVIAT) [Flug]kapitän m.

commande [kɔmãd] f (COMM) Bestellung f; ~**s** fpl (AVIAT) Steuerung f; **sur** ~ auf Befehl.

commandement [kɔmãdmã] m (ordre) Befehl m; (REL) Gebot nt.

commander [kɔmãde] ⟨1⟩ vt (COMM) bestellen; (armée, bateau) befehligen; (avion) fliegen, führen; ~ **à qn de faire qch** jdm befehlen, etw zu tun.

commanditaire [kɔmãditɛʀ] m Sponsor(in) m(f); **commanditer** ⟨1⟩ vt finanzieren; (sponsoriser) sponsern.

comme [kɔm] **1.** prép wie; (en tant que) als; **2.** adv: ~ **il est fort/c'est bon** wie stark er ist/gut das ist; **3.** conj (ainsi que) wie; (parce que, puisque) da; (au moment où, alors que) als; ~ **cela**, ~ **ça** so; ~ **ci** ~ **ça** so lala; **joli/bête** ~ **tout** (fam) unheimlich hübsch/dumm.

commémorer [kɔmemɔʀe] ⟨1⟩ vt gedenken +gen.

commencement [kɔmãsmã] m Anfang m, Beginn m; **commencer** ⟨2⟩ **1.** vt anfangen; (être placé au début de) beginnen; **2.** vi anfangen, beginnen; ~ **à faire qch** anfangen [o beginnen], etw zu tun; ~ **par faire qch** mit etw anfangen, etw zuerst tun.

comment [kɔmã] adv wie; ~? (que dites-vous) wie bitte?; **le** ~ **et le pourquoi** das Wie und Warum.

commentaire [kɔmãtɛʀ] m Kommentar m; **commenter** ⟨1⟩ vt kommentieren.

commérages [kɔmeʀaʒ] mpl Klatsch m.

commerçant, e [kɔmɛʀsã, ãt] **1.** adj (ville) Handels-; (rue) Geschäfts-; **2.** m, f Kaufmann m, Kauffrau f, Händler(in) m(f); **commerce** m (activité) Handel m; (boutique) Geschäft nt, Laden m; (fig: rapports) Umgang m; **commercial**, **e** (commerciaux) adj Handels-; geschäftlich; **relations** ~**es** Geschäftsbeziehungen pl; **commercialiser** ⟨1⟩ vt auf den Markt bringen.

commère [kɔmɛʀ] f Klatschbase f.

commettre [kɔmɛtʀ(ə)] irr comme mettre, vt begehen.

commis [kɔmi] m (de magasin) Verkäufer(in) m(f); (de banque) Angestellte(r) mf; ~ **voyageur** Handelsreisende(r) mf.

commissaire [kɔmisɛʀ] m (de police) Kommissar(in) m(f); **commissaire-priseur** (commissaires-priseurs) m Versteigerer m; **commissariat** [kɔmisaʀja] m (de police) Polizeiwache f; **Commissariat à l'énergie atomique** Atomenergiebehörde f.

commission [kɔmisjɔ̃] f Kommission f; (message) Auftrag m; Botschaft f; ~**s** fpl (achats) Einkäufe pl.

commode [kɔmɔd] **1.** adj (pratique) praktisch; (facile) leicht, bequem; (personne) umgänglich; **2.** f Kommode f.

commotion [kɔmosjɔ̃] f: ~ **[cérébrale]** Gehirnerschütterung f.

commuer [kɔmɥe] ⟨1⟩ vt (peine) umwandeln.

commun, e [kɔmœ̃, yn] **1.** adj gemeinsam; (habituel) gewöhnlich; **2.** f (ADMIN) Gemeinde f; ~**s** mpl (bâtiments) Nebengebäude pl; **en** ~ (faire) gemeinsam; (mettre) zusammen; **communal**, **e** (communaux) adj (ADMIN) Gemeinde-.

communauté [kɔmynote] f Gemeinde f; (monastère) [Ordens]gemeinschaft f; **régime de la** ~ (JUR) Gütergemeinschaft f; **Communauté d'États indépendants** Gemeinschaft f unabhängiger Staaten.

communication [kɔmynikasjɔ̃] f Kommunikation f, Verständigung f; (message) Mitteilung f; (téléphonique) Verbindung f, [Telefon]gespräch nt; ~**s** fpl (routes, téléphone, etc) Verbindungen pl, Verkehr m.

communier [kɔmynje] ⟨1⟩ vi (REL) die

Kommunion empfangen.

communion [kɔmynjɔ̃] f (REL: catholique) Kommunion f; (protestant) Abendmahl nt; (fig) Verbundenheit f.

communiqué [kɔmynike] m Kommuniqué nt, [amtliche] Verlautbarung f.

communiquer [kɔmynike] ⟨1⟩ **1.** vt (nouvelle) mitteilen; (demande) übermitteln; (dossier) übergeben; (chaleur) übertragen; ~ **qch à qn** (maladie, peur, etc) etw auf jdn übertragen; jdn mit etw anstecken; **2.** vi (salles) verbunden sein; ~ **avec** (salle) verbunden sein mit; **3.** vpr: **se** ~ **à** übergreifen auf +akk.

communisme [kɔmynism(ə)] m Kommunismus m; **communiste** m/f Kommunist(in) m(f).

commutable [kɔmytabl(ə)] adj umschaltbar.

commutateur [kɔmytatœʀ] m (ÉLEC) Schalter m.

compact, e [kɔpakt] adj kompakt, dicht, fest.

compact disc [kɔpaktdisk] m Compact Disc f, CD f.

compagne [kɔpaɲ] f v. **compagnon**.

compagnie [kɔpaɲi] f Gesellschaft f; (MIL) Kompanie f; **en** ~ **de** in Gesellschaft [o Begleitung] von; **fausser** ~ **à qn** jdm entwischen; **tenir** ~ **à qn** jdm Gesellschaft leisten.

compagnon, compagne [kɔpaɲɔ̃, kɔpaɲ] m/f (de voyage) Gefährte m, Gefährtin f, Begleiter(in) m(f); (de classe) Kamerad(in) m(f); (partenaire) Partner(in) m(f); ~ **d'infortune** Leidensgefährte m, Leidensgefährtin f.

comparable [kɔpaʀabl(ə)] adj: ~ [à] vergleichbar [mit].

comparaison [kɔpaʀɛzɔ̃] f Vergleich m.

comparer [kɔpaʀe] ⟨1⟩ vt vergleichen (à, et mit).

compartiment [kɔpaʀtimã] m (de train) Abteil nt; (case) Fach nt.

comparution [kɔpaʀysjɔ̃] f Erscheinen nt [vor Gericht].

compas [kɔpa] m (MATH) Zirkel m; (NAUT) Kompaß m.

compassion [kɔpasjɔ̃] f Mitgefühl nt.

compatibilité [kɔpatibilite] f Kompatibilität f; compatible adj (a. INFORM) kompatibel; ~ [**avec**] vereinbar [mit].

compatriote [kɔpatʀijɔt] m/f Landsmann m, Landsmännin f.

compenser [kɔpãse] ⟨1⟩ vt ausgleichen.

compétent, e [kɔpetã, ãt] adj (apte) fähig; (expert) kompetent, sachverständig; (JUR) zuständig.

compétitif, -ive [kɔpetitif, iv] adj (prix) konkurrenzfähig; **compétition** f Konkur-

renz f, Wettbewerb m; (SPORT) Wettkampf m.

compilateur [kɔpilatœʀ] m (INFORM) Compiler m.

compiler [kɔpile] ⟨1⟩ vt zusammenstellen.

complainte [kɔplɛ̃t] f Klagelied nt.

complaire [kɔplɛʀ] irr comme plaire, vpr: **se** ~ **dans** Gefallen finden an +dat; **se** ~ **parmi** sich wohl fühlen bei.

complaisance [kɔplɛzɑ̃s] f Zuvorkommenheit f, Gefälligkeit f; (péj) [zu große] Nachsicht f; **certificat de** ~ aus Gefälligkeit ausgestellte Bescheinigung; **complaisant, e** adj gefällig, zuvorkommend; (péj) nachsichtig.

complément [kɔplemã] m Ergänzung f.

complet, -ète [kɔplɛ, ɛt] **1.** adj (plein) voll; (total) völlig, total; (entier) vollständig, komplett; **2.** m (costume) Anzug m; **complètement** adv völlig zusammen; **compléter** ⟨5⟩ vt (série, collection) vervollständigen; (études) abschließen; (former le pendant de) ergänzen.

complexe [kɔplɛks(ə)] **1.** adj kompliziert, komplex; **2.** m Komplex m.

complice [kɔplis] m Komplize m, Komplizin f, Mittäter(in) m(f).

compliment [kɔplimã] m Kompliment nt; ~**s** mpl Glückwünsche pl.

compliquer [kɔplike] ⟨1⟩ vt komplizieren.

complot [kɔplo] m Komplott nt, Verschwörung f.

comportement [kɔpɔʀtəmã] m Verhalten nt.

comporter [kɔpɔʀte] ⟨1⟩ **1.** vt sich zusammensetzen aus, haben; **2.** vpr: **se** ~ sich verhalten.

composante [kɔpozãt] f Komponente f.

composé, e [kɔpoze] **1.** adj zusammengesetzt; (visage, air) einstudiert, affektiert; **2.** m Mischung f, Verbindung f; ~ **de** zusammengesetzt aus, bestehend aus.

composer [kɔpoze] ⟨1⟩ **1.** vt (musique) komponieren; (mélange, équipe) zusammenstellen, bilden; (texte) abfassen; (faire partie de) bilden, ausmachen; **2.** vi (transiger) sich abfinden; **3.** vpr: **se** ~ **de** sich zusammensetzen aus, bestehen aus; ~ **un numéro** (TÉL) eine Nummer wählen.

composite [kɔpozit] adj verschiedenartig.

compositeur, -trice [kɔpozitœʀ, tʀis] m, f (MUS) Komponist(in) m(f); (TYPO) Setzer(in) m(f).

composition [kɔpozisjɔ̃] f Zusammensetzung f, Aufbau m; (style, arrangement) Stil m, Schulaufgabe f; (SCOL) Schulaufgabe f; (MUS) Komposition f; (TYPO) Setzen nt; **de bonne** ~ (accommodant) verträglich.

compostage [kɔpostaʒ] m (billet) Entwerten nt; (terre) Kompostierung f; **compos-**

ter ⟨1⟩ vt (billet) entwerten; **composteur** m Entwerter m.

compote [kɔ̃pɔt] f Kompott nt; **compotier** m Kompottschale f.

compréhensible [kɔ̃pʀeɑ̃sibl(ə)] adj verständlich; **compréhensif, -ive** adj verständnisvoll; **compréhension** f Verständnis nt.

comprendre [kɔ̃pʀɑ̃dʀ(ə)] ⟨13⟩ vt verstehen; (se composer de) umfassen, enthalten.

compresse [kɔ̃pʀɛs] f Kompresse f, Umschlag m.

compression [kɔ̃pʀesjɔ̃] f (a. INFORM) Kompression f, Verdichtung f; (de substance) Zusammenpressen nt; (de crédit) Kürzung f; (des effectifs) Verringerung f.

comprimé, e [kɔ̃pʀime] **1.** adj: **air ~** Preßluft f; **2.** m Tablette f.

comprimer [kɔ̃pʀime] ⟨1⟩ vt (air) komprimieren, verdichten; (substance) zusammenpressen; (crédit) kürzen, einschränken; (effectifs) verringern.

compris, e [kɔ̃pʀi, iz] adj (inclus) enthalten, einbezogen; (COMM) inklusive; **~ entre** (situé) gelegen zwischen; **la maison ~e, y ~ la maison** einschließlich des Hauses, mit [-samt] dem Haus; **la maison non ~e** das Haus nicht mitgerechnet, ohne das Haus.

compromettre [kɔ̃pʀɔmɛtʀ(ə)] irr comme **mettre**, vt (personne) kompromittieren; (plan, chances) gefährden.

compromis [kɔ̃pʀɔmi] m Kompromiß m.

comptabilité [kɔ̃tabilite] f (activité, technique) Buchführung f, Buchhaltung f; (comptes) Geschäftsbücher pl; (service) Buchhaltung f.

comptable [kɔ̃tabl(ə)] m/f Buchhalter(in) m(f).

comptant [kɔ̃tɑ̃] adv: **acheter ~** gegen bar kaufen; **payer ~** bar [be]zahlen.

compte [kɔ̃t] m Zählung f; (total, montant) Betrag m, Summe f; (bancaire) Konto nt; (facture) Rechnung f; **~s** mpl Geschäftsbücher pl; **à bon ~** günstig; **avoir son ~** genug haben; **en fin de ~** letztlich; **pour le ~ de qn** für jdn; **rendre ~ [à qn] de qch** [jdm] über etw akk Rechenschaft ablegen; **travailler à son ~** selbständig sein; **~ chèque postal** Postscheckkonto nt, Postgirokonto nt; **~ courant** Girokonto nt; **~ de dépôt** Sparkonto nt; **~ à rebours** Countdown nt o m; **compter** [kɔ̃te] ⟨1⟩ **1.** vt zählen; (facturer) berechnen; (avoir à son actif) [für sich] verbuchen; (comporter) haben; **2.** vi (calculer) zählen, rechnen; (être économe) rechnen, haushalten; (être non négligeable) zählen, wichtig sein; **~ avec/sans qch/qn** mit etw/jdm rechnen/nicht rechnen; **~ parmi** (figurer) zählen zu; **~ pour rien** (valoir) nichts gelten; **~ réussir/revenir** (espérer)

hoffen [o damit rechnen], Erfolg zu haben/wiederzukehren; **~ sur** rechnen mit, sich verlassen auf +akk; **sans ~ que** abgesehen davon, daß; **compte-rendu** ⟨comptes-rendus⟩ m [Rechenschafts]bericht m; **compte-tours** m inv Drehzahlmesser m, Tourenzähler m; **compteur** m Zähler m.

comptoir [kɔ̃twaʀ] m (de magasin) Ladentisch m; (de café) Theke f.

compulser [kɔ̃pylse] ⟨1⟩ vt (livre, notes, etc) konsultieren.

comte, comtesse [kɔ̃t, kɔ̃tɛs] m, f Graf m, Gräfin f.

con, ne [kɔ̃, kɔn] **1.** adj (fam) bescheuert, doof; **c'est trop ~!** zu dumm!; **2.** m, f Idiot(in) m(f).

concéder [kɔ̃sede] ⟨5⟩ vt: **~ qch à qn** jdm etw zugestehen; **~ que** zugeben, daß.

concentration [kɔ̃sɑ̃tʀasjɔ̃] f Konzentration f.

concentrer [kɔ̃sɑ̃tʀe] ⟨1⟩ **1.** vt konzentrieren; (pouvoirs) vereinigen, vereinen; (population) versammeln; **2.** vpr: **se ~** sich konzentrieren.

concept [kɔ̃sɛpt] m Begriff m.

conception [kɔ̃sɛpsjɔ̃] f Konzeption f; (création) Gestaltung f, Design nt; (d'un enfant) Empfängnis f; **~ assistée par ordinateur** (INFORM) Computer Aided Design nt, computerunterstützter Entwurf.

concerner [kɔ̃sɛʀne] ⟨1⟩ vt angehen, betreffen; **en ce qui concerne** bezüglich [o hinsichtlich] +gen.

concert [kɔ̃sɛʀ] m Konzert nt; **de ~ in** Übereinstimmung, gemeinsam.

concerter [kɔ̃sɛʀte] ⟨1⟩ vpr: **se ~** sich absprechen.

concession [kɔ̃sesjɔ̃] f Zugeständnis nt; (terrain, exploitation) Konzession f.

concevoir [kɔ̃s(ə)vwaʀ] ⟨12⟩ vt sich dat ausdenken, konzipieren; (enfant) empfangen.

concierge [kɔ̃sjɛʀʒ(ə)] m/f Hausmeister(in) m(f).

concile [kɔ̃sil] m Konzil nt.

conciliabule [kɔ̃siljabyl] m vertrauliche Unterredung.

concilier [kɔ̃silje] ⟨1⟩ vt in Einklang bringen, miteinander vereinbaren.

concis, e [kɔ̃si, iz] adj kurz, knapp, präzis[e].

concitoyen, ne [kɔ̃sitwajɛ̃, ɛn] m, f Mitbürger(in) m(f).

concluant, e [kɔ̃klyɑ̃, ɑ̃t] adj schlüssig, überzeugend.

conclure [kɔ̃klyʀ] irr **1.** vt schließen; **2.** vi: **~ à** (JUR) sich aussprechen für; **~ qch de qch** (déduire) etw aus etw schließen/folgern.

conclusion [kɔ̃klyzjɔ̃] f (raisonnement) Schluß m.

concombre [kɔ̃kɔ̃bʀ(ə)] m [Salat]gurke f.

concordance [kɔ̃kɔʀdɑ̃s] f Übereinstimmung f; **la ~ des temps** (LING) die Zeitenfolge.

concorde [kɔ̃kɔʀd(ə)] f Eintracht f.

concorder [kɔ̃kɔʀde] ⟨1⟩ vi übereinstimmen.

concourir [kɔ̃kuʀiʀ] irr comme courir, vi, vt: **~ à** beitragen zu.

concours [kɔ̃kuʀ] m (SPORT) Wettkampf m, Wettbewerb m; (SCOL) [Auswahl]prüfung f; (assistance) Hilfe f, Unterstützung f; **apporter son ~ à** beitragen zu; **~ de circonstances** Zusammentreffen nt von Umständen.

concret, -ète [kɔ̃kʀɛ, ɛt] adj konkret.

conçu, e [kɔ̃sy] pp de **concevoir**.

concubinage [kɔ̃kybinaʒ] m eheähnliche Gemeinschaft.

concurremment [kɔ̃kyʀamɑ̃] adv gleichzeitig.

concurrence [kɔ̃kyʀɑ̃s] f Konkurrenz f; **jusqu'à ~ de** bis zur Höhe von; **~ déloyale** unlauterer Wettbewerb; **concurrent, e** [kɔ̃kyʀɑ̃, ɑ̃t] m, f (SPORT) Teilnehmer(in) m(f); (ÉCON) Konkurrent(in) m(f).

condamnation [kɔ̃danasjɔ̃] f Verurteilung f.

condamner [kɔ̃dane] ⟨1⟩ vt verurteilen; (porte, ouverture) [auf Dauer] versperren; (malade) aufgeben; **~ qn à 2 ans de prison** jdn zu 2 Jahren Freiheitsstrafe verurteilen; **~ qn à faire qch** jdn dazu verurteilen [o verdammen], etw zu tun; **~ qn à qch** (obliger) jdn zu etw verurteilen.

condensateur [kɔ̃dɑ̃satœʀ] m Kondensator m.

condenser [kɔ̃dɑ̃se] ⟨1⟩ **1.** vt (discours, texte) zusammenfassen, komprimieren; (gaz, etc) kondensieren; **2.** vpr: **se ~** kondensieren.

condescendre [kɔ̃desɑ̃dʀ(ə)] ⟨14⟩ vi: **~ à qch** sich zu etw herablassen.

condiment [kɔ̃dimɑ̃] m Gewürz nt.

condisciple [kɔ̃disipl(ə)] m/f (école) Schulkamerad(in) m(f); (université, etc) Kommilitone m, Kommilitonin f.

condition [kɔ̃disjɔ̃] f Bedingung f; (rang social) Stand m, Rang m; (INFORM) Zustand m; **~s** fpl Bedingungen pl; **à ~ de/que** vorausgesetzt, daß; **sans ~** bedingungslos; **sous ~ de/que** unter dem Vorbehalt, daß; **~ sine qua non** unerläßliche Voraussetzung f; **conditionné, e** [kɔ̃disjɔne] adj: **air ~** Klimaanlage f.

conditionnel, le [kɔ̃disjɔnɛl] **1.** adj bedingt; **2.** m (LING) Konditional nt.

conditionnement [kɔ̃disjɔnmɑ̃] m (emballage) Verpackung f, Präsentation f.

conditionner [kɔ̃disjɔne] ⟨1⟩ vt (déterminer) bestimmen; (COMM) verpacken, präsentieren.

conducteur, -trice [kɔ̃dyktœʀ, tʀis] **1.** adj (ÉLEC) leitend; **2.** m, f (de véhicule) Fahrer(in) m(f).

conduire [kɔ̃dɥiʀ] irr **1.** vt führen; (véhicule) fahren; **2.** vpr: **se ~** sich benehmen, sich betragen; **~ à** (fig) führen zu.

conduit [kɔ̃dɥi] m (TECH) Leitung f, Rohr nt; (ANAT) Gang m, Kanal m.

conduite [kɔ̃dɥit] f (comportement) Verhalten nt, Benehmen nt; (d'eau, gaz) Rohr nt; **~ à gauche** (AUTO) Linkssteuerung f; **~ intérieure** Limousine f.

cône [kon] m Kegel m.

confection [kɔ̃fɛksjɔ̃] f (fabrication) Herstellung f; **la ~** (en couture) die Konfektion, die Bekleidungsindustrie; **confectionner** [kɔ̃fɛksjɔne] ⟨1⟩ vt herstellen.

confédération [kɔ̃fedeʀasjɔ̃] f (POL) Bündnis nt, Bund m, Konföderation f.

conférence [kɔ̃feʀɑ̃s] f (exposé) Vortrag m; (pourparlers) Konferenz f; **~ de presse** Pressekonferenz f.

conférer [kɔ̃feʀe] ⟨5⟩ vt: **~ qch à qn/qch** jdm/einer Sache etw verleihen.

confesser [kɔ̃fese] ⟨1⟩ **1.** vt gestehen, zugeben; (REL) beichten; **2.** vpr: **se ~** (REL) beichten; **confesseur** m Beichtvater m; **confession** f (REL) Beichte f; (culte) Konfession f, [Glaubens]bekenntnis nt.

confiance [kɔ̃fjɑ̃s] f Vertrauen nt; **avoir ~ en** Vertrauen haben zu, vertrauen +dat; **question/vote de ~** Vertrauensfrage f/-votum nt; **confiant, e** [kɔ̃fjɑ̃, ɑ̃t] adj vertrauensvoll.

confidence [kɔ̃fidɑ̃s] f: **une ~** eine vertrauliche Mitteilung; **confidentiel, le** adj vertraulich.

confier [kɔ̃fje] ⟨1⟩ **1.** vt: **~ qch à qn** (en dépôt, garde) jdm etw anvertrauen; (travail, responsabilité) jdm mit etw betrauen; **2.** vpr: **se ~ à qn** sich jdm anvertrauen.

configuration [kɔ̃figyʀasjɔ̃] f Beschaffenheit f; (INFORM) Konfiguration f.

confiner [kɔ̃fine] ⟨1⟩ **1.** vt: **~ à** grenzen an +akk; **2.** vpr: **se ~ dans/à** sich zurückziehen in +akk/sich beschränken auf +akk; **confins** [kɔ̃fɛ̃] mpl: **aux ~ de** (région) am äußersten Ende von.

confirmer [kɔ̃fiʀme] ⟨1⟩ vt bestätigen.

confiserie [kɔ̃fizʀi] f (magasin) Süßwarenladen m; (bonbon) Süßigkeit f; **confiseur, -euse** [kɔ̃fizœʀ, øz] m, f Konditor(in) m(f).

confisquer [kɔ̃fiske] ⟨1⟩ vt beschlagnahmen, konfiszieren.

confit, e [kɔ̃fi, it] **1.** adj: **fruits ~s** kandierte Früchte pl; **2.** m: **~ d'oie** eingemachte [o eingelegte] Gans.

confiture [kɔ̃fityʀ] f Marmelade f.

conflit [kɔ̃fli] m Konflikt m.

confluent [kɔ̃flyɑ̃] *m* Zusammenfluß *m*.

confondre [kɔ̃fɔ̃dʀ(ə)] ⟨14⟩ *vt* verwechseln; (*dates, faits*) durcheinanderbringen; (*témoin*) verwirren, aus der Fassung bringen; (*menteur*) der Lüge überführen.

conforme [kɔ̃fɔʀm(ə)] *adj*: ~ à entsprechend +*dat*, übereinstimmend mit; **copie certifiée** ~ beglaubigte Abschrift; **conformément** *adv*: ~ à entsprechend +*dat*, gemäß +*dat*; **conformer** ⟨1⟩ 1. *vt*: ~ qch à etw anpassen an +*akk*; 2. *vpr*: se ~ à sich anpassen an +*akk*, sich richten nach; **conformisme** *m* Konformismus *m*; **conformité** *f* Übereinstimmung *f*.

confort [kɔ̃fɔʀ] *m* Komfort *m*; **tout** ~ (*COMM*) mit allem Komfort; **confortable** *adj* (*fauteuil, etc*) bequem; (*hôtel*) komfortabel; (*somme*) ausreichend.

confrère [kɔ̃fʀɛʀ] *m* [Berufs]kollege *m*.

confronter [kɔ̃fʀɔ̃te] ⟨1⟩ *vt* gegenüberstellen.

confus, e [kɔ̃fy, yz] *adj* (*vague*) wirr, verworren; (*embarrassé*) verwirrt, verlegen.

congé [kɔ̃ʒe] *m* (*vacances*) Urlaub *m*; (*avis de départ*) Kündigung *f*; **donner son** ~ à qn jdm kündigen; **en** ~ im Urlaub; **être en** ~ **de maladie** krank geschrieben sein; **j'ai deux semaines/un jour de** ~ ich habe zwei Wochen Urlaub/einen Tag frei; **prendre** ~ **de qn** sich von jdm verabschieden; ~**s payés** bezahlter Urlaub.

congédier [kɔ̃ʒedje] ⟨1⟩ *vt* entlassen.

congélateur [kɔ̃ʒelatœʀ] *m* Gefriertruhe *f*; (*compartiment*) Tiefkühlfach *nt*; **congeler** [kɔ̃ʒ(ə)le] ⟨4⟩ *vt* einfrieren.

congénital, e ⟨congénitaux⟩ [kɔ̃ʒenital, o] *adj* angeboren.

congère [kɔ̃ʒɛʀ] *f* Schneewehe *f*.

congestion [kɔ̃ʒɛstjɔ̃] *f* Stau *m*; ~ **pulmonaire/cérébrale** Lungenentzündung *f*/Schlaganfall *m*; **congestionner** ⟨1⟩ *vt* (*rue*) verstopfen; **avoir le visage congestionné** ein rotes Gesicht haben.

Congo [kɔ̃go] *m*: **le** ~ der Kongo.

congrégation [kɔ̃gʀegasjɔ̃] *f* (*REL*) Bruderschaft *f*.

congrès [kɔ̃gʀɛ] *m* Kongreß *m*, Tagung *f*.

conifère [kɔnifɛʀ] *m* Nadelbaum *m*.

conique [kɔnik] *adj* konisch, kegelförmig.

conjecture [kɔ̃ʒɛktyʀ] *f* Vermutung *f*.

conjoint, e [kɔ̃ʒwɛ̃, ɛ̃t] 1. *adj* gemeinsam; 2. *m* Ehegatte, Ehegattin *f*.

conjonction [kɔ̃ʒɔ̃ksjɔ̃] *f* (*LING*) Konjunktion *f*, Bindewort *nt*.

conjonctivite [kɔ̃ʒɔ̃ktivit] *f* Bindehautentzündung *f*.

conjoncture [kɔ̃ʒɔ̃ktyʀ] *f* Umstände *pl*, Lage *f*; (*ÉCON*) Konjunktur *f*.

conjugaison [kɔ̃ʒygɛzɔ̃] *f* (*LING*) Konjugation *f*.

conjugal, e ⟨conjugaux⟩ [kɔ̃ʒygal, o] *adj* ehelich.

conjuguer [kɔ̃ʒyge] ⟨1⟩ *vt* (*LING*) konjugieren, beugen; (*efforts, etc*) vereinigen.

conjuré, e [kɔ̃ʒyʀe] *m, f* Verschwörer(in) *m(f)*.

conjurer [kɔ̃ʒyʀe] ⟨1⟩ *vt* (*sort, maladie*) abwenden; ~ **qn de faire qch** jdn beschwören, etw zu tun.

connaissance [kɔnɛsɑ̃s] *f* (*personne connue*) Bekanntschaft *f*, Bekannte(r) *mf*; ~**s** *fpl* Wissen *nt*, Kenntnisse *pl*; **à ma** ~ meines Wissens, soviel ich weiß; **avoir** ~ **de** (*fait, document*) Kenntnis haben von; **en** ~ **de cause** in Kenntnis der Sachlage; **être sans/perdre** ~ bewußtlos sein/werden; **prendre** ~ **de qch** (*fait*) etw zur Kenntnis nehmen; (*document*) eine Kenntnis nehmen.

connaisseur, -euse [kɔnɛsœʀ, øz] *m, f* Kenner(in) *m(f)*.

connaître [kɔnɛtʀ(ə)] *irr* 1. *vt* kennen; 2. *vpr*: **ils se sont connus à Stuttgart** sie haben sich in Stuttgart kennengelernt; ~ **le succès/une fin tragique** Erfolg haben/ein tragisches Ende erleben; ~ **qn de nom/vue** jdn dem Namen nach/vom Sehen kennen.

connecté, e [kɔnɛkte] *adj* (*INFORM*) angeschlossen; (*en ligne*) on line, Online-; **connecter** ⟨1⟩ *vt* anschließen; **se** ~ **en réseau** (*INFORM*) vernetzen.

connerie [kɔnʀi] *f* (*fam!*) Blödsinn *m*.

connu, e [kɔny] 1. *pp de* **connaître**; 2. *adj* bekannt.

conquérir [kɔ̃keʀiʀ] *irr comme* **acquérir**, *vt* erobern; (*droit*) erwerben, erkämpfen.

conquête [kɔ̃kɛt] *f* Eroberung *f*.

consacré, e [kɔ̃sakʀe] *adj* (*REL*) geweiht; (*terme*) üblich.

consacrer [kɔ̃sakʀe] ⟨1⟩ 1. *vt* (*REL*) weihen; (*usage, etc*) sanktionieren; 2. *vpr*: **se** ~ **à qch** sich einer Sache *dat* widmen; ~ **qch à qch** (*employer*) etw einer Sache *dat* widmen; ~ **son temps/argent à faire qch** seine Zeit darauf/sein Geld dazu verwenden, etw zu tun.

consanguin, e [kɔ̃sɑ̃gɛ̃, in] *adj* blutsverwandt.

conscience [kɔ̃sjɑ̃s] *f* (*sentiment, perception*) Bewußtsein *nt*; (*siège du jugement moral*) Gewissen *nt*; **avoir bonne/mauvaise** ~ ein gutes/schlechtes Gewissen haben; **avoir/prendre** ~ **de qch** sich einer Sache *gen* bewußt sein/werden; **perdre** ~ das Bewußtsein verlieren, ohnmächtig werden; ~ **professionnelle** Berufsethos *nt*; **consciencieux, -euse** [kɔ̃sjɑ̃sjø, øz] *adj* gewissenhaft; **conscient, e** *adj* (*MÉD*) bei Bewußtsein; ~ **de qch** einer Sache *gen* bewußt.

conscrit [kɔ̃skʀi] *m* Wehrpflichtige(r) *m*, Rekrut *m*.

consécutif, -ive [kõsekytif, iv] *adj* aufeinanderfolgend; ~ à qch nach etw.

conseil [kõsɛj] *m* (*avis*) Rat *m*, Ratschlag *m*; (*assemblée*) Rat *m*, Versammlung *f*; **prendre ~** [auprès de qn] sich *dat* [bei jdm] Rat holen; **tenir ~** sich beraten; (*se réunir*) eine Sitzung abhalten; ~ **d'administration** Aufsichtsrat *m*; **Conseil de l'Europe** Europarat *m*; ~ **des ministres** Ministerrat *m*; ~ **municipal** Stadtrat *m*/Gemeinderat *m*; **conseiller** ⟨1⟩ *vt*: ~ **qn** jdn beraten, jdm einen Rat geben; ~ **qch à qn** jdm etw raten [*o* empfehlen], jdm zu etw raten; **conseiller, -ère** [kõsɛje, ɛʀ] *m, f* Ratgeber(in) *m(f)*, Berater(in) *m(f)*; ~ **en gestion** Unternehmensberater(in) *m(f)*; ~ **municipal(e)** Stadtrat *m*, -rätin *f*.

consentement [kõsãtmã] *m* Zustimmung *f*, Einwilligung *f*.

consentir [kõsãtiʀ] ⟨8⟩ *vt*: ~ à faire qch sich einverstanden erklären, etw zu tun; ~ à qch einer Sache *dat* zustimmen, in etw *akk* einwilligen.

conséquence [kõsekãs] *f* Folge *f*, Konsequenz *f*; **en ~** (*donc*) folglich; (*de façon appropriée*) entsprechend; **tirer/ne pas tirer à ~** Folgen/keine Folgen haben; **conséquent, e** *adj* konsequent; **par ~** folglich.

conservateur, -trice [kõsɛʀvatœʀ, tʀis] **1.** *adj* (*traditionaliste*) konservativ; **2.** *m* (*de musée*) Kustos *m*.

conservation [kõsɛʀvasjõ] *f* (*préservation*) Erhaltung *f*; (*d'aliments*) Konservierung *f*; Einmachen *nt*.

conservatoire [kõsɛʀvatwaʀ] *m* (*de musique*) Konservatorium *nt*.

conserve [kõsɛʀv(ə)] *f* (*pl: aliments*) Konserve *f*; **en ~** Dosen-, Büchsen-; **de ~** (*ensemble*) gemeinsam.

conserver [kõsɛʀve] ⟨1⟩ *vt* (*aliments*) konservieren, einmachen; (*amis, espoir*) behalten; (*habitude*) beibehalten; **bien conservé(e)** gut erhalten.

considérable [kõsideʀabl(ə)] *adj* beträchtlich.

considération [kõsideʀasjõ] *f* Überlegung *f*; (*idée*) Gedanke *m*; (*estime*) Achtung *f*; **prendre en ~** in Erwägung ziehen, bedenken.

considérer [kõsideʀe] ⟨5⟩ *vt* (*étudier, regarder*) betrachten; (*tenir compte de*) bedenken, berücksichtigen; ~ **qch comme** (*juger*) etw halten für; ~ **que** (*estimer*) meinen, daß.

consigne [kõsiɲ] *f* (*de bouteilles, d'emballages*) Pfand *nt*; (*de gare*) Gepäckaufbewahrung *f*; (*SCOL, MIL*) Arrest *m*; ~ **[automatique]** Schließfach *nt*; **consigner** [kõsiɲe] ⟨1⟩ *vt* (*noter*) notieren; (*soldat, élève*) Arrest geben +*dat*; (*emballage*) ein Pfand be-

rechnen für.

consistance [kõsistãs] *f* (*d'une substance*) Konsistenz *f*.

consistant, e [kõsistã, ãt] *adj* fest.

consister [kõsiste] ⟨1⟩ *vi*: ~ à faire qch darin bestehen, etw zu tun; ~ **en** bestehen aus.

consœur [kõsœʀ] *f* [Berufs]kollegin *f*.

consolation [kõsolasjõ] *f* Trost *m*.

console [kõsol] *f* (*d'ordinateur*) Kontrollpult *nt*; (*meuble*) Konsole *f*.

consoler [kõsole] ⟨1⟩ **1.** *vt* (*personne*) trösten; **2.** *vpr*: **se ~ [de qch]** [über etw *akk*] hinwegkommen.

consolider [kõsolide] ⟨1⟩ *vt* (*maison*) befestigen; (*meuble*) verstärken.

consommateur, -trice [kõsɔmatœʀ, tʀis] *m, f* (*ÉCON*) Verbraucher(in) *m(f)*, Konsument(in) *m(f)*; (*dans un café*) Gast *m*.

consommation [kõsɔmasjõ] *f* (*boisson*) Verzehr *m*, Getränk *nt*; ~ **de 10 litres aux 100 km** [Treibstoff]verbrauch *m* von 10 l auf 100 km.

consommé, e [kõsɔme] **1.** *adj* vollendet, vollkommen; **2.** *m* (*potage*) Kraftbrühe *f*.

consommer [kõsɔme] ⟨1⟩ *vt* verbrauchen; **2.** *vi* (*dans un café*) etwas verzehren, etwas zu sich nehmen.

consonne [kõsɔn] *f* Konsonant *m*, Mitlaut *m*.

constamment [kõstamã] *adv* andauernd.

constant, e [kõstã, ãt] *adj* (*personne*) standhaft; (*efforts*) beständig; (*température*) gleichbleibend; (*augmentation*) konstant.

constat [kõsta] *m* Bericht *m*; (*procès-verbal*) Protokoll *nt*.

constater [kõstate] ⟨1⟩ *vt* feststellen.

constellation [kõstelasjõ] *f* (*ASTR*) Konstellation *f*.

consterner [kõstɛʀne] ⟨1⟩ *vt* bestürzen.

constipation [kõstipasjõ] *f* Verstopfung *f*; **constipé, e** [kõstipe] *adj* verstopft.

constitué, e [kõstitɥe] *adj*: **être ~ de** bestehen aus.

constituer [kõstitɥe] ⟨1⟩ **1.** *vt* (*comité, équipe*) bilden, aufstellen; (*dossier, collection*) zusammenstellen; (*éléments, parties*) bilden, ausmachen; **2.** *vpr*: **se ~ prisonnier** sich stellen; ~ **une menace/un début** eine Bedrohung/ein Anfang sein.

constitution [kõstitysjõ] *f* (*composition*) Zusammensetzung *f*; (*santé*) Konstitution *f*, Gesundheit *f*; (*POL*) Verfassung *f*.

constructeur [kõstʀyktœʀ] *m* (*de voitures*) Hersteller(in) *m(f)*; (*de bateaux*) Schiffsbauer(in) *m(f)*.

construction [kõstʀyksjõ] *f* Bau *m*.

construire [kõstʀɥiʀ] *irr comme* conduire, (*bâtiment, pont, navire*) bauen; (*phrase*) konstruieren; (*théorie*) entwickeln; (*his-*

toire) sich *dat* ausdenken.

consulat [kɔ̃syla] *m* Konsulat *nt*.

consultation [kɔ̃syltasjɔ̃] *f* Konsultation *f*; (*juridique, astrologique*) Beratung *f*; (MÉD) Untersuchung *f*; (INFORM) Abfrage *f*; ~s *fpl* (POL) Gespräche *pl*; **heures de** ~ (MÉD) Sprechstunde *f*; ~ **à distance** Fernabfrage *f*.

consulter [kɔ̃sylte] ⟨1⟩ **1.** *vt* (*médecin, avocat, conseiller*) konsultieren, zu Rate ziehen; (*dictionnaire, annuaire*) nachschlagen in +*dat*; (*plan*) nachsehen auf +*dat*; (*baromètre, montre*) sehen auf +*akk*; **2.** *vi* (*médecin*) Sprechstunde haben; **3.** *vpr:* **se** ~ miteinander beraten.

consumer [kɔ̃syme] ⟨1⟩ **1.** *vt* (*brûler*) verbrennen; **2.** *vpr:* **se** ~ **de chagrin/douleur** sich vor Kummer/Schmerz verzehren.

contact [kɔ̃takt] *m* (*physique*) Kontakt *m*, Berührung *f*; (*pl: rencontres, rapports*) Kontakte *pl*, Beziehungen *pl*; **entrer en** ~ [**avec**] sich in Verbindung setzen [mit]; **mettre/couper le** ~ (AUTO) den Motor anlassen/ ausschalten; **prendre** [*o* **se mettre en**] ~ **avec qn** sich mit jdm in Verbindung setzen; ~ **intime** Intimkontakt *m*; **contacter** ⟨1⟩ *vt* sich in Verbindung setzen mit.

contagieux, -euse [kɔ̃taʒjø, øz] *adj* ansteckend.

container [kɔ̃tɛnɛʀ] *m* Container *m*.

contaminer [kɔ̃tamine] ⟨1⟩ *vt* (MÉD) anstecken.

conte [kɔ̃t] *m:* ~ **de fées** Märchen *nt*.

contempler [kɔ̃tɑ̃ple] ⟨1⟩ *vt* betrachten.

contemporain, e [kɔ̃tɑ̃pɔʀɛ̃, ɛn] **1.** *adj* (*de la même époque*) zeitgenössisch; (*actuel*) heutig; **2.** *m, f* Zeitgenosse *m*, Zeitgenossin *f*.

contenance [kɔ̃t(ə)nɑ̃s] *f* (*d'un récipient*) Fassungsvermögen *nt*; (*attitude*) Haltung *f*; **perdre** ~ die Fassung verlieren; **se donner une** ~ die Haltung bewahren.

conteneur [kɔ̃t(ə)nœʀ] *m* Container *m*; (*pour plantes*) Pflanztrog *m*, Blumencontainer *m*; ~ **à verre** [Alt]glascontainer *m*.

contenir [kɔ̃t(ə)niʀ] ⟨9⟩ **1.** *vt* enthalten; (*capacité*) fassen; **2.** *vpr:* **se** ~ sich beherrschen.

content, e [kɔ̃tɑ̃, ɑ̃t] *adj* zufrieden; (*heureux*) froh; ~ **de qn/qch** mit jdm/etw zufrieden; **contenter** ⟨1⟩ **1.** *vt* (*personne*) zufriedenstellen; **2.** *vpr:* **se** ~ **de** sich begnügen mit.

contenu [kɔ̃t(ə)ny] *m* Inhalt *m*.

conter [kɔ̃te] ⟨1⟩ *vt:* **en** ~ **à qn** jdn täuschen, jdm Lügengeschichten auftischen.

contestation [kɔ̃tɛstasjɔ̃] *f:* **la** ~ (POL) der Protest.

conteste [kɔ̃tɛst(ə)] *adv:* **sans** ~ unbestreitbar.

contester [kɔ̃tɛste] ⟨1⟩ **1.** *vt* in Frage stel-

len; (*droit*) abstreiten (*à qn* jdm); **2.** *vi* protestieren; ~ **que** bestreiten, daß.

contexte [kɔ̃tɛkst(ə)] *m* Zusammenhang *m*.

contigu, ë [kɔ̃tigy] *adj* aneinandergrenzend, benachbart.

continent [kɔ̃tinɑ̃] *m* (GÉO) Kontinent *m*.

contingences [kɔ̃tɛ̃ʒɑ̃s] *fpl* Eventualitäten *pl*.

continu, e [kɔ̃tiny] **1.** *adj* ständig, dauernd; (*ligne*) durchgezogen; **2.** *m:* [**courant**] ~ Gleichstrom *m*.

continuel, le [kɔ̃tinɥɛl] *adj* ständig, dauernd.

continuer [kɔ̃tinɥe] ⟨1⟩ **1.** *vt* (*travail*) weitermachen mit; (*voyage*) fortsetzen; (*prolonger*) verlängern; **2.** *vi* nicht aufhören; (*personne*) weitermachen; (*pluie, etc*) andauern; (*vie*) weitergehen; ~ **à** [*o* **de**] **faire qch** etw weiter tun.

contorsion [kɔ̃tɔʀsjɔ̃] *f* Verrenkung *f*.

contour [kɔ̃tuʀ] *m* (*limite*) Kontur *f*, Umriß *m*; **contourner** ⟨1⟩ *vt* umgehen.

contraceptif [kɔ̃tʀaseptif] *m* Verhütungsmittel *nt*; **contraception** *f* Empfängnisverhütung *f*.

contracter [kɔ̃tʀakte] ⟨1⟩ **1.** *vt* (*muscle*) zusammenziehen; (*visage*) verzerren; (*maladie*) sich *dat* zuziehen; (*habitude*) annehmen; (*dette*) machen; (*obligation*) eingehen; (*assurance*) abschließen; **2.** *vpr:* **se** ~ sich zusammenziehen; **contraction** [kɔ̃tʀaksjɔ̃] *f* (*spasme*) Krampf *m*; ~s *fpl* [**de l'accouchement**] Wehen *pl*.

contractuel, le [kɔ̃tʀaktɥɛl] **1.** *adj* vertraglich; **2.** *m* (*agent*) Verkehrspolizist *m*, Politesse *f*.

contradiction [kɔ̃tʀadiksjɔ̃] *f* Widerspruch *m*; **contradictoire** [kɔ̃tʀadiktwaʀ] *adj* widersprüchlich; **débat** ~ Debatte *f*, Streitgespräch *nt*.

contraindre [kɔ̃tʀɛ̃dʀ(ə)] *irr comme craindre, vt:* ~ **qn à faire qch** jdn dazu zwingen, etw zu tun; ~ **qn à qch** jdn zu etw zwingen; **contrainte** *f* Zwang *m*; **sans** ~ zwanglos.

contraire [kɔ̃tʀɛʀ] **1.** *adj* (*opposé*) entgegengesetzt; **2.** *m* Gegenteil *nt*; **au** ~ im Gegenteil; ~ **à** (*loi, raison*) gegen, wider.

contrarier [kɔ̃tʀaʀje] ⟨1⟩ *vt* (*personne*) ärgern; (*mouvement, action*) stören, behindern; (*projets*) durchkreuzen.

contrariété [kɔ̃tʀaʀjete] *f* Unannehmlichkeit *f*, Widrigkeit *f*.

contraste [kɔ̃tʀast(ə)] *m* Kontrast *m*, Gegensatz *m*; **contraster** ⟨1⟩ *vi:* ~ [**avec**] kontrastieren [mit], im Gegensatz stehen zu.

contrat [kɔ̃tʀa] *m* Vertrag *m*.

contravention [kɔ̃tʀavɑ̃sjɔ̃] *f* (*infraction*) Verstoß *m*, Übertretung *f*; (*amende*) Bußgeld *nt*; (*procès-verbal*) [gebührenpflichtige] Verwarnung *f*, Strafzettel *m*.

contre [kɔ̃tʀ(ə)] *prép* gegen +*akk*; **par ~** andererseits; **contre-attaquer** ⟨1⟩ *vi* zurückschlagen.

contrebande [kɔ̃tʀəbɑ̃d] *f* (*trafic*) Schmuggel *m*; (*marchandise*) Schmuggelware *f*; **faire la ~ de qch** etw schmuggeln.

contrebas [kɔ̃tʀəba] *adv*: **en ~** [weiter] unten.

contrebasse [kɔ̃tʀəbas] *f* Kontrabaß *m*.

contrecarrer [kɔ̃tʀəkaʀe] ⟨1⟩ *vt* (*projet*) vereiteln, durchkreuzen; **contrecœur** *adv*: **à ~** widerwillig; **contrecoup** *m* (*répercussion*) indirekte Auswirkung; **contre-courant** *adv*: **à ~** gegen den Strom; **contre-culture** *f* Gegenkultur *f*.

contredire [kɔ̃tʀədiʀ] *irr comme dire* **1.** *vt* widersprechen +*dat*; (*faits, réalité*) im Widerspruch stehen zu; **2.** *vpr*: **se ~** sich widersprechen.

contre-espionnage [kɔ̃tʀɛspiɔnaʒ] *m* Spionageabwehr *f*; **contre-expertise** *f* zweites Sachverständigengutachten.

contrefaçon [kɔ̃tʀəfasɔ̃] *f* Fälschung *f*; **contrefaire** *irr comme faire*, *vt* fälschen; (*personne, démarche*) nachahmen, nachmachen; (*dénaturer*) ver-, entstellen.

contrefort [kɔ̃tʀəfɔʀ] *m* (*ARCHIT*) Strebebogen *m*; (*GÉO*) [Gebirgs]ausläufer *pl*.

contre-indication [kɔ̃tʀɛdikasjɔ̃] *f* (*MÉD*) Kontraindikation *f*, Gegenanzeige *f*.

contre-jour [kɔ̃tʀəʒuʀ] *adv*: **à ~** im Gegenlicht.

contremaître [kɔ̃tʀəmɛtʀ(ə)] *m/f* Vorarbeiter(in) *m(f)*.

contremarque [kɔ̃tʀəmaʀk(ə)] *f* (*ticket*) Kontrollkarte *f*.

contre-offensive [kɔ̃tʀɔfɑ̃siv] *f* (*MIL*) Gegenoffensive *f*, Gegenangriff *m*.

contrepartie [kɔ̃tʀəpaʀti] *f*: **en ~** zum Ausgleich.

contrepèterie [kɔ̃tʀəpetʀi] *f* Schüttelreim *m*.

contre-pied [kɔ̃tʀəpje] *m*: **prendre le ~ de** das Gegenteil tun/sagen von; **contreplaqué** *m* Sperrholz *nt*; **contrepoids** *m* Gegengewicht *nt*; **faire ~ à qch** etw ausgleichen, etw kompensieren.

contrer [kɔ̃tʀe] ⟨1⟩ *vt* (*adversaire*) sich widersetzen +*dat*; (*CARTES*) Kontra bieten +*dat*.

contresens [kɔ̃tʀəsɑ̃s] *m* (*interprétation*) Fehldeutung *f*; (*erreur*) Unsinn *m*; **à ~** verkehrt; in falscher Richtung; **contresigner** ⟨1⟩ *vt* gegenzeichnen; **contretemps** *m* (*complication, ennui*) Zwischenfall *m*; **à ~** (*MUS*) in falschem Takt; (*fig*) zur Unzeit.

contrevenir [kɔ̃tʀəvniʀ] ⟨9⟩ *vt*: **~ à** verstoßen gegen.

contribuable [kɔ̃tʀibyabl(ə)] *m/f* Steuer-

zahler(in) *m(f)*.

contribuer [kɔ̃tʀibɥe] ⟨1⟩ *vt*: **~ à** beitragen zu; (*dépense, frais*) beisteuern zu; **contribution** *f* Beitrag *m*; **~s directes/indirectes** direkte/indirekte Steuern *pl*; **mettre qn à** jds Dienste in Anspruch nehmen.

contrôle [kɔ̃tʀol] *m* (*vérification*) Kontrolle *f*, Überprüfung *f*; (*surveillance*) Überwachung *f*; **perdre le ~ de son véhicule** die Kontrolle [*o* Herrschaft] über sein Fahrzeug verlieren; **~ antipollution** (*AUTO*) Abgassonderuntersuchung *f*; **~ d'identité** Ausweiskontrolle *f*; **~ de luminosité** Helligkeitsregelung *f*; **~ des naissances** Geburtenkontrolle *f*; **~ radar** Radarfalle *f*; **~ technique des voitures** [*o* **des véhicules**] ≈ TÜV *m*; **~ de vraisemblance** Plausibilitätskontrolle *f*.

contrôler [kɔ̃tʀole] ⟨1⟩ **1.** *vt* kontrollieren, überprüfen; (*surveiller*) beaufsichtigen; (*COMM*) kontrollieren; **2.** *vpr*: **se ~** sich beherrschen; **contrôleur, -euse** [kɔ̃tʀolœʀ, øz] **1.** *m, f* (*de train*) Schaffner(in) *m(f)*; **2.** *m* (*INFORM*) Steuergerät *nt*.

contrordre [kɔ̃tʀɔʀdʀ(ə)] *m* Gegenbefehl *m*; **sauf ~** bis auf gegenteilige Anweisung.

controversé, e [kɔ̃tʀovɛʀse] *adj* umstritten.

contusion [kɔ̃tyzjɔ̃] *f* Quetschung *f*, Prellung *f*.

convaincre [kɔ̃vɛ̃kʀ(ə)] *irr comme vaincre*, *vt*: **~ qn de qch** jdn von etw überzeugen; (*JUR*) jdn einer Sache an überführen.

convalescence [kɔ̃valesɑ̃s] *f* Genesung *f*, Rekonvaleszenz *f*; **maison de ~** Erholungsheim *nt*.

convenable [kɔ̃vnabl(ə)] *adj* anständig; **convenance** [kɔ̃vnɑ̃s] *f*: **à votre ~** nach Ihrem Belieben; **~s** *fpl* Schicklichkeit *f*, Anstand *m*; **convenir** [kɔ̃vniʀ] ⟨9⟩ *vi*: **~ à** (*être approprié à*) passen +*dat*, geeignet sein für; **~ de** (*admettre*) zugeben; (*fixer*) vereinbaren; **~ de faire qch** übereinkommen, etw zu tun; **il convient de faire qch** es empfiehlt sich, etw zu tun; **il a été convenu que/de faire qch** es wurde vereinbart, daß/ etw zu tun; **comme convenu** wie vereinbart.

convention [kɔ̃vɑ̃sjɔ̃] *f* (*accord*) Abkommen *nt*, Vereinbarung *f*; (*assemblée*) Konvent *m*; **~s** *fpl* [gesellschaftliche] Konventionen *pl*; **de ~** konventionell; **~ collective** Tarifvertrag *m*; **~ type** (*JUR*) Rahmenabkommen *nt*.

conventionné, e [kɔ̃vɑ̃sjɔne] *adj*: **médecin ~** Kassenarzt *m*, -ärztin *f*.

convenu, e [kɔ̃vny] *adj* vereinbart, festgesetzt.

converger [kɔ̃vɛʀʒe] ⟨2⟩ *vi* (*MATH, OPTIQUE*) konvergieren; (*efforts, idées*) übereinstimmen; **~ vers** zustreben +*dat*.

conversation [kɔ̃vɛʀsasjɔ̃] *f* Unterhaltung

f; (INFORM) Dialog *m;* **il a de la ~** er ist ein guter Gesprächspartner; **converser** ⟨1⟩ *vi* sich unterhalten.

conversion [kɔ̃vɛʀsjɔ̃] *f* Umwandlung *f;* (POL) Umbildung *f;* (REL) Bekehrung *f;* (COMM) Konvertierung *f;* (SCOL) Umschulung *f;* **convertir** [kɔ̃vɛʀtiʀ] ⟨8⟩ **1.** *vt:* ~ **qch en** etw unwandeln in; **~ qn** jdn bekehren [zu] +*akk;* **2.** *vpr:* **se ~** [à] konvertieren [zu].

conviction [kɔ̃viksjɔ̃] *f* Überzeugung *f.*

convier [kɔ̃vje] ⟨1⟩ *vt:* **~ qn à** jdn einladen zu; **~ qn à faire qch** jdn auffordern, etw zu tun.

convive [kɔ̃viv] *m/f* Gast *m* [bei Tisch].

convivial, e ⟨conviviaux⟩ [kɔ̃vivjal, o] *adj* (INFORM) benutzerfreundlich.

convocation [kɔ̃vɔkasjɔ̃] *f* (assemblée) Einberufung *f;* (JUR) Vorladung *f.*

convoi [kɔ̃vwa] *m* Konvoi *m,* Kolonne *f;* (train) Zug *m;* **~ funèbre** Leichenzug *m.*

convoquer [kɔ̃vɔke] ⟨1⟩ *vt* (assemblée) einberufen; (candidat) bestellen; (JUR) laden.

convoyeur [kɔ̃vwajœʀ] *m* (NAUT) Begleitschiff *nt;* **~ de fonds** Sicherheitsbeamte(r) *m(f).*

convulsions [kɔ̃vylsjɔ̃] *fpl* (MÉD) Zuckungen *pl,* Krämpfe *pl.*

coopérant, e [kɔɔpeʀɑ̃, ɑ̃t] *m, f* Entwicklungshelfer(in) *m(f).*

coopération [kɔɔpeʀasjɔ̃] *f* (aide) Kooperation *f,* Unterstützung *f;* **la Coopération militaire/technique** (POL) die Entwicklungshilfe auf militärischem/technischem Gebiet.

coopérer [kɔɔpeʀe] ⟨5⟩ *vi* zusammenarbeiten; **~ à** mitarbeiten an +*dat,* beitragen zu.

coordonnées [kɔɔʀdɔne] *fpl* Koordinaten *pl;* (fam) Personalien *pl.*

copain, copine [kɔpɛ̃, kɔpin] **1.** *m, f* Freund(in) *m(f),* Kamerad(in) *m(f);* **2.** *adj:* **être ~ avec qn** mit jdm gut befreundet sein.

copie [kɔpi] *f* (double) Kopie *f;* (feuille d'examen) Blatt *nt,* Bogen *m;* (devoir) [Schul]arbeit *f;* **copier** [kɔpje] ⟨1⟩ **1.** *vt* (a. INFORM) kopieren; **2.** *vi* (SCOL) abschreiben; **copieur** *m* Kopierer *m,* Kopiergerät *nt.*

copieux, -euse [kɔpjø, øz] *adj* (repas) reichlich.

copine [kɔpin] *f v.* **copain**.

copropriété [kɔpʀɔpʀijete] *f* Miteigentum *nt,* Mitbesitz *m;* **acheter un appartement en ~** eine Eigentumswohnung erwerben.

coq [kɔk] *m* Hahn *m;* **passer du ~ à l'âne** abrupt das Thema wechseln.

coque [kɔk] *f* (de noix) Schale *f;* (de bateau) Rumpf *m;* (mollusque) Muschel *f;* **à la ~** (oeuf) weich[gekocht].

coquelicot [kɔkliko] *m* [Klatsch]mohn *m.*

coqueluche [kɔklyʃ] *f* (MÉD) Keuchhusten

m.

coquet, te [kɔkɛ, ɛt] *adj* (personne) kokett; (joli) hübsch, nett.

coquetier [kɔk(ə)tje] *m* Eierbecher *m.*

coquillage [kɔkijaʒ] *m* Muschel *f.*

coquille [kɔkij] *f* (de noix, d'œuf) Schale *f;* (TYPO) Druckfehler *m;* **~ St Jacques** Jakobsmuschel *f.*

coquin, e [kɔkɛ̃, in] *adj* schelmisch, spitzbübisch.

cor [kɔʀ] *m* (MUS) Horn *nt;* **à ~ et à cri** (fig) lautstark; **~ [au pied]** (MÉD) Hühnerauge *nt;* **de chasse** Waldhorn *nt,* Jagdhorn *nt.*

corail ⟨coraux⟩ [kɔʀaj, o] *m* Koralle *f.*

Coran [kɔʀɑ̃] *m:* **le ~** der Koran.

corbeau ⟨-x⟩ [kɔʀbo] *m* Rabe *m;* (lettre anonyme) Verfasser *m* anonymer Briefe.

corbeille [kɔʀbɛj] *f* Korb *m;* (à la Bourse) Maklerbereich *m;* **~ de mariage** Hochzeitsgeschenke *pl;* **~ à pain** Brotkorb *m;* **~ à papier** Papierkorb *m.*

corbillard [kɔʀbijaʀ] *m* Leichenwagen *m.*

corde [kɔʀd(ə)] *f* Seil *nt,* Strick *m;* (de violon, raquette) Saite *f;* (d'arc) Sehne *f;* (SPORT, AUTO) Innenseite *f;* **la ~** (trame) der Faden; **les ~s** (MUS) die Streichinstrumente *pl;* **~s vocales** Stimmbänder *pl.*

cordeau ⟨-x⟩ [kɔʀdo] *m* Richtschnur *f.*

cordée [kɔʀde] *f* (alpinistes) Seilschaft *f.*

cordial, e ⟨cordiaux⟩ [kɔʀdjal, o] *adj* herzlich.

cordon [kɔʀdɔ̃] *m* Schnur *f;* **~ bleu** Meisterkoch *m,* -köchin *f;* **~ ombilical** Nabelschnur *f;* **~ de police** Postenkette *f,* Polizeikordon *m;* **~ sanitaire** Sperrgürtel *m* [um eine Seuchengebiet].

cordonnier, -ière [kɔʀdɔnje, ɛʀ] *m, f* Schuster(in) *m(f),* Schuhmacher(in) *m(f).*

Corée [kɔʀe] *f:* **la ~** Korea *nt.*

coriace [kɔʀjas] *adj* (viande) zäh; (fig) hartnäckig.

corne [kɔʀn(ə)] *f* Horn *nt.*

cornée [kɔʀne] *f* Hornhaut *f.*

cornélien, ne [kɔʀneljɛ̃, ɛn] *adj:* **un débat ~** ein innerer Zwiespalt.

cornemuse [kɔʀnəmyz] *f* Dudelsack *m.*

corner 1. [kɔʀnɛʀ] *m* (FOOTBALL) Eckball *m;* **2.** [kɔʀne] ⟨1⟩ *vt* (page) die Seitenecke [als Lesezeichen] umknicken.

cornet [kɔʀnɛ] *m* Tüte *f;* (de glace) Eistüte *f;* **~ à piston** Kornett *nt.*

cornette [kɔʀnɛt] *f* (coiffure) Schwesternhaube *f.*

corniche [kɔʀniʃ] *f* Straße *f* im Küstengebirge.

cornichon [kɔʀniʃɔ̃] *m* saure Gurke *f.*

corporation [kɔʀpɔʀasjɔ̃] *f* Innung *f,* Zunft *f.*

corporel, le [kɔʀpɔʀɛl] *adj* Körper-; (douleurs) körperlich.

corps [kɔʀ] m Körper m; (cadavre) Leiche f; (fig: d'un texte, discours) Hauptteil m; à ~ perdu blindlings, Hals über Kopf; à son ~ défendant widerwillig, ungern; faire ~ avec eine Einheit bilden mit; le ~ du délit die Tatwaffe; le ~ diplomatique das diplomatische Korps; le ~ enseignant der Lehrkörper; le ~ électoral die Wählerschaft f; perdu ~ et biens (bateau) mit Mann und Maus gesunken; prendre ~ Gestalt annehmen; ~ à ~ m Handgemenge nt; (MIL) Nahkampf m; ~ d'armée Armeekorps nt; ~ de ballet Balletttruppe f; ~ étranger Fremdkörper m.

corpulent, e [kɔʀpylɑ̃, ɑ̃t] adj korpulent, [wohl]beleibt.

correct, e [kɔʀɛkt] adj korrekt; (exact) richtig; (passable) ausreichend; **correctement** adv richtig; **correction** [kɔʀɛksjɔ̃] f Korrektur f, Verbesserung f; (qualité) Richtigkeit f, Korrektheit f; (rature, surcharge) Korrektur f; (coups) Züchtigung f, Hiebe pl.

correctionnelle [kɔʀɛksjɔnɛl] f: la ~ die Strafgericht.

corrélation [kɔʀelasjɔ̃] f Wechselbeziehung f, direkter Zusammenhang.

correspondance [kɔʀɛspɔ̃dɑ̃s] f (analogie, rapport) Entsprechung f; (lettres) Korrespondenz f; (de train, d'avion) Anschluß m, Verbindung f; ce train assure la ~ avec l'avion de 10h mit diesem Zug hat man Anschluß an die 10-Uhr-Maschine; **correspondant, e** m, f (épistolaire) Brieffreund(in) m(f); (journaliste) Korrespondent(in) m(f); **correspondre** [kɔʀɛspɔ̃dʀ(ə)] ⟨14⟩ vi (données) übereinstimmen; (chambres) miteinander verbunden sein; ~ à (être en conformité avec) entsprechen +dat; ~ avec qn mit jdm in Briefwechsel stehen.

corridor [kɔʀidɔʀ] m Korridor m, Gang m.

corriger [kɔʀiʒe] ⟨2⟩ vt korrigieren; (erreur, défaut) berichtigen, verbessern; (idée) richtigstellen; (punir) züchtigen.

corroborer [kɔʀɔbɔʀe] ⟨1⟩ vt bekräftigen.

corroder [kɔʀɔde] ⟨1⟩ vt (acide) zerfressen.

corrompre [kɔʀɔ̃pʀ(ə)] ⟨14⟩ vt (soudoyer) bestechen; (dépraver) verderben, korrumpieren.

corruption [kɔʀypsjɔ̃] f Korruption f.

corsage [kɔʀsaʒ] m Bluse f.

corse [kɔʀs] adj korsisch; **Corse** [kɔʀs(ə)] 1. f: la ~ Korsika f; 2. m/f Korse m, Korsin f.

corsé, e [kɔʀse] adj (vin, café) würzig; (affaire, problème) pikant, heikel.

corset [kɔʀsɛ] m Korsett nt.

cortège [kɔʀtɛʒ] m (escorte) Gefolge nt; (défilé) Zug m.

cortisone [kɔʀtizɔn] f Kortison nt.

corvée [kɔʀve] f lästige [o undankbare] Aufgabe; (MIL) Arbeitsdienst m.

cosmopolite [kɔsmɔpɔlit] adj multikulturell; (personne) kosmopolitisch.

cosse [kɔs] f (BOT) Hülse f, Schote f.

cossu, e [kɔsy] adj (maison) prunkvoll, stattlich; (personne) wohlhabend.

costaud, e [kɔsto, od] adj (fam: personne) stämmig, kräftig; (chose) unverwüstlich.

costume [kɔstym] m (d'homme) Anzug m; (de théâtre) Kostüm nt.

cote [kɔt] f (en Bourse) [Börsen]notierung f, Kursnotierung f; (d'un cheval) Gewinnchance f; (d'un candidat) Chance f; (altitude) Höhe f; ~ d'alerte Hochwassermarke f.

côte [kot] f (pente) Abhang m; (rivage) Küste f; (d'un tricot, anatomie) Rippe f; ~ à ~ Seite an Seite; la Côte d'Azur die Côte d'Azur (französische Riviera); la ~ d'Ivoire die Elfenbeinküste.

côté [kote] m Seite f; à ~ daneben, nebenan; à ~ de neben +dat; de ~ (marcher, se tourner) zur Seite, seitwärts; (regarder) von der Seite; de ce/de l'autre ~ auf dieser/auf der anderen Seite; (mouvement) in diese/in die andere Richtung; du ~ de [nahe] bei; in Richtung auf +akk ... zu; von ... her; du ~ paternel väterlicherseits; de quel ~ est-il parti? in welche Richtung [o wohin] ist er gefahren/gegangen?; de tous les ~s von allen Seiten; être aux ~s de qn bei jdm sein, jdm beistehen; laisser de ~ beiseite lassen; mettre de ~ (argent) auf die Seite legen; (marchandise) zurücklegen.

coteau ⟨-x⟩ [kɔto] m Hügel m, Anhöhe f.

côtelé, e [kotle] adj gerippt; **velours ~** Kordsamt m.

côtelette [kotlɛt] f Kotelett nt.

coter [kɔte] ⟨1⟩ vt (en Bourse) notieren.

côtier, -ière [kotje, ɛʀ] adj Küsten-.

cotisation [kɔtizasjɔ̃] f (argent) Beitrag m; (action) Beitragszahlung f.

cotiser [kɔtize] ⟨1⟩ 1. vi (à une assurance, etc) seinen Beitrag zahlen; 2. vpr: se ~ zusammenlegen.

coton [kɔtɔ̃] m Baumwolle f; ~ hydrophile [Verband]watte f; **coton-tige** ⟨cotons-tiges⟩ [kɔtɔ̃tiʒ] m Wattestäbchen nt.

côtoyer [kotwaje] ⟨6⟩ vt (personne) zusammenkommen mit, frequentieren +akk; (précipice, rivière) entlangfahren/-gehen; (indécence) grenzen an +akk; (misère) nahe sein +dat.

cou [ku] m Hals m.

couche [kuʃ] f Schicht f; (de bébé) Windel f; ~s fpl (MÉD) Entbindung f, Niederkunft f; ~s sociales Gesellschaftsschichten pl; être en ~s im Wochenbett liegen; ~ d'ozone Ozonschicht nt; trou dans la ~ d'ozone

Ozonloch nt.

couche-culotte ⟨couches-culottes⟩ f Windelhöschen nt.

coucher [kuʃe] ⟨1⟩ **1.** vt (personne) zu Bett bringen; (écrire: idées) niederschreiben; **2.** vi die Nacht verbringen; **3.** vpr: se ~ (pour dormir) schlafen gehen; (s'étendre) sich hinlegen; **4.** m (du soleil) Untergang m; ~ avec qn (fam) mit jdm schlafen.

couche-tard [kuʃtaʀ] m/f inv Nachtmensch m.

couchette [kuʃɛt] f (de bateau) Koje f; (de train) Liegewagenplatz m.

coucou [kuku] m Kuckuck m.

coude [kud] m (ANAT) Ellbogen m; (de tuyau) Knie nt; (de la route) Kurve f; ~ à ~ Schulter an Schulter, Seite an Seite.

cou-de-pied ⟨cous-de-pied⟩ [kudpje] m Spann m, Rist m.

coudre [kudʀ(ə)] irr **1.** vt (robe) nähen; (bouton) annähen; **2.** vi nähen.

couenne [kwan] f (porc) Schwarte f.

couette [kwɛt] f Steppdecke f.

coulant, e [kulɑ̃, ɑ̃t] adj (fam: indulgent) großzügig, kulant.

couler [kule] ⟨1⟩ **1.** vi fließen; (fuir: stylo) auslaufen; (récipient) lecken; (sombrer) sinken, untergehen; **2.** vt (cloche, sculpture) gießen; (bateau) versenken; (magasin, entreprise) zugrunde richten, ruinieren; (candidat) durchfallen lassen; **3.** vpr: se ~ dans hineinschlüpfen; sich durchschlängeln.

couleur [kulœʀ] f Farbe f; ~s fpl (du teint) [Gesichts]farbe f; les ~s (MIL) die Nationalfarben pl; film/télévision en ~s Farbfilm m/-fernsehen nt.

couleuvre [kulœvʀ(ə)] f Natter f.

coulisse [kulis] f (TECH) Laufschiene f, Führungsleiste f, Falz f; ~s fpl (THÉÂT) Kulisse f; (fig) Hintergründe pl; dans la ~ hinter den Kulissen.

couloir [kulwaʀ] m (de maison) Gang m, Flur m; (de train, bus) Gang m; ~ aérien Luftkorridor m.

coup [ku] m Schlag m; (de fusil) Schuß m; (fois) Mal nt; à ~s de hache/marteau mit der Axt/dem Hammer; à ~ sûr bestimmt, ganz sicher; après ~ hinterher; avoir le ~ den Dreh heraushaben; boire un ~ einen trinken; ~ sur ~ Schlag auf Schlag; donner un ~ de balai/chiffon zusammenfegen/staubwischen; donner un ~ de frein scharf bremsen; donner un ~ de main à qn jdm behilflich sein; donner un ~ de téléphone à qn jdn anrufen; du même ~ gleichzeitig; d'un seul ~ auf einmal; être dans le ~ auf dem laufenden sein; sur le ~ auf der Stelle; sous le ~ de unter dem Eindruck +gen; (JUR) bedroht von; ~ de coude/genou Stoß

m mit dem Ellbogen/Knie; ~ de chance Glücksfall m; ~ de couteau Messerstich m; ~ de crayon/pinceau Bleistift-/Pinselstrich m; ~ dur harter [o schwerer] Schlag; ~ d'essai erster Versuch; ~ d'état Staatsstreich m; ~ de feu Schuß m; ~ de filet Fang m; ~ de grâce Gnadenstoß m; ~ d'œil Blick m; ~ de main (aide) Hilfe f; (raid) Handstreich m; ~ de pied Fußtritt m; ~ de poing Faustschlag m; ~ de soleil Sonnenbrand m; ~ de téléphone Anruf m; ~ de tête (fig) impulsive, unüberlegte Entscheidung; ~ de théâtre Knalleffekt m; ~ de sonnette Läuten nt; ~ de tonnerre Donnerschlag m; ~ de vent Windstoß m, Bö f; en ~ de vent (arriver, partir) im Sturmschritt.

coupable [kupabl(ə)] **1.** adj schuldig (de gen, de an +dat); **2.** m/f Schuldige(r) mf; (JUR) Täter(in) f.

coupe [kup] f (verre) [Sekt]schale f, Kelch m; (à fruits) Schale f; (SPORT) Pokal m; (de cheveux, de vêtement) Schnitt m; être sous la ~ de qn unter jds Fuchtel stehen; vu en ~ im Querschnitt.

couper [kupe] ⟨1⟩ **1.** vt schneiden; (tissu) zuschneiden; (tranche, morceau, passage) abschneiden; (communication) unterbrechen; (eau, courant) sperren, abstellen; (appétit) nehmen; (fièvre) senken; (vin, cidre) verdünnen; **2.** vi (verre, couteau) schneiden; (prendre un raccourci) den Weg abkürzen; (CARTES) abheben; (CARTES: avec l'atout) stechen; **3.** vpr: se ~ (se blesser) sich schneiden; (en témoignant, etc) sich verraten, sich versprechen; ~ la parole à qn jdm ins Wort fallen; ~ les vivres à qn nicht mehr für jds Unterhalt aufkommen; ~ le contact, ~ l'allumage (AUTO) die Zündung ausschalten.

coupe-vent [kupvɑ̃] m Windjacke f.

couple [kupl(ə)] m (Ehe)paar nt.

coupler [kuple] ⟨1⟩ vt koppeln.

couplet [kuplɛ] m (chanson) Strophe f.

coupleur [kuplœʀ] m: ~ acoustique (INFORM) Akustikkoppler m.

coupole [kupɔl] f Kuppel f.

coupon [kupɔ̃] m (ticket) Abschnitt m; ~-réponse international internationaler Antwortschein.

coupure [kupyʀ] f (blessure) Schnitt m, Schnittwunde f; (billet de banque) Banknote f; (de journal) Zeitungsausschnitt m; ~ de courant Stromsperre f; ~ d'eau Abstellen nt des Wassers.

cour [kuʀ] f Hof m; (JUR) Gericht nt; faire la ~ à qn jdm den Hof machen; ~ d'assises Schwurgericht nt; ~ martiale Kriegsgericht nt.

courage [kuʀaʒ] m Mut m; bon ~! frohes Schaffen!; na, dann viel Spaß!; coura-

geux, -euse adj mutig, tapfer.

couramment [kuʀamɑ̃] adv (souvent) oft, häufig; (parler) fließend.

courant, e [kuʀɑ̃, ɑ̃t] **1.** adj (usuel) gebräuchlich, üblich; (eau) fließend; **2.** m (eau) Strömung f; (ÉLEC) Strom m; **il y a un ~ d'air** es zieht; **être au ~ [de]** Bescheid wissen [über +akk]; **mettre au ~ [de]** auf dem laufenden halten [über +akk]; **se tenir au ~ [de]** sich auf dem laufenden halten [über +akk]; **eau ~e** fließendes Wasser; **~ d'air** [Luft]zug m; **~ [électrique]** Strom m; **~ faible/fort** Schwach-/Starkstrom m.

courbature [kuʀbatyʀ] f Muskelkater m, Gliederschmerzen pl.

courbe [kuʀb(ə)] **1.** adj gebogen, gekrümmt; **2.** f Kurve f; **courber** ⟨1⟩ vt (plier, arrondir) biegen; **~ la tête** den Kopf senken.

coureur, -euse [kuʀœʀ, øz] **1.** m, f (cycliste) Radrennfahrer(in) m(f); (automobile) Rennfahrer(in) m(f); (à pied) Läufer(in) m(f); **2.** m (péj) Schürzenjäger m; **3.** f: **c'est une coureuse** (péj) sie ist dauernd auf Männerfang.

courge [kuʀʒ(ə)] f Kürbis m.

courgette [kuʀʒɛt] f Zucchini pl.

courir [kuʀiʀ] irr **1.** vi laufen, rennen; **2.** vt (SPORT) laufen; **~ les cafés/bals** sich [ständig] in Kneipen/auf Bällen herumtreiben; **~ un danger** sich einer Gefahr aussetzen; **~ un risque** ein Risiko eingehen; **le bruit court que** es geht das Gerücht, daß.

couronne [kuʀɔn] f Krone f; (de fleurs) Kranz m; **couronner** ⟨1⟩ vt krönen; (carrière) der Höhepunkt [o die Krönung] sein von; (ouvrage, auteur) auszeichnen.

courrier [kuʀje] m (lettres) Post f, Briefe pl.

courroie [kuʀwa] f Riemen m, Gurt m.

cours [kuʀ] m [Unterrichts]stunde f; (à l'université) Vorlesung f; (classes pour adultes, ÉCON) Kurs m; (d'une rivière) Lauf m; **au ~ de** im Verlauf +gen, während +gen; **avoir ~** (argent) gesetzliches Zahlungsmittel sein; (être usuel) gebräuchlich sein; (à l'école) Unterricht haben; **donner libre ~ à** freien Lauf lassen +dat; **en ~** laufend; **en ~ de route** unterwegs; **~ du jour** (bourse) Tageskurs m; **~ magistral** (SCOL) Vorlesung f; **~ du soir** Abendkurs m.

course [kuʀs(ə)] f (à pied) [Wett]lauf m; (automobile, de chevaux, cycliste) Rennen nt; (du soleil) Lauf m; (d'un projectile) Flugbahn f; (d'un piston) Hub m; (excursion en montagne) Bergtour f; (d'un taxi, d'autocar) Fahrt f; (petite mission) Besorgung f; **~s** fpl (achats) Einkäufe pl, Besorgungen pl; **faire les/ses ~s** einkaufen [gehen]; **~ aux armements** Rüstungswettlauf m.

court, e [kuʀ, kuʀt(ə)] **1.** adj kurz; **2.** adv: **tourner ~** plötzlich die Richtung ändern; **couper ~ à qch** etw abbrechen; **3.** m (de tennis) [Tennis]platz m; **être à ~ d'argent/de papier** kein Geld/Papier mehr haben; **prendre qn de ~** jdn überraschen; **court-bouillon** ⟨courts-bouillons⟩ m würzige Fischbrühe; **court-circuit** ⟨courts-circuits⟩ m Kurzschluß m.

courtier, -ière [kuʀtje, ɛʀ] m, f (COMM) Makler(in) m(f).

courtiser [kuʀtize] ⟨1⟩ vt (femme) den Hof machen +dat.

courtois, e [kuʀtwa, az] adj höflich.

cousin, e [kuzɛ̃, in] m, f Cousin(e) m(f), Vetter m, Kusine f; **~ germain** Vetter ersten Grades.

coussin [kusɛ̃] m Kissen nt; **~ d'air** Luftkissen nt.

cousu, e [kuzy] pp de **coudre**.

coût [ku] m Kosten pl; **le ~ de la vie** die Lebenshaltungskosten pl.

coûtant [kutɑ̃] adj: **au prix ~** zum Selbstkostenpreis.

couteau ⟨-x⟩ [kuto] m Messer nt; **~ à cran d'arrêt** Klappmesser nt.

coûter [kute] ⟨1⟩ **1.** vt kosten; **2.** vi: **~ à qn** (décision, etc) jdm schwerfallen; **~ cher** teuer sein; **combien ça coûte?** was [o wieviel] kostet das?; **coûte que coûte** koste es, was es wolle; **coûteux, -euse** adj teuer.

coutume [kutym] f Sitte f, Brauch m, Gewohnheit f; **la ~** (JUR) das Gewohnheitsrecht.

couture [kutyʀ] f (activité) Nähen nt, Schneidern nt; (ouvrage) Näharbeit f; (art) Schneiderhandwerk nt; (points) Naht f; **couturier** m Modeschöpfer(in) m(f); **couturière** f Schneiderin f, Näherin f; (THÉÂT) Kostümprobe f.

couvée [kuve] f (œufs) Gelege nt; (oiseaux) Brut f.

couvent [kuvɑ̃] m Kloster nt.

couver [kuve] ⟨1⟩ **1.** vt ausbrüten; **2.** vi (feu) schwelen; (révolte) sich zusammenbrauen.

couvercle [kuvɛʀkl(ə)] m Deckel m.

couvert, e [kuvɛʀ, t(ə)] **1.** pp de **couvrir**; **2.** m (cuiller ou fourchette) Besteck nt; (place à table) Gedeck nt; **3.** adj (ciel, temps) bedeckt, bewölkt; **à ~** geschützt; **~ compris** Kosten für das Gedeck inbegriffen; **~ de** bedeckt mit; **être ~** (d'un chapeau) einen Hut aufhaben; **mettre le ~** den Tisch decken; **sous le ~ de** im Schutze +gen, unter dem Deckmantel +gen.

couverture [kuvɛʀtyʀ] f (de lit) [Bett]decke f; (de livre) Einband m; (de cahier) Umschlag m; (ASSURANCE) Deckung f; (des médias) Berichterstattung f.

couveuse [kuvøz] f (de maternité) Brutkasten *m*.

couvre-feu ⟨couvre-feux⟩ [kuvʀəfø] *m* (*interdiction*) Ausgangssperre *f*; **couvre-lit** ⟨couvre-lits⟩ *m* Tagesdecke *f*.

couvrir [kuvʀiʀ] ⟨11⟩ **1.** *vt* (*recouvrir*) bedecken; (*d'ornements, d'éloges*) überhäufen; (*protéger*) decken; (*parcourir*) zurücklegen; **2.** *vpr*: **se ~** (*s'habiller*) sich anziehen; (*se coiffer*) seinen Hut aufsetzen; (*par une assurance*) sich absichern; (*temps, ciel*) sich bewölken, sich bedecken.

C.Q.F.D. *abr de* **ce qu'il fallait démontrer** q.e.d.

crabe [kʀɑb] *m* Krabbe *f*.

cracher [kʀaʃe] ⟨1⟩ **1.** *vi* spucken; **2.** *vt* ausspucken; (*lave*) speien; (*injures*) ausstoßen.

crachin [kʀaʃɛ̃] *m* Sprühregen *m*.

craie [kʀɛ] *f* Kreide *f*.

craindre [kʀɛ̃dʀ(ə)] *irr vt* (*avoir peur de*) fürchten, sich fürchten vor +*dat*; (*chaleur, froid*) nicht vertragen; **~ que** [be]fürchten, daß.

craintif, -ive [kʀɛ̃tif, iv] *adj* furchtsam, ängstlich.

cramoisi, e [kʀamwazi] *adj* puterrot.

crampe [kʀɑ̃p] *f* Krampf *m*.

crampon [kʀɑ̃põ] *m* (ALPINISME) Steigeisen *nt*; (*chaussure*) Stollen *m*.

cramponner [kʀɑ̃pɔne] ⟨1⟩ *vpr*: **se ~** à sich klammern an +*akk*.

cran [kʀɑ̃] *m* Einkerbung *f*; (*fam: courage*) Schneid *m*, Mumm *m*; **à ~ d'arrêt** (*couteau*) mit Sicherung.

crâne [kʀɑn] *m* Schädel *m*; **avoir mal au ~** (*fam*) Kopfschmerzen haben.

crâner [kʀɑne] ⟨1⟩ *vi* (*fam*) angeben.

crapaud [kʀapo] *m* (ZOOL) Kröte *f*.

crapule [kʀapyl] *f* Schuft *m*.

craquelure [kʀaklyʀ] *f* Riß *m*, Sprung *m*.

craquement [kʀakmɑ̃] *m* Krachen *nt*; Knacks *m*.

craquer [kʀake] ⟨1⟩ **1.** *vi* (*bruit*) knacken, knarren; (*fil, couture*) [zer]reißen; (*planche*) entzweibrechen, zerbrechen; (*s'effondrer*) zusammenbrechen; **2.** *vt*: **~ une allumette** ein Streichholz anzünden.

crasse [kʀas] *f* (*saleté*) Schmutz *m*, Dreck *m*.

cravate [kʀavat] *f* Krawatte *f*.

crawl [kʀol] *m* Kraul[schwimmen] *nt*.

crayon [kʀɛjõ] *m* Bleistift *m*; **~ à bille** Kugelschreiber *m*; **~ de couleur** Farbstift *m*; **~ optique** (INFORM) Lichtgriffel *m*, Lichtstift *m*.

créancier, -ière [kʀeɑ̃sje, ɛʀ] *m, f* Gläubiger(in) *m(f)*.

créateur, -trice [kʀeatœʀ, tʀis] *m, f* Schöpfer(in) *m(f)*.

création [kʀeasjõ] *f* Schaffung *f*; (REL) Erschaffung *f*; (THÉÂT) Uraufführung *f*; (*univers*) Schöpfung *f*; (*de nouvelle robe, de*

voiture, etc) Kreation *f*.

créativité [kʀeativite] *f* Kreativität *f*.

créature [kʀeatyʀ] *f* Geschöpf *nt*, Lebewesen *nt*.

crèche [kʀɛʃ] *f* Krippe *f*.

crédibilité [kʀedibilite] *f* Glaubwürdigkeit *f*.

crédit [kʀedi] *m* (*confiance*) Glaube *m*; (*autorité*) Ansehen *nt*; (*prêt*) Kredit *m*; (*d'un compte bancaire*) Guthaben *nt*; **~s** *mpl* (*fonds*) Mittel *pl*, Gelder *pl*; **acheter à ~** auf Kredit kaufen; **faire ~ à qn** jdm Kredit geben, jdm einen Kredit gewähren; **payer à ~** in Raten zahlen; **crédit-bail** *m* Leasing *nt*; **créditer** ⟨1⟩ *vt*: **~ une somme d'une somme** einen Betrag einem Konto gutschreiben.

crédule [kʀedyl] *adj* leichtgläubig.

créer [kʀee] ⟨1⟩ *vt* (*inventer, concevoir*) schaffen; (REL) erschaffen; (COMM) herausbringen; (*embouteillage*) verursachen; (*problème*) schaffen; (*besoins*) entstehen lassen; (THÉÂT: *spectacle*) [ur]aufführen.

crémaillère [kʀemajɛʀ] *f* (*tige crantée*) Zahnstange *f*; **pendre la ~** den Einzug feiern; **chemin de fer à ~** Zahnradbahn *f*.

crématoire [kʀematwaʀ] *adj*: **four ~** Krematorium *nt*.

crème [kʀɛm] **1.** *f* (*du lait*) Sahne *f*, Rahm *m*; (*de beauté; entremets*) Creme *f*; **2.** *adj inv* creme[farben]; **un [café] ~** ein Kaffee mit Milch [o Sahne]; **~ fouettée, ~ Chantilly** Schlagsahne *f*; **crémerie** *f* Milchgeschäft *nt*.

créneau ⟨-x⟩ [kʀeno] *m* (*de fortification*) Zinne *f*; (COMM) Marktlücke *f*; (TV) Sendeplatz *m*; **faire un ~** einparken.

crêpe [kʀɛp] **1.** *f* (*galette*) Pfannkuchen *m*, Crêpe *f*; **2.** *m* (*tissu*) Krepp *m*; (*de deuil*) Trauerflor *m*; **semelle [de] ~** Kreppsohle *f*.

crêpé, e [kʀɛpe] *adj* (*cheveux*) toupiert.

crépi [kʀepi] *m* [Ver]putz *m*.

crépiter [kʀepite] ⟨1⟩ *vi* (*huile*) zischen, brutzeln.

crépu, e [kʀepy] *adj* (*cheveux*) gekräuselt, Kraus-.

crépuscule [kʀepyskyl] *m* [Abend]dämmerung *f*.

cresson [kʀesõ] *m* Kresse *f*.

crête [kʀɛt] *f* (*de coq*) Kamm *m*; (*d'oiseau*) Haube *f*; (*de montagne*) [Berg]kamm *m*.

crétin, e [kʀetɛ̃, in] *m, f* (MÉD) Kretin *m*; (*fam*) Schwachkopf *m*.

creuser [kʀøze] ⟨1⟩ **1.** *vt* (*trou, tunnel*) graben; (*sol*) graben in +*dat*; (*bois*) aushöhlen; (*fig: approfondir*) vertiefen; **2.** *vpr*: **se ~ la cervelle** [o **la tête**] sich *dat* den Kopf zerbrechen.

creux, creuse [kʀø, øz] **1.** *adj* hohl; (*assiette*) tief; (*yeux*) tiefliegend; **2.** *m* Loch *nt; (dépression)* Vertiefung *f*, Senke *f*; **le ~ de la main** die hohle Hand; **le ~ des reins** das Kreuz; **heures creuses** stille Zeit, ruhige Zeit, Flaute *f*.

crevaison [kʀəvɛzɔ̃] *f* Reifenpanne *f*.

crevasse [kʀəvas] *f* (GÉO) Spalte *f*; (MÉD) Schrunde *f*, Riß *m*.

crever [kʀəve] ⟨4⟩ **1.** *vt (papier, tambour)* zerreißen; *(ballon)* platzen lassen; **2.** *vi (pneu)* platzen; *(automobiliste)* eine Reifenpanne haben; *(abcès)* aufplatzen; *(outre)* platzen; *(fam)* krepieren.

crevette [kʀəvɛt] *f:* **~ rose** Garnele *f*, Krabbe *f*; **~ grise** Garnele *f*, Krevette *f*.

cri [kʀi] *m* Schrei *m; (appel)* Ruf *m;* **~s** *mpl* **d'enthousiasme** Begeisterungsrufe *pl;* **~s** *mpl* **de protestation** Protestgeschrei *nt;* **le dernier ~** *(fig: mode)* der letzte Schrei.

criard, e [kʀijaʀ, d(ə)] *adj (couleur)* grell; *(voix)* kreischend.

crible [kʀibl(ə)] *m* Sieb *nt;* **passer qch au ~** etw durchsieben; **criblé, e** *adj:* **~ de balles** von Kugeln durchsiebt; **être ~ de dettes** bis über die Ohren in Schulden stecken.

cric [kʀik] *m* (AUTO) Wagenheber *m*.

crier [kʀije] ⟨1⟩ **1.** *vi* schreien; **2.** *vt (ordre)* brüllen.

crime [kʀim] *m* Verbrechen *nt; (meurtre)* Mord *m;* **~ passionnel** Verbrechen aus Leidenschaft.

criminalité [kʀiminalite] *f* Kriminalität *f;* **~ économique** Wirtschaftskriminalität *f.*

criminel, le [kʀiminɛl] *m, f* Verbrecher(in) *m(f);* **~ de guerre** Kriegsverbrecher(in) *m(f).*

crin [kʀɛ̃] *m* Mähnenhaar *nt; (de queue)* Schwanzhaar *nt; (comme fibre)* Roßhaar *nt;* **à tous ~s** *o* **à tout ~** durch und durch.

crinière [kʀinjɛʀ] *f (cheval, lion, a. fam)* Mähne *f.*

crique [kʀik] *f* kleine Bucht.

criquet [kʀikɛ] *m* Heuschrecke *f.*

crise [kʀiz] *f* Krise *f; avoir une* **~ de nerfs** mit den Nerven am Ende sein; **~ cardiaque** Herzanfall *m;* **~ de foie** ≈ Magenbeschwerden *pl*, -drücken *nt.*

crisper [kʀispe] ⟨1⟩ **1.** *vt (muscle)* anspannen; *(visage)* verzerren; **2.** *vpr:* **se ~** sich verkrampfen.

crisser [kʀise] ⟨1⟩ *vi (neige, gravier)* knirschen; *(pneu)* quietschen.

cristal ⟨cristaux⟩ [kʀistal, o] *m* Kristall *m; (verre)* Kristall[glas] *nt;* **~ de roche** Bergkristall *m;* **cristallin, e** [kʀistalɛ̃, in] **1.** *adj (voix, eau)* kristallklar; **2.** *m* [Augen]linse *f.*

cristalliser ⟨1⟩ *vi, vpr:* **se ~** [sich] kristallisieren.

critère [kʀitɛʀ] *m* Kriterium *nt.*

critique [kʀitik] **1.** *adj* kritisch; **2.** *f* Kritik *f;* **3.** *m* Kritiker(in) *m(f);* **critiquer** ⟨1⟩ *vt*

kritisieren.

croasser [kʀɔase] ⟨1⟩ *vi (corbeau)* krächzen.

croc [kʀo] *m (chien, etc)* [Fang]zahn *m; (de boucher)* Haken *m;* **croc-en-jambe** ⟨crocs-en-jambe⟩ *m* Beinstellen *nt.*

crochet [kʀɔʃɛ] *m* Haken *m; (clef)* Dietrich *m; (détour)* Abstecher *m; (aiguille)* Häkelnadel *f; (tricot)* Häkelarbeit *f;* **~s** *mpl* (TYPO) eckige Klammern *pl;* **faire du ~** häkeln; **vivre aux ~s de qn** *(fam)* auf jds Kosten leben; **crocheter** [kʀɔʃte] ⟨4⟩ *vt* (TECH) mit einem Dietrich öffnen.

crochu, e [kʀɔʃy] *adj* krumm.

crocus [kʀɔkys] *m* Krokus *m.*

croire [kʀwaʀ] *irr vt* glauben; *(personne)* glauben *+dat;* **~ à** glauben an *+akk;* **~ en Dieu** an Gott glauben; **~ qn honnête** jdn für ehrlich halten; **~ que** glauben, daß.

croisade [kʀwazad] *f* Kreuzzug *m.*

croisé, e [kʀwaze] **1.** *adj (veste)* zweireihig; **mots ~s** Kreuzworträtsel *nt;* **2.** *m (guerrier)* Kreuzritter *m;* **3.** *f:* **~e d'ogives** Spitzbogenkreuz *nt;* **être à la ~e des chemins** am Scheideweg stehen.

croisement [kʀwazmã] *m* Kreuzung *f.*

croiser [kʀwaze] ⟨1⟩ **1.** *vt (personne, voiture)* begegnen *+dat; (route)* kreuzen; *(jambes)* übereinanderschlagen; *(bras)* verschränken; *(BIO)* kreuzen; **2.** *vi* (NAUT) kreuzen; **3.** *vpr:* **se** *(personnes, véhicules)* einander begegnen; *(routes, lettres)* sich kreuzen; *(regards)* sich begegnen; **se ~ les bras** *(fig)* die Hände in den Schoß legen; **croiseur** *m* Kreuzer *m;* **croisière** [kʀwazjɛʀ] *f* Kreuzfahrt *f;* **vitesse de ~** Reisegeschwindigkeit *f.*

croissance [kʀwasãs] *f* Wachsen *nt*, Wachstum *nt;* **~ économique** Wirtschaftswachstum *nt.*

croissant [kʀwasã] *m (à manger)* Hörnchen *nt;* **~ de lune** Mondsichel *f.*

croître [kʀwatʀ(ə)] *irr vi* wachsen; *(fig)* zunehmen.

croix [kʀwa] *f* Kreuz *nt;* **en ~** über Kreuz, kreuzweise; **la Croix-Rouge** das Rote Kreuz.

croquant, e [kʀɔkã, ãt] *adj (pomme, légumes)* knackig; **croque-monsieur** *m inv* geröstetes Sandwich mit Käse und Schinken; **croque-mort** ⟨croque-morts⟩ *m (fam)* Leichenträger *m;* **croquer** ⟨1⟩ **1.** *vt (manger)* knabbern; *(dessiner)* skizzieren; **2.** *vi* knacken.

croquis [kʀɔki] *m* Skizze *f.*

cross [kʀɔs] *m* Geländelauf *m*, Querfeldeinrennen *nt.*

crotte [kʀɔt] **1.** *f* Kot *m;* **~ de chèvre/lapin** Ziegen-/Hasenkötel *pl;* **2.** *excl (fam)* Mist; **crotté, e** *adj (sale)* dreckig.

crottin [kʀɔtɛ̃] m (GASTR) kleiner rundlicher Ziegenkäse; ~ **[de cheval]** [Pferde]apfel m.

crouler [kʀule] ⟨1⟩ vi (s'effondrer) einstürzen; (être délabré) zerfallen, verfallen; ~ **sous [le poids de]** qch unter dem Gewicht von etw zusammenbrechen.

croupe [kʀup] f Kruppe f; **monter en** ~ hinten aufsitzen.

croupir [kʀupiʀ] ⟨8⟩ vi (eau) faulen; (personne) vegetieren (dans in +dat).

C.R.O.U.S. [kʀus] m acr de **Centre régional des œuvres universitaires** Studentenwerk auf regionaler Ebene.

croustillant, e [kʀustijã, ãt] adj knusprig; (histoire) pikant.

croûte [kʀut] f (du pain) Kruste f; (du fromage) Rinde f; (MÉD) Schorf m; (de tartre, de peinture, etc) Schicht f; **en** ~ (GASTR) in einer Teighülle; ~ **au fromage/aux champignons** Käse-/Champignontoast m; **croûton** m (GASTR) gerösteter Brotwürfel; (extrémité du pain) Brotkanten m.

croyable [kʀwajabl(ə)] adj: **ce n'est pas** ~ das ist unglaublich.

croyant, e [kʀwajã, ãt] m, f Gläubige(r) mf.

C.R.S. [fpl abr de **Compagnies républicaines de sécurité** Bereitschaftspolizei f; (membre ~) Bereitschaftspolizist m.

cru, e [kʀy] **1.** pp de **croire**; **2.** adj (non cuit) roh; (lumière, couleur) grell; (paroles, langage) derb; **3.** m (vignoble) Weingegend f, Weinbaugebiet nt; Weinlage f; (vin) Wein m, Sorte f; **4.** f (d'un cours d'eau) Hochwasser nt; **être en** ~e Hochwasser führen.

crû, e [kʀy] pp de **croître**.

cruauté [kʀyote] f Grausamkeit f.

cruche [kʀyʃ] f Krug m.

crucial, e ⟨cruciaux⟩ [kʀysjal, o] adj entscheidend, sehr wichtig; **point** ~ heikler Punkt.

crucifier [kʀysifje] ⟨1⟩ vt kreuzigen.

crudités [kʀydite] fpl (GASTR) Salat[e] m[pl]; Rohkost f.

cruel, le [kʀyɛl] adj grausam.

crustacés [kʀystase] mpl (GASTR) Meeresfrüchte pl.

cube [kyb] m Würfel m; (jouet) Bauklotz m; (d'un nombre) Kubikzahl f; **élever au** ~ in die dritte Potenz erheben; **mètre** ~ Kubikmeter m o nt; **cube-flash** ⟨cubes-flashes⟩ [kybflaʃ] m Blitzlichtwürfel m.

cubique [kybik] adj kubisch, würfelförmig.

cueillette [kœjɛt] f [Obst]ernte f.

cueillir [kœjiʀ] irr vt pflücken.

cuiller, cuillère [kɥijɛʀ] f Löffel m; ~ **à soupe/café** Suppen-/Kaffeelöffel m; **cuillerée** f: **une** ~ **de** ein Löffel[voll].

cuir [kɥiʀ] m Leder nt.

cuire [kɥiʀ] irr comme conduire, vt, vi (aliments) kochen; (au four) backen.

cuisant, e [kɥizã, ãt] adj (douleur, sensation) brennend, stechend; (souvenir, échec, défaite) schmerzlich.

cuisine [kɥizin] f Küche f; (nourriture) Kost f, Essen nt; **faire la** ~ kochen; **cuisiner** ⟨1⟩ **1.** vt zubereiten; (fam: interroger) ins Verhör nehmen; **2.** vi kochen; **cuisinier, -ière** [kɥizinje, ɛʀ] **1.** m, f Koch m, Köchin f; **2.** f (poêle) [Küchen]herd m.

cuisse [kɥis] f (ANAT) [Ober]schenkel m; (GASTR) Keule f; (de poulet) Schlegel m.

cuit, e [kɥi, kɥit] adj (légumes) gekocht; (pain) gebacken; **bien** ~(e) (viande) gut durchgebraten.

cuivre [kɥivʀ(ə)] m Kupfer nt; **les** ~s die Blechblasinstrumente pl.

cul [ky] m (fam) Hintern m; ~ **de bouteille** Flaschenboden m.

culasse [kylas] f (AUTO) Zylinderkopf m; (de fusil) Verschluß m.

culbute [kylbyt] f (en jouant) Purzelbaum m; (accidentelle) Sturz m; **culbuteur** m (AUTO) Kipphebel m.

cul-de-sac ⟨culs-de-sac⟩ [kydsak] m Sackgasse f.

culinaire [kylinɛʀ] adj kulinarisch, Koch-.

culminant, e [kylminã, ãt] adj: **point** ~ höchster Punkt, (fig) Höhepunkt m; **culminer** ⟨1⟩ vi den höchsten Punkt erreichen.

culot [kylo] m (d'ampoule) Sockel m; (fam: effronterie) Frechheit f.

culotte [kylɔt] f (pantalon) Kniehose f; [petite] ~ (de femme) Schlüpfer m; ~ **de cheval** Reithose f.

culotté, e [kylote] adj (cuir) abgegriffen; (pipe) geschwärzt; (fam: effronté) frech.

culpabilité [kylpabilite] f Schuld f.

culte [kylt(ə)] m (religion) Religion f; (hommage, vénération) Verehrung f, Kult m; (protestants) Gottesdienst m.

cultivateur, -trice [kyltivatœʀ, tʀis] m, f Landwirt(in) m(f).

cultivé, e [kyltive] adj (terre) bebaut; (personne) kultiviert, gebildet.

cultiver [kyltive] ⟨1⟩ vt (terre) bebauen, bestellen; (légumes) anbauen, anpflanzen; (esprit, mémoire) entwickeln.

culture [kyltyʀ] f Kultur f; (agriculture) Ackerbau m; (de plantes) Anbau m; ~ **physique** Leibesübungen pl.

culturisme [kyltyʀism(ə)] m Bodybuilding nt.

cumin [kymɛ̃] m Kümmel m.

cumuler [kymyle] ⟨1⟩ vt (fonctions) gleichzeitig innehaben; (salaires) gleichzeitig beziehen.

cupide [kypid] adj [hab]gierig.

cure [kyʀ] f (MÉD) Kur f; (REL) Pfarrei f; **n'avoir** ~ **de** sich nicht kümmern um; **faire une**

~ **de fruits/légumes** eine Obst-/Gemüsekur machen; ~ **de désintoxication** Entziehungskur f; ~ **thermale** Badekur f.

curé [kyʀe] m Pfarrer(in) m(f).

cure-dents [kyʀdã] m inv Zahnstocher m.

curer [kyʀe] ⟨1⟩ vt (fossé, puits) säubern.

curieux, -euse [kyʀjø, øz] **1.** adj (étrange) eigenartig, seltsam; (indiscret, intéressé) neugierig; **2.** mpl (badauds) Schaulustige pl.

curiosité [kyʀjozite] f Neugier[de] f; (objet) Kuriosität f; (lieu) Sehenswürdigkeit f.

curriculum vitae [kyʀikylɔmvite] m inv Lebenslauf m.

curseur [kyʀsœʀ] m (INFORM) Cursor m.

cutiréaction [kytiʀeaksjɔ̃] f (MÉD) Hauttest m.

cuve [kyv] f Bottich m.

cuvée [kyve] f (de vignoble) Ertrag m eines Weinbergs.

cuvette [kyvɛt] f (récipient) [Wasch]schüssel f; (GÉO) Becken nt.

C.V. **1.** m abr de **cheval-vapeur** PS nt; **2.** m abr de **curriculum vitae** Lebenslauf m.

cyclable [siklabl(ə)] adj: **piste** ~ Radweg m.

cyclamen [siklamɛn] m Alpenveilchen nt.

cycle [sikl(ə)] m Zyklus m, Kreislauf m.

cycliste [siklist(ə)] m/f Radfahrer(in) m(f).

cyclomoteur [siklɔmɔtœʀ] m Moped nt, Mofa nt; **cyclomotoriste** m/f Mopedfahrer(in) m(f), Mofafahrer(in) m(f).

cyclone [siklon] m Wirbelsturm m.

cygne [siɲ] m Schwan m.

cylindre [silɛ̃dʀ(ə)] m Zylinder m; **cylindrée** [silɛ̃dʀe] f Hubraum m.

cymbale [sɛ̃bal] f (MUS) Becken nt.

cynique [sinik] adj zynisch.

cyprès [sipʀɛ] m Zypresse f.

cystite [sistit] f Blasenentzündung f.

cytise [sitiz] m Goldregen m.

D

D, d [de] m D, d nt.

d' prép v. **de**.

dactylo [daktilo] f Stenotypist(in) m(f); **dactylographier** ⟨1⟩ vt mit der Maschine schreiben.

dada [dada] m Lieblingsthema nt.

daigner [deɲe] vt: ~ **faire qch** sich herablassen dazu, etw zu tun.

daim [dɛ̃] m Damhirsch m; (peau) Wildleder nt.

dalle [dal] f [Stein]platte f.

daltonien, ne [daltɔnjɛ̃, ɛn] adj farbenblind.

dame [dam] f Dame f; ~**s** fpl (jeu) Damespiel nt; **damier** [damje] m Damebrett nt; (dessin) Karomuster m.

damner [dane] ⟨1⟩ vt verdammen.

Danemark [danmaʀk] m: **le** ~ Dänemark nt.

danger [dãʒe] m Gefahr f; **dangereux, -euse** adj gefährlich.

danois, e [danwa, az] adj dänisch; **Danois, e** m, f Däne m, Dänin f.

dans [dã] prép in +dat; (direction) in +akk; **je l'ai pris** ~ **le tiroir** ich habe es aus der Schublade genommen; **boire** ~ **un verre** aus einem Glas trinken; ~ **deux mois** in zwei Monaten.

danse [dãs] f Tanz m; (action) Tanzen nt; **la** ~ **[classique]** das Ballett; **danser** ⟨1⟩ vt, vi tanzen.

Danube [danyb] m: **le** ~ die Donau.

d'après prép v. **après**.

date [dat] f Datum nt; **de longue** ~ langjährig; ~ **de naissance** Geburtsdatum nt; **date limite** ⟨dates limite⟩ f letzter Termin; ~ **de conservation** Haltbarkeitsdatum nt; **dater** ⟨1⟩ **1.** vt datieren; **2.** vi veraltet sein; **dater du XVIᵉ s.** aus dem 16. Jh. stammen; **à** ~ **de** von … an.

datte [dat] f Dattel f.

dauphin [dofɛ̃] m Delphin m; (HIST) Dauphin m.

davantage [davãtaʒ] adv mehr; (plus longtemps) länger; ~ **de** mehr.

D.D.A.S.S. [das] f acr de **Direction départementale de l'action sanitaire et sociale** Sozial- und Gesundheitsamt nt.

de ⟨de + le = du, de + les = des⟩ [də, dy, de] **1.** prép von +dat; (d'un pays, d'une ville, d'une matière) aus +dat; (moyen) mit +dat; **2.** art: **du vin/de l'eau/des pommes** Wein/Wasser/Äpfel; **il ne veut pas de pommes** er will keine Äpfel; **pendant des mois** monatelang; **la voiture** ~ **Claire/mes parents** Claires Auto/das Auto meiner Eltern; **une pièce** ~ **2 m** ~ **large** ein 2 m breites Zimmer; **un bébé** ~ **dix mois** ein zehn Monate altes Baby; **douze mois** ~ **crédit** zwölf Monate Kredit.

dé [de] m (à jouer) Würfel m; ~ **à coudre** Fingerhut m.

débâcle [debɑkl(ə)] f Eisschmelze f; (d'une armée) Flucht f, ungeordneter Rückzug.

déballer [debale] ⟨1⟩ vt auspacken.

débandade [debãdad] f Flucht f.

débarbouiller [debaʀbuje] ⟨1⟩ vpr: **se** ~ sich (das Gesicht) waschen.

débardeur [debaʀdœʀ] m Docker m; (maillot) Top nt.

débarquer [debaʀke] ⟨1⟩ **1.** vt ausladen; **2.** vi von Bord gehen; (fam) plötzlich ankommen; (fig fam) nicht wissen, was läuft.

débarras [debaʀa] m Rumpelkammer f;

bon ~! den/die/das sind wir zum Glück los!; **débarrasser** [debaRase] ⟨1⟩ **1.** vt (local) räumen; (la table) abräumen; **2.** vpr: se ~ de qn/qch jdn/etw loswerden; ~ qn de qch (dégager) jdm etw abnehmen.

débat [deba] m Debatte f.

débattre [debatR(ə)] irr comme battre **1.** vt diskutieren; **2.** vpr: se ~ sich wehren.

débauche [deboʃ] f Ausschweifung f.

débaucher [deboʃe] ⟨1⟩ vt (licencier) entlassen; (fam) von der Arbeit abhalten.

débile [debil] adj schwach; (fam: idiot) hirnrissig; **il est complètement** ~ (fam) bei dem tickt es nicht richtig; ~ **mental(e)** Geistesgestörte(r) mf.

débit [debi] m (d'eau) Durchflußmenge f; (élocution) Redefluß m; (d'un magasin) Umsatz m; (à la banque) Soll nt; ~ **de boisson** Ausschank m; ~ **de tabac** Tabakladen m; **débiter** ⟨1⟩ vt (compte) belasten; (liquide, gaz) ausstoßen; (bois) zerkleinern; (bœuf, mouton) zerteilen; (COMM) produzieren, ausstoßen; **débiteur, -trice** m, f Schuldner(in) m(f).

déblayer [debleje] ⟨7⟩ vt räumen.

débloquer [debloke] ⟨1⟩ vt losmachen; (prix, salaires) freigeben; (crédit) bewilligen.

déboires [debwaR] mpl Mißerfolge pl, Unannehmlichkeiten pl.

déboisement [debwaz(ə)mã] m Abholzung f; **déboiser** ⟨1⟩ vt abholzen.

déboîter [debwate] ⟨1⟩ **1.** vi (AUTO) ausscheren; **2.** vpr: se ~ **l'épaule** sich dat die Schulter verrenken.

débonnaire [debonɛR] adj gutmütig.

débordé, e adj: **être** ~ überlastet sein (de mit).

déborder [deboRde] ⟨1⟩ vi (rivière) über die Ufer treten; (eau, lait) überlaufen; ~ **[de]** qch über etw akk hinausgehen; ~ **de joie/zèle** sich vor Freude/Eifer überschlagen.

déboucher [debuʃe] ⟨1⟩ **1.** vt frei machen; (bouteille) entkorken; **2.** vi herauskommen (de aus); ~ **sur** (voie) einmünden in +akk.

débouchés [debuʃe] mpl (COMM) Absatzmarkt m; (perspectives d'emploi) Berufsaussichten pl.

débourser [debuRse] ⟨1⟩ vt ausgeben.

debout [dəbu] adj: **être** ~ (personne) stehen; (réveillé) auf sein; **être encore** ~ (fig) noch intakt sein; **se mettre** ~ aufstehen; ~! aufstehen!; **ça ne tient pas** ~ das ist doch nicht stichhaltig.

déboutonner [debutone] ⟨1⟩ vt aufknöpfen.

débraillé, e [debRaje] adj schlampig.

débrancher [debRãʃe] ⟨1⟩ vt (appareil électrique) ausstecken.

débrayage [debRɛjaʒ] m (AUTO) Kupplung f; **faire un double** ~ Zwischengas geben; **débrayer** ⟨7⟩ vi (AUTO) [aus]kuppeln; (cesser le travail) die Arbeit niederlegen.

débris [debRi] m (fragment) Scherbe f; (déchet) Überrest m; (d'un bâtiment, fig) Trümmer pl.

débrouillard, e [debRujaR, aRd(ə)] adj (fam) einfallsreich, findig; **débrouiller** ⟨1⟩ **1.** vt klären; **2.** vpr: se ~ (fam) zurechtkommen.

début [deby] m Anfang m, Beginn m; ~**s** mpl (CINÉ, SPORT) Debüt nt; **débutant, e** m, f Anfänger(in) m(f); **débuter** [debyte] ⟨1⟩ vi anfangen.

décaféiné, e [dekafeine] adj koffeinfrei.

décalage [dekalaʒ] m Abstand m; (écart) Unterschied m; ~ **horaire** Zeitunterschied m.

décaler [dekale] ⟨1⟩ vt verrücken; (dans le temps) verschieben; ~ **de 10 cm** um 10 cm verschieben.

décamper [dekãpe] ⟨1⟩ vi abziehen.

décanter [dekãte] ⟨1⟩ vt sich setzen lassen.

décapiter [dekapite] ⟨1⟩ vt enthaupten; (par accident) köpfen.

décapotable [dekapotabl(ə)] adj: **voiture** ~ Kabriolett nt.

décapsuler [dekapsyle] ⟨1⟩ vt den Deckel abnehmen von; **décapsuleur** m Flaschenöffner m.

décédé, e [desede] adj verstorben.

décéder [desede] ⟨5⟩ vi avec être sterben.

déceler [des(ə)le] ⟨4⟩ vt entdecken; (indice, etc) erkennen lassen.

décélérer [deselere] ⟨4⟩ vi [sich] verlangsamen.

décembre [desãbR(ə)] m Dezember m; **en** ~ im Dezember; **le 18** ~ am 18. Dezember; **le 18** ~ **1998** der 18. Dezember 1998.

décemment [desamã] adv anständig; (raisonnablement) vernünftig.

décence [desãs] f Anstand m; **décent, e** adj anständig.

décentralisation [desãtRalizasjõ] f Dezentralisierung f; **décentralisé, e** adj dezentralisiert.

déception [desɛpsjõ] f Enttäuschung f.

décerner [desɛRne] ⟨1⟩ vt (prix) verleihen.

décès [desɛ] m Ableben nt.

décevoir [des(ə)vwaR] ⟨12⟩ vt enttäuschen.

déchaîner [deʃene] ⟨1⟩ **1.** vt auslösen; **2.** vpr: se ~ (tempête) losbrechen; (mer) toben; (passions, colère, etc) ausbrechen; se ~ **mettre en colère** wütend werden.

décharge [deʃaRʒ] f (dépôt d'ordures) Müllabladeplatz m; (~ électrique) Schlag m; **à la** ~ **de** zur Entlastung von; **décharger** ⟨2⟩ vt abladen; (arme, ÉLEC) entladen; (faire feu) abfeuern; ~ qn de (fig) jdn befreien von.

décharné, e [deʃaʀne] adj hager.

déchausser [deʃose] ⟨1⟩ **1.** vt die Schuhe ausziehen +dat; (ski) ausziehen; **2.** vpr: se ~ die Schuhe ausziehen; (dent) wackeln.

déchéance [deʃeɑ̃s] f Verfall m.

déchet [deʃɛ] m Abfall m; **usine de traitement des ~s** Entsorgungsbetrieb m; **~s mpl toxiques** Giftmüll m.

déchiffrer [deʃifʀe] ⟨1⟩ vt entziffern; (musique, partition) lesen.

déchiqueter [deʃikte] ⟨3⟩ vt zerreißen, zerfetzen.

déchirant, e [deʃiʀɑ̃, ɑ̃t] adj herzzerreißend.

déchirer [deʃiʀe] ⟨1⟩ **1.** vt zerreißen; **2.** vpr: se ~ reißen; se ~ **un muscle/tendon** sich dat einen Muskelriß/einen Sehnenriß zuziehen.

décidé, e [deside] adj entschlossen; **c'est ~** es ist beschlossen.

décider [deside] ⟨1⟩ **1.** vt beschließen; **2.** vi entscheiden (de qch etw); **3.** vpr: se ~ **pour/à** sich entscheiden für/sich entschließen zu; ~ **qn [à faire qch]** jdn überreden [, etw zu tun]; **décideur, -euse** m, f Entscheidungsträger(in) m(f).

décimal, e [decimaux] [desimal, o] **1.** adj dezimal; **2.** f Dezimalstelle f.

décimètre [desimɛtʀ(ə)] m Dezimeter m; **double ~** Lineal nt (von 20 cm).

décisif, -ive [desizif, iv] adj entscheidend.

décision [desizjɔ̃] f Entscheidung f; (fermeté) Entschlossenheit f.

déclaration [deklaʀasjɔ̃] f Erklärung f; **~ [d'amour]** Liebeserklärung f; **~ de décès/naissance** Anmeldung f eines Todesfalles/einer Geburt; **~ [de sinistre]** Meldung f; **~ obligatoire** (MÉD) Meldepflicht f.

déclarer [deklaʀe] ⟨1⟩ **1.** vt erklären; (revenus) angeben; (employés, décès) anmelden; (marchandises) verzollen; **2.** vpr: se ~ (feu, maladie) ausbrechen; (amoureux) eine Liebeserklärung machen; **se ~ prêt(e) à** sich bereit erklären zu.

déclasser [deklase] ⟨1⟩ vt niedriger einstufen.

déclencher [deklɑ̃ʃe] ⟨1⟩ **1.** vt auslösen; (INFORM) starten; **2.** vpr: se ~ losgehen.

déclic [deklik] m Auslösevorrichtung f; (bruit) Klicken nt; (fam) Aha-Erlebnis nt.

déclin [deklɛ̃] m Niedergang m; **être sur son ~** sich verschlechtern.

déclinaison [deklinɛzɔ̃] f Deklination f.

décliner [dekline] ⟨1⟩ **1.** vi (empire) verfallen; (acteur) nachlassen; (santé) sich verschlechtern; (jour, soleil) abnehmen; **2.** vt (invitation, etc) ablehnen; (nom, adresse) angeben; (LING) deklinieren.

décocher [dekɔʃe] ⟨1⟩ vt (flèche) abschie-

ßen; (regard) zuwerfen.

décoder [dekɔde] ⟨1⟩ vt dekodieren; **décodeur** m Decoder m.

décoiffer [dekwafe] ⟨1⟩ **1.** vt zerzausen; **2.** vpr: se ~ den Hut abnehmen.

décollage [dekɔlaʒ] m (AVIAT) Abflug m.

décoller [dekɔle] ⟨1⟩ **1.** vt lösen; **2.** vi (avion) abheben; **3.** vpr: se ~ sich lösen.

décolleté, e [dekɔlte] **1.** adj ausgeschnitten; **2.** m [Hals]ausschnitt m.

décoloniser [dekɔlɔnize] ⟨1⟩ vt entkolonialisieren.

décolorer [dekɔlɔʀe] ⟨1⟩ **1.** vt bleichen; (cheveux) entfärben; **2.** vpr: se ~ verblassen.

décombres [dekɔ̃bʀ(ə)] mpl Ruinen pl, Trümmer pl.

décommander [dekɔmɑ̃de] ⟨1⟩ **1.** vt abbestellen; (réception) absagen; **2.** vpr: se ~ absagen.

décomposé, e [dekɔ̃poze] **1.** pp de décomposer; **2.** adj: **un visage ~** ein verzerrtes Gesicht.

décomposer [dekɔ̃poze] ⟨1⟩ **1.** vt zerlegen; **2.** vpr: se ~ sich zersetzen, verwesen.

décompte [dekɔ̃t] m (déduction) Abzug m; (facture détaillée) [aufgeschlüsselte] Rechnung f; **décompter** ⟨1⟩ vt abziehen.

déconcerter [dekɔ̃sɛʀte] ⟨1⟩ vt aus der Fassung bringen.

décongeler [dekɔ̃ʒ(ə)le] ⟨4⟩ vt auftauen.

décongestionner [dekɔ̃ʒɛstjɔne] ⟨1⟩ vt (MÉD) abschwellen lassen; (rue) entlasten.

déconnecté, e [dekɔnɛkte] adj (INFORM) off line, Offline-.

déconner [dekɔne] ⟨1⟩ vi (chose, fam) verrückt spielen; (personne, fam) Unsinn [o Quatsch] machen.

déconseiller [dekɔ̃seje] ⟨1⟩ vt: ~ **qch [à qn]** [jdm] von etw abraten.

déconsidérer [dekɔ̃sidere] ⟨5⟩ vt in Mißkredit bringen.

décontamination [dekɔ̃taminasjɔ̃] f Entseuchung f.

décontracté, e [dekɔ̃tʀakte] adj locker, entspannt.

décontracter [dekɔ̃tʀakte] ⟨1⟩ **1.** vt entspannen; **2.** vpr: se ~ sich entspannen.

déconvenue [dekɔ̃v(ə)ny] f Enttäuschung f.

décor [dekɔʀ] m Dekor m, Ausstattung f; **~s mpl** (THÉÂT) Bühnenbild nt; (CINÉ) Szenenaufbau m; **aller dans le ~** (fam) [mit dem Auto] von der Straße abkommen; **décorateur, -trice** m, f Dekorateur(in) m(f); (CINÉ) Bühnenbildner(in) m(f); **décoratif, -ive** adj dekorativ; **décoration** [dekɔʀasjɔ̃] f (ornement) Schmuck m; (médaille) Orden f; **décorer** ⟨1⟩ vt schmücken; (médaille) dekorieren, auszeichnen.

décortiquer [dekɔʀtike] ⟨1⟩ *vt* (*graine*) enthülsen; (*crustacé*) herausschälen; (*fig: texte*) zerlegen.

découcher [dekuʃe] ⟨1⟩ *vi* auswärts schlafen.

découdre [dekudʀ(ə)] *irr comme coudre* **1.** *vt* auftrennen; **2.** *vpr:* **se ~** aufgehen.

découler [dekule] ⟨1⟩ *vi:* **~ de** folgen aus.

découper [dekupe] ⟨1⟩ **1.** *vt* (*volaille, viande*) zerteilen; (*article*) ausschneiden; **2.** *vpr:* **se ~ sur le ciel/l'horizon** sich gegen den Himmel/Horizont abheben.

découplé, e [dekuple] *adj:* **bien ~** wohlproportioniert.

décourager [dekuʀaʒe] ⟨2⟩ **1.** *vt* entmutigen; (*dissuader*) abhalten; **2.** *vpr:* **se ~** entmutigt werden.

découvert, e [dekuvɛʀ, ɛʀt(ə)] **1.** *adj* bloß; (*lieu*) kahl, nackt; **2.** *m* (*bancaire*) Kontoüberziehung *f;* **3.** *f* Entdeckung *f;* **à ~** (*MIL*) ungeschützt; (*compte*) überzogen.

découvrir [dekuvʀiʀ] ⟨11⟩ **1.** *vt* aufdecken; (*trouver*) entdecken; **2.** *vpr:* **se ~** (*ôter son chapeau*) den Hut lüften; (*ses vêtements*) sich ausziehen; (*au lit*) sich aufdecken; (*ciel*) sich aufklären; **~ que** herausfinden, daß.

décret [dekʀɛ] *m* Verordnung *f;* **décréter** ⟨5⟩ *vt* verordnen, anordnen.

décrire [dekʀiʀ] *irr comme écrire, vt* beschreiben.

décrocher [dekʀɔʃe] ⟨1⟩ **1.** *vt* herunternehmen; (*TÉL*) abnehmen; (*fam*) ergattern; **2.** *vi* (*fam*) ausscheiden.

décroître [dekʀwatʀ(ə)] *irr comme croître, vi* abnehmen, zurückgehen.

décrypter [dekʀipte] ⟨1⟩ *vt* entschlüsseln.

déçu, e [desy] *pp* de **décevoir.**

décupler [dekyple] ⟨1⟩ **1.** *vt* verzehnfachen; **2.** *vi* sich verzehnfachen.

dédaigner [dedɛɲe] ⟨1⟩ *vt* verachten; **~ de faire** sich nicht herablassen zu tun.

dédale [dedal] *m* Labyrinth *nt.*

dedans [d(ə)dɑ̃] **1.** *adv* innen; **2.** *m* Innere(s) *nt;* **au ~** innen; **là-dedans** dort drinnen.

dédicacer [dedikase] ⟨2⟩ *vt* mit einer Widmung versehen.

dédier [dedje] ⟨1⟩ *vt* widmen.

dédire [dediʀ] *irr comme dire, vpr:* **se ~** sein Wort zurücknehmen.

dédommagement [dedɔmaʒmɑ̃] *m* Entschädigung *f;* **dédommager** ⟨2⟩ *vt* entschädigen.

dédouaner [dedwane] ⟨1⟩ *vt* zollamtlich abfertigen.

dédoubler [deduble] ⟨1⟩ *vt* (*classe, effectifs*) halbieren.

dédramatiser [dedʀamatize] ⟨4⟩ *vt* (*situa-*

tion, événement) entschärfen.

déductible [dedyktibl] *adj* (*impôts*) absetzbar.

déduction [dedyksjɔ̃] *f* (*d'argent*) Abzug *m,* Nachlaß *m;* (*raisonnement*) Folgerung *f.*

déduire [deduiʀ] *irr comme conduire, vt* abziehen; (*conclure*) folgern, schließen.

déesse [deɛs] *f* Göttin *f.*

défaillance [defajɑ̃s] *f* Ohnmachtsanfall *m;* (*technique, intellectuelle*) Versagen *nt,* Ausfall *m;* **défaillir** [defajiʀ] *irr vi* ohnmächtig werden.

défaire [defɛʀ] *irr comme faire* **1.** *vt* (*installation, échafaudage*) abmontieren; (*paquet, etc*) auspacken; (*nœud, vêtement*) aufmachen; **2.** *vpr:* **se ~** aufgehen; (*fig*) zerbrechen; **se ~ de** sich entledigen +*gen.*

défait, e [defɛ, ɛt] **1.** *adj* (*visage*) abgespannt; **2.** *f* Niederlage *f.*

défaut [defo] *m* Fehler *m;* (*moral*) Schwäche *f;* (*carence*) Mangel *m;* **faire ~** fehlen; **à ~ [de]** mangels +*gen;* **en ~** im Unrecht; **par ~** in Abwesenheit.

défaveur [defavœʀ] *f* Ungnade *f.*

défavorable [defavɔʀabl] *adj* ungünstig.

défavoriser [defavɔʀize] ⟨1⟩ *vt* benachteiligen.

défection [defɛksjɔ̃] *f* Abtrünnigkeit *f,* Abfall *m;* (*absence*) Nichterscheinen *nt;* **faire ~** abtrünnig werden.

défectueux, -euse [defɛktɥø, øz] *adj* fehlerhaft, defekt.

défendre [defɑ̃dʀ(ə)] ⟨14⟩ **1.** *vt* verteidigen; (*opinion, etc*) vertreten; (*interdire*) untersagen; **2.** *vpr:* **se ~** verteidigen; **se ~ de** (*se garder de*) sich enthalten +*gen;* **se ~ de/ contre** (*se protéger*) sich schützen vor/gegen; **~ à qn de faire** jdm untersagen zu tun;

défense [defɑ̃s] *f* Verteidigung *f;* (*fig, PSYCH*) Schutz *m;* (*éléphant, etc*) Stoßzahn *m;* **~ de fumer** Rauchen verboten; **défensive** [defɑ̃siv] *f:* **être sur la ~** in der Defensive sein.

déférer [defeʀe] ⟨5⟩ *vt:* **~ à** sich beugen +*dat;* **~ qn à la justice** jdn vor Gericht bringen.

déferler [defɛʀle] ⟨1⟩ *vi* (*vagues*) sich brechen; (*enfants*) strömen.

défi [defi] *m* Herausforderung *f;* (*refus*) Trotz *m.*

défiance [defjɑ̃s] *f* Mißtrauen *nt.*

déficience [defisjɑ̃s] *f* Schwäche *f;* **~ immunitaire** Immunschwäche *f.*

déficit [defisit] *m* Defizit *nt.*

défier [defje] ⟨1⟩ **1.** *vt* herausfordern; (*fig*) trotzen +*dat;* **2.** *vpr:* **se ~ de** (*se méfier*) mißtrauen +*dat.*

défigurer [defigyʀe] ⟨1⟩ *vt* entstellen.

défilé [defile] *m* Engpaß *m;* (*GÉO*) [Meer]enge *f;* (*de soldats, manifestants*) Vorbei-

marsch *m;* **défiler** ⟨1⟩ **1.** *vi* vorbeimar-
schieren, vorbeiziehen; **2.** *vpr:* se ~ *(fam)*
sich verdrücken.

définir [definiʀ] ⟨8⟩ *vt* definieren.

définitif, -ive [definitif, iv] **1.** *adj* definitiv,
entschieden; **2.** *f:* **en définitive** eigentlich,
letztendlich.

déflorer [defloʀe] ⟨1⟩ *vt* entjungfern.

défoncer [defɔ̃se] ⟨2⟩ **1.** *vt (porte)* einbrechen; *(caisse)* den Boden +*gen* ausschlagen; **2.** *vpr:* se ~ *(fam: travailler)* sich rein-
knien; *(fam: s'amuser)* ausflippen.

déforestation [defɔʀɛstasjɔ̃] *f* Raubbau *m*
am Wald.

déformation [defɔʀmasjɔ̃] *f* Verformung *f;*
(MÉD) Mißbildung *f;* ~ **professionnelle** *(fig)*
Berufskrankheit *f.*

déformer [defɔʀme] ⟨1⟩ **1.** *vt* aus der Form
bringen; *(pensée, fait)* verdrehen; **2.** *vpr:* se
~ sich verformen.

défouler [defule] ⟨1⟩ *vpr:* se ~ sich abreagieren.

défraîchir [defʀeʃiʀ] ⟨8⟩ *vpr:* se ~ verblei-
chen, verschießen.

défunt, e [defœ̃, œ̃t] *adj* verstorben.

dégagé, e [degaʒe] *adj* klar; *(ton, air)* lässig, ungezwungen.

dégager [degaʒe] ⟨2⟩ **1.** *vt (exhaler)* aussenden, ausströmen; *(délivrer)* befreien;
(désencombrer) räumen; *(isoler)* hervorheben; **2.** *vpr:* se ~ sich befreien; *(odeur)* ausströmen; *(passage bloqué)* frei werden;
(ciel) sich aufklären.

dégarnir [degaʀniʀ] ⟨8⟩ **1.** *vt (vider)* leeren;
2. *vpr:* se ~ *(salle, rayons)* sich leeren;
(tempe, crâne) sich lichten.

dégâts [dega] *mpl* Schaden *m.*

dégel [deʒɛl] *m* Tauwetter *nt;* **dégeler**
[deʒ(ə)le] ⟨4⟩ **1.** *vt* auftauen lassen; *(fig:
prix)* freigeben; *(atmosphère)* entspannen;
2. *vi* auftauen.

dégénéré, e [deʒeneʀe] *adj* degeneriert.

dégénérer [deʒeneʀe] ⟨5⟩ *vi* degenerieren;
(empirer) ausarten.

dégivrer [deʒivʀe] ⟨1⟩ *vt* enteisen, abtau-
en; **dégivreur** [deʒivʀœʀ] *m* Entfroster
m.

déglutir [deglytiʀ] ⟨8⟩ *vi* hinunterschluk-
ken.

dégonflé, e [degɔ̃fle] *adj (pneu)* platt.

dégonfler [degɔ̃fle] ⟨1⟩ **1.** *vt* die Luft ablassen aus; **2.** *vpr:* se ~ *(fam)* kneifen.

dégorger [degɔʀʒe] ⟨2⟩ *vi:* **faire** ~ *(GASTR)*
entwässern.

dégoter [degɔte] ⟨1⟩ *vt (fam)* auftreiben.

dégouliner [deguline] ⟨1⟩ *vi* tropfen.

dégourdi, e [deguʀdi] *adj* schlau, geschickt.

dégourdir [deguʀdiʀ] ⟨8⟩ *vpr:* se ~ **[les
jambes]** sich *dat* die Beine vertreten.

dégoût [degu] *m* Ekel *m,* Abneigung *f,* Abscheu *m;* **dégoûtant, e** *adj* widerlich;
(injuste) empörend, gemein; **dégoûter**
⟨1⟩ **1.** *vt* anekeln, anwidern; *(fig)* empören;
2. *vpr:* se ~ de überdrüssig werden +*gen;* ~
qn de qch jdm etw verleiden.

dégradé [degʀade] *m* Abstufung *f; coupe
en* ~ *(cheveux)* Stufenschnitt *m.*

dégrader [degʀade] ⟨1⟩ **1.** *vt (MIL)* degradieren; *(abîmer)* verunstalten; *(fig)* erniedrigen; **2.** *vpr:* se ~ *(relations)* sich verschlechtern; *(s'avilir)* sich erniedrigen.

dégraisser [degʀese] ⟨1⟩ *vt (soupe)* entfet-
ten.

degré [dəgʀe] *m* Grad *m;* *(échelon)* Stufe *f;*
(de méchanceté, de courage) Ausmaß *nt;*
équation du 1er/2ème ~ lineare/quadrati-
sche Gleichung; **alcool à 90** ~**s** 90prozenti-
ger Alkohol; **par** ~**[s]** nach und nach.

dégringoler [degʀɛ̃gɔle] ⟨1⟩ *vi* herunter-
purzeln.

dégriser [degʀize] ⟨1⟩ *vt* nüchtern machen.

déguerpir [degɛʀpiʀ] ⟨8⟩ *vi* sich aus dem
Staub machen.

dégueulasse [degœlas] *adj (fam: sale,
répugnant)* widerlich, ekelhaft; **un temps** ~
(fam) ein abscheuliches Wetter.

déguisement [degizmɑ̃] *m* Verkleidung *f;*
(fig) Verschleierung *f.*

déguiser [degize] ⟨1⟩ **1.** *vt* verkleiden; *(fig)*
verschleiern; **2.** *vpr:* se ~ sich verkleiden.

déguster [degyste] ⟨1⟩ *vt (vin)* probieren;
(aliment, boisson) genießen.

dehors [dəɔʀ] **1.** *adv* [dr]außen; **2.** *mpl* Äu-
ßere(s) *nt;* **au** ~ draußen; **en** ~ nach außen;
en ~ **de** *(hormis)* mit Ausnahme von; **mettre** ~, **jeter** ~ hinauswerfen.

déjà [deʒa] *adv* schon; *(auparavant)* bereits;
c'est où, ~? wo ist das gleich?

déjanté, e [deʒɑ̃te] *adj (fam)* ausgeflippt.

déjeuner [deʒœne] ⟨1⟩ **1.** *vi (le matin)* früh-
stücken; *(à midi)* zu Mittag essen; **2.** *m* Mit-
tagessen *nt;* **petit** ~ Frühstück *nt.*

déjouer [deʒwe] ⟨1⟩ *vt* ausweichen +*dat;*
(plan) durchkreuzen.

delà [dəla] *adj:* **par** ~, **en** ~ **[de], au** ~ **[de]**
über +*dat,* jenseits +*gen.*

délabrer [delabʀe] ⟨1⟩ *vpr:* se ~ verfallen,
herunterkommen.

délai [delɛ] *m* Frist *f;* **à bref** ~ kurzfristig;
dans les ~**s** innerhalb der Frist; **respecter
un** ~ eine Frist einhalten; **sans** ~ unverzüglich.

délaisser [delese] ⟨1⟩ *vt* im Stich lassen.

délasser [delase] ⟨1⟩ *vt* entspannen.

délavé, e [delave] *adj* verwaschen.

délayer [deleje] ⟨7⟩ *vt (GASTR)* mit Wasser
verrühren; *(peinture)* verdünnen; *(fig)* ausdehnen, strecken.

delco [dɛlko] *m (AUTO)* Verteiler *m.*

délégué, e [delege] *m, f* Abgeordnete(r) *mf*, Vertreter(in) *m(f);* ~(**e**) **à la condition féminine** Frauenbeauftragte(r) *mf;* **déléguer** ⟨1⟩ *vt* delegieren.

délibération [deliberasjɔ̃] *f* Beratung *f;* (*réflexion*) Überlegung *f.*

délibéré, e [delibere] *adj* (*conscient*) absichtlich; **délibérément** *adv* mit Absicht, bewußt.

délibérer [delibere] ⟨5⟩ *vi* sich beraten.

délicat, e [delika, at] *adj* (*fin*) fein; (*fragile*) empfindlich; (*enfant, santé*) zart; (*manipulation, problème*) delikat, heikel; (*embarrassant*) peinlich; (*plein de tact, d'attention*) taktvoll; **délicatesse** *f* (*tact*) Fingerspitzengefühl *nt.*

délice [delis] *m* Freude *f;* ~**s** *fpl* Genüsse *pl;* **délicieux, -euse** [delisjø, øz] *adj* köstlich; (*sensation*) wunderbar.

délimiter [delimite] ⟨1⟩ *vt* abgrenzen.

délinquance [delɛ̃kɑ̃s] *f* Kriminalität *f;* **délinquant, e 1.** *adj* straffällig; **2.** *m, f* Delinquent(in) *m(f).*

délire [delir] *m* (*fièvre*) Delirium *nt;* **délirer** ⟨1⟩ *vi* (*fam*) Blödsinn erzählen.

délit [deli] *m* Delikt *nt*, Vergehen *nt;* ~ **de fuite** Fahrerflucht *f;* ~ **d'imprudence** Fahrlässigkeit *f;* ~ **informatique** (*INFORM*) Computerkriminalität *f.*

délivrer [delivre] ⟨1⟩ *vt* entlassen; (*passeport, certificat*) ausstellen; ~ **qn de** jdn befreien von.

déloger [deloʒe] ⟨2⟩ *vt* (*ennemi*) vertreiben; (*locataire*) ausquartieren.

deltaplane [dɛltaplan] *m* (*SPORT*) [Flug]-drachen *m;* **faire du ~** drachenfliegen.

déluge [delyʒ] *m* (*biblique*) Sintflut *f;* **un ~ de** eine Flut von.

déluré, e [delyre] *adj* clever; (*péj*) dreist.

demain [d(ə)mɛ̃] *adv* morgen; ~ **matin/soir** morgen früh/abend; **à ~** bis morgen.

demande [d(ə)mɑ̃d] *f* Forderung *f;* (*ADMIN: formulaire*) Antrag *m*, Gesuch *nt;* **la ~** (*ÉCON*) die Nachfrage; ~ **d'emploi** Stellengesuch *nt;* ~ **d'extradition** (*JUR*) Auslieferungsantrag *m;* **demandé, e** *adj* gefragt; **demander** ⟨1⟩ *vt* (*vouloir savoir*) fragen nach; (*question*) stellen; (*désirer*) bitten um; (*vouloir avoir*) verlangen; (*vouloir engager*) suchen; (*requérir, nécessiter*) erfordern (*à qn* von jdm); ~ **la main de qn von** jds Hand anhalten; ~ **qch à qn** jdn [nach] etw fragen; jdn um etw bitten; ~ **à qn de faire** jdn bitten zu tun; ~ **que** verlangen, daß; ~ **pourquoi/si** fragen, warum/ob; **se ~ pourquoi/si** sich fragen warum/ob; **on vous demande au téléphone** Sie werden am Telefon verlangt; **demandeur, -euse** *m, f* Antragsteller(in) *m(f)*, Bewerber(in) *m(f);* ~ **d'asile** Asylbewerber(in) *m(f);* ~ **d'emploi**

Arbeitssuchende(r) *mf.*

démangeaison [demɑ̃ʒɛzɔ̃] *f* Jucken *nt;* **démanger** ⟨2⟩ *vi* jucken.

démanteler [demɑ̃tle] ⟨4⟩ *vt* zerstören; ~ **un réseau de drogue** einen Drogenring ausheben.

démaquillant, e [demakijɑ̃, ɑ̃t] *adj* Abschmink-; **démaquiller** ⟨1⟩ *vpr:* **se ~** sich abschminken.

démarche [demarʃ(ə)] *f* (*allure*) Gang *m;* (*raisonnement*) Vorgehen *nt;* **faire des ~s auprès de** vorsprechen bei.

démarquer [demarke] ⟨1⟩ *vt* (*COMM*) heruntersetzen; (*SPORT*) freispielen.

démarrage [demaraʒ] *m* Starten *nt*, Anfahren *nt;* (*SPORT*) Start *m;* ~ **à froid** (*INFORM*) Kaltstart *m;* **démarrer** ⟨1⟩ **1.** *vi* (*AUTO, SPORT*) starten; (*travaux*) losgehen; **2.** *vt* (*voiture*) anlassen; (*travail*) in die Wege leiten; **démarreur** *m* Anlasser *m.*

démasquer [demaske] ⟨1⟩ *vt* entlarven.

démêler [demele] ⟨1⟩ *vt* entwirren.

démêlés [demele] *mpl* Auseinandersetzung *f.*

déménagement [demenaʒmɑ̃] *m* Umzug *m;* **camion de ~** Möbelwagen *m.*

déménager [demenaʒe] ⟨2⟩ **1.** *vi* umziehen; **2.** *vt* umziehen mit.

démener [dem(ə)ne] ⟨4⟩ *vpr:* **se ~** um sich schlagen.

dément, e [demɑ̃, ɑ̃t] *adj* verrückt.

démentir [demɑ̃tir] ⟨10⟩ *vt* (*nier*) dementieren; (*contredire*) widerlegen.

démerder [demɛrde] ⟨1⟩ *vpr:* **se ~** (*fam*) klarkommen.

démesure [deməzyr] *f* Maßlosigkeit *f.*

démettre [demɛtr(ə)] *irr comme mettre* **1.** *vt:* ~ **qn de** jdn entheben +*gen;* **2.** *vpr:* **se ~** (*membre*) sich *dat* ausrenken; **se ~ de ses fonctions** sein Amt niederlegen.

demeurant [dəmœrɑ̃] *adv:* **au ~** im übrigen.

demeure [dəmœr] *f* Wohnung *f*, Wohnsitz *m;* **mettre qn en ~ de faire ...** jdn auffordern ... zu tun; **demeurer** ⟨1⟩ *vi* (*habiter*) wohnen; (*rester*) bleiben.

demi, e [d(ə)mi] **1.** *adj* halb; **2.** *m* [Glas] Bier *nt* (*0,25 l*); **à ~** halb; **à la ~** (*heure*) um halb; **trois heures/bouteilles et ~e** dreieinhalb Stunden/Flaschen; **il est 2 heures/midi et ~e** es ist halb eins. **demi...** [d(ə)mi] *préf* Halb-; **demi-cercle** ⟨*demi-cercles*⟩ *m* Halbkreis *m;* **demi-douzaine** ⟨*demi-douzaines*⟩ *f* halbes Dutzend; **demi-finale** ⟨*demi-finales*⟩ *f* Halbfinalspiel *nt;* **demi-frère** ⟨*demi-frères*⟩ *m* Halbbruder *m;* **demi-heure** ⟨*demi-heures*⟩ *f* halbe Stunde; **demi-jour** *m* Zwielicht *nt;* **demi-journée** ⟨*demi-journées*⟩ *f* halber Tag.

démilitariser [demilitarize] ⟨4⟩ *vt* entmilitarisieren.

demi-litre [d(ə)militʀ] *m* halber Liter; **demi-mot** [d(ə)mimo] *adv:* à ~ andeutungsweise; **demi-pension** *f* Halbpension *f.*

démis, e [demi, iz] *adj* ausgerenkt.

demi-saison [d(ə)misezɔ̃] *f:* **vêtements de ~** Übergangskleidung *f;* **demi-sec** *adj* (*vin*) halbtrocken; **demi-sel** *adj* (*beurre*) leicht gesalzen.

démission [demisjɔ̃] *f* Kündigung *f;* (*de ministre*) Demission *f;* **donner sa ~** kündigen; seinen Rücktritt erklären.

demi-tarif [d(ə)mitaʀif] *m* halber Preis; **demi-tour** *m* Kehrtwendung *f;* **faire ~** kehrtmachen.

démocratie [demɔkʀasi] *f* Demokratie *f;* **démocratique** [demɔkʀatik] *adj* demokratisch; **démocratiser** [demɔkʀatize] ⟨1⟩ *vt* demokratisieren.

démodé, e [demɔde] *adj* altmodisch.

démographique [demɔgʀafik] *adj* demographisch; **poussée ~** Bevölkerungszuwachs *m.*

demoiselle [d(ə)mwazɛl] *f* Fräulein *nt;* **~ d'honneur** Ehrenjungfer *f.*

démolir [demoliʀ] ⟨8⟩ *vt* abreißen, einreißen; (*fig*) vernichten.

démon [demɔ̃] *m* Dämon *m;* (*enfant*) Teufel *m;* **démoniaque** [demɔnjak] *adj* teuflisch.

démonstration [demɔ̃stʀasjɔ̃] *f* Demonstration *f,* Vorführung *f.*

démonté, e [demɔ̃te] *adj* (*mer*) tobend; (*personne*) rasend.

démonter [demɔ̃te] ⟨1⟩ **1.** *vt* auseinandernehmen; **2.** *vpr:* **se ~** (*personne*) die Fassung verlieren.

démontrer [demɔ̃tʀe] ⟨1⟩ *vt* beweisen.

démoraliser [demɔʀalize] ⟨1⟩ *vt* entmutigen.

démordre [demɔʀdʀ(ə)] ⟨14⟩ *vi:* **ne pas ~ de** +*dat* beharren mit +*dat.*

démouler [demule] ⟨1⟩ *vt* (*gâteau*) aus der Form nehmen.

démuni, e [demyni] *adj* mittellos.

démunir [demyniʀ] ⟨8⟩ *vt:* **~ qn de qch** jdn einer Sache *gen* berauben.

dénazification [denazifikasjɔ̃] *f* Entnazifizierung *f;* **dénazifier** ⟨1⟩ *vt* entnazifizieren.

dénégation [denegasjɔ̃] *f* Leugnung *nt.*

dénicher [dəniʃe] ⟨1⟩ *vt* auftreiben, ausfindig machen.

denier [dənje] *m:* **~s publics** *mpl* öffentliche Mittel *pl;* **de ses [propres] ~s** mit seinem eigenen Geld.

dénier [denje] ⟨1⟩ *vt* leugnen; **~ qch à qn** jdm etw verweigern.

dénombrer [denɔ̃bʀe] ⟨1⟩ *vt* zählen;

(*énumérer*) aufzählen.

dénominateur [denɔminatœʀ] *m* Nenner *m.*

dénommer [denɔme] ⟨1⟩ *vt* benennen.

dénoncer [denɔ̃se] ⟨2⟩ **1.** *vt* (*personne*) anzeigen; (*abus, erreur*) brandmarken; **2.** *vpr:* **se ~** sich stellen; **dénonciation** *f* Denunziation *f.*

dénoter [denɔte] ⟨1⟩ *vt* verraten, erkennen lassen.

dénouement [denumɑ̃] *m* (*fin, solution*) Ausgang *m.*

dénouer [denwe] ⟨1⟩ *vt* aufknoten.

dénoyauter [denwajote] ⟨1⟩ *vt* (*fruit*) entsteinen.

denrée [dɑ̃ʀe] *f:* **~s** *fpl* Nahrungsmittel *pl.*

dense [dɑ̃s] *adj* dicht; **densité** *f* Dichte *f.*

dent [dɑ̃] *f* Zahn *m;* **mordre à belles ~s** mit Genuß hineinbeißen; **~ de lait** Milchzahn *m;* **~ de sagesse** Weisheitszahn *m;* **dentaire** *adj* Zahn-; **denté, e** *adj:* **roue ~e** Zahnrad *nt.*

dentelé, e [dɑ̃t(ə)le] *adj* gezackt.

dentelle [dɑ̃tɛl] *f* (*tissu*) Spitze *f.*

dentier [dɑ̃tje] *m* [künstliches] Gebiß.

dentifrice [dɑ̃tifʀis] *m* Zahnpasta *f.*

dentiste [dɑ̃tist(ə)] *m/f* Zahnarzt *m,* Zahnärztin *f.*

dentition [dɑ̃tisjɔ̃] *f* [natürliches] Gebiß.

dénucléarisé, e [denykleaʀize] *adj* atomwaffenfrei.

dénudé, e [denyde] *adj* bloß.

dénuder [denyde] ⟨1⟩ *vt* (*corps*) entblößen.

dénué, e [denye] *adj:* **~ de** ohne +*akk.*

dénuement [denymɑ̃] *m* bittere Not, Elend *nt.*

déodorant [deɔdɔʀɑ̃] *m* Deo[dorant] *nt;* **~ à bille** Deoroller *m;* **~ en aérosol** Deospray *m.*

déontologie [deɔ̃tɔlɔʒi] *f* Berufsethos *nt.*

dépannage [depanaʒ] *m* Reparatur *f;* **service de ~** Pannendienst *m.*

dépanner [depane] ⟨1⟩ *vt* reparieren; (*fam*) aus der Patsche helfen +*dat;* **dépanneuse** *f* Abschleppwagen *m.*

déparer [depaʀe] ⟨1⟩ *vt* verderben.

départ [depaʀ] *m* Abreise *f;* (*SPORT*) Start *m;* (*sur un horaire*) Abfahrt *f;* **au ~** zu Beginn.

départager [depaʀtaʒe] ⟨2⟩ *vt* entscheiden zwischen.

département [depaʀtəmɑ̃] *m* Abteilung *f;* (*en France*) Departement *nt.*

départir [depaʀtiʀ] ⟨10⟩ *vpr:* **se ~ de** aufgeben +*akk.*

dépassé, e [depase] *adj* veraltet, überholt; (*affolé*) überfordert.

dépasser [depase] ⟨1⟩ **1.** *vt* überholen; (*endroit*) vorübergehen an +*dat;* (*limite fixée, prévisions*) überschreiten; (*en intelligence*) übertreffen; **2.** *vi* (*ourlet, jupon*) vor-

sehen; **ça me dépasse** das ist mir zu hoch.
dépaysé, e [depeize] adj verloren, nicht heimlich.
dépayser [depeize] ⟨1⟩ vt verwirren.
dépecer [depəse] ⟨4⟩ vt (animal) zerlegen.
dépêcher [depeʃe] ⟨1⟩ **1.** vt senden, schik-ken; **2.** vpr: **se** ~ sich beeilen.
dépeindre [depɛ̃dʀ(ə)] irr comme peindre, vt beschreiben.
dépendre [depɑ̃dʀ(ə)] ⟨14⟩ **1.** vt (objet) ab-nehmen, abhängen; **2.** vi: ~ **de** (personne, pays) abhängig sein von; (résultat, situa-tion) abhängen von.
dépens [depɑ̃] mpl: **aux** ~ **de** auf Kosten von.
dépense [depɑ̃s] f Ausgabe f; **dépenser** ⟨1⟩ **1.** vt ausgeben; **2.** vpr: **se** ~ sich an-strengen; **dépensier, -ière** adj ver-schwenderisch.
dépérir [depeʀiʀ] ⟨8⟩ vi verkümmern; **dépérissement** m: ~ **des forêts** Waldster-ben nt.
dépeupler [depœple] ⟨1⟩ **1.** vt entvölkern; **2.** vpr: **se** ~ sich entvölkern.
déphasé, e [defaze] adj phasenverschoben; (fam: personne) desorientiert.
dépilatoire [depilatwaʀ] adj: **crème** ~ Ent-haarungscreme f.
dépistage [depistaʒ] m (MÉD) Reihenunter-suchung f, Früherkennung f; ~ **du cancer** Krebsvorsorge f.
dépister [depiste] ⟨1⟩ vt (maladie) erken-nen; (voleur) finden.
dépit [depi] m Trotz m; **en** ~ **de** trotz +gen; **en** ~ **du bon sens** gegen alle Vernunft; **dépité, e** adj verärgert.
déplacé, e [deplase] adj (propos) unange-bracht, deplaziert.
déplacement [deplasmɑ̃] m (voyage) Rei-se f.
déplacer [deplase] ⟨2⟩ **1.** vt umstellen, ver-schieben; (employé) versetzen; (groupe de personnes) umsiedeln; **2.** vpr: **se** ~ (voya-ger) verreisen.
déplaire [deplɛʀ] irr comme plaire, vi: ~ **à qn** jdm nicht gefallen.
dépliant [deplijɑ̃] m Faltblatt nt.
déplier [deplije] ⟨1⟩ **1.** vt auseinanderfalten; **2.** vpr: **se** ~ (parachute) sich entfalten.
déploiement [deplwamɑ̃] m Ausbreiten nt; (MIL) Einsatz m.
déplorer [deplɔʀe] ⟨1⟩ vt bedauern.
déployer [deplwaje] ⟨1⟩ **1.** vt (troupes) einset-zen; (aile, voile, carte) ausbreiten.
dépolluer [depɔlɥe] ⟨1⟩ vt reinigen.
déporter [depɔʀte] ⟨1⟩ vt (POL) deportie-ren; (dévier) vom Weg abbringen.
déposer [depoze] ⟨1⟩ **1.** vt (mettre, poser) legen, stellen; (à la consigne) abgeben; (à la banque) einzahlen; (passager; roi) abset-

zen; (réclamation, dossier) einreichen; **2.** vi (vin, etc) sich absetzen; **3.** vpr: **se** ~ (cal-caire, poussière) sich ablagern; ~ **contre** (JUR) aussagen gegen; **déposition** f Aus-sage f.
déposséder [deposede] ⟨5⟩ vt wegnehmen (qn de qch jdm etw).
dépôt [depo] m (de sable, poussière) Abla-gerung f; (entrepôt, réserve) [Waren]lager nt; (brevet) Anmeldung f; (déclaration) Ab-gabe f; ~ **de bilan** (ÉCON) Konkursanmel-dung f; **dépotoir** [depɔtwaʀ] m Müllabla-deplatz m.
dépouille [depuj] f abgezogene Haut; **la** ~ **[mortelle]** die sterblichen Überreste pl; **dépouillé, e** adj (style) nüchtern; **dépouiller** ⟨1⟩ vt die Haut abziehen +dat; (fig: personne) berauben; (résultats, docu-ments) sorgfältig durchlesen.
dépourvu, e [depuʀvy] adj: ~ **de** ohne; **au** ~ unvorbereitet.
dépraver [depʀave] ⟨1⟩ vt verderben.
déprécier [depʀesje] ⟨1⟩ **1.** vt (personne) herabsetzen; (chose) entwerten; **2.** vpr: **se** ~ an Wert verlieren.
dépression [depʀesjɔ̃] f (creux) Vertiefung f, Mulde f; (ÉCON) Flaute f; (MÉTÉO) Tief nt; **faire une** ~ **[nerveuse]** unter Depressionen leiden.
déprimer [depʀime] ⟨1⟩ vt deprimieren.
dépt. abr de **département** Departement nt.
depuis [dəpɥi] **1.** prép seit; (espace) von ... an; (quantité, rang) von, ab; **2.** adv seit-dem; ~ **que** seit.
député [depyte] m Abgeordnete(r) mf.
déraciner [deʀasine] ⟨1⟩ vt entwurzeln.
dérailler [deʀaje] ⟨1⟩ vi entgleisen.
dérailleur [deʀajœʀ] m Kettenschaltung f.
déraisonner [deʀɛzɔne] ⟨1⟩ vi Unsinn re-den.
dérangement [deʀɑ̃ʒmɑ̃] m Störung f; **en** ~ (téléphone) gestört.
déranger [deʀɑ̃ʒe] ⟨2⟩ vt durcheinander-bringen; (personne) stören.
déraper [deʀape] ⟨1⟩ vi (voiture) schleu-dern; (personne) ausrutschen.
déréglé, e [deʀegle] adj (mœurs, vie) aus-schweifend, zügellos.
dérégler [deʀegle] ⟨5⟩ vt (mécanisme) aus dem Rhythmus bringen.
dérider [deʀide] ⟨1⟩ vpr: **se** ~ fröhlicher werden.
dérision [deʀizjɔ̃] f Spott m; **tourner en** ~ verspotten; **dérisoire** [deʀizwaʀ] adj lä-cherlich.
dérivatif [deʀivatif] m Ablenkung f.
dérive [deʀiv] f (NAUT) Abtrift f; **aller à la** ~ sich treiben lassen.
dérivé, e [deʀive] **1.** adj (LING) derivativ; **2.** m Derivat nt; **3.** f (MATH) Ableitung f; **déri-**

détenu, e [det(ə)ny] *m, f* Häftling *m*.

détergent [detɛʀʒã] *m* Reinigungsmittel *nt*.

détériorer [deteʀjɔʀe] ⟨1⟩ **1.** *vt* beschädigen; **2.** *vpr:* **se ~** (*fig: santé*) sich verschlechtern.

déterminant, e [detɛʀminã, ãt] *adj* ausschlaggebend; **détermination** [detɛʀminasjõ] *f* (*résolution*) Entschlossenheit *f*; **déterminé, e** adj entschlossen; (*fixé*) fest, bestimmt; **déterminer** ⟨1⟩ *vt* bestimmen; (*décider*) veranlassen.

déterrer [deteʀe] ⟨1⟩ *vt* ausgraben.

détester [detɛste] ⟨1⟩ *vt* verabscheuen.

détonateur [detɔnatœʀ] *m* Sprengkapsel *f*.

détonner [detɔne] ⟨1⟩ *vi* (*MUS*) falsch singen/spielen; (*fig*) nicht dazu passen.

détour [detuʀ] *m* Umweg *m*; (*tournant*) Kurve *f*; **sans ~** ohne Umschweife; **détourné, e** [detuʀne] adj: **par des moyens ~s** auf Umwegen.

détournement [detuʀnəmã] *m:* **~ d'avion** Flugzeugentführung *f*; **~ [de fonds]** Unterschlagung *f* von Geldern; **~ de mineur** Verführung *f* Minderjähriger.

détourner [detuʀne] ⟨1⟩ **1.** *vt* (*rivière, trafic*) umleiten; (*yeux, tête*) abwenden; (*argent*) unterschlagen; (*avion*) entführen; **2.** *vpr:* **se ~** sich abwenden.

détracteur, -trice [detʀaktœʀ, tʀis] *m, f* Verleumder(in) *m(f)*, scharfe(r) Gegner(in).

détraquer [detʀake] ⟨1⟩ *vpr:* **se ~** (*montre*) falsch gehen; (*temps*) schlechter werden.

détresse [detʀɛs] *f* Verzweiflung *f*; (*misère*) Kummer *m*; **en ~** in Not; **feux de ~** (*AUTO*) Warnblinkanlage *f*.

détriment [detʀimã] *m:* **au ~ de** zum Schaden von.

détroit [detʀwa] *m* Meerenge *f*.

détromper [detʀõpe] ⟨1⟩ *vt* eines Besseren belehren.

détruire [detʀɥiʀ] irr comme conduire, *vt* zerstören.

dette [dɛt] *f* Schuld *f*.

D.E.U.G. [dœg] *m* acr de **Diplôme d'études universitaires générales** Diplom nach 2 Jahren an der Universität.

deuil [dœj] *m* (*sentiment; signes extérieures*) Trauer *f*; (*mort*) Todesfall *m*; (*période*) Trauern *nt*; **être en ~** trauern; **porter le ~** Trauer tragen.

deux [dø] *num* zwei; **le ~ août** der zweite August; **~ fois** zweimal; zweifach; **~ cents** zweihundert; **de ~ ans** zweijährig; **deuxième 1.** adj zweite(r, s); **2.** *m/f* (*personne*) Zweite(r) *mf*; **deuxièmement** adv zweitens; **deux-pièces** *m inv* (*maillot de bain*) Bikini *m*; (*logement*) Zweizimmerwohnung *f*; (*ensemble féminin s*) Zweiteiler

m; **deux-temps** adj Zweitakt-.

dévaler [devale] ⟨1⟩ *vt* hinunterrennen.

dévaliser [devalize] ⟨1⟩ *vt* ausrauben.

dévaloriser [devalɔʀize] ⟨1⟩ **1.** *vt* (*fig*) mindern, herabsetzen; **2.** *vpr:* **se ~** (*monnaie*) an Kaufkraft verlieren.

dévaluation [devalɥasjõ] *f* Geldentwertung *f*; (*ÉCON*) Abwertung *f*.

dévaluer [devalɥe] ⟨1⟩ *vt* abwerten.

devancer [dəvãse] ⟨2⟩ *vt* vorangehen +*dat;* kommen vor +*dat;* (*prévenir*) zuvorkommen +*dat.*

devant [d(ə)vã] **1.** adv vorn; (*dans un véhicule*) vorne; **2.** prép vor +*dat;* (*direction*) vor +*akk;* **3.** *m* Vorderseite *f;* **par ~** vorne; **aller au-devant de qn** jdm entgegengehen; **aller au-devant de qch** einer Sache zuvorkommen; **pattes de ~** Vorderbeine *pl.*

devanture [d(ə)vãtyʀ] *f* (*étalage*) Auslage *f*.

dévaster [devaste] ⟨1⟩ *vt* verwüsten.

développement [dev(ə)lɔpmã] *m* Entwicklung *f*.

développer [dev(ə)lɔpe] ⟨1⟩ **1.** *vt* entwickeln; **2.** *vpr:* **se ~** sich entwickeln.

devenir [dəv(ə)niʀ] ⟨9⟩ *vi avec être* werden.

déverser [devɛʀse] ⟨1⟩ *vt* ausgießen, ausschütten.

dévêtir [devetiʀ] irr comme vêtir **1.** *vt* ausziehen; **2.** *vpr:* **se ~** sich ausziehen, ablegen.

déviation [devjasjõ] *f* (*AUTO*) Umleitung *f*; **déviationniste** *m/f* Abweichler(in) *m(f)*.

dévider [devide] ⟨1⟩ *vt* abwickeln, abspulen.

dévier [devje] ⟨1⟩ **1.** *vt* umleiten; **2.** *vi* (*balle*) vom Kurs abkommen; (*conversation*) vom Thema abkommen.

deviner [d(ə)vine] ⟨1⟩ *vt* [er]raten; (*prédire*) vorhersagen; (*prévoir*) vorhersehen; **devinette** *f* Rätsel *nt*.

devis [d(ə)vi] *m* Voranschlag *m*.

dévisager [devizaʒe] ⟨2⟩ *vt* mustern.

devise [d(ə)viz] *f* (*formule*) Motto *nt*, Devise *f*; (*monnaie*) Währung *f*; **~s** fpl Devisen *pl*.

dévisser [devise] ⟨1⟩ *vt* abschrauben.

dévoiler [devwale] ⟨1⟩ *vt* (*statue*) enthüllen; (*secret*) aufdecken.

devoir [d(ə)vwaʀ] **1.** irr *vt* (*argent*) schulden; (*suivi de l'infinitif*) müssen; **2.** *m* (*SCOL*) Aufgabe *f*; **le ~/un ~** (*obligation*) die Pflicht/eine Verpflichtung.

dévorer [devɔʀe] ⟨1⟩ *vt* verschlingen; (*feu, soucis*) verzehren.

dévot, e [devo, ɔt] adj fromm; frömmelnd.

dévoué, e [devwe] adj ergeben; **dévouement** *m* Hingabe *f*; **dévouer** ⟨1⟩ *vpr:* **se ~** à (*se consacrer*) sich widmen +*dat;* **se ~ [pour]** sich opfern [für].

dextérité [dɛksteʀite] *f* Geschicklichkeit *f*.

D.G. 1. *m abr de* **directeur général** Geschäftsführer(in) *m(f)*; **2.** *f abr de* **direction générale** Geschäftsleitung *f*.

diabète [djabɛt] *m* Zuckerkrankheit *f*, Diabetes *m*; **diabétique** *m/f* Diabetiker(in) *m(f)*.

diable [djɑbl(ə)] *m* Teufel *m*; **diabolique** *adj* teuflisch.

diacre [djakʀ(ə)] *m* Diakon *m*.

diagnostic [djagnɔstik] *m* Diagnose *f*; **diagnostiquer** ⟨1⟩ *vt* diagnostizieren.

diagonal, e ⟨diagonaux⟩ [djagɔnal, o] **1.** *adj* diagonal; **2.** *f* Diagonale *f*; **en** ~**e** diagonal; **lire en** ~**e** überfliegen.

diagramme [djagʀam] *m* Diagramm *nt*.

dialecte [djalɛkt(ə)] *m* Dialekt *m*.

dialogue [djalɔg] *m* (*a. INFORM*) Dialog *m*; **dialoguer** ⟨1⟩ *vi* (*POL*) im Dialog stehen.

dialyse [djaliz] *f* (*MÉD*) Dialyse *f*.

diamant [djamɑ̃] *m* Diamant *m*.

diamètre [djamɛtʀ(ə)] *m* Durchmesser *m*.

diaphragme [djafʀagm(ə)] *m* (*ANAT*) Zwerchfell *nt*; (*PHOTO*) Blende *f*; (*contraceptif*) Pessar *nt*.

diapositive [djapozitiv] *f* Dia *nt*, Lichtbild *nt*.

diarrhée [djaʀe] *f* Durchfall *m*.

dictateur, -trice [diktatœʀ, tʀis] *m* Diktator(in) *m(f)*; **dictature** *f* Diktatur *f*.

dictée [dikte] *f* Diktat *nt*.

dicter [dikte] ⟨1⟩ *vt* diktieren; (*fig*) aufzwingen (*qch à qn* jdm etw).

diction [diksjɔ̃] *f* Diktion *f*; **cours de** ~ Sprecherziehung *f*.

dictionnaire [diksjɔnɛʀ] *m* Wörterbuch *nt*.

didacticiel [didaktisjɛl] *m* (*INFORM*) Lernprogramm *nt*, Lernsoftware *f*.

dièse [djɛz] *m* (*MUS*) Kreuz *nt*.

diète [djɛt] *f* Diät *f*; **diététicien, ne** [djetetisjɛ̃, ɛn] *m, f* Diätist(in) *m(f)*; **diététique** *adj* diätetisch.

dieu ⟨-x⟩ [djø] *m* Gott *m*.

diffamation [difamasjɔ̃] *f* Verleumdung *f*.

diffamer [difame] ⟨1⟩ *vt* verleumden.

différé [difeʀe] *m*: **en** ~ (*TV*) aufgezeichnet.

différence [difeʀɑ̃s] *f* Unterschied *m*; (*MATH*) Differenz *f*; **à la** ~ **de** im Unterschied zu.

différencier [difeʀɑ̃sje] ⟨1⟩ *vt* unterscheiden.

différent, e [difeʀɑ̃, ɑ̃t] *adj* verschieden; ~**s objets** mehrere Gegenstände.

différentiel, le [difeʀɑ̃sjɛl] **1.** *adj* (*tarif, droit*) unterschiedlich; **2.** *m* (*AUTO*) Differential *nt*.

différer [difeʀe] ⟨5⟩ **1.** *vt* aufschieben, verschieben; **2.** *vi*: ~ **[de]** sich unterscheiden [von].

difficile [difisil] *adj* schwierig; **difficilement** *adv* mit Schwierigkeiten ~ **lisible** schwer leserlich.

difficulté [difikylte] *f* Schwierigkeit *f*; **en** ~ (*bateau*) in Seenot; (*alpiniste*) in Schwierigkeiten.

difforme [difɔʀm(ə)] *adj* deformiert.

diffus, e [dify, yz] *adj* diffus.

diffuser [difyze] ⟨1⟩ *vt* verbreiten; (*émission, musique*) ausstrahlen; **diffusion** *f* Verbreitung *f*; Ausstrahlung *f*.

digérer [diʒeʀe] ⟨5⟩ *vt* verdauen; **digestif, -ive 1.** *adj* Verdauungs-; **2.** *m* Verdauungsschnaps *m*; **digestion** *f* Verdauung *f*.

digicode® [diʒikɔd] *m* Türcode *m*.

digital, e ⟨digitaux⟩ [diʒital, o] *adj* digital; **montre** ~**e** Digitaluhr *f*.

digne [diɲ] *adj* (*respectable*) würdig; ~ **de foi** vertrauenswürdig; ~ **d'intérêt** beachtenswert; ~ **de qch** einer Sache *gen* wert; ~ **de qn** jds würdig; **dignitaire** [diɲitɛʀ] *m* Würdenträger(in) *m(f)*; **dignité** *f* Würde *f*; (*fierté, honneur*) Ehre *f*.

digue [dig] *f* Deich *m*, Damm *m*.

dilapider [dilapide] ⟨1⟩ *vt* (*argent*) durchbringen.

dilater [dilate] ⟨1⟩ **1.** *vt* (*joues, ballon*) aufblasen; (*narines*) aufblähen; **2.** *vpr*: **se** ~ sich dehnen.

dilemme [dilɛm] *m* Dilemma *nt*.

diligence [diliʒɑ̃s] *f* Postkutsche *f*; (*empressement*) Eifer *m*.

diluer [dilɥe] ⟨1⟩ *vt* (*substance*) auflösen; (*liquide*) verdünnen.

diluvien, ne [dilyvjɛ̃, ɛn] *adj*: **pluie** ~**ne** Wolkenbruch *m*.

dimanche [dimɑ̃ʃ] *m* Sonntag *m*; **tous les** ~ sonntags; **conducteur du** ~ (*fam*) Sonntagsfahrer *m*.

dimension [dimɑ̃sjɔ̃] *f* Dimension *f*; (*taille, grandeur*) Größe *f*.

diminuer [diminɥe] ⟨1⟩ **1.** *vt* (*hauteur, quantité, nombre*) verringern, reduzieren; (*enthousiasme, ardeur*) abschwächen; (*personne: physiquement*) angreifen; (*moralement*) unterminieren; **2.** *vi* (*quantité*) abnehmen, sich verringern; (*intensité*) sich vermindern; (*fréquence*) abnehmen; **diminutif** *m* (*LING*) Verkleinerungsform *f*; (*surnom*) Kosename *m*; **diminution** *f* Abnahme *f*, Rückgang *m*.

dinde [dɛ̃d] *f* Truthahn *m*.

dindon [dɛ̃dɔ̃] *m* Puter *m*.

dîner [dine] ⟨1⟩ **1.** *vi* zu Abend essen; **2.** *m* Abendessen *nt*; ~ **d'affaires** Arbeitsessen *nt*.

dingue [dɛ̃g] *adj* (*fam*) verrückt.

diode [djod] *f* Diode *f*; ~ **électroluminescente** Leuchtdiode *f*.

dioxine [djɔksin] *f* Dioxin *nt*.

diplomate [diplɔmat] **1.** *adj* diplomatisch; **2.** *m* Diplomat(in) *m(f);* **diplomatie** [diplɔmasi] *f* Diplomatie *f.*

diplôme [diplom] *m* Diplom *nt;* **diplômé, e** *adj* Diplom-.

dire [diʀ] **1.** *irr vt* sagen; *(secret, mensonge)* erzählen; *(poème, etc)* aufsagen; **vouloir** ~ [que] bedeuten [daß]; **cela me dit [de faire]** *(fam)* ich hätte Lust [zu tun]; **on dirait que** man könnte meinen, daß; **on dirait un chat** wie eine Katze; **à vrai** ~ offen gestanden; **dites donc!** *(agressif)* na hören Sie mal!; **et** ~ **que** wenn man bedenkt, daß; **2.** *m:* **au** ~ **des témoins** den Aussagen der Zeugen zufolge.

direct, e [diʀɛkt] *adj* direkt; **directement** *adv* direkt.

directeur, -trice [diʀɛktœʀ, tʀis] **1.** *adj* Haupt-; **2.** *m, f* Direktor(in) *m(f); (d'école primaire)* Rektor(in) *m(f);* ~ **de thèse** Doktorvater *m.*

direction [diʀɛksjɔ̃] *f* Leitung *f,* Führung *f;* (AUTO) Lenkung *f; (sens)* Richtung *f; (directeurs, bureaux)* Geschäftsleitung *f;* **sous la** ~ **de** unter Leitung von; **toutes** ~**s** alle Richtungen; ~ **assistée** (AUTO) Servolenkung *f.*

directive [diʀɛktiv] *f* Direktive *f,* Anweisung *f.*

dirigeable [diʀiʒabl(ə)] *m* Luftschiff *nt,* Zeppelin *m.*

diriger [diʀiʒe] ⟨2⟩ **1.** *vt* leiten; *(personnes)* führen; *(véhicule)* lenken; *(orchestre)* dirigieren; ~ **sur** *(regard, arme)* richten auf *+akk;* **2.** *vpr:* **se** ~ **vers** zugehen [o zufahren] auf *+akk.*

discernement [disɛʀnəmã] *m* feines Gespür.

discerner [disɛʀne] ⟨1⟩ *vt* wahrnehmen.

disciple [disipl(ə)] *m/f* (REL) Jünger *m;* **un** ~ **de** ein Schüler von.

discipline [disiplin] *f* Disziplin *f.*

discontinu, e [diskɔ̃tiny] *adj* periodisch, mit Unterbrechungen.

discordant, e [diskɔʀdã, ãt] *adj* nicht miteinander harmonierend; **discorde** *f* Zwist *m.*

discothèque [diskɔtɛk] *f (disques)* Plattensammlung *f; (dans une bibliothèque)* Schallplattenarchiv *nt; (boîte de nuit)* Diskothek *f.*

discours [diskuʀ] *m* Rede *f.*

discréditer [diskʀedite] ⟨1⟩ *vt* in Mißkredit bringen.

discret, -ète [diskʀɛ, ɛt] *adj (réservé, modéré)* zurückhaltend; *(pas indiscret)* diskret; **un endroit** ~ ein stilles Plätzchen; **discrètement** *adv* diskret; dezent, zurückhaltend; **discrétion** [diskʀesjɔ̃] *f* Diskretion *f;* Zurückhaltung *f;* **à** ~ nach

Belieben; **à la** ~ **de qn** nach jds Gutdünken.

discrimination [diskʀiminasjɔ̃] *f* Diskriminierung *f; (discernement)* Unterscheidung *f.*

disculper [diskylpe] ⟨1⟩ *vt* entlasten.

discussion [diskysjɔ̃] *f* Diskussion *f;* ~**s** *fpl (négociations)* Verhandlungen *pl;* **discutable** *adj (contestable)* anfechtbar; **discuté, e** *adj* umstritten; **discuter** [diskyte] ⟨1⟩ *vt (contester)* in Frage stellen; ~ [**de**] *(négocier)* verhandeln über *+akk;* ~ **de** *(parler)* diskutieren *+akk.*

disette [dizɛt] *f* Hungersnot *f.*

diseur, -euse [dizœʀ, øz] *m, f:* ~ **de bonne aventure** Wahrsager(in) *m(f).*

disgrâce [disgʀɑs] *f:* **être en** ~ in Ungnade sein.

disgracieux, -euse [disgʀasjø, øz] *adj* linkisch.

disjoindre [disʒwɛ̃dʀ(ə)] *irr comme joindre* **1.** *vt* auseinandernehmen; **2.** *vpr:* **se** ~ sich trennen.

disloquer [dislɔke] ⟨1⟩ **1.** *vt (membre)* ausrenken; *(chaise)* auseinandernehmen; **2.** *vpr:* **se** ~ *(parti, empire)* auseinanderfallen; **se** ~ **l'épaule** sich *dat* den Arm auskugeln.

disparaître [dispaʀɛtʀ(ə)] *irr comme connaître, vi* verschwinden; *(mourir)* sterben.

disparité [dispaʀite] *f* Ungleichheit *f; (salaires)* Gefälle *m;* ~ **économique** (ÉCON) wirtschaftliches Gefälle.

disparition [dispaʀisjɔ̃] *f* Verschwinden *nt; (mort)* Sterben *nt.*

disparu, e [dispaʀy] *m, f (défunt)* Verstorbene(r) *mf.*

dispensaire [dispãsɛʀ] *m* [soziale] Krankenstation.

dispenser [dispãse] ⟨1⟩ **1.** *vt (donner)* schenken, gewähren; **2.** *vpr:* **se** ~ **de qch** sich einer Sache *dat* entziehen; ~ **qn de faire qch** jdn davon befreien, etw zu tun.

disperser [dispɛʀse] ⟨1⟩ **1.** *vt* verstreuen; *(chasser)* auseinandertreiben; *(son attention, ses efforts)* verschwenden; **2.** *vpr:* **se** ~ *(foule)* sich zerstreuen.

disponibilité [dispɔnibilite] *f* Verfügbarkeit *f;* **disponible** *adj* verfügbar.

dispos, e [dispo, oz] *adj:* [**frais et**] ~ frisch und munter, taufrisch.

disposé, e [dispoze] *adj (fleurés)* arrangiert; ~ **à** bereit zu.

disposer [dispoze] ⟨1⟩ **1.** *vt (arranger, placer)* anordnen; **2.** *vi:* ~ **de** *(avoir)* verfügen über *+akk;* ~ **qn à qch** jdn für etw gewinnen; ~ **qn à faire qch** jdn dafür gewinnen, etw zu tun; **vous pouvez** ~ Sie können gehen; **3.** *vpr:* **se** ~ **à faire qch** sich darauf vorbereiten, etw zu tun.

dispositif [dispozitif] *m* Vorrichtung *f,* Anlage *f;* (*fig*) Einsatzplan *m;* ~ **antivol** Diebstahlsicherungsanlage *f.*

disposition [dispozisjõ] *f* (*arrangement*) Anordnung *f;* (*loi, testament*) Verfügung *f;* (*humeur*) Veranlagung *f,* Neigung *f;* (*pl: mesure, décision*) Maßnahme *f;* **être à la ~ de qn** jdm zur Verfügung stehen.

disproportion [disprɔpɔrsjõ] *f* Mißverhältnis *nt;* **disproportionné, e** *adj* in keinem Verhältnis stehend (*à* zu), unangepaßt.

dispute [dispyt] *f* Streit *m;* **disputer** ⟨1⟩ **1.** *vt* (*match*) austragen; **2.** *vpr:* **se** ~ sich streiten; ~ **qch à qn** mit jdm um etw kämpfen.

disquaire [diskɛʀ] *m/f* Schallplattenverkäufer(in) *m(f).*

disqualifier [diskalifje] ⟨1⟩ *vt* disqualifizieren.

disque [disk(ə)] *m* Scheibe *f;* (*INFORM*) Platte *f;* (*MUS*) Schallplatte *f;* (*SPORT*) Diskus *m;* ~ **audionumérique,** ~ **compact** CD *f,* Compact Disc *f;* ~ **dur** (*INFORM*) Festplatte *f.*

disquette [diskɛt] *f* (*INFORM*) Diskette *f.*

disséminer [disemine] ⟨1⟩ *vt* ausstreuen, verstreuen.

dissension [disõsjõ] *f* Meinungsverschiedenheit *f.*

dissertation [disɛʀtasjõ] *f* (*SCOL*) Aufsatz *m.*

dissident, e [disidã, ãt] *m, f* Dissident(in) *m(f),* Regimekritiker(in) *m(f).*

dissimuler [disimyle] ⟨1⟩ **1.** *vt* (*taire*) verheimlichen; (*cacher à la vue*) verbergen; **2.** *vpr:* **se** ~ sich verbergen.

dissiper [disipe] ⟨1⟩ **1.** *vt* auflösen; (*doutes*) zerstreuen; (*fortune*) vergeuden, verschwenden; **2.** *vpr:* **se** ~ (*brouillard*) sich auflösen; (*doutes*) sich zerstreuen; (*perdre sa concentration*) sich zerstreuen lassen; (*se dévergonder*) sich Ausschweifungen hingeben.

dissolu, e [disɔly] *adj* zügellos.

dissolution [disɔlysjõ] *f* Auflösung *f.*

dissolvant [disɔlvã] *m* (*CHIM*) Lösungsmittel *nt;* ~ [**gras**] Nagellackentferner *m.*

dissonant, e [disɔnã, ãt] *adj* disharmonisch.

dissoudre [disudʀ(ə)] *irr* **1.** *vt* auflösen; **2.** *vpr:* **se** ~ sich auflösen.

dissuader [disɥade] ⟨1⟩ *vt:* ~ **qn de faire qch** jdn davon abbringen, etw zu tun; ~ **qn de qch** jdn von etw abbringen; **dissuasion** [disɥazjõ] *f* (*MIL*) Abschreckung *f;* **politique de** ~ Abschreckungspolitik *f.*

distance [distãs] *f* Entfernung *f,* Distanz *f;* (*fig*) Abstand *m;* **à** ~ aus der Entfernung; **tenir la** ~ (*SPORT*) durchhalten; **tenir qn à** ~ jdn auf Distanz halten; ~ **de freinage** (*AUTO*) Bremsweg *m;* **distancer** ⟨2⟩ *vt* hinter sich lassen, abhängen; **distant,**

e *adj* (*réservé*) distanziert, reserviert; ~ **d'un lieu** (*éloigné*) von einem Ort entfernt; ~ **de 5 km** 5 km entfernt.

distiller [distile] ⟨1⟩ *vt* destillieren; (*venin, suc*) tropfenweise aussondern; **distillerie** *f* Brennerei *f.*

distinct, e [distẽ(kt), distɛ̃kt(ə)] *adj* (*différent*) verschieden; (*clair, net*) deutlich, klar; **distinctement** *adv* deutlich; **distinction** [distɛ̃ksjõ] *f* (*bonnes manières*) Vornehmheit *f;* (*médaille*) Auszeichnung *f;* (*différence*) Unterschied *m.*

distingué, e [distẽge] *adj* (*éminent*) von hohem Rang; (*raffiné, élégant*) distinguiert, vornehm.

distinguer [distẽge] ⟨1⟩ **1.** *vt* (*apercevoir*) erkennen; (*différencier*) unterscheiden; **2.** *vpr:* **se** ~ sich auszeichnen; **se** ~ [**de**] (*différer*) sich unterscheiden [von].

distraction [distʀaksjõ] *f* Zerstreutheit *f;* (*détente, passe-temps*) Zerstreuung *f.*

distraire [distʀɛʀ] *irr comme* **traire 1.** *vt* (*déranger*) ablenken; (*divertir*) unterhalten; **2.** *vpr:* **se** ~ sich zerstreuen; **distrait, e** [distʀɛ, ɛt] *adj* zerstreut.

distribuer [distʀibɥe] ⟨1⟩ *vt* verteilen; (*gifles, coups*) austeilen; (*COMM*) vertreiben; **distributeur** *m:* ~ [**automatique**] Münzautomat *m;* ~ **automatique de billets** Geldautomat *m;* ~ **de tickets,** ~ **de billets** Fahrkartenautomat *m;* **distribution** *f* Verteilung *f;* (*COMM*) Vertrieb *m;* (*choix d'acteurs*) Rollenverteilung *f.*

district [distʀikt] *m* Bezirk *m.*

dit, e [di, dit] **1.** *pp de* **dire; 2.** *adj* (*fixé*) vereinbart; **X,** ~ **Pierrot** (*surnommé*) X, genannt Pierrot.

diurétique [djyʀetik] *adj* harntreibend.

divaguer [divage] ⟨1⟩ *vi* unzusammenhängendes Zeug faseln.

divan [divã] *m* Diwan *m.*

divergence [divɛʀʒãs] *f* Meinungsverschiedenheit *f.*

diverger [divɛʀʒe] ⟨2⟩ *vi* (*personnes, idées*) voneinander abweichen; (*rayons, lignes*) divergieren.

divers, e [divɛʀ, ɛʀs(ə)] *adj* (*varié, différent*) unterschiedlich; (*adj indéfini*) mehrere; **diversifier** ⟨1⟩ *vt* abwechslungsreicher gestalten.

diversion [divɛʀsjõ] *f* Ablenkung *f;* **faire** ~ [**à**] ablenken [von].

diversité [divɛʀsite] *f* Vielfalt *f.*

divertir [divɛʀtiʀ] ⟨8⟩ **1.** *vt* unterhalten; **2.** *vpr:* **se** ~ sich amüsieren.

divin, e [divẽ, in] *adj* göttlich; **divinité** *f* Gottheit *f.*

diviser [divize] ⟨1⟩ **1.** *vt* (*MATH*) dividieren, teilen; (*somme, terrain*) aufteilen; (*ouvrage, ensemble*) unterteilen; **2.** *vpr:* **se**

~ **en** sich teilen in +akk; **division** f Teilung f, Division f; Aufteilung f; (secteur) Abteilung f; (MIL) Division f; (SPORT) Liga f.

divorce [divɔʀs(ə)] m Scheidung f; **divorcé, e** m, f Geschiedene(r) mf; **divorcer** ⟨2⟩ vi sich scheiden lassen (de von).

divulguer [divylge] ⟨1⟩ vt veröffentlichen.

dix [dis] num zehn; **le ~ juin** der zehnte Juni; **~ fois** zehnmal; zehnfach; **de ~ ans** zehnjährig; **dixième 1.** adj zehnte(r, s); **2.** m (fraction) Zehntel nt; **3.** m/f (personne) Zehnte(r) mf; **dixièmement** adv zehntens; **dizaine** [dizɛn] f: **une ~ [de]** etwa zehn.

dl abr de **décilitre** dl.

dm abr de **décimètre** dm.

do [do] m (MUS) C nt.

doc. abr de **document, documentation** Dok.

docile [dɔsil] adj gefügig.

docteur [dɔktœʀ] m Arzt m, Ärztin f; (d'université) Doktor m; **doctorat** [dɔktɔʀa] m Doktorwürde f.

doctrine [dɔktʀin] f Doktrin f.

document [dɔkymɑ̃] m Dokument nt; **documentaire** m: [film] ~ Dokumentarfilm m; **documentaliste** m/f Dokumentalist(in) m(f); **documentation** [dɔkymɑ̃tasjɔ̃] f (documents) Dokumentation f; **documenter** ⟨1⟩ **1.** vt (INFORM) dokumentieren; **2.** vpr: **se ~** sich dat Informationsmaterial beschaffen (sur über +akk).

dodo [dodo] m: **faire ~** (fam) schlafen.

dodu, e [dody] adj gut genährt, rundlich.

dogmatique [dɔgmatik] adj dogmatisch; **dogme** m Dogma nt.

doigt [dwa] m Finger m; **il a été à deux ~s de la mort** er ist nur knapp dem Tod entronnen; **~ de pied** Zehe f.

doléances [dɔleɑ̃s] fpl Beschwerde f.

D.O.M. [dɔm] m[pl] acr de **Département[s] d'Outre-mer** überseeische Departemente.

domaine [dɔmɛn] m Grundbesitz m; (fig) Gebiet nt.

domanial, e [dɔmanjal, o] adj zu den Staatsgütern gehörend.

dôme [dom] m Kuppel f.

domestique [dɔmɛstik] **1.** adj (animal) Haus-; (de la maison, du ménage) häuslich, Haus-; **2.** m/f Hausangestellte(r) mf; **domestiquer** ⟨1⟩ vt (animal) domestizieren.

domicile [dɔmisil] m Wohnsitz m; **à ~** zu Hause; (livrer) ins Haus; **sans ~ fixe** ohne festen Wohnsitz; **domicilié, e** adj: **être ~ à** den Wohnsitz haben in +dat.

dominant, e [dɔminɑ̃, ɑ̃t] adj (principal) Haupt-; adj beherrrschend, do-

minierend; **dominer** [dɔmine] ⟨1⟩ **1.** vt beherrschen; (surpasser) übertreffen; **2.** vi (SPORT) dominieren; **3.** vpr: **se ~** sich beherrschen.

dominical, e ⟨dominicaux⟩ [dɔminikal, o] adj Sonntags-.

domino [dɔmino] m Dominostein m; **~s** mpl (jeu) Domino[spiel] nt.

dommage [dɔmaʒ] m (dégâts, pertes) Schaden m; **c'est ~ que** es ist schade, daß; **dommages-intérêts** mpl Schaden[s]ersatz m.

dompter [dɔ̃(p)te] ⟨1⟩ vt bändigen.

don [dɔ̃] m (cadeau) Geschenk nt; (charité) Spende f; (aptitude) Gabe f, Talent nt.

donation [dɔnasjɔ̃] f Schenkung f.

donc [dɔk] conj deshalb, daher; (après une digression) also.

donjon [dɔ̃ʒɔ̃] m Bergfried m.

donné, e [dɔne] adj: **à un moment ~** zu einem bestimmten Zeitpunkt; **ce n'est pas ~** das ist gerade billig; **étant ~ que** aufgrund der Tatsache, daß; **2.** f (MATH) bekannte Größe; (d'un problème) Gegebenheit f; **~es** fpl (INFORM) Daten pl; **~es permanentes** Stammdaten pl.

donner [dɔne] ⟨1⟩ **1.** vt es geben; (en cadeau) schenken; (nom) angeben; (film, spectacle) zeigen; **2.** vpr: **se ~ à fond [à son travail]** sich [seiner Arbeit] vollständig widmen; **se ~ de la peine** sich dat Mühe geben; **s'en ~ [à cœur joie]** (fam) sich toll amüsieren; **~ sur** blicken auf +akk.

dont [dɔ̃] pron (relatif) wovon; **la maison ~ je vois le toit** das Haus, dessen Dach ich sehe; **l'homme ~ je connais la sœur** der Mann, dessen Schwester ich kenne; **dix blessés ~ deux grièvement** zehn Verletzte, zwei davon schwerverletzt; **deux livres ~ l'un est gros** zwei Bücher, wovon eins dick ist; **il y avait plusieurs personnes, ~ Simon** es waren mehrere da, [unter anderem] auch Simon; **le fils/livre ~ il est si fier** der Sohn, auf den/das Buch, worauf er so stolz ist.

dopage [dɔpaʒ] m Doping nt; **doper** [dɔpe] ⟨1⟩ vt dopen; **doping** [dɔpiŋ] m Doping nt.

doré, e [dɔʀe] adj golden; (montre, bijou) vergoldet.

dorénavant [dɔʀenavɑ̃] adv von nun an.

dorer [dɔʀe] ⟨1⟩ vt (cadre) vergolden; [faire] ~ (GASTR) [goldbraun] braten.

dorloter [dɔʀlɔte] ⟨1⟩ vt verhätscheln.

dormir [dɔʀmiʀ] irr vi schlafen.

dortoir [dɔʀtwaʀ] m Schlafsaal m.

dorure [dɔʀyʀ] f Vergoldung f.

doryphore [dɔʀifɔʀ] m Kartoffelkäfer m.

dos [do] m Rücken m; **à ~ de mulet** auf einem Maulesel [reitend]; **de ~** von hinten; **voir au ~** siehe Rückseite.

dosage [doza3] m Dosierung f.
dose [doz] f (MÉD) Dosis f; (fig) Ration f.
dosimètre [dozimɛtʀ(ə)] m Dosimeter nt, Strahlenmeßgerät nt.
dossier [dosje] m Akte f; (de chaise) Rükkenlehne f; (classeur) [Akten]mappe f; (PRESSE) aktuelles Thema.
dot [dɔt] f Mitgift f.
doter [dɔte] ⟨1⟩ vt: ~ qn/qch de jdn/etw ausstatten mit.
douane [dwan] f Zoll m; **douanier, -ière** 1. adj Zoll-; 2. m, f Zollbeamte(r) m, Zollbeamtin f.
double [dubl(ə)] 1. adj, adv doppelt; 2. m (autre exemplaire) Duplikat nt; (sosie) Doppelgänger(in) m(f); (TENNIS) Doppel nt; **le ~** (2 fois plus) doppelt so viel; ~ **décision** [de l'OTAN] [Nato]doppelbeschluß m; ~ **mixte** gemischtes Doppel; **doubler** ⟨1⟩ 1. vt (multiplier par 2) verdoppeln; (vêtement) füttern; (dépasser) überholen; (film) synchronisieren; (acteur) doubeln; 2. vi sich verdoppeln; ~ [**la classe**] (SCOL) sitzenbleiben; **doublure** [dublyʀ] f (vêtement) Futter nt; (CINÉ) Double nt.
douce [dus] adj v. **doux; douceâtre** adj süßlich; **doucement** adv behutsam; (lentement) langsam; **doucereux, -euse** adj süßlich; **douceur** f (d'une personne) Sanftheit f; (tendresse) Zartheit f; (du climat) Milde f; ~**s** fpl (friandises) Süßigkeiten pl.
douche [duʃ] f Dusche f; ~**s** fpl (salle) Duschraum m; **prendre une ~** [sich] duschen; **doucher** ⟨1⟩ vpr: **se ~** [sich] duschen.
doué, e [dwe] adj begabt; **être ~ de qch** etw besitzen.
douillet, te [dujɛ, ɛt] adj (personne) empfindlich; (lit, maison) gemütlich, behaglich.
douleur [dulœʀ] f Schmerz m; (chagrin) Leid nt, Kummer m; **douloureux, -euse** adj schmerzhaft; (membre) schmerzend; (séparation, perte) schmerzlich.
doute [dut] m: **le ~** der Zweifel; **un ~** ein Verdacht m; **sans nul ~, sans aucun ~** zweifellos; **douter** ⟨1⟩ 1. vt: ~ **de** (allié) Zweifel haben an +dat; (résultat) anzweifeln +akk; 2. vpr: **se ~ de qch/que** etw ahnen/ahnen, daß; **douteux, -euse** [dutø, øz] adj zweifelhaft; (péj) fragwürdig.
doux, douce [du, dus] adj süß; (personne) sanft; (couleur) zart; (climat, région) mild.
douzaine [duzɛn] f Dutzend m.
douze [duz] num zwölf.
doyen, ne [dwajɛ, ɛn] m, f (en âge) Älteste(r) mf; (de faculté) Dekan m.
Dr abr de **docteur** Dr.
dragée [dʀaʒe] f Mandel f mit Zuckerüberzug; (MÉD) Dragée f.

dragon [dʀagõ] m Drache m.
draguer [dʀage] ⟨1⟩ vt (rivière) ausbaggern; (fam) aufreißen; **dragueur** m: ~ **de mines** Minensuchboot nt.
drainer [dʀene] ⟨1⟩ vt entwässern.
dramatique [dʀamatik] 1. adj dramatisch; (tragique) tragisch; 2. f (TV) Fernsehdrama nt; **dramaturge** [dʀamatyʀʒ(ə)] m/f Dramatiker(in) m(f); **drame** [dʀam] m Drama nt.
drap [dʀa] m (de lit) Laken nt; (tissu) [Woll]stoff m.
Dresde [dʀɛzd] m Dresden nt.
drapeau (-x) [dʀapo] m Fahne f; **être sous les ~x** Soldat sein.
dresser [dʀese] ⟨1⟩ 1. vt aufstellen; (animal) dressieren; 2. vpr: **se ~** (église, falaise, obstacle) emporragen; **l'oreille** die Ohren spitzen; ~ **la table** den Tisch decken; ~ **qn contre qn** jdn gegen jdn aufbringen.
dressoir [dʀeswaʀ] m Anrichte f.
drogue [dʀɔg] f Droge f; **drogué, e** m, f Drogensüchtige(r) mf; **droguer** [dʀɔge] ⟨1⟩ 1. vt betäuben; (malade) Betäubungsmittel geben +dat; 2. vpr: **se ~** Drogen nehmen.
droguerie [dʀɔgʀi] f Drogerie f; **droguiste** [dʀɔgist(ə)] m/f Drogist(in) m(f).
droit, e [dʀwa, dʀwat] 1. adj (non courbe) gerade; (vertical) senkrecht; (loyal, franc) aufrecht; (opposé à gauche) rechte(r, s); 2. adv gerade; 3. m Recht nt; 4. f (direction) rechte Seite; **la ~** (POL) die Rechte; ~**s** mpl (taxes) Steuern pl; **aller ~ au fait/cœur** (fig) gleich zu den Tatsachen kommen/zutiefst bewegen; **à ~e** rechts; **à qui de ~** an die zuständige Person; **être en ~ de** berechtigt sein zu; ~ **civil/international/privé** Zivil-/Völker-/Privatrecht nt; ~ **du travail** Arbeitsrecht nt; **les droits de l'homme** die Menschenrechte; **droitier, -ière** [dʀwatje, ɛʀ] m f Rechtshänder(in) m(f).
droiture [dʀwatyʀ] f Aufrichtigkeit f.
drôle [dʀol] adj komisch.
D.S.T. f abr de **Direction de la surveillance du territoire** ≈ Verfassungsschutz m.
du [dy] prép v. **de.**
dû, e [dy] 1. pp de **devoir; 2.** adj (somme) schuldig; (venant à échéance) fällig; **3.** m (somme) Schuld f.
dubitatif, -ive [dybitatif, iv] adj zweifelnd.
duc [dyk] m Herzog m; **duchesse** [dyʃɛs] f Herzogin f.
dûment [dymã] adv ordnungsgemäß; (fam) ordentlich.
dune [dyn] f Düne f.
dupe [dyp] adj: **[ne pas] être ~ de** [nicht] hereinfallen auf +akk; **duper** ⟨1⟩ vt betrügen.
duplex [dyplɛks] m (appartement) zweistök-

kige Wohnung.

duplicata [dyplikata] *m* Duplikat *nt*.

duplicité [dyplisite] *f* Doppelspiel *nt*.

dur, e [dyʀ] **1.** *adj* hart; *(difficile)* schwierig; *(climat)* rauh; *(viande)* zäh; *(col)* steif; *(sévère)* streng; **2.** *adv (travailler)* schwer; *(taper)* hart; **~ d'oreille** schwerhörig; **mener la vie ~ à qn** jdm das Leben schwer machen.

durable [dyʀabl(ə)] *adj* dauerhaft.

durant [dyʀɑ̃] *prép* während +*gen*; **~ des mois, des mois ~** monatelang.

durcir [dyʀsiʀ] ⟨8⟩ **1.** *vt* härten; *(fig)* verhärten; **2.** *vi (colle)* hart werden; **3.** *vpr:* **se ~** hart werden, sich verhärten; **durcissement** [dyʀsismɑ̃] *m* [Er]härten *nt*, Verhärtung *f*.

durée [dyʀe] *f* Dauer *f*; **à ~ déterminée/indéterminée** befristet/unbefristet.

durement [dyʀmɑ̃] *adv* hart; *(sévèrement)* streng.

durer [dyʀe] ⟨1⟩ *vi (se prolonger)* dauern; *(résister à l'usure)* halten.

dureté [dyʀte] *f* Härte *f*; Schwierigkeit *f*; Strenge *f*; *(résistance)* Zähigkeit *f*.

D.U.T. *m abr de* **Diplôme universitaire de technologie** Dipl.

duvet [dyvɛ] *m* Daunen *fpl*; *(poils)* Flaum *m*.

dynamique [dinamik] *adj* dynamisch.

dynamite [dinamit] *f* Dynamit *nt*; **dynamiter** ⟨1⟩ *vt* sprengen.

dynamo [dinamo] *f (AUTO)* Lichtmaschine *f*.

dysenterie [disɑ̃tʀi] *f* Ruhr *f*.

dyslexie [dislɛksi] *f* Legasthenie *f*.

E

E, e [ə] *m* E, e *nt*.

eau (-x) [o] *f* Wasser *nt*; **~x** *fpl* Gewässer *pl*; **se jeter à l'~** *(fig)* den Stier bei den Hörnern packen; **prendre l'~** undicht sein; **~ de Cologne** Kölnisch Wasser; **~ courante** fließendes Wasser; **~ gazeuse** kohlensäurehaltiges Wasser; **~ de Javel** chlorhaltiges Reinigungs- und Desinfektionsmittel; **~ minérale** Mineralwasser *nt*; **~ plate** stilles Wasser *nt*; **~ territoriales** *(JUR)* Hoheitsgewässer *pl*; **eaux usées** *fpl* Abwasser *nt*, Kläranlage *f*; **eau-de-vie** ⟨eaux-de-vie⟩ *f* Schnaps *m*.

ébattre [ebatʀ] *irr comme* battre, *vpr:* **s'~** sich tummeln.

ébauche [eboʃ] *f* Entwurf *m*; **ébaucher** ⟨1⟩ **1.** *vt* entwerfen; **2.** *vpr:* **s'~** sich andeuten; **~ un sourire** ein Lächeln andeuten.

ébène [ebɛn] *m* Ebenholz *nt*; **ébéniste** [ebenist(ə)] *m* Kunsttischler(in) *m(f)*.

éberlué, e [ebɛʀlɥe] *adj (fam)* verblüfft.

éblouir [ebluiʀ] ⟨8⟩ *vt* blenden.

éboueur [ebwœʀ] *m* Müllmann *m*.

ébouillanter [ebujɑ̃te] ⟨1⟩ *vt (GASTR)* abbrühen, überbrühen.

éboulis [ebuli] *mpl* Geröll *nt*.

ébouriffé, e [ebuʀife] *adj* zerzaust.

ébranler [ebʀɑ̃le] ⟨1⟩ **1.** *vt* erschüttern; *(fig)* ins Wanken bringen; **2.** *vpr:* **s'~** *(partir)* sich in Bewegung setzen.

ébrécher [ebʀeʃe] ⟨5⟩ *vt* anschlagen.

ébriété [ebʀijete] *f*: **en état d'~** *(ADMIN)* in betrunkenem Zustand.

ébrouer [ebʀue] ⟨1⟩ *vpr:* **s'~** sich schütteln; *(souffler)* schnauben.

ébruiter [ebʀɥite] ⟨1⟩ *vt* verbreiten.

ébullition [ebylisjɔ̃] *f*: **être en ~** sieden.

écaille [ekaj] *f (de poisson)* Schuppe *f*; *(de coquillage)* Muschelschale *f*; *(matière)* Schildpatt *nt*; **écailler** ⟨1⟩ **1.** *vt (poisson)* abschuppen; *(huître)* aufmachen; **2.** *vpr:* **s'~** abblättern.

écarlate [ekaʀlat] *adj* knallrot.

écarquiller [ekaʀkije] ⟨1⟩ *vt:* **~ les yeux** die Augen aufreißen.

écart [ekaʀ] *m* Abstand *m*; *(de prix, etc)* Differenz *f*; *(embardée)* Schlenker *m*; *(fig)* Verstoß *m (de gegen)*; **à l'~ [de]** abseits [von]; **faire un ~ à droite** nach rechts ausweichen.

écarteler [ekaʀtəle] ⟨4⟩ *vt* vierteilen; *(fig)* hin- und herreißen.

écartement [ekaʀtəmɑ̃] *m* Abstand *m*; *(CHEMIN DE FER)* Achsabstand *m*.

écarter [ekaʀte] ⟨1⟩ **1.** *vt (éloigner)* fernhalten; *(séparer)* trennen; *(jambes)* spreizen; *(bras)* aufhalten; *(possibilité)* verwerfen; *(rideau)* öffnen; **2.** *vpr:* **s'~** sich öffnen; **s'~ de** sich entfernen von.

ecclésiastique [eklezjastik] *adj* kirchlich.

écervelé, e [esɛʀvəle] *adj* leichtsinnig.

échafaudage [eʃafodaʒ] *m* Gerüst *nt*.

échafauder [eʃafode] ⟨1⟩ *vt (plan)* entwerfen.

échalas [eʃala] *m (pieu)* Pfahl *m*; **un grand ~** *(fam: personne)* Bohnenstange *f*.

échalote [eʃalɔt] *f* Schalotte *f*.

échancrure [eʃɑ̃kʀyʀ] *f (de robe)* Ausschnitt *m*; *(de côte, d'arête rocheuse)* Einbuchtung *f*.

échange [eʃɑ̃ʒ] *m* Austausch *m*; **en ~** dafür; **en ~ de** für; **~ de lettres** Briefwechsel *m*; **échanger** ⟨2⟩ *vt* austauschen; **~ qch [contre qch]** etw [gegen etw] tauschen; **~ qch avec qn** *(clin d'œil, lettres, etc)* etw mit jdm wechseln; **échangeur** *m (AUTO)* Autobahnkreuz *nt*; **~ de chaleur** Wärmeaustauscher *m*; **échangisme** *m* Partnertausch *m*.

échantillon [eʃɑ̃tijɔ̃] *m* Muster *nt*; *(fig)* Probe *f*.

échappée [eʃape] f (vue) Ausblick m; (CYCLISME) Ausbruch m.

échappement [eʃapmɑ̃] m: pot d'~ (AUTO) Auspuff m.

échapper [eʃape] ⟨1⟩ **1.** vt: ~ à (gardien) entkommen +dat; (punition, péril) entgehen +dat; ~ à qn (détail, sens) jdm entgehen; (objet qu'on tient) jdm entgleiten; (mot) jdm entfallen; **2.** vpr: s'~ fliehen; l'~ **belle** mit knapper Not davonkommen.

écharpe [eʃaʀp(ə)] f Schal m; (de maire) Schärpe f.

échauffer [eʃofe] ⟨1⟩ **1.** vt erwärmen; (plus chaud) erhitzen; (moteur) überhitzen; **2.** vpr: s'~ (SPORT) sich warm laufen; (s'animer) sich erhitzen.

échauffourée [eʃofuʀe] f Scharmützel nt.

échéance [eʃeɑ̃s] f (d'un paiement: date) Frist f, Fälligkeit f; à brève/longue ~ auf kurze/lange Sicht.

échéant [eʃeɑ̃] adv: le cas ~ gegebenenfalls.

échec [eʃɛk] m Mißerfolg m; ~s mpl (jeu) Schach nt; ~ et mat/au roi schachmatt/ Schach dem König; **tenir en ~** in Schach halten; ~ **scolaire** schulisches Versagen.

échelle [eʃɛl] f Leiter f; (de valeurs, sociale) Ordnung f; (d'une carte) Maßstab m; ~ **de Richter** (séisme) Richterskala f.

échelon [eʃ(ə)lɔ̃] m (d'échelle) Sprosse f; (ADMIN, SPORT) Rang m; **échelonner** [eʃ(ə)lɔne] ⟨1⟩ vt staffeln.

échevelé, e [eʃəv(ə)le] adj zerzaust.

échine [eʃin] f Rückgrat nt.

échiquier [eʃikje] m Schachbrett nt.

écho [eko] m Echo nt; **échographie** f Ultraschallaufnahme f; (examen) Ultraschalluntersuchung f.

échouer [eʃwe] ⟨1⟩ **1.** vi scheitern; **2.** vpr: s'~ auf Grund laufen.

échu, e [eʃy] adj (délais) abgelaufen.

éclabousser [eklabuse] ⟨1⟩ vt bespritzen.

éclair [eklɛʀ] m (d'orage) Blitz m; (gâteau) Eclair nt.

éclairage [eklɛʀaʒ] m Beleuchtung f.

éclaircie [eklɛʀsi] f Aufheiterung f.

éclaircir [eklɛʀsiʀ] ⟨8⟩ **1.** vt (fig) erhellen, aufklären; (GASTR) verdünnen; **2.** vpr: s'~ (ciel) aufklären; s'~ **la voix** sich räuspern; **éclaircissement** m Erklärung f.

éclairer [eklɛʀe] ⟨1⟩ **1.** vt beleuchten; (fig) aufklären; **2.** vi leuchten; **3.** vpr: s'~ à l'é**lectricité** elektrische Beleuchtung haben; ~ **bien/mal** gutes/schlechtes Licht geben.

éclat [ekla] m (de bombe, de verre) Splitter m; (du soleil, d'une couleur) Helligkeit f; (d'une cérémonie) Pracht f; **faire un** ~ (scandale) Aufsehen erregen; ~ **de rire** schallendes Gelächter; ~s mpl **de voix** schallende Stimmen pl; **éclatant, e** adj hell; (fig) offensichtlich; **éclater** [eklate]

⟨1⟩ vi [zer]platzen; (se déclarer) ausbrechen; ~ **de rire/en sanglots** laut auflachen/ schluchzen.

éclipse [eklips(ə)] f (ASTR) Finsternis f; **éclipser** ⟨1⟩ vt (fig) in den Schatten stellen; vpr: s'~ (fam) verschwinden.

écluse [eklyz] f Schleuse f.

écœurant, e [ekœʀɑ̃, ɑ̃t] adj widerlich, ekelhaft; **écœurer** ⟨1⟩ vt anwidern.

école [ekɔl] f Schule f; **aller à l'~** zur Schule gehen; ~ **maternelle** ≈ Vorschule f; ~ **normale** Pädagogische Hochschule; ~ **primaire** Grundschule f; ~ **secondaire** weiterführende Schule; ~ **de ski** Skischule f; **écolier, -ière** m, f Schüler(in) m(f).

écolo [ekɔlo] m/f (fam) Umweltschützer(in) m(f); **écologie** f Ökologie f; (protection de l'environnement) Umweltschutz m; **écologique** adj ökologisch, Umwelt-; **écologiste** m/f Umweltschützer(in) m(f).

éconduire [ekɔ̃dɥiʀ] irr comme conduire, vt abweisen.

économe [ekɔnɔm] **1.** adj sparsam; **2.** m/f Schatzmeister(in) m(f).

économie [ekɔnɔmi] f (vertu) Sparsamkeit f; (gain) Ersparnis f; (science) Wirtschaftswissenschaft f; (situation économique) Wirtschaft f; ~s mpl (pécule) Ersparnisse pl; **économique** adj wirtschaftlich, Wirtschafts-.

économiser [ekɔnɔmize] ⟨1⟩ vt, vi sparen.

écoper [ekɔpe] ⟨1⟩ **1.** vt (bateau) ausschöpfen; **2.** vi (fig) bestraft werden; ~ [de] qch (fam) etw verabreicht bekommen.

écorce [ekɔʀs(ə)] f (arbre) Rinde f; (fruit) Schale f.

écorcher [ekɔʀʃe] ⟨1⟩ vt (animal) häuten; (égratigner) aufschürfen.

éco-recharge [ekoʀəʃaʀʒ(ə)] f Nachfüllpackung f.

écossais, e [ekɔsɛ, ɛz] adj schottisch; **Ecossais** e m, f Schotte m, Schottin f; **Ecosse** f: l'~ Schottland nt.

écosser [ekɔse] ⟨1⟩ vt enthülsen.

écosystème [ekosistɛm] m Ökosystem nt.

écouler [ekule] ⟨1⟩ vt (marchandise) absetzen; **2.** vpr: s'~ (eau) [heraus]fließen; (jours, temps) vergehen.

écourter [ekuʀte] ⟨1⟩ vt abkürzen.

écouter [ekute] ⟨1⟩ vt hören; (personne, conversation) hören; (suivre les conseils de) hören auf +akk; **écouteur** m [Telefon]hörer m.

écoutille [ekutij] f (NAUT) Luke f.

écran [ekʀɑ̃] m Bildschirm m; (de cinéma) Leinwand f; **le petit** ~ das Fernsehen; ~ **antibruit** Lärmschutzwall m; ~ **d'eau** Wasserwall f; ~ **graphique** Grafikbildschirm m.

écrasant, e [ekʀɑzɑ̃, ɑ̃t] adj überwältigend.

écraser [ekʀɑze] ⟨1⟩ **1.** vt zerquetschen, zerdrücken; (voiture, train, etc) überfahren; (ennemi, armée, équipe adverse) vernichten; **2.** vpr: **s'~ [au sol]** [am Boden] zerschellen; **s'~ contre/sur** knallen gegen/auf **+akk;** **~ qn d'impôts/de responsabilités** jdn mit Steuern/Verantwortung über Gebühr belasten.

écrémer [ekʀeme] ⟨5⟩ vt entrahmen.

écrevisse [ekʀəvis] f Krebs m.

écrier [ekʀije] ⟨1⟩ vpr: **s'~** ausrufen.

écrire [ekʀiʀ] irr **1.** vt schreiben; **2.** vpr: **s'~** sich schreiben; **écrit** m Schriftstück nt; (examen) schriftliche Prüfung; **par ~** schriftlich.

écriteau ⟨-x⟩ [ekʀito] m Schild nt.

écriture [ekʀityʀ] f Schrift f; (COMM) Eintrag m; **~s** fpl (COMM) Konten pl; **l'Écriture** die Heilige Schrift.

écrivain [ekʀivɛ̃] m Schriftsteller(in) m(f).

écrou [ekʀu] m (TECH) Mutter f.

écrouer [ekʀue] ⟨1⟩ vt inhaftieren.

écrouler [ekʀule] ⟨1⟩ vpr: **s'~** (mur) einstürzen; (personne, animal) zusammenbrechen.

écru, e [ekʀy] adj ungebleicht.

écueil [ekœj] m Riff nt; (fig) Falle f, Fallstrick m.

éculé, e [ekyle] adj (chaussure) abgelaufen; (fig) abgedroschen.

écume [ekym] f Schaum m; **écumer** ⟨1⟩ **1.** vt (GASTR) abschöpfen; (fig) ausplündern; **2.** vi (mer, fig: personne) schäumen.

écureuil [ekyʀœj] m Eichhörnchen nt.

écurie [ekyʀi] f Pferdestall m.

écusson [ekysõ] m Wappen nt.

eczéma [ɛgzema] m Ekzem nt.

éd. abr de **édition** Verlag m.

E.D.F. f abr de **Electricité de France** französische Elektrizitätsgesellschaft.

édifice [edifis] m Bauwerk nt, Gebäude nt.

édifier [edifje] ⟨1⟩ vt erbauen; (fig) aufstellen.

édit [edi] m Erlaß m.

éditer [edite] ⟨1⟩ vt (publier) herausbringen; (INFORM) editieren, aufbereiten; **éditeur, -trice 1.** m, f Verleger(in) m(f), Herausgeber(in) m(f); **2.** m (INFORM) Editor m; **édition** f (tirage) Auflage f; (version d'un texte) Ausgabe f; (industrie) Verlagswesen nt; **~ spéciale** Sonderausgabe f.

éditorial ⟨éditoriaux⟩ [editoʀjal, o] m Leitartikel m.

édredon [edʀədõ] m Federbett nt.

éducateur, -trice [edykatœʀ, tʀis] m, f Erzieher(in) m(f); **~ de rue** Streetworker(in) m(f).

éducation [edykasjõ] f Erziehung f; (culture) Bildung f; (formation) Ausbildung f; (manières) Manieren pl; **~ physique** Sport

m, Leibesübungen pl.

éduquer [edyke] ⟨1⟩ vt erziehen; (instruire) bilden; (faculté) schulen.

effacé, e [efase] adj (couleur) verblaßt; (personne) farblos, unscheinbar; (comportement) zurückhaltend; (menton) zurückweichend; (poitrine) flach; **effacement** m Ausradieren nt; (INFORM) Löschen nt; (fig) Auslöschen nt; **touche d'~** Löschtaste f; **effacer** ⟨2⟩ **1.** vt (gommer) ausradieren; (fig) auslöschen; (INFORM) löschen; **2.** vpr: **s'~** (inscription, etc) sich verlieren; (pour laisser passer) zurücktreten.

effarer [efaʀe] ⟨1⟩ vt erschrecken.

effaroucher [efaʀuʃe] ⟨1⟩ vt in Schrecken versetzen.

effectif, -ive [efɛktif, iv] **1.** adj effektiv; **2.** m Bestand m; **devenir ~** in Kraft treten; **effectivement** adv tatsächlich.

effectuer [efɛktɥe] ⟨1⟩ vt ausführen.

efféminé, e [efemine] adj weibisch.

effervescent, e [efɛʀvesɑ̃, ɑ̃t] adj (cachet, boisson) sprudelnd.

effet [efɛ] m Wirkung f; **en ~** tatsächlich; **faire de l'~** wirken; **sous l'~ de** unter dem Einfluß von; **~s secondaires** Nebenwirkungen pl; **~ de serre** Treibhauseffekt m.

efficace [efikas] adj wirksam; (personne) fähig; **efficacité** f Wirksamkeit f.

effigie [efiʒi] f Bildnis nt.

effilé, e [efile] adj dünn, zugespitzt.

effiler [efile] ⟨1⟩ vpr: **s'~** (tissu) ausfransen.

efflanqué, e [eflɑ̃ke] adj ausgezehrt.

effleurer [eflœʀe] ⟨1⟩ vt streifen.

effluves [eflyv] mpl Gerüche pl.

effondrer [efõdʀe] ⟨1⟩ vpr: **s'~** einstürzen; (prix) verfallen; (personne) zusammenbrechen.

efforcer [efoʀse] ⟨2⟩ vpr: **s'~ de faire** sich bemühen zu tun.

effort [efoʀ] m Anstrengung; **faire un ~** sich anstrengen.

effrayant, e [efʀɛjɑ̃, ɑ̃t] adj schrecklich.

effrayer [efʀɛje] ⟨7⟩ **1.** vt erschrecken; **2.** vpr: **s'~** [sich] erschrecken.

effréné, e [efʀene] adj wild, zügellos.

effriter [efʀite] ⟨1⟩ vpr: **s'~** bröckeln.

effroi [efʀwa] m panische Angst.

effronté, e [efʀõte] adj unverschämt.

effroyable [efʀwajabl(ə)] adj grauenvoll.

effusion [efyzjõ] f Gefühlsausbruch m; **sans ~ de sang** ohne Blutvergießen.

égal, e ⟨égaux⟩ [egal, o] **1.** adj gleich; (surface) eben; (vitesse) gleichmäßig; **2.** m, f Gleichgestellte(r) m(f); **être ~ à** gleich sein wie; **ça lui est ~** das ist ihm egal; **sans ~** unvergleichlich; **également** adv gleichermaßen; (aussi) auch, ebenfalls; **égaler** ⟨1⟩ vt (personne) gleichkommen +dat; (record) einstellen; **égaliser** ⟨1⟩ **1.** vt ausgleichen; (sol) ebnen; **2.** vi (SPORT) ausgleichen; **égalitaire** adj Gleichheits-; **égalité** f Gleichheit f; être à ~ [de points] [punkte]gleich sein; ~ **des chances** Chancengleichheit f; ~ **de droits** Gleichberechtigung f; ~ **d'humeur** Ausgeglichenheit f.

égard [egaʀ] m: ~s mpl Rücksicht f; à cet ~ in dieser Beziehung; à certains/tous [les] ~s in mancher/jeder Hinsicht; à l'~ de gegenüber; eu ~ à angesichts +gen; par ~ pour aus Rücksicht auf +akk.

égarer [egaʀe] ⟨1⟩ **1.** vt (objet) verlegen; (personne) irreleiten; **2.** vpr: **s'~** sich verirren; (dans une discussion) [vom Thema] abkommen.

égayer [egeje] ⟨7⟩ vt erheitern, belustigen; (récit, endroit) aufheitern.

églantier [eglɑ̃tje] m Heckenrose[nstrauch m] f; **églantine** [eglɑ̃tin] f (fleur de l'églantier) wilde Rose, Heckenrose f.

églefin [egləfɛ̃] m Schellfisch m.

église [egliz] f Kirche f.

égocentrique [egosɑ̃tʀik] adj egozentrisch.

égoïsme [egɔism(ə)] m Egoismus m; **égoïste** adj egoistisch.

égorger [egɔʀʒe] ⟨2⟩ vt die Kehle durchschneiden +dat.

égosiller [egozije] ⟨1⟩ vpr: **s'~** sich heiser schreien.

égout [egu] m Abwasserkanal m.

égoutter [egute] ⟨1⟩ vt (vaisselle) abtropfen lassen.

égratigner [egʀatiɲe] ⟨1⟩ **1.** vt [zer]kratzen; **2.** vpr: **s'~** sich aufkratzen; **égratignure** f Kratzer m.

égrener [egʀəne] ⟨4⟩ vt entkörnen; (raisin) abzupfen; (chapelet) beten.

Egypte [eʒipt] f: l'~ Ägypten nt; **égyptien, ne** adj ägyptisch.

eh [e] excl he; ~ **bien!** na so was!; ~ **bien?** nun?, also?

éhonté, e [eɔ̃te] adj unverschämt.

éjaculer [eʒakyle] ⟨1⟩ vi ejakulieren.

éjecter [eʒɛkte] ⟨1⟩ vt (TECH) ausstoßen; (fam) rausschmeißen.

élaborer [elabɔʀe] ⟨1⟩ vt ausarbeiten.

élan [elɑ̃] m (ZOOL) Elch m; (SPORT) Anlauf m; (mouvement, ardeur) Schwung m; (de tendresse, etc) Anwandlung f; **prendre son** ~ Anlauf nehmen.

élancé, e [elɑ̃se] adj schlank.

élancement [elɑ̃smɑ̃] m stechender Schmerz.

élancer [elɑ̃se] ⟨2⟩ vpr: **s'~** sich stürzen (sur, vers qn auf jdn, zu jdm); (arbre, clocher) hochragen.

élargir [elaʀʒiʀ] ⟨8⟩ **1.** vt verbreitern; (vêtement) weiter machen; (groupe) vergrößern;

(débat) ausdehnen; (JUR) freilassen; **2.** vpr: **s'~** sich verbreitern; (vêtement) sich dehnen.

élastique [elastik] **1.** adj elastisch; **2.** m Gummiband nt.

électeur, -trice [elɛktœʀ, tʀis] m, f Wähler(in) m(f); **élection** [elɛksjɔ̃] f Wahl f; **électorat** [elɛktɔʀa] m Wählerschaft f.

électricien, ne [elɛktʀisjɛ̃, ɛn] m, f Elektriker(in) m(f).

électricité [elɛktʀisite] f Elektrizität f.

électrifier [elɛktʀifje] ⟨1⟩ vt elektrifizieren.

électrique [elɛktʀik] adj elektrisch.

électro... [elɛktʀo] préf Elektro-; **électroaimant** m Elektromagnet m; **électrocardiogramme** m Elektrokardiogramm nt; **électrochoc** m Elektroschock[behandlung f] m; **électrocuter** [elɛktʀɔkyte] ⟨1⟩ vt durch einen Stromschlag töten; **électromagnétique** adj elektromagnetisch; **électroménager:** appareils ~s elektrische Haushaltsgeräte pl.

électron [elɛktʀɔ̃] m Elektron nt.

électronicien, ne [elɛktʀɔnisjɛ̃, ɛn] m, f Elektroniker(in) m(f).

électronique [elɛktʀɔnik] adj elektronisch; (flash, microscope, calculateur) Elektronen-.

électrophone [elɛktʀɔfɔn] m Plattenspieler m.

élégance [elegɑ̃s] f Eleganz f; **élégant, e** adj elegant.

élément [elemɑ̃] m Element nt; (composante) Bestandteil m; ~s mpl (eau, air, etc) Elemente pl; (rudiments) Grundbegriffe pl; ~ **combustible** Brennelement nt; **élémentaire** adj einfach, simpel.

éléphant [elefɑ̃] m Elefant m.

élevage [ɛl(ə)vaʒ] m Zucht f; l'~ (activité) die Aufzucht.

élévation [elevasjɔ̃] f Erhöhung f; (de niveau) Anstieg m; (ARCHIT) Aufriß m.

élève [elɛv] mf Schüler(in) m(f).

élevé, e [ɛl(ə)ve] adj (prix, sommet) hoch; (fig) erhaben; **bien/mal** ~ gut/schlecht erzogen.

élever [ɛl(ə)ve] ⟨4⟩ **1.** vt (enfant) aufziehen; (animal) züchten; (immeuble, niveau) erhöhen; (âme, esprit) erbauen; **2.** vpr: **s'~** (avion, alpiniste) hochsteigen; (clocher, cri) sich erheben; (niveau, température) ansteigen; (difficultés) auftreten; **s'~ à** (frais, dégâts) sich belaufen auf +akk; **s'~ contre** qch sich gegen etw erheben; ~ **la voix** die Stimme heben; **éleveur, -euse** m, f Viehzüchter(in) m(f).

éligible [eliʒibl(ə)] adj wählbar.

élimé, e [elime] adj (partie d'un vêtement) abgewetzt, fadenscheinig.

élimination [eliminasjɔ̃] f Ausscheiden nt;
~ **des déchets** [Abfall]entsorgung f.
éliminatoire [eliminatwaʀ] f (SPORT) Aus-
scheidungskampf m.
éliminer [elimine] ⟨1⟩ vt (ANAT) ausscheiden; (SPORT) ausscheiden lassen.
élire [eliʀ] irr comme lire, vt wählen.
élite [elit] f Elite f; **tireur/chercheur d'~**
Scharfschütze m/Spitzenforscher m; **éli-
tisme** m Elitedenken nt.
elle [ɛl] pron (sujet) sie; (pl) sie; (autrement:
selon le genre du mot allemand) er, es; (pl)
sie; (complément indirect) ihr; (pl) ihnen;
ihm; (pl) ihnen; **c'est ~ qui me l'a dit** sie
war es, die es mir gesagt hat; **Marie est-elle
grande?** ist Marie groß?
ellipse [elips(ə)] f Ellipse f.
élocution [elɔkysjɔ̃] f Vortragsweise f.
éloge [elɔʒ] m Lob nt; **faire l'~ de qn/qch**
jdn loben/etw preisen.
éloigné, e [elwaɲe] adj entfernt; **éloigne-
ment** m Entfernung f.
éloigner [elwaɲe] ⟨1⟩ **1.** vt entfernen;
(soupçons, danger) abwenden; **2.** vpr: **s'~**
(personne) sich entfernen; (affectivement)
sich entfremden; (véhicule, etc) wegfahren;
s'~ de sich entfernen von.
élongation [elɔ̃gasjɔ̃] f (MÉD) Überdeh-
nung f.
éloquence [elɔkɑ̃s] f Wortgewandtheit f;
éloquent, e adj wortgewandt; (significatif) vielsagend.
élu, e [ely] **1.** pp de **élire**; **2.** m, f (POL) Abge-
ordnete(r) mf.
élucider [elyside] ⟨1⟩ vt aufklären.
élucubrations [elykybʀasjɔ̃] fpl Hirnge-
spinste pl.
éluder [elyde] ⟨1⟩ vt ausweichen +dat.
Élysée [elize] m Elysee-Palast m (Sitz des
französischen Staatspräsidenten in Paris).
émacié, e [emasje] adj ausgezehrt.
émail (émaux) [emaj, o] m Email nt; (des
dents) Zahnschmelz m; **émaillé, e** adj
emailliert.
émanciper [emɑ̃sipe] ⟨1⟩ **1.** vt befreien;
(JUR) mündig sprechen; **2.** vpr: **s'~** sich freimachen; (du rôle social) sich emanzipieren.
émaner [emane] ⟨1⟩ vi: ~ **de** herrühren
von; (ADMIN) stammen von.
emballage [ɑ̃balaʒ] m Verpackung f; ~ **d'o-
rigine** Originalverpackung f; ~ **sous vide**
Vakuumverpackung f.
emballer [ɑ̃bale] ⟨1⟩ **1.** vt einpacken, verpacken; (fig fam) begeistern; **2.** vpr: **s'~**
(cheval) durchgehen; (moteur) hochdrehen.
embarcadère [ɑ̃baʀkadɛʀ] m Anlegestelle
f.
embarcation [ɑ̃baʀkasjɔ̃] f Boot nt.
embardée [ɑ̃baʀde] f Schlenker m.

embargo [ɑ̃baʀgo] m Embargo nt.
embarquer [ɑ̃baʀke] ⟨1⟩ **1.** vt einschiffen;
(fam) mitgehen lassen; **2.** vi (passager) an
Bord gehen; **3.** vpr: **s'~** an Bord gehen; **s'~
dans** (affaire, aventure) sich einlassen in
+akk.
embarras [ɑ̃baʀa] m Hemmnis nt; (confu-
sion) Verlegenheit f; **embarrassant, e**
adj peinlich; **embarrasser** ⟨1⟩ vt (personne) behindern; (gêner) in Verlegenheit
bringen; (lieu) vollstopfen.
embaucher [ɑ̃boʃe] ⟨1⟩ vt einstellen.
embauchoir [ɑ̃boʃwaʀ] m Schuhspanner
m.
embaumer [ɑ̃bome] ⟨1⟩ vt (lieu) mit Duft
erfüllen.
embellie [ɑ̃beli] f (MÉTÉO) Aufheiterung f.
embellir [ɑ̃beliʀ] ⟨8⟩ **1.** vt verschönern; **2.** vi
schöner werden.
embêtement [ɑ̃bɛtmɑ̃] m (fam) Unannehmlichkeit f.
embêter [ɑ̃bɛte] ⟨1⟩ **1.** vt (fam: importuner)
ärgern; **2.** vpr: **s'~** (fam) sich langweilen.
emblée [ɑ̃ble] adv: **d'~** auf Anhieb.
emboîter [ɑ̃bwate] ⟨1⟩ **1.** vt zusammenfügen; **2.** vpr: **s'~ dans** passen in +akk; ~ **le
pas à qn** jdm auf den Fersen folgen.
embonpoint [ɑ̃bɔ̃pwɛ̃] m Korpulenz f, Fül-
ligkeit f.
embouchure [ɑ̃buʃyʀ] f (GÉO) Mündung f;
(MUS) Mundstück nt.
embouteillage [ɑ̃butɛjaʒ] m Verkehrsstau
m.
emboutir [ɑ̃butiʀ] ⟨8⟩ vt (heurter) krachen
gegen.
embranchement [ɑ̃bʀɑ̃ʃmɑ̃] m (routier)
Kreuzung f.
embrasser [ɑ̃bʀase] ⟨1⟩ **1.** vt küssen;
(étreindre) umarmen; (sujet, période) umfassen; (carrière, métier) einschlagen, ergreifen; **2.** vpr: **s'~** sich küssen.
embrasure [ɑ̃bʀazyʀ] f [Tür]öffnung f,
[Fenster]öffnung f.
embrayage [ɑ̃bʀɛjaʒ] m (mécanisme)
Kupplung f.
embrocher [ɑ̃bʀɔʃe] ⟨1⟩ vt aufspießen.
embrouiller [ɑ̃bʀuje] ⟨1⟩ **1.** vt durcheinanderbringen; (personne) verwirren; **2.** vpr:
s'~ (personne) konfus werden.
embryon [ɑ̃bʀijɔ̃] m Embryo m.
embûches [ɑ̃byʃ] fpl Falle f.
embué, e [ɑ̃bɥe] adj beschlagen.
embuscade [ɑ̃byskad] f Hinterhalt m.
éméché, e [emeʃe] adj (fam) beschwipst.
émeraude [ɛm(ə)ʀod] f Smaragd m.
émergence [emɛʀʒɑ̃s] f (source) Quelle f;
(fig: idée) Entstehung f; **émerger** ⟨2⟩ vi
auftauchen.
émeri [ɛm(ə)ʀi] m: **toile ~, papier ~**
Schmirgelpapier nt; **être bouché(e) à l'~**

besonders engstirnig sein.

émerveiller [emɛʀveje] ⟨1⟩ **1.** *vt* in Bewunderung versetzen; **2.** *vpr:* **s'~ de qch** über etw *akk* staunen, von etw *dat* entzückt sein.

émetteur [emɛtœʀ] *m:* [poste] ~ Sender *m*.

émettre [emɛtʀ(ə)] *irr comme* mettre **1.** *vt* (son, lumière) ausstrahlen; (RADIO) senden; (billet, emprunt) ausgeben; (hypothèse, avis) zum Ausdruck bringen; **2.** *vi:* ~ **sur ondes courtes** auf Kurzwelle senden.

émeute [emøt] *f* Aufruhr *m*.

émietter [emjete] ⟨1⟩ *vt* zerkrümeln.

émigré, e [emigʀe] *m, f* Emigrant(in) *m(f)*; **émigrer** ⟨1⟩ *vi* auswandern.

éminence [eminɑ̃s] *f* (colline) Anhöhe *f*; **Son/Votre Éminence** Seine/Eure Eminenz; **éminent, e** *adj* ausgezeichnet.

émission [emisjɔ̃] *f* Ausstrahlen *nt*; (RADIO: action) Senden *nt*; (RADIO, TV) Sendung *f*; **~s polluantes** Schadstoffemission *f*.

emmagasiner [ɑ̃magazine] ⟨1⟩ *vt* (marchandises) einlagern.

emmanchure [ɑ̃mɑ̃ʃyʀ] *f* Armloch *nt*.

emménager [ɑ̃menaʒe] ⟨2⟩ *vi:* ~ **dans** einziehen in +*akk*.

emmener [ɑ̃m(ə)ne] ⟨4⟩ *vt* mitnehmen.

emmerder [ɑ̃mɛʀde] ⟨1⟩ *vt* (fam!) nerven, auf den Geist gehen +*dat*.

emmitoufler [ɑ̃mitufle] ⟨1⟩ *vt* (fam) warm einpacken.

émoi [emwa] *m* Aufregung *f*.

émoluments [emɔlymɑ̃] *mpl* Vergütung *f*.

émotif, -ive [emɔtif, iv] *adj* emotional; (personne) gefühlsbetont.

émotion [emosjɔ̃] *f* Gefühlsregung *f*, Emotion *f*; (attendrissement) Bewegtheit *f*.

émousser [emuse] ⟨1⟩ *vt* stumpf machen; (fig) abstumpfen.

émouvoir [emuvwaʀ] *irr comme* mouvoir **1.** *vt* (troubler) aufwühlen, bewegen; (attendrir) rühren; (indigner) erregen; **2.** *vpr:* **s'~** aufgewühlt/gerührt/erregt sein.

empailler [ɑ̃paje] ⟨1⟩ *vt* ausstopfen.

empaler [ɑ̃pale] ⟨1⟩ *vpr:* **s'~ sur** sich aufspießen auf +*dat*.

emparer [ɑ̃paʀe] ⟨1⟩ *vpr:* **s'~ de** (objet) ergreifen; (MIL) einnehmen; (peur, doute) überkommen.

empâter [ɑ̃pate] ⟨1⟩ *vpr:* **s'~** dicker werden.

empattement [ɑ̃patmɑ̃] *m* (AUTO) Radstand *m*.

empêchement [ɑ̃peʃmɑ̃] *m* Verhinderung *f*.

empêcher [ɑ̃peʃe] ⟨1⟩ *vt* verhindern; **~ qn de faire qch** jdn [davon] abhalten, etw zu tun; **il n'empêche que** trotzdem; **ne pas pouvoir s'~ de** nicht anders können als.

empereur [ɑ̃pʀœʀ] *m* Kaiser *m*.

empeser [ɑ̃pəze] ⟨4⟩ *vt* (linge) stärken.

empester [ɑ̃pɛste] ⟨1⟩ **1.** *vt* (lieu) verstänkern; **2.** *vi* stinken.

empêtrer [ɑ̃petʀe] ⟨1⟩ *vpr:* **s'~ dans** sich verheddern in +*dat*; (fig) sich verstricken in +*dat*.

emphase [ɑ̃faz] *f* Pathos *nt*.

empiéter [ɑ̃pjete] ⟨5⟩ *vt:* ~ **sur** vordringen in +*akk*.

empiffrer [ɑ̃pifʀe] ⟨1⟩ *vpr:* **s'~** sich vollstopfen.

empiler [ɑ̃pile] ⟨1⟩ *vt* aufstapeln.

empire [ɑ̃piʀ] *m* Kaiserreich *nt*, Imperium *nt*; (fig) Einfluß *m*.

empirer [ɑ̃piʀe] ⟨1⟩ *vi* sich verschlechtern.

empirique [ɑ̃piʀik] *adj* empirisch.

emplacement [ɑ̃plasmɑ̃] *m* Platz *m*, Stelle *f*.

emplette [ɑ̃plɛt] *f:* **faire des ~s** einkaufen.

emplir [ɑ̃pliʀ] ⟨8⟩ **1.** *vt* füllen; (fig) erfüllen; **2.** *vpr:* **s'~ [de]** sich füllen [mit].

emploi [ɑ̃plwa] *m* (utilisation) Gebrauch *m*; (poste) Stelle *f*; **d'~ facile** leicht zu benutzen, benutzerfreundlich; ~ **du temps** Zeitplan *m*; (SCOL) Stundenplan *m*; **employé, e** *m, f* Angestellte(r) *m(f)*; **employer** [ɑ̃plwaje] ⟨6⟩ **1.** *vt* verwenden, gebrauchen; (personne) beschäftigen; **2.** *vpr:* **s'~ à faire qch** sich bemühen, etw zu tun; **employeur, -euse** *m, f* Arbeitgeber(in) *m(f)*.

empocher [ɑ̃pɔʃe] ⟨1⟩ *vt* (argent) einstecken.

empoignade [ɑ̃pwaɲad] *f* Rauferei *f*.

empoigner [ɑ̃pwaɲe] ⟨1⟩ *vt* packen.

empoisonner [ɑ̃pwazɔne] ⟨1⟩ *vt* vergiften; (empester) verpesten; (fam) verrückt machen.

emporter [ɑ̃pɔʀte] ⟨1⟩ **1.** *vt* mitnehmen; (blessés, voyageurs) wegbringen; (entraîner) mitreißen; (arracher) fortreißen; (MIL: position) einnehmen; (avantage) erzielen; (décision, approbation) gewinnen; **2.** *vpr:* **s'~** (de colère) aufbrausen; **l'~ [sur]** die Oberhand gewinnen [über +*akk*]; (méthode, etc) sich durchsetzen [gegenüber].

empreint, e [ɑ̃pʀɛ̃, ɛ̃t] **1.** *adj:* ~ **de** voll von; **2.** *f* Abdruck *m*; (fig) Spur *f*; **~e** (digitale) Fingerabdruck *m*; ~ **génétique** genetischer Fingerabdruck.

empressé, e [ɑ̃pʀese] *adj* aufmerksam, beflissen.

empresser [ɑ̃pʀese] ⟨1⟩ *vpr:* **s'~** geschäftig hin und her eilen; **s'~ auprès de qn** sich um jdn bemühen; **s'~ de faire** sich beeilen zu tun.

emprise [ɑ̃pʀiz] *f* Einfluß *m*.

emprisonner [ɑ̃pʀizɔne] ⟨1⟩ *vt* einsperren.

emprunt [ɑ̃pʀœ̃] *m* Anleihe *f*; (FIN) Darlehen *nt;* (*LING*) Entlehnung *f.*

emprunter [ɑ̃prœ̃te] ⟨1⟩ *vt* sich *dat* leihen, ausleihen; (*itinéraire*) einschlagen.

ému, e [emy] *pp de* **émouvoir.**

émulation [emylasjɔ̃] *f* Wetteifer *m.*

en [ɑ̃] **1.** *prép* in *+dat;* (*avec direction*) in *+akk;* (*pays*) nach; **2.** *pron:* **j'~ ai/veux** ich habe/möchte davon; **j'~ ai assez** ich habe genug; **j'~ connais les dangers** ich kenne die Gefahren [dieser Sache]; **j'~ viens** (*provenance*) ich komme von dort; **il ~ est mort/perd le sommeil** er ist daran gestorben/kann deswegen nicht schlafen; **où ~ étais-je?** wo war ich stehengeblieben?; **ne pas s'~ faire** sich *dat* nichts daraus machen; **~ avion/taxi** im Flugzeug/Taxi; **~ bois/verre** aus Holz/Glas; **~ dormant** beim Schlafen; **~ sortant, il a ...** als er hinausging, hat er ...; **~ travaillant** bei der Arbeit; **le même ~ plus grand** das gleiche, aber größer.

E.N.A. [ena] *f acr de* École nationale d'administration *Schule für die Ausbildung von Beamten im höheren Dienst;* **énarque** [enaʀk] *mf* Absolvent(in) *m(f)* der E.N.A.

encadrement [ɑ̃kɑdʀəmɑ̃] *m* Rahmen *nt;* Einarbeitung *f;* (*de porte*) Rahmen *m.*

encadrer [ɑ̃kɑdʀe] ⟨1⟩ *vt* (*tableau, image*) [ein]rahmen; (*fig: entourer*) umgeben; (*flanquer*) begleiten; (*personnel*) einarbeiten; (*soldats*) drillen; **encadreur** *m* [Bilder]rahmer(in) *m(f).*

encaisse [ɑ̃kɛs] *f* Kassenbestand *m;* **~ métallique** Gold- und Silberreserve *f;* **encaisser** [ɑ̃kese] ⟨1⟩ *vt* (*chèque*) einlösen; (*argent*) bekommen, einnehmen; (*fig: coup, défaite*) einstecken.

encanailler [ɑ̃kɑnɑje] ⟨1⟩ *vpr:* **s'~** ins Ordinäre abgleiten.

encart [ɑ̃kaʀ] *m* Beilage *f,* Beiblatt *nt.*

encastrer [ɑ̃kɑstʀe] ⟨1⟩ **1.** *vt* einpassen; (*dans le mur*) einlassen; **2.** *vpr:* **s'~ dans** passen in *+akk;* (*heurter*) aufprallen auf *+akk.*

encaustique [ɑ̃kostik] *f* Politur *f,* Wachs *nt;* **encaustiquer** ⟨1⟩ *vt* einwachsen.

enceinte [ɑ̃sɛ̃t] **1.** *adj* schwanger; **~ de 6 mois** im 6. Monat schwanger; **2.** *f* (*mur*) Mauer *f,* Wall *m;* (*espace*) Raum *m,* Bereich *m;* **~ [acoustique]** Lautsprecherbox *f;* **~ de confinement** Sicherheitsbehälter *m.*

encens [ɑ̃sɑ̃] *m* Weihrauch *m;* **encenser** ⟨1⟩ *vt* beweihräuchern; (*fig*) in den Himmel loben; **encensoir** *m* Weihrauchgefäß *nt.*

encercler [ɑ̃sɛʀkle] ⟨1⟩ *vt* umzingeln.

enchaîner [ɑ̃ʃene] ⟨1⟩ **1.** *vt* fesseln; (*mouvements, séquences*) verbinden; **2.** *vi* weitermachen.

enchanté, e [ɑ̃ʃɑ̃te] *adj* hocherfreut, ent-

zückt; **~ [de faire votre connaissance]** [sehr] angenehm!; **enchantement** *m* große Freude, Entzücken *nt;* (*magie*) Zauber *m;* **comme par ~** wie durch Zauberei; **enchanter** ⟨1⟩ *vt* erfreuen.

enchère [ɑ̃ʃɛʀ] *f:* **vendre aux ~s** versteigern.

enclencher [ɑ̃klɑ̃ʃe] ⟨1⟩ *vt* auslösen.

enclin, e [ɑ̃klɛ̃, in] *adj:* **être ~(e) à qch/faire qch** zu etw neigen/dazu neigen, etw zu tun.

enclos [ɑ̃klo] *m* eingezäuntes Grundstück.

enclume [ɑ̃klym] *f* Amboß *m.*

encoche [ɑ̃kɔʃ] *f* Kerbe *f.*

encolure [ɑ̃kɔlyʀ] *f* Hals *m;* (*tour de cou*) Kragenweite *f.*

encombrant, e [ɑ̃kɔ̃bʀɑ̃, ɑ̃t] *adj* behindernd, sperrig.

encombre [ɑ̃kɔ̃bʀ(ə)] *adv:* **sans ~** ohne Zwischenfälle.

encombrer [ɑ̃kɔ̃bʀe] ⟨1⟩ **1.** *vt* behindern; **2.** *vpr:* **s'~ de** sich beladen mit.

encontre [ɑ̃kɔ̃tʀ(ə)] *prép:* **aller à l'~ de** zuwiderlaufen *+dat.*

encorbellement [ɑ̃kɔʀbɛlmɑ̃] *m* Mauervorsprung *m;* **en ~** Erker-.

encorder [ɑ̃kɔʀde] ⟨1⟩ *vpr:* **s'~** (*ALPINISME*) sich anseilen.

encore [ɑ̃kɔʀ] *adv* (*continuation*) noch; (*de nouveau*) wieder, aufs neue; (*restriction*) freilich, allerdings; **pas ~** noch nicht; **~ plus fort/mieux** noch lauter/besser; **~ que** obwohl; **~ une fois/deux jours** noch einmal/zwei Tage.

encourager [ɑ̃kuʀaʒe] ⟨2⟩ *vt* ermutigen; (*activité, tendance*) fördern.

encourir [ɑ̃kuʀiʀ] *irr comme courir, vt* sich *dat* zuziehen.

encre [ɑ̃kʀ(ə)] *f* Tinte *f;* **~ de Chine** Tusche *f;* **encrier** *m* Tintenfaß *nt.*

encroûter [ɑ̃kʀute] ⟨1⟩ *vpr:* **s'~** (*fig*) in einen Trott geraten.

encyclopédie [ɑ̃siklɔpedi] *f* Enzyklopädie *f.*

endetter [ɑ̃dete] ⟨1⟩ *vpr:* **s'~** sich verschulden.

endiablé, e [ɑ̃djable] *adj* leidenschaftlich.

endimancher [ɑ̃dimɑ̃ʃe] ⟨1⟩ *vpr:* **s'~** sich herausputzen.

endive [ɑ̃div] *f* Chicorée *m o f.*

endoctriner [ɑ̃dɔktʀine] ⟨1⟩ *vt* indoktrinieren.

endommager [ɑ̃dɔmaʒe] ⟨2⟩ *vt* beschädigen.

endormir [ɑ̃dɔʀmiʀ] *irr comme dormir* **1.** *vt* (*enfant*) zum Schlafen bringen; (*chaleur*) schläfrig machen; (*soupçons*) einschläfern; (*ennuyer*) langweilen; (*MÉD*) betäuben; **2.** *vpr:* **s'~** einschlafen.

endosser [ɑ̃dose] ⟨1⟩ *vt* (*responsabilité*) übernehmen; (*chèque*) indossieren; (*uniforme*) anlegen.

endroit [ɑ̃dʀwa] m Platz m, Ort m; (emplacement) Stelle f; (opposé à l'envers) rechte Seite; **à l'~ de** gegenüber.

enduire [ɑ̃dɥiʀ] irr comme conduire, vt überziehen; **~ qch de** etw einreiben mit; **enduit** m Überzug m.

endurance [ɑ̃dyʀɑ̃s] f Durchhaltevermögen nt.

endurcir [ɑ̃dyʀsiʀ] ⟨8⟩ **1.** vt abhärten; **2.** vpr: **s'~** hart/zäh werden.

endurer [ɑ̃dyʀe] ⟨1⟩ vt ertragen.

énergétique [enɛʀʒetik] adj Energie-.

énergie [enɛʀʒi] f Energie f; **~ nucléaire, ~ atomique** Kernkraft f, Atomkraft f; **énergique** adj energisch.

énergumène [enɛʀgymɛn] m Spinner(in) m(f).

énerver [enɛʀve] ⟨1⟩ **1.** vt aufregen; **2.** vpr: **s'~** sich aufregen.

enfance [ɑ̃fɑ̃s] f Kindheit f; (enfants) Kinder pl.

enfant [ɑ̃fɑ̃] m/f Kind nt; **enfanter** ⟨1⟩ vt, vi gebären; **enfantillage** m (péj) Kinderei f; **enfantin, e** adj kindlich, Kinder-; (péj) kindisch; (simple) kinderleicht.

enfer [ɑ̃fɛʀ] m Hölle f.

enfermer [ɑ̃fɛʀme] ⟨1⟩ **1.** vt einschließen; (interner) einsperren; **2.** vpr: **s'~** sich einschließen.

enfiévré, e [ɑ̃fjevʀe] adj (fig) fiebrig, fieberhaft.

enfiler [ɑ̃file] ⟨1⟩ vt (perles, etc) aufreihen; (aiguille) einfädeln; (vêtement) [hinein]-schlüpfen in +akk; (rue, couloir) einbiegen in +akk.

enfin [ɑ̃fɛ̃] adv endlich; (pour conclure) schließlich; (restriction, concession) doch.

enflammer [ɑ̃flame] ⟨1⟩ **1.** vt in Brand setzen; (MÉD) entzünden; **2.** vpr: **s'~** Feuer fangen; (MÉD) sich entzünden.

enflé, e [ɑ̃fle] adj geschwollen.

enfler [ɑ̃fle] ⟨1⟩ vi anschwellen.

enfoncer [ɑ̃fɔ̃se] ⟨2⟩ **1.** vt einschlagen; (forcer) einbrechen; **2.** vi (dans la vase, etc) einsinken; (sol, surface porteuse) nachgeben; **3.** vpr: **s'~ dans** einsinken in +akk; (forêt, ville) verschwinden in +dat; (mensonge, erreur) sich verstricken in +dat.

enfouir [ɑ̃fwiʀ] ⟨8⟩ **1.** vt (dans le sol) vergraben; (dans un tiroir, etc) wegstecken; **2.** vpr: **s'~ dans/sous** sich vergraben in +dat/ unter +dat.

enfourcher [ɑ̃fuʀʃe] ⟨1⟩ vt (cheval, vélo) besteigen.

enfourner [ɑ̃fuʀne] ⟨1⟩ vt: **~ qch** etw in den Ofen schieben.

enfuir [ɑ̃fɥiʀ] irr comme fuir, vpr: **s'~** fliehen.

enfumer [ɑ̃fyme] ⟨1⟩ vt einräuchern.

engagé, e [ɑ̃gaʒe] adj (littérature, etc) engagiert.

engagement [ɑ̃gaʒmɑ̃] m (promesse) Versprechen nt; (professionnel) Verabredung f; (MIL. combat) Gefecht nt.

engager [ɑ̃gaʒe] ⟨2⟩ **1.** vt (embaucher) anstellen, einstellen; (commencer) beginnen; (impliquer, troupes) verwickeln; (investir) investieren; **2.** vpr: **s'~** (s'embaucher) eingestellt werden; (MIL) sich verpflichten; **s'~ [à faire]** (promettre) sich verpflichten zu tun; **s'~ dans** (rue, passage) einbiegen in +akk; **~ qn à faire** (inciter) jdn drängen zu tun; **~ qch dans** (faire pénétrer) etw hineinstecken in +akk.

engelure [ɑ̃ʒ(ə)lyʀ] f Frostbeule f.

engendrer [ɑ̃ʒɑ̃dʀe] ⟨1⟩ vt (enfant) zeugen; (fig) erzeugen.

engin [ɑ̃ʒɛ̃] m Gerät nt; (MIL) Rakete f; (fam) Ding nt.

englober [ɑ̃glɔbe] ⟨1⟩ vt umfassen.

engloutir [ɑ̃glutiʀ] ⟨8⟩ **1.** vt verschlingen; **2.** vpr: **s'~** verschlungen werden.

engorger [ɑ̃gɔʀʒe] ⟨2⟩ vt verstopfen.

engouement [ɑ̃gumɑ̃] m Begeisterung f, Schwärmerei f.

engouffrer [ɑ̃gufʀe] ⟨1⟩ **1.** vt verschlingen; **2.** vpr: **s'~ dans** (vent, eau) hineinströmen in +akk; (personne) sich stürzen in +akk.

engourdir [ɑ̃guʀdiʀ] ⟨8⟩ **1.** vt gefühllos werden lassen; **2.** vpr: **s'~** gefühllos werden.

engrais [ɑ̃gʀɛ] m Dünger m.

engraisser [ɑ̃gʀese] ⟨1⟩ vt (animal) mästen.

engrenage [ɑ̃gʀənaʒ] m Getriebe nt.

engueuler [ɑ̃gœle] ⟨1⟩ vt (fam) ausschimpfen.

énigme [enigm(ə)] f Rätsel nt.

enivrer [ɑ̃nivʀe, ɑ̃ivʀe] ⟨1⟩ **1.** vt betrunken machen; (fig) berauschen; **2.** vpr: **s'~** sich betrinken.

enjambée [ɑ̃ʒɑ̃be] f Schritt m.

enjamber [ɑ̃ʒɑ̃be] ⟨1⟩ vt überschreiten; (pont, etc) überspannen.

enjeu ⟨-x⟩ [ɑ̃ʒø] m (fig) Einsatz m.

enjoliver [ɑ̃ʒɔlive] ⟨1⟩ vt ausschmücken; **enjoliveur** m (AUTO) Radkappe f.

enjoué, e [ɑ̃ʒwe] adj fröhlich.

enlacer [ɑ̃lase] ⟨2⟩ vt (étreindre) umarmen.

enlèvement [ɑ̃lɛvmɑ̃] m (rapt) Entführung f.

enlever [ɑ̃l(ə)ve] ⟨4⟩ vt (vêtement) ausziehen; (lunettes) abnehmen; (faire disparaître) entfernen; (ordures) mitnehmen; (kidnapper) entführen; (prix, contrat) erhalten; **~ qch à qn** (prendre) jdm etw nehmen.

enneigé, e [ɑ̃neʒe] adj verschneit.

ennemi, e [ɛn(ə)mi] **1.** adj feindlich; **2.** m, f Feind(in) m(f).

ennoblir [ɑ̃nɔbliʀ] ⟨8⟩ vt adeln.

ennui [ɑ̃nɥi] m (lassitude) Langeweile f; (difficulté) Schwierigkeit f; **ennuyer** ⟨6⟩ **1.** vt ärgern; (lasser) langweilen; **2.** vpr: s'~ sich langweilen; **si cela ne vous ennuie pas** wenn es Ihnen keine Umstände macht; **ennuyeux, -euse** adj langweilig; (fâcheux) ärgerlich.

énoncé [enɔ̃se] m Wortlaut m; (LING) Aussage f.

énoncer [enɔ̃se] ⟨2⟩ vt ausdrücken.

enorgueillir [ɑ̃nɔʀgœjiʀ] ⟨8⟩ vpr: s'~ de sich rühmen +gen.

énorme [enɔʀm(ə)] adj gewaltig, enorm; **énormément** adv: ~ de neige/gens ungeheuer viel Schnee/viele Menschen.

enquérir [ɑ̃keʀiʀ] irr comme acquérir, vpr: s'~ de sich erkundigen nach.

enquête [ɑ̃kɛt] f (de police, judiciaire) Untersuchung f, Ermittlung f; (de journaliste) Nachforschung f; (sondage d'opinion) Umfrage f; **enquêter** ⟨1⟩ vi untersuchen; ermitteln.

enraciné, e [ɑ̃ʀasine] adj tief verwurzelt.

enragé, e [ɑ̃ʀaʒe] **1.** adj (MÉD) tollwütig; (fig) fanatisch; **2.** m, f Freak m.

enrager [ɑ̃ʀaʒe] ⟨2⟩ vi rasend sein.

enrayer [ɑ̃ʀeje] ⟨7⟩ **1.** vt aufhalten, stoppen; **2.** vpr: s'~ klemmen.

enregistrement [ɑ̃ʀ(ə)ʒistʀəmɑ̃] m Aufnahme f; (ADMIN) Eintragung f; Registrierung f; (à l'hôtel, AVIAT) Einchecken nt; (INFORM) [Ab]speichern nt; (de bagages) Aufgabe f; **guichet d'~, comptoir d'~** Abfertigungsschalter m.

enregistrer [ɑ̃ʀ(ə)ʒistʀe] ⟨1⟩ vt (à l'hôtel, AVIAT) einchecken; (INFORM) [ab]speichern; (MUS) aufnehmen; (constater) vermerken; (ADMIN) eintragen, registrieren; (mémoriser) sich dat merken; (bagages) aufgeben.

enrhumer [ɑ̃ʀyme] ⟨1⟩ vpr: s'~ sich erkälten.

enrichi, e [ɑ̃ʀiʃi] adj (CHIM) angereichert.

enrichir [ɑ̃ʀiʃiʀ] ⟨8⟩ **1.** vt reich machen; (moralement) bereichern; **2.** vpr: s'~ reich werden.

enrober [ɑ̃ʀɔbe] ⟨1⟩ vt: ~ qch de etw umhüllen mit.

enrôler [ɑ̃ʀole] ⟨1⟩ **1.** vt aufnehmen; **2.** vpr: s'~ **[dans]** sich melden [zu].

enrouer [ɑ̃ʀwe] ⟨1⟩ vpr: s'~ heiser werden.

enrouler [ɑ̃ʀule] ⟨1⟩ vt (fil, corde) aufwickeln; ~ qch autour de etw wickeln um; **enrouleur** (de tuyau) Trommel f; (de câble) [Kabel]rolle f; **ceinture de sécurité à** ~ (AUTO) Automatikgurt m.

ensanglanté, e [ɑ̃sɑ̃glɑ̃te] adj blutbefleckt.

enseignant, e [ɑ̃sɛɲɑ̃, ɑ̃t] m, f Lehrer(in) m(f).

enseigne [ɑ̃sɛɲ] f Geschäftsschild nt; **à telle**

~ **que** dergestalt, daß; **être logés à la même** ~ im gleichen Boot sitzen; ~ **lumineuse** Lichtreklame f.

enseignement [ɑ̃sɛɲmɑ̃] m Unterrichten nt, Unterricht m; (leçon, conclusion) Lehre f; (profession) Lehrberuf m.

enseigner [ɑ̃sɛɲe] ⟨1⟩ **1.** vt lehren, unterrichten; (choses) lehren, beibringen; **2.** vi unterrichten; ~ **qch à qn** jdm etw beibringen.

ensemble [ɑ̃sɑ̃bl(ə)] **1.** adv zusammen; **2.** m (groupe, assemblage) Komplex m; (recueil) Sammlung f; (MATH) Menge f; (unité, harmonie) Einheit f; **aller** ~ zusammenpassen; **dans l'**~ im ganzen; **l'**~ **de** (totalité) der/die/das ganze; **impression d'**~ Gesamteindruck m; **vue d'**~ Überblick m.

ensoleillé, e [ɑ̃sɔleje] adj sonnig.

ensommeillé, e [ɑ̃sɔmeje] adj verschlafen.

ensorceler [ɑ̃sɔʀsəle] ⟨3⟩ vt bezaubern.

ensuite [ɑ̃sɥit] adv dann; (plus tard) später.

ensuivre [ɑ̃sɥivʀ(ə)] irr comme suivre, vpr: s'~ folgen; **il s'ensuit que** daraus folgt, daß.

Ent. abr d'entreprise F.

entailler [ɑ̃taje] ⟨1⟩ vt einkerben.

entamer [ɑ̃tame] ⟨1⟩ vt (pain) anschneiden; (bouteille) anbrechen; (hostilités, pourparlers) eröffnen; (altérer) beeinträchtigen.

entasser [ɑ̃tase] ⟨1⟩ **1.** vt (empiler) anhäufen, aufhäufen; (tenir à l'étroit) zusammenpferchen; **2.** vpr: s'~ sich anhäufen.

entendre [ɑ̃tɑ̃dʀ(ə)] ⟨14⟩ **1.** vt hören; (JUR: accusé, témoin) vernehmen; (comprendre) verstehen; (vouloir dire) meinen; **2.** vpr: s'~ (sympathiser) sich verstehen; (se mettre d'accord) übereinkommen; ~ **que** (vouloir) wollen, daß; **entendu, je** [ɑ̃tɑ̃dy] adj (réglé) abgemacht; (air) wissend; **bien** ~ selbstverständlich.

entente [ɑ̃tɑ̃t] f Einvernehmen nt; (traité) Vertrag m; **à double** ~ doppeldeutig.

entériner [ɑ̃teʀine] ⟨1⟩ vt bestätigen.

enterrement [ɑ̃tɛʀmɑ̃] m (cérémonie) Begräbnis nt.

enterrer [ɑ̃teʀe] ⟨1⟩ vt (défunt) begraben; (trésor, etc) vergraben.

en-tête [ɑ̃tɛt] m: **papier à** ~ [Brief]papier mit Kopfdruck.

entêter [ɑ̃tete] ⟨1⟩ vpr: s'~ **[à faire]** sich versteifen [zu tun].

enthousiasme [ɑ̃tuzjasm(ə)] m Begeisterung f, Enthusiasmus m; **enthousiasmer** ⟨1⟩ **1.** vt begeistern; **2.** vpr: s'~ **[pour qch]** sich [für etw] begeistern.

entier, -ière [ɑ̃tje, ɛʀ] **1.** adj vollständig, ganz; (caractère) geradlinig; **2.** m (MATH) Ganze(s) nt; **en** ~ vollständig; **lait** ~ Vollmilch f; **entièrement** adv ganz.

entité [ɑ̃tite] f Wesen nt.

entonner [ɑ̃tɔne] ⟨1⟩ vt (chanson) anstimmen.

entonnoir [ɑ̃tɔnwaʀ] m Trichter m.

entorse [ɑ̃tɔʀs(ə)] f (MÉD) Verstauchung f; ~ au règlement Regelverstoß m.

entortiller [ɑ̃tɔʀtije] ⟨1⟩ vt (envelopper) einwickeln; ~ qch autour de (enrouler) etw schlingen um.

entourage [ɑ̃tuʀaʒ] m Umgebung f; (ce qui enclôt) Umrandung f.

entourer [ɑ̃tuʀe] ⟨1⟩ vt umgeben; (cerner) umzingeln; ~ qn jdn umsorgen.

entourloupette [ɑ̃tuʀlupɛt] f (fam) böser Streich.

entracte [ɑ̃tʀakt(ə)] m (THÉÂT) Pause f.

entraide [ɑ̃tʀɛd] f gegenseitige Hilfe.

entrailles [ɑ̃tʀɑj] fpl Eingeweide pl; (fig) Innere(s) nt.

entrain [ɑ̃tʀɛ̃] m Elan m.

entraînement [ɑ̃tʀɛnmɑ̃] m Training nt; (TECH) Antrieb m.

entraîner [ɑ̃tʀene] ⟨1⟩ **1.** vt (tirer) ziehen; (emmener, charrier) mitschleppen; (TECH) antreiben; (SPORT) trainieren; (impliquer) mit sich bringen; **2.** vpr: s'~ trainieren; s'~ à qch sich in etw dat üben; ~ qn à faire qch jdn dazu bringen, etw zu tun; **entraîneur, -euse 1.** m (SPORT) Trainer(in) m(f); **2.** f (de bar) Hosteß f, Animierdame f.

entraver [ɑ̃tʀave] ⟨1⟩ vt behindern.

entre [ɑ̃tʀ(ə)] prép zwischen +dat; (mouvement) zwischen +akk; (parmi) unter +dat; ~ autres [choses] unter anderem; **l'un d'~ eux/nous** einer von ihnen/uns; ~ **nous** unter uns gesagt.

entrebâillé, e [ɑ̃tʀəbaje] adj (porte, fenêtre) angelehnt.

entrechoquer [ɑ̃tʀəʃɔke] ⟨1⟩ vpr: s'~ aneinanderstoßen.

entrée [ɑ̃tʀe] f Eintreten nt; (accès: au cinéma, etc) Eintritt m; (billet) Eintrittskarte f; (lieu d'accès) Eingang m; (GASTR) Vorspeise f; (INFORM) Eingabe f; d'~ von Anfang an; ~ **en matière** Einführung f.

entrefilet [ɑ̃tʀəfile] m (Zeitungs)notiz f.

entrejambe [ɑ̃tʀəʒɑ̃b] m inv (pantalon) Schritt m.

entrelacer [ɑ̃tʀəlase] ⟨2⟩ vt [ineinander] verschlingen.

entrelarder [ɑ̃tʀəlaʀde] ⟨1⟩ vt (viande) spicken.

entremêler [ɑ̃tʀəmele] ⟨1⟩ vt: ~ qch de etw vermischen mit.

entremets [ɑ̃tʀəmɛ] m Nachspeise f.

entremetteur, -euse [ɑ̃tʀəmɛtœʀ, øz] m, f (péj) Kuppler(in) m(f); **entremettre** irr comme mettre, vpr: s'~ intervenieren.

entremise [ɑ̃tʀəmiz] f: par l'~ de mittels +gen.

entreposer [ɑ̃tʀəpoze] ⟨1⟩ vt lagern.

entrepôt [ɑ̃tʀəpo] m Lager[haus] nt.

entreprenant, e [ɑ̃tʀəpʀənɑ̃, ɑ̃t] adj (actif) unternehmungslustig; (trop galant) dreist.

entreprendre [ɑ̃tʀəpʀɑ̃dʀ(ə)] ⟨13⟩ vt machen; (commencer) anfangen; (personne) angehen.

entrepreneur, -euse [ɑ̃tʀəpʀənœʀ, øz] m, f: ~ [en bâtiment] Bauunternehmer(in) m(f).

entreprise [ɑ̃tʀəpʀiz] f Unternehmen nt.

entrer [ɑ̃tʀe] ⟨1⟩ **1.** vi avec être hereinkommen; (véhicule) hereinfahren; (objet) eindringen; (être une composante de) ein Teil sein von; **2.** vt avec avoir (INFORM) eingeben; [faire] ~ **qch dans** etw hineintun in +akk; ~ **dans** eintreten in +akk; (véhicule) hineinfahren in +akk; (trou, espace, etc) eindringen in +akk; (phase, période) eintreten in +akk; **faire** ~ (visiteur) hereinbitten.

entre-temps [ɑ̃tʀətɑ̃] adv in der Zwischenzeit.

entretenir [ɑ̃tʀətniʀ] ⟨9⟩ **1.** vt unterhalten; (feu, humidité, etc) erhalten; (amitié, relations) aufrechterhalten; **2.** vpr: s'~ [de] sich unterhalten [über +akk]; **entretien** [ɑ̃tʀətjɛ̃] m Unterhalt m; (discussion) Unterhaltung f; (audience) Unterredung f; (pour un travail) Vorstellungsgespräch nt.

entrevoir [ɑ̃tʀəvwaʀ] irr comme voir, vt (à peine) ausmachen; (brièvement) kurz sehen.

entrevue [ɑ̃tʀəvy] f Gespräch nt; (pour un travail) Vorstellungsgespräch nt.

entrouvert, e [ɑ̃tʀuvɛʀ, ɛʀt(ə)] adj halb geöffnet.

énumérer [enymeʀe] ⟨5⟩ vt aufzählen.

envahir [ɑ̃vaiʀ] ⟨8⟩ vt überfallen; (foule) besetzen; (eaux, marchandises) überschwemmen; (inquiétude, peur) überkommen; **envahissant, e** adj (personne) sich ständig einmischend.

enveloppe [ɑ̃v(ə)lɔp] f Hülle f; (de lettre) Umschlag m; **envelopper** ⟨1⟩ **1.** vt einpacken; (fig) einhüllen; **2.** vpr: s'~ **dans qch** sich in etw akk hüllen.

envergure [ɑ̃vɛʀgyʀ] f Spannweite f; (fig) Ausmaß nt, Umfang m.

envers [ɑ̃vɛʀ] **1.** prép gegenüber +dat; **2.** m (d'une feuille) Rückseite f; (d'une étoffe, d'un vêtement) linke Seite f; **à l'~** verkehrt herum.

envie [ɑ̃vi] f (sentiment) Neid m; (souhait) Verlangen nt; **avoir** ~ **de faire qch** Lust haben, etw zu tun; **avoir** ~ **de qch** Lust auf etw akk haben; **envier** ⟨1⟩ vt beneiden; **envieux, -euse** adj neidisch.

environ [ɑ̃viʀɔ̃] adv: ~ **3 h/2 km** ungefähr 3 Stunden/2 km.

environnement [ɑ̃viʀɔnmɑ̃] m Umwelt f;

politique de l'~ Umweltpolitik f.
environner [ɑ̃virɔne] ⟨1⟩ **1.** vt umgeben; **2.** vpr: **s'~** de umgeben mit.
environs mpl Umgebung f.
envisager [ɑ̃vizaʒe] ⟨2⟩ vt (considérer) betrachten; (avoir en vue) beabsichtigen.
envoi [ɑ̃vwa] m (paquet) Sendung f.
envoler [ɑ̃vɔle] ⟨1⟩ vpr: **s'~** wegfliegen; (avion) abfliegen.
envoûter [ɑ̃vute] ⟨1⟩ vt verzaubern.
envoyé, e [ɑ̃vwaje] m, f (POL) Gesandte(r) m, Gesandtin f; **~ spécial** Sonderberichterstatter(in) m(f).
envoyer [ɑ̃vwaje] ⟨6⟩ vt schicken; (projectile, ballon) werfen; (fusée) schießen.
éolien, ne [eɔljɛ̃, ɛn] adj Wind-.
épagneul, e [epaɲœl] m, f Spaniel m.
épais, se [epɛ, ɛs] adj dick; (sauce, liquide) dickflüssig; (fumée, forêt, foule) dicht; **épaisseur** f Dicke f; Dickflüssigkeit f.
épancher [epɑ̃ʃe] ⟨1⟩ vpr: **s'~** sich aussprechen; (liquide) herausströmen.
épanouir [epanwir] ⟨8⟩ vpr: **s'~** (fleur) sich öffnen; (fig) aufblühen.
épargne [eparɲ(ə)] f Sparen nt; **l'épargne-logement** das Bausparen; **épargner** [eparɲe] ⟨1⟩ **1.** vt sparen; (ne pas tuer ou endommager) verschonen; **2.** vi sparen; **~ qch à qn** jdm etw ersparen.
éparpiller [eparpije] ⟨1⟩ **1.** vt verstreuen; (pour répartir) zerstreuen; **2.** vpr: **s'~** sich verzetteln.
épars, e [epar, ars(ə)] adj verstreut.
épatant, e [epatɑ̃, ɑ̃t] adj (fam) super.
épaté, e [epate] adj: **nez ~** platte Nase.
épater [epate] ⟨1⟩ vt (fam) beeindrucken.
épaule [epol] f Schulter f; **épauler** ⟨1⟩ **1.** vt (aider) unterstützen; (arme) anlegen; **2.** vi zielen.
épave [epav] f Wrack nt.
épée [epe] f Schwert nt.
épeler [ep(ə)le] ⟨3⟩ vt buchstabieren.
éperdu, e [eperdy] adj verzweifelt; (amour, gratitude) überschwenglich.
épervier [epervje] m (ZOOL) Sperber m; (PÊCHE) Auswurfnetz nt.
éphémère [efemɛr] adj kurz[lebig].
éphéméride [efemerid] f Abreißkalender m.
épi [epi] m Ähre f; **~ de cheveux** [Haar]wirbel m; **~ de maïs** Maiskolben m.
épice [epis] f Gewürz nt.
épicéa [episea] m Fichte f.
épicer [epise] ⟨1⟩ vt würzen.
épicerie [episri] f (magasin) Lebensmittelgeschäft nt; **~ fine** Feinkostgeschäft nt; **épicier, -ière** [episje, ier] m, f Lebensmittelhändler(in) m(f).
épidémie [epidemi] f Epidemie f; **épidémiologie** [epidemjɔlɔʒi] f Epidemiologie

f; **épidémiologique** adj epidemiologisch; **épidémiologiste** m/f Epidemiologe m, Epidemiologin f.
épiderme [epidɛrm(ə)] m Haut f.
épier [epje] ⟨1⟩ vt belauern; (occasion) Ausschau halten nach.
épieu ⟨-x⟩ [epjø] m Speer m.
épilepsie [epilepsi] f Epilepsie f.
épiler [epile] ⟨1⟩ **1.** vt enthaaren; **2.** vpr: **s'~ les jambes/sourcils** die Beine enthaaren/Augenbrauen zupfen.
épilogue [epilɔg] m (fig) Ausgang m; **épiloguer** ⟨1⟩ vi: **~** [sur] sich auslassen über +akk.
épinards [epinar] mpl Spinat m.
épine [epin] f (de rose) Dorne f; (d'oursin) Stachel m; **~ dorsale** Rückgrat nt.
épingle [epɛ̃gl(ə)] f Nadel f; **tiré(e) à quatre ~s** wie aus dem Ei gepellt; **tirer son ~ du jeu** sich [rechtzeitig] aus der Affäre ziehen; **~ de nourrice, ~ de sûreté, ~ double** Sicherheitsnadel f; **épingler** ⟨1⟩ vt: **~ qch sur** etw feststecken an/auf +dat.
Épiphanie [epifani] f Dreikönigsfest nt.
épique [epik] adj episch.
épiscopal, e (**épiscopaux**) [episkɔpal, o] adj bischöflich.
épisode [epizɔd] m Episode f; (de récit, film) Fortsetzung f.
épistolaire [epistɔlɛr] adj Brief-.
épithète [epitɛt] adj: **adjectif ~** attributives Adjektiv.
épluche-légumes [eplyʃlegym] m inv Kartoffelschäler m.
éplucher [eplyʃe] ⟨1⟩ vt schälen; (fig) genau unter die Lupe nehmen; **épluchures** fpl Schalen pl.
éponge [epɔ̃ʒ] f Schwamm m; **jeter l'~** das Handtuch werfen; **éponger** ⟨2⟩ **1.** vt (liquide) aufsaugen; (surface) abwischen; (déficit) absorbieren; **2.** vpr: **s'~ le front** sich dat die Stirn abwischen.
épopée [epɔpe] f Epos nt.
époque [epɔk] f (de l'histoire) Epoche f, Ära f; (de l'année, de la vie) Zeit f; **à l'~ où/de** zur Zeit als/von; **d'~** (meuble) Stil-.
époumoner [epumɔne] ⟨1⟩ vpr: **s'~** sich heiser schreien.
épouse [epuz] f Ehefrau f; **épouser** ⟨1⟩ vt heiraten; (fig: idées) eintreten für; (forme) annehmen.
épousseter [epuste] ⟨3⟩ vt abstauben.
époustouflant, e [epustuflɑ̃, ɑ̃t] adj (fam) umwerfend, atemberaubend.
épouvantable [epuvɑ̃tabl(ə)] adj entsetzlich, schrecklich.
épouvantail [epuvɑ̃taj] m Vogelscheuche f.
épouvante [epuvɑ̃t] f: **film/livre d'~** Horrorfilm m/-buch nt; **épouvanter** ⟨1⟩ vt entsetzen.

époux [epu] **1.** m Ehemann m; **2.** mpl Ehepaar nt.

éprendre [eprɑ̃dʀ(ə)] ⟨13⟩ vpr: **s'~ de** sich verlieben in +akk.

épreuve [eprœv] f Prüfung f; (SPORT) Wettkampf m; (PHOTO) Abzug m; (d'imprimerie) Fahne f; **à l'~ de** resistent gegenüber; **à toute ~** unfehlbar; **mettre qn/qch à l'~** jdn/ etw einer Prüfung unterziehen.

épris, e [epʀi, iz] pp de **éprendre**.

éprouver [epʀuve] ⟨1⟩ vt (tester) testen; (difficultés, etc) begegnen +dat; (ressentir) spüren, empfinden; (mettre à l'épreuve) prüfen; **~ qn** (faire souffrir) jdm Leid zufügen.

éprouvette [epʀuvɛt] f Reagenzglas nt.

épuisé, e [epɥize] adj erschöpft; (livre) vergriffen; **épuisement** m: **jusqu'à ~ du stock** solange der Vorrat reicht.

épuiser [epɥize] ⟨1⟩ **1.** vt erschöpfen; **2.** vpr: **s'~** müde werden; (stock) ausgehen, zu Ende gehen.

épurer [epyʀe] ⟨1⟩ vt reinigen.

équateur [ekwatœʀ] m Äquator m.

Équateur [ekwatœʀ] m: **l'~** Ecuador nt.

équation [ekwasjɔ̃] f Gleichung f.

équerre [ekɛʀ] f (à dessin) Zeichendreieck nt; (de maçon) Winkel m; (pour fixer) Winkeleisen nt.

équestre [ekɛstʀ(ə)] adj: **statue ~** Reiterstandbild nt.

équilibre [ekilibʀ(ə)] m Gleichgewicht nt; **équilibré, e** adj (fig) ausgeglichen; **équilibrer** ⟨1⟩ **1.** vt ausgleichen; **2.** vpr: **s'~** (poids) sich ausbalancieren; (fig) sich ausgleichen.

équinoxe [ekinɔks(ə)] m Tagundnachtgleiche f.

équipage [ekipaʒ] m (navire, avion) Mannschaft f, Besatzung f.

équipe [ekip] f (de joueurs) Mannschaft f; (de travailleurs) Team nt.

équipement [ekipmɑ̃] m Ausrüstung f, Ausstattung f; **~s** mpl Anlagen pl.

équiper [ekipe] ⟨1⟩ vt ausrüsten; (voiture, cuisine) ausstatten (de mit).

équitable [ekitabl(ə)] adj gerecht.

équitation [ekitasjɔ̃] f Reiten nt.

équité [ekite] f Fairneß f.

équivalence [ekivalɑ̃s] f Äquivalenz f; **équivalent, e** [ekivalɑ̃, ɑ̃t] **1.** adj gleichwertig; **2.** m Gegenstück nt; **équivaloir** [ekivalwaʀ] irr comme **valoir**, vt: **~ à** entsprechen +dat; (représenter) gleichkommen +dat.

équivoque [ekivɔk] adj doppeldeutig; (louche) zweideutig.

érable [eʀabl(ə)] m Ahorn m.

érafler [eʀɑfle] ⟨1⟩ vpr: **s'~ la main/les jambes** sich dat die Hand/Beine zerkratzen.

éraillé, e [eʀɑje] adj (voix) heiser.

ère [ɛʀ] f Ära f, Epoche f; **en l'an 1050 de notre ~** im Jahre 1050 unserer Zeitrechnung.

érection [eʀɛksjɔ̃] f (ANAT) Erektion f.

éreinter [eʀɛ̃te] ⟨1⟩ vt erschöpfen.

érémiste [ˈeʀemist] m/f (bénéficiaire du R.M.I.) Sozialhilfeempfänger(in) m(f).

ergonomie [ɛʀgɔnɔmi] f Ergonomie f; **ergonomique** adj ergonomisch.

ergot [ɛʀgo] m (de coq) Sporn m.

ergothérapeute [ɛʀgoteʀapøt] m/f Ergotherapeut(in) m(f); **ergothérapeutique** adj ergotherapeutisch; **ergothérapie** f Ergotherapie f, Beschäftigungstherapie f.

ériger [eʀiʒe] ⟨2⟩ **1.** vt (monument) errichten; **2.** vpr: **s'~ en juge** sich als Richter aufspielen.

ermite [ɛʀmit] m Einsiedler(in) m(f).

éroder [eʀɔde] ⟨1⟩ vt erodieren.

érotique [eʀɔtik] adj erotisch; **érotisme** m Erotik f.

errer [ɛʀe] ⟨1⟩ vi umherirren; (pensées) schweifen.

erreur [ɛʀœʀ] f (de calcul) Fehler m; (de jugement) Irrtum m; **induire qn en ~** jdn irreführen; **par ~** fälschlicherweise; **~ médicale** (MÉD) Kunstfehler m; **~ de système** (INFORM) Systemfehler m.

erroné, e [ɛʀɔne] adj falsch, irrig.

érudit, e [eʀydi, it] **1.** adj gelehrt, gebildet; **2.** m, f Gelehrte(r) mf; **érudition** f Gelehrsamkeit f.

éruption [eʀypsjɔ̃] f Ausbruch m.

ès [ɛs] prép: **docteur ~ lettres** Dr. phil.

escabeau ⟨-x⟩ [ɛskabo] m Hocker m.

escadre [ɛskadʀ(ə)] f (NAUT) Geschwader nt; (AVIAT) Staffel f.

escadrille [ɛskadʀij] f (AVIAT) Formation f.

escadron [ɛskadʀɔ̃] m Schwadron f.

escalade [ɛskalad] f Bergsteigen nt; (fig, POL) Eskalation f; **escalader** ⟨1⟩ vt klettern auf +akk.

escalator [ɛskalatɔʀ] m Rolltreppe f.

escale [ɛskal] f Zwischenstation f; **faire ~ [à]** anlaufen +akk; (AVIAT) zwischenlanden [in +dat].

escalier [ɛskalje] m Treppe f; **dans l'~** [o les **~s**] auf der Treppe; **~ mécanique** Rolltreppe f.

escalope [ɛskalɔp] f Schnitzel nt.

escamoter [ɛskamɔte] ⟨1⟩ vt (esquiver) umgehen, ausweichen +dat; (faire disparaître) wegzaubern.

escapade [ɛskapad] f: **faire une ~** [aus dem Alltag] ausbrechen.

escargot [ɛskaʀgo] m Schnecke f.

escarmouche [ɛskaʀmuʃ] f Gefecht nt, Plänkelei f.

escarpé, e [ɛskaʀpe] adj steil.

escarpin [ɛskaʀpɛ̃] *m* (*chaussure*) Pumps *m*.

escient [esjɑ̃] *m*: **à bon ~** überlegt.

esclaffer [ɛsklafe] ⟨1⟩ *vpr*: **s'~** schallend loslachen.

esclandre [ɛsklɑ̃dʀ(ə)] *m* Aufruhr *m*, Tumult *m*.

esclavage [ɛsklavaʒ] *m* Sklaverei *f*; **esclave** *m*/*f* Sklave *m*, Sklavin *f*.

escompte [ɛskɔ̃t] *m* (*FIN*) Skonto *nt*; (*COMM*) Rabatt *m*; **escompter** ⟨1⟩ *vt* (*FIN*) nachlassen; (*espérer*) erwarten.

escorte [ɛskɔʀt(ə)] *f* Eskorte *f*; **escorter** ⟨1⟩ *vt* eskortieren.

escrime [ɛskʀim] *f* Fechten *nt*.

escrimer [ɛskʀime] ⟨1⟩ *vpr*: **s'~ à faire qch** sich große Mühe geben, etw zu tun.

escroc [ɛskʀo] *m* Betrüger(in) *m(f)*; **escroquer** [ɛskʀɔke] ⟨1⟩ *vt*: **~ qn de qch** jdm etw abschwindeln; **escroquerie** *f* Schwindel *m*, Betrug *m*.

espace [ɛspas] *m* Raum *m*; (*écartement*) Abstand *m*; **espacement** *m* Verteilung *f*, Aufteilung *f*; (*temporel*) Abstand *m*; **espacer** ⟨2⟩ **1.** *vt* in Abständen verteilen; **2.** *vpr*: **s'~** weniger häufig auftreten.

espadon [ɛspadɔ̃] *m* Schwertfisch *m*.

Espagne [ɛspaɲ] *f*: **l'~** Spanien *nt*; **espagnol, e** *adj* spanisch; **Espagnol, e** *m*, *f* Spanier(in) *m(f)*.

espèce [ɛspɛs] *f* Art *f*; **~s** *fpl* (*COMM*) Bargeld *nt*; **en ~s** [in] bar; **en l'~** im vorliegenden Fall; **une ~ de maison** eine Art Haus.

espérance [ɛspeʀɑ̃s] *f* Hoffnung *f*; **~ de vie** Lebenserwartung *f*.

espérer [ɛspeʀe] ⟨5⟩ *vt* hoffen auf +*akk*, erwarten; **~ en l'avenir** auf die Zukunft vertrauen; **~ que/faire qch** hoffen, daß/etw zu tun; **oui, j'espère bien** hoffentlich.

espiègle [ɛspjɛgl(ə)] *adj* schelmisch.

espion, ne [ɛspjɔ̃, ɔn] *m*, *f* Spion(in) *m(f)*.

espoir [ɛspwaʀ] *m* Hoffnung (*de* auf +*akk*).

esprit [ɛspʀi] *m* Geist *m*; (*pensée, intellect*) Geist *m*, Verstand *m*; **faire de l'~** witzig sein; **reprendre ses ~s** wieder zu sich kommen.

esquimau, de (*esquimaux*) [ɛskimo, od] **1.** *m*, *f* Eskimo *m*, Eskimofrau *f*; **2.** *m* (®: *glace*) Eis *nt* mit Schokoladenglasur.

esquinter [ɛskɛ̃te] ⟨1⟩ *vt* (*fam*) kaputtmachen, ruinieren.

esquisse [ɛskis] *f* Skizze *f*; (*ébauche*) Andeutung *f*; **esquisser** ⟨1⟩ *vt* entwerfen; andeuten.

esquiver [ɛskive] ⟨1⟩ **1.** *vt* ausweichen +*dat*; **2.** *vpr*: **s'~** sich wegstehlen.

essai [ɛsɛ] *m* Probe *f*; (*tentative, SPORT*) Versuch *m*; (*écrit*) Essay *m* o *nt*; **à l'~** versuchsweise, auf Probe; **~ nucléaire** Atomversuch *m*.

essaim [esɛ̃] *m* (*abeilles, a. fig*) Schwarm *m*.

essayer [eseje] ⟨7⟩ *vt* [aus]probieren; (*vêtement, chaussures*) anprobieren; **~ de faire qch** versuchen, etw zu tun.

essence [esɑ̃s] *f* (*carburant*) Benzin *nt*; (*extrait de plante*) Essenz *f*; (*fig, PHILOSOPHIE*) Wesen *nt*; (*d'arbre*) Art *f*, Spezies *f*; **~ sans plomb** (*AUTO*) bleifreies Benzin.

essentiel, le [esɑ̃sjɛl] *adj* (*indispensable*) erforderlich, notwendig; (*de base, fondamental*) wesentlich, essentiell; **c'est l'~** das ist die Hauptsache; **l'~ de** der Hauptteil von.

essieu ⟨-x⟩ [esjø] *m* Achse *f*.

essor [esɔʀ] *m* (*de l'économie, etc*) Aufschwung *m*.

essorer [esɔʀe] ⟨1⟩ *vt* auswringen; (*à la machine*) schleudern; **essoreuse** *f* Schleuder *f*.

essouffler [esufle] ⟨1⟩ **1.** *vt* außer Atem bringen; **2.** *vpr*: **s'~** außer Atem geraten; (*fig*) sich verausgaben.

essuie-glace [esɥiglas] *m inv* Scheibenwischer *m*; **~ de la vitre arrière** Heckscheibenwischer *m*; **essuie-mains** *m inv* Handtuch *nt*.

essuyer [esɥije] ⟨6⟩ **1.** *vt* abtrocknen; (*épousseter*) abwischen; (*fig: subir*) erleiden; **2.** *vpr*: **s'~** sich abtrocknen.

est [ɛst] **1.** *m*: **l'~** der Osten; **les pays de l'Est** Osteuropa *nt*; *adj inv* Ost-, östlich; **à l'~ de** östlich von, im Osten von.

estafette [ɛstafɛt] *f* Kurier *m*.

estampe [ɛstɑ̃p] *f* (*gravure*) Stich *m*.

est-ce que *adv*: **~ c'est cher?** ist es teuer?; **~ c'était bon?** war es gut?; **quand est-ce qu'il part?** wann reist er ab?; **où est-ce qu'il va?** wohin geht er?; **qui est-ce qui a fait ça?** wer hat das gemacht?

esthéticienne [ɛstetisjɛn] *f* Kosmetikerin *f*.

esthétique [ɛstetik] *adj* (*beau*) ästhetisch; (*cosmétiques*) Schönheits-.

estimation [ɛstimasjɔ̃] *f* Schätzung *f*.

estime [ɛstim] *f* Wertschätzung *f*.

estimer [ɛstime] ⟨1⟩ **1.** *vt* schätzen; **2.** *vpr*: **s'~ heureux** sich glücklich schätzen; **~ que** (*penser*) meinen, daß.

estival, e (*estivaux*) [ɛstival, o] *adj* sommerlich.

estivant, e [ɛstivɑ̃, ɑ̃t] *m*, *f* Sommerfrischler(in) *m(f)*.

estomac [ɛstɔma] *m* Magen *m*; **avoir mal à l'~** Magenschmerzen haben.

estomaqué, e [ɛstɔmake] *adj* (*fam*) platt, perplex.

estomper [ɛstɔ̃pe] ⟨1⟩ **1.** *vt* (*fig*) trüben, verwischen; **2.** *vpr*: **s'~** undeutlich werden.

Estonie [ɛstɔni] *f*: **l'~** Estland *nt*.

estrade [ɛstʀad] *f* Podium *nt*.

estragon [ɛstʀagɔ̃] m Estragon nt.

estuaire [ɛstɥɛʀ] m Mündung f.

et [e] conj und; ~ **alors?**, ~ **puis après?** na und?; ~ **puis** und dann.

étable [etabl(ə)] f Kuhstall m.

établi [etabli] m Werkbank f.

établir [etabliʀ] ⟨8⟩ **1.** vt (papiers d'identité, facture) ausstellen; (liste, programme; gouvernement) aufstellen; (entreprise) gründen; (atelier) einrichten; (camp) errichten; (fait, culpabilité) beweisen; **2.** vpr: **s'~** sich einstellen; **s'~** ⟨à **son compte**⟩ sich selbständig machen; **s'~ quelque part** sich irgendwo niederlassen; **établissement** [etablismɑ̃] m Ausstellung f; Aufstellung f; (entreprise) Unternehmen nt; ~ **de crédit** Kreditinstitut nt; ~ **scolaire** Schule f.

étage [etaʒ] m (d'immeuble) Stockwerk nt; (de fusée; de culture) Stufe f; **de bas** ~ niedrig; **étager** ⟨2⟩ vt (prix) staffeln; (cultures) stufenförmig anlegen.

étagère [etaʒɛʀ] f (rayon) Brett nt; (meuble) Regal nt.

étai [etɛ] m Stütze f.

étain [etɛ̃] m Zinn nt.

étal [etal] m Stand m.

étalage [etalaʒ] m Auslage f; **faire ~ de** zur Schau stellen.

étaler [etale] ⟨1⟩ **1.** vt ausbreiten; (peinture) [ver]streichen; (paiements, vacances) staffeln, verteilen; (marchandises) ausstellen; **2.** vpr: **s'~** (liquide) sich ausbreiten; (travaux, paiements) sich verteilen; (fam) auf die Nase fallen.

étamine [etamin] f (BOT) Staubgefäß nt.

étanche [etɑ̃ʃ] adj wasserdicht; **étancher** ⟨1⟩ vt aufsaugen; **~ la soif** den Durst löschen.

étang [etɑ̃] m Teich m.

étant [etɑ̃] vb v. **être, donné.**

étape [etap] f Etappe f; (lieu d'arrivée) Rastplatz m; **faire ~ à** anhalten in +dat.

état [eta] **1.** m: **État** Staat m; **État membre** Mitglied[s]staat m; **2.** m (liste) Bestandsaufnahme f; (condition, INFORM) Zustand m; **en tout ~ de cause** auf alle Fälle; **être dans tous ses ~s** aufgeregt sein; **être en ~/hors d'~ de faire qch** in der Lage/außerstande sein, etw zu tun; **faire ~ de** vorbringen; **hors d'~** (machine, ascenseur, etc) außer Betrieb; **~s** mpl **d'âme** Verfassung f, Stimmung f; (péj) Skrupel m, Sentimentalitäten pl; ~ **civil** Personenstand m; ~ **général** (MÉD) Allgemeinzustand m; ~ **des lieux** (immeuble, etc) Bestandsaufnahme f [des Erhaltungszustandes]; ~ **permanent** Dauerzustand m; ~ **d'urgence** Notstand m; **étatiser** ⟨1⟩ vt verstaatlichen; **état-major** ⟨états-majors⟩ [etamaʒɔʀ] m (MIL) Stab m; **État-providence** m Wohlfahrts-

staat m; **États-Unis** [etazyni] mpl: **les ~** die Vereinigten Staaten pl.

étayer [eteje] ⟨7⟩ vt abstützen; (fig) unterstützen.

etc. abr de **et cetera** etc., usw.

et cetera [ɛtseteʀa] adv etc., und so weiter.

été [ete] **1.** pp de **être**; **2.** m Sommer m; **en ~** im Sommer.

éteignoir [etɛɲwaʀ] m Kerzenlöscher m; (péj) Spielverderber(in) m(f).

éteindre [etɛ̃dʀ(ə)] irr comme peindre **1.** vt ausmachen; (incendie, fig) löschen; **2.** vpr: **s'~** ausgehen; (mourir) verscheiden; **éteint, e** adj (fig) matt, stumpf; (volcan) erloschen.

étendre [etɑ̃dʀ(ə)] ⟨14⟩ **1.** vt (pâte, liquide) streichen; (carte, linge) ausbreiten; (linge) aufhängen; (bras, jambes) ausstrecken; (blessé, malade) hinlegen; (diluer) strecken; **2.** vpr: **s'~** sich ausdehnen; (terrain, forêt) sich erstrecken; (s'allonger) sich hinlegen; (expliquer) sich ausdehnen (sur auf +akk); **étendue** [etɑ̃dy] f Ausmaß nt; (surface) Fläche f.

éternel, le [etɛʀnɛl] adj ewig; **éterniser** [etɛʀnize] ⟨1⟩ vpr: **s'~** ewig dauern; (fam: demeurer) ewig bleiben; **éternité** f Ewigkeit f.

éternuer [etɛʀnɥe] ⟨1⟩ vi niesen.

éther [etɛʀ] m Äther m.

Ethiopie [etjɔpi] f: **l'~** Äthiopien nt.

ethnie [ɛtni] f ethnische Gruppe.

ethnologie [ɛtnɔlɔʒi] f Ethnologie f, Völkerkunde f.

étinceler [etɛ̃sle] ⟨3⟩ vi funkeln; **étincelle** [etɛ̃sɛl] f Funke m.

étiqueter [etikte] ⟨3⟩ vt beschriften; (péj) abstempeln; **étiquette** [etikɛt] f (de paquet) Aufschrift f; (à coller) Aufkleber m; (dans un vêtement, fig) Etikett nt; **l'~** (protocole) die Etikette.

étirer [etiʀe] ⟨1⟩ **1.** vt ausdehnen; (bras, jambes) ausstrecken; **2.** vpr: **s'~** (personne) sich strecken; **s'~ sur** (convoi, route) sich ausdehnen auf +akk.

étoffe [etɔf] f Stoff m.

étoffer [etɔfe] ⟨1⟩ **1.** vt anreichern; **2.** vpr: **s'~** füllig werden.

étoile [etwal] **1.** f Stern m; (vedette) Star m; **2.** adj: **danseuse ~** Primaballerina f; **dormir à la belle ~** unter freiem Himmel übernachten; **~ filante** Sternschnuppe f; **~ de mer** Seestern m.

étonnant, e [etɔnɑ̃, ɑ̃t] adj erstaunlich.

étonner [etɔne] ⟨1⟩ **1.** vt erstaunen; **2.** vpr: **s'~ de** erstaunt sein, über +akk; **cela m'étonnerait** [que] es würde mich wundern [wenn].

étouffant, e [etufɑ̃, ɑ̃t] adj erstickend, bedrückend.

étouffée [etufe] *adv:* à l'~ (*GASTR*) gedämpft, gedünstet.
étouffer [etufe] ⟨1⟩ **1.** *vt* ersticken; (*bruit*)
dämpfen; (*scandale*) vertuschen; **2.** *vi* ersticken; **3.** *vpr:* **s'~** (*en mangeant, etc*) sich
verschlucken.
étourderie [etuʀdəʀi] *f* Schußlichkeit *f;*
étourdi, e *adj* schußlig.
étourdir [etuʀdiʀ] ⟨8⟩ *vt* betäuben; (*griser*)
schwindlig machen; **étourdissement** *m*
Schwindelanfall *m.*
étrange [etʀɑ̃ʒ] *adj* seltsam, sonderbar;
(*surprenant*) eigenartig.
étranger, -ère [etʀɑ̃ʒe, ɛʀ] **1.** *adj* fremd;
(*d'un autre pays*) ausländisch; **2.** *m, f* Frem-
de(r) *mf*, Ausländer(in) *m(f);* **3.** *m:* à l'~ im
Ausland.
étranglement [etʀɑ̃gləmɑ̃] *m* (*d'une vallée, etc*) Verengung *f.*
étrangler [etʀɑ̃gle] ⟨1⟩ **1.** *vt* erwürgen; (*fig*)
ersticken; **2.** *vpr:* **s'~** sich verschlucken.
étrave [etʀav] *f* Vordersteven *m.*
être [ɛtʀ(ə)] **1.** *m* Wesen *nt;* **2.** *irr vi* (*avec
attribut*) sein; **3.** *vb aux* sein; (*avec verbes
pronominaux*) haben; ~ à qn jdm gehören;
c'est à lui das hat gehört ihm; **c'est à
lui de le faire** es liegt bei ihm, das zu tun; **il
est 10 heures** es ist 10 Uhr; **nous sommes le
10 janvier** es ist der 10. Januar; ~ **humain**
Mensch *m; v. a.* **est-ce que, n'est-ce pas,
c'est-à-dire, ce**.
étreindre [etʀɛ̃dʀ(ə)] *irr comme peindre* **1.**
vt festhalten, umklammern; (*amoureuse-
ment, amicalement*) umarmen; (*douleur,
peur*) ergreifen; **2.** *vpr:* **s'~** sich umarmen;
étreinte [etʀɛ̃t] *f* Griff *m;* (*amicale*) Umarmung *f.*
étrenner [etʀene] ⟨1⟩ *vt* zum ersten Mal
tragen.
étrennes [etʀen] *fpl* Neujahrsgeschenke *pl.*
étrier [etʀije] *m* Steigbügel *m.*
étriper [etʀipe] ⟨1⟩ *vpr:* **s'~** (*fam*) sich gegenseitig abmurksen.
étriqué, e [etʀike] *adj* (*vêtement*) knapp.
étroit, e [etʀwa, at] *adj* eng; à l'~ beengt;
étroitesse *f:* ~ **d'esprit** Engstirnigkeit *f.*
Ets. *abr de* **établissements** Fa.
étude [etyd] *f* Studium *nt;* (*ouvrage*) Studie
f; (*de notaire*) Büro *nt*, Kanzlei *f;* (*salle de
travail*) Studierzimmer *nt;* ~**s** *fpl* Studium
nt; **être à l'**~ geprüft werden; **faire des** ~**s
de droit/médecine** Jura/Medizin studieren;
étudiant, e [etydjɑ̃, ɑ̃t] *m, f* Student(in)
m(f); **étudié, e** *adj* (*air*) gespielt; (*démarche, système*) wohldurchdacht; (*prix*) scharf
kalkuliert; **étudier** [etydje] ⟨1⟩ **1.** *vt* studieren; (*élève*) lernen; (*analyser*) untersuchen; **2.** *vi* studieren.
étui [etyi] *m* Etui *nt.*
étuvée [etyve] *adv:* à l'~ (*GASTR*) gedämpft.

étymologie [etimɔlɔʒi] *f* Etymologie *f.*
eu, e [y] *pp de* **avoir**.
euphémisme [øfemism] *m* (*expression*)
beschönigender Ausdruck, Euphemismus
m.
euphorie [øfɔʀi] *f* Euphorie *f.*
eurobanque [øʀobɑ̃k] *f* Eurobank *f;* **eurochèque** *m* Euroscheck *m;* **eurocommu-
nisme** *m* Eurokommunismus *m;* **euro-
crate** *m/f* Eurokrat(in) *m(f);* **eurodollar**
m Eurodollar *m.*
Europe [øʀɔp] *f:* l'~ Europa *nt.*
européanisation [øʀɔpeanizasjɔ̃] *f* (*POL*)
Europäisierung *f.*
européen, ne [øʀɔpeɛ̃, ɛn] *adj* europäisch;
Européen, ne *m, f* Europäer(in) *m(f).*
euthanasie [øtanazi] *f* Euthanasie *f;* (*d'un
malade incurable*) Sterbehilfe *f.*
eux [ø] *pron* (*sujet*) sie; (*objet*) ihnen.
évacuation [evakɥasjɔ̃] *f* Evakuierung *f.*
évacuer [evakɥe] ⟨1⟩ *vt* räumen; (*population, occupants*) evakuieren; (*déchets*) leeren.
évadé, e [evade] *m, f* entwichener Häftling.
évader [evade] ⟨1⟩ *vpr:* **s'~** flüchten.
évaluer [evalɥe] ⟨1⟩ *vt* schätzen.
Évangile [evɑ̃ʒil] *m* Evangelium *nt.*
évanouir [evanwiʀ] ⟨8⟩ *vpr:* **s'~** ohnmächtig werden; (*fig*) schwinden; **évanouisse-
ment** *m* Ohnmacht[sanfall *m*] *f.*
évaporer [evapɔʀe] ⟨1⟩ *vpr:* **s'~** sich ver-
flüchtigen.
évasif, -ive [evazif, iv] *adj* ausweichend.
évasion [evazjɔ̃] *f* Flucht *f;* ~ **fiscale** Steu-
erflucht *f.*
évêché [eveʃe] *m* Bistum *nt;* (*édifice*) Bi-
schofssitz *m.*
éveil [evɛj] *m* Erwachen *nt;* **rester en** ~
wachsam bleiben; **éveillé, e** *adj* wach;
éveiller ⟨1⟩ **1.** *vt* wecken; **2.** *vpr:* **s'~** (*se
réveiller*) aufwachen.
événement [evɛnmɑ̃] *m* Ereignis *nt.*
éventail [evɑ̃taj] *m* Fächer *m;* (*choix*) Spektrum *nt;* (*d'opinions*) Bandbreite *f.*
éventer [evɑ̃te] ⟨1⟩ *vt* fächeln +*dat;* (*secret*)
aufdecken.
éventrer [evɑ̃tʀe] ⟨1⟩ *vt* den Bauch auf-
schlitzen +*dat;* (*fig*) aufreißen.
éventualité [evɑ̃tɥalite] *f* Eventualität *f;*
dans l'~ **de** im Falle +*gen.*
éventuel, le [evɑ̃tɥɛl] *adj* möglich.
évêque [evɛk] *m* Bischof *m.*
évertuer [evɛʀtɥe] ⟨1⟩ *vpr:* **s'~ à faire** sich
abmühen zu tun.
éviction [eviksjɔ̃] *f* Ausschaltung *f.*
évidemment [evidamɑ̃] *adv* (*bien sûr*) natürlich; (*de toute évidence*) offensichtlich.
évidence [evidɑ̃s] *f* Offensichtlichkeit *f;*
(*fait*) eindeutige Tatsache; **mettre en** ~ aufzeigen; **évident, e** *adj* offensichtlich.

évider [evide] ⟨1⟩ *vt* aushöhlen.
évier [evje] *m* Spülbecken *nt*.
évincer [evɛ̃se] ⟨2⟩ *vt* ausschalten.
éviter [evite] ⟨1⟩ *vt* meiden; (*problème,
question*) vermeiden; (*coup, projectile*) ausweichen +*dat*; (*catastrophe*) verhüten; **~ de
faire/que** vermeiden zu tun/, daß; **~ qch à
qn** jdm etw ersparen.
évocation [evɔkasjɔ̃] *f* Heraufbeschwörung
f.
évolué, e [evɔlɥe] *adj* hochentwickelt.
évoluer [evɔlɥe] ⟨1⟩ *vi* sich entwickeln;
(*danseur*) Schritte ausführen; (*avion*) kreisen; **évolution** *f* Entwicklung *f*.
évoquer [evɔke] ⟨1⟩ *vt* heraufbeschwören.
ex. *abr de* **exemple** Bsp.
ex... [ɛks] *préf* Ex-.
exacerber [ɛgzasɛʀbe] ⟨1⟩ *vt* (*douleur*)
verschlimmern; (*passion*) anstacheln.
exact, e [ɛgza, akt(ə)] *adj* exakt; (*précis*) genau; **l'heure ~e** die genaue Uhrzeit; **exactement** *adv* genau; **exactitude**
[ɛgzaktityd] *f* (*ponctualité*) Pünktlichkeit *f*;
(*précision*) Genauigkeit *f*.
ex aequo [ɛgzeko] *adj* gleichrangig.
exagérer [ɛgzaʒeʀe] ⟨5⟩ *vt, vi* übertreiben.
exalter [ɛgzalte] ⟨1⟩ *vt* (*enthousiasmer*) begeistern; (*glorifier*) preisen.
examen [ɛgzamɛ̃] *m* Prüfung *f*; (*investigation, MÉD*) Untersuchung *f*; **à l'~** (*COMM*)
auf Probe; **examiner** [ɛgzamine] ⟨1⟩ *vt*
prüfen; (*étudier, MÉD*) untersuchen.
exaspérer [ɛgzaspeʀe] ⟨5⟩ *vt* zur Verzweiflung bringen.
excédent [ɛksedã] *m* Überschuß *m*; **~ de
bagages** Übergepäck *nt*.
excéder [ɛksede] ⟨5⟩ *vt* (*dépasser*) überschreiten; (*agacer*) zur Verzweiflung bringen.
excellence [ɛksɛlãs] *f* hervorragende Qualität; (*titre*) Exzellenz *f*; **excellent, e** *adj*
ausgezeichnet, hervorragend; **exceller**
⟨1⟩ *vi* sich auszeichnen (*en* in +*dat*).
excentrique [ɛksãtʀik] *adj* exzentrisch;
(*quartier*) Außen-, umliegend.
excepté, e [ɛksɛpte] **1.** *adj*: **les élèves ~s**
die Schüler ausgenommen; **2.** *prép* außer
+*dat*; **~ si/quand** es sei denn, daß/außer,
wenn.
exception [ɛksɛpsjɔ̃] *f* Ausnahme *f*; **à l'~
de** mit Ausnahme von; **d'~** Ausnahme-;
sans ~ ausnahmslos; **exceptionnel, le**
adj außergewöhnlich.
excès [ɛksɛ] **1.** *m* Überschuß *m*; **2.** *mpl* Ausschweifungen *pl*; **à l'~** übertrieben; **~ de
vitesse** Geschwindigkeitsüberschreitung
f; **~ de zèle** Übereifer *m*; **excessif, -ive** *adj*
übertrieben.
excitation [ɛksitasjɔ̃] *f* (*état*) Aufregung *f*.
exciter [ɛksite] ⟨1⟩ **1.** *vt* erregen; (*personne:
agiter*) aufregen; (*café, etc*) anregen; **2.** *vpr*:
s'~ sich erregen; sich aufregen; **~ qn à** jdn
anstacheln [*o* aufhetzen] zu.
exclamation [ɛksklamasjɔ̃] *f* Ausruf *m*;
exclamer ⟨1⟩ *vpr*: **s'~** rufen.
exclure [ɛsklyʀ] *irr comme* **conclure**, *vt*
ausschließen; (*faire sortir*) hinausweisen;
exclusif, -ive [ɛksklysif, iv] *adj* exklusiv;
(*intérêt, mission*) ausschließlich; **exclusion** *f*: **à l'~ de** mit Ausnahme von; **exclusivement** *adv* ausschließlich; **exclusivité** *f* (*COMM*) Alleinvertrieb *m*; **en ~** Exklusiv-.
excommunier [ɛkskɔmynje] ⟨1⟩ *vt* exkommunizieren.
excréments [ɛkskʀemã] *mpl* Exkremente
pl.
excroissance [ɛkskʀwasãs] *f* Wucherung
f.
excursion [ɛkskyʀsjɔ̃] *f* Ausflug *m*.
excuse [ɛkskyz] *f* Entschuldigung *f*; (*prétexte*) Ausrede *f*; **excuser** ⟨1⟩ **1.** *vt* entschuldigen; **2.** *vpr*: **s'~** sich entschuldigen;
excusez-moi Entschuldigung.
exécrable [ɛgzekʀabl(ə)] *adj* scheußlich.
exécuter [ɛgzekyte] ⟨1⟩ **1.** *vt* (*prisonnier*)
hinrichten; (*ordre, mission, INFORM*) ausführen; (*opération, mouvement*) durchführen; (*MUS: jouer*) vortragen; **2.** *vpr*: **s'~** einwilligen; **exécutif, -ive** *adj* exekutiv; **2.**
m Exekutive *f*; **exécution** *f* Hinrichtung *f*;
Ausführung *f*; Durchführung *f*; **mettre à ~**
ausführen.
exemplaire [ɛgzãplɛʀ] **1.** *adj* vorbildlich,
beispielhaft; (*châtiment*) exemplarisch; **2.**
m Exemplar *nt*.
exemple [ɛgzãpl(ə)] *m* Beispiel *nt*; **à l'~ de**
genau wie; **par ~** zum Beispiel; **montrer l'~**
mit gutem Beispiel vorangehen; **prendre ~
sur** sich *dat* ein Beispiel nehmen an +*dat*.
exempt, e [ɛgzã(pt), ã(p)t] *adj*: **~ de** befreit
von; (*sans*) frei von; **exempter**
[ɛgzã(p)te] ⟨1⟩ *vt*: **~ de** freistellen von.
exercer [ɛgzɛʀse] ⟨2⟩ **1.** *vt* ausüben;
(*faculté, partie du corps*) üben, trainieren;
2. *vpr*: **s'~** (*sportif, musicien*) üben; (*pression, etc*) sich auswirken.
exercice [ɛgzɛʀsis] *m* Übung *f*; (*COMM*) Geschäftsjahr *nt*; (*activité sportive, physique*)
Bewegung *f*; **en ~** im Amt.
exhaler [ɛgzale] ⟨1⟩ *vt* ausströmen.
exhaustif, -ive [ɛgzostif, iv] *adj* erschöpfend.
exhiber [ɛgzibe] ⟨1⟩ **1.** *vt* vorzeigen; **2.** *vpr*:
s'~ sich zur Schau stellen.
exhorter [ɛgzɔʀte] ⟨1⟩ *vt* eindringlich bitten.
exhumer [ɛgzyme] ⟨1⟩ *vt* ausgraben.
exigeant, e [ɛgziʒã, ãt] *adj* anspruchsvoll;
exigence *f* Forderung *f*.

exiger [εgziʒe] ⟨2⟩ vt fordern; (chose) erfordern, verlangen.

exigu, ë [εgzigy] adj (lieu) eng.

exil [εgzil] m Exil nt; **exiler** ⟨1⟩ 1. vt verbannen; 2. vpr: **s'~** ins Exil gehen.

existence [εgzistãs] f Existenz f; (vie) Leben nt, Dasein nt.

exister [εgziste] ⟨1⟩ vi (vivre) existieren, bestehen; **il existe** es gibt.

exode [εgzɔd] m Exodus m; **~ rural** Landflucht f; **~ urbain** Stadtflucht f.

exonérer [εgzɔneʀe] ⟨5⟩ vt: **~ de** (impôts, etc) befreien von.

exorbitant, e [εgzɔʀbitã, ãt] adj (somme) astronomisch.

exorbité, e [εgzɔʀbite] adj: **yeux ~s** hervorquellende Augen.

exorciser [εgzɔʀsize] ⟨1⟩ vt exorzieren.

exotique [εgzɔtik] adj exotisch.

exp. abr de **expéditeur** Abs.

expansif, -ive [εkspãsif, iv] adj mitteilsam.

expansion [εkspãsjɔ̃] f Expansion f; **~ économique** wirtschaftliche Expansion.

expatrier [εkspatʀije] ⟨1⟩ 1. vt (argent) ins Ausland überführen; 2. vpr: **s'~** auswandern.

expectative [εkspεktativ] f: **être dans l'~** abwarten.

expédient [εkspedjã] m: **vivre d'~s** sich schlau durchs Leben schlagen.

expédier [εkspedje] ⟨1⟩ vt abschicken; (troupes) entsenden; (péj: travail, etc) hinschludern; **expéditeur, -trice** m, f Absender(in) m(f).

expéditif, -ive [εkspeditif, iv] adj schnell, prompt.

expédition [εkspedisjɔ̃] f Abschicken nt; (voyage) Expedition f.

expérience [εkspeʀjãs] f Erfahrung f; (scientifique) Experiment nt.

expérimenter [εkspeʀimãte] ⟨1⟩ vt erproben.

expert, e [εkspεʀ, εʀt(ə)] 1. adj: **être ~ en** gut Bescheid wissen über +akk; 2. m Experte m, Expertin f; **expert-comptable** (experts-comptables) m Wirtschaftsprüfer(in) m(f); **expertise** f Gutachten nt; **expertiser** ⟨1⟩ vt (objet de valeur) schätzen; (voiture accidentée, etc) die Schadenshöhe +gen festsetzen.

expirer [εkspiʀe] ⟨1⟩ vi (venir à échéance) ablaufen; (respirer) ausatmen; (mourir) verscheiden.

explication [εksplikasjɔ̃] f Erklärung f; (justification) Rechtfertigung f; (discussion) Aussprache f; **~ de texte** (SCOL) Textanalyse f.

explicite [εksplisit] adj ausdrücklich.

expliquer [εksplike] ⟨1⟩ 1. vt erklären; (justifier) rechtfertigen; 2. vpr: **s'~** (se com-

prendre) verständlich sein; (discuter) sich aussprechen; (fam: se disputer) seine Streitigkeiten regeln.

exploit [εksplwa] m große Tat, Leistung f.

exploitation [εksplwatasjɔ̃] f Ausbeutung f; (d'une ferme, etc) Bewirtschaftung f; **~ agricole** landwirtschaftlicher Betrieb.

exploiter [εksplwate] ⟨1⟩ vt (mine, péj) ausbeuten; (entreprise, ferme) betreiben; (dons, faiblesse) ausnützen.

explorer [εksplɔʀe] ⟨1⟩ vt erforschen.

exploser [εksploze] ⟨1⟩ vi explodieren; (joie, colère) ausbrechen; **explosif, -ive** 1. adj explosiv; 2. m Sprengstoff m.

exportateur, -trice [εkspɔʀtatœʀ, tʀis] 1. m, f Exporteur(in) m(f); 2. adj Export-.

exportation [εkspɔʀtasjɔ̃] f Export m.

exporter [εkspɔʀte] ⟨1⟩ vt exportieren.

exposant [εkspozã] m Aussteller(in) m(f); (MATH) Exponent m.

exposé, e [εkspoze] 1. adj: **être ~ au sud** nach Süden gehen; 2. m Exposé nt.

exposer [εkspoze] ⟨1⟩ vt ausstellen; (décrire) darlegen; **~ qn/qch à qch** jdn/etw einer Sache aussetzen; **exposition** f Ausstellung f; (PHOTO) Belichtung f.

exprès [εkspʀε] adv absichtlich.

exprès, -esse [εkspʀε] 1. adj ausdrücklich; 2. adj inv: **lettre/colis ~** Expreßbrief m/-päckchen m; 3. adv per Eilboten.

express [εkspʀεs] adj: **café ~** Espresso m.

expressément [εkspʀεsemã] adv ausdrücklich.

expressif, -ive [εkspʀεsif, iv] adj ausdrucksvoll.

expression [εkspʀεsjɔ̃] f Ausdruck m.

exprimer [εkspʀime] ⟨1⟩ 1. vt ausdrücken; 2. vpr: **s'~** sich ausdrücken.

exproprier [εkspʀɔpʀije] ⟨1⟩ vt enteignen.

expulser [εkspylse] ⟨1⟩ vt verweisen; (locataire) ausweisen; **expulsion** f Ausweisung f.

exquis, e [εkski, iz] adj exquisit.

exsangue [εgzãg, εksãg] adj blutleer.

extenseur [εkstãsœʀ] m (SPORT) Expander m.

extensible [εkstãsibl(ə)] adj ausziehbar.

extensif, -ive [εkstãsif, iv] adj extensiv.

extension [εkstãsjɔ̃] f Strecken nt; (fig) Expansion f; **~ de mémoire** (INFORM) Speichererweiterung f.

exténuer [εkstenɥe] ⟨1⟩ vt erschöpfen.

extérieur, e [εksteʀjœʀ] 1. adj äußere(r, s); (commerce, escalier) Außen-; (calme, gaieté, etc) äußerlich; 2. m (d'une maison, d'un récipient, etc) Außenseite f; **l'~** (d'un pays) die Außenwelt; **à l'~** (dehors) außen; **extérioriser** ⟨1⟩ vt nach außen zeigen.

exterminer [εkstεʀmine] ⟨1⟩ vt ausrotten.

externat [εkstεʀna] m Tagesschule f.

externe [ɛkstɛʀn(ə)] *adj* extern.
extincteur [ɛkstɛ̃ktœʀ] *m* Feuerlöscher *m*.
extinction [ɛkstɛ̃ksjɔ̃] *f* (*d'une race*) Aussterben *nt*; ~ **des feux** (*dortoir*) Lichtausmachen *nt*.
extirper [ɛkstiʀpe] ⟨1⟩ *vt* (*tumeur*) entfernen; (*plante*) ausreißen.
extorquer [ɛkstɔʀke] ⟨1⟩ *vt*: ~ **qch à qn** etw von jdm erpressen.
extra [ɛkstʀa] *adj inv* (*aliment*) von erster Güte; (*fam*): **c'est** ~ das ist toll [*o* irre].
extraconjugal, e ⟨extraconjugaux⟩ [ɛkstʀakɔ̃ʒygal, o] *adj* außerehelich; **relations ~es** außereheliche Beziehungen.
extraction [ɛkstʀaksjɔ̃] *f* Gewinnung *f*; (*de dent*) Ziehen *nt*.
extradition [ɛkstʀadisjɔ̃] *f* Auslieferung *f*.
extraire [ɛkstʀɛʀ] *irr comme traire*, *vt* (*minerai*) gewinnen; (*dent*, MATH: *racine*) ziehen; ~ **qch de** (*corps étranger*, *citation*) etw herausziehen aus.
extrait [ɛkstʀɛ] *m* (*de plante*) Extrakt *m*; (*de film*, *de livre*) Auszug *m*.
extraordinaire [ɛkstʀaɔʀdinɛʀ] *adj* außergewöhnlich; (*mission*, *assemblée*) Sonder-.
extravagant, e [ɛkstʀavagɑ̃, ɑ̃t] *adj* extravagant.
extraverti, e [ɛkstʀavɛʀti] *adj* extrovertiert.
extrême [ɛkstʀɛm] **1.** *adj* (*chaleur*) extrem; (*limite*) äußerste(r, s); (*solution*, *opinions*) maßlos; **2.** *m* Extrem *nt*; **extrémiste** *m/f* Extremist(in) *m(f)*.
extrémité [ɛkstʀemite] *f* äußerstes Ende; (*situation*, *geste désespéré*) äußerste Not; **~s** *fpl* (*pieds et mains*) Extremitäten *pl*.
exubérant, e [ɛgzybeʀɑ̃, ɑ̃t] *adj* überschwenglich.
exulter [ɛgzylte] ⟨1⟩ *vi* frohlocken.
ex-voto [ɛksvoto] *m inv* Votivbild *nt*.
eye-liner ⟨eye-liners⟩ [ailajnœʀ] *m* Eyeliner *m*.

F

F, f [ɛf] *m* F, f *nt*.
fa [fa] *m inv* (MUS) F *nt*.
F.A.B. *adj inv abr de* **franco à bord** frei an Bord.
fable [fabl(ə)] *f* Fabel *f*.
fabricant, e [fabʀikɑ̃, ɑ̃t] *m*, *f* Hersteller(in) *m(f)*; **fabrication** [fabʀikasjɔ̃] *f* Herstellung *f*, Produktion *f*.
fabrique [fabʀik] *f* Fabrik *f*; **fabriquer** ⟨1⟩ *vt* (*produire*) herstellen; (*fam*) machen, treiben.
fabuleux, -euse [fabylø, øz] *adj* legendär;

(*incroyable*) märchenhaft.
fac [fak] *f* (*fam*) Uni *f*.
façade [fasad] *f* Fassade *f*.
face [fas] *f* (*visage*) Gesicht *nt*; (*d'un objet*) Seite *f*; **de** ~ von vorn; **en** ~ **de** gegenüber +*dat*; (*fig*) vor +*dat*; ~ **à** gegenüber +*dat*; (*fig*) angesichts +*gen*; ~ **à** ~ einander gegenüber; **faire** ~ **à** gegenüberstehen +*dat*; (*une obligation*) nachkommen +*dat*.
facette [fasɛt] *f* Facette *f*; (*fig*) Seite *f*.
fâché, e [faʃe] *adj* böse, verärgert; **être ~(e) contre qn** auf jdn böse sein; **être ~e avec qn** mit jdm zerstritten sein.
fâcher [faʃe] ⟨1⟩ **1.** *vt* ärgern; **2.** *vpr*: **se** ~ sich ärgern; **se** ~ **avec qn** (*se brouiller*) sich mit jdm überwerfen.
fâcheux, -euse [faʃø, øz] *adj* ärgerlich; (*regrettable*) bedauerlich.
facial, e ⟨*faciaux*⟩ [fasjal, o] *adj* Gesichts-.
facile [fasil] *adj* leicht; (*littérature*) oberflächlich; (*effets*) billig; ~ **à faire** leicht zu machen; **facilement** *adv* leicht; **facilité** *f* (*aisance*) Leichtigkeit *f*, Gewandtheit *f*; ~**s** *fpl* **de crédit/paiement** günstige Kredit-/Zahlungsbedingungen; **faciliter** ⟨1⟩ *vt* erleichtern.
façon [fasɔ̃] *f* (*manière*) Art *f*, Weise *f*; (*d'un vêtement*: *exécution*) Verarbeitung *f*; (*coupe*) Schnitt *m*; ~**s** *fpl* (*péj*) Umstände *pl*; **à la** ~ **de** nach Art +*gen*; **de** ~ **agréable/agressive** angenehm/aggressiv; **de** ~ **à faire qch/à ce que** um etw zu tun/so daß; **de quelle** ~ **l'a-t-il fait?** auf welche Art und Weise hat er es getan?; **de telle** ~ **que** so, daß; **de toute** ~ auf jeden Fall; **d'une autre** ~ anders; ~ **de voir** Sichtweise *f*.
façonner [fasɔne] ⟨1⟩ *vt* (*fabriquer*) herstellen; (*travailler*) bearbeiten; (*fig*) formen.
facteur, -trice [faktœʀ, tʀis] **1.** *m*, *f* (*postier*) Briefträger(in) *m(f)*; **2.** *m* (MATH, *fig*) Faktor *m*; ~ **de pianos/d'orgues** Klavier-/Orgelbauer *m*; ~ **de risque** Risikofaktor *m*.
factice [faktis] *adj* künstlich, nachgemacht; (*situation*, *sourire*) gekünstelt, unnatürlich.
faction [faksjɔ̃] *f* (*groupe*) Splittergruppe *f*; (*garde*) Wache *f*.
facture [faktyʀ] *f* Rechnung *f*; (*d'un artisan*, *d'un artiste*) Stil *m*; **facturer** ⟨1⟩ *vt* berechnen.
facultatif, -ive [fakyltatif, iv] *adj* fakultativ.
faculté [fakylte] *f* (*possibilité*) Vermögen *nt*; (*intellectuelle*) Fähigkeit *f*; (SCOL) Fakultät *f*; **s'inscrire en** ~ sich an der Universität einschreiben.
fade [fad] *adj* fad[e].
fading [fadiŋ] *m* (RADIO) Fading *nt*.
fagot [fago] *m* (*de bois*) Reisigbündel *nt*.
faible [fɛbl(ə)] **1.** *adj* schwach; (*sans volonté*) willensschwach; **2.** *m*: **le** ~ **de qn/qch** de

schwache Stelle von jdm/etw; **avoir un ~ pour qn/qch** eine Schwäche für jdn/etw haben; **faiblesse** f Schwäche f; **faiblir** ⟨8⟩ vi (diminuer) schwächer werden.

faïence [fajɑ̃s] f Keramik f, Fayence f.

faille [faj] f Bruch m; (dans un rocher) Spalte f; (fig) Schwachstelle f.

faillible [fajibl(ə)] adj fehlbar.

faillir [fajiʀ] irr vi: **j'ai failli tomber** ich bin [o wäre] beinahe gefallen.

faillite [fajit] f Bankrott m.

faim [fɛ̃] f Hunger m; **la ~** die Hungersnot; **avoir ~** Hunger haben; **rester sur sa ~** (fig) unbefriedigt bleiben.

fainéant, e [feneɑ̃, ɑ̃t] m, f Faulenzer(in) m(f).

faire [fɛʀ] irr **1.** vt machen; (fabriquer) herstellen; (AGR: produire) erzeugen; (discours) halten; (former, constituer) darstellen, sein; **2.** vb substitut: **ne le casse pas comme je l'ai fait** zerbrich es nicht so wie ich; **3.** vb impers: **il fait jour/froid** es ist Tag/kalt; **ça fait 2 ans/heures que** es ist 2 Jahre/Stunden her, daß; **4.** vpr: **se ~** (fromage, vin) reifen; **se ~ à qch** (s'habituer) sich an etw akk gewöhnen; **se ~ des amis** Freunde gewinnen; **se ~ une robe** sich dat ein Kleid anfertigen lassen; **se ~ vieux** [allmählich] alt werden; **il se fait tard** es ist schon spät [in der Nacht]; **cela se fait beaucoup/ne se fait pas** das kommt häufig vor/macht man nicht; **comment se fait-il que** wie kommt es, daß; **ne t'en fais pas** mach dir keine Gedanken; **~ chauffer de l'eau** Wasser aufsetzen; **~ démarrer un moteur** einen Motor anlassen; **~ des dégâts** Schaden anrichten; **~ du diabète** (fam) zuckerkrank sein, Diabetes haben; **~ du ski/rugby** Ski laufen/Rugby spielen; **~ du violon/piano** Geige/Klavier spielen; **~ la cuisine** kochen; **~ le malade/l'ignorant** den Kranken/Unwissenden spielen; **~ réparer/vérifier qch** etw richten/überprüfen lassen; **~ vieux/démodé** alt/altmodisch aussehen [lassen]; **fait à la main** Handarbeit; **cela ne me fait rien** das ist mir egal; **cela ne fait rien** das macht nichts; **je vous le fais 10 F** (fam) ich gebe es Ihnen für 10F; **qu'allons-nous ~ dans ce cas?** was sollen wir in diesem Fall tun?; **que ~?** was tun?; **2 et 2 font 4** 2 und 2 sind 4; **9 divisé par 3 fait 3** 9 geteilt durch 3 ist 3; **n'avoir que ~ de qch** sich nicht um etw sorgen; **faites!** bitte!, nur zu!; **il ne fait que critiquer** er kritisiert immer nur; **cela fait tomber la fièvre/dormir** das bringt das Fieber zum Sinken/fördert den Schlaf; **cela a fait tomber le tableau/trembler les murs** das hat das Bild herunterfallen/die Mauern erzittern lassen; **il m'a fait ouvrir la porte** er hat mich gezwungen, die Tür zu öffnen; il

m'a fait traverser la rue er war mir beim Überqueren der Straße behilflich; **je vais me ~ punir/gronder** ich werde bestraft/ausgeschimpft werden; **il va se ~ tuer/renverser** er wird noch umkommen/überfahren werden.

fair-play [fɛʀplɛ] m inv Fairneß f.

faisabilité [fəzabilite] f Durchführbarkeit f; **étude de ~** (COMM) Machbarkeitsstudie f, Feasability-Studie f.

faisable [fəzabl(ə)] adj machbar.

faisan, e [fəzɑ̃, an] m, f Fasan m.

faisandé, e [fəzɑ̃de] adj (viande) mit einem Stich; (fig) verdorben.

faisceau ⟨-x⟩ [fɛso] m Bündel nt; **~ lumineux** Lichtkegel m.

fait [fɛ] m Tatsache f; (événement) Ereignis nt; **aller droit au ~** sofort zur Sache kommen; **au ~** [ach], übrigens; **de ce ~** somit; **de ~** tatsächlich; **du ~ que/de** weil/wegen +gen; **en ~** tatsächlich; **en ~ de repas, il n'eut qu'un morceau de pain** als Mahlzeit bekam er nur ein Stück Brot; **être au ~ de** Bescheid wissen über; **être le ~ de** (typique de) typisch sein für; (causé par) verursacht sein von; **prendre ~ et cause pour qn** für jdn Partei ergreifen; **~ accompli** vollendete Tatsache; **~s** mpl divers (dans un journal) Verschiedenes pl.

fait, e [fɛ, fɛt] adj (personne) reif; (fromage) durch; **être ~ pour** [wie] geschaffen sein für; **c'en est ~ de lui/notre tranquillité** um ihn/unsere Ruhe ist es geschehen; **c'est bien ~ pour lui** das geschieht ihm recht.

faitout, fait-tout [fɛtu] m inv großer Kochtopf.

falaise [falɛz] f Klippe f, Kliff nt.

fallacieux, -euse [falasjø, øz] adj trügerisch.

falloir [falwaʀ] irr **1.** vb impers: **il va ~ l'opérer** man wird ihn operieren müssen; **il me faut/faudrait 100 F de l'aide** ich brauche/bräuchte 100 F/Hilfe; **il vous faut tourner à gauche après l'église** nach der Kirche müssen Sie links abbiegen; **nous avons ce qu'il [nous] faut** wir haben, was wir brauchen; **il faut absolument le faire/qu'il y aille** (obligation) das muß unbedingt gemacht werden/er muß unbedingt hingehen; **il a fallu que je parte** ich mußte weggehen; **il faut qu'il ait oublié/qu'il soit malade** (hypothèse) er muß vergessen haben/krank sein; **il a fallu qu'il l'apprenne** (fatalité) er hat es erfahren müssen; **il faut toujours qu'il s'en mêle** er muß sich immer einmischen; **2.** vpr: **il s'en faut/s'en est fallu de 5 minutes/100 F [pour que]** es fehlen/fehlten 5 Minuten/100 F [damit …]; **il s'en faut de beaucoup qu'elle soit riche** sie ist wahrhaftig nicht reich; **il s'en est fallu de peu que je**

devienne riche beinahe wäre ich reich geworden; **... ou peut s'en faut** ... oder beinahe.

falsifier [falsifje] ⟨1⟩ vt [ver]fälschen.

famé, e [fame] adj: **être mal** ~ einen schlechten Ruf haben.

famélique [famelik] adj ausgehungert, halbverhungert.

fameux, -euse [famø, øz] adj berühmt; (bon) ausgezeichnet; (valeur intensive) außergewöhnlich.

familial, e ⟨familiaux⟩ [familjal, o] 1. adj Familien- f (AUTO) Kombi[wagen] m.

familiariser [familjaʀize] ⟨1⟩ 1. vt: ~ qn avec jdn vertraut machen mit; 2. vpr: se ~ avec sich vertraut machen mit; **familiarité** f Vertraulichkeit f; (dénotant l'intimité) Ungezwungenheit f; (impertinence) plumpe Vertraulichkeit; ~ avec (connaissance) Vertrautheit mit; **familier, -ière** [familje, ɛʀ] 1. adj (connu) vertraut; (dénotant l'intimité) vertraulich, ungezwungen; (LING) umgangssprachlich; (impertinent) plumpvertraulich; 2. m Freund(in) m(f), Vertraute(r) mf.

famille [famij] f Familie f; **avoir de la** ~ Verwandte haben; **j'ai une** ~ ich habe Familie; ~ **monoparentale** Einelternfamilie f.

famine [famin] f Hungersnot f.

fanatique [fanatik] 1. adj fanatisch; 2. m/f Fanatiker(in) m(f); ~ **du rugby/de la voile** Rugby-/Segelfan m.

faner [fane] ⟨1⟩ vpr: se ~ (fleur) verwelken, verblühen; (couleur, tissu) verblassen.

fanfare [fɑ̃faʀ] f (orchestre) Blaskapelle f; (morceau) Fanfare f.

fanfaron, ne [fɑ̃faʀɔ̃, ɔn] m, f Angeber(in) m(f).

fanion [fanjɔ̃] m Wimpel m.

fantaisie [fɑ̃tezi] f (caprice) Laune f; (imagination) Einfallsreichtum m; **Catherine est pleine de** ~ Catherine ist sehr originell; **bijou** ~ Modeschmuck m; **agir selon sa** ~ tun, was einem gerade einfällt; **fantaisiste** adj (personne) sich [zu] viele Freiheiten herausnehmend; (information) frei erfunden.

fantasme [fɑ̃tasm(ə)] m Hirngespinst nt; **fantasque** adj seltsam.

fantastique [fɑ̃tastik] adj phantastisch.

fantôme [fɑ̃tom] m Gespenst nt.

faon [fɑ̃] m Hirschkalb nt; Rehkitz nt.

farce [faʀs(ə)] f (hachis) Füllung f; (THÉÂT) Possenspiel nt; (blague) Streich m; **farceur, -euse** m, f Spaßvogel m; **farcir** ⟨8⟩ 1. vt (GASTR) füllen; ~ **qch de** (fig) vollspicken mit; 2. vpr: **je me suis farci la vaisselle** (fam) ich hatte das Vergnügen, das Geschirr spülen zu dürfen.

fard [faʀ] m Schminke f.

fardeau ⟨-x⟩ [faʀdo] m Last f.

farder [faʀde] ⟨1⟩ vt schminken.

farfelu, e [faʀfəly] adj versponnen.

farfouiller [faʀfuje] ⟨1⟩ vi [herum]wühlen.

farine [faʀin] f Mehl nt; **farineux, -euse** 1. adj (sauce, pomme) mehlig; 2. mpl (catégorie d'aliments) stärkehaltige Nahrungsmittel pl.

farouche [faʀuʃ] adj (timide) scheu; (brutal, indompté) wild; (volonté, haine, résistance) stark, heftig.

fart [faʀt] m Skiwachs nt; **farter** [faʀte] ⟨1⟩ vt wachsen.

fascicule [fasikyl] m Heft nt, Lieferung f.

fasciner [fasine] ⟨1⟩ vt faszinieren.

fascisme [faʃism(ə)] m Faschismus m; **fasciste** 1. adj faschistisch; 2. m/f Faschist(in) m(f).

fastidieux, -euse [fastidjø, øz] adj langweilig.

fastueux, -euse [fastɥø, øz] adj prunkvoll, prachtvoll.

fat [fa(t)] adj selbstgefällig.

fatal, e [fatal] adj tödlich; (erreur) fatal; (inévitable) unvermeidbar; **fatalité** f Unglück nt, Verhängnis nt, Schicksal nt.

fatigue [fatig] f Müdigkeit f; **fatigué, e** adj müde; **fatiguer** [fatige] ⟨1⟩ 1. vt müde machen, ermüden; (importuner) belästigen; 2. vi (moteur) überbelastet sein; 3. vpr: se ~ (personne) ermüden, müde werden.

fatras [fatʀa] m Durcheinander nt.

fatuité [fatɥite] f Selbstgefälligkeit f; Einbildung f.

faubourg [fobuʀ] m Vorstadt f.

fauché, e [foʃe] adj (fam) abgebrannt, blank.

faucher [foʃe] ⟨1⟩ vt (AGR) mähen; (véhicule, etc) niedermähen; (fam) klauen; **faucheur, -euse** 1. m, f Mäher(in) m(f), Schnitter(in) m(f); 2. f (TECH) Mähmaschine f.

faucille [fosij] f Sichel f.

faucon [fokɔ̃] m (ZOOL) Falke m.

faufiler [fofile] ⟨1⟩ 1. vt heften; 2. vpr: se ~ **dans/parmi/entre** sich einschleichen in +akk, hindurchschlüpfen durch.

faune [fon] 1. f Fauna f, Tierwelt f; (fig) buntes Völkchen; 2. m Faun m.

faussaire [fosɛʀ] m/f Fälscher(in) m(f); **faussement** adv fälschlich; **fausser** ⟨1⟩ vt (serrure, objet) verbiegen; (résultat, données) [ver]fälschen; **fausseté** [foste] f Falschheit f.

faut [fo] v. **falloir**.

faute [fot] f (erreur) Fehler m; (manquement) Verstoß m; **par sa** ~, **nous ...** er ist schuld daran, daß wir ...; **c'est [de] sa/ma** ~ das ist seine/meine Schuld; **prendre qn**

en ~ jdn ertappen; ~ **de temps/d'argent** mangels [o aus Mangel an] Zeit/Geld; **sans** ~ ganz bestimmt; ~ **de goût** Geschmacklosigkeit f; ~ **professionnelle** berufliches Fehlverhalten.

fauteuil [fotœj] m (de salon) Sessel m; ~ **d'orchestre** Sperrsitz m; ~ **roulant** Rollstuhl m.

fauteur [fotœʀ] m: ~ **de troubles** Unruhestifter(in) m(f).

fautif, -ive [fotif, iv] adj (incorrect) fehlerhaft; (responsable) schuldig.

fauve [fov] **1.** m Raubkatze f; **2.** adj (couleur) falb.

fauvette [fovɛt] f Grasmücke f.

faux [fo] f (AGR) Sense f.

faux, fausse [fo, fos] **1.** adj falsch; (falsifié) gefälscht; **2.** adv: **jouer/chanter** ~ falsch spielen/singen; **3.** m (copie) Fälschung f; **le** ~ (opposé au vrai) die Unwahrheit; **faire** ~ **bond à qn** jdn versetzen; ~ **col** einehmbarer Kragen; ~ **frais** Nebenausgaben pl; ~ **pas** Stolpern nt; (fig) Fauxpas m; **fausse clé** Dietrich m; **fausse couche** Fehlgeburt f; **faux-filet** ⟨faux-filets⟩ m (GASTR) Lendenstück nt; **faux-monnayeur** ⟨faux-monnayeurs⟩ [fomɔnɛjœʀ] m Falschmünzer(in) m(f).

faveur [favœʀ] f Gunst f; (service) Gefallen m; **avoir la** ~ **de qn** sich jds Gunst erfreuen; **demander une** ~ [à qn] [jdn] um eine Gefallen bitten; **en** ~ **de qn/qch** zugunsten jds/ einer Sache; **régime/traitement de** ~ Bevorzugung f.

favorable [favɔʀabl(ə)] adj (propice) günstig; (bien disposé) wohlwollend; **être** ~ **à qch/qn** einer Sache/jdm geneigt sein.

favori, te [favɔʀi, it] **1.** adj Lieblings-; **2.** m (SPORT) Favorit(in) m(f); ~**s** mpl (barbe) Koteletten pl; **favoriser** [favɔʀize] ⟨1⟩ vt (personne) bevorzugen; (activité) fördern; (chance, événements) begünstigen; **favoritisme** m Günstlingswirtschaft f.

fax [faks] m Fax nt.

fébrile [febʀil] adj (activité) fieberhaft; (personne) aufgeregt.

fécond, e [fekɔ̃, ɔ̃d] adj fruchtbar; (imagination, etc) reich; (auteur) produktiv; **fécondation** f Befruchtung f; ~ **in vitro** (MÉD) In-vitro-Fertilisation f, künstliche Befruchtung; **féconder** ⟨1⟩ vt befruchten; **fécondité** f Fruchtbarkeit f; (d'un auteur) Produktivität f.

fécule [fekyl] f (GASTR) Stärke f.

F.E.D. m abr de **Fonds européen de développement** europäischer Entwicklungsfonds.

fédéral, e ⟨fédéraux⟩ [fedeʀal, o] adj Bundes-; **fédération** [fedeʀasjɔ̃] f Verband m; (POL) Staatenbund m.

fée [fe] f Fee f; **féerique** [fe(e)ʀik] adj zauberhaft.

feindre [fɛ̃dʀ(ə)] irr comme peindre **1.** vt (simuler) vortäuschen; **2.** vi: ~ **de faire qch** vorgeben [o vortäuschen], etw zu machen; **feint, e** [fɛ̃, fɛ̃t] **1.** pp de feindre; **2.** f (fam) Finte f.

fêler [fele] ⟨1⟩ vt (verre, assiette) einen Sprung machen in +akk.

félicitations [felisitasjɔ̃] fpl Glückwünsche pl; **féliciter** ⟨1⟩ **1.** vt beglückwünschen, gratulieren +dat; **2.** vpr: **se** ~ **de qch/d'avoir fait qch** froh sein über etw akk/, etw getan zu haben.

félin, e [felɛ̃, in] **1.** adj Katzen-, katzenhaft; **2.** m (ZOOL) Katze f, Raubkatze f.

fêlure [felyʀ] f (de vase, verre) Sprung m.

femelle [fəmɛl] **1.** f (d'un animal) Weibchen nt; **2.** adj weiblich.

féminin, e [feminɛ̃, in] **1.** adj weiblich; (équipe, vêtements, etc) Frauen-; **2.** m (LING) Femininum nt.

féminisme [feminism(ə)] m Feminismus m; **féministe 1.** m/f Feminist(in) m(f); **2.** adj feministisch.

féminité [feminite] f Weiblichkeit f.

femme [fam] f Frau f; ~ **de chambre** Zimmermädchen nt; ~ **de ménage** Putzfrau f.

fémur [femyʀ] m (ANAT) Oberschenkelknochen m.

F.E.N. [fɛn] f acr de **Fédération de l'éducation nationale** ≈ GEW f (französische Lehrergewerkschaft).

fendre [fɑ̃dʀ(ə)] ⟨14⟩ **1.** vt spalten; (foule) sich dat einen Weg bahnen durch; (flots) durchpflügen; **2.** vpr: **se** ~ (objet) bersten, zerspringen; **fendu, e** [fɑ̃dy] **1.** pp de fendre; **2.** adj (sol, mur) rissig.

fenêtre [f(ə)nɛtʀ(ə)] f (a. INFORM) Fenster nt; ~ **à croisillons** Sprossenfenster nt.

fenouil [fənuj] m Fenchel m.

fente [fɑ̃t] f (fissure) Riß m, Sprung m, Spalt m; (ménagée intentionnellement) Schlitz m.

féodal, e ⟨féodaux⟩ [feɔdal, o] adj Lehens-.

fer [fɛʀ] m Eisen nt; de/en ~ eisern; en ~ **à cheval** hufeisenförmig; ~ **à cheval** Hufeisen nt; ~ **[à repasser]** Bügeleisen nt; ~ **à souder** Lötkolben m; ~ **forgé** Schmiedeeisen nt; **fer-blanc** ⟨fers-blancs⟩ m Blech nt; **ferblanterie** f Klempnerei f; **ferblantier** m Klempner m.

férié, e [feʀje] adj: **jour** ~ Feiertag m.

ferme [fɛʀm(ə)] **1.** adj fest; (personne) standhaft; (catégorique) entschieden; **2.** adv: **discuter/s'ennuyer** ~ heftig diskutieren/sich schrecklich langweilen; **acheter/vendre** ~ fest kaufen/verkaufen; **3.** f Bauernhof m; (maison) Bauernhaus nt.

fermé, e [fɛʀme] adj geschlossen; (personne, visage) verschlossen.

fermement [fɛʀməmɑ̃] adv fest; bestimmt, entschieden.

fermenter [fɛʀmɑ̃te] ⟨1⟩ vi gären.

fermer [fɛʀme] ⟨1⟩ **1.** vt schließen, zumachen; (cesser l'exploitation) stillegen; (eau, robinet) zudrehen; (électricité, radio) abschalten; (aéroport, route) sperren; **2.** vi (porte, valise) zugehen; (entreprise) schließen; **3.** vpr: **se** ~ sich schließen; ~ **les yeux sur qch** die Augen vor etw dat verschließen.

fermeté [fɛʀməte] f Festigkeit f; (d'une personne) Entschiedenheit f.

fermeture [fɛʀmətyʀ] f Schließen nt; (d'une mine, etc) Stillegung f; (d'une entreprise) Schließung f; (serrure, bouton) Verschluß m; **heure de** ~ Geschäftsschluß m; ~ **annuelle** Betriebsferien pl; ~ **hebdomadaire** (restaurant) Ruhetag m; ~ **éclair®**, ~ **à glissière** Reißverschluß m; ~ **velcro®** Klettverschluß m.

fermier, -ière [fɛʀmje, ɛʀ] m, f (locataire) Pächter(in) m(f); (propriétaire) Bauer m, Bäuerin f, Landwirt(in) m(f).

fermoir [fɛʀmwaʀ] m Verschluß m, Schließe f.

féroce [feʀɔs] adj (animal) wild; (guerrier) unbarmherzig, grausam; (appétit, désir) unbändig; **férocité** f Wildheit f; Grausamkeit f.

ferraille [feʀaj] f Schrott m, Alteisen nt; (fam) Kleingeld; **mettre à la** ~ verschrotten.

ferré, e [feʀe] adj (souliers) genagelt; (bout) mit Eisen beschlagen; ~ **en** (savant) beschlagen [o bewandert] in +dat.

ferreux, -euse [feʀø, øz] adj eisenhaltig.

ferronnerie [feʀɔnʀi] f (objets) Schmiedeeisen nt; ~ **d'art** Kunstschmiedearbeit f.

ferroviaire [feʀɔvjɛʀ] adj Eisenbahn-.

ferrugineux, -euse [feʀyʒinø, øz] adj eisenhaltig.

ferrure [feʀyʀ] f (objet) Eisenbeschlag m.

ferry-boat ⟨ferry-boats⟩ [feʀibot] m Eisenbahnfähre f.

fertile [fɛʀtil] adj (terre) fruchtbar; ~ **en incidents** ereignisreich; **fertiliser** ⟨1⟩ vt (terre) düngen; **fertilité** f Fruchtbarkeit f.

féru, e [feʀy] adj: ~ **de** begeistert von.

férule [feʀyl] f: **être sous la** ~ **de qn** unter jds Fuchtel stehen.

fervent, e [fɛʀvɑ̃, ɑ̃t] adj (prière) inbrünstig; (admirateur) glühend; **ferveur** f Inbrunst f; Glut f, Eifer m.

fesse [fɛs] f Hinterbacke f; ~**s** fpl Po m; **fessée** f Schläge pl [auf den Hintern].

festin [fɛstɛ̃] m Festmahl m.

festival ⟨-s⟩ [fɛstival] m Festival m; (classique) Festspiele pl.

festivités [fɛstivite] fpl Festlichkeiten pl.

festoyer [fɛstwaje] ⟨6⟩ vi schmausen.

fêtard, e [fɛtaʀ, d(ə)] m Lebemann m, leichtlebige Person.

fête [fɛt] f (publique) Feiertag m, Festtag m; (en famille) Feier f, Fest nt; (d'une personne) Namenstag m; **faire la** ~ es sich +dat gut gehen lassen; **faire** ~ **à qn** jdn herzlich empfangen; **jour de** ~ Festtag m, Feiertag m; **les** ~**s** (Noël et Nouvel An) die Feiertage pl; **salle/comité des** ~**s** Festsaal m/-komitee nt; ~ **foraine** Jahrmarkt m, Volksfest nt; ~ **mobile** beweglicher Feiertag; ~ **nationale** Nationalfeiertag; **Fête-Dieu** f Fronleichnam nt; **fêter** ⟨1⟩ vt feiern.

fétide [fetid] adj (odeur, haleine) übelriechend.

fétu [fety] m: ~ **de paille** Strohhalm m.

feu [fø] adj inv verstorben.

feu ⟨-x⟩ [fø] m Feuer nt; (NAUT) Leuchtfeuer nt; (de voiture) Scheinwerfer m; (de circulation) Ampel f; (ardeur) Begeisterung f; (sensation de brûlure) Brennen nt; ~**x** mpl (éclat) Licht nt; **à** ~ **doux/vif** (GASTR) bei schwacher/starker Hitze; **à petit** ~ (GASTR) auf kleiner Flamme; (fig) langsam; **au** ~! Feuer!, es brennt!; **s'arrêter au** ~ **rouge** an der (roten) Ampel anhalten; **griller un** ~ **rouge** bei Rot über die Ampel fahren; **faire** ~ (avec arme) feuern; **mettre le** ~ **à qch** etw in Brand stecken; **prendre** ~ Feuer fangen; **avez-vous du** ~? (pour cigarette) haben Sie Feuer?; ~ **arrière** (AUTO) Rücklicht nt; ~ **arrière de brouillard** Nebelschlußleuchte f; ~ **d'artifice** Feuerwerk nt; ~**x de croisement** (AUTO) Abblendlicht nt; ~**x de détresse** Warnblinkanlage f; ~ **de position** (AUTO) Standlicht nt; ~ **rouge/vert** rotes/ grünes Licht; ~ **de route** (AUTO) Fernlicht nt; **tous** ~**x éteints** (NAUT, AUTO) ohne Licht.

feuillage [fœjaʒ] m (feuilles) Blätter pl.

feuille [fœj] f (d'arbre) Blatt nt; ~ **d'impôts** Steuerbescheid m; ~ **d'or/de métal** Gold-/ Metallblättchen nt; ~ **morte** welkes Blatt; ~ **de paie** Lohnzettel m, Gehaltszettel m; ~ **[de papier]** Blatt nt [Papier]; ~ **de vigne** (ART; sur statue) Feigenblatt nt; ~ **volante** loses Blatt.

feuillet [fœjɛ] m (livre) Blatt nt, Seite f.

feuilleté, e [fœjte] adj: **pâte** ~**e** (GASTR) Blätterteig m.

feuilleter [fœjte] ⟨3⟩ vt durchblättern.

feuilleton [fœjtɔ̃] m (dans un journal) Fortsetzungsroman m; (RADIO, TV) Sendefolge f; (partie) Fortsetzung f.

feuillu, e [fœjy] adj belaubt; **arbres** ~**s** Laubbäume pl.

feutre [føtʀ(ə)] m (matière) Filz m; (chapeau) Filzhut m; **[stylo-]**~ Filzstift m, Filzschreiber m; **feutré, e** adj (tissu) filzartig; (après usure) verfilzt; (pas, voix, sons) gedämpft; **feutrer** ⟨1⟩ **1.** vt (revêtir de feutre) mit Filz auslegen; (bruits) dämpfen; **2.** vpr: **se** ~ (tissu) verfilzen.

fève [fɛv] f [dicke] Bohne f.

février [fevʀije] m Februar m; **en** ~ im Februar; **le 14** ~ am 14. Februar; **le 14** ~ **1969** der 14. Februar 1969.

F.F. f abr de **Fédération française** ... französische Vereinigung ...

F.F.F. f abr de **Fédération française de football** französischer Fußballbund.

F.F.N. f abr de **Fédération française de natation** französische Schwimmsportvereinigung.

F.F.T. f abr de **Fédération française de tennis** französischer Tennisbund.

fi [fi] adj: **faire** ~ **de** qch etw nicht beachten, etw in den Wind schlagen.

fiable [fjabl(ə)] adj zuverlässig.

fiançailles [fjɑ̃saj] fpl Verlobung f; (période) Verlobungszeit f; **fiancé, e 1.** m, f Verlobte(r) mf; **2.** adj: **être** ~ **à** verlobt sein mit; **fiancer** [fjɑ̃se] ⟨2⟩ vpr: **se** ~ sich verloben.

fibre [fibʀ(ə)] f Faser f; **avoir la** ~ **paternelle** der geborene Vater sein; ~ **de bois** Holzwolle f; ~ **optique** (TÉL) Glasfaser f; ~ **végétale** Pflanzenfaser f; ~ **de verre** Glasfaser f; **fibreux, -euse** [fibʀø, øz] adj faserig.

ficeler [fis(ə)le] ⟨3⟩ vt (paquet) verschnüren; **ficelle** [fisɛl] f Schnur f, Bindfaden m.

fichage [fiʃaʒ] m Registrierung f [in einer Kartei].

fiche [fiʃ] f (pour fichier) Karteikarte f; ~ [mâle] (ÉLEC) Stecker m; ~ **horaires** Fahrplanauszug m.

ficher [fiʃe] ⟨1, pp fichu⟩ vt: **il ne fiche rien** (fam: faire) er macht [o tut] nichts; **cela me fiche la trouille** (fam) das macht mir Angst; **fiche-le dans un coin** (fam) schmeiß es in eine Ecke; **fiche le camp!** (fam) hau ab!; **fiche-moi la paix!** (fam) laß mich in Frieden!; **je m'en fiche** (fam) das ist mir egal; **tu te fiches de moi** (fam) du machst dich über mich lustig.

fichier [fiʃje] m Kartei f; (INFORM) Datei f; **nom de** ~ Dateiname m; ~ **de travail** Hilfsdatei f.

fichu, e [fiʃy] **1.** pp de **ficher**; **2.** adj (fam: fini, inutilisable) kaputt; **3.** m (foulard) Halstuch nt; **être mal** ~ (fam: santé) sich miserabel fühlen; (objet) schlecht gemacht sein; **n'être pas** ~ **de faire** qch (fam) nicht imstande sein, etw zu tun; ~ **temps/caractère** scheußliches Wetter/schwieriger Charakter.

fictif, -ive [fiktif, iv] adj fiktiv, erfunden; **fiction** [fiksjɔ̃] f Fiktion f.

fidèle [fidɛl] **1.** adj treu; (précis) zuverlässig, genau; **2.** m/f (REL) Gläubige(r) mf; (fig) Getreue(r) mf; **être** ~ **à** treu sein +dat; (parole donnée, habitudes) festhalten an +dat; **fidéliser** [fidelize] ⟨4⟩ vt (COMM) als Stammkunde gewinnen; **fidélité** [fidelite] f Treue f, Zuverlässigkeit f; Genauigkeit f.

fiduciaire [fidysjɛʀ] adj treuhänderisch.

fief [fjɛf] m (HIST) Lehen nt; (fig) Spezialgebiet nt; (POL) Hochburg f.

fiel [fjɛl] m Galle f; (fig) Bitterkeit f.

fiente [fjɑ̃t] f Vogelmist m.

fier [fje] ⟨1⟩ vpr: **se** ~ **à** vertrauen [o sich verlassen] auf +akk.

fier, fière [fjɛʀ] adj stolz (de auf +akk); **avoir fière allure** eine gute Figur machen; **fierté** [fjɛʀte] f Stolz m.

fièvre [fjɛvʀ] f Fieber nt; **fiévreux, -euse** [fjevʀø, øz] adj fiebrig; (fig) fieberhaft.

figer [fiʒe] ⟨2⟩ vt (sang) gerinnen lassen; (sauce) dick werden lassen; (personne) erstarren lassen, lähmen.

figue [fig] f (BOT) Feige f; **figuier** m Feigenbaum m.

figurant, e [figyʀɑ̃, ɑ̃t] m, f Statist(in) m(f).

figuratif, -ive [figyʀatif, iv] adj (ART) gegenständlich.

figure [figyʀ] f (visage) Gesicht nt; (MATH: forme) Figur f; (illustration, dessin) Abbildung f; (aspect) Aussehen nt; (personnage) Gestalt f; **se casser la** ~ (fam: personne) hinfallen; (fam: objet) herunterfallen.

figuré, e [figyʀe] adj (LING) übertragen.

figurer [figyʀe] ⟨1⟩ **1.** vi (apparaître) erscheinen; **2.** vt (représenter) darstellen; **3.** vpr: **se** ~ qch/que sich dat etw vorstellen/ sich dat vorstellen, daß.

fil [fil] m Faden m; (ÉLEC) Leitung f; (tranchant) Schneide f; **au** ~ **des heures/années** im Laufe der Stunden/Jahre; **au** ~ **de l'eau** mit dem Strom; **donner/recevoir un coup de** ~ anrufen/angerufen werden; **perdre le** ~ (discours) den Faden verlieren; ~ **à coudre** Garn nt, Nähfaden m; ~ **à pêche** Angelschnur f; ~ **à plomb** Lot nt, Senkblei nt; ~ **de fer** [Eisen]draht m; ~ **de fer barbelé** Stacheldraht m.

filament [filamɑ̃] m (ÉLEC) Glühfaden m; (de liquide) Faden m.

filandreux, -euse [filɑ̃dʀø, øz] adj (viande) faserig.

filant, e [filɑ̃, ɑ̃t] adj: **étoile** ~**e** Sternschnuppe f.

filasse [filas] adj inv flachsblond, strohblond.

filature [filatyʀ] f (fabrique) Spinnerei f; (d'un suspect) Beschattung f.

file [fil] f Reihe f, Schlange f; **à la** [o **en**] ~ **indienne** im Gänsemarsch; **à la** ~ (d'affilée) hintereinander; **stationner en double ~** in zweiter Reihe parken.

filer [file] ⟨1⟩ **1.** vt (tissu, toile) spinnen; (NAUT) abwickeln, abrollen; (prendre en filature) beschatten; **2.** vi (aller vite) flitzen; (fam: partir) sich aus dem Staub machen; **~ doux** spuren, sich fügen; **~ qch à qn** (fam: donner) jdm etw geben; **une maille qui file** eine Laufmasche; **il file un mauvais coton** es geht bergab mit ihm.

filet [filε] m Netz nt; (GASTR) Filet nt; (de liquide) Rinnsal nt, Faden m; **~ de lumière** Lichtstreifen m; **~ [à provisions]** Einkaufsnetz nt.

filial, e ⟨filiaux⟩ [filjal, o] **1.** adj Kindes-; **2.** f Filiale f; **filiation** f Abstammung f; (fig) Zusammenhänge pl.

filière [filjεʀ] f: **passer par la ~** den Dienstweg gehen; **suivre la ~** von der Pike auf dienen.

filiforme [filifɔʀm(ə)] adj fadenförmig, dünn.

filigrane [filigʀan] m (dessin imprimé) Wasserzeichen nt; **en ~** (fig) zwischen den Zeilen.

fille [fij] f (opposé à garçon) Mädchen nt; (opposé à fils) Tochter f; **vieille ~** [alte] Jungfer f; **jouer la ~ de l'air** (fam) sich verdrücken.

filleul, e [fijœl] m, f Patenkind nt.

film [film] m Film m; **~ muet/parlant** Stumm-/Tonfilm; **filmer** ⟨1⟩ vt filmen.

fils [fis] m Sohn m; **~ à papa** verzogenes Kind reicher Eltern; **~ de famille** junger Mann aus gutem Hause.

filtre [filtʀ(ə)] m Filter m; **filtrer** ⟨1⟩ **1.** vt (café, air, eau) filtern; (candidats, visiteurs) sieben; **2.** vi (lumière) durchschimmern, durchscheinen; (odeur) durchdringen; (liquide, bruit, information) durchsickern.

fin [fɛ̃] f Ende nt; **~** (objectif, but) Zweck m; **à cette ~** zu diesem Zweck; **à la ~** schließlich, am Ende; **à [la] ~ mai/juin** Ende Mai/Juni; **en ~ de journée/semaine** am Ende des Tages/der Woche; **mettre ~ à qch** etw beenden; **avoir ~ à ses jours** Hand an sich legen; **toucher à sa ~** sich seinem Ende nähern; **~ de non-recevoir** (JUR) Abweisung f; (ADMIN) abschlägiger Bescheid.

fin, e [fɛ̃, fin] **1.** adj fein; (taille) schmal, zierlich; (visage) feingeschnitten; (pointe) dünn, spitz; (subtil) feinsinnig; **2.** adv sehr; **3.** m: **vouloir jouer au plus ~ avec qn** jdn zu überlisten suchen; **~ saoul** vollkommen betrunken; **~ fleur de** (alcool) erlesener Branntwein; **~ soûl** vollkommen betrunken; **~ fleur de** la Creme +gen, der feinste Teil +gen; **le ~ fond de** der hinterste Winkel von; **le ~ mot de l'histoire** die Erklärung für das Ganze; **un ~ gourmet/ tireur** ein großer Feinschmecker/ein Mei-

sterschütze; **une ~e mouche** eine raffinierte Person; **~es herbes** [feingehackte] Kräuter pl; **~ vin** ~ erlesener Wein.

final, e [final] **1.** adj letzte(r, s); Schluß-; End-; **2.** m (MUS) Finale nt; **3.** f (SPORT) Finale nt, Endspiel nt; **cause ~** Urgrund m; **quart/huitième de ~e** Viertel-/Achtelfinale nt; **finalement** adv schließlich.

finance [finɑ̃s] f: **la ~** die Finanzwelt; **~s** fpl Finanzen pl; **moyennant ~** gegen Zahlung [o Entgelt]; **financer** ⟨2⟩ vt finanzieren; **financier, -ière** [finɑ̃sje, εʀ] **1.** adj Finanz-; finanziell; **2.** m Finanzier m.

finaud, e [fino, od] adj listig, schlau.

finement [finmɑ̃] adv fein.

finesse [finεs] f Feinheit f; (de taille) Zierlichkeit f; (subtilité) Feinsinnigkeit f.

fini, e [fini] **1.** adj (terminé) fertig; (disparu) vorbei; (personne) erledigt; (machine) kaputt; (limité, MATH) endlich; **2.** m Vollendung f, [letzter] Schliff m; **bien/mal ~** (fait) gut/schlecht gemacht; **un égoïste/artiste ~** ein ausgemachter Egoist/ein vollendeter Künstler; **finir** ⟨8⟩ **1.** vt beenden; (travail) fertigmachen; (repas, paquet de bonbons) aufessen; **2.** vi zu Ende gehen, enden, aufhören; **~ de faire qch** (terminer) etw zu Ende machen, etw fertigmachen; (cesser) aufhören, etw zu tun; **~ en pointe/tragédie** spitz auslaufen/in einer Tragödie enden; **~ par qch** mit etw enden; **~ par faire qch** schließlich etw tun; **il finit par m'agacer** er geht mir allmählich auf die Nerven; **en ~ [avec qn/qch]** mit jdm/etw fertig werden; **il finit de manger** er ist noch am Essen; **il/cela va mal ~** mit ihm wird es/das wird ein schlimmes Ende nehmen; **finissage** m Fertigstellung f, letzter Schliff; **finition** f Fertigstellung f.

finlandais, e [fɛ̃lɑ̃dε, εz] adj finnisch; **Finlandais, e** m, f Finne m, Finnin f; **Finlande** f: **la ~** Finnland nt; **finnois, e** [finwa, az] adj finnisch.

firme [fiʀm(ə)] f Firma f.

fisc [fisk] m: **le ~** der Fiskus, die Steuerbehörde; **fiscal, e** ⟨fiscaux⟩ [fiskal, o] adj Steuer-; **réforme ~e** Steuerreform f; **fiscalité** f (système) Steuerwesen nt; (charges) Steuerlast f.

fission [fisjɔ̃] f Spaltung f.

fissure [fisyʀ] f (craquelure) Sprung m; (crevasse) Riß m; **fissurer** ⟨1⟩ vpr: **se ~** Risse bekommen, rissig werden.

fiston [fistɔ̃] m (fam) Söhnemann m.

fixateur [fiksatœʀ] m (PHOTO) Fixiermittel nt; (pour cheveux) Festiger m; **fixation** [fiksasjɔ̃] f Befestigung f; (de ski) [Schi]bindung f; (PSYCH) Fixierung f; **~ de sécurité** (SKI) Sicherheitsbindung f.

fixe [fiks(ə)] **1.** adj fest; (regard) starr; **2.** m (*salaire de base*) Festgehalt *nt*, Grundgehalt *nt*; **à date/heure** ~ zu einem bestimmten Datum/zur bestimmten Stunde; **menu à prix** ~ Menü *nt* zu festem Preis.

fixé, e [fikse] *adj*: **être** ~ [sur] (*savoir à quoi s'en tenir*) genau Bescheid wissen [über +*akk*].

fixer [fikse] ⟨1⟩ **1.** *vt* befestigen, festmachen, anbringen (*à an* +*dat*); (*déterminer*) festsetzen, bestimmen; (*CHIM. PHOTO*) fixieren; (*regarder*) fixieren, anstarren; **2.** *vpr*: **se** ~ **quelque part** (*s'établir*) sich irgendwo niederlassen; **se** ~ **sur** (*regard, attention*) verweilen bei; ~ **son attention sur** seine Aufmerksamkeit richten auf +*akk*; ~ **son regard sur** seinen Blick heften auf +*akk*.

flacon [flakɔ̃] *m* Fläschchen *nt*.

flagada [flagada] *adj* (*fam*) schlapp.

flageller [flaʒele] ⟨1⟩ *vt* geißeln; peitschen.

flageolet [flaʒɔlɛ] *m* ⟨1⟩ *vi* schlottern.

flageolet [flaʒɔlɛ] *m* (*GASTR*) Zwergbohne *f*.

flagrant, e [flagrɑ̃, ɑ̃t] *adj* offenkundig; **prendre qn en** ~ **délit** jdn auf frischer Tat ertappen.

flair [flɛʀ] *m* (*du chien*) Geruchssinn *m*; (*fig*) Spürsinn *m*; **flairer** ⟨1⟩ *vt* (*chien, etc; fig*) wittern.

flamand, e [flamɑ̃, ɑ̃d] **1.** *adj* flämisch; **2.** *m* (*LING*) Flämisch *nt*; **Flamand, e** *m, f* Flame *m*, Flamin *f*.

flamant [flamɑ̃] *m* Flamingo *m*.

flambant, e [flɑ̃bɑ̃] *adv*: ~ **neuf** funkelnagelneu.

flambé, e [flɑ̃be] **1.** *adj* (*GASTR*) flambiert; **2.** *f* (*feu*) (hell) aufloderndes Feuer *nt*; ~ **de violence/des prix** (*fig*) Aufflackern *nt* von Gewalt/Emporschießen *nt* der Preise.

flambeau ⟨-x⟩ [flɑ̃bo] *m* Fackel *f*.

flamber [flɑ̃be] ⟨1⟩ **1.** *vi* aufflammen, auflodern; **2.** *vt* (*poulet*) absengen; (*aiguille*) keimfrei machen.

flamboyant, e [flɑ̃bwajɑ̃, ɑ̃t] *adj*: **gothique** ~ Spätgotik *f*.

flamboyer [flɑ̃bwaje] ⟨6⟩ *vi* (*feu*) [auf]lodern.

flamingant, e [flamɛ̃gɑ̃, ɑ̃t] *adj* flämischsprechend.

flamme [flam] *f* Flamme *f*; (*fig*) Glut *f*, Leidenschaft *f*.

flan [flɑ̃] *m* (*GASTR*) puddingartige Süßspeise.

flanc [flɑ̃] *m* (*ANAT*) Seite *f*; (*d'une armée*) Flanke *f*; **à** ~ **de montagne/colline** am Abhang; **prêter le** ~ **à** sich aussetzen +*dat*.

Flandre[s] [flɑ̃dʀ(ə)] *f[pl]*: **la [les]** ~[s] Flandern *nt*.

flâner [flane] ⟨1⟩ *vi* bummeln, umherschlendern.

flanquer [flɑ̃ke] ⟨1⟩ *vt* flankieren; ~ **à la porte** (*fam*) [zur Tür] hinauswerfen; ~ **la frousse à qn** (*fam*) jdm Angst einjagen; ~

qch sur/dans (*fam*) etw schmeißen auf +*akk*/in +*akk*.

flaque [flak] *f* Lache *f*, Pfütze *f*.

flash ⟨-es⟩ [flaʃ] *m* (*PHOTO*) Blitz *m*, Blitzlicht *nt*; ~ **d'information** Kurznachrichten *pl*; ~ **électronique** Elektronenblitz *m*; **flash-back** ⟨flashes-back⟩ [flaʃbak] *m* Rückblende *f*.

flasque [flask(ə)] *adj* schlaff.

flatter [flate] ⟨1⟩ **1.** *vt* (*personne*) schmeicheln +*dat*; **2.** *vpr*: **se** ~ **de qch/de pouvoir faire qch** sich einer Sache *gen* rühmen/sich rühmen, etw tun zu können; **flatterie** *f* Schmeichelei *f*; **flatteur, -euse 1.** *adj* schmeichelhaft; **2.** *m, f* Schmeichler(in) *m(f)*.

fléau ⟨-x⟩ [fleo] *m* (*calamité*) Geißel *f*, Plage *f*; (*AGR*) Dreschflegel *m*.

flèche [flɛʃ] *f* Pfeil *m*; (*de clocher*) Turmspitze *f*; (*de grue*) Arm *m*; **monter en** ~ schlagartig ansteigen; **filer comme une** ~ wie ein Pfeil dahinsausen; **fléchette** *f* kleiner Pfeil, Wurfpfeil *m*.

fléchir [fleʃiʀ] ⟨8⟩ **1.** *vt* beugen; (*détermination de qn*) schwächen; **2.** *vi* (*poutre*) sich durchbiegen; (*courage, enthousiasme*) nachlassen; (*personne*) schwach werden.

flemme [flɛm] *f*: **avoir la** ~ (*fam*) faulenzen, faul sein; **avoir la** ~ **de faire qch** (*fam*) keinen Bock haben, etw zu tun.

flétan [fletɑ̃] *m* Heilbutt *m*.

flétrir [fletʀiʀ] ⟨8⟩ **1.** *vt* (*fleur*) verwelken lassen; (*peau, visage*) runzlig werden lassen; (*stigmatiser*) brandmarken; **2.** *vpr*: **se** ~ verwelken.

fleur [flœʀ] *f* Blume *f*; (*d'un arbre*) Blüte *f*; ~ **de lys** bourbonische Lilie; **être** ~ **bleue** sehr sentimental sein; **être en** ~[s] in Blüte stehen.

fleurette [flœʀɛt] *f*: **conter** ~ **à qn** jdm den Hof machen.

fleuri, e [flœʀi] *adj* (*jardin*) blühend, in voller Blüte; (*maison*) blumengeschmückt; (*style*) blumig; (*teint*) gerötet.

fleurir [flœʀiʀ] ⟨8⟩ **1.** *vi* blühen; (*fig*) seine Blütezeit haben; **2.** *vt* (*tombe, chambre*) mit Blumen schmücken.

fleuriste [flœʀist(ə)] *m/f* Florist(in) *m(f)*.

fleuve [flœv] *m* Fluß *m*; ~ **de boue** Strom *m* von Schlamm.

flexible [flɛksibl(ə)] *adj* (*objet*) biegsam; (*matériau*) elastisch; (*personne, caractère*) flexibel.

flexion [flɛksjɔ̃] *f* (*mouvement*) Biegung *f*, Beugung *f*; (*LING*) Flexion *f*, Beugung *f*.

flic [flik] *m* (*fam*) Polizist *m*, Bulle *m*.

flinguer [flɛ̃ge] ⟨1⟩ *vt* (*fam*) abknallen.

flipper [flipe] ⟨1⟩ *vi* (*fam*) ausflippen.

flipper [flipœʀ] *m* (*billard électrique*) Flipper[automat] *m*.

flirter [flœʀte] ⟨1⟩ *vi* flirten.
flocon [flɔkõ] *m* Flocke *f*.
floraison [flɔʀɛzõ] *f* Blüte *f*; (*fig*) Blütezeit *f*.
floral, e ⟨floraux⟩ [flɔʀal, o] *adj* Blumen-.
flore [flɔʀ] *f* Flora *f*.
florissant, e [flɔʀisɑ̃, ɑ̃t] *adj* (*entreprise, commerce*) blühend.
flot [flo] *m* (*fig*) Flut *f*; **~s** *mpl* (*de la mer*) Wellen *pl*; **à ~s** in Strömen; [**re**]**mettre/être à ~** (*NAUT*) flott machen/sein; (*fig*) (finanziell) unter die Arme greifen +*dat*/[wieder] bei Kasse sein.
flotte [flɔt] *f* (*NAUT*) Flotte *f*; (*fam: eau*) Wasser *nt*.
flottement [flɔtmɑ̃] *m* (*hésitation*) Schwanken *nt*, Zögern *nt*.
flotter [flɔte] ⟨1⟩ **1.** *vi* (*bateau, bois*) schwimmen; (*odeur*) schweben; (*drapeau, cheveux*) wehen, flattern; (*vêtements*) lose hängen, wallen; (*monnaie*) floaten; **2.** *vb impers* (*fam: pleuvoir*) regnen, gießen; **3.** *vt* flößen; **flotteur** *m* (*d'hydravion, etc*) Schwimmkörper *m*; (*de canne à pêche*) Schwimmer *m*.
flou, e [flu] **1.** *adj* verschwommen; (*photo*) unscharf; **2.** *m* Verschwommenheit *f*; **~ juridique** (*JUR*) Rechtsunsicherheit *f*.
fluctuation [flyktɥasjõ] *f* (*du marché*) Schwankung *f*; (*de l'opinion publique*) Schwanken *nt*.
fluet, te [flɥɛ, ɛt] *adj* zart, zerbrechlich.
fluide [flɥid] **1.** *adj* flüssig; **2.** *m* (*PHYS*) Flüssigkeit *f*.
fluorescent, e [flyɔʀesɑ̃, ɑ̃t] *adj* fluoreszierend; **tube ~** Neonröhre *f*; **feutre ~** Leuchtstift *m*, Textmarker *m*.
flûte [flyt] *f* (*MUS*) Flöte *f*; (*verre*) Kelchglas *nt*; (*pain*) Stangenbrot *nt*; **~!** verflixt!; **~ à bec** Blockflöte *f*; **~ traversière** Querflöte *f*.
fluvial, e ⟨fluviaux⟩ [flyvjal, o] *adj* Fluß-.
flux [fly] *m* (*marée*) Flut *f*; **le ~ et le reflux** Ebbe *f* und Flut *f*; (*fig*) das Auf und Ab; **~ d'informations** Informationsfluß *m*.
F.M. *abr de* **modulation de fréquence** FM, UKW.
F.M.I. *m abr de* **Fonds monétaire international** IWF *m*.
F.N. *m abr de* **Front national** rechtsextreme Partei.
F.N.S.E.A. *f abr de* **Fédération nationale des syndicats d'exploitants agricole** Nationalverband der Gewerkschaften von Landwirten.
F.O. *abr de* **Force ouvrière** linksorientierte Gewerkschaft.
fœtus [fetys] *m* Fötus *m*.
foi [fwa] *f* (*REL*) Glaube *m*; **ajouter ~ à** Glauben schenken +*dat*; **avoir ~ en** glauben an +*akk*, vertrauen auf +*akk*; **digne de ~**

glaubwürdig; **être de bonne/mauvaise ~** aufrichtig/unaufrichtig sein; **ma ~!** wahrhaftig!; **sur la ~ de** auf Grund +*gen*; **sous la ~ du serment** unter Eid.
foie [fwa] *m* Leber *f*.
foin [fwɛ̃] *m* Heu *nt*; **faire du ~** (*fam*) Krach schlagen.
foire [fwaʀ] *f* Markt *m*; (*fête foraine*) Jahrmarkt *m*; (*exposition*) Messe *f*; **faire la ~** (*fam*) auf die Pauke hauen.
fois [fwa] *f* Mal *nt*; **à la ~** zugleich; **cette ~** dieses Mal; **2 ~ 2** zwei mal zwei; **encore une ~** noch einmal; **il était une ~** es war einmal; **la ~ suivante** das nächste Mal, nächstes Mal; **une ~ des ~!** (*fam*) was glauben Sie denn eigentlich!; **si des ~** (*fam*) wenn [zufällig]; **trois ~ plus grand [que]** dreimal so groß [wie]; **une ~ einmal; une ~ pour toutes** ein für allemal; **une ~ que** nachdem; **vingt ~** zwanzigmal.
foison [fwazõ] *f*: **à ~** in Hülle und Fülle; **une ~ de** eine Fülle von; **foisonner** [fwazone] ⟨1⟩ *vi:* **~ en** [*o de*] reich sein an +*dat*.
folie [fɔli] *f* Verrücktheit *f*; (*état*) Wahnsinn *m*; **la ~ des grandeurs** der Größenwahn[sinn]; **faire des ~s** das Geld mit vollen Händen ausgeben.
folklore [fɔlklɔʀ] *m* Volksgut *nt*, Folklore *f*; **folklorique** *adj* Volks-, volkstümlich; (*fig fam*) kurios.
folle [fɔl] *adj v.* **fou; follement** *adv* (*très*) wahnsinnig.
fomenter [fɔmɑ̃te] ⟨1⟩ *vt* schüren.
foncé, e [fõse] *adj* dunkel; **bleu/rouge ~** dunkelblau/-rot.
foncer [fõse] ⟨2⟩ *vi* (*tissu, teinte*) dunkler werden; (*fam: aller vite*) rasen; **~ sur** (*fam*) sich stürzen auf +*akk*.
foncier, -ière [fõsje, ɛʀ] *adj* grundlegend, fundamental; (*COMM*) Grund-.
fonction [fõksjõ] *f* Funktion *f*; (*profession*) Beruf *m*, Tätigkeit *f*; (*poste*) Posten *m*; **~s** *fpl* (*activité, pouvoirs*) Aufgaben *pl*; (*corporelles, biologiques*) Funktionen *pl*; **entrer en/reprendre ses ~s** sein Amt antreten/seine Tätigkeit wieder aufnehmen; **voiture/maison de ~** Dienstwagen *m*/-wohnung *f*; **en ~ de** entsprechend +*dat*; **être ~ de** abhängen von; **faire ~ de** (*personne*) fungieren als; (*objet*) dienen als; **la ~ publique** der öffentliche Dienst; **fonctionnaire** *m*/ *f* Beamte(r) *m*, Beamtin *f*; **fonctionnel, le** *adj* Funktions-; (*pratique*) funktionell; **fonctionner** [fõksjone] ⟨1⟩ *vi* funktionieren.
fond [fõ] *m* (*d'un récipient, trou*) Boden *m*; (*d'une salle, d'un tableau*) Hintergrund *m*; (*opposé à la forme*) Inhalt *m*; **à ~** (*connaître*) gründlich; (*appuyer, etc*) kräftig, fest; **à ~ [de train]** (*fam*) mit Höchstgeschwindig-

keit; **aller au ~ des choses/du problème** den Dingen/dem Problem auf den Grund gehen; **au ~ de** (*salle*) im hinteren Teil +*gen*; **dans le ~, au ~** im Grunde; **de ~ en comble** ganz und gar; **le ~** (*SPORT*) der Langstreckenlauf; **sans ~** bodenlos; **un ~ de bouteille** (*petite quantité*) der letzte Rest in der Flasche; **~ de teint** Grundiercreme *f*; **~ sonore** Geräuschkulisse *f*.

fondamental, e (*fondamentaux*) [fɔ̃damɑ̃tal, o] *adj* grundlegend, fundamental; **fondamentalisme** *m* (*REL*) Fundamentalismus *m*.

fondant, e [fɔ̃dɑ̃, ɑ̃t] *adj* schmelzend; (*au goût*) auf der Zunge zergehend.

fondateur, -trice [fɔ̃datœr, tris] *m, f* Gründer(in) *m(f)*.

fondation [fɔ̃dasjɔ̃] *f* Gründung *f*; (*établissement*) Stiftung *f*; **~s** *mpl* (*d'une maison*) Fundament *nt*.

fondé, e [fɔ̃de] **1.** *adj* (*accusation*) begründet; (*récit*) fundiert; **être ~ à croire** Grund zur Annahme haben; **2.** *m, f:* **~(e) de pouvoir** Prokurist(in) *m(f)*.

fondement [fɔ̃dmɑ̃] *m* (*fam: derrière*) Hintern *m*; **~s** *mpl* (*fig*) Grundlagen *pl*; **sans ~** unbegründet.

fonder [fɔ̃de] ⟨1⟩ **1.** *vt* gründen; **2.** *vpr:* **se ~ sur qch** sich stützen auf +*akk*; **~ qch sur** (*baser*) etw stützen auf +*akk.*

fonderie [fɔ̃dri] *f* (*usine*) Gießerei *f*.

fondre [fɔ̃dʀ(ə)] ⟨14⟩ **1.** *vt* (*métal*) schmelzen; (*neige, etc*) schmelzen lassen; (*dans l'eau*) auflösen; (*mélanger: couleurs*) vermischen; (*fig*) verschmelzen; **2.** *vi* schmelzen; (*dans l'eau*) sich auflösen; (*fig: argent*) zerrinnen; (*courage*) verfliegen; **~ en larmes** in Tränen ausbrechen; **~ sur** (*se précipiter*) herfallen über +*akk*; **faire ~** schmelzen, schmelzen lassen; auflösen; (*beurre*) zergehen lassen.

fonds [fɔ̃] **1.** *m* (*de bibliothèque, collectionneur*) Bestand *m*; **2.** *mpl* (*argent*) Kapital *nt*, Gelder *pl*; **prêter à ~ perdu** (*fam*) auf Nimmerwiedersehen verleihen; **~ [de commerce]** (*COMM*) Geschäft *nt*; **~ publics** öffentliche Gelder.

fondu, e [fɔ̃dy] **1.** *pp* de **fondre**; **2.** *adj* geschmolzen; (*couleurs*) abgestuft, ineinander übergehend; **3.** *m* (*CINÉ*): **ouverture/fermeture en ~** allmähliches Aufblenden/Abblenden des Bildes; **4.** *f:* **~e** [savoyarde] (*GASTR*) [Käse]fondue *nt*; **~e bourguignonne** Fleischfondue *nt*.

fontaine [fɔ̃tɛn] *f* Quelle *f*; (*construction*) Brunnen *m*.

fonte [fɔ̃t] *f* Schmelze *f*, Schmelzen *nt*; (*métal*) Gußeisen *nt*; **en ~ émaillée** gußeisern; **la ~ des neiges** die Schneeschmelze.

fonts baptismaux [fɔ̃batismo] *mpl* Tauf-

becken *nt*.

foot [fut] *m* (*fam*) Fußball *m*; **football** [futbol] *m* Fußball *m*; **footballeur, -euse** *m, f* Fußballspieler(in) *m(f)*.

footing [futiŋ] *m:* **faire du ~** joggen.

for [fɔʀ] *m:* **dans mon/son ~ intérieur** in meinem/seinem Innersten.

forain, e [fɔʀɛ̃, ɛn] **1.** *adj* Jahrmarkt-; **2.** *m, f* Schausteller(in) *m(f)*.

force [fɔʀs(ə)] *f* Kraft *f*; (*d'une armée, du vent, d'un coup, intellectuelle*) Stärke *f*; **~s** *fpl* (*MIL*) Streitkräfte *pl*; **les ~s de l'ordre** die Polizei; **à ~ de critiques/de le critiquer** durch wiederholte Kritik/wenn man ihn fortwährend kritisiert; **arriver en ~** (*nombreux*) in großer Zahl kommen; **de ~** mit Gewalt; **de première ~** erstklassig; **de toutes mes/ses ~s** aus Leibeskräften; **être de ~ à** imstande sein, zu; **ménager ses/reprendre des ~s** mit seinen Kräften haushalten/wieder zu Kräften kommen; **par la ~ des choses** zwangsläufig; **la ~ de l'habitude** die Macht der Gewohnheit; **~ de caractère** Charakterstärke *f*; **~ de frappe** Schlagkraft *f*; **~ de frappe** [*o* **de dissuasion**] Atomstreitmacht *f*; **~ d'inertie** Beharrungsvermögen *nt*, Trägheit *f*; **~ majeure** höhere Gewalt; **d'occupation** (*MIL*) Besatzungstruppen *fpl*; **forcé, e** *adj* (*rire, attitude*) gezwungen, steif; **atterrissage ~** Notlandung *f*; **un bain ~** ein unfreiwilliges Bad; **c'est ~!** das mußte ja so kommen!; **forcément** *adv* (*obligatoirement*) gezwungenermaßen, notgedrungen; (*bien sûr*) natürlich; **pas ~** nicht unbedingt.

forcené, e [fɔʀsəne] *m, f* Wahnsinnige(r) *mf*.

forcer [fɔʀse] ⟨2⟩ **1.** *vt* (*porte, serrure*) aufbrechen; (*moteur*) überfordern; (*contraindre*) zwingen; **2.** *vi* (*se donner à fond*) sich verausgaben; **3.** *vpr:* **se ~ à qch/faire qch** sich zu etw zwingen/sich dazu zwingen, etw zu tun; **~ l'allure** schneller gehen/fahren; **~ la dose** (*fam*) übertreiben; **~ la main à qn** jdn zum Handeln zwingen.

forer [fɔʀe] ⟨1⟩ *vt* (*objet, rocher*) durchbohren; (*trou, puits*) bohren.

forestier, -ière [fɔʀɛstje, ɛʀ] *adj* Forst-, Wald-/ forstwirtschaftlich.

foret [fɔʀɛ] *m* Bohrer *m*.

forêt [fɔʀɛ] *f* Wald *m*; **la Forêt-Noire** der Schwarzwald; **~-noire** (*GASTR*) Schwarzwälder Kirschtorte *f*.

foreuse [fɔʀøz] *f* Bohrmaschine *f*.

forfait [fɔʀfɛ] *m* (*COMM*) Pauschale *f*; (*crime*) Verbrechen *nt*, Schandtat *f*; **déclarer ~** zurücktreten, nicht antreten; **travailler à ~** für eine Pauschale arbeiten; **forfaitaire** *adj* Pauschal-.

forge [fɔʀʒ(ə)] *f* Schmiede *f*; **forgé, e** *adj:* **~**

de toutes pièces von A bis Z erfunden; **forger** ⟨2⟩ *vt (métal, grille)* schmieden; *(personnalité, moral)* formen; *(prétexte, alibi)* erfinden; **forgeron** [fɔrʒərɔ̃] *m* Schmied(in) *m(f)*.

formaldéhyde [fɔrmaldeid] *m* Formaldehyd *nt*.

formaliser [fɔrmalize] ⟨1⟩ *vpr*: **se ~ de** gekränkt sein; **se ~ de qch** an etw *dat* Anstoß nehmen.

formalité [fɔrmalite] *f* Formalität *f*.

format [fɔrma] *m* Format *nt*; **formater** ⟨1⟩ *vt (INFORM)* formatieren.

formation [fɔrmasjɔ̃] *f* Bildung *f*; *(éducation, apprentissage)* Ausbildung *f*; *(de caractère)* Formung *f*; *(développement)* Entwicklung *f*; *(groupe)* Gruppe *f*; *(GÉO)* Formation *f*; **la ~ professionnelle** die berufliche Ausbildung.

forme [fɔrm] *f* Form *f*; *(condition physique, intellectuelle)* Form *f*, Verfassung *f*; **les ~s** *fpl (bonnes manières)* die Umgangsformen *pl*; *(d'une femme)* die Kurven *pl*; **être en** [*o* **avoir la** *(fam)*] **~** gut in Form sein; **en bonne et due ~** in gebührender Form; **prendre ~** Gestalt annehmen.

formel, le [fɔrmɛl] *adj (catégorique)* eindeutig, klar; *(logique)* formal; *(extérieur)* formal, Form-; **formellement** *adv (absolument)* ausdrücklich.

former [fɔrme] ⟨1⟩ **1.** *vt* bilden; *(projet, idée)* entwickeln; *(travailler; sportif)* ausbilden; *(caractère)* formen; *(intelligence, goût)* ausbilden, entwickeln; *(donner une certaine forme)* gestalten; **2.** *vpr*: **se ~** *(apparaître)* sich bilden, entstehen; *(se développer)* sich entwickeln.

formidable [fɔrmidabl(ə)] *adj* gewaltig, ungeheuer; *(fam: excellent)* klasse, prima, toll.

formulaire [fɔrmylɛr] *m* Formular *nt*, Vordruck *m*.

formule [fɔrmyl] *f (scientifique)* Formel *f*; *(système)* System *nt*; **~ de politesse** Höflichkeitsformel *f*.

formuler [fɔrmyle] ⟨1⟩ *vt* ausdrücken, formulieren.

fort, e [fɔr, fɔrt(ə)] **1.** *adj (doué)* stark; *(doué)* begabt, fähig; *(important)* bedeutend, beträchtlich; *(sauce)* scharf; **2.** *adv*: **sonner/ frapper/serrer ~** *(très)* kräftig [*o* fest] klingeln/klopfen/drücken; **3.** *m (construction)* Fort *nt*, Festung *f*; **au ~ de** mitten in +*dat*.

forteresse [fɔrtərɛs] *f* Festung *f*.

fortifiant [fɔrtifjɑ̃] *m* Stärkungsmittel *nt*.

fortifications [fɔrtifikasjɔ̃] *fpl* Befestigungsanlagen *pl*.

fortifier [fɔrtifje] ⟨1⟩ *vt* stärken; *(ville, château)* befestigen.

fortiori [fɔrsjɔri] *adv*: **à ~** um so mehr.

fortuit, e [fɔrtɥi, ɥit] *adj* zufällig, unvorhergesehen.

fortune [fɔrtyn] *f (richesse)* Vermögen *nt*; **la ~** *(destin)* das Schicksal; **faire ~** reich werden; **de ~** improvisiert; **faire contre mauvaise ~ bon cœur** gute Miene zum bösen Spiel machen; **fortuné, e** *adj (riche)* wohlhabend.

fosse [fos] *f (grand trou)* Grube *f*; *(GÉO)* Graben *m*; *(tombe)* Gruft *f*, Grab *nt*; **~ commune** Sammelgrab *nt*; **~ [d'orchestre]** Orchestergraben *m*; **~ septique** Klärgrube *f*; **~s** *fpl* **nasales** Nasenhöhlen *pl*.

fossé [fose] *m* Graben *m*; *(fig)* Kluft *f*.

fossile [fosil] **1.** *m* Fossil *nt*; **2.** *adj* versteinert; *(fuel)* fossil.

fossoyeur [foswajœr] *m* Totengräber *m*.

fou, folle [fu, fɔl] **1.** *adj* verrückt; *(très)* irr; *(extrême)* wahnsinnig; **2.** *m, f* Irre(r) *mf*, Verrückte(r) *mf*; *(d'un roi)* [Hof]narr *m*; *(ÉCHECS)* Läufer *m*; **être ~ de** *(chose)* verrückt sein auf +*akk*; *(personne)* verrückt sein nach.

foudre [fudr(ə)] *f*: **la ~** der Blitz; **il a eu le coup de ~** er hat sich über beide Ohren [*o* unsterblich] verliebt; **s'attirer les ~s de** jds Zorn auf sich *akk* ziehen.

foudroyant, e [fudrwajɑ̃, ɑ̃t] *adj (rapidité, succès)* überwältigend; *(maladie, poison)* tödlich.

foudroyer [fudrwaje] ⟨6⟩ *vt* erschlagen; **~ qn du regard** jdm einen vernichtenden Blick zuwerfen.

fouet [fwɛ] *m* Peitsche *f*; *(GASTR)* Schneebesen *m*; **de plein ~** *(heurter)* frontal; **fouetter** [fwete] ⟨1⟩ *vt* peitschen; *(personne)* auspeitschen; *(GASTR)* schlagen.

fougère [fuʒɛr] *f* Farn *m*.

fouille [fuj] *f (de police, douane)* Durchsuchung *f*; **~s** *fpl* **[archéologiques]** Ausgrabungen *pl*; **fouiller** ⟨1⟩ **1.** *vt (police)* durchsuchen; *(animal)* wühlen in +*akk*; *(archéologue)* graben in +*dat*; **2.** *vi* graben, wühlen; *(archéologue)* Ausgrabungen machen; **~ dans/parmi** herumwühlen in/zwischen +*dat*.

fouillis [fuji] *m* Durcheinander *nt*.

fouiner [fwine] ⟨1⟩ *vi* herumschnüffeln.

foulard [fular] *m* [Hals]tuch *nt*, [Kopf]tuch *nt*.

foule [ful] *f*: **la ~** die Masse; das Volk; **une ~ de** eine Masse [*o* Menge] von; **une énorme/émue** eine große/aufgebrachte [Menschen]menge.

fouler [fule] ⟨1⟩ **1.** *vt* pressen, kneten; **2.** *vpr*: **se ~** *(la cheville, le pied)* sich *dat* verstauchen; **ne pas se ~** *(fam)* sich *dat* kein Bein ausreißen; **~ aux pieds** mit Füßen treten.

foulure [fulyr] *f* Verstauchung *f*.

four [fuʀ] *m* [Back]ofen *m*; (*échec*) Mißerfolg *m*, Reinfall *m*; ~ **à micro-ondes** Mikrowellenherd *m*.

fourbe [fuʀb(ə)] *adj* (*personne*) betrügerisch; (*regard*) verschlagen.

fourbi [fuʀbi] *m* (*fam*) Krempel *m*.

fourbu, e [fuʀby] *adj* erschöpft.

fourche [fuʀʃ(ə)] *f* (*à foin*) Heugabel *f*; (*à fumier*) Mistgabel *f*; (*de bicyclette*) Gabel *f*; **fourchette** *f* (*des salaires*) Bandbreite *f*; ~ **à dessert** Kuchengabel *f*.

fourgon [fuʀgɔ̃] *m* (*AUTO*) Lieferwagen *m*; (*camion*) Lastwagen *m*; ~ **mortuaire** Leichenwagen *m*.

fourmi [fuʀmi] *f* Ameise *f*; **j'ai des ~s dans les jambes** mir sind die Beine eingeschlafen; **fourmilière** [fuʀmiljɛʀ] *f* Ameisenhaufen *m*; **fourmillement** [fuʀmijmɑ̃] *m* (*démangeaison*) Kribbeln *nt*; (*grouillement*) Wimmeln *nt*.

fournaise [fuʀnɛz] *f* Feuersbrunst *f*; (*fig*) Treibhaus *nt*.

fourneau ⟨-x⟩ [fuʀno] *m* (*de cuisine*) Ofen *m*, Herd *m*.

fournée [fuʀne] *f* (*de pain*) Schub *m*; (*de gens*) Schwung *m*.

fourni, e [fuʀni] *adj* (*barbe, cheveux*) dicht; **bien/mal ~ en** (*magasin*) gut/schlecht ausgestattet mit.

fournir [fuʀniʀ] ⟨8⟩ **1.** *vt* liefern; **2.** *vpr*: **se ~ chez** einkaufen bei; ~ **en** (*COMM*) beliefern mit; ~ **un effort** sich anstrengen; ~ **un exemple** ein Beispiel anführen; ~ **un renseignement** eine Auskunft erteilen; **fournisseur, -euse** *m, f* Lieferant(in) *m(f)*; **fourniture** *f* Lieferung *f*; ~**s** *fpl* (*matériel, équipement*) Ausstattung *f*.

fourrage [fuʀaʒ] *m* [Vieh]futter *nt*; **fourrager** ⟨2⟩ *vi*: ~ **dans/parmi** herumwühlen in +*dat*/zwischen +*dat*.

fourré, e [fuʀe] **1.** *adj* (*bonbon, chocolat*) gefüllt; (*manteau, botte*) gefüttert; **2.** *m* Dickicht *nt*.

fourreau ⟨-x⟩ [fuʀo] *m* (*d'épée*) Scheide *f*.

fourrer [fuʀe] ⟨1⟩ **1.** *vt*: ~ **qch dans** (*fam: mettre*) etw hineinstecken in +*akk*; **2.** *vpr*: **se ~ dans/sous** sich verkriechen in +*akk*/ unter +*dat*; (*une mauvaise situation*) hineingeraten in +*akk*; **fourre-tout** *m inv* (*sac*) Reisetasche *f*; (*fam: endroit, meuble*) Rumpelkammer *f*.

fourreur [fuʀœʀ] *m* Kürschner(in) *m(f)*.

fourrière [fuʀjɛʀ] *f* (*pour chiens*) städtischer Hundezwinger *m*; (*pour voitures*) Abstellplatz *m* für abgeschleppte Fahrzeuge.

fourrure [fuʀyʀ] *f* (*poil*) Fell *nt*; (*vêtement, etc*) Pelz *m*; **manteau/col de ~** Pelzmantel *m*/-kragen *m*.

fourvoyer [fuʀvwaje] ⟨6⟩ *vpr*: **se ~** sich ir-

ren, einen falschen Weg einschlagen.

foutu, e [futy] *adj* (*fam!*) *v.* **fichu.**

foyer [fwaje] *m* (*d'une cheminée, d'un four*) Feuerstelle *f*; (*point d'origine*) Herd *m*; (*famille, domicile, local*) Heim *nt*; (*THÉÂT*) Foyer *nt*; (*OPTIQUE, PHOTO*) Brennpunkt *m*; **lunettes à double ~** Bifokalbrille *f*; ~ **de crise** (*fig*) Krisenherd *m*.

fracas [fʀaka] *m* (*bruit*) Krach *m*, Getöse *nt*; **fracasser** [fʀakase] ⟨1⟩ **1.** *vt* zertrümmern; (*verre*) zerschlagen; **2.** *vpr*: **se ~** zerschellen (*sur* an +*dat*).

fraction [fʀaksjɔ̃] *f* (*MATH*) Bruch *m*; (*partie*) [Bruch]teil *m*; **une ~ de seconde** ein Sekundenbruchteil *m*; **fractionner** [fʀaksjɔne] ⟨1⟩ *vt* aufteilen; **2.** *vpr*: **se ~** sich spalten.

fracture [fʀaktyʀ] *f* (*MÉD*) Bruch *m*; ~ **du crâne** Schädelbruch *m*; **fracturer** ⟨1⟩ **1.** *vt* (*coffre, serrure*) aufbrechen; (*os, membre*) brechen; **2.** *vpr*: **se ~ la jambe/le crâne** sich *dat* das Bein brechen/einen Schädelbruch erleiden.

fragile [fʀaʒil] *adj* (*objet*) zerbrechlich; (*estomac*) empfindlich; (*santé*) schwach, zart; (*personne*) zart, zerbrechlich; (*équilibre, situation*) unsicher; **fragilisé, e** *adj* (*personne*) angegriffen; **fragilité** *f* Zerbrechlichkeit *f*; Zartheit *f*; Unsicherheit *f*.

fragment [fʀagmɑ̃] *m* (*d'un objet*) [Bruch]stück *nt*, Teil *m*; (*extrait*) Auszug *m*; **fragmentaire** *adj* bruchstückhaft, unvollständig; **fragmenter** ⟨1⟩ **1.** *vt* aufteilen; (*roches*) spalten; **2.** *vpr*: **se ~** zerbrechen.

fraîchement [fʀɛʃmɑ̃] *adv* (*sans enthousiasme*) kühl, zurückhaltend; (*récemment*) neulich, vor kurzem.

fraîcheur [fʀɛʃœʀ] *f* Frische *f*; (*froideur*) Kühle *f*.

fraîchir [fʀeʃiʀ] ⟨8⟩ *vi* (*temps*) abkühlen; (*vent*) auffrischen.

frais, fraîche [fʀɛ, fʀɛʃ] **1.** *adj* frisch; (*froid*) kühl; **2.** *adv*: **il fait ~** es ist kühl; **boire/servir ~** kalt trinken/servieren; **3.** *m*: **mettre au ~** frisch lagern; **prendre le ~** frische Luft schöpfen; **le voilà ~!** (*fam: dans le pétrin*) jetzt sitzt er schön in der Patsche!

frais [fʀɛ] *mpl* (*dépenses*) Ausgaben *pl*, Kosten *pl*; **faire des ~** Ausgaben haben, Geld ausgeben; **faire les ~ de** das Opfer sein von; ~ **de déplacement** Fahrtkosten *pl*; ~ **généraux** allgemeine Unkosten *pl*.

fraise [fʀɛz] *f* (*BOT*) Erdbeere *f*; (*TECH, dentiste*) Bohrer *m*; ~ **des bois** Walderdbeere *f*.

fraiser [fʀeze] ⟨1⟩ *vt* fräsen; **fraiseuse** *f* Fräsmaschine *f*.

fraisier [fʀezje] *m* Erdbeerpflanze *f*.

framboise [fʀɑ̃bwaz] *f* (*BOT*) Himbeere *f*.

franc, franche [fʀɑ̃, fʀɑ̃ʃ] **1.** *adj* (*personne*) offen, aufrichtig; (*visage*) offen; (*refus, couleur*) klar; (*coupure*) sauber; **2.** *adv:*

parler ~ freimütig [*o* offen] sprechen; **3.** *m* (*monnaie*) Franc *m*; **ancien/nouveau** ~ alter/neuer Franc (*bis/seit 1960*); ~ **français/belge** französischer/belgischer Franc; ~ **suisse** Schweizer Franken *m*; ~ **de port** (*exempt*) portofrei, gebührenfrei; **port** ~/ **zone franche** Freihafen *m*/Freizone *f*.

français, e [fʀɑ̃sɛ, ɛz] **1.** *adj* französisch; **2.** *m* (*LING*) Französisch *nt*; **apprendre le** ~ Französisch lernen; **parler** ~ französisch sprechen; **traduire en** ~ ins Französische übersetzen; **Français, e** *m*, *f* Franzose *m*, Französin *f*; **France** [fʀɑ̃s] *f*: **la** ~ Frankreich *nt*; **en** ~ in Frankreich; **aller en** ~ nach Frankreich fahren.

franchement [fʀɑ̃ʃmɑ̃] *adv* ehrlich; (*tout à fait*) ausgesprochen.

franchir [fʀɑ̃ʃiʀ] 〈8〉 *vt* überschreiten; (*obstacle*) überwinden.

franchise [fʀɑ̃ʃiz] *f* Offenheit *f*, Aufrichtigkeit *f*; (*exemption*) [Gebühren]freiheit *f*.

franciser [fʀɑ̃size] 〈1〉 *vt* französisieren.

franc-maçon 〈francs-maçons〉 [fʀɑ̃masɔ̃] *m* Freimaurer *m*.

franco [fʀɑ̃ko] *adv* (*COMM*) franko, gebührenfrei.

franco... [fʀɑ̃ko] *préf* französisch-; **francophile** [fʀɑ̃kofil] *adj* frankophil; **francophone** [fʀɑ̃kofɔn] *adj* französischsprechend; **francophonie** *f* Gesamtheit der französischsprechenden Bevölkerungsgruppen.

franc-parler 〈francs-parlers〉 [fʀɑ̃paʀle] *m* Freimütigkeit *f*, Unverblümtheit *f*; **franctireur** 〈francs-tireurs〉 *m* Partisan(in) *m(f)*; (*fig*) Einzelgänger(in) *m(f)*.

frange [fʀɑ̃ʒ] *f* (*de tissu*) Franse *f*; (*de cheveux*) Pony *m*; (*zone*) Rand *m*.

franglais [fʀɑ̃glɛ] *m* (*LING*) Übernahme englischer Ausdrücke ins Französische.

franquette [fʀɑ̃kɛt] *adv*: **à la bonne** ~ ohne Umstände, ganz zwanglos.

frappe [fʀap] *f* (*d'une dactylo*) Anschlag *m*; (*BOXE*) Schlag *m*; **frapper** 〈1〉 **1.** *vt* schlagen; (*monnaie*) prägen; (*malheur*) treffen; (*impôt*) betreffen; **2.** *vpr*: **se** ~ (*s'inquiéter*) sich aufregen; ~ **à la porte** an die Tür klopfen; ~ **qn** jdm auffallen; (*étonner*) jdn beeindrucken.

frasques [fʀask(ə)] *fpl* Eskapaden *pl*.

fraternel, le [fʀatɛʀnɛl] *adj* brüderlich; **amour** ~ Bruderliebe *f*.

fraterniser [fʀatɛʀnize] 〈1〉 *vi* freundschaftlichen Umgang haben.

fraternité [fʀatɛʀnite] *f* (*solidarité*) Brüderlichkeit *f*, Verbundenheit *f*.

fraude [fʀod] *f* Betrug *m*; ~ **fiscale** Steuerhinterziehung *f*; **frauder** 〈1〉 *vi* betrügen; **frauduleux, -euse** *adj* betrügerisch; (*concurrence*) unlauter.

frayer [fʀeje] 〈7〉 **1.** *vt* (*passage*) bahnen, schaffen; (*voie*) erschließen, auftun; **2.** *vi* (*poisson*) laichen; **3.** *vpr*: **se** ~ **un passage/ chemin dans** sich *dat* einen Weg bahnen durch; ~ **avec** verkehren mit.

frayeur [fʀejœʀ] *f* Schrecken *m*.

fredonner [fʀədɔne] 〈1〉 *vt* summen.

free-lance [fʀilɑ̃s] **1.** *adj* freiberuflich [tätig]; **2.** *m* freiberufliche Tätigkeit *f*; **journaliste** ~ freier Journalist, freie Journalistin.

freezer [fʀizœʀ] *m* Gefrierfach *nt*.

frein [fʀɛ̃] *m* Bremse *f*; **mettre un** ~ **à** (*fig*) bremsen; **liquide de** ~ (*AUTO*) Bremsflüssigkeit *f*; ~ **à main** (*AUTO*) Handbremse *f*; ~**s** *mpl* **à tambour/disques** Trommel-/Scheibenbremsen *pl*; **freinage** [fʀenaʒ] *m* Bremsen *nt*; **distance de** ~ Bremsweg *m*; **freiner** [fʀene] 〈1〉 *vi*, *vt* bremsen.

relaté, e [ʀəlate] *adj* (*vin*) gepanscht; (*produit*) verfälscht.

frêle [fʀɛl] *adj* zart, zerbrechlich.

frelon [fʀəlɔ̃] *m* Hornisse *f*.

frémir [fʀemiʀ] 〈8〉 *vi* (*personne*) zittern; (*eau*) kochen, sieden.

frêne [fʀɛn] *m* Esche *f*.

frénétique [fʀenetik] *adj* (*passion*) rasend; (*musique, applaudissements*) frenetisch, rasend.

fréquemment [fʀekamɑ̃] *adv* oft.

fréquence [fʀekɑ̃s] *f* Häufigkeit *f*; (*PHYS*) Frequenz *f*; **haute/basse** ~ (*RADIO*) Hoch-/ Niederfrequenz *f*; **fréquent, e** *adj* häufig; **fréquentation** *f* (*d'un lieu*) [häufiger] Besuch; **de bonnes** ~**s** gute Beziehungen *pl*; **une mauvaise** ~ ein schlechter Umgang; **fréquenté, e** *adj* (*rue, plage*) belebt; (*établissement*) gutbesucht; **fréquenter** [fʀekɑ̃te] 〈1〉 *vt* oft [*o* häufig] besuchen.

frère [fʀɛʀ] *m* Bruder *m*.

fret [fʀɛ] *m* (*cargaison*) Fracht *f*.

fréter [fʀete] 〈5〉 *vt* chartern.

frétiller [fʀetije] 〈1〉 *vi* (*poisson, etc*) zappeln; (*de joie*) springen, hüpfen; ~ **de la queue** [mit dem Schwanz] wedeln.

fretin [fʀətɛ̃] *m*: **menu** ~ kleine Fische.

friable [fʀijabl(ə)] *adj* bröckelig, brüchig.

friand, e [fʀijɑ̃, ɑ̃d] **1.** *adj*: **être** ~ **de qch** etw sehr gern mögen; **2.** *m* (*GASTR*) Pastetchen *nt*; **friandise** [fʀijɑ̃diz] *f* Leckerei *f*.

fric [fʀik] *m* (*fam*) Kohle *f*, Geld *nt*.

friche [fʀiʃ] *adj*, *adv*: **en** ~ brach[liegend].

friction [fʀiksjɔ̃] *f* Reiben *nt*; (*chez le coiffeur*) Massage *f*; (*TECH*) Reibung *f*; (*fig*) Reiberei *f*; **frictionner** [fʀiksjɔne] 〈1〉 *vt* [ab]reiben; (*avec serviette*) frottieren, massieren.

frigidaire [fʀiʒidɛʀ] *m* Kühlschrank *m*.

frigo [fʀigo] *m* (*fam*) Kühlschrank *m*; **frigorifier** [fʀigoʀifje] 〈1〉 *vt* (*produit*) tiefkühlen; einfrieren; **frigorifié(e)** (*fam: personne...*)

sonne) durchgefroren; **frigorifique** *adj* Kühl-.

frileux, -euse [fʀilø, øz] *adj* verfroren; *(fig)* zögerlich.

frime [fʀim] *f*: **c'est pour la ~** *(fam)* das ist alles nur Schau; **frimer** ⟨1⟩ *vi* eine Schau abziehen.

frimousse [fʀimus] *f (fam)* Gesichtchen *nt*.

fringale [fʀɛ̃gal] *f*: **avoir la ~** einen Heißhunger haben.

fringant, e [fʀɛ̃gɑ̃, ɑ̃t] *adj (personne)* munter, flott.

fringues [fʀɛ̃g] *fpl (fam)* Klamotten *pl*.

fripé, e [fʀipe] *adj* zerknittert.

fripier, -ère [fʀipje, ɛʀ] *m, f* Trödler(in) *m(f)*.

fripon, ne [fʀipɔ̃, ɔn] **1.** *adj* spitzbübisch, schelmisch; **2.** *m, f* Schlingel *m*.

fripouille [fʀipuj] *f (fam)* Schurke *m*.

frire [fʀiʀ] *irr vt, vi* braten.

Frisbee® [fʀizbi] *m* Frisbee® *nt; (disque)* Frisbeescheibe *f*.

frise [fʀiz] *f (ARCHIT)* Fries *m*.

frisé, e [fʀize] *adj* lockig; kraus.

friser [fʀize] ⟨1⟩ **1.** *vt (cheveux)* Locken machen in *+akk; (peur)* nahe an *+dat; (personne, chose)* grenzen an *+akk*; **2.** *vi (cheveux)* sich locken; sich kräuseln.

frisson [fʀisɔ̃] *m (de peur)* Schauder *m; (de froid)* Schauer *m; (de douleur)* Erbeben *nt;* **frissonner** ⟨1⟩ *vi (personne)* schaudern, schauern; *(trembler)* beben, zittern; *(eau, feuillage)* rauschen.

frit, e [fʀi, fʀit] **1.** *pp de* **frire; 2.** *f:* **~s** *fpl* Pommes frites *pl;* **friture** *f (huile)* Bratfett *nt; (RADIO)* Nebengeräusch *nt,* Rauschen *nt;* ~ **[de poissons]** *(GASTR)* [kleine] fritierte Fische.

frivole [fʀivɔl] *adj* oberflächlich.

froid, e [fʀwa, fʀwad] **1.** *adj* kalt; *(personne, accueil)* kühl; **2.** *m:* **le ~** die Kälte; **les grands ~s** die kalte Jahreszeit; **à ~** *(TECH)* kalt; *(fig)* ohne Vorbereitung; **être en ~ avec** ein unterkühltes Verhältnis haben zu; **jeter un ~** *(fig)* wie eine kalte Dusche wirken; **il fait ~** es ist kalt; **j'ai froid** mir ist kalt, ich friere; **froidement** *adv* kühl; *(lucidement)* mit kühlem Kopf.

froisser [fʀwase] ⟨1⟩ **1.** *vt* zerknittern; *(personne)* kränken; **2.** *vpr:* **se ~** knittern; *(personne)* gekränkt [*o* beleidigt] sein; **se ~ un muscle** sich *dat* einen Muskel quetschen.

frôler [fʀole] ⟨1⟩ *vt* streifen, leicht berühren; *(catastrophe, échec)* nahe sein an *+dat.*

fromage [fʀɔmaʒ] *m* Käse *m;* ~ **blanc** ≈ Quark *m;* **faire de qch un ~** *(fam)* etw aufbauschen; **fromager, -ère** [fʀɔmaʒe, ɛʀ] *m, f (marchand)* Käsehändler(in) *m(f)*.

froment [fʀɔmɑ̃] *m* Weizen *m*.

fronce [fʀɔ̃s] *f* [kleine, geraffte] Falte *f*.

frondeur, -euse [fʀɔ̃dœʀ, øz] *adj* aufrühre-

risch.

front [fʀɔ̃] *m (ANAT)* Stirn *f; (MIL, fig)* Front *f;* **avoir le ~ de faire qch** die Stirn haben, etw zu tun; **de ~** *(par devant)* frontal; *(rouler)* nebeneinander; *(simultanément)* gleichzeitig, zugleich; ~ **froid** *(MÉTÉO)* Kaltfront *f;* **Front de libération** Befreiungsfront *f;* ~ **de mer** Küstenstrich *m,* Küstenlinie *f*.

frontal, e ⟨frontaux⟩ [fʀɔ̃tal, o] *adj (ANAT)* Stirn-; *(choc, attaque)* frontal.

frontalier, -ière [fʀɔ̃talje, ɛʀ] **1.** *adj* Grenz-; **2.** *m, f (travailleur)* Grenzgänger(in) *m(f)*.

frontière [fʀɔ̃tjɛʀ] *f* Grenze *f;* **à la ~** an der Grenze; **poste/ville ~** Grenzposten *m*/stadt *f*.

frontispice [fʀɔ̃tispis] *m (TYPO)* illustrierte Titelseite, Frontispiz *nt*.

fronton [fʀɔ̃tɔ̃] *m* Giebel *m*.

frottement [fʀɔtmɑ̃] *m (friction)* Reiben *nt*.

frotter [fʀɔte] ⟨1⟩ **1.** *vi* reiben; **2.** *vt* abreiben; einreiben; *(sol: pour nettoyer)* scheuern; *(meuble)* polieren; **3.** *vpr:* **se ~ à** **qch** *(fig)* sich einlassen mit jdm/auf etw *akk*.

fructifier [fʀyktifje] ⟨1⟩ *vi (arbre)* Früchte tragen; *(argent)* Zinsen abwerfen; *(propriété)* an Wert gewinnen; **faire ~** gut [*o* gewinnbringend] anlegen.

fructueux, -euse [fʀyktɥø, øz] *adj* einträglich, gewinnbringend.

frugal, e ⟨frugaux⟩ [fʀygal, o] *adj (repas)* frugal, einfach; *(vie, personne)* genügsam, schlicht.

fruit [fʀɥi] *m (BOT)* Frucht *f; (fig)* Früchte *pl;* ~**s** *mpl* Obst *nt;* ~**s de mer** Meeresfrüchte *pl;* ~**s secs** *mpl* Dörrobst *nt;* **fruité, e** [fʀɥite] *adj (vin)* fruchtig; **fruitier, -ière** [fʀɥitje, ɛʀ] **1.** *adj:* **arbre ~** Obstbaum *m;* **2.** *m, f (marchand)* Obsthändler(in) *m(f)*.

fruste [fʀyst(ə)] *adj* ungeschliffen, roh.

frustré, e [fʀystʀe] *adj* enttäuscht, frustriert.

frustrer [fʀystʀe] ⟨1⟩ *vt (PSYCH)* frustrieren; *(espoirs, etc)* enttäuschen; ~ **qn de qch** *(priver)* jdn um etw bringen.

fuel [fjul] *m* Heizöl *nt*.

fugace [fygas] *adj* flüchtig.

fugitif, -ive [fyʒitif, iv] **1.** *adj* flüchtig; **2.** *m, f* Ausbrecher(in) *m(f)*.

fugue [fyg] *f (d'un enfant)* Ausreißen *nt; (MUS)* Fuge *f;* **faire une ~** ausreißen.

fuir [fɥiʀ] *irr* **1.** *vt:* ~ **qch** vor etw fliehen [*o* flüchten]; *(fam)* sich einer Sache *dat* entziehen; **2.** *vi (personne)* fliehen; *(eau)* auslaufen; *(robinet)* tropfen; *(tuyau)* lecken, undicht sein; **fuite** *f* Flucht *f; (écoulement)* Auslaufen *nt; (divulgation)* Durchsickern *nt;* **être en ~** auf der Flucht sein; **mettre en**

~ in die Flucht schlagen; **prendre la** ~ die Flucht ergreifen; ~ **de gaz** undichte Stelle in der Gasleitung.

fulgurant, e [fylgyʀɑ̃, ɑ̃t] adj blitzschnell; **idée** ~**e** Geistesblitz m.

fulminer [fylmine] ⟨1⟩ vi: ~ **[contre]** wettern [gegen].

fumé, e [fyme] **1.** adj (GASTR) geräuchert; (verres) getönt; **2.** f Rauch m.

fume-cigarette [fymsigaʀɛt] m inv Zigarettenspitze f.

fumer [fyme] ⟨1⟩ **1.** vi (personne) rauchen; (liquide) dampfen; **2.** vt (cigarette, pipe) rauchen; (GASTR) räuchern; (terre, champ) düngen.

fumet [fymɛ] m (GASTR) Aroma nt, Duft m.

fumeur, -euse [fymœʀ, øz] m, f Raucher(in) m(f); **compartiment** ~**s/non** ~**s** Raucher-/Nichtraucherabteil nt; ~ **passif** Passivraucher m.

fumeux, -euse [fymø, øz] adj (péj) verschwommen, verworren.

fumier [fymje] m (engrais) Dung m, Dünger m.

fumigation [fymigasjɔ̃] f (MÉD) Dampfbad nt.

fumiste [fymist(ə)] m/f (péj) Taugenichts m; **fumisterie** f (péj) Schwindel m.

fumoir [fymwaʀ] m Rauchzimmer nt.

funambule [fynɑ̃byl] m/f Seiltänzer(in) m(f).

funèbre [fynɛbʀ(ə)] adj (relatif aux funérailles) Trauer-; (lugubre) düster, finster.

funérailles [fyneʀaj] fpl Begräbnis nt, Beerdigung f; ~ **nationales** Staatsbegräbnis nt; **funéraire** adj Bestattungs-.

funeste [fynɛst(ə)] adj unheilvoll; (fatal) tödlich.

funiculaire [fynikylɛʀ] m Seilbahn f.

fur [fyʀ] adv: **au** ~ **et à mesure** nach und nach; **au** ~ **et à mesure que/de** sobald, während.

fureur [fyʀœʀ] f (colère) Wut f; **faire** ~ (être à la mode) in sein, Furore machen.

furibond, e [fyʀibɔ̃, ɔ̃d] adj wütend.

furie [fyʀi] f (blinde) Wut f; (femme) Furie f; **en** ~ tobend.

furieux, -euse [fyʀjø, øz] adj (en colère) wütend; (combat) wild, erbittert; (vent) heftig.

furtif, -ive [fyʀtif, iv] adj verstohlen.

fusain [fyzɛ̃] m Zeichenkohle f; (dessin) Kohlezeichnung f.

fuseau (-x) [fyzo] m (pantalon) Keilhose f; (pour filer) Spindel f; **en** ~ spindelförmig; ~ **horaire** Zeitzone f.

fusée [fyze] f Rakete f; ~ **éclairante** Leuchtrakete f; Leuchtkugel f.

fuselage [fyz(ə)laʒ] m [Flugzeug]rumpf m.

fuselé, e [fyz(ə)le] adj schlank, spindelför-

mig.

fusible [fyzibl(ə)] m Schmelzdraht m; (fiche) Sicherung f.

fusil [fyzi] m (arme) Gewehr nt; ~ **de chasse** Jagdflinte f, Büchse f; **fusillade** [fyzijad] f Gewehrfeuer nt; **fusiller** [fyzije] ⟨1⟩ vt (exécuter) erschießen; **fusil-mitrailleur** ⟨fusils-mitrailleurs⟩ [fyzimitʀajœʀ] m [leichtes] Maschinengewehr nt.

fusion [fyzjɔ̃] f (d'un métal) Schmelzen nt; (COMM: de compagnies) Fusion f; **entrer en** ~ schmelzen, flüssig werden; **fusionner** [fyzjɔne] ⟨1⟩ vi sich zusammenschließen.

fustiger [fystiʒe] ⟨2⟩ vt (critiquer) tadeln, schelten.

fût [fy] m (tonneau) Faß nt; (de canon, de colonne) Schaft m; (d'arbre) Schaft m, Stamm m.

futaie [fytɛ] f Hochwald m.

futile [fytil] adj (idée, activité) unbedeutend, unnütz.

futur, e [fytyʀ] **1.** adj zukünftig; **2.** m: **le** ~ (LING) das Futur[um]; (avenir) die Zukunft; **au** ~ (LING) im Futur; ~ **antérieur** vollendete Zukunft f; **les temps** ~**s** die Zukunft.

fuyant, e [fɥijɑ̃, ɑ̃t] adj (regard) ausweichend; (personne) schwer faßbar; **front** ~ fliehende Stirn.

G

G, g [ʒe] m G, g nt.

Gabon [gabɔ̃] m: **le** ~ Gabun nt.

gâcher [gɑʃe] ⟨1⟩ vt (plâtre) anrühren; (saboter) verderben; (gaspiller) verschwenden.

gâchette [gɑʃɛt] f (d'arme) Abzug m.

gâchis [gɑʃi] m (gaspillage) Verschwendung f.

gadget [gadʒɛt] m Spielerei f.

gadoue [gadu] f (boue) Schlamm m.

gaffe [gaf] f (instrument) Bootshaken m; (fam: bévue) Schnitzer m; **faire** ~ (fam) aufpassen; **gaffer** ⟨1⟩ vi einen Schnitzer machen.

gage [gaʒ] m Pfand nt; (assurance) Zeichen nt; ~**s** mpl (salaire) Lohn m; **mettre en** ~ verpfänden; **gager** ⟨2⟩ vt: ~ **que** wetten, daß; **gageure** [gaʒyʀ] f Herausforderung f, Wagnis nt.

gagnant, e [gaɲɑ̃, ɑ̃t] m, f Gewinner(in) m(f); **gagne-pain** m inv Broterwerb m.

gagner [gaɲe] ⟨1⟩ **1.** vt gewinnen; (salaire) verdienen; (s'emparer de) angreifen, ergreifen; (feu) übergreifen auf +akk; **2.** vi gewinnen, siegen; ~ **de la place** Platz sparen; ~ **du terrain** an Boden gewinnen; **~ sa vie** seinen Lebensunterhalt verdienen.

gai, e [ge, gɛ] *adj* fröhlich, lustig; *(un peu ivre)* angeheitert; **gaieté** [gete] *f* Fröhlichkeit *f;* **de ~ de cœur** gerne.

gaillard, e [gajaʀ, d(ə)] **1.** *adj (robuste)* kräftig; *(grivois)* derb; **2.** *m (fam: gars)* Kerl *m.*

gain [gɛ̃] *m (pl: bénéfice)* Gewinn *m;* (*pl: revenu)* Einkünfte *pl; (au jeu)* Gewinn *m;* **obtenir ~ de cause** etwas erreichen.

gaine [gɛn] *f (sous-vêtement)* Hüfthalter *m; (fourreau)* Scheide *f;* **gaine-culotte** ⟨gaines-culottes⟩ *f* Miederhöschen *nt.*

galant, e [galɑ̃, ɑ̃t] *adj* galant; **en ~e compagnie** in Damenbegleitung; **galanterie** [galɑ̃tʀi] *f* Höflichkeit *f*, Galanterie *f.*

galantine [galɑ̃tin] *f (GASTR)* Sülze *f.*

galbe [galb(ə)] *m* Rundung *f;* **galbé, e** *adj (jambes)* wohlproportioniert.

gale [gal] *f* Krätze *f; (du chien)* Räude *f.*

galérer [galeʀe] ⟨5⟩ *vi (fam)* sich abmühen, sich abplagen.

galerie [galʀi] *f* Galerie *f; (THÉÂT)* oberster Rang; *(souterrain)* Stollen *m; (AUTO)* [Dach]gepäckträger *m.*

galet [galɛ] *m* Kieselstein *m; (TECH)* Rad *nt.*

galette [galɛt] *f* dünner Pfannkuchen; *flacher, runder Kuchen.*

galeux, -euse [galø, øz] *adj:* **un chien ~** ein räudiger Hund.

galipette [galipɛt] *f:* **faire des ~s** *(fam)* Purzelbäume schlagen.

Galles [gal] *fpl:* **le Pays de ~** Wales *nt;* **gallois, e** [galwa, az] *adj* walisisch; **Gallois, e** *m, f* Waliser(in) *m(f).*

galop [galo] *m* Galopp *m;* **au ~** im Galopp; **galoper** [galɔpe] ⟨1⟩ *vi* galoppieren.

galopin [galɔpɛ̃] *m (fam)* Lausejunge *m.*

gambader [gɑ̃bade] ⟨1⟩ *vi* herumspringen.

gamberger [gɑ̃bɛʀʒe] ⟨2⟩ *vi, vt (fam)* überlegen.

gamelle [gamɛl] *f* Blechnapf *m;* **ramasser une ~** *(fam)* auf die Nase fallen.

gamin, e [gamɛ̃, in] **1.** *m, f* Kind *nt;* **2.** *adj* schelmisch; *(enfantin)* kindlich; **gaminerie** [gaminʀi] *f* Kinderei *f.*

gamme [gam] *f* Skala *f; (MUS)* Tonleiter *f;* **haut de ~** *(produit)* der Luxusklasse.

gammé, e [game] *adj:* **croix ~e** Hakenkreuz *nt.*

G.A.N. [gan] *m acr de* **Groupement des assurances nationales** nationaler Versicherungsverein.

gangrène [gɑ̃gʀɛn] *f (MÉD)* Brand *m.*

gant [gɑ̃] *m* Handschuh *m;* **prendre des ~s avec qn** mit Samthandschuhen anfassen; **~ de toilette** Waschlappen *m;* **~s de caoutchouc** Gummihandschuhe *pl.*

garage [gaʀaʒ] *m (abri)* Garage *f; (entre-*

prise) Werkstatt *f;* **~ à vélos** Fahrradunterstand *m;* **garagiste** *m/f (propriétaire)* Werkstattbesitzer(in) *m(f); (mécanicien)* [Auto]mechaniker(in) *m(f).*

garant, e [gaʀɑ̃, ɑ̃t] *m, f* Bürge *m*, Bürgin *f;* **se porter ~ de qch** für etw bürgen; **garantie** [gaʀɑ̃ti] *f* Garantie *f;* **garantir** ⟨8⟩ *vt* garantieren; *(COMM)* eine Garantie geben für; *(attester)* versichern; **~ de qch** *(protéger)* vor etw schützen.

garçon [gaʀsɔ̃] *m* Junge *m; (jeune homme)* junger Mann; *(serveur)* Kellner *m;* **vieux ~** älterer Junggeselle; **~ de courses** Laufbursche *m*, Bote *m;* **garçonnière** [gaʀsɔnjɛʀ] *f* Junggesellenbude *f.*

garde [gaʀd(ə)] **1.** *m* Aufseher(in) *m(f); (d'un prisonnier)* Wache *f; (MIL)* Wachtposten *m;* **2.** *f* Bewachung *f; (MIL)* Wache *f; (position de défense)* Deckung *f;* **~ à vue** Polizeigewahrsam *m;* **~ m champêtre** Feldschütz *m;* **~ m du corps** Leibwächter(in) *m(f);* **~ f des enfants** *(JUR)* Sorgerecht *nt;* **~ m forestier** Förster(in) *m(f);* **~ f d'honneur** Ehrengarde *f;* **~ m des Sceaux** Justizminister(in) *m(f);* **de ~** *(médecin, pharmacie)* im Dienst; **être sur ses ~s** auf der Hut sein; **mettre en ~** warnen; **monter la ~** Wache stehen; **prendre ~** vorsichtig sein; **page de ~, feuille de ~** Vorsatzblatt *nt;* **garde-à-vous** *m:* **~!** stillgestanden!; **garde-barrière** ⟨gardes-barrière[s]⟩ *m/f* Bahnwärter(in) *m(f);* **garde-boue** *m inv* Schutzblech *m;* **garde-chasse** ⟨gardes-chasse[s]⟩ *m* Jagdaufseher(in) *m(f);* **garde-fou** ⟨garde-fous⟩ *m* Geländer *nt;* **garde-malade** ⟨gardes-malade[s]⟩ *m/f* Krankenwache *f;* **garde-manger** *m inv* Speisekammer *f.*

garderie [gaʀdəʀi] *f (pour enfants)* [Kinder]krippe *f.*

gardien, ne [gaʀdjɛ̃, ɛn] *m, f (garde)* Wächter(in) *m(f); (de prison)* Wärter(in) *m(f); (de musée)* Aufseher(in) *m(f); (fig)* Hüter(in) *m(f);* **~ de but** Torwart(in) *m(f);* **~ [d'immeuble]** Hausmeister(in) *m(f);* **~ de nuit** Nachtwächter *m;* **~ de la paix** Polizist(in) *m(f).*

gare [gaʀ] **1.** *f* Bahnhof *m;* **2.** *excl:* **~ à toi** Achtung; **~ routière** Busstation *f;* **~ de triage** Rangierbahnhof *m.*

garer [gaʀe] ⟨1⟩ **1.** *vt (véhicule)* parken; **2.** *vpr:* **se ~** parken; *(pour laisser passer)* ausweichen.

gargariser [gaʀgaʀize] ⟨1⟩ *vpr:* **se ~** gurgeln; **se ~ de** (*fig*) seine helle Freude haben an *+dat.*

gargote [gaʀgɔt] *f* billige Kneipe.

gargouille [gaʀguj] *f* (*ARCHIT*) Wasserspeier *m.*

gargouiller [gaʀguje] ⟨1⟩ *vi* (*estomac*) knurren; (*eau*) plätschern.

garni, e [gaʀni] *adj* (*plat*) mit Beilage.

garnir [gaʀniʀ] ⟨8⟩ **1.** *vt* (*orner*) schmücken; (*pourvoir*) ausstatten; (*renforcer*) versehen; **2.** *vpr:* **se ~** (*salle*) sich füllen.

garniture [gaʀnityʀ] *f* Verzierung *f*; (*GASTR*) Beilage *f*; (*farce*) Füllung *f*; (*protection*) Beschlag *m*; **~ de frein** Bremsbelag *m.*

Garonne [gaʀɔn] *f* Garonne *f.*

garrot [gaʀo] *m* (*MÉD*) Aderpresse *f*; **faire un ~ à qn** jdm den Arm abbinden; **garrotter** ⟨1⟩ *vt* fesseln.

gars [ga] *m* Bursche *m.*

Gascogne [gaskɔɲ] *f*: **le golfe de ~** der Golf von Biskaya.

gaspiller [gaspije] ⟨1⟩ *vt* verschwenden.

gastrique [gastʀik] *adj* Magen-.

gastronomie [gastʀɔnɔmi] *f* Gastronomie *f*; **gastronomique** *adj* gastronomisch.

gâteau ⟨-x⟩ [gɑto] *m* Kuchen *m*; **~ sec** Keks *m.*

gâter [gɑte] ⟨1⟩ **1.** *vt* verderben; (*personne*) verwöhnen; **2.** *vpr:* **se ~** (*s'abîmer*) schlecht werden; (*temps, situation*) schlechter werden; **gâterie** [gɑtʀi] *f* (*objet*) Aufmerksamkeit *f.*

gâteux, -euse [gɑtø, øz] *adj* senil.

gauche [goʃ] **1.** *adj* linke(r, s); (*maladroit*) unbeholfen; **2.** *f*: **la ~** (*POL*) die Linke; **à ~** links; (*mouvement*) nach links; **à ~ de** links von.

gaucher, -ère [goʃe, ɛʀ] **1.** *adj* linkshändig; **2.** *m, f* Linkshänder(in) *m(f).*

gauchir [goʃiʀ] ⟨8⟩ *vt* verbiegen; (*fig*) verdrehen.

gauchiste [goʃist(ə)] *m/f* Linke(r) *mf.*

gaufre [gofʀ(ə)] *f* Waffel *f.*

gaufrette [gofʀɛt] *f* Waffel *f.*

Gaule [gol] *f*: **la ~** (*HIST*) Gallien *nt*; **gaulois, e** [golwa, az] *adj* gallisch; (*grivois*) derb; **Gaulois, e** *m, f* Gallier(in) *m(f).*

gaver [gave] ⟨1⟩ **1.** *vt* (*animal*) mästen; (*fig*) vollstopfen (*de* mit); **2.** *vpr:* **se ~ de** sich vollstopfen mit.

gaz [gɑz] *m inv* Gas *nt*; **chambre à ~** Gaskammer *f*; **~ carburant** Treibgas *nt*; **~ d'échappement** (*AUTO*) Autoabgase *pl*; **~ irritant** Reizgas *nt*; **~ lacrymogène** Tränengas *nt*; **~ naturel** Erdgas *nt*; **~ toxique** Giftgas *nt.*

gaze [gɑz] *f* (*étoffe*) Gaze *f*; (*pansement*) Verbandsmull *m.*

gazéifié, e [gazeifje] *adj*: **eau ~e** Mineralwasser *nt* [mit Kohlensäure].

gazeux, -euse [gazø, øz] *adj* gasförmig; **eau/boisson gazeuse** kohlensäurehaltiges Wasser/Getränk.

gazoduc [gazɔdyk] *m* [Erd]gasleitung *f.*

gazole [gazɔl] *m* Diesel[kraftstoff] *m.*

gazomètre [gazɔmɛtʀ(ə)] *m* Gaszähler *m.*

gazon [gazɔ̃] *m* (*pelouse*) Rasen *m.*

gazouiller [gazuje] ⟨1⟩ *vi* (*oiseau*) zwitschern; (*enfant*) plappern.

géant, e [ʒeɑ̃, ɑ̃t] **1.** *adj* riesig; **2.** *m, f* Riese *m*, Riesin *f*; **c'est ~** (*fam: extraordinaire*) das ist geil, das ist super.

geindre [ʒɛ̃dʀ(ə)] *irr comme peindre, vi* wimmern.

gel [ʒɛl] *m* Frost *m*; (*de l'eau*) Gefrieren *nt*; (*des salaires, prix*) Einfrieren *nt*; (*substance cosmétique*) Gel *nt.*

gélatine [ʒelatin] *f* (*GASTR*) Gelatine *f.*

gelé, e [ʒ(ə)le] *adj* (*personne, doigt*) erfroren.

gelée [ʒ(ə)le] *f* (*GASTR*) Gelée *nt*; (*MÉTÉO*) Frost *m*; **viande en ~** Fleisch in Aspik; **~ blanche** [Rauh]reif *m.*

geler [ʒ(ə)le] ⟨4⟩ **1.** *vt* gefrieren lassen; (*prix, salaires*) einfrieren; **2.** *vi* (*sol, eau*) gefrieren; (*lac*) zufrieren; (*personne*) frieren; **il gèle** es friert.

gélule [ʒelyl] *f* (*MÉD*) Kapsel *f.*

Gémeaux [ʒemo] *mpl* (*ASTR*) Zwillinge *pl.*

gémir [ʒemiʀ] ⟨8⟩ *vi* stöhnen.

gênant, e [ʒenɑ̃, ɑ̃t] *adj* (*meuble, objet*) hinderlich; (*histoire*) peinlich.

gencive [ʒɑ̃siv] *f* Zahnfleisch *nt.*

gendarme [ʒɑ̃daʀm(ə)] *m* Polizist(in) *m(f)*; **gendarmerie** *f* Polizei in ländlichen Bezirken.

gendre [ʒɑ̃dʀ(ə)] *m* Schwiegersohn *m.*

gène [ʒɛn] *m* Gen *nt.*

gêne [ʒɛn] *f* (*physique*) Schwierigkeit *f*; (*dérangement*) Störung *f*; (*manque d'argent*) Geldverlegenheit *f*, Armut *f*; (*embarras*) Verlegenheit *f*; **gêné, e** [ʒene] *adj* (*embarrassé*) verlegen; **gêner** [ʒene] ⟨1⟩ **1.** *vt* stören; (*encombrer*) behindern; **2.** *vpr:* **se ~** sich *dat* Zwang antun; **~ qn** (*embarrasser*) jdn in Verlegenheit bringen.

général, e ⟨généraux⟩ [ʒeneʀal, o] **1.** *adj* allgemein; **2.** *f* (*répétition*) Generalprobe *f*; **3.** *m* General(in) *m(f)*; **en ~** im allgemeinen; **assemblée ~e** Generalversammlung *f*; **~ -streik** *m*; **médecine ~e** Allgemeinmedizin *f*; **généralement** *adv* im allgemeinen.

généralisation [ʒeneʀalizasjɔ̃] *f* Verallgemeinerung *f.*

généraliser [ʒeneʀalize] ⟨1⟩ **1.** *vt, vi* verallgemeinern; **2.** *vpr:* **se ~** sich verbreiten.

généraliste [ʒeneʀalist(ə)] *m/f* Arzt *m*/Ärztin *f* für Allgemeinmedizin.

générateur, -trice [ʒeneʀatœʀ, tʀis] **1.** adj: être ~ de qch etw zur Folge haben; **2.** f Generator m.

génération [ʒeneʀasjɔ̃] f Generation f; ~ **je-m'en-foutiste** Null-Bock-Generation f.

généreux, -euse [ʒeneʀø, øz] adj großzügig.

générique [ʒeneʀik] **1.** adj artmäßig; **2.** m (CINÉ) Vor-/Nachspann m.

générosité [ʒeneʀozite] f Großzügigkeit f.

genèse [ʒənɛz] f Entstehung f.

genêt [ʒ(ə)nɛ] m Ginster m.

génétique [ʒenetik] adj genetisch.

Genève [ʒ(ə)nɛv] f Genf nt.

génie [ʒeni] m Genie nt; **de** ~ genial; **le** ~ [militaire] die Pioniere pl; ~ **civil** Hoch- und Tiefbau m.

genièvre [ʒənjɛvʀ(ə)] m Wacholder m; (boisson) Wacholderschnaps m.

génital, e ⟨génitaux⟩ [ʒenital, o] adj genital.

génitif [ʒenitif] m Genitiv m.

génocide [ʒenɔsid] m Völkermord m.

genou ⟨-x⟩ [ʒ(ə)nu] m Knie nt; **à** ~**x** auf den Knien; **se mettre à** ~**x** sich niederknien; **sur les** ~**x** auf dem Schoß.

genre [ʒɑ̃ʀ] m Art f; (ZOOL) Gattung f; (LING) Genus nt; (ART) Genre nt.

gens [ʒɑ̃] mpl Menschen pl, Leute pl.

gentiane [ʒɑ̃sjan] f Enzian m.

gentil, le [ʒɑ̃ti, ij] adj lieb, nett; **gentillesse** [ʒɑ̃tijes] f Liebenswürdigkeit f, Nettigkeit f; **gentiment** adv nett, lieb.

géographie [ʒeɔgʀafi] f Geographie f, Erdkunde f.

géologique [ʒeɔlɔʒik] adj geologisch.

géomètre [ʒeɔmɛtʀ(ə)] m/f (arpenteur) Landvermesser(in) m(f).

géométrie [ʒeɔmetʀi] f Geometrie f; **géométrique** adj geometrisch.

gérance [ʒeʀɑ̃s] f Verwaltung f; (d'une entreprise) Leitung f; **mettre en** ~ verwalten lassen; **prendre en** ~ verwalten.

géranium [ʒeʀanjɔm] m Geranie f.

gérant, e [ʒeʀɑ̃, ɑ̃t] m, f Verwalter(in) m(f); (de magasin) Geschäftsführer(in) m(f).

gerbe [ʒɛʀb(ə)] f (de fleurs) Strauß m; (de blé) Garbe f.

gercé, e [ʒɛʀse] adj (mains, lèvres) aufgesprungen; **gerçure** [ʒɛʀsyʀ] f Riß m.

gérer [ʒeʀe] ⟨5⟩ vt verwalten, (INFORM) steuern.

gériatrie [ʒeʀjatʀi] f Altersheilkunde f.

germanique [ʒɛʀmanik] adj germanisch.

germanophone [ʒɛʀmanɔfɔn] adj deutschsprachig.

germe [ʒɛʀm(ə)] m Keim m; **le** ~ **de la discorde** (fig) der Keim der Zwietracht; **germer** ⟨1⟩ vi keimen.

gestation [ʒɛstasjɔ̃] f (ZOOL) Trächtigkeit f; (fig) Reifungsprozeß m.

geste [ʒɛst(ə)] m Geste f; **un** ~ **de refus** eine ablehnende Geste; ~ **de la main** Handbewegung f.

gesticuler [ʒɛstikyle] ⟨1⟩ vi gestikulieren.

gestion [ʒɛstjɔ̃] f Verwaltung f; (INFORM) Steuerung f.

gibet [ʒibɛ] m Galgen m.

gibier [ʒibje] m (animaux) Wild nt; (fig) Beute f.

giboulée [ʒibule] f Regenschauer m.

Gibraltar [ʒibʀaltaʀ] m: **le** ~ Gibraltar nt; **le détroit de** ~ die Straße von Gibraltar.

gicler [ʒikle] ⟨1⟩ vi [heraus]spritzen; **gicleur** m Düse f.

gifle [ʒifl(ə)] f Ohrfeige f; **gifler** ⟨1⟩ vt ohrfeigen.

gigantesque [ʒigɑ̃tɛsk(ə)] adj riesig; (fig) gewaltig.

G.I.G.N. m abr de Groupe d'intervention de la G.N. Spezialzweig der Polizei zur Verbrechensbekämpfung.

gigot [ʒigo] m (GASTR) Lammkeule f, Hammelkeule f.

gigoter [ʒigote] ⟨1⟩ vi zappeln.

gilet [ʒilɛ] m (de costume) Weste f; (pull) Strickjacke f; (sous-vêtement) Unterhemd nt; ~ **pare-balles** kugelsichere Weste; ~ **de sauvetage** Schwimmweste f.

gingembre [ʒɛ̃ʒɑ̃bʀ(ə)] m Ingwer m.

girafe [ʒiʀaf] f Giraffe f.

giratoire [ʒiʀatwaʀ] adj: **sens** ~ Kreisverkehr m.

girofle [ʒiʀɔfl(ə)] f: **clou de** ~ [Gewürz]nelke f.

giroflée [ʒiʀɔfle] f Goldlack m.

girouette [ʒiʀwɛt] f Wetterhahn m.

gisement [ʒizmɑ̃] m Ablagerung f.

gitan, e [ʒitɑ̃, an] m, f Zigeuner(in) m(f).

gîte [ʒit] m (abri, logement) Unterkunft f; (du lièvre) Bau m; ~ **rural** Ferienhaus nt auf dem Lande.

givre [ʒivʀ(ə)] m Reif m.

glabre [glabʀ(ə)] adj bartlos.

glace [glas] f Eis nt; (miroir) Spiegel m; (de voiture) Fenster nt; **rompre la** ~ das Eis brechen; **glacé, e** adj (gelé) vereist; (boisson) eisgekühlt; (main) gefroren; (accueil) eisig; **glacer** [glase] ⟨2⟩ vt (main, visage) eiskalt werden lassen; (intimider) erstarren lassen; (gâteau) glasieren; (papier, tissu) appretieren; **glaciaire** [glasjɛʀ] adj Gletscher-; **l'ère** ~ die Eiszeit; **glacial, e** [glasjal] adj eiskalt; **glacier** [glasje] m Gletscher m; **glacière** [glasjɛʀ] f Kühlbox f; **glaçon** [glasɔ̃] m Eiszapfen m; (artificiel) Eiswürfel m.

glaïeul [glajœl] m Gladiole f.

glaire [glɛʀ] m (MÉD) Schleim m.

glaise [glɛz] f Lehm m.

gland [glɑ̃] m Eichel f; (décoration) Quaste

f.

glande [glãd] *f* Drüse *f.*

glaner [glane] ⟨1⟩ **1.** *vi* nachlesen; **2.** *vt* (*fig*) sammeln.

glapir [glapiʀ] ⟨8⟩ *vi* (*chien*) kläffen.

glauque [glok] *adj* meergrün; (*fam: endroit, atmosphère*) düster, ungemütlich.

glissant, e [glisã, ãt] *adj* rutschig; **glissement** [glismã] *m:* ~ **de terrain** Erdrutsch *m.*

glisser [glise] ⟨1⟩ **1.** *vi* (*avancer*) rutschen, gleiten; (*déraper*) ausrutschen; (*être glissant*) rutschig sein, glatt sein; **2.** *vt* schieben (*sous, dans* unter, in +*akk*); (*chuchoter*) zuflüstern.

glissière [glisjɛʀ] *f* Gleitschiene *f*; ~ **de sécurité** (*AUTO*) Leitplanke *f.*

global, e (*globaux*) [glɔbal, o] *adj* global, Gesamt-.

globe [glɔb] *m* (*GÉO*) Globus *m*; ~ **oculaire** Augapfel *m.*

globule [glɔbyl] *m* (*du sang*) Blutkörperchen *nt.*

globuleux, -euse [glɔbylø, øz] *adj:* **yeux** ~ hervorstehende Augen *pl.*

gloire [glwaʀ] *f* Ruhm *m*; (*mérite*) Verdienst *nt*; (*personne*) Berühmtheit *f.*

glorieux, -euse [glɔʀjø, øz] *adj* glorreich, ruhmvoll.

glorifier [glɔʀifje] ⟨1⟩ *vt* rühmen.

glotte [glɔt] *f* Stimmritze *f.*

glousser [gluse] ⟨1⟩ *vi* gackern; (*rire*) kichern.

glouton, ne [glutõ, ɔn] *adj* gefräßig.

gluant, e [glyã, ãt] *adj* klebrig.

glucide [glysid] *m* Kohle[n]hydrat *nt.*

glycine [glisin] *f* Glyzinie *f.*

G.N. *abr de* **gendarmerie nationale** *französische Vollzugspolizei.*

go [go] *adv:* **tout de** ~ direkt, ohne Umschweife.

G.O. *abr de* **grandes ondes** LW.

goal [gol] *m* Torwart *m.*

gobelet [gɔblɛ] *m* Becher *m.*

gober [gɔbe] ⟨1⟩ *vt* roh essen; (*fam: croire*) schlucken.

godasse [gɔdas] *f* (*fam*) Schuh *m.*

godet [gɔdɛ] *m* (*récipient*) Becher *m.*

goéland [gɔelã] *m* Seemöwe *f.*

goémon [gɔemõ] *m* Tang *m.*

gogo [gogo] *m:* **à** ~ (*fam*) in Hülle und Fülle.

goguenard, e [gɔgnaʀ, d(ə)] *adj* spöttisch.

goinfre [gwɛ̃fʀ(ə)] *m* Vielfraß *m.*

goitre [gwatʀ(ə)] *m* Kropf *m.*

golf [gɔlf] *m* Golf *nt*; (*terrain*) Golfplatz *m.*

golfe [gɔlf] *m* (*GÉO*) Golf *m*; **les États du Golfe** die Golfstaaten *pl*; **le** ~ **de Gascogne** der Golf von Biskaya; **le** ~ **du Lion** der Golf du Lion.

gomme [gɔm] *f* (*à effacer*) Radiergummi *m*; **boule de** ~ Gummibonbon *nt*; **gommer** ⟨1⟩ *vt* (*effacer*) ausradieren.

gond [gõ] *m* (*porte, fenêtre*) Angel *f*; **sortir de ses** ~s (*fig*) in Rage geraten.

gondoler [gõdɔle] ⟨1⟩ **1.** *vi, vpr:* **se** ~ sich wellen, sich verziehen; **2.** *vpr:* **se** ~ (*fam*) sich kaputtlachen.

gonflé, e [gõfle] *adj* (*yeux, visage*) geschwollen; **il est vraiment** ~ (*fam*) der hat vielleicht Nerven.

gonfler [gõfle] ⟨1⟩ **1.** *vt* (*pneu, ballon*) aufpumpen; (*exagérer*) übertreiben; (*fam: ennuyer*) auf den Keks gehen +*dat*; **2.** *vi* (*enfler*) anschwellen; (*pâte*) aufgehen.

gonzesse [gõzɛs] *f* (*fam*) Tussi *f*, Biene *f.*

goret [gɔʀɛ] *m* Ferkel *nt.*

gorge [gɔʀʒ(ə)] *f* (*ANAT*) Kehle *f*; (*poitrine*) Brust *f*; (*GÉO*) Schlucht *f*; (*rainure*) Rille *f*; **avoir la** ~ **serrée** einen Kloß im Hals haben; **rester en travers de la** ~ (*fig*) im Hals steckenbleiben; **gorgé, e 1.** *adj:* ~ **de** gefüllt mit; (*d'eau*) durchtränkt mit; **2.** *f* Schluck *m.*

gorille [gɔʀij] *m* Gorilla *m.*

gosier [gozje] *m* Kehle *f.*

gosse [gɔs] *m/f* (*fam*) Kind *nt.*

gothique [gɔtik] *adj* gotisch.

goudron [gudʀõ] *m* Teer *m*; **goudronner** [gudʀɔne] ⟨1⟩ *vt* asphaltieren.

gouffre [gufʀ(ə)] *m* Abgrund *m.*

goulot [gulo] *m* Flaschenhals *m*; **boire au** ~ aus der Flasche trinken.

goulu, e [guly] *adj* gierig.

gourd, e [guʀ, d(ə)] *adj* (*doigts*) steif[gefroren], taub.

gourde [guʀd(ə)] *f* (*récipient*) Feldflasche *f.*

gourdin [guʀdɛ̃] *m* Knüppel *m.*

gourmand, e [guʀmã, ãd(ə)] *adj* (*de sucreries*) naschhaft; **être** ~ ein Genießer sein; **gourmandise** *f* Naschhaftigkeit *f*, Schlemmerei *f*; (*mets*) Leckerbissen *m.*

gourmet [guʀmɛ] *m* Feinschmecker(in) *m(f).*

gourmette [guʀmɛt] *f* Uhrkette *f*; (*bracelet*) Armkettchen *nt.*

gourou [guʀu] *m* Guru *m.*

gousse [gus] *f:* ~ **d'ail** Knoblauchzehe *f*; ~ **de vanille** Vanilleschote *f.*

goût [gu] *m* Geschmack *m*; **avoir du/manquer de** ~ Geschmack/keinen Geschmack haben; **de bon/mauvais** ~ geschmackvoll/-los; **prendre** ~ **à qch** an etw *dat* Gefallen finden; **goûter** [gute] ⟨1⟩ **1.** *vt* (*essayer*) versuchen; (*savourer*) genießen; **2.** *vi* (*prendre une collation*) vespern, eine Nachmittagsmahlzeit einnehmen; **3.** *m* Vesper *f* (*kleine Zwischenmahlzeit am Nachmittag*); ~ **à qch** etw versuchen, etw kosten.

goutte [gut] *f* Tropfen *m*; (*MÉD*) Gicht *f*; ~ **à**

~ tropfenweise; **goutte-à-goutte** *m inv* Tropf *m;* **gouttière** [gutjɛʀ] *f (toit)* Dachrinne *f; (MÉD)* Schiene *f.*

gouvernail [guvɛʀnaj] *m* Ruder *nt,* Steuer *nt.*

gouvernement [guvɛʀnəmɑ̃] *m* Regierung *f;* **gouvernemental, e** 〈gouvernementaux〉 *adj* Regierungs-.

gouverner [guvɛʀne] 〈1〉 *vt (pays, peuple)* regieren; *(diriger)* lenken, steuern; *(conduite de qn)* beherrschen.

G.R. *f abr de* **Grande Randonnée** [Fern]wanderung *f.*

grâce [gʀɑs] *f (bienveillance)* Gunst *f; (bienfait)* Gefallen *m; (REL)* Gnade *f; (charme)* Anmut *f; (JUR)* Begnadigung *f;* ~**s** *fpl (REL)* Dankgebet *nt;* ~ **à** dank +*dat;* **de bonne/mauvaise** ~ [bereit]willig/ungern; **demander** ~ um Gnade bitten; **faire** ~ **à qn de qch** jdm etw erlassen; **rendre** ~ **à qn** jdm danken; **recours en** ~ Gnadengesuch *nt.*

gracier [gʀasje] 〈1〉 *vt* begnadigen.

gracieux, -euse [gʀasjø, øz] *adj* graziös, anmutig; **à titre** ~ kostenlos.

gradation [gʀadasjɔ̃] *f* Abstufung *f.*

grade [gʀad] *m* Rang *m.*

gradé [gʀade] *m* Unteroffizier(in) *m(f).*

gradin [gʀadɛ̃] *m* Rang *m;* **en** ~**s** *(d'un terrain)* terrassenförmig.

graduel, le [gʀadɥɛl] *adj* allmählich.

graduer [gʀadɥe] 〈1〉 *vt (augmenter graduellement)* allmählich steigern; *(règle, verre)* gradieren, einteilen; **exercices gradués** nach Schwierigkeitsgrad gestaffelte Übungen.

graffiti 〈graffiti[s]〉 [gʀafiti] *m* Wandschmiererei *f,* Graffito *m.*

grain [gʀɛ̃] *m* Korn *nt; (du bois)* Maserung *f; (NAUT)* Bö *f;* ~ **de beauté** Schönheitsfleck *m;* ~ **de café** Kaffeebohne *f;* ~ **de raisin** Traube *f.*

graine [gʀɛn] *f* Samen *m.*

graissage [gʀesaʒ] *m* Ölen *nt; (AUTO)* Abschmieren *nt.*

graisse [gʀes] *f* Fett *nt; (lubrifiant)* Schmiermittel *nt;* **graisser** [gʀese] 〈1〉 *vt (machine)* schmieren, ölen; *(AUTO)* abschmieren; *(tacher)* fettig machen; ~ **la patte à qn** jdm schmieren, bestechen.

grammaire [gʀamɛʀ] *f* Grammatik *f;* **grammatical, e** 〈grammaticaux〉 [gʀamatikal, o] *adj* grammatisch.

grand, e [gʀɑ̃, gʀɑ̃d] 1. *adj* groß; *(voyage)* lang; 2. *adv (ouvert)* weit; **au** ~ **air** im Freien; **avoir** ~ **besoin de qch** etw dringend benötigen; **il est** ~ **temps** es ist höchste Zeit; **un** ~ **artiste** ein bedeutender Künstler; **un** ~ **blessé** ein Schwerverletzter; **un** ~ **buveur** ein starker Trinker; ~ **ensemble** Siedlung *f;* ~ **magasin** Kaufhaus *nt;* ~**e personne** Er-

wachsene(r) *mf;* ~**e randonnée** [Fern]wanderung *f;* ~**e surface** Einkaufszentrum *nt.*

grand-chose [gʀɑ̃ʃoz] *m inv:* **pas** ~ nicht viel.

Grande-Bretagne [gʀɑ̃dbʀətaɲ] *f:* **la** ~ Großbritannien *nt.*

grandeur [gʀɑ̃dœʀ] *f* Größe *f;* ~ **nature** in Lebensgröße.

grandiloquence [gʀɑ̃dilokɑ̃s] *f* geschwollene Ausdrucksweise.

grandir [gʀɑ̃diʀ] 〈8〉 1. *vi* wachsen; *(augmenter)* zunehmen; 2. *vt:* ~ **qn** jdn größer erscheinen lassen.

grand-mère 〈grands-mères〉 [gʀɑ̃mɛʀ] *f* Großmutter *f;* **grand-messe** 〈grand-messes〉 *f* Hochamt *nt;* **grand-peine** *adv:* **à** ~ mühsam; **grand-père** 〈grands-pères〉 *m* Großvater *m;* **grand-route** 〈grand-routes〉 *f,* **grand-rue** 〈grand-rues〉 *f* Hauptstraße *f;* **grands-parents** *mpl* Großeltern *pl.*

grange [gʀɑ̃ʒ] *f* Scheune *f.*

grapheur [gʀafœʀ] *m (INFORM)* Grafikprogramm *nt.*

graphie [gʀafi] *f* Schreibung *f.*

graphique [gʀafik] 1. *adj* graphisch; 2. *m* Schaubild *nt.*

grappe [gʀap] *f* Traube *f; (multitude)* Ansammlung *f;* ~ **de raisin** Traube *f.*

grappin [gʀapɛ̃] *m:* **mettre le** ~ **sur qn** jdn in die Finger bekommen.

gras, se [gʀɑ, gʀɑs] 1. *adj* fettig; *(personne)* fett; *(plaisanterie)* derb; 2. *m (GASTR)* Fett *nt;* **faire la grasse matinée** [sich] ausschlafen; **grassement** *adv:* **payer** ~ sehr gut bezahlen.

grassouillet, te [gʀasujɛ, ɛt] *adj* rundlich, dicklich.

gratifier [gʀatifje] 〈1〉 *vt:* ~ **qn de qch** jdm etw gewähren.

gratin [gʀatɛ̃] *m (GASTR)* überbackenes Käsegericht *nt;* **au** ~ mit Käse überbacken; **le** ~ die besseren Kreise; **gratiné, e** [gʀatine] *adj (GASTR)* gratiniert.

gratis [gʀatis] *adv* gratis, umsonst.

gratitude [gʀatityd] *f* Dankbarkeit *f.*

gratte-ciel [gʀatsjɛl] *m inv* Wolkenkratzer *m;* **gratte-papier** *m inv* Schreiberling *m.*

gratter [gʀate] 〈1〉 1. *vt* kratzen; *(enlever)* abkratzen; 2. *vpr:* **se** ~ sich kratzen.

gratuit, e [gʀatɥi, ɥit] *adj* kostenlos; *(hypothèse, idée)* ungerechtfertigt.

gravats [gʀava] *mpl (décombres)* Trümmer *pl.*

grave [gʀav] *adj (sérieux)* ernst; *(maladie, accident)* schwer; *(son, voix)* tief; **gravement** *adv* schwer.

graver [gʀave] 〈1〉 *vt (plaque)* gravieren; *(nom)* eingravieren; ~ **qch dans son esprit/ sa mémoire** sich *dat* etw einprägen.

gravier [gʀavje] m Kies m.

gravillons [gʀavijõ] mpl [Roll]splitt m.

gravir [gʀaviʀ] ⟨8⟩ vt hinaufklettern, erklimmen.

gravité [gʀavite] f Ernst m; (de maladie, accident) Schwere f; (PHYS) Schwerkraft f.

graviter [gʀavite] ⟨1⟩ vi: ~ autour de umkreisen +akk.

gravure [gʀavyʀ] f (action) Gravieren nt; (inscription) Gravur f; (art) Gravierkunst f; (estampe) Stich m.

gré [gʀe] m: à son ~ nach seinem Geschmack; au ~ de mit; gemäß +gen; bon ~ mal ~ notgedrungen; contre le ~ de qn gegen jds Willen; de ~ ou de force wohl oder übel; de son [plein] ~ aus freiem Willen; savoir ~ à qn de qch jdm wegen etw dankbar sein.

grec, grecque [gʀɛk] adj griechisch; **Grec, Grecque** m, f Grieche m, Griechin f; **Grèce** [gʀɛs] f: la ~ Griechenland nt.

greffer [gʀefe] ⟨1⟩ vt (AGR) pfropfen; (MÉD) transplantieren.

greffier [gʀefje] m Gerichtsschreiber(in) m(f).

grégaire [gʀegɛʀ] adj: **instinct** ~ Herdentrieb m.

grêle [gʀɛl] 1. adj [lang und] dünn; **intestin** ~ Dünndarm m; 2. f Hagel m; **grêler** ⟨1⟩ vb impers: **il grêle** es hagelt; **grêlon** [gʀɛlõ] m Hagelkorn nt.

grelotter [gʀəlɔte] ⟨1⟩ vi vor Kälte zittern.

grenade [gʀənad] f (explosif) Granate f; (BOT) Granatapfel m.

grenat [gʀəna] 1. m Granat m; 2. adj inv (couleur) granatfarben.

grenier [gʀənje] m Speicher m.

grenouille [gʀənuj] f Frosch m.

grès [gʀɛ] m (GÉO) Sandstein m; (poterie) Steingut nt.

grésiller [gʀezije] ⟨1⟩ vi (GASTR) brutzeln; (RADIO) knacken, rauschen.

grève [gʀɛv] f (plage) Ufer nt; (arrêt de travail) Streik m; **se mettre en/faire [la]** ~ streiken; ~ **de la faim** Hungerstreik m; ~ **sur le tas** Sitzstreik m; ~ **du zèle** Dienst m nach Vorschrift.

grever [gʀəve] ⟨4⟩ vt belasten.

gréviste [gʀevist(ə)] m/f Streikende(r) mf.

gribouiller [gʀibuje] ⟨1⟩ vt, vi kritzeln.

grief [gʀijɛf] m: **faire** ~ à qn de qch jdm etw vorwerfen.

grièvement [gʀijɛvmã] adv: ~ **blessé** schwer verletzt.

griffe [gʀif] f (d'animal) Kralle f; **griffer** ⟨1⟩ vt kratzen.

griffonner [gʀifɔne] ⟨1⟩ vt hinkritzeln.

grignoter [gʀiɲɔte] ⟨1⟩ vt herumnagen an +dat.

gril [gʀil] m Grill m.

grillade [gʀijad] f Grillgericht nt.

grillage [gʀijaʒ] m Gitter nt.

grille [gʀij] f Gitter nt, Rost m; (porte) Tor nt.

grille-pain [gʀijpɛ̃] m inv Toaster m.

griller [gʀije] ⟨1⟩ **1.** vt (pain) toasten; (viande) grillen; (ampoule, résistance) durchbrennen lassen; **2.** vi (brûler) verbrennen.

grillon [gʀijõ] m Grille f.

grimace [gʀimas] f Grimasse f; **faire des ~s** Grimassen schneiden.

grimper [gʀɛ̃pe] ⟨1⟩ **1.** vt hinaufsteigen; **2.** vi: ~ à/sur klettern [o steigen] auf +akk.

grincement [gʀɛ̃smã] m (de porte) Quietschen nt; (de plancher) Knarren m; (de dents) Knirschen nt.

grincer [gʀɛ̃se] ⟨2⟩ vi quietschen; (plancher) knarren; ~ **des dents** mit den Zähnen knirschen.

grincheux, -euse [gʀɛ̃ʃø, øz] adj mürrisch.

grippe [gʀip] f Grippe f; **grippé, e** adj: **être** ~ die Grippe haben.

gris, e [gʀi, gʀiz] adj grau; (ivre) beschwipst; ~-**vert** graugrün.

grisaille [gʀizaj] f (monotonie) Trübheit f.

griser [gʀize] ⟨1⟩ vt (fig) berauschen.

grisonner [gʀizɔne] ⟨1⟩ vi grau werden.

Grisons [gʀizõ] mpl: **les** ~ Graubünden nt.

grive [gʀiv] f Drossel f.

grivois, e [gʀivwa, az] adj derb.

Groenland [gʀɔɛnlãd(ə)] m: **le** ~ Grönland nt.

grogne [gʀɔɲ] f Unruhe f, Unzufriedenheit f.

grogner [gʀɔɲe] ⟨1⟩ vi (animal) knurren; (personne) murren.

groin [gʀwɛ̃] m [Schweine]rüssel m.

grommeler [gʀɔm(ə)le] ⟨3⟩ vi brummeln.

gronder [gʀõde] ⟨1⟩ **1.** vi (animal) knurren; (tonnerre) grollen; (révolte, mécontentement) gären; **2.** vt schimpfen mit.

gros, se [gʀo, gʀos] **1.** adj groß; (personne, trait, fil) dick; (travaux) umfangreich; (orage, bruit) gewaltig; **2.** adv: **risquer/gagner** ~ viel riskieren/verdienen; **3.** m: **le** ~ (COMM) der Großhandel; **en** ~ (COMM) en gros; (en substance) grosso modo; **le** ~ **de** der Großteil von; **le** ~ **œuvre** der Rohbau; **par** ~ **temps/~se mer** bei rauhem Wetter/stürmischem Meer; **prix de** ~ Großhandelspreis m; ~ **intestin** Dickdarm m; ~ **lot** Hauptgewinn m; ~ **mot** Schimpfwort nt.

groseille [gʀozɛj] f: ~-**rouge/blanche** rote/weiße Johannisbeere; ~ **à maquereau** Stachelbeere f.

grossesse [gʀosɛs] f Schwangerschaft f.

grosseur [gʀosœʀ] f (volume) Größe f; (corpulence) Dicke f.

grossier, -ière [gʀosje, ɛʀ] adj (vulgaire)

derb; (*brut*) grob; (*erreur, faute*) kraß; **grossièrement** *adv* derb; grob; (*à peu près*) ungefähr.

grossir [gʀosiʀ] ⟨8⟩ **1.** *vi* zunehmen; (*rivière*) steigen; **2.** *vt* (*personne*) dicker erscheinen lassen; (*augmenter*) erhöhen; (*exagérer*) übertreiben; (*microscope, jumelles*) vergrößern.

grossiste [gʀosist(ə)] *m/f* Großhändler(in) *m(f)*.

grotte [gʀɔt] *f* Höhle *f*, Grotte *f*.

groupe [gʀup] *m* Gruppe *f*; ~ **parlementaire** (*POL*) Parlamentsfraktion *f*; ~ **à risque[s]** Risikogruppe *f*; ~ **[de] rock** Rockband *f*, Rockgruppe *f*; ~ **sanguin** Blutgruppe *f*; **groupement** *m* (*association*) Vereinigung *f*.

grouper [gʀupe] ⟨1⟩ **1.** *vt* gruppieren; **2.** *vpr:* **se** ~ sich versammeln.

grue [gʀy] *f* (*TECH*) Kran *m*; (*ZOOL*) Kranich *m*.

grumeaux [gʀymo] *mpl* (*GASTR*) Klumpen *pl*.

gruyère [gʀyjɛʀ] *m* Gruyère *m*, Greyerzerkäse *m*.

Guadeloupe [gwadəlup] *f:* **la** ~ Guadeloupe *nt*.

gué [ge] *m* Furt *f*.

guenilles [gənij] *fpl* Lumpen *pl*.

guenon [gənõ] *f* Äffin *f*.

guêpe [gɛp] *f* Wespe *f*; **guêpier** [gepje] *m* (*a. fig*) Wespennest *nt*.

guère [gɛʀ] *adv:* **ne** ~ nicht sehr; **ne** ~ **mieux** nicht viel besser; **il n'a** ~ **de courage** er ist nicht sehr mutig; **il n'y a** ~ **que lui qui ...** es gibt kaum jemand außer ihm, der ...

guérir [geʀiʀ] ⟨8⟩ **1.** *vt* heilen (*de* von); **2.** *vi* heilen; (*personne*) gesund werden; **guérison** [geʀizõ] *f* Genesung *f*.

guerre [gɛʀ] *f* Krieg *m*; **en** ~ im Krieg[szustand]; **de** ~ **lasse** resigniert, kampfesmüde; **faire la** ~ **à** Krieg führen mit; ~ **atomique/civile** Atom-/Bürgerkrieg *m*; ~ **bactériologique** Kriegsführung *f* mit bakteriologischen Waffen; **guerrier, -ière** [geʀje, ɛʀ] **1.** *adj* kriegerisch; **2.** *m* Krieger(in) *m(f)*.

guet [gɛ] *m:* **faire le** ~ auf der Lauer liegen, lauern; **guet-apens** [gɛtapã] *m inv* Hinterhalt *m*; **guetter** [gete] ⟨1⟩ *vt* lauern auf +*akk*.

gueule [gœl] *f* (*d'animal*) Maul *nt*; (*ouverture*) Öffnung *f*; (*fam: bouche*) Klappe *f*; **gueuler** ⟨1⟩ *vi* (*fam*) schreien; plärren.

gui [gi] *m* Mistel *f*.

guichet [giʃɛ] *m* Schalter *m*; (*THÉÂT*) Kasse *f*; **jouer à** ~**s fermés** (*THÉÂT*) vor ausverkauftem Haus spielen; ~ **automatique** Geldautomat *m*.

guide [gid] *m* Führer(in) *m(f)*; ~**s** *mpl* (*rênes*) Zügel *pl*; **guider** ⟨1⟩ **1.** *vt* (*personne*) führen; (*fig*) beraten; **2.** *vpr:* **se** ~ **sur** sich richten nach; **guidon** *m* (*de vélo*) Lenkstange *f*.

guignol [giɲɔl] *m* (*marionnette, a. fig*) Kasper *m*; (*théâtre*) Kasperletheater *nt*.

guillemets [gijmɛ] *mpl:* **entre** ~ in Anführungszeichen.

guillotiner [gijɔtine] ⟨1⟩ *vt* mit der Guillotine hinrichten.

guindé, e [gɛ̃de] *adj* gekünstelt.

Guinée [gine] *f:* **la** ~ Guinea *nt*.

guirlande [giʀlɑ̃d] *f* Girlande *f*.

guise [giz] *f:* **à sa** ~ wie er/sie will; **en** ~ **de** (*comme*) als; (*à la place de*) statt.

guitare [gitaʀ] *f* Gitarre *f*.

Guyane [gyjan] *f:* **la** ~ Guyana *nt*.

gymnase [ʒimnaz] *m* (*SPORT*) Turnhalle *f*.

gymnaste [ʒimnast(ə)] *m/f* Turner(in) *m(f)*.

gymnastique [ʒimnastik] *f* Gymnastik *f*; Turnen *nt*.

gynécologie [ʒinekɔlɔʒi] *f* Gynäkologie *f*.

gyrophare [ʒiʀofaʀ] *m* (*police, etc*) Blaulicht *nt*.

H

H, h [aʃ] *m* H, h *nt*.

h. *abr de* **heure[s]** Std.

habile [abil] *adj* geschickt; (*rusé*) gerissen; **habileté** [abilte] *f* Geschicklichkeit *f*; Gerissenheit *f*.

habilité, e [abilite] *adj:* ~ **à faire qch** ermächtigt, etw zu tun.

habillé, e [abije] *adj* gekleidet; (*vêtement*) elegant; **habillement** *m* Kleidung *f*.

habiller [abije] ⟨1⟩ **1.** *vt* anziehen, kleiden; (*fournir en vêtements*) einkleiden; (*objet*) verkleiden; (*vêtement*) chic aussehen an +*dat;* **2.** *vpr:* **s'**~ sich anziehen; (*élégamment*) sich elegant kleiden.

habit [abi] *m* Frack *m*; ~**s** *mpl* (*vêtements*) Kleider *pl*; ~ **de deuil/de travail** Trauer-/Arbeitskleidung *f*.

habitable [abitabl(ə)] *adj* bewohnbar.

habitacle [abitakl(ə)] *m* (*AVIAT*) Cockpit *nt*; (*AUTO*) Fahrzeuginnenraum *m*.

habitant, e [abitã, ãt] *m, f* (*d'un lieu*) Einwohner(in) *m(f)*; (*d'une maison*) Bewohner(in) *m(f)*.

habitat [abita] *m* (*BOT, ZOOL*) Lebensraum *m*.

habitation [abitasjõ] *f* (*domicile*) Wohnsitz *m*; (*bâtiment*) Wohngebäude *nt*; ~ **à loyer modéré** Wohnblock *m* des sozialen Wohnungsbaus.

habiter [abite] ⟨1⟩ **1.** vt bewohnen; (fig) innewohnen +dat; **2.** vi wohnen; ~ **rue Montmartre** in der Rue Montmartre wohnen.

habitude [abityd] f Gewohnheit f; (expérience) Vertrautheit f; **avoir l'~ de faire qch** etw gewöhnlich tun; (par expérience) es gewohnt sein, etw zu tun; **comme d'~** wie gewöhnlich, wie immer; **d'~** gewöhnlich, normalerweise.

habitué, e [abitye] **1.** adj: **être ~ à** etw gewöhnt sein; **2.** m, f (d'un café, etc) Stammgast m.

habituel, le [abityεl] adj üblich.

habituer [abitye] ⟨1⟩ **1.** vt: ~ **qn à qch** jdn an etw akk gewöhnen; **2.** vpr: **s'~ à** sich gewöhnen an +akk.

*__hâbleur, -euse__ [ˈablœʀ, øz] adj prahlerisch.

*__hache__ [ˈaʃ] f Axt f, Beil nt.

*__haché, e__ [ˈaʃe] adj (GASTR) gehackt; (phrases, style) abgehackt; **viande ~e** Hackfleisch nt.

*__hacher__ [ˈaʃe] ⟨1⟩ vt (GASTR) [zer]hacken.

*__hachis__ [ˈaʃi] m: ~ **de viande** feingehacktes Fleisch.

*__hachisch__ [ˈaʃiʃ] m Haschisch nt.

*__hachoir__ [ˈaʃwaʀ] m (appareil) Fleischwolf m; (planche) Hackbrett nt.

*__hachurer__ [ˈaʃyʀe] ⟨1⟩ vt schraffieren.

*__hagard, e__ [ˈagaʀ, d(ə)] adj verstört.

*__haie__ [ˈε] f Hecke f; (SPORT) Hürde f; (de personnes) Reihe f, Spalier nt; **course de ~s** (chevaux) Hindernisrennen nt; (coureurs) Hürdenlauf m; ~ **d'honneur** [Ehren]spalier nt.

*__haine__ [ˈεn] f Haß m.

*__haïr__ [ˈaiʀ] irr vt hassen.

*__hâlé, e__ [ˈale] adj gebräunt.

haleine [alεn] f Atem m; **de longue ~** langwierig; **hors d'~** außer Atem.

*__hâler__ [ˈale] vt bräunen.

*__haleter__ [ˈalte] ⟨4⟩ vi keuchen.

*__hall__ [ˈol] m [Eingangs-/Empfangs]halle f.

*__halle__ [ˈal] f Markthalle f; ~**s** fpl städtische Markthallen pl.

hallucinant, e [alysinã, ãt] adj verblüffend.

hallucination [alysinasjõ] f Halluzination f, Sinnestäuschung f.

*__halo__ [ˈalo] m (lune) Hof m.

halogène [alɔʒεn] m Halogen nt; **lampe [à] ~** Halogenlampe f.

*__halte__ [ˈalt] **1.** f Rast f; (de train) Haltestelle f; **2.** excl halt; **faire ~** halten, Halt machen.

haltère [altεʀ] m Hantel f; **poids et ~s** Gewichtheben nt.

*__hamac__ [ˈamak] m Hängematte f.

*__Hambourg__ [ˈãbuʀ] nt Hamburg nt.

*__hameau__ (-x) [ˈamo] m Weiler m.

hameçon [amsõ] m Angelhaken m.

*__hamster__ [ˈamstεʀ] m Hamster m.

*__hanche__ [ˈãʃ] f Hüfte f.

*__handicapé, e__ [ˈãdikape] **1.** adj behindert; **2.** m, f Behinderte(r) mf; ~ **moteur** Spastiker(in) m(f); ~ **physique/mental** Körperbehinderte(r)/geistig Behinderte(r).

*__handicaper__ [ˈãdikape] ⟨1⟩ vt behindern, benachteiligen.

*__handisport__ [ˈãdispɔʀ] m Behindertensport m.

*__hangar__ [ˈãgaʀ] m Schuppen m; (AVIAT) Hangar m, Flugzeughalle f.

*__hanneton__ [ˈãntõ] m Maikäfer m.

*__hanovre__ [ˈanɔvʀ] m Hannover nt.

*__hanter__ [ˈãte] ⟨1⟩ vt (fantôme) spuken [o umgehen] in +dat; (poursuivre) verfolgen, keine Ruhe lassen +dat; *__hantise__ [ˈãtiz] f [obsessive] Angst f.

*__happer__ [ˈape] ⟨1⟩ vt schnappen; **être happé(e) par un train** von einem Zug erfaßt werden.

happy end [ˈapiεnd] m o f Happy-End nt.

*__haranguer__ [ˈaʀãge] ⟨1⟩ vt eine Rede halten +dat.

*__haras__ [ˈaʀɑ] m Gestüt nt.

*__harassant, e__ [ˈaʀasõ, ãt] adj (travail) erschöpfend.

*__harceler__ [ˈaʀsəle] ⟨4⟩ vt (importuner) belästigen; ~ **de questions** mit Fragen bestürmen.

*__hardi, e__ [ˈaʀdi] adj (courageux) kühn, tapfer.

*__hareng__ [ˈaʀã] m Hering m.

*__hargne__ [ˈaʀɲ(ə)] f Gereiztheit f, Aggressivität f.

*__haricot__ [ˈaʀiko] m Bohne f; ~ **vert/blanc** grüne/dicke Bohne.

harmonie [aʀmɔni] f Harmonie f; (théorie) Harmonielehre f; **harmonieux, -euse** [aʀmɔnjø, øz] adj harmonisch; **harmonisation** f Angleichung f; ~ **juridique** (JUR) Rechtsangleichung f; **harmoniser** ⟨1⟩ vt aufeinander abstimmen; (MUS) harmonisieren.

*__harnacher__ [ˈaʀnaʃe] ⟨1⟩ vt anschirren.

*__harnais__ [ˈaʀnε] m Geschirr nt.

*__harpe__ [ˈaʀp(ə)] f Harfe f.

hasard [ˈazaʀ] m Zufall m; **à tout ~** auf gut Glück; **au ~** auf gut Glück, aufs Geratewohl; **par ~** zufällig; *__hasarder__ ⟨1⟩ **1.** vt riskieren; **2.** vpr: **se ~ à faire qch** es riskieren, etw zu tun.

*__hâte__ [ˈɑt] f Eile f; **à la ~** hastig; **en ~** in aller Eile; **avoir ~ de faire qch** es eilig haben, etw zu tun; *__hâter__ ⟨1⟩ **1.** vt beschleunigen; **2.** vpr: **se ~** sich beeilen; *__hâtif, -ive__ [ˈatif, iv] adj (travail) gepfuscht; (décision) übereilt, überstürzt; (fruits, légumes) Früh-.

*__hausse__ [ˈos] f (de prix, température) Anstieg m; (de salaires) Erhöhung f; **en ~** (prix) steigend; (température) ansteigend; *hausser* ⟨1⟩ **1.** vt erhöhen; (voix) erheben; **2.** vpr: **se ~ sur la pointe des pieds** sich auf die Zehenspitzen stellen; **~ les épaules** mit den Achseln zucken.

haut, e [´o, ´ot] **1.** adj hoch; (voix) laut; **2.** adv hoch; **3.** m (partie supérieure) oberer Teil, Oberteil nt; (sommet) Gipfel m; **à ~e voix, tout ~** laut; **à ~e résolution** [o définition] hochauflösend; **à ~s risques** (job, etc) risikoreich; **du ~ de ...** von ... herab; **de ~ en bas** von oben nach unten; (regarder) von oben bis unten; **en ~** oben; (avec mouvement) nach oben; **en ~ auf +akk; en ~ lieu** an höchster Stelle; **en ~e montagne** im Hochgebirge; **~ de 2m, 2m de ~** 2m hoch; **plus ~** höher; (position) weiter oben; (plus fort) lauter; **~ les mains!** Hände hoch!; **des ~s et des bas** Höhen und Tiefen pl; **le ~ allemand** (LING) das Hochdeutsche.

hautain, e [´otɛ̃, ɛn] adj hochmütig.

hautbois [´obwa] m Oboe f.

haut-de-forme ⟨hauts-de-forme⟩ [´odfɔʀm] m (chapeau) Zylinder m.

hauteur [´otœʀ] f Höhe f; (arrogance) Hochmut m, Überheblichkeit f; **être à la ~** den Dingen gewachsen sein; **haut fourneau** ⟨-x⟩ [´ofuʀno] m Hochofen m; *haut-le-cœur* m inv Übelkeit f; *haut-parleur* ⟨haut-parleurs⟩ m Lautsprecher m.

Haye [´ɛ] f: **La ~** Den Haag.

hebdo [ɛbdo] m (fam) [Wochen]zeitschrift f.

hebdomadaire [ɛbdɔmadɛʀ] **1.** adj wöchentlich; **2.** m [wöchentlich erscheinende] Zeitschrift f.

héberger [ebɛʀʒe] ⟨2⟩ vt bei sich aufnehmen.

hébété, e [ebete] adj benommen, wie betäubt.

hébreu ⟨-x⟩ [ebʀø] adj seulement masculin hebräisch; **Hébreu** m Hebräer m.

H.E.C. abr de **Hautes études commerciales** ≈ Höhere Handelsschule.

hécatombe [ekatɔ̃b] f Blutbad nt.

hectare [ɛktaʀ] m Hektar nt.

hégémonie [eʒemɔni] f Vorherrschaft f.

hein [´ɛ̃, hɛ̃] excl (interrogation) was; (sollicitant approbation) nicht wahr.

hélas [´elas] **1.** adv leider; **2.** excl ach.

héler [ele] ⟨5⟩ vt herbeirufen.

hélice [elis] f Schraube f, Propeller m.

hélicoptère [elikɔptɛʀ] m Hubschrauber m.

héliport [elipɔʀ] m Hubschrauberlandeplatz m.

helvétique [ɛlvetik] adj helvetisch, schweizerisch.

hématome [ematom] m Bluterguß m.

hémicycle [emisikl(ə)] m Halbkreis m; **l'~** (POL) das Parlament.

hémiplégie [emipleʒi] f halbseitige Lähmung.

hémisphère [emisfɛʀ] m: **~ nord/sud** nördliche/südliche Hemisphäre.

hémophilie [emɔfili] f Bluterkrankheit f.

hémorragie [emɔʀaʒi] f starke Blutung; **~ cérébrale** Gehirnblutung f.

hémorroïdes [emɔʀɔid] fpl Hämorrhoiden pl.

hennir [´eniʀ] ⟨8⟩ vi wiehern.

hépatique [epatik] adj Leber-.

herbe [ɛʀb(ə)] f Gras nt; (MÉD) [Heil]kraut nt; (GASTR) [Gewürz]kraut nt; **herbicide** [ɛʀbisid] m Unkrautvernichtungsmittel nt; **herbier** [ɛʀbje] m Herbarium nt; **herbivore** [ɛʀbivɔʀ] adj pflanzenfressend; **herboriste** m/f Heilmittelhändler(in) m(f).

héréditaire [eʀeditɛʀ] adj erblich; **hérédité** [eʀedite] f (BIO) Vererbung f; (BIO: caractères) Erbgut nt.

hérésie [eʀezi] f Ketzerei f; **hérétique** [eʀetik] m/f Ketzer(in) m(f).

hérisser [´eʀise] ⟨1⟩ **1.** vt (poils) aufbringen; **2.** vpr: **se ~** (poils) sich sträuben.

hérisson [´eʀisɔ̃] m Igel m.

héritage [eʀitaʒ] m Erbe nt, Erbschaft f.

hériter [eʀite] ⟨1⟩ vt, vi erben; **~ de qch** etw erben.

héritier, -ière [eʀitje, ɛʀ] m, f Erbe m, Erbin f.

hermétique [ɛʀmetik] adj hermetisch; (visage) verschlossen, starr; **être ~ à qch** (personne) für etw nicht zugänglich sein.

hermine [ɛʀmin] f Hermelin[pelz m] nt.

hernie [´ɛʀni] f [Eingeweide]bruch m.

héroïne [eʀɔin] f Heldin f; (drogue) Heroin nt; **héroïnomane** [eʀɔinɔman] m/f Heroinsüchtige(r) mf.

héroïque [eʀɔik] adj heroisch, heldenhaft.

héron [´eʀɔ̃] m Reiher m.

héros [´eʀo] m Held m.

herpès [ɛʀpɛs] m Herpes m.

hésitation [ezitasjɔ̃] f Zögern nt.

hésiter [ezite] ⟨1⟩ vi zögern.

hétéroclite [eteʀɔklit] adj (ensemble) eigenartig, heterogen; (objets) zusammengestückelt.

hétérosexuel, le [eteʀɔsɛksɥɛl] adj heterosexuell.

hêtre [´ɛtʀ(ə)] m Buche f.

heure [œʀ] f Stunde f; (point précis du jour) Uhr f; **à l'~ actuelle** gegenwärtig; **à toute ~** jederzeit; **être à l'~** pünktlich ankommen; (montre) richtig gehen; **mettre à l'~** stellen; **quelle ~ est-il?** wieviel Uhr ist es?; **est-ce que vous avez l'~?** können Sie mir sagen, wie spät es ist?; **il est deux ~s et demie/ moins le quart** es ist halb drei/viertel vor zwei; **24 ~s sur 24** rund um die Uhr; **~ de diffusion** ⟨TV⟩ Sendezeit f; **~ locale/d'été** Orts-/Sommerzeit f; **~ de pointe** Stoßzeit f; **~s supplémentaires** Überstunden pl.

heureusement [ørøzmã] adv glücklicherweise.

heureux, -euse [ørø, øz] adj glücklich.

*heurt ['œʀ] m ⟨choc⟩ [Zusammen]stoß m; **~s** mpl ⟨fig⟩ Reibereien pl; *heurté, e adj sprunghaft; *heurter ['œʀte] ⟨1⟩ 1. vt stoßen gegen; ⟨fig⟩ verletzen; 2. vpr: se **~** à zusammenstoßen mit; se **~** à zusammenstoßen mit; ⟨fig: obstacle⟩ treffen auf +akk.

hexagonal, e ⟨hexagonaux⟩ [ɛgzagɔnal, o] adj sechseckig; ⟨français⟩ französisch; **hexagone** [ɛgzagɔn] m Sechseck nt; **l'Hexagone** Frankreich nt.

hiberner [ibɛʀne] ⟨1⟩ vi Winterschlaf halten.

*hibou ⟨-x⟩ ['ibu] m Eule f.

*hideux, -euse ['idø, øz] adj abscheulich.

hier [jɛʀ] adv gestern.

*hiérarchie [jeʀaʀʃi] f Hierarchie f.

*hiéroglyphe ['jeʀɔglif] m Hieroglyphe f.

hilarité [ilaʀite] f Heiterkeit f.

hippique [ipik] adj Pferde-; **hippisme** m Pferdesport m; **hippodrome** [ipodʀom] m [Pferde]rennbahn f.

hippopotame [ipopotam] m Nilpferd nt.

hirondelle [iʀõdɛl] f Schwalbe f.

hirsute [iʀsyt] adj struwwelig, struppig.

*hisser ['ise] ⟨1⟩ 1. vt hissen; 2. vpr: se **~** sur qch sich auf etw akk hochziehen.

histoire [istwaʀ] f Geschichte f; **~s** fpl ⟨ennuis⟩ Ärger m; ⟨fam⟩ Scherereien pl; l'**~ sainte** die biblische Geschichte; **historien, ne** [istɔʀjɛ̃, ɛn] m, f Historiker(in) m(f); **historique** [istɔʀik] adj historisch.

HIV ['aʃive] m abr de **Human Immunodeficiency Virus** HIV m.

hiver [ivɛʀ] m Winter m; **en ~** im Winter; **hivernal, e** ⟨hivernaux⟩ adj winterlich; **hiverner** ⟨1⟩ vi überwintern.

hl abr de **hectolitre** hl.

H.L.M. m o f abr de **habitation à loyer modéré** Wohnblock m des sozialen Wohnungsbaus.

*hocher ['ɔʃe] ⟨1⟩ vt: **~ la tête** den Kopf schütteln; ⟨accord⟩ mit dem Kopf nicken.

*hochet ['ɔʃɛ] m Rassel f.

*hockey ['ɔkɛ] m: **~** [sur glace/gazon] [Eis-/Feld]hockey nt.

*holding ['ɔldiŋ] m Holdinggesellschaft f.

*hold-up ['ɔldœp] m inv [Raub]überfall m.

*hollandais, e [ɔ'lɑ̃dɛ, ɛz] adj holländisch; **Hollandais, e** m, f Holländer(in) m(f); *Hollande f: la **~** Holland nt.

*homard ['ɔmaʀ] m Hummer m.

homélie [ɔmeli] f Predigt f.

homéopathique [ɔmeɔpatik] adj homöo-

pathisch.

homicide [ɔmisid] m ⟨acte⟩ Totschlag m; **~ involontaire** fahrlässige Tötung.

hommage [ɔmaʒ] m Huldigung f; **présenter ses ~s à qn** jdn grüßen; **rendre ~ à qn** jdm huldigen, jdn ehren.

homme [ɔm] m ⟨humain⟩ Mensch m; ⟨masculin⟩ Mann m; **~ au foyer** Hausmann m; **~ d'affaires** Geschäftsmann m; **~ des cavernes** Höhlenmensch m; **~ d'État** Staatsmann m; **~ de paille** Strohmann m; **l'~ de la rue** der Mann auf der Straße; **homme-grenouille** ⟨hommes-grenouilles⟩ m Froschmann m; **homme-sandwich** ⟨hommes-sandwiches⟩ m Plakatträger m.

homogène [ɔmɔʒɛn] adj homogen.

homologue [ɔmɔlɔg] m Gegenstück nt, Pendant nt; ⟨politique étrangère⟩ Amtskollege m, Amtskollegin f.

homologué, e [ɔmɔlɔge] adj ⟨SPORT⟩ offiziell anerkannt; ⟨tarif⟩ genehmigt.

homonyme [ɔmɔnim] m ⟨LING⟩ Homonym nt.

homosexuel, le [ɔmɔsɛksɥɛl] 1. adj homosexuell; 2. m, f Homosexuelle(r) mf.

*Hongrie ['ɔ̃gʀi] f: la **~** Ungarn nt; *hongrois, e ['ɔgʀwa, az] adj ungarisch; *Hongrois, e m, f Ungar(in) m(f).

honnête [ɔnɛt] adj ehrlich, anständig; ⟨suffisant⟩ zufriedenstellend; **honnêtement** adv ehrlich; **honnêteté** f Ehrlichkeit f.

honneur [ɔnœʀ] m Ehre f; **en l'~ de** zu Ehren von; **faire ~ à qch** ⟨engagements⟩ etw ehren; ⟨famille⟩ einer Sache dat Ehre machen; ⟨fam: repas⟩ kräftig zulangen.

honorable [ɔnɔʀabl(ə)] adj ehrenhaft; ⟨suffisant⟩ zufriedenstellend.

honoraire [ɔnɔʀɛʀ] adj ehrenamtlich; **membre ~** Ehrenmitglied nt; **honoraires** mpl Honorar nt.

honorer [ɔnɔʀe] ⟨1⟩ 1. vt ehren; ⟨COMM⟩ bezahlen; 2. vpr: s'**~ de** sich einer Sache gen rühmen; **~ qn de** jdn beehren mit.

honorifique [ɔnɔʀifik] adj Ehren-.

*honte ['ɔ̃t] f Schande f; **avoir ~ de** sich schämen +gen; **faire ~ à qn** jdm Schande machen; *honteux, -euse ['ɔ̃tø, øz] adj schändlich; ⟨personne⟩ beschämt; **être ~** ⟨personne⟩ sich schämen.

hôpital ⟨hôpitaux⟩ [ɔpital, o] m Krankenhaus nt.

*hoquet ['ɔkɛ] m Schluckauf m; *hoqueter ['ɔk(ə)te] ⟨3⟩ vi hicksen, einen Schluckauf haben.

horaire [ɔʀɛʀ] 1. adj stündlich; 2. m Programm nt; ⟨emploi du temps⟩ Zeitplan m; ⟨SCOL⟩ Stundenplan m; ⟨transports⟩ Fahrplan m; ⟨AVIAT⟩ Flugplan m; **~ souple** gleitende Arbeitszeit, Gleitzeit f; **~ des trains** Fahrplan m; ⟨dépliant⟩ Fahrplanauszug m.

horizon [ɔʀizõ] *m* Horizont *m*.

horizontal, e ⟨horizontaux⟩ [ɔʀizõtal, o] *adj* horizontal; **horizontalement** *adv* horizontal.

horloge [ɔʀlɔʒ] *f* Uhr *f*; **l'~ parlante** die Zeitansage; **horloger, -ère** [ɔʀlɔʒe, ɛʀ] *m, f* Uhrmacher(in) *m(f)*; **horlogerie** [ɔʀlɔʒʀi] *f* Uhrenindustrie *f*; **pièces d'~** Uhrteile *pl*.

*****hormis** [ɔʀmi] *prép* außer +*dat*.

hormone [ɔʀmɔn] *f* Hormon *nt*.

horoscope [ɔʀɔskɔp] *m* Horoskop *nt*.

horreur [ɔʀœʀ] *f* Abscheulichkeit *f*, Entsetzlichkeit *f*; (*épouvante*) Entsetzen *nt*; **avoir ~ de qch** etw verabscheuen; **faire ~ à qn** jdn anwidern; **quelle ~!** (*fam*) wie gräßlich!

horrible [ɔʀibl(ə)] *adj* fürchterlich, grauenhaft, schrecklich.

horrifier [ɔʀifje] ⟨1⟩ *vt* entsetzen.

horripiler [ɔʀipile] ⟨1⟩ *vt* zur Verzweiflung bringen.

*****hors** [ɔʀ] *prép* außer +*dat*; **~ de** außer +*dat*, außerhalb +*gen*; **~ de propos** unpassend; **~ pair** außergewöhnlich; **être ~ de soi** außer sich sein; **~ d'usage** defekt; **hors-bord** *m inv* Außenbordmotor *m*; **hors-concours** *adj* außer Konkurrenz; **hors-d'œuvre** *m inv* Hors d'œuvre *nt*, Vorspeise *f*; **hors-jeu** *m inv* Abseits *nt*; **hors-la-loi** *m inv* Geächtete(r) *mf*, Verbrecher(in) *m(f)*; **hors taxe** *adj* zollfrei; **hors-texte** *m inv* Tafel *f*.

horticulteur, -trice [ɔʀtikyltœʀ, tʀis] *m, f* Gärtner(in) *m(f)*; **horticulture** *f* Gartenbau *m*.

hospice [ɔspis] *m*: **~ de vieillards** Altenheim *nt* (*für mittellose Personen*).

hospitalier, -ière [ɔspitalje, ɛʀ] *adj* (*accueillant*) gastfreundlich; (*MÉD*) Krankenhaus-.

hospitaliser [ɔspitalize] ⟨1⟩ *vt* ins Krankenhaus einweisen.

hospitalité [ɔspitalite] *f* Gastfreundlichkeit *f*.

hostile [ɔstil] *adj* feindlich; **être ~ à qch** gegen etw sein; **hostilité** *f* Feindseligkeit *f*; **~s** *fpl* Feindseligkeiten *pl*.

hôte [ot] *m* (*maître de maison*) Gastgeber(in) *m(f)*; (*invité*) Gast *m*.

hôtel [otɛl] *m* Hotel *nt*; **~ particulier** Villa *f*; **hôtel Matignon** Amtssitz des französischen Premierministers in Paris; **~ de ville** Rathaus *nt*; **hôtelier, -ière** [otəlje, ɛʀ] **1.** *adj* Hotel-; **2.** *m, f* Hotelbesitzer(in) *m(f)*; **hôtellerie** [otɛlʀi] *f* (*profession*) Hotelgewerbe *nt*; (*auberge*) Gasthaus *nt*.

hôtesse [otɛs] *f* (*maîtresse de maison*) Gastgeberin *f*; (*d'accueil*) Hosteß *f*; **~ de l'air** Stewardeß *f*.

*****hotte** [ɔt] *f* (*de cheminée, d'aération*) Ab-

zugshaube *f*.

*****houblon** [ublõ] *m* Hopfen *m*.

*****houille** [uj] *f* [Stein]kohle *f*; **~ blanche** Wasserkraft *f*.

*****houlette** [ulɛt] *f*: **sous la ~ de** unter der Führung von.

*****houleux, -euse** [ulø, øz] *adj* (*mer*) wogend, unruhig; (*fig*) erregt.

*****houspiller** [uspije] ⟨1⟩ *vt* ausschimpfen.

*****housse** [us] *f* (*de protection*) Bezug *m*.

H.R. *abr de* **heures repas** erreichbar während der Essenszeiten.

H.S. *abr de* **hors service** außer Betrieb; **être ~** (*fam*) völlig geschafft sein.

*****hublot** [yblo] *m* Bullauge *nt*.

*****huées** [ɥe] *fpl* Buhrufe *pl*; *****huer** ⟨1⟩ *vt* ausbuhen.

huile [ɥil] *f* Öl *nt*; **~ d'arachide** Erdnußöl *nt*; **~ de foie de morue** Lebertran *m*; **~ multigrade** Mehrbereichsöl *nt*; **huiler** ⟨1⟩ *vt* ölen.

huis [ɥi] *m*: **à ~ clos** unter Ausschluß der Öffentlichkeit.

huissier [ɥisje] *m* Amtsdiener *m*; (*JUR*) Gerichtsvollzieher(in) *m(f)*.

*****huit** [ɥit] *num* acht; **le ~ mai** der achte Mai; **~ fois** achtmal; achtfach; **~ cents** achthundert; **de ~ ans** achtjährig; **samedi en ~** Samstag in acht Tagen; *****huitaine** [ɥitɛn] *f*: **une ~ de jours** ungefähr eine Woche; *****huitième 1.** *adj* achte(r, s); **2.** *m* (*fraction*) Achtel *nt*; **3.** *m/f* (*personne*) Achte(r) *mf*; **huitièmement** *adv* achtens.

huître [ɥitʀ(ə)] *f* Auster *f*.

humain, e [ymɛ̃, ɛn] *adj* menschlich; **l'être ~** der Mensch.

humanitaire [ymanitɛʀ] *adj* humanitär.

humanité [ymanite] *f* (*sensibilité*) Menschlichkeit *f*; **l'~** (*genre humain*) die Menschheit.

humble [œ̃bl(ə)] *adj* bescheiden; (*soumis*) unterwürfig.

humecter [ymɛkte] ⟨1⟩ *vt* befeuchten.

*****humer** [yme] ⟨1⟩ *vt* einatmen.

humérus [ymeʀys] *m* Oberarmknochen *m*.

humeur [ymœʀ] *f* (*momentanée*) Stimmung *f*, Laune *f*; (*tempérament*) Wesen *nt*; (*irritation*) Wut *f*; **être de bonne/mauvaise ~** gut/schlecht gelaunt sein.

humide [ymid] *adj* feucht; (*route*) naß; (*saison*) regnerisch; **humidificateur** [ymidifikatœʀ] *m* Verdunster *m*; **humidifier** [ymidifje] ⟨1⟩ *vt* befeuchten; **humidité** [ymidite] *f* Feuchtigkeit *f*.

humiliation [ymiljasjõ] *f* Demütigung *f*.

humilier [ymilje] ⟨1⟩ *vt* demütigen.

humilité [ymilite] *f* Bescheidenheit *f*, Demut *f*.

humoristique [ymɔʀistik] *adj* humoristisch, humorvoll.

humour [ymuʀ] *m* Humor *m*.

*hurlement [´yʀləmã] *m* Heulen *nt;* (*humain*) Geschrei *nt,* Schrei *m;* ***hurler** ⟨1⟩ *vi* heulen; (*personne*) schreien; (*brailler*) brüllen.

hurluberlu [yʀlybɛʀly] *m* Spinner(in) *m(f).*

*hutte [´yt] *f* Hütte *f.*

hydratant, e [idʀatã, ãt] *adj* Feuchtigkeits-.

hydrate [idʀat] *m:* ~**s de carbone** Kohle[n]-hydrate *pl.*

hydraulique [idʀolik] *adj* hydraulisch.

hydrocarbure [idʀokaʀbyʀ] *m* Kohlenwasserstoff *m.*

hydrogène [idʀɔʒɛn] *m* Wasserstoff *m.*

hydroglisseur [idʀoglisœʀ] *m* Gleitboot *nt.*

hydroptère [idʀɔptɛʀ] *m* Tragflächenboot *nt.*

hydropulseur [idʀopylsœʀ] *m* Munddusche *f.*

hygiène [iʒjɛn] *f* Hygiene *f;* ~ **corporelle/intime** Körper-/Intimpflege *f;* **hygiénique** [iʒjenik] *adj* hygienisch.

hypermarché [ipɛʀmaʀʃe] *m* [sehr großer] Supermarkt *m.*

hypertension [ipɛʀtãsjɔ̃] *f* hoher Blutdruck.

hypnotiser [ipnotize] ⟨1⟩ *vt* hypnotisieren.

hypocrisie [ipokʀizi] *f* Heuchelei *f;* **hypocrite 1.** *adj* heuchlerisch; **2.** *m/f* Heuchler(in) *m(f).*

hypotension [ipotãsjɔ̃] *f* niedriger Blutdruck.

hypothèque [ipotɛk] *f* Hypothek *f;* **hypothéquer** [ipoteke] ⟨5⟩ *vt* mit einer Hypothek belasten.

hypothèse [ipotɛz] *f* Hypothese *f;* **dans l'~ où ...** gesetzt den Fall, daß ...; **hypothétique** [ipotetik] *adj* hypothetisch.

hystérique [isteʀik] *adj* hysterisch.

I

I, i [i] *m* I, i *nt.*

iceberg [isbɛʀg] *m* Eisberg *m.*

ici [isi] *adv* hier.

icône [ikon] *f* Ikone *f;* (*INFORM*) Icon *nt.*

iconographie [ikonogʀafi] *f* (*ensemble d'images*) Illustrationen *fpl.*

id. *abr de* **idem** id.

idéal, e ⟨*idéaux*⟩ [ideal, o] **1.** *adj* ideal; **2.** *m* (*modèle*) Ideal *nt.*

idée [ide] *f* Idee *f;* ~**s** *fpl* (*opinions*) Denkweise *f,* Vorstellungen *fpl;* **à l'~ que** wenn ich daran denke, daß; **avoir dans l'~ que** das Gefühl haben, daß; **cela ne me viendrait même pas à l'~** das käme mir über-

haupt nicht in den Sinn; ~**s noires** trübe Gedanken *mpl;* ~**s toutes faites** Denkschablonen *fpl.*

identifier [idãtifje] ⟨1⟩ **1.** *vt* (*reconnaître*) identifizieren; **2.** *vpr:* **s'~ avec** [*o* à] **qn/qn** sich mit etw/jdm identifizieren; ~ **qch avec** [*o* à] **qch** (*assimiler*) etw mit etw gleichsetzen.

identique [idãtik] *adj:* ~ [**à**] identisch [mit].

identité [idãtite] *f* (*de vues, de goûts*) Übereinstimmung *f;* (*d'une personne*) Identität *f;* ~ **bancaire** Bankverbindung *f.*

idéologie [ideɔlɔʒi] *f* Ideologie *f.*

idiot, e [idjo, idjɔt] **1.** *adj* idiotisch; **2.** *m, f* Idiot(in) *m(f);* **idiotie** [idjɔsi] *f* (*remarque*) Dummheit *f.*

I.D.S. *f abr de* **initiative de défense stratégique** SDI *f.*

idylle [idil] *f* (*amourette*) Romanze *f.*

I.E.P. *m abr de* **Institut d'études politiques** *französische Fachhochschule für Politologie.*

igloo [iglu] *m* Iglu *m* *o nt.*

I.G.N. *m abr de* **Institut géographique national** *staatliches geographisches Institut.*

ignare [iɲaʀ] *adj* ungebildet, unwissend.

ignoble [iɲɔbl(ə)] *adj* niederträchtig.

ignominie [iɲomini] *f* (*déshonneur*) Schmach *f,* Schande *f;* (*action*) Schandtat *f.*

ignorance [iɲoʀãs] *f* Unwissenheit *f,* Unkenntnis *f;* **tenir qn dans l'~ de qch** jdn in Unkenntnis über etw lassen; **ignorant, e** **1.** *adj* unwissend; **2.** *m, f* Ignorant(in) *m(f);* **ignorer** ⟨1⟩ *vt* nicht kennen; (*bouder: personne*) ignorieren; **j'ignore comment/si** ich weiß nicht, wie/ob.

il [il] *pron* er, sie, es; (*pl*) sie; (*tournure impers*) es; ~ **pleut** es regnet; **Pierre est-il arrivé?** (*interrogation: non traduit*) ist Pierre angekommen?

île [il] *f* Insel *f;* **les** ~**s Anglo-Normandes** die Kanalinseln *fpl;* **les** ~**s Britanniques** die Britischen Inseln *fpl;* **l'~ de Cuba** die Insel Kuba; **l'~ d'Elbe** Elba *nt;* **l'~ Maurice** Mauritius *nt;* **Île-de-France** *f* Île-de-France *f* (*französische Region*).

illégal, e ⟨*illégaux*⟩ [i(l)legal, o] *adj* illegal; **illégalité** *f* Illegalität *f.*

illégitime [i(l)leʒitim] *adj* (*enfant*) unehelich; (*pouvoir*) unrechtmäßig.

illettré, e [i(l)letʀe] *m, f* (*analphabète*) Analphabet(in) *m(f).*

illicite [i(l)lisit] *adj* verboten, illegal.

illimité, e [i(l)limite] *adj* unbegrenzt.

illisible [i(l)lizibl(ə)] *adj* (*indéchiffrable*) unleserlich; (*roman*) nicht lesbar.

illumination [i(l)lyminasjɔ̃] *f* Beleuchtung *f;* (*inspiration*) Erleuchtung *f.*

illuminer [i(l)lymine] ⟨1⟩ **1.** *vt* beleuchten; (*ciel*) erhellen; **2.** *vpr:* **s'~** (*visage, ciel*) sich erhellen.

illusion [i(l)lyzjɔ̃] f Illusion f; (d'un prestidigitateur) Täuschung f; **faire ~** täuschen, irreführen; **se faire des ~s** sich dat Illusionen machen; **~ d'optique** optische Täuschung; **illusionniste** [i(l)lyzjɔnist(ə)] m/f Zauberkünstler(in) m(f).

illustration [i(l)lystʀasjɔ̃] f Illustration f; (explication) Erläuterung f, Erklärung f.

illustre [i(l)lystʀ(ə)] adj berühmt.

illustré, e [i(l)lystʀe] **1.** adj illustriert; **2.** m Illustrierte f.

illustrer [i(l)lystʀe] ⟨1⟩ vt illustrieren.

image [imaʒ] f Bild nt; (dans un miroir, dans l'eau) Spiegelbild nt; (personne ressemblante) Ebenbild nt; (représentation) Darstellung f; ~ **[de marque]** (fig) Image nt.

imaginaire [imaʒinɛʀ] adj imaginär.

imaginatif, -ive [imaʒinatif, iv] adj phantasievoll.

imagination [imaʒinasjɔ̃] f Phantasie f; (idée) Einbildung f.

imaginer [imaʒine] ⟨1⟩ **1.** vt sich dat vorstellen; (inventer) sich dat ausdenken; **j'imagine qu'il a voulu plaisanter** (supposer) ich nehme an, er wollte nur Spaß machen; **2.** vpr: **s'~** (se représenter) sich dat vorstellen; **s'~ que** (croire) meinen, daß.

imbattable [ɛ̃batabl(ə)] adj unschlagbar.

imbécile [ɛ̃besil] adj blödsinnig, dumm.

imbiber [ɛ̃bibe] ⟨1⟩ **1.** vt: ~ **qch de** etw tränken mit; **2.** vpr: **s'~** sich vollsaugen mit.

imitateur, -trice [imitatœʀ, tʀis] m, f Nachahmer(in) m(f); (professionnel) Imitator(in) m(f).

imitation [imitasjɔ̃] f Imitation f, Nachahmung f; **un sac ~ cuir** eine Tasche aus Lederimitation.

imiter [imite] ⟨1⟩ vt imitieren, nachmachen; (contrefaire) fälschen; **il se leva et je l'imitai** (faire comme qn) er erhob sich und ich folgte seinem Beispiel.

immaculé, e [imakyle] adj (nappe) tadellos; (linge) blütenweiß; (neige) jungfräulich.

immatriculation [imatʀikylasjɔ̃] f Einschreibung f.

immatriculer [imatʀikyle] ⟨1⟩ vt (étudiant) einschreiben; (voiture) anmelden; **se faire ~** sich einschreiben; **voiture immatriculée dans le Val-d'Oise** ein im Departement Val-d'Oise registriertes Auto.

immédiat, e [imedja, at] **1.** adj unmittelbar; **2.** m: **dans l'~** momentan; **immédiatement** adv (aussitôt) sofort; (précéder, suivre) direkt, unmittelbar.

immense [i(m)mɑ̃s] adj riesig; (fig) ungeheuer.

immergé, e [imɛʀʒe] adj unter Wasser.

immerger [imɛʀʒe] ⟨2⟩ **1.** vt eintauchen;

(déchets) versenken; **2.** vpr: **s'~** (sous-marin) tauchen.

immeuble [imœbl(ə)] **1.** m (bâtiment) Gebäude nt; **2.** adj (JUR) unbeweglich; **~ à usage locatif** großes Mietshaus.

immigrant, e [imigʀɑ̃, ɑ̃t] m, f Einwanderer m, Einwanderin f; **immigration** [imigʀasjɔ̃] f Einwanderung f; **immigré, e** m, f Immigrant(in) m(f).

imminent, e [iminɑ̃, ɑ̃t] adj unmittelbar, nahe bevorstehend.

immiscer [imise] ⟨2⟩ vpr: **s'~ dans** sich einmischen in +akk.

immobile [imɔbil] adj bewegungslos; **rester/se tenir ~** sich nicht bewegen.

immobilier, -ière [imɔbilje, ɛʀ] **1.** adj (JUR) unbeweglich; (COMM) Immobilien-; **2.** m: **l'~** der Immobilienhandel.

immobiliser [imɔbilize] ⟨1⟩ **1.** vt bewegungsunfähig machen, lahmlegen; (stopper) anhalten; (membre blessé) ruhigstellen; **2.** vpr: **s'~** stehenbleiben.

immodéré, e [imɔdeʀe] adj übermäßig, übertrieben.

immonde [i(m)mɔ̃d] adj ekelhaft; (personne) häßlich, unmöglich.

immondices [imɔ̃dis] fpl (ordures) Müll m, Abfall m.

immoral, e ⟨immoraux⟩ [i(m)mɔʀal, o] adj unmoralisch.

immortaliser [imɔʀtalize] ⟨1⟩ vt verewigen.

immortel, le [imɔʀtɛl] adj unsterblich.

immuable [imɥabl(ə)] adj unveränderlich.

immuniser [imynize] ⟨1⟩ vt immunisieren.

immunité [imynite] f (a. POL) Immunität f.

impact [ɛ̃pakt] m (effet) [Aus]wirkung f, Einfluß m; **point d'~** (projectile) Einschlag[stelle f] m.

impair, e [ɛ̃pɛʀ] adj (MATH) ungerade.

impardonnable [ɛ̃paʀdɔnabl(ə)] adj unverzeihlich; **vous êtes ~ d'avoir fait cela** es ist unverzeihlich, daß Sie das getan haben.

imparfait, e [ɛ̃paʀfɛ, ɛt] **1.** adj (inachevé) unvollkommen; (défectueux) mangelhaft; **2.** m (LING) Imperfekt nt.

impartial, e ⟨impartiaux⟩ [ɛ̃paʀsjal, o] adj unparteiisch, unvoreingenommen.

impartir [ɛ̃paʀtiʀ] ⟨8⟩ vt gewähren (à qn jdm).

impasse [ɛ̃pas] f (a. fig) Sackgasse f; **être dans une ~** (négociations) festgefahren sein.

impassible [ɛ̃pasibl(ə)] adj gelassen; (visage) undurchdringlich.

impatience [ɛ̃pasjɑ̃s] f Ungeduld f; **impatient, e** adj ungeduldig; **impatienter** ⟨1⟩ vpr: **s'~** ungeduldig werden.

impeccable [ɛ̃pekabl(ə)] adj tadellos.

impénétrable [ɛ̃penetʀabl(ə)] adj (forêt)

undurchdringlich; (secret) unergründlich.

impénitent, e [ɛ̃penitɑ̃, ɑ̃t] adj unverbesserlich.

impensable [ɛ̃pɑ̃sabl(ə)] adj (inconcevable) undenkbar; (incroyable) unglaublich.

impératif, -ive [ɛ̃peratif, iv] 1. adj unabdingbar, unerläßlich; 2. m (prescription) Voraussetzung f, Erfordernis nt; l'~ (LING) der Imperativ.

impératrice [ɛ̃peratris] f Kaiserin f.

imperceptible [ɛ̃perseptibl(ə)] adj nicht wahrnehmbar; kaum wahrnehmbar.

imperfection [ɛ̃perfɛksjɔ̃] f Unvollkommenheit f.

impérial, e ⟨impériaux⟩ [ɛ̃perjal, o] adj kaiserlich.

impériale [ɛ̃perjal] f: autobus à ~ Doppeldeckerbus m.

impérialisme [ɛ̃perjalism] m Imperialismus m.

impérieux, -euse [ɛ̃perjø, øz] adj (personne) herrisch, gebieterisch; (chose) dringend.

impérissable [ɛ̃perisabl(ə)] adj unvergänglich.

imperméable [ɛ̃permeabl(ə)] 1. adj (GÉO) undurchlässig; (toile, tissu) wasserdicht; 2. m Regenmantel m.

impersonnel, le [ɛ̃persɔnɛl] adj unpersönlich.

impertinence [ɛ̃pertinɑ̃s] f Unverschämtheit f; **impertinent, e** [ɛ̃pertinɑ̃, ɑ̃t] adj (insolent) unverschämt.

imperturbable [ɛ̃pertyrbabl(ə)] adj unerschütterlich.

impétueux, -euse [ɛ̃petɥø, øz] adj (fougueux) feurig, ungestüm.

impie [ɛ̃pi] adj gottlos.

impitoyable [ɛ̃pitwajabl(ə)] adj erbarmungslos.

implacable [ɛ̃plakabl] adj (ennemi, juge) unerbittlich; (haine) unversöhnlich.

implantation [ɛ̃plɑ̃tasjɔ̃] f Ansiedlung f; ~ **industrielle** Industrieansiedlung f; **implanter** ⟨1⟩ 1. vt (usage, mode) einführen; (idée, préjugé) einpflanzen; 2. vpr: s'~ sich niederlassen.

implicite [ɛ̃plisit] adj implizit.

impliquer [ɛ̃plike] ⟨1⟩ vt (supposer) erfordern; ~ **qn dans** jdn verwickeln in +akk.

implorer [ɛ̃plɔre] ⟨1⟩ vt (personne, dieu) anflehen; (qch) bitten um.

impoli, e [ɛ̃pɔli] adj unhöflich; **impolitesse** f Unhöflichkeit f.

impopulaire [ɛ̃pɔpylɛr] adj unbeliebt; (POL) unpopulär.

importance [ɛ̃pɔrtɑ̃s] f Wichtigkeit f, Bedeutung f; (quantitative) Größe f; **sans** ~ unbedeutend, unwichtig; **important, e 1.** adj wichtig; bedeutend; (quantativement)

bedeutend, beträchtlich; (péj) dünkelhaft, wichtigtuerisch; **2.** m: l'~ **est que** das Wichtigste ist, daß.

importateur, -trice [ɛ̃pɔrtatœr, tris] **1.** adj Import-; **2.** m, f Importeur(in) m(f).

importation [ɛ̃pɔrtasjɔ̃] f Einfuhr f, Import m; **réglementation d'~** (COMM) Einfuhrbestimmungen fpl.

importer [ɛ̃pɔrte] ⟨1⟩ **1.** vi (être important) von Bedeutung sein; **2.** vt importieren; ~ à **qn** für jdn wichtig sein; **il importe de** es ist wichtig, zu; **n'importe lequel/laquelle d'entre nous** irgendeine(r) von uns; **n'importe quel/quelle** irgendein(e); **n'importe qui/quoi** irgendwer/irgendwas; **c'est** l'~ **n'importe quoi!** (péj) so ein Quatsch!; **n'importe où/quand** irgendwo[hin]/irgendwann.

importun, e [ɛ̃pɔrtœ̃, yn] **1.** adj (curiosité, présence) aufdringlich; (arrivée, visite) ungelegen; **2.** m Eindringling m; **importuner** [ɛ̃pɔrtyne] ⟨1⟩ vt belästigen.

imposable [ɛ̃pozabl(ə)] adj steuerpflichtig.

imposant, e [ɛ̃pozɑ̃, ɑ̃t] adj beeindruckend.

imposer [ɛ̃poze] ⟨1⟩ **1.** vt (taxer) besteuern; **2.** vpr: s'~ (ne pouvoir être rejeté) erforderlich sein; (se faire reconnaître) sich hervorheben; (~ sa présence) sich aufdrängen; **en** ~ à **qn** auf jdn Eindruck machen; ~ **qch à qn** jdm etw aufzwingen.

imposition [ɛ̃pozisjɔ̃] f (taxation) Besteuerung f.

impossibilité [ɛ̃posibilite] f: **être dans l'~ de faire qch** nicht in der Lage sein, etw zu tun; **impossible 1.** adj unmöglich; **2.** m: **faire l'~** sein möglichstes tun; **il m'est ~ de** es ist mir unmöglich, zu.

imposteur [ɛ̃postœr] m Betrüger(in) m(f).

impôt [ɛ̃po] m Steuer f, Abgabe f; **payer 1.000 F d'~s** 1.000 F Steuern zahlen; ~ **foncier** Grundsteuer f; ~ **sur le revenu** Einkommensteuer f.

impotent, e [ɛ̃potɑ̃, ɑ̃t] adj behindert.

impraticable [ɛ̃pratikabl(ə)] adj (irréalisable) nicht machbar; (piste) unpassierbar; (rue) nicht befahrbar.

imprécis, e [ɛ̃presi, iz] adj ungenau.

imprégner [ɛ̃preɲe] ⟨5⟩ **1.** vt: ~ **[de]** (de liquide) tränken [mit]; (lieu) erfüllen [mit]; (paroles, écrit) durchziehen [mit]; **2.** vpr: s'~ **de qch** (de liquide) sich mit etw vollsaugen.

imprésario [ɛ̃presarjo] m Impresario m.

impression [ɛ̃presjɔ̃] f (sensation) Eindruck m; (action d'imprimer) Druck m; **avoir l'~ que** das Gefühl [o den Eindruck] haben, daß; **faire bonne/mauvaise** ~ einen guten/schlechten Eindruck machen; ~ **en offset** Offsetdruck m; **impressionnant, e** adj beeindruckend, eindrucksvoll; **impressionner** ⟨1⟩ vt (émouvoir) beeindrucken; (PHOTO) belichten.

imprévisible [ɛ̃pʀevizibl(ə)] *adj* unvorher-sehbar.

imprévoyant, e [ɛ̃pʀevwajɑ̃, ɑ̃t] *adj* sorg-los.

imprévu, e [ɛ̃pʀevy] **1.** *adj* unvorhergese-hen, unerwartet; **2.** *m:* **un ~** ein unvorher-gesehenes Ereignis; **en cas d'~** falls etwas dazwischenkommt.

imprimante [ɛ̃pʀimɑ̃t] *f* Drucker *m;* **~ à aiguilles** Nadeldrucker *m;* **~ à jet d'encre** Tintenstrahldrucker *m;* **~ [à] laser** Laser-drucker *m;* **~ matricielle** Matrixdrucker *m;* **~ rapide** Schnelldrucker *m;* **~ thermique** Thermodrucker *m.*

imprimé, e [ɛ̃pʀime] *m (formulaire)* Vordruck *m; (POSTES)* Drucksache *f.*

imprimer [ɛ̃pʀime] ⟨1⟩ *vt* drucken; *(papier, tissu)* bedrucken; *(INFORM)* [aus]drucken; *(empreinte)* hinterlassen; *(publier)* veröf-fentlichen; *(mouvement, impulsion)* über-mitteln; **imprimerie** *f (technique)* Druk-ken *nt,* Druck *m; (établissement)* Druckerei *f;* **imprimeur** *m* Drucker *m.*

improductif, -ive [ɛ̃pʀɔdyktif, iv] *adj (capital)* nicht gewinnbringend; *(travail, personne)* unproduktiv; *(terre)* unfruchtbar.

impromptu, e [ɛ̃pʀɔ̃pty] **1.** *adj* improvi-siert; **2.** *m (MUS. THÉÂT.)* Stegreifstück *nt.*

impropre [ɛ̃pʀɔpʀ(ə)] *adj (incorrect)* nicht zutreffend, ungenau; **~ à** ungeeignet für.

improviser [ɛ̃pʀɔvize] ⟨1⟩ *vt, vi* improvisie-ren; **on l'avait improvisé cuisinier** er fun-gierte als Koch.

improviste [ɛ̃pʀɔvist(ə)] *adv:* **à l'~** uner-wartet, unversehens.

imprudence [ɛ̃pʀydɑ̃s] *f* Leichtsinn *m;* **imprudent, e** [ɛ̃pʀydɑ̃, ɑ̃t] *adj* leichtsin-nig; *(remarque)* unklug; *(projet)* tollkühn.

impudent, e [ɛ̃pydɑ̃, ɑ̃t] *adj* unverschämt.

impudique [ɛ̃pydik] *adj* schamlos.

impuissant, e [ɛ̃pɥisɑ̃, ɑ̃t] *adj (désarmé)* hilflos, schwach; *(sans effet)* ineffektiv; *(sexuellement)* impotent; **~ à faire qch** au-ßerstande, etw zu tun.

impulsif, -ive [ɛ̃pylsif, iv] *adj* impulsiv.

impulsion [ɛ̃pylsjɔ̃] *f (PHYS)* Antrieb *m;* **~ donnée aux affaires/au commerce** wirt-schaftlicher Auftrieb.

impur, e [ɛ̃pyʀ] *adj* unrein, verunreinigt; **impureté** *f (saleté)* Unreinheit *f.*

imputer [ɛ̃pyte] ⟨1⟩ *vt:* **~ à** *(COMM)* verrech-nen mit.

inaccessible [inaksesibl(ə)] *adj:* **~ [à]** *(endroit)* unerreichbar [für]; **~ à** *(insensi-ble)* unzugänglich für.

inaccoutumé, e [inakutyme] *adj* unge-wohnt.

inachevé, e [inaʃ(ə)ve] *adj* unvollendet.

inactif, -ive [inaktif, iv] *adj (sans activité)* untätig; *(inefficace)* wirkungslos; **inaction**

[inaksjɔ̃] *f* Untätigkeit *f; (péj)* Trägheit *f.*

inadapté, e [inadapte] *adj (enfant)* verhal-tensgestört; **~ à** nicht geeignet für.

inadmissible [inadmisibl(ə)] *adj* unzuläs-sig; *(attitude, conditions)* nicht tragbar.

inadvertance [inadvɛʀtɑ̃s] *f:* **par ~** verse-hentlich.

inaltérable [inalteʀabl(ə)] *adj* beständig; *(fig)* unveränderlich; **couleur ~ au lavage/à la lumière** waschechte/lichtechte Farbe.

inanimé, e [inanime] *adj* leblos.

inanition [inanisjɔ̃] *f* Erschöpfungszustand *m.*

inaperçu, e [inapɛʀsy] *adj:* **passer ~** unbe-merkt bleiben.

inappréciable [inapʀesjabl(ə)] *adj (pré-cieux)* unschätzbar; *(difficilement décela-ble)* kaum merklich.

inapproprié, e [inapʀopʀije] *adj* ungeeig-net.

inapte [inapt(ə)] *adj (MIL.)* untauglich; **~ à qch/faire qch** unfähig zu etw/etw zu tun.

inassouvi, e [inasuvi] *adj (désir)* ungestillt, unbefriedigt.

inattaquable [inatakabl(ə)] *adj (MIL: poste, position)* uneinnehmbar; *(argument, preu-ve)* unwiderlegbar, unbestreitbar.

inattendu, e [inatɑ̃dy] *adj (imprévu)* uner-wartet; *(surprenant)* unvorhergesehen; *(inespéré)* unverhofft.

inattentif, -ive [inatɑ̃tif, iv] *adj* unaufmerk-sam; **~ à** achtlos ohne auf etw zu achten; **inat-tention** *f:* **une minute d'~** eine Minute der Unaufmerksamkeit; **faute/erreur d'~** Flüchtigkeitsfehler *m.*

inaugural, e [inoguraux] *adj* Eröffnungs-; **discours ~** Antrittsrede *f;* **inauguration** *f* Einweihung *f,* Einfüh-rung *f;* **inaugurer** ⟨1⟩ *vt* einweihen; *(nou-velle politique)* einführen.

inavouable [inavwabl(ə)] *adj* unerhört.

inavoué, e [inavwe] *adj* uneingestanden.

I.N.C. *m abr de* Institut national de la con-sommation *französisches Institut für Ver-braucherforschung.*

incalculable [ɛ̃kalkylabl(ə)] *adj* unbere-chenbar; *(conséquences)* unabsehbar.

incandescence [ɛ̃kɑ̃desɑ̃s] *f* Weißglut *f;* **porter qch à ~** etw bis zur Weißglut erhit-zen.

incapable [ɛ̃kapabl(ə)] *adj* unfähig; **être ~ de faire qch** unfähig [o nicht imstande] sein, etw zu tun.

incapacité [ɛ̃kapasite] *f (incompétence)* Unfähigkeit *f;* **être dans l'~ de faire qch** un-fähig sein, etw zu tun; **~ de travail** Arbeits-unfähigkeit *f.*

incarcérer [ɛ̃kaʀseʀe] ⟨5⟩ *vt* inhaftieren.

incarner [ɛ̃kaʀne] ⟨1⟩ **1.** *vt (représenter en soi)* verkörpern; *(THÉÂT)* darstellen; **2.** *vpr:*

s'~ **dans** (REL) sich inkarnieren in +dat.
incassable [ɛ̃kɑsabl(ə)] adj (verre) unzerbrechlich; (fil) nicht reißend.
incendiaire [ɛ̃sɑ̃djɛʀ] **1.** adj Brand-; (propos) aufwiegelnd; **2.** m/f Brandstifter(in) m(f); **incendie** m Feuer nt, Brand m; ~ **criminel** Brandstiftung f; **incendier** ⟨1⟩ vt (mettre le feu à) in Brand setzen; (détruire) abbrennen.
incertain, e [ɛ̃sɛʀtɛ̃, ɛn] adj (indéterminé) unbestimmt; (temps) unbeständig; (origine, date) ungewiß; (personne) unsicher, unschlüssig; **incertitude** [ɛ̃sɛʀtityd] f Ungewißheit f.
incessamment [ɛ̃sɛsamɑ̃] adv (bientôt) in Kürze; **incessant, e** adj unaufhörlich.
inceste [ɛ̃sɛst(ə)] m Inzest m.
inchangé, e [ɛ̃ʃɑ̃ʒe] adj unverändert.
incident [ɛ̃sidɑ̃] m (petit événement, petite difficulté) Zwischenfall m, Vorkommnis nt; (POL) Vorfall m.
incinérateur [ɛ̃sineʀatœʀ] m Müllverbrennungsanlage f; **incinérer** ⟨5⟩ vt verbrennen.
incisif, -ive [ɛ̃sizif, iv] adj (ironie, style, etc) scharf, beißend; **incision** f (d'un arbre) Schnitt m; (MÉD) Einschnitt m; **incisive** f Schneidezahn m.
inciter [ɛ̃site] ⟨1⟩ vt: ~ **qn à qch** jdn zu etw veranlassen.
inclassable [ɛ̃klɑsabl] adj nicht einzuordnen.
inclinaison [ɛ̃klinɛzɔ̃] f (MATH) Neigung f.
inclination [ɛ̃klinasjɔ̃] f (penchant) Neigung f; **montrer de l'~ pour les sciences** wissenschaftliche Neigungen haben; ~ **de [la] tête** Kopfnicken nt.
incliner [ɛ̃kline] ⟨1⟩ **1.** vt neigen; **2.** vpr: s'~ (se courber) sich beugen; s'~ **devant qn/ qch** (rendre hommage) sich vor jdm/etw verbeugen; s'~ **[devant qch]** (céder) sich [einer Sache dat] beugen; ~ **à** neigen zu.
inclure [ɛ̃klyʀ] irr comme conclure, vt einschließen; (dans un envoi) beilegen; **inclus, e** [ɛ̃kly, yz] adj (dans un envoi) beiliegend; (frais, dépense) inklusiv; **jusqu'au 10 mars** ~ bis einschließlich 10. März.
incoercible [ɛ̃kɔɛʀsibl(ə)] adj nicht zu unterdrücken.
incognito [ɛ̃kɔɲito] adv inkognito.
incohérent, e [ɛ̃kɔeʀɑ̃, ɑ̃t] adj (discours, ouvrage) unzusammenhängend; (comportement) inkonsequent.
incollable [ɛ̃kɔlabl(ə)] adj (riz) nicht klebend; (fam: élève, candidat) unschlagbar.
incolore [ɛ̃kɔlɔʀ] adj farblos.
incomber [ɛ̃kɔbe] ⟨1⟩ vi: ~ **à qn** jdm obliegen.
incombustible [ɛ̃kɔ̃bystibl(ə)] adj unbrennbar.

incommensurable [ɛ̃kɔmɑ̃syʀabl(ə)] adj unermeßlich.
incommode [ɛ̃kɔmɔd] adj unpraktisch; (inconfortable) unbequem; **incommoder** ⟨1⟩ vt stören.
incomparable [ɛ̃kɔpaʀabl(ə)] adj (inégalable) unvergleichlich.
incompatibilité [ɛ̃kɔpatibilite] f Unvereinbarkeit f; (INFORM) Inkompatibilität f; **incompatible** adj (inconciliable) unvereinbar; (INFORM) inkompatibel.
incompétent, e [ɛ̃kɔpetɑ̃, ɑ̃t] adj inkompetent.
incomplet, -ète [ɛ̃kɔplɛ, ɛt] adj unvollkommen, unvollständig.
incompréhensible [ɛ̃kɔpʀeɑ̃sibl(ə)] adj (inintelligible) unverständlich; (mystérieux) unbegreiflich.
incompréhensif, -ive [ɛ̃kɔpʀeɑ̃sif, iv] adj wenig verständnisvoll.
incompris, e [ɛ̃kɔpʀi, iz] adj unverstanden; (personne) verkannt.
inconcevable [ɛ̃kɔ̃svabl(ə)] adj (incroyable) unvorstellbar; (comportement) unfaßbar.
inconciliable [ɛ̃kɔsiljabl(ə)] adj unvereinbar.
inconditionnel, le [ɛ̃kɔdisjɔnɛl] adj bedingungslos.
inconduite [ɛ̃kɔdɥit] f liederlicher Lebenswandel.
inconfortable [ɛ̃kɔ̃fɔʀtabl(ə)] adj unbequem.
incongru, e [ɛ̃kɔgʀy] adj unschicklich.
inconnu, e [ɛ̃kɔny] **1.** adj unbekannt; **2.** m, f (étranger) Fremde(r) mf; **3.** m: l'~ das Unbekannte; **4.** f (MATH) Unbekannte f.
inconscience [ɛ̃kɔ̃sjɑ̃s] f (physique) Bewußtlosigkeit f; (morale) Gedankenlosigkeit f; **inconscient, e 1.** adj (évanoui) bewußtlos; (irréfléchi) gedankenlos; (qui échappe à la conscience) unbewußt; **2.** m: l'~ (PSYCH) das Unbewußte.
inconsidéré, e [ɛ̃kɔsideʀe] adj unüberlegt, unbedacht.
inconsistant, e [ɛ̃kɔsistɑ̃, ɑ̃t] adj (raisonnement) nicht stimmig; (crème, bouillie) [zu] flüssig.
inconstant, e [ɛ̃kɔstɑ̃, ɑ̃t] adj unbeständig, wankelmütig.
incontestable [ɛ̃kɔ̃tɛstabl(ə)] adj unbestreitbar.
incontinent, e [ɛ̃kɔ̃tinɑ̃, ɑ̃t] adj (enfant, vessie) unfähig, Harn zurückzuhalten.
incontournable [ɛ̃kɔ̃tuʀnabl(ə)] adj unumgänglich.
inconvenant, e [ɛ̃kɔ̃vnɑ̃, ɑ̃t] adj unschicklich, unpassend.
inconvénient [ɛ̃kɔ̃venjɑ̃] m Nachteil m; **si vous n'y voyez pas d'~** wenn Sie dagegen

nichts einzuwenden haben.

incorporer [ɛ̃kɔʀpɔʀe] ⟨1⟩ vt: ~ [à] (GASTR) verrühren [mit]; (insérer, joindre) eingliedern [in +akk]; (MIL) einziehen [zu].

incorrect, e [ɛ̃kɔʀɛkt] adj falsch; (inconvenant) unangebracht, unpassend.

incorrigible [ɛ̃kɔʀiʒibl(ə)] adj unverbesserlich.

incorruptible [ɛ̃kɔʀyptibl(ə)] adj unbestechlich.

incrédule [ɛ̃kʀedyl] adj skeptisch; (REL) ungläubig.

incriminer [ɛ̃kʀimine] ⟨1⟩ vt (personne) belasten, beschuldigen.

incroyable [ɛ̃kʀwajabl(ə)] adj unglaublich.

incrustation [ɛ̃kʀystasjɔ̃] f (ART) Intarsie f; (dépôt) Belag m; (tartre) Kesselstein m.

incruster [ɛ̃kʀyste] ⟨1⟩ 1. vt (ART) einlegen; 2. vpr: s'~ (invité) sich einnisten.

incubation [ɛ̃kybasjɔ̃] f (MÉD) Inkubation f; (d'un œuf) Ausbrüten nt.

inculpation [ɛ̃kylpasjɔ̃] f Anschuldigung f, Anklage f; **inculpé, e** m, f Beschuldigte(r) mf, Angeklagte(r) mf; **inculper** ⟨1⟩ vt beschuldigen +gen.

inculquer [ɛ̃kylke] ⟨1⟩ vt: ~ qch à qn jdm etw einprägen.

incurable [ɛ̃kyʀabl(ə)] adj unheilbar.

incursion [ɛ̃kyʀsjɔ̃] f (MIL) Einfall m.

Inde [ɛ̃d] f: l'~ Indien nt.

indécent, e [ɛ̃desã, ãt] adj unanständig, anstößig.

indécis, e [ɛ̃desi, iz] adj (qui n'est pas décidé) nicht entschieden; (imprécis) angedeutet, vage; (personne) unentschlossen; **indécision** f Unentschlossenheit f.

indéfini, e [ɛ̃defini] adj (imprécis) undefiniert; (illimité, LING) unbestimmt; **indéfiniment** adv unbegrenzt lange.

indélicat, e [ɛ̃delika, at] adj (grossier) taktlos; (malhonnête) unredlich.

indemne [ɛ̃dɛmn(ə)] adj unverletzt, unversehrt; **indemniser** ⟨1⟩ vt: ~ qn de qch jdn für etw entschädigen; **indemnité** f (dédommagement) Entschädigung f; ~ de licenciement Abfindung f; ~ de logement Wohnungsgeld nt.

indéniable [ɛ̃denjabl(ə)] adj unbestreitbar.

indépendamment [ɛ̃depãdamã] adv unabhängig; ~ de qch (en plus) über etw akk hinaus; **indépendance** f Unabhängigkeit f, Selbständigkeit f; **indépendant, e** adj unabhängig; (position, emploi, vie) selbständig; (entrée) separat.

indescriptible [ɛ̃dɛskʀiptibl(ə)] adj unbeschreiblich.

indésirable [ɛ̃deziʀabl(ə)] adj unerwünscht.

indéterminé, e [ɛ̃detɛʀmine] adj (incertain) ungewiß; (imprécis) unbestimmt.

index [ɛ̃dɛks] m (ANAT) Zeigefinger m; (d'un livre) Index m; **indexer** ⟨1⟩ vt: ~ sur (ÉCON) angleichen +dat.

indicateur, -trice [ɛ̃dikatœʀ, tʀis] m, f (de la police) Informant(in) m(f), Spitzel m(f); **des chemins de fer** (livre) Kursbuch nt; ~ **de pression/de niveau** (instrument) Druckmesser m/Höhenmesser m.

indicatif, -ive [ɛ̃dikatif, iv] 1. m (LING) Indikativ m; (RADIO) Erkennungsmelodie f; (TÉL) Vorwahl f; 2. adj: **à titre** ~ zur Information.

indication [ɛ̃dikasjɔ̃] f Angabe f; (indice) Zeichen nt; (directive, mode d'emploi) Anweisung f; (renseignement) Auskunft f; (MÉD) Indikation f.

indice [ɛ̃dis] m (marque, signe) Zeichen nt, Anzeichen nt; (JUR) Indiz nt; ~ **boursier** (FIN) Aktienindex m; ~ **d'octane** Oktanzahl f; ~ **des prix** Preisindex m; ~ **de protection** Lichtschutzfaktor m.

indicible [ɛ̃disibl(ə)] adj unsagbar.

indien, ne [ɛ̃djɛ̃, ɛn] adj (d'Amérique) indianisch; (de l'Inde) indisch; **Indien, ne** m, f Indianer(in) m(f); Inder(in) m(f).

indifféremment [ɛ̃diferamã] adv gleichermaßen; **indifférence** f Gleichgültigkeit f; **indifférent, e** adj gleichgültig; (insensible) ungerührt; **il est** ~ **à mes soucis/à l'argent** meine Sorgen sind/Geld ist ihm gleichgültig.

indigence [ɛ̃diʒãs] f (matérielle) Armut f; (intellectuelle) geistige Armut f.

indigène [ɛ̃diʒɛn] 1. adj einheimisch; 2. m/f Einheimische(r) mf.

indigeste [ɛ̃diʒɛst(ə)] adj unverdaulich.

indigestion [ɛ̃diʒɛstjɔ̃] f Magenverstimmung f, Verdauungsstörung f.

indignation [ɛ̃diɲasjɔ̃] f Entrüstung f.

indigne [ɛ̃diɲ] adj unwürdig.

indigner [ɛ̃diɲe] ⟨1⟩ 1. vt aufbringen, entrüsten; 2. vpr: s'~ [de qch/contre qn] sich [über etw/jdn] entrüsten.

indiqué, e [ɛ̃dike] adj (adéquat) angemessen; **ce n'est pas** ~ das ist nicht ratsam.

indiquer [ɛ̃dike] ⟨1⟩ vt zeigen; (pendule) anzeigen; (recommander) empfehlen; (signaler) mitteilen.

indirect, e [ɛ̃diʀɛkt] adj indirekt.

indiscipline [ɛ̃disiplin] f Disziplinlosigkeit f.

indiscret, -ète [ɛ̃diskʀe, ɛt] adj indiskret; **indiscrétion** [ɛ̃diskʀesjɔ̃] f Indiskretion f.

indiscutable [ɛ̃diskytabl(ə)] adj unbestreitbar.

indispensable [ɛ̃dispãsabl(ə)] adj (essentiel) unerläßlich; (de première nécessité) unbedingt erforderlich.

indisposé, e [ɛ̃dispoze] adj unpäßlich.

indisposer [ɛ̃dispoze] ⟨1⟩ vt: ~ qn (rendre

malade) jdm nicht bekommen; *(désobliger)* jdn verärgern.

indistinct, e [ɛ̃distɛ̃(kt), ɛ̃kt(ə)] *adj* verschwommen; *(bruit)* schwach; **indistinctement** *adv* undeutlich; *(sans distinction)* unterschiedslos.

individu [ɛ̃dividy] *m* Individuum *nt.*

individualiste [ɛ̃dividɥalist] *m/f* Individualist(in) *m(f).*

individuel, le [ɛ̃dividɥɛl] *adj (distinct, propre)* individuell; *(particulier, personnel)* persönlich; *(isolé)* einzeln.

Indochine [ɛ̃dɔʃin] *f:* l'~ Indochina *nt.*

indocile [ɛ̃dɔsil] *adj* widerspenstig.

indolent, le [ɛ̃dɔlɑ̃, ɑ̃t] *adj (apathique)* träge; *(nonchalant)* lässig.

indomptable [ɛ̃dɔ̃(p)tabl(ə)] *adj* unzähmbar; *(fig)* unbezähmbar.

Indonésie [ɛ̃dɔnezi] *f:* l'~ Indonesien *nt.*

indu, e [ɛ̃dy] *adj:* **à des heures ~es** zu einer unchristlichen Zeit.

indubitable [ɛ̃dybitabl(ə)] *adj* unzweifelhaft.

induire [ɛ̃dɥiʀ] *irr comme conduire, vt:* ~ **qn en erreur** jdn irreführen.

indulgent, e [ɛ̃dylʒɑ̃, ɑ̃t] *adj* nachsichtig; *(juge, jury)* milde.

indûment [ɛ̃dymɑ̃] *adv (à tort)* ungerechtfertigterweise.

industrialiser [ɛ̃dystʀijalize] ⟨1⟩ *vt* industrialisieren.

industrie [ɛ̃dystʀi] *f* Industrie *f;* ~ **automobile/textile** Auto-/Textilindustrie *f.*

industriel, le [ɛ̃dystʀijɛl] **1.** *adj* industriell, Industrie-; **2.** *m* Industrielle(r) *mf.*

inébranlable [inebʀɑ̃labl(ə)] *adj* solide, fest; *(stoïque)* unerschütterlich.

inédit, e [inedi, it] *adj* unveröffentlicht; *(nouveau)* neuartig.

ineffaçable [inefasabl(ə)] *adj* unauslöschlich.

inefficace [inefikas] *adj* wirkungslos; *(personne)* wenig effizient.

inégal, e [inégaux) [inegal, o] *adj* ungleich, unterschiedlich; *(surface)* uneben; *(rythme)* unregelmäßig.

inégalable [inegalabl(ə)] *adj* einzigartig.

inégalité [inegalite] *f* Ungleichheit *f,* Unterschiedlichkeit *f; (de surface)* Unebenheit *f; (de rythme)* Unregelmäßigkeit *f.*

inéluctable [inelyktabl(ə)] *adj* unausweichlich.

inepte [inɛpt(ə)] *adj (stupide)* unsinnig; *(personne)* dumm; **ineptie** [inɛpsi] *f* Dummheit *f.*

inépuisable [inepɥizabl(ə)] *adj* unerschöpflich.

inerte [inɛʀt(ə)] *adj* unbeweglich; *(apathique)* apathisch; *(PHYS)* träge.

inestimable [inɛstimabl(ə)] *adj* unschätz-

bar; *(service, bienfait)* unbezahlbar.

inévitable [inevitabl(ə)] *adj* unvermeidbar, zwangsläufig.

inexact, e [inɛgza(kt), akt(ə)] *adj (peu exact)* ungenau; *(faux)* falsch; *(non ponctuel)* unpünktlich.

inexcusable [inɛkskyzabl(ə)] *adj* unverzeihlich.

inexorable [inɛgzɔʀabl(ə)] *adj* unerbittlich.

inexpérimenté, e [inɛkspeʀimɑ̃te] *adj (personne)* unerfahren, ungeübt; *(objet)* unerprobt.

inexplicable [inɛksplikabl(ə)] *adj* unerklärlich.

inexpressif, -ive [inɛkspʀesif, iv] *adj (mot, style)* nichtssagend; *(regard, visage)* ausdruckslos.

inexprimable [inɛkspʀimabl(ə)] *adj* unbeschreiblich.

in extenso [inɛkstɛ̃so] *adv* ganz, vollständig.

in extremis [inɛkstʀemis] *adj, adv (à l'article de la mort)* auf dem Sterbebett; *(fig)* in letzter Minute.

inextricable [inɛkstʀikabl(ə)] *adj* unentwirrbar; *(fig)* verwickelt.

infaillible [ɛ̃fajibl(ə)] *adj* unfehlbar.

infalsifiable [ɛ̃falsifjabl] *adj (carte d'identité)* fälschungssicher.

infâme [ɛ̃fam] *adj* niederträchtig, gemein; *(odeur, logis)* übel.

infanterie [ɛ̃fɑ̃tʀi] *f* Infanterie *f.*

infanticide [ɛ̃fɑ̃tisid] **1.** *m/f* Kindesmörder(in) *m(f);* **2.** *m (meurtre)* Kindesmord *m.*

infantile [ɛ̃fɑ̃til] *adj* kindisch, infantil; **maladie** ~ Kinderkrankheit *f.*

infarctus [ɛ̃faʀktys] *m:* ~ **[du myocarde]** Herzinfarkt *m.*

infatigable [ɛ̃fatigabl(ə)] *adj* unermüdlich.

infect, e [ɛ̃fɛkt, ɛkt(ə)] *adj* übel, ekelhaft.

infecter [ɛ̃fɛkte] ⟨1⟩ **1.** *vt (atmosphère, eau)* verunreinigen; *(MÉD)* infizieren; **2.** *vpr:* s'~ sich entzünden; **infectieux, -euse** [ɛ̃fɛksjø, øz] *adj* ansteckend, infektiös.

inférieur, e [ɛ̃feʀjœʀ] *adj* Unter-, untere(r, s); *(qualité)* minderwertig; *(nombre)* niedriger; *(intelligence, esprit)* geringer; ~ **à** kleiner als; *(moins bien que)* schlechter als; **infériorité** [ɛ̃feʀjɔʀite] *f* Minderwertigkeit *f;* ~ **en nombre** zahlenmäßige Unterlegenheit.

infernal, e (infernaux) [ɛ̃fɛʀnal, o] *adj* höllisch; *(méchanceté, machination)* teuflisch.

infester [ɛ̃fɛste] ⟨1⟩ *vt (envahir)* herfallen über +*akk.*

infidèle [ɛ̃fidɛl] *adj* untreu; **infidélité** [ɛ̃fidelite] *f* Untreue *f.*

infiltrer [ɛ̃filtʀe] ⟨1⟩ *vpr:* s'~ *(liquide)* [hin]einsickern; *(personne, idées)* sich einschleichen.

infime [ɛ̃fim] *adj* niedrigste(r, s); *(minuscule)* winzig.

infini, e [ɛ̃fini] **1.** *adj* unendlich; *(extrême)* grenzenlos; **2.** *m* Unendlichkeit *f*; **à l'~** *(MATH)* bis unendlich; *(discourir)* endlos; *(agrandir, varier)* unendlich; **infiniment** *adv (sans bornes)* grenzenlos; *(beaucoup)* ungeheuer; **~ grand/petit** *(MATH)* unendlich groß/klein; **infinité** *f*: **une ~ de** *(quantité infinie)* eine unendliche Anzahl von.

infinitif [ɛ̃finitif] *m (LING)* Infinitiv *m*.

infirme [ɛ̃firm(ə)] **1.** *adj* behindert; **2.** *m/f* Behinderte(r) *mf*; **infirmer** ⟨1⟩ *vt* entkräften; **infirmerie** *f* Krankenrevier *nt*; **infirmier, -ière** [ɛ̃firmje, ɛr] *m, f* Krankenpfleger *m*, Krankenschwester *f*; **infirmité** *f* Behinderung *f*.

inflammable [ɛ̃flamabl(ə)] *adj* entzündbar.

inflammation [ɛ̃flamasjɔ̃] *f* Entzündung *f*.

inflation [ɛ̃flasjɔ̃] *f* Inflation *f*.

inflexible [ɛ̃flɛksibl(ə)] *adj* unbeugsam, unerbittlich.

inflexion [ɛ̃flɛksjɔ̃] *f (de la voix)* Tonfall *m*; **~ de la tête** *(mouvement)* Kopfnicken *nt*.

infliger [ɛ̃fliʒe] ⟨2⟩ *vt* verhängen, auferlegen.

influençable [ɛ̃flyɑ̃sabl(ə)] *adj* beeinflußbar; **influence** *f* Einfluß *m*; **influencer** ⟨2⟩ *vt* beeinflussen.

informaticien, ne [ɛ̃fɔrmatisjɛ̃, ɛn] *m, f* Informatiker(in) *m(f)*.

information [ɛ̃fɔrmasjɔ̃] *f* Information *f*; *(renseignement)* Auskunft *f*; **~s politiques/sportives** politische Nachrichten/Sportnachrichten *fpl*; **agence d'~** Nachrichtenagentur *f*.

informatique [ɛ̃fɔrmatik] *f (techniques)* Datenverarbeitung *f*; *(science)* Informatik *f*.

informe [ɛ̃fɔrm(ə)] *adj* formlos; *(ébauché)* grob; *(laid)* unförmig.

informer [ɛ̃fɔrme] ⟨1⟩ **1.** *vt* informieren *(de* über *+akk)*; **2.** *vi:* **~ contre qn/sur qch** *(JUR)* Ermittlungen einleiten gegen jdn/über etw; **3.** *vpr:* **s'~** sich informieren, sich erkundigen.

infortune [ɛ̃fɔrtyn] *f* Pech *nt*, Mißgeschick *nt*.

infraction [ɛ̃fraksjɔ̃] *f*: **~ Verstoß** *m (à gegen)*; **être en ~** gegen eine Verordnung verstoßen.

infranchissable [ɛ̃frɑ̃ʃisabl(ə)] *adj* unüberwindlich.

infrastructure [ɛ̃frastryktyr] *f (fondation)* Unterbau *m*; *(AVIAT)* Bodenanlagen *fpl*; *(ÉCON, MIL)* Infrastruktur *f*.

infructueux, -euse [ɛ̃fryktɥø, øz] *adj* ergebnislos, erfolglos.

infuser [ɛ̃fyze] ⟨1⟩ *vt:* **faire ~** *(tisane)* ziehen lassen.

infusion [ɛ̃fyzjɔ̃] *f (tisane)* Kräutertee *m*.

ingénier [ɛ̃ʒenje] ⟨1⟩ *vpr:* **s'~ à faire qch** bemüht sein, etw zu tun.

ingénierie [ɛ̃ʒeniri] *f* Technik *f*.

ingénieur [ɛ̃ʒenjœr] *m* Ingenieur(in) *m(f)*; **~ agronome/chimiste** Agronom(in) *m(f)/* Chemiker(in) *m(f)*; **~ du son** Toningenieur(in) *m(f)*.

ingénieux, -euse [ɛ̃ʒenjø, øz] *adj* genial; *(personne)* erfinderisch.

ingénu, e [ɛ̃ʒeny] *adj* naiv.

ingérer [ɛ̃ʒere] ⟨5⟩ *vpr:* **s'~ dans** sich einmischen in *+akk*.

ingrat, e [ɛ̃gra, at] *adj* undankbar.

ingrédient [ɛ̃gredjɑ̃] *m (GASTR)* Zutat *f*; *(d'un médicament)* Bestandteil *m*.

inhabitable [inabitabl(ə)] *adj* unbewohnbar.

inhalation [inalasjɔ̃] *f* Inhalation *f*; **faire une/des ~[s] de qch** etw inhalieren.

inhérent, e [inerɑ̃, ɑ̃t] *adj:* **~ à** innewohnend *+dat*, inhärent *+dat*.

inhibition [inibisjɔ̃] *f* Hemmung *f*.

inhumain, e [inymɛ̃, ɛn] *adj* unmenschlich.

inhumer [inyme] ⟨1⟩ *vt* bestatten.

iniquité [inikite] *f* Ungerechtigkeit *f*.

initial, e ⟨initiaux⟩ [inisjal, o] *adj* anfänglich; *(qui commence un mot)* Anfangs-.

initiateur, -trice [inisjatœr, tris] *m, f* Initiator(in) *m(f)*; **l'~ d'une mode/technique** jd, der eine Mode/Technik einführt.

initiative [inisjativ] *f* Initiative *f*; **prendre l'~ de faire qch** die Initiative ergreifen, etw zu tun; **~ de défense stratégique** strategische Verteidigungsinitiative.

initier [inisje] ⟨1⟩ **1.** *vt (REL)* feierlich aufnehmen; *(instruire)* einführen, einweihen *(à* in *+akk)*; **2.** *vpr:* **s'~ à qch** etw erlernen.

injecté, e [ɛ̃ʒɛkte] *adj:* **yeux ~s de sang** blutunterlaufene Augen.

injecter [ɛ̃ʒɛkte] ⟨1⟩ *vt* einspritzen.

injection [ɛ̃ʒɛksjɔ̃] *f:* **~ intraveineuse/sous-cutanée** *(MÉD)* intravenöse/subkutane Injektion; **à ~** *(TECH)* Einspritz-; **~ de capitaux** Finanzspritze *f*.

injonction [ɛ̃ʒɔ̃ksjɔ̃] *f* Anordnung *f*.

injure [ɛ̃ʒyr] *f (insulte)* Schimpfwort *nt*; *(JUR)* Beleidigung *f*; **injurier** [ɛ̃ʒyrje] ⟨1⟩ *vt* beschimpfen; **injurieux, -euse** *adj* beleidigend.

injuste [ɛ̃ʒyst(ə)] *adj* ungerecht; **injustice** *f* Ungerechtigkeit *f*; *(acte injuste)* Unrecht *nt*.

inlassable [ɛ̃lasabl(ə)] *adj* unermüdlich.

inné, e [i(n)ne] *adj* angeboren.

innocent, e [inɔsɑ̃, ɑ̃t] **1.** *adj* unschuldig; **2.** *m, f* Unschuldige(r) *mf*; **~ de qch** einer Sache nicht schuldig; **innocenter** ⟨1⟩ *vt:* **~ qn** *(déclarer)* jdn für unschuldig erklären; *(par une preuve)* jds Unschuld beweisen.

innovateur, -trice [inɔvatœʀ, tʀis] adj innovativ; **innovation** f Innovation f, Neuerung f; **innover** ⟨1⟩ vi Neuerungen einführen.

inoccupé, e [inɔkype] adj (logement) unbewohnt, leerstehend; (siège) nicht besetzt; (désœuvré) untätig.

inoculer [inɔkyle] ⟨1⟩ vt einimpfen.

inodore [inɔdɔʀ] adj geruchlos.

inoffensif, -ive [inɔfɑ̃sif, iv] adj harmlos.

inondation [inɔ̃dasjɔ̃] f Überschwemmung f; (fig) Flut f; **inonder** ⟨1⟩ vt überschwemmen; (envahir) strömen in +akk.

inopérant, e [inɔpeʀɑ̃, ɑ̃t] adj wirkungslos.

inopiné, e [inɔpine] adj unerwartet.

inopportun, e [inɔpɔʀtœ̃, yn] adj ungelegen.

inoubliable [inublijabl(ə)] adj unvergeßlich.

inouï, e [inwi] adj einmalig; (incroyable) unglaublich.

inoxydable [inɔksidabl(ə)] adj rostfrei.

inqualifiable [ɛ̃kalifjabl(ə)] adj unbeschreiblich, abscheulich.

inquiet, -ète [ɛ̃kjɛ, ɛt] adj unruhig, besorgt.

inquiétant, e [ɛ̃kjetɑ̃, ɑ̃t] adj beunruhigend; (sinistre) finster.

inquiéter [ɛ̃kjete] ⟨5⟩ **1.** vt beunruhigen, Sorgen machen +dat; (police) schikanieren; **2.** vpr: s'~ **[de qch]** sich [um etw] Sorgen [o Gedanken] machen.

inquiétude [ɛ̃kjetyd] f Besorgnis f; **avoir des ~s au sujet de** besorgt sein wegen.

insaisissable [ɛ̃sezisabl(ə)] adj (fugitif) nicht zu fassen zu bekommen[d]; (nuance) schwer faßbar.

insalubre [ɛ̃salybʀ(ə)] adj (climat) ungesund.

insanité [ɛ̃sanite] f Blödsinn m.

insatiable [ɛ̃sasjabl(ə)] adj (fig) unersättlich.

insatisfait, e [ɛ̃satisfɛ, ɛt] adj unzufrieden; (désir) unbefriedigt.

inscription [ɛ̃skʀipsjɔ̃] f Inschrift f; (sur mur, écriteau) Aufschrift f; (immatriculation) Immatrikulation f, Anmeldung f; **inscrire** [ɛ̃skʀiʀ] irr comme écrire **1.** vt (noter) aufschreiben; (graver) einmeißeln; (personne) eintragen; (immatriculer) einschreiben; (à un examen, à un concours) anmelden (à für); **2.** vpr: s'~ (à un club, à un parti) beitreten (à dat); (à l'université) sich immatrikulieren; (à un examen, à un concours) sich anmelden (à für); s'~ **en faux contre qch** etw anfechten, etw in Frage stellen.

insecte [ɛ̃sɛkt(ə)] m Insekt nt; **insecticide** [ɛ̃sɛktisid] m Insektenbekämpfungsmittel nt.

I.N.S.E.E. [inse] m acr de **Institut national**

de la statistique et des études économiques ≈ statistisches Bundesamt.

insémination [ɛ̃seminasjɔ̃] f: ~ **artificielle** künstliche Befruchtung.

insensé, e [ɛ̃sɑ̃se] adj wahnsinnig, unsinnig.

insensibiliser [ɛ̃sɑ̃sibilize] ⟨1⟩ vt betäuben.

insensible [ɛ̃sɑ̃sibl(ə)] adj (nerf, membre) taub, empfindungslos; (personne: dur) gefühllos; (imperceptible) nicht/kaum wahrnehmbar; ~ **aux compliments/à la poésie** (indifférent) unempfänglich für Komplimente/ohne Sinn für die Dichtung; ~ **au froid/à la chaleur** gegen Kälte/Hitze unempfindlich.

inséparable [ɛ̃sepaʀabl(ə)] adj (personnes) unzertrennlich.

insérer [ɛ̃seʀe] ⟨5⟩ **1.** vt (intercaler) einlegen; (dans un journal: texte, article) bringen; (annonce) aufgeben; **2.** vpr: s'~ **dans qch** (fig) im Rahmen von etw geschehen.

insidieux, -euse [ɛ̃sidjø, øz] adj heimtückisch.

insigne [ɛ̃siɲ] **1.** m (d'une dignité) Merkmal nt; (badge) Abzeichen nt; **2.** adj hervorragend.

insignifiant, e [ɛ̃siɲifjɑ̃, ɑ̃t] adj unbedeutend; (roman) nichtssagend.

insinuation [ɛ̃sinɥasjɔ̃] f Andeutung f.

insinuer [ɛ̃sinɥe] ⟨1⟩ **1.** vt: que voulez-vous ~? (suggérer) was wollen Sie damit andeuten?; **2.** vpr: s'~ **dans** sich einschleichen in +akk.

insipide [ɛ̃sipid] adj fade; (fig) nichtssagend, geistlos.

insistance [ɛ̃sistɑ̃s] f Bestehen nt, Beharren nt.

insister [ɛ̃siste] ⟨1⟩ vi bestehen, beharren (sur auf +dat); ~ **sur qch** (s'appesantir sur) etw betonen.

insolation [ɛ̃sɔlasjɔ̃] f (MÉD) Sonnenstich m.

insolence [ɛ̃sɔlɑ̃s] f Unverschämtheit f; **insolent, e** adj unverschämt, frech.

insolite [ɛ̃sɔlit] adj ungewöhnlich; (bizarre) ausgefallen.

insoluble [ɛ̃sɔlybl(ə)] adj (problème) unlösbar; (substance) unlöslich.

insolvable [ɛ̃sɔlvabl(ə)] adj zahlungsunfähig.

insomnie [ɛ̃sɔmni] f Schlaflosigkeit f.

insonoriser [ɛ̃sɔnɔʀize] ⟨1⟩ vt schalldicht machen.

insoumis, e [ɛ̃sumi, iz] adj (caractère, enfant) widerspenstig, rebellisch; (contrée, tribu) unbezwungen.

insoupçonnable [ɛ̃supsɔnabl(ə)] adj über jeden Verdacht erhaben; **insoupçonné, e** adj ungeahnt, unvermutet.

insoutenable [ɛ̃sut(ə)nabl(ə)] *adj* (*inadmissible*) unhaltbar; (*insupportable*) unerträglich.

inspecter [ɛ̃spɛkte] ⟨1⟩ *vt* kontrollieren; **inspecteur, -trice** *m, f* Inspektor(in) *m(f)*, Aufsichtsbeamte(r) *m*, Aufsichtsbeamtin *f*; ~ **[de l'enseignement] primaire** Schulrat *m*, Schulrätin *f*; ~ **des finances** Steuerprüfer(in) *m(f)*; ~ **[de police]** [Polizei]inspektor(in) *m(f)*; **inspection** *f* (*examen*) Kontrolle *f*, Prüfung *f*.

inspiration [ɛ̃spiʀasjɔ̃] *f* Inspiration *f*, Eingebung *f*; (*divine*) Erleuchtung *f*.

inspirer [ɛ̃spiʀe] ⟨1⟩ **1.** *vt* (*prophète*) erleuchten; (*poète*) inspirieren; (*propos, acte*) beeinflussen; **2.** *vi* (*aspirer*) einatmen.

instable [ɛ̃stabl(ə)] *adj* unbeständig; (*meuble*) wackelig.

installation [ɛ̃stalasjɔ̃] *f* (*de l'électricité, du téléphone*) Anschlüsse *m*; (*TECH*) Anlage *f*, Vorrichtung *f*; (*INFORM: logiciel*) Installation *f*; (*INFORM: matériel*) Anlage *f*; ~**s électriques/sanitaires** elektrische/sanitäre Anlagen *fpl*; ~**s portuaires/industrielles** (*équipement*) Hafenanlagen *fpl*/Industrieanlage *f*.

installer [ɛ̃stale] ⟨1⟩ **1.** *vt* (*loger*) unterbringen; (*asseoir*) setzen; (*coucher*) legen; (*chose*) stellen; (*rideaux, etc*) anbringen; (*gaz, électricité, téléphone*) anschließen; (*appartement*) einrichten; (*fonctionnaire*) einsetzen; (*INFORM*) installieren; **2.** *vpr*: **s'~** (*s'établir*) sich niederlassen; **s'~ chez qn** (*se loger*) bei jdm wohnen; (*fig*) sich bei jdm einnisten.

instamment [ɛ̃stamɑ̃] *adv* eindringlich.

instance [ɛ̃stɑ̃s] *f* (*JUR: procédure, procès*) Verfahren *nt*; (*autorité*) Instanz *f*; ~**s** *fpl* (*sollicitations*) ständiges Bitten; **être en ~ de divorce** in Scheidung leben.

instant [ɛ̃stɑ̃] *m* Moment *m*, Augenblick *m*; **à chaque ~, à tout ~** jederzeit; **à l'~ où** in dem Moment, als; **dans un ~** gleich; **de tous les ~s** ständig, fortwährend; **pour l'~** im Augenblick.

instantané, e [ɛ̃stɑ̃tane] *adj* (*explosion, mort*) unmittelbar, sofortig.

instar [ɛ̃staʀ] *prép*: **à l'~ de** nach dem Beispiel von.

instaurer [ɛ̃stɔʀe] ⟨1⟩ *vt* einführen.

instigateur, -trice [ɛ̃stigatœʀ, tʀis] *m, f* Initiator(in) *m(f)*, Anstifter(in) *m(f)*; **instigation** [ɛ̃stigasjɔ̃] *f*: **à l'~ de qn** auf jds Betreiben [hin].

instinct [ɛ̃stɛ̃] *m* Instinkt *m*; **d'~** instinktiv; **~ de conservation** Selbsterhaltungstrieb *m*; **instinctif, -ive** [ɛ̃stɛ̃ktif, iv] *adj* instinktiv.

instituer [ɛ̃stitɥe] ⟨1⟩ *vt* einführen.

institut [ɛ̃stity] *m* Institut *nt*; ~ **de beauté** Schönheitssalon *m*; ~ **de la consommation**

Verbraucherzentrale *f*; **Institut universitaire de technologie** technische Fachhochschule *f*.

instituteur, -trice [ɛ̃stitytœʀ, tʀis] *m, f* [Grund- und Haupt]schullehrer(in) *m(f)*.

institution [ɛ̃stitysjɔ̃] *f* (*personne, morale, groupement*) Institution *f*, Einrichtung *f*; (*école privée*) Privatschule *f*; ~**s** *fpl* (*formes, structures sociales*) Institutionen *fpl*.

instructif, -ive [ɛ̃stʀyktif, iv] *adj* instruktiv, aufschlußreich.

instruction [ɛ̃stʀyksjɔ̃] *f* Ausbildung *f*; (*enseignement*) Unterricht *m*; (*connaissances*) Bildung *f*; (*JUR*) Ermittlungen *pl*; ~**s** *fpl* (*directives*) Anweisungen *fpl*; (*mode d'emploi*) Gebrauchsanweisung *f*; ~ **civique/religieuse** Staatsbürgerkunde *f*/Religionsunterricht *m*.

instruire [ɛ̃stʀɥiʀ] *irr comme conduire* **1.** *vt* (*enseigner*) unterrichten, unterweisen; (*JUR*) ermitteln in +*dat*; **2.** *vpr*: **s'~** sich bilden; ~ **qn de qch** (*informer*) jdn über etw *akk* informieren.

instruit, e [ɛ̃stʀɥi, it] *adj* gebildet.

instrument [ɛ̃stʀymɑ̃] *m* Instrument *nt*; ~ **de mesure** Meßinstrument *nt*; ~ **de musique** Musikinstrument *nt*; ~ **de travail** Arbeitsmaterial *nt*; ~ **à vent/à percussion** Blas-/Schlaginstrument *nt*.

insu [ɛ̃sy] *m*: **à l'~ de qn** ohne jds Wissen.

insubordination [ɛ̃sybɔʀdinasjɔ̃] *f* (*d'un élève*) Aufsässigkeit *f*; (*MIL*) Gehorsamsverweigerung *f*.

insuffisance [ɛ̃syfizɑ̃s] *f* Unzulänglichkeit *f*; (*quantité*) unzureichende Menge; ~**s** *fpl* (*déficiences*) Unzulänglichkeiten *fpl*, Mängel *mpl*; ~ **cardiaque** Herzinsuffizienz *f*, Herzschwäche *f*; **insuffisant, e** *adj* (*en nombre*) ungenügend, nicht genügend; (*en qualité*) unzulänglich, mangelhaft.

insuffler [ɛ̃syfle] ⟨1⟩ *vt* einblasen.

insulaire [ɛ̃sylɛʀ] *adj* Insel-.

insuline [ɛ̃sylin] *f* Insulin *nt*.

insulte [ɛ̃sylt(ə)] *f* (*injure*) Beleidigung *f*; **insulter** ⟨1⟩ *vt* (*injurier*) beschimpfen.

insupportable [ɛ̃sypɔʀtabl(ə)] *adj* unerträglich.

insurgé, e [ɛ̃syʀʒe] *m, f* Aufständische(r) *mf*; **insurger** ⟨2⟩ *vpr*: **s'~ contre** sich auflehnen gegen.

insurmontable [ɛ̃syʀmɔ̃tabl(ə)] *adj* (*obstacle*) unüberwindbar; (*angoisse*) unüberwindlich.

insurrection [ɛ̃syʀɛksjɔ̃] *f* Aufstand *m*.

intact, e [ɛ̃takt] *adj* unversehrt, intakt.

intangible [ɛ̃tɑ̃ʒibl(ə)] *adj* (*impalpable*) nicht greifbar; (*inviolable*) unantastbar.

intarissable [ɛ̃taʀisabl(ə)] *adj* unerschöpflich.

intégral, e (*intégraux*) [ɛ̃tegʀal, o] *adj* voll-

ständig; **casque** ~ (*moto*) Integralhelm *m*.
intégrant, e [ɛ̃tegRɑ̃, ɑ̃t] *adj:* **faire partie**
~**e de qch** ein fester Bestandteil von etw
sein.
intègre [ɛ̃tɛgR(ə)] *adj* aufrecht, rechtschaffen.
intégrer [ɛ̃tegRe] ⟨5⟩ **1.** *vt* integrieren; **2.**
vpr: **s'~ dans qch** sich in etw *akk* eingliedern.
intégrisme [ɛ̃tegRism(ə)] *m* (*REL. POL*)
Fundamentalismus *m*; **intégriste 1.** *adj*
fundamentalistisch; **2.** *m/f* Fundamenta-
list(in) *m(f)*.
intellectuel, le [ɛ̃telɛktɥɛl] **1.** *adj* intellek-
tuell; **2.** *m, f* Intellektuelle(r) *mf*.
intelligence [ɛ̃teliʒɑ̃s] *f* Intelligenz *f*; (*jugement*) Verstand *m*; ~ **artificielle** künstliche
Intelligenz; **vivre en bonne** ~ **avec qn**
(*accord*) in gutem Einvernehmen mit jdm
leben; **intelligent, e** *adj* intelligent, gescheit.
intelligible [ɛ̃teliʒibl(ə)] *adj* verständlich.
intempérant, e [ɛ̃tɑ̃peRɑ̃, ɑ̃t] *adj* (*excessif*)
maßlos, unmäßig.
intempéries [ɛ̃tɑ̃peRi] *fpl* Unbilden *pl* des
Wetters.
intempestif, -ive [ɛ̃tɑ̃pɛstif, iv] *adj* unpassend, ungelegen.
intenable [ɛ̃tnabl(ə)] *adj* (*intolérable*) unerträglich.
intendant, e [ɛ̃tɑ̃dɑ̃, ɑ̃t] *m, f* Verwalter(in)
m(f).
intense [ɛ̃tɑ̃s] *adj* stark, intensiv; (*lumière*)
hell; (*froid, chaleur*) groß; **intensif, -ive**
adj intensiv; **intensité** *f* (*de la
lumière*) Intensität *f*; (*ÉLEC*) Stärke *f*; (*véhé-
mence*) Heftigkeit *f*.
intenter [ɛ̃tɑ̃te] ⟨1⟩ *vt:* ~ **un procès contre**
[*o* à] **qn** einen Prozeß gegen jdn anstrengen.
intention [ɛ̃tɑ̃sjɔ̃] *f* Absicht *f*; **à l'~ de** für; **à
cette** ~ zu diesem Zweck; **avoir l'~ de faire
qch** beabsichtigen, etw zu tun; **inten-
tionné, e** *adj:* **bien/mal** ~ wohlgesinnt/
nicht wohlgesinnt; **intentionnel, le** *adj*
absichtlich; (*JUR*) vorsätzlich.
inter [ɛ̃tɛR] *m* (*TÉL*) *abr de* **interurbain**.
interactif, -ive [ɛ̃teRaktif, iv] *adj* interaktiv.
intercaler [ɛ̃teRkale] ⟨1⟩ *vt* einfügen.
intercéder [ɛ̃teRsede] ⟨5⟩ *vi:* ~ [**pour qn**]
sich [für jdn] verwenden.
intercepter [ɛ̃teRsɛpte] ⟨1⟩ *vt* abfangen.
interchangeable [ɛ̃teRʃɑ̃ʒabl(ə)] *adj* austauschbar.
interclasse [ɛ̃teRklɑs] *m* (*SCOL*) kleine Pause.
interconnecter [ɛ̃teRkɔnɛkte] ⟨1⟩ *vt*
(*INFORM*) miteinander verbinden.
interdiction [ɛ̃teRdiksjɔ̃] *f* Verbot *nt*; ~ **de
séjour** Aufenthaltsverbot *nt*.

interdire [ɛ̃teRdiR] *irr comme* **dire 1.** *vt* verbieten; **2.** *vpr:* **s'~ qch** sich etw versagen; ~
à qn de faire qch jdm verbieten, etw zu tun;
(*empêcher*) jdn daran hindern, etw zu tun;
interdit, e *adj* (*illicite*) verboten; (*étonné*)
erstaunt, verblüfft; **stationnement** ~ Parken verboten.
intéressant, e [ɛ̃teResɑ̃, ɑ̃t] *adj* interes-
sant.
intéressé, e [ɛ̃teRese] *adj* interessiert;
(*concerné*) betroffen; (*cupide*) eigennützig.
intéresser [ɛ̃teRese] ⟨1⟩ **1.** *vt* interessieren;
(*concerner*) betreffen; (*aux bénéfices*) beteiligen; **2.** *vpr:* **s'~ à qn/qch** sich für jdn/
etw interessieren.
intérêt [ɛ̃teRɛ] *m* Interesse *nt*; (*FIN*) Zins *m*;
(*importance*) Bedeutung *f*; (*égoïsme*) Ei-
gennutz *m*; **à** ~ **fixe** (*FIN*) festverzinslich;
avoir ~ **à faire qch** besser daran tun, etw zu
tun.
interface [ɛ̃teRfas] *f* (*INFORM*) Schnittstelle
f, Interface *nt*.
interférer [ɛ̃teRfeRe] ⟨5⟩ *vi* sich überlagern,
überschneiden.
interféron [ɛ̃teRfeRɔ̃] *m* (*MÉD*) Interferon
nt.
intérieur, e [ɛ̃teRjœR] **1.** *adj* innere(r, s);
(*POL*) Innen-; **2.** *m* (*décor, mobilier*) Innen-
ausstattung *f*; **l'~** das Innere; **à l'~** innen;
(*avec mouvement*) nach innen; **à l'~ de** in
+*dat*; **en** ~ (*CINÉ*) im Studio; **ministère de
l'~** Innenministerium *nt*.
intérim [ɛ̃teRim] *m* Zwischenzeit *f*; **assurer
l'~** [**de qn**] (*remplacement*) die Vertretung
[für jdn] übernehmen; **par** ~ (*provisoirement*) vorläufig; **intérimaire** *m/f* Leihar-
beiter(in) *m(f)*.
intérioriser [ɛ̃teRjɔRize] ⟨1⟩ *vt* (*PSYCH*) ver-
innerlichen.
interligne [ɛ̃teRliɲ] *m* Zeilenabstand *m*.
interlocuteur, -trice [ɛ̃teRlɔkytœR, tRis]
m, f Gesprächspartner(in) *m(f)*.
interloquer [ɛ̃teRlɔke] ⟨1⟩ *vt* sprachlos machen.
interlude [ɛ̃teRlyd] *m* (*TV*) Pausenfüller *m*.
intermédiaire [ɛ̃teRmedjɛR] **1.** *adj* Zwi-
schen-; **2.** *m/f* (*médiateur*) Vermittler(in)
m(f); (*COMM*) Zwischenhändler(in) *m(f)*; **sans** ~
direkt; **par l'~ de** durch Vermittlung von,
durch.
interminable [ɛ̃teRminabl(ə)] *adj* endlos.
intermittence [ɛ̃teRmitɑ̃s] *f:* **par** ~ gelegentlich, zeitweilig.
internat [ɛ̃teRna] *m* (*établissement*) Internat
nt.
international, e ⟨internationaux⟩
[ɛ̃teRnasjɔnal, o] **1.** *adj* international; **2.** *m,
f* (*SPORT*) Nationalspieler(in) *m(f)*.
interne [ɛ̃teRn(ə)] **1.** *adj* innere(r, s); **2.** *m/f*
(*élève*) Internatsschüler(in) *m(f)*; (*MÉD*)

Arzt m im Praktikum, Ärztin f im Praktikum.

interner [ɛtɛʀne] ⟨1⟩ vt (POL) internieren; (MÉD) in eine Anstalt einweisen.

interpeller [ɛtɛʀpəle] ⟨1⟩ vt (appeler) zurufen +dat, ansprechen; (arrêter) festnehmen; (POL) befragen.

interphone® [ɛtɛʀfɔn] m [Gegen]sprechanlage f.

interposer [ɛtɛʀpoze] ⟨1⟩ 1. vt dazwischentun; 2. vpr: s'~ dazwischentreten; par personnes interposées durch Mittelsmänner.

interprétation [ɛtɛʀpʀetɑsjɔ̃] f Interpretation f; **interprète** [ɛtɛʀpʀɛt] m/f Interpret(in) m(f); (traducteur) Dolmetscher(in) m(f); (porte-parole) [Für]sprecher(in) m(f); **interpréter** ⟨5⟩ vt interpretieren; (traduire) übersetzen; (rêves) deuten.

interrogateur, -trice [ɛtɛʀɔgatœʀ, tʀis] adj fragend; **interrogatif, -ive** adj fragend; (LING) Frage-, Interrogativ-; **interrogation** [ɛtɛʀɔgasjɔ̃] f (action) Befragen nt; (question) Frage f; ~ écrite/orale (SCOL) schriftliche/mündliche Prüfung; ~ à distance (répondeur) Fernabfrage f; **interrogatoire** [ɛtɛʀɔgatwaʀ] m (de police) Verhör nt; (au tribunal) Vernehmung f; **interroger** [ɛtɛʀɔʒe] ⟨2⟩ vt befragen; (inculpé) verhören, vernehmen; (INFORM: système) abfragen; ~ à distance un répondeur einen Anrufbeantworter abfragen.

interrompre [ɛtɛʀɔ̃pʀ(ə)] ⟨14⟩ 1. vt unterbrechen; 2. vpr: s'~ (personne) aufhören; **interrupteur** [ɛtɛʀyptœʀ] m Schalter m; **interruption** f Unterbrechung f.

intersection [ɛtɛʀsɛksjɔ̃] f Schnittpunkt m; (croisement) Kreuzung f.

intersyndicale [ɛtɛʀsɛ̃dikal] f Gewerkschaftsbund m.

interurbain, e [ɛtɛʀyʀbɛ̃, ɛn] adj: **communication ~e** Ferngespräch nt.

intervalle [ɛtɛʀval] m Zwischenraum m; à deux mois d'~ im Abstand von zwei Monaten; dans l'~ in der Zwischenzeit.

intervenir [ɛtɛʀvəniʀ] ⟨9⟩ vi avec être eingreifen, intervenieren (dans in +akk); (se produire) sich ereignen; ~ auprès de qn/en faveur de qn (intercéder) sich bei jdm/für jdn verwenden; **intervention** [ɛtɛʀvɑ̃sjɔ̃] f Eingreifen nt; Intervention f; Verwendung f; (discussion) Wortmeldung f; (MÉD) Eingriff m; **interventionnisme** [ɛtɛʀvɑ̃sjɔnism] m (POL) Interventionismus m.

intervertir [ɛtɛʀvɛʀtiʀ] ⟨8⟩ vt umkehren.

interview [ɛtɛʀvju] f Interview nt; **interviewer** [ɛtɛʀvjuve] ⟨1⟩ vt interviewen.

intestin, e [ɛtɛstɛ̃, in] 1. adj: **querelles/luttes ~es** innere Kämpfe mpl; 2. m Darm m; **intestinal, e** ⟨intestinaux⟩ adj Darm-.

intime [ɛtim] 1. adj intim; 2. m/f enger Freund, enge Freundin, Vertraute(r) mf.

intimer [ɛtime] ⟨1⟩ vt (citer) vorladen; ~ **un ordre à qn** jdm einen Befehl zukommen lassen.

intimider [ɛtimide] ⟨1⟩ vt einschüchtern.

intimité [ɛtimite] f: **dans la plus stricte** ~ im privaten Kreis, im engsten Familienkreis.

intituler [ɛtityle] ⟨1⟩ 1. vt betiteln; 2. vpr: **s'~** (ouvrage) den Titel tragen.

intolérable [ɛtɔleʀabl(ə)] adj unerträglich.

intolérance [ɛtɔleʀɑ̃s] f Intoleranz f; **intolérant, e** adj unduldsam, intolerant.

intoxication [ɛtɔksikasjɔ̃] f Vergiftung f; (POL) Indoktrination f; ~ **alimentaire** Lebensmittelvergiftung f; **intoxiquer** ⟨1⟩ vt vergiften; (POL) indoktrinieren.

intraduisible [ɛtʀadɥizibl(ə)] adj unübersetzbar.

intraitable [ɛtʀɛtabl(ə)] adj unnachgiebig (sur in bezug auf +akk); **demeurer** ~ nicht nachgeben.

intransigeant, e [ɛtʀɑ̃ziʒɑ̃, ɑ̃t] adj unnachgiebig, stur; (morale, passion) kompromißlos.

intransitif, -ive [ɛtʀɑ̃zitif, iv] adj (LING) intransitiv.

intraveineux, -euse [ɛtʀavɛnø, øz] adj intravenös.

intrépide [ɛtʀepid] adj (courageux) mutig, beherzt.

intrigue [ɛtʀig] f (manœuvre) Intrige f; (scénario) Handlung f; **intriguer** ⟨1⟩ 1. vi intrigieren; 2. vt neugierig machen.

introduction [ɛtʀɔdyksjɔ̃] f Einführung f; (d'un visiteur) Hereinführen nt; (de marchandises) Einfuhr f; (d'un ouvrage) Einleitung f; **introduire** irr comme conduire 1. vt einführen; (visiteur) hereinführen; (faire admettre dans une société) einführen; 2. vpr: **s'~ dans** (se glisser) eindringen in +akk; (se faire admettre) sich den Zutritt verschaffen zu; ~ **dans** (objet) stecken in +akk.

introspection [ɛtʀɔspɛksjɔ̃] f Selbstbeobachtung f.

introuvable [ɛtʀuvabl(ə)] adj unauffindbar; très rare) nicht erhältlich.

introverti, e [ɛtʀɔvɛʀti] m, f Introvertierte(r) mf.

intrus, e [ɛtʀy, yz] m, f Eindringling m.

intrusion [ɛtʀyzjɔ̃] f Eindringen nt; (ingérence) Einmischung f.

intuitif, -ive [ɛtɥitif, iv] adj intuitiv; **intuition** [ɛtɥisjɔ̃] f Intuition f; (pressentiment) Vorgefühl nt; avoir une ~ eine Ahnung haben.

inusable [inyzabl(ə)] adj unverwüstlich.

inusité, e [inyzite] adj (LING) ungebräuchlich.

inutile [inytil] *adj* (*qui ne sert pas*) nutzlos; (*superflu*) unnötig.

inutilisable [inytilizabl(ə)] *adj* unbrauchbar.

invalide [ɛ̃valid] **1.** *adj* körperbehindert; (*vieillard*) gebrechlich; **2.** *m/f* (*MIL*) Invalide *m*, Invalidin *f*; **~ du travail** Arbeitsunfähige(r) *mf*.

invalider [ɛ̃valide] ⟨1⟩ *vt* (*annuler*) ungültig machen.

invariable [ɛ̃vaRjabl(ə)] *adj* unveränderlich.

invectiver [ɛ̃vɛktive] ⟨1⟩ *vt* beschimpfen.

invendable [ɛ̃vɑ̃dabl(ə)] *adj* unverkäuflich.

invendu, e [ɛ̃vɑ̃dy] *adj* unverkauft.

inventaire [ɛ̃vɑ̃tɛR] *m* Inventar *nt*; (*COMM: liste*) Warenliste *f*; (*opération*) Inventur *f*; (*fig*) Bestandsaufnahme *f*.

inventer [ɛ̃vɑ̃te] ⟨1⟩ *vt* erfinden; **inventeur, -trice** *m*, *f* Erfinder(in) *m(f)*; **inventif, -ive** *adj* schöpferisch; (*ingénieux*) einfallsreich; **invention** [ɛ̃vɑ̃sjɔ̃] *f* Erfindung *f*; (*découverte*) Entdeckung *f*.

inventorier [ɛ̃vɑ̃tɔRje] ⟨1⟩ *vt* eine Aufstellung machen von.

inverse [ɛ̃vɛRs(ə)] **1.** *adj* umgekehrt; (*mouvement*) entgegengesetzt; **2.** *m:* l'~ das Gegenteil; **inverser** ⟨1⟩ *vt* umkehren.

investigation [ɛ̃vɛstigasjɔ̃] *f* Untersuchung *f*.

investir [ɛ̃vɛstiR] ⟨8⟩ **1.** *vt* (*argent*) anlegen (*dans* in *+akk*); (*FIN*) investieren; (*police*) umstellen; **2.** *vpr:* **s'~** (*fam*) sich einbringen; **~ qn de qch** jdm etw verleihen; (*d'une fonction*) jdn einsetzen in *+akk*; **investissement** [ɛ̃vɛstismɑ̃] *m* Anlage *f*, Investition *f*; **conseiller/conseillère en ~** (*FIN*) Anlageberater(in) *m(f)*; **investiture** [ɛ̃vɛstityR] *f* Einsetzung *f*; (*d'un candidat*) Nominierung *f*.

invincible [ɛ̃vɛ̃sibl(ə)] *adj* unbesiegbar, unschlagbar; (*charme*) unwiderstehlich.

inviolable [ɛ̃vjɔlabl(ə)] *adj* unverletzbar, unantastbar.

invisible [ɛ̃vizibl(ə)] *adj* unsichtbar.

invitation [ɛ̃vitasjɔ̃] *f* Einladung *f*; **à/sur l'~ de qn** (*exhortation*) auf jds Aufforderung hin; **invité, e** *m*, *f* Gast *m*; **inviter** [ɛ̃vite] ⟨1⟩ *vt* einladen (*à* zu); **~ qn à faire qch** (*exhorter*) jdn auffordern, etw zu tun.

involontaire [ɛ̃vɔlɔ̃tɛR] *adj* unabsichtlich; (*réaction*) unwillkürlich; (*témoin, complice*) unfreiwillig.

invoquer [ɛ̃vɔke] ⟨1⟩ *vt* (*prier*) anrufen; (*excuse, argument*) anbringen; (*loi, texte*) sich berufen auf *+akk*.

invraisemblable [ɛ̃vRɛsɑ̃blabl(ə)] *adj* unwahrscheinlich; (*étonnant*) unglaublich.

invulnérable [ɛ̃vylneRabl(ə)] *adj* unverletzbar; (*position*) unangreifbar.

iode [jɔd] *m* Jod *nt*.

ionique [jɔnik] *adj* (*ARCHIT*) ionisch; (*PHYS*) Ionen-.

Irak [iRak] *m:* l'~ [der] Irak.

Iran [iRɑ̃] *m:* l'~ [der] Iran.

Iraq *m v.* **Irak.**

irascible [iRasibl(ə)] *adj* jähzornig.

iris [iRis] *m* Iris *f*.

irisé, e [iRize] *adj* regenbogenfarben, irisierend.

irlandais, e [iRlɑ̃dɛ, ɛz] *adj* irisch; **Irlandais, e** *m*, *f* Ire *m*, Irin *f*; **Irlande** *f:* l'~ Irland *nt*; l'~ **du Nord** Nordirland *nt*.

ironie [iRɔni] *f* Ironie *f*; **ironique** *adj* ironisch, spöttisch; **ironiser** [iRɔnize] ⟨1⟩ *vi* spotten.

irradier [iRadje] ⟨1⟩ **1.** *vi* (*lumière*) ausstrahlen; **2.** *vt* (*contaminer*) verstrahlen; **irradié(e)** strahlenverseucht, verstrahlt.

irraisonné, e [iRɛzɔne] *adj* (*geste, acte*) unüberlegt; (*crainte*) unsinnig.

irréalisable [iRealizabl(ə)] *adj* unerfüllbar; (*projet*) nicht machbar.

irrecevable [iRəs(ə)vabl(ə)] *adj* unannehmbar.

irréconciliable [iRekɔ̃siljabl(ə)] *adj* unversöhnlich.

irrécupérable [iRekypeRabl(ə)] *adj* nicht wiederverwertbar; (*personne*) nicht mehr zu retten; **un menteur ~** ein unverbesserlicher Lügner.

irrécusable [iRekyzabl(ə)] *adj* (*témoin*) glaubwürdig; (*témoignage, preuve*) unanfechtbar.

irréductible [iRedyktibl(ə)] *adj* (*obstacle*) unbezwingbar; (*ennemi*) unversöhnlich.

irréel, le [iReɛl] *adj* unwirklich.

irréfléchi, e [iRefleʃi] *adj* unüberlegt, gedankenlos.

irréfutable [iRefytabl(ə)] *adj* unwiderlegbar.

irrégularité [iRegylaRite] *f* Unregelmäßigkeit *f*; (*de surface*) Unebenheit *f*; (*inconstance*) Unbeständigkeit *f*; (*illégalité*) Ungesetzlichkeit *f*; **irrégulier, -ière** [iRegylje, ɛR] *adj* unregelmäßig; (*surface, terrain*) uneben; (*travailleur, travail*) unbeständig, wechselhaft; (*illégal*) rechtswidrig, ungesetzlich; (*peu honnête*) zwielichtig.

irrémédiable [iRemedjabl(ə)] *adj* nicht wiedergutzumachend.

irremplaçable [iRɑ̃plasabl(ə)] *adj* unersetzlich.

irrépressible [iRepResibl(ə)] *adj* unbezähmbar.

irréprochable [iRepRoʃabl(ə)] *adj* einwandfrei, tadellos, untadelig.

irrésistible [iRezistibl(ə)] *adj* unwiderstehlich; (*preuve, logique*) zwingend.

irrésolu, e [iRezɔly] *adj* unentschlossen.

irrespectueux, -euse [iʀɛspɛktɥø, øz] *adj* respektlos.

irresponsable [iʀɛspɔ̃sabl(ə)] *adj* unverantwortlich; (*JUR*) unmündig; (*politique, morale*) verantwortungslos.

irrévérencieux, -euse [iʀeveʀɑ̃sjø, øz] *adj* respektlos.

irréversible [iʀevɛʀsibl(ə)] *adj* nicht rückgängig zu machen, nicht umkehrbar.

irrévocable [iʀevɔkabl(ə)] *adj* unwiderruflich.

irriguer [iʀige] ⟨1⟩ *vt* bewässern.

irriter [iʀite] ⟨1⟩ *vt* reizen.

irruption [iʀypsjɔ̃] *f* Eindringen *nt*, Hereinstürzen *nt*; **faire ~ chez qn** plötzlich bei jdm erscheinen.

islam [islam] *m* Islam *m*; **islamique** *adj* islamisch.

islandais, e [islɑ̃dɛ, ɛz] *adj* isländisch; **Islandais, e** *m*, *f* Isländer(in) *m(f)*; **Islande** *f*: **l'~** Island *nt*.

isolant, e [izɔlɑ̃, ɑ̃t] *adj* isolierend.

isolation [izɔlasjɔ̃] *f*: **~ acoustique/thermique** Schall-/Wärmeisolierung *f*/-dämmung *f*.

isolé, e [izole] *adj* isoliert; (*maison*) einzeln; (*cas, fait*) vereinzelt.

isoler [izole] ⟨1⟩ *vt* isolieren.

isoloir [izolwaʀ] *m* Wahlkabine *f*.

isotope [izotɔp] *m* Isotop *nt*.

Israël [isʀaɛl] *m*: **l'~** Israel *nt*; **israélien, ne** [isʀaeljɛ̃, ɛn] *adj* israelisch; **Israélien, ne** *m*, *f* Israeli *m*; **israélite** [isʀaelit] *adj* jüdisch; **Israélite** *m/f* Jude *m*, Jüdin *f*.

issu, e [isy] *adj*: **être ~ de** abstammen von; (*fig*) entstanden sein aus.

issue [isy] *f* Ausgang *m*; (*résultat*) Ergebnis *nt*; **à l'~e de** am Ende von; **rue sans ~e** Sackgasse *f*.

Italie [itali] *f*: **l'~** Italien *nt*; **italien, ne** [italjɛ̃, ɛn] *adj* italienisch; **Italien, ne** *m*, *f* Italiener(in) *m(f)*.

italique [italik] *m*: **en ~** kursiv.

itinéraire [itineʀɛʀ] *m* Route *f*.

itinérant, e [itineʀɑ̃, ɑ̃t] *adj* Wander-, wandernd.

I.U.T. *m abr de* **Institut universitaire de technologie** technische Fachhochschule *f*.

I.V.G. *f abr de* **interruption volontaire de grossesse** Schwangerschaftsabbruch *m*.

ivoire [ivwaʀ] *m* Elfenbein *nt*.

ivraie [ivʀɛ] *f*: **séparer l'~ du bon grain** die Spreu vom Weizen trennen.

ivre [ivʀ(ə)] *adj* betrunken; **~ de colère/bonheur** außer sich vor Wut/Glück; **ivresse** [ivʀɛs] *f* Betrunkenheit *f*; (*a. fig*) Rausch *m*; **ivrogne** [ivʀɔɲ] *m/f* Trinker(in) *m(f)*.

J

J, j [ʒi] *m* J, j *nt*.

jacasser [ʒakase] ⟨1⟩ *vi* (*bavarder*) schwatzen.

jachère [ʒaʃɛʀ] *f*: **[être] en ~** brach[liegen].

jacinthe [ʒasɛ̃t] *f* Hyazinthe *f*.

jadis [ʒadis] *adv* einst[mals].

jaillir [ʒajiʀ] ⟨8⟩ *vi* herausspritzen, hervorsprudeln; (*cri*) erschallen, ertönen.

jalon [ʒalɔ̃] *m* Markierungspfosten *m*.

jalousie [ʒaluzi] *f* Eifersucht *f*; (*store*) Jalousie *f*; **jaloux, -ouse** *adj* eifersüchtig.

jamais [ʒamɛ] *adv* nie, niemals; (*non négatif*) je[mals]; **ne ... ~** nie, niemals.

jambe [ʒɑ̃b] *f* Bein *nt*.

jambon [ʒɑ̃bɔ̃] *m* Schinken *m*.

janvier [ʒɑ̃vje] *m* Januar *m*; **en ~** im Januar; **le 17 ~** am 17. Januar; **le 17 ~ 1962** der 17. Januar 1962.

Japon [ʒapɔ̃] *m*: **le ~** Japan *nt*; **japonais, e** [ʒapɔnɛ, ɛz] *adj* japanisch; **Japonais, e** *m*, *f* Japaner(in) *m(f)*.

jaquette [ʒakɛt] *f* (*livre*) Schutzumschlag *m*.

jardin [ʒaʀdɛ̃] *m* Garten *m*; **~ d'enfants** Kindergarten *m*; **jardinage** [ʒaʀdinaʒ] *m* Gartenarbeit *f*; (*professionnel*) Gartenbau *m*; **jardinier, -ière** [ʒaʀdinje, ɛʀ] **1.** *m*, *f* Gärtner(in) *m(f)*; **2.** *f* (*caisse*) Blumenkasten *m*; **jardinière de légumes** gemischtes Gemüse, Leipziger Allerlei *nt*; **~ d'enfants** Kindergärtner(in) *m(f)*.

jarret [ʒaʀɛ] *m* (*ANAT*) Kniekehle *f*; (*GASTR*) Hachse *f*, Haxe *f*.

jaser [ʒaze] ⟨1⟩ *vi* schwatzen; (*indiscrètement*) tratschen.

jatte [ʒat] *f* Napf *m*, Schale *f*.

jauger [ʒoʒe] ⟨2⟩ *vt* (*mesurer*) messen; (*juger*) abschätzen, beurteilen.

jaune [ʒon] **1.** *adj* gelb; **2.** *m* Gelb *nt*; **~ d'œuf** Eigelb *nt*, Dotter *m*; **rire ~** gezwungen lachen.

javel [ʒavɛl] *f*: **eau f de ~** chlorhaltiges Bleich- und Reinigungsmittel.

javelot [ʒavlo] *m* Speer *m*.

J.-C. *m abr de* **Jésus-Christ** Chr.

je [ʒ(ə)] *pron* ich.

jean [dʒin] *m* Jeans *f o pl*.

je-ne-sais-quoi [ʒən(ə)sɛkwa] *m inv*: **un ~** ein gewisses Etwas.

jersey [ʒɛʀzɛ] *m* (*tissu*) Jersey *m*.

Jésus-Christ [ʒezykʀi(st)] *m* Jesus Christus *m*; **800 avant/après ~** 800 vor/nach Christus.

jet 1. [ʒɛ] *m* (*lancer*) Wurf *m*; (*action*) Werfen *nt*; (*jaillissement*) Strahl *m*; (*tuyau*) Düse *f*; **du premier ~** auf Anhieb; **~ d'eau** Wasserstrahl m; **2.** [dʒɛt] m (avion) Jet m.

jetable [ʒ(ə)tabl(ə)] adj Wegwerf-.

jetée [ʒ(ə)te] f Mole f.

jeter [ʒ(ə)te] ⟨3⟩ vt werfen; (agressivement) schleudern; (se défaire de) wegwerfen; (cri, insultes) ausstoßen.

jeton [ʒ(ə)tõ] m (au jeu) Spielmarke f; (de téléphone) Telefonmarke f; avoir les ~s (fam!) Muffe haben.

jeu ⟨-x⟩ [ʒø] m Spiel nt; (fonctionnement) Funktionieren nt; (fig) Zusammenspiel nt; **entrer dans le ~** (fig) mitspielen; **être en ~** (fig) auf dem Spiel stehen; **mettre en ~** aufs Spiel setzen; **remettre en ~** (FOOTBALL) einwerfen; **les ~x de hasard** die Glücksspiele ntpl; **un ~ de clés/d'aiguilles** ein Satz m Schlüssel/ein Spiel Nadeln.

jeudi [ʒødi] m Donnerstag m; **le ~, tous les ~s** donnerstags.

jeun [ʒœ̃] adv: **à ~** nüchtern, mit nüchternem Magen.

jeune [ʒœn] **1.** adj jung; (animal, plante) jung, klein; **2.** adv: **faire ~** jung aussehen, jung aussehen; **les ~s** die jungen Leute pl, die Jugend f; **~ fille** f (junges) Mädchen nt; **~ homme** m junger Mann.

jeûne [ʒøn] m Fasten nt.

jeunesse [ʒœnɛs] f Jugend f; (apparence) Jugendlichkeit f.

J.O. 1. mpl abr de **jeux olympiques** Olympische Spiele pl; **2.** m abr de **journal officiel** Amtsblatt nt.

joaillerie [ʒɔajʀi] f (COMM) Juweliergeschäft nt; (articles) Schmuck m; **joaillier, -ière** [ʒɔaje, ɛʀ] m, f Juwelier(in) m(f).

job [dʒɔb] m (fam) Job m, Gelegenheitsarbeit f.

jogging [dʒɔgiŋ] m Jogging nt; (vêtement) Jogginganzug m; **faire du ~** joggen.

joie [ʒwa] f Freude f.

joindre [ʒwɛ̃dʀ(ə)] irr **1.** vt (relier) verbinden (à mit); (ajouter) beifügen, hinzufügen (à zu); (contacter) erreichen; **2.** vpr: **se ~ à qn** sich jdm anschließen; **~ les deux bouts** gerade [mit seinem Geld] auskommen; **~ les mains** die Hände falten.

joint [ʒwɛ̃] m (de suture, soudage) Naht f; (de robinet) Dichtung f; **~ de culasse** Zylinderkopfdichtung f.

joli, e [ʒɔli] adj hübsch; **c'est du ~!** (péj) das ist ja reizend!; **un ~ gâchis** ein schöner Schlamassel.

joncher [ʒõʃe] ⟨1⟩ vt verstreut liegen auf +dat, bedecken; **jonché(e) de** übersät mit.

jonction [ʒõksjõ] f (action) Verbindung f; (de routes) Kreuzung f; (de fleuves) Zusammenfluß m; (INFORM, fig) Schnittstelle f.

jongleur, -euse [ʒõɡlœʀ, øz] m, f Jongleur(in) m(f).

jonquille [ʒõkij] f Osterglocke f.

Jordanie [ʒɔʀdani] f: **la ~** Jordanien nt.

joue [ʒu] f Backe f, Wange f.

jouer [ʒwe] ⟨1⟩ **1.** vt spielen; (argent) setzen, spielen um; (réputation) aufs Spiel setzen; (simuler) vorspielen, vortäuschen; **2.** vi spielen; (bois) sich verziehen, arbeiten; **3.** vpr: **se ~ des obstacles** spielend mit Hindernissen fertigwerden; **se ~ de qn** jdm zum Narren halten; **~ à qch** etw spielen; **~ avec sa santé** seine Gesundheit aufs Spiel setzen; **~ des coudes** die Ellbogen gebrauchen; **~ de malchance** vom Pech verfolgt sein; **~ un tour à qn** jdm einen Streich spielen; **jouet** [ʒwɛ] m Spielzeug nt; **être le ~ de** das Opfer +gen sein; **joueur, -euse** m, f Spieler(in) m(f).

joufflu, e [ʒufly] adj pausbäckig.

jouir [ʒwiʀ] ⟨8⟩ vi: **~ de qch** (savourer) etw genießen, sich einer Sache gen erfreuen; (avoir) etw haben.

jouissance [ʒwisɑ̃s] f (plaisir) Freude f, Vergnügen nt; (volupté) Wollust f; **la ~ de qch** (usage) die Nutznießung einer Sache gen.

jour [ʒuʀ] m Tag m; (aspect) Licht nt; (ouverture) Öffnung f, Durchbruch m; **au grand ~** offen, in aller Öffentlichkeit; **au ~ le ~** von einem Tag auf den anderen; **du ~ au lendemain** von heute auf morgen, von einem Moment auf den anderen; **il fait ~** es ist Tag, es ist hell; **mettre à ~** auf den neuesten Stand bringen; **sous un ~ favorable/nouveau** in einem günstigen/neuen Licht; **tenir à ~** (INFORM) pflegen; **~ férié** Feiertag m; **~ ouvrable** Arbeitstag m.

Jourdain [ʒuʀdɛ̃] m Jordan m.

journal (journaux) [ʒuʀnal, o] m Zeitung f; (intime) Tagebuch nt; **~ télévisé** [Fernseh]nachrichten fpl; **journalisme** m Journalismus m; **journaliste** m/f Journalist(in) m(f).

journée [ʒuʀne] f Tag m; **la ~ continue** durchgehende Arbeitszeit (ohne Mittagspause); **~** [o opération) porte ouverte (entreprise, organisme) Tag m der offenen Tür.

jovial, e ⟨jovaux⟩ [ʒɔvjal, o] adj jovial.

joyau ⟨-x⟩ [ʒwajo] nt Juwel nt.

joyeux, -euse [ʒwajø, øz] adj fröhlich, vergnügt; (qui apporte la joie) freudig.

JT m abr de **journal télévisé** [Fernseh]nachrichten fpl, Tagesschau f.

jubiler [ʒybile] ⟨1⟩ vi jubeln, jauchzen.

jucher [ʒyʃe] ⟨1⟩ **1.** vt: **~ qch sur** etw [hoch][hinauf]legen/stellen/setzen auf +akk; **2.** vi (oiseaux) hocken, sitzen.

judaïque [ʒydaik] adj jüdisch.

judiciaire [ʒydisjɛʀ] adj gerichtlich; Justiz-; richterlich.

judicieux, -euse [ʒydisjø, øz] adj klug, gescheit.

judo [ʒydo] *m* Judo *nt*.

juge [ʒyʒ] *m* (*magistrat*) Richter(in) *m(f)*; (*de concours*) Preisrichter(in) *m(f)*; (*de combat*) Kampfrichter(in) *m(f)*; ~ **d'instruction** Untersuchungsrichter(in) *m(f)*.

jugement [ʒyʒmɑ̃] *m* Urteil *nt*; (*perspicacité*) Urteilsvermögen *nt*; ~ **de valeur** Werturteil *nt*.

juger [ʒyʒe] ⟨2⟩ *vt* entscheiden über +*akk*; (*évaluer*) beurteilen; ~ **bon de faire qch** es für gut halten, etw zu tun; ~ **qn/qch satisfaisant** jdn/etw für zufriedenstellend halten; ~ **que** meinen daß, der Ansicht sein, daß.

juguler [ʒygyle] ⟨1⟩ *vt* (*maladie*) zum Stillstand bringen; (*envie, désirs, personne*) unterdrücken; (*inflation*) bekämpfen.

juif, -ive [ʒɥif, iv] **1.** *adj* jüdisch; **2.** *m, f* Jude *m*, Jüdin *f*.

juillet [ʒɥijɛ] *m* Juli *m*; **en** ~ im Juli; **le 31** ~ am 31. Juli; **le 31** ~ **1994** der 31. Juli 1994.

juin [ʒɥɛ̃] *m* Juni *m*; **en** ~ im Juni; **le 17** ~ am 17. Juni; **le 17** ~ **1961** der 17. Juni 1961.

jumeau, jumelle ⟨-x⟩ [ʒymo, ʒymɛl] **1.** *adj* Doppel-; **2.** *m, f* Zwilling *m*; (*frère*) Zwillingsbruder *m*; (*sœur*) Zwillingsschwester *f*.

jumelage [ʒym(ə)laʒ] *m* Städtepartnerschaft *f*; **jumeler** ⟨3⟩ *vt* (*TECH*) koppeln, miteinander verbinden; (*villes*) zu Partnerstädten machen.

jumelle [ʒymɛl] *f v.* **jumeau.**

jumelles *fpl* (*OPTIQUE*) Fernglas *nt*, Feldstecher *m*.

jument [ʒymɑ̃] *f* Stute *f*.

jungle [ʒœgl(ə)] *f* Dschungel *m*.

junkie [dʒœŋki] *m/f* (*fam*) Junkie *m*.

jupe [ʒyp] *f* Rock *m*.

jupon [ʒypɔ̃] *m* Unterrock *m*.

Jura [ʒyʀa] *m* (*GÉO*) Jura *m*.

juré, e [ʒyʀe] *m, f* Geschworene(r) *mf*.

jurer [ʒyʀe] ⟨1⟩ **1.** *vt* schwören, geloben; **2.** *vi* (*dire des jurons*) fluchen; ~ **avec** (*couleurs*) sich beißen; **il jura de faire qch** (*s'engager*) er schwor, etw zu tun; ~ **que** (*affirmer*) schwören [*o* versichern], daß.

juridique [ʒyʀidik] *adj* juristisch; rechtlich; Rechts-.

juron [ʒyʀɔ̃] *m* Fluch *m*.

jury [ʒyʀi] *m* Geschworene *pl*; (*SCOL*) Prüfungsausschuß *m*.

jus [ʒy] *m* Saft *m*; (*de viande*) Bratensaft *m*; ~ **de pommes** Apfelsaft *m*.

jusque [ʒysk(ə)] *prép*: **jusqu'à** (*endroit*) bis; bis an +*akk*, bis nach +*dat*; (*moment*) bis; bis zu +*dat*; (*quantité, limite*) bis zu +*dat*; **jusqu'à ce que** bis; **jusqu'à présent** bis jetzt; ~**là** (*temps*) bis dahin; ~ **sur/dans/vers** bis [hinauf] zu/bis in/bis [hin] zu.

juste [ʒyst(ə)] **1.** *adj* (*équitable*) gerecht; (*légitime*) gerechtfertigt; (*précis*) genau; (*correct*) richtig; (*étroit, insuffisant*) knapp; **2.** *adv* (*exactement*) genau, richtig; (*seulement*) nur, bloß; ~ **assez/audessus** gerade genug/gerade [*o* genau] darüber; **à** ~ **titre** mit vollem [*o* gutem] Recht; **au** ~ genau; **justement** *adv* (*avec raison*) zu Recht, mit Recht; **c'est** ~ **ce qu'il fallait éviter** (*précisément*) genau [*o* gerade] das hätte vermieden werden sollen; **justesse** [ʒystɛs] *f* (*exactitude*) Richtigkeit *f*; (*précision*) Genauigkeit *f*; **de** ~ mit knapper Not, gerade noch.

justice [ʒystis] *f* (*équité*) Gerechtigkeit *f*; (*ADMIN*) Justiz *f*; **obtenir** ~ sein Recht bekommen; **rendre la** ~ Recht sprechen; **rendre** ~ **à qn** jdm Recht [*o* Gerechtigkeit] widerfahren lassen.

justifiable [ʒystifjabl(ə)] *adj* zu rechtfertigen, vertretbar; **justification** [ʒystifikasjɔ̃] *f* Rechtfertigung *f*; **justifier** [ʒystifje] ⟨1⟩ *vt* (*expliquer*) rechtfertigen.

jute [ʒyt] *m* Jute *f*.

juteux, -euse [ʒytø, øz] *adj* saftig.

juvénile [ʒyvenil] *adj* jugendlich.

K

K, k [kɑ] *m* K, k *nt*.

kaki [kaki] **1.** *adj inv* khaki[farben]; **2.** *m* (*fruit*) Kaki[pflaume] *f*.

kangourou [kɑ̃guʀu] *m* Känguruh *nt*.

karaté [kaʀate] *m* Karate *nt*.

karting [kaʀtiŋ] *m*: **faire du** ~ Go-Kart fahren.

kayak [kajak] *m* Kajak *m o nt*.

kcal. *abr de* **kilocalorie[s]** kcal.

Kenya [kenja] *m*: **le** ~ Kenia *nt*.

képi [kepi] *m* Käppi *nt*.

kermesse [kɛʀmɛs] *f* (*de bienfaisance*) Wohltätigkeitsbasar *m*; (*foire*) Kirmes *f*.

kg *abr de* **kilogramme** kg.

kidnapper [kidnape] ⟨1⟩ *vt* kidnappen.

kilofranc [kilofʀɑ̃] *m* 1000 Franc.

kilo[gramme] [kilogʀam] *m* Kilo[gramm] *nt*.

kilojoule [kiloʒul] *m* Kilojoule *nt*.

kilométrage [kilometʀaʒ] *m* (*au compteur*) Kilometerstand *m*; **kilomètre** [kilomɛtʀ(ə)] *m* Kilometer *m*; **kilométrique** *adj* (*borne, compteur*) Kilometer-; (*distance*) in Kilometern.

kilowatt [kilowat] *m* Kilowatt *nt*.

kimono [kimɔnɔ] *m* Kimono *m*.

kinésithérapeute [kineziteʀapøt] *m/f* Krankengymnast(in) *m(f)*; **kinésithérapie** *f* Krankengymnastik *f*.

kiosque [kjosk(ə)] *m* Kiosk *m*, Stand *m*; (*dans un jardin public*) Musikpavillon *m*.

kirsch [kiʀʃ] *m* Kirsch[wasser *nt*] *m*.
kit [kit] *m* Bastelsatz *m*; (*pour entretien*) Set *nt*.
kiwi [kiwi] *m* (*oiseau*) Kiwi *m*; (*fruit*) Kiwi *f*.
klaxon [klaksɔn] *m* Hupe *f*; **klaxonner** [klaksɔne] ⟨1⟩ **1.** *vi* hupen; **2.** *vt* (*fam*) anhupen.
km *abr de* **kilomètre** km.
km/h *abr de* **kilomètre-heure** km/h.
knock-out [nɔkaut] *m inv* Knockout *m*.
K.-O. [kao] *adj inv* k.o.
kWh *abr de* **kilowattheure** kWh.
kyste [kist(ə)] *m* Zyste *f*.

L

L, l [ɛl] *m* L, l *nt*.
l *abr de* **litre** l.
l' *art v.* **le**.
la [la] *art v.* **le**.
là [la] *adv* dort; (*ici*) da, hier; (*dans le temps*) dann; **c'est ~ que** das ist, wo; **elle n'est pas ~** sie ist nicht da; **de ~** (*fig*) daher; **par ~** (*fig*) dadurch; **~-bas** dort.
label [label] *m* (*marque*) Marke *f*; **~ de qualité** Gütezeichen *nt*.
labeur [labœʀ] *m* Mühe *f*, Arbeit *f*.
laboratoire [labɔʀatwaʀ] *m* Labor[atorium] *nt*, Forschungslabor *nt*; **~ de langues/d'analyses** Sprach-/Untersuchungslabor *nt*; **~ spatial** Raumlabor *nt*.
laborieux, -euse [labɔʀjø, øz] *adj* (*difficile: tâche*) mühsam, mühselig; (*personne*) fleißig.
labour [labuʀ] *m* Pflügen *nt*; **cheval/bœuf de ~** Arbeitspferd *nt/*-ochse *m*; **labourer** ⟨1⟩ *vt* pflügen; (*fig: visage*) zerfurchen; **laboureur** *m* Bauer *m*.
labyrinthe [labiʀɛ̃t] *m* Labyrinth *nt*.
lac [lak] *m* See *m*.
lacer [lase] ⟨2⟩ *vt* (*chaussures*) zubinden, zuschnüren.
lacérer [laseʀe] ⟨5⟩ *vt* zerreißen, zerfetzen.
lacet [lasɛ] *m* (*de chaussure*) Schnürsenkel *m*; (*de route*) scharfe Kurve; (*piège*) Schlinge *f*.
lâche [lɑʃ] **1.** *adj* locker; (*personne*) feige; **2.** *m* Feigling *m*.
lâcher [lɑʃe] ⟨1⟩ **1.** *vt* (*volant, poignée*) loslassen; (*libérer*) freilassen; (*chien*) loslassen; (*mot, remarque*) fallenlassen; (*SPORT: distancer*) hinter sich *dat* lassen; (*abandonner*) im Stich lassen; **2.** *vi* (*fam: amarres*) reißen; (*freins*) versagen; **~ les amarres** (*NAUT*) losmachen.
lâcheté [lɑʃte] *f* Feigheit *f*.
lacrymogène [lakʀimɔʒɛn] *adj* (*bombe*)

Tränengas-.
lacté, e [lakte] *adj* (*produit, régime*) Milch-.
lacune [lakyn] *f* (*de texte, de mémoire*) Lücke *f*.
là-dedans [lad(ə)dɑ̃] *adv* drinnen; **là-dessous** *adv* (*sous un objet, fig*) dahinter; **là-dessus** *adv* (*sur un objet, fig*) darüber, darauf; **là-haut** *adv* da oben.
laid, e [lɛ, lɛd] *adj* häßlich; **laideur** [lɛdœʀ] *f* Häßlichkeit *f*; (*fig: bassesse*) Gemeinheit *f*.
lainage [lɛnaʒ] *m* (*vêtement*) Wolljacke *f*, Wollpullover *m*.
laine [lɛn] *f* Wolle *f*; **~ de verre** Glaswolle *f*.
laineux, -euse [lɛnø, øz] *adj* (*étoffe*) Woll-.
laïque [laik] **1.** *adj* Laien-; (*école, enseignement*) staatlich; **2.** *m/f* (*REL*) Laie *m*.
laisse [lɛs] *f* Leine *f*; **tenir en ~** an der Leine führen.
laisser [lese] ⟨1⟩ **1.** *vt* lassen; **2.** *vb aux*: **~ qn faire** jdn tun lassen; **3.** *vpr*: **se ~ aller** sich gehenlassen; **laisser-aller** *m inv* Nachlässigkeit *f*, Unbekümmertheit *f*; **laissez-passer** *m inv* Passierschein *m*.
lait [lɛ] *m* Milch *f*; **~ démaquillant/de beauté** Reinigungs-/Schönheitsmilch *f*; **~ écrémé/concentré** Mager-/Kondensmilch *f*; **laitage** [lɛtaʒ] *m* Milchprodukt *nt*; **laiterie** [lɛtʀi] *f* (*usine*) Molkerei *f*; **laitier, -ière** [lɛtje, ɛʀ] **1.** *adj* (*produit, vache*) Milch-; **2.** *m, f* Milchmann *m*, Milchfrau *f*.
laiton [lɛtɔ̃] *m* Messing *nt*.
laitue [lety] *f* Lattich *m*; (*salade*) [grüner] Salat.
laïus [lajys] *m* (*péj*) Sermon *m*.
lambda [lɑ̃bda] *adj*: **le lecteur ~** (*fam*) der Durchschnittsleser.
lambeau (-x) [lɑ̃bo] *m* (*de tissu, chair*) Fetzen *m*; **en ~x** in Fetzen.
lame [lam] *f* Klinge *f*; (*vague*) Welle *f*; **~ de rasoir** Rasierklinge *f*.
lamelle [lamɛl] *f* Lamelle *f*; (*en métal, en plastique*) kleiner Streifen, Blättchen *nt*.
lamentable [lamɑ̃tabl(ə)] *adj* traurig, erbärmlich; **lamentation** [lamɑ̃tasjɔ̃] *f* (*gémissement*) Klagen *nt*, Jammern *nt*; **lamenter** ⟨1⟩ *vpr*: **se ~** [**sur**] klagen [über +*akk*].
laminoir [laminwaʀ] *m* Walzmaschine *f*.
lampadaire [lɑ̃padɛʀ] *m* (*de salon*) Stehlampe *f*; (*dans la rue*) Straßenlaterne *f*.
lampe [lɑ̃p(ə)] *f* Lampe *f*; **~ [à] halogène** Halogenlampe *f*; **~ de poche** Taschenlampe *f*.
lampée [lɑ̃pe] *f* (*fam*) Schluck *m*.
lampion [lɑ̃pjɔ̃] *m* Lampion *m*.
lance [lɑ̃s] *f* (*arme*) Speer *m*, Lanze *f*; **~ d'incendie** Feuerwehrschlauch *m*.
lance-flammes *m inv* Flammenwerfer *m*.
lancement [lɑ̃smɑ̃] *m* (*COMM*) Einführung

f; (d'un bateau) Stapellauf *m; (d'une fusée)* Abschuß *m.*

lancer [lɑ̃se] ⟨2⟩ **1.** *vt (ballon, pierre)* werfen; *(flamme, éclair)* aussenden; *(bateau)* vom Stapel lassen; *(fusée)* abschießen; *(INFORM)* starten; *(produit, voiture)* auf den Markt bringen; *(artiste)* herausbringen, lancieren; *(mot, injure)* schleudern; **2.** *vpr:* se ~ *(prendre de l'élan)* losstürmen; **3.** *m (SPORT)* Wurf *m; (PÊCHE)* Angeln *nt;* se ~ sur/contre *(se précipiter)* losstürzen auf +*akk;* ~ qch à qn jdm etw zuwerfen; *(avec aggression)* jdm etw entgegenschleudern; **lanceur** *m* Trägerrakete *f.*

lancinant, e [lɑ̃sinɑ̃, ɑ̃t] *adj (regrets)* quälend; *(douleur)* stechend.

landau ⟨s⟩ [lɑ̃do] *m (pour bébé)* Kinderwagen *m.*

lande [lɑ̃d] *f* Heide *f.*

langage [lɑ̃gaʒ] *m* Sprache *f; (usage)* Redeweise *f;* ~ **de programmation** *(INFORM)* Programmiersprache *f.*

lange [lɑ̃ʒ] *m* Windel *f;* **langer** ⟨2⟩ *vt* die Windeln wechseln +*dat.*

langoureux, -euse [lɑ̃gurø, øz] *adj* schläfrig, träge.

langouste [lɑ̃gust(ə)] *f* Languste *f.*

langue [lɑ̃g] *f (ANAT, GASTR)* Zunge *f; (LING)* Sprache *f;* **de ~ française** französisch sprechend; **la ~ d'oc** das Okzitanische; **tirer la ~ [à]** die Zunge herausstrecken +*dat;* ~ **maternelle** Muttersprache *f;* ~ **officielle** Amtssprache *f;* ~ **de terre** Landzunge *f;* ~ **verte** Argot *m;* ~ **vivante** lebende Sprache; **langue-de-chat** ⟨langues-de-chat⟩ *f* Löffelbiskuit *m.*

Languedoc [lɑ̃gdɔk] *m:* **le** ~ Languedoc *nt.*

languette [lɑ̃gɛt] *f (de chaussure)* Zunge *f,* Lasche *f.*

langueur [lɑ̃gœr] *f (mélancolie)* Wehmut *f.*

languir [lɑ̃gir] ⟨8⟩ *vi (être oisif)* apathisch sein, verkümmern; *(d'amour)* schmachten; *(émission, conversation)* erlahmen.

lanière [lanjɛr] *f* Riemen *m.*

lanterne [lɑ̃tɛrn(ə)] *f* Laterne *f.*

lapidaire [lapidɛr] *adj (fig)* knapp.

lapider [lapide] ⟨1⟩ *vt (attaquer)* mit Steinen bewerfen; *(tuer)* steinigen.

lapin [lapɛ̃] *m* Kaninchen *nt.*

laps [laps] *m:* ~ **de temps** Zeitraum *m.*

laque [lak] *f (peinture)* Lack *m; (pour cheveux)* Haarspray *m o nt.*

laquelle [lakɛl] *pron v.* **lequel.**

larcin [larsɛ̃] *m* [kleiner] Diebstahl.

lard [lar] *m* Speck *m.*

lardon [lardɔ̃] *m (GASTR)* Speckstreifen *m; (fam: enfant)* kleines Kind.

large [larʒ(ə)] **1.** *adj* breit; *(fig: généreux)* großzügig. **2.** *m:* **5 m de** ~ *(largeur)* 5 m breit; **le** ~ *(mer)* das offene Meer; **au** ~ **de**

in Höhe von, im Umkreis von; ~ **d'esprit** weitherzig, liberal; **largement** *adv* weit; *(généreusement)* großzügig; **il a** ~ **le temps** er hat reichlich Zeit; **il a** ~ **de quoi vivre** er hat ein gutes Auskommen.

largesse [larʒɛs] *f (générosité)* Großzügigkeit *f.*

largeur [larʒœr] *f* Breite *f,* Weite *f; (fig)* Liberalität *f;* ~ **de bande** *(RADIO)* Bandbreite *f.*

larguer [large] ⟨1⟩ *vt* abwerfen.

larme [larm(ə)] *f* Träne *f;* **une** ~ **de** *(fig)* ein Tropfen ...; **en** ~**s** in Tränen aufgelöst.

larmoyer [larmwaje] ⟨6⟩ *vi (yeux)* tränen; *(se plaindre)* klagen.

laryngite [larɛ̃ʒit] *f* Kehlkopfentzündung *f.*

larynx [larɛ̃ks] *m* Kehlkopf *m.*

las, se [lɑ, lɑs] *adj* müde, matt.

laser [lazer] **1.** *m* Laser *m;* **2.** *adj inv* Laser-; **rayon** ~ Laserstrahl *m.*

lasser [lɑse] ⟨1⟩ **1.** *vt* erschöpfen; **2.** *vpr:* **se** ~ **de** leid werden +*akk.*

lassitude [lɑsityd] *f* Müdigkeit *f; (fig)* Überdruß *m.*

latent, e [latɑ̃, ɑ̃t] *adj* latent.

latéral, e [lateraux] [lateral, o] *adj* seitlich.

latin, e [latɛ̃, in] *adj* lateinisch.

latitude [latityd] *f (GÉO)* Breite *f;* **avoir la** ~ **de faire qch** *(fig)* völlig freie Hand haben, etw zu tun; **à 48° de** ~ **nord** 48° nördlicher Breite.

latte [lat] *f* Latte *f; (de plancher)* Leiste *f.*

lauréat, e [lɔrea, at] *m, f* Preisträger(in) *m(f).*

laurier [lɔrje] *m* Lorbeer *m; (GASTR)* Lorbeerblatt *nt.*

lavabo [lavabo] *m (de salle de bains)* Waschbecken *nt;* ~**s** *mpl (toilettes)* Toilette *f.*

lavage [lavaʒ] *m* Waschen *nt;* ~ **de cerveau** Gehirnwäsche *f;* ~ **d'estomac/d'intestin** Magen-/Darmspülung *f.*

lavande [lavɑ̃d] *f* Lavendel *m.*

lave [lav] *f* Lava *f.*

lave-glace ⟨lave-glaces⟩ [lavglas] *m (AUTO)* Scheibenwaschanlage *f.*

laver [lave] ⟨1⟩ **1.** *vt* waschen; *(tache)* abwaschen; *(baigner: enfant)* baden; **2.** *vpr:* **se** ~ sich waschen; **se** ~ **les mains** sich *dat* die Hände waschen; **se** ~ **les dents** sich *dat* die Zähne putzen; **laverie** [lavri] *f:* ~ **[automatique]** Waschsalon *m;* **laveur, -euse** *m, f (de carreaux)* Fensterputzer(in) *m(f); (de voiture)* Wagenwäscher(in) *m(f);* **lavevaisselle** *m inv* Geschirrspülmaschine *f;* **lavoir** [lavwar] *m (bac)* Spülbecken *nt; (édifice)* Waschhaus *nt.*

laxatif, -ive [laksatif, iv] **1.** *adj* abführend; **2.** *m* Abführmittel *nt.*

laxisme [laksism] *m (travail)* Nachlässigkeit *f.*

ligoter [ligɔte] ⟨1⟩ *vt* binden, fesseln.

ligue [lig] *f* (*association*) Bund *m*, Liga *f*;
liguer [lige] ⟨1⟩ *vpr:* **se ~ contre** sich verbünden gegen.

lilas [lila] *m* Flieder *m*.

limace [limas] *f* Nacktschnecke *f*.

limaille [limaj] *f:* **~ de fer** Eisenspäne *pl*.

limande [limɑ̃d] *f* Kliesche *f* (*Schollenart*).

lime [lim] *f* (*TECH*) Feile *f*; **~ à ongles** Nagel-
feile *f*; **limer** ⟨1⟩ *vt* feilen.

limier [limje] *m* Spürhund *m*.

limitation [limitasjɔ̃] *f* Begrenzung *f*, Beschränkung *f*; **~ de vitesse** Geschwindigkeitsbegrenzung *f*; (*générale*) Tempolimit
nt.

limite [limit] *f* Grenze *f*; (*TECH*) Grenzwert
m; **sans ~s** grenzenlos; **c'est ~** (*fam*) gerade
so an der Grenze sein; **c'était ~** (*fam*) das ist
gerade so an der Grenze; **cas ~** Grenzfall
m; **date ~** letzter Termin; **vitesse/charge ~**
Höchstgeschwindigkeit *f*/-ladung *f*, **-last** *f*;
limiter ⟨1⟩ *vt* (*délimiter*) begrenzen; **~**
qch [à] (*restreindre*) etw beschränken [auf
+*akk*].

limoger [limɔʒe] ⟨2⟩ *vt* (*POL*) kaltstellen.

limon [limɔ̃] *m* Schlick *m*.

limonade [limɔnad] *f* Limonade *f*.

limpide [lɛ̃pid] *adj* klar.

lin [lɛ̃] *m* Lein *m*, Flachs *m*; (*tissu*) Leinen *nt*.

linceul [lɛ̃sœl] *m* Leichentuch *nt*.

linge [lɛ̃ʒ] *m* Wäsche *f*; (*pièce de tissu*) Tuch
nt; **~ de corps** Unterwäsche *f*; **~ sale**
schmutzige Wäsche; **~ de toilette** Handtü-
cher *ntpl*; **lingerie** [lɛ̃ʒʀi] *f* (*vêtements*)
Damenwäsche *f*.

linguiste [lɛ̃gɥist(ə)] *m/f* Linguist(in) *m(f)*;
linguistique *f* Linguistik *f*.

linoléum [linɔleɔm] *m* Linoleum *nt*.

lion, ne [ljɔ̃, ljɔn] *m, f* Löwe *m*, Löwin *f*;
Lion (*ASTR*) Löwe *m*.

liqueur [likœʀ] *f* (*digestif*) Likör *m*.

liquidation [likidasjɔ̃] *f* (*vente*) Verkauf *m*;
(*règlement*) Regelung *f*, Erledigung *f*;
(*COMM*) Ausverkauf *m*; (*fam: meurtre*) Be-
seitigung *f*.

liquide [likid] **1.** *adj* flüssig; **2.** *m* Flüssigkeit
f; **en ~** (*COMM*) in bar.

liquider [likide] ⟨1⟩ *vt* (*société, biens*) verkaufen; (*compte, dettes*) regeln, bezahlen;
(*COMM: stock, articles*) ausverkaufen; (*fam:
affaire, travail, problème*) erledigen; (*fam:
témoin gênant*) beseitigen, liquidieren.

lire [liʀ] *irr vi, vt* lesen.

lis [lis] *m* Lilie *f*.

Lisbonne [lisbɔn] *f* Lissabon *f*.

lisible [lizibl(ə)] *adj* leserlich.

lisière [lizjɛʀ] *f* (*de forêt*) Rand *m*; (*de tissu*)
Kante *f*, Saum *m*.

lisse [lis] *adj* glatt; **lisser** ⟨1⟩ *vt* glätten.

listage [listaʒ] *m* Auflistung *f*; (*INFORM*)

Ausdruck *m*.

liste [list(ə)] *f* Liste *f*; **être sur [la] ~ rouge**
(*téléphone*) eine Geheimnummer haben;
faire la ~ de eine Liste machen von; **~ électorale** Wählerliste *f*.

lit [li] *m* Bett *nt*; **aller au ~, se mettre au ~** ins
Bett gehen; **faire son ~** das Bett machen; **~**
de camp Feldbett *nt*.

literie [litʀi] *f* Bettzeug *nt*.

litière [litjɛʀ] *f* (*écurie, chat*) Streu *f*.

litige [litiʒ] *m* Rechtsstreit *m*; **litigieux,
-euse** [litiʒjø, øz] *adj* (*sujet*) umstritten,
strittig.

litote [litɔt] *f* Untertreibung *f*, Litotes *f*.

litre [litʀ(ə)] *m* Liter *m o nt*; **un ~ de vin/
bière** ein Liter Wein/Bier.

littéraire [liteʀɛʀ] *adj* literarisch.

littérature [liteʀatyʀ] *f* Literatur *f*.

littoral (*littoraux*) [litɔʀal, o] *m* Küste *f*.

Lituanie [litɥani] *f* Litauen *nt*.

livide [livid] *adj* blaß, bleich.

livraison [livʀɛzɔ̃] *f* Lieferung *f*; **date de ~**
Liefertermin *m*; **délai de ~** Lieferzeit *f*.

livre [livʀ(ə)] **1.** *m* Buch *nt*; **2.** *f* (*poids, monnaie*) Pfund *nt*; **~ de bord** Logbuch *nt*; **~**
m **de poche** Taschenbuch *nt*.

livré, e [livʀe] **1.** *adj:* **~(e) à soi-même** sich
dat selbst überlassen; **2.** *f* Livree *f*.

livrer [livʀe] ⟨1⟩ **1.** *vt* (*COMM*) liefern; (*fig:
otage, coupable*) ausliefern; (*secret, information*) verraten, preisgeben; **2.** *vpr:* **se ~ à**
(*se confier à*) sich anvertrauen +*dat*; (*se
rendre*) sich stellen +*dat*; (*faire*) sich widmen +*dat*.

livret [livʀɛ] *m* (*petit livre*) Broschüre *f*; (*d'o-
péra*) Libretto *nt*; **~ de caisse d'épargne**
Sparbuch *nt*; **~ de famille** Stammbuch *nt*; **~**
scolaire Zeugnisheft *nt*.

livreur, -euse [livʀœʀ, øz] *m, f* Liefe-
rant(in) *m(f)*.

lobe [lɔb] *m:* **~ de l'oreille** Ohrläppchen *nt*.

lober [lɔbe] ⟨1⟩ *vt* (*FOOTBALL*) steil anspielen; (*TENNIS*) im Lob spielen.

local, e ⟨*locaux*⟩ [lɔkal, o] **1.** *adj* lokal, örtlich; **2.** *m* (*salle*) Raum *m*; **3.** *mpl* Räumlich-
keiten *pl*.

localiser [lɔkalize] ⟨1⟩ *vt* lokalisieren; (*dans
le temps*) datieren; (*limiter*) einschränken.

localité [lɔkalite] *f* (*ADMIN*) Örtlichkeit *f*,
Ortschaft *f*.

locataire [lɔkatɛʀ] *m/f* Pächter(in) *m(f)*,
Mieter(in) *m(f)*.

location [lɔkasjɔ̃] *f* (*par le locataire*) Miete *f*,
Mieten *nt*; (*par l'usager*) Mieten *nt*; (*par le
propriétaire*) Vermieten *nt*; **~ de voitures**
Autoverleih *m*.

lock-out [lɔkaut] *m inv* Aussperrung *f*;
lock-outer ⟨1⟩ *vt* aussperren.

locomotive [lɔkɔmɔtiv] *f* Lokomotive *f*;
(*fig*) Schrittmacher *m*.

locution [lɔkysjɔ̃] f Ausdruck m, [Rede]-wendung f.

loge [lɔʒ] f Loge f.

logement [lɔʒmɑ̃] m Unterkunft f; *(appartement)* Wohnung f; ~ **de fonction** Dienstwohnung f.

loger [lɔʒe] ⟨2⟩ 1. vt unterbringen, beherbergen; 2. vi *(habiter)* wohnen; 3. vpr: se ~ **dans** *(balle, flèche)* steckenbleiben in +dat; **trouver à se** ~ Unterkunft finden; **logeur, -euse** m, f Vermieter(in) m(f).

logiciel [lɔʒisjɛl] m Software f.

logique [lɔʒik] 1. adj logisch; 2. f Logik f.

loi [lwa] f Gesetz nt; **faire la** ~ bestimmen, das Sagen haben.

loin [lwɛ̃] adv *(dans l'espace)* weit; *(dans le temps: passé)* weit zurück; *(futur)* fern; ~ **de** weit von; **au** ~ in der Ferne; **de** ~ von weitem; *(fig: de beaucoup)* bei weitem; **moins** ~ [**que**] nicht so weit [wie]; **plus** ~ weiter.

lointain, e [lwɛ̃tɛ̃, ɛn] adj entfernt; *(dans le passé)* weit zurückliegend; *(dans le futur)* entfernt; *(fig: cause, parent)* entfernt.

loisir [lwaziʀ] m: **heures de** ~ Mußestunden pl; ~**s** mpl *(temps libre)* Freizeit f; *(activités)* Freizeitgestaltung f; **prendre/avoir le** ~ **de faire qch** sich die Zeit nehmen/Zeit haben, etw zu tun.

Londres [lɔ̃dʀ(ə)] m London nt.

long, ue [lɔ̃, lɔ̃g] 1. adj lang; 2. m: **un lit de 2 m de** ~ ein 2 m langes Bett; 3. f: **à la longue** auf die Dauer; **se connaître de longue date** sich schon [sehr] lange kennen; **de** ~ **en large** *(marcher)* hin und her; **en** ~ längs; **être** ~**(ue) à faire qch** lange zu etw brauchen; [**tout**] **le** ~ **de** entlang +dat.

longe [lɔ̃ʒ] f *(corde)* Strick m, Longe f; *(GASTR)* Lende f.

longer [lɔ̃ʒe] ⟨2⟩ vt entlanggehen; *(en voiture)* entlangfahren; *(mur, route)* entlangführen.

longévité [lɔ̃ʒevite] f Langlebigkeit f.

longitude [lɔ̃ʒityd] f *(GÉO)* Länge f; **45° de** ~ **nord/ouest** 45° nördlicher/westlicher Länge; **longitudinal, e** *(longitudinaux)* [lɔ̃ʒitydinal, o] adj Längen-.

longtemps [lɔ̃tɑ̃] adv lange; **avant** ~ bald; **pour/pendant** ~ lange; **il y a** ~ **que je travaille/l'ai connu** ich arbeite/kenne ihn schon lange; **il y a** ~ **que je n'ai pas dansé** ich habe schon lange nicht mehr getanzt.

longuement [lɔ̃gmɑ̃] adv lange.

longueur [lɔ̃gœʀ] f Länge f; ~**s** fpl *(fig: d'un film, d'un livre)* Längen pl; **en** ~ *(être)* in der Länge; *(mettre)* der Länge nach; **sur une** ~ **de 10 km** auf einer Länge von 10 km.

longue-vue ⟨longues-vues⟩ [lɔ̃gvy] f Fernrohr nt.

lopin [lɔpɛ̃] m: ~ **de terre** Stück nt Land.

loquace [lɔkas] adj redselig.

loquet [lɔkɛ] m *(de porte)* Riegel m.

lorgner [lɔʀɲe] ⟨1⟩ vt *(regarder)* schielen nach; *(convoiter)* liebäugeln mit.

Lorraine [lɔʀɛn] f: **la** ~ Lothringen nt.

lors [lɔʀ] prép: ~ **de** während +gen, anläßlich +gen.

lorsque [lɔʀsk(ə)] conj als, wenn.

losange [lɔzɑ̃ʒ] m Raute f.

lot [lo] m *(LOTERIE, fig)* Los nt; *(portion)* [An]teil m; *(COMM)* Posten m; *(INFORM)* Batch m, Job m; **gagner le gros** ~ *(loterie)* den Hauptgewinn machen; **tirer le gros** ~ *(fig)* das große Los ziehen.

loterie [lɔtʀi] f Lotterie f.

loti, e [lɔti] adj: **être bien/mal** ~ es gut/ schlecht getroffen haben.

lotion [lɔsjɔ̃] f Lotion f.

lotir [lɔtiʀ] ⟨8⟩ vt *(diviser)* parzellieren; *(vendre)* parzellenweise verkaufen.

loto [lɔto] m Lotto nt.

louage [lwaʒ] m: **voiture de** ~ Mietwagen m.

louanges [lwɑ̃ʒ] fpl Lob nt.

loubard, e [lubaʀ] m, f Rowdy m, Halbstarke(r) mf.

louche [luʃ] 1. adj zwielichtig, dubios; 2. f Schöpflöffel m.

loucher [luʃe] ⟨1⟩ vi schielen.

louer [lwe] ⟨1⟩ vt *(propriétaire)* vermieten; *(locataire)* mieten; *(réserver)* buchen; *(faire l'éloge de)* loben; **à** ~ zu vermieten.

loufoque [lufɔk] adj *(fam)* verrückt.

loup [lu] m *(ZOOL)* Wolf m.

loupe [lup] f *(OPTIQUE)* Lupe f.

louper [lupe] ⟨1⟩ vt *(fam: manquer)* verfehlen.

lourd, e [luʀ, luʀd(ə)] adj schwer; *(démarche, gestes)* schwerfällig; *(MÉTÉO)* drückend; ~ **de conséquences** folgenschwer.

lourdaud, e [luʀdo, od] adj *(péj: au physique)* schwerfällig; *(au moral)* flegelhaft.

lourdeur [luʀdœʀ] f Schwere f; *(de gestes)* Schwerfälligkeit f; ~ **d'estomac** Magendrücken nt.

louve [luv] f *(ZOOL)* Wölfin f.

louvoyer [luvwaje] ⟨6⟩ vi *(NAUT)* kreuzen; *(fig)* geschickt taktieren, lavieren.

loyal, e ⟨loyaux⟩ [lwajal, o] adj *(fidèle)* loyal, treu; *(fair-play)* fair; **loyauté** [lwajote] f Loyalität f, Treue f; Fairneß f.

loyer [lwaje] m Miete f.

LR abr de **lettre recommandée** Einschreibebrief m.

lu, e [ly] pp de **lire.**

lubie [lybi] f Marotte f.

lubrifiant [lybʀifjɑ̃] m Schmiermittel nt; **lubrifier** [lybʀifje] ⟨1⟩ vt *(TECH)* schmieren.

lucarne [lykaʀn(ə)] f *(de toit)* Dachluke f.

lucide [lysid] adj *(esprit)* klar; *(personne)*

bei klarem Verstand, scharfsichtig.

lucratif, -ive [lykʀatif, iv] *adj* lukrativ; **à but non** ~ nicht auf Gewinn ausgerichtet.

ludothèque [lydɔtɛk] *f* Spieleverleih *m.*

lueur [lɥœʀ] *f* [Licht]schein *m.*

luge [lyʒ] *f* Schlitten *m*; **faire de la** ~ Schlitten fahren.

lugubre [lygybʀ(ə)] *adj* (*voix, musique*) düster; (*air, personne*) gedrückt, trübsinnig; (*maison, endroit*) finster.

lui [lɥi] *pron* (*objet indirect: féminin*) ihr; (*masculin*) ihm; (*chose*) ihm, ihr, ihm; (*avec préposition*) ihn, sie, es; ihm, ihr, ihm.

luire [lɥiʀ] *irr vi* scheinen, glänzen; (*étoiles, lune, yeux*) leuchten.

lumbago [lœbago, lɔ̃bago] *m* Hexenschuß *m.*

lumière [lymjɛʀ] *f* Licht *m*; ~s *fpl* (*18ᵉ siècle*) Aufklärung *f*; **à la** ~ **de** (*fig*) angesichts +*gen*; **à la** ~ **du jour** bei Tageslicht; **faire de la** ~ Licht geben; **faire [toute] la** ~ **sur** (*fig*) gänzlich aufklären +*akk.*

luminaire [lyminɛʀ] *m* (*appareil*) Lichtquelle *f*, Leuchtkörper *m.*

lumineux, -euse [lyminø, øz] *adj* (*émettant de la lumière*) leuchtend; (*éclairé*) erhellt; (*ciel, journée, couleur*) hell; (*relatif à la lumière: rayon, etc*) Licht-.

lunaire [lynɛʀ] *adj* Mond-.

lunatique [lynatik] *adj* launisch, wunderlich, schrullig.

lundi [lœdi] *m* Montag *m*; **le** ~, **tous les** ~**s** montags; **le** ~ **20 août** Montag, den 20. August; ~ **de Pâques** Ostermontag *m.*

lune [lyn] *f* Mond *m*; ~ **de miel** Flitterwochen *pl.*

lunette [lynɛt] *f*: ~**s** *fpl* Brille *f*; ~ **d'approche** Teleskop *nt*; ~ **arrière** (*AUTO*) Heckscheibe *f*; ~**s protectrices** Schutzbrille *f*; ~**s de ski** Skibrille *f*; ~**s de soleil** Sonnenbrille *f.*

lustre [lystʀ(ə)] *m* (*lampe*) Kronleuchter *m*; (*fig: éclat*) Glanz *m.*

lustrer [lystʀe] 〈1〉 *vt* [blank]polieren, wienern; (*poil d'un animal*) zum Glänzen bringen.

luth [lyt] *m* Laute *f.*

lutin [lytɛ̃] *m* Kobold *m.*

lutte [lyt] *f* Kampf *m*; **lutter** 〈1〉 *vi* kämpfen; (*SPORT*) ringen.

luxe [lyks(ə)] *m* Luxus *m*; **de** ~ Luxus-.

Luxembourg [lyksɑ̃buʀ] *m*: **le** ~ Luxemburg *nt*; **luxembourgeois, e** [lyksɑ̃buʀʒwa, az] *adj* luxemburgisch.

luxer [lykse] 〈1〉 *vpr*: **se** ~ **l'épaule/le genou** sich *dat* die Schulter/das Knie ausrenken.

luxueux, -euse [lyksɥø, øz] *adj* luxuriös.

luxuriant, e [lyksyʀjɑ̃, ɑ̃t] *adj* (*végétation*) üppig.

lycée [lise] *m* Gymnasium *nt*; **lycéen, ne**

[liseɛ̃, ɛn] *m, f* Gymnasiast(in) *m(f).*

lynx [lɛ̃ks] *m* Luchs *m.*

lyrique [liʀik] *adj* lyrisch; **comédie** ~ komische Oper; **théâtre** ~ Opernhaus *nt.*

lys [lis] *m v.* **lis.**

M

M, m [ɛm] *m* M, m *nt.*

m *abr de* **mètre** m.

m' *pron v.* **me.**

M. *abr de* **Monsieur** Hr.

m² *abr de* **mètre carré** m².

m³ *abr de* **mètre cube** m³.

ma [ma] *adj v.* **mon.**

M.A. *m abr de* **Moyen Âge** MA.

macaron [makaʀɔ̃] *m* (*gâteau*) Makrone *f*; (*fam: insigne*) Plakette *f.*

macaronis [makaʀɔni] *mpl* Makkaroni *pl*; ~**s au fromage** Käsemakkaroni *pl*; ~**s au gratin** Makkaroniauflauf *m.*

macédoine [masedwan] *f*: ~ **de fruits** Obstsalat *m*; ~ **de légumes** gemischtes Gemüse.

Macédoine [masedwan] *f*: **la** ~ Mazedonien *nt*; **macédonien, ne** *adj* mazedonisch; **Macédonien, ne** *m* Mazedonier(in) *m(f).*

macérer [maseʀe] 〈5〉 *vi*: **faire** ~ (*GASTR*) einlegen.

mâché, e [mɑʃe] *adj*: **papier** ~ Pappmaché *nt*, Papiermaché *nt.*

mâcher [mɑʃe] 〈1〉 *vt* kauen; ~ **le travail à qn** jdm die Arbeit vorkauen; **ne pas** ~ **ses mots** kein Blatt vor den Mund nehmen.

machin [maʃɛ̃] *m* (*fam*) Ding[s] *nt*, Dingsda *nt.*

machinal, e 〈machinaux〉 [maʃinal, o] *adj* (*geste, etc*) mechanisch.

machine [maʃin] *f* Maschine *f*; (*d'un navire, etc*) Motor *m*; **la** ~ **administrative/économique** der Verwaltungs-/Wirtschaftsapparat; ~ **à écrire** Schreibmaschine *f*; ~ **à écrire à marguerite** Typenradschreibmaschine *f*; ~ **à écrire à mémoire** Speicherschreibmaschine *f*; ~ **à laver/coudre** Wasch-/Nähmaschine *f*; **machine-outil** 〈machines-outils〉 [maʃinuti] *f* Werkzeugmaschine *f.*

machinerie [maʃinʀi] *f* (*d'une usine*) Maschinen *pl*; (*d'un navire*) Maschinenraum *m.*

machinisme [maʃinism(ə)] *m*: **le** ~ die Mechanisierung.

machiniste [maʃinist(ə)] *m/f* (*THÉÂT*) Bühnenarbeiter(in) *m(f)*; (*conducteur, mécanicien*) Maschinist(in) *m(f).*

macho [matʃo] **1.** *m* (*fam*) Macho *m*; **2.** *adj*

Macho-.

mâchoire [mɑʃwaʀ] *f* (*ANAT*) Kiefer *m;* (*TECH: d'un étau, d'une clef*) Backen *pl;* ~ **de frein** Bremsbacken *pl.*

maçon [masɔ̃] *m* Maurer(in) *m(f);* **maçonnerie** [masɔnʀi] *f* (*partie des travaux de construction*) Maurerarbeit *f;* ~ **de briques/ de béton** (*construction*) Backstein-/Betonmauerwerk *nt.*

maculer [makyle] ⟨1⟩ *vt* beschmutzen; (*TYPO*) verschmieren.

Madagascar [madagaskaʀ] *f* Madagaskar *nt.*

Madame ⟨Mesdames⟩ [madam, medam] *f:* ~ **X** Frau X; **occupez-vous de** ~/**Mademoiselle/Monsieur** würden Sie bitte die Dame/ den Herrn bedienen; **bonjour** ~/**Mademoiselle/Monsieur** guten Tag; (*si le nom est connu*) guten Tag Frau/Fräulein/Herr X; ~/ **Mademoiselle/Monsieur!** (*pour appeler*) hallo!, Entschuldigung!; ~/**Mademoiselle/ Monsieur** (*sur lettre*) sehr geehrte Dame/ sehr geehrter Herr; **chère** ~/**Mademoiselle/ cher Monsieur X** sehr geehrte Frau/sehr geehrter Herr X; (*plus familier*) liebe Frau/ liebes Fräulein/lieber Herr X; **Mesdames** meine Damen; ~ **la Directrice** Frau Direktor(in).

madeleine [madlɛn] *f* (*gâteau*) kleines, rundes Gebäck aus Biskuitteig.

mademoiselle ⟨mesdemoiselles⟩ [madmwazɛl, medmwazɛl] *f* Fräulein *nt; v. a.* **Madame.**

madère [madɛʀ] *m* (*vin*) Madeira *m.*

maf[f]ioso ⟨-i⟩ [mafjozo, i] *m* Mafioso *m.*

magasin [magazɛ̃] *m* (*boutique*) Geschäft *nt,* Laden *m;* (*entrepôt*) Lager *nt;* (*d'une arme*) Magazin *nt;* **grand** ~ Kaufhaus *nt.*

magasinage [magazinaʒ] *m* Lagern *nt.*

magazine [magazin] *m* Zeitschrift *f.*

mage [maʒ] *m:* **les Rois** ~**s** die Heiligen Drei Könige.

Maghreb [magʀɛb] *m:* **le** ~ der Maghreb.

magicien, ne [maʒisjɛ̃, ɛn] *m, f* Zauberer *m,* Zauberin *f.*

magie [maʒi] *f* (*sorcellerie*) Magie *f;* (*charme, séduction*) Zauber *m.*

magique [maʒik] *adj* (*occulte*) magisch; (*étonnant*) erstaunlich; **baguette** ~ Zauberstab *m.*

magistral, e ⟨magistraux⟩ [maʒistʀal, o] *adj* (*œuvre, adresse*) meisterhaft; (*ton*) herrisch; **cours** ~ Vorlesung *f.*

magistrat [maʒistʀa] *m* (*JUR*) Magistrat *m;* **magistrature** [maʒistʀatyʀ] *f* (*charge*) Richteramt *nt;* (*corps*) Gerichtswesen *nt.*

magnanime [maɲanim] *adj* großmütig.

magnétique [maɲetik] *adj* magnetisch; (*champ, ruban*) Magnet-; **magnétiser** [maɲetize] ⟨1⟩ *vt* magnetisieren; (*fig*) faszinieren, fesseln; **magnétisme** [maɲetism(ə)] *m* (*PHYS*) Magnetismus *m.*

magnétophone [maɲetɔfɔn] *m* Kassettenrecorder *m;* **magnétoscope** *m* Videogerät *nt,* Videorecorder *m.*

magnifier [maɲifje] ⟨1⟩ *vt* verherrlichen.

magnifique [maɲifik] *adj* großartig; (*paysage, temps*) herrlich.

magnolia [maɲɔlja] *m* Magnolie *f.*

magnum [magnɔm] *m* große Flasche, Magnumflasche *f.*

magouille [maguj] *f* (*fam*) Intrigen *pl,* Manipulation *f.*

mai [mɛ] *m* Mai *m;* **en** ~ im Mai; **le 26** ~ am 26. Mai; **le 26** ~ **1998** der 26. Mai 1998.

maigre [mɛgʀ(ə)] **1.** *adj* (*après nom: personne, animal*) mager, dürr; (*viande, fromage*) mager; (*avant nom*) dürftig, spärlich; **2.** *adv:* **faire** ~ fasten; **jours** ~**s** Fastentage *mpl;* **maigreur** [mɛgʀœʀ] *f* Magerkeit *f,* Magerheit *f;* Spärlichkeit *f,* Dürftigkeit *f;* **maigrir** ⟨8⟩ *vi* abnehmen.

maille [mɑj] *f* Masche *f;* **monter des** ~**s** Maschen aufnehmen; ~ **à l'endroit/à l'envers** rechte/linke Masche.

maillon [mɑjɔ̃] *m* (*d'une chaîne*) Glied *nt.*

maillot [mɑjo] *m* Trikot *nt;* ~ **de bain** Badeanzug *m;* ~ **de corps** Unterhemd *nt.*

main [mɛ̃] *f* Hand *f;* **à deux** ~**s/d'une** ~ zwei-/einhändig; **à** ~ **droite/gauche** rechts/links; **avoir qch sous la** ~ etw zur Hand haben; **battre des** ~**s** klatschen; **donner un coup de** ~ **à qn** jdm helfen; **en** ~[**s**] **propre[s]** persönlich; **fait à la** ~ von Hand gemacht, handgearbeitet; **forcer la** ~ **à qn** jdn zwingen; **haut les** ~**s!** Hände hoch!; **la** ~ **dans la** ~ Hand in Hand; **prendre qch en** ~ (*fig*) etw in die Hand nehmen; **tenir qch à la** ~ etw in der Hand halten; **attaque à** ~ **armée** bewaffneter Überfall; **coup de** ~ (*fig: attaque*) Schlag *m;* **voiture de première/ seconde** ~ Auto aus erster/zweiter Hand; **main-d'œuvre** ⟨mains-d'œuvre⟩ [mɛ̃dœvʀ] *f* Arbeit *f;* (*ouvriers*) Arbeitskräfte *pl;* **main-forte** *f:* **donner/prêter** ~ **à qn** jdm beistehen.

maint, e [mɛ̃, ɛ̃t] *adj:* **à** ~**es reprises** wiederholte Male; ~**es fois** oft; ~**es et** ~**es fois** immer wieder.

maintenant [mɛ̃t(ə)nɑ̃] *adv* jetzt; ~ **que** jetzt da, jetzt wo.

maintenir [mɛ̃t(ə)niʀ] ⟨9⟩ **1.** *vt* (*soutenir*) [fest]halten; (*conserver*) aufrechterhalten; (*affirmer*) [weiterhin] behaupten; **2.** *vpr:* **se** ~ (*paix*) anhalten, andauern; (*santé*) gleich bleiben; (*temps*) sich halten.

maintien [mɛ̃tjɛ̃] *m* Aufrechterhaltung *f;* (*allure*) Haltung *f.*

maire [mɛʀ] *m* Bürgermeister(in) *m(f);* **mairie** [meʀi] *f* Rathaus *nt;* (*administra-*

tion) Stadtverwaltung *f.*

mais [mɛ] *conj* aber.

maïs [mais] *m* Mais *m.*

maison [mezõ] **1.** *f* Haus *nt; (chez-soi)* Zuhause *nt; (COMM)* Firma *f;* **2.** *adj inv:* **pâté/tarte** ~ Pastete *f*/Torte *f* nach Art des Hauses; **à la** ~ zu/nach Hause; ~ **de campagne** Landhaus *nt;* ~ **close,** ~ **de passe** Bordell *nt;* ~ **de correction** Besserungsanstalt *f;* ~ **de détail/de gros** Einzel-/Großhandelfirma *f;* ~ **des jeunes et de la culture** Jugendzentrum *nt;* ~ **mère** Stammhaus *nt;* ~ **de repos** Erholungsheim *nt;* ~ **de retraite** Altersheim *nt;* ~ **de santé** Heilanstalt *f.*

maître, maîtresse [mɛtʀ(ə), mɛtʀɛs] **1.** *m, f* Herr(in) *m(f); (chef)* Chef(in) *m(f); (propriétaire)* Eigentümer(in) *m(f); (d'un chien)* Herrchen *nt,* Frauchen *nt; (instituteur, professeur)* Lehrer(in) *m(f);* **2.** *m (peintre, sculpteur, écrivain)* Meister *m;* **Maître** *(titre)* Meister; Herr/Frau Rechtsanwalt/-anwältin; **passer** ~ **dans l'art de qch** etw meisterhaft beherrschen; **rester** ~ **de la situation** Herr der Lage bleiben; **maison de** ~ Herrenhaus *nt;* **tableau de** ~ Meisterwerk *nt;* ~ **de conférences** ≈ Dozent *m;* ~ **d'école** Lehrer(in) *m(f);* ~ **d'hôtel** Oberkellner(in) *m(f);* ~ **de maison** Hausherr(in) *m(f).*

maîtrise [metʀiz] *f (calme)* Selbstbeherrschung *f; (habileté)* Können *nt; (langue)* Beherrschung *f; (domination)* Herrschaft *f (de diverse +akk); (diplôme)* Magister[abschluß] *m;* **maîtriser** ⟨1⟩ *vt (cheval)* zähmen, bändigen; *(incendie)* unter Kontrolle bringen; *(émotion, langue)* beherrschen; **2.** *vpr:* **se** ~ sich beherrschen.

majesté [maʒɛste] *f* Majestät *f;* **Sa/Votre Majesté** Seine/Eure Majestät.

majestueux, -euse [maʒɛstɥø, øz] *adj* majestätisch.

majeur, e [maʒœʀ] *adj (important)* wichtig; *(JUR)* volljährig; **en** ~**e partie** größtenteils; **la** ~**e partie** der größte Teil.

major [maʒɔʀ] *m* Jahrgangsbeste(r) einer französischen Elitehochschule.

majorer [maʒɔʀe] ⟨1⟩ *vt* erhöhen.

majoritaire [maʒɔʀitɛʀ] *adj* Mehrheits-; **système/scrutin** ~ Mehrheitssystem *nt/*-beschluß *m.*

majorité [maʒɔʀite] *f* Mehrheit *f; (JUR)* Volljährigkeit *f;* ~ **absolue/relative** absolute/relative Mehrheit; ~ **civile,** ~ **électorale** Wahlalter *nt;* **la** ~ **silencieuse** die schweigende Mehrheit.

majuscule [maʒyskyl] **1.** *f* Großbuchstabe *m;* **2.** *adj:* **un A** ~ ein großes A.

mal ⟨maux⟩ [mal, mo] **1.** *m* Böse(s) *nt; (malheur)* Übel *nt; (douleur physique)* Schmerz *m; (maladie)* Krankheit *f; (difficulté)*

Schwierigkeit *f,* Mühe *f; (souffrance morale)* Leiden *nt;* ~ **d'Alzheimer** Alzheimer-Krankheit *f;* ~ **diplomatique** *(travail)* vorgeschobene Krankheit; ~ **héréditaire** Erbskrankheit *f;* **2.** *adv* schlecht; **3.** *adj* schlecht, übel, schlimm; **le** ~ *(péché)* das Böse; **avoir du** ~ **à faire qch** Mühe haben, etw zu tun; **avoir le** ~ **du pays** Heimweh haben; **j'ai** ~ **au cœur** mir ist [es] schlecht; **avoir** ~ **à la gorge** Halsschmerzen haben; **dire du** ~ **des autres** schlecht von anderen reden; **être** ~ sich nicht wohl fühlen; **être au plus** ~ *(brouillé)* sich schlecht verstehen; **il est au plus** ~ *(malade)* es geht ihm sehr schlecht; **faire du** ~ **à qn** jdm weh tun; *(nuire)* jdm schaden; **faire** ~ weh tun; **se faire** ~ sich verletzen; **pas** ~ nicht schlecht; **pas** ~ **de** *(beaucoup de)* viel(e); **penser du** ~ **de qn** über jdn schlecht denken; **ne voir aucun** ~ **à** nichts finden bei; **ne vouloir de** ~ **à personne** niemandem übelwollen; **se sentir** ~, **se trouver** ~ sich elend fühlen; **tourner** ~ sich zum Schlechten wenden.

malade [malad] **1.** *adj* krank; **2.** *m/f* Kranke(r) *mf;* **être** ~ **du cœur** herzleidend sein; ~ **mental** Geisteskranke(r) *mf;* **tomber** ~ krank werden; **grand(e)** ~ Schwerkranke(r) *mf;* **j'en suis** ~ das macht mich ganz krank; **maladie** *f* Krankheit *f;* ~ **diplomatique** *(travail, école)* vorgeschobene Krankheit; ~ **héréditaire** *(MÉD)* Erbkrankheit *f;* ~ **professionnelle** *(travail)* Berufskrankheit *f;* **maladif, -ive** *adj (personne)* kränkelnd; *(pâleur)* kränklich; *(curiosité, soif)* krankhaft.

maladresse [maladʀɛs] *f* Ungeschicklichkeit *f;* **maladroit, e** [maladʀwa, at] *adj* ungeschickt.

mal-aimé, e [maleme] **1.** *adj* ungeliebt; **2.** *m, f* ungeliebter Mensch.

malaise [malɛz] *m* Unbehagen *nt; (MÉD)* Unwohlsein *m.*

Malaisie [malɛzi] *f:* **la** ~ Malaysia *nt.*

malaria [malaʀja] *f* Malaria *f.*

malavisé, e [malavize] *adj* unbedacht.

malchance [malʃãs] *f* Pech *nt;* **par** ~ unglücklicherweise; **série de** ~**s** Pechsträhne *f.*

mâle [mal] **1.** *m (animal)* Männchen *nt; (fam)* männliches Wesen; **2.** *adj* männlich; **prise** ~ *(ÉLEC)* Stecker *m.*

malédiction [malediksjõ] *f* Fluch *m.*

malentendant, e [malãtãdã, ãt] **1.** *adj* schwerhörig; **2.** *m, f* Schwerhörige(r) *mf.*

malentendu [malãtãdy] *m* Mißverständnis *nt.*

malfaisant, e [malfəzã, ãt] *adj* böse; *(idées)* schädlich.

malformation [malfɔʀmasjõ] *f* [angeborene] Mißbildung.

malgache [malgaʃ] *adj* madagassisch; **Malgache** *m/f* Madagasse *m*, Madagassin *f*.

malgré [malgʀe] *prép* trotz +*gen*; ~ **soi/lui** gegen seinen Willen; unwillkürlich; ~ **tout** trotz allem.

malheur [malœʀ] *m* Unglück *nt*; (*inconvénient*) Mißgeschick *nt*; **malheureux, -euse 1.** *adj* unglücklich; (*triste*) traurig; **2.** *m, f* Arme(r) *mf*; **la malheureuse femme** die arme Frau; **une malheureuse petite erreur** (*insignifiant*) ein bedauerlicher kleiner Irrtum.

malhonnête [malɔnɛt] *adj* unehrlich; **malhonnêteté** *f* Unehrlichkeit *f*.

Mali [mali] *m:* **le** ~ Mali *nt*.

malice [malis] *f* Schalkhaftigkeit *f*; **sans** ~ arglos; **malicieux, -euse** *adj* schelmisch.

malin, -igne [malɛ̃, iɲ] *adj* (*personne*) clever, schlau; (*influence*) böse; (*tumeur*) bösartig.

malle [mal] *f* [Reise]truhe *f*.

malléable [maleabl(ə)] *adj* formbar.

mallette [malɛt] *f* (*valise*) Köfferchen *nt*.

malmener [malməne] (4) *vt* grob behandeln; (*fig*) hart angreifen.

malodorant, e [malɔdɔʀɑ̃, ɑ̃t] *adj* übelriechend.

malotru, e [malɔtʀy] *m, f* Lümmel *m*, Flegel *m*.

malpoli, e [malpɔli] *adj* unhöflich, grob.

malsain, e [malsɛ̃, ɛn] *adj* ungesund; (*esprit*) krankhaft.

malt [malt] *m* Malz *nt*.

Malte [malt] *f* (**l'île** *f* **de**) ~ Malta *nt*.

maltraiter [maltʀete] (1) *vt* mißhandeln; (*fig*) hart angreifen.

malveillance [malvɛjɑ̃s] *f* (*hostilité*) Feindseligkeit *f*; (*intention de nuire*) Böswilligkeit *f*.

malvenu, e [malvəny] *adj:* **être** ~ **de/à faire qch** nicht das Recht haben, etw zu tun.

maman [mamɑ̃] *f* Mama *f*.

mamelon [mam(ə)lɔ̃] *m* (ANAT) Brustwarze *f*; (*petite colline*) Hügel *m*.

mamie [mami] *f* Oma *f*, Omi *f*.

mammifère [mamifɛʀ] *m* Säugetier *nt*.

manche [mɑ̃ʃ] **1.** *f* Ärmel *m*; (*d'un jeu*) Runde *f*; **la Manche** der Ärmelkanal; ~ *f* à **air** Windsack *m*; **2.** *m* Griff *m*; (*de violon, etc*) Hals; ~ *m* [à **balai**] (*avion*) Steuerknüppel *m*; (*INFORM*) Joystick *m*.

manchette [mɑ̃ʃɛt] *f* Manschette *f*; (*titre large*) Schlagzeile *f*; **boutons de** ~ Manschettenknöpfe *pl*.

manchon [mɑ̃ʃɔ̃] *m* (*de fourrure*) Muff *m*; ~ **à incandescence** Glühstrumpf *m*.

mandarine [mɑ̃daʀin] *f* Mandarine *f*.

mandat [mɑ̃da] *m* (*procuration*) Vollmacht *f*; (*d'un député, etc*) Mandat *nt*; (*POSTES*) Postanweisung *f*; **toucher un** ~ eine Postan-

weisung erhalten; ~ **d'amener** Vorladung *f*; ~ **d'arrêt** Haftbefehl *m*; ~ **de virement** Überweisungsauftrag *m*.

mandataire [mɑ̃datɛʀ] *m/f* Bevollmächtigte(r) *f*.

mandat-carte ⟨mandats-cartes⟩ [mɑ̃dakaʀt] *m* Anweisung *f* als Postkarte; **mandat-lettre** ⟨mandats-lettres⟩ *m* Anweisung *f* als Brief.

manège [manɛʒ] *m* Manege *f*; (*auf Jahrmarkt*) Karussell *nt*; (*fig*) Schliche *pl*; **faire un tour de** ~ Karussell fahren; ~ **de chevaux de bois** [Pferde]karussell *nt*.

manette [manɛt] *f* Hebel *m*; Druckknopf *m*; ~ **[de jeu]** (*INFORM*) Joystick *m*.

mangeable [mɑ̃ʒabl(ə)] *adj* eßbar.

mangeoire [mɑ̃ʒwaʀ] *f* Futtertrog *m*, Krippe *f*.

manger [mɑ̃ʒe] ⟨2⟩ **1.** *vt* essen; (*animal*) fressen; (*ronger, attaquer*) zerfressen; **2.** *vi* essen.

mangue [mɑ̃g] *f* Mango *f*.

maniable [manjabl(ə)] *adj* handlich; (*voiture, voilier*) wendig; (*personne*) lenksam, gefügig.

maniaque [manjak] **1.** *adj* pingelig; (*fou*) wahnsinnig; **2.** *m/f* Verrückte(r) *mf*, Besessene(r) *mf*; ~ **sexuel** (*JUR*) Triebtäter *m*.

manie [mani] *f* Manie *f*; (MÉD) Wahn *m*.

maniement [manimɑ̃] *m* Umgang *m* (*de* mit), Umgehen *nt* (*de* mit); (*d'un appareil*) Handhabung *f*; (*d'affaires*) Verwaltung *f*; ~ **d'armes** Waffenübung *f*.

manier [manje] ⟨1⟩ *vt* umgehen mit; (*art, langue*) beherrschen.

manière [manjɛʀ] *f* Art *f*, Weise *f*; (*style*) Stil *m*; ~**s** *fpl* (*attitude*) Benehmen *nt*; (*chichis*) Theater *nt*; **de** ~ **à so daß, damit; de cette** ~ auf diese Art und Weise; **de telle** ~ **que so daß; de toute** ~ auf alle Fälle; **d'une** ~ **générale** ganz allgemein; **d'une certaine** ~ in gewisser Hinsicht; **faire des** ~**s** sich affektiert benehmen, Theater machen; **manquer de** ~**s** kein Benehmen haben; **sans** ~**s** zwanglos; **complément/adverbe de** ~ Umstandsbestimmung *f*.

maniéré, e [manjeʀe] *adj* geziert, affektiert.

manif [manif] *f* (*fam*) Demo *f*.

manifestant, e [manifɛstɑ̃, ɑ̃t] *m, f* Demonstrant(in) *m(f)*.

manifestation [manifɛstasjɔ̃] *f* Manifestation *f*; (*de joie, etc*) Ausdruck *m*, Äußerung *f*; (*rassemblement*) Demonstration *f*.

manifeste [manifɛst] **1.** *adj* offenbar; **2.** *m* (*déclaration*) Manifest *nt*; **manifester** ⟨1⟩ **1.** *vt* (*volonté, intentions*) kundtun; (*inquiétude, intérêt*) zeigen; **2.** *vi* demonstrieren; **3.** *vpr:* **se** ~ sich zeigen; (*difficultés*) auftauchen; (*témoin, etc*) sich melden.

manipulateur, -trice [manipylatœʀ, tʀis] *m, f* (*technicien*) Techniker(in) *m(f)*; (*prestidigitateur*) Zauberkünstler(in) *m(f)*; (*péj*) Manipulator(in) *m(f)*.

manipulation [manipylasjɔ̃] *f* (*TECH*) Handhabung *f*; (*PHYS. CHIM*) Versuch *m*; (*fig*) Manipulation *f*; ~ **génétique** (*BIO*) Genmanipulation *f*; **manipuler** ⟨1⟩ *vt* (*TECH*) handhaben; (*colis*) transportieren; (*transformer, fig*) manipulieren.

manivelle [manivɛl] *f* Kurbel *f*.

mannequin [mankɛ̃] *m* (*COUTURE*) Schneiderpuppe *f*; (*en vitrine*) Schaufensterpuppe *f*; (*femme*) Modell *nt*, Mannequin *nt*.

manœuvre [manœvʀ(ə)] **1.** *f* Steuerung *f*; (*action*) Führen *nt*, Bedienung *f*; (*MIL. fig*) Manöver *nt*; **2.** *m* (*ouvrier*) Hilfsarbeiter(in) *m(f)*; **manœuvrer** ⟨1⟩ **1.** *vt* (*bateau, voiture*) steuern; (*cordage*) führen; (*levier, machine*) bedienen; (*personne*) manipulieren; **2.** *vi* manövrieren.

manoir [manwaʀ] *m* Landsitz *m*.

manque [mɑ̃k] *m* (*insuffisance*) Mangel *m*; ~**s** *mpl* Mängel *pl*; **être en** ~ (*fam*) Entzugserscheinungen haben; **par** ~ **de** aus Mangel an +*dat*.

manqué, e [mɑ̃ke] *adj:* **elle est un vrai garçon** ~ an ihr ist ein Junge verlorengegangen.

manquement [mɑ̃kmɑ̃] *m:* ~ **à** Verstoß *m* gegen.

manquer [mɑ̃ke] ⟨1⟩ **1.** *vi* fehlen; **2.** *vt* verfehlen, verpassen; (*ne pas réussir*) verderben; **3.** *vb impers:* **il manque des pages** es fehlen Seiten; ~ **à qn** jdm fehlen; ~ **à qch** (*être en moins*) zu [o bei] etw fehlen; (*ne pas se conformer à*) verstoßen gegen; **elle a manqué [de] se faire écraser** sie wäre fast überfahren worden; **elle manque d'argent/ de patience** es fehlt ihr das Geld/die Geduld.

mansarde [mɑ̃saʀd] *f* Mansarde *f*.

manteau (-x) [mɑ̃to] *m* Mantel *m*; **sous le** ~ in aller Heimlichkeit.

manucure [manykyʀ] *m o f* Maniküre *f*.

manuel, le [manɥɛl] **1.** *adj* manuell; (*commande*) Hand-; **2.** *m* Handbuch *nt*; **travailleur** ~ Arbeiter(in) *m(f)*.

manufacture [manyfaktyʀ] *f* Manufakturbetrieb *m*; **manufacturé, e** [manyfaktyʀe] *adj:* **produit/article** ~ Fertigerzeugnis *nt*.

manuscrit, e [manyskʀi, it] **1.** *adj* handschriftlich; **2.** *m* Manuskript *nt*.

manutention [manytɑ̃sjɔ̃] *f* (*marchandises*) Verladen *nt*; (*local*) Umschlagplatz *m*.

mappemonde [mapmɔ̃d] *f* (*carte plane*) Erdkarte *f*; (*sphère*) Globus *m*.

maquereau, -elle (-x) [makʀo, ɛl] **1.** *m, f*

(*fam!: souteneur*) Zuhälter *m*, Puffmutter *f*; **2.** *m* (*ZOOL*) Makrele *f*.

maquette [makɛt] *f* Skizze *f*; (*à trois dimensions*) Modell *nt*; (*TYPO*) Umbruch *m*.

maquillage [makijaʒ] *m* Schminke *f*, Make-up *nt*; (*objet volé*) Unkenntlichmachung *f*, Tarnung *f*.

maquiller [makije] ⟨1⟩ **1.** *vt* (*visage*) schminken; (*falsifier*) fälschen; (*dénaturer, fausser*) frisieren, verfälschen; **2.** *vpr:* **se** ~ sich schminken.

maquis [maki] *m* Dickicht *nt*; (*résistance*) Widerstandsbewegung *f*.

maquisard [makizaʀ] *m* französischer Widerstandskämpfer.

maraîcher, -ère [maʀeʃe, ɛʀ] **1.** *adj* (*culture*) Gemüse-; **2.** *m, f* Gemüsegärtner(in) *m(f)*.

marais [maʀɛ] *m* (*marécage*) Sumpf *m*, Moor *nt*.

marasme [maʀasm(ə)] *m* (*ÉCON*) Stagnation *f*.

marathon [maʀatɔ̃] *m* Marathon[lauf] *m*.

maraudeur, -euse [maʀodœʀ, øz] *m, f* Strauchdieb(in) *m(f)*.

marbre [maʀbʀ(ə)] *m* Marmor *m*; **marbrer** ⟨1⟩ *vt* (*surface*) marmorieren.

marc [maʀ] *m* (*de raisin, de pommes*) Treber *pl*; ~ **de café** Kaffeesatz *m*.

marchand, e [maʀʃɑ̃, ɑ̃d] **1.** *m, f* Händler(in) *m(f)*; **2.** *adj:* **prix** ~/**valeur** ~**e** Handelspreis *m*/-wert *m*; ~**(e) de couleurs** Drogist(in) *m(f)*; ~**(e) en gros/au détail** Groß-/Einzelhändler(in) *m(f)*; ~**(e) de[s]** **quatre-saisons** Obst- und Gemüsehändler(in) *m(f)*; **marchandage** [maʀʃɑ̃daʒ] *m* Handeln *nt*, Feilschen *nt*; **marchander** ⟨1⟩ **1.** *vt* (*article*) handeln um, feilschen um; **2.** *vi* handeln, feilschen; **marchandise** [maʀʃɑ̃diz] *f* (*COMM*) Ware *f*.

marche [maʀʃ(ə)] *f* (*promenade*) Spaziergang *m*; (*activité*) Gehen *nt*; (*démarche*) Gang *m*; (*d'un train, d'un navire*) Fahrt *f*; (*d'une horloge*) Gang *m*; (*du temps, du progrès, d'une affaire*) Lauf *m*; (*d'un service*) Verlauf *m*; (*MUS. MIL*) Marsch *m*; (*d'un escalier*) Stufe *f*; **à une heure de** ~ zu Fuß eine Stunde entfernt; **faire** ~ **arrière** rückwärts fahren/gehen; **mettre en** ~ in Gang setzen; **monter/prendre en** ~ aufspringen; ~ **à suivre** Vorgehen *nt*.

marché [maʀʃe] *m* Markt *m*; (*affaire*) Geschäft *nt*; **[à] bon** ~ billig; **par dessus le** ~ obendrein, noch dazu; **pénétrer de nouveaux** ~**s** (*COMM*) neue Märkte erschließen; **évolution du** ~ Marktentwicklung *f*; **part de** ~ Marktanteil *m*; **perspectives du** ~ **du travail** Arbeitsmarktprognose *f*; **Marché commun** Europäische [Wirtschafts]gemeinschaft; ~ **noir** Schwarzmarkt *m*; ~ **aux**

puces Flohmarkt *m*; ~ **du travail** Arbeitsmarkt *m*.

marcher [maʀʃe] 〈1〉 *vi* (*personne*) gehen, laufen; (*MIL*) marschieren; (*rouler*) fahren; (*fonctionnner, réussir*) laufen, gehen; (*fam: consentir*) mitmachen; (*fam: croire naïvement*) darauf hereinfallen; ~ **dans** (*herbe, etc*) gehen auf +*dat*; (*flaque*) treten in +*akk*; ~ **sur** gehen auf+*dat*; (*mettre le pied sur*) treten auf +*akk*; (*MIL*) zumarschieren auf +*akk*; **faire** ~ **qn** jdn auf den Arm nehmen; **marcheur, -euse** *m, f* Wanderer *m*, Wanderin *f*.

mardi [maʀdi] *m* Dienstag *m*; **le** ~, **tous les** ~s dienstags; **Mardi gras** Fastnachtsdienstag *m*.

marécage [maʀekaʒ] *m* Sumpf *m*, Moor *nt*.

maréchal 〈maréchaux〉 [maʀeʃal, o] *m* Marschall(in) *m(f)*.

marée [maʀe] *f* Gezeiten *pl*; (*poissons*) frische Seefische *pl*; ~ **haute/basse** Hoch-/Niedrigwasser *nt*, Flut *f*/Ebbe *f*; ~ **noire** Ölpest *f*.

marémotrice [maʀemɔtʀis] *adj*: **usine/énergie** ~ Gezeitenkraftwerk *nt*/-energie *f*.

margarine [maʀgaʀin] *f* Margarine *f*.

marge [maʀʒ(ə)] *f* Rand *m*; (*fig*) Spielraum *m*; (*de salaires, prix*) Bandbreite *f*; **en** ~ [**de**] am Rande [von]; ~ **bénéficiaire** Gewinnspanne *f*; **marginal, e** 〈marginaux〉 [maʀʒinal, o] *adj* am Rande befindlich, Rand-; (*secondaire*) nebensächlich; **2.** *m, f* Aussteiger(in) *m(f)*; **les marginaux** die Randgruppen [der Gesellschaft].

marguerite [maʀgəʀit] *f* Margerite *f*; (*de la machine à écrire*) Typenrad *nt*.

mari [maʀi] *m* (Ehe)mann *m*.

mariage [maʀjaʒ] *m* Heirat *f*; (*noce*) Hochzeit *f*; (*état*) Ehe *f*; (*fig*) Verbindung *f*; ~ **blanc** Scheinehe *f*; ~ **civil/religieux** standesamtliche/kirchliche Trauung.

marié, e [maʀje] **1.** *adj* verheiratet; **2.** *m, f* Bräutigam *m*, Braut *f*; **jeunes** ~s Frischvermählte *pl*.

marier [maʀje] 〈1〉 **1.** *vt* (*prêtre, maire*) trauen; (*parents*) verheiraten; (*fig*) verbinden, vereinigen; **2.** *vpr*: **se** ~ heiraten; **se** ~ **avec qn** jdn heiraten.

marin, e [maʀɛ̃, in] **1.** *adj* See-, Meeres-; **2.** *m* (*navigateur*) Seemann *m*; (*matelot*) Matrose *m*; **3.** *f* Marine *f*; **4.** *adj*: [**bleu**] ~ marineblau; **avoir le pied** ~ seefest sein; ~**e de guerre/marchande** Kriegs-/Handelsmarine *f*.

mariner [maʀine] 〈1〉 *vt*: **faire** ~ (*GASTR*: *poisson, viande*) marinieren.

marionnette [maʀjɔnɛt] *f*: ~ [**à fils**] Marionette *f*; ~ [**à gaine**] Handpuppe *f*.

maritime [maʀitim] *adj* See-.

marjolaine [maʀʒɔlɛn] *f* Majoran *m*.

marketing [maʀkɛtiŋ] *m* Marketing *nt*.

marmelade [maʀməlad] *f* (*confiture*) Marmelade *f*; (*compote*) Kompott *nt*.

marmite [maʀmit] *f* [Koch]topf *m*.

marmonner [maʀmɔne] 〈1〉 *vt* murmeln.

Maroc [maʀɔk] *m*: **le** ~ Marokko *nt*; **marocain, e** [maʀɔkɛ̃, ɛn] *adj* marokkanisch; **Marocain, e** *m, f* Marokkaner(in) *m(f)*.

maroquinerie [maʀɔkinʀi] *f* (*industrie*) Lederverarbeitung *f*; (*commerce*) Lederwarenhandel *m*; (*articles*) Lederwaren *pl*.

marquant, e [maʀkɑ̃, ɑ̃t] *adj* markant.

marque [maʀk(ə)] *f* Zeichen *nt*; (*trace*) Abdruck *m*; (*SPORT, JEU: décompte des points*) [Spiel]stand *m*; (*COMM: cachet, contrôle*) Warenzeichen *nt*; (*produit*) Marke *f*; **à vos** ~s! auf die Plätze!; **de** ~ (*COMM*) Marken-; (*fig*) bedeutend; ~ **déposée** eingetragenes Warenzeichen *nt*; ~ **de fabrique** Marken-/Firmenzeichen *nt*; ~ **du pluriel** (*LING*) Pluralzeichen *nt*.

marqué, e [maʀke] *adj* (*linge, drap*) ausgezeichnet, markiert; (*visage*) gezeichnet; (*taille*) betont; (*fig: différence, etc*) deutlich.

marquer [maʀke] 〈1〉 **1.** *vt* (*inscrire, noter*) aufschreiben; (*frontières*) einzeichnen; (*fautes, place*) anzeichnen, anstreichen; (*linge, drap*) zeichnen; (*bétail*) brandmarken; (*indiquer*) anzeigen; (*célébrer*) feiern; (*laisser une trace sur*) zeichnen; (*endommager*) beschädigen; (*JEU: points*) machen; (*SPORT: but, etc*) schießen;(*joueur*) decken; (*accentuer: taille, etc*) hervorheben, betonen; (*temps d'arrêt*) angeben; (*différences*) aufzeigen; (*manifester: refus, etc*) ausdrücken, zeigen; **2.** *vi* (*coup*) sitzen; (*tampon*) stempeln; (*événement, personnalité*) von Bedeutung sein; (*SPORT*) ein Tor schießen; ~ **la mesure** den Takt schlagen.

marqueterie [maʀkətʀi] *f* Einlegearbeit *f*, Intarsien *pl*.

marqueur [maʀkœʀ] *m* dicker Filzstift.

marquis, e [maʀki, iz] **1.** *m, f* Marquis(e) *m(f)*; **2.** *f* (*auvent*) Markise *f*.

marraine [maʀɛn] *f* Patentante *f*.

marrant, e [maʀɑ̃, ɑ̃t] *adj* (*fam*) lustig.

marre [maʀ] *adv*: **en avoir** ~ (*fam*) die Nase voll haben.

marrer [maʀe] 〈1〉 *vpr*: **se** ~ (*fam*) sich amüsieren.

marron [maʀɔ̃] **1.** *m* Eßkastanie *f*; **2.** *adj inv* [kastanien]braun; **marronnier** [maʀɔnje] *m* Eßkastanienbaum *m*.

mars [maʀs] *m* März *m*; **en** ~ im März; **le 16** ~ am 16. März; **le 16** ~ **1998** der 16. März 1998.

marteau 〈-x〉 [maʀto] *m* Hammer *m*; (*de porte*) Klopfer *m*; **marteau-piqueur** 〈marteaux-piqueurs〉 *m* Preßlufthammer *m*.

marteler [maʀtəle] ⟨4⟩ *vt* hämmern.

martial, e ⟨martiaux⟩ [maʀsjal, o] *adj* kriegerisch; **cour ~e** Kriegsgericht *nt*; **loi ~e** Kriegsgesetz *nt*.

martien, ne [maʀsjɛ̃, ɛn] **1.** *adj* Mars-; **2.** *m, f* Marsmensch *m*.

martinet [maʀtinɛ] *m* (*marteau*) Schmiedehammer *m*; (*ZOOL*) Mauersegler *m*.

Martinique [maʀtinik] *f:* **la ~** Martinique *nt*.

martyr, e [maʀtiʀ] *m, f* Märtyrer(in) *m(f)*; **martyriser** [maʀtiʀize] ⟨1⟩ *vt* martern; (*fig*) peinigen.

marxisme [maʀksism(ə)] *m* Marxismus *m*.

mascara [maskaʀa] *m* Wimperntusche *f*.

mascarade [maskaʀad] *f* Maskerade *f*; (*hypocrisie*) Heuchelei *f*, Theater *nt*.

mascotte [maskɔt] *f* Maskottchen *nt*.

masculin, e [maskylɛ̃, in] **1.** *adj* männlich; (*métier, vêtements, équipe*) Männer-; **2.** *m* (*LING*) Maskulinum *nt*.

masochisme [mazɔʃism(ə)] *m* Masochismus *m*.

masque [mask(ə)] *m* (*a. INFORM*) Maske *f*; **~ à gaz** Gasmaske *f*; **masquer** ⟨1⟩ *vt* (*paysage, porte*) verdecken; (*vérité, projet*) verschleiern; (*goût, odeur*) verhüllen; **bal masqué** Maskenball *m*.

massacre [masakʀ(ə)] *m* Massaker *nt*; **jeu de ~** Ballwurfspiel *nt*; **massacrer** ⟨1⟩ *vt* massakrieren; (*fig*) verschandeln.

massage [masaʒ] *m* Massage *f*.

masse [mas] *f* Masse *f*; (*quantité*) Menge *f*; **en ~** (*en bloc, en foule*) en masse; **la ~** die Masse; **la grande ~ des** die Masse +*gen*; **une ~ de** jede Menge.

massepain [maspɛ̃] *m* Marzipan *nt*.

masser [mase] ⟨1⟩ **1.** *vt* (*assembler*) versammeln; (*personne, jambe*) massieren; **2.** *vpr:* **se ~** sich versammeln.

masseur, -euse [masœʀ, øz] *m, f* Masseur(in) *m(f)*.

massif, -ive [masif, iv] **1.** *adj* massiv; (*silhouette*) massig; **2.** *m* (*GÉO*) Massiv *nt*; (*de fleurs*) Blumenbeet *nt*, Rondell *nt*; **Massif central** Zentralmassiv *nt*.

mastiquer [mastike] ⟨1⟩ *vt* (*aliment*) kauen; (*vitre*) verkitten.

mat, e [mat] **1.** *adj* matt; (*son*) dumpf; **2.** *adj inv* (*ÉCHECS*) [schach]matt.

mât [mɑ] *m* Mast *m*.

match [matʃ] *m* Spiel *nt*; **faire ~ nul** 0 : 0 spielen, unentschieden spielen; **~ aller/retour** Hin-/Rückspiel *nt*.

matelas [matla] *m* Matratze *f*; **~ d'air** Luftkissen *nt*; **~ pneumatique** Luftmatraze *f*.

matelot [matlo] *m* (*marin*) Matrose *m*.

mater [mate] ⟨1⟩ *vt* (*personne*) bändigen; (*révolte, etc*) unter Kontrolle bringen.

matérialiste [mateʀjalist(ə)] **1.** *adj* materialistisch; **2.** *m/f* Materialist(in) *m(f)*.

matériau ⟨-x⟩ [mateʀjo] *m* (*TECH*) Material *nt*; **~x** *mpl* (*de construction*) Baumaterial *nt*; **~ de fission** Spaltmaterial *nt*.

matériel, le [mateʀjɛl] **1.** *adj* materiell; (*impossibilité*) praktisch; (*preuve*) greifbar; **2.** *m* (*équipement*) Material *nt*; (*INFORM*) Hardware *f*; (*de camping, pêche*) Ausrüstung *f*.

maternel, le [mateʀnɛl] *adj* mütterlich; (*grand-père, oncle*) mütterlicherseits; (*qualité, protection*) Mutter-; (*école*) ~le Vorschule *f*; **langue ~le** Muttersprache *f*.

maternité [mateʀnite] *f* (*grossesse*) Schwangerschaft *f*; (*établissement*) Entbindungsklinik *f*, -station *f*; **la ~** (*état*) die Mutterschaft.

mathématicien, ne [matematisjɛ̃, ɛn] *m, f* Mathematiker(in) *m(f)*; **mathématique** [matematik] **1.** *adj* mathematisch; **2.** *fpl* Mathematik *f*.

matière [matjɛʀ] *f* Stoff *m*, Materie *f*.

matin [matɛ̃] *m* Morgen *m*, Vormittag *m*; **de grand/bon ~** am frühen Morgen; **dimanche ~** Sonntagvormittag *m*; **du ~ au soir** von morgens bis abends; **hier ~** gestern morgen; **jusqu'au ~** bis frühmorgens; **le ~** (*chaque ~*) morgens; **le lendemain ~** am nächsten Morgen; **~ et soir** morgens und abends; **par un ~ de décembre** an einem Dezembermorgen; **tous les ~s** jeden Morgen; **un beau ~** ein schöner Morgen; **un beau ~** ein schöner Morgens; **une heure du ~** ein Uhr nachts; **matinal, e** ⟨matinaux⟩ [matinal, o] *adj* morgendlich; **être ~** (*personne*) ein Morgenmensch sein; **matinée** [matine] *f* Morgen *m*, Vormittag *m*; (*spectacle*) Matinee *f*, Frühvorstellung *f*; **faire la grasse ~** [sich] ausschlafen.

matraque [matʀak] *f* Knüppel *m*.

matricule [matʀikyl] **1.** *f* (*registre, liste*) Matrikel *f*. **2.** *adj:* **registre/numéro/livret ~** Stammregister *nt*/-nummer *f*/-buch *nt*.

matrimonial, e ⟨matrimoniaux⟩ [matʀimɔnjal, o] *adj:* **agence ~e** Heiratsvermittlung *f*; **régime ~** [ehelicher] Güterstand *m*.

maturité [matyʀite] *f* Reife *f*.

maudire [modiʀ] ⟨8⟩ *vt* verfluchen, verwünschen; **maudit, e** [modi, it] *adj* verflucht.

maussade [mosad] *adj* mürrisch; (*ciel, temps*) unfreundlich.

mauvais, e [mɔvɛ, ɛz] **1.** *adj* schlecht; (*faux*) falsch; (*malveillant*) böse; **un ~ rhume** ein starker Schnupfen; **2.** *adv:* **il fait ~** es ist schlechtes Wetter; **la mer est ~e** das Meer ist stürmisch.

mauve [mov] **1.** *m* (*BOT*) Malve *f*; **2.** *adj* malvenfarbig, mauve.

maximal, e ⟨maximaux⟩ [maksimal, o] *adj* maximal, Höchst-.

maxime [maksim] *f* Maxime *f*.

maximum [maksimɔm] **1.** *adj* Höchst-; **2.** *m (de vitesse, force)* Maximum *nt*; **atteindre un/son ~** ein/sein Höchstmaß erreichen; **~** *(pousser, utiliser)* bis zum äußersten; *(tout au plus)* höchstens, maximal.

Mayence [majɑ̃s] *f* Mainz *nt*.

mazout [mazut] *m* Heizöl *nt*.

me, m' [m(ə)] *pron* mich; *(dat)* mir.

Me *abr de* **Maître** *Titel eines Rechtsanwalts o Notars.*

mec [mɛk] *m (fam)* Typ *m*.

mécanicien, ne [mekanisjɛ̃, ɛn] *m, f* Mechaniker(in) *m(f)*.

mécanique [mekanik] **1.** *adj* mechanisch; **2.** *f* Mechanik *f*; **ennui ~** Motorschaden *m*; **~ de précision** *(TECH)* Feinmechanik *f*.

mécanisation [mekanizasjɔ̃] *f* Mechanisierung *f*; **mécaniser** ⟨1⟩ *vt* mechanisieren.

mécanisme [mekanism(ə)] *m* Mechanismus *m*.

méchanceté [meʃɑ̃ste] *f (d'une personne, d'une parole)* Boshaftigkeit *f*; *(parole, action)* Gemeinheit *f*; **méchant, e** *adj* boshaft, gemein; *(enfant: turbulent)* böse, unartig; *(animal)* bissig; *(avant le nom: désagréable)* übel.

mèche [mɛʃ] *f (d'une lampe, d'une bougie)* Docht *m*; *(d'un explosif)* Zündschnur *f*; *(d'une perceuse, de dentiste)* Bohrer *m*; *(de cheveux: coupés)* Locke *f*; *(d'une autre couleur)* Strähne *f*.

Mecklembourg-Poméranie occidental [mɛklubuʀpomeʀaniɔksidatal] *m:* **le ~** Mecklenburg-Vorpommern *nt*.

méconnaissable [mekɔnɛsabl(ə)] *adj* unkenntlich.

méconnaître [mekɔnɛtʀ(ə)] *irr comme* **connaître,** *vt* verkennen.

mécontent, e [mekɔ̃tã, ãt] *adj* unzufrieden.

Mecque [mɛk] *f:* **la ~** Mekka *nt*.

médaille [medaj] *f* Medaille *f*.

médaillon [medajɔ̃] *m* Medaillon *nt*.

médecin [medsɛ̃] *m* Arzt *m*, Ärztin *f*; **~ de famille** Hausarzt *m*, -ärztin *f*; **~ généraliste** praktischer Arzt, praktische Ärztin; **~ traitant** behandelnder Arzt, behandelnde Ärztin.

médecine [medsin] *f* Medizin *f*.

médias [medja] *mpl* Massenmedien *pl*.

médiation [medjasjɔ̃] *f* Schlichtung *f*.

médiatique [medjatik] *adj* Medien-; *(efficace)* medienwirksam.

médical, e ⟨médicaux⟩ [medikal, o] *adj* ärztlich.

médicament [medikamã] *m* Medikament

nt.

médicinal, e ⟨médicinaux⟩ [medisinal, o] *adj* Heil-.

médiéval, e ⟨médiévaux⟩ [medjeval, o] *adj* mittelalterlich.

médiocre [medjɔkʀ(ə)] *adj* mittelmäßig; **médiocrité** *f* Mittelmäßigkeit *f*.

médire [mediʀ] *irr comme* **dire,** *vi:* **~ de** schlecht reden von; **médisance** [medizãs] *f:* **la ~** üble Nachrede, Klatsch *m*.

méditatif, -ive [meditatif, iv] *adj* nachdenklich, sinnend.

méditation [meditasjɔ̃] *f* Nachdenken *nt*, Betrachtung *f*.

méditer [medite] ⟨1⟩ **1.** *vt* nachdenken über +*akk*; *(combiner)* planen; **2.** *vi* nachdenken; *(REL)* meditieren.

Méditerranée [mediteʀane] *f:* **la ~** das Mittelmeer; **méditerranéen, ne** [mediteʀanéẽ, ɛn] *adj* Mittelmeer-.

médium [medjɔm] *m (spirite)* Medium *nt*.

méduse [medyz] *f* Qualle *f*.

meeting [mitiŋ] *m* Treffen *nt*, Veranstaltung *f*.

méfait [mefɛ] *m (faute)* Missetat *f*; **~s** *mpl (résultats désastreux)* Schäden *pl*, Auswirkungen *pl*.

méfiance [mefjãs] *f* Mißtrauen *nt*; **méfiant, e** *adj* mißtrauisch; **méfier** [mefje] ⟨1⟩ *vpr:* **se ~** sich in acht nehmen; **se ~ de** mißtrauen +*dat*.

mégalomanie [megalomani] *f* Größenwahn *m*.

méga-octet [megaɔktɛ] *m* Megabyte *nt*.

mégarde [megaʀd(ə)] *f:* **par ~** aus Versehen.

mégot [mego] *m (fam)* Kippe *f*.

meilleur, e [mɛjœʀ] *comp, superl de* **bon 1.** *adj, adv* besser; **2.** *m:* **le ~** *(personne)* der Beste; *(chose)* das Beste; **le ~ de** *(superlatif)* der/die/das beste; **~ marché** billiger.

mélancolie [melãkɔli] *f* Melancholie *f*; **mélancolique** *adj* melancholisch.

mélange [melãʒ] *m* Mischung *f*; **mélanger** ⟨2⟩ *vt (substances)* mischen; *(mettre en désordre)* durcheinanderbringen; **vous mélangez tout!** *(confondre)* Sie bringen alles durcheinander!

mélasse [melas] *f* Melasse *f*.

mêlée [mele] *f (bataille)* Kampf *m*; *(RUGBY)* offenes Gedränge.

mêler [mele] ⟨1⟩ **1.** *vt* [ver]mischen; *(embrouiller)* verwirren; **2.** *vpr:* **se ~** sich vermischen; **se ~ à/avec/de** *(chose)* sich vermischen mit; **se ~ à** *(personne)* sich mischen unter +*akk*; **se ~ de** *(personne)* sich mischen in +*akk*; **~ à** mischen zu; **~ avec/ de** vermischen mit; **~ qn à une affaire** jdn in eine Sache verwickeln.

mélo [melo] *adj (fam)* theatralisch.

mélodie [melɔdi] f Melodie f; (composition vocale) Lied nt; **mélodieux, -euse** [melɔdjø, øz] adj melodisch.

melon [m(ə)lõ] m [Honig]melone f; [chapeau] ~ Melone f.

membre [mãbʀ(ə)] **1.** m (ANAT) Glied nt; (personne, pays) Mitglied nt; **2.** adj Mitglieds-; ~ **à part entière** (association, etc) Vollmitglied nt; ~ **de phrase** (LING) Satzteil m.

mémé [meme] f (fam) Oma f.

même [mɛm] **1.** adj gleich; **2.** adv selbst, selber; **cela revient au** ~ das kommt auf dasselbe [o das gleiche] heraus; **de** ~ ebenso; **de** ~ **que** wie; **de lui-même** von selbst; **en** ~ **temps** zur gleichen Zeit, gleichzeitig; **ici** ~ genau hier; **il est la loyauté** ~ er ist die Treue selbst; **ils ont les** ~**s goûts** sie haben den gleichen [o denselben] Geschmack; **je ne me rappelle** ~ **plus** ich erinnere mich nicht einmal mehr; ~ **lui a ...** selbst er hat ...; ~ **pas** nicht einmal; **nous-mêmes/moi-même** wir selbst/ich selbst; **réservé** ~ **timide** reserviert, ja sogar schüchtern.

mémoire [memwaʀ] **1.** f Gedächtnis nt; (d'ordinateur) Speicher m; (souvenir) Erinnerung f; **2.** m (exposé) Memorandum nt; (SCOL); ~ **de maîtrise** ≈ Magisterarbeit f; ~**s** mpl (écrit) Memoiren pl; **à la** ~ **de** im Gedenken an +akk; **avoir de la** ~ ein gutes Gedächtnis haben; **avoir la** ~ **des visages/chiffres** ein gutes Personen-/Zahlengedächtnis haben; **de** ~ auswendig; **pour** ~ zur Erinnerung; ~ **f centrale**, ~ **f principale** (INFORM) Hauptspeicher m, Zentralspeicher m; ~ **f de masse** Massenspeicher m; ~ **f morte/vive** Lesespeicher m, ROM nt/Direktzugriffsspeicher m, RAM nt; ~ **f tampon** Puffer m; ~ **f à tores** Kernspeicher m; ~ **f de travail** Arbeitsspeicher m.

mémorable [memɔʀabl(ə)] adj denkwürdig.

mémorandum [memɔʀãdɔm] m Memorandum nt.

mémorial ⟨mémoriaux⟩ [memɔʀjal, o] m Denkmal nt, Ehrenmal nt.

mémoriser [memɔʀize] ⟨1⟩ vt sich dat einprägen; (INFORM) [ab]speichern.

menace [mənas] f Drohung f; (danger) Bedrohung f; **menacer** ⟨2⟩ vt drohen +dat.

ménage [menaʒ] m (entretien) Haushalt m; (couple) Paar nt; (famille, ADMIN) Haushalt m; **faire le** ~ den Haushalt machen.

ménagement [menaʒmã] m (respect) Rücksicht f; ~**s** mpl (égards) Umsicht f.

ménager [menaʒe] ⟨2⟩ vt (personne) schonend behandeln; (traiter avec mesure) schonen; (économiser: vêtements, santé) schonen; (temps, argent) sparen; (arranger) sorgen für; (installer) anbringen.

ménager, -ère [menaʒe, ɛʀ] **1.** adj Haushalts-; **2.** f Hausfrau f.

mendiant, e [mãdjã, ãt] m, f Bettler(in) m(f); **mendier** ⟨1⟩ **1.** vi betteln; **2.** vt betteln um.

mener [məne] ⟨4⟩ **1.** vt führen; (enquête) durchführen; (affaires) leiten; **2.** vi (gagner) führen; ~ **à rien/à tout** zu nichts/allem führen; ~ **promener** spazierenführen; ~ **qn à/dans** (personne, métier) jdn führen nach; jdn führen zu/in +akk; (train, etc) jdn bringen nach/in +akk; **meneur, -euse** m, f Führer(in) m(f); (péj: agitateur) Drahtzieher(in) m(f); ~ **de jeu** Showmaster(in) m(f).

méningite [menẽʒit] f Hirnhautentzündung f.

ménopause [menopoz] f Wechseljahre pl.

menottes [mənɔt] fpl Handschellen pl.

mensonge [mãsõʒ] m Lüge f; **mensonger, -ère** [mãsõʒe, ɛʀ] adj verlogen.

mensuel, le [mãsɥɛl] **1.** adj monatlich; **2.** m Monatszeitschrift f.

mental, e ⟨mentaux⟩ [mãtal, o] adj (maladie) Geistes-; (âge) geistig; (restriction) innerlich; **calcul** ~ Kopfrechnen nt.

mentalité [mãtalite] f (manière de penser) Denkweise f; (état d'esprit) Mentalität f; (comportement moral) Moral f.

menteur, -euse [mãtœʀ, øz] m, f Lügner(in) m(f).

menthe [mãt] f (BOT) Minze f.

mention [mãsjõ] f (note) Vermerk m; (SCOL) Note f; **passable/bien/très bien** ausreichend/gut/sehr gut; **rayer les** ~**s inutiles** Nichtzutreffendes streichen; **mentionner** [mãsjɔne] ⟨1⟩ vt erwähnen.

mentir [mãtiʀ] ⟨10⟩ vi lügen; ~ **à qn** jdn belügen.

menton [mãtõ] m Kinn nt; **double** ~ Doppelkinn nt.

menu, e [məny] **1.** adj dünn, winzig; (peu important) gering; **2.** adv: **hacher** ~ fein hacken; **3.** m (mets, INFORM) Menü nt; (liste) Speisekarte f; **la** ~**e monnaie** das Kleingeld.

menuiserie [mənɥizʀi] f (travail) Schreinerei f; **plafond en** ~ (ouvrage) Holzdecke f.

méprendre [mepʀãdʀ(ə)] ⟨13⟩ vpr: **se** ~ sich täuschen (sur in +dat).

mépris [mepʀi] m Verachtung f; **au** ~ **de** ohne Rücksicht auf +akk; **méprisable** [mepʀizabl(ə)] adj (honteux) schändlich, verachtenswert.

mépriser [mepʀize] ⟨1⟩ vt mißachten; (personne) verachten.

mer [mɛʀ] f Meer nt; **la** ~ **du Nord** die Nordsee; **en haute/pleine** ~ auf hoher See/mitten auf See; **la ~ est haute/basse** es ist Flut/Ebbe; **mal de ~** Seekrankheit f; **~ fermée** Binnenmeer nt; **~ intercontinentale** Ozean m; **~ de sable/feu** (fig) Sand-/Flammenmeer nt.

mercatique [mɛʀkatik] f Marketing nt.

mercerie [mɛʀsəʀi] f (boutique) Kurzwarengeschäft nt; **articles de ~** Kurzwaren fpl.

merci [mɛʀsi] **1.** excl danke; **2.** f: **à la ~ de qn/qch** jdm/einer Sache ausgeliefert; **~ de, ~ pour** vielen Dank für.

mercredi [mɛʀkʀədi] m Mittwoch m; **le ~, tous les ~s** mittwochs.

mercure [mɛʀkyʀ] m Quecksilber nt.

merde [mɛʀd(ə)] **1.** f (fam!) Scheiße f; **2.** excl (fam!) Scheiße! **merder** ⟨1⟩ vi (fam!) in die Hose gehen.

mère [mɛʀ] f Mutter f; **maison ~** (COMM) Stammhaus nt; **~ adoptive** Adoptivmutter f; **~ célibataire** ledige Mutter; **~ porteuse** Leihmutter f.

méridional, e ⟨méridionaux⟩ [meʀidjɔnal, o] adj südlich; (français) südfranzösisch; **Méridional, e** m, f Südländer(in) m(f); (Français) Südfranzose m, Südfranzösin f.

meringue [məʀɛ̃g] f Baiser nt.

mérite [meʀit] m Verdienst nt; **mériter** ⟨1⟩ vt verdienen; **~ de/que** es verdienen zu/, daß.

merlan [mɛʀlɑ̃] m (ZOOL) Merlan m.

merle [mɛʀl(ə)] m Amsel f.

merveille [mɛʀvɛj] f Wunder nt; **faire ~/des ~s** Wunder vollbringen; **les Sept Merveilles du monde** die Sieben Weltwunder.

merveilleux, -euse [mɛʀvɛjø, øz] adj herrlich, wunderbar.

mes [me] adj v. **mon**.

mésange [mezɑ̃ʒ] f Meise f.

mésaventure [mezavɑ̃tyʀ] f Mißgeschick nt.

mesdames fpl v. **madame**.

mesdemoiselles fpl v. **mademoiselle**.

mésentente [mezɑ̃tɑ̃t] f Uneinigkeit f.

mesquin, e [mɛskɛ̃, in] adj kleinlich; **esprit ~/personne ~e** Kleingeist m; **mesquinerie** [mɛskinʀi] f Kleinlichkeit f.

message [mesaʒ] m (communication) Nachricht f; (dans un écrivain, d'un livre) Botschaft f; **~ publicitaire** Werbespot m.

messager, -ère [mesaʒe, ɛʀ] m, f Bote m, Botin f.

messe [mɛs] f (REL) Messe f; **~ de minuit** Mitternachtsmesse f; **~ noire** schwarze Messe.

messie [mesi] m: **le Messie** der Messias.

messieurs mpl v. **monsieur**.

mesure [m(ə)zyʀ] f Maß nt; (évaluation) Messen nt; (MUS) Takt m; (disposition, acte) Maßnahme f; **à la ~ de qn** jdm entsprechend; **à ~ qu'ils avançaient, ...** je weiter

sie kamen ...; **dans la ~ de/où** soweit; **être en ~ de** imstande sein; **il n'y a pas de commune ~ entre eux** man kann sie nicht vergleichen; **sur ~** nach Maß; **unité/système de ~** Maßeinheit f/-system nt; **~ d'austérité** (ECON) Sparmaßnahme f; **~ de longueur/capacité** (étalon) Längen-/Hohlmaß nt; **~ de sécurité** Sicherheitsmaßnahme f; **mesuré, e** adj (ton) gleichmäßig; (effort) mäßig; (personne) gemäßigt; **mesurer** ⟨1⟩ **1.** vt messen; (risque, portée d'un acte) ermessen, einschätzen; (limiter) bemessen; **2.** vpr: **se ~ avec** [o **à**] **qn** sich mit jdm messen.

métabolisme [metabolism] m (BIO, MÉD) Stoffwechsel m.

métal ⟨métaux⟩ [metal, o] m Metall nt; **métallique** adj Metall-, metallen; (éclat, son) metallisch; **métallisé, e** adj: **peinture ~e** Metalliclackierung f; **métallurgiste** [metalyʀʒist(ə)] m/f Metallarbeiter(in) m(f).

métamorphose [metamɔʀfoz] f Metamorphose f; (fig) Verwandlung f.

métastase [metastaz] f (MÉD) Metastase f.

météo [meteo] f Wetterbericht m.

météorologie [meteɔʀɔlɔʒi] f (étude) Wetterkunde f, Meteorologie f; (service) Wetterdienst m; **météorologique** adj meteorologisch, Wetter-.

méthode [metɔd] f Methode f; (livre) Lehrbuch nt; **~ de tri** (déchets) Sortiermethode f; **méthodique** adj methodisch.

méticuleux, -euse [metikylø, øz] adj gewissenhaft.

métier [metje] m (profession) Beruf m; (expérience) Erfahrung f; (machine) Webstuhl m; **du ~** fachkundig.

métis, se [metis] **1.** adj (enfant) Mischlings-; **2.** m, f Mischling m; **métisser** ⟨1⟩ vt (animaux, plantes) kreuzen.

métrage [metʀaʒ] m (mesurer) Vermessen nt; (longueur de tissu, de film) Länge f; **long ~** (CINÉ) Spielfilm m; **moyen ~** Film m mittlerer Länge; **court ~** Kurzfilm m.

mètre [mɛtʀ(ə)] m (unité) Meter m o nt; (règle) Metermaß nt; **un cent/huit cents ~s** (SPORT) ein Hundert-/Achthundertmeterlauf m; **métrique** [metʀik] adj: **système ~** metrisches System.

métro [metʀo] m U-Bahn f; (à Paris) Metro f.

métropole [metʀɔpɔl] f (capitale) Hauptstadt f; (pays) Mutterland nt.

mets [mɛ] m Gericht nt.

metteur [metœʀ] m: **~ en scène/en ondes** Regisseur m(f).

mettre [mɛtʀ(ə)] irr **1.** vt (placer) legen, stellen, setzen; (ajouter: sucre, etc) tun; (vêtement) anziehen; (consacrer) brauchen (à für); (énergie) aufwenden; (espoirs) setzen (dans in +akk); (chauffage, radio, etc) anmachen; (réveil) stellen (à auf +akk); (installer: gaz, électricité) anschließen; (écrire) schreiben; (dépenser) zahlen; (pari) setzen; (dans une affaire) stecken (dans in +akk); **2.** vpr: se ~ (se placer) sich setzen; (debout) sich hinstellen; (dans une situation) sich bringen; se ~ à faire qch anfangen, etw zu tun; se ~ à genoux sich hinknien; se ~ avec qn sich mit jdm zusammentun; se ~ au travail sich an die Arbeit machen; se ~ bien avec qn sich gut mit jdm stellen; ~ au point klarstellen; ~ en bouteille/en sac in Flaschen/Säcke füllen; ~ le désordre Unordnung machen; ~ le feu à qch etw anzünden; ~ fin à qch etw beenden; ~ sur pied (affaire) auf die Beine stellen; ~ à la poste zur Post bringen; y ~ du sien das Seine tun; ~ du temps à faire qch lange brauchen, um etw zu tun; **mettons que** angenommen, daß.

meuble [mœbl(ə)] **1.** m Möbelstück nt; **2.** adj (terre) locker; (JUR) beweglich; ~s mpl Möbel pl; **meublé**, **e** adj: **chambre** ~**e** möbliertes Zimmer; **meubler** ⟨1⟩ vt möblieren; (fig) gestalten.

meunier, **-ière** [mønje, ɛʀ] m, f Müller(in) m(f); **poisson** ~ (GASTR) Fisch nach Müllerinart.

meurtre [mœʀtʀ(ə)] m Mord m; **meurtrier**, **-ière** [mœʀtʀije, ɛʀ] **1.** m, f Mörder(in) m(f); **2.** f (ouverture) Schießscharte f; **3.** adj mörderisch; (arme) Mord-.

meurtrir [mœʀtʀiʀ] ⟨8⟩ vt quetschen; (fig) verletzen; **meurtrissure** [mœʀtʀisyʀ] f blauer Fleck; (tache: d'un fruit, légume) Druckstelle f.

meute [møt] f Meute f.

mexicain, **e** [mɛksikɛ̃, ɛn] adj mexikanisch; **Mexicain**, **e** m, f Mexikaner(in) m(f); **Mexique** [mɛksik] m: le ~ Mexiko nt.

Mgr abr de **Monseigneur** Msgr.

mi [mi] m (MUS) E nt.

mi... [mi] préf halb-; à ~-**hauteur** auf halber Höhe; à la ~-**janvier** Mitte Januar.

miauler [mjole] ⟨1⟩ vi miauen.

miche [miʃ] f Laib m.

mi-chemin [miʃəmɛ̃] adv: à ~ auf halbem Wege; **mi-clos**, **e** adj halbgeschlossen.

micro [mikʀo] m (fam INFORM) Mikrocomputer m; (fam: microphone) Mikro nt.

microbe [mikʀɔb] m Mikrobe f.

microchirurgie [mikʀoʃiʀyʀʒi] f (MÉD) Mikrochirurgie f; **microélectronique** f Mikroelektronik f; **microfiche** f Mikrofiche m o nt; **microfilm** m Mikrofilm m; **micro-onde** ⟨micro-ondes⟩ f Mikrowelle f; **four à** ~**s** Mikrowellenherd m; **micro-ordinateur** ⟨micro-ordinateurs⟩ m Mikro-

computer m; **microphone** [mikʀo...] m Mikrophon nt; **microprocesseur** [mikʀo...] m Mikroprozessor m.

microscope [mikʀɔskɔp] m Mikroskop nt; **examiner au** ~ mikroskopisch untersuchen; ~ **électronique** Elektronenmikroskop nt.

midi [midi] m (milieu du jour) Mittag m; (heure) 12 Uhr; (sud) Süden m; **le Midi** (de la France) Südfrankreich nt; **tous les** ~**s** jeden Mittag; **chercher** ~ **à quatorze heures** die Dinge unnötig verkomplizieren.

mie [mi] f Krume f.

miel [mjɛl] m Honig m.

mien, **ne** [mjɛ̃, ɛn] **1.** adj mein, meine, mein; **2.** pron: le/la ~(ne) meine(r, s).

miette [mjɛt] f Krümel m.

mieux [mjø] comp, superl de bien **1.** adj, adv besser; **2.** m (amélioration, progrès) Besserung f; **aimer** ~ lieber mögen; **aller** ~ bessergehen; **au** ~ bestenfalls; **de** ~ **en** ~ immer besser; **de son** ~ so gut er/sie es tun; **faire** ~ **de** besser [daran] tun zu; **faute de** ~ in Ermangelung eines Besseren; **le/la** ~ (superlatif) der/die/das Beste; **pour le** ~ zum Besten; **quidit** ~? (aux enchères) wer bietet mehr?; **valoir** ~ besser sein.

mignon, **ne** [miɲɔ̃, ɔn] adj (joli) niedlich, süß; (gentil) nett.

migraine [migʀɛn] f Migräne f.

migration [migʀasjɔ̃] f (du peuple) [Völker]wanderung f; (d'oiseaux, etc) Zug m.

mijoter [miʒote] ⟨1⟩ **1.** vt (plat) schmoren; (préparer avec soin) liebevoll zubereiten; (fam) aushecken; **2.** vi schmoren.

milieu ⟨-x⟩ [miljø] m (centre) Mitte f; (environnement biologique) Lebensbereich m; (environnement social) Milieu nt; **le** ~ die Unterwelt; **au** ~ **de** mitten in, mitten auf +dat; (table, etc) mitten auf +dat; **au beau** ~ **de** mitten in +dat; **au milieu** ~ **de** mitten unter +dat; **il y a un** ~ **entre** (fig) es gibt ein Mittelding zwischen +dat; **le juste** ~ der goldene Mittelweg.

militaire [militɛʀ] **1.** adj Militär-; **2.** m [Berufs]soldat(in) m(f); **aviation** ~ Luftwaffe f; **marine** ~ Marine f; **service** ~ Militärdienst m.

militer [milite] ⟨1⟩ vi kämpfen; ~ **pour/contre** sich einsetzen für/gegen.

mille [mil] **1.** num (ein]tausend; **2.** m (nombre) Tausend f; **mettre dans le** ~ ins Schwarze treffen; ~ **marin** (mesure de longueur) Seemeile f.

millefeuille [milfœj] m (GASTR) Cremeschnitte aus Blätterteig.

millénaire [milenɛʀ] **1.** m Jahrtausend nt; **2.** adj tausendjährig.

millésime [milezim] m (médaille) Jahreszahl f; (vin) Jahrgang m.

millet [mijɛ] m Hirse f.

milliard [miljaʀ] m Milliarde f; **milliar-**

daire m/f Milliardär(in) m(f).

millier [milje] m Tausend nt; **par ~s** zu Tausenden.

milligramme [miligʀam] m Milligramm nt; **millimètre** m Millimeter m o nt; **millimétré, e** [milimetʀe] adj: papier ~ Millimeterpapier nt.

million [miljɔ̃] m Million f; **millionnaire** m/f Millionär(in) m(f).

mime [mim] m (acteur) Pantomime m, Pantomimin f; (art) Pantomime f; **mimer** ⟨1⟩ vt pantomimisch darstellen; (imiter) nachmachen.

mimique [mimik] f Mimik f.

mimosa [mimoza] m Mimose f.

minable [minabl(ə)] adj miserabel, jämmerlich.

mince [mɛ̃s] adj dünn; (personne, taille) schlank; (profit, connaissances) gering; (prétexte) fadenscheinig; **~!** (fam) verflixt!; **minceur** f Dünne f, Schlankheit f.

mine [min] f (physionomie) Miene f; (extérieur) Aussehen nt; (d'un crayon, d'un explosif, d'un gisement) Mine f; (cavité) Bergwerk nt, Stollen m; **avoir bonne/mauvaise ~** gut/schlecht aussehen; **faire ~ de** so tun, als ob; **une ~ de** (fig) eine Fundgrube an +dat; **~ de rien** (fam) mit Unschuldsmiene, unauffällig.

miner [mine] ⟨1⟩ vt (saper, ronger) aushöhlen; (MIL) verminen; (fig) unterminieren.

minéral [mineʀal] [minéraux] [mineʀo, o] **1.** adj Mineral-; **2.** m Mineral nt; **eau ~e** Mineralwasser nt.

minéralogique [mineʀalɔʒik] adj: **plaque/ numéro ~** Nummernschild nt/Kennzeichen nt.

minet, te [minɛ, ɛt] m, f (chat) Kätzchen nt; (péj) Püppchen nt.

mineur, e [minœʀ] **1.** adj zweitrangig; **2.** m, f (JUR) Minderjährige(r) mf; **3.** m (ouvrier) Bergmann m.

miniature [minjatyʀ] f (tableau) Miniatur f; **en ~** (fig) im Kleinformat.

minier, -ière [minje, ɛʀ] adj Bergwerks-, Bergbau-; (bassin, pays) Gruben-.

minijupe [miniʒyp] f Minirock m.

minimal, e [minimaux] [minimal, o] adj minimal, Mindest-, Tiefst-.

minime [minim] **1.** adj sehr klein; **2.** m/f (SPORT) Junior(in) m(f).

minimiser [minimize] ⟨1⟩ vt bagatellisieren.

minimum [minimɔm] **1.** adj Mindest-; **2.** m Minimum nt; **au ~** (au moins) mindestens; **un ~ de** ein Minimum an +dat; **~ vital** (domaine social) Existenzminimum nt.

ministère [ministɛʀ] m Ministerium nt; (gouvernement) Regierung f; (portefeuille) Ministeramt nt; (REL) Priesteramt nt; **~**

public Staatsanwaltschaft f.

ministériel, le [ministeʀjɛl] adj Regierungs-, Minister-.

ministre [ministʀ(ə)] m/f Minister(in) m(f); (REL) Pfarrer(in) m(f); **~ d'État** Staatsminister(in) m(f).

minitel [minitɛl] m ≈ Bildschirmtext m; (appareil) ≈ Btx-Gerät nt.

minorité [minɔʀite] f Minderheit f; (âge) Minderjährigkeit f; **dans la ~** in den seltensten Fällen; **être en ~** in der Minderheit sein.

minuit [minɥi] m Mitternacht f.

minuscule [minyskyl] **1.** adj winzig, sehr klein; **un a ~** ein kleines a; **2.** f: [lettre] ~ Kleinbuchstabe m.

minute [minyt] f Minute f; (JUR) Urschrift f; **à la ~** je Minute; **d'une ~ à l'autre** jede Minute; **entrecôte/steak ~** Minutensteak nt; **minuter** ⟨1⟩ vt timen.

minuterie [minytʀi] f Schaltuhr f; (éclairage) Minutenlicht nt.

minutieux, -euse [minysjø, øz] adj gewissenhaft, äußerst genau.

mirabelle [miʀabɛl] f (fruit) Mirabelle f.

miracle [miʀakl(ə)] m Wunder nt; **miraculeux, -euse** [miʀakylø, øz] adj wunderbar.

mirage [miʀaʒ] m Fata Morgana f.

mire [miʀ] f: **être le point de ~** (fig) der Mittelpunkt sein.

miroir [miʀwaʀ] m Spiegel m; **miroiter** [miʀwate] ⟨1⟩ vi spiegeln; **faire ~ qch à qn** jdm etw in glänzenden Farben schildern; **miroiterie** [miʀwatʀi] f Glaserei f.

mis, e [mi, miz] adj (table) gedeckt; **bien/ mal ~(e)** (personne) gut/schlecht angezogen.

mise [miz] f (argent) Einsatz m; (habillement) Kleidung f; **~ en bouteilles** Flaschenabfüllung f; **~ de fonds** Investition f; **~ en plis** (coiffeur) Wasserwelle f; **~ en scène** Inszenierung f.

miser [mize] ⟨1⟩ vt (argent) setzen; **~ sur** (roulette, courses) setzen auf +akk; (fig) rechnen mit.

misérable [mizeʀabl(ə)] **1.** adj kläglich, elend; (personne) bedauernswert; (mesquin: acte, argumentation) miserabel; (avant le nom: insignifiant) kümmerlich; (querelle) nichtig; **2.** m Elende(r) mf.

misère [mizeʀ] f: **la ~** (pauvreté) die Armut; **~s** fpl (malheurs) Kummer m; **faire des ~s à qn** jdn quälen, jdn schikanieren; **salaire de ~** Hungerlohn m.

miséricorde [mizeʀikɔʀd(ə)] f Barmherzigkeit f.

missel [misɛl] m Meßbuch nt.

missile [misil] m Rakete f; **~ à courte portée** Kurzstreckenrakete f; **~ de croisière**

Marschflugkörper *m;* ~ **de portée intermé-diaire** Mittelstreckenrakete *f.*

mission [misjɔ̃] *f* Mission *f;* ~ **de reconnais-sance** Aufklärungsmission *f.*

missionnaire [misjɔnɛʀ] *m* Missionar(in) *m(f).*

missive [misiv] *f* Schreiben *nt.*

mite [mit] *f* Motte *f.*

mité, e [mite] *adj* mottenzerfressen.

mi-temps [mitɑ̃] **1.** *f inv* (*SPORT*) Halbzeit *f;* **2.** *m inv* Halbtagsarbeit *f;* **travailler à ~** halbtags arbeiten.

mitigation [mitigasjɔ̃] *f:* ~ **des peines** Strafmilderung *f.*

mitraille [mitʀɑj] *f* (*décharge d'obus, etc*) Geschützfeuer *nt;* **mitrailler** ⟨1⟩ *vt* mit MG-Feuer beschießen; (*fig*) bombardie-ren; (*fam: photographier*) knipsen; **mitraillette** *f* Maschinenpistole *f;* **mitrailleur** *m* MG-Schütze *m;* **mitrailleuse** *f* Maschinengewehr *nt.*

mi-voix [mivwa] *adv:* **à** ~ halblaut.

mixage [miksaʒ] *m* Tonmischung *f.*

mixeur [miksœʀ] *m* (*appareil*) Mixer *m.*

mixte [mikst(ə)] *adj* gemischt; **double** ~ ge-mischtes Doppel; **mariage** ~ Mischehe *f.*

mixture [mikstyʀ] *f* (*CHIM*) Mixtur *f;* (*bois-son*) Gebräu *nt.*

M.J.C. *f abr de* **Maison des jeunes et de la culture** städtisches Jugendzentrum.

ml *abr de* **millilitre** ml.

M.L.F. *f abr de* **Mouvement de libération de la femme/des femmes** Frauenbewegung *f.*

Mlle ⟨**Mlles**⟩ *f abr de* **Mademoiselle/Mesde-moiselles** Frl.

mm *abr de* **millimètre** mm.

MM *abr de* **Messieurs** Herren.

Mme ⟨**Mmes**⟩ *abr de* **Madame/Mesdames** Fr.

mn *abr de* **minute** Min.

Mo *abr de* **méga-octet** MB.

mobile [mɔbil] **1.** *adj* beweglich; (*nomade*) wandernd, Wander-, mobil; **2.** *m* (*motif*) Beweggrund *m.*

mobilier, -ière [mɔbilje, ɛʀ] **1.** *adj* (*pro-priété*) beweglich; **2.** *m* (*meubles*) Mobiliar *nt;* **effets** ~**s/valeurs mobilières** übertragba-re Effekten/Werte *pl;* **vente/saisie mobi-lière** Eigentumsverkauf *m*/-pfändung *f.*

mobilisation [mɔbilizasjɔ̃] *f* Mobilisieren *nt;* ~ **générale** allgemeine Mobilmachung *f.*

mobiliser [mɔbilize] ⟨1⟩ *vt* mobilisieren; (*fig: enthousiasme, courage*) wecken.

mobilité [mɔbilite] *f* Beweglichkeit *f,* Mobi-lität *f.*

mobylette [mɔbilɛt] *f* Mofa *nt.*

mocassin [mɔkasɛ̃] *m* Mokassin *m.*

moche [mɔʃ] *adj* (*fam*) häßlich.

modalité [mɔdalite] *f* Modalität *f;* **adverbe de** ~ Modaladverb *nt.*

mode [mɔd] *f* **1.** *f* Mode *f;* **2.** *m* Art *f,* Weise *f;*

(*LING, INFORM*) Modus *m;* **à la** ~ modisch; ~ *m* **autonome** (*INFORM*) Offline-Betrieb *m;* ~ *m* **connecté** (*INFORM*) Online-Betrieb *m;* ~ *m* **d'emploi** Gebrauchsanweisung *f;* ~ *m* **de paiement** Zahlungsweise *f.*

modèle [mɔdɛl] **1.** *m* Modell *nt;* (*exemple*) Beispiel *nt;* **2.** *adj* mustergültig, Muster-; **les divers** ~**s d'entreprises** die verschiede-nen Unternehmensformen; ~ **déposé** (*COMM*) Gebrauchsmuster *nt;* [**avion/voi-ture**] ~ **réduit** Modellflugzeug *nt*/Modell-auto *nt.*

modeler [mɔd(ə)le] ⟨4⟩ *vt* modellieren; ~ **sa conduite sur celle de qn** [**d'autre**] sich *dat* an jds Verhalten ein Beispiel nehmen.

modem [mɔdɛm] *m* Modem *nt* o *m.*

modération [mɔdeʀasjɔ̃] *f* (*qualité*) Mäßi-gung *f,* Einschränkung *f;* (*action*) Drosse-lung *f;* **modéré, e 1.** *adj* (*mesuré*) maß-voll, gemäßigt; (*faible*) mäßig; **2.** *m, f* Ge-mäßigte(r) *mf;* **modérer** [mɔdeʀe] ⟨5⟩ **1.** *vt* mäßigen; (*dépenses*) einschränken; (*vitesse*) drosseln; **2.** *vpr:* **se** ~ sich mäßi-gen.

moderne [mɔdɛʀn(ə)] *adj* modern; (*vie*) heutig; (*langues, histoire*) neuere(r, s); **moderniser** [mɔdɛʀnize] ⟨1⟩ *vt* moder-nisieren.

modeste [mɔdɛst(ə)] *adj* bescheiden; (*petit: employé, commerçant*) klein; **modestie** *f* Bescheidenheit *f.*

modification [mɔdifikasjɔ̃] *f* Änderung *f,* Modifikation *f.*

modifier [mɔdifje] ⟨1⟩ **1.** *vt* ändern, modifi-zieren; **2.** *vpr:* **se** ~ sich ändern, sich wan-deln.

modique [mɔdik] *adj* (*somme d'argent*) ge-ring.

modulation [mɔdylasjɔ̃] *f:* ~ **de fréquence** Ultrakurzwelle *f.*

module [mɔdyl] *m* Modul *nt;* ~ **lunaire** Mondfähre *f.*

moduler [mɔdyle] ⟨1⟩ *vt* modulieren.

moelle [mwal] *f* Mark *nt.*

moelleux, -euse [mwalø, øz] *adj* weich; (*chocolat*) kremig.

mœurs [mœʀ(s)] *fpl* (*morale*) Sitten *pl;* (*coutumes*) Bräuche *pl;* **des** ~ **simples** (*mode de vie*) ein einfaches Leben; **con-traire aux bonnes** ~ wider die guten Sitten; **police des** ~ Sittenpolizei *f.*

moi [mwa] *pron* ich; (*objet*) mich; mir; **c'est** ~ ich bin's.

moignon [mwaɲɔ̃] *m* Stumpf *m.*

moindre [mwɛ̃dʀ(ə)] *adj* geringere(r, s); **le/la** ~ der/die/das kleinste.

moine [mwan] *m* Mönch *m.*

moineau ⟨**-x**⟩ [mwano] *m* Spatz *m.*

moins [mwɛ̃] **1.** *adv* weniger; **2.** *m* das We-nigste, das Geringste; **3.** *prép* (*calcul*) weniger, minus; *(heure)* vor; **à ~ de** außer daß, außer wenn; **à ~ que** es sei denn, daß/ wenn; **du ~** wenigstens; **le/la ~ doué(e)** der/die Unbegabteste; **le/la ~ riche** der/die am wenigsten Reiche; **~ d'eau/de fautes** weniger Wasser/Fehler; **~ grand/riche que** kleiner/weniger reich als; **trois jours de ~** drei Tage weniger; **2 livres en ~** 2 Pfund weniger/zuwenig; **il est ~ cinq** es ist fünf vor; **il fait ~ cinq** es ist minus fünf [Grad]; **~ je le vois, mieux je me porte** je weniger ich ihn sehe, desto besser geht es mir; **pour le ~** wenigstens.

mois [mwa] *m* Monat *m*; *(salaire)* Monatsgehalt *nt.*

moisi, e [mwazi] **1.** *adj* schimm[e]lig; **2.** *m* Schimmel *m*; **moisir** ⟨8⟩ *vi* schimmeln; *(fig)* gammeln; **moisissure** [mwazisyʀ] *f* Schimmel *m.*

moisson [mwasɔ̃] *f* [Getreide]ernte *f*; **moissonner** [mwasɔne] ⟨1⟩ *vt (céréales)* ernten; *(champ)* abernten; **moissonneur, -euse 1.** *m, f* Schnitter(in) *m(f);* **2.** *f (machine)* Mähmaschine *f.*

moite [mwat] *adj* feucht.

moitié [mwatje] *f* Hälfte *f*; *(fam: épouse)* bessere Hälfte.

molester [mɔlɛste] ⟨1⟩ *vt* mißhandeln.

molle [mɔl] *adj v.* **mou.**

mollement [mɔlmɑ̃] *adv (faiblement)* schwach; *(nonchalamment)* lässig.

mollet, te [mɔlɛ, ɛt] **1.** *m* Wade *f*; **2.** *adj:* **œuf ~** weichgekochtes Ei.

molleton [mɔltɔ̃] *m* Molton *m*; **molletonné, e** [mɔltɔne] *adj:* **gants ~s** gefütterte Handschuhe *pl.*

mollir [mɔliʀ] ⟨8⟩ *vi* weich werden; *(vent)* abflauen; *(fig: résolution)* nachlassen; *(personne)* weich werden.

mollusque [mɔlysk(ə)] *m* Weichtier *nt.*

môme [mom] **1.** *m/f (fam: enfant)* Gör *nt;* **2.** *f (fam!: jeune fille)* Biene *f.*

moment [mɔmɑ̃] *m (instant)* Moment *m,* Augenblick *m;* **au ~ de** zu der Zeit, als; **au ~ où** in dem Moment, als; **à tout ~** jederzeit; **à un ~ donné** zu einem bestimmten Zeitpunkt; *(soudain)* plötzlich; **du ~ où, du ~ que** da; **d'un ~ à l'autre** jeden Augenblick; **en ce ~** in diesem Moment, gerade jetzt; **les grands ~s de l'histoire** die großen Momente in der Geschichte; **~ de gêne/ bonheur** peinlicher/glücklicher Moment [o Augenblick]; **pour le ~** im Moment; **par ~s** ab und zu; **pour un bon ~** eine ganze Zeitlang; **profiter du ~** die Gelegenheit beim Schopf ergreifen; **sur le ~** im ersten Augenblick; **ce n'est pas le ~** das ist nicht der richtige Zeitpunkt; **momentané, e** [mɔmɑ̃tane] *adj* momentan, augenblicklich.

mon, ma ⟨mes⟩ [mɔ̃, ma, me] *adj* mein, meine, mein; *(pl)* meine.

Monaco [mɔnako]: **la principauté de ~** [das Fürstentum] Monaco *nt.*

monarchie [mɔnaʀʃi] *f* Monarchie *f.*

monarque [mɔnaʀk(ə)] *m* Monarch(in) *m(f).*

monastère [mɔnastɛʀ] *m* Kloster *nt.*

monceau ⟨-x⟩ [mɔ̃so] *m* Haufen *m.*

mondain, e [mɔ̃dɛ̃, ɛn] *adj* gesellschaftlich; *(peintre, soirée)* Gesellschafts-; *(personne)* mondän, der besseren Gesellschaft; **carnet ~** Klatschblatt *nt.*

monde [mɔ̃d] *m* Welt *f*; *(cosmos)* Weltall *nt*; *(personnes mondaines)* Gesellschaft *f,* High Society *f*; **l'autre ~** das Jenseits; **homme/ femme du ~** Mann/Frau von Welt; **le ~ capitaliste/végétal/du spectacle** die kapitalistische Welt/die Pflanzenwelt/die Welt des Theaters; **il y a du ~** es sind viele Leute da; **le meilleur homme du ~** der beste Mensch der Welt; **pas le moins du ~** nicht im geringsten; **tout le ~** alle, jedermann; **tour du ~** Reise *f* um die Welt; **mondial, e** ⟨mondiaux⟩ [mɔ̃djal, o] *adj* Welt-; **à l'échelon ~** weltweit; **mondialement** *adv* weltweit.

monégasque [mɔnegask(ə)] *adj* monegassisch.

monétaire [mɔnetɛʀ] *adj (unité)* Währungs-; *(circulation)* Geld-.

mongolien, ne [mɔ̃gɔljɛ̃, ɛn] **1.** *adj* mongoloid; **2.** *m, f* Mongoloide *m,* Mongoloidin *f.*

moniteur, -trice [mɔnitœʀ, tʀis] **1.** *m, f* *(SPORT: de ski)* Skilehrer(in) *m(f);* *(d'éducation physique)* Sportlehrer(in) *m(f);* *(de colonie de vacances)* Animateur(in) *m(f);* **2.** *m (INFORM)* Monitor *m,* Bildschirm *m.*

monnaie [mɔnɛ] *f (pièce)* Münze *f*; *(ÉCON: moyen d'échange)* Geld *nt,* Währung *f*; **avoir de la ~** *(petites pièces)* Kleingeld haben; **faire de la ~** Geld wechseln; **rendre à qn la ~ [sur 20 F]** jdm [auf 20 F] herausgeben; **~ étrangère** Fremdwährung *f.*

monocle [mɔnɔkl(ə)] *m* Monokel *nt.*

monocorde [mɔnɔkɔʀd(ə)] *adj* monoton.

monoculture [mɔnɔkyltyʀ] *f* Monokultur *f.*

monogramme [mɔnɔgʀam] *m* Monogramm *nt.*

monolingue [mɔnɔlɛ̃g] *adj* einsprachig.

monologue [mɔnɔlɔg] *m* Monolog *m,* Selbstgespräch *nt;* **monologuer** ⟨1⟩ *vi* Selbstgespräche führen.

monoplace [mɔnɔplas] **1.** *adj (avion, etc)* einsitzig; **2.** *m (avion, etc)* Einsitzer *m.*

monopole [mɔnɔpɔl] *m* Monopol *nt;* **monopoliser** ⟨1⟩ *vt* monopolisieren; *(fig)* für sich allein beanspruchen.

monosyllabe [mɔnɔsilab] **1.** *adj* einsilbig;

2. *m* einsilbiges Wort.

monseigneur [mɔ̃sɛɲœʀ] *m* Seine Exzellenz.

monsieur ⟨messieurs⟩ [məsjø, mesjø] *m* Herr *m*; *v. a.* **Madame.**

monstre [mɔ̃stʀ(ə)] **1.** *m* Monstrum *nt*; (*MYTHOLOGIE*) Ungeheuer *nt*; **2.** *adj* kolossal; **les ~s sacrés** (*THÉÂT*) die Großen der Bühne; **monstrueux, -euse** *adj* (*difforme*) mißgebildet; (*colossal*) Riesen-; (*abominable*) ungeheuerlich, grauenhaft; **monstruosité** [mɔ̃stʀyozite] *f* Ungeheuerlichkeit *f*, Grausamkeit *f*; (*MÉD*) Mißbildung *f*; (*atrocité*) Greuel *m*.

mont [mɔ̃] *m* Berg *m*; **par ~s et par vaux** durchs ganze Land.

montage [mɔ̃taʒ] *m* Aufbau *m*, Errichtung *f*; (*d'un bijou*) Fassen *nt*; (*d'une tente*) Aufbauen *nt*; (*assemblage*) Montage *f*; (*photomontage*) Fotomontage *f*; (*CINÉ*) Montage *f*.

montagnard, e [mɔ̃taɲaʀ, d(ə)] **1.** *adj* Berg-, Gebirgs-; **2.** *m, f* Gebirgsbewohner(in) *m(f)*.

montagne [mɔ̃taɲ] *f* Berg *m*; **la ~** (*région*) das Gebirge, die Berge *pl*; **la haute/moyenne ~** das Hoch-/Mittelgebirge; **route/station de ~** Bergstraße *f*/-station *f*; **~s russes** Achterbahn *f*; **montagneux, -euse** *adj* bergig, gebirgig.

montant, e [mɔ̃tɑ̃, ɑ̃t] **1.** *adj* (*mouvement*) aufwärts; (*marée*) auflaufend, steigend; (*chemin*) ansteigend; (*robe, col*) hochgeschlossen; **2.** *m* (*d'une fenêtre, d'un lit*) Pfosten *m*; (*d'une échelle*) Holm *m*; (*fig: somme*) Betrag *m*.

monte-charge [mɔ̃tʃaʀʒ(ə)] *m* ⟨monte-charges⟩ *m* Lastenaufzug *m*.

montée [mɔ̃te] *f* (*action de monter*) Aufstieg *m*; (*en voiture*) Auffahrt *f*; (*pente*) Ansteigen *nt*.

monter [mɔ̃te] ⟨1⟩ **1.** *vi avec être* steigen; (*avion*) aufsteigen; (*voiture*) hochfahren; (*route*) ansteigen; (*température, voix, prix*) ansteigen; (*bruit*) anschwellen; **~ à bicyclette** Fahrrad fahren; **~ à bord** an Bord gehen; **~ dans** (*passager*) einsteigen in +*akk*; **~ sur** [*o* **à**] **un arbre/une échelle** auf einen Baum/eine Leiter steigen; **2.** *vt avec avoir* (*escalier, côte*) hinaufgehen, hinauffahren; (*jument*) decken; (*valise, courrier*) hinauftragen; (*tente*) aufschlagen; (*bijou*) fassen; (*échafaudage, étagère*) aufstellen; (*COUTURE: manches*) annähen; (*film*) schneiden; (*fig: pièce de théâtre*) inszenieren; (*entreprise*) auf die Beine stellen; **~ [à cheval]** reiten; **3.** *vpr:* **se ~ à** (*frais*) sich belaufen auf +*akk*.

monteur, -euse [mɔ̃tœʀ, øz] *m, f* (*TECH*) Monteur(in) *m(f)*; (*CINÉ*) Cutter(in) *m(f)*.

monticule [mɔ̃tikyl] *m* Hügel *m*; (*tas*) Haufen *m*.

montre [mɔ̃tʀ(ə)] *f* Uhr *f*; **faire ~ de qch** (*exhiber*) etw zur Schau tragen; (*faire preuve de*) etw unter Beweis stellen.

montrer [mɔ̃tʀe] ⟨1⟩ **1.** *vt* zeigen; **2.** *vpr:* **~** (*paraître*) erscheinen; **se ~ habile/à la hauteur de** sich geschickt/gewachsen +*dat* zeigen; **~ qch à qn** jdm etw zeigen.

montreur, -euse [mɔ̃tʀœʀ, øz] *m, f:* **~ de marionnettes** Marionettenspieler(in) *m(f)*.

monture [mɔ̃tyʀ] *f* (*animal*) Reittier *nt*; (*d'une bague*) Fassung *f*; (*de lunettes*) Gestell *nt*.

monument [mɔnymɑ̃] *m* Monument *nt*; (*pour commémorer*) Denkmal *nt*; **protection des ~s** Denkmalschutz *m*; **~ aux morts** Kriegerdenkmal *nt*.

moquer [mɔke] ⟨1⟩ *vpr:* **se ~ de** (*railler*) sich lustig machen über +*akk*; (*se désintéresser de*) sich nicht kümmern um; (*tromper*) auf den Arm nehmen +*akk*.

moquette [mɔkɛt] *f* Teppichboden *m*.

moqueur, -euse [mɔkœʀ, øz] *adj* spöttisch.

moral, e ⟨moraux⟩ [mɔʀal, o] **1.** *adj* moralisch; (*force, douleur*) seelisch; **2.** *m* (*état d'esprit*) Stimmung *f*; **3.** *f* Moral *f*; **au ~** seelisch; **avoir le ~ à zéro** überhaupt nicht in Stimmung sein; **faire la ~e à qn** jdm eine Strafpredigt halten.

moraliste [mɔʀalist(ə)] *m/f* (*auteur*) Moralist(in) *m(f)*; (*moralisateur*) Moralprediger(in) *m(f)*.

moralité [mɔʀalite] *f* Moral *f*.

morceau ⟨-x⟩ [mɔʀso] *m* Stück *nt*; **recoller les ~x** (*fig*) kitten.

mordant, e [mɔʀdɑ̃, ɑ̃t] *adj* (*article, écrivain, ironie*) ätzend; (*froid*) beißend.

mordiller [mɔʀdije] ⟨1⟩ *vt* knabbern an +*dat*.

mordre [mɔʀdʀ(ə)] ⟨14⟩ **1.** *vt* beißen; (*insecte*) stechen; (*lime, ancre, vis*) fassen; (*froid*) beißen; **2.** *vi* (*poisson*) anbeißen; **~ à** (*appât*) anbeißen an +*dat*; (*fig*) Geschmack finden an +*dat*; **~ dans** (*gâteau*) beißen in +*akk*; **~ sur** (*marge*) übertreten.

mordu, e [mɔʀdy] *m, f:* **un ~ de** (*fam*) ein Fan *m* von.

morfondre [mɔʀfɔ̃dʀ(ə)] ⟨14⟩ *vpr:* **se ~** sich zu Tode langweilen; (*soucis*) bedrückt sein.

morgue [mɔʀg(ə)] *f* Leichenschauhaus *nt*.

morille [mɔʀij] *f* Morchel *f*.

morne [mɔʀn(ə)] *adj* trübsinnig.

morose [mɔʀoz] *adj* mürrisch; (*bourse*) lustlos.

morphine [mɔʀfin] *f* Morphium *nt*.

morse [mɔʀs(ə)] *m* (*ZOOL*) Walroß *nt*; (*TÉL*) Morsealphabet *nt*; (*action*) Morsen *nt*.

morsure [mɔʀsyʀ] *f* Biß *m*; (*d'insecte*) Stich *m*.

mort, e [mɔʀ, mɔʀt(ə)] **1.** adj tot; **2.** m, f Tote(r) mf; **3.** f Tod m; (fig: fin) Untergang m; **à ~** (fam) total; **à la ~ de qn** bei jds Tod; **à la vie, à la ~** für ewig; **être ~ de peur** sich zu Tode ängstigen; **faire le ~** sich tot stellen; **~ de fatigue** todmüde; **~ ou vif** tot oder lebendig; **~ f apparente** Scheintod m; **~ f clinique** klinischer Tod; **la place du ~** (fam) Beifahrersitz m.

mortalité [mɔʀtalite] f Sterblichkeit f; (chiffre) Sterblichkeitsziffer f.

mortel, le [mɔʀtɛl] adj tödlich; (personne) sterblich.

morte-saison ⟨mortes-saisons⟩ [mɔʀtəsɛzɔ̃] f Sauregurkenzeit f.

mortier [mɔʀtje] m (mélange) Mörtel m; (récipient, canon) Mörser m.

mortifier [mɔʀtifje] ⟨1⟩ vt zutiefst treffen.

mort-né, e ⟨mort-nés, mort-nées⟩ [mɔʀne] adj totgeboren.

mortuaire [mɔʀtɥɛʀ] adj Toten-; **cérémonie ~** Totenfeier f; **drap ~** Leichentuch nt.

morue [mɔʀy] f Kabeljau m.

mosaïque [mɔzaik] f Mosaik nt.

mosquée [mɔske] f Moschee f.

mot [mo] m Wort nt; **avoir le dernier ~** das letzte Wort haben; **~ pour ~** wortgetreu; **[au] ~ à ~** (traduire) wortwörtlich; **au bas ~** mindestens; **bon ~** geistreiches Wort; **en un ~** mit einem Wort; **écrire/recevoir un ~** ein paar Zeilen schreiben/erhalten; **sur/à ces ~s** mit/bei diesen Worten; **prendre qn au ~** jdn beim Wort nehmen; **~ croisés** Kreuzworträtsel nt; **~ de la fin** Schlußwort nt; **~ de passe** Kennwort nt, Paßwort nt.

motard [mɔtaʀ] m (fam) Motorradpolizist(in) m(f).

motel [mɔtɛl] m Motel nt.

moteur, -trice [mɔtœʀ, tʀis] **1.** adj (force, roue) treibend; (nerf) motorisch; **2.** m Motor m; **à ~** Motor-; **~ à deux/quatre temps** Zweitakt-/Viertaktmotor m; **~ à explosion** Verbrennungsmotor m; **~ à injection** Einspritzmotor m.

motif [mɔtif] m [Beweg]grund m; **~s** mpl (JUR) [Urteils]begründung f; **sans ~** grundlos.

motion [mosjɔ̃] f Antrag m; **~ de censure** Mißtrauensantrag m.

motivé, e [mɔtive] adj (personne) motiviert.

motiver [mɔtive] ⟨1⟩ vt (personne) motivieren; (chose) veranlassen.

moto [mɔto] f Motorrad nt.

moto-cross [mɔtokʀɔs] m inv Moto-Cross nt.

motocycliste [mɔtosiklist(ə)] m/f Motorradfahrer(in) m(f).

motoneige [mɔtɔnɛʒ] f Motorbob m.

motorisé, e [mɔtɔʀize] adj motorisiert.

mou (mol), molle ⟨-s⟩ [mu, mɔl] **1.** adj weich; (bruit) schwach; (fig: geste, personne) lässig, schlaff; (péj: résistance) schwach; **2.** m (fam: homme faible) Schwächling m, Weichling m; (abats) Lunge f; **avoir les jambes molles** weiche Knie haben; **chapeau ~** Schlapphut m.

mouche [muʃ] f (ZOOL) Fliege f; (mode) Schönheitspflästerchen nt.

moucher [muʃe] ⟨1⟩ **1.** vt (nez, personne) schneuzen; (chandelle) putzen; **2.** vi schniefen; **3.** vpr: **se ~** sich die Nase putzen, sich schneuzen.

moucheron [muʃʀɔ̃] m Mücke f.

moucheté, e [muʃ(ə)te] adj gesprenkelt, gescheckt.

mouchoir [muʃwaʀ] m Taschentuch nt.

moudre [mudʀ(ə)] irr vt mahlen.

moue [mu] f: **faire la ~** einen Flunsch ziehen.

mouette [mwɛt] f Möwe f.

moufle [mufl(ə)] f (gant) Fausthandschuh m.

mouillage [muja3] m (NAUT) Liegeplatz m.

mouiller [muje] ⟨1⟩ **1.** vt naß machen, anfeuchten; (GASTR: ragoût) verdünnen, Wasser/Wein zugeben zu; (couper) verdünnen; (NAUT: mine) legen; (ancre) lassen; **2.** vi ankern.

moule [mul] **1.** f [Mies]muschel f; **2.** m [Back]form f.

mouler [mule] ⟨1⟩ vt formen; **~ qch sur qch** (fig) etw nach dem Vorbild von etw machen.

moulin [mulɛ̃] m Mühle f; **~ à café/à poivre** Kaffee-/Pfeffermühle f; **~ à légumes** Küchenmaschine f; **~ à vent** Windmühle f.

moulinet [mulinɛ] m: **faire des ~s avec qch** (mouvement) etw herumwirbeln.

moulinette [mulinɛt] f Küchenmaschine f.

moulu, e [muly] pp de **moudre**.

moulure [mulyʀ] f Stuckverzierung f.

mourant, e [muʀɑ̃, ɑ̃t] adj sterbend; (son) ersterbend.

mourir [muʀiʀ] irr vi avec être sterben; (civilisation) untergehen; (flamme) erlöschen; **~ d'ennui** sich zu Tode langweilen; **~ d'envie de faire qch** darauf brennen, etw zu tun; **~ de faim** verhungern; (fig) fast verhungern; **~ de froid** erfrieren.

mousse [mus] **1.** f Schaum m; (BOT) Moos nt; (dessert) Creme f; **une ~** (ein Bier); **2.** m Schiffsjunge m; **~ f carbonique** Feuerlöschschaum m; **~ f de coiffage**, **~ f coiffante** Schaumfestiger m; **~ f de foie gras** Mousse nt von Geflügelstopfleber; **~ à raser** Rasierschaum m.

mousseline [muslin] f Musselin m; **[pommes] ~** Kartoffelpüree nt.

mousser [muse] ⟨1⟩ vi schäumen; **mousseux, -euse** [musø, øz] **1.** adj schaumig;

2. *m* Schaumwein *m*.

mousson [musɔ̃] *f* Monsun *m*.

moustache [mustaʃ] *f* Schnurrbart *m*.

moustiquaire [mustikɛʀ] *f* (*rideau*) Moskitonetz *nt*; (*châssis*) Fliegenfenster *nt/*-gitter *nt*.

moustique [mustik] *m* Stechmücke *f*, Moskito *m*.

moutarde [mutaʀd] *f* Senf *m*.

mouton [mutɔ̃] *m* Schaf *nt*; (*cuir*) Schafsleder *m*; (*fourrure*) Schaffell *nt*; (*viande*) Schaf-/Hammelfleisch *nt*; (*poussière*) Staubflocke *f*; (*sur un pull*) Fussel *f*.

mouvement [muvmɑ̃] *m* (*déplacement, activité*) Bewegung *f*; (*trafic*) Betrieb *m*; (*d'une phrase, d'un récit*) Lebendigkeit *f*; (*variation*) Schwankung *f*, Bewegung *f*; (*MUS: rythme*) Tempo *m*; (*MUS: partie*) Satz *m*; (*d'un terrain, sol*) Unebenheit *f*; (*mécanisme*) Mechanismus *m*; (*de montre*) Uhrwerk *nt*; **en ~** in Bewegung; **~ pour la paix** Friedensbewegung *f*.

mouvementé, e [muvmɑ̃te] *adj* (*terrain*) uneben; (*récit*) lebhaft; (*agité*) turbulent.

mouvoir [muvwaʀ] *irr* **1.** *vt* bewegen; (*fig: personne*) antreiben, animieren; **2.** *vpr*: **se ~ sich bewegen**.

moyen, ne [mwajɛ̃, ɛn] **1.** *adj* (*taille, température, classe*) mittlere(r, s); (*lecteur, spectateur*) Durchschnitts-; (*passable*) durchschnittlich; **2.** *m* (*procédé, façon*) Mittel *nt*; **3.** *f* Durchschnitt *m*; **~s** *mpl* (*intellectuels, physiques*) Fähigkeiten *pl*; (*pécuniaires*) Mittel *pl*; **au ~ de** mit Hilfe von; **en ~** durchschnittlich; **employer les grands ~s** (*fig*) schwere Geschütze auffahren; **faire la ~ne** den Durchschnitt errechnen; **par ses propres ~s** allein, selbst; **par tous les ~s** auf Biegen und Brechen; **vivre au-dessus de ses ~s** über seine Verhältnisse leben; **~ne d'âge** Durchschnittsalter *nt*; **~ de transport** Transportmittel *nt*; **Moyen Âge** *m* Mittelalter *nt*; **moyen-courrier** (*moyens-courriers*) *m* Mittelstreckenflugzeug *nt*.

moyennant [mwajɛnɑ̃] *prép* (*prix*) für; (*travail, effort*) durch.

M.S.T. *f abr de* **maladie sexuellement transmissible** Geschlechtskrankheit *f*.

mû, e [my] *pp de* **mouvoir**.

muer [mɥe] 〈1〉 **1.** *vi* (*serpent*) sich häuten; (*oiseau*) sich mausern; (*voix, garçon*) im Stimmbruch sein; **2.** *vpr*: **se ~ en** sich verwandeln in +*akk*.

muet, te [mɥe, ɛt] **1.** *adj* stumm; **2.** *m, f* Stumme(r) *mf*; **3.** *m*: **le ~** (*CINÉ*) der Stummfilm.

mufle [myfl(ə)] *m* Maul *nt*; (*fam: goujat*) Flegel *m*.

mugir [myʒiʀ] 〈8〉 *vi* brüllen; (*fig: vent, sirène*) heulen.

muguet [mygɛ] *m* (*BOT*) Maiglöckchen *nt*.

mulâtre, -esse [mylɑtʀ(ə), ɛs] *m*, *f* Mulatte *m*, Mulattin *f*.

mule [myl] *f* (*ZOOL*) Mauleselin *f*; (*pantoufle*) Pantoffel *m*.

mulet [mylɛ] *m* Maulesel *m*; (*poisson*) Meerbarbe *f*.

multicolore [myltikɔlɔʀ] *adj* bunt.

multiculturel, le [myltikyltyʀɛl] *adj* multikulturell.

multifenêtrage [myltifənɛtʀaʒ] *m*: **technique de ~** (*INFORM*) Fenstertechnik *f*.

multifonctionnel, le [myltifɔ̃ksjɔnɛl] *adj* multifunktional.

multimédia [myltimedja] *adj* Multimedia-.

multinational, e (*multinationaux*) [myltinasjɔnal, o] *adj* multinational.

multiple [myltipl(ə)] **1.** *adj* vielfältig; (*nombre*) vielfach, mehrfach; **2.** *m* Vielfache(s) *nt*.

multiplication [myltiplikasjɔ̃] *f* (*augmentation*) Zunahme *f*, Vermehrung *f*; (*MATH*) Multiplikation *f*.

multiplicité [myltiplisite] *f* Vielfalt *f*.

multiplier [myltiplije] 〈1〉 **1.** *vt* vermehren; (*exemplaires*) vervielfältigen; (*MATH*) multiplizieren; **2.** *vpr*: **se ~** (*ouvrages, accidents*) zunehmen; (*êtres vivants, partis*) sich vermehren.

multiprogrammation [myltipʀɔgʀamasjɔ̃] *f* (*INFORM*) Multitasking *nt*.

multitraitement [myltitʀɛtmɑ̃] *m* (*INFORM*) Parallelverarbeitung *f*.

multitude [myltityd] *f* Menge *f*.

Munich [munik] *f* München *nt*.

municipal, e (*minicipaux*) [mynisipal, o] *adj* Stadt-, Gemeinde-; **municipalité** *f* (*corps municipal*) Gemeinderat *m*; (*commune*) Gemeinde *f*.

munir [myniʀ] 〈8〉 *vt*: **~ qn/qch de** jdn/etw ausstatten [*o* versehen] mit.

munitions [mynisjɔ̃] *fpl* Munition *f*.

muqueuse [mykøz] *f* Schleimhaut *f*.

mur [myʀ] *m* Mauer *f*; (*à l'intérieur*) Wand *f*; **~ du son** Schallmauer *f*.

mûr, e [myʀ] **1.** *adj* reif; **2.** *f* (*du mûrier*) Maulbeere *f*; (*de la ronce*) Brombeere *f*.

muraille [myʀɑj] *f* Mauerwerk *nt*; (*fortification*) Festungsmauer *f*; **la Grande Muraille [de Chine]** die Chinesische Mauer.

mural, e (*muraux*) [myʀal, o] *adj* Mauer-, Wand-.

murène [myʀɛn] *f* Muräne *f*.

murer [myʀe] 〈1〉 *vt* (*enclos*) ummauern; (*issue*) zumauern; (*personne*) einmauern.

muret [myʀɛ] *m* Mäuerchen *nt*.

mûrir [myʀiʀ] 〈8〉 **1.** *vi* reifen; **2.** *vt* reifen [lassen].

murmure [myʀmyʀ] *m* (*d'un ruisseau*) Plät-

schern nt; **~s** mpl Murren nt; **sans ~** ohne
Murren; **~ d'approbation/d'admiration**
beifälliges/bewunderndes Murmeln; **~ de
protestation** Protestgemurmel nt; **murmu-
rer** ⟨1⟩ vi (chuchoter) murmeln; (se plaindre) murren; (ruisseau, arbre) plätschern.
musaraigne [myzaʀɛɲ] f Spitzmaus f.
musc [mysk] m Moschus m.
muscade [myskad] f Muskat m; **[noix] ~**
Muskatnuß f.
muscat [myska] m (raisin) Muskatellertrau-
be f; (vin) Muskateller[wein] m.
muscle [myskl(ə)] m Muskel m; **musclé, e**
[myskle] adj muskulös; (fig: discussion)
scharf.
musculation [myskylasjɔ̃] f Bodybuilding
nt.
museau ⟨-x⟩ [myzo] m (d'un animal)
Schnauze f.
musée [myze] m Museum nt.
musette [myzɛt] **1.** f (sac) Proviantbeutel
m; **2.** adj inv (orchestre, etc) Akkordeon-.
musical, e [muzikaʊ] [myzikal, o] adj musikalisch, Musik-; (voix) klangvoll.
musicien, ne [myzisjɛ̃, ɛn] **1.** m, f Musi-
ker(in) m(f); **2.** adj musikalisch.
musique [myzik] f Musik f; (notation écrite)
Noten pl; (d'une phrase) Melodie f; **~ de
chambre** Kammermusik f; **~ de film/mili-
taire** Film-/Militärmusik f.
must [mœst] mpl (fam) Muß nt.
musulman, e [myzylmã, an] **1.** adj mosle-
misch, mohammedanisch; **2.** m, f Moslem
m, Moslime f, Mohammedaner(in) m(f).
mutation [mytasjɔ̃] f (d'un fonctionnaire)
Versetzung f; (BIO) Mutation f; **~ génétique**
Genmutation f; **muter** ⟨1⟩ vt (emploi) versetzen; **~ qn par mesure disciplinaire** (fonctionnaire) jdn strafversetzen.
mutilation [mytilasjɔ̃] f Verstümmelung f.
mutilé, e [mytile] **1.** adj verstümmelt; **2.** m,
f Krüppel m; **~ de guerre/du travail** Kriegs-
/Berufsbeschädigte(r) mf; **grand ~** Schwer-
beschädigte(r) mf.
mutiler [mytile] ⟨1⟩ vt verstümmeln.
mutin, e [mytɛ̃, in] **1.** adj verschmitzt; **2.** m,
f Meuterer m, Meuterin f; **mutinerie**
[mytinʀi] f Meuterei f.
mutuel, le [mytɥɛl] **1.** adj gegenseitig; **2.** f
Versicherungsverein m auf Gegenseitigkeit.
myope [mjɔp] **1.** adj kurzsichtig; **2.** mf
Kurzsichtige(r) mf; **myopie** f Kurzsichtig-
keit f.
myosotis [mjɔzɔtis] m Vergißmeinnicht nt.
myrtille [miʀtij] f Heidelbeere f.
mystère [mistɛʀ] m Geheimnis nt; (énigme)
Rätsel nt; **mystérieux, -euse** [misteʀjø,
øz] adj geheimnisvoll; (inexplicable) rätsel-
haft; (secret) geheim.
mysticisme [mistisism(ə)] m Mystik f.

mystifier [mistifje] ⟨1⟩ vt täuschen, narren,
irreführen.
mystique [mistik] **1.** adj mystisch; **2.** m/f
Mystiker(in) m(f).
mythe [mit] m Mythos m; (légende) Sage f;
mythique adj mythisch.
mythologie [mitɔlɔʒi] f Mythologie f;
mythologique adj mythologisch.

N

N, n [ɛn] m N, n nt.
n' adv v. **ne**.
nabot [nabo] m (péj: d'une personne)
Knirps m, Zwerg m.
nacelle [nasɛl] f (de ballon) Korb m.
nacre [nakʀ(ə)] f Perlmutt nt; **nacré, e** adj
perlmutterfarben, schimmernd.
nage [naʒ] f (action) Schwimmen nt; (style)
Schwimmstil m; **en ~** schweißgebadet; **s'é-
loigner à la ~** wegschwimmen; **traverser à
la ~** durchschwimmen; **~ libre/papillon**
Frei-/Schmetterlingsstil m.
nageoire [naʒwaʀ] f Flosse f.
nager [naʒe] ⟨2⟩ vi schwimmen; **nageur,
-euse** m, f Schwimmer(in) m(f).
naguère [nagɛʀ] adv unlängst.
naïf, -ïve [naif, iv] adj naiv.
nain, e [nɛ̃, nɛn] m, f Zwerg(in) m(f).
naissance [nɛsãs] f Geburt f; (fig) Entstehung f; **donner ~ à** gebären; (fig) entstehen
lassen.
naître [nɛtʀ(ə)] irr vi avec être geboren werden; (fig) entstehen; **~ de** geboren werden
von; entstehen aus; **faire ~** erwecken; **il est
né en 1961** er ist 1961 geboren.
naïveté [naivte] f Naivität f.
nana [nana] f (fam: fille) Nüster f.
nappe [nap] f Tischdecke f; **~ d'eau** große
Wasserfläche; **~ phréatique** Grundwasser
nt.
napperon [napʀɔ̃] m Deckchen nt.
narcissisme [naʀsisism(ə)] m Narzißmus
m.
narcotique [naʀkɔtik] m Betäubungsmittel
nt.
narguer [naʀge] ⟨1⟩ vt verspotten.
narine [naʀin] f Nasenloch nt.
narquois, e [naʀkwa, az] adj spöttisch.
narrateur, -trice [naʀatœʀ, tʀis] m, f Er-
zähler(in) m(f).
narration [naʀasjɔ̃] f Erzählung f.
naseau ⟨-x⟩ [nazo] m Nüster f.
natal, e [natal] adj Geburts-, Heimat-;
natalité f Geburtsrate f.
natation [natasjɔ̃] f Schwimmen nt; **faire de
la ~** Schwimmsport m betreiben.

natif, -ive [natif, iv] *adj:* ~ **de Paris** (*originaire*) gebürtiger Pariser.

nation [nasjɔ̃] *f* Nation *f*, Volk *nt*; **les Nations Unies** (*POL*) die Vereinten Nationen; **national, e** ⟨nationaux⟩ [nasjɔnal, o] **1.** *adj* national; **2.** *f:* [**route**] ~**e** ≈ Bundesstraße *f*.

nationalisation [nasjɔnalizasjɔ̃] *f* Verstaatlichung *f*; **nationaliser** ⟨1⟩ *vt* verstaatlichen.

nationalisme [nasjɔnalism(ə)] *m* Nationalismus *m*; **nationaliste** *m/f* Nationalist(in) *m(f)*.

nationalité [nasjɔnalite] *f* Nationalität *f*; **il est de** ~ **française** er ist französischer Staatsbürger.

natte [nat] *f* (*tapis*) Matte *f*; (*cheveux*) Zopf *m*.

naturaliser [natyralize] ⟨1⟩ *vt* naturalisieren, einbürgern.

naturaliste [natyralist(ə)] *m/f* Naturkundler(in) *m(f)*.

nature [natyr] **1.** *f* Natur *f*; (*d'un terrain*) Beschaffenheit *f*; **2.** *adj, adv* (*GASTR*) natur; **payer en** ~ in Naturalien zahlen; ~ **morte** Stilleben *nt*.

naturel, le [natyrɛl] **1.** *adj* natürlich; (*phénomène, sciences*) Natur-; (*inné*) angeboren; **2.** *m* (*caractère*) Art *f*; (*aisance*) Natürlichkeit *f*; **naturellement** *adv* natürlich.

naturiste [natyrist(ə)] *m/f* FKK-Anhänger(in) *m(f)*.

naufrage [nofraʒ] *m* Schiffbruch *m*; **faire** ~ Schiffbruch erleiden; **naufragé, e 1.** *adj* schiffbrüchig; **2.** *m, f* Schiffbrüchige(r) *mf*.

nauséabond, e [nozeabɔ̃, ɔ̃d] *adj* widerlich.

nausée [noze] *f* Übelkeit *f*; (*fig*) Ekel *m*.

nautique [notik] *adj* nautisch.

nautisme [notism(ə)] *m* Wassersport *m*.

navet [navɛ] *m* (*BOT*) [Steck]rübe *f*; (*fam*) sehr schwacher Film.

navette [navɛt] *f* (*objet*) [Weber]schiffchen *nt*; (*transport*) Pendelverkehr *m*; **faire la** ~ pendeln; ~ **spatiale** Raumfähre *f*.

navigable [navigabl(ə)] *adj* schiffbar.

navigateur [navigatœr] *m* (*AVIAT*) Navigator(in) *m(f)*; (*NAUT*) Seefahrer(in) *m(f)*.

navigation [navigasjɔ̃] *f* Schiffahrt *f*.

naviguer [navige] ⟨1⟩ *vi* (*bateau*) fahren.

navire [navir] *m* Schiff *nt*.

navrer [navre] ⟨1⟩ *vt* betrüben; **je suis navré(e)** es tut mir leid; **c'est navrant** es ist bedauerlich.

N.B. *abr de* **nota bene** NB.

ne (n') [n(ə)] *adv* nicht; (*explétif*) wird nicht übersetzt.

né, e [ne] *adj:* ~**e Dupont** geborene Dupont; ~(**e**) **en 1961** 1961 geboren; **un comédien** ~ der geborene Komiker.

néanmoins [neãmwɛ̃] *adv* trotzdem, dennoch.

néant [neã] *m* Nichts *nt*; **réduire à** ~ zerstören.

nébuleux, -euse [nebylø, øz] *adj* neblig.

nécessaire [nesesɛr] **1.** *adj* notwendig; (*indispensable*) unersetzlich; (*effet*) unvermeidlich; **2.** *m:* ~ **de couture** Nähtäschchen *nt*; ~ **de toilette** Kulturbeutel *m*; **faire le** ~ das Notwendige tun; **n'emporter que le strict** ~ nur das Notwendigste mitnehmen; **nécessité** [nesesite] *f* Notwendigkeit *f*; (*besoin*) Bedürfnis *nt*; **par** ~ notgedrungen[erweise]; **se trouver dans la** ~ **de faire qch** sich gezwungen sehen, etw zu tun; **nécessiter** ⟨1⟩ *vt* erfordern.

nectarine [nɛktarin] *f* Nektarine *f*.

néerlandais, e [neɛrlãdɛ, ɛz] *adj* niederländisch.

nef [nɛf] *f* Kirchenschiff *nt*.

négatif, -ive [negatif, iv] **1.** *adj* negativ; **2.** *m* (*PHOTO*) Negativ *nt*; **répondre par la négative** mit Nein antworten.

négligé, e [negliʒe] **1.** *adj* (*en désordre*) schlampig; **2.** *m* (*déshabillé*) Negligé *nt*.

négligeable [negliʒabl(ə)] *adj* minimal, bedeutungslos.

négligent, e [negliʒã, ãt] *adj* nachlässig.

négliger [negliʒe] ⟨2⟩ *vt* vernachlässigen; (*ne pas tenir compte*) nicht beachten; ~ **de faire qch** versäumen, etw zu tun.

négoce [negɔs] *m* Handel *m*; **négociable** [negɔsjabl(ə)] *adj* übertragbar; **négociant, e** *m* Händler(in) *m(f)*; **négociateur, -trice** *m, f* Unterhändler(in) *m(f)*; **négociation** [negɔsjasjɔ̃] *f* Verhandlung *f*; **négocier** ⟨1⟩ **1.** *vt* aushandeln; (*virage*) nehmen; **2.** *vi* (*POL*) verhandeln.

nègre [nɛgr(ə)] *m* (*péj*) Neger *m*; (*écrivain*) Ghostwriter *m*; **négresse** [negrɛs] *f* (*péj*) Negerin *f*.

neige [nɛʒ] *f* Schnee *m*; **battre les œufs en** ~ Eiweiß zu Schnee schlagen; ~ **carbonique** Trockenschnee *m*; **neiger** [neʒe] ⟨2⟩ *vb impers:* **il neige** es schneit.

nénuphar [nenyfar] *m* Seerose *f*.

néon [neɔ̃] *m* Neon *nt*.

néo-nazi [neonazi] **1.** *adj* neonazistisch; **2.** *m* Neonazi *m*.

néo-zélandais, e [neozelãdɛ, ɛz] *adj* neuseeländisch.

néphrite [nefrit] *f* Nierenentzündung *f*.

nerf [nɛr] *m* Nerv *m*; (*vigueur*) Elan *m*, Schwung *m*; **le** ~ **de la guerre** das Geld [, das alles möglich macht].

nerveux, -euse [nɛrvø, øz] *adj* nervös; (*MÉD*) Nerven-; (*cheval*) nervig; (*voiture*) spritzig; (*viande*) sehnig.

nervosité [nɛrvozite] *f* Nervosität *f*.

n'est-ce pas [nɛspa] *adv* nicht wahr.

net, te [nɛt] **1.** adj deutlich; (propre) sauber, rein; (sans équivoque) eindeutig; (COMM) Netto-; **2.** adv (refuser) glatt; (s'arrêter) plötzlich, sofort; **3.** m: **mettre au ~** ins reine schreiben; **je veux en avoir le cœur ~** ich möchte mir Klarheit verschaffen; **netteté** f Klarheit f.

nettoyage [nɛtwajaʒ] m Reinigung f, Säuberung f; **~ à sec** chemische Reinigung.

nettoyer [nɛtwaje] ⟨6⟩ vt reinigen, säubern.

neuf [nœf] num neun; **le ~ juin** der neunte Juni; **~ fois** (refuser) neunfach; **~ cents** neunhundert; **de ~ ans** neunjährig.

neuf, neuve [nœf, nœv] **1.** adj neu; (originel) neuartig; **2.** m: **faire du ~ avec du vieux** (fam) aus Altem Neues machen; **remettre à ~** renovieren; **repeindre à ~** neu streichen; **quoi de ~?** was gibt's Neues?

neutre [nøtʀ(ə)] **1.** adj neutral; (LING) sächlich; **2.** m (LING) Neutrum nt.

neuvième [nœvjɛm] **1.** adj neunte(r, s); **2.** m (fraction) Neunte(r) m; **3.** m/f (personne) Neunte(r) mf; **neuvièmement** adv neuntens.

neveu ⟨-x⟩ [n(ə)vø] m Neffe m.

névralgie [nevralʒi] f Neuralgie f.

névrite [nevrit] f Nervenentzündung f.

névrose [nevroz] f Neurose f; **névrosé, e** adj neurotisch.

nez [ne] m Nase f; **~ à ~ avec** gegenüber +dat; **rire au ~ de qn** jdm ins Gesicht lachen.

NF abr de **Norme française** französische Industrienorm, ≈ DIN.

ni [ni] adj: **~ l'un ~ l'autre ne sont ...** weder der eine noch der andere ist ...; **il n'a rien dit ~ fait** er hat weder etwas gesagt, noch etwas getan.

niais, e [njɛ, ɛz] adj dümmlich.

niche [niʃ] f (de chien) [Hunde]hütte f; (dans un mur) Nische f.

nickel [nikɛl] m Nickel nt.

nicotine [nikɔtin] f Nikotin nt.

nid [ni] m Nest nt; **nid-de-poule** ⟨nids-de-poule⟩ m Schlagloch nt.

nièce [njɛs] f Nichte f.

nier [nje] ⟨1⟩ vt leugnen.

Nil [nil] m: **le ~** der Nil.

n'importe [nɛ̃pɔʀt(ə)] adj irgend-; **~ qui** ir- gendwer; **~ quoi** irgend etwas.

niveau ⟨-x⟩ [nivo] m Niveau nt; (hauteur) Höhe f; **atteindre le ~ le plus bas** (fleuve) den Tiefststand erreichen; **au ~ de** auf gleicher Höhe mit; **de ~ [avec]** gleich hoch [wie]; **~ d'eau** Wasserwaage f; **le ~ de la mer** die Meereshöhe; **~ de vie** Lebensstandard m.

niveler [niv(ə)le] ⟨3⟩ vt einebnen; (fig) angleichen.

no, n° abr de **numéro** Nr.

noble [nɔbl(ə)] **1.** adj edel, nobel; **2.** m/f Ad- lige(r) mf; **noblesse** f Adel m; (d'une action) Großmut f.

noce [nɔs] f: **les ~s** die Hochzeit; **en secon- des ~s** in zweiter Ehe; **faire la ~** (fam) [wild] feiern; **~s d'or/d'argent** goldene Hochzeit/Silberhochzeit.

nocif, -ive [nɔsif, iv] adj schädlich.

nocturne [nɔktyʀn(ə)] adj nächtlich.

Noël [nɔɛl] m Weihnachten nt.

nœud [nø] m Knoten m; (ruban) Schleife f; (d'une question) Kernpunkt m; **~-papillon** (cravate) Fliege f.

noir, e [nwaʀ] **1.** adj schwarz; (sombre) dun- kel; (fam: ivre) besoffen; **2.** f (MUS) Viertel- note f; **3.** m/f: **Noir, e** (race) Schwarze(r) mf; **dans le ~** im dunkeln; **être ~(e) de monde** (endroit) schwarz von Menschen, voller Menschen sein; **travail au ~** Schwarzarbeit f; **noirceur** [nwaʀsœʀ] f Dunkelheit f, Schwärze f; **noircir** ⟨8⟩ vt schwärzen.

noisette [nwazɛt] **1.** f Haselnuß f; **2.** adj inv (yeux) nußbraun.

noix [nwa] f Walnuß f; **à la ~** (fam) wertlos; **une ~ de beurre** ein kleines Stück Butter; **~ de cajou** Cashewnuß f; **~ de coco** Kokos- nuß f; **~ muscade** Muskatnuß f; **~ de veau** Kalbsnuß f.

nom [nɔ̃] m Name m; (LING) Substantiv nt; **au ~ de** im Namen von; **~ d'une pipe** [o **d'un chien**] (fam) verflucht!, Mensch!; **~ de famille** Familienname m; **~ de jeune fille** Mädchenname m.

nomade [nɔmad] **1.** adj nomadisch; **2.** m/f Nomade m, Nomadin f.

nombre [nɔ̃bʀ(ə)] m Zahl f; (LING) Numerus m; **au ~ de mes amis** unter meinen Freun- den; **~ d'années/de gens** viele Jahre/Leute; **le ~ considérable de gens qui ...** die be- trächtliche Anzahl von Menschen, die ...; **ils sont au ~ de 3** sie sind zu dritt; **sans ~** zahllos; **nombreux, -euse** adj (avec pl) viele; (avec sing) groß, riesig; **peu ~** we- nig(e).

nombril [nɔ̃bʀi(l)] m Nabel m.

nominatif [nɔminatif] m Nominativ m.

nomination [nɔminasjɔ̃] f Ernennung f.

nommer [nɔme] ⟨1⟩ vt nennen, benennen; (qualifier) bezeichnen; (élire) ernennen.

non [nɔ̃] **1.** adv nicht; (réponse) nein; **2.** m Nein nt; **moi ~ plus** ich auch nicht; **3.** préf nicht.

nonante [nɔnɑ̃t] num (belge, suisse) neun- zig.

non-fumeur, -euse [nɔ̃fymœʀ, øz] m, f Nichtraucher(in) m(f); **non-ingérence** [nɔnɛ̃ʒeʀɑ̃s] f (POL, MIL) Nichteinmischung f; **non-lieu** [nɔ̃ljø] ⟨-x⟩ m (JUR) Einstellung f; **il y a eu** ~ das Verfahren ist eingestellt worden; **non-prolifération** f Nichtweitergabe f von Atomwaffen; **traité de ~ nucléaire** Atomsperrvertrag m; **non-retour** m: **atteindre le point de ~** den Punkt erreichen, an dem es kein Zurück gibt.

non-sens [nõsãs] m Unsinn m, Widersinn m.

non-voyant, e [nõvwajã, ãt] adj blind.

nord [nɔʀ] **1.** m: **le ~** der Norden; **2.** adj inv Nord-, nördlich; **au ~ de** nördlich von, im Norden von; **nord-africain, e** adj nordafrikanisch; **Nord-Africain, e** m, f Nordafrikaner(in) m(f); **nord-est** [nɔʀɛst] m Nordosten m.

nordique [nɔʀdik] adj nordisch.

nord-ouest [nɔʀwɛst] m Nordwesten m.

normal, e ⟨normaux⟩ [nɔʀmal, o] **1.** adj normal; **2.** f: **la ~e** die Norm, der Durchschnitt; **normalement** adv normalerweise.

Normandie [nɔʀmãdi] f: **la ~** die Normandie.

norme [nɔʀm(ə)] f Norm f; **~ de pureté** (bière) Reinheitsgebot nt.

Norvège [nɔʀvɛʒ] f: **la ~** Norwegen nt; **norvégien, ne** [nɔʀveʒjɛ̃, ɛn] adj norwegisch; **Norvégien, ne** m, f Norweger(in) m(f).

nos [no] adj v. **notre**.

nostalgie [nɔstalʒi] f Nostalgie f.

notable [nɔtabl(ə)] **1.** adj bedeutend; (sensible) beachtlich; **2.** m/f angesehene Persönlichkeit; (pl) Honoratioren pl.

notaire [nɔtɛʀ] m Notar(in) m(f).

notamment [nɔtamã] adv besonders.

notation [nɔtasjõ] f Zeichen pl; (note) Notiz f; (scol) Zensierung f.

note [nɔt] f Note f; (facture) Rechnung f; (billet) Zettel m, Notiz f; (annotation) Erläuterung f; **~ de bas de page** Fußnote f; **prendre ~ de qch** sich dat etw merken; **prendre des ~s** (scol) mitschreiben, sich dat Notizen machen.

noté, e [nɔte] adj: **être bien/mal ~** gut/schlecht bewertet werden.

noter [nɔte] ⟨1⟩ vt notieren; (remarquer) bemerken; (évaluer) bewerten; **notez [bien] que** beachten Sie bitte, daß.

notice [nɔtis] f Notiz f; **~ explicative** Erläuterung f.

notifier [nɔtifje] ⟨1⟩ vt: **~ qch à qn** jdn von etw benachrichtigen.

notion [nɔsjõ] f Vorstellung f, Idee f; **~s** fpl (rudiment) Grundwissen nt.

notoire [nɔtwaʀ] adj bekannt; (en mal) notorisch.

notre ⟨nos⟩ [nɔtʀ(ə), no] adj unser, unsere, unser; (pl) unsere.

nôtre [notʀ(ə)] pron: **le/la ~** der/die/das unsere; **les ~s** (famille) die Unsrigen pl; **soyez des ~s!** schließen Sie sich uns an!

nouer [nwe] ⟨1⟩ vt binden, schnüren; (alliance, amitié) schließen.

nouilles [nuj] fpl Nudeln pl.

nourrice [nuʀis] f Amme f; (sens moderne) Tagesmutter f.

nourrir [nuʀiʀ] ⟨8⟩ **1.** vt (alimenter) füttern; (entretenir) ernähren; (espoir, haine) nähren; **2.** vpr: **se ~ de légumes** nichts als Gemüse essen; **~ au sein** stillen; **logé, nourri** mit Übernachtung und Verpflegung; **bien/mal nourri(e)** gut genährt/schlecht ernährt; **nourrissant, e** [nuʀisã, ãt] adj nahrhaft; **nourriture** [nuʀityʀ] f Nahrung f.

nous [nu] pron (sujet) wir; (objet) uns.

nouveau ⟨**nouvel**⟩, **-elle** ⟨nouveaux⟩ [nuvo, ɛl] **1.** adj neu; **2.** m, f (personne) Neue(r) mf; **3.** m: **il y a du ~** es gibt Neues; **4.** f Nachricht f; (récit) Novelle f; **de ~, à ~** aufs neue, wieder; **je suis sans nouvelles de lui** ich habe nichts von ihm gehört; **le nouvel an** Neujahr nt; **~ riche** neureich; **le nouveau venu, nouvelle venue** Neuankömmling m; **nouveau-né, e** [nuvone] **1.** adj neugeboren; **2.** m, f Neugeborene(s) nt; **nouveauté** f Neuheit f.

Nouvelle-Calédonie [nuvɛlkaledoni] f: **la ~** Neukaledonien nt; **Nouvelle-Zélande** f: **la ~** Neuseeland nt.

novembre [nɔvãbʀ(ə)] m November m; **en ~** im November; **le 16 ~** am 16. November; **le 16 ~ 1998** der 16. November 1998.

novice [nɔvis] **1.** adj unerfahren; **2.** m/f Neuling m.

noyau (-x) [nwajo] m Kern m; **noyauter** ⟨1⟩ vt (pol) unterwandern.

noyer [nwaje] ⟨6⟩ **1.** vt ertränken, ersäufen; (submerger) überschwemmen; **2.** vpr: **se ~** ertrinken; (se suicider) sich ertränken; **3.** m Walnußbaum m; **~ son moteur** den Motor absaufen lassen.

N/Réf. abr de **notre référence** unser Zeichen.

nu, e [ny] **1.** adj nackt; (fig) leer; **2.** m Akt m; **à mains ~es** mit bloßen Händen; **à l'œil ~** mit bloßem Auge; **~-pieds, [les] pieds ~s** barfuß; **mettre à ~** entblößen; **se mettre ~** sich ausziehen.

nuage [nɥaʒ] m Wolke f; **nuageux, -euse** adj wolkig, bewölkt.

nuance [nɥãs] f Nuance f; **il y a une ~ [entre]** es gibt einen feinen Unterschied [zwischen +dat]; **nuancer** ⟨2⟩ vt nuancieren.

nucléaire [nykleɛʀ] adj nuklear, Kern-.

nudiste [nydist(ə)] m/f Nudist(in) m(f).

nudité [nydite] f Nacktheit f, Blöße f.

nuée [nɥe] f: **une ~ de** eine Wolke/ein Schwarm von.

nues [ny] *fpl:* porter qn aux ~ jdn in den Himmel heben; **tomber des** ~ aus allen Wolken fallen.

nuire [nɥiʀ] *irr comme luire, vi* schädlich sein; ~ à qn/qch jdm/einer Sache schaden.

nuisible [nɥizibl(ə)] *adj* schädlich.

nuit [nɥi] *f* Nacht *f*; **cette** ~ heute nacht; **il fait** ~ es ist Nacht; ~ **blanche** schlaflose Nacht; ~ **bleue** *Nacht, in der gleichzeitig mehrere Attentate verübt werden;* ~ **de noces** Hochzeitsnacht *f*; **service/vol de** ~ Nachtdienst *m*/-flug *m*.

nul, le [nyl] **1.** *adj* kein; (*non valable*) ungültig; **2.** *pron* niemand, keiner; **c'est** ~ (*fam*) das bringt's nicht, das ist geschenkt; ~**le part** nirgendwo; **match** ~ (*football, etc*) unentschieden; **nullement** *adv* keineswegs.

numération [nymeʀasjɔ̃] *f:* ~ **décimale/binaire** Dezimal-/Binärsystem *nt*.

numérique [nymeʀik] *adj* numerisch; **montre** ~ Digitaluhr *f*.

numéro [nymeʀo] *m* Nummer *f*.

numéroter [nymeʀɔte] ⟨1⟩ *vt* numerieren.

nuque [nyk] *f* Nacken *m*, Genick *nt*.

nutritif, -ive [nytʀitif, iv] *adj* nahrhaft; (*fonction*) Nähr-; **nutrition** [nytʀisjɔ̃] *f* Ernährung *f*.

nylon [nilɔ̃] *m* Nylon *nt*.

nymphomane [nɛ̃fɔman] *f* Nymphomanin *f*.

O

O, o [o] *m* O, o *nt*.

oasis [ɔazis] *f* Oase *f*.

obéir [ɔbeiʀ] ⟨8⟩ *vi:* ~ [à qn] [jdm] gehorchen; ~ à qch (*ordre, loi*) etw befolgen; (*impulsion, loi naturelle*) einer Sache *dat* folgen; (*force*) einer Sache *dat* nachgeben; **obéissance** [ɔbeisɑ̃s] *f* Gehorsam *m*; **obéissant, e** [ɔbeisɑ̃, ɑ̃t] *adj* gehorsam.

obèse [ɔbɛz] *adj* fett[leibig].

objecter [ɔbʒɛkte] ⟨1⟩ *vt* (*prétexter: fatigue*) vorgeben; ~ qch à (*argument*) etw einwenden gegen; (*personne*) etw entgegenhalten +*dat;* **objecteur** *m:* ~ **de conscience** Wehrdienstverweigerer *m*, Kriegsdienstverweigerer *m*.

objectif, -ive [ɔbʒɛktif, iv] **1.** *adj* objektiv; **2.** *m* (*PHOTO*) Objektiv *nt*; (*MIL, fig*) Ziel *nt*; ~ **grand angulaire/à focale variable** Weitwinkel-/Zoomobjektiv *nt*.

objection [ɔbʒɛksjɔ̃] *f* Einwand *m*, Widerspruch *m*.

objectivité [ɔbʒɛktivite] *f* Objektivität *f*.

objet [ɔbʒɛ] *m* (*chose*) Gegenstand *m*; (*sujet, but*) Objekt *nt*; **être** [*o* **faire**] **l'~ de**

qch (*discussion, enquête, soins*) Gegenstand einer Sache *gen* sein; **sans** ~ nichtig, gegenstandslos; ~ **d'art** Kunstgegenstand *m*; **[bureau des]** ~**s trouvés** Fundbüro *nt*; ~**s personnels** persönliche Dinge *pl*; ~**s de toilette** Toilettenartikel *pl*.

obligation [ɔbligasjɔ̃] *f* Pflicht *f*; (*COMM*) Obligation *f*; **être dans l'~ de faire qch, avoir l'~ de faire qch** verpflichtet sein, etw zu tun; **sans** ~ **d'achat/de votre part** unverbindlich.

obligatoire [ɔbligatwaʀ] *adj* obligatorisch.

obligé, e [ɔbliʒe] *adj* verpflichtet; (*reconnaissant*) dankbar.

obliger [ɔbliʒe] ⟨2⟩ *vt:* ~ qn (*rendre service à*) jdm einen Gefallen tun; ~ qn à faire qch jdn zwingen, etw zu tun; (*JUR: engager*) jdn verpflichten, etw zu tun; ~ qn à qch (*contraindre*) jdn zu etw zwingen.

oblique [ɔblik] *adj* schief, schräg; **en** ~ diagonal.

oblitération [ɔbliteʀasjɔ̃] *f* (*de timbre*) Entwerten *nt*.

oblong, -gue [ɔblɔ̃, ɔ̃g] *adj* länglich.

obscène [ɔpsɛn] *adj* obszön; **obscénité** [ɔpsenite] *f* Obszönität *f*.

obscur, e [ɔpskyʀ] *adj* (*sombre*) finster, dunkel; (*raisons, exposé*) obskur; (*sentiment*) dunkel; (*médiocre*) unscheinbar; (*inconnu*) unbekannt, obskur; **obscurcir** [ɔpskyʀsiʀ] ⟨8⟩ **1.** *vt* (*assombrir*) verdunkeln; (*fig*) unklar machen; **2.** *vpr:* **s'~** (*temps*) dunkel werden; **obscurité** *f* Dunkelheit *f*; **dans l'~** im Dunkeln.

obsédé, e [ɔpsede] *m, f:* ~**(e) sexuel(le)** Sexbesessene(r) *mf*.

obséder [ɔpsede] ⟨5⟩ *vt* verfolgen; **être obsédé(e) par** besessen sein von.

obsèques [ɔpsɛk] *fpl* Begräbnis *nt*; ~ **nationales** Staatsbegräbnis *nt*.

observateur, -trice [ɔpsɛʀvatœʀ, tʀis] **1.** *adj* aufmerksam; **2.** *m, f* Beobachter(in) *m(f)*; (*SCIENCES*) Forscher(in) *m(f)*.

observation [ɔpsɛʀvasjɔ̃] *f* Beobachtung *f*; (*commentaire, reproche*) Bemerkung *f*; (*scientifique*) Forschung *f*.

observatoire [ɔpsɛʀvatwaʀ] *m* Observatorium *nt*; (*lieu élevé*) Beobachtungsstand *m*.

observer [ɔpsɛʀve] ⟨1⟩ *vt* beobachten; (*scientifiquement*) untersuchen; (*remarquer, noter*) bemerken; (*se conformer à*) befolgen; **faire** ~ **qch à qn** (*le lui dire*) jdn auf etw *akk* aufmerksam machen.

obsession [ɔpsesjɔ̃] *f* Besessenheit *f*, fixe Idee.

obstacle [ɔpstakl(ə)] *m* Hindernis *nt*; (*SPORT*) Hindernis *nt*, Hürde *f*; **faire** ~ **à qch** sich einer Sache *dat* entgegenstellen.

obstétrique [ɔpstetʀik] *f* Geburtshilfe *f*.

obstination [ɔpstinasjɔ̃] *f* Eigensinn *m*;

obstiné, e *adj* eigensinnig; *(effort, résistance)* stur; **obstiner** ⟨1⟩ *vpr:* **s'~** nicht nachgeben, stur bleiben; **s'~ à faire qch** *(hartnäckig)* darauf bestehen, etw zu tun; **s'~ dans qch** sich auf etw *akk* versteifen.

obstruction [ɔpstʁyksjɔ̃] *f (SPORT)* Behindern *nt; (MÉD)* Verschluß *m; (POL)* Obstruktion *f;* **faire de l'~** *(fig)* sich querstellen.

obstruer [ɔpstʁye] ⟨1⟩ *vt* verstopfen.

obtenir [ɔptəniʁ] ⟨9⟩ *vt* bekommen, erhalten; *(total, résultat)* erreichen; **~ de qn que** von jdm erreichen, daß; **~ satisfaction** Genugtuung erhalten.

obturation [ɔptyʁasjɔ̃] *f* Verschließen *nt; ~* **dentaire** Zahnfüllung *f.*

obus [ɔby] *m* Granate *f.*

occasion [ɔkazjɔ̃] *f* Gelegenheit *f; (acquisition avantageuse)* Gelegenheitskauf *m;* **à l'~** gelegentlich; **à l'~ de son anniversaire** zu seinem Geburtstag; **à cette/la première ~** bei dieser/bei der ersten Gelegenheit; **à plusieurs ~s** bei/zu mehreren Gelegenheiten; **d'~** gebraucht; **être l'~ de qch** der Anlaß für etw sein; **occasionnel, le** [ɔkazjɔnɛl] *adj (fortuit)* zufällig; *(non régulier)* gelegentlich; **occasionner** [ɔkazjɔne] ⟨1⟩ *vt* verursachen; **~ des frais/ du dérangement à qn** jdm Kosten/Unannehmlichkeiten verursachen.

occident [ɔksidɑ̃] *m:* **l'~** der Westen; **l'Occident** *(POL)* die Westmächte *pl;* **occidental, e** *(occidentaux) adj* westlich, West-.

occlusion [ɔklyzjɔ̃] *f: ~* **intestinale** Darmverschluß *m.*

occulte [ɔkylt(ə)] *adj* okkult; **occulter** ⟨1⟩ *vt* vernebeln, verheimlichen.

occupant, e [ɔkypɑ̃, ɑ̃t] **1.** *adj (armée, autorité)* Besatzungs-; **2.** *m, f (d'un appartement)* Bewohner(in) *m(f).*

occupation [ɔkypasjɔ̃] *f (MIL)* Besetzung *f; (d'un logement)* Bewohnen *nt; (passetemps, emploi)* Beschäftigung *f;* **l'Occupation** *(1941-1944)* die Besatzung Frankreichs durch Deutschland.

occupé, e [ɔkype] *adj* besetzt; *(personne)* beschäftigt; *(esprit: absorbé)* total in Anspruch genommen.

occuper [ɔkype] ⟨1⟩ **1.** *vt (appartement)* bewohnen; *(chose: place)* einnehmen, brauchen; *(personne: place, MIL, POL)* besetzen; *(remplir, couvrir: surface, période)* ausfüllen; *(heure, loisirs)* in Anspruch nehmen; *(fonction)* innehaben; *(main d'œuvre, personnel)* beschäftigen; **2.** *vpr:* **s'~** sich beschäftigen; **s'~ de** sich kümmern um; *(s'intéresser à, pratiquer)* sich beschäftigen mit.

O.C.D.E. *f abr de* **Organisation de coopération et de développement économique** OECD *f (Organisation für wirtschaftliche Zusammenarbeit und Entwicklung).*

océan [ɔseɑ̃] *m* Ozean *m.*

ocre [ɔkʁ(ə)] *adj inv* ocker[farben].

octane [ɔktan] *m* Oktan *nt.*

octave [ɔktav] *f (MUS)* Oktave *f.*

octet [ɔktɛ] *m (INFORM)* Byte *nt.*

octobre [ɔktɔbʁ(ə)] *m* Oktober *m;* **en ~** im Oktober; **le 3 ~** am 3. Oktober; **le 3 ~ 1998** der 3. Oktober 1998.

octogénaire [ɔktɔʒenɛʁ] **1.** *adj* achtzigjährig; **2.** *m/f* Achtzigjährige(r) *mf.*

oculaire [ɔkylɛʁ] **1.** *adj* Augen-; **2.** *m* Okular *nt.*

oculiste [ɔkylist(ə)] *m/f* Augenarzt *m,* Augenärztin *f.*

odeur [ɔdœʁ] *f* Geruch *m;* **mauvaise ~** Gestank *m.*

odieux, -euse [ɔdjø, øz] *adj (personne, crime)* widerlich, ekelhaft; *(enfant: insupportable)* unerträglich.

odorant, e [ɔdɔʁɑ̃, ɑ̃t] *adj* duftend.

odorat [ɔdɔʁa] *m* Geruchssinn *m;* **avoir l'~ fin** eine feine Nase haben.

œcuménique [ekymenik] *adj* ökumenisch.

œil ⟨yeux⟩ [œj, jø] *m (ANAT)* Auge *nt; (d'une aiguille)* Öse *f;* **à l'~** *(fam: gratuitement)* umsonst; **avoir l'~ [à]** *(être vigilant)* aufpassen [auf *+akk*]; **avoir un ~ au beurre noir** ein blaues Auge haben; **fermer les yeux [sur qch]** [bei etw] ein Auge zudrücken; **tenir qn à l'~** jdn im Auge behalten; **voir qch d'un bon/mauvais ~** etw gut finden/etw nicht gern sehen; **à mes/ses yeux** in meinen/seinen Augen; **de ses propres yeux** mit eigenen Augen; **œillade** [œjad] *f:* **faire des ~s à qn** jdm schöne Augen machen; **lancer une ~ à qn** jdm zublinzeln; **œillères** [œjɛʁ] *fpl* Scheuklappen *pl.*

œillet [œjɛ] *m* Nelke *f; (trou)* Öse *f.*

œstrogène [ɛstʁɔʒɛn] *adj:* **hormone ~** Östrogen *nt.*

œuf ⟨-s⟩ [œf, ø] *m* Ei *nt;* **~s brouillés** Rührei *nt; ~* **à la coque/dur/mollet** weiches/hartgekochtes/wachsweiches Ei; **~s à la neige** Eischnee *m; ~* **de Pâques** Osterei *nt; ~* **au plat** Spiegelei *nt; ~* **poché** pochiertes Ei.

œuvre [œvʁ(ə)] **1.** *f* Werk *nt; (organisation charitable)* Stiftung *f;* **2.** *m (d'un artiste)* Werk *m;* **le gros ~** *(ARCHIT)* der Rohbau; **~s** *fpl (REL: actions, actes)* Werke *pl;* **bonnes ~s, ~s de bienfaisance** gute Werke *pl;* **être/ se mettre à l'~** arbeiten/sich an die Arbeit machen; **mettre en ~** *(moyens)* einsetzen, Gebrauch machen von; **~ m d'art** Kunstwerk *nt;* **œuvrer** ⟨1⟩ *vi* arbeiten; **~ dans ce sens** in diese Richtung hinarbeiten.

O.F.A.J. [ɔfaʒ] *m acr de* **Office franco-allemand pour la jeunesse** DFJW *nt (deutschfranzösisches Jugendwerk).*

offense [ɔfɑ̃s] *f (affront)* Beleidigung *f; (péché)* Sünde *f;* **offenser** ⟨1⟩ **1.** *vt (per-*

sonne) beleidigen; (*bon goût, principes*) verletzen; (*Dieu*) sündigen gegen; **2.** *vpr*: **s'∼ de qch** an etw *dat* Anstoß nehmen.

offensif, -ive [ɔfãsif, iv] **1.** *adj* Offensiv-; **2.** *f* Offensive *f*.

office [ɔfis] **1.** *m* (*charge*) Amt *nt*; (*agence*) Büro *nt*; (*messe*) Gottesdienst *m*; **2.** *m* o *f* (*pièce*) Vorratskammer *f*; **d'∼** automatisch; **faire ∼ de** fungieren als; **bons ∼s** Vermittlung *f*; **∼ du tourisme** Fremdenverkehrsamt *nt*.

officiel, le [ɔfisjɛl] **1.** *adj* offiziell; **2.** *m*, *f* (*SPORT*) Funktionär(in) *m(f)*.

officier [ɔfisje] ⟨1⟩ **1.** *vi* den Gottesdienst abhalten; **2.** *m* Offizier(in) *m(f)*.

officieux, -euse [ɔfisjø, øz] *adj* offiziös, halbamtlich.

officinal, e ⟨officinaux⟩ [ɔfisinal, o] *adj*: **plantes ∼es** Heilpflanzen *pl*.

offrande [ɔfʀɑ̃d] *f* (*don*) Gabe *f*; (*REL*) Opfergabe *f*.

offre [ɔfʀ(ə)] *f* Angebot *nt*; (*aux enchères*) Gebot *nt*; **∼ d'emploi** Stellenangebot *nt*; **∼s d'emploi** Stellenmarkt *m*; **∼ publique d'achat** Übernahmeangebot *nt*.

offrir [ɔfʀiʀ] ⟨11⟩ **1.** *vt* schenken; (*présenter: choix, avantage, etc*) bieten; (*montrer: aspect, spectacle*) darbieten; **2.** *vi* (*se présenter*) sich bieten; **3.** *vpr*: **s'∼** (*se payer*) sich *dat* leisten, sich *dat* genehmigen; **s'∼ à faire qch** sich anbieten, etw zu tun; **s'∼ comme guide/en otage** sich als Führer/Geisel anbieten; **∼ à boire à qn** jdm etw zu trinken anbieten; **∼ [à qn] de faire qch** [jdm] anbieten, etw zu tun.

ogive [ɔʒiv] *f* (*MIL*) Gefechtskopf *m*, Sprengkopf *m*; (*ARCHIT*) Spitzbogen *m*.

oie [wa] *f* Gans *f*.

oignon [ɔɲɔ̃] *m* Zwiebel *f*.

oiseau ⟨-x⟩ [wazo] *m* Vogel *m*; **∼ de nuit** Nachtvogel *m*; **∼ de paradis** Paradiesvogel *m*; **∼ de proie** Raubvogel *m*.

oisif, -ive [wazif, iv] **1.** *adj* müßig, untätig; **2.** *m, f* (*péj*) Müßiggänger(in) *m(f)*.

oléoduc [ɔleɔdyk] *m* Ölleitung *f*.

oligo-élément [ɔligoelemɑ̃] *m* (*CHIM*) Spurenelement *nt*.

olive [ɔliv] **1.** *f* Olive *f*; **2.** *adj inv* olivgrün; **olivier** [ɔlivje] *m* (*arbre*) Olivenbaum *m*; (*bois*) Olivenholz *nt*.

O.L.P. *f abr de* **Organisation de libération de la Palestine** PLO *f*.

olympique [ɔlɛ̃pik] *adj* olympisch.

ombrage [ɔ̃bʀaʒ] *m* (*ombre*) Schatten *m*; **∼s** *mpl* (*feuillage*) schattiges Laubwerk *nt*; **ombragé, e** *adj* schattig; **ombrageux, -euse** (*cheval, etc*) schreckhaft; (*caractère, personne*) empfindlich.

ombre [ɔ̃bʀ(ə)] *f* Schatten *m*; **à l'∼** im Schatten; **à l'∼ de** im Schatten +*gen*; (*fig*) be-

schützt von; **dans l'∼** im Dunkeln; **donner/faire de l'∼** Schatten geben/werfen; **∼ à paupières** Lidschatten *m*.

ombrelle [ɔ̃bʀɛl] *f* kleiner Sonnenschirm.

omelette [ɔmlɛt] *f* Omelett *nt*; **∼ aux herbes/au fromage/au jambon** Kräuter-/Käse-/Schinkenomelett *nt*.

omettre [ɔmɛtʀ(ə)] *irr comme mettre*, *vt* unterlassen; (*oublier*) vergessen; (*de liste*) auslassen; **∼ de faire qch** etw nicht tun; **omission** [ɔmisjɔ̃] *f* Unterlassen *nt*; Vergessen *nt*; Auslassen *nt*; Unterlassung *f*.

omnibus [ɔmnibys] *m*: (*train*) **∼** Bummelzug *m*.

O.M.S. *f abr de* **Organisation mondiale de la santé** WHO *f* (*Weltgesundheitsorganisation*).

on [ɔ̃] *pron*: **∼ peut le faire ainsi** (*indéterminé*) man kann es so machen; **∼ frappe à la porte** (*quelqu'un*) es klopft an der Tür; **∼ va y aller demain** (*nous*) wir gehen morgen hin; **autrefois ∼ croyait aux fantômes** (*les gens*) früher glaubte man an Geister; **avec Jean ∼ y est allé** (*fam: moi*) Jean und ich sind hingegangen, ich bin mit Jean hingegangen; **∼ ne peut plus stupide/heureux** so dumm/glücklich wie sonst was; **∼ vous demande au téléphone** Sie werden am Telefon verlangt.

oncle [ɔ̃kl(ə)] *m* Onkel *m*.

onction [ɔ̃ksjɔ̃] *f v.* **extrême-onction**.

onctueux, -euse [ɔ̃ktɥø, øz] *adj* cremig; (*fig: manières*) salbungsvoll.

onde [ɔ̃d] *f* Welle *f*; **mettre en ∼s** (*texte, etc*) für den Rundfunk bearbeiten; **sur les ∼s** (*RADIO*) über den Äther; **∼s courtes/moyennes** Kurz-/Mittelwelle *f*; **longues ∼s** Langwelle *f*.

ondée [ɔ̃de] *f* Regenguß *m*.

on-dit [ɔ̃di] *m inv* Gerücht *nt*, Gerede *nt*.

ondulation [ɔ̃dylasjɔ̃] *f* (*de cheveux*) Welle *f*; **∼ du sol/terrain** Boden-/Erdwelle *f*.

ondulé, e [ɔ̃dyle] *adj* wellig.

onduler [ɔ̃dyle] ⟨1⟩ *vi* (*vagues, blés*) wogen; (*route, cheveux*) sich wellen.

ongle [ɔ̃gl(ə)] *m* Nagel *m*; **faire ses/se faire les ∼s** seine Nägel manikürer; **manger/ronger ses ∼s** an den Nägeln kauen.

onguent [ɔ̃gɑ̃] *m* Salbe *f*.

O.N.I.S.E.P. [ɔnisɛp] *m acr de* **Office national d'information sur les enseignements et les professions** Informationsstelle über Berufe und Berufsausbildung.

O.N.U. [ɔny] *f acr de* **Organisation des Nations Unies** UNO *f*.

onyx [ɔniks] *m* Onyx *m*.

onze [ɔ̃z] *num adj* elf; **onzième** [ɔ̃zjɛm] **1.** *adj* elfte(r, s); **2.** *m* (*fraction*) Elftel *nt*; **3.** *m/f* Elfte(r) *mf*.

O.P.A. *f abr de* **offre publique d'achat** Übernahmeangebot *nt.*

opale [ɔpal] *f* Opal *m.*

opaque [ɔpak] *adj* undurchsichtig.

O.P.E.P. [ɔpep] *f acr de* **Organisation des pays exportateurs de pétrole** OPEC *f (Organisation der erdölexportierenden Länder).*

opéra [ɔpeʀa] *m* Oper *f;* **opéra-comique** ‹opéras-comiques› *m* komische Oper, Opera *f* buffa.

opérateur, -trice [ɔpeʀatœʀ, tʀis] *m, f (manipulateur)* Operator(in) *m(f),* Bediener(in) *m(f);* ~ **[de prise de vues]** Kameramann *m,* -frau *f.*

opération [ɔpeʀasjɔ̃] *f* Operation *f; (processus)* Vorgang *m;* ~ **de bourse** Börsengeschäfte *pl;* ~ **immobilière** Immobiliengeschäft *nt;* ~ **de sauvetage** Rettungsaktion *f.*

opératoire [ɔpeʀatwaʀ] *adj* operativ; **bloc** ~ Operationsstation *f.*

opérer [ɔpeʀe] ‹5› **1.** *vt (MÉD)* operieren; *(faire, exécuter)* durchführen; *(choix)* treffen; **2.** *vi (faire effet)* wirken; *(procéder)* vorgehen; *(MÉD)* operieren, *vpr:* **s'~** *(avoir lieu)* stattfinden, sich ereignen; ~ **qn des amygdales/du cœur** jdm an den Mandeln/am Herzen operieren; **se faire** ~ **[de qch]** sich [an etw *dat*] operieren lassen, [an etw *dat*] operiert werden.

opérette [ɔpeʀɛt] *f* Operette *f.*

opiner [ɔpine] ‹1› *vi:* ~ **de la tête** zustimmend mit dem Kopf nicken.

opiniâtre [ɔpinjɑtʀ(ə)] *adj* hartnäckig.

opinion [ɔpinjɔ̃] *f* Meinung *f;* ~**s** *fpl (philosophiques, etc)* Anschauungen *pl;* **avoir bonne/mauvaise** ~ **de** eine gute/schlechte Meinung haben von; **l'~ publique** die öffentliche Meinung.

opium [ɔpjɔm] *m* Opium *nt.*

opportun, e [ɔpɔʀtœ̃, yn] *adj* günstig.

opportuniste [ɔpɔʀtynist(ə)] **1.** *m/f* Opportunist(in) *m(f);* **2.** *adj* opportunistisch.

opposant, e [ɔpozɑ̃, ɑ̃t] *adj (parti, minorité)* oppositionell; ~**s** *mpl (à un régime, à un projet)* Gegner *pl; (membres de l'opposition)* Opposition *f.*

opposé, e [ɔpoze] **1.** *adj (situation)* gegenüberliegend; *(couleurs)* kontrastierend; *(goûts, opinions)* entgegengesetzt; *(personne, faction)* gegnerisch; **2.** *m (côté, sens opposé)* entgegengesetzte Richtung; *(contraire)* Gegenteil *nt;* **à l'~** dagegen, andererseits; **à l'~ de** *(du côté opposé à)* gegenüber von; *(en contradiction avec)* im Gegensatz zu; **être** ~**(e) à qch** *(personne)* gegen etw sein; **il est tout l'~ de son frère** er ist genau das Gegenteil von seinem Bruder.

opposer [ɔpoze] ‹1› **1.** *vt.* einander gegenüberstellen; ~ **qch à qch** *(comparer)* etw einer Sache *dat* gegenüberstellen; ~ **qch à qn**

(comme obstacle) jdm etw entgegensetzen; *(arguments)* jdm etw entgegenhalten; *(objecter)* etw einwenden; **2.** *vpr:* **s'~** entgegengesetzt sein; *(couleurs)* kontrastieren; **s'~ à ce que** dagegen sein, daß; **s'~ à qch/qn** *(personne)* sich einer Sache/jdm widersetzen; *(préjugés, etc)* gegen etw/jdn sein; *(tenir tête à)* sich gegen jdn stellen, sich gegen jdn auflehnen.

opposition [ɔpozisjɔ̃] *f* Opposition *f; (contraste)* Gegensatz *m; (d'intérêts)* Konflikt *m; (objection)* Widerspruch *m;* **entrer en** ~ **avec qn** mit jdm in Konflikt kommen; **être en** ~ **avec** *(parents, directeur)* sich widersetzen +*dat; (idées, conduite)* im Widerspruch stehen zu; **faire de l'**~ dagegen sein; **faire à un chèque** einen Scheck sperren [lassen]; **par** ~ **à** im Gegensatz zu.

oppresser [ɔpʀese] ‹1› *vt (vêtement)* beengen; *(chaleur, angoisse)* bedrücken; **se sentir oppressé(e)** sich beklommen fühlen.

oppressif, -ive [ɔpʀesif, iv] *adj* drückend.

oppression [ɔpʀesjɔ̃] *f (malaise)* Beklemmung *f;* **l'**~ *(asservissement, sujétion)* die Unterdrückung.

opter [ɔpte] ‹1› *vt:* ~ **pour** sich entscheiden für.

opticien, ne [ɔptisjɛ̃, ɛn] *m, f* Optiker(in) *m(f).*

optimal, e ‹optimaux› [ɔptimal, o] *adj* optimal.

optimiste [ɔptimist(ə)] *m/f* Optimist(in) *m(f).*

optimum [ɔptimɔm] **1.** *m* Optimum *nt;* **2.** *adj* beste(r, s), optimal.

option [ɔpsjɔ̃] *f* Wahl *f; (SCOL)* Wahlfach *nt; (JUR)* Option *f;* ~ **zéro** *(POL)* Nullösung *f.*

optique [ɔptik] **1.** *adj* optisch; **2.** *f* Optik *f; (fig)* Blickwinkel *m.*

opulent, e [ɔpylɑ̃, ɑ̃t] *adj* üppig; *(riche)* reich, wohlhabend.

or [ɔʀ] **1.** *m* Gold *nt;* **en** ~ aus Gold, golden; *(fam)* Gold wert; **plaqué** ~ vergoldet; ~ **jaune/blanc** Gelb-/Weißgold *nt;* ~ **noir** *(pétrole)* flüssiges Gold; **2.** *conj* nun, aber.

oracle [ɔʀakl(ə)] *m* Orakel *nt.*

orage [ɔʀaʒ] *m* Gewitter *nt; (durant plus longtemps)* Unwetter *nt; (fig)* Sturm *m;*

orageux, -euse *adj* gewittrig, Gewitter-; *(fig)* stürmisch.

oraison [ɔʀezɔ̃] *f* Gebet *nt.*

oral, e ‹oraux› [ɔʀal, o] **1.** *adj* mündlich; *(LING)* oral; **2.** *m (SCOL)* mündliche Prüfung; **l'**~ *(LING)* die gesprochene Sprache; **par voie** ~**e** *(MÉD)* oral.

orange [ɔʀɑ̃ʒ] **1.** *f* Orange *f,* Apfelsine *f;* **2.** *adj inv* orange; **3.** *m* Orange *nt;* ~ **pressée** frisch gepreßter Orangensaft; ~ **sanguine** Blutorange *f;* **orangé, e** *adj* mit einem Stich ins Orange[farbene]; **orangeade**

[ɔʀɑ̃ʒad] f Orangeade f; **oranger** [ɔʀɑ̃ʒe] m Orangenbaum m.

orateur [ɔʀatœʀ] m Redner(in) m(f).

orbital, e ⟨orbitaux⟩ [ɔʀbital, o] adj: **station ~e** Raum[fahrt]station f.

orbite [ɔʀbit] f (ANAT) Augenhöhle f; (ASTR) Umlaufbahn f; **placer/mettre un satellite sur son/en ~** einen Satelliten in seine/die Umlaufbahn bringen; **~ terrestre** Erdumlaufbahn f.

orchestre [ɔʀkɛstʀ(ə)] m (MUS) Orchester nt; (THÉÂT) Parkett nt; **orchestrer** ⟨1⟩ vt (MUS) instrumentieren; (fig) inszenieren.

orchidée [ɔʀkide] f Orchidee f.

ordinaire [ɔʀdinɛʀ] **1.** adj (habituel) gewöhnlich; (banal) einfach; **2.** m (essence) Normalbenzin nt; **d'~, à l'~** gewöhnlich; **intelligence au-dessus de l'~** überdurchschnittliche Intelligenz.

ordinal, e ⟨ordinaux⟩ [ɔʀdinal, o] adj: **adjectif/nombre ~** Ordinalzahl f.

ordinateur [ɔʀdinatœʀ] m Computer m; **travailler sur ~** am [o mit dem] Computer arbeiten.

ordonnance [ɔʀdɔnɑ̃s] f (MIL) Ordonnanz f; (MÉD) Rezept nt; **l'~ d'un appartement** (ARCHIT) die Gestaltung einer Wohnung.

ordonné, e [ɔʀdɔne] adj geordnet; (personne) ordentlich.

ordonner [ɔʀdɔne] ⟨1⟩ vt (arranger, agencer) [an]ordnen; (REL) weihen; (MÉD) verschreiben; **~ qch à qn** (donner un ordre) jdm etw befehlen.

ordre [ɔʀdʀ(ə)] m Ordnung f; (disposition) Anordnung f, Reihenfolge f; (directive) Befehl m; (association) Verband m; (REL) Orden m; (ARCHIT) Ordnung f; **à l'~ du jour** (fig) auf der Tagesordnung; **dans l'~** in der richtigen Reihenfolge; **de l'~ de** in der Größenordnung von; **de premier/second ~** erst-/zweitklassig; **donner l'~ de** Befehl geben zu; **en ~** in Ordnung; **être aux ~s de qn** jdm unterstellt sein; **être/entrer dans les ~s** ordiniert sein/werden; **jusqu'à nouvel ~** bis auf weiteres; **mettre en ~** in Ordnung bringen; **par ~ d'entrée en scène** in der Reihenfolge des Auftritts; **libeller à l'~ de** (chèque) ausstellen auf +akk; **procéder par ~** systematisch vorgehen; **rappeler qn à l'~** jdn zur Ordnung rufen; **rentrer dans l'~** sich normalisieren; **~ de grandeur** Größenordnung f; **~ du jour** Tagesordnung f; (MIL) Tagesbefehl m.

ordure [ɔʀdyʀ] f Unrat m; (excrément d'animal) Kot m; **~s** fpl (déchets) Abfall m; **~s ménagères** Müll m; nur **ordurier, -ière** [ɔʀdyʀje, ɛʀ] adj unflätig.

oreille [ɔʀɛj] f (ANAT) Ohr nt; (TECH) Öhr nt; (d'une marmite, d'une tasse) Henkel m; **avoir de l'~** ein gutes Gehör haben; **parler**

dire qch à l'~ de qn jdm etw ins Ohr sagen.

oreiller [ɔʀeje] m Kopfkissen nt.

oreillons [ɔʀɛjɔ̃] mpl Ziegenpeter m, Mumps m.

orfèvrerie [ɔʀfɛvʀəʀi] f Goldschmiedekunst f.

organe [ɔʀgan] m Organ nt; (fig) Sprachrohr nt.

organigramme [ɔʀganigʀam] m Flußdiagramm nt.

organisation [ɔʀganizasjɔ̃] f Organisation f; **Organisation mondiale de la santé** Weltgesundheitsorganisation f; **l'Organisation des Nations Unies** die Vereinten Nationen pl; **~ syndicale** Gewerkschaft f; **Organisation du traité de l'Atlantique Nord** NATO f, Nordatlantisches Verteidigungsbündnis.

organiser [ɔʀganize] vt organisieren; (mettre sur pied) veranstalten.

organisme [ɔʀganism(ə)] m Organismus m; (ensemble organisé) Organ nt; (association) Vereinigung f.

organiste [ɔʀganist(ə)] m/f Organist(in) m(f).

orgasme [ɔʀgasm(ə)] m Orgasmus m.

orge [ɔʀʒ] **1.** f (plante) Gerste f; **2.** m (grain) Gerste f.

orgeat [ɔʀʒa] m: **sirop d'~** Mandelmilch f.

orgie [ɔʀʒi] f Orgie f.

orgue [ɔʀg(ə)] m Orgel f; **~ électrique/électronique** elektrische/elektronische Orgel.

orgueil [ɔʀgœj] m Stolz m; (arrogance) Hochmut m; **orgueilleux, -euse** adj stolz; hochmütig, überheblich.

Orient [ɔʀjɑ̃] m: **l'Orient** der Orient; **le Proche-/le Moyen-/l'Extrême-Orient** der Nahe/Mittlere/Ferne Osten; **oriental, e** ⟨orientaux⟩ [ɔʀjɑ̃tal, o] adj orientalisch; **Oriental, e** m f, Orientale m, Orientalin f.

orientation [ɔʀjɑ̃tasjɔ̃] f Orientierung f; (tendance) Kurs m; (fig: étudiant) Beratung f; **avoir le sens de l'~** einen guten Orientierungssinn haben; **~ professionnelle** Berufsberatung f.

orienté, e [ɔʀjɑ̃te] adj (POL) gefärbt, tendenziös; **appartement bien/mal ~** Wohnung in guter/schlechter Lage; **la chambre est ~e à l'est** das Zimmer liegt nach Osten.

orienter [ɔʀjɑ̃te] ⟨1⟩ **1.** vt (diriger) stellen; (maison) legen; (carte, plan) ausrichten (vers nach); (touriste) die Richtung weisen +dat; (fig: élève) beraten; **2.** vpr: **s'~** (se repérer) sich orientieren; **s'~ vers** (fig: recherches, études) sich [aus]richten auf +akk, sich orientieren nach; **~ vers** (recherches) richten [auf +akk].

origan [ɔʀigɑ̃] m wilder Majoran, Oregano m.

originaire [ɔʀiʒinɛʀ] adj: **être ~ d'un pays/ lieu** aus einem Land/von einem Ort stammen.

original, e ‹originaux› [ɔriʒinal, o] **1.** *adj* (*pièce, document*) original, echt; (*idée*) ursprünglich; (*bizarre*) originell; **2.** *m, f* (*fantaisiste*) Sonderling *m*; (*fam*) Original *nt*; **3.** *m* (*d'une reproduction*) Original *nt*; **originalité** *f* Originalität *f*; (*d'un nouveau modèle*) Besonderheit *f*; Neuheit *f*.

origine [ɔriʒin] *f* (*d'une personne*) Herkunft *f*; (*d'un animal*) Abstammung *f*; (*du monde, des temps*) Entstehung *f*, Anfang *m*; (*d'un mot*) Ursprung *m*; (*d'un message, d'un vin*) Herkunft *f*; **à l'~** am Anfang, anfänglich; **avoir son ~ dans qch** seinen Ursprung in etw *dat* haben; **dès l'~** von Anfang an; **être à l'~ de qch** die Ursache von etw sein; **pays d'~** Herkunftsland *nt*.

originel, le [ɔriʒinɛl] *adj* ursprünglich; **péché ~** Erbsünde *f*.

orme [ɔrm(ə)] *m* Ulme *f*.

ornement [ɔrnəmã] *m* Verzierung *f*; **~s sacerdotaux** Priestergewänder *pl*.

orner [ɔrne] ‹1› *vt* schmücken.

orphelin, e [ɔrfəlɛ̃, in] **1.** *adj* verwaist; **2.** *m, f* Waisenkind *nt*; **~(e) de père/mère** Halbwaise *f*; **orphelinat** [ɔrfəlina] *m* Waisenhaus *nt*.

ORSEC [ɔrsɛk] *acr de* **Organisation des secours: plan ~** Katastrophenschutz *m*.

orteil [ɔrtɛj] *m* Zehe *f*; **gros ~** große Zehe.

O.R.T.F. *m abr de* **Office de radiodiffusion et de télévision française** *ehemalige französische Rundfunk- und Fernsehgesellschaft*.

orthodoxe [ɔrtɔdɔks(ə)] *adj* orthodox.

orthographe [ɔrtɔɡraf] *f* Rechtschreibung *f*; **orthographier** [ɔrtɔɡrafje] ‹1› *vt* [richtig] schreiben.

orthopédique [ɔrtɔpedik] *adj* orthopädisch.

orthophoniste [ɔrtɔfɔnist] *m/f* (*MÉD*) Logopäde *m*, Logopädin *f*.

ortie [ɔrti] *f* Brennessel *f*.

os [ɔs] *m* Knochen *m*.

osciller [ɔsile] ‹1› *vi* (*mât*) schwingen; (*aiguille*) ausschlagen; **~ entre** (*fig*) schwanken zwischen *+dat*.

osé, e [oze] *adj* gewagt.

oseille [ozɛj] *f* (*BOT*) Sauerampfer *m*.

oser [oze] ‹1› **1.** *vt*: **~ faire qch** es wagen, etw zu tun; **2.** *vi* es wagen; **je n'ose pas** ich [ge]traue mich nicht.

osier [ozje] *m* Korbweide *f*; **d'~, en ~** aus Korb.

ossature [ɔsatyr] *f* Skelett *nt*; (*ARCHIT*) Gerippe *nt*; (*fig*) Struktur *f*.

osseux, -euse [ɔsø, øz] *adj* knochig; (*tissu, maladie, greffe*) Knochen-.

ostensible [ɔstãsibl(ə)] *adj* ostentativ.

ostentation [ɔstãtasjɔ̃] *f* Zurschaustellung *f*.

ostracisme [ɔstrasism(ə)] *m* Ausschluß *m* [aus einer Gruppe].

otage [ɔtaʒ] *m* Geisel *f*.

O.T.A.N. [ɔtã] *f acr de* **Organisation du traité de l'Atlantique Nord** NATO *f*, Nato *f*.

otarie [ɔtari] *f* Seelöwe *m*.

ôter [ote] ‹1› *vt* (*vêtement*) ausziehen; (*tache, noyau*) herausmachen; (*arête*) herausziehen; **~ qch de** etw wegnehmen von; **~ qch à qn** jdm etw nehmen; **~ une somme/un nombre de** eine Summe/Zahl abziehen von; **6 ôté de 10 égal 4** 10 weniger 6 gleich 4.

oto-rhino [ɔtɔrino] (*fam*), **oto-rhino-laryngologiste** [ɔtɔrinolarɛ̃ɡɔlɔʒist] *m/f* Hals-Nasen-Ohren-Arzt *m*, -Ärztin *f*.

ou [u] *conj* oder; **~ ... ~** entweder ..., oder; **~ bien** oder aber.

où [u] **1.** *adv* wo; wohin; **2.** *pron* wo; wohin; (*dans lequel*) worin; (*hors duquel, duquel*) woraus; (*sur lequel*) worauf; **d'~ vient que ...?** wie kommt es, daß ...; **la chambre ~ il était** das Zimmer, in dem er war; **le jour ~ il est parti** am Tag, als er abgereist ist; **au train ~ ça va** bei dem Tempo; **le village d'~ je viens** das Dorf, aus dem ich komme; **les villes par ~ il est passé** die Städte, durch die er gefahren ist; **par ~ passer?** wo entlang?

ouate [wat] *f* Watte *f*; **tampon d'~** Wattebausch *m*; **~ de verre** Glaswolle *f*.

oubli [ubli] *m* Vergeßlichkeit *f*; **l'~** (*absence de souvenirs*) das Vergessen; **tomber dans l'~** in Vergessenheit geraten.

oublier [ublije] ‹1› **1.** *vt* vergessen; **2.** *vpr*: **s'~** sich vergessen; **l'heure** die Zeit vergessen.

oubliettes [ublijɛt] *fpl* Verlies *nt*.

ouest [wɛst] **1.** *m*: **l'~** der Westen; **2.** *adj inv* West-, westlich; **l'Ouest** (*région de France*) Westfrankreich *nt*; (*POL*: *l'Occident*) der Westen; **à l'~ de** im Westen von.

Ouganda [uɡãda] *m*: **l'~** Uganda *nt*.

oui [wi] *adv* ja; **répondre [par] ~** mit Ja antworten.

ouï-dire [widir] *m inv*: **par ~** vom Hörensagen.

ouïe [wi] *f* Gehör[sinn *m*] *nt*; **~s** *fpl* (*de poisson*) Kiemen *pl*; **je suis tout ~** ich bin ganz Ohr.

ouragan [uraɡã] *m* Orkan *m*.

ourler [urle] ‹1› *vt* säumen.

ourlet [urlɛ] *m* Saum *m*.

ours, e [urs] *m,f* (*ZOOL*) Bär(in) *m(f)*; **~ [en peluche]** (*jouet*) Teddybär *m*; **~ brun/blanc** Braun-/Eisbär *m*.

oursin [ursɛ̃] *m* Seeigel *m*.

ourson [ursɔ̃] *m* Bärenjunge(s) *nt*.

ouste [ust(ə)] *excl* raus.

outil [uti] *m* Werkzeug *nt*; **~ de travail** Arbeitsgerät *nt;* **outiller** [utije] ⟨1⟩ *vt* ausrüsten.

outrage [utʀaʒ] *m* Beleidigung *f;* ~ **par paroles/écrits** mündliche/schriftliche Beleidigung; **outrager** ⟨2⟩ *vt* beleidigen, zutiefst kränken.

outrance [utʀãs] *f:* **à** ~ bis zum Exzeß.

outre [utʀ(ə)] **1.** *f* [Leder]schlauch *m;* **2.** *prép* außer +*dat;* **3.** *adv:* **passer** ~ weitergehen; **passer** ~ **à** hinweggehen über +*akk;* **en** ~ außerdem; **en** ~ **de** über +*akk* hinaus; ~ **mesure** über die Maßen; ~ **que** außer, daß; **outremer** *adj* ultramarin[blau]; **outremer** *adv:* **d'**~ überseeisch; **départements d'outre-mer** Überseedepartemente *ntpl;* **outrepasser** ⟨1⟩ *vt* überschreiten.

outrer [utʀe] ⟨1⟩ *vt* übertreiben; (*indigner*) empören.

outre-Rhin [utʀəʀɛ̃] *adv* in Deutschland (*von Frankreich aus gesehen*).

ouvert, e [uvɛʀ, t(ə)] *adj* offen; (*robinet, gaz*) aufgedreht; **à ciel** ~ im Freien; **à cœur** ~ (*MÉD*) am offenen Herzen; **lettre** ~**e** (*journal*) offener Brief; **ouvertement** *adv* frei heraus, offen.

ouverture [uvɛʀtyʀ] *f* (*action*) Öffnen *nt;* (*fondation*) Eröffnung *f;* (*orifice*) Öffnung *f;* (*PHOTO*) Blende *f;* (*MUS*) Ouvertüre *f.*

ouvrable [uvʀabl(ə)] *adj:* **jour** ~ Werktag *m.*

ouvrage [uvʀaʒ] *m* Arbeit *f;* (*livre*) Werk *nt;* **panier** [*o* **corbeille**] **à** ~ Handarbeitskorb *m.*

ouvragé, e [uvʀaʒe] *adj* verziert.

ouvrant, e [uvʀã, ãt] *adj:* **toit** ~ (*AUTO*) Schiebedach *nt.*

ouvre-boîte ⟨ouvre-boîtes⟩ [uvʀəbwat] *m* Büchsenöffner *m;* **ouvre-bouteille** ⟨ouvre-bouteilles⟩ *m* Flaschenöffner *m.*

ouvrier, -ière [uvʀije, ɛʀ] **1.** *m, f* Arbeiter(in) *m(f);* **2.** *adj* Arbeiter-.

ouvrir [uvʀiʀ] ⟨11⟩ **1.** *vt* öffnen, aufmachen; (*compte*) eröffnen; (*robinet*) aufdrehen; (*chauffage, etc*) anmachen; (*exposition, débat*) eröffnen; **2.** *vi* (*magasin, théâtre*) aufmachen, öffnen; **3.** *vpr:* **s'**~ aufgehen, sich öffnen; (*procès*) anfangen; **s'**~ **à qn** sich jdm öffnen; ~**/s'**~ **sur** sich öffnen nach; ~ **à cœur/trèfle** (*CARTES*) mit Herz/Kreuz herauskommen; ~ **à qn** (*rendre accessible à*) jdm öffnen; **le bal/la marche** den Ball eröffnen/den Marsch anführen; ~ **des horizons/perspectives** Horizonte/Perspektiven [er]öffnen; ~ **l'œil** (*fig*) die Augen aufmachen.

ovaire [ɔvɛʀ] *m* Eierstock *m.*

ovale [ɔval] *adj* oval.

ovation [ɔvasjɔ̃] *f* Ovation *f.*

ovni [ɔvni] *m acr de* **objet volant non identifié** UFO *nt,* Ufo *nt.*

ovule [ɔvyl] *m* Ei *nt;* Eizelle *f;* (*PHARMACIE*) Zäpfchen *nt.*

oxyder [ɔkside] ⟨1⟩ *vpr:* **s'**~ oxydieren.

oxygène [ɔksiʒɛn] *m* Sauerstoff *m;* **cure d'**~ (*air pur*) Frischluftkur *f;* **oxygéné, e** [ɔksiʒene] *adj* sauerstoffhaltig.

ozone [ozɔn] *m* Ozon *nt;* **couche d'**~ Ozonschicht *f;* **trou [dans la couche] d'**~ Ozonloch *nt.*

P

P, p [pe] *m* P, p *nt.*

p. *abr de* **page** S.

pacifier [pasifje] ⟨1⟩ *vt* (*pays*) Ruhe und Frieden herstellen in +*dat;* (*fig*) beruhigen.

pacifique [pasifik] **1.** *adj* friedlich; (*personne*) friedfertig; **2.** *m:* **le Pacifique** der Pazifische Ozean.

pacte [pakt(ə)] *m* Pakt *m;* ~ **d'alliance** Bündnis *nt;* ~ **de non-agression** Nichtangriffspakt *m;* **pactiser** [paktize] ⟨1⟩ *vi:* ~ **avec** (*accord*) sich einigen mit.

P.A.F. [paf] *m acr de* **Paysage audiovisuel français** Medienlandschaft in Frankreich.

pagaie [page] *f* Paddel *nt.*

pagaille [pagaj] *f* (*fam: désordre*) Durcheinander *nt,* Unordnung *f.*

pagayer [pageje] ⟨7⟩ *vi* paddeln.

page [paʒ] **1.** *f* Seite *f;* **être à la** ~ auf dem laufenden sein; ~ **d'annonces** Anzeigenseite *f;* **2.** *m* Page *m.*

pagination [paʒinasjɔ̃] *f* (*a. INFORM*) Paginierung *f.*

paie [pɛ] *f v.* **paye.**

paiement [pɛmã] *m v.* **payement.**

païen, ne [pajɛ̃, ɛn] **1.** *adj* heidnisch; **2.** *m, f* Heide *m,* Heidin *f.*

paillard, e [pajaʀ, d(ə)] *adj* derb, deftig.

paillasse [pajas] *f* (*matelas*) Strohsack *m.*

paillasson [pajasɔ̃] *m* (*tapis-brosse*) Fußmatte *f.*

paille [paj] *f* Stroh *nt;* (*pour boire*) Strohhalm *m;* (*métal, verre*) Fehler *m;* ~ **de fer** Stahlwolle *f.*

paillette [pajɛt] *f* Paillette *f;* **lessive en** ~**s** Seifenflocken *pl.*

pain [pɛ̃] *m* Brot *nt;* ~ **au chocolat** mit Schokolade gefülltes Gebäckstück; ~ **bis** Mischbrot *nt;* ~ **de cire** Stück *nt* Wachs; ~ **complet** Vollkornbrot *nt;* ~ **d'épice** Lebkuchen *m;* ~ **grillé** getoastetes Brot; ~ **de mie** [ungetoastetes] Toastbrot; ~ **de seigle** Roggenbrot *nt;* ~ **de sucre** (*morceau*) Zuckerhut *m;* **je ne mange pas de ce** ~**-là** (*fig*) da mache ich nicht mit, das ist nicht meine Art.

pair, e [pɛʀ] *adj* gerade; **aller de** ~ (*fig*) begleitet sein von, Hand in Hand gehen; **au ~** (*FIN: valeurs*) zum Nennwert; **hors [de] ~** ohnegleichen; **jeune fille au ~** Au-pair-Mädchen *nt.*

paire [pɛʀ] *f* (*deux objets assortis*) Paar *nt;* **une ~ de lunettes/tenailles** eine Brille/Beißzange.

paisible [pezibl(ə)] *adj* ruhig; (*personne*) friedlich.

paître [pɛtʀ(ə)] *irr vi* weiden, grasen.

paix [pɛ] *f* Frieden *m;* (*tranquillité*) Ruhe *f;* **avoir la ~** Ruhe haben; **faire la ~ avec** sich versöhnen mit

Pakistan [pakistã] *m:* **le ~** Pakistan *nt.*

palabrer [palabʀe] ⟨1⟩ *vi* (*fam*) palavern.

palace [palas] *m* (*hôtel*) Luxushotel *nt.*

palais [palɛ] *m* Palast *m;* (*ANAT*) Gaumen *m;* **le ~ de l'Élysée** der Élyseepalast (*Sitz des französischen Staatspräsidenten in Paris*); **le Palais de Justice** der Gerichtshof.

Palatinat [palatina] *m:* **le ~** die Pfalz.

pâle [pɑl] *adj* blaß; (*personne, teint*) blaß, bleich; **bleu/vert ~** blaßblau/-grün.

Palestine [palɛstin] *f:* **la ~** Palästina *nt.*

paletot [palto] *m* [kurzer] Mantel *m.*

palette [palɛt] *f* (*de peintre*) Palette *f.*

pâleur [pɑlœʀ] *f* Blässe *f,* Bleichheit *f.*

palier [palje] *m* (*plate-forme*) Treppenabsatz *m;* (*TECH*) Lager *nt;* **par ~s** in Stufen, in Etappen; **les prix ont atteint un nouveau ~** die Preise haben sich [auf einem Niveau] eingependelt.

pâlir [paliʀ] ⟨8⟩ *vi* (*personne*) blaß werden; (*couleur*) verblassen; **~ de colère** vor Wut bleich werden.

palissade [palisad] *f* Zaun *m.*

palissandre [palisɑ̃dʀ(ə)] *m* Palisander *m.*

palliatif, -ive [paljatif, iv] **1.** *adj* lindernd; **2.** *m* Überbrückungsmaßnahme *f.*

pallier [palje] ⟨1⟩ *vt* (*obvier à, atténuer*) ausgleichen.

palmarès [palmaʀɛs] *m* Preisträgerliste *f.*

palme [palm(ə)] *f* (*BOT*) Palmzweig *m;* (*symbole de la victoire*) Siegespalme *f;* (*nageoire en caoutchouc*) Schwimmflosse *f;* **remporter la ~** (*fig*) den Sieg davontragen.

palmier [palmje] *m* Palme *f.*

palombe [palɔ̃b] *f* Ringeltaube *f.*

pâlot, te [palo, ɔt] *adj* blaß, bläßlich.

palper [palpe] ⟨1⟩ *vt* befühlen, [ab]tasten.

palpitant, e [palpitɑ̃, ɑ̃t] *adj* (*saisissant*) spannend, aufregend.

palpitation [palpitasjɔ̃] *f:* **avoir des ~s** Herzklopfen haben.

palpiter [palpite] ⟨1⟩ *vi* (*cœur*) schlagen; (*paupières*) zucken; **~ de peur/convoitise** vor Angst/Lust zittern.

paludisme [palydism(ə)] *m* Malaria *f.*

pâmer [pɑme] ⟨1⟩ *vpr:* **se ~ d'amour/d'admiration** vor Liebe/Bewunderung ganz hingerissen sein.

pamphlet [pɑ̃flɛ] *m* Spott-/Schmähschrift *f.*

pamplemousse [pɑ̃pləmus] *m* Grapefruit *f,* Pampelmuse *f.*

pan [pɑ̃] **1.** *m* (*de vêtement*) Schoß *m;* **2.** *excl* peng.

panacée [panase] *f* Allheilmittel *nt.*

panache [panaʃ] *m* (*de plumes*) Federbusch *m;* **avoir du ~** sich bravourös verhalten, mit Grandezza auftreten; **~ de fumée** Rauchwolke *f.*

panaché, e [panaʃe] **1.** *adj:* **glace ~e** gemischtes Eis; **2.** *m* (*mélange de bière et de limonade*) Alsterwasser *nt,* Radler *m.*

pancarte [pɑ̃kaʀt] *f* (*écriteau*) Schild *nt;* (*dans un défilé*) Transparent *nt.*

pancréas [pɑ̃kʀeas] *m* Bauchspeicheldrüse *f.*

pané, e [pane] *adj* paniert.

panier [panje] *m* Korb *m;* **mettre au ~** wegwerfen; **~ de crabes** (*fig*) Wespennest *nt;* **~ à linge** Wäschekorb *m;* **~ à provisions** Einkaufskorb *m.*

panique [panik] **1.** *f* Panik *f;* **2.** *adj* panisch; **paniquer** ⟨1⟩ *vi* in Panik geraten.

panne [pan] *f* Panne *f;* **être/tomber en ~** eine Panne haben; **être en ~ d'essence** [*o* **sèche**] kein Benzin mehr haben; **~ d'électricité** [*o* **de courant**] Stromausfall *m.*

panneau ⟨-x⟩ [pano] *m* (*de boiserie, de tapisserie*) Tafel *f;* (*ARCHIT*) Platte *f;* (*écriteau*) Tafel *f,* Schild *nt;* **~ publicitaire** Werbetafel *f,* -schild *nt;* **~ de signalisation** Straßen[hinweis]schild *nt.*

panonceau ⟨-x⟩ [panɔ̃so] *m* (*panneau*) Schild *nt.*

panoplie [panɔpli] *f* (*d'armes*) Waffensammlung *f;* (*fig: d'arguments, etc*) Reihe *f;* **~ de pompier/d'infirmière** (*jouet*) Feuerwehrmann-/Krankenschwesterkostüm *nt.*

panorama [panɔʀama] *m* (*vue*) Panorama *nt;* (*fig: étude complète*) Übersicht *f;* **panoramique** *adj* Panorama-.

pansement [pɑ̃smɑ̃] *m* (*action*) Verbinden *nt;* (*bandage*) Verband *m.*

panser [pɑ̃se] ⟨1⟩ *vt* (*cheval*) striegeln; (*plaie, blessé*) verbinden.

pantalon [pɑ̃talɔ̃] *m* Hose *f;* **~ à pinces** Bundfaltenhose *f;* **~ de pyjama** Schlafanzughose *f;* **~ de ski/de golf** Ski-/Golfhose *f.*

pantelant, e [pɑ̃t(ə)lɑ̃, ɑ̃t] *adj* (*haletant*) keuchend.

panthère [pɑ̃tɛʀ] *f* Panther *m.*

pantin [pɑ̃tɛ̃] *m* Hampelmann *m.*

pantois [pɑ̃twa, az] *adj:* **rester ~, demeurer ~** verblüfft sein.

pantomime [pɑ̃tɔmim] *f* Pantomime *f.*

pantoufle [pɑ̃tufl(ə)] *f* Pantoffel *m.*

P.A.O. *f abr de* publication assistée par ordinateur DTP, *nt.*

paon [pã] *m* Pfau *m*.

papa [papa] *m* Papa *m*.

papamobile [papamɔbil] *f* gepanzerter Wagen *des Papstes*.

papauté [papote] *f* Papsttum *nt*.

papaye [papaj] *f* Papaya *f*.

pape [pap] *m*: **le ~** der Papst.

paperasserie [papʀasʀi] *f* Papierwust *m*; **paperasses** *fpl* Papierkram *m*.

papeterie [papɛtʀi] *f (magasin)* Schreibwarenladen *m*; **papetier, -ière** [pap(ə)tje, ɛʀ] *m, f:* ~**libraire** Schreibwaren- und Buchhändler(in) *m(f)*.

papi, papy [papi] *m (fam)* Opa *m*.

papier [papje] *m* Papier *nt*; *(feuille)* Blatt *nt*; *(article)* Artikel *m*; ~**s** *mpl (documents, notes)* Dokumente *pl*, Papiere *pl*; ~ **[d'identité]** Ausweis *m*; **sur le** ~ auf dem Papier; ~ **buvard** Löschblatt *nt*; ~ **carbone** Kohlepapier *nt*; ~ **en continu** (INFORM) Endlospapier *nt*; ~ **d'emballage/~ kraft** Packpapier *nt*; ~ **hygiénique** Toilettenpapier *nt*; ~ **journal** Zeitungspapier *nt*; ~ **à lettres** Briefpapier *nt*; ~ **peint** Tapete *f*; ~ **recyclé** Recyclingpapier *nt*; ~ **de verre** Sandpapier *nt*.

papillon [papijɔ̃] *m (ZOOL)* Schmetterling *m*; *(contravention)* Strafzettel *m*; *(écrou)* Flügelmutter *f*.

papilloter [papijɔte] ⟨1⟩ *vi (yeux)* blinzeln; *(lumière, soleil)* funkeln.

paprika [papʀika] *m (edelsüßer)* Paprika.

paquebot [pakbo] *m* Passagierschiff *nt*.

pâquerette [pakʀɛt] *f* Gänseblümchen *nt*.

Pâques [pak] *fpl* Ostern *nt*.

paquet [pakɛ] *m* Paket *nt*; *(de sucre, de cigarettes, etc)* Päckchen *nt*; **mettre le** ~ *(fam)* das Letzte hergeben.

par [paʀ] *prép* durch; ~ **amour** aus Liebe; **finir/commencer** ~ **dire** schließlich/anfangs sagen; **passer** ~ **Lyon/la côte** über Lyon an der Küste entlang fahren; **3** ~ **jour/personne** 3 pro Tag/Person; **2** ~ **2** zu zweit; jeweils zwei; ~**ci,** ~**là** hier und da; ~ **ici** hier; hierher; ~ **où?** wo?

parabole [paʀabɔl] *f (REL)* Gleichnis *nt*; *(MATH)* Parabel *f*.

parabolique [paʀabɔlik] *adj (PHYS)* Parabol-; **antenne** ~ *(TÉL)* Parabolantenne *f*.

parachever [paʀa(ə)ve] ⟨4⟩ *vt* vollenden, fertigstellen.

parachute [paʀaʃyt] *m* Fallschirm *m*.

parade [paʀad] *f* Parade *f*; *(BOXE)* Abwehr *f*.

paradis [paʀadi] *m* Paradies *nt*; ~ **fiscal** Steuerparadies *nt*; **vous ne m'emporterez pas au** ~! das werden Sie mir büßen!

parafer [paʀafe] ⟨1⟩ *vt v.* **parapher**.

paraffine [paʀafin] *f* Paraffin *m*.

parages [paʀaʒ] *mpl (NAUT)* Gewässer *nt*; **dans les** ~ **[de]** in der Nähe [von].

paragraphe [paʀagʀaf] *m* Absatz *m*, Abschnitt *m*.

paraître [paʀɛtʀ(ə)] *irr comme connaître* **1.** *vb (avec attribut)* scheinen; **2.** *vi (apparaître, se montrer)* erscheinen; *(soleil)* herauskommen; *(publication)* erscheinen; **aimer** ~, **vouloir** ~ Aufmerksamkeit erregen wollen; **laisser** ~ zeigen; ~ **en public/justice** in der Öffentlichkeit/vor Gericht erscheinen; **il [me] paraît/paraîtrait que** es scheint [mir], daß; **il ne paraît pas son âge** man sieht ihm sein Alter nicht an; **il paraît préférable/absurde de** es [er]scheint vorzuziehen/absurd zu.

parallèle [paʀalɛl] **1.** *adj (MATH)* parallel; *(fig: difficultés, expériences)* vergleichbar; **2.** *m:* **faire un** ~ **entre** *(comparaison)* eine Parallele ziehen zwischen +dat; **3.** *f* Parallele *f*; ~ **de latitude** *(GÉO)* Breitengrad *m*.

paralyser [paʀalize] ⟨1⟩ *vt* lähmen; *(grève)* lahmlegen; **paralysie** *f* Lähmung *f*.

paramédical, e ⟨paramédicaux⟩ [paʀamedikal, o] *adj:* **personnel** ~ nichtmedizinisches Personal.

paramètre [paʀamɛtʀ(ə)] *m* Parameter *m*.

paranoïaque [paʀanɔjak] *m/f* Paranoiker(in) *m(f)*.

parapet [paʀapɛ] *m (garde-fou)* Brüstung *f*.

parapher [paʀafe] ⟨1⟩ *vt* unterzeichnen, signieren.

paraphrase [paʀafʀɑz] *f* Umschreibung *f*, Paraphrasierung *f*; **paraphraser** ⟨1⟩ *vt* paraphrasieren, umschreiben.

parapluie [paʀaplɥi] *m* Regenschirm *m*.

parasite [paʀazit] *m* Parasit *m*, Schmarotzer *m*; *(RADIO)* Störung *f*.

parasol [paʀasɔl] *m* Sonnenschirm *m*; ~ **de plage** Strandschirm *m*.

paratonnerre [paʀatɔnɛʀ] *m* Blitzableiter *m*.

paravent [paʀavɑ̃] *m (meuble)* spanische Wand.

parc [paʀk] *m (d'une demeure)* Park *m*; *(enclos pour le bétail)* Pferch *m*; *(d'enfant)* Laufstall *m*; ~ **d'artillerie/de munitions** *(MIL)* Artillerie-/Munitionsdepot *nt*; ~ **des expositions** Messegelände *nt*; ~ **à huîtres** Austernbank *f*; ~ **de loisirs** Freizeitpark *m*; ~ **national** Nationalpark *m*; ~ **zoologique** zoologischer Garten.

parcelle [paʀsɛl] *f* Bruchstück *nt*, Stückchen *nt*; *(de terrain)* Parzelle *f*.

parce que [paʀskə] *conj* weil.

parchemin [paʀʃəmɛ̃] *m* Pergament *nt*.

parcmètre [paʀkmɛtʀ(ə)] *m* Parkuhr *f*.

parcourir [paʀkuʀiʀ] *irr comme courir,* *vt* gehen durch; *(trajet déterminé)* zurücklegen; *(journal, livre)* überfliegen.

parcours [paʀkuʀ] *m (trajet)* Strecke *f*,

Route f; (SPORT) Parcours m; (tour) Runde f; ~ de santé Trimm-dich-Pfad m.

par-dessous [paʀd(ə)su] 1. prép unter +dat; 2. adv darunter; **pardessus** [paʀdəsy] m [Herren]wollmantel m; **par-dessus** 1. prép über +dat; (avec mouvement) über +akk; 2. adv darüber; **par-devant** 1. prép vor +dat; 2. adv vorne.

pardon [paʀdɔ̃] 1. m Verzeihung f, Vergebung f; 2. excl (politesse) Verzeihung, Entschuldigung; (contradiction) verzeihen Sie, aber ...; **demander ~ à qn** (de qch/d'avoir fait qch) jdn um Verzeihung bitten [wegen etw/etw getan zu haben]; **je vous demande ~** verzeihen Sie; **pardonner** ⟨1⟩ vt verzeihen, vergeben +dat.

pare-balles [paʀbal] adj inv (gilet) kugelsicher.

pare-boue [paʀbu] m inv (AUTO) Schmutzfänger m.

pare-brise [paʀbʀiz] m inv Windschutzscheibe f.

pare-chocs [paʀʃɔk] m inv Stoßstange f.

pareil, le [paʀɛj] 1. adj (similaire) gleich; 2. adv: **habillés** ~ gleich angezogen; 3. m, f: **le/la** ~(**le**) (chose) der/die/das gleiche; **vos** ~**s** (personne) euresgleichen; ~ **à** gleich, ähnlich +dat; **en** ~ **cas** in einem solchen Fall; **sans** ~(**le**) ohnegleichen; **c'est du** ~ **au même** (fam) das ist Jacke wie Hose; **pareillement** adv ebenso.

parent, e [paʀɑ̃, ɑ̃t] 1. m, f Verwandte(r) mf; 2. adj verwandt (de mit); **nous sommes** ~(**e**)**s** wir sind [miteinander] verwandt; **parenté** f Verwandtschaft f.

parenthèse [paʀɑ̃tɛz] f (ponctuation) Klammer f; (fig) Einschub m; **entre** ~**s** in Klammern.

parents mpl (père et mère) Eltern pl.

parer ⟨1⟩ vt schmücken, zieren; (GASTR) [für die Weiterverarbeitung] vorbereiten; (coup, manœuvre) abwehren; ~ **à** abwenden.

pare-soleil [paʀsɔlɛj] m inv Sonnenblende f.

paresse [paʀɛs] f Faulheit f; **paresseux, -euse** 1. adj (personne) faul; (lourdaud) träge; (attitude) schwerfällig; 2. m (ZOOL) Faultier nt.

parfaire [paʀfɛʀ] irr comme faire, vt vervollkommnen.

parfait, e [paʀfɛ, ɛt] 1. adj (exemplaire) perfekt, vollkommen; (accompli, achevé) völlig, total; 2. m (LING) Perfekt nt; (glace) Parfait nt; 3. excl fein, toll; **parfaitement** 1. adv (très bien) perfekt, ausgezeichnet; (complètement) völlig, vollkommen; 2. excl genau.

parfois [paʀfwa] adv manchmal.

parfum [paʀfœ̃] m (de fleur, tabac, vin)

Duft m, Aroma nt; (essence) Parfüm nt; (glace) Geschmack[srichtung f] m; **parfumé, e** adj (fleur, fruit) duftend, wohlriechend; (femme) parfümiert; **glace** ~**e au café** (aromatisé) Eis mit Kaffeegeschmack; **parfumer** [paʀfyme] ⟨1⟩ 1. vt parfümieren; (aromatiser) Geschmack verleihen +dat; 2. vpr: **se** ~ sich parfümieren; **parfumerie** [paʀfymʀi] f (produits) Toilettenartikel pl; (boutique) Parfümerie f.

pari [paʀi] m Wette f; **parier** [paʀje] ⟨1⟩ vt, vi wetten.

Paris [paʀi] m Paris nt; **parisien, ne** [paʀizjɛ̃, ɛn] adj Pariser; **Parisien, ne** m, f Pariser(in) m(f).

paritaire [paʀitɛʀ] adj: **commission** ~ paritätischer Ausschuß.

parité [paʀite] f Gleichheit f; (INFORM) Parität f; ~ **de change** Wechselkursparität f.

parjure [paʀʒyʀ] m Meineid m; **parjurer** ⟨1⟩ vpr: **se** ~ einen Meineid leisten.

parking [paʀkiŋ] m Parkplatz m; (édifice) Park[hoch]haus nt; (souterrain) Tiefgarage f.

parlant, e [paʀlɑ̃, ɑ̃t] 1. adj (expressif) ausdrucksvoll; (fig: comparaison, preuve) beredt, eindeutig; 2. adv: **généralement** ~ allgemein gesprochen; **cinéma/film** ~ Tonfilm m.

parlé, e [paʀle] adj: **langue** ~**e** gesprochene Sprache.

parlement [paʀləmɑ̃] m Parlament nt; **parlementaire** [paʀləmɑ̃tɛʀ] adj parlamentarisch.

parler [paʀle] ⟨1⟩ vi sprechen, reden; (malfaiteur, complice) aussagen, reden; ~ **affaires/politique** über Geschäfte/Politik reden; ~ **à qn** [de qch/qn] mit jdm [über etw/jdn] sprechen; ~ **de faire qch** davon reden, etw zu tun; ~ **de qn/qch** von jdm/etw sprechen; ~ **en dormant** im Schlaf sprechen; ~ **le/en français** Französisch/französisch sprechen; ~ **par gestes** (s'exprimer) mit Gesten reden; **les faits parlent d'eux-mêmes** die Fakten sprechen für sich; **sans** ~ **de** abgesehen von; **tu parles!** (fam) von wegen!

parloir [paʀlwaʀ] m (d'une école, d'une prison, etc) Sprechzimmer nt.

parmesan [paʀməzɑ̃] m Parmesan m.

parmi [paʀmi] prép (mitten) unter +dat, bei +dat.

paroi [paʀwa] f Wand f; (cloison) Trennwand f; ~ **rocheuse** Felswand f.

paroisse [paʀwas] f Pfarrei f.

parole [paʀɔl] f (débit de voix) Stimme f, Tonfall m; (engagement formel) Wort nt; **la** ~ (faculté de parler) die Sprache; ~**s** fpl (promesses) Versprechungen pl; (MUS: d'une chanson) Text m; **croire qn sur** ~ jdm aufs Wort glauben; **demander/obtenir la** ~

mündliche Prüfung ablegen; ~ **qch en fraude** etw schmuggeln; ~ **la tête/la main par la portière** den Kopf/die Hand durch die Tür strecken; ~ **le balai/l'aspirateur** fegen/staubsaugen; **je vous passe M. X** (*au téléphone*) ich gebe Ihnen Herrn X; ~ **un marché/accord** einen Vertrag/ein Abkommen schließen.

passerelle [pɑsʀɛl] *f* (*pont étroit*) Fußgängerüberführung *f*; (*d'un navire, avion*) Gangway *f*.

passe-temps [pɑstɑ̃] *m inv* Zeitvertreib *m*.

passeur, -euse [pɑsœʀ, øz] *m, f* Fährmann *m*; (*fig*) Fluchthelfer(in) *m(f)*.

passif, -ive [pasif, iv] **1.** *adj* passiv; **2.** *m* (*LING*) Passiv *nt*; (*COMM*) Passiva *pl*, Schulden *pl*.

passion [pasjɔ̃] *f* (*amour, émotion, flamme*) Leidenschaft *f*, Leidenschaftlichkeit *f*; **la ~ du jeu/de l'argent** (*frénésie, avidité*) die Spielleidenschaft/die Faszination des Geldes; **passionnant, e** [pasjɔnɑ̃, ɑ̃t] *adj* spannend; **passionné, e** *adj* leidenschaftlich; **passionner** [pasjɔne] ⟨1⟩ **1.** *vt* faszinieren, fesseln; (*débat, discussion*) begeistern, erregen; **2.** *vpr:* **se ~ pour qch** sich leidenschaftlich für etw interessieren.

passoire [pɑswaʀ] *f* Sieb *nt*.

pasteur [pɑstœʀ] *m* (*protestant*) Pfarrer(in) *m(f)*.

pasteuriser [pɑstœʀize] ⟨1⟩ *vt* pasteurisieren.

pastiche [pastiʃ] *m* Persiflage *f*.

pastille [pastij] *f* Pastille *f*.

patate [patat] *f* (*fam*) Kartoffel *f*.

pâte [pɑt] *f* (*pour un fromage*) Masse *f*; (*substance molle*) Brei *m*, Paste *f*; ~**s** *fpl* (*macaroni, etc*) Teigwaren *pl*; ~ **d'amandes** Marzipan *nt*; ~ **brisée/feuilletée** Mürb-/Blätterteig *m*; ~ **de fruits** Fruchtgelee *nt*; ~ **à modeler** Plastilin *nt*, Knetmasse *f*; ~ **à papier** Papierbrei *m*.

pâté [pɑte] *m* (*charcuterie*) Pastete *f*; (*tache d'encre*) Tintenfleck *m*; ~ **en croûte** Fleischpastete *f*; ~ **de foie/de lapin** Leber-/Kaninchenpastete *f*; ~ **impérial** (*GASTR*) Frühlingsrolle *f*.

pâtée [pɑte] *f* (*chien*) Futterbrei *m*.

paternel, le [patɛʀnɛl] *adj* väterlich.

pâteux, -euse [pɑtø, øz] *adj* zähflüssig.

pathétique [patetik] *adj* ergreifend.

patience [pasjɑ̃s] *f* Geduld *f*; **perdre ~** die Geduld verlieren; **patient, e 1.** *adj* geduldig; **2.** *m, f* Patient(in) *m(f)*; **patienter** [pasjɑ̃te] ⟨1⟩ *vi* sich gedulden, warten.

patin [patɛ̃] *m:* ~**s** [à glace] Schlittschuhe *pl*; ~**s à roulettes** Rollschuhe *pl*; **patinage** [patinaʒ] *m* Schlittschuhlaufen *nt*; ~ **artistique/de vitesse** [Eis]kunstlaufen *nt*/Eisschnelllaufen *nt*.

patine [patin] *f* Patina *f*.

patiner [patine] ⟨1⟩ *vi* (*personne*) Schlittschuh laufen; (*embrayage*) schleifen; (*roue*) durchdrehen; **patineur, -euse** *m, f* Schlittschuhläufer(in) *m(f)*; **patinoire** [patinwaʀ] *f* Eisbahn *f*.

pâtisserie [pɑtisʀi] *f* (*boutique*) Konditorei *f*; **la ~** das Gebäck, das Backwerk; ~**s** *fpl* (*gâteaux*) feine Kuchen, Backwaren *pl*; **pâtissier, -ière** [pɑtisje, ɛʀ] *m, f* Konditor(in) *m(f)*.

patois [patwa] *m* Mundart *f*.

patriarche [patʀijaʀʃ(ə)] *m* (*REL*) Patriarch *m*.

patrie [patʀi] *f* Vaterland *nt*, Heimat *f*.

patrimoine [patʀimwan] *m* Erbe *nt*; (*culturel*) Kulturgut *nt*; ~ **héréditaire** Erbgut *nt*.

patriote [patʀijɔt] **1.** *adj* patriotisch; **2.** *m/f* Patriot(in) *m(f)*; **patriotique** *adj* patriotisch.

patron, ne [patʀɔ̃, ɔn] **1.** *m, f* (*saint*) Patron(in) *m(f)*; (*d'un café, d'un hôtel, d'une usine*) Chef(in) *m(f)*; Besitzer(in) *m(f)*; **2.** *m* (*COUTURE*) [Schnitt]muster *nt*; ~**s et employés** Arbeitgeber und Arbeitnehmer *pl*; **patronal, e** ⟨*patronaux*⟩ [patʀɔnal, o] *adj* (*syndicat, intérêts*) Arbeitgeber-; **patronner** [patʀɔne] ⟨1⟩ *vt* (*protéger*) protegieren, sponsern.

patrouille [patʀuj] *f* Patrouille *f*, Streife *f*; **patrouiller** [patʀuje] *vi* patrouillieren.

patte [pat] *f* (*d'un animal*) Bein *nt*, Pfote *f*; (*fam: jambe d'une personne*) Bein *nt*; (*fam: main d'une personne*) Pfote *f*, Flosse *f*.

pâturage [pɑtyʀaʒ] *m* Weide *f*.

paume [pom] *f* (*ANAT*) Handfläche *f*, Handteller *m*; **paumé, e** *adj:* **être ~(e)** (*fam*) nicht durchblicken, es nicht blicken; (*désorienté*) sich verirrt haben; **habiter dans un coin complètement ~** (*fam*) am Ende der Welt wohnen; **paumer** ⟨1⟩ *vt* (*fam: perdre*) verlieren.

paupière [popjɛʀ] *f* Lid *nt*.

paupiette [popjɛt] *f:* ~**s de veau** Kalbsroulade *f*.

pause [poz] *f* Pause *f*.

pauvre [povʀ(ə)] *adj* arm; **pauvreté** [povʀəte] *f* Armut *f*.

pavaner [pavane] ⟨1⟩ *vpr:* **se ~** herumstolzieren.

pavé, e [pave] **1.** *adj* gepflastert; **2.** *m* (*bloc de pierre*) Pflasterstein *m*; (*fam: livre épais*) Schinken *m*.

pavillon [pavijɔ̃] *m* Pavillon *m*; (*maisonnette, villa*) Häuschen *nt*; (*NAUT*) Flagge *f*.

pavot [pavo] *m* Mohn *m*.

payant, e [pɛjɑ̃, ɑ̃t] *adj* (*hôte, spectateur*) zahlend; (*parking*) gebührenpflichtig; (*entreprise, coup*) gewinnbringend, rentabel; **l'entrée est ~e** der Eintritt ist nicht frei.

paye [pɛj] f (d'un employé) Lohn m.

payement [pɛjmɑ̃] m Bezahlung f; (somme) Zahlung f.

payer [peje] 〈7〉 **1.** vt bezahlen, zahlen; (fig: faute, crime) bezahlen für; **2.** vi sich auszahlen, sich lohnen; ~ **comptant** [o en espèces]/par chèque bar/mit Scheck bezahlen; ~ **qch à qn** jdm etw zahlen; ~ **qn de** (ses efforts, ses peines) jdn bezahlen für.

pays [pei] m Land nt; ~ **d'accueil** Gastland nt; **le Pays basque** das Baskenland; ~ **exportateur/producteur de pétrole** erdölexportierendes Land/Ölförderland nt; **le ~ de Galles** Wales nt; ~ **en voie de développement** Entwicklungsland nt.

paysage [peizaʒ] m Landschaft f; **paysagiste** m/f (peintre) Landschaftsmaler(in) m(f); (jardinier) Landschaftsgärtner(in) m(f).

paysan, ne [peizɑ̃, an] **1.** m, f Bauer m, Bäuerin f; **2.** adj (mœurs, revendications) Bauern-, bäuerlich; (air) Land-.

Pays-Bas [peiba] mpl: **les** ~ die Niederlande pl.

PC m abr de **personal computer** PC m.

p.c.c. abr de **pour copie conforme** beglaubigte Kopie.

P.C.F. m abr de **Parti communiste français** kommunistische Partei Frankreichs.

P.C.V. m abr de **PerCeVoir** R-Gespräch nt.

P.-D.G. m abr de **Président-directeur général** Generaldirektor(in) m(f), Geschäftsführer(in) m(f).

péage [peaʒ] m (sur autoroute) Autobahngebühr f; (sur pont) Brückengebühr f; (endroit) Maut[stelle] f; **autoroute/pont à ~** gebührenpflichtige Straße/Brücke.

peau 〈-x〉 [po] f Haut f; ~ **de banane** Bananenschale f; ~ **de chamois** (chiffon) Fensterleder m; ~ **du saucisson** [Wurst]pelle f.

pêche [pɛʃ] f (poissons pêchés) Fang m; (fruit) Pfirsich m; **avoir la ~** (fam) voller Energie stecken; **la ~** das Fischen; (à la ligne) das Angeln.

péché [peʃe] m Sünde f; **pécher** 〈5〉 vi (REL) sündigen.

pêcher [peʃe] 〈1〉 **1.** vt fischen; angeln; **2.** m Pfirsichbaum m; ~ **au filet** mit dem Netz fischen; ~ **à la ligne** angeln.

pêcheur, -eresse [pɛʃœʀ, peʃʀɛs] m, f Sünder(in) m(f).

pêcheur, -euse [pɛʃœʀ, øz] m, f Fischer(in) m(f); Angler(in) m(f).

pécuniaire [pekynjɛʀ] adj finanziell.

pédagogie [pedagɔʒi] f Pädagogik f; **pédagogique** adj pädagogisch; **pédagogue** m/f Pädagoge m, Pädagogin f.

pédale [pedal] f Pedal nt; **pédaler** 〈1〉 vi

[in die Pedale] treten; ~ **dans la semoule** (fam) sich abstrampeln.

pédalo [pedalo] m Tretboot nt.

pédant, e [pedɑ̃, ɑ̃t] adj besserwisserisch.

pédé [pede] m (fam) Schwule(r) m.

pédéraste [pederast(ə)] m Päderast m.

pédestre [pedɛstʀ(ə)] adj: **randonnée ~** Wanderung f.

pédiatre [pedjatʀ(ə)] m/f Kinderarzt m, Kinderärztin f; **pédiatrie** f Kinderheilkunde f.

pédicure [pedikyʀ] m/f Fußpfleger(in) m(f).

pègre [pɛgʀ(ə)] f Unterwelt f.

peigne [pɛɲ] m Kamm m; **peigner** [peɲe] 〈1〉 **1.** vt kämmen; **2.** vpr: **se ~** sich kämmen; **peignoir** [pɛɲwaʀ] m (de sportif, sortie de bain) Bademantel m; (déshabillé) Morgenmantel m.

peindre [pɛ̃dʀ(ə)] irr vt malen; (mur, carrosserie) streichen.

peine [pɛn] f (affliction, chagrin) Kummer m; (mal, effort, difficulté) Mühe f; (punition, JUR) Strafe f; **à ~** (presque, très peu) kaum; **faire de la ~ à qn** jdm weh tun; **prendre la ~ de** sich dat die Mühe machen, zu; **se donner de la ~** sich bemühen; **ce n'est pas la ~** das ist nicht nötig; **ça ne vaut pas la ~** es lohnt sich nicht; **il y a à ~ huit jours** ist kaum acht Tage her; **sous ~ d'amende** bei Strafe; ~ **de mort/capitale** Todesstrafe f; **peiner** [pene] 〈1〉 **1.** vi (se fatiguer) sich abmühen; **2.** vt betrüben.

peintre [pɛ̃tʀ(ə)] m Maler(in) m(f); ~ **bâtiment** Anstreicher(in) m(f).

peinture [pɛ̃tyʀ] f Malen nt; [An]streichen nt; (tableau) Bild nt; (couleur) Farbe f; **la ~** (ART) die Malerei; ~ **fraîche!** frisch gestrichen!; ~ **mate/brillante** Matt-/Glanzlack m.

péjoratif, -ive [peʒɔʀatif, iv] adj pejorativ, abwertend.

Pékin [pekɛ̃] f Peking nt.

pelage [pəlaʒ] m Fell nt.

pêle-mêle [pɛlmɛl] adv durcheinander.

peler [pəle] 〈4〉 **1.** vt schälen; **2.** vi sich schälen.

pèlerin [pɛlʀɛ̃] m (REL) Pilger(in) m(f).

pélican [pelikɑ̃] m Pelikan m.

pelle [pɛl] f Schaufel f; ~ **mécanique** (Löffel]bagger m; ~ **à tarte**, ~ **à gâteau** Tortenheber m.

pellicule [pelikyl] f (couche fine) Häutchen nt; (PHOTO) Film m; ~s fpl Schuppen pl.

pelote [p(ə)lɔt] f (de fil, de laine) Knäuel m o nt; (d'épingles, d'aiguilles) Nadelkissen nt; ~ **[basque]** (jeu) Pelota f (baskisches Ballspiel).

peloton [p(ə)lɔtɔ̃] m (SPORT) [Haupt]feld nt; ~ **d'exécution** Hinrichtungskommando m.

pelotonner [p(ə)lɔtɔne] ⟨1⟩ *vpr:* **se ~** sich zusammenrollen.

pelouse [p(ə)luz] *f* Rasen *m.*

peluche [p(ə)lyʃ] *f:* **animal en ~** Stofftier *nt.*

pelure [p(ə)lyʀ] *f (épluchure)* Schale *f.*

pénal, e ⟨pénaux⟩ [penal, o] *adj* Straf-.

pénalité [penalite] *f (sanction)* Strafe *f;* (SPORT) Strafstoß *m.*

penalty ⟨penalties⟩ [penalti] *m* Elfmeter *m.*

penchant [pɑ̃ʃɑ̃] *m* Neigung *f,* Vorliebe *f;* **avoir un ~ pour qch** eine Vorliebe für etw haben.

pencher [pɑ̃ʃe] ⟨1⟩ **1.** *vi* sich neigen; **2.** *vt* neigen; **3.** *vpr:* **se ~** *(personne)* sich vorbeugen; **se ~ sur** sich beugen über *+akk;* (*fig*) sich vertiefen in *+akk;* **~ pour** *(personne)* neigen zu.

pendant [pɑ̃dɑ̃] *prép* während *+gen.*

pendant, e [pɑ̃dɑ̃, ɑ̃t] *adj* (JUR. ADMIN) schwebend.

pendentif [pɑ̃dɑ̃tif] *m (bijou)* Anhänger *m.*

penderie [pɑ̃dʀi] *f (placard)* Kleiderschrank *m.*

pendre [pɑ̃dʀ(ə)] ⟨14⟩ **1.** *vt* aufhängen; *(personne)* hängen; **2.** *vi* hängen; **3.** *vpr:* **se ~** sich aufhängen; **se ~ à qch** hängen an *+dat;* **pendu, e** [pɑ̃dy] *m, f* Gehängte(r) *mf.*

pendule [pɑ̃dyl] **1.** *f (horloge)* [Wand]uhr *f;* **2.** *m* Pendel *nt.*

pénétrer [penetʀe] ⟨5⟩ **1.** *vi:* **~ dans/à l'intérieur de** herein-/hineinkommen in *+akk;* *(de force)* eindringen in *+akk;* *(en voiture, etc)* herein-/hineinfahren in *+akk;* **2.** *vt* eindringen in *+akk; (mystère, secret)* herausfinden; *(pluie)* durchdringen.

pénible [penibl(ə)] *adj (astreignant, difficile)* mühsam, schwierig; *(douloureux, affligeant)* schmerzhaft; *(personne, caractère)* lästig; **péniblement** *adv* mit Schwierigkeit; schmerzlich.

péniche [peniʃ] *f* Lastkahn *m,* Frachtkahn *m.*

pénicilline [penisilin] *f* Penizillin *nt.*

péninsule [penɛ̃syl] *f* Halbinsel *f.*

pénis [penis] *m* Penis *m.*

pénitence [penitɑ̃s] *f (repentir)* Reue *f;* (REL) Buße *f; (punition)* Strafe *f;* **pénitencier** [penitɑ̃sje] *m (prison)* Zuchthaus *nt.*

pénombre [penɔ̃bʀ(ə)] *f* Halbdunkel *nt.*

pensée [pɑ̃se] *f (ce que l'on pense)* Gedanke *m; (doctrine)* Lehre *f; (maxime, sentence)* Gedanke *m,* Reflexion *f;* (BOT) Stiefmütterchen *nt;* **la ~** *(faculté, fait de penser)* das Denken; **en ~** im Geist.

penser [pɑ̃se] ⟨1⟩ **1.** *vi* denken; **2.** *vt* denken; *(imaginer, concevoir)* sich *dat* denken; **~ à** denken an *+akk; (réfléchir à)* nachdenken über *+akk;* **faire qch** vorhaben, etw zu tun; **~ du bien/du mal de qn/qch** gut/schlecht über jdn/etw denken; **penseur**

-euse *m* Denker(in) *m(f);* **pensif, -ive** *adj* nachdenklich.

pension [pɑ̃sjɔ̃] *f (allocation)* Rente *f; (somme, prix payé)* Pension *f; (hôtel, maison particulière)* Pension *f;* *(scol.)* Internat *nt;* **chambre sans/avec ~ [complète]** Zimmer mit/ohne Vollpension; **envoyer un enfant en ~** ein Kind in ein Internat geben; **prendre ~ chez qn/dans un hôtel** bei jdm/in einem Hotel in Pension sein; **prendre qn chez soi en ~** jdn beköstigen, jdm [gegen Bezahlung] Kost und Logis bieten; **~ alimentaire** Unterhaltsbeitrag *m;* **~ de famille** Pension *f;* **pensionnaire** [pɑ̃sjɔnɛʀ] *m/f* Pensionsgast *m;* Internatsschüler(in) *m(f);* **pensionnat** [pɑ̃sjɔna] *m* Internat *nt.*

pente [pɑ̃t] *f (d'un terrain, d'une surface)* Gefälle *nt;* **une ~** *(surface oblique)* ein Abhang *m;* **en ~** schräg, abfallend.

Pentecôte [pɑ̃tkot] *f:* **la ~** das Pfingstfest, Pfingsten *nt.*

pénurie [penyʀi] *f* Mangel *m.*

pépé [pepe] *m (fam)* Opa *m.*

pépier [pepje] ⟨1⟩ *vi* zwitschern.

pépin [pepɛ̃] *m* (BOT) Kern *m; (fam)* Haken *m,* Schwierigkeit *f.*

pépinière [pepinjɛʀ] *f* Baumschule *f.*

perçant, e [pɛʀsɑ̃, ɑ̃t] *adj (vue)* scharf; *(voix)* durchdringend.

percée [pɛʀse] *f (chemin, trouée)* Öffnung *f;* (SPORT) Durchbruch *m.*

perce-neige [pɛʀsənɛʒ] *m o f inv* Schneeglöckchen *nt.*

percepteur [pɛʀsɛptœʀ] *m* Steuereinnehmer(in) *m(f).*

perception [pɛʀsɛpsjɔ̃] *f* Wahrnehmung *f; (bureau)* Finanzamt *nt.*

percer [pɛʀse] ⟨1⟩ **1.** *vt* ein Loch machen in *+akk; (oreilles)* durchstechen; *(abcès)* aufschneiden; *(trou, tunnel)* bohren; *(fenêtre)* ausbrechen; *(avenue)* anlegen; *(lumière, soleil, bruit)* durchdringen; *(mystère, énigme)* auflösen; **2.** *vi* durchkommen; *(aube)* anbrechen; *(réussir: artiste)* den Durchbruch schaffen; **~ une dent** *(bébé)* zahnen; **perceuse** *f (outil)* Bohrer *m;* **~ à percussion** Schlagbohrmaschine *f.*

percevoir [pɛʀsəvwaʀ] ⟨12⟩ *vt (discerner)* wahrnehmen, erkennen; *(somme d'argent)* einnehmen.

perche [pɛʀʃ(ə)] *f* (ZOOL) [Fluß]barsch *m; (pièce de bois, métal)* Stange *f;* **percher** ⟨1⟩ *vpr:* **se ~** *(oiseau)* hocken, sitzen; **perchoir** [pɛʀʃwaʀ] *m* [Vogel]stange *f.*

percolateur [pɛʀkɔlatœʀ] *m* Kaffeemaschine *f.*

percussion [pɛʀkysjɔ̃] *f:* **instrument à ~** Schlaginstrument *nt.*

percuter [pɛʀkyte] ⟨1⟩ **1.** *vt* stoßen, schlagen; **2.** *vi:* **~ contre** knallen gegen.

perdant, e [pɛʀdã, ãt] *m, f (jeu, compétition)* Verlierer(in) *m(f); (fig)* ewige(r) Verlierer(in).

perdre [pɛʀdʀ(ə)] ⟨14⟩ **1.** *vt* verlieren; *(gaspiller)* verschwenden, vergeuden; *(occasion)* verpassen; *(moralement)* ruinieren; **2.** *vi (personne)* verlieren; *(récipient)* undicht sein, lecken; **3.** *vpr:* **se** ~ *(personne)* sich verirren; *(rester inutilisé: chose)* verkümmern, brach liegen; *(disparaître)* sich verlieren; ~ **son chemin** sich verirren; ~ **connaissance/l'équilibre** das Bewußtsein/Gleichgewicht verlieren; ~ **pied** *(im Wasser)* den Boden unter den Füßen verlieren; *(fig)* den Halt verlieren; ~ **qch/qn de vue** etw/jdn aus den Augen verlieren; ~ **la raison/la parole/la vue** den Verstand/die Sprache/das Augenlicht verlieren.

perdrix [pɛʀdʀi] *f* Rebhuhn *nt.*

perdu, e [pɛʀdy] *adj (objet)* verloren; *(égaré)* verlaufen; *(balle)* verirrt; *(isolé)* abgelegen, gottverlassen; *(emballage, verre)* Einweg-; *(occasion)* vertan; *(malade, blessé)* unheilbar.

père [pɛʀ] *m* Vater *m*; **de** ~ **en fils** vom Vater auf den Sohn; **nos/vos** ~**s** *(ancêtres)* unsere/Ihre Vorfahren; ~ **de famille** Familienvater *m*; **le** ~ **Noël** der Weihnachtsmann.

péremption [peʀãpsjõ] *f:* **date de** ~ Verfallsdatum *nt.*

perfection [pɛʀfɛksjõ] *f* Vollkommenheit *f*; **à la** ~ tadellos; **perfectionner** [pɛʀfɛksjɔne] ⟨1⟩ **1.** *vt* vervollkommnen; **2.** *vpr:* **se** ~ **en anglais/allemand** sein Englisch/Deutsch verbessern.

perfide [pɛʀfid] *adj* heimtückisch.

perforatrice [pɛʀfɔʀatʀis] *f (outil: pour cartes)* Locher *m*; *(pour tickets)* Lochzange *f*; **perforé, e** *adj:* **carte/bande** ~**e** Lochkarte *f*/-streifen *m*; **perforer** [pɛʀfɔʀe] ⟨1⟩ *vt (ticket)* lochen; *(TECH)* perforieren; **perforeuse** *f* Bohrer *m.*

performance [pɛʀfɔʀmãs] *f* Leistung *f*; **performant, e** *adj* leistungsstark, effektiv.

péril [peʀil] *m* Gefahr *f*; **à ses risques et** ~**s** auf eigenes Risiko; **périlleux, -euse** [peʀijø, øz] *adj* gefährlich.

périmé, e [peʀime] *adj (conception)* überholt; *(passeport, etc)* abgelaufen.

périmètre [peʀimɛtʀ(ə)] *m (MATH)* Umfang *m*; *(ligne)* Grenze *f*; *(zone)* Umkreis *m.*

période [peʀjɔd] *f (époque)* Zeit *f*; *(durée)* Zeitraum *m*, Zeit *f*; ~ **d'essai** *(emploi)* Probezeit *f*; ~ **radioactive** Halbwertzeit *f*; **périodique 1.** *adj* periodisch, regelmäßig; **2.** *m (magazine, revue)* Zeitschrift *f.*

péripéties [peʀipesi] *fpl* Ereignisse *pl*, Vorfälle *pl.*

périphérique [peʀifeʀik] **1.** *m* Ringstraße *f*;

(INFORM) Peripheriegerät *nt*; **2.** *adj:* **le boulevard** ~ die Ringstraße um Paris.

périphrase [peʀifʀɑz] *f* Umschreibung *f.*

périple [peʀipl(ə)] *m* [Rund]reise *f.*

périr [peʀiʀ] ⟨8⟩ *vi (personne)* umkommen, sterben; *(navire)* untergehen.

périssable [peʀisabl(ə)] *adj (denrée)* verderblich.

perle [pɛʀl(ə)] *f* Perle *f*; *(sang, rosée)* Tropfen *m*; **perler** ⟨1⟩ *vi (sueur)* abperlen, abtropfen.

permanence [pɛʀmanãs] *f* Dauerhaftigkeit *f*; *(ADMIN, MÉD)* Bereitschaftsdienst *m*; *(lieu)* Bereitschaftszentrale *f*; **en** ~ permanent, ständig; **permanent, e 1.** *adj* ständig; *(constant, stable)* beständig, dauerhaft; **2.** *f* Dauerwelle *f.*

perméable [pɛʀmeabl(ə)] *adj (roche, terrain)* durchlässig; ~ **à** *(fig)* offen für.

permettre [pɛʀmɛtʀ(ə)] *irr comme* **mettre** **1.** *vt* erlauben; **2.** *vpr:* **se** ~ **de faire qch** sich *dat* erlauben, etw zu tun; ~ **qch à qn** jdm etw erlauben.

permis [pɛʀmi] *m* Genehmigung *f*; ~ **de chasse/pêche** Jagd-/Angelschein *m*; ~ **de conduire** Führerschein *m*; ~ **de construire** Baugenehmigung *f*; ~ **d'inhumer** Totenschein *m*; ~ **poids lourds** LKW-Führerschein *m*; ~ **de séjour** Aufenthaltserlaubnis *f.*

permissif, -ive [pɛʀmisif, iv] *adj* freizügig.

permission [pɛʀmisjõ] *f* Erlaubnis *f*; *(MIL)* Urlaub *m*; **avoir la** ~ **de faire qch** die Erlaubnis haben, etw zu tun.

permissivité [pɛʀmisivite] *f* Permissivität *f*, sexuelle Freizügigkeit *f.*

permuter [pɛʀmyte] ⟨1⟩ **1.** *vt* umstellen; **2.** *vi (personnes)* die Stelle tauschen.

Pérou [peʀu] *m:* **le** ~ Peru *nt*; **ce n'est pas le** ~ *(fam: salaire, etc)* das ist [zwar] nicht die Welt …

perpendiculaire [pɛʀpãdikylɛʀ] **1.** *adj* senkrecht; **2.** *f* Senkrechte *f*; ~ **à** senkrecht zu.

perpétrer [pɛʀpetʀe] ⟨5⟩ *vt (crime)* begehen, verüben.

perpétuel, le [pɛʀpetɥɛl] *adj (continuel)* ständig, fortwährend; *(fonction)* dauerhaft, lebenslang.

perpétuité [pɛʀpetɥite] *f:* **à** ~ für immer, auf unbegrenzte Dauer; **être condamné à** ~ zu lebenslänglicher Strafe verurteilt sein.

perplexe [pɛʀplɛks(ə)] *adj* verblüfft, perplex.

perquisitionner [pɛʀkizisjɔne] ⟨1⟩ *vi* eine Haussuchung vornehmen.

perron [peʀõ] *m* Freitreppe *f.*

perroquet [peʀɔkɛ] *m* Papagei *m.*

perruche [peʀyʃ] *f* Wellensittich *m.*

perruque [peʀyk] *f* Perücke *f.*

persan, e [pɛʁsɑ̃, an] *adj* Perser-; persisch;
Perse [pɛʁs(ə)] *f:* **la ~** Persien *nt.*

persécution [pɛʁsekysjɔ̃] *f* Verfolgung *f.*

persévérant, e [pɛʁseveʁɑ̃, ɑ̃t] *adj* ausdauernd, beharrlich.

persévérer [pɛʁsevere] ⟨5⟩ *vi* nicht aufgeben; **~ dans qch** etw nicht aufgeben; (*dans une erreur*) in etw *dat* verharren.

persiennes [pɛʁsjɛn] *fpl* Fensterläden *pl.*

persiflage [pɛʁsiflaʒ] *m* Spott *m.*

persil [pɛʁsi, pɛʁsil] *m* Petersilie *f.*

persistant, e [pɛʁsistɑ̃, ɑ̃t] *adj* anhaltend; (*feuillage*) immergrün; **arbre à feuillage ~** immergrüner Baum.

persister [pɛʁsiste] ⟨1⟩ *vi* fortdauern; (*personne*) nicht aufhören; **~ à faire qch** etw weiterhin tun; **~ dans qch** auf etw *akk* beharren.

personnage [pɛʁsɔnaʒ] *m* Person *f*; (*roman, théâtre*) Figur *f*; (*notable*) Persönlichkeit *f.*

personnaliser [pɛʁsɔnalize] ⟨1⟩ *vt* (*voiture, appartement*) eine persönliche Note geben +*dat*; (*impôt, assurance*) auf den einzelnen abstimmen.

personnalité [pɛʁsɔnalite] *f* Persönlichkeit *f.*

personne [pɛʁsɔn] **1.** *pron* niemand; (*quelqu'un*) [irgend] jemand; **2.** *f* (*être humain, individu*) Person *f*, Mensch *m*; **en ~** persönlich; **dix francs par ~** 10 Francs pro Person; **première/troisième ~** (*LING*) erste/dritte Person; **~ âgée** älterer Mensch; **grande ~** Erwachsene(r) *mf*; **~ à charge** (*JUR*) Unterhaltsberechtigte(r) *mf*; **~ morale/physique** (*JUR*) juristische/natürliche Person.

personnel, le [pɛʁsɔnɛl] **1.** *adj* persönlich; Privat-; **2.** *m* (*employés*) Personal *nt*; **personnellement** *adv* persönlich.

personnifier [pɛʁsɔnifje] ⟨1⟩ *vt* personifizieren.

perspective [pɛʁspɛktiv] *f* (*ART, fig*) Perspektive *f*; (*vue, coup d'œil*) Ausblick *m*; (*angle, optique*) Blickwinkel *m*; **~s** *fpl* (*horizons*) Aussichten *pl*; **en ~** in Aussicht.

perspicace [pɛʁspikas] *adj* scharfsichtig.

persuader [pɛʁsɥade] ⟨1⟩ *vt* überzeugen; **~ qn de faire qch** jdn überreden, etw zu tun; **~ qn de qch** jdn von etw überzeugen; **persuasion** [pɛʁsɥazjɔ̃] *f* Überzeugung *f.*

perte [pɛʁt(ə)] *f* Verlust *m*; (*fig*) Ruin *m*; **à ~ mit Verlust; **à ~ de vue** soweit das Auge reicht; (*fig*) endlos; **~s blanches** (*MÉD*) Ausfluß *m*; **~ de confiance** Vertrauensverlust *m*; **~ sèche** Verlustgeschäft *nt.*

pertinemment *adv* treffend; (*savoir*) genau; **pertinent, e** [pɛʁtinɑ̃, ɑ̃t] *adj* (*remarque, analyse*) treffend.

perturbation [pɛʁtyʁbasjɔ̃] *f* (*agitation,*

trouble) Unruhe *f*; **~ atmosphérique** atmosphärische Störungen *pl.*

perturber [pɛʁtyʁbe] ⟨1⟩ *vt* stören; (*personne*) beunruhigen.

pervers, e [pɛʁvɛʁ, s(ə)] **1.** *adj* (*vicieux, dépravé*) pervers; (*machination, conseil*) teuflisch; **2.** *m, f* perverser Mensch.

pervertir [pɛʁvɛʁtiʁ] ⟨8⟩ *vt* verderben.

pesage [pəzaʒ] *m* Wiegen *nt*; (*hippodrome*) Wiegeplatz *m*, Waage *f.*

pesamment [pəzamɑ̃] *adv* schwerfällig.

pesant, e [pəzɑ̃, ɑ̃t] *adj* schwer; (*présence*) lästig; (*sommeil*) tief; (*architecture, marche*) schwerfällig.

pesanteur [pəzɑ̃tœʁ] *f*: **la ~** (*PHYS*) die Schwerkraft.

pèse-bébé [pɛz(ə)-bebe] ⟨pèse-bébés⟩ [pɛzbebe] *m* Säuglingswaage *f*; **pèse-lettre** ⟨pèse-lettres⟩ *m* Briefwaage *f.*

peser [pəze] ⟨1⟩ *vt* wiegen; (*considérer, comparer*) abwägen; **2.** *vi* (*avoir un certain poids*) schwer wiegen; **~ cent kilos/peu** 100 Kilo/wenig wiegen; **~ sur** lasten auf +*dat*; (*influencer*) beeinflussen.

pessimiste [pesimist(ə)] **1.** *adj* pessimistisch; **2.** *m/f* Pessimist(in) *m(f).*

peste [pɛst(ə)] *f* Pest *f.*

pesticide [pɛstisid] *m* Schädlingsbekämpfungsmittel *nt*, Pestizid *nt.*

pétale [petal] *f* (*BOT*) Blütenblatt *nt.*

pétanque [petɑ̃k] *f* in Südfrankreich gespielte Variante des Boulespiels.

pétard [petaʁ] *m* Knallkörper *m*; (*fam: drogue*) Joint *m.*

péter [pete] ⟨5⟩ *vi* (*fam*) furzen.

pétiller [petije] ⟨1⟩ *vi* (*feu*) knistern; (*mousse, champagne*) perlen; (*yeux*) funkeln.

petit, e [p(ə)ti, it] **1.** *adj* klein; (*pluie*) fein; (*promenade, voyage*) kurz; (*bruit, cri*) schwach; **2.** *adv*: **à ~** nach und nach; **les ~s** *mpl* (*dans une collectivité, école*) die Kleinen *pl*; (*d'un animal*) die Jungen *pl*; **les tout-petits** die ganz Kleinen *pl*; **~(e) ami(e)** Freund(in) *m(f)*; **~ pois** Erbse *f*; **petit-bourgeois, petite-bourgeoise** ⟨petits-bourgeois, petites-bourgeoises⟩ **1.** *adj* kleinbürgerlich, spießig; **2.** *m, f* Kleinbürger(in) *m(f)*, Spießer(in) *m(f)*; **petite-fille** ⟨petites-filles⟩ [pətitfij] *f* Enkelin *f*; **petitesse** *f* Kleinheit *f*; (*d'un salaire*) Geringfügigkeit *f*; (*d'une existence*) Bescheidenheit *f*; (*de procédés*) Kleinlichkeit *f*; **petit-fils** ⟨petits-fils⟩ [pətifis] *m* Enkel *m.*

pétition [petisjɔ̃] *f* Petition *f.*

petit-lait ⟨petits-laits⟩ [pətilɛ] *m* Molke *f*; **boire du ~** (*fig*) Genugtuung empfinden; **petits-enfants** [pətizɑ̃fɑ̃] *mpl* Enkel *pl.*

pétrin [petʁɛ̃] *m* Backtrog *m*; **être dans le ~** (*fam*) in der Klemme stecken.

pétrir [petʀiʀ] ⟨8⟩ vt kneten.
pétrole [petʀɔl] m Erdöl nt; (de lampe) Petroleum nt; **pétrolier, -ière** [petʀɔlje, ɛʀ] **1.** adj Öl-; **2.** m (navire) Öltanker m.
P. et T. fpl abr de Postes et Télécommunications französische Post.
peu [pø] **1.** adv wenig; (avec adjectif, adverbe) nicht sehr; **2.** pron pl wenige pl; **3.** m: le ~ **de courage qui nous restait** das bißchen Mut, das wir noch hatten; ~ **à** ~ nach und nach; ~ **avant/après** kurz davor/bald danach; ~ **de** wenig; **à** ~ **près** ungefähr; **sous** ~, **avant** ~ bald; **de** ~ knapp; **depuis** ~ seit kurzem; **c'est** ~ **de chose** das ist eine Kleinigkeit; **un** [**petit**] ~ [**de**] etwas, ein wenig, ein bißchen.
peuple [pœpl] m Volk nt; **peupler** ⟨1⟩ vt (pouvoir d'une population) bevölkern; (habiter) bewohnen +akk; (hanter, remplir) erfüllen.
peuplier [pøplije] m Pappel f.
peur [pœʀ] f Angst f; **avoir** ~ [**de** qn/qch/ **faire** qch] Angst haben [vor jdm/etw/ etw zu tun]; **avoir** ~ **que** befürchten, daß; **de** ~ **de/que** aus Angst, daß; **faire** ~ **à** qn jdm Angst machen; ~ **bleue** Heidenangst f; **peureux, -euse** [pøʀø, øz] adj ängstlich.
peut-être [pøtɛtʀ(ə)] adv vielleicht; ~ **bien** es kann gut sein; ~ **que** vielleicht.
p. ex. abr de par exemple z. B.
pH m abr de potentiel d'hydrogène pH-Wert m.
phalange [falɑ̃ʒ] f (des doigts) Fingerglied nt; (des orteils) Zehenglied nt; (POL) Phalanx f.
phallocrate [falɔkʀat] m Phallokrat m, Macho m; **phallocratie** [falɔkʀasi] f Phallokratie f.
phallus [falys] m (ANAT) Phallus m.
phare [faʀ] m (tour) Leuchtturm m; (d'un aéroport) Leuchtfeuer nt; (AUTO) Scheinwerfer m; **se mettre en** ~**s** (position) das Fernlicht einschalten; ~ **antibrouillard** (AUTO) Nebelscheinwerfer m.
pharmaceutique [faʀmasøtik] adj pharmazeutisch.
pharmacie [faʀmasi] f (science) Pharmazie f; (local) Apotheke f; (produits) Arzneimittel nt o pl.
pharmacien, ne [faʀmasjɛ̃, ɛn] m, f Apotheker(in) m(f).
pharynx [faʀɛ̃ks] m Rachen m.
phase [faz] f Phase f; **être en** ~ **avec** qn mit jdm auf gleicher Wellenlinie liegen; ~ **finale** (expérience) Endphase f; (maladie) Endstadium nt.
phénomène [fenɔmɛn] m Phänomen nt; (excentrique, original) Kauz m.
philanthropie [filɑ̃tʀɔpi] f Menschenfreundlichkeit f.

philharmonique [filaʀmɔnik] adj philharmonisch.
Philippines [filipin] fpl: **les** ~ die Philippinen pl.
philistin [filistɛ̃] m Banause m.
philosophe [filɔzɔf] **1.** m/f Philosoph(in) m(f); **2.** adj philosophisch; **philosophie** f Philosophie f; (calme, résignation) Gelassenheit f; **philosophique** adj philosophisch.
phonétique [fonetik] **1.** adj phonetisch; **2.** **la** ~ die Phonetik.
phoque [fɔk] m Seehund m; (fourrure) Seal m.
phosphate [fɔsfat] m Phosphat nt; **sans** ~**s** phosphatfrei.
phosphore [fɔsfɔʀ] m Phosphor m; **phosphorer** ⟨1⟩ vi (fam) mit dem Kopf arbeiten.
photo [foto] f Foto nt; **faire de la** ~ fotografieren, Fotos machen; **prendre** qn/qch **en** ~ von jdm/etw ein Foto machen; **tu veux ma** ~**?** (fam) was starrst du mich so an?; ~ **d'identité** Paßfoto nt.
photocopie [fotokɔpi] f Fotokopie f; **photocopieur** m, **photocopieuse** f Fotokopierer m, Kopiergerät nt; ~ **couleur** Farbkopierer m.
photogénique [fotoʒenik] adj fotogen.
photographe [fotoɡʀaf] m/f Fotograf(in) m(f); **photographie** f Fotografie f; **photographier** ⟨1⟩ vt fotografieren; **photographique** adj fotografisch.
photostyle m (INFORM) Lichtgriffel m.
phrase [fʀaz] f Satz m.
physicien, ne [fizisjɛ̃, ɛn] m, f Physiker(in) m(f).
physiologique [fizjɔlɔʒik] adj physiologisch.
physionomie [fizjɔnɔmi] f Gesichtsausdruck m; (fig) Gepräge nt.
physique [fizik] **1.** adj (de la nature) physisch; (du corps) physisch, körperlich; (PHYS) physikalisch; **2.** m (d'une personne) äußere Erscheinung; **3.** f: **la** ~ die Physik; **au** ~ körperlich; **physiquement** adv körperlich, physisch.
piailler [pjaje] ⟨1⟩ vi (oiseau) piepsen.
pianiste [pjanist(ə)] m/f Pianist(in) m(f).
piano [pjano] m Klavier nt.
pianoter [pjanɔte] ⟨1⟩ vi (jouer du piano) auf dem Klavier klimpern; ~ **sur une table/ vitre** (tapoter) mit den Fingern auf den Tisch/ans Fenster trommeln.
P.I.B. m abr de produit intérieur brut Bruttoinlandsprodukt nt.
pic [pik] m (instrument) Spitzhacke f; (montagne, cime) Gipfel m; **à** ~ (verticalement) senkrecht; **arriver à** ~ (fam) wie gerufen kommen; **ça tombe à** ~ (fam) das trifft sich

gut.

Picardie [pikaʀdi] f: **la ~** die Picardie.

pichet [piʃɛ] m kleiner Krug.

pickpocket [pikpɔkɛt] m Taschendieb(in) m(f).

picorer [pikɔʀe] ⟨1⟩ vt picken.

picoter [pikɔte] ⟨1⟩ vt (oiseau, poule) picken; (piquer, irriter) stechen, prickeln.

pictogramme [piktɔgʀam] m Piktogramm nt.

pie [pi] f Elster f.

pièce [pjɛs] f (d'un logement) Zimmer nt; (THÉÂT morceau) Stück nt; (d'un mécanisme) Teil nt; (de monnaie) Münze f; (COUTURE) Teil nt, Einsatz m; (d'un jeu d'échecs) Figur f; (d'une collection) Einzelteil nt; **payer à la ~** Stücklohn zahlen; **travailler à la ~** Akkord zahlen; **un trois-pièces** eine Dreizimmerwohnung; **vendre à la ~** einzeln [o stückweise] verkaufen; **~s détachées** Ersatzteile pl; **~ d'eau** (dans un parc) Bassin nt, [künstlicher] Teich; **~ d'identité** (document) Ausweis m; **~ justificative** Nachweis m; **~ montée** mehrstöckige [Hochzeits]torte; **~ de rechange** Ersatzteil nt.

pied [pje] m Fuß m; (d'un meuble) Bein nt; (d'un verre) Stiel m; (POÉSIE) Versfuß m; **à ~** zu Fuß; **au ~ de la lettre** buchstabengetreu; **avoir ~** Boden unter den Füßen haben; **avoir bon ~ bon œil** (fig) rüstig sein; **avoir le ~ marin** seefest sein; **avoir un ~ dans la tombe** (fig) mit einem Bein im Grab stehen; **de ~ en cap** von Kopf bis Fuß; **être ~s nus** barfuß sein/gehen; **être à ~ d'œuvre** (fig) am Werk sein; **être sur le ~ de guerre** (fig) auf [dem] Kriegsfuß stehen; **s'être levé(e) du ~ gauche** mit dem linken Fuß zuerst aufgestanden sein; **faire le ~ de grue** (fig) sich die Beine in den Bauch stehen; **mettre qn au ~ du mur** jdn in die Enge treiben; **mettre sur ~** auf die Beine stellen; **~ de salade** Salatkopf m; **~ de vigne** Weinrebe f; **pied-à-terre** [pjetatɛʀ] m inv Zweitwohnung f; **pied-de-biche** ⟨pieds-de-biche⟩ [pjed(ə)biʃ] m (COUTURE) Steppfuß m.

piédestal ⟨piédestaux⟩ [pjedɛstal, o] m Sockel m.

pied-noir ⟨pieds-noirs⟩ [pjenwaʀ] m/f Franzose, der/Französin, die in Algerien geboren wurde.

piège [pjɛʒ] m Falle f; **prendre au ~** mit einer Falle fangen; **tomber dans le ~** in die Falle gehen.

piéger [pjeʒe] ⟨2, 5⟩ vt (avec une mine) verminen; **se faire ~** (fam) reinfallen; **lettre piégée** Briefbombe f; **voiture piégée** Autobombe f.

pierre [pjɛʀ] f Stein m; **~ à bâtir** Baustein m;

~ à briquet Feuerstein m; **~ ponce** Bimsstein m; **~ précieuse** Edelstein m; **première ~** (d'un édifice) Grundstein m; **~ de taille** Quaderstein m; **~ tombale** Grabplatte f.

pierreries [pjɛʀʀi] fpl (ornement) Edelsteine pl.

piété [pjete] f Frömmigkeit f.

piétiner [pjetine] ⟨1⟩ **1.** vi auf der Stelle treten; (fig) stocken; **2.** vt herumtreten auf +dat; (fig) mit Füßen treten.

piéton, ne [pjetɔ̃, ɔn] m, f Fußgänger(in) m(f); **piétonnier, -ière** [pjetɔnje, ɛʀ] adj: **rue/zone piétonnière** Fußgängerstraße f/-zone f.

pieu ⟨-x⟩ [pjø] m (piquet) Pfahl m.

pieuvre [pjœvʀ(ə)] f Tintenfisch m, Krake m.

pieux, -euse [pjø, øz] adj fromm.

pigeon [piʒɔ̃] m Taube f; **pigeonnier** [piʒɔnje] m (colombier) Taubenschlag m.

piger [piʒe] ⟨2⟩ vt (fam) kapieren.

pigiste [piʒist(ə)] m/f Schriftsetzer(in) m(f); (journaliste) freier Journalist, freie Journalistin.

pigment [pigmɑ̃] m Pigment nt.

pignon [piɲɔ̃] m (d'un toit) Giebel m; (d'un engrenage) Zahnrad nt; **avoir ~ sur rue** (attitude, opinion) im Schwange sein.

pile [pil] **1.** f (tas) Stapel m, Stoß m; (ÉLEC) Batterie f; **2.** adv (brusquement) plötzlich, abrupt; **9 heures ~** Punkt 9 Uhr; **jouer à ~ ou face** knobeln; **~ atomique** Kernreaktor m; **~ solaire** Solarzelle f; **piler** ⟨1⟩ vt (pilon) zerdrücken.

pileux, -euse [pilø, øz] adj: **système ~** [Körper]haare pl.

pilier [pilje] m Pfeiler m; (personne) Stütze f.

piller [pije] ⟨1⟩ vt plündern.

pilon [pilɔ̃] m (instrument) Stößel m.

pilotage [pilɔtaʒ] m (AVIAT) Steuerung f.

pilote [pilɔt] **1.** m (NAUT) Lotse m, **2.** m/f (AVIAT) Pilot(in) m(f); (d'une voiture de course) Fahrer(in) m(f); **~ automatique** (AVIAT) Autopilot m; **~ de ligne/d'essai/de chasse** Linien-/Test-/Jagdpilot(in) m(f); **piloter** ⟨1⟩ vt (avion) fliegen; (navire) lotsen; (automobile) lenken.

pilule [pilyl] f Pille f; **la ~** [anticonceptionnelle] die [Antibaby]pille.

piment [pimɑ̃] m Peperoni pl; (fig) Würze f.

pin [pɛ̃] m Kiefer f; (bois) Kiefernholz nt.

pinard [pinaʀ] m (fam) billiger Wein.

pince [pɛ̃s] f (outil) Zange f; (d'un homard, d'un crabe) Schere f; (pli) Abnäher m; **~s de cycliste** Fahrradklammern pl; **~ à épiler** Pinzette f; **~ à linge** Wäscheklammer f; **~ à sucre/glace** Zucker-/Eiszange f.

pincé, e [pɛ̃se] **1.** adj (air, sourire) gezwungen; **2.** f: **une ~e de sel** eine Prise Salz.

pinceau ⟨-x⟩ [pɛ̃so] m (instrument) Pinsel m.

pincer [pɛ̃se] ⟨2⟩ **1.** vt kneifen; (MUS) zupfen; (coincer) [ein]klemmen; (vêtement) abnähen; (fam: malfaiteur) schnappen; **2.** vpr: **se ~ le nez** sich dat die Nase zuhalten.

pincettes [pɛ̃sɛt] fpl Pinzette f; (pour le feu) Feuerzange f; **il n'est pas à prendre avec des ~** er ist [heute] ungenießbar.

pingouin [pɛ̃gwɛ̃] m Pinguin m.

ping-pong [piŋpɔ̃g] m Tischtennis nt.

pingre [pɛ̃gʀ(ə)] adj knauserig.

pin's [pins] m Pin m.

pinson [pɛ̃sɔ̃] m Buchfink m.

pintade [pɛ̃tad] f Perlhuhn nt.

pin up [pinœp] f inv Pin-up-Girl nt.

pioche [pjɔʃ] f (outil) Spitzhacke f; **piocher** ⟨1⟩ vt (terre, sol) aufhacken; (fam) büffeln.

pion, ne [pjɔ̃, ɔn] m, f (fam SCOL) Aufsicht f; **2.** m (de jeu) Stein m; (ÉCHECS) Bauer m.

pionnier, -ière [pjɔnje, ɛʀ] m (défricheur) Pionier(in) m(f); (fig) Wegbereiter(in) m(f), Bahnbrecher(in) m(f).

pipe [pip] f Pfeife f; **fumer la/une ~** Pfeife/eine Pfeife rauchen; **casser sa ~** (fig) sterben.

pipeau ⟨-x⟩ [pipo] m (flûte) Lockflöte f; **c'est du ~** (fam) das ist Schwindel, Augenwischerei.

pipeline [piplin, pajplajn] m Pipeline f.

piper [pipe] ⟨1⟩ vt, vi: **ne pas ~ [mot]** kein Sterbenswörtchen sagen; **le dés sont pipés** man spielt mit gezinkten Karten.

piquant, e [pikɑ̃, ɑ̃t] **1.** adj (barbe) kratzig; (plante) stachelig; (saveur, fig) scharf; **2.** m (épine) Dorn m; (fig) Würze f.

pique [pik] **1.** f Pike f, Spieß m; **2.** m Pik nt; **envoyer** [o lancer] **des ~s à qn** (fig) Spitzen gegen jdn verteilen.

piqué, e [pike] adj (tissu) gesteppt; (livre, glace) fleckig; (vin) sauer.

pique-nique ⟨pique-niques⟩ [piknik] m Picknick nt; **pique-niquer** ⟨1⟩ vi ein Picknick machen.

piquer [pike] ⟨1⟩ **1.** vt (percer de trous) stechen; (MÉD) spritzen; (insecte) stechen; (fourmi, serpent, fumée, froid) beißen; (barbe) kratzen; (poivre, ortie) brennen; (COUTURE) steppen; (fam: voler) klauen; (fam: arrêter) schnappen; **2.** vi (oiseau, avion) einen Sturzflug machen; **3.** vpr: **se ~** (avec une aiguille) sich stechen; (se faire une piqûre) sich spritzen; (à l'héroïne) fixen; **se ~ de qch** sich etwas auf etw akk einbilden; **n'être pas piqué(e) des hannetons** [o vers] (fam) es in sich haben; **~ une aiguille/fourchette dans qch** eine Nadel/Gabel in etw akk stechen; **faire ~** (un animal) einschläfern lassen; **~ sa crise** (fam) einen Wutanfall kriegen; **~ un galop/un**

cent mètres (fam) losgaloppieren/losssprinten.

piquet [pikɛ] m (pieu) Pflock m; **mettre un élève au ~** einen Schüler in die Ecke stellen; **~ de grève** Streikposten m.

piquette [pikɛt] f (vin) [billiger] Wein m; (fam: défaite) Schlappe f.

piqûre [pikyʀ] f (d'épingle, de moustique) Stich m; (d'ortie) Brennen nt; (COUTURE) Stich m, Naht f; **faire une ~ à qn** jdm eine Spritze geben.

piratage [piʀataʒ] m: **~ informatique** Hacken nt.

pirate [piʀat] **1.** m/f Pirat(in) m(f); **2.** adj: **édition ~** Raubdruck m; **émetteur ~, station ~** (clandestin) Piratensender m; **~ de l'air** Luftpirat(in) m(f); **~** [de l'informatique] Hacker(in) m(f).

pire [piʀ] comp, superl de mauvais **1.** adj (comparatif) schlimmer, schlechter; (superlatif) schlechteste(r, s), schlimmste(r, s); **2.** m: **le ~** das Schlimmste.

pis [pi] comp, superl de **mal, mauvais 1.** adv: **aller de mal en ~** immer schlechter werden; **2.** m: **le ~** das Euter; **au ~** schlimmstenfalls; **pis-aller** [pizale] m inv Notlösung f, Notbehelf m.

piscine [pisin] f Schwimmbad nt; **~ en plein air/couverte** Frei-/Hallenbad nt.

pissenlit [pisɑ̃li] m Löwenzahn m; **manger les ~s par la racine** (fam) unter der Erde liegen, tot sein.

pisser [pise] ⟨1⟩ vi (fam) pinkeln; **laisser ~ les mérinos** (fam) in Ruhe abwarten.

pistache [pistaʃ] f Pistazie f.

piste [pist(ə)] f (d'un animal, fig) Spur f, Fährte f; (SPORT) Bahn f; (de cirque) Ring m; (de danse) Tanzfläche f; (AVIAT) Start- und-Lande-Bahn f; (d'un magnétophone) Spur f; **être sur la ~ de qn** auf jds Spur dat sein; **~ cyclable** Radweg m; **~ d'essai** (AUTO) Teststrecke f; **~ de ski** Skipiste f; **~ de ski de fond** [Langlauf]loipe f.

pistolet [pistɔlɛ] m Pistole f; (de peinture, de vernis) Spritzpistole f; **~ à air comprimé** Luftgewehr nt.

piston [pistɔ̃] m (TECH) Kolben m.

pistonner [pistɔne] ⟨1⟩ vt protegieren.

piteux, -euse [pitø, øz] adj jämmerlich.

pitié [pitje] f Mitleid nt; **avoir ~ de qn** mit jdm Mitleid haben; **faire ~** Mitleid erregen.

piton [pitɔ̃] m (alpinisme) Haken m.

pitoyable [pitwajabl(ə)] adj erbärmlich.

pitre [pitʀ(ə)] m (fig) Kasper m.

pitrerie [pitʀəʀi] f Unsinn m.

pittoresque [pitɔʀɛsk(ə)] adj (quartier) malerisch, pittoresk; (expression, détail) anschaulich, bildhaft.

pivert [pivɛʀ] m Specht m.

pivot [pivo] m (axe) Lagerzapfen m, Dreh-

zapfen m; (fig) Dreh- und Angelpunkt m;
pivoter [pivɔte] ⟨1⟩ vi sich [um eine Achse] drehen.

pixel [piksɛl] m (INFORM) Pixel m.

P.J. 1. f abr de **police judiciaire** Kripo f, Kriminalpolizei f; **2.** abr de **Pièce[s] Jointe[s]** Anl.

pl. abr de **place** Platz m.

placard [plakaʀ] m (armoire) [Wand]schrank m; (affiche) Plakat nt; ~ **publicitaire** Großanzeige f.

place [plas] f Platz m; (emplacement, lieu) Ort m, Platz m; (situation) Lage f; (emploi) Stelle f; **à la ~ de** anstelle von +dat; **en** ~ am vorgesehenen Platz; **faire ~ à qch** einer Sache dat weichen; **sur** ~ an Ort und Stelle; **sur la ~ publique** (fig) in aller Öffentlichkeit; ~ **assise/debout** Sitz-/Stehplatz m; ~ **d'honneur** Ehrenplatz m.

placé, e [plase] adj: **personnage haut** ~ Persönlichkeit f von hohem Rang; **être bien** ~**(e) pour le savoir** es wissen müssen.

placebo [plasebo] m Placebo nt.

placement [plasmɑ̃] m (investissement) Anlage f.

placer [plase] ⟨2⟩ vt setzen, stellen, legen; (convive, spectateur) unterbringen, setzen; (procurer un emploi, un logement à) unterbringen; (COMM) absetzen, verkaufen; (capital) anlegen, investieren; (mot, histoire) anbringen; (localiser, situer) legen.

placide [plasid] adj ruhig, gelassen.

plafond [plafɔ̃] m (d'une pièce) Decke f; (AVIAT) Steig-/Gipfelhöhe f; ~ **de nuages** (METEO) Wolkendecke f; **plafonner** [plafɔne] ⟨1⟩ vi (AVIAT) die Gipfelhöhe erreichen; (fig: industrie, salaire) die obere Grenze erreichen.

plage [plaʒ] f Strand m; (d'un lac, d'un fleuve) Ufer nt; ~ **arrière** (AUTO) Ablage f; ~ **fixe** (de l'horaire souple) Kern[arbeits]zeit f; ~ **musicale** (RADIO) Zwischenmusik f.

plagier [plaʒje] ⟨1⟩ vt plagiieren.

plaider [plede] ⟨1⟩ **1.** vi das Plädoyer halten; **2.** vt (cause) verteidigen, vertreten; ~ **coupable/non coupable** schuldig/unschuldig plädieren; ~ **pour qn, ~ en faveur de qn** (fig) für jdn sprechen.

plaie [plɛ] f Wunde f.

plaignant, e [plɛɲɑ̃, ɑ̃t] **1.** adj klagend; **2.** m, f Kläger(in) m(f).

plaindre [plɛ̃dʀ(ə)] irr comme craindre **1.** vt (personne) bedauern; **2.** vpr: **se** ~ **de qn/qch** sich bei jdm beklagen; **se** ~ [**de qn/qch**] sich [über jdn/etw] beklagen; **se** ~ **que** sich beklagen, daß.

plaine [plɛn] f Ebene f.

plain-pied [plɛ̃pje] adv: **de** ~ (au même niveau) auf gleicher Höhe.

plainte [plɛ̃t] f Klage f; **porter** ~ (JUR) klagen.

plaire [plɛʀ] irr vi gefallen, Anklang finden; ~ **à** gefallen +dat; **il se plaît ici** ihm gefällt es hier; **tant qu'il vous plaira** soviel Sie wollen; **s'il vous plaît** bitte.

plaisance [plɛzɑ̃s] f: **[navigation de]** ~ Bootfahren nt, Segeln nt.

plaisant, e [plɛzɑ̃, ɑ̃t] adj (maison, décor, site) schön; (personne) angenehm; (histoire, anecdote) amüsant, unterhaltsam; **plaisanter** ⟨1⟩ vi Spaß machen, scherzen; **plaisanterie** [plɛzɑ̃tʀi] f Scherz m, Spaß m; **une** ~ **de mauvais goût** ein schlechter Spaß.

plaisir [pleziʀ] m Vergnügen nt; (joie) Freude f; ~**s** mpl Freuden pl; **à** ~ nach Lust und Laune; **boire/manger avec** ~ mit Genuß trinken/essen; **faire** ~ **à qn** jdm [eine] Freude machen; **prendre** ~ **à qch/faire qch** an etw dat Gefallen finden/Gefallen daran finden, etw zu tun; **j'ai le** ~ **de ...** es ist mir eine Freude, zu ...; **M. et Mme X ont le** ~ **de vous faire part de ...** Herr und Frau X geben sich die Ehre, Ihnen ... mitzuteilen; **se faire un** ~ **de faire qch** etw sehr gern[e] [o mit Vergnügen] tun; **pour le** ~, **par** ~, **pour son** ~ zum reinen Vergnügen.

plan, e [plɑ̃, plan] **1.** adj eben; **2.** m Plan m; (MATH) Ebene f; **au premier** ~ im Vordergrund; **de premier/second** ~ (personnage, personnalité) erst-/zweitrangig; **mettre qch au premier** ~ einer Sache dat den Vorrang geben; **sur le** ~ **sexuel** was das Sexuelle betrifft; **sur tous les** ~**s** in jeder Hinsicht; ~ **d'action** Aktionsplan m; ~ **d'eau** Wasserfläche f; ~ **devol** Flugplan m.

planche [plɑ̃ʃ] f (pièce de bois) Brett nt; (d'illustrations) Abbildung f; (dans jardin) Beet nt; ~ **à dessin** Reißbrett nt; ~ **à repasser** Bügelbrett nt; ~ **à roulettes** Skateboard nt, Rollbrett nt; ~ **de salut** (fig) Rettungsanker m; ~ **à voile** [Wind]surfbrett nt; (sport) [Wind]surfen nt; **faire de la** ~ **à voile** [wind]surfen.

plancher [plɑ̃ʃe] m [Fuß]boden m.

planchiste [plɑ̃ʃist(ə)] m/f Surfer(in) m(f).

planer [plane] ⟨1⟩ vi (oiseau, avion) gleiten; (danger, mystère, deuil) bestehen; (fam) in Glückseligkeit schweben.

planète [planɛt] f Planet m.

planeur [planœʀ] m (AVIAT) Segelflugzeug nt.

planification [planifikasjɔ̃] f Planung f.

planifier [planifje] ⟨1⟩ vt planen.

planning [planiŋ] m (plan de travail) Planung f; ~ **familial** Familienplanung f.

planque [plɑ̃k] f (fam: combine) ruhiger Posten m; (fam: cachette) Versteck nt.

plantation [plɑ̃tasjɔ̃] f Pflanzung f, Plantage f.

plante [plɑ̃t] f Pflanze f; ~ **des pieds** (ANAT) Fußsohle f; ~ **planter** ⟨1⟩ **1.** vt pflanzen; (clou, etc) einschlagen; (tente) aufstellen; **2.** vpr: **se** ~ (fam) sich irren; (ordinateur) abstürzen; ~ **de** [o **en**] **vignes/arbres** (lieu) mit Weinreben/Bäumen bepflanzen; **planteur, -euse** m Pflanzer(in) m(f).

plantureux, -euse [plɑ̃tyʀø, øz] adj (repas) reichlich; (charme) üppig.

plaque [plak] f (d'ardoise, de verre, de revêtement) Platte f; (avec inscription) Schild nt; ~**s rouges sur le visage** rote Flecken im Gesicht haben; ~ **de chocolat** Schokoladentafel f; ~ **électrique** Kochplatte f; ~ **d'identité** Erkennungsmarke f; ~ **d'immatriculation** [o **minéralogique**] (AUTO) Nummernschild nt.

plaquer [plake] ⟨1⟩ vt (bijou) vergolden; versilbern; (fam: femme, mari) sitzenlassen.

plastic [plastik] m Plastiksprengstoff m.

plastifié, e [plastifje] adj plastiküberzogen.

plastique [plastik] **1.** adj (arts, qualité, beauté) plastisch; **2.** m (matière synthétique) Plastik nt; **objet/bouteille en** ~ Plastikgegenstand m/-flasche f.

plastiquer [plastike] ⟨1⟩ vt [in die Luft] sprengen.

plat, e [pla, plat] **1.** adj flach; (cheveux) glatt; (livre) langweilig; **2.** m (récipient) Schale f, Schüssel f; (contenu) Gericht nt; **à** ~ (horizontalement) horizontal; **à** ~ **ventre** bäuchlings; **batterie à** ~ leere Batterie; **pneu à** ~ Plattfuß m; **le premier/deuxième** ~ (mets d'un repas) der erste/zweite Gang; **le** ~ **de la main** die Handfläche; ~ **cuisiné** warmes Gericht; ~ **du jour** Tagesgericht nt; ~ **de résistance** Hauptgericht nt.

plateau ⟨-x⟩ [plato] m (à fromages, de bois, d'une table) Platte f; (d'une balance) Waagschale f; (GÉO) Plateau nt; (RADIO, TV) Studiobühne f.

plate-bande ⟨plates-bandes⟩ [platbɑ̃d] f (de terre) Rabatte f, Beet nt; **plate-forme** ⟨plates-formes⟩ f Plattform f; ~ **de forage** [o **pétrolière**] Bohr-/Ölinsel f.

platine [platin] **1.** m (métal) Platin nt; **2.** f (d'un tourne-disque) Plattenspieler m; (d'un tourne-disque) Plattenteller m; ~ **à cassettes** Kassettendeck nt; ~ **f de disques compacts** CD-Player m.

plâtre [plɑtʀ(ə)] m (matériau) Gips m; (statue) Gipsstatue f; (motif décoratif) Stuck m; (MÉD) Gips[verband] m; **avoir la jambe dans le** ~ **plâtre** das Bein in Gips haben; **essuyer les** ~**s** als erster den Kopf hinhalten.

plausibilité [plozibilite] f Plausibilität f.

plein, e [plɛ̃, plɛn] **1.** adj voll; (porte, roue) massiv; (joues, visage, formes) voll, rund; (chienne, jument) trächtig; **2.** prép: **avoir de**

l'argent ~ **les poches** viel Geld haben; **3.** m: **faire le** ~ (d'eau) vollmachen; (d'essence) volltanken; **à** ~ **régime** mit Vollgas; **à** ~ **temps, à temps** ~ (travailler) ganztags; **de** voll von; **en** ~ **air** im Freien; **en** ~ **jour** am hellichten Tag; **en** ~**e mer** auf hoher See; **en** ~ **milieu** genau in der Mitte; **en** ~**e nuit** mitten in der Nacht; **en** ~**e rue** mitten auf der Straße; **en** ~ **sur** (juste, exactement sur) genau auf +dat; **la** ~**e lune** der Vollmond; **le** ~ **air** (l'extérieur) draußen; ~**s pouvoirs** Vollmacht f; **plein-emploi** [plɛ̃ɑ̃plwa] m Vollbeschäftigung f.

plénitude [plenityd] f (d'un son, des formes) Fülle f.

pleurer [plœʀe] ⟨1⟩ **1.** vi weinen; (yeux) tränen; **2.** vt (regretter) nachtrauern +dat; ~ **de rire** vor Lachen weinen; ~ **sur qch** etw beklagen.

pleurésie [plœʀezi] f Rippenfellentzündung f.

pleurnicher [plœʀniʃe] ⟨1⟩ vi flennen.

pleuvoir [pløvwaʀ] irr **1.** vb impers: **il pleut** es regnet; **2.** vi: **les coups/critiques pleuvaient** es hagelte Schläge/Kritik; **les lettres/invitations pleuvaient** es kam eine Flut von Briefen/Einladungen; **il pleut des cordes** [o **à verse**] es regnet in Strömen, es gießt.

pli [pli] m Falte f; (dans un papier) Kniff m; (du cou, menton) Runzel f; (enveloppe) Umschlag m; (ADMIN: lettre) Schreiben nt; (CARTES) Stich m; **faux** ~ [Knitter]falte f.

pliable [plijabl(ə)] adj faltbar.

pliant, e [plijɑ̃, ɑ̃t] **1.** adj (table, lit, vélo) Klapp-; (mètre) zusammenklappbar; **2.** m Klappstuhl m.

plier [plije] ⟨1⟩ **1.** vt [zusammen]falten; (genou, bras) beugen, biegen; (table pliante) zusammenklappen; **2.** vi (branche, arbre) sich biegen; **3.** vpr: **se** ~ **à** (se soumettre à) sich beugen +dat; **qn à une discipline/un exercice** jdn einer Disziplin/Übung unterwerfen.

plissé, e [plise] **1.** adj (GÉO) mit Bodenfalten; **2.** m (d'une jupe, robe) Plissee nt.

plisser [plise] ⟨1⟩ **1.** vt (papier, jupe) fälteln; (front) runzeln; (bouche) verziehen; **2.** vpr: **se** ~ (se froisser) Falten bekommen.

plomb [plɔ̃] m (d'une cartouche) Schrot m o nt; (PÊCHE) Senker m; (sceau) Plombe f; (ÉLEC) Sicherung f; **à** ~ lot-, senkrecht; **le** ~ (métal) das Blei; **sans** ~ (essence) bleifrei, unverbleit.

plomber [plɔ̃be] ⟨1⟩ vt (PÊCHE) mit Blei beschweren; (sceller) verplomben; (mur) loten; (dent) plombieren.

plomberie [plɔ̃bʀi] f (canalisations) Rohre und Leitungen pl.

plombier [plɔ̃bje] m Installateur(in) m(f), Klempner(in) m(f).

plombifère [plɔ̃bifɛʀ] *adj* bleihaltig.

plongeant, e [plɔ̃ʒã, ãt] *adj* (*décolleté*) tief ausgeschnitten; (*vue, tir*) von oben.

plongée [plɔ̃ʒe] *f* (*prise de vue*) Aufnahme *f* nach unten; **sous-marin en ~** (*navigation sous-marine*) U-Boot auf Tauchstation; **la ~ (sous-marine)** (*SPORT*) das Tauchen.

plongeoir [plɔ̃ʒwaʀ] *m* Sprungbrett *nt*.

plongeon [plɔ̃ʒɔ̃] *m* Kopfsprung *m*.

plonger [plɔ̃ʒe] ⟨2⟩ **1.** *vi* (*personne, sous-marin*) tauchen; (*avion, oiseau*) einen Sturzflug machen; (*gardien de but*) hechten; **2.** *vt* (*immerger*) [hinein]tauchen; **~ qn dans l'embarras** jdn in Verlegenheit bringen; **3.** *vpr*: **se ~ dans un livre** sich in ein Buch vertiefen.

ployer [plwaje] ⟨6⟩ *vi* sich biegen, nachgeben.

plu [ply] *pp de* **plaire, pleuvoir**.

pluie [plɥi] *f* Regen *m*; (*de pierres, de coups*) Hagel *m*; (*de cadeaux, de baisers*) Flut *f*; **tomber en ~** niederprasseln; **~ de balles** Kugelhagel *m*; **une ~ d'étincelles** ein Aschen-/Funkenregen; **~s acides** saurer Regen.

plume [plym] *f* Feder *f*; **plumer** ⟨1⟩ *vt* (*oiseau*) rupfen.

plupart [plypaʀ] *pron*: **la ~** die Mehrheit, die meisten; **dans la ~ des cas** in den meisten Fällen; **la ~ d'entre-nous** die meisten von uns; **la ~ des hommes** die meisten Menschen; **la ~ du temps** meistens; **pour la ~** meistens.

pluralisme [plyʀalism] *m* Pluralismus *m*.

pluriel [plyʀjɛl] *m* Plural *m*.

plus [ply(s)] *adv*: **3 ~ 4** (*calcul*) 3 und 4; **~ de 3 heures/4 kilos** mehr als 3 Stunden/4 Kilo; **~ intelligent/grand [que]** (*comparaison*) intelligenter/größer [als]; **~ ou moins** mehr oder weniger; **d'autant ~ que** um so mehr als; **de ~ en ~** immer mehr; **en ~** dazu, zusätzlich; **le ~ intelligent/grand** (*superlatif*) der Intelligenteste/Größte; **3 heures/4 kilos de ~ que** 3 Stunden/4 Kilo mehr als; **manger/en faire ~ que** mehr essen/tun als; **[tout] au ~** höchstens.

plusieurs [plyzjœʀ] **1.** *pron pl* mehrere, einige; **2.** *adj inv* mehrere, einige.

plus-que-parfait [plyskəpaʀfɛ] *m* Plusquamperfekt *nt*.

plus-value [plyvaly] *f* (*ÉCON*) Mehrwert *m*; (*FIN*) Gewinn *m*.

plutonium [plytɔnjɔm] *m* Plutonium *nt*.

plutôt [plyto] *adv* eher, vielmehr; **faire ~ qch** lieber etw tun; **~ grand/rouge** eher groß/rot; **~ que [de] faire qch** statt etw zu tun.

pluvieux, -euse [plyvjø, øz] *adj* regnerisch.

P.M.E. *fpl abr de* **petites et moyennes entreprises** mittelständische Unternehmen *pl*.

P.M.I. *fpl abr de* **petites et moyennes industries** mittelständische Industrie.

P.M.U. *m abr de* **pari mutuel urbain** Wettannahmestelle *f*.

P.N.B. *m abr de* **produit national brut** Bruttosozialprodukt *nt*.

pneu ⟨s⟩ [pnø] *m* Reifen *m*; **~s neige** Winterreifen *pl*.

pneumonie [pnømɔni] *f* Lungenentzündung *f*.

p.o. *abr de* **par ordre** i.A.

P.O. *abr de* **petites ondes, ondes courtes** KW.

poche [pɔʃ] *f* (*d'un vêtement, sac*) Tasche *f*; **faire une ~/des ~s** (*déformation, d'un vêtement*) sich ausbeulen; **connaître qch comme sa ~** etw wie seine Westentasche kennen; **couteau/lampe/livre de ~** Taschenmesser *nt*/-lampe *f*/-buch *nt*; **paru en ~** (*fam*) als Taschenbuch erschienen.

poché, e [pɔʃe] *adj*: **œil ~** blaues Auge.

pocher [pɔʃe] ⟨1⟩ *vt* (*GASTR*) pochieren.

poche-revolver ⟨poches-revolver⟩ [pɔʃʀevɔlvɛʀ] *f* Gesäßtasche *f*.

pochette [pɔʃɛt] *f* (*enveloppe*) kleiner Umschlag; (*mouchoir*) Ziertaschentuch *nt*; **~ d'allumettes** Streichholzheftchen *nt*; **~ de disque** Plattenhülle *f*.

podium [pɔdjɔm] *m* (*estrade*) Podium *nt*; (*compétition*) [Sieger]podest *nt*; **monter sur le ~** (*SPORT*) eine Medaille gewonnen haben.

poêle [pwal] **1.** *m* (*appareil de chauffage*) Ofen *m*; **2.** *f* (*ustensile*) Pfanne *f*; **~ à frire** Bratpfanne *f*.

poêlon [pwalɔ̃] *m* Schmortopf *m*.

poème [pɔɛm] *m* Gedicht *nt*.

poésie [pɔezi] *f* Gedicht *nt*; **la ~** (*art*) die Dichtung.

poète [pɔɛt] *m* Dichter(in) *m(f)*.

poétique [pɔetik] *adj* poetisch; (*œuvres, talent, licence*) dichterisch.

pognon [pɔɲɔ̃] *m* (*fam: argent*) Kohle *f*, Kies *m*.

poids [pwa] *m* Gewicht *nt*; (*fardeau, charge*) Last *f*; (*fig*) Belastung *f*; (*importance, valeur*) Bedeutung *f*; (*objet pour peser*) Gewicht *nt*; **prendre/perdre du ~** zu-/abnehmen; **vendre qch au ~** etw nach Gewicht verkaufen; **~ et haltères** Gewichtheben *nt*; **lancer du ~** Kugelstoßen *nt*; **~ lourd** (*camion*) Lastkraftwagen *m*; **~ mort** Leergewicht *nt*; **~ net** Nettogewicht *nt*.

poignant, e [pwaɲã, ãt] *adj* (*émotion, souvenir*) schmerzlich; (*lecture*) ergreifend.

poignard [pwaɲaʀ] *m* Dolch *m*; **poignarder** [pwaɲaʀde] ⟨1⟩ *vt* erdolchen.

poignée [pwaɲe] *f* (*quantité*) Handvoll *f*; (*pour tenir*) Griff *m*; **~ de main** Händedruck *m*.

poignet [pwaɲɛ] *m* Handgelenk *nt*; (*d'une chemise*) Manschette *f*.

poil [pwal] *m* [Körper]haar *nt*; (*d'un tissu, tapis*) Flor *m*; (*d'un animal*) Fell *nt*; (*ensemble des poils*) Haare *pl*; **poilu, e** [pwaly] *adj* behaart.

poinçon [pwɛsɔ̃] *m* (*outil*) Ahle *f*; (*marque de contrôle*) Stempel *m*; **poinçonner** [pwɛsɔne] ⟨1⟩ *vt* (*marchandise, bijou*) stempeln; (*billet, ticket*) knipsen.

poing [pwɛ̃] *m* Faust *f*; **taper du ~ sur la table** (*fig*) mit der Faust auf den Tisch hauen.

point [pwɛ̃] *m* Punkt *m*; (*endroit, lieu*) Stelle *f*, Ort *m*; (*moment, stade*) Zeitpunkt *m*; (*COUTURE*) Stich *m*; (*TRICOT*) Masche *f*; **à ~ nommé** zur rechten Zeit; **au ~ de vue scientifique** wissenschaftlich gesehen; **au ~ que, à tel ~ que** so sehr, daß; **du ~ de vue de qch** was etw anbelangt; **au ~ mort** im Leerlauf; **en tous ~s** in jeder Hinsicht; **être sur le ~ de faire qch** im Begriff sein, etw zu tun; **faire le ~** (*NAUT*) die Position bestimmen; (*fig*) die Lage klären; **mettre au ~** (*mécanisme, procédé*) entwickeln; (*PHOTO*) scharf einstellen; (*fig*) auf den Punkt bringen; **mettre les ~s sur les i** (*fig*) alles klarmachen; **ne ... ~** (*négation*) nicht; **les ~s cardinaux** die vier Himmelsrichtungen; **~ chaud** (*POL*) Krisenherd *m*; **~ de chute** (*fig*) Bleibe *f*, Ruhehafen *m*; **~ de côté** Seitenstechen *nt*; **~ culminant** Scheitelpunkt *m*; (*fig*) Höhepunkt *m*; **~ de croix** Kreuzstich *m*; **~ d'eau** Wasserstelle *f*; **~ faible** Schwachstelle*f*; **~ d'intersection** Schnittpunkt *m*; **~ d'interrogation/d'exclamation** Frage-/Ausrufezeichen *nt*; **~ de jonction** (*TECH*) Verbindungsstelle *f*; **~ noir** (*sur le visage*) Mitesser *m*; (*circulation*) neuralgischer Punkt, Stauschwerpunkt *m*; **~ de repère** Orientierungspunkt *m*; **~ de suspension/final** Auslassungs-/Schlußpunkt *m*; **~ de vue** (*paysage*) Aussicht[spunkt *m*] *f*; (*conception*) Meinung *f*, Gesichtspunkt *m*.

pointe [pwɛ̃t] *f* Spitze *f*; **en ~** spitz; **être à la ~ de qch** (*personne*) an der Spitze von etw sein; **faire** [*o* **pousser**] **une ~ jusqu'à ...** [noch] weiter vordringen bis ...; **une ~ d'ail/d'ironie** (*petite quantité*) eine Spur Knoblauch/Ironie; **sur la ~ des pieds** auf Zehenspitzen; (*fig*) behutsam und vorsichtig; **industries de ~** Spitzenindustrien *pl*.

pointer [pwɛ̃te] ⟨1⟩ **1.** *vt* (*cocher*) abhaken; (*employés, ouvriers*) kontrollieren; (*diriger: canon, longue-vue*) richten (*vers auf +akk*); **2.** *vi* (*ouvriers, employés*) stempeln; **~ le doigt vers qch** mit dem Finger auf etw *akk* zeigen; **~ les oreilles** die Ohren spitzen.

pointillé [pwɛ̃tije] *m* (*trait discontinu*) punktierte Linie.

pointilleux, -euse [pwɛ̃tijø, øz] *adj* pingelig.

pointu, e [pwɛ̃ty] *adj* spitz; (*objet, question*) hochspezialisiert.

pointure [pwɛ̃tyʀ] *f* (*chaussures, gants*) Größe *f*.

point-virgule ⟨points-virgules⟩ [pwɛ̃viʀgyl] *m* Strichpunkt *m*, Semikolon *nt*.

poire [pwaʀ] *f* (*BOT*) Birne *f*.

poireau ⟨-x⟩ [pwaʀo] *m* Lauch *m*.

poirier [pwaʀje] *m* (*BOT*) Birnbaum *m*.

pois [pwa] *m*: **à ~** (*étoffe*) gepunktet; **petit ~** Erbse *f*; **~ chiche** Kichererbse *f*.

poison [pwazɔ̃] *m* Gift *nt*.

poisson [pwasɔ̃] *m* Fisch *m*; **Poissons** *mpl* (*ASTR*) Fische *pl*; **il est Poissons** er ist [ein] Fisch; **pêcher** [*o* **prendre**] **des ~s** Fische fangen; **~ d'avril!** April, April!; (*blague*) Aprilscherz *m*; **poissonnerie** [pwasɔnʀi] *f* Fischladen *m*.

poitrine [pwatʀin] *f* (*ANAT*) Brustkorb *m*; (*de veau, de mouton*) Brust *f*; (*d'une femme*) Busen *m*.

poivre [pwavʀ(ə)] *m* Pfeffer *m*; **~ et sel** (*cheveux*) graumeliert; **~ de cayenne** Cayennepfeffer *m*; **~ en grains** Pfefferkörner *pl*; **~ noir/blanc/vert** schwarzer/weißer/grüner Pfeffer; **~ moulu** gemahlener Pfeffer; **poivré, e** *adj* gepfeffert; **poivrier** [pwavʀije] *m* (*ustensile*) Pfefferstreuer *m*.

poivron [pwavʀɔ̃] *m* (*BOT*) Paprika[schote] *f*.

polar [pɔlaʀ] *m* (*fam*) Krimi *m*.

polariser [pɔlaʀize] ⟨1⟩ *vt* (*ÉLEC*) polarisieren.

pôle [pol] *m* (*GÉO*) Pol *m*; (*chose en opposition*) entgegengesetzte Seite; **~ positif/négatif** (*ÉLEC*) Plus-/Minuspol *m*; **le Nord/Sud** der Nord-/Südpol; **~ d'attraction** Anziehungspunkt *m*.

poli, e [pɔli] *adj* (*civil*) höflich; (*caillou, surface*) glatt, poliert.

police [pɔlis] *f* Polizei *f*; **être dans la ~** bei der Polizei sein; **~ d'assurance** Versicherungspolice *f*; **~ judiciaire** Kriminalpolizei *f*; **~ secours** Notdienst *m*; **~ secrète** Geheimpolizei *f*.

polichinelle [pɔliʃinɛl] *m* (*marionnette*) Kasper *m*.

policier, -ière [pɔlisje, ɛʀ] **1.** *adj* Polizei-; (*mesures*) polizeilich; **2.** *m* Polizist(in) *m(f)*; (*roman, film*) Krimi *m*.

policlinique [pɔliklinik] *f* Poliklinik *f*.

polio[myélite] [pɔljo(mjelit)] *f* Kinderlähmung *f*, Polio *f*.

polir [pɔliʀ] ⟨8⟩ *vt* polieren.

polisson, ne [pɔlisɔ̃, ɔn] *adj* (*enfant*) frech; (*regard*) anzüglich.

politesse [pɔlitɛs] *f* Höflichkeit *f*.

politicien, ne [pɔlitisjɛ̃, ɛn] *m, f* (*souvent péj*) Politiker(in) *m(f)*.

politique [pɔlitik] **1.** *adj* politisch; **homme ~**

Politiker *m*, Staatsmann *m*; **2.** *f* Politik *f*.
politiser [pɔlitize] ⟨1⟩ *vt* politisieren.
pollen [pɔlɛn] *m* Blütenstaub *m*.
pollution [pɔlysjɔ̃] *f* [Umwelt]verschmutzung *f*; ~ **atmosphérique** Luftverschmutzung *f*; ~ **sonore** Lärmbelastung *f*.
Pologne [pɔlɔɲ] *f* la ~ Polen *nt*; **polonais, e** [pɔlɔnɛ, ɛz] *adj* polnisch; **Polonais, e** *m, f* Pole *m*, Polin *f*.
poltron, ne [pɔltʀɔ̃, ɔn] *adj* feige.
polyamide [pɔljamid] *f* Polyamid *nt*.
polyclinique [pɔliklinik] *f* allgemeine Klinik.
polycopié, e [pɔlikɔpje] **1.** *adj* hektographiert; **2.** *m* (SCOL) Vorlesungsskript *nt*.
polyester [pɔliɛstɛʀ] *m* Polyester *m*.
polygamie [pɔligami] *f* Polygamie *f*.
Polynésie [pɔlinezi] *f* la ~ Polynesien *nt*; **polynésien, ne** [pɔlinezjɛ̃, ɛn] *adj* polynesisch.
polype [pɔlip] *m* (ZOOL) Polyp *m*; (MÉD) Polypen *pl*.
polyvalent, e [pɔlivalɑ̃, ɑ̃t] *adj* (MÉD) Breitband-; (CHIM) mehrwertig; (INFORM) multifunktional; **salle** ~**e** Mehrzweckhalle *f*.
pommade [pɔmad] *f* Salbe *f*.
pomme [pɔm] *f* (fruit) Apfel *m*; ~ **d'Adam** Adamsapfel *m*; ~ **de pin** Tannenzapfen *m*; ~ **de terre** Kartoffel *f*.
pommeau ⟨-x⟩ [pɔmo] *m* (d'une canne) Knauf *m*; (douche) Brausekopf *m*.
pommette [pɔmɛt] *f* (ANAT) Backenknochen *m*.
pommier [pɔmje] *m* Apfelbaum *m*.
pompe [pɔ̃p] *f* (appareil) Pumpe *f*; (faste) Pomp *m*; **avoir le coup de** ~ (fam) einen Durchhänger haben; ~ **de bicyclette** Fahrradpumpe *f*; ~ **à chaleur** Wärmepumpe *f*; [**à essence**] Zapfsäule *f*; ~**s funèbres** Beerdigungsinstitut *nt*; ~ **à huile/eau** Öl-/Wasserpumpe *f*; ~ **à incendie** Feuerspritze *f*; **pomper** ⟨1⟩ *vt* pumpen.
pompeux, -euse [pɔ̃pø, øz] *adj* bombastisch, schwülstig.
pompier [pɔ̃pje] *m* Feuerwehrmann *m*.
pompiste [pɔ̃pist(ə)] *m/f* Tankwart(in) *m(f)*.
ponctualité [pɔ̃ktɥalite] *f* Pünktlichkeit *f*; Gewissenhaftigkeit *f*.
ponctuation [pɔ̃ktɥasjɔ̃] *f* Interpunktion *f*.
ponctuel, le [pɔ̃ktɥɛl] *adj* pünktlich; (assidu) gewissenhaft; (image, source lumineuse) punktförmig.
ponctuer [pɔ̃ktɥe] ⟨1⟩ *vt* (texte, lettre) mit Satzzeichen versehen.
pondéré, e [pɔ̃dere] *adj* (personne) ausgeglichen, in sich gefestigt.
pondre [pɔ̃dʀ(ə)] ⟨14⟩ *vt* (œufs) legen.
pont [pɔ̃] *m* Brücke *f*; (NAUT) Deck *nt*; **faire le** ~ (entre deux jours fériés) einen Brük-

kentag einlegen; **faire un** ~ **d'or à qn** jdm ein lukratives Gehalt bieten [um ihn für einen Posten zu gewinnen]; ~ **arrière/avant** (AUTO) Hinter-/Vorderachse *f*; **Ponts et Chaussées** Verwaltung *f* für Brücken- und Wegebau; **pont-levis** ⟨ponts-levis⟩ [pɔ̃l(ə)vi] *m* Zugbrücke *f*.
populace [pɔpylas] *f* (péj) Pöbel *m*.
populaire [pɔpylɛʀ] *adj* Volks-; (croyances, traditions, bon sens) volkstümlich; (LING) umgangssprachlich; (milieux, classes) Arbeiter-; (mesure, écrivain) populär; **popularité** [pɔpylaʀite] *f* Beliebtheit *f*, Popularität *f*.
population [pɔpylasjɔ̃] *f* (du globe, de la France) Bevölkerung *f*; (d'une ville) Einwohner *pl*; (BIO) Population *f*; ~ **civile** Zivilbevölkerung *f*; ~ **ouvrière** Arbeiterschaft *f*.
populeux, -euse [pɔpylø, øz] *adj* dicht bevölkert.
porc [pɔʀ] *m* (ZOOL) Schwein *nt*; (viande) Schweinefleisch *m*.
porcelaine [pɔʀsəlɛn] *f* Porzellan *nt*.
porcelet [pɔʀsəlɛ] *m* Ferkel *nt*.
porc-épic ⟨porcs-épics⟩ [pɔʀkepik] *m* Stachelschwein *nt*.
porche [pɔʀʃ(ə)] *m* Vorhalle *f*.
porcherie [pɔʀʃəʀi] *f* Schweinestall *m*.
pore [pɔʀ] *m* Pore *f*.
poreux, -euse [pɔʀø, øz] *adj* porös.
porno [pɔʀno] *adj* (fam) Porno-.
pornographique [pɔʀnɔgʀafik] *adj* pornographisch.
port [pɔʀ] *m* Hafen *m*; (ville) Hafenstadt *f*; (prix du transport) Porto *nt*; (action de porter) Tragen *nt*; ~ **dû/payé** (COMM) unfrei/portofrei; ~ **de commerce/pétrolier/de pêche** Handels-/Öl-/Fischereihafen *m*; ~ **franc** Freihafen *m*.
portable [pɔʀtabl] *adj*: **ordinateur** ~ Laptop *m*, Notebook *nt*.
portail ⟨-s⟩ [pɔʀtaj] *m* Portal *nt*.
portant, e [pɔʀtɑ̃, ɑ̃t] *adj* tragend; **être bien/mal** ~ gesund/krank sein.
portatif, -ive [pɔʀtatif, iv] *adj* tragbar.
porte [pɔʀt] *f* Tür *f*; (d'une ville, SKI) Tor *nt*; **entre deux** ~**s** zwischen Tür und Angel; **mettre qn à la** ~ jdn hinauswerfen; **journée** ~**s ouvertes** Tag *m* der offenen Tür; ~ **d'entrée** Eingangstür *f*.
porte-avions [pɔʀtavjɔ̃] *m inv* Flugzeugträger *m*; **porte-bagages** [pɔʀt-] *m inv* (d'un vélo, d'une moto) Gepäckträger *m*; (filet) Gepäcknetz *nt*; **porte-cigarettes** *m inv* Zigarettenetui *nt*; **porte-clés** *m inv* Schlüsselanhänger *m*; **porte-documents** *m inv* Akten-/Kollegmappe *f*.
portée [pɔʀte] *f* (d'une arme, d'une voix) Reichweite *f*; (fig: importance) Tragweite *f*;

(*d'animal*) Wurf *m;* (*MUS*) Notenlinien *pl;* à ~ **de la main** in Griffnähe; **à la** ~ **[de qn]** in [jds] Reichweite; (*fig*) auf jds Niveau; **à la** ~ **de toutes les bourses** für jeden erschwinglich; **hors de** ~ **[de qn]** außer [jds] Reichweite.

portefeuille [pɔrtəfœj] *m* Brieftasche *f;* (*d'un ministre*) Ministerposten *m,* Portefeuille *nt;* **portemanteau** ⟨-x⟩ [pɔrt(ə)mɑ̃to] *m* Kleiderhaken *m;* Garderobenständer *m;* **portemine** [pɔrtəmin] *m* Druckbleistift *m;* **porte-monnaie** [pɔrt(ə)mɔnɛ] *m inv* Geldbeutel *m;* **porte-parole** *m inv* Wortführer(in) *m(f).*

porter [pɔrte] ⟨1⟩ **1.** *vt* tragen; (*apporter*) bringen; **2.** *vi* reichen; (~ *juste*) treffen; (*voix*) tragen; (*fig*) seine Wirkung erzielen; **3.** *vpr:* **se** ~ **bien/mal** (*se sentir*) sich gut/ schlecht fühlen; ~ **son attention/regard sur** die Aufmerksamkeit/den Blick richten auf *+akk;* ~ **bonheur à qn** jdm Glück bringen; **ne pas** ~ **qn dans son cœur** (*fig*) jdn nicht leiden können; ~ **un fait à la connaissance de qn** jdn von etw in Kenntnis setzen; ~ **sa croix** (*fig*) seine Last tragen; ~ **la culotte** (*fig: femme*) die Hosen anhaben; ~ **qn disparu** jdn als vermißt melden; ~ **un jugement sur qn/qch** über jdn/etw ein Urteil fällen; ~ **plainte [contre qn]** Strafanzeige [gegen jdn] erstatten; ~ **secours à qn** jdm zu Hilfe kommen; ~ **un toast** à einen Toast ausbringen auf *+akk;* ~ **un verre à ses lèvres** ein Glas ansetzen; ~ **sur qch** (*édifice*) getragen werden von; (*accent*) liegen auf *+dat;* (*fig: avoir pour objet*) sich drehen um; **la nuit porte conseil** (*proverbe*) guter Rat kommt über Nacht.

porte-savon ⟨porte-savons⟩ [pɔrt(ə)savɔ̃] *m* Seifenschale *f;* **porte-serviettes** *m inv* Handtuchhalter *m;* **porte-skis** [pɔrtəski] *m inv* (*AUTO*) Skiträger *m.*

porteur, -euse [pɔrtœr, øz] **1.** *m, f* (*de message*) Überbringer(in) *m(f);* (*COMM*) Inhaber(in) *m(f);* **2.** *m* (*de bagages*) Gepäckträger *m;* **3.** *adj* zukunftsträchtig; **créneau** ~ (*COMM*) Marktlücke *f.*

porte-voix [pɔrtəvwa] *m inv* Megaphon *nt.*

portier [pɔrtje] *m* Portier *m.*

portière [pɔrtjɛr] *f* [Auto]tür *f.*

portillon [pɔrtijɔ̃] *m* Schwingtür *f;* (*du métro*) Sperre *f.*

portion [pɔrsjɔ̃] *f* Teil *m;* (*de nourriture*) Portion *f;* (*d'héritage*) Anteil *m.*

portique [pɔrtik] *m* (*ARCHIT*) Säulenhalle *f;* (*TECH*) brückenförmiges Gerüst.

porto [pɔrto] *m* Portwein *m.*

portrait [pɔrtrɛ] *m* Porträt *nt.*

portuaire [pɔrtɥɛr] *adj:* **installation** ~ Hafenanlage *f.*

portugais, e [pɔrtygɛ, ɛz] *adj* portugie-

sisch; **Portugais, e** *m, f* Portugiese *m,* Portugiesin *f;* **Portugal** [pɔrtygal] *m:* **le** ~ Portugal *nt.*

pose [poz] *f* Legen *nt;* Anbringen *nt;* (*attitude*) Haltung *f,* Pose *f;* **[temps de]** ~ (*PHOTO*) Belichtung[szeit] *f.*

posé, e [poze] *adj* (*réfléchi*) gesetzt.

poser [poze] ⟨1⟩ **1.** *vt* legen; (*debout*) stellen; (*qn*) absetzen; (*rideaux, serrure*) anbringen; (*principe, définition*) aufstellen; (*formuler*) formulieren; **2.** *vi* (*prendre une pose*) posieren; **3.** *vpr:* **se** ~ (*oiseau, avion*) landen; (*question, problème*) sich stellen; **se** ~ **en artiste** sich als Künstler aufspielen; ~ **son regard sur qn/qch** den Blick auf jdn/ etw ruhen lassen; ~ **une question à qn** jdm eine Frage stellen; ~ **sa candidature** sich bewerben; (*POL*) kandidieren; **posons que** nehmen wir [einmal] an, daß.

poseur, -euse [pozœr, øz] *m, f* (*fat, pédant*) Angeber(in) *m(f).*

positif, -ive [pozitif, iv] *adj* positiv; (*incontestable, réel*) sicher, bestimmt; (*pratique*) nüchtern; (*ÉLEC*) Plus-.

position [pozisjɔ̃] *f* Stellung *f;* (*horizontale, couchée*) Lage *f;* (*attitude réglementaire*) Haltung *f;* (*emplacement, localisation*) Anordnung *f;* Stelle *f;* (*d'un navire, d'un avion*) Position *f;* (*d'un concurrent, d'un coureur*) Platz *m;* (*point de vue, attitude*) Meinung *f,* Haltung *f;* (*d'un compte en banque*) Stand *m;* **être dans une** ~ **difficile/ délicate** in einer schwierigen/delikaten Lage sein; **prendre** ~ (*fig*) Stellung beziehen, Stellung nehmen; **positionner** ⟨1⟩ *vt* (*navire, etc*) lokalisieren; (*a. INFORM*) positionieren.

posséder [posede] ⟨5⟩ *vt* besitzen; (*connaître, dominer*) beherrschen.

possessif, -ive [posesif, iv] **1.** *adj* (*LING*) possessiv; (*personne: abusif*) besitzergreifend; **2.** *m* (*LING*) Possessiv *nt.*

possession [posesjɔ̃] *f* Besitz *m,* Eigentum *nt;* **être en** ~ **de qch** im Besitz von etw sein.

possibilité [posibilite] *f* Möglichkeit *f.*

possible [posibl(ə)] **1.** *adj* möglich; (*projet, entreprise*) durchführbar; **2.** *m:* **faire [tout] son** ~ sein möglichstes tun; **au** ~ (*gentil, brave*) aussitôt/dès que ~ sobald wie möglich; **autant que** ~ soviel wie möglich; **le plus/moins [de]** ... ~ soviel/soweing ... wie möglich; **[ne]** ... **pas** ~ (*fam: supportable*) unmöglich.

postal, e (*postaux*) [pɔstal, o] *adj* Post-.

postdater [pɔstdate] ⟨1⟩ *vt* [zu]rückdatieren.

poste [pɔst(ə)] **1.** *f* Post *f;* (*bureau*) Post *f,* Postamt *nt;* **2.** *m* (*MIL: charge*) Posten *m;* **mettre à la** ~ aufgeben; **agent** [*o* employé(e)] **des** ~**s** Postbeamte(r) *m,* Postbeamtin f; ~ m **émetteur** Sender m; ~ m **à essence** Tankstelle f; ~ m **d'incendie** Feuerlöschstelle f; ~ m **de pilotage** Cockpit nt; ~ m **[de police]** [Polizei]station f; ~ m **[de radio-/télévision]** [Radio-/Fernseh]apparat m; ~ **restante** postlagernd; ~ m **de secours** Erste-Hilfe-Station f; **Postes et Télécommunications** fpl französische Post; ~ m **de travail informatique** Computerarbeitsplatz m.

poster [pɔste] ⟨1⟩ vt (lettre, colis) aufgeben; (personne) postieren.

poster [pɔstɛʀ] m Poster nt.

postérieur, e [pɔsteʀjœʀ] **1.** adj (date, document) spätere(r, s); (partie) hintere(r, s); **2.** m (fam) Hintern m.

postérité [pɔsteʀite] f (générations futures) Nachkommenschaft f; (avenir) Nachwelt f.

posthume [pɔstym] adj (œuvre, gloire) posthum.

postmoderne [pɔstmɔdɛʀn(ə)] adj postmodern.

post-scriptum [pɔstskʀiptɔm] m inv Postskriptum nt.

postulant, e [pɔstylɑ̃, ɑ̃t] m, f (candidat) Bewerber(in) m(f).

postuler [pɔstyle] ⟨1⟩ vt (emploi) sich bewerben um.

posture [pɔstyʀ] f (attitude) Haltung f; **être en bonne/mauvaise ~** in einer guten/ schlechten Lage sein.

pot [po] m (récipient) Topf m; (pour liquide) Kanne f, Krug m; **avoir du/un coup de ~** (fam: chance) Schwein haben, Glück haben; **boire** [o **prendre**] **un ~** einen trinken; **plein ~** (fam) volle Pulle; ~ **catalytique** Katalysator m; ~ **d'échappement** Auspufftopf m; ~ **de fleurs** Blumentopf m.

potable [pɔtabl(ə)] adj (eau) trinkbar.

potage [pɔtaʒ] m Suppe f.

potager, -ère [pɔtaʒe, ɛʀ] **1.** adj Gemüse-; **2.** m (jardin) Gemüsegarten m.

pot-au-feu [pɔtofø] m inv Eintopfgericht aus Rindfleisch und Gemüse; **pot-de-vin** ⟨pots-de-vin⟩ [pod(ə)vɛ̃] m Schmiergeld nt, Bestechungsgeld m.

pote [pɔt] m (fam) Kumpel m.

poteau ⟨-x⟩ [pɔto] m Pfosten m, Pfahl m; ~ **indicateur** Wegweiser m; ~ **télégraphique** Telegrafenmast m.

potelé, e [pɔt(ə)le] adj rundlich, mollig.

potentiel, le [pɔtɑ̃sjɛl] **1.** adj potentiell; **2.** m Potential nt.

poterie [pɔtʀi] f (fabrication) Töpferei f; (objet) Töpferware f.

potiche [pɔtiʃ] f große Porzellanvase.

potier, -ière [pɔtje, ɛʀ] m, f Töpfer(in) m(f).

potion [posjɔ̃] f: ~ **magique** (fig) Wundermittel nt.

potiron [pɔtiʀɔ̃] m Kürbis m.

pot-pourri ⟨pots-pourris⟩ [pupuʀi] m (MUS. pétales) Potpourri nt.

pou ⟨-x⟩ [pu] m Laus f.

poubelle [pubɛl] f Mülleimer m; **les ~s** (fam) der Müllwagen.

pouce [pus] m Daumen m.

poudre [pudʀ(ə)] f Pulver nt; (fard) Puder m; (explosif) Schießpulver nt; **café en ~** Pulverkaffee m; **savon/lait en ~** Seifen-/ Milchpulver nt; **poudrer** ⟨1⟩ vt pudern; **poudreux, -euse** [pudʀø, øz] adj (neige) pulvrig; **poudrier** [pudʀije] m Puderdose f.

pouffer [pufe] ⟨1⟩ vi: ~ **[de rire]** losprusten.

pouilleux, -euse [pujø, øz] adj (personne) verlaust; (endroit) verkommen, schmutzig.

poulailler [pulaje] m Hühnerstall m; (fam THÉÂT) Galerie f.

poulain [pulɛ̃] m Fohlen nt.

poularde [pulaʀd(ə)] f Poularde f.

poule [pul] f (ZOOL) Henne f; (GASTR) Huhn nt; **quand les ~s auront des dents** am Sankt-Nimmerleins-Tag.

poulet [pulɛ] m (GASTR) Hühnchen nt; (fam: policier) Bulle m.

poulie [puli] f Flaschenzug m.

pouls [pu] m Puls m; **prendre le ~ de qn** jdm den Puls fühlen.

poumon [pumɔ̃] m Lunge f; ~ **d'acier** eiserne Lunge.

poupe [pup] f (navire) Heck nt.

poupée [pupe] f Puppe f; **maison de ~** Puppenhaus nt.

pour [puʀ] **1.** prép für +akk; (destination) nach +dat; (comme) als; (quant à) was ... betrifft; (avec infinitif) um zu; **2.** m: **le ~ et le contre** das Für und Wider; **c'est ~ cela que** deshalb; **ce n'est pas ~ dire, mais ...** (fam) ich will ja nichts sagen, aber ...; ~ **de bon** wirklich; **être ~ beaucoup dans qch** wesentlich zu etw beitragen; **fermé(e) ~ [cause de] travaux** wegen Umbau geschlossen; **il a parlé ~ moi** (à la place de) er hat für mich gesprochen; **je n'y suis ~ rien** es ist nicht meine Schuld; **jour ~ jour** auf den Tag; **mot ~ mot** Wort für Wort; **le plaisir/ ton anniversaire** zum Spaß/zu deinem Geburtstag; ~ **que** +subj damit, so daß; ~ **quoi faire?** wozu?

pourboire [puʀbwaʀ] m Trinkgeld nt.

pourcentage [puʀsɑ̃taʒ] m Prozentsatz m.

pourlécher [puʀleʃe] ⟨5⟩ vpr: **se ~** sich dat die Lippen lecken.

pourparlers [puʀpaʀle] mpl Verhandlungen pl.

pourpre [puʀpʀ(ə)] adj purpurrot.

pourquoi [puʀkwa] **1.** adv warum; **2.** m inv: **le ~ [de]** (motif) der Grund [für]; **c'est ~ ...** darum ...

pourri, e [puʀi] adj faul, verfault; (arbre,

bois) morsch; *(été)* verregnet; *(fig: corrompu)* verdorben; bestechlich.

pourrir [puʀiʀ] ⟨8⟩ *vi (fruit, cadavre)* verfaulen; *(arbre)* morsch werden.

poursuite [puʀsɥit] *f* Verfolgung *f*; ~s *fpl (JUR)* Strafverfahren *nt*.

poursuivant, e [puʀsɥivɑ̃, ɑ̃t] *m, f* Verfolger(in) *m(f)*.

poursuivre [puʀsɥivʀə] *irr comme* suivre **1.** *vt* verfolgen; *(presser, relancer)* zusetzen +*dat; (hanter, obséder)* quälen, verfolgen; *(briguer, rechercher)* nachjagen +*dat; (but)* verfolgen; *(continuer)* fortsetzen; **2.** *vpr:* se ~ *(continuer)* weitergehen; ~ qn en justice jdn gerichtlich verfolgen.

pourtant [puʀtɑ̃] *adv* trotzdem; **et** ~ aber trotzdem.

pourvoi [puʀvwa] *m (JUR)* Gesuch *nt*, Antrag *m*.

pourvoir [puʀvwaʀ] *irr* **1.** *vt:* ~ à qch für etw sorgen; ~ qn/qch de jdn/etw versehen mit; ~ à un emploi eine Stelle besetzen; **2.** *vpr:* se ~ de qch sich mit etw versorgen; se ~ en cassation Revision einlegen.

pourvoyeur, -euse [puʀvwajœʀ, øz] *m, f* Lieferant(in) *m(f); (de drogue)* Dealer(in) *m(f)*.

pourvu, e [puʀvy] **1.** *adj:* ~ de versehen mit; **2.** *conj:* **pourvu que** +*subj* vorausgesetzt, daß; *(espérons que)* hoffentlich.

pousse [pus] *f* Wachsen *nt; (bourgeon)* Trieb *m*, Sproß *m*.

poussée [puse] *f (pression)* Druck *m; (attaque)* Ansturm *m; (MÉD)* Ausbruch *m*.

pousser [puse] ⟨1⟩ **1.** *vt* stoßen; *(porte)* aufdrücken; *(faire avancer)* drängeln; *(cri)* ausstoßen; *(accouchement)* pressen; *(moteur)* auf vollen Touren laufen lassen; **2.** *vi* wachsen; ~ à qch zu etw [an]treiben; ~ jusqu'à un endroit/plus loin bis zu einem Ort/weiter vorstoßen; ~ qn à qch/à faire qch *(exhorter)* jdn zu etw drängen/jdn drängen, etw zu tun; **faut pas ~!** *(fam)* nun mach mal halblang!

poussette [puset] *f (pour enfant)* Sportwagen *m*.

poussière [pusjɛʀ] *f* Staub *m; une ~* ein Staubkorn *nt;* **2000 francs et des ~s** *(fam)* 2000 Franc und ein paar Zerquetschte; **poussiéreux, -euse** [pusjeʀø, øz] *adj* staubig.

poussin [pusɛ̃] *m* Küken *nt*.

poutre [putʀ(ə)] *f (en bois)* Balken *m; (en fer, ciment armé)* Träger *m*.

pouvoir [puvwaʀ] *irr* **1.** *vt* können; **2.** *vb impers:* **il peut arriver que** es kann passieren, daß; **3.** *m* Macht *f; (capacité)* Fähigkeit *f; (législatif, exécutif)* Gewalt *f; (JUR: d'un tuteur, mandataire)* Befugnis *f;* **le** ~ *(POL: des dirigeants)* die Regierung; ~s *mpl (attri-*

butions) Befugnisse *pl; (surnaturel)* Kräfte *pl;* **on ne peut plus** höchst; **je n'en peux plus** ich kann nicht mehr; **il se peut que** es kann sein, daß; ~ **d'achat** Kaufkraft *f;* ~ **législatif/exécutif/judiciaire** Legislative *f/* Exekutive *f/*Judikative *f;* **pleins** ~s Vollmacht *f;* **les** ~s **publics** die öffentliche Hand.

pp. *abr de* pages S[S].

P.R. *m abr de* **parti républicain** republikanische Partei.

praline [pʀalin] *f* gebrannte Mandel.

praliné, e [pʀaline] *adj:* **du** [chocolat] ~ Nougat *m o nt*.

praticable [pʀatikabl(ə)] *adj (route)* befahrbar.

praticien, ne [pʀatisjɛ̃, ɛn] *m, f (médecin)* praktischer Arzt, praktische Ärztin.

pratique [pʀatik] **1.** *f (exécution)* Ausübung *f;* Betreiben *nt;* Spielen *nt;* Praktizieren *nt;* Anwendung *f; (coutume)* Brauch *m; (opposé à théorie)* Praxis *f;* **2.** *adj* praktisch; **mettre en** ~ in die Praxis umsetzen.

pratiquement [pʀatikmɑ̃] *adv (dans la pratique)* in der Praxis; *(à peu près, pour ainsi dire)* praktisch.

pratiquer [pʀatike] ⟨1⟩ **1.** *vt (métier, art)* ausüben; *(sport, métier)* betreiben; *(football, golf, etc)* spielen; *(religion)* praktizieren; *(intervention, opération)* durchführen; *(méthode, système)* anwenden; *(charité)* üben; *(chantage, bluff)* anwenden; *(genre de vie)* leben, führen; *(ouverture, abri)* machen; **2.** *vi (REL)* praktizieren; ~ **le bien** Gutes tun; ~ **la photo/l'escrime** fotografieren/fechten.

pré [pʀe] *m* Wiese *f*.

préalable [pʀealabl(ə)] **1.** *adj* vorhergehend, Vor-; **2.** *m (conditions)* Voraussetzung *f;* **au** ~ zunächst, zu[aller]erst; **sans avis** ~ ohne Vorankündigung.

préambule [pʀeɑ̃byl] *m* Einleitung *f; (d'un texte de loi)* Präambel *f*.

préavis [pʀeavi] *m (avertissement)* Kündigung *f; (délai)* Kündigungsfrist *f;* **sans** ~ fristlos.

précaution [pʀekosjɔ̃] *f* Vorsichtsmaßnahme *f;* **avec** ~ vorsichtig; **prendre des** ~s [Sicherheits]vorkehrungen treffen; *(fam: rapports sexuels)* aufpassen.

précédemment [pʀesedamɑ̃] *adv* vorher, früher.

précédent, e [pʀesedɑ̃, ɑ̃t] **1.** *adj* vorhergehend; **2.** *m* Präzedenzfall *m;* **sans** ~ erstmalig, einmalig; **le jour** ~ am Tag zuvor.

précéder [pʀesede] ⟨5⟩ *vt* vorangehen +*dat; (dans un véhicule)* vorausfahren +*dat; (selon l'ordre logique)* kommen vor +*dat*.

précepte [pʀesɛpt(ə)] *m* Grundsatz *m*.

précepteur, -trice [pʀesɛptœʀ, tʀis] m, f Hauslehrer(in) m(f).

préchauffer [pʀeʃofe] ⟨1⟩ vt (AUTO: diesel) vorglühen.

prêcher [pʀeʃe] ⟨1⟩ vt predigen.

précieux, -euse [pʀesjø, øz] adj wertvoll, kostbar; (style) preziös.

précipice [pʀesipis] m Abgrund m.

précipitamment [pʀesipitamɑ̃] adv überstürzt.

précipitation [pʀesipitasjɔ̃] f Hast f, Überstürzung f; (CHIM) Niederschlag m; ~s [atmosphériques] (MÉTÉO) Niederschläge pl.

précipité, e [pʀesipite] adj (respiration, pas) hastig; (départ, entreprise) überstürzt.

précipiter [pʀesipite] ⟨1⟩ **1.** vt (hâter, accélérer) beschleunigen; **2.** vpr: se ~ (battements du cœur, respiration) schneller werden; (événements) sich überstürzen; **se ~ au devant de qn** jdm entgegenstürzen; **se ~ sur qn/qch** sich auf jdn/etw stürzen; ~ **qn/qch du haut de qch** (faire tomber) jdn/etw von etw hinabstürzen.

précis, e [pʀesi, iz] adj genau; (bruit, contours, point) deutlich; **précisément** [pʀesizemɑ̃] adv genau; **préciser** [pʀesize] ⟨1⟩ **1.** vt präzisieren; **2.** vpr: se ~ konkreter werden; **précision** [pʀesizjɔ̃] f Genauigkeit f.

précoce [pʀekɔs] adj (végétal) früh; (enfant, jeune fille) frühreif.

préconiser [pʀekɔnize] ⟨1⟩ vt (recommander) empfehlen, befürworten.

précurseur [pʀekyʀsœʀ] m Vorläufer(in) m(f).

prédécesseur [pʀedesesœʀ] m Vorgänger(in) m(f).

prédestiner [pʀedɛstine] ⟨1⟩ vt: ~ **qn à faire qch** jdn prädestinieren, etw zu tun; ~ **qn à qch** jdn zu etw vorbestimmen.

prédiction [pʀediksjɔ̃] f Prophezeiung f.

prédilection [pʀedilɛksjɔ̃] f: **avoir une ~ pour qn/qch** eine Vorliebe für jdn/etw haben; **de ~** Lieblings-.

prédire [pʀediʀ] irr comme dire, vt vorhersagen, voraussagen.

prédisposition [pʀedispozisjɔ̃] f Veranlagung f.

prédominer [pʀedɔmine] ⟨1⟩ vi vorherrschen.

préfabriqué, e [pʀefabʀike] adj: **élément ~** Fertigteil nt; **maison ~e** Fertighaus nt.

préface [pʀefas] f Vorwort nt.

préfecture [pʀefɛktyʀ] f Präfektur f; ~ **de police** Polizeipräfektur f.

préférable [pʀefeʀabl(ə)] adj: **cette solution est ~ à l'autre** diese Lösung ist der anderen vorzuziehen.

préféré, e [pʀefeʀe] adj Lieblings-.

préférence [pʀefeʀɑ̃s] f Vorliebe f; **de ~** am liebsten; **donner la ~ à qn** jdm den Vorzug geben.

préférentiel, le [pʀefeʀɑ̃sjɛl] adj Vorzugs-.

préférer [pʀefeʀe] ⟨5⟩ vt vorziehen, lieber mögen; ~ **faire qch** etw lieber tun; ~ **qn/ qch à qn/qch** jdn/etw jdm/einer Sache vorziehen, jdn/etw lieber mögen als jdn/etw.

préfet [pʀefɛ] m Präfekt(in) m(f).

préfixe [pʀefiks] m Präfix nt, Vorsilbe f.

préhistoire [pʀeistwaʀ] f: **la ~** die Urgeschichte.

préjudice [pʀeʒydis] m Nachteil m, Schaden m.

préjugé [pʀeʒyʒe] m Vorurteil nt.

prélèvement [pʀelɛvmɑ̃] m (échantillon, sang) Entnahme f; ~ **automatique** (FIN) automatischer Bankeinzug, Dauerauftrag m; ~ **à la source** (FIN) Quellensteuer f.

prélever [pʀel(ə)ve] ⟨4⟩ vt (argent) (vom Konto) abheben; (MÉD: tissu, organe) entnehmen.

préliminaire [pʀeliminɛʀ] **1.** adj Vor-, vorbereitend; **2.** mpl vorbereitende Maßnahmen pl.

prématuré, e [pʀematyʀe] **1.** adj vorzeitig, verfrüht; (enfant) frühgeboren; **2.** m Frühgeburt f.

préméditation [pʀemeditasjɔ̃] f: **avec ~** mit Vorsatz, vorsätzlich.

préméditer [pʀemedite] ⟨1⟩ vt vorsätzlich planen.

premier, -ière [pʀəmje, ɛʀ] **1.** adj erste(r, s); (le plus bas) unterste(r, s); (après le nom: fondamental) grundlegend; **2.** m, f (personne) Erste(r) mf; **3.** f (AUTO) erster Gang; (première classe) erste Klasse; (THÉÂT) Premiere f; Uraufführung f; **à la première occasion** bei der erstbesten Gelegenheit; **au ~ abord** auf den ersten Blick; **au** [o du] ~ **coup** gleich, auf Anhieb; **de ~ ordre** erstklassig; **de ~ choix** erstklassig; **première nouvelle!** das ist mir ganz neu!; **de première qualité** von bester Qualität; **en ~ lieu** in erster Linie; **le ~ mai, le 1ᵉʳ mai** der erste Mai, der 1. Mai; **le ~ venu** der erstbeste; **première communion** Erstkommunion f; **premièrement** adv erstens; (d'abord) zunächst; (énumération) erstens; (introduisant une objection) zunächst einmal.

prémonition [pʀemɔnisjɔ̃] f Vorahnung f; **prémonitoire** [pʀemɔnitwaʀ] adj: **signe ~** warnendes Zeichen.

prénatal, e [pʀenatal] adj vorgeburtlich, pränatal.

prendre [pʀɑ̃dʀ(ə)] ⟨13⟩ **1.** vt nehmen; (aller chercher) holen; (emporter, emmener avec soi) mitnehmen; (attraper) fangen; (surprendre) erwischen; (aliment, boisson)

ne pas fumer bitte nicht rauchen.
primaire [pʀimɛʀ] **1.** adj (SCOL) Grundschul-; (simpliste) simpel; **2.** m: **le ~** (enseignement) die Grundschulausbildung; **secteur ~** (ÉCON) Primärsektor m.

primauté [pʀimote] f Vorrang m.

prime [pʀim] **1.** f Prämie f; (objet gratuit) Werbegeschenk nt; **2.** adj: **de ~ abord** auf den ersten Blick; **~ de risque** Gefahrenzulage f.

primer [pʀime] ⟨1⟩ **1.** vt (récompenser) prämieren; **2.** vi überwiegen; **~ sur qch** (l'emporter) wichtiger sein als etw [anderes].

primeurs [pʀimœʀ] fpl Frühobst nt/-gemüse nt.

primevère [pʀimvɛʀ] f Schlüsselblume f.

primitif, -ive [pʀimitif, iv] adj Ur-, ursprünglich; (société; rudimentaire) primitiv; **couleurs primitives** Grundfarben pl.

primo [pʀimo] adv erstens.

primordial, e [pʀimɔʀdjal, o] adj wesentlich, bedeutend.

prince, esse [pʀɛ̃s, ɛs] m Prinz m, Prinzessin f; (souverain) Fürst(in) m(f).

principal, e [pʀɛ̃sipal, o] **1.** adj Haupt-; **2.** m (d'un collège) Rektor(in) m(f); **le ~** (essentiel) das Wesentliche; **principalement** adv hauptsächlich, vor allem.

principauté [pʀɛ̃sipote] f Fürstentum nt.

principe [pʀɛ̃sip] m Prinzip nt; (d'une discipline, d'une science) Grundsatz m; **de ~** prinzipiell; **en ~** im Prinzip; **partir du ~ que** davon ausgehen, daß; **pour le/par ~** aus Prinzip.

printemps [pʀɛ̃tɑ̃] m Frühling m, Frühjahr nt; **au ~** im Frühling.

priorité [pʀijɔʀite] f: **avoir la ~** (AUTO) Vorfahrt haben; **~ à droite** rechts vor links; **en ~** vorrangig, zuerst.

pris, e [pʀi, iz] adj (place) besetzt; (journée, mains) voll; (personne) beschäftigt; **avoir la gorge ~e** (MÉD) einen entzündeten Hals haben; **c'est toujours ça de ~** (fam) das ist immerhin etwas.

prise [pʀiz] f (d'une ville) Einnahme f; (PÊCHE) Fang m; (SPORT) Griff m; **~ [de courant]** (ÉLEC) Steckdose f; **être aux ~s avec qn** mit jdm in den Haaren liegen; **lâcher ~** loslassen; **~ en charge** (par la sécurité sociale) Kostenübernahme f; **~ multiple** Mehrfachsteckdose f; **~ de sang** Blutabnahme f; **~ de son** Tonaufnahme f; **~ de terre** (ÉLEC) Erdung f; **~ de vue** (PHOTO) Aufnahme f.

priser [pʀize] ⟨1⟩ vt (tabac) schnupfen.

prison [pʀizɔ̃] f Gefängnis nt; **prisonnier, -ière** [pʀizɔnje, ɛʀ] **1.** m, f (détenu) Häftling m; (soldat) Gefangene(r) mf; **2.** adj gefangen; **faire ~** gefangennehmen.

privatisation [pʀivatizasjɔ̃] f (ÉCON) Priva-

tisierung f.

privé, e [pʀive] adj privat, Privat-; (personnel, intime) persönlich; **en ~** privat.

priver [pʀive] ⟨1⟩ **1.** vt: **~ qn de qch** jdm etw entziehen; **2.** vpr: **se ~ de qch/faire qch** sich dat etw versagen/sich dat versagen, etw zu tun.

privilège [pʀivilɛʒ] m Privileg nt, Vorzug m; **privilégié, e** [pʀivileʒje] adj privilegiert; (favorisé) begünstigt.

prix [pʀi] m Preis m; **à aucun/tout ~** um keinen/jeden Preis; **au ~ fort** zum Höchstpreis; **hors de ~** zu teuer; **~ de revient** Selbstkostenpreis m.

probabilité [pʀɔbabilite] f Wahrscheinlichkeit f; **probable** adj wahrscheinlich; **probablement** adv wahrscheinlich.

probant, e [pʀɔbɑ̃, ɑ̃t] adj beweiskräftig, überzeugend.

probité [pʀɔbite] f Redlichkeit f.

problème [pʀɔblɛm] m Problem nt; (SCOL) Rechenaufgabe f.

procédé [pʀɔsede] m (méthode) Verfahren nt, Prozeß m.

procéder [pʀɔsede] ⟨5⟩ vi (agir) vorgehen; **~ à qch** etw durchführen.

procédure [pʀɔsedyʀ] f Verfahrensweise f; **le code de ~ civile/pénale** die Zivil-/Strafprozeßordnung f.

processeur [pʀɔsesœʀ] m (INFORM) Prozessor m.

processus [pʀɔsesys] m (évolution) Prozeß m.

procès [pʀɔsɛ] m Prozeß m; **être en ~ avec qn** mit jdm prozessieren; **~ d'intention** Unterstellung f.

procès-verbal ⟨procès-verbaux⟩ [pʀɔsɛvɛʀbal, o] m Protokoll nt; (de contravention) Strafmandat m.

prochain, e [pʀɔʃɛ̃, ɛn] adj nächste(r, s); **à la ~e fois!** bis zum nächsten Mal!; **la semaine ~e** (date) [die] nächste Woche; **prochainement** adv demnächst.

proche [pʀɔʃ] adj nahe (de bei); **~s** mpl (parents) nächste Verwandte pl; **de ~ en ~** schrittweise.

proclamer [pʀɔklame] ⟨1⟩ vt (la république, un roi) ausrufen, proklamieren; (résultat d'un examen) bekanntgeben; (son innocence, etc) erklären, beteuern.

procréer [pʀɔkʀee] ⟨1⟩ vt zeugen, hervorbringen.

procuration [pʀɔkyʀasjɔ̃] f Vollmacht f.

procurer [pʀɔkyʀe] ⟨1⟩ **1.** vt: **~ qch à qn** (fournir) jdm etw verschaffen; (plaisir, joie) jdm etw machen, jdm etw bereiten; **2.** vpr: **se ~** sich dat etw verschaffen.

procureur [pʀɔkyʀœʀ] m: **~ [de la République]** Staatsanwalt m, -anwältin f; **~ général** Generalstaatsanwalt m, -anwältin

f.

prodige [pʀɔdiʒ] m Wunder nt; **enfant ~** Wunderkind nt; **prodigieux, -euse** [pʀɔdiʒjø, øz] adj erstaunlich, phantastisch.

prodigue [pʀɔdig] adj verschwenderisch; **l'enfant ~** der verlorene Sohn; **prodiguer** ⟨1⟩ vt (dilapider) vergeuden; **~ qch à qn** jdn mit etw überhäufen.

producteur, -trice [pʀɔdyktœʀ, tʀis] **1.** adj: **pays ~ de blé/pétrole** weizen-/erdölerzeugendes Land; **2.** m, f (de biens) Hersteller(in) m(f); (CINÉ) Produzent(in) m(f).

productif, -ive [pʀɔdyktif, iv] adj fruchtbar, ertragreich; (capital, personnel) produktiv.

production [pʀɔdyksjɔ̃] f Erzeugung f; Produktion f, Herstellung f.

productivité [pʀɔdyktivite] f Produktivität f.

produire [pʀɔdɥiʀ] irr comme conduire **1.** vt erzeugen; (entreprise) herstellen, produzieren; (résultat, changement) bewirken; (CINÉ, TV) produzieren; (documents, témoins) liefern, beibringen; **2.** vi (rapporter) produzieren; (investissement, argent) Gewinn abwerfen, arbeiten; **3.** vpr: **se ~** (acteur) sich produzieren; (changement, événement) sich ereignen.

produit [pʀɔdɥi] m Produkt nt; (d'un investissement) Rendite f; **~ brut/fini** Roherzeugnis nt/Fertigprodukt nt; **~ national brut** Bruttosozialprodukt nt; **~ d'entretien** Putzmittel nt.

prof [pʀɔf] m/f (fam) Lehrer(in) m(f).

profane [pʀɔfan] adj (REL) weltlich; (ignorant, non initié) laienhaft.

professer [pʀɔfese] ⟨1⟩ vt (déclarer hautement) bekunden; (enseigner) unterrichten.

professeur [pʀɔfesœʀ] m Lehrer(in) m(f); **~ d'université** [Universitäts]professor(in) m(f).

profession [pʀɔfesjɔ̃] f Beruf m; **de ~** von Beruf; **professionnel, le** [pʀɔfesjɔnɛl] **1.** adj Berufs-, beruflich; **2.** m, f (sportif, cambrioleur) Profi m; (ouvrier) Facharbeiter(in) m(f).

professorat [pʀɔfesɔʀa] m: **le ~** der Lehrberuf.

profil [pʀɔfil] m (du visage) Profil nt; (section, coupe) Querschnitt m; **de ~** im Profil; **profiler** ⟨1⟩ **1.** vt (TECH) Stromlinienform geben +dat; **2.** vpr: **se ~** sich abheben.

profit [pʀɔfi] m (avantage) Nutzen m, Vorteil m; (COM, FIN) Gewinn m, Profit m; **au ~ de qn** zugunsten von jdm; **tirer ~ de qch** Gewinn aus etw ziehen; **profitable** (de gewinnbringend, nützlich; **profiter** [pʀɔfite] ⟨1⟩ vi: **~ de** ausnutzen; **~ qn/**

qch jdm/einer Sache nützlich sein.

profond, e [pʀɔfɔ̃, ɔ̃d] adj tief; (esprit, écrivain) tiefsinnig; (silence, indifférence) vollkommen; (erreur) schwer; **profondeur** f Tiefe f.

profusion [pʀɔfyzjɔ̃] f Fülle f; (fig) Überfülle f; **à ~** in Hülle und Fülle.

progéniture [pʀɔʒenityʀ] f Nachwuchs m.

progiciel [pʀɔʒisjɛl] m Softwarepaket nt.

programme [pʀɔgʀam] m (a. INFORM) Programm nt; (SCOL) Lehrplan m; **~ d'application, ~ utilisateur** Anwenderprogramm nt; **programmer** ⟨1⟩ vt (émission) ins Programm nehmen; (ordinateur) programmieren; **programmeur, -euse** [pʀɔgʀamœʀ, øz] m, f Programmierer(in) m(f).

progrès [pʀɔgʀɛ] m Fortschritt m; (d'un incendie, d'une épidémie) Fortschreiten nt; **progresser** [pʀɔgʀese] ⟨1⟩ vi vorrücken, vordringen; (élève) Fortschritte machen; **progressif, -ive** adj (impôt, taux) progressiv; (développement) fortschreitend; (difficulté) zunehmend; **progression** f Entwicklung f; (d'une armée) Vorrücken nt; (MATH) Reihe f.

prohiber [pʀɔibe] ⟨1⟩ vt verbieten.

prohibitif, -ive [pʀɔibitif, iv] adj (prix) unerschwinglich.

proie [pʀwa] f Beute f; **être en ~ à** (désespoir, inquiétude) leiden unter +dat.

projecteur [pʀɔʒɛktœʀ] m Projektor m; (spot) Scheinwerfer m.

projectile [pʀɔʒɛktil] m Geschoß nt.

projection [pʀɔʒɛksjɔ̃] f (d'un film) Vorführen nt, Projektion f; **conférence avec ~** Diavortrag m.

projet [pʀɔʒɛ] m Plan m; (ébauche) Entwurf m; **~ de loi** Gesetzentwurf m; **~ de loi de finances** (POL) Haushaltsentwurf m; **projeter** [pʀɔʒ(ə)te] ⟨3⟩ vt schleudern; (envisager) planen, beabsichtigen; (film, diapositives) vorführen, projizieren.

prolétariat [pʀɔletaʀja] m Proletariat nt.

proliférer [pʀɔlifeʀe] ⟨5⟩ vi sich stark vermehren.

prolifique [pʀɔlifik] adj fruchtbar.

prolongation [pʀɔlɔ̃gasjɔ̃] f Verlängerung f; **jouer les ~s** (SPORT) in die Verlängerung gehen; (fig) ausdehnen.

prolongement [pʀɔlɔ̃ʒmɑ̃] m Verlängerung f; **~s** mpl (conséquences) Auswirkungen pl, Folgen pl; **dans le ~ de** weiterführend von.

prolonger [pʀɔlɔ̃ʒe] ⟨2⟩ **1.** vt verlängern; (chose) eine Verlängerung sein von; **2.** vpr: **se ~** (leçon, repas) andauern; (route, chemin) weitergehen.

promenade [pʀɔm(ə)nad] f Spaziergang m; **~ à vélo** Fahrradtour f; **~ en voiture**

Spazierfahrt f.

promener [prɔm(ə)ne] ⟨4⟩ **1.** vt (personne, chien) spazierenführen; (doigts, main, regards) gleiten lassen; **2.** vpr: se ~ spazierengehen; (en voiture) spazierenfahren.

promeneur, -euse [prɔm(ə)nœr, øz] m, f Spaziergänger(in) m(f).

promesse [prɔmɛs] f Versprechen nt; tenir sa ~ sein Versprechen halten.

promettre [prɔmɛtr(ə)] irr comme mettre **1.** vt versprechen; (annoncer) hindeuten auf +akk; **2.** vi (récolte, arbre) eine gute Ernte versprechen; (enfant, musicien) vielversprechend sein; **3.** vpr: se ~ qch sich dat etw versprechen; ça promet! (fam) das kann ja heiter werden!

promiscuité [prɔmiskɥite] f drangvolle Enge f.

promo [prɔmo] f (fam SCOL) Jahrgang m.

promoteur, -trice [prɔmɔtœr, tris] m, f (instigateur) Initiator(in) m(f); ~ de construction Bauträger m.

promotion [prɔmosjɔ̃] f (professionnelle) Beförderung f; ~ des ventes (COMM) Absatzförderung f; être en ~ im Sonderangebot sein.

promouvoir [prɔmuvwar] irr comme mouvoir, vt (personne) befördern; (encourager) fördern, sich einsetzen für.

prompt, e [prɔ̃, prɔ̃t] adj schnell.

promulguer [prɔmylge] ⟨1⟩ vt erlassen.

pronom [prɔnɔ̃] m Pronomen nt; **pronominal, e** ⟨pronominaux⟩ [prɔnɔminal, o] adj: verbe ~ (LING) Pronominalverb nt.

prononcé, e [prɔnɔ̃se] adj ausgeprägt.

prononcer [prɔnɔ̃se] ⟨2⟩ **1.** vt aussprechen; (proférer) hervorbringen; (jugement, sentence) verkünden; **2.** vi: ~ bien/mal eine gute/schlechte Aussprache haben; **3.** vpr: se ~ sich entscheiden; se ~ en faveur de/contre qch/qn sich für/gegen etw/jdn aussprechen; se ~ sur qch seine Meinung über etw akk äußern.

prononciation [prɔnɔ̃sjasjɔ̃] f Aussprache f.

pronostic [prɔnɔstik] m Prognose f, Vorhersage f.

propagande [prɔpagɑ̃d] f Propaganda f.

propager [prɔpaʒe] ⟨2⟩ **1.** vt (répandre) verbreiten; **2.** vpr: se ~ sich ausbreiten.

prophète, prophétesse [prɔfɛt, prɔfetɛs] m, f Prophet(in) m(f).

prophétie [prɔfesi] f Prophezeiung f.

propice [prɔpis] adj günstig.

proportion [prɔpɔrsjɔ̃] f (équilibre, harmonie) Proportionen pl; (relation) Verhältnis nt; (pourcentage) Prozentsatz m; ~s fpl Proportionen pl; (taille, importance) Ausmaß nt; en ~ de im Verhältnis zu; être sans ~ avec in keinem Verhältnis stehen zu; toute[s] ~[s] gardée[s] im Verhältnis, verhältnismäßig.

proportionnel, le [prɔpɔrsjɔnɛl] adj proportional, anteilmäßig; ~ à proportional zu; représentation ~e Verhältniswahlrecht nt.

propos [prɔpo] m (paroles) Worte pl; (intention) Absicht f; à ~! übrigens!; à ~ im rechten Augenblick; à ~ de bezüglich +gen; à quel ~? (sujet) aus welchem Anlaß?; à tout ~ ständig, bei jeder Gelegenheit.

proposer [prɔpoze] ⟨1⟩ **1.** vt vorschlagen; (offrir) anbieten; (loi, motion) einbringen; **2.** vpr: se ~ sich anbieten; se ~ de faire qch sich dat vornehmen, etw zu tun; ~ de faire qch (suggérer) vorschlagen, etw zu tun; (offrir) anbieten, etw zu tun.

proposition [prɔpozisjɔ̃] f (suggestion) Vorschlag m; (POL) Antrag m; (offre) Angebot nt; (LING) Satz m; ~ de loi Gesetzentwurf m; ~ principale/subordonnée Haupt-/Nebensatz m.

propre [prɔpr(ə)] **1.** adj sauber; (personne, vêtement) ordentlich, gepflegt; (intensif possessif) eigen; **2.** m: mettre [o recopier] au ~ ins reine schreiben; le ~ de (particularité) eine Eigenschaft +gen; ~ à (spécifique) typisch für, eigen +dat; ~ à faire qch (de nature à) geeignet, etw zu tun; au ~ (au sens ~) eigentlich; **proprement** adv sauber, ordentlich; à ~ parler strenggenommen, eigentlich; **propreté** f Sauberkeit f.

propriétaire [prɔprijetɛr] m/f Besitzer(in) m(f), Eigentümer(in) m(f); (de terres, d'immeubles) Besitzer(in) m(f); (qui loue) Hausbesitzer(in) m(f), Vermieter(in) m(f).

propriété [prɔprijete] f (JUR) Besitz m; (possession) Eigentum nt; (immeuble, maison) Grundbesitz m, Hausbesitz m; (qualité) Eigenschaft f; (d'un mot) Angemessenheit f.

propulser [prɔpylse] ⟨1⟩ vt (missile, engin) antreiben; (projeter) schleudern.

prorata [prɔrata] m inv: au ~ de im Verhältnis zu.

proroger [prɔrɔʒe] ⟨2⟩ vt (renvoyer) aufschieben; (prolonger) verlängern; (POL) vertagen.

proscrire [prɔskrir] irr comme écrire, vt (bannir) verbannen; (interdire) verbieten.

prose [proz] f Prosa f.

prospecter [prɔspɛkte] ⟨1⟩ vt (terrain) nach Bodenschätzen suchen in +dat; (COMM) sondieren.

prospectus [prɔspɛktys] m Prospekt m.

prospère [prɔspɛr] adj (période) ertragreich; (finances, entreprise) florierend, gutgehend.

prospérer [prɔspere] ⟨5⟩ vi gut gedeihen;

(*entreprise, ville, science*) blühen, florieren.

prospérité [pʀɔspeʀite] *f* Wohlstand *m*.

prostitue, e [pʀɔstitye] *m, f* Prostituierte(r) *mf*.

prostitution [pʀɔstitysjɔ̃] *f* Prostitution *f*.

protecteur, -trice [pʀɔtɛktœʀ, tʀis] **1.** *adj* beschützend; (*régime, système*) Schutz-; **2.** *m, f* (*défenseur*) Beschützer(in) *m(f)*.

protection [pʀɔtɛksjɔ̃] *f* Schutz *m*; (*patronage, ÉCON*) Protektion *f*; ~ **de l'environnement** Umweltschutz *m*; ~ **contre l'incendie** Brandschutz *m*; ~ **du littoral** Küstenschutz *m*; ~ **des paysages naturels** Landschaftsschutz *m*.

protégé, e [pʀɔteʒe] *m, f* Protegé *m*, Schützling *m*.

protéger [pʀɔteʒe] ⟨2, 5⟩ **1.** *vt* schützen; (*physiquement*) beschützen; (*intérêt, liberté, institution*) wahren; (*INFORM*) sichern; **2.** *vpr:* **se ~ de qch/contre qch** sich vor etw *dat*/gegen etw schützen; **protège-slip** (protège-slips) *m* Slipeinlage *f*.

protéine [pʀɔtein] *f* Protein *nt*.

protestant, e [pʀɔtɛstɑ̃, ɑ̃t] **1.** *adj* protestantisch; **2.** *m, f* Protestant(in) *m(f)*.

protestation [pʀɔtɛstasjɔ̃] *f* (*plainte*) Protest *m*; (*déclaration*) Beteuerung *f*.

protester [pʀɔtɛste] ⟨1⟩ *vi:* ~ [**contre qch**] [gegen etw] protestieren; ~ **de son innocence** seine Unschuld beteuern.

prothèse [pʀɔtɛz] *f* (*appareil*) Prothese *f*; ~ **dentaire** Zahnprothese *f*, Gebiß *nt*.

protocole [pʀɔtɔkɔl] *m* (*étiquette*) Protokoll *nt*; ~ **d'accord** Vereinbarungsprotokoll *nt*.

prototype [pʀɔtɔtip] *m* Prototyp *m*.

protubérance [pʀɔtybeʀɑ̃s] *f* (*saillie*) Beule *f*; **protubérant, e** *adj* vorstehend.

proue [pʀu] *f* Bug *m*.

prouesse [pʀuɛs] *f* (*acte de courage*) Heldentat *f*; (*exploit*) Kunststück *nt*, Meisterleistung *f*.

prouver [pʀuve] ⟨1⟩ *vt* beweisen.

provenance [pʀɔv(ə)nɑ̃s] *f* Herkunft *f*, Ursprung *m*; **avion/train en ~ de** Flugzeug/Zug aus.

provençal, e ⟨provençaux⟩ [pʀɔvɑ̃sal, o] *adj* provenzalisch; **Provence** [pʀɔvɑ̃s] *f:* **la ~** die Provence.

provenir [pʀɔv(ə)niʀ] ⟨9⟩ *vt avec être:* ~ **de** (*venir de*) [her]kommen aus; (*tirer son origine de*) stammen von; (*résulter de*) kommen von.

proverbe [pʀɔvɛʀb(ə)] *m* Sprichwort *nt*; **proverbial, e** ⟨proverbiaux⟩ [pʀɔvɛʀbjal, o] *adj* sprichwörtlich.

providence [pʀɔvidɑ̃s] *f* Vorsehung *f*.

providentiel, le [pʀɔvidɑ̃sjɛl] *adj* (*opportun*) unerwartet, glücklich.

province [pʀɔvɛ̃s] *f* (*région*) Provinz *f*; **la Belle Province** Quebec *nt*; **provincial, e**

⟨provinciaux⟩ [pʀɔvɛ̃sjal, o] *adj* Provinz-; (*péj*) provinzlerisch.

proviseur [pʀɔvizœʀ] *m* (*lycée*) Direktor(in) *m(f)*.

provision [pʀɔvizjɔ̃] *f* Vorrat *m*; (*acompte, avance*) Anzahlung *f*, Vorschuß *m*; (*COMM*) Deckung *f*; **~s** *fpl* (*ravitaillement*) Vorräte *pl*; **faire ~ de qch** einen Vorrat an etw *dat* anlegen.

provisoire [pʀɔvizwaʀ] *adj* vorläufig; **mise en liberté ~** vorläufige Haftentlassung; **provisoirement** *adv* einstweilig.

provocant, e [pʀɔvɔkɑ̃, ɑ̃t] *adj* herausfordernd, provozierend.

provocation [pʀɔvɔkasjɔ̃] *f* (*parole, écrit*) Provokation *f*.

provoquer [pʀɔvɔke] ⟨1⟩ *vt* (*défier*) herausfordern; (*causer: choses*) hervorrufen; (*colère, curiosité*) verursachen; (*gaieté, rires*) hervorrufen; (*aveux, explications*) hervorlocken; ~ **qn à** (*inciter à*) jdn provozieren zu.

proximité [pʀɔksimite] *f* Nähe *f*; **à ~** in der Nähe.

prude [pʀyd] *adj* prüde.

prudence [pʀydɑ̃s] *f* Umsicht *f*; Überlegtheit *f*; Vorsicht *f*; **avec ~** umsichtig; **par [mesure de] ~** als Vorsichtsmaßnahme; **prudent, e** *adj* (*circonspect*) umsichtig; (*sage*) klug, überlegt; (*réservé*) vorsichtig.

prune [pʀyn] *f* Pflaume *f*; **pour des ~s** (*fam: inutilement*) für nichts und wieder nichts; (*fam: aucunement*) nicht die Bohne.

pruneau ⟨-x⟩ [pʀyno] *m* Backpflaume *f*.

prunelle [pʀynɛl] *f* (*ANAT*) Pupille *f*; **comme la ~ de ses yeux** wie seinen Augapfel.

prunier [pʀynje] *m* Pflaumenbaum *m*.

Prusse [pʀys] *f:* **la ~** Preußen *nt*.

P.S. *m abr de* **parti socialiste** sozialistische *Partei.*

P.-S. *m abr de* **post-scriptum** P.S. *nt*.

psaume [psom] *m* Psalm *m*.

pseudonyme [psødɔnim] *m* Pseudonym *nt*.

psychanalyse [psikanaliz] *f* Psychoanalyse *f*.

psychiatre [psikjatʀ(ə)] *m/f* Psychiater(in) *m(f)*.

psychiatrie [psikjatʀi] *f* Psychiatrie *f*.

psychiatrique [psikjatʀik] *adj:* **hôpital ~** psychiatrisches Krankenhaus.

psychique [psiʃik] *adj* psychisch.

psychologie [psikɔlɔʒi] *f* (*science*) Psychologie *f*; (*intuition*) Menschenkenntnis *f*; **psychologique** *adj* psychologisch; (*psychique*) psychisch; **psychologue** [psikɔlɔg] *m/f* Psychologe *m*, Psychologin *f*.

psychosomatique [psikɔsɔmatik] *adj* psychosomatisch.

puanteur [pɥɑ̃tœʀ] f Gestank m.

pub [pyb] f (fam: publicité) Werbung f.

puberté [pybɛʀte] f Pubertät f.

pubis [pybis] m Schambein nt.

public, -ique [pyblik] **1.** adj öffentlich; **2.** m (population) Öffentlichkeit f; (audience, lecteurs) Publikum nt; **en ~** öffentlich; **le grand ~** die breite Öffentlichkeit; **interdit au ~** der Öffentlichkeit nicht zugänglich.

publication [pyblikasjɔ̃] f Veröffentlichung f.

publicitaire [pyblisitɛʀ] adj Werbe-.

publicité [pyblisite] f (COMM) Werbung f; (annonce) [Werbe]anzeige f.

publier [pyblije] ⟨1⟩ vt (auteur) veröffentlichen; (éditeur) herausbringen; (bans, décret, loi) verkünden; (nouvelle) verbreiten.

publiphone® [pyblifɔn] m Kartentelefon nt.

puce [pys] f (ZOOL) Floh m; (INFORM) Chip m; **les ~s, le marché aux ~s** der Flohmarkt; **mettre la ~ à l'oreille** hellhörig werden lassen.

pucelle [pysɛl] f (fam) Jungfrau f.

pudeur [pydœʀ] f Schamhaftigkeit f; **pudique** adj (chaste) schamhaft, sittsam; (discret) dezent, diskret.

puer [pɥe] ⟨1⟩ vi stinken.

puériculteur, -trice [pɥeʀikyltœʀ, tʀis] m Betreuer(in) m(f) von Kleinkindern, Säuglingsschwester f.

puéril, e [pɥeʀil] adj kindisch.

puis [pɥi] adv dann.

puiser [pɥize] ⟨1⟩ vt (eau) schöpfen; **~ qch dans qch** (fig: exemple, renseignement) etw einer Sache dat entnehmen.

puisque [pɥisk(ə)] conj da; **~ je te le dis!** (valeur intensive) und wenn ich es dir sage!

puissance [pɥisɑ̃s] f Stärke f; (État) Macht f; deux **[à la] ~ cinq** (MATH) 2 hoch 5; **les ~s occultes** die übernatürlichen Mächte pl; **puissant, e** adj stark; (influent) mächtig, einflußreich; (exemple, raisonnement) überzeugend.

puits [pɥi] m (d'eau) Brunnen m; (de pétrole) Bohrloch nt.

pull [pyl] m Pulli m; **pull-over** (pull-overs) [pylɔvɛʀ] m Pullover m.

pulluler [pylyle] ⟨1⟩ vi (grouiller) wimmeln.

pulmonaire [pylmɔnɛʀ] adj Lungen-.

pulpe [pylp(ə)] f (Frucht)fleisch nt.

pulvérisateur [pylveʀizatœʀ] m Zerstäuber m.

pulvériser [pylveʀize] ⟨1⟩ vt (solide) pulverisieren; (liquide) sprühen, spritzen; (argument) zerpflücken; (record) brechen.

punaise [pynɛz] f (ZOOL) Wanze f; (clou) Reißzwecke f.

punch [pœnʃ] m (BOXE) Schlagkraft f; (effi-

cacité, dynamisme) Pfeffer m.

punir [pyniʀ] ⟨8⟩ vt bestrafen; **~ qn de qch** jdn für etw bestrafen; **punition** [pynisjɔ̃] f Bestrafung f.

pupille [pypij] f (ANAT) Pupille f; (enfant) Mündel nt; **~ de l'État** Fürsorgekind f.

pupitre [pypitʀ(ə)] m Pult nt; (REL) Kanzel f; (de chef d'orchestre) Dirigentenpult nt.

pur, e [pyʀ] adj rein; (vin) unverdünnt; (whisky, gin) pur; (air, ciel) klar; (intentions) selbstlos; **~ et simple** ganz einfach; **en ~e perte** vergeblich.

purée [pyʀe] f: **~ de marrons** Maronenpüree nt; **~ de pois** (fam: brouillard) Waschküche f; **~ [de pommes de terre]** Kartoffelbrei m.

pureté [pyʀte] f Reinheit f; (de l'air, du ciel) Klarheit f; (des intentions) Selbstlosigkeit f.

purgatif [pyʀgatif] m Abführmittel nt.

purgatoire [pyʀgatwaʀ] m Fegefeuer nt.

purge [pyʀʒ(ə)] f (POL) Säuberungsaktion f; (MÉD) [starkes] Abführmittel nt.

purger [pyʀʒe] ⟨2⟩ vt (radiateur, circuit hydraulique, freins) entlüften; (MÉD) entschlacken; (JUR: peine) verbüßen; (POL) säubern.

purifier [pyʀifje] ⟨1⟩ vt reinigen.

puriste [pyʀist(ə)] m/f Purist(in) m(f).

purulent, e [pyʀylɑ̃, ɑ̃t] adj eitrig.

pus [py] m Eiter m.

pusillanime [pyzilanim] adj zaghaft, ängstlich.

pustule [pystyl] m Pustel f.

putain [pytɛ̃] f (fam) Hure f.

putréfier [pytʀefje] ⟨1⟩ **1.** vt verwesen lassen; (fruit) faulen lassen; **2.** vpr: **se ~** verwesen; faulen.

putsch [putʃ] m Putsch m.

puzzle [pœzl(ə)] m Puzzle nt.

P.V. m abr de procès-verbal Strafmandat nt.

pyjama [piʒama] m Schlafanzug m.

pylône [pilon] m (d'un pont) Pfeiler m; (mât, poteau) Mast m.

pyramide [piʀamid] f Pyramide f.

Pyrénées [piʀene] fpl Pyrenäen pl.

pyrex® [piʀɛks] m Jenaer Glas®.

Q

Q, q [ky] m Q, q nt.

Q.G. abr de quartier général Hauptquartier nt.

Q.I. abr de quotient intellectuel IQ m.

quadragénaire [k(w)adʀaʒenɛʀ] adj vierzigjährig; zwischen vierzig und fünfzig.

quadrangulaire [k(w)adʀɑ̃gylɛʀ] adj viereckig.

quadrilatère [k(w)adʀilatɛʀ] m Viereck nt.

quadrillage [kadʀijaʒ] *m* Aufteilung *f* in Quadrate; (*MIL. POLICE*) Bewachung *f*; (*dessin*) Karomuster *nt*.

quadriréacteur [k(w)adʀiʀeaktœʀ] *m* viermotoriger Jet.

quadrupède [k(w)adʀypɛd] **1.** *m* Vierfüßer *m*; **2.** *adj* vierfüßig.

quadruple [k(w)adʀypl(ə)] *adj* vierfach; **quadrupler** ⟨1⟩ **1.** *vt* vervierfachen; **2.** *vi* sich vervierfachen.

quadruplés, -ées [k(w)adʀyple] *mpl, fpl* Vierlinge *pl*.

quai [ke] *m* (*d'un port*) Kai *m*; (*d'une gare*) Bahnsteig *m*; (*voie publique*) Uferstraße *f*, Quai *m*; **être à** ~ im Hafen liegen; **Quai d'Orsay** Sitz des französischen Außenministeriums in Paris.

qualificatif, -ive [kalifikatif, iv] **1.** *adj* (*LING*) erläuternd; **2.** *m* (*terme*) Bezeichnung *f*.

qualification [kalifikasjɔ̃] *f* nähere Bestimmung, Qualifizierung *f*; (*aptitude*) Qualifikation *f*, Befähigung *f*; ~ **professionnelle** berufliche Qualifikation.

qualifier ⟨1⟩ **1.** *vt* näher bestimmen; (*donner qualité à*) berechtigen, qualifizieren; (*SPORT*) qualifizieren; **2.** *vpr*: **se** ~ (*SPORT*) sich qualifizieren; ~ **qch/qn de** (*appeler*) etw/jdn bezeichnen als.

qualité [kalite] *f* Qualität *f*; (*d'une personne*) [gute] Eigenschaft *f*; (*titre, fonction*) Funktion *f*; **en** ~ **de** in der Eigenschaft von [*o* als].

quand [kɑ̃] **1.** *conj* wenn; ~ **même** (*cependant, pourtant*) trotzdem; ~ **même! tu exagères** das übertreibst du aber; **2.** *adv*: ~ **pars-tu?** wann reist du ab?

quant [kɑ̃] *prép*: ~ **à** ... (*pour ce qui est de*) was ... betrifft; **il ne m'a rien dit** ~ **à ses projets** (*au sujet de*) er hat mir über seine Pläne nichts gesagt; **quant-à-soi** *m inv*: **rester sur son** ~ reserviert bleiben.

quantité [kɑ̃tite] *f* (*somme, nombre*) Menge *f*, Quantität *f*; ~ **de** viele; **en grande/petite** ~ in großen/kleinen Mengen; **une** ~/**des** ~ **de** (*grand nombre*) eine Unmenge/Unmengen von; **une** ~ **négligeable** eine zu vernachlässigende Größe.

quarantaine [kaʀɑ̃tɛn] *f* (*isolement*) Quarantäne *f*; **une** ~ [**de**] (*nombre*) ungefähr vierzig; **approcher de la** ~ auf die Vierzig zugehen; **avoir une** ~ **d'années** um die Vierzig sein; **mettre en** ~ unter Quarantäne stellen; (*fig*) schneiden.

quarante [kaʀɑ̃t] *num* vierzig; **quarante-cinq-tours** [kaʀɑ̃tsɛ̃ktuʀ] *m inv* (*disque*) Single *f*.

quart [kaʀ] *m* Viertel *nt*; (*NAUT*) Wache *f*; **un** ~ **de beurre** (*d'un kilo*) ein halbes Pfund Butter; **un** ~ **de litre** ein Viertelliter; **un** ~

de vin ein Viertel *nt*; **trois heures moins le** ~/**et** ~ Viertel vor/nach drei; **4 h et** [*o* **un**] ~ Viertel nach 4; **1 h moins un** [*o* **le**] ~ Viertel vor 1; **les trois** ~**s** meistens; **être de/prendre le** ~ die Wache schieben/übernehmen; ~**s de finale** Viertelfinale *nt*; ~ **d'heure** Viertelstunde *f*.

quartier [kaʀtje] *m* Viertel *nt*; (*MIL*) Quartier *nt*; ~**s** *mpl*: **avoir** ~ **libre** Ausgang haben; ~ **général** Hauptquartier *nt*; ~ **d'orange** Orangenspalte *f*.

quartz [kwaʀts] *m* Quarz *m*; **à** ~ (*montre, pendule*) Quarz-.

quasi [kazi] **1.** *adv* quasi-; **2.** *préf*: **la** ~**-totalité** fast alle; **quasiment** *adv* fast.

quatorze [katɔʀz(ə)] *num* vierzehn.

quatre [katʀ(ə)] *num* vier; **le** ~ **octobre** der vierte Oktober; ~ **fois** viermal; ~ **cents** vierhundert; **de** ~ **ans** vierjährig; **à** ~ **pattes** auf allen vieren; **se mettre en** ~ **pour qn** sich *dat* für jdn ein Bein ausreißen; ~ **roues** *fpl* **motrices** Allradantrieb *m*; **quatre-vingt[s]** *num* achtzig; **quatre-vingt-dix** *num* neunzig; **quatrième** [katʀijɛm] **1.** *adj* vierte(r, s); **2.** *m/f* (*personne*) Vierte(r) *mf*; **quatrièmement** *adv* viertens.

que [kə] **1.** *conj* (*introduisant complétive*) daß; (*remplaçant: si, quand*) wenn; (*comme*) da; (*hypothèse*) ob; (*but*) damit, daß; (*après comparatif*) als; **2.** *adj*: [**qu'est-ce**] **qu'il est bête!** so was von blöd!; ~ **de difficultés!** was für Schwierigkeiten!; **3.** *pron* (*relatif*) den, die, das; (*temps*) als; (*interrogatif*) was; **c'est une erreur** ~ **de croire** ... es ist ein Fehler, zu glauben ...; **qu'est-ce que tu fais?** was machst du?; **elle venait à peine de sortir qu'il se mit à pleuvoir** sie war kaum aus dem Haus, da fing es an zu regnen; **il y a 2 ans qu'il est parti** er ist schon 2 Jahre weg; **qu'il fasse ce qu'il voudra** (*subjonctif*) er soll tun, was er will; **je n'ai qu'un livre** (*seulement*) ich habe nur ein Buch.

québécois, e [kebekwa, z] *adj* aus Quebec.

quel, le [kɛl] **1.** *adj* welche(r, s); **2.** *pron* (*interrogatif*) welche(r, s); ~**le surprise!** was für eine Überraschung!; ~ **dommage qu'il soit parti!** wie schade, daß er schon weg ist!; ~ **que soit le coupable** wer auch immer der Schuldige ist, egal wer der Schuldige ist; ~ **que soit votre avis** [egal] welcher Meinung Sie [auch] sind.

quelconque [kɛlkɔ̃k] *adj* irgendeine(r, s); (*moindre*) geringste(r, s); (*médiocre*) mittelmäßig; (*sans attrait*) gewöhnlich.

quelque [kɛlk(ə)] **1.** *adj* (*sans pl*) einige(r, s); (*pl*) ein paar; **2.** *adv*: ~ **100 mètres** (*environ*) etwa [*o* ungefähr] 100 Meter; ~ **chose** etwas; ~ **chose d'autre** etwas anderes; **puis-**

je faire ~ chose pour vous? kann ich etwas für Sie tun?; **les ~ enfants/livres qui ...** (*pl avec article*) die paar [*o* wenigen] Kinder/Bücher, die ...; **200 francs et ~[s]** etwas über 200 Francs; ~ **part** irgendwo; ~**peu** ziemlich; ~ **sorte** gewissermaßen, beinahe; ~ **temps qu'il fasse** egal, wie das Wetter ist; ~ **quelquefois** [kɛlkəfwa] *adv* manchmal; **quelques-uns, -unes** [kɛlkəzœ̃, yn] *pron mpl, fpl* einige, manche; ~ **des lecteurs** einige Leser, manche Leser.

quelqu'un, quelqu'une [kɛlkœ̃, yn] *pron* jemand; ~ **d'autre** jemand anders.

quenelle [kənɛl] *f* Kloß *m*.

querelle [kərɛl] *f* Streit *m*; **quereller** ⟨1⟩ *vpr*: **se** ~ streiten; **querelleur, -euse** *adj* streitsüchtig.

qu'est-ce que [kɛskə] *adv, pron v.* **que**.

question [kɛstjɔ̃] *f* Frage *f*; **en** ~ fraglich; **c'est une ~ de temps/d'habitude** das ist eine Zeitfrage/eine Sache der Gewohnheit; **de quoi est-il** ~? um was geht es?; **hors de** ~ [das] kommt nicht in Frage; **il a été** ~ **de** es ging um; **il n'en est pas** ~ das steht außer Frage; **[re]mettre en** ~ in Frage stellen; **questionnaire** [kɛstjɔnɛʀ] *m* Fragebogen *m*; ~ **à choix multiples** Multiple-choice-Fragebogen *m*; **questionner** [kɛstjɔne] ⟨1⟩ *vt* (*interroger*) befragen, Fragen stellen +*dat* (*sur* über +*akk*).

quête [kɛt] *f* (*collecte*) [Geld]sammlung *f*; **en** ~ **de** (*fig*) auf der Suche nach; **faire la** ~ sammeln; **quêter** ⟨1⟩ **1.** *vi* (*argent*) sammeln; **2.** *vt* (*argent*) erbitten, bitten um; (*fig*) erflehen.

queue [kø] *f* Schwanz *m*; (*fin*) Ende *nt*; (*d'une casserole, d'un fruit*) Stiel *m*; (*file de personnes*) Schlange *f*; **faire la** ~ Schlange stehen; **histoire sans** ~ **ni tête** hirnrissige Geschichte; ~ **de cheval** (*coiffure*) Pferdeschwanz *m*.

qui [ki] *pron* (*relatif: sujet*) der, die, das; ~ [**est-ce** ~] (*interrogatif: sujet*) wer; ~ [**est-ce que**] (*interrogatif: objet*) wen; **à** ~ **est le sac?** wem gehört die Tasche?; **l'ami de** ~ **je vous ai parlé** der Freund, von dem ich Ihnen erzählt habe; **amenez** ~ **vous voulez** bringen Sie mit, wen Sie wollen; ~ **que ce soit** egal wer.

quiconque [kikɔ̃k] *pron* (*relatif*) der, der [*o* welcher]; (*indéfini*) irgendwer.

quiétude [kjetyd] *f* Ruhe *f*; **en toute** ~ in aller Ruhe.

quille [kij] *f* Kegel *m*; [**jeu de**] ~**s** Kegeln *nt*.

quincaillerie [kɛ̃kɑjʀi] *f* Eisenwaren *pl*; (*magasin*) Eisenwarenhandlung *f*.

quinine [kinin] *f* Chinin *nt*.

quinquagénaire [kɛ̃kazenɛʀ] *adj* fünfzigjährig; über fünfzig, in den Fünfzigern.

quintuple [kɛ̃typl(ə)] *adj* fünffach.

quintuplés, -ées [kɛ̃typle] *mpl, fpl* Fünflinge *pl*.

quinzaine [kɛ̃zɛn] *f*: **une** ~ [**de**] etwa fünfzehn; **une** ~ [**de jours**] zwei Wochen.

quinze [kɛ̃z] *num* fünfzehn; **dans** ~ **jours** in vierzehn Tagen; **demain/lundi en** ~ morgen/Montag in vierzehn Tagen; **le** ~ **de France** die französische Rugbymannschaft.

quiproquo [kipʀɔko] *m* Mißverständnis *nt*.

quittance [kitɑ̃s] *f* Quittung *f*.

quitte [kit] *adj*: **être** ~ **envers qn** mit jdm quitt sein; **être** ~ **de qch** etw los sein; ~ **à faire qch** selbst wenn das bedeutet, daß man etwas tun muß.

quitter [kite] ⟨1⟩ *vt* verlassen; (*renoncer à*) aufgeben; (*vêtement*) ausziehen; **2.** *vpr*: **se** ~ auseinandergehen; **ne quittez pas** (*TÉL*) bleiben Sie am Apparat.

qui-vive [kiviv] *m inv*: **être sur le** ~ auf der Hut sein.

quoi [kwa] *pron* (*interrogatif*) was; **as-tu de** ~ **écrire?** hast du etwas zum Schreiben?; ~ **qu'il arrive** was auch geschieht, egal was geschieht; ~ **qu'il en soit** wie dem auch sei; ~ **que ce soit** egal was; **il n'y a pas de** ~! bitte!; ~ **de neuf** [*o* **de nouveau**]? was gibt's Neues?; **à** ~ **bon?** wozu auch?

quoique [kwak(ə)] *conj* +*subj* obwohl.

quotidien, ne [kɔtidjɛ̃, ɛn] **1.** *adj* täglich; (*banal*) alltäglich; **2.** *m* (*journal*) Tageszeitung *f*.

quotient [kɔsjɑ̃] *m* Quotient *m*; ~ **intellectuel** Intelligenzquotient *m*.

R

R, r [ɛʀ] *m* R, r *nt*.

rab [ʀab] *m* (*fam*) Extraportion *f*, Nachschlag *m*; **faire du** ~ Mehrarbeit leisten.

rabâcher [ʀabɑʃe] ⟨1⟩ *vt* dauernd wiederholen.

rabais [ʀabɛ] *m* Rabatt *m*; **au** ~ reduziert; mit Rabatt.

rabaisser [ʀabese] ⟨1⟩ *vt* (*fig*) herabsetzen, schmälern.

rabat-joie [ʀabaʒwa] *m* Miesmacher(in) *m(f)*.

rabattre [ʀabatʀ(ə)] *irr comme* **battre 1.** *vt* (*couvercle, siège, col*) herunterklappen; (*gibier*) treiben; **2.** *vpr*: **se** ~ (*couvercle*) zugehen; (*véhicule, coureur*) plötzlich einscheren; **se** ~ **sur qch/qn** mit etw/jdm vorliebnehmen; ~ **le caquet à qn** jdm über den Mund fahren.

rabiot [ʀabjo] *m* (*fam*) Extraportion *f*, Nachschlag *m*.

râble [ʀɑbl] *m* (*GASTR: du lapin, du lièvre*)

Rücken *m*.

râblé, e [ʀɑble] *adj* stämmig.

raboteux, -euse [ʀabɔtø, øz] *adj* holprig.

rabougri, e [ʀabugʀi] *adj* (*plante*) verkümmert; (*personne*) mickrig.

racaille [ʀakɑj] *f* Gesindel *nt*.

raccommodage [ʀakɔmɔdaʒ] *m* Flicken *nt*, Stopfen *nt*.

raccommoder [ʀakɔmɔde] ⟨1⟩ *vt* flicken, stopfen; (*fam: réconcilier*) versöhnen.

raccompagner [ʀakɔ̃paɲe] ⟨1⟩ *vt* zurückbegleiten.

raccord [ʀakɔʀ] *m* (*pièce*) Verbindungsstück *nt*; (*CINÉ*) Übergang *m*.

raccordement [ʀakɔʀdəmɑ̃] *m* Verbindung *f*.

raccorder [ʀakɔʀde] ⟨1⟩ *vt* [miteinander] verbinden.

raccourci [ʀakuʀsi] *m* Abkürzung *f*; **raccourcir** ⟨8⟩ 1. *vt* [ver]kürzen, [ab]kürzen; 2. *vi* (*vêtement*) einlaufen; (*jours*) kürzer werden.

raccrocher [ʀakʀɔʃe] ⟨1⟩ 1. *vt* wieder aufhängen; (*TÉL*) auflegen; 2. *vi* (*TÉL*) auflegen; 3. *vpr*: **se** ~ à sich klammern an +*akk*.

race [ʀas] *f* Rasse *f*; (*ascendance*) Geschlecht *nt*; (*fig: espèce*) Gruppe *f*; **de** ~ Rasse-.

rachat [ʀaʃa] *m* Rückkauf *m*; (*fig*) Sühne *f*.

racheter [ʀaʃ(ə)te] ⟨4⟩ 1. *vt* (*de nouveau*) wieder kaufen, noch einmal kaufen; (*davantage*) nachkaufen; (*après avoir vendu*) zurückkaufen; (*d'occasion*) gebraucht kaufen; (*pension, rente*) ablösen; (*sauver*) erlösen; (*expier*) sühnen; (*réparer*) wiedergutmachen; (*compenser*) ausgleichen; 2. *vpr*: **se** ~ es wiedergutmachen.

racial, e [ʀasjal, o] ⟨*raciaux*⟩ *adj* Rassen-.

racine [ʀasin] *f* Wurzel *f*; **prendre** ~ (*fig*) Wurzeln schlagen; ~ **carrée/cubique** Quadrat-/Kubikwurzel *f*.

racisme [ʀasism] *m* Rassismus *m*; **raciste** [ʀasist(ə)] 1. *adj* rassistisch; 2. *m/f* Rassist(in) *m(f)*.

racket [ʀakɛt] *m* Erpressung *f*.

racler [ʀɑkle] ⟨1⟩ *vt* (*casserole, plat*) auskratzen, ausschaben; (*tache, boue*) abkratzen; (*frotter contre*) reiben an +*dat*; (*fig, MUS*) kratzen; ~ **les [fonds de] tiroirs** (*fam*) das letzte Geld zusammenkratzen.

racoler [ʀakɔle] ⟨1⟩ *vt* (*prostituée*) anlokken, ansprechen; (*fig*) [an]werben, anlokken.

racontars [ʀakɔ̃taʀ] *mpl* Geschichten *pl*, Klatsch *m*.

raconter [ʀakɔ̃te] ⟨1⟩ *vt* (*fait vrai*) berichten; (*histoire*) erzählen; **se** ~ **des histoires** (*fam*) sich *dat* etwas vormachen.

radar [ʀadaʀ] *m* Radar *m*.

rade [ʀad] *f* (*bassin*) Reede *f*; **en** ~ auf der

Reede, im Hafen; **laisser/rester en** ~ (*fam*) im Stich lassen/festsitzen.

radeau ⟨-x⟩ [ʀado] *m* Floß *nt*.

radial, e ⟨*radiaux*⟩ [ʀadjal, o] *adj*: **pneu à carcasse** ~**e** Gürtelreifen *m*.

radiateur [ʀadjatœʀ] *m* Heizkörper *m*; (*AUTO*) Kühler *m*; ~ **électrique/à gaz** elektrischer Ofen/Gasofen *m*.

radiation [ʀadjasjɔ̃] *f* (*PHYS*) Strahlung *f*.

radical, e ⟨*radicaux*⟩ [ʀadikal, o] 1. *adj* radikal; 2. *m* (*LING*) Stamm *m*; (*MATH*) Wurzelzeichen *nt*; **radicalisation** *f* (*POL*) Radikalisierung *f*.

radieux, -euse [ʀadjø, øz] *adj* strahlend.

radio [ʀadjo] 1. *f* (*appareil*) Radio[apparat *m*] *nt*; (*radiographie*) Röntgenaufnahme *f*; 2. *m* (*radiotélégraphiste*) Bordfunker(in) *m(f)*; **la** ~ der Rundfunk; **à la** ~ im Radio; **passer à la** ~ im Rundfunk kommen; (*MÉD*) geröntgt werden; ~ **f pirate** Piratensender *m*.

radioactivité [ʀadjoaktivite] *f* Radioaktivität *f*.

radioamateur [ʀadjoamatœʀ] *m* Amateurfunker(in) *m(f)*; **radiodiffuser** ⟨1⟩ *vt* senden, übertragen; **radiodiffusion** *f* Rundfunk *m*.

radiographie [ʀadjografi] *f* (*procédé*) Röntgenaufnahme *f*; (*document*) Röntgenbild *nt*; **radiographier** ⟨1⟩ *vt* röntgen.

radiophonique [ʀadjofonik] *adj*: **programme/émission/jeu** ~ Radioprogramm *nt*/-sendung *f*/Ratesendung *f* im Rundfunk; **radio-réveil** ⟨*radios-réveils*⟩ *m* Radiowecker *m*.

radioscopie [ʀadjoskopi] *f* (*MÉD*) Durchleuchtung *f*.

radio-taxi ⟨*radios-taxis*⟩ [ʀadjotaksi] *m* Funktaxi *nt*; **radiotéléphone** *m* Funktelefon *nt*; **radiotélévisé, e** *adj* in Funk und Fernsehen gesendet.

radiothérapie [ʀadjoteʀapi] *f* Radiotherapie *f*, Röntgentherapie *f*.

radis [ʀadi] *m* Rettich *m*, Radieschen *nt*.

radoter [ʀadɔte] ⟨1⟩ *vi* faseln; schwafeln.

radoucir [ʀadusiʀ] ⟨8⟩ *vpr*: **se** ~ (*se réchauffer*) wärmer werden; (*se calmer*) sich beruhigen.

rafale [ʀafal] *f* (*de vent*) Windstoß *m*, Bö *f*; (*tir*) Salve *f*.

raffermir [ʀafɛʀmiʀ] ⟨8⟩ *vt* stärken, kräftigen; (*fig*) [ver]stärken.

raffiné, e [ʀafine] *adj* erlesen; (*personne*) kultiviert; (*sucre, pétrole*) raffiniert; **raffinement** [ʀafinmɑ̃] *m* Erlesenheit *f*, Vornehmheit *f*.

raffiner [ʀafine] ⟨1⟩ *vt* (*sucre, pétrole*) raffinieren; **raffinerie** [ʀafinʀi] *f* Raffinerie *f*.

raffoler [ʀafole] ⟨1⟩ *vi*: ~ **de** versessen sein auf +*akk*.

rafle [ʀɑfl(ə)] *f* (*de police*) Razzia *f*.

rafler [ʀɑfle] ⟨1⟩ *vt* (*fam*) an sich akk raffen.

rafraîchir [ʀafʀeʃiʀ] ⟨8⟩ **1.** *vt* (*température*) abkühlen; (*boisson, dessert*) kühlen; (*visage, main, personne*) erfrischen; (*chapeau, peinture, tableau*) auffrischen; **2.** *vi*: **mettre du vin/une boisson à ~** Wein/ein Getränk kalt stellen; **3.** *vpr*: **se ~** (*temps, température*) sich abkühlen; **rafraîchissant, e** *adj* erfrischend; **rafraîchissement** [ʀafʀeʃismɑ̃] *m* (*de la température*) Abkühlung *f*; (*boisson*) Erfrischung *f*.

rafting [ʀaftiŋ] *m* Rafting *nt*.

rage [ʀaʒ] *f* (MÉD) Tollwut *f*; (*fureur*) Wut *f*; **faire ~** wüten; **~ de dents** rasende Zahnschmerzen *pl*; **rageur, -euse** [ʀaʒœʀ, øz] *adj* (*enfant*) jähzornig; (*ton*) wütend.

ragot [ʀago] *m* (*fam*) Klatsch *m*.

ragoût [ʀagu] *m* Ragout *nt*.

raid [ʀɛd] *m* (MIL) Überfall *m*; (*aérien*) Luftangriff *m*.

raide [ʀɛd] **1.** *adj* steif; (*cheveux*) glatt; (*tendu*) straff; (*escarpé*) steil; (*fam: surprenant*) kaum zu glauben; (*osé*) gewagt; **2.** *adv*: **tomber ~ mort** [auf der Stelle] tot umfallen.

raidir [ʀediʀ] ⟨8⟩ **1.** *vt* (*muscles, membres*) anspannen; (*câble, fil de fer*) straff anziehen; **2.** *vpr*: **se ~** sich anspannen; (*personne*) sich sträuben.

raie [ʀɛ] *f* (ZOOL) Rochen *m*; (*rayure*) Streifen *m*; (*des cheveux*) Scheitel *m*.

raifort [ʀefɔʀ] *m* Meerrettich *m*.

rail [ʀaj] *m* Schiene *f*; **le ~** (CHEMIN DE FER) die Eisenbahn.

railler [ʀɑje] ⟨1⟩ *vt* verspotten; **raillerie** *f* Spott *m*.

rainure [ʀenyʀ] *f* Rille *f*.

raisin [ʀɛzɛ̃] *m* Traube *f*; **~s blancs/noirs** weiße/blaue Trauben *pl*; **~s secs** Rosinen *pl*.

raison [ʀɛzɔ̃] *m* Grund *m*; (*faculté*) Vernunft *f*, Verstand *m*; **avoir ~** recht haben; **à ~ de** (*au taux de*) in Höhe von; (*à proportion de*) entsprechend +*dat*; **donner ~ à qn** jdm recht geben; **en ~ de** wegen; **se faire une ~** sich damit abfinden; **à plus forte ~** um so mehr; **perdre la ~** den Verstand verlieren; **ramener qn à la ~** jdn zur Vernunft bringen; **sans ~** grundlos; **~ d'État** Staatsräson *f*; **~ d'être** Lebenssinn *m*; **~ sociale** Firmenname *m*.

raisonnable [ʀɛzɔnabl(ə)] *adj* vernünftig.

raisonnement [ʀɛzɔnmɑ̃] *m* Überlegung *f*; (*argumentation*) Argumentation *f*.

raisonner [ʀɛzɔne] ⟨1⟩ **1.** *vi* (*penser*) überlegen, nachdenken; (*argumenter*) argumentieren; (*répliquer, discuter*) Einwände machen; **2.** *vt*: **~ qn** jdm gut zureden.

rajeunir [ʀaʒœniʀ] ⟨8⟩ **1.** *vt* verjüngen; jün-

ger machen; (*rafraîchir*) aufmöbeln; (*moderniser*) modernisieren; **2.** *vi* (*personne*) jünger werden/aussehen.

rajouter [ʀaʒute] ⟨1⟩ *vt* hinzufügen; **en ~** (*fam*) übertreiben.

rajuster [ʀaʒyste] ⟨1⟩ *vt* (*coiffure*) wieder in Ordnung bringen; (*cravate*) zurechtrücken; (*salaires, prix*) anpassen; (*machine*) neu einstellen.

ralenti [ʀalɑ̃ti] *m* (CINÉ) Zeitlupe *f*; **tourner au ~** (AUTO) im Leerlauf sein; **ralentir** ⟨8⟩ **1.** *vt* (*marche, allure*) verlangsamen; (*production, expansion*) drosseln; **2.** *vpr*: **se ~** langsamer werden; **ralentissement** *m* Verlangsamung *f*, Nachlassen *nt*; **~ conjoncturel** (ÉCON) Konjunkturrückgang *m*.

ralliement [ʀalimɑ̃] *m* (*rassemblement*) Versammlung *f*; (*adhésion*) Anschluß *m* (à an +*akk*).

rallier [ʀalje] ⟨1⟩ **1.** *vt* (*rassembler*) versammeln; (*rejoindre*) sich wieder anschließen +*dat*; (*gagner*) für sich gewinnen; **2.** *vpr*: **se ~ à qn/une organisation** sich jdm/einer Organisation anschließen.

rallonge [ʀalɔ̃ʒ] *f* (*de table*) Ausziehplatte *f*; (ÉLEC) Verlängerungskabel *nt*; **rallonger** ⟨2⟩ *vt* verlängern.

ramadan [ʀamadɑ̃] *m* (REL) Ramadan *m*.

ramassage [ʀamasaʒ] *m*: **car de ~** [scolaire] Schulbus *m*.

ramassé, e [ʀamase] *adj* (*trapu*) stämmig, gedrungen.

ramasser [ʀamase] ⟨1⟩ **1.** *vt* aufheben; (*recueillir*) einsammeln; (*récolter*) sammeln; (*pommes de terre*) ernten; **2.** *vpr*: **se ~** (*sur soi-même*) sich zusammenkauern.

rambarde [ʀɑ̃baʀd(ə)] *f* Geländer *nt*.

rame [ʀam] *f* (AVIAT) Ruder *nt*; (*de métro*) Zug *m*; (*de papier*) Ries *nt*.

rameau ⟨-x⟩ [ʀamo] *m* Zweig *m*; **les Rameaux** Palmsonntag *m*.

ramener [ʀamne] ⟨4⟩ **1.** *vt* zurückbringen; (*rabattre*) herunterziehen; (*rétablir*) wiederherstellen; **2.** *vpr*: **se ~ à** (*se réduire*) hinauslaufen auf +*akk*; **~ qch à** (*réduire*) etw reduzieren auf +*akk*.

ramer [ʀame] ⟨1⟩ *vi* rudern; (*fam*) schuften.

ramification [ʀamifikasjɔ̃] *f* Verzweigung *f*.

ramollir [ʀamɔliʀ] ⟨8⟩ **1.** *vt* weich machen; **2.** *vpr*: **se ~** weich werden; (*os, tissus*) sich erweichen.

rampe [ʀɑ̃p] *f* (*d'escalier*) Treppengeländer *nt*; (*dans un garage*) Auffahrt *f*, Rampe *f*; **~ de lancement** Abschußrampe *f*.

ramper [ʀɑ̃pe] ⟨1⟩ *vi* kriechen.

rancard [ʀɑ̃kaʀ] *m* (*fam: rendez-vous*) Rendezvous *nt*, Treffen *nt*.

rancart [ʀɑ̃kaʀ] *m*: **mettre au ~** (*fam*) ausrangieren.

rance [ʀɑ̃s] *adj* ranzig.

rancœur [Rãkœʀ] f Groll m.

rançon [Rãsɔ̃] f Lösegeld nt.

rancune [Rãkyn] f Groll m; **garder ~ à qn [de qch]** jdm [wegen etw] grollen; **sans ~!** nichts für ungut!

randonnée [Rãdɔne] f Ausflug m, Wanderung f.

rang [Rã] m (rangée) Reihe f; (grade, classement) Rang m; (condition sociale) Schicht f, Stand m; **se mettre en ~s** sich in einer Reihe aufstellen; **se mettre sur les ~s** (fig) sich bewerben; **au premier/dernier ~** (rangée de sièges) in der ersten/letzten Reihe.

rangé, e [Rãʒe] adj (sérieux) solide, ordentlich.

rangée [Rãʒe] f Reihe f.

ranger [Rãʒe] ⟨2⟩ **1.** vt (classer) ordnen; (mettre à sa place) wegräumen; (voiture) parken; (mettre de l'ordre dans) aufräumen; (disposer) einordnen, zuordnen; (fig: au nombre de) einordnen, zuordnen; **2.** vpr: **se ~** (s'écarter) ausweichen; (se garer) einparken; (fam: s'assagir) ruhiger werden.

ranimer [Ranime] ⟨1⟩ vt wiederbeleben; (feu) schüren; (fig) wieder aufleben lassen.

rap [Rap] m (MUS) Rap m.

rapace [Rapas] **1.** m Raubvogel m; **2.** adj (péj) raffgierig, habsüchtig.

râpe [Rɑp] f (GASTR) Reibe f, Raspel f; **râpé, e** adj (élimé) abgetragen; (GASTR) gerieben; **râper** [Rɑpe] ⟨1⟩ vt (GASTR) reiben, raspeln.

rapetisser [Rap(ə)tise] ⟨1⟩ vt (raccourcir) verkürzen; (faire paraître plus petit) kleiner wirken lassen.

rapide [Rapid] **1.** adj schnell; **2.** m (train) Schnellzug m; (eau) Stromschnelle f; **rapidité** f Schnelligkeit f.

rapiécer [Rapjese] ⟨2, 5⟩ vt flicken.

rappel [Rapɛl] m (d'un exilé, d'un ambassadeur) Zurückberufung f; (THEAT: applaudissements) Vorhang m; (MIL) Einberufung f; (de vaccin) Wiederholungsimpfung f; (évocation) Erinnerung f; (sur écriteau) Wiederholung f; **rappeler** [Rap(ə)le] ⟨3⟩ **1.** vt zurückrufen; **2.** vpr: **se ~** sich erinnern an +akk; **se ~ que** sich [daran] erinnern, daß; **~ qch [à qn]** [jdn] an etw akk erinnern.

rapport [RapɔR] m (compte rendu) Bericht m; (d'expert) Gutachten nt; (profit) Ertrag m; (lien) Zusammenhang m; (proportion) Verhältnis m; **~s** mpl (relations) Beziehungen pl; **~s [sexuels]** [Geschlechts]verkehr m; **~ annuel** (comptabilité) Jahresbericht m; **~ qualité-prix** (COMM) Preis-Leistungs-Verhältnis nt; **être en ~ avec** (lien logique) im Zusammenhang stehen mit; **être/se mettre en ~ avec qn** mit jdm in Verbindung stehen/sich mit jdm in Verbindung setzen; **par ~ à** im Vergleich zu; **sous le ~ de** hinsichtlich +gen; **rapporter** [RapɔRte] ⟨1⟩ vt

(rendre) zurückbringen; (apporter davantage) noch einmal bringen; (revenir avec) mitbringen; (COUTURE) annähen, aufnähen; (produire) abwerfen, einbringen; (relater) berichten; **2.** vi (investissement, propriété) Gewinn abwerfen; (SCOL: moucharder) petzen; **3.** vpr: **se ~ à** (correspondre à) sich beziehen auf +akk; **~ qch à qn** (rendre) jdm etw zurückgeben; (relater) jdm etw berichten; (attribuer) jdm etw zuschreiben; **rapporteur, -euse 1.** m, f (SCOL) Petze f; **2.** m (d'un procès, d'une commission) Berichterstatter(in) m(f); (MATH) Winkelmesser m.

rapprochement [RapRɔʃmã] m (réconciliation) Versöhnung f; (entre deux pays) Annäherung f; (analogie) Vergleich m; **je n'ai pas fait le ~ entre ... et ...** ich hatte ... und ... nicht miteinander in Verbindung gebracht.

rapprocher [RapRɔʃe] ⟨1⟩ **1.** vt (chaise) heranrücken; (deux objets) zusammenrücken; (personnes) versöhnen; (comparer) gegenüberstellen, vergleichen; **2.** vpr: **se ~** sich nähern; (familles, pays) sich annähern, sich verständigen; **se ~ de** näher herankommen an +akk; (présenter une analogie avec) vergleichbar sein mit.

rapt [Rapt] m Entführung f.

raquette [Rakɛt] f (tennis, ping-pong) Schläger m; (à neige) Schneeschuh m.

rare [RaR] adj selten; (peu dense) dünn; **il est ~ que** es kommt selten vor, daß.

ras, e [Rɑ, Rɑz] **1.** adj kurzgeschoren; (herbe) kurz; **2.** adv: **au ~ de** (couper) auf gleicher Höhe mit; **en avoir ~ le bol** (fam) die Nase [gestrichen] voll haben; **~ du cou** (vêtement) mit rundem Halsausschnitt.

R.A.S. abr de rien à signaler (fam) keine besonderen Vorkommnisse.

raser [Rɑze] ⟨1⟩ **1.** vt (barbe, cheveux) abrasieren; (menton, personne) rasieren; (fam: ennuyer) langweilen; (quartier) dem Erdboden gleichmachen; (frôler) streifen; **2.** vpr: **se ~** sich rasieren; (fam: s'ennuyer) sich langweilen.

rasoir [RozwaR] m: **~ électrique/mécanique** Rasierapparat m/-messer nt.

rassasié, e [Rasazje] adj satt; (fig) überdrüssig.

rassembler [Rasãble] ⟨1⟩ **1.** vt (réunir) versammeln; (troupes) zusammenziehen; (moutons, objets épars) sammeln; (accumuler) sammeln; **2.** vpr: **se ~** (s'assembler) sich versammeln.

rassis, e [Rasi, iz] adj: **pain ~** altbackenes Brot.

rassurer [RasyRe] ⟨1⟩ **1.** vt (tranquilliser) beruhigen; **2.** vpr: **se ~** sich beruhigen; **rassure-toi** beruhige dich.

rat [Ra] m Ratte f.

ratatiné, e [ʀatatine] adj runzelig.

rate [ʀat] f (ANAT) Milz f.

raté, e [ʀate] **1.** m, f (personne) Versager(in) m(f); **2.** m (AUTO) Fehlzündung f; **3.** adj (tentative) fehlgeschlagen, mißglückt; (gâteau) mißraten.

râteau ⟨-x⟩ [ʀɑto] m (de jardinage) Rechen m.

rater [ʀate] ⟨1⟩ **1.** vi (échouer) fehlschlagen, schiefgehen; **2.** vt (cible) verfehlen; (train, occasion) verpassen; (devoir) verpfuschen; (examen) durchfallen durch; **il n'en rate pas une** (fam) der macht aber auch alles falsch.

ration [ʀasjɔ̃] f Ration f; (fig) Teil m o nt.

rationalisation [ʀasjɔnalizasjɔ̃] f Rationalisierung f; **mesures de ~** (entreprise) Rationalisierungsmaßnahmen pl.

rationnel, le [ʀasjɔnɛl] adj rational; (procédé, méthode) rationell.

rationnement [ʀasjɔnmɑ̃] m Rationierung f.

R.A.T.P. f abr de **Régie autonome des transports parisiens** Pariser Verkehrsbetrieb.

rattacher [ʀata∫e] ⟨1⟩ **1.** vt (attacher de nouveau: animal) wieder anbinden; (cheveux) wieder zusammenbinden; (incorporer) angliedern; (fig: relier) verknüpfen (à mit); (lier) binden (à an +akk); **2.** vpr: **se ~ à** (avoir un lien avec) verbunden sein mit.

rattraper [ʀatʀape] ⟨1⟩ **1.** vt (reprendre) wieder einfangen; (empêcher de tomber) auffangen; (rejoindre) einholen; (réparer) wiedergutmachen; **2.** vpr: **se ~** (compenser une perte de temps) aufholen; **~ son retard/le temps perdu** die Verspätung/die verlorene Zeit aufholen.

rauque [ʀok] adj heiser, rauh.

ravages [ʀavaʒ] mpl Verwüstung f; (de la guerre) Verheerungen pl.

ravaler [ʀavale] ⟨1⟩ vt (façade) renovieren; (déprécier) erniedrigen; (avaler de nouveau) [wieder] hinunterschlucken.

ravi, e [ʀavi] adj begeistert; **être ~ de/que** hoch erfreut sein über +akk/daß.

ravin [ʀavɛ̃] m Schlucht f.

ravir [ʀaviʀ] ⟨8⟩ vt (enchanter) hinreißen; (enlever) rauben; entführen.

ravissant, e [ʀavisɑ̃, ɑ̃t] adj entzückend, hinreißend.

ravisseur, -euse [ʀavisœʀ, øz] m, f Entführer(in) m(f).

ravitaillement [ʀavitɑjmɑ̃] m Versorgung f; (provisions) Vorräte pl.

ravitailler [ʀavitɑje] ⟨1⟩ **1.** vt versorgen; (AVIAT) auftanken; **2.** vpr: **se ~** (s'approvisionner) sich versorgen.

raviver [ʀavive] ⟨1⟩ vt (feu) neu beleben; (couleurs) auffrischen.

rayé, e [ʀeje] adj gestreift; (éraflé) zerkratzt.

rayer [ʀeje] ⟨7⟩ vt streichen; (érafler) zer-

kratzen.

rayon [ʀejɔ̃] m Strahl m; (d'un cercle) Radius m; (d'une roue) Speiche f; (étagère) Regal nt; (de grand magasin) Abteilung f; (d'une ruche) Wabe f; **dans un ~ de** (périmètre) in einem Umkreis m von; **~ de braquage** Wendekreis m; **~ de soleil** Sonnenstrahl m; **~s X** (MÉD) Röntgenstrahlen pl.

rayonnement [ʀejɔnmɑ̃] m Strahlung f; (fig) Einfluß m, Wirkung f.

rayonner [ʀejɔne] ⟨1⟩ vi (chaleur, énergie) ausgestrahlt werden; (être radieux) strahlen; (excursionner) Ausflüge machen.

rayure [ʀejyʀ] f (motif) Streifen m; (éraflure) Schramme f, Kratzer m; (rainure) Rille f; **à ~s** gestreift.

raz-de-marée [ʀɑdmaʀe] m inv Flutwelle f; (fig) Flut f.

razzia [ʀa(d)zja] f Raubüberfall m.

R.D.A. f abr de **République démocratique Allemande** (HIST) DDR f.

ré [ʀe] m (MUS) D nt.

réacteur [ʀeaktœʀ] m Reaktor m; (AVIAT) Düsentriebwerk nt.

réaction [ʀeaksjɔ̃] f Reaktion f; **avion/moteur à ~** Düsenflugzeug nt/-triebwerk nt; **~ en chaîne** Kettenreaktion f.

réadapter [ʀeadapte] ⟨1⟩ vt [wieder] anpassen; (MÉD) rehabilitieren.

réagir [ʀeaʒiʀ] ⟨8⟩ vi reagieren; **~ à/contre** reagieren auf +akk; **~ sur** (se répercuter) sich auswirken auf +akk.

réalisateur, -trice [ʀealizatœʀ, tʀis] m, f Regisseur(in) m(f).

réalisation [ʀealizasjɔ̃] f Verwirklichung f, Erfüllung f; (COMM) Verkauf m; (œuvre) Werk nt.

réaliser [ʀealize] ⟨1⟩ **1.** vt (projet) verwirklichen; (rêve, souhait) wahr machen, erfüllen; (exploit) vollbringen; (achat, vente) tätigen; (film) machen, produzieren; (bien, capital) zu Geld machen; (se rendre compte) begreifen; **2.** vpr: **se ~** (prévision) in Erfüllung gehen; (projet) verwirklicht werden.

réalité [ʀealite] f (d'un fait) Realität f; **en ~** in Wirklichkeit; **la ~, les ~s** (le réel) die Wirklichkeit.

réanimation [ʀeanimasjɔ̃] f Wiederbelebung f; **service de ~** Intensivstation f.

réarmement [ʀeaʀmɑ̃] m Aufrüstung f.

rébarbatif, -ive [ʀebaʀbatif, iv] adj abstoßend; (sujet) trocken.

rebattu, e [ʀ(ə)baty] adj abgedroschen.

rebelle [ʀəbɛl] **1.** m/f Rebell(in) m(f); **2.** adj rebellisch; (cheveux, etc) widerspenstig; **~ à rebellish** (ø aufrührerisch) gegen; (un art, un sujet) nicht empfänglich für.

rébellion [ʀebeljɔ̃] f (révolte) Aufruhr f; (insoumission) Rebellion f.

reboisement [ʀ(ə)bwazmɑ̃] m Wiederaufforstung f.

rebord [ʀ(ə)bɔʀ] m Rand m.

rebours [ʀ(ə)buʀ] m: **à ~** (fig) verkehrt [herum]; **caresser un animal à ~** ein Tier gegen den Strich streicheln; **compte à ~** Countdown m.

rebrousser [ʀ(ə)bʀuse] ⟨1⟩ vt: **~ chemin** kehrtmachen, umkehren.

rebuter [ʀ(ə)byte] ⟨1⟩ vt (travail, matière) abschrecken; (attitude, manières) abstoßen.

récalcitrant, e [ʀekalsitʀɑ̃, ɑ̃t] adj störrisch.

recaler [ʀ(ə)kale] ⟨1⟩ vt (SCOL) durchfallen lassen.

récapituler [ʀekapityle] ⟨1⟩ vt rekapitulieren; (résumer) zusammenfassen.

récemment [ʀesamɑ̃] adv kürzlich.

recensement [ʀəsɑ̃smɑ̃] m Volkszählung f; (MÉD) Registrierung f der Krankheitsfälle.

recenser [ʀ(ə)sɑ̃se] ⟨1⟩ vt (population) zählen; (inventorier: ressources, possibilités) eine Liste machen von.

récent, e [ʀesɑ̃, ɑ̃t] adj neu.

récépissé [ʀesepise] m Empfangsbescheinigung f.

récepteur [ʀesɛptœʀ] m: **~ [de radio]** Empfänger m, [Radio]apparat m.

réception [ʀesɛpsjɔ̃] f Empfang m; **la ~** (d'un bureau, d'un hôtel) die Rezeption; **accuser ~ de qch** den Empfang einer Sache bestätigen; **heures de ~** (MÉD) Sprechstunden pl.

recette [ʀ(ə)sɛt] f (GASTR, fig) Rezept nt; (bureau) Finanzkasse f; (COMM) Ertrag m, Einnahme f.

receveur, -euse [ʀ(ə)səvœʀ, øz] m, f (des postes) Vorsteher(in) m(f); (d'autobus) Schaffner(in) m(f).

recevoir [ʀ(ə)səvwaʀ] ⟨12⟩ **1.** vt erhalten, bekommen; (personne) empfangen; (candidat) durchkommen lassen; **2.** vi (inviter) Gäste empfangen.

rechange [ʀ(ə)ʃɑ̃ʒ] m: **de ~** Reserve-; (politique, plan) Ausweich-, alternativ.

recharge [ʀ(ə)ʃaʀʒ(ə)] f (de stylo) [Tinten]patrone f; (produit) Nachfüllpackung f.

recharger [ʀ(ə)ʃaʀʒe] ⟨2⟩ vt (camion) wieder beladen; (fusil) wieder laden; (appareil de photo) laden; (briquet, stylo) nachfüllen; (batterie) wieder aufladen.

réchaud [ʀeʃo] m Réchaud m, Stövchen m.

réchauffer [ʀeʃofe] ⟨1⟩ **1.** vt aufwärmen; (courage, zèle) anfeuern; **2.** vpr: **se ~** (personne, pieds) sich aufwärmen; (température) wieder wärmer werden.

recherche [ʀ(ə)ʃɛʀʃ(ə)] f (a. INFORM) Suche f; (raffinement) Eleganz f; (scientifiques) Forschung f; **~s fpl** (de la police) Nachfor-

schungen pl, Ermittlungen pl; **être/se mettre à la ~ de** auf der Suche sein nach/sich auf die Suche machen nach; **opération de ~** (INFORM) Suchlauf m.

recherché, e [ʀ(ə)ʃɛʀʃe] adj begehrt, gesucht; (raffiné) erlesen; (péj) affektiert.

rechercher [ʀ(ə)ʃɛʀʃe] ⟨1⟩ vt (a. INFORM) suchen; (objet égaré) suchen nach.

rechute [ʀ(ə)ʃyt] f Rückfall m.

récidiver [ʀesidive] ⟨1⟩ vt (MÉD) einen Rückfall erleiden; (criminel) rückfällig werden.

récidiviste [ʀesidivist(ə)] m/f Rückfällige(r) mf.

récif [ʀesif] m Riff nt.

récipient [ʀesipjɑ̃] m Behälter m.

réciproque [ʀesipʀɔk] adj gegenseitig; (verbe) reflexiv-reziprok.

récit [ʀesi] m Erzählung f.

récital ⟨s⟩ [ʀesital] m [Solo]konzert nt, Recital m.

récitation [ʀesitasjɔ̃] f Aufsagen nt, Rezitieren nt.

réciter [ʀesite] ⟨1⟩ vt aufsagen; (péj) deklamieren.

réclamation [ʀeklamasjɔ̃] f Reklamation f; **service des ~s** Beschwerdeabteilung f.

réclame [ʀeklam] f: **article en ~** Sonderangebot nt.

réclamer [ʀeklame] ⟨1⟩ **1.** vt verlangen; (nécessiter) erfordern; **2.** vi (protester) reklamieren, sich beschweren.

réclusion [ʀeklyzjɔ̃] f (JUR) Freiheitsstrafe f.

recoin [ʀəkwɛ̃] m verborgener Winkel; (fig) geheimer Winkel.

récolte [ʀekɔlt(ə)] f Ernte f; **récolter** ⟨1⟩ vt ernten.

recommandation [ʀ(ə)kɔmɑ̃dasjɔ̃] f Empfehlung f; **lettre de ~** Empfehlungsschreiben nt.

recommandé, e [ʀ(ə)kɔmɑ̃de] **1.** adj empfohlen; **2.** m (POSTES) Einschreiben nt; **[en] ~** eingeschrieben.

recommander [ʀ(ə)kɔmɑ̃de] ⟨1⟩ **1.** vt empfehlen; (POSTES) einschreiben lassen; **2.** vpr: **se ~ par** sich auszeichnen durch; **~ qn auprès de qn/à qn** jdn jdm empfehlen.

recommencer [ʀ(ə)kɔmɑ̃se] ⟨2⟩ **1.** vt (reprendre) wieder aufnehmen; (refaire) noch einmal anfangen; **2.** vi wieder anfangen.

récompense [ʀekɔ̃pɑ̃s] f Belohnung f; **récompenser** ⟨1⟩ vt belohnen.

réconciliation [ʀekɔ̃siljasjɔ̃] f Versöhnung f.

réconcilier [ʀekɔ̃silje] ⟨1⟩ **1.** vt (personnes) versöhnen, aussöhnen; (opinions, doctrines) in Einklang bringen; **2.** vpr: **se ~** sich versöhnen.

reconduire [ʀ(ə)kɔ̃dɥiʀ] irr comme con-

duire, vt *(raccompagner)* zurückbegleiten; *(renouveler)* verlängern.

réconfort [Rekɔ̃fɔʀ] m Trost m; **réconfor-ter** [Rekɔ̃fɔʀte] ⟨1⟩ vt *(consoler)* trösten.

reconnaissance [R(ə)kɔnɛsɑ̃s] f Anerkennung f; *(gratitude)* Dankbarkeit f; *(MIL)* Aufklärung f; **reconnaissant, e** adj dankbar; **je vous serais ~(e) de bien vouloir ...** ich wäre Ihnen dankbar, wenn Sie ...

reconnaître [R(ə)kɔnɛtʀ(ə)] irr comme con-naître, vt anerkennen; *(se rappeler de)* [wie-der]erkennen; *(identifier)* erkennen; *(dis-tinguer)* auseinanderhalten; *(terrain, posi-tions)* auskundschaften.

reconnu, e [R(ə)kɔny] adj anerkannt.

reconstituer [R(ə)kɔ̃stitɥe] ⟨1⟩ vt *(monu-ment)* restaurieren; *(événement, accident)* rekonstruieren; *(fortune, patrimoine)* wie-derherstellen; *(régénérer)* erneuern.

record [R(ə)kɔʀ] **1.** m Rekord m; **2.** adj inv Rekord-; **battre tous les ~s** *(fig)* alle Rekorde schlagen; **~ du monde** Weltrekord m.

recouper [R(ə)kupe] ⟨1⟩ vpr: **se ~** *(informa-tions)* übereinstimmen.

recourbé, e [R(ə)kuʀbe] adj gebogen, krumm.

recourir [R(ə)kuʀiʀ] irr comme courir, vt: **~ à** *(ami, agence)* sich wenden an +akk; *(employer)* zurückgreifen auf +akk.

recours [R(ə)kuʀ] m: **avoir ~ à qn/qch** sich an jdn wenden/auf etw akk zurückgreifen; **en dernier ~** als letzter Ausweg; **le ~ à la ruse/violence** List/Gewalt als letzter Aus-weg.

recouvrer [R(ə)kuvʀe] ⟨1⟩ vt *(retrouver)* wiedererlangen; *(impôts, créance)* eintrei-ben, einziehen.

recouvrir [R(ə)kuvʀiʀ] ⟨11⟩ **1.** vt *(couvrir à nouveau)* wieder zudecken; *(couvrir entiè-rement)* zudecken; *(cacher)* verbergen; *(embrasser)* umfassen; **2.** vpr: **se ~** *(se superposer)* sich decken.

récréatif, -ive [Rekʀeatif, iv] adj unterhalt-sam.

récréation [Rekʀeasjɔ̃] f *(détente)* Erholung f; *(SCOL)* Pause f.

récrier [Rekʀije] ⟨1⟩ vpr: **se ~** *(protester)* protestieren.

récrimination [Rekʀiminasjɔ̃] f Vorwurf m.

recroqueviller [Rəkʀɔk(ə)vije] ⟨1⟩ vpr: **se ~** *(plantes, papier)* sich zusammenrollen; *(personne)* sich zusammenkauern.

recruter [R(ə)kʀyte] ⟨1⟩ vt *(MIL)* ausheben; *(personnel)* einstellen; *(clients, adeptes)* an-werben.

rectangle [Rɛktɑ̃gl(ə)] m Rechteck nt; **rec-tangulaire** [Rɛktɑ̃gylɛʀ] adj rechteckig.

rectifier [Rɛktifje] ⟨1⟩ vt *(rendre droit)* be-gradigen; *(corriger)* berichtigen; *(erreur, faute)* richtigstellen.

rectiligne [Rɛktiliɲ] adj gerade verlaufend; *(MATH)* geradlinig.

reçu, e [R(ə)sy] **1.** pp de recevoir; **2.** adj *(consacré)* vorgefertigt, feststehend; **3.** m Quittung f; Empfangsbestätigung f.

recueil [Rəkœj] m *(livre)* Sammlung f; **recueillir** [R(ə)kœjiʀ] irr comme cueillir **1.** vt sammeln; *(accueillir)* aufnehmen; **2.** vpr: **se ~** sich sammeln.

recul [R(ə)kyl] m Rückzug m; *(d'une arme)* Rückschlag m; **avoir un mouvement de ~** zurückschrecken; **prendre du ~** *(fig)* Ab-stand nehmen; **reculé, e** adj *(isolé)* zu-rückgezogen; *(lointain)* entfernt; **reculer** ⟨1⟩ **1.** vi sich rückwärts bewegen; *(perdre du terrain)* zurückgehen; *(se dérober)* sich zurückziehen; **2.** vt *(meuble)* zurückschie-ben; *(véhicule)* zurücksetzen; *(mur, limites, date, décision)* verschieben; **~ devant** zu-rückschrecken vor +dat; **reculons:** adv: **à ~** rückwärts.

récupérer [Rekypeʀe] ⟨5⟩ **1.** vt wiederbe-kommen; *(forces)* wiedererlangen; *(vieux matériel, ferraille)* wiederverwerten; *(heures de travail)* aufholen; *(POL)* für seine Ziele einspannen; **2.** vi *(ses forces)* sich er-holen.

récurer [Rekyʀe] ⟨1⟩ vt *(nettoyer)* scheuern.

récuser [Rekyze] ⟨1⟩ **1.** vt *(témoin, juré)* ab-lehnen; *(argument, témoignage)* zurückwei-sen; **2.** vpr: **se ~** sich für nicht zuständig er-klären.

recyclable [R(ə)siklabl] adj recycelbar; **recyclage** m Umschulung f; *(TECH)* Re-cycling nt; **cours de ~** Weiterbildungs-/Um-schulungskursus m; **recyclé, e** adj Recy-cling-; **papier ~** Umwelt[schutz]papier nt, Recyclingpapier nt; **recycler** ⟨1⟩ vt wie-derverwerten, recyceln.

rédacteur, -trice [Redaktœʀ, tʀis] m, f Re-dakteur(in) m(f); **~ en chef** Chefredak-teur(in) m(f); **~ publicitaire** Werbetex-ter(in) m(f).

rédaction [Redaksjɔ̃] f Abfassen nt; *(d'un journal)* Redaktion f; *(SCOL: devoir)* Auf-satz m.

redémarrer [R(ə)demaʀe] ⟨1⟩ vt *(voiture)* wieder anfahren; *(fig)* wieder in Schwung kommen.

rédemption [Redɑ̃psjɔ̃] f *(REL)* Erlösung f.

redevable [R(ə)dəvabl(ə)] adj: **être ~ de** *(somme)* noch schuldig sein; **être ~ de qch à qn** *(fig)* jdm etw verdanken.

redevance [R(ə)dəvɑ̃s] f *(TÉL, TV)* Gebühr f; *(taxe)* Abgabe f.

rédiger [Rediʒe] ⟨2⟩ vt abfassen; **apprendre à ~** schreiben lernen.

redire [R(ə)diʀ] irr comme dire, vt [ständig]

wiederholen; **avoir** [*o* **trouver**] **à ~ à qch** etwas an etw *dat* auszusetzen haben.

redoubler [R(ə)duble] 〈1〉 **1.** *vt* verdoppeln; (*fig*) verstärken; (*SCOL*) wiederholen; **2.** *vi* sich verstärken; (*SCOL*) sitzenbleiben.

redoutable [R(ə)dutabl(ə)] *adj* (*adversaire*) gefährlich.

redouter [R(ə)dute] 〈1〉 *vt* fürchten.

redressement [R(ə)dRɛsmã] *m* (*ÉCON*) Aufschwung *m;* **~ économique** (*ÉCON*) Wirtschaftsaufschwung *m;* **redresser** 〈1〉 **1.** *vt* (*arbre, mât*) wieder aufrichten; (*pièce tordue*) wieder geraderichten; (*situation, économie*) wiederherstellen, sanieren; **2.** *vpr:* **se ~** (*se remettre droit*) sich wieder aufrichten; (*se tenir très droit*) sich gerade aufrichten.

réduction [Redyksjõ] *f* Reduzierung *f,* Verkleinerung *f;* (*rabais*) Rabatt *m;* **~ des émissions nocives** (*environnement*) Schadstoffreduzierung *f;* **~ du personnel** Personalabbau *m;* **~ du temps de travail** Arbeitszeitverkürzung *f.*

réduire [ReduiR] *irr comme* conduire **1.** *vt* reduzieren; (*photographie*) verkleinern; (*texte*) kürzen; (*GASTR*) einkochen; (*MATH*) kürzen; **2.** *vpr:* **se ~ à** sich reduzieren auf +*akk;* **se ~ en** sich umwandeln in +*akk;* **~ qch à** (*ramener*) etw zurückführen auf +*akk;* **~ qch en** etw verwandeln in +*akk;* **~ qn au silence/à l'inaction** jdn zum Schweigen bringen/jdn lähmen; **réduit, e 1.** *adj* (*prix, tarif*) reduziert; (*échelle, mécanisme*) verkleinert; (*vitesse*) gedrosselt; **2.** *m* (*local*) Kammer *f,* Kabuff *nt.*

rééducation [Reedykasjõ] *f* (*de la parole*) Sprechtherapie *f,* Logopädie *f;* (*d'un membre, d'un blessé*) Heiltherapie *f;* (*de délinquants*) Resozialisierung *f.*

réel, le [Reɛl] *adj* real, tatsächlich; (*intensif: avant le nom*) wirklich.

réélire [ReeliR] *irr comme* lire, *vt* wiederwählen.

réellement [Reɛlmã] *adv* wirklich.

réévaluer [Reevalɥe] 〈1〉 *vt* aufwerten.

réexpédier [Reɛkspedje] 〈1〉 *vt* zurücksenden; (*faire suivre*) nachsenden.

ref. *abr de* référence Best.-Nr.

refaire [R(ə)fɛR] *irr comme* faire **1.** *vt* noch einmal machen, wiederholen; (*autrement*) umarbeiten, ändern; (*réparer, restaurer*) reparieren, restaurieren; (*santé, force*) wiederherstellen; **2.** *vpr:* **se ~** sich erholen; **on ne se refait pas!** so bin ich nun mal!

réfectoire [RefɛktwaR] *m* Speisesaal *m;* (*au couvent*) Refektorium *nt.*

référence [RefeRãs] *f* (*renvoi*) Verweis *m;* (*COMM*) Bezugnahme *f;* **~s** *fpl* (*recommandation*) Referenzen *pl;* **faire ~ à** Bezug nehmen auf +*akk;* **ouvrage de ~** Nachschlage-

werk *nt;* **votre ~** (*COMM: lettre*) Ihr Zeichen *nt.*

référendum [RefeRɛ̃dɔm, RefeRãdɔm] *m* (*POL*) Volksabstimmung *f,* Referendum *nt.*

référer [RefeRe] 〈5〉 *vpr:* **se ~ à** sich beziehen auf +*akk;* **en ~ à qn** jdm die Entscheidung überlassen.

réfléchi, e [Refleʃi] *adj* (*personne*) besonnen, umsichtig; (*action, décision*) überlegt; (*LING*) reflexiv.

réfléchir [RefleʃiR] 〈8〉 **1.** *vt* reflektieren; **2.** *vi* überlegen, nachdenken; **~ à/sur** nachdenken über +*akk.*

reflet [R(ə)flɛ] *m* (*image réfléchie*) Widerschein *m;* (*fig*) Wiedergabe *f,* Ausdruck *m;* (*éclat*) Schimmern *nt;* **~s** *mpl* (*du soleil, de la lumière*) Reflektionen *pl.*

refléter [R(ə)flete] 〈5〉 **1.** *vt* reflektieren; (*exprimer*) erkennen lassen; **2.** *vpr:* **se ~** reflektiert werden.

reflex [Reflɛks] *m* Spiegelreflexkamera *f.*

réflexe [Reflɛks] **1.** *m* Reflex *m;* **2.** *adj:* **acte/mouvement ~** Reflexhandlung *f*/-bewegung *f;* **~ conditionné** bedingter Reflex; **avoir de bons ~s** reaktionsschnell sein.

réflexion [Reflɛksjõ] *f* (*de lumière, son*) Reflexion *f;* (*fait de penser*) Überlegen *nt,* [Nach]denken *nt;* (*pensée*) Gedanke *m;* (*remarque*) Bemerkung *f;* **~s** *fpl* (*méditations*) Gedanken *pl.*

refluer [R(ə)flɥe] 〈1〉 *vi* zurückfließen; (*fig*) zurückströmen.

reflux [Rəflɥ] *m* (*de la mer*) Ebbe *f.*

refondre [R(ə)fõdR(ə)] 〈14〉 *vt* (*texte*) umarbeiten, neu bearbeiten.

réformateur, -trice [RefɔrmatœR, tRis] **1.** *m, f* Reformer(in *m*(*f*); (*REL*) Reformator *m;* **2.** *adj* reformierend, Reform-.

réforme [RefɔRm(ə)] *f* Reform *f;* (*MIL*) Ausmusterung *f;* **la Réforme** (*REL*) die Reformation.

réformé, e [Refɔrme] **1.** *adj* (*objet*) ausgemustert; (*personne*) [wehrdienst]untauglich; (*REL*) reformiert; **2.** *m, f* Untaugliche(r) *mf;* Reformierte(r) *mf.*

réformer [Refɔrme] 〈1〉 *vt* reformieren; (*objet*) ausmustern.

refoulé, e [R(ə)fule] *adj* (*fam*) verklemmt.

refouler [R(ə)fule] 〈1〉 *vt* (*envahisseurs*) zurückdrängen; (*fig*) unterdrücken; (*PSYCH*) verdrängen.

réfractaire [RefRaktɛR] *adj* (*rebelle*) aufsässig; (*minerai, brique*) hitzebeständig; **être ~ à** sich auflehnen gegen.

refrain [R(ə)fRɛ̃] *m* Refrain *m;* **c'est toujours le même ~** (*fig*) es ist immer das gleiche Lied.

refréner [RefRene] 〈5〉 *vt* (*fig*) zügeln.

réfrigérateur [RefRiʒeRatœR] *m* Kühlschrank *m.*

réfrigérer [ʀefʀiʒeʀe] ⟨5⟩ vt kühlen; (fam: geler) unterkühlen; (fig) abkühlen.

refroidir [ʀ(ə)fʀwadiʀ] ⟨8⟩ **1.** vt abkühlen lassen; **2.** vi abkühlen; **3.** vpr: se ~ abkühlen; (prendre froid) sich erkälten; **refroidissement** m (MÉD) Erkältung f.

refuge [ʀ(ə)fyʒ] m (abri) Zuflucht f; (de montagne) Hütte f; (pour piétons) Verkehrsinsel f; **réfugié, e 1.** adj geflüchtet; **2.** m, f Flüchtling m; **réfugier** [ʀefyʒje] ⟨1⟩ vpr: se ~ (s'enfuir) flüchten; (s'abriter) sich flüchten.

refus [ʀ(ə)fy] m Ablehnung f; **ce n'est pas de ~** (fam) ich sage nicht nein; **refuser** [ʀ(ə)fyze] ⟨1⟩ **1.** vt ablehnen; (SCOL: candidat) durchfallen lassen; **2.** vpr: se ~ à qch/faire qch etw verweigern/sich weigern, etw zu tun; se ~ à qn (sexuellement) sich jdm verweigern; **ne rien se ~** sich dat nichts versagen; ~ qch à qn (dénier) jdm etw verweigern.

réfuter [ʀefyte] ⟨1⟩ vt widerlegen.

regagner [ʀ(ə)gaɲe] ⟨1⟩ vt zurückgewinnen; (lieu) zurückkommen nach; ~ **le temps perdu** verlorene Zeit aufholen; ~ **du terrain** wieder an Boden gewinnen.

regain [ʀəgɛ̃] m: ~ **d'espoir** wiederkehrende Hoffnung; ~ **d'intérêt** neues Interesse; ~ **de jeunesse** zweite Jugend.

régal ⟨s⟩ [ʀegal] m: **c'est un ⟨vrai⟩** ~ das ist lecker; **un** ~ **pour les yeux** (fig) eine Augenweide.

régaler [ʀegale] ⟨1⟩ **1.** vt: ~ **qn** [de] (qn) [fürstlich] bewirten [mit]; **2.** vpr: se ~ (faire un bon repas) schlemmen; (fig) genießen.

regard [ʀ(ə)gaʀ] m Blick m; **au** ~ **de** vom Standpunkt +gen; **menacer du** ~ drohend ansehen; **regardant, e** adj (péj) geizig; **regarder** [ʀ(ə)gaʀde] ⟨1⟩ vt ansehen, betrachten; (concerner) angehen; (film, match) sich dat ansehen; (situation, avenir) betrachten, sehen; (son intérêt, etc) im Auge haben, bedacht sein auf +akk; ~ **à** (tenir compte de) achten auf +akk; ~ **dans le dictionnaire** im Wörterbuch nachschlagen; **dépenser sans** ~ achten auf jeden Pfennig sehen; ~ **par la fenêtre** aus dem Fenster sehen; ~ **qn/qch comme** jdn/etw halten für; ~ **[vers]** (être orienté(e) [vers]) gehen [nach]; ~ **la télévision** fernsehen; **cela ne me regarde pas** das geht mich nichts an.

régie [ʀeʒi] f (ADMIN) staatlicher Betrieb; (THÉÂT, CINÉ) Regie f.

régime [ʀeʒim] m (POL) Regime nt; (des prisons, fiscal, etc) System nt; (MÉD) Diät f; (d'un moteur) Drehzahl f; (de bananes, de dattes) Büschel nt; **à plein** ~ auf vollen Touren; **suivre un** ~ eine Diät befolgen; (pour maigrir) eine Abmagerungskur machen; ~ **fantoche** Marionettenregime nt.

régiment [ʀeʒimɑ̃] m (unité) Regiment nt; (quantité) Heer nt; **le** ~ (l'armée) das Heer.

région [ʀeʒjɔ̃] f Gegend f; ~ **frontalière** Grenzgebiet nt; **régional, e** ⟨régionaux⟩ [ʀeʒjɔnal, o] adj regional.

régir [ʀeʒiʀ] ⟨8⟩ vt bestimmen; (LING) regieren.

régisseur [ʀeʒisœʀ] m (d'un domaine) Verwalter(in) m(f); (CINÉ, THÉÂT) Regieassistent(in) m(f).

registre [ʀeʒistʀ(ə)] m Register nt, Verzeichnis nt; (INFORM) Kurzzeitspeicher m; (MUS) [Stimm]lage f; (d'orgue) Register nt; (LING) Stilebene f.

réglage [ʀeglaʒ] m (TECH) Einstellung f; (de papier) Linierung f; ~ **de contraste** Kontrastregler m.

règle [ʀɛgl(ə)] f Regel f; (instrument) Lineal nt; ~**s** fpl (MÉD) Periode f; **dans** [o **selon**] **les** ~**s** den Regeln entsprechend; **en** ~ (papiers) in Ordnung, ordungsgemäß; **en** ~ **générale** generell.

réglé, e [ʀegle] adj (vie) geregelt; (papier) liniert.

règlement [ʀegləmɑ̃] m Regelung f; (paiement) Bezahlung f; (arrêté) Verordnung f; (règles) Bestimmungen pl.

réglementaire [ʀegləmɑ̃tɛʀ] adj vorschriftsmäßig.

réglementation [ʀegləmɑ̃tasjɔ̃] f Beschränkung f.

réglementer [ʀegləmɑ̃te] ⟨1⟩ vt (production, commerce) regeln.

régler [ʀegle] ⟨5⟩ vt regeln; (mécanisme) regulieren, einstellen; (addition) bezahlen.

règne [ʀɛɲ] m Herrschaft f; **le** ~ **végétal/animal** das Pflanzen-/Tierreich; **régner** [ʀeɲe] ⟨5⟩ vi herrschen.

régression [ʀegʀesjɔ̃] f Rückgang m; **être en** ~ zurückgehen.

regret [ʀ(ə)gʀɛ] m (nostalgie) Sehnsucht f (de nach); (repentir) Reue f; (d'un projet non réalisé) Bedauern nt; **à** ~ ungern; **à mon grand** ~ zu meinem großen Bedauern; **avec** ~ mit Bedauern; **j'ai le** ~ **de ...**, **c'est avec** ~ **que je ...** bedauerlicherweise muß ich ...; **regrettable** adj bedauerlich; **regretter** [ʀ(ə)gʀete] ⟨1⟩ vt bedauern; (action commise) bereuen; (époque passée) nachtrauern +dat; (personne) vermissen; **je regrette** es tut mir leid.

regrouper [ʀ(ə)gʀupe] ⟨1⟩ vt (grouper) zusammenfassen; (réunir) vereinigen.

régularité [ʀegylaʀite] f Regelmäßigkeit f; (de pression, etc) Gleichmäßigkeit f; (constance) gleichbleibende Leistung f; (caractère légal) Legalität f; (honnêteté) Anständigkeit f.

régulation [ʀegylasjɔ̃] f Regelung f; ~ **des**

naissances Geburtenregelung f.

régulier, -ière [ʀegylje, ɛʀ] adj regelmäßig; (répartition, pression) gleichmäßig; (ponctuel) pünktlich; (constant) gleichbleibend; (réglementaire) ordentlich, ordnungsgemäß; (fam: correct) in Ordnung, anständig; (MIL) regulär.

rehausser [ʀəose] ⟨1⟩ vt erhöhen; (fig) unterstreichen, hervorheben.

rein [ʀɛ̃] m Niere f; ~s mpl (dos) Kreuz nt; **avoir mal aux ~s** Kreuzschmerzen haben.

reine [ʀɛn] f Königin f; (ÉCHECS) Dame f.

reine-claude ⟨reines-claudes⟩ [ʀɛnklod] f Reneklode f.

réinscription [ʀeɛ̃skʀipsjɔ̃] f (SCOL) Rückmeldung f.

réinsertion [ʀeɛ̃sɛʀsjɔ̃] f (entreprise, société) Wiedereingliederung f.

réintégrer [ʀeɛ̃tegʀe] ⟨5⟩ vt (lieu) zurückkehren nach/in/zu; (fonctionnaire) wiedereinsetzen.

réitérer [ʀeiteʀe] ⟨5⟩ vt wiederholen.

rejet [ʀəʒɛ] m Ablehnung f; **rejeter** [ʀ(ə)ʒəte] ⟨3⟩ vt (renvoyer) zurückwerfen; (refuser) ablehnen; **~ la responsabilité de qch sur qn** die Verantwortung für etw auf jdn abwälzen; **~ la tête en arrière** den Kopf zurückwerfen.

rejoindre [ʀ(ə)ʒwɛ̃dʀ(ə)] irr comme joindre **1.** vt zurückkehren zu; (rattraper) einholen; (route) münden in +akk; (personnes) treffen; **2.** vpr: **se ~** (personnes) sich treffen; (routes) zusammenlaufen; (coïncider) übereinstimmen.

réjouir [ʀeʒwiʀ] ⟨8⟩ **1.** vt erfreuen; **2.** vpr: **se ~** sich freuen; **se ~ de qch** sich über etw akk freuen; **réjouissance** [ʀeʒwisɑ̃s] f (joie collective) Freude f; **~s fpl** Freudenfest nt.

relâche [ʀəlɑʃ] f: **jour de ~** (THÉÂT) spielfreier Tag; **sans ~** ohne Pause, ohne Unterbrechung; **relâchement** m Lockerung f; Nachlassen nt; **relâcher** ⟨1⟩ **1.** vt (desserrer) lockern; (libérer) freilassen; **2.** vpr: **se ~** locker werden; (élève, ouvrier) nachlassen.

relais [ʀ(ə)lɛ] m (ÉLEC) Relais nt; (retransmission) Übertragung f; **prendre le ~ de qn** jdn ablösen; **[course de] ~** Staffel[lauf m] f; **équipes fpl de ~** Schichten pl; (SPORT) Staffelmannschaften pl; **~ routier** Fernfahrerlokal nt; **travail par ~** Schichtarbeit f.

relance [ʀəlɑ̃s] f Aufschwung m; **relancer** ⟨2⟩ vt (balle) zurückwerfen; (moteur) wieder anlassen; (INFORM) neu starten; (économie, projet) ankurbeln; (personne) hartnäckig verfolgen.

relater [ʀ(ə)late] ⟨1⟩ vt erzählen.

relatif, -ive [ʀ(ə)latif, iv] adj relativ; (positions, situations) gegenseitig; (LING) Rela-

tiv-; **~ à qch** etw betreffend.

relation [ʀ(ə)lasjɔ̃] f (récit) Erzählung f; (rapport) Beziehung f, Relation f; **~s** fpl Beziehungen pl; **entrer en ~[s] avec qn** mit jdm in Verbindung [o Kontakt] treten; **avoir [o entretenir] des ~s avec** Beziehungen unterhalten zu; **~s publiques** Public Relations pl.

relationnel, le [ʀ(ə)lasjɔnɛl] adj (INFORM) relational; (PSYCH: problèmes) Beziehungs-.

relativement [ʀ(ə)lativmɑ̃] adv relativ; **~ à** verglichen mit.

relaxer [ʀ(ə)lakse] ⟨1⟩ **1.** vt (détenu) freilassen, entlassen; (détendre) entspannen; **2.** vpr: **se ~** sich entspannen.

relayer [ʀ(ə)leje] ⟨7⟩ vt ablösen; (RADIO, TV) übertragen.

reléguer [ʀ(ə)lege] ⟨5⟩ vt (confiner) verbannen; (SPORT) absteigen lassen; **~ au second plan** auf den zweiten Platz verweisen.

relève [ʀ(ə)lɛv] f Ablösung f; Ablösungsmannschaft f; **prendre la ~** übernehmen, jdn ablösen.

relevé, e [ʀ(ə)ləve] **1.** adj (retroussé) hochgekrempelt; (virage) überhöht; (conversation, style) gehoben; (GASTR) scharf, pikant; **2.** m (écrit) Aufstellung f; (d'un compteur) Stand m; (topographique) Aufnahme f; **~ de compte** Kontoauszug m; **~ d'identité bancaire** Nachweis m der Bankverbindung.

relever [ʀəl(ə)ve] ⟨4⟩ **1.** vt (redresser) aufheben; (mur, colonne) wieder aufrichten, wieder aufstellen; (vitre) hochdrehen; (store) hochdrehen; (plafond, col) hochschlagen; (pays, économie) einen Aufschwung geben +dat; (niveau de vie, salaire) erhöhen; (GASTR) würzen; (relayer) ablösen; (souligner) betonen, hervorheben; (constater) bemerken; (répliquer) erwidern auf +akk; (défi) annehmen; (copies, cahiers) einsammeln; (noter) aufschreiben; (compteur) ablesen; (ramasser) einsammeln; **2.** vi: **~ de** (appartenir à) gehören zu; (être du ressort de) eine Angelegenheit +gen sein; **~ la tête** sich aufstehen; **~ la tête** den Kopf heben; **~ qn de qch** jdn von einer Sache entbinden.

relief [ʀəljɛf] m (GÉO, ART) Relief nt; (d'un pneu) Profil nt; **~s** mpl (restes) [Essens]reste pl; **en ~** erheben; (photographie) dreidimensional; **mettre en ~** (fig) hervorheben.

relier [ʀəlje] ⟨1⟩ vt verbinden; (livre) binden; **~ qch à** etw verbinden mit; **livre relié/relié cuir** gebundenes/ledergebundenes Buch; **relieur, -euse** [ʀəljœʀ, øz] m, f Buchbinder(in) m(f).

religieux, -euse [ʀ(ə)liʒjø, øz] **1.** adj religiös; (respect, silence) andächtig; **2.** m Mönch m; **3.** f Nonne f; (gâteau) cremegefüllter

Windbeutel.

religion [ʀ(ə)liʒjõ] *f* Religion *f;* *(piété, dévotion)* Glaube *m.*

relire [ʀ(ə)liʀ] *irr comme lire,* vt *(une nouvelle fois)* noch einmal lesen; *(vérifier)* durchlesen, überprüfen.

reliure [ʀəljyʀ] *f (type de ~)* Bindung *f;* *(couverture)* Einband *m;* **la ~** *(art, métier)* das Buchbinden.

reluire [ʀ(ə)lɥiʀ] *irr comme luire,* vi glänzen, schimmern.

remaniement [ʀ(ə)manimã] *m: ~ **ministériel*** Kabinettsumbildung *f.*

remanier [ʀ(ə)manje] ⟨1⟩ vt umarbeiten; *(ministère)* umbilden.

remarquable [ʀ(ə)maʀkabl(ə)] *adj* bemerkenswert.

remarque [ʀ(ə)maʀk(ə)] *f* Bemerkung *f.*

remarquer [ʀ(ə)maʀke] ⟨1⟩ **1.** *vt* bemerken; **2.** *vpr:* **se ~** *(être apparent)* auffallen; **se faire ~** auffallen; **faire ~ [à qn] que** [jdn] darauf hinweisen, daß; **faire ~ qch [à qn]** [jdn] auf etw aufm. hinweisen; **remarquez que** beachten Sie, daß.

remblai [ʀãblɛ] *m* Böschung *f,* Damm *m;* **travaux de ~** Aufschüttungsarbeiten *pl.*

rembourrer [ʀãbuʀe] ⟨1⟩ vt polstern.

remboursement [ʀãbuʀsəmã] *m* Rückzahlung *f;* **envoi contre ~** Nachnahme[sendung] *f.*

rembourser [ʀãbuʀse] ⟨1⟩ vt zurückzahlen; *(personne)* bezahlen.

remède [ʀ(ə)mɛd] *m* Heilmittel *nt,* Arzneimittel *nt; (fig)* Mittel *nt.*

remémorer [ʀ(ə)memɔʀe] ⟨1⟩ *vpr:* **se ~** sich *dat* ins Gedächtnis zurückrufen.

remerciements [ʀ(ə)mɛʀsimã] *mpl* Dank *m;* **recevez [o agréez] mes ~** herzlichen Dank; **[avec] tous mes ~** mit bestem Dank.

remercier [ʀ(ə)mɛʀsje] ⟨1⟩ vt danken *+dat; (congédier)* entlassen; **~ qn de qch** jdm für etw danken; **~ qn d'avoir fait qch** jdm dafür danken, daß er/sie etw gemacht hat.

remettre [ʀ(ə)mɛtʀ(ə)] *irr comme mettre* **1.** vt zurücktun; *(vêtement)* wieder anziehen; *(ajouter)* zufügen, dazugeben; *(rendre)* [zurück]geben; *(donner)* übergeben; *(ajourner)* verschieben *(à auf +akk);* **2.** *vpr:* **se ~** *(personne malade)* sich erholen; *(temps)* sich bessern; **se ~ de** sich erholen von; **s'en ~ à** sich richten nach; **~ sa démission** kündigen; **~ à neuf** wieder wie neu machen, renovieren; **~ les compteurs à zéro** neu anfangen, wieder bei Null beginnen; **~ qch en place** etw zurücktun, etw zurückstellen; **~ les pendules à l'heure** *(fig)* eine definitive Linie vorgeben.

réminiscence [ʀeminisãs] *f* [vage] Erinnerung.

remise [ʀ(ə)miz] *f (d'un colis)* Übergabe *f;*

(d'un prix) Überreichung *f; (rabais)* Rabatt *m; (local)* Schuppen *m;* **~ en jeu** Einwurf *m;* **~ de peine** Strafnachlaß *m.*

rémission [ʀemisjõ] *f:* **sans ~** unerbittlich.

remontant [ʀ(ə)mõtã] *m* Stärkungsmittel *nt.*

remonte-pente ⟨remonte-pentes⟩ [ʀ(ə)mõtpãt] *m* Skilift *m,* Schlepplift *m.*

remonter [ʀ(ə)mõte] ⟨1⟩ **1.** vi *avec être (sur un cheval)* wieder aufsitzen; *(dans une voiture)* wieder einsteigen; *(au deuxième étage)* wieder hinaufgehen; *(jupe)* hochrutschen; *(s'élever)* steigen; **2.** vt *avec avoir (escalier, côte)* hinaufgehen; *(fleuve)* hinaufsegeln/-schwimmen; *(pantalon)* hochkrempeln; *(col)* hochklappen; *(hausser)* erhöhen; *(réconforter)* aufmuntern; *(objet démonté)* [wieder] zusammensetzen; *(garde-robe)* erneuern; *(montre, mécanisme)* aufziehen; **~ à** zurückgehen auf *+akk.*

remontrer [ʀ(ə)mõtʀe] ⟨1⟩ *vt:* **~ qch [à qn]** *(montrer de nouveau)* [jdm] etw wieder zeigen; **en ~ à qn** *(fig)* sich jdm gegenüber beweisen, jdn belehren wollen.

remords [ʀ(ə)mɔʀ] *m* schlechtes Gewissen; **avoir des ~** Gewissensbisse haben.

remorque [ʀ(ə)mɔʀk(ə)] *f (AUTO)* Anhänger *m;* **prendre en ~** abschleppen; **remorquer** ⟨1⟩ vt *(bateau)* schleppen; *(véhicule)* abschleppen.

rémouleur [ʀemulœʀ] *m* Messerschleifer *m.*

rempart [ʀãpaʀ] *m* Wall *m; (ville)* Stadtmauer *f; (fig)* Schutz *m.*

remplaçant, e [ʀãplasã, ãt] *m, f* Ersatz *m; (temporaire)* Vertretung *f;* **remplacement** *m (suppléance)* Vertretung *f;* **remplacer** ⟨2⟩ vt ersetzen; *(prendre la place de)* vertreten; *(changer)* auswechseln; **~ qch par qch d'autre/qn par qn d'autre** etw durch etw/jdn durch jdn ersetzen.

remplir [ʀãpliʀ] ⟨8⟩ **1.** vt füllen; *(temps, document)* ausfüllen; *(satisfaire à)* erfüllen; *(fonction, rôle)* ausüben; **2.** *vpr:* **se ~** sich füllen; **~ qch de** etw füllen mit; **~ qn de** *(joie, admiration)* jdn erfüllen mit.

remporter [ʀãpɔʀte] ⟨1⟩ vt [wieder] mitnehmen, zurücknehmen; *(victoire)* davontragen; *(succès)* haben.

remuant, e [ʀəmɥã, ãt] *adj (enfant)* lebhaft.

remue-ménage [ʀ(ə)mymenaʒ] *m inv* Durcheinander *nt,* Spektakel *m;* **remueméninges** [ʀ(ə)mymenɛ̃ʒ] *m inv (fam)* Brainstorming *nt.*

remuer [ʀəmɥe] ⟨1⟩ **1.** vt *(meuble, objet)* verschieben, verstellen; *(partie du corps)* bewegen; *(café, sauce)* umrühren; *(salade)* mischen, anmachen; *(émouvoir)* bewegen, rühren; **2.** *vi* sich bewegen; (*opposants*) sich bemerkbar machen; **3.** *vpr*: **se ~** sich bewegen.

rémunération [ʀemyneʀasjɔ̃] *f* Entlohnung *f*, Bezahlung *f*.

rémunérer [ʀemyneʀe] ⟨5⟩ *vt* entlohnen, bezahlen.

renaître [ʀ(ə)nɛtʀ(ə)] *irr comme naître*, *vi* wiederaufleben.

renard [ʀ(ə)naʀ] *m* Fuchs *m*.

renchérir [ʀɑ̃ʃeʀiʀ] ⟨8⟩ *vi* sich verteuern, teurer werden; **~ [sur qch]** [etw] übertreffen.

rencontre [ʀɑ̃kɔ̃tʀ(ə)] *f* Begegnung *f*; (*de cours d'eau*) Zusammenfluß *m*; (*congrès*) Treffen *nt*, Versammlung *f*; **aller à la ~ de qn** jdm entgegengehen; **faire la ~ de qn** jds Bekanntschaft machen; **rencontrer** ⟨1⟩ **1.** *vt* treffen; (*difficultés, opposition*) stoßen auf +*akk*; **2.** *vpr*: **se ~** sich treffen; (*fleuves*) zusammenfließen.

rendement [ʀɑ̃dmɑ̃] *m* (*produit*) Ertrag *m*; (*efficacité*) Leistung *f*; **à plein ~** auf vollen Touren.

rendez-vous [ʀɑ̃devu] *m inv* (*rencontre*) Verabredung *f*; (*lieu*) Treffpunkt *m*; **avoir ~ [avec qn]** [mit jdm] verabredet sein; **prendre ~ avec qn, donner ~ à qn** sich mit jdm verabreden, mit jdm einen Termin vereinbaren.

rendre [ʀɑ̃dʀ] ⟨14⟩ **1.** *vt* zurückgeben; (*la monnaie*) herausgeben; (*salut, visite*) erwidern; (*honneurs*) erweisen; (*vomir*) erbrechen; (*sons*) hervorbringen; (*exprimer*) ausdrücken; (*jugement*) erlassen; **2.** *vpr*: **se ~** (*capituler*) sich ergeben; (*fig*) aufgeben; **se ~ malade** sich krank machen; **se ~ quelquepart** irgendwohin gehen; **~ qn célèbre/qch possible** jdn berühmt/etw möglich machen; **~ visite à qn** jdn besuchen.

rênes [ʀɛn] *fpl* Zügel *pl*.

renfermé, e [ʀɑ̃fɛʀme] **1.** *adj* (*personne*) verschlossen; **2.** *m*: **sentir le ~** muffig riechen.

renfermer [ʀɑ̃fɛʀme] ⟨1⟩ **1.** *vt* (*contenir*) enthalten; **2.** *vpr*: **se ~** sich verschließen.

renfoncement [ʀɑ̃fɔ̃smɑ̃] *m* Vertiefung *f*; (*dans le mur*) Nische *f*.

renforcer [ʀɑ̃fɔʀse] ⟨2⟩ *vt* verstärken; (*expression, argument*) bekräftigen; **~ qn dans ses opinions** jdn in seiner Meinung bestärken.

renfort [ʀɑ̃fɔʀ] *m*: **~s** *mpl* Verstärkung *f*; **à grand ~ de ...** mit einem großen Aufwand an +*dat*, mit vielen ...

rengorger [ʀɑ̃gɔʀʒe] ⟨2⟩ *vpr*: **se ~** (*a. fig*) sich aufplustern.

renier [ʀənje] ⟨1⟩ *vt* verleugnen; (*engagements*) nicht anerkennen.

renifler [ʀ(ə)nifle] ⟨1⟩ **1.** *vi* schnüffeln; **2.** *vt*

(*odeur*) riechen, schnuppern.

renne [ʀɛn] *m* Ren[tier] *nt*.

renom [ʀ(ə)nɔ̃] *m* Ruf *m*; **renommé, e** [ʀ(ə)nɔme] **1.** *adj* berühmt, renommiert; **2.** *f* Ruhm *m*.

renoncement [ʀ(ə)nɔ̃smɑ̃] *m* Verzicht *m* (*à* auf +*akk*).

renoncer [ʀ(ə)nɔ̃se] ⟨2⟩ *vi*: **~ à** aufgeben; (*droit, succession*) verzichten auf +*akk*; **~ à faire qch** darauf verzichten, etw zu tun.

renouer [ʀənwe] ⟨1⟩ *vt* neu binden; (*conversation, liaison*) wieder anknüpfen, wieder aufnehmen; **~ avec** (*avec ami*) sich wieder anfreunden mit; (*avec tradition*) wiederaufnehmen.

renouveler [ʀ(ə)nuv(ə)le] ⟨3⟩ **1.** *vt* erneuern; (*personnel, membres d'un comité*) austauschen, ersetzen; (*proroger*) verlängern; (*usage, mode*) wiederbeleben; (*refaire*) wiederholen; **2.** *vpr*: **se ~** (*incident*) sich wiederholen; **renouvellement** [ʀ(ə)nuvɛlmɑ̃] *m* Erneuerung *f*; Austausch *m*; Verlängerung *f*; Wiederbelebung *f*; Wiederholung *f*.

rénover [ʀenɔve] ⟨1⟩ *vt* renovieren; (*quartier*) sanieren.

renseignement [ʀɑ̃sɛɲmɑ̃] *m* Auskunft *f*; **prendre des ~s sur** sich erkundigen über +*akk*.

renseigner [ʀɑ̃seɲe] ⟨1⟩ **1.** *vt*: **~ qn [sur]** jdn informieren [über +*akk*]; (*expérience, document*) jdm Aufschluß geben [über +*akk*]; **2.** *vpr*: **se ~** sich erkundigen.

rentabilité [ʀɑ̃tabilite] *f* Rentabilität *f*; (*ÉCON*) Wirtschaftlichkeit *f*; **rentable** [ʀɑ̃tabl(ə)] *adj* rentabel; (*exercice*) lohnenswert; **être ~** sich rentieren; (*projet*) sich rechnen.

rente [ʀɑ̃t] *f* (*revenu*) Einkommen *nt*; (*retraite*) Rente *f*; (*emprunt de l'État*) Staatsanleihe *f*; **~ viagère** Leibrente *f*.

rentrée [ʀɑ̃tʀe] *f* (*retour*) Rückkehr *f*; (*d'argent*) Einnahmen *pl*; **la ~ [des classes]** der Schuljahrsbeginn; **~ parlementaire** (*POL*) Wiederaufnahme *f* der Parlamentssitzungen [nach den Ferien].

rentrer [ʀɑ̃tʀe] ⟨1⟩ **1.** *vi avec être* (*de nouveau: aller/venir*) wieder hereinkommen/ hineingehen; (*fam: entrer*) hereinkommen/ hineingehen; (*revenir chez soi*) nach Hause kommen/gehen; (*pénétrer*) eindringen; (*revenu, argent*) hereinkommen; **2.** *vt avec avoir* hinein-/hereinbringen; (*véhicule*) in die Garage fahren; (*foins*) einbringen; (*griffes*) einziehen; (*train d'atterrissage*) einfahren; (*larmes, colère*) unterdrücken, hinunterschlucken; **~ dans** (*heurter*) prallen gegen; (*appartenir à*) gehören zu; **~ dans son argent** [*o* **ses frais**] seine Ausgaben hereinbekommen; **~ dans sa famille/son**

pays zu seiner Familie/in sein Land zurückkehren; ~ **le ventre** den Bauch einziehen.
renverse [ʀᾶvɛʀs(ə)] f: **tomber à la** ~ nach hinten umfallen; (fam: étonnement) sich auf den Hintern setzen.
renversé, e [ʀᾶvɛʀse] adj (image) umgekehrt; (écriture) nach links geneigt.
renversement [ʀᾶvɛʀsəmᾶ] m (d'un régime) [Um]sturz m; (de traditions) Aufgabe f; ~ **de la situation** Umkehrung f der Lage.
renverser [ʀᾶvɛʀse] ⟨1⟩ 1. vt (retourner) umwerfen, umkippen, umstoßen; (piéton) anfahren; (tuer) überfahren; (contenu) verschütten; (volontairement) ausschütten; (intervertir) umkehren; (tradition, ordre établi) umstoßen; (fig, POL) kippen; (stupéfier) umwerfen; 2. vpr: se ~ umfallen; (véhicule) umkippen; (liquide) verschüttet werden.
renvoi [ʀᾶvwa] m (référence) Verweis m; (éructation) Rülpser m.
renvoyer [ʀᾶvwaje] ⟨6⟩ vt zurückschicken; (congédier) entlassen; (balle) zurückwerfen; (TENNIS) zurückschlagen; (lumière, son) reflektieren; (ajourner) verschieben (à auf +akk); ~ **qn à qn/qch** jdn an jdn/auf etw verweisen; ~ **l'ascenseur** (fig fam) sich für eine Gefälligkeit revanchieren.
réorganiser [ʀeɔʀganize] ⟨1⟩ vt umorganisieren.
repaire [ʀ(ə)pɛʀ] m (animaux) Bau m, Höhle f; (personne) Unterschlupf m.
répandre [ʀepᾶdʀ] ⟨14⟩ 1. vt verbreiten; (liquide) verschütten; (gravillons, sable) streuen; 2. vpr: se ~ sich verbreiten; se ~ **en** sich ergehen in +dat.
réparation [ʀepaʀasjɔ̃] f Reparatur f; (compensation) Wiedergutmachung f; ~**s** fpl (travaux) Reparaturarbeiten pl; **demander à qn** ~ **de** (offense) von jdm Wiedergutmachung verlangen für; **réparer** ⟨1⟩ vt reparieren; (compensation) wiedergutmachen.
repartie [ʀəpaʀti] f [schlagfertige] Antwort f; **avoir de la** ~ schlagfertig sein.
repartir [ʀ(ə)paʀtiʀ] ⟨10⟩ vi avec être (partir de nouveau) wieder aufbrechen; (s'en retourner) zurückgehen, zurückkehren; (fig: affaire) sich wieder erholen; ~ **à zéro** noch einmal von vorne anfangen.
répartir [ʀepaʀtiʀ] ⟨8⟩ 1. vt verteilen, aufteilen; 2. vpr: se ~ (travail) sich teilen; (rôles) aufteilen; **répartition** [ʀepaʀtisjɔ̃] f Verteilung f; Aufteilung f; ~ **des rôles** Rollenverteilung f.
repas [ʀ(ə)pa] m Mahlzeit f; **à l'heure des** ~ zur Essenszeit.
repasser [ʀ(ə)pase] ⟨1⟩ 1. vi avec être wieder vorbeikommen; 2. vt avec avoir (vêtement) bügeln; (examen, leçon) wiederho-

len; (film) noch einmal zeigen.
repenser [ʀ(ə)pᾶse] ⟨1⟩ vi: ~ **à qch** (par hasard) sich an etw akk erinnern; (considérer à nouveau) etw überdenken.
repenti, e [ʀ(ə)pᾶti] m, f (ancien terroriste) Aussteiger(in) m(f).
repentir [ʀ(ə)pᾶtiʀ] ⟨10⟩ 1. vpr: se ~ Reue empfinden; 2. m Reue f; se ~ **de qch/d'avoir fait qch** etw bereuen/es bereuen, etw getan zu haben.
répercussion [ʀepɛʀkysjɔ̃] f Auswirkung f, Folge f.
répercuter [ʀepɛʀkyte] ⟨1⟩ vpr: se ~ (bruit) widerhallen; se ~ **sur** (fig) sich auswirken auf +akk.
repère [ʀ(ə)pɛʀ] m Zeichen nt, Markierung f; **point de** ~ Anhaltspunkt m.
repérer [ʀ(ə)peʀe] ⟨5⟩ 1. vt (apercevoir) entdecken; (MIL) auskundschaften; 2. vpr: se ~ (s'orienter) sich zurechtfinden; **se faire** ~ (fam) entdeckt werden.
répertoire [ʀepɛʀtwaʀ] m (inventaire, INFORM) Verzeichnis nt; (d'un théâtre, d'un artiste) Repertoire nt.
répéter [ʀepete] ⟨5⟩ 1. vt wiederholen; (nouvelle, secret) weitersagen; 2. vi (THÉÂT) proben; 3. vpr: se ~ sich wiederholen; **répétition** [ʀepetisjɔ̃] f Wiederholung f; (THÉÂT) Probe f.
répit [ʀepi] m Ruhe[pause] f; **sans** ~ ununterbrochen, unablässig.
repli [ʀəpli] m (d'une étoffe) Falte f; (retraite) Rückzug m.
replier [ʀ(ə)plije] ⟨1⟩ 1. vt [wieder] zusammenfalten; 2. vpr: se ~ (reculer) sich zurückziehen, zurückweichen.
réplique [ʀeplik] f Antwort f, Erwiderung f; (objection) Widerrede f; (THÉÂT) Replik f; (copie) Nachahmung f; **sans** ~ (ton) keine Widerrede duldend; (argument) nicht zu widerlegen; **répliquer** ⟨1⟩ vi erwidern.
répondeur [ʀepɔ̃dœʀ] m: ~ [**téléphonique**] Anrufbeantworter m.
répondre [ʀepɔ̃dʀ] ⟨14⟩ vi antworten; (personne) antworten +dat; (freins, mécanisme) ansprechen; ~ **à** (question, argument, etc) antworten auf +akk; (avec impertinence) Widerworte geben +dat; (invitation, salut, sourire) erwidern; (convocation) Folge leisten +dat; (provocation) reagieren auf +akk; (véhicule, mécanisme) ansprechen auf +akk; (correspondre à) entsprechen +dat; ~ **de** bürgen für.
réponse [ʀepɔ̃s] f Antwort f; (solution) Lösung f; (réaction) Reaktion f; **en** ~ **à** in Antwort auf +akk.
reportage [ʀ(ə)pɔʀtaʒ] m Reportage f.
reporter [ʀ(ə)pɔʀtɛʀ] m Reporter(in) m(f).
reporter [ʀ(ə)pɔʀte] ⟨1⟩ 1. vt: ~ **qch** [à] (total) etw übertragen auf +akk; (notes)

etw aufführen an +*dat*; ~ **qch** [**à**] (*ajourner*) etw verschieben [auf +*akk*]; ~ **qch sur** (*transférer*) etw übertragen auf +*akk*; **2.** *vpr:* **se** ~ **à** (*époque*) sich zurückversetzen in +*akk*; (*se référer*) sich berufen auf +*akk*.

repos [ʀ(ə)po] *m* Ruhe *f*; **reposant, e** *adj* gemütlich, erholsam; **reposé, e** *adj* ausgeruht, frisch; **à tête ~e** in Ruhe; **reposer** [ʀ(ə)poze] ⟨1⟩ **1.** *vt* (*verre*) wieder absetzen; (*livre*) wieder hinlegen; (*rideaux, carreaux*) wieder anbringen; (*question*) erneut stellen; **2.** *vi:* **laisser** ~ (*liquide, pâte*) ruhen lassen; **3.** *vpr:* **se** ~ (*se délasser*) sich ausruhen; **se** ~ **sur qn** sich auf jdn verlassen; **il repose ...** (*tombe*) hier ruht ...; ~ **sur** ruhen auf +*dat*.

repousser [ʀ(ə)puse] ⟨1⟩ **1.** *vi* (*feuille, cheveux*) nachwachsen; **2.** *vt* (*refouler*) abwehren; (*refuser*) ablehnen; (*différer*) aufschieben; (*dégoûter*) abstoßen; (*tiroir, table*) zurückschieben.

reprendre [ʀ(ə)pʀɑ̃dʀ(ə)] ⟨13⟩ **1.** *vt* (*prisonnier*) wieder ergreifen; (*ville*) zurückerobern; (*prendre davantage*) noch einmal nehmen; (*prendre à nouveau*) wieder nehmen; (*récupérer*) zurücknehmen, abholen; (*racheter*) zurücknehmen; (*entreprise*) übernehmen; (*travail, études*) wiederaufnehmen; (*argument, prétexte*) wieder benutzen; (*article*) bearbeiten; (*jupe, pantalon*) ändern; (*réprimander*) tadeln; (*corriger*) verbessern; **2.** *vi* (*recommencer*) wieder anfangen, wieder beginnen; (*froid, pluie*) wieder einsetzen; (*affaires, industrie*) sich erholen; **3.** *vpr:* **se** ~ (*se corriger*) sich verbessern; (*se ressaisir*) sich fassen; ~ **connaissance** wieder zu Bewußtsein kommen; ~ **des forces/courage** neue Kraft/neuen Mut schöpfen; ~ **haleine** [*o* **son souffle**] verschnaufen; ~ **la route** sich wieder auf den Weg machen; **s'y** ~ einen zweiten Versuch machen.

repreneur [ʀ(ə)ʀənœʀ] *m* Sanierer *m* (*der marode Unternehmen aufkauft*).

représailles [ʀ(ə)pʀezaj] *fpl* Repressalien *pl*.

représentant, e [ʀ(ə)pʀezɑ̃tɑ̃, ɑ̃t] *m, f* Vertreter(in) *m(f)*.

représentatif, -ive [ʀ(ə)pʀezɑ̃tatif, iv] *adj* repräsentativ.

représentation [ʀ(ə)pʀezɑ̃tasjɔ̃] *f* (*image*) Darstellung *f*; (*spectacle*) Vorstellung *f*, Aufführung *f*; (*comm*) Vertretung *f*; **frais de** ~ Aufwandsentschädigung *f*.

représenter [ʀ(ə)pʀezɑ̃te] ⟨1⟩ **1.** *vt* darstellen; (*jouer*) aufführen; (*pays, commerce, etc*) vertreten; **2.** *vpr:* **se** ~ (*occasion*) sich wieder ergeben; (*s'imaginer*) sich *dat* vorstellen; **se** ~ **à** (*examen*) sich noch einmal

melden zu; (*élection*) sich wieder aufstellen lassen für.

répression [ʀepʀesjɔ̃] *f* Unterdrückung *f*; (*d'une révolte*) Niederschlagung *f*; (*punition*) Bestrafung *f*.

réprimande [ʀepʀimɑ̃d] *f* Tadel *m*, Verweis *m*.

réprimer [ʀepʀime] ⟨1⟩ *vt* (*désirs, passions*) unterdrücken; (*révolte*) niederschlagen; (*abus, désordres*) bestrafen, vorgehen gegen.

reprise [ʀ(ə)pʀiz] *f* (*d'une ville*) Zurückeroberung *f*; (*recommencement*) Wiederbeginn *m*; (*écon*) Aufschwung *m*; (*tv, théât*) Wiederholung *f*; (*d'un moteur*) Beschleunigung *f*; (*d'un article usagé*) Inzahlungnahme *f*; (*raccomodage*) [Kunst]stopfen *nt*; **à plusieurs ~s** mehrmals.

repriser [ʀ(ə)pʀize] ⟨1⟩ *vt* (*raccommoder*) stopfen; flicken.

réprobation [ʀepʀobasjɔ̃] *f* Mißbilligung *f*.

reproche [ʀ(ə)pʀɔʃ] *m* Vorwurf *m*; **sans ~[s]** tadellos; **sans peur et sans** ~ ohne Furcht und Tadel; **reprocher** ⟨1⟩ **1.** *vt:* ~ **qch à qn** jdm etw vorwerfen; ~ **qch à qch** etw an etw *dat* etw auszusetzen haben; **2.** *vpr:* **se** ~ **qch** sich *dat* etw vorwerfen.

reproduction [ʀ(ə)pʀɔdyksjɔ̃] *f* (*imitation*) Nachahmung *f*; (*d'un texte*) Nachdruck *m*; Vervielfältigung *f*; Kopie *f*; (*d'un son*) Wiedergabe *f*; (*bio*) Vermehrung *f*; (*répétition*) Wiederholung *f*; (*dessin*) Reproduktion *f*, Kopie *f*.

reproduire [ʀ(ə)pʀɔdɥiʀ] *irr comme conduire* **1.** *vt* (*imiter*) nachahmen; (*dessin*) reproduzieren; (*texte*) nachdrucken; vervielfältigen; (*son*) wiedergeben; **2.** *vpr:* **se** ~ (*bio*) sich vermehren; (*recommencer*) sich wiederholen.

réprouver [ʀepʀuve] ⟨1⟩ *vt* mißbilligen.

reptile [ʀeptil] *m* Reptil *nt*.

repu, e [ʀəpy] *adj* satt.

république [ʀepyblik] *f* Republik *f*; ~ **bananière** Bananenrepublik *f*; **la République fédérale d'Allemagne** die Bundesrepublik Deutschland; **la République française** [die Republik] Frankreich.

répudier [ʀepydje] ⟨1⟩ *vt* (*femme*) verstoßen; (*doctrine*) verwerfen.

répugnance [ʀepynɑ̃s] *f* Ekel *m*; Abscheu *m* (*pour vor* +*dat*); **répugner** ⟨1⟩ *vi:* ~ **à qn** (*nourriture*) jdn anekeln; (*comportement, activité*) jdn anwidern; ~ **à faire qch** etw sehr ungern tun.

répulsion [ʀepylsjɔ̃] *f* Abscheu *m* (*pour vor* +*dat*).

réputation [ʀepytasjɔ̃] *f* (*renom*) Ruf *m*.

réputé, e [ʀepyte] *adj* berühmt.

requérir [ʀəkeʀiʀ] *irr comme acquérir*, *vt* erfordern; (*au nom de la loi*) anfordern.

requête [Rəkɛt] f Bitte f, Ersuchen nt; (JUR) Antrag m.

requin [Rəkɛ̃] m Hai(fisch) m.

requis, e [Rəki, iz] adj erforderlich.

réquisitionner [Rekizisjɔne] ⟨1⟩ vt (choses) requirieren; (personnes) dienstverpflichten.

R.E.R. m abr de **Réseau express régional** Pariser S-Bahn.

rescapé, e [Rɛskape] m, f (accident, sinistre) Überlebende(r) mf.

réseau ⟨-x⟩ [Rezo] m Netz nt; (INFORM) Netz[werk] nt; ~ m local LAN nt.

réservation [Rezɛʀvasjɔ̃] f Reservierung f, Reservation f.

réserve [Rezɛʀv(ə)] f Reserve f; (entrepôt) Lager nt; (territoire protégé) Reservat nt, Schutzgebiet nt; (de pêche, de chasse) Revier nt; **les ~s** (MIL) die Reservetruppen pl; **faire des ~s** (restriction) Einschränkungen pl machen; **de ~** Reserve-; **en ~** in Reserve; **sans ~** vorbehaltlos; **sous ~ de** unter Vorbehalt +gen; **sous toutes ~s** mit allen Vorbehalten; **officier de ~** Reserveoffizier(in) m(f).

réservé, e [Rezɛʀve] adj reserviert; (chasse, pêche) privat; ~ **à/pour** reserviert für.

réserver [Rezɛʀve] ⟨1⟩ **1.** vt reservieren, vorbestellen; (réponse, diagnostic) sich dat vorbehalten; **2.** vpr: **se ~ le droit de** sich dat das Recht vorbehalten, zu; ~ **qch à** (destiner: usage) etw vorsehen für; ~ **qch à qn** jdm etw reservieren; (surprise, accueil, etc) jdm etw bereiten.

réservoir [Rezɛʀvwar] m Reservoir nt; (d'essence) Tank m.

résidence [Rezidɑ̃s] f (ADMIN) Wohnsitz m; (habitation luxueuse) Residenz f; ~ **secondaire** Ferienwohnung f, Wochenendhaus nt; ~ **universitaire** (pour étudiants) Studentenwohnheim nt.

résident, e [Rezidɑ̃, ɑ̃t] m, f: ~ **étranger** ausländische(r) Mitbürger, ausländische Mitbürgerin.

résidentiel, le [Rezidɑ̃sjɛl] adj Wohn-; **quartier ~** gutes Wohnviertel.

résider [Rezide] ⟨1⟩ vi: ~ **à/dans/en** wohnen in +dat; ~ **dans** (consister en) bestehen in +dat.

résidu [Rezidy] m Überbleibsel nt; (CHIM) Rückstand m.

résigner [Rezine] ⟨1⟩ **1.** vt zurücktreten von; **2.** vpr: **se ~ à qch/faire qch** sich mit etw abfinden/sich damit abfinden, etw zu tun.

résilier [Rezilje] ⟨1⟩ vt (contrat) auflösen.

résistance [Rezistɑ̃s] f Widerstand m; (endurance) Widerstandsfähigkeit f; (ÉLEC) Heizelement nt; **la Résistance** (POL) die französische Widerstandsbewegung (während des Zweiten Weltkriegs).

résister [Reziste] ⟨1⟩ **1.** vi standhalten; standhaft bleiben; **2.** vt standhalten +dat; (effort, souffrance) aushalten; (personne) sich widersetzen +dat; (tentation, péché) widerstehen +dat.

résolu, e [Rezɔly] adj entschlossen (à zu).

résolution [Rezɔlysjɔ̃] f (solution) Lösung f; (fermeté) Entschlossenheit f; (décision) Beschluß m, Entschluß m; **prendre la ~ de** den Entschluß fassen, zu.

résonance [Rezɔnɑ̃s] f (d'une cloche) Klang m; (d'une salle) Akustik f.

résonner [Rezɔne] ⟨1⟩ vi (cloche) klingen; (pas, voix) hallen, schallen; (salle, rue) widerhallen.

résorber [Rezɔrbe] ⟨1⟩ vpr: **se ~** (tumeur, abcès) sich zurückbilden; (déficit, chômage) abgebaut werden.

résoudre [Rezudr(ə)] irr comme dissoudre **1.** vt lösen; **2.** vpr: **se ~ à qch/faire qch** sich zu etw entschließen/sich dazu entschließen, etw zu tun.

respect [Rɛspɛ] m Respekt m (de vor +dat); (de Dieu, pour les morts) Ehrfurcht f (de, pour vor +dat); **tenir qn en ~** jdn in Schach halten.

respectable [Rɛspɛktabl(ə)] adj (personne) achtbar, anständig; (scrupules) ehrenhaft; (quantité) ansehnlich, beachtlich.

respecter [Rɛspɛkte] ⟨1⟩ vt achten, respektieren; (ne pas porter atteinte à) Rücksicht nehmen auf +akk.

respectif, -ive [Rɛspɛktif, iv] adj jeweilig; **respectivement** adv beziehungsweise.

respectueux, -euse [Rɛspɛktɥø, øz] adj respektvoll; **être ~ de qch** etw achten.

respiration [Rɛspiʀasjɔ̃] f Atmen nt; (fonction) Atmung f; **retenir sa ~** den Atem anhalten; ~ **artificielle** künstliche Beatmung.

respirer [Rɛspiʀe] ⟨1⟩ **1.** vi atmen; (avec soulagement) aufatmen; **2.** vt (aspirer) einatmen; (manifester) ausstrahlen.

responsabilité [Rɛspɔ̃sabilite] f Verantwortung f; (légale) Haftung f; **responsable 1.** adj: ~ **[de]** verantwortlich [für]; haftbar [für]; **2.** m/f Verantwortliche(r) mf; (d'un parti, d'un syndicat) Vertreter(in) m(f).

resquilleur, -euse [Rɛskijœʀ, øz] m Schwarzfahrer(in) m(f).

ressaisir [R(ə)seziʀ] ⟨8⟩ vpr: **se ~** (se calmer) sich fassen; (se reprendre) sich fangen.

ressemblance [R(ə)sɑ̃blɑ̃s] f Ähnlichkeit f; **ressemblant, e** adj ähnlich; **ressembler** [R(ə)sɑ̃ble] ⟨1⟩ **1.** vi: ~ **à** ähnlich sein +dat; **2.** vpr: **se ~** sich ähneln, einander ähnlich sein; ~ **à qn/qch comme deux gouttes d'eau** jdm aufs Haar gleichen/genauso aussehen wie etw.

ressemeler [R(ə)səm(ə)le] ⟨3⟩ *vt* neu besohlen.

ressentiment [R(ə)sãtimã] *m* Groll *m*, Ressentiment *nt*.

ressentir [R(ə)sãtiR] ⟨10⟩ **1.** *vt* (*éprouver*) empfinden; (*injure, privation*) spüren; **2.** *vpr*: se ~ **de** qch die Folgen einer Sache *gen* spüren.

resserrer [R(ə)seRe] ⟨1⟩ **1.** *vt* (*pores*) schließen; (*nœud, boulon*) anziehen; (*liens d'amitié*) stärken; **2.** *vpr*: se ~ (*route, vallée*) sich verengen.

resservir [R(ə)seRviR] ⟨10⟩ **1.** *vt*: ~ qn [d'un plat] jdm [von einem Gericht] noch einmal geben; **2.** *vi* noch einmal gebraucht werden.

ressort [R(ə)sɔR] *m* (*pièce*) Feder *f*; (*énergie*) innere Kraft; **en dernier** ~ in letzter Instanz, letztendlich; **être du** ~ **de** qn (*compétence*) in jds Ressort [o Bereich] fallen.

ressortir [R(ə)sɔRtiR] ⟨10⟩ *vi avec être* wieder herauskommen/hinausgehen; (*contraster*) sich abheben; ~ **de** (*résulter de*) sich zeigen anhand von.

ressortissant, e [R(ə)sɔRtisã, ãt] *m, f* im Ausland lebende(r) Staatsangehörige(r).

ressource [R(ə)suRs(ə)] *f* (*recours*) Hilfe *f*; ~s *fpl* Mittel *pl*; ~s **d'énergie** Energiequellen *pl*.

ressusciter [Resysite] ⟨1⟩ **1.** *vt* wiederbeleben; **2.** *vi* (*Christ*) auferstehen.

restant, e [Restã, ãt] **1.** *adj* restlich, übrig; **2.** *m* Rest *m*.

restaurant [RestɔRã] *m* Restaurant *nt*; ~ **du cœur** Kantine, in der kostenloses Essen an Bedürftige abgegeben wird; ~ **universitaire** (*SCOL*) Mensa *f*.

restaurateur, -trice [RestɔRatœR, tRis] *m, f* (*aubergiste*) Gastronom(in) *m(f)*; (*ART*) Restaurator(in) *m(f)*.

restauration [RestɔRasjõ] *f* (*ART*) Restauration *f*; **la** ~ (*hôtellerie*) das Gastronomiegewerbe; ~ **rapide** Fast food *nt*, Schnellimbißrestaurants *pl*.

restaurer [RestɔRe] ⟨1⟩ **1.** *vt* (*rétablir*) wiederherstellen; (*ART*) restaurieren; **2.** *vpr*: se ~ (*manger*) sich stärken.

reste [Rest(ə)] *m* Rest *m*; ~s *mpl* Überreste *pl*; **du** ~, **au** ~ außerdem; **et tout le** ~ und so weiter; **le** ~ **du temps/des gens** die übrige Zeit/die übrigen Leute; **utiliser un** ~ **de poulet/tissu** Hähnchen-/Stoffreste verwerten; **j'ai perdu le** ~ **de l'argent** ich habe das restliche Geld verloren; **faites ceci, je me charge du** ~ machen Sie dies, ich kümmere mich um den Rest [o das übrige]; **avoir de beaux** ~s (*personne*) für sein Alter noch ganz passabel aussehen.

rester [Reste] ⟨1⟩ **1.** *vi avec être* bleiben; (*subsister*) übrigbleiben; **2.** *vb impers*: **il reste du pain/du temps/2 œufs** es ist noch

Brot/Zeit/es sind noch 2 Eier übrig; **il me reste du pain/2 œufs** ich habe noch Brot/2 Eier [übrig]; **il me reste assez de temps** ich habe noch genügend Zeit; **voilà tout ce qui [me] reste** das ist alles, was ich noch [übrig] habe; **ce qui reste à faire** was noch zu tun ist; **[il] reste à savoir si ...** jetzt fragt es sich nur ...; **restons-en là** lassen wir's dabei; ~ **immobile/assis** sich nicht bewegen/sitzen bleiben.

restituer [Restitɥe] ⟨1⟩ *vt* (*reconstituer*) wiederherstellen; (*énergie*) wieder abgeben; ~ **qch [à qn]** (*jdm*) etw zurückgeben; **restitution** [Restitysjõ] *f* Rückgabe *f*.

resto, restau [Resto] *m* (*fam*) Restaurant *nt*; ~ **U** (*fam: restaurant universitaire*) Mensa *f*.

restoroute [RestɔRut] *m* Rasthof *m*.

restreindre [RestRɛ̃dR(ə)] *irr comme peindre*, *vt* einschränken.

restriction [RestRiksjõ] *f* Einschränkung *f*, Beschränkung *f*; ~s *fpl* (*rationnement*) Beschränkungen *pl*, Rationierung *f*; **faire des** ~s (*mentales*) Vorbehalte *pl* haben; **sans** ~ uneingeschränkt.

restructurer [RəstRyktyRe] ⟨1⟩ *vt* neu gestalten, umbauen.

résultat [Rezylta] *m* Ergebnis *nt*, Resultat *nt*.

résulter [Rezylte] ⟨1⟩ *vi*: ~ **de** herrühren von; **il résulte de ceci que** daraus folgt, daß.

résumé [Rezyme] *m* Zusammenfassung *f*; (*ouvrage*) Übersicht *f*; **en** ~ zusammenfassend.

résumer [Rezyme] ⟨1⟩ **1.** *vt* zusammenfassen; (*récapituler*) rekapitulieren; **2.** *vpr*: se ~ (*personne*) zusammenfassen.

rétablir [RetabliR] ⟨8⟩ **1.** *vt* wiederherstellen; (*faits, vérité*) richtigstellen; (*monarchie*) wieder einführen; (*MÉD*) gesund werden lassen; **2.** *vpr*: se ~ (*guérir*) gesund werden, genesen; (*silence, calme*) wieder eintreten; ~ **qn dans son emploi/ses droits** jdn wiedereinstellen/jdn wieder in den Genuß seiner Rechte kommen lassen; **rétablissement** [Retablismã] *m* Wiederherstellung *f*; (*guérison*) Genesung *f*, Besserung *f*; (*SPORT*) Klimmzug *m*.

retaper [R(ə)tape] ⟨1⟩ *vt* herrichten; (*fam: revigorer*) wieder auf die Beine bringen; (*redactylographier*) noch einmal tippen.

retard [R(ə)taR] *m* Verspätung *f*; (*dans un paiement*) Rückstand *m*; (*scolaire, mental*) Zurückgebliebensein *nt*; (*industriel*) Rückständigkeit *f*; **être en** ~ (*personne*) zu spät kommen; (*train*) Verspätung haben; (*dans paiement, travail*) im Rückstand sein; (*pays*) rückständig sein; **être en** ~ **de 2h** 2 Stunden zu spät kommen; 2 Stunden Verspätung haben; **avoir du/une heure de** ~

Verspätung/eine Stunde Verspätung haben; **prendre du ~** (*train, avion*) sich verspäten; **sans ~** unverzüglich; **retardement** [R(ə)taʀdəmã] *m*: **à ~** Zeit-, mit Zeitauslöser; **retarder** [R(ə)taʀde] ⟨1⟩ **1.** *vt* aufhalten; (*différer*) verzögern; (*travail, études*) in Rückstand bringen; (*montre*) zurückstellen; (*départ*) aufschieben; (*date*) verschieben; **2.** *vi* (*montre*) nachgehen; **ça m'a retardé d'une heure** deshalb bin ich eine Stunde zu spät dran; **je retarde de dix minutes** meine Uhr geht zehn Minuten nach.

retenir [Rət(ə)niʀ] ⟨9⟩ **1.** *vt* (*immobiliser*) zurückhalten; (*garder*) dabehalten; (*saisir*) halten; (*réprimer*) unterdrücken; (*souffle*) anhalten; (*odeur, chaleur*) [be]halten; (*se souvenir de*) behalten; (*accepter*) annehmen; (*réserver*) reservieren; (*prélever*) zurückbehalten (*sur* von); **2.** *vpr*: **se ~** (*euphémisme*) es aushalten, sich verkneifen; **se ~ [à]** (*se raccrocher*) sich halten [an *+akk*]; **se ~ [de faire qch]** (*se contenir*) sich zurückhalten [, etw zu tun]; **~ qn de faire qch** (*empêcher d'agir*) jdn daran hindern, etw zu tun.

rétention [Retãsjõ] *f*: **~ d'urine** Harnverhaltung *f*.

retentir [R(ə)tãtiʀ] ⟨8⟩ *vi* (*bruit, paroles*) hallen; **~ de** (*salle*) widerhallen von; **~ sur** sich auswirken auf *+akk*; **retentissant, e** *adj* (*voix*) schallend; (*succès, etc*) aufsehenerregend; **retentissement** *m* (*répercussion*) Auswirkung *f*; (*éclat*) Wirkung *f*, Erfolg *m*.

retenue [R(ə)təny] *f* (*somme*) Abzug *m*; (MATH) behaltene Zahl; (SCOL: *consigne*) Arrest *m*; (*réserve*) Zurückhaltung *f*.

réticence [Retisãs] *f* (*hésitation*) Zögern *nt*, Bedenken *nt*; **sans ~** bedenkenlos.

rétine [Retin] *f* Netzhaut *f*.

retiré, e [R(ə)tiʀe] *adj* (*personne, vie*) zurückgezogen; (*quartier*) abgelegen.

retirer [R(ə)tiʀe] ⟨1⟩ **1.** *vt* (*candidature, plainte*) zurückziehen; (*vêtement*) ausziehen; (*lunettes*) abnehmen; (*bagages, billet réservé*) abholen; (*argent*) abheben; **2.** *vpr*: **se ~** (*partir*) sich zurückziehen, weggehen; (*compétition,* POL: *compétition*) zurücktreten; (*reculer*) zurückweichen; **~ qch à qn** (*enlever*) jdm etw [weg]nehmen; **~ qch de** (*extraire*) etw [heraus]nehmen aus; **~ des avantages de** einen Vorteil haben von.

retombées [R(ə)tõbe] *fpl* (*radioactives*) Niederschlag *m*, Fallout *m*; (*fig: d'un événement*) Nebenwirkung *f*.

retomber [R(ə)tõbe] ⟨1⟩ *vi avec être* noch einmal fallen; (*sauteur, cheval*) aufkommen; (*fusée, ballon*) herunterkommen; (*cheveux, rideaux*) [herunter]fallen; **~ sur**

qn (*fig*) auf jdn fallen.

rétorquer [Retɔʀke] ⟨1⟩ *vt* erwidern.

rétorsion [Retɔʀsjõ] *f*: **mesures de ~** Vergeltungsmaßnahmen *pl*.

retouche [R(ə)tuʃ] *f* (*d'une peinture, d'une photo*) Retusche *f*; (*à un vêtement*) Änderung *f*; **retoucher** ⟨1⟩ *vt* (*tableau, photo, texte*) retuschieren; (*vêtement*) ändern.

retour [R(ə)tuʀ] *m* Rückkehr *f* (*à* zu); (*voyage*) Rückreise *f*, Heimreise *f*; (COMM) Rückgabe *f*; (*par la poste*) Zurücksenden *nt*; **à mon ~** bei meiner Rückkehr; **de ~ à/chez** wieder in *+dat/bei*; **de ~ dans 10 minutes** in 10 Minuten zurück; **~ à l'envoyeur** zurück an [den] Absender; **en ~** dafür; **être de ~ [de]** zurücksein [von]; **par ~ du courrier** postwendend; **~ en arrière** (*flashback*) Rückblende *f*; **match ~** Rückspiel *nt*.

retourner [R(ə)tuʀne] ⟨1⟩ **1.** *vt avec avoir* (*dans l'autre sens*) umdrehen; (*terre, sol*) umgraben; (*foin*) wenden; (*émouvoir*) erschüttern; (*lettre*) zurücksenden; (*marchandise*) zurückgeben, zurückschicken; **2.** *vi avec être*: **~ quelque part/vers/chez** (*aller de nouveau*) wieder irgendwohin/nach/zu ... gehen; **~ chez soi/à l'école** (*revenir*) heimgehen/wieder in die Schule gehen; **~ à** (*état initial, activité*) zurückkehren zu; **3.** *vpr*: **se ~** (*personne*) sich umdrehen; (*voiture*) sich überschlagen; **~ en arrière** [**~ sur ses pas**] umkehren; **~ qch à qn** (*restituer*) jdm etw zurückgeben.

rétracter [Retʀakte] ⟨1⟩ **1.** *vt* (*désavouer*) zurücknehmen; (*antenne*) einziehen; **2.** *vpr*: **se ~** (*nier*) das Gesagte zurücknehmen.

retrait [R(ə)tʀɛ] *m* Zurückziehen *nt*; (*enlèvement*) Wegnahme *f*; (*de bagages, de billets*) Abholen *nt*; (*d'argent*) Abheben *nt*; (*de compétition,* POL) Rücktritt *m*; (*fait de reculer*) Zurückweichen *nt*; (*rétrécissement*) Eingehen *nt*; **en ~** zurückgesetzt, weiter hinten [stehend]; **~ du permis de conduire** Führerscheinentzug *m*.

retraite [R(ə)tʀɛt] *f* (MIL) Rückzug *m*; (*d'un employé: date, période*) Ruhestand *m*; (*pension*) Rente *f*; (*refuge*) Zufluchtsort *m*; **battre en ~** den Rückzug antreten; **être/mettre à la ~** im Ruhestand sein/in den Ruhestand versetzen; **prendre sa ~** in den Ruhestand gehen, sich pensionieren lassen; **~ anticipée** Vorruhestand *m*; **retraité, e** [R(ə)tʀete] **1.** *adj* pensioniert; **2.** *m, f* Rentner(in) *m(f)*.

retraitement [R(ə)tʀɛtmã] *m* Wiederaufbereitung *f*; **~ des combustibles** Wiederaufbereitung *f* der Brennelemente.

retrancher [R(ə)tʀãʃe] ⟨1⟩ *vt* (*éliminer, couper*) entfernen; **~ qch de** (*nombre*) etw abziehen von.

retransmission [ʀ(ə)tʀɑ̃smisjɔ̃] f (TV) Übertragung f.

rétrécir [ʀetʀesiʀ] ⟨8⟩ **1.** vt enger machen; **2.** vi (vêtement) eingehen; **3.** vpr: se ~ sich verengen.

rétribution [ʀetʀibysjɔ̃] f Bezahlung f, Entlohnung f.

rétroactif, -ive [ʀetʀoaktif, iv] adj rückwirkend.

rétrograde [ʀetʀogʀad] adj rückschrittlich; **rétrograder** ⟨1⟩ vi (régresser) zurückfallen; (AUTO) herunterschalten.

rétroprojecteur [ʀetʀopʀɔʒɛktœʀ] m Tageslichtprojektor m, Overheadprojektor m.

rétrospective [ʀetʀospɛktiv] f Rückschau f, Retrospektive f; **rétrospectivement** adv rückblickend.

retrousser [ʀ(ə)tʀuse] ⟨1⟩ vt (pantalon, manches) hochkrempeln; (jupe) raffen.

retrouver [ʀ(ə)tʀuve] ⟨1⟩ **1.** vt finden, wiederfinden; (reconnaître) wiedererkennen; (revoir) wiedersehen; (rejoindre) wieder treffen; **2.** vpr: se ~ (s'orienter) sich zurechtfinden; se ~ dans sich zurechtfinden in +dat; se ~ seul/sans argent (subitement) plötzlich allein/ohne Geld dastehen; **s'y ~** (fam: rentrer dans ses frais) seine Kosten hereinhaben.

rétrovirus [ʀetʀoviʀys] m Retrovirus nt.

rétroviseur [ʀetʀovizœʀ] m Rückspiegel m; ~ **panoramique** Panoramaspiegel m.

réunification [ʀeynifikasjɔ̃] f (POL) Wiedervereinigung f.

réunion [ʀeynjɔ̃] f Sammlung f; (de personnes, confédération) Vereinigung f; (rencontre) Treffen nt; (de province) Anschluß m; (meeting, congrès) Versammlung f; [l'île de] **la Réunion** Réunion (f); ~ **d'urgence** Dringlichkeitssitzung f.

réunir [ʀeyniʀ] ⟨8⟩ **1.** vt sammeln; (personnes) versammeln; (cumuler) vereinigen; (étrangers, antagonistes) zusammenbringen; (rattacher) verbinden; (États) vereinigen; (province) anschließen (à an +akk); **2.** vpr: se ~ zusammenkommen, sich treffen; (États) sich vereinigen; (chemins, cours d'eau) ineinander münden; ~ **qch à** etw verbinden mit.

réussi, e [ʀeysi] adj gelungen.

réussir [ʀeysiʀ] ⟨8⟩ **1.** vi gelingen; (personne) Erfolg haben; (plante, culture) gedeihen; **2.** vt: **qn réussit qch** jdm gelingt etw; ~ **à un examen** eine Prüfung bestehen; **il a réussi à faire qch** es ist ihm gelungen, etw zu tun; **le mariage lui réussit** die Ehe bekommt ihm; **réussite** [ʀeysit] f Erfolg m.

revaloriser [ʀ(ə)valɔʀize] ⟨1⟩ vt (monnaie) aufwerten; (salaire) erhöhen, anpassen; (fig) wieder aufwerten.

revanche [ʀ(ə)vɑ̃ʃ] f (vengeance) Rache f; (SPORT) Revanche f; **prendre sa** ~ [sur] sich rächen [an +dat]; **en** ~ andererseits.

rêve [ʀɛv] m Traum m; (activité psychique) Träumen nt; **de** ~ traumhaft; **la voiture de ses** ~s das Auto seiner/ihrer Träume; **fais de beaux** ~s! träume süß!

revêche [ʀəvɛʃ] adj mürrisch.

réveil [ʀevɛj] m (instrument) Wecker m; (action) Aufwachen nt; (de la nature) Erwachen nt; (d'un volcan) Aktivwerden nt; **au** ~ beim Aufwachen; **sonner le** ~ zum Wecken blasen; **réveiller** [ʀeveje] ⟨1⟩ **1.** vt (personne) aufwecken; (fig) wecken; **2.** vpr: se ~ aufwachen; (fig) wiedererwachen; (volcan) aktiv werden.

réveillon [ʀevɛjɔ̃] m Fest[essen] in der Weihnachtsnacht; mitternächtliches Silvesterfest[essen]; **réveillonner** [ʀevɛjɔne] ⟨1⟩ vi den Heiligen Abend/Silvester [mit einem Festessen] feiern.

révélateur, -trice [ʀevelatœʀ, tʀis] **1.** adj bezeichnend, aufschlußreich; **2.** m (PHOTO) Entwickler m.

révélation [ʀevelasjɔ̃] f Bekanntgabe f; (information) Enthüllung f; (prise de conscience) Erkenntnis f; (artiste) Sensation f.

révéler [ʀevele] ⟨5⟩ **1.** vt (dévoiler) bekanntgeben, enthüllen; (témoigner de) zeigen; (œuvre, artiste) bekanntmachen; (REL) offenbaren; **2.** vpr: se ~ (se manifester) sich zeigen; **se** ~ **facile/faux** sich als einfach/falsch herausstellen.

revenant, e [ʀ(ə)vnɑ̃, ɑ̃t] **1.** m Gespenst nt, Geist m; **2.** pf: **tiens, un** ~/**une** ~**e!** (fam: après une longue absence) ja, wen haben wir denn da mal wieder!

revendeur, -euse [ʀ(ə)vɑ̃dœʀ, øz] m, f (détaillant) Einzelhändler(in) m(f); (brocanteur) Gebrauchtwarenhändler(in) m(f).

revendication [ʀ(ə)vɑ̃dikasjɔ̃] f Forderung f; **journée de** ~ Aktionstag m; ~ **salariale** Gehaltsforderung f.

revendiquer [ʀ(ə)vɑ̃dike] ⟨1⟩ vt fordern; (responsabilité) übernehmen; (attentat) sich bekennen zu.

revendre [ʀ(ə)vɑ̃dʀ(ə)] ⟨14⟩ vt (d'occasion) weiterverkaufen; (détailler) [im Einzelhandel] verkaufen; **avoir de l'énergie à** ~ vor Energie [o Tatendrang] strotzen.

revenir [ʀ(ə)vniʀ] ⟨9⟩ vi avec être zurückkommen; (réapparaître) wiederkommen; (calme) wieder eintreten; ~ **à** (études, conversation) wieder anfangen, wieder aufnehmen; (équivaloir à) hinauslaufen auf +akk; ~ **à qn** (part, honneur) jdm zustehen; (souvenir, nom) jdm einfallen; ~ **à soi** wieder zu Bewußtsein kommen; ~ **de** (fig) sich erholen von; **faire** ~ (GASTR) anbräunen; **cela [nous] revient cher/à 100 F** (coûter) das ist teuer/das kostet uns 100 F; ~ **sur** (*sujet*) zurückkommen auf +*akk*; (*promesse*) zurücknehmen; ~ **sur ses pas** umkehren; **s'en** ~ zurückkommen; **je n'en reviens pas** ich kann es nicht fassen; **cela revient au même/ à dire que** das läuft aufs gleiche raus/das heißt soviel wie, daß.

revente [ʀ(ə)vãt] *f* Weiterverkauf *m*, Wiederverkauf *m*.

revenu [ʀ(ə)vəny] *m* (*d'un individu*) Einkommen *nt*; (*de l'État, d'un magasin*) Einnahmen *pl*; (*d'une terre*) Ertrag *m*; (*d'un capital*) Rendite *f*; ~ **par tête d'habitant** (ÉCON) Pro-Kopf-Einkommen *nt*.

rêver [ʀeve] ⟨1⟩ *vi, vt* träumen; ~ **de/à** träumen von; **il en rêve la nuit** (*fig*) das verfolgt ihn.

réverbère [ʀeveʀbeʀ] *m* Straßenlaterne *f*.

révérence [ʀeveʀãs] *f* (*salut*) Verbeugung *f*; (*de femmes*) Knicks *m*; **tirer sa** ~ weggehen.

rêverie [ʀɛvʀi] *f* Träumerei *f*.

revers [ʀ(ə)vɛʀ] *m* Rückseite *f*; (*d'étoffe*) linke Seite *f*; (*de vêtement*) Aufschlag *m*; (TENNIS) Rückhand *f*; (*échec*) Rückschlag *m*; **le** ~ **de la médaille** (*fig*) die Kehrseite der Medaille.

revêtement [ʀ(ə)vɛtmã] *m* [Straßen]belag *m*; (*d'une paroi*) Verkleidung *f*; (*enduit*) Überzug *m*.

revêtir [ʀ(ə)vetiʀ] *irr comme vêtir*, *vt* (*vêtement*) anziehen; (*forme, caractère*) annehmen; ~ **qch de** (*boiserie*) etw verkleiden mit; (*carreaux*) etw auslegen mit; (*enduit*) etw überziehen mit; ~ **qn de qch** (*autorité*) jdm etw verleihen.

rêveur, -euse [ʀɛvœʀ, øz] **1.** *adj* verträumt; **2.** *m, f* Träumer(in) *m(f)*; **cela me laisse** ~ das gibt mir zu denken.

revigorer [ʀ(ə)vigɔʀe] ⟨1⟩ *vt* beleben.

revirement [ʀ(ə)viʀmã] *m* (*changement d'avis*) Meinungsumschwung *m*.

réviser [ʀevize] ⟨1⟩ *vt* (*texte*) durchlesen, überprüfen; (*comptes*) prüfen; (*leçon*) wiederholen; (*machine*) überholen; (*procès*) wiederaufnehmen; **révision** [ʀevizjõ] *f* (*d'un texte*) Überprüfung *f*; (*de comptes*) Prüfung *f*; (*d'une leçon*) Wiederholung *f*; (*de machines*) Überholen *nt*; (*d'un procès*) Wiederaufnahme *f*; (*d'une voiture*) Inspektion *f*; **faire des** ~**s** den Stoff wiederholen; **révisionnisme** *m* Revisionismus *m*; (*Holocauste*) Bewegung, *die die Vernichtung der Juden durch die Nazis leugnet*.

revitaliser [ʀ(ə)vitalize] ⟨1⟩ *vt* neu beleben.

revivre [ʀəvivʀ(ə)] *irr comme vivre* **1.** *vi* wiederaufleben; **2.** *vt* im Geiste noch einmal erleben.

revoir [ʀ(ə)vwaʀ] *irr comme voir* **1.** *vt* (*voir de nouveau*) wieder sehen; (*ami, lieu natal*) wiedersehen; (*région, film, tableau*) noch einmal sehen; (*revivre*) noch einmal erleben; (*en imagination*) vor sich *dat* sehen, sehen; (*corriger*) durchsehen, korrigieren; (SCOL) wiederholen; **2.** *vpr:* **se** ~ sich wiedersehen; **3.** *m:* **au** ~ auf Wiedersehen; **dire au** ~ **à qn** sich von jdm verabschieden.

révolte [ʀevɔlt(ə)] *f* Aufstand *m*; **révolter** ⟨1⟩ **1.** *vt* entrüsten, empören; **2.** *vpr:* **se** ~ rebellieren (*contre gegen*); (*s'indigner*) sich entrüsten (*contre über* +*akk*).

révolution [ʀevɔlysjõ] *f* (*rotation*) Umdrehung *f*; (POL) Revolution *f*; **la** ~ **culturelle** (*en Chine*) die Kulturrevolution; **la Révolution** [**française**] (HIST) die Französische Revolution; **la** ~ **industrielle** (HIST) die industrielle Revolution; **révolutionnaire** [ʀevɔlysjɔnɛʀ] *adj* Revolutions-; (*opinions, méthodes*) revolutionär.

revolver [ʀevɔlvɛʀ] *m* Revolver *m*.

révoquer [ʀevɔke] ⟨1⟩ *vt* (*fonctionnaire*) des Amtes entheben; (*arrêt, contrat*) annullieren, aufheben; (*donation*) rückgängig machen.

revue [ʀ(ə)vy] *f* (*périodique*) Zeitschrift *f*; (*pièce satirique*) Kabarett *nt*; (*spectacle de music-hall*) Revue *f*; (MIL) Parade *f*; **passer en** ~ (*problèmes, possibilités*) durchgehen; ~ **spécialisée** Fachzeitschrift *f*.

rez-de-chaussée [ʀed(ə)ʃose] *m inv* Erdgeschoß *nt*.

R.F. *f abr de* **République Française** französische Republik.

R.F.A. *f abr de* **République fédérale d'Allemagne** BRD *f*.

Rhénanie [ʀenani] *f:* **la** ~ das Rheinland; **la** ~**-Palatinat** Rheinland-Pfalz *nt*; **la** ~-[**du-Nord-**]**Westphalie** Nordrhein-Westfalen *nt*.

Rhin [ʀɛ̃] *m:* **le** ~ der Rhein.

rhinocéros [ʀinɔseʀɔs] *m* Nashorn *nt*, Rhinozeros *nt*.

Rhône [ʀon] *m:* **le** ~ die Rhône.

rhubarbe [ʀybaʀb(ə)] *f* Rhabarber *m*.

rhum [ʀɔm] *m* Rum *m*.

rhumatisant, e [ʀymatizã, ãt] **1.** *adj* rheumakrank; **2.** *m, f* Rheumatiker(in) *m(f)*.

rhumatisme [ʀymatism(ə)] *m* Rheuma *nt*, Rheumatismus *m*.

rhume [ʀym] *m* Erkältung *f*; ~ **de cerveau** Schnupfen *m*; ~ **des foins** Heuschnupfen *m*.

ri [ʀi] *pp de* **rire**.

riant, e [ʀ(i)jã, ãt] *adj* lachend; (*campagne, paysage*) strahlend.

R.I.B. *m abr de* **relevé d'identité bancaire** Nachweis *m* der Bankverbindung.

ricaner [ʀikane] ⟨1⟩ *vi* boshaft lachen; (*bêtement, avec gêne*) kichern.

riche [ʀiʃ] **1.** *adj* reich; (*somptueux*) teuer, prächtig; (*fertile*) fruchtbar; (*sujet, matière*) ergiebig; (*documentation, vocabulaire*) umfangreich; (*aliment*) nahrhaft, reichhaltig; **2.** *mpl*: les ~s die Reichen *pl*; ~ **en** reich an +*dat*; ~ **de poissons** voller Fische; **richesse** [Riʃɛs] *f* Reichtum *m*; ~s *fpl* (*argent*) Vermögen *nt*; (*possessions*) Besitz *m*, Reichtümer *pl*; (*d'un musée, d'une région*) Reichtümer *pl*; **la ~ en vitamines d'un aliment** der hohe Vitamingehalt eines Nahrungsmittels.

ricocher [Rikɔʃe] ⟨1⟩ *vi* (*pierre sur l'eau*) hüpfen; (*projectile*) abprallen; ~ **sur** abprallen an +*dat*; **ricochet** [Rikɔʃɛ] *m*: **faire des ~s** Steine übers Wasser hüpfen lassen; **faire ~** hüpfen; abprallen; (*fig*) indirekte Auswirkungen haben; **par ~** (*fig*) indirekt.

ride [Rid] *f* Falte *f*, Runzel *f*; **ne pas avoir pris une ~** (*film, livre*) immer noch von großer Aktualität sein; **ridé, e** [Ride] *adj* faltig, runzlig.

rideau ⟨-x⟩ [Rido] *m* Vorhang *m*.

rider [Ride] ⟨1⟩ **1.** *vt* runzeln; (*fig*) kräuseln; **2.** *vpr*: se ~ (*avec l'âge*) Falten bekommen.

ridicule [Ridikyl] **1.** *adj* lächerlich; **2.** *m* Lächerlichkeit *f*; (*travers*) lächerliche Seite; **ridiculiser** [Ridikylize] ⟨1⟩ **1.** *vt* lächerlich machen; **2.** *vpr*: se ~ sich lächerlich machen.

rien [Rjɛ̃] **1.** *pron* nichts; **2.** *m*: des ~s Nichtigkeiten *pl oder* Kleinigkeiten *pl*; **avoir peur d'un ~** vor jeder Kleinigkeit Angst haben; **il n'a ~ dit/fait pour nous?** hat er jemals etwas für uns getan?; ~ **d'autre/d'intéressant** nichts anderes/nichts Interessantes; ~ **que cela/qu'à faire cela** nur das/allein schon das zu tun; ~ **que pour eux/faire cela** nur für sie [*o* wegen ihnen]/nur um das zu tun; **ça ne fait** ~ das macht nichts; ~ **à faire!** nichts zu machen!; **de** ~ (*formule*) bitte; ~ **ne va plus** nichts geht mehr.

rieur, -euse [R(i)jœR, øz] *adj* fröhlich.

rigide [Riʒid] *adj* steif; (*fig*) streng.

rigolade [Rigolad] *f*: **la** ~ (*fam: amusement*) Spaß *m*; **c'est de la** ~ (*fam*) das ist ja lächerlich.

rigoler [Rigole] ⟨1⟩ *vi* (*fam: rire*) lachen; (*s'amuser*) sich amüsieren; (*plaisanter*) Spaß machen.

rigolo, te [Rigolo, ɔt] **1.** *adj* (*fam*) komisch; **2.** *m, f* (*fam*) Witzbold *m*.

rigoureusement [RiguRøzmɑ̃] *adv* ganz genau; ~ **vrai/interdit** genau der Wahrheit entsprechend/strengstens verboten.

rigoureux, -euse [RiguRø, øz] *adj* streng; (*climat*) hart, rauh; (*exact*) genau.

rigueur [RigœR] *f* Strenge *f*; (*du climat*) Härte *f*; (*exactitude*) Genauigkeit *f*; **à la** ~ zur Not; **de** ~ (*tenue*) vorgeschrieben, Pflicht-.

rime [Rim] *f* Reim *m*; **rimer** ⟨1⟩ *vi* sich rei-

men; **cela ne rime à rien** das macht keinen Sinn.

rimmel® [Rimɛl] *m* Wimperntusche *f*.

rinçage [Rɛ̃saʒ] *m* Spülen *nt*.

rince-doigts [Rɛ̃sdwa] *m inv* Fingerschale *f*.

rincer [Rɛ̃se] ⟨2⟩ **1.** *vt* (*vaisselle*) abspülen; (*verre, etc*) ausspülen; (*linge*) spülen; **2.** *vpr*: se ~ **la bouche** den Mund ausspülen.

ringard, e [Rɛ̃gaR, d(ə)] **1.** *adj* von gestern, völlig überholt; **2.** *m, f*: **c'est un** ~ der lebt hinter dem Mond.

R.I.P. *m abr de* **relevé d'identité postale** Nachweis *m* der Bankverbindung beim Postgiroamt.

riposte [Ripost(ə)] *f* [schlagfertige] Antwort; (*contre-attaque*) Gegenschlag *m*; **riposter** ⟨1⟩ **1.** *vi* zurückschlagen; **2.** *vt*: ~ **que** erwidern, daß; ~ **à qch** auf etw erwidern.

rire [RiR] *irr* **1.** *vi* lachen; (*se divertir*) Spaß haben; (*plaisanter*) Spaß machen; **2.** *vpr*: se ~ **de qch** über etw nicht ernst nehmen; **3.** *m* Lachen *nt*; ~ **de** lachen über +*akk*; ~ **aux éclats/aux larmes** schallend/Tränen lachen; **pour** ~ zum Spaß.

ris [Ri] *m*: ~ **de veau** Kalbsbries *nt*.

risible [Rizibl(ə)] *adj* lächerlich.

risque [Risk] *m* Risiko *nt*; **prendre un ~/des ~s** ein Risiko eingehen; **à ses ~s et périls** auf eigene Gefahr; **au ~ de** auf die Gefahr +*gen* hin; ~ **d'incendie** Feuergefahr *f*; **risqué, e** *adj* riskant, gewagt; **risquer** [Riske] ⟨1⟩ **1.** *vt* riskieren; aufs Spiel setzen; (*oser dire*) wagen; **2.** *vpr*: se ~ sich wagen; **se ~ à faire qch** es wagen, etw zu tun; **ça ne risque rien** da kann nichts passieren; **il risque de se tuer** er kann dabei umkommen; **il a risqué de se tuer** er wäre beinahe umgekommen; **ce qui risque de se produire** was passieren könnte.

rissoler [Risole] ⟨1⟩ *vi, vt*: **[faire]** ~ (*GASTR*) anbräunen.

ristourne [RistuRn(ə)] *f* Rabatt *m*.

rite [Rit] *m* Ritual *nt*; (*REL*) Ritus *m*.

rituel, le [Rituɛl] **1.** *adj* rituell; (*fig*) üblich, nicht wegzudenkend; **2.** *m* (*habitudes*) Ritual *nt*.

rivage [Rivaʒ] *m* (*mer*) Ufer *nt*.

rival, e ⟨rivaux⟩ [Rival, o] **1.** *adj* gegnerisch; **2.** *m, f* (*adversaire*) Gegner(in) *m(f)*, Rivale *m*, Rivalin *f*; **sans** ~ unerreicht; **rivaliser** [Rivalize] ⟨1⟩ *vi*: ~ **avec** (*personne*) sich messen mit, rivalisieren mit; (*choses*) sich messen können mit; **rivalité** [Rivalite] *f* Rivalität *f*.

rive [Riv] *f* (*fleuve, lac*) Ufer *nt*.

river [Rive] ⟨1⟩ *vt* nieten.

riverain, e [Riv(ə)Rɛ̃, ɛn] *m, f* (*d'un fleuve, d'un lac*) Uferbewohner(in) *m(f)*; (*d'une route, d'une rue*) Anlieger(in) *m(f)*.

rivet [ʀivɛ] *m* Niete *f;* **riveter** [ʀiv(ə)te] ⟨3⟩ *vt* nieten.

rivière [ʀivjɛʀ] *f* Fluß *m;* ~ **de diamants** Diamantenkollier *nt.*

riz [ʀi] *m* Reis *m.*

R.M.C. *abr de* **Radio Monte-Carlo** Radio Monte Carlo.

R.M.I. *m abr de* **revenu minimum d'insertion** ≈ Sozialhilfe *f.*

R.N. *abr de* **route nationale** ≈ B.

robe [ʀɔb] *f* (*vêtement féminin*) Kleid *nt;* (*de juge, d'avocat*) Robe *f,* Talar *m;* (*d'ecclésiastique*) Gewand *nt;* (*d'un animal*) Fell *nt;* ~ **de chambre** Morgenrock *m;* ~ **de grossesse** Umstandskleid *nt;* ~ **de soirée/de mariée** Abend-/Brautkleid *nt.*

robinet [ʀɔbinɛ] *m* (*TECH*) Hahn *m;* ~ **du gaz** Gashahn *m;* ~ **mélangeur** Mischbatterie *f.*

robot [ʀɔbo] *m* Roboter *m;* **avion** ~ ferngesteuertes Flugzeug; ~ **ménager,** ~ **de cuisine** Küchenmaschine *f.*

roc [ʀɔk] *m* Fels *m.*

rocaille [ʀɔkaj] **1.** *f* (*pierraille*) Geröll *nt;* (*terrain*) steiniges Gelände; (*jardin*) Steingarten *m;* **2.** *adj:* **style** ~ Rokokostil *m;* **rocailleux, -euse** [ʀɔkajø, øz] *adj* steinig; (*style, voix*) hart.

roche [ʀɔʃ] *f* Fels *m.*

rocher [ʀɔʃe] *m* (*bloc*) Felsen *m;* (*dans la mer*) Klippe *f;* (*matière*) Fels *m.*

rocheux, -euse [ʀɔʃø, øz] *adj* felsig.

rodage [ʀɔdaʒ] *m* (*AUTO*) Einfahren *nt;* (*fig*) Erprobungsphase *f;* **en** ~ wird eingefahren.

roder [ʀɔde] ⟨1⟩ *vt* (*AUTO*) einfahren; (*spectacle*) perfektionieren.

röder [ʀɔde] ⟨1⟩ *vi* herumziehen; (*de façon suspecte*) herumlungern.

rogne [ʀɔɲ] *f:* **être en** ~ (*fam*) gereizt [*o* wütend] sein; **se mettre en** ~ (*fam*) wütend werden, gereizt werden.

rogner [ʀɔɲe] ⟨1⟩ *vt* (*pages d'un livre*) beschneiden; (*ailes*) stutzen; ~ **sur qch** (*dépenses, etc*) etw kürzen.

rognons [ʀɔɲɔ̃] *mpl* (*GASTR*) Nieren *pl.*

rognures [ʀɔɲyʀ] *fpl* Abfälle *pl,* Schnitzel *pl.*

roi [ʀwa] *m* König *m;* **les Rois mages** die Heiligen Drei Könige; **le jour** [*o* **la fête**] **des Rois, les Rois** das Dreikönigsfest.

roitelet [ʀwat(ə)lɛ] *m* Zaunkönig *m.*

rôle [ʀol] *m* Rolle *f;* **jouer un** ~ **important dans** eine wichtige Rolle spielen bei.

romain, e [ʀɔmɛ̃, ɛn] **1.** *adj* römisch; **2.** *m, f* Römer(in) *m(f);* **3.** *f* Romagnasalat *m;* **en** ~ (*TYPO*) in der Grundschrift.

roman, e [ʀɔmɑ̃, an] **1.** *adj* romanisch; **2.** *m* Roman *m;* ~ **policier/d'espionnage** Kriminal-/Spionageroman *m.*

romance [ʀɔmɑ̃s] *f* sentimentales Lied.

romancer [ʀɔmɑ̃se] ⟨2⟩ *vt* zu einem Roman verarbeiten.

romancier, -ière [ʀɔmɑ̃sje, ɛʀ] *m, f* Romanschriftsteller(in) *m(f).*

romanesque [ʀɔmanɛsk(ə)] *adj* (*incroyable*) wie im Roman, sagenhaft; (*sentimental*) romantisch, sentimental.

roman-feuilleton ⟨romans-feuilletons⟩ [ʀɔmɑ̃fœjtɔ̃] *m* Fortsetzungsroman *m.*

romanichel, le [ʀɔmaniʃɛl] *m, f* (*péj*) Zigeuner(in) *m(f).*

romantique [ʀɔmɑ̃tik] *adj* romantisch.

romantisme [ʀɔmɑ̃tism(ə)] *m* Romantik *f.*

romarin [ʀɔmaʀɛ̃] *m* Rosmarin *m.*

rompre [ʀɔ̃pʀ(ə)] ⟨14⟩ **1.** *vt* brechen; (*digue*) sprengen; (*silence, monotonie*) unterbrechen; (*entretien, relations*) abbrechen; (*fiançailles*) lösen; (*équilibre*) stören; **2.** *vi* (*couple*) sich trennen; **3.** *vpr:* **se** ~ (*branche, digue*) brechen; (*corde, chaîne*) reißen; ~ **avec** (*personne*) brechen mit; (*habitude*) aufgeben; **rompu, e** [ʀɔ̃py] *adj* (*fourbu*) erschöpft, todmüde; ~ **à** (*art, métier*) beschlagen in +*dat.*

ronchonner [ʀɔ̃ʃɔne] ⟨1⟩ *vi* (*fam*) meckern.

rond, e [ʀɔ̃, ɔ̃d] **1.** *adj* [kreis]rund; (*fam*) besoffen; ~**(e) comme une queue de pelle** (*fam*) stockbesoffen; **2.** *m* Kreis *m;* **en** ~ im Kreis; **ne pas avoir un** ~ (*fam*) völlig blank sein; ~ **de serviette** Serviettenring *m.*

ronde [ʀɔ̃d] *f* (*MIL*) Runde *f,* Rundgang *m;* (*danse*) Reigen *m;* (*MUS*) ganze Note; **à 10 km à la** ~**e** im Umkreis von 10 km.

rondelet, te [ʀɔ̃dlɛ, ɛt] *adj* rundlich; (*somme*) nett, hübsch.

rondelle [ʀɔ̃dɛl] *f* (*TECH*) Unterlegscheibe *f;* (*tranche*) Scheibe *f.*

rondement [ʀɔ̃dmɑ̃] *adv* (*promptement*) zügig, prompt; (*carrément*) ohne Umschweife.

rondin [ʀɔ̃dɛ̃] *m* Klotz *m.*

rond-point ⟨ronds-points⟩ [ʀɔ̃pwɛ̃] *m* runder Platz *m,* (*, auf den sternförmig Straßen zulaufen*).

ronfler [ʀɔ̃fle] ⟨1⟩ *vi* (*personne*) schnarchen; (*moteur*) brummen; (*poêle*) bullern.

ronger [ʀɔ̃ʒe] ⟨2⟩ **1.** *vt* annagen, nagen an +*dat;* (*fig*) quälen; **2.** *vpr:* **se** ~ **d'inquiétude** sich vor Sorgen verzehren; **se** ~ **les ongles an** den [Finger]nägeln kauen; **se** ~ **les sangs** vor Sorgen fast umkommen; **rongeur** *m* Nagetier *nt.*

ronronner [ʀɔ̃ʀɔne] ⟨1⟩ *vi* schnurren.

roquette [ʀɔkɛt] *f* (*arme*) Rakete *f.*

rosace [ʀɔzas] *f* Rosette *f.*

rosaire [ʀɔzɛʀ] *m* Rosenkranz *m.*

rosbif [ʀɔsbif] *m* Roastbeef *nt.*

rose [ʀoz] **1.** *adj* rosarot, rosa[farben]; **2.** *f* Rose *f;* **3.** *m* (*couleur*) Rosa[rot] *nt;* ~ *f* **des**

vents Windrose *f*.

rosé, e [ʀoze] **1.** *adj* zartrosa, rosé; **2.** *m*: [**vin**] ~ Rosé[wein] *m*.

roseau ⟨-x⟩ [ʀozo] *m* Schilfrohr *nt*.

rosée [ʀoze] *f* Tau *m*.

roseraie [ʀozʀɛ] *f* Rosengarten *m*.

rosier [ʀozje] *m* Rosenstock *m*.

rosse [ʀɔs] *adj* scharf[züngig], gemein.

rosser [ʀɔse] ⟨1⟩ *vt* (*fam*) verprügeln.

rossignol [ʀɔsiɲɔl] *m* Nachtigall *f*; (*crochet*) Dietrich *m*.

rot [ʀo] *m* Rülpser *m*; (*de bébé*) Bäuerchen *nt*.

rotation [ʀɔtasjɔ̃] *f* Umdrehung *f*, Rotation *f*; (*de personnel*) abwechselnder Dienst; (*POL*) Rotation *f*; ~ **des cultures** Fruchtwechsel *m*; ~ **du stock** (*COMM*) Umsatz *m*.

rôti [ʀoti] *m* Braten *m*; ~ **de bœuf/porc** Rinder-/Schweinebraten *m*.

rotin [ʀɔtɛ̃] *m* Rattan *m*, Peddigrohr *nt*.

rôtir [ʀotiʀ] ⟨8⟩ *vt, vi*: [**faire**] ~ braten;
rôtisserie [ʀotisʀi] *f* ≈ Steakhaus *nt*;
rôtissoire [ʀotiswaʀ] *f* Grill *m* [mit Drehspießen].

rotonde [ʀɔtɔ̃d] *f* (*ARCHIT*) Rundbau *m*.

rotule [ʀɔtyl] *f* Kniescheibe *f*; **être sur les** ~**s** (*fam*) auf dem Zahnfleisch gehen.

rouage [ʀwaʒ] *m* (*d'un mécanisme*) Zahnrad *nt*; (*fig*) Rad *nt* im Getriebe.

roue [ʀu] *f* Rad *nt*; **faire la** ~ ein Rad schlagen; **descendre en** ~ **libre** im Leerlauf hinunterfahren; ~**s avant/arrière** Vorder-/Hinterräder *pl*; ~ **dentée** Zahnrad *nt*; **grande** ~ Riesenrad *nt*; ~ **de secours** Reserverad *nt*.

roué, e [ʀwe] *adj* gerissen.

rouer [ʀwe] ⟨1⟩ *vt*: ~ **qn de coups** jdn verprügeln.

rouet [ʀwɛ] *m* Spinnrad *nt*.

rouge [ʀuʒ] **1.** *adj* rot; **2.** *m* (*couleur*) Rot *nt*; (*fard*) Rouge *nt*; ~ **comme un homard** (*fig*) krebsrot; **passer au** ~ (*feu*) auf Rot schalten; **porter au** ~ (*métal*) rotglühend werden lassen; ~ **à lèvres**] Lippenstift *m*; **vin** ~ Rotwein *m*; **rougeâtre** [ʀuʒɑtʀ(ə)] *adj* rötlich; **rouge-gorge** ⟨rouges-gorges⟩ [ʀuʒɡɔʀʒ] *m* Rotkehlchen *nt*.

rougeole [ʀuʒɔl] *f* Masern *pl*.

rouget [ʀuʒɛ] *m* Seebarbe *f*.

rougeur [ʀuʒœʀ] *f* Röte *f*.

rougir [ʀuʒiʀ] ⟨8⟩ *vi* rot werden; (*d'émotion*) erröten.

rouille [ʀuj] **1.** *f* Rost *m*; **2.** *adj inv* (*couleur*) rostfarben, rostrot; **rouillé, e** *adj* verrostet, rostig; **rouiller** [ʀuje] ⟨1⟩ **1.** *vt* rosten lassen; (*fig*) einrosten lassen; **2.** *vi* rosten; **3.** *vpr*: **se** ~ rosten; (*fig*) einrosten.

roulant, e [ʀulɑ̃, ɑ̃t] *adj*: **fauteuil** ~/**chaise** ~**e** Rollstuhl *m*; **trottoir/tapis** ~ Rollsteg *m*.

rouleau ⟨-x⟩ [ʀulo] *m* Rolle *f*; (*de machine à*

écrire) Walze *f*; (*à peinture*) Roller *m*, Rolle *f*; (*vague*) être au bout du ~ am Ende sein; ~ **compresseur** Dampfwalze *f*; ~ **à pâtisserie** Nudelholz *nt*; ~ **de printemps** (*GASTR*) unfritierte, mit rohen Gemüsen und Shrimps gefüllte Reisteigrolle.

roulement [ʀulmɑ̃] *m* (*d'équipes*) Wechsel *m*; (*d'ouvriers*) Schicht[wechsel *m*] *f*; ~ [**à billes**] Kugellager *nt*.

rouler [ʀule] ⟨1⟩ **1.** *vt* rollen; (*tissu, papier, tapis*) aufrollen; (*cigarette*) drehen; (*yeux*) verdrehen, rollen mit; (*pâte*) auswalzen; (*fam: tromper*) reinlegen; **2.** *vi* rollen; (*véhicule, conducteur*) fahren; (*bateau*) rollen, schlingern; **3.** *vpr*: **se** ~ **dans** (*boue*) sich wälzen in +*dat*; (*couverture*) sich einrollen in +*akk*.

roulette [ʀulɛt] *f* (*d'une table, d'un fauteuil*) Rolle *f*; (*de pâtissier*) Teigrädchen *nt*; **la** ~ (*jeu*) Roulett *nt*.

roulotte [ʀulɔt] *m* [Plan]wagen *m*.

roumain, e [ʀumɛ̃, ɛn] *adj* rumänisch; **Roumain, e** *m, f* Rumäne *m*, Rumänin *f*; **Roumanie** [ʀumani] *f*: **la** ~ Rumänien *nt*.

rouquin, e [ʀukɛ̃, in] *m, f* Rotschopf *m*.

rousse [ʀus] *adj v.* **roux**.

roussi [ʀusi] *m*: **ça sent le** ~ es riecht angebrannt; (*fig*) da ist etwas faul.

roussir [ʀusiʀ] ⟨8⟩ **1.** *vt* (*linge*) ansengen; **2.** *vi* (*feuilles*) sich rot färben; **faire** ~ (*GASTR*) [an]bräunen.

route [ʀut] *f* Straße *f*; (*parcours, fig*) Weg *m*, Route *f*; **par** [**la**] ~ auf dem Landweg, zu Lande; **en** ~ unterwegs; **en cours de** ~ (*fig*) auf halbem Weg; **en** ~ **tous les gehts!**; **bonne** ~! gute Fahrt!; **faire fausse** ~ (*fig*) sich irren, völlig danebenliegen; **il y a 3 h de** ~ es ist eine Strecke von 3 Stunden; **se mettre en** ~ sich auf den Weg machen; **ne pas tenir la** ~ (*projet*) abwegig sein; ~ **de contournement** Umgehungsstraße *f*; ~ **nationale** ≈ Bundesstraße *f*; **les accidents de la** ~ die Verkehrsunfälle.

routier, -ière [ʀutje, ɛʀ] **1.** *adj* Straßen-; **2.** *m* (*camionneur*) Lastwagenfahrer(in) *m(f)*.

routine [ʀutin] *f* Routine *f*; **routinier, -ière** [ʀutinje, ɛʀ] *adj* (*personne*) starr; (*procédé*) routinemäßig, eingefahren.

rouvrir [ʀuvʀiʀ] ⟨11⟩ **1.** *vt, vi* wieder öffnen; (*débat*) wiedereröffnen; **2.** *vpr*: **se** ~ (*porte*) sich wieder öffnen; (*blessure*) wieder aufgehen.

roux, rousse [ʀu, ʀus] **1.** *adj* (*cheveux*) rot; (*personne*) rothaarig; **2.** *m, f* Rothaarige(r) *mf*; **3.** *m* (*GASTR*) Mehlschwitze *f*.

royal, e [ʀwajal, wajo] *adj* königlich; (*festin, cadeau*) fürstlich, prachtvoll; (*indifférence, paix*) göttlich.

royaume [ʀwajom] *m* Königreich *nt*; (*fig*) Reich *m*; **le Royaume-Uni** das Vereinigte

Königreich.

royauté [ʀwajote] f (dignité) Königswürde f; (régime) Monarchie f.

R.P.R. m abr de **Rassemblement pour la République** konservative Partei Frankreichs.

RSVP abr de **répondez s'il vous plaît** u.A.w.g.

R.T.L. abr de **Radio-Télévision Luxembourg** RTL nt.

ruban [ʀybɑ̃] m Band nt; (de téléscripteur, etc) Streifen m; (de machine à écrire) Farbband nt; ~ **adhésif** Klebestreifen m; ~ **correcteur** Korrekturband nt.

rubéole [ʀybeɔl] f Röteln pl.

rubis [ʀybi] m Rubin m.

rubrique [ʀybʀik] f Rubrik f; (dans journal) Spalte f.

ruche [ʀyʃ] f Bienenstock m.

rude [ʀyd] adj hart, rauh; **une ~ hiver très ~** ein strenger Winter; **une ~ journée** ein harter Tag; **il a été à ~ école** er hat eine harte Schule durchgemacht.

rudimentaire [ʀydimɑ̃tɛʀ] adj Grund-; unzureichend; **connaissances ~s** minimale Kenntnisse.

rudiments [ʀydimɑ̃] mpl Grundlagen pl.

rue [ʀy] f Straße f.

ruée [ʀɥe] f Gedränge nt; (fig) Run m (sur auf +akk); **la ~ vers l'or** der Goldrausch.

ruelle [ʀɥɛl] f Gäßchen nt, Sträßchen nt.

ruer [ʀɥe] ⟨1⟩ 1. vi (cheval) ausschlagen; ~ **dans les brancards** (fig) bocken; 2. vpr: se ~ **sur/vers** sich stürzen auf +akk; se ~ **dans/hors** sich stürzen in +akk/hinausstürzen aus.

rugby [ʀygbi] m Rugby nt.

rugir [ʀyʒiʀ] ⟨8⟩ 1. vi brüllen; (moteur) dröhnen, heulen; 2. vt brüllen.

rugueux, -euse [ʀygø, øz] adj rauh.

ruine [ʀɥin] f (d'un édifice) Ruine f; (fig) Ruin m; **tomber en ~** zerfallen; **ruiner** ⟨1⟩ 1. vt ruinieren; 2. vpr: se ~ sich ruinieren.

ruisseau ⟨-x⟩ [ʀɥiso] m Bach m; (caniveau) Gosse f.

ruisseler [ʀɥis(ə)le] ⟨3⟩ vi (eau, larmes) strömen; (pluie) in Strömen fließen; (mur, arbre) tropfen; ~ **de larmes/sueur** tränenüberströmt/schweißgebadet sein.

rumeur [ʀymœʀ] f (nouvelle) Gerücht nt; (bruit confus) Lärm m; (de voix) Gemurmel nt.

ruminer [ʀymine] ⟨1⟩ 1. vt wiederkäuen; (fig) mit sich herumtragen; 2. vi (vache) wiederkäuen.

rupture [ʀyptyʀ] f (d'un câble) Zerreißen nt; (d'une digue) Bruch m; (d'un tendon) Riß m; (des négociations) Abbruch m; (séparation) Trennung f; ~ **des relations diplomatiques** (POL) Abbruch m der diplo-

matischen Beziehungen.

rural, e ⟨-ruraux⟩ [ʀyʀal, o] adj ländlich, Land-.

ruse [ʀyz] f List f; **par ~** durch eine List; **rusé, e** adj gewitzt, listig.

russe [ʀyz] adj russisch; **Russe** m/f Russe m, Russin f; **Russie** [ʀysi] f: **la ~** Rußland nt.

rustique [ʀystik] adj (mobilier) rustikal; (vie) ländlich; (plante) widerstandsfähig.

rustre [ʀystʀ(ə)] m Flegel m, Bauer m.

R.V. abr de **rendez-vous** Termin m.

rythme [ʀitm(ə)] m Rhythmus m; (de la vie) Tempo nt; **rythmé, e** adj rhythmisch; **rythmique** [ʀitmik] 1. adj rhythmisch; 2. f: **la ~** die Rhythmik.

S

S, s [ɛs] m S, s nt.

s. abr de **siècle** Jh.

S.A. abr de **Société anonyme** AG f.

sable [sɑbl(ə)] m Sand m; ~**s mouvants** Treibsand m.

sablé [sɑble] m Butterkeks m.

sabler [sɑble] ⟨1⟩ vt mit Sand bestreuen; (route verglacée) streuen; (pour nettoyer) sandstrahlen; ~ **le champagne** [aus einem feierlichen Anlaß] Champagner trinken.

sablier [sɑblije] m Sanduhr f; (de cuisine) Eieruhr f.

sablière [sɑblijɛʀ] f (carrière) Sandgrube f.

sablonneux, -euse [sɑblɔnø, øz] adj sandig.

sabot [sabo] m Holzschuh m; (ZOOL) Huf m; ~ **de Denver** (AUTO) [Park]kralle f.

saboter [sabɔte] ⟨1⟩ vt sabotieren.

sabre [sɑbʀ(ə)] m Säbel m.

sac [sak] m Tasche f; (à charbon, à pommes de terre, etc) Sack m; (en papier) Tüte f; (pillage) Plünderung f; **mettre à ~** plündern; ~ **de couchage** Schlafsack m; ~ **à dos** Rucksack m; ~ **à main** Handtasche f; ~ **en plastique** Plastiktüte f; ~ **poubelle** Müllsack m; ~ **à provisions** Einkaufstasche f.

saccade [sakad] f Ruck m.

saccager [sakaʒe] ⟨2⟩ vt plündern; (fig) verwüsten.

saccharine [sakaʀin] f Süßstoff m.

S.A.C.E.M. [sasɛm] f acr de **Société des auteurs, compositeurs, éditeurs de musique** ≈ GEMA f.

sachet [saʃɛ] m [kleine] Tüte, Beutel m; ~ **de thé** Teebeutel m; **potage en ~** Tütensuppe f.

sacoche [sakɔʃ] f Tasche f; (de vélo, de moto) Satteltasche f.

sacré, e [sakʀe] *adj* heilig; *(fam)* verdammt.
sacrement [sakʀəmã] *m* Sakrament *nt*.
sacrifice [sakʀifis] *m* Opfer *nt*; **faire des ~s** Opfer bringen.
sacrifier [sakʀifje] ⟨1⟩ **1.** *vt* opfern; **2.** *vpr*: **se ~** sich [auf]opfern; **~ à** *(obéir à)* sich unterordnen +*dat*.
sacrilège [sakʀilɛʒ] **1.** *m* Sakrileg *nt*; *(fig)* Frevel *m*; **2.** *adj* frevelhaft.
sacristie [sakʀisti] *f* Sakristei *f*.
sacro-saint, e [sakʀɔsɛ̃, ɛ̃t] *adj* hochheilig.
sadique [sadik] **1.** *adj* sadistisch; **2.** *m/f* Sadist(in) *m(f)*; **sadisme** [sadism(ə)] *m* Sadismus *m*.
sagace [sagas] *adj* scharfsinnig.
sage [saʒ] **1.** *adj* klug, weise; *(enfant)* artig, brav; **2.** *m* Weise(r) *m*; **sage-femme** *(sages-femmes)* *f* Hebamme *f*; **sagesse** [saʒɛs] *f* Klugheit *f*, Weisheit *f*.
Sagittaire [saʒitɛʀ] *m* (*ASTR*) Schütze *m*.
saignant, e [sɛɲã, ãt] *adj* *(viande)* blutig, englisch; *(blessure, plaie)* blutend.
saignée [seɲe] *f* (*MÉD*) Aderlaß *m*; *(fig)* schwerer Verlust; **la ~ du bras** (*ANAT*) die Armbeuge.
saignement [sɛɲmã] *m* Blutung *f*; **~ de nez** Nasenbluten *nt*.
saigner [seɲe] ⟨1⟩ **1.** *vi* bluten; **2.** *vt* (*MÉD*) Blut entnehmen +*dat*; *(animal)* abschlachten; *(fig)* ausbluten.
saillie [saji] *f* *(d'une construction)* Vorsprung *m*.
saillir [sajiʀ] *irr comme* assaillir, *vi* *(faire saillie)* vorstehen.
sain, e [sɛ̃, sɛn] *adj* gesund; **~ et sauf** unversehrt.
saindoux [sɛ̃du] *m* Schweineschmalz *nt*.
saint, e [sɛ̃, sɛ̃t] **1.** *adj* heilig; **2.** *m, f* Heilige(r) *mf*; **3.** *m* *(statue)* Heiligenstatue *f*; **~ Pierre** der heilige Petrus; *(église)* Sankt Peter; **une ~e nitouche** eine Scheinheilige; **saint-bernard** [sɛ̃bɛʀnaʀ] *m inv* *(chien)* Bernhardiner *m*; **sainteté** [sɛ̃tte] *f* Heiligkeit *f*; **Saint-Siège** [sɛ̃sjɛʒ] *m*: **le ~** *(pape)* der Heilige Stuhl; **Saint-Sylvestre** [sɛ̃silvɛstʀ] *f*: **la ~** Silvester *m o nt*.
saisie [sezi] *f* (*JUR*) Beschlagnahme *f*; Pfändung *f*; *(INFORM: de données)* Erfassung *f*; **saisir** ⟨8⟩ *vt* nehmen, ergreifen; *(comprendre)* erfassen; *(GASTR)* kurz [an]braten; *(INFORM)* erfassen; *(JUR)* beschlagnahmen; *(pour dettes)* pfänden; **~ un tribunal d'une affaire** ein Gericht wegen einer Sache anrufen; **saisissant, e** [sezisã, ãt] *adj* ergreifend; **saisissement** *m*: **muet(te)/figé(e) de ~** überwältigt/wie gelähmt.
saison [sɛzõ] *f* Jahreszeit *f*; *(époque)* Zeit *f*; *(touristique)* Saison *f*; **en/hors ~** während/außerhalb der Saison; **pleine ~** Hochsaison *f*; **saisonnier, -ière** [sɛzɔnje,

ɛʀ] **1.** *adj* *(produits)* der entsprechenden Jahreszeit; **2.** *m, f* *(travailleur)* Saisonarbeiter(in) *m(f)*.
salade [salad] *f* Salat *m*; (*BOT*) Salatpflanze *f*; **raconter des ~s** *(fam)* Märchen erzählen; **~ composée** gemischter Salat; **~ de fruits** Fruchtsalat *m*; **saladier** [saladje] *m* [Salat]schüssel *f*.
salaire [salɛʀ] *m* Lohn *m*; *(d'un employé)* Gehalt *nt*; **~ de base** Grundgehalt *nt*/-lohn *m*.
salaison [salɛzõ] *f* *(opération)* Einsalzen *nt*; **~s** *fpl* *(produits)* Pökelfleisch *nt*/-fisch *m*, Gepökelte(s) *nt*.
salarié, e [salaʀje] *m, f* Lohn-/Gehaltsempfänger(in) *m(f)*.
salaud [salo] *m* (*fam!*) Scheißkerl *m*.
sale [sal] *adj* schmutzig; *(fam: avant le nom)* Drecks-.
salé, e [sale] *adj* salzig; *(GASTR)* gesalzen; *(histoire, plaisanterie)* schlüpfrig, pikant; *(fam: addition)* gesalzen.
saler [sale] ⟨1⟩ *vt (plat)* salzen; *(pour conserver)* pökeln.
saleté [salte] *f* Schmutz *m*; *(chose sans valeur)* Mist *m*; **~s** *(actions viles, obscénités)* Schweinereien *pl*.
salière [saljɛʀ] *f* *(récipient)* Salznäpfchen *nt*.
salin, e [salɛ̃, in] **1.** *adj* salzig; **2.** *f* Saline *f*.
salir [saliʀ] ⟨8⟩ *vt* beschmutzen, schmutzig machen; *(personne, réputation)* besudeln, beschmutzen.
salissant, e [salisã, ãt] *adj* leicht schmutzend, heikel; *(métier)* schmutzig.
salive [saliv] *f* Speichel *m*; **saliver** ⟨1⟩ *vi* sabbern.
salle [sal] *f* Zimmer *nt*, großer Raum; *(de musée)* Saal *m*; *(public)* Zuschauer *pl*; **faire ~ comble** ein volles Haus haben; **sortir dans les ~s** *(film)* in die Kinos kommen, anlaufen; **~ d'attente** *(gare)* Wartesaal *m*; *(médecin)* Wartezimmer *nt*; **~ de bain[s]** Badezimmer *nt*; **~ à manger** Eßzimmer *nt*; **~ de séjour** Wohnzimmer *nt*.
salon [salõ] *m* Salon *m*; *(pièce)* Wohnzimmer *nt*; *(mobilier)* Polstergarnitur *f*; **~ de coiffure** Friseursalon *m*; **~ de thé** Café *nt*.
salopard [salopaʀ] *m* (*fam!*) Scheißkerl *m*.
saloperie [salopʀi] *f* (*fam!*) Schweinerei *f*, Sauerei *f*.
salopette [salopɛt] *f* Latzhose *f*; *(de travail)* Overall *m*.
salsifis [salsifi] *m* Schwarzwurzel *f*.
salubre [salybʀ(ə)] *adj* *(climat, etc)* gesund.
saluer [salɥe] ⟨1⟩ *vt* grüßen; *(pour dire au revoir)* sich verabschieden von; *(MIL)* salutieren.
salut [saly] **1.** *m* *(sauvegarde)* Wohl *nt*, Sicherheit *f*; (*REL*) Erlösung *f*, Heil *nt*; *(geste, parole)* Gruß *m*; *(MIL)* Salut *m*; **2.** *excl*

(fam) hallo; *(au revoir)* tschüs.
salutaire [salytɛʀ] *adj* heilsam, nützlich.
salutations [salytasjɔ̃] *fpl:* **recevez mes ~ distinguées** ≈ mit freundlichen Grüßen.
samedi [samdi] *m* Samstag *m,* Sonnabend *m;* **le ~, tous les ~s** samstags, sonnabends.
S.A.M.U. [samy] *m acr de* **service d'aide médicale d'urgence** Notarztdienst *m.*
sanctifier [sɑ̃ktifje] ⟨1⟩ *vt* heiligen.
sanction [sɑ̃ksjɔ̃] *f* Sanktion *f;* **~s économiques** Wirtschaftssanktionen *pl.*
sanctuaire [sɑ̃ktɥɛʀ] *m* heiliger Ort; *(d'une église)* Altarraum *m.*
sandwich ⟨-(e)s⟩ [sɑ̃dwitʃ] *m* Sandwich *nt,* belegtes Brot; **pris en ~ [entre]** *(fam)* eingeklemmt [zwischen +*dat*].
sang [sɑ̃] *m* Blut *nt;* **se faire du mauvais ~** sich *dat* Sorgen machen; **sang-froid** *m* Kaltblütigkeit *f;* **garder son ~** ruhig Blut bewahren; **perdre son ~** die Fassung verlieren.
sanglant, e [sɑ̃glɑ̃, ɑ̃t] *adj* blutig; *(reproche, affront)* tief verletzend.
sangle [sɑ̃gl(ə)] *f* Gurt *m.*
sanglier [sɑ̃glije] *m* Wildschwein *nt.*
sangloter [sɑ̃glɔte] ⟨1⟩ *vi* schluchzen.
sanguin, e [sɑ̃gɛ̃, in] **1.** *adj* Blut-; *(tempérament)* hitzig; **2.** *f (orange)* Blutorange *f;* *(ART)* Rötelzeichnung *f.*
sanguinaire [sɑ̃ginɛʀ] *adj* blutrünstig.
sanitaire [sanitɛʀ] *adj* sanitär, Gesundheits-; **installations ~s** Sanitäreinrichtungen *pl.*
sans [sɑ̃] *prép* ohne +*akk;* **~ qu'il s'en aperçoive** ohne daß er es merkt; **sans-abri** [sɑ̃zabʀi] *m/f inv,* **sans-façon** *m inv* Ungezwungenheit *f;* **sans-faute** *m inv (SPORT)* fehlerfreier Lauf; *(fig)* Glanzleistung *f;* **sans-gêne 1.** *adj inv* ungeniert; **2.** *m inv* Ungeniertheit *f;* **sans-logis** *m/f inv* Obdachlose(r) *mf.*
santé [sɑ̃te] *f* Gesundheit *f;* **boire à la ~ de qn** auf jds Wohl trinken; **être en bonne ~** gesund sein; **[à ta] ~!** prost!
saoudien, ne [saudjɛ̃, ɛn] *adj* saudiarabisch; **Saoudien, ne** *m, f* Saudi *mf.*
saoul, e [su, sul] *adj v.* **soûl.**
saper [sape] ⟨1⟩ *vt* untergraben; *(fig)* unterminieren; **sapeur** *m (MIL)* Pionier(in) *m(f);* **sapeur-pompier** ⟨sapeurs-pompiers⟩ *m* Feuerwehrmann *m.*
sapin [sapɛ̃] *m* Tanne *f,* Tannenbaum *m;* **~ de Noël** Weihnachtsbaum *m.*
sarcastique [saʀkastik] *adj* sarkastisch.
sarcler [saʀkle] ⟨1⟩ *vt* jäten.
sarcome [saʀkom] *m* Sarkom *nt,* bösartige Geschwulst; **~ de Kaposi** Kaposi-Sarkom *nt.*
Sardaigne [saʀdɛɲ] *f:* **la ~** Sardinien *nt;* **sarde** [saʀd(ə)] *adj* sardisch.

sardine [saʀdin] *f* Sardine *f.*
sari [saʀi] *m* Sari *m.*
S.A.R.L. *f abr de* **Société à responsabilité limitée** GmbH *f.*
sarment [saʀmɑ̃] *m:* **~ [de vigne]** Weinranke *f.*
sarrau ⟨s⟩ [saʀo] *m* Kittel *m.*
Sarre [saʀ] *f:* **la ~** das Saarland; *(rivière)* die Saar; **Sarrebruck** [saʀbʀyk] *m* Saarbrücken *nt.*
sarriette [saʀjɛt] *f (BOT, GASTR)* Bohnenkraut *nt.*
sas [sɑs] *m (pièce étanche)* Luftschleuse *f;* Verbindungsschleuse *f;* *(d'une écluse)* Schleusenkammer *f.*
satané, e [satane] *adj (devant le nom)* verflucht.
satanique [satanik] *adj* teuflisch.
satellite [satelit] *m* Satellit *m;* **~ d'observation** Forschungssatellit *m;* **~ de télévision** Fernsehsatellit *m.*
satiété [sasjete] *f:* **manger/boire à ~** sich satt essen/seinen Durst löschen; **répéter à ~** bis zum Überdruß wiederholen.
satin [satɛ̃] *m* Satin *m;* **satiné, e** [satine] *adj* satiniert; *(peau)* seidig.
satirique [satiʀik] *adj* satirisch.
satisfaction [satisfaksjɔ̃] *f (action)* Befriedigung *f;* *(état)* Zufriedenheit *f;* **donner ~ [à qn]** [jdn] zufriedenstellen; **obtenir ~** Genugtuung erlangen.
satisfaire [satisfɛʀ] *irr comme* **faire,** *vt* befriedigen; **~ à** erfüllen +*akk;* **satisfait, e** [satisfɛ, ɛt] *adj* zufrieden *(de* mit).
saturation [satyʀasjɔ̃] *f (PHYS)* Sättigung *f;* *(de l'emploi, du marché)* Übersättigung *f.*
saturer [satyʀe] ⟨1⟩ *vt* übersättigen *(de* mit).
sauce [sos] *f* Soße *f;* **en ~** im Saft; **~ tomate** Tomatensoße *f;* **saucière** [sosjɛʀ] *f* Sauciere *f,* Soßenschüssel *f.*
saucisse [sosis] *f* Bratwurst *f;* Würstchen *nt.*
saucisson [sosisɔ̃] *m* Wurst *f;* **~ sec/à l'ail** Hart-/Knoblauchwurst *f;* **saucissonner** [sosisɔne] ⟨1⟩ *vt (fam)* picknicken.
sauf [sof] *prép* außer +*dat;* **~ si** außer, wenn; **~ empêchement** wenn nichts dazwischenkommt; **~ erreur** wenn ich mich nicht irre; **~ avis contraire** sofern nichts Gegenteiliges zu hören ist.
sauf, sauve [sof, sov] *adj* unbeschadet; **laisser la vie sauve à qn** jds Leben verschonen; **sauf-conduit** ⟨sauf-conduits⟩ *m (lettre)* Geleitbrief *m.*
sauge [soʒ] *f* Salbei *m.*
saugrenu, e [sogʀəny] *adj* absurd.
saule [sol] *m* Weide *f;* **~ pleureur** Trauerweide *f.*
saumon [somɔ̃] *m* Lachs *m.*

saumure [somyʀ] f Salzlake f.

sauna [sona] m Sauna f; **faire du ~** saunieren.

saupoudrer [sopudʀe] ⟨1⟩ vt bestreuen.

saur [sɔʀ] adj: **hareng ~** Bückling m.

saut [so] m Sprung m; **au ~ du lit** beim Aufstehen; **faire un ~ chez qn** auf einen Sprung bei jdm vorbeischauen; **~ en hauteur/longueur** Hoch-/Weitsprung m; **~ d'obstacles** Springreiten m; **~ en parachute** Fallschirmspringen nt; **~ à la perche** Stabhochsprung m; **~ périlleux** Salto mortale m.

saute [sot] f: **~ de vent** Windumsprung m; **avoir des ~s d'humeur** wechselhaft sein; **~ de température** Temperatursschwung m.

sauté, e [sote] **1.** adj (GASTR) gebraten; **2.** m: **~ de veau** Kalbsbraten m.

sauter [sote] ⟨1⟩ **1.** vi (bondir) springen; (exploser) in die Luft fliegen; (fusibles) durchbrennen; (se rompre) reißen; **2.** vt (obstacle) überspringen; (omettre) überspringen, auslassen; **faire ~** (avec des explosifs) sprengen; (GASTR) braten; **~ à la corde** seilspringen; **~ au cou de qn** jdm um den Hals fallen; **~ de joie** vor Freude hüpfen; **~ à pieds joints** aus dem Stand springen; **~ en parachute** mit dem Fallschirm abspringen.

sauterelle [sotʀɛl] f Heuschrecke f.

sautiller [sotije] ⟨1⟩ vi hopsen, hüpfen.

sauvage [sovaʒ] **1.** adj wild; (insociable) ungesellig, scheu; **2.** m/f Wilde(r) mf; (brute) Barbar(in) m(f).

sauve [sov] adj v. **sauf**.

sauvegarde [sovgaʀd(ə)] f Schutz m; (INFORM) Sicherungskopie f; **clause de ~** (JUR) Vorbehaltsklausel f; **sauvegarder** ⟨1⟩ vt schützen; (INFORM) speichern, sichern.

sauve-qui-peut [sovkipø] **1.** m inv Panik f; **2.** excl rette sich, wer kann.

sauver [sove] ⟨1⟩ **1.** vt retten; **2.** vpr: **se ~** (fam: partir) abhauen; **~ qn de** jdn retten aus.

sauvetage [sov(ə)taʒ] m Rettung f.

sauvette [sovɛt] adv: **à la ~** (se marier, etc) überstürzt; **vendeur à la ~** illegaler [fliegender] Händler.

sauveur [sovœʀ] m Retter(in) m(f); **le Sauveur** (REL) der Erlöser.

S.A.V. m abr de service après vente Kundendienst m.

savamment [savamɑ̃] adv (avec érudition) gelehrt; (habilement) geschickt.

savant, e [savɑ̃, ɑ̃t] **1.** adj (instruit) gelehrt; (édition, travaux) wissenschaftlich; (fig) bewandert; (démonstration, combinaison) geschickt; **chien ~** Hund m, der Kunststückchen vorführen kann; **2.** m, f Gelehrte(r) mf.

saveur [savœʀ] f (goût) Geschmack m; (fig) Reiz m.

Savoie [savwa] f: **la ~** Savoyen nt.

savoir [savwaʀ] ⟨12⟩ **1.** vt wissen; (connaître) können; **2.** m (culture, érudition) Wissen nt; **à ~** nämlich; **faire ~ qch à qn** jdn etw wissen lassen; **~ nager** (être capable de) schwimmen können; **sans le ~** unbewußt, automatisch; **savoir-faire** m inv: **le ~** das Know-how; **savoir-vivre** m inv gute Manieren pl.

savon [savɔ̃] m Seife f; **passer un ~ à qn** (fam) jdm den Kopf waschen; **savonner** [savone] ⟨1⟩ vt einseifen; **savonnette** f Toilettenseife f; **savonneux, -euse** adj seifig.

savourer [savuʀe] ⟨1⟩ vt genießen; **savoureux, -euse** adj köstlich.

Saxe [saks] f: **la ~** Sachsen nt; **la ~-Anhalt** Sachsen-Anhalt nt.

scandale [skɑ̃dal] m Skandal m; **faire ~** Anstoß erregen; **faire du ~** (tapage) einen Spektakel machen; **scandaleux, -euse** adj skandalös; (prix) empörend; **scandaliser** ⟨1⟩ vt entrüsten.

scanner [skanɛʀ] m (INFORM) Scanner m.

scaphandre [skafɑ̃dʀ(ə)] m (de plongeur) Taucheranzug m.

scarabée [skaʀabe] m Mistkäfer m.

scarlatine [skaʀlatin] f Scharlach m.

sceau ⟨-x⟩ [so] m (cachet) Siegel nt; (fig) Stempel m.

scélérat, e [seleʀa, at] m, f Schurke m, Schurkin f.

sceller [sele] ⟨1⟩ vt besiegeln; (lettre, ouverture) versiegeln.

scénario [senaʀjo] m Szenario m.

scène [sɛn] f Szene f; (lieu de l'action) Schauplatz m; **la ~** (THÉÂT) die Bühne; **entrer en ~** auftreten; **mettre en ~** inszenieren; **~ de ménage** Ehekrach m.

sceptique [sɛptik] adj skeptisch.

sceptre [sɛptʀ(ə)] m Zepter nt.

schéma [ʃema] m Schema m; **schématique** adj schematisch.

schisme [ʃism(ə)] m Spaltung f.

schizophrène [skizofʀɛn] m/f Schizophrene(r) mf.

Schleswig-Holstein [ʃlɛsvikolʃtajn] m: **le ~** Schleswig-Holstein m.

sciatique [sjatik] m Ischias m.

scie [si] f Säge f; **~ à bois/métaux** Holz-/Metallsäge f; **~ circulaire** Kreissäge f; **~ à guichet** Stichsäge f; **~ à ruban** Bandsäge f.

sciemment [sjamɑ̃] adv wissentlich.

science [sjɑ̃s] f Wissenschaft f; (connaissance) Wissen nt; **les ~s** (SCOL) die Naturwissenschaften pl; **~s politiques** Politologie f, Politikwissenschaft f; **science-fiction** [sjɑ̃sfiksjɔ̃] f Science-fiction f; **scientifi-**

que [sjɑ̃tifik] **1.** adj wissenschaftlich; **2.** m/f Wissenschaftler(in) m(f).

scier [sje] ⟨1⟩ vt sägen; **scierie** [siʀi] f Sägewerk nt.

scinder [sɛ̃de] ⟨1⟩ **1.** vt aufspalten; **2.** vpr: **se ~** (parti) sich aufspalten.

scintiller [sɛ̃tije] ⟨1⟩ vi funkeln.

sciure [sjyʀ] f: **~ [de bois]** Sägemehl nt.

sclérose [skleʀoz] f Sklerose f; (fig) Verknöcherung f; **~ artérielle** Arterienverkalkung f.

scolaire [skɔlɛʀ] adj Schul-, schulisch; **en âge ~** im Schulalter; **l'année ~** das Schuljahr.

scolariser [skɔlaʀize] ⟨1⟩ vt mit Schulen versorgen.

scolarité [skɔlaʀite] f Schulbesuch m; Schulzeit f; **frais de ~** Schulgeld nt; **la ~ obligatoire** die Schulpflicht.

scooter [skutœʀ] m Motorroller m.

score [skɔʀ] m Punktstand m.

scorpion [skɔʀpjɔ̃] m (ZOOL) Skorpion m; **Scorpion** (ASTR) Skorpion m.

scotch® [skɔtʃ] m Tesafilm® m.

scout [skut] m Pfadfinder(in) m(f); **scoutisme** [skutism(ə)] m Pfadfinderbewegung f.

scribe [skʀib] m Schreiber(in) m(f); (péj) Schreiberling m.

script [skʀipt] **1.** adj: (écriture) **~** Druckschrift f; **2.** m (CINÉ) Drehbuch nt.

scrupule [skʀypyl] m Skrupel m; **scrupuleux, -euse** adj gewissenhaft.

scrutateur, -trice [skʀytatœʀ, tʀis] adj (regard) forschend.

scruter [skʀyte] ⟨1⟩ vt erforschen; (motifs, comportement) ergründen.

scrutin [skʀytɛ̃] m Wahl f; **~ à deux tours** Wahl f mit zwei Durchgängen; **~ majoritaire** (POL) Mehrheitswahlrecht nt.

sculpter [skylte] ⟨1⟩ vt in Stein hauen; (pierre) meißeln; (bois) schnitzen; **sculpteur** m Bildhauer(in) m(f); **sculpture** [skyltyʀ] f Skulptur f.

S.D.F. m/f abr de **sans-domicile-fixe** Obdachlose(r) mf.

se [s(ə)] pron sich; **~ casser la jambe/laver les mains** sich dat das Bein brechen/die Hände waschen.

séance [seɑ̃s] f Sitzung f; (récréative, musicale) Veranstaltung f; (CINÉ, THÉÂT) Vorstellung f; **~ tenante** unverzüglich.

séant, e [seɑ̃, ɑ̃t] **1.** adj anständig; **2.** m (fam) Gesäß nt, Hintern m.

seau (-x) [so] m Eimer m; **~ à glace** Eiskühler m.

sébum [sebɔm] m Talg m.

sec, sèche [sɛk, sɛʃ] **1.** adj trocken; (fruits) getrocknet; (bruit) kurz; (insensible) hart; (réponse, ton) schroff; **2.** m: **tenir au ~**

trocken aufbewahren; **3.** adv (démarrer) hart.

sécateur [sekatœʀ] m Gartenschere f.

sécession [sesesjɔ̃] f: **faire ~** sich abspalten.

sèche [sɛʃ] adj v. **sec**; **sèche-cheveux** m inv Fön® m; **sèche-linge** m inv Wäschetrockner m.

sécher [seʃe] ⟨5⟩ **1.** vt trocknen; (peau) austrocknen; (fam SCOL) schwänzen; **2.** vi trocknen; (fam: candidat) keine Antwort wissen.

sécheresse [seʃʀɛs] f Trockenheit f; (fig: du ton) Schroffheit f.

séchoir [seʃwaʀ] m (à linge) Wäschetrockner m; (à cheveux) Fön® m.

second, e [s(ə)gɔ̃, ɔ̃d] **1.** adj zweite(r, s); **2.** m, f (personne) Zweite(r) mf; **3.** m (adjoint) zweiter Mann; (étage) zweiter Stock; (NAUT) Unteroffizier m, Maat m; **4.** f (partie d'une minute) Sekunde f; (SCOL) Obersekunda f; **voyager en ~e** zweiter Klasse reisen; **secondaire** [s(ə)gɔ̃dɛʀ] adj (accessoire) sekundär, nebensächlich; (SCOL) höher, weiterführend; **secondement** adv zweitens.

seconder [s(ə)gɔ̃de] ⟨1⟩ vt unterstützen, helfen +dat.

secouer [s(ə)kwe] ⟨1⟩ vt schütteln; (tapis) ausschütteln; (passagers) durchschütteln; (séisme) erschüttern; **être secoué(e)** (fam) nicht [ganz] richtig ticken.

secourir [s(ə)kuʀiʀ] irr comme courir, vt helfen +dat.

secourisme [s(ə)kuʀism(ə)] m Erste Hilfe; **secouriste** m/f Sanitäter(in) m(f).

secours [s(ə)kuʀ] m Hilfe f; **~** mpl (soins, équipes de secours) Hilfe f; (aide matérielle) Unterstützung f; **les premiers ~** die Erste Hilfe; **appeler au ~** um Hilfe rufen; **aller au ~ de qn** jdm zu Hilfe kommen.

secousse [s(ə)kus] f Erschütterung f; Stoß m; (électrique) Schlag m; **~ sismique, ~ tellurique** Erdstoß m.

secret, -ète [səkʀɛ, ɛt] **1.** adj geheim; (renfermé) reserviert; **2.** m Geheimnis nt; (discrétion) Verschwiegenheit f; **en ~** insgeheim; **~ médical** (MÉD) ärztliche Schweigepflicht.

secrétaire [s(ə)kʀetɛʀ] **1.** m/f Sekretär(in) m(f); **2.** m (meuble) Sekretär m; **~ de direction** Chefsekretär(in) m(f); **~ d'État** (POL) Staatssekretär(in) m(f); **~ général** Generalsekretär(in) m(f).

secrétariat [s(ə)kʀetaʀja] m (profession) Beruf m eines Sekretärs/einer Sekretärin; (bureau) Sekretariat nt; (fonction) Amt nt des Schriftführers.

sécréter [sekʀete] ⟨5⟩ vt absondern.

sectaire [sɛktɛʀ] adj sektiererisch.

secte [sɛkt(ə)] f Sekte f.

secteur [sɛktœʀ] m Sektor m, Bereich m; **branché(e) sur le ~** (ÉLEC) ans [Strom]netz nt angeschlossen; **~ privé/public** (ÉCON) Privatwirtschaft f/Staatsunternehmen pl.

section [sɛksjɔ̃] f Schnitt m; (tronçon) Abschnitt m; (de parcours) Teilstrecke f; (d'une entreprise, d'une université) Abteilung f; (SCOL) Zug m; **tube de 6,5 mm de ~** Rohr mit 6,5 mm Durchmesser; **sectionner** [sɛksjɔne] ⟨1⟩ vt durchschneiden; (membre) abtrennen.

sécu [seky] f (fam: sécurité sociale) ≈ Sozialversicherung f.

séculaire [sekylɛʀ] adj hundertjährig; (fête, cérémonie) Hundertjahres-.

séculier, -ière [sekylje, ɛʀ] adj weltlich.

secundo [s(ə)gɔ̃do] adv zweitens.

sécuriser [sekyʀize] ⟨1⟩ vt ein Gefühl der Sicherheit geben +dat.

sécurité [sekyʀite] f Sicherheit f; **Conseil de ~** (ONU) UN-Sicherheitsrat m; **zone de ~** (ONU) UN-Sicherheitszone f; **~ de l'emploi** Arbeitsplatzsicherheit f; **la ~ sociale** die Sozialversicherung.

sédatif [sedatif] m Beruhigungsmittel nt.

sédentaire [sedɑ̃tɛʀ] adj seßhaft; (profession) sitzend; (casanier) häuslich.

sédiment [sedimɑ̃] m (au fond d'une bouteille) Bodensatz m; **~s mpl** (GÉO) Ablagerungen pl.

séducteur, -trice [sedyktœʀ, tʀis] m, f Verführer(in) m(f).

séduction [sedyksjɔ̃] f (action) Verführung f; (attrait) Reiz m.

séduire [sedɥiʀ] irr comme conduire, vt (conquérir) für sich gewinnen, erobern; (femme, homme) verführen; (captiver) bezaubern.

séduisant, e [sedɥizɑ̃, ɑ̃t] adj bezaubernd; (offre, promesse) verführerisch.

segment [sɛgmɑ̃] m (MATH) Segment nt, Abschnitt m; **~ [de piston]** (AUTO) Kolbenring m; **segmenter** [sɛgmɑ̃te] ⟨1⟩ vt teilen.

ségrégation [segʀegasjɔ̃] f: **~ raciale** Rassentrennung f.

seigle [sɛgl(ə)] m Roggen m.

seigneur [sɛɲœʀ] m (féodal) Herr m, Gutsherr m; **le Seigneur** (REL) der Herr.

sein [sɛ̃] m Brust f; **au ~ de** inmitten +gen; **nourrir au ~** stillen.

Seine [sɛn] f: **la ~** die Seine.

séisme [seism] m Erdbeben nt.

seize [sɛz] num sechzehn.

séjour [seʒuʀ] m Aufenthalt m; (pièce) Wohnzimmer nt; **~ linguistique** Sprachkurs m im Ausland; **séjourner** ⟨1⟩ vi sich aufhalten.

sel [sɛl] m Salz nt; (fig: piquant) Würze f.

sélection [selɛksjɔ̃] f Auswahl f; **sélec-**

tionner [selɛksjɔne] ⟨1⟩ vt auswählen.

self-service ⟨self-services⟩ [sɛlfsɛʀvis] m Selbstbedienungsgeschäft nt/-restaurant nt.

selle [sɛl] f Sattel m; (GASTR) Rücken m; **~s** fpl (MÉD) Stuhlgang m; **se mettre en ~** aufsitzen; **seller** ⟨1⟩ vt satteln.

sellier [selje] m Sattler(in) m(f).

selon [s(ə)lɔ̃] prép gemäß +dat; **~ moi** meiner Meinung nach; **~ les circonstances** den Umständen entsprechend; **~ que** je nachdem ob; **c'est ~** (fam) das hängt ganz davon ab.

semailles [s(ə)mɑj] fpl Saat f.

semaine [s(ə)mɛn] f Woche f; **en ~** (jours ouvrables) werktags; **la ~ sainte** die Karwoche.

semblable [sɑ̃blabl(ə)] **1.** adj ähnlich; **2.** m (prochain) Mitmensch m; **~ à** so wie, ähnlich wie; **de ~s mésaventures/calomnies** derartiges Mißgeschick/derartige Verleumdungen.

semblant [sɑ̃blɑ̃] m Anschein m; **faire ~** nur so tun; **faire ~ de faire qch** so tun, als ob man etw täte.

sembler [sɑ̃ble] ⟨1⟩ **1.** vb (avec attribut) scheinen; **2.** vb impers: **il semble inutile/bon de** es scheint unnötig/ratsam, zu; **il semble que** es hat den Anschein, daß; **il me semble que** mir scheint, daß; **comme/quand bon lui semble** nach seinem Gutdünken; **cela leur semblait cher/pratique** das kam ihnen teuer/praktisch vor.

semelle [s(ə)mɛl] f Sohle f; **c'est de la ~** (fam: viande) das ist zäh wie Leder.

semence [s(ə)mɑ̃s] f (graine) Samen m.

semer [s(ə)me] ⟨4⟩ vt [aus]säen; (fig) [aus]streuen; (poursuivants) abhängen; **~ la consternation** Bestürzung hervorrufen; **~ la discorde/terreur parmi** Streit/Schrecken verbreiten unter +dat; **qui sème le vent récolte la tempête** (proverbe) wer Wind sät, wird Sturm ernten.

semestre [s(ə)mɛstʀ(ə)] m Halbjahr nt; (à l'université) Semester m.

semi... [səmi] préf halb-; **semi-conducteur** ⟨semi-conducteurs⟩ m Halbleiter m.

séminaire [seminɛʀ] m Seminar nt.

semi-remorque ⟨semi-remorques⟩ [səmiʀ(ə)mɔʀk] m (camion) Sattelschlepper m.

sémite [semit] adj semitisch.

semonce [səmɔ̃s] f (réprimande) Verweis m.

semoule [s(ə)mul] f Grieß m.

sénat [sena] m Senat m; **sénateur** [senatœʀ] m Senator(in) m(f).

Sénégal [senegal] m: **le ~** Senegal nt.

sénile [senil] adj senil; Alters-.

sens [sɑ̃s] m Sinn m; (signification) Sinn m, Bedeutung f; (direction) Richtung f; **avoir**

le ~ **des affaires/de la mesure** Geschäftssinn/einen Sinn für das richtige Maß haben; **bon ~, ~ commun** gesunder Menschenverstand; **dans le ~ de la longueur** der Länge nach; **dans le mauvais ~** verkehrt herum; ~ **dessus dessous** völlig durcheinander; ~ **figuré/propre** übertragene/wörtliche Bedeutung; ~ **interdit/giratoire/unique** Durchfahrt *f* verboten/Kreisverkehr *m*/ Einbahnstraße *f*; ~ **de la marche** (*train, voiture*) Fahrtrichtung *f*; **reprendre ses** ~ das Bewußtsein wiedererlangen.

sensass [sãsas] *adj inv* (*fam*) toll, Klasse, Spitze.

sensation [sãsasjõ] *f* Gefühl *nt; (effet de surprise*) Sensation *f;* **faire ~** Aufsehen *nt* erregen; **sensationnel, le** *adj* sensationell.

sensé, e [sãse] *adj* vernünftig.

sensibiliser [sãsibilize] ⟨1⟩ *vt:* ~ **qn** [à] jdn sensibilisieren [für].

sensibilité [sãsibilite] *f* Empfindlichkeit *f; (émotivité)* Sensibilität *f.*

sensible [sãsibl(ə)] *adj (personne)* sensibel; *(gorge, instrument)* empfindlich; *(perceptible)* wahrnehmbar; *(appréciable)* merklich; *(PHOTO)* hochempfindlich; ~ **à** *(flatterie, musique)* empfänglich für; *(chaleur, radiations)* empfindlich gegen; **sensiblement** *adv (notablement)* merklich; *(à peu près)* so etwa.

sensitif, -ive [sãsitif, iv] *adj (nerf)* sensorisch; **touche** ~**ve** Sensortaste *f.*

sensualité [sãsɥalite] *f* Sinnlichkeit *f.*

sensuel, le [sãsɥεl] *adj* sinnlich.

sentence [sãtãs] *f (jugement)* Urteil[sspruch *m*] *nt; (maxime)* Maxime *f;* **sentencieux, -euse** [sãtãsjø, øz] *adj* dozierend.

sentier [sãtje] *m* Weg *m*, Pfad *m;* ~ **pédestre** Wanderweg *m.*

sentiment [sãtimã] *m* Gefühl *nt;* **faire du ~** auf die Tränendrüse drücken; **recevez mes** ~**s respectueux** [*o* **dévoués**] ≈ mit freundlichen Grüßen.

sentimental, e ⟨sentimentaux⟩ [sãtimãtal, o] *adj* sentimental; *(vie, aventure)* Liebes-.

sentinelle [sãtinεl] *f* Wachposten *m.*

sentir [sãtiʀ] ⟨10⟩ **1.** *vt* fühlen, spüren; *(percevoir ou répandre une odeur)* riechen; *(avoir le goût de)* schmecken/riechen nach; **2.** *vi (exhaler une mauvaise odeur)* stinken; **3.** *vpr:* **se** ~ **bien/mal à l'aise** sich wohl/ nicht wohl fühlen; **se** ~ **mal** sich krank [*o* unwohl] fühlen; **se** ~ **le courage/la force de faire qch** den Mut/die Kraft verspüren, etw zu tun; **ne plus se** ~ **de joie** außer sich sein vor Freude; ~ **bon/mauvais** gut/schlecht riechen.

séparation [sepaʀasjõ] *f* Trennung *f; (mur,* *cloison)* Trennwand *f;* ~ **des biens** *(JUR)* Gütertrennung *f;* ~ **de corps** *(JUR)* gesetzliche Trennung.

séparé, e [separe] *adj* getrennt; *(appartements)* separat, einzeln; ~ **de** getrennt von.

séparer [separe] ⟨1⟩ **1.** *vt* trennen; **2.** *vpr:* **se** ~ sich trennen *(de von); (se diviser)* sich teilen; ~ **un jardin en deux** einen Garten in zwei Teile aufteilen; ~ **qch de qch** *(détacher)* etw von etw abtrennen; ~ **qch par, ~ qch au moyen de** etw teilen durch.

sept [sεt] *num* sieben; **le** ~ **juin** der 7. Juni; ~ **fois** siebenmal; siebenfach; ~ **cents** siebenhundert; **de** ~ **ans** siebenjährig.

septante [sεptãt] *num (en Belgique, en Suisse)* siebzig.

septembre [sεptãbʀ(ə)] *m* September *m;* **en** ~ im September; **le 13** ~ am 13. September; **le 13** ~ **1972** der 13. September 1972.

septennat [sεptena] *m* siebenjährige Amtszeit *(des französischen Staatspräsidenten).*

septentrional, e ⟨septentrionaux⟩ [sεptãtʀijɔnal, o] *adj* nördlich.

septicémie [sεptisemi] *f* Blutvergiftung *f.*

septième [sεtjεm] **1.** *adj* siebte(r, s); **2.** *m (fraction)* Siebtel *nt;* **3.** *m/f (personne)* Siebte(r) *mf;* **septièmement** *adv* siebtens.

septique [sεptik] *adj:* **fosse** ~ Klärgrube *f.*

septuagénaire [sεptɥaʒenεʀ] **1.** *adj* siebzigjährig, zwischen siebzig und achtzig; **2.** *m/f* Siebzigjährige(r) *mf.*

sépulture [sepyltyʀ] *f* Grabstätte *f.*

séquelles [sekεl] *fpl (maladie)* Folgen *pl.*

séquence [sekãs] *f (CINÉ)* Sequenz *f;* **séquentiel, le** [sekãsjεl] *adj (INFORM)* sequentiell.

séquestre [sekεstʀ(ə)] *m* Beschlagnahme *f;* **séquestrer** [sekεstʀe] ⟨1⟩ *vt (personne)* der Freiheit berauben, einsperren; *(biens)* beschlagnahmen.

serbe [sεʀb] *adj* serbisch; **Serbe** *m/f* Serbe *m,* Serbin *f;* **Serbie** *f:* **la** ~ Serbien *nt.*

serein, e [sʀε̃, εn] *adj (nuit)* wolkenlos; *(visage, personne)* ruhig, gelassen.

sérénité [seʀenite] *f (d'une personne)* Gelassenheit *f.*

sergent [sεʀʒã] *m* Unteroffizier(in) *m(f).*

série [seʀi] *f* Reihe *f,* Serie *f; (catégorie)* Klasse *f,* Rang *m;* **en** ~ serienweise; **hors** ~ *(COMM)* spezialgefertigt; *(fig)* außergewöhnlich; **fabrication en** ~ Serienproduktion *f;* ~ **noire** Serie *f* von Unglücksfällen.

sériel, le [seʀjεl] *adj (INFORM)* seriell.

sérieusement [seʀjøzmã] *adv* ernst; ~**?** im Ernst?

sérieux, -euse [seʀjø, øz] **1.** *adj* ernst; *(consciencieux)* gewissenhaft; *(maison)* seriös; *(renseignement, personne)* zuverlässig; *(moral)* anständig; *(important)* bedeutend, wichtig; **2.** *m* Ernst *m*; (*conscience*) Gewissenhaftigkeit *f*; (*maison*) Seriosität *f*; (*personne*) Zuverlässigkeit *f*; (*moral*) Anständigkeit *f*; **garder son ~** ernst bleiben; **prendre qch/qn au ~** etw/jdn ernst nehmen; **terriblement ~** tödernst.

serin [s(ə)Rɛ̃] *m* Zeisig *m*.

seringue [s(ə)Rɛ̃g] *f* Spritze *f*.

serment [sɛRmɑ̃] *m* Eid *m*, Schwur *m*; **prêter ~** schwören; **témoigner sous ~** unter Eid aussagen; **d'ivrogne** leeres Versprechen.

sermon [sɛRmɔ̃] *m* Predigt *f*.

séropositif, -ive [seRopozitif, iv] *adj* HIV-positiv.

serpe [sɛRp(ə)] *f* Sichel *f*.

serpent [sɛRpɑ̃] *m* Schlange *f*; **serpenter** [sɛRpɑ̃te] ⟨1⟩ *vi* sich schlängeln, sich winden.

serpentin [sɛRpɑ̃tɛ̃] *m* (*tube*) Kühlschlange *f*, Heizschlange *f*; (*ruban*) Papierschlange *f*.

serpillière [sɛRpijɛR] *f* Scheuerlappen *m*.

serre [sɛR] *f* (*construction*) Gewächshaus *nt*; **~s** *fpl* (*rapace*) Krallen *pl*; **~ chaude/froide** Treib-/Kühlhaus *nt*; **effet de ~** (MÉTÉO) Treibhauseffekt *m*.

serré, e [sɛRe] **1.** *adj* eng; (*vêtement*) enganliegend; (*lutte, match*) knapp; (*entassé*) gedrängt; (*café*) stark; **2.** *adv*: **jouer ~** vorsichtig spielen; **avoir le cœur ~/la gorge ~e** bedrückt sein/eine zugeschnürte Kehle haben.

serre-livres [sɛRlivR] *m inv* Buchstütze *f*.

serrer [sɛRe] ⟨1⟩ **1.** *vt* (*tenir*) festhalten; (*comprimer*) drücken, pressen; (*mâchoires*) zusammenbeißen; (*poings*) ballen; (*vêtement*) eng anliegen an +*dat*; (*trop*) beengen; (*rapprocher*) zusammenrücken; (*frein, vis*) anziehen; (*ceinture, nœud*) zuziehen; (*robinet*) fest zudrehen; **2.** *vi*: **~ à droite/gauche** sich rechts/links halten; **3.** *vpr*: **se ~** (*personnes*) zusammenrücken; **se ~ contre qn** sich an jdn schmiegen; **se ~ les coudes** zusammenhalten; **~ la main à qn** jdm die Hand schütteln; **~ qn dans ses bras** jdn in die Arme nehmen; **~ qn de près** dicht hinter jdm sein.

serrure [sɛRyR] *f* Schloß *nt*; **serrurerie** [sɛRyRRi] *f* Schlosserei *f*; **~ d'art** Kunstschmiedearbeit *f*; **serrurier** [sɛRyRje] *m* Schlosser(in) *m(f)*.

sertir [sɛRtiR] ⟨8⟩ *vt* (*pierre précieuse*) fassen.

sérum [seRɔm] *m*: **~ antitétanique** Tetanusserum *nt*; **~ sanguin** Blutserum *nt*.

servante [sɛRvɑ̃t] *f* Dienstmädchen *nt*.

serveur, -euse [sɛRvœR, øz] *m, f* (*de restaurant*) Kellner(in) *m(f)*; **serveur** *m* [**de données**] (INFORM) ≈ Btx-Anbieter *m*.

serviable [sɛRvjabl(ə)] *adj* gefällig, hilfsbe-

reit.

service [sɛRvis] *m* (*des convives, des clients*) Bedienung *f*; (*série de repas*) Essenszeit *f*; (*assortiment de vaisselle*) Service *nt*; (*faveur*) Gefallen *m*; (*travail, fonction d'intérêt public*) Dienst *m*; (*département*) Abteilung *f*; (*fonctionnement*) Betrieb *m*; (*transport*) Verkehrsverbindung *f*; (REL) Gottesdienst *m*; (TENNIS) Aufschlag *m*; **~s** *mpl* (*travail*) Dienst *m*; (ÉCON) Dienstleistungsbetriebe *pl*; **~s secrets** Geheimdienst *m*; **~s sociaux** Sozialleistungen *pl*; **~ compris** inklusive Bedienung; **être au ~ de qn** (*employé*) bei jdm angestellt sein; **en ~** (*objet*) in Gebrauch; (*machine*) in Betrieb; **être/mettre en ~** in Betrieb sein/nehmen; **faire le ~** bedienen; **hors ~** außer Betrieb; **rendre ~ [à qn]** [jdm] helfen; **rendre un ~ à qn** jdm einen Gefallen tun; **~ militaire** Militärdienst *m*; **~ d'ordre** (*personnes*) Ordner *pl*; **~ du personnel** Personalabteilung *f*; **~ public** öffentlicher Dienst *m*; **~ de réanimation** Intensivstation *f*; **~ après vente** Kundendienst *m*.

serviette [sɛRvjɛt] *f* (*de table*) Serviette *f*; (*de toilette*) Handtuch *nt*; (*porte-documents*) Aktentasche *f*; **~ hygiénique** Monatsbinde *f*.

servile [sɛRvil] *adj* unterwürfig.

servir [sɛRviR] ⟨10⟩ **1.** *vt* dienen +*dat*; (*domestique*) arbeiten für; (*dans restaurant, magasin*) bedienen; (*aider*) helfen +*dat*; **2.** *vi* (TENNIS) aufschlagen; (CARTES) geben; (*objet*) gute Dienste leisten; **3.** *vb impers*: **à quoi cela sert-il?** wozu soll das gut sein?; **à quoi cela sert-il de faire ...?** was nützt es, ... zu tun?; **4.** *vpr*: **se ~** (*d'un plat*) sich bedienen; **se ~ de qch** (*plat*) sich etw nehmen; (*utiliser*) etw benutzen; **~ à qch/faire qch** zu etw dienen; **~ qch [à qn]** (*plat, boisson*) jdm etw servieren; **~ à qn** jdm nützlich sein; **cela ne sert à rien** das nutzt nichts; **~ [à qn] de ...** [jdm als] ... benutzt werden; **~ [à qn] de secrétaire** als [jds] Sekretär fungieren; **vous êtes servi(e)?** werden Sie schon bedient?

servitude [sɛRvityd] *f* Knechtschaft *f*; (*fig*) Zwang *m*.

ses [se] *adj v.* **son**.

session [sesjɔ̃] *f* Sitzung *f*.

set [sɛt] *m* (TENNIS) Satz *m*.

seuil [sœj] *m* Schwelle *f*.

seul, e [sœl] **1.** *adj* allein; (*isolé*) einsam; (*unique*) einzig; **2.** *adv* allein; **3.** *m*: **j'en veux un ~** ich will nur ein(e, n, s) [davon]; **il en reste un ~** es ist nur ein(e) einzig(e, r, s) übrig; **lui ~ peut** nur er allein kann; **à lui [tout] ~** ganz allein; **d'un ~ coup** auf einmal; **parler tout ~** Selbstgespräche führen; **seulement** *adv* nur, bloß; **~ hier** (*pas* *avant*) erst gestern.

sève [sɛv] *f* (*d'une plante*) Saft *m*; (*énergie*) Lebenskraft *f*.

sévère [sevɛʀ] *adj* streng; (*climat*) hart; (*pertes, défaite*) schwer; **sévérité** [severite] *f* Strenge *f*; (*climat*) Härte *f*; (*pertes, défaite*) Schwere *f*.

sévices [sevis] *mpl* Mißhandlung *f*.

sexagénaire [sɛksaʒenɛʀ] **1.** *adj* sechzigjährig, zwischen sechzig und siebzig; **2.** *m* Sechzigjährige(r) *mf*.

sexe [sɛks] *m* Geschlecht *nt*; (*sexualité*) Sex *m*; (*organe*) Geschlechtsorgane *pl*.

sexisme [sɛksism(ə)] *m* Sexismus *m*; **sexiste 1.** *adj* sexistisch; **2.** *m/f* Sexist(in) *m(f)*.

sextuple [sɛkstypl(ə)] *adj* sechsfach.

sexualité [sɛksɥalite] *f* Sexualität *f*.

sexuel, le [sɛksɥɛl] *adj* sexuell.

seyant [sejɑ̃, ɑ̃t] *adj* kleidsam.

shampooing [ʃɑ̃pwɛ̃] *m* (*lavage*) Haarwäsche *f*; (*produit*) Shampoo *nt*, Haarwaschmittel *nt*.

short [ʃɔʀt] *m* Shorts *pl*.

si [si] **1.** *m* (*MUS*) H *nt*; **2.** *adv* (*affirmatif*) doch, ja; **3.** *conj* wenn; **je me demande ~** ich frage mich, ob; **~ gentil/rapidement** (*tellement*) so nett/schnell; **[tant et] ~ bien que** so [sehr] daß; **~ rapide qu'il soit** so schnell er auch sein mag.

SICAV [sikav] *f inv acr de* **société d'investissement à capital variable** (*COMM*) Investmentgesellschaft *f*.

Sicile [sisil] *f* **la ~** Sizilien *nt*.

sida [sida] *m acr de* **Syndrome d'immunodéficience acquise** Aids *nt*, Immunschwächekrankheit *f*; **sidaïque** [sidaik], **sidatique** [sidatik] **1.** *adj* aidskrank; **2.** *m/f* Aidskranke(r) *mf*; **sidatorium** [sidatɔʀjɔm] *m* Aidsklinik *f*; **sidéen, ne** [sideɛ̃, ɛn] **1.** *adj* aidskrank; **2.** *m, f* Aidskranke(r) *mf*.

sidéré, e [sideʀe] *adj* verblüfft.

sidérurgie [sideʀyʀʒi] *f*: **la ~** die Eisenindustrie.

sidologue [sidɔlɔg] *m/f* Aidsspezialist(in) *m(f)*.

siècle [sjɛkl(ə)] *m* Jahrhundert *nt*; (*époque*) Zeitalter *nt*.

siège [sjɛʒ] *m* Sitz *m*; (*d'une douleur, d'une maladie*) Herd *m*; (*MIL*) Belagerung *f*; **~ avant/arrière** Vorder-/Rücksitz *m*; **~ éjectable** (*AVIAT*) Schleudersitz *m*; **~ social** (*COMM*) Firmensitz *m*.

siéger [sjeʒe] ⟨2, 5⟩ *vi* tagen; (*député*) einen Sitz haben (*à* in +*dat*).

sien, ne [sjɛ̃, sjɛn] *pron*: **le ~, la ~ne** der/die/das seine/ihre; **seine(r/s)/ihre(r/s)**; **les ~s, les ~nes** seine/ihre *pl*; **y mettre du ~** das Seine [dazu]tun; **faire des ~nes** (*fam*) seine üblichen Dummheiten machen.

sieste [sjɛst(ə)] *f* Mittagsschlaf *m*; **faire la ~** Mittagsschlaf halten.

sifflement [sifləmɑ̃] *m* Pfeifen *nt*.

siffler [sifle] ⟨1⟩ **1.** *vi* pfeifen; (*merle*) singen, flöten; (*serpent*) zischen; **2.** *vt* pfeifen; (*huer*) auspfeifen; (*signaler en sifflant*) abpfeifen; (*fam: avaler*) kippen.

sifflet [siflɛ] *m* (*instrument*) Pfeife *f*; (*sifflement*) Pfiff *m*; **coup de ~** Pfiff *m*.

siffloter [siflɔte] ⟨1⟩ *vi, vt* vor sich *akk* hin pfeifen.

sigle [sigl(ə)] *m* Abkürzung *f*, Sigel *nt*.

signal ⟨signaux⟩ [siɲal, o] *m* Zeichen *nt*; (*indice, annonce*) [An]zeichen *nt*; (*écriteau*) Schild *nt*; (*appareil*) Signal *nt*; **donner le ~ de** das Signal geben zu; **~ d'alarme** Alarmsignal *nt*; **~ de détresse** Notruf *m*; **~ sonore/optique** Ton-/Lichtsignal *nt*.

signalement [siɲalmɑ̃] *m* Personenbeschreibung *f*.

signaler [siɲale] ⟨1⟩ **1.** *vt* (*annoncer*) ankündigen; (*par un signal*) signalisieren; (*dénoncer*) melden, anzeigen; **2.** *vpr*: **se [par]** sich hervortun [durch]; **~ qch à qn/[à qn] que** (*montrer*) jdn auf etw *akk* hinweisen/[jdn] darauf hinweisen, daß.

signalisation [siɲalizasjɔ̃] *f* (*ensemble des signaux*) Verkehrszeichen *pl*; **panneau de ~** Verkehrsschild *nt*; **signaliser** ⟨1⟩ *vt* beschildern.

signataire [siɲatɛʀ] *m/f* Unterzeichner(in) *m(f)*.

signature [siɲatyʀ] *f* Unterzeichnung *f*; (*inscription*) Unterschrift *f*.

signe [siɲ] *m* Zeichen *nt*; **c'est bon/mauvais ~** das ist ein gutes/schlechtes Zeichen; **faire ~ à qn** jdm Bescheid geben; **faire un ~ de la tête/main** mit dem Kopf/der Hand ein Zeichen geben; **le ~ de la croix** das Kreuzzeichen; **~ de ponctuation** Satzzeichen *nt*; **~ du zodiaque** Sternzeichen *nt*.

signer [siɲe] ⟨1⟩ **1.** *vt* unterschreiben; (*œuvre*) signieren; **2.** *vpr*: **se ~** sich bekreuzigen.

signet [siɲɛ] *m* Lesezeichen *nt*.

significatif, -ive [siɲifikatif, iv] *adj* bezeichnend, vielsagend.

signification [siɲifikasjɔ̃] *f* Bedeutung *f*.

signifier [siɲifje] ⟨1⟩ *vt* (*vouloir dire*) bedeuten; **~ qch [à qn]** (*faire connaître*) [jdm] etw zu verstehen geben; **~ qch à qn** (*JUR*) jdm etw zustellen.

silence [silɑ̃s] *m* (*mutisme*) Schweigen *nt*; (*absence de bruit*) Stille *f*, Ruhe *f*; (*moment, MUS*) Pause *f*; **garder le ~** ruhig sein, still sein; **garder le ~ sur qch** über etw *akk* Stillschweigen bewahren; **silencieux, -euse** [silɑ̃sjø, øz] **1.** *adj* (*personne*) schweigsam; (*appareil, pas*) leise; (*endroit*) ruhig; **2.** *m* (*AUTO*) Auspufftopf *m*; (*d'une* *arme*) Schalldämpfer *m*.

silex [silɛks] *m* Feuerstein *m*.

silhouette [silwɛt] *f* Silhouette *f*; (*contour*) Umriß *m*; (*figure*) Figur *f*.

silicium [silisjɔm] *m* Silizium *nt*.

silicone [silikon] *f* Silikon *nt*.

sillage [sijaʒ] *m* (*d'un bateau*) Kielwasser *nt*; **être dans le ~ de qn** (*fig*) in jds Fahrwasser segeln.

sillon [sijɔ̃] *m* (*d'un champ*) Furche *f*; (*d'un disque*) Rille *f*; **sillonner** [sijɔne] ⟨1⟩ *vt* (*rides*) furchen; (*parcourir*) durchstreifen.

simagrées [simagʀe] *fpl* Getue *nt*.

similaire [similɛʀ] *adj* ähnlich.

similarité [similaʀite] *f* Ähnlichkeit *f*.

similicuir [similikɥiʀ] *m* Kunstleder *nt*.

similitude [similityd] *f* Ähnlichkeit *f*.

simple [sɛ̃pl] **1.** *adj* einfach; (*péj: naïf*) einfältig; **2.** *m* (*TENNIS*) Einzel *nt*; **un aller ~** (*train*) eine einfache Fahrkarte; **~ course** (*billet*) einfach; **~ d'esprit** einfältig; **une ~ formalité** reine Formsache; **c'est ~ comme bonjour** das ist kinderleicht; **simplicité** [sɛ̃plisite] *f* Einfachheit *f*; (*candeur*) Naivität *f*; **simplifier** [sɛ̃plifje] ⟨1⟩ *vt* vereinfachen; (*MATH*) kürzen; **simpliste** [sɛ̃plist(ə)] *adj* allzu einfach, simpel.

simulacre [simylakʀ(ə)] *m*: **~ de combat/gouvernement** Scheingefecht *nt*/-regierung *f*.

simulateur [simylatœʀ] *m* Simulator *m*; **~ de vol** Flugsimulator *m*.

simuler [simyle] ⟨1⟩ *vt* simulieren; (*émotion*) heucheln; (*imiter*) nachahmen.

simultané, e [simyltane] *adj* simultan, gleichzeitig.

sincère [sɛ̃sɛʀ] *adj* ehrlich, aufrichtig; **mes ~s condoléances** mein aufrichtiges Beileid; **sincérité** [sɛ̃seʀite] *f* Ehrlichkeit *f*, Aufrichtigkeit *f*; **en toute ~** ganz offen.

sine qua non [sinekwanɔn] *adj*: **condition ~** unbedingt notwendige Voraussetzung.

Singapour [sɛ̃gapuʀ] *m* Singapur *nt*.

singe [sɛ̃ʒ] *m* Affe *m*; **singer** ⟨2⟩ *vt* nachäffen; **singeries** [sɛ̃ʒʀi] *fpl* Faxen *pl*.

singulariser [sɛ̃gylaʀize] ⟨1⟩ **1.** *vt* auszeichnen; **2.** *vpr*: **se ~** auffallen.

singularité [sɛ̃gylaʀite] *f* Eigenart *f*; (*bizarrerie*) Seltsamkeit *f*.

singulier, -ière [sɛ̃gylje, ɛʀ] **1.** *adj* eigenartig; **2.** *m* (*LING*) Singular *m*, Einzahl *f*.

sinistre [sinistʀ(ə)] **1.** *adj* unheimlich; (*inquiétant*) unheilverkündend; **2.** *m* Katastrophe *f*; (*ASSURANCES*) Schadensfall *m*; **sinistré, e 1.** *adj* (*région*) von einer Katastrophe heimgesucht; **2.** *m*, *f* Katastrophenopfer *nt*.

sinon [sinɔ̃] **1.** *adv* andernfalls, sonst; **2.** *conj* (*sauf*) außer; (*si ce n'est*) wenn nicht.

sinueux, -euse [sinɥø, øz] *adj* gewunden;

(*fig*) verwickelt; **sinuosité** [sinɥozite] *f* Gewundenheit *f*; **~s** *fpl* Kurven und Windungen *pl*.

sinus [sinys] *m* (*ANAT*) Höhle *f*; (*MATH*) Sinus *m*; **sinusite** [sinyzit] *f* Stirnhöhlenentzündung *f*.

siphon [sifɔ̃] *m* Siphon *m*; (*tube*) Saugheber *m*.

sirène [siʀɛn] *f* Sirene *f*.

sirop [siʀo] *m* Sirup *m*; **~ contre la toux** Hustensaft *m*.

siroter [siʀote] ⟨1⟩ *vt* schlürfen.

sismique [sismik] *adj* seismisch.

site [sit] *m* (*environnement*) Umgebung *f*; (*emplacement*) Lage *f*; **~ industriel** Industriestandort *m*; **~ pittoresque** landschaftlich schöne Gegend; **~ de stockage des déchets nucléaires** Atommülldeponie *f*; **~ touristique** Sehenswürdigkeit *f*.

sit-in [sitin] *m inv* Sit-in *nt*, Sitzstreik *m*; **manifestation ~** Sitzblockade *f*.

sitôt [sito] *adv* sogleich; **~ après** gleich danach; **~ parti, il ...** kaum war er gegangen, da ...; **pas de ~** nicht so bald; **~ que** sobald.

situation [situasjɔ̃] *f* Lage *f*; (*emploi*) Stellung *f*; (*circonstances*) Situation *f*; **~ de famille** Familienstand *m*.

situé, e [situe] *adj* gelegen.

situer [situe] ⟨1⟩ **1.** *vt* (*en pensée*) einordnen; (*être*) legen; **2.** *vpr*: **se ~** (*être*) liegen, sich befinden.

six [sis] *num* sechs; **le ~ mai** der sechste Mai; **~ fois** sechsmal; **~ cents** sechshundert; **de ~ ans** sechsjährig; **sixième** [sizjɛm] **1.** *adj* sechste(r, s); **2.** *m* (*fraction*) Sechstel *nt*; **3.** *m/f* (*personne*) Sechste(r) *mf*; **sixièmement** *adv* sechstens.

ski [ski] *m* Ski *m*; **faire du ~** Ski laufen; **~ de fond** (*sport*) Langlauf *m*; (*ski*) Langlaufski *m*; **~ nautique** Wasserski *m*; **~ de piste** Abfahrtslauf *m*; **~ en profonde** Tiefschneefahren *nt*; **~ de randonnée** Skiwandern *nt*; **skier** [skje] ⟨1⟩ *vi* Ski laufen; **skieur, -euse** *m*, *f* Skiläufer(in) *m(f)*.

skin[head] [skin(hɛd)] *m* Skinhead *m*.

slalom [slalɔm] *m* (*SKI*) Slalom *m*; **faire du ~ entre** (*fig*) sich durchschlängeln zwischen; **~ géant** Riesenslalom *m*.

slave [slav] *adj* slawisch.

slip [slip] *m* Unterhose *f*; (*de bain*) Badehose *f*; (*d'un deux-pièces*) Slip *m*, Unterteil *nt*.

slogan [slɔgɑ̃] *m* Slogan *m*.

slovaque [slɔvak] *adj* slowakisch; **la République ~** die Slowakische Republik; **Slovaque** *m*, *f* Slowake *m*, Slowakin *f*; **Slovaquie** *f*: **la ~** die Slowakei.

slovène [slɔvɛn] *adj* slowenisch; **Slovène** *m*, *f* Slowene *m*, Slowenin *f*; **Slovénie** *f*: **la ~** Slowenien *nt*.

smash [sma∫] m (TENNIS) Schmetterball m.

S.M.E. m abr de Système monétaire européen EWS nt.

S.M.I. m abr de Système monétaire international internationales Währungssystem.

S.M.I.C. [smik] m acr de salaire minimum interprofessionnel de croissance staatlich festgesetzter Mindestlohn; **smicard, e** [smikaʀ, d(ə)] m, f Mindestlohnempfänger(in) m(f).

smoking [smɔkiŋ] m Smoking m.

snack[-bar] ⟨snack-bars⟩ [snakbaʀ] m Imbißstube f, Schnellgaststätte f.

S.N.C.F. f abr de Société nationale des chemins de fer français französische Eisenbahn.

sniffer [snife] ⟨1⟩ vt (drogue) schnupfen; (colle) schnüffeln.

snob [snɔb] **1.** adj versnobt; **2.** m/f Snob m.

sobre [sɔbʀ(ə)] adj (personne) mäßig; (élégance, style) schlicht; **sobriété** [sɔbʀijete] f Enthaltsamkeit f; Schlichtheit f.

sobriquet [sɔbʀikɛ] m Spitzname m.

sociable [sɔsjabl(ə)] adj gesellig.

social, e ⟨sociaux⟩ [sɔsjal, o] adj gesellschaftlich; (POL, ADMIN) sozial.

socialisme [sɔsjalism(ə)] m Sozialismus m; **socialiste** m/f Sozialist(in) m(f).

société [sɔsjete] f Gesellschaft f; ~ **d'abondance** Überflußgesellschaft f; ~ **anonyme** Aktiengesellschaft f; ~ **de consommation** Konsumgesellschaft f; ~ **de gaspillage** Wegwerfgesellschaft f; ~ **à responsabilité limitée** Gesellschaft f mit beschränkter Haftung.

sociolinguistique [sɔsjolɛ̃gyistik] **1.** adj (LING) soziolinguistisch; **2.** f (LING) Soziolinguistik f.

sociologie [sɔsjɔlɔʒi] f Soziologie f; **sociologue** [sɔsjɔlɔg] m/f Soziologe m, Soziologin f.

socioprofessionnel, le [sɔsjopʀɔfesjɔnɛl] adj: **catégorie ~le** Berufsgruppe f.

socle [sɔkl(ə)] m Sockel m.

socquette [sɔkɛt] f Söckchen nt.

sodium [sɔdjɔm] m Natrium nt.

sœur [sœʀ] f Schwester f; (religieuse) Ordensschwester f, Nonne f; ~ **aînée/cadette** ältere/jüngere Schwester.

S.O.F.R.E.S. [sɔfʀɛs] f acr de Société française d'enquête par sondages französisches Meinungsforschungsinstitut.

soi [swa] pron sich; **cela va de** ~ das versteht sich von selbst.

soi-disant [swadizɑ̃] **1.** adj inv sogenannt; **2.** adv angeblich.

soie [swa] f Seide f; (poil) Borste f; **soierie** [swaʀi] f Seidenindustrie f; (tissu) Seidengewebe nt.

soif [swaf] f Durst m; (fig) Gier f; **avoir** ~ Durst haben; **donner** ~ [à qn] [jdn] durstig machen.

soigné, e [swaɲe] adj gepflegt; (travail) sorgfältig.

soigner [swaɲe] ⟨1⟩ vt behandeln; (faire avec soin) sorgfältig bearbeiten [o ausarbeiten]; (jardin, chevelure) pflegen; (choyer) betreuen, gut behandeln.

soigneusement [swaɲøzmɑ̃] adv gewissenhaft, sorgfältig.

soigneux, -euse [swaɲø, øz] adj gewissenhaft; ~ **de** bedacht auf +akk.

soi-même [swamɛm] pron [sich] selbst.

soin [swɛ̃] m (application) Sorgfalt f; (responsabilité) Verantwortung f (de für); ~s mpl Pflege f; (attention) Fürsorge f, Obhut f; ~ **de beauté/de corps** Schönheits-/Körperpflege f; **aux bons** ~s **de** zu treuen Händen von (bei Übermittlung eines Briefes durch einen Dritten); **confier qn aux** ~s **de qn** jdm jdn anvertrauen; **être aux petits** ~s **pour qn** jdn liebevoll umsorgen; **prendre** ~ **de faire qch** darauf achten, etw zu tun; **prendre** ~ **de qch/qn** sich um etw/jdn kümmern.

soir [swaʀ] m Abend m; **à ce** ~! bis heute abend!; **ce/hier/dimanche** ~ heute/gestern/Sonntag abend; **le** ~ abends; **sept heures du** ~ sieben Uhr abends; **le repas/journal du** ~ das Abendessen/die Abendzeitung; **la veille au** ~ am Vorabend.

soirée [swaʀe] f (soir) Abend m; (réception) [Abend]gesellschaft f.

soit 1. [swa] conj (à savoir) das heißt; ~ ..., ~ ..., (ou) entweder ... oder ...; ~ **que** ..., ~ **que** ... sei es, daß ... oder, daß ...; **2.** [swat] adv sei's drum.

soixantaine [swasɑ̃tɛn] f: **une** ~ etwa sechzig.

soixante [swasɑ̃t] num sechzig; **soixante-dix** num siebzig; **soixante-huitard, e** m, f Achtundsechziger(in) m(f).

soja [sɔʒa] m Soja nt.

sol [sɔl] m Boden m; (MUS) G nt.

solaire [sɔlɛʀ] adj Sonnen-.

soldat [sɔlda] m Soldat(in) m(f); ~ **de plomb** Zinnsoldat m.

solde [sɔld(ə)] **1.** f Sold m; **2.** m (FIN) Saldo m; ~s mpl o fpl (COMM) Ausverkauf m; **être à la** ~ **de qn** in jds Sold stehen; **en** ~ herabgesetztem Preis; ~ **créditeur/débiteur** (FIN) Aktiv-/Passivsaldo m; **solder** ⟨1⟩ **1.** vt (compte) saldieren; (marchandise) ausverkaufen; **2.** vpr: **se** ~ **par** enden mit; **article soldé** [à] **10 F** auf 10 F reduzierter Artikel.

sole [sɔl] f Seezunge f.

soleil [sɔlɛj] m Sonne f; **au** ~ in der Sonne; **en plein** ~ in der prallen Sonne; **il fait** [du]

~ die Sonne scheint; **le ~ levant/couchant** die aufgehende/untergehende Sonne.

solennel, le [sɔlanɛl] *adj* feierlich; **solennité** [sɔlanite] *f* Feierlichkeit *f*.

solidaire [sɔlidɛʀ] *adj* (*personnes*) solidarisch (*de* mit); (*choses, pièces mécaniques*) miteinander verbunden; **solidariser** [sɔlidaʀize] ⟨1⟩ *vpr:* **se ~ avec qn** sich mit jdm solidarisch erklären; **solidarité** [sɔlidaʀite] *f* Solidarität *f*, Verbindung *f*.

solide [sɔlid] **1.** *adj* (*mur, maison, meuble*) stabil; (*non liquide*) fest; (*amitié, institutions*) dauerhaft; (*partisan*) treu, zuverlässig; (*connaissances, argument*) solid, handfest; (*vigoureux, résistant*) kräftig, robust; **être ~ comme un roc** von unverwüstlicher Natur sein; **2.** *m* Festkörper *m*.

solidifier [sɔlidifje] ⟨1⟩ **1.** *vt* (*substance*) fest werden lassen; **2.** *vpr:* **se ~** erstarren.

solidité [sɔlidite] *f* Stabilität *f*; (*d'amitié, etc*) Dauerhaftigkeit *f*.

solitaire [sɔlitɛʀ] **1.** *adj* einsam; (*isolé*) einzeln stehend; **2.** *m/f* Einsiedler(in) *m(f)*; **3.** *m* (*diamant*) Solitär *m*.

solitude [sɔlityd] *f* Einsamkeit *f*.

sollicitations [sɔlisitasjõ] *fpl* dringende Bitte.

solliciter [sɔlisite] ⟨1⟩ *vt* (*personne*) dringend bitten, anflehen; (*emploi*) sich bewerben um; (*faveur, audience*) bitten um; (*exciter*) reizen.

sollicitude [sɔlisityd] *f* Fürsorge *f*.

solstice [sɔlstis] *m* Sonnenwende *f*.

soluble [sɔlybl(ə)] *adj* löslich.

solution [sɔlysjõ] *f* Lösung *f*; **~ de continuité** Unterbrechung *f*; **~ de facilité** bequeme Lösung.

solvable [sɔlvabl(ə)] *adj* zahlungsfähig.

solvant [sɔlvã] *m* Lösungsmittel *nt*.

sombre [sõbʀ(ə)] *adj* dunkel; (*visage, avenir*) düster; (*personne*) finster; (*humeur*) schwarz.

sombrer [sõbʀe] ⟨1⟩ *vi* (*bateau*) untergehen, sinken; **~ dans la misère/le désespoir** ins Elend/in Verzweiflung verfallen.

sommaire [sɔmɛʀ] **1.** *adj* (*bref*) kurz; (*repas*) einfach; (*examen*) oberflächlich; **2.** *m* Zusammenfassung *f*; **exécution ~** Standgericht *nt*.

sommation [sɔmasjõ] *f* Aufforderung *f*; **tirer sans ~** ohne Vorwarnung schießen.

somme [sɔm] **1.** *f* Summe *f*; **2.** *m:* **faire un ~** ein Nickerchen machen; **en ~** insgesamt; **~ toute** letzten Endes.

sommeil [sɔmɛj] *m* Schlaf *m*; **avoir ~** müde sein, schläfrig sein; **sommeiller** ⟨1⟩ *vi* schlummern.

sommelier [sɔməlje] *m* Getränkekellner(in) *m(f)*.

sommer [sɔme] ⟨1⟩ *vt:* **~ qn de faire qch** jdn auffordern, etw zu tun.

sommet [sɔmɛ] *m* Gipfel *m*; (*d'une tour*) Spitze *f*; (*d'un arbre*) Wipfel *m*; (MATH) Scheitelpunkt *m*; (*fig*) Gipfeltreffen *nt*.

somnambule [sɔmnãbyl] *m/f* Schlafwandler(in) *m(f)*.

somnifère [sɔmnifɛʀ] *m* Schlafmittel *nt*.

somnoler [sɔmnɔle] ⟨1⟩ *vi* dösen.

somptueux, -euse [sõptɥø, øz] *adj* prunkvoll, prächtig.

son, sa ⟨ses⟩ [sõ, sa, se] *adj* sein, seine, sein, ihr, ihre, ihr.

son [sõ] *m* Ton *m*; (*bruit*) Laut *m*; (*sonorité*) Klang *m*; (PHYS) Schall *m*; (*céréales*) Kleie *f*.

sondage [sõdaʒ] *m* (*de terrain*) Bohrung *f*; (*enquête*) Umfrage *f*; **~ d'opinion** Meinungsumfrage *f*.

sonde [sõd] *f* Sonde *f*; **~ spatiale** Raumsonde *f*.

sonder [sõde] ⟨1⟩ *vt* untersuchen; (*terrain*) bohren in +*dat*; (*fig*) erforschen, ergründen; (*personne*) ausfragen.

songer [sõʒe] ⟨2⟩ *vi:* **~ à** (*penser à*) denken an +*akk*; (*envisager*) daran denken, ...; **~ que** [be]denken, daß; **songeur, -euse** *adj* nachdenklich.

sonnant, e [sɔnã, ãt] *adj:* **à huit heures ~es** Schlag acht Uhr.

sonné, e [sɔne] *adj* (*fam: fou*) bekloppt; **il a quarante ans bien ~s** (*fam: révolu*) er ist gut über vierzig.

sonner [sɔne] ⟨1⟩ **1.** *vi* (*cloche*) läuten; (*téléphone, réveil, à la porte*) klingeln; (*son métallique*) klingen, tönen; **2.** *vt* läuten; (*personne*) herbeiklingeln; (*messe*) läuten zu; (*assommer*) umwerfen; **~ du clairon** ins Jagdhorn blasen; **~ faux** falsch klingen; **~ les heures** die Stunden schlagen; **on ne t'a pas sonné** (*fam*) du halt' dich da raus.

sonnerie [sɔnʀi] *f* (*son*) Klingeln *nt*; (*d'horloge*) Schlagen *nt*; (*mécanisme*) Läutwerk *nt*; Schlagwerk *nt*; (*sonnette*) Klingel *f*; **~ d'alarme** Alarm *m*; **~ de clairon** Hornsignal *nt*.

sonnette [sɔnɛt] *f* Klingel *f*; **~ d'alarme** Alarmglocke *f*; **~ de nuit** Nachtglocke *f*.

sono [sɔno] *f* (*fam*) *v.* **sonorisation**.

sonore [sɔnɔʀ] *adj* (*métal*) klingend; (*voix*) laut; (*salle*) mit einer guten Akustik; (*pièce*) widerhallend; (LING) stimmhaft; **effets ~s** Klangeffekte *pl*; **ondes ~s** Schallwellen *pl*.

sonorisation [sɔnɔʀizasjõ] *f* (*appareils*) Lautsprecheranlage *f*.

sonoriser [sɔnɔʀize] ⟨1⟩ *vt* (*salle*) mit einer Lautsprecheranlage versehen.

sonorité [sɔnɔʀite] *f* Klang *m*; (*d'un lieu*) Akustik *f*; **~s** *fpl* Töne *pl*.

sophistiqué, e [sɔfistike] *adj* (*péj*) gekünstelt; (*TECH*) ausgeklügelt, hochentwickelt.

soporifique [sɔpɔʀifik] *adj* einschläfernd; (*fam*) langweilig.

sorcellerie [sɔʀsɛlʀi] *f* Hexerei *f*.

sorcier, -ière [sɔʀsje, ɛʀ] **1.** *m, f* Zauberer *m*, Zauberin *f*, Hexe *f*; **2.** *adj*: **ce n'est pas ~** (*fam*) das ist keine Hexerei.

sordide [sɔʀdid] *adj* (*sale*) verdreckt, verkommen; (*mesquin*) gemein.

sort [sɔʀ] *m* Schicksal *nt*; (*condition*) Los *nt*; **jeter un ~ sur qn** (*magique*) jdn verhexen; **le ~ en est jeté** die Würfel sind gefallen; **tirer au ~** losen.

sorte [sɔʀt(ə)] *f* Art *f*, Sorte *f*; **de la ~** so; **de [telle] ~ que, en ~ que** +*subj* so, daß; **en quelque ~** gewissermaßen; **une ~ de** eine Art von.

sortie [sɔʀti] *f* Ausgang *m*; (*action de sortir*) Hinausgehen *nt*; (*promenade*) Spaziergang *m*; (*MIL*) Ausfall *m*; (*parole incongrue*) Ausfall *m*, Beleidigung *f*; (*écoulement*) Austritt *m*; (*de produits, de capitaux*) Export *m*; (*parution*) Erscheinen *nt*; (*somme dépensée, INFORM*) Ausgabe *f*; (*INFORM: sur papier*) Ausdruck *m*; **à sa ~** als er/sie ging; **~ de secours** Notausgang *m*.

sortilège [sɔʀtilɛʒ] *m* Zauber *m*.

sortir [sɔʀtiʀ] ⟨10⟩ **1.** *vi avec être* hinausgehen; (*venir*) herauskommen; (*le soir*) ausgehen; (*partir*) [weg]gehen; **2.** *vt avec avoir* (*mener dehors, au spectacle*) ausführen; (*chose*) herausnehmen (*de* aus); (*publier, mettre en vente*) herausbringen; (*INFORM*) ausgeben; (*sur papier*) ausdrucken; (*fam: expulser*) hinauswerfen; **3.** *vpr:* **se ~ de** sich ziehen aus; **s'en ~** durchkommen; **~ avec qn** (*fam: avoir un petit ami/une petite amie*) mit jdm gehen; **~ de** kommen aus; (*pays*) verlassen; (*rôle, cadre*) hinausgehen über +*akk*.

sosie [sɔzi] *m* Doppelgänger(in) *m(f)*.

sot, te [so, sɔt] **1.** *adj* dumm; **2.** *m, f* Dummkopf *m*; **sottise** [sɔtiz] *f* Dummheit *f*.

sou [su] *m*: **les ~s** (*fam: argent*) das Geld, die Kohle; **être près de ses ~s** (*fam*) knickerig sein; **être sans le ~** (*fam*) völlig abgebrannt sein.

souche [suʃ] *f* (*d'un arbre*) Stumpf *m*; (*fig*) Stamm *m*; (*d'un registre, d'un carnet*) Abschnitt *m*; **de vieille ~** aus altem Geschlecht.

souci [susi] *m* Sorge *f*; (*BOT*) Ringelblume *f*; **se faire du ~** sich *dat* Sorgen machen; **soucier** [susje] ⟨1⟩ *vpr:* **se ~ de** sich kümmern um; **soucieux, -euse** [susjø, øz] *adj* bekümmert; **être ~ de son apparence** auf sein Äußeres Wert legen; **être ~ que** darauf Wert legen, daß; **peu ~ de/que** sich wenig kümmernd um/daß.

soucoupe [sukup] *f* Untertasse *f*; **~ volante**

fliegende Untertasse, UFO *nt*.

soudain, e [sudɛ̃, ɛn] *adj, adv* plötzlich.

Soudan [sudɑ̃] *m:* **le ~** der Sudan.

soude [sud] *f* Natron *nt*; Soda *nt*.

souder [sude] ⟨1⟩ *vt* (*avec fil à souder*) löten; (*par soudure autogène*) schweißen; (*fig*) zusammenschweißen.

soudure [sudyʀ] *f* Löten *nt*; Schweißen *nt*; (*joint*) Lötstelle *f*; Schweißnaht *f*.

souffle [sufl(ə)] *m* Atemzug *m*; (*respiration*) Atem *m*; (*d'une explosion*) Druckwelle *f*; (*du vent*) Wehen *nt*; (*très léger*) Hauch *m*; **avoir le ~ court** kurzatmig sein; **être à bout de ~** außer Atem sein, völlig erschöpft sein; **retenir son ~** den Atem anhalten; **~ de vie** Lebensfunke *m*.

soufflé, e [sufle] **1.** *adj* (*fam: ahuri*) baff; **2.** *m* (*GASTR*) Soufflé *nt*.

souffler [sufle] ⟨1⟩ **1.** *vi* (*vent*) wehen, blasen; (*haleter*) schnaufen; **2.** *vt* (*éteindre*) ausblasen; (*poussière, fumée*) wegpusten, wegblasen; (*explosion*) in die Luft sprengen; (*leçon, rôle*) eingeben, soufflieren; (*verre*) blasen; (*fam: voler*) klauen; **~ sur** (*pour éteindre*) blasen auf +*akk*.

soufflet [sufle] *m* (*instrument*) Blasebalg *m*; (*entre wagons*) Verbindungsgang *m*.

souffrance [sufʀɑ̃s] *f* Leiden *nt*; **en ~** unerledigt; **souffrant, e** *adj* (*personne*) unwohl; (*air*) leidend.

souffrir [sufʀiʀ] ⟨11⟩ **1.** *vi* leiden; **2.** *vt* [er]leiden; (*supporter*) ertragen, aushalten; (*admettre: exception, retard*) dulden; **~ de qch** unter etw *dat* leiden; **ne pas pouvoir ~ qn/qch** jdn/etw nicht ausstehen können.

soufre [sufʀ] *m* Schwefel *m*.

souhait [swɛ] *m* Wunsch *m*; **~s de bonne année** Neujahrswünsche *pl*; **à vos ~s!** (*à une personne qui éternue*) Gesundheit!; **à ~** nach Wunsch.

souhaitable [swɛtabl(ə)] *adj* wünschenswert.

souhaiter [swete] ⟨1⟩ *vt* wünschen.

souiller [suje] ⟨1⟩ *vt* schmutzig machen; (*fig*) besudeln.

soûl, e [su, sul] **1.** *adj* betrunken; **2.** *m:* **boire/manger tout son ~** nach Herzenslust trinken/essen.

soulagement [sulaʒmɑ̃] *m* Erleichterung *f*.

soulager [sulaʒe] ⟨2⟩ **1.** *vt* (*personne*) erleichtern; (*douleur, peine*) lindern; **~ qn de qch** (*fardeau*) jdm etw abnehmen; **2.** *vpr:* **se ~** (*fam*) sich erleichtern.

soûler [sule] ⟨1⟩ **1.** *vt* betrunken machen; (*fig*) benebeln, berauschen; **2.** *vpr:* **se ~** sich betrinken.

soulèvement [sulɛvmɑ̃] *m* (*POL*) Aufstand *m*.

soulever [sulve] ⟨4⟩ **1.** *vt* hochheben;

(*poussière*) aufwirbeln; (*vagues*) erzeugen; (*pousser à se révolter*) aufhetzen; (*indigner*) empören; (*provoquer*) auslösen; (*question, débat*) aufwerfen; **2.** *vpr:* se ~ (*se révolter*) sich auflehnen; (*se dresser*) sich aufrichten.

soulier [sulje] *m* Schuh *m*; ~s **plats/à talons hauts** flache/hochhackige Schuhe *pl*.

souligner [sulip̄e] ⟨1⟩ *vt* unterstreichen.

soumettre [sumɛtR(ə)] *irr comme* mettre **1.** *vt* (*subjuguer*) unterwerfen; **2.** *vpr:* se ~ [à] sich unterwerfen +*dat*; ~ **qch à qn** jdm etw vorlegen; ~ **qn à qch** jdn einer Sache *dat* unterziehen.

soumis, e [sumi, iz] *adj* (*personne, air*) unterwürfig; (*peuples*) unterworfen.

soumission [sumisjɔ̃] *f* Unterwerfung *f*; (*docilité*) Unterwürfigkeit *f*, Gefügigkeit *f*; (*JUR*) Angebot *nt*.

soupape [supap] *f* Ventil *nt*; ~ **de sûreté** Sicherheitsventil *nt*.

soupçon [supsɔ̃] *m* Verdacht *m*; **un** ~ **de** (*petite quantité*) eine Spur; **soupçonner** [supsɔne] ⟨1⟩ *vt* (*personne*) verdächtigen; (*piège, manœuvre*) vermuten; **soupçonneux, -euse** [supsɔnø, øz] *adj* mißtrauisch.

soupe [sup] *f* Suppe *f*; ~ **populaire** Volksküche; ~ **au lait** *adj* jähzornig, aufbrausend; ~ **à l'oignon/de poisson** Zwiebel-/Fischsuppe *f*.

souper [supe] ⟨1⟩ **1.** *vi* zu später Stunde essen [gehen]; **2.** *m* Mahlzeit *f* zu später Stunde; **avoir soupé de qch** (*fam*) von etw die Nase voll haben.

soupière [supjɛR] *f* Suppenschüssel *f*.

soupir [supiR] *m* Seufzer *m*; (*MUS*) Viertelpause *f*.

soupirant [supiRɑ̃] *m* Verehrer(in) *m(f)*.

soupirer [supiRe] ⟨1⟩ *vi* seufzen.

souple [supl(ə)] *adj* (*branche*) biegsam; (*col, cuir*) weich; (*personne, membres*) gelenkig, geschmeidig; (*caractère; règlement*) flexibel; (*gracieux*) anmutig; **souplesse** [suples] *f* (*de branches*) Biegsamkeit *f*; (*d'un col, de cuir*) Weichheit *f*; (*d'une personne*) Gelenkigkeit *f*; (*intellectuelle, élasticité*) Flexibilität *f*; (*adresse*) Anmut *f*.

source [suRs(ə)] *f* Quelle *f*; **prendre sa** ~ **à/ dans** entspringen +*dat*; **tenir qch de bonne** ~ etw aus sicherer Quelle haben; ~ **de chaleur/lumineuse** Wärme-/Lichtquelle *f*; ~ **d'eau minérale** Mineralquelle *f*.

sourcil [suRsi] *m* Augenbraue *f*; **froncer les** ~**s** die Stirn runzeln.

sourciller [suRsije] ⟨1⟩ *vi:* **ne pas** ~ keine Miene verziehen; **sans** ~ ohne mit der Wimper zu zucken.

sourcilleux, -euse [suRsijø, øz] *adj* (*pointilleux*) kleinlich, pingelig.

sourd, e [suR, suRd(ə)] **1.** *adj* (*personne*) taub; (*peu sonore*) leise; (*douleur*) dumpf;

(*lutte*) stumm; (*LING*) stimmlos; **2.** *m*, *f* Taube(r) *mf*; **être** ~ **à** sich taub stellen gegenüber; **être** ~ **comme un pot** stocktaub sein.

sourd-muet, sourde-muette ⟨sourds-muets⟩ [suRmɥɛ, suRd(ə)mɥɛt] **1.** *adj* taubstumm; **2.** *m*, *f* Taubstumme(r) *mf*.

sourdre [suRdR(ə)] ⟨14⟩ *vi* (*meist nur Infinitiv*) sprudeln; (*fig*) aufsteigen.

souricière [suRisjɛR] *f* Mausefalle *f*; (*fig*) Falle *f*.

sourire [suRiR] *irr comme* rire **1.** *vi* lächeln; **2.** *m* Lächeln *nt*; **garder le** ~ sich nicht unterkriegen lassen; ~ **à qn** jdm zulächeln.

souris [suRi] *f* (*a. INFORM*) Maus *f*.

sournois, e [suRnwa, waz] *adj* (*personne*) hinterhältig; (*chose*) heimtückisch.

sous [su] *prép* unter +*dat*; (*avec mouvement*) unter +*akk*; ~ **peu** in Kürze, bald; ~ **la pluie** im Regen; ~ **terre** unterirdisch; ~ **mes yeux** vor meinen Augen.

sous... [su] *préf* Unter-, unter-; ~-**alimenté/ -peuplé** unterernährt/-bevölkert.

sous-bois [subwa] *m inv* Unterholz *nt*.

sous-chef ⟨sous-chefs⟩ [suʃef] *m/f* stellvertretender Vorsteher, stellvertretende Vorsteherin.

souscription [suskRipsjɔ̃] *f* Subskription *f*.

souscrire [suskRiR] *irr comme* écrire, *vt:* ~ **à qch** (*emprunt*) etw zeichnen; (*publication*) etw subskribieren; (*approuver*) etw gutheißen.

sous-développé, e [sudev(ə)lɔpe] *adj* unterentwickelt.

sous-directeur, -trice [sudiRɛktœR, tRis] *m*, *f* stellvertretender Direktor, stellvertretende Direktorin.

sous-emploi [suzɑ̃plwa] *m* Unterbeschäftigung *f*.

sous-entendre [suzɑ̃tɑ̃dR] ⟨14⟩ *vt* andeuten; **sous-entendu, e** [suzɑ̃tɑ̃dy] **1.** *adj* unausgesprochen; (*LING*) zu ergänzen; **2.** *m* Andeutung *f*.

sous-estimer [suzɛstime] ⟨1⟩ *vt* unterschätzen.

sous-exposer [suzɛkspoze] ⟨1⟩ *vt* (*PHOTO*) unterbelichten.

sous-jacent, e [suʒasɑ̃, ɑ̃t] *adj* (*fig*) latent, verborgen.

sous-location ⟨sous-locations⟩ [sulokasjɔ̃] *f* Untermiete *f*; **en** ~ zur Untermiete; **sous-louer** [sulwe] ⟨1⟩ *vt* (*donner à louer*) untervermieten; (*prendre à louer*) als Untermieter mieten.

sous-main [sumɛ̃] *m inv* Schreibunterlage *f*; **en** ~ unterderhand.

sous-marin, e [sumaRɛ̃, in] **1.** *adj* (*flore*) Meeres-; (*navigation, pêche*) Unterwasser-; **2.** *m* U-Boot *nt*.

sous-préfecture ⟨sous-préfectures⟩ [supRefektyR] *f* Unterpräfektur *f*.

sous-produit ⟨sous-produits⟩ [supʀɔdɥi] *m* Nebenprodukt *nt*; (*péj*) Abklatsch *m*.

soussigné, e [susiɲe] *adj*: **je** ~ ich, der Unterzeichnete; **le** ~/**les** ~**s** der Unterzeichnete/die Unterzeichneten.

sous-sol ⟨sous-sols⟩ [susɔl] *m* (*sablonneux, calcaire*) Untergrund *m*; (*d'une construction*) Untergeschoß *nt*; **en** ~ im Keller.

sous-titré, e [sutitʀe] *adj* mit Untertiteln.

soustraction [sustʀaksjɔ̃] *f* Subtraktion *f*.

soustraire [sustʀɛʀ] *irr comme* traire **1.** *vt* (*nombre*) subtrahieren, abziehen; (*dérober*) entziehen; **2.** *vpr*: **se** ~ **à** sich entziehen +*dat*; ~ **qn à qch** jdn vor etw *dat* schützen.

sous-traitance ⟨sous-traitances⟩ [sutʀɛtɑ̃s] *f* (*COMM*) vertragliche Weitervergabe von Arbeit; **sous-traitant** ⟨sous-traitants⟩ [sutʀɛtɑ̃] *m* Zulieferbetrieb *m*, Unterkontrahent *m*.

sous-vêtements [suvɛtmɑ̃] *mpl* Unterwäsche *f*.

soutenable [sut(ə)nabl(ə)] *adj* vertretbar.

soutenance [sut(ə)nɑ̃s] *f*: ~ **de thèse** ≈ Rigorosum *nt*.

soutènement [sutɛnmɑ̃] *m*: **mur de** ~ Stützmauer *f*.

souteneur [sut(ə)nœʀ] *m* Zuhälter *m*.

soutenir [sut(ə)niʀ] ⟨9⟩ *vt* tragen; (*personne*) halten; (*consolider*; *empêcher de tomber*) stützen; (*réconforter, aider*) helfen +*dat*; (*financièrement*) unterstützen; (*résister à*) aushalten; (*faire durer*) aufrechterhalten; (*affirmer*) verfechten, verteidigen; ~ **que** behaupten, daß.

soutenu, e [sut(ə)ny] *adj* (*régulier*) anhaltend; (*style*) gehoben.

souterrain, e [sutɛʀɛ̃, ɛn] **1.** *adj* unterirdisch; **2.** *m* unterirdischer Gang.

soutien [sutjɛ̃] *m* Stütze *f*; **apporter son** ~ **à qn** jdn unterstützen; ~ **de famille** (*ADMIN*) Ernährer(in) *m(f)*; **soutien-gorge** ⟨soutiens-gorge⟩ *m* Büstenhalter *m*.

soutirer [sutiʀe] ⟨1⟩ *vt* ablocken.

souvenir [suv(ə)niʀ] ⟨9⟩ **1.** *vpr*: **se** ~ **de/ que** sich erinnern an +*akk*/daß; **2.** *m* (*réminiscence*) Erinnerung *f*; (*objet*) Andenken *nt*; **en** ~ **de** zur Erinnerung an +*akk*; **avec mes affectueux/meilleurs** ~**s** mit herzlichen Grüßen.

souvent [suvɑ̃] *adv* oft; **peu** ~ selten.

souverain, e [suv(ə)ʀɛ̃, ɛn] **1.** *adj* (*état*) souverän, unabhängig; (*juge, cour*) oberste(r, s); (*mépris*) höchste(r, s); **2.** *m, f* Herrscher(in) *m(f)*, Staatsoberhaupt *nt*; **le** ~ **pontife** der Papst.

soviétique [sɔvjetik] *adj* sowjetisch; **Soviétique** *m/f* Sowjetbürger(in) *m(f)*.

soyeux, -euse [swajø, øz] *adj* seidig.

S.P.A. *f abr de* **Société protectrice des animaux** Tierschutzverein *m*.

spacieux, -euse [spasjø, øz] *adj* geräumig.

sparadrap [spaʀadʀa] *m* Heftpflaster *nt*.

spasme [spasm(ə)] *m* Krampf *m*.

spatial, e ⟨spatiaux⟩ [spasjal, o] *adj* räumlich; (*ESPACE*) [Welt]raum-.

spatule [spatyl] *f* Spachtel *m*.

spécial, e ⟨spéciaux⟩ [spesjal, o] *adj* speziell, besondere(r, s); (*droits, cas*) Sonder-; (*fam: bizarre*) eigenartig; **spécialement** *adv* besonders, speziell.

spécialiser [spesjalize] ⟨1⟩ *vpr*: **se** ~ sich spezialisieren (*dans* auf +*akk*).

spécialiste [spesjalist(ə)] *m/f* Spezialist(in) *m(f)*; (*MÉD*) Facharzt *m*, Fachärztin *f*.

spécialité [spesjalite] *f* (*branche*) Spezialgebiet *nt*; (*GASTR*) Spezialität *f*.

spécifier [spesifje] ⟨1⟩ *vt* spezifizieren; ~ **que** betonen, daß.

spécifique [spesifik] *adj* spezifisch.

spécimen [spesimɛn] *m* Probe[exemplar *nt*] *f*.

spectacle [spɛktakl(ə)] *m* (*aspect*) Anblick *m*; (*représentation*) Aufführung *f*, Vorstellung *f*; **se donner en** ~ (*péj*) sich zur Schau stellen; **l'industrie du** ~ die Unterhaltungsindustrie.

spectateur, -trice [spɛktatœʀ, tʀis] *m, f* Zuschauer(in) *m(f)*.

spectre [spɛktʀ(ə)] *m* Gespenst *nt*; (*PHYS*) Spektrum *nt*.

spéculation [spekylasjɔ̃] *f* Spekulation *f*.

spéculer [spekyle] ⟨1⟩ *vi* (*méditer*) nachdenken (*sur* über +*akk*); (*FIN*) spekulieren (*sur* mit); (*compter sur*) rechnen (*sur* mit).

spéléologie [speleɔlɔʒi] *f* Höhlenforschung *f*.

spermatozoïde [spɛʀmatozoid] *m* Samen *m*, Spermium *nt*.

sperme [spɛʀm(ə)] *m* Samenflüssigkeit *f*, Sperma *nt*.

sphère [sfɛʀ] *f* Kugel *f*; (*domaine*) Sphäre *f*, Bereich *m*; ~ **d'activité/d'influence** Wirkungs-/Einflußbereich *m*.

sphérique [sfeʀik] *adj* rund.

spirale [spiʀal] *f* Spirale *f*.

spirituel, le [spiʀitɥɛl] *adj* (*immatériel*) geistlich; (*intellectuel*) geistig; (*plein d'esprit*) geistreich.

spiritueux [spiʀitɥø] *mpl* Spirituosen *pl*.

splendeur [splɑ̃dœʀ] *f* Herrlichkeit *f*, Pracht *f*.

splendide [splɑ̃did] *adj* herrlich.

spongieux, -euse [spɔ̃ʒjø, øz] *adj* schwamm[art]ig.

sponsor [spɔ̃sɔʀ] *m* Sponsor(in) *m(f)*; **sponsoriser** ⟨1⟩ *vt* sponsern.

spontané, e [spɔ̃tane] *adj* spontan.

sport [spɔʀ] *m* Sport *m*; **faire du** ~ Sport treiben; ~ **de compétition** Leistungssport *m*; ~**s d'hiver** Wintersport *m*; **sportif, -ive**

[spɔʀtif, iv] **1.** adj sportlich; (*association,* *épreuve*) Sport-; **2.** m,f Sportler(in) m(f).

spot [spɔt] m (*lampe*) Scheinwerfer m; ~ **[publicitaire]** Werbespot m.

sprint [spʀint] m Sprint m, Endspurt m; **piquer un** ~ (*fam*) einen kurzen Sprint einlegen.

square [skwaʀ] m Grünanlage f.

squat [skwat] m Hausbesetzung f; **squatter** [skwate] ⟨1⟩ vt (*appartement side*) besetzen; **squatteur** [skwatœʀ] m Hausbesetzer(in) m(f).

squelette [skəlɛt] m Skelett nt; **squelettique** [skəletik] adj (spindel)dürr; (*exposé,* *effectifs*) dürftig, kümmerlich.

Sri Lanka [sʀilɑ̃ka] m o f: **le ~, la ~** Sri Lanka nt.

St, Ste abr de **saint, sainte** hl.

stabiliser [stabilize] ⟨1⟩ vt stabilisieren; (*terrain*) befestigen.

stabilité [stabilite] f Stabilität f.

stable [stabl(ə)] adj stabil.

stade [stad] m (*SPORT*) Stadion nt; (*phase*) Stadium nt.

stage [staʒ] m Praktikum nt; (*de perfectionnement*) Fortbildungskurs m; (*d'avocat,* *d'enseignant*) Referendarzeit f; **stagiaire** [staʒjɛʀ] m/f Praktikant(in) m(f), Lehrgangs-/Kursteilnehmer(in) m(f).

stagnant, e [stagnɑ̃, ɑ̃t] adj stehend; (*fig*) stagnierend.

stand [stɑ̃d] m (*d'exposition*) Stand m; ~ **de** **ravitaillement** (*dans une course automobile*) Box f; ~ **de tir** Schießstand m.

standard [stɑ̃daʀ] **1.** adj inv genormt, Standard-; **2.** m (*TÉL*) Telefonzentrale f, Vermittlung f; **standardiser** [stɑ̃daʀdize] ⟨1⟩ vt normen, standardisieren.

standardiste [stɑ̃daʀdist(ə)] m/f Telefonist(in) m(f).

standing [stɑ̃diŋ] m (*rang*) Status m; (*niveau de vie*) [finanzielle] Verhältnisse pl; **immeuble de grand** ~ exklusives Appartementhaus.

star [staʀ] f: ~ **[de cinéma]** Filmstar m.

starter [staʀtɛʀ] m (*AUTO*) Choke m.

station [stasjɔ̃] f (*métro*) Haltestelle f; (*RADIO, TV*) Sender m; (*d'observation, de la croix*) Station f; (*de villégiature*) Ferienort m, Kurort m; **la** ~ **debout** (*posture*) die aufrechte Haltung, das Stehen; ~ **balnéaire/de sports d'hiver** Badeort m/Wintersportort m; ~ **d'épuration** Kläranlage f; ~ **[d']es-** **sence** Tankstelle f; ~ **orbitale,** ~ **spatiale** Raumstation f; ~ **de taxis** Taxistand m; ~ **thermale** Thermalkurort m; ~ **de travail** (*INFORM*) Workstation f.

stationnaire [stasjɔnɛʀ] adj (*état*) gleichbleibend.

stationnement [stasjɔnmɑ̃] m (*AUTO*) Par-

ken nt.

stationner [stasjɔne] ⟨1⟩ vi parken.

station-service ⟨stations-services⟩ [stasjɔ̃sɛʀvis] f Tankstelle f.

statique [statik] adj (*ÉLEC*) statisch; (*fig*) unbewegt, starr.

statistique [statistik] f Statistik f.

statue [staty] f Statue f.

stature [statyʀ] f Gestalt f; (*taille*) Größe f; (*fig: importance*) Statur f.

statut [staty] m Status m; ~**s** mpl (*règlement*) Satzung f; **statutaire** [statytɛʀ] adj satzungsgemäß.

Sté abr de **société** Ges.

steak [stɛk] m Steak nt.

sténo[dactylo] [steno(daktilo)] m/f Stenotypist(in) m(f).

sténo[graphie] [stenɔ(gʀafi)] f Stenographie f; **prendre qch en sténo** etw stenographieren.

stéréo[phonie] [steʀeo(fɔni)] f Stereophonie f; **émission en** ~ Stereosendung f; **stéréo[phonique]** adj Stereo-.

stéréotype [steʀeɔtip] m Klischee nt.

stérile [steʀil] adj unfruchtbar; (*esprit*) steril.

stérilet [steʀilɛ] m (*MÉD*) Spirale f.

stériliser [steʀilize] ⟨1⟩ vt sterilisieren.

stérilité [steʀilite] f Sterilität f, Unfruchtbarkeit f.

sternum [stɛʀnɔm] m Brustbein nt.

stick [stik] m (*de colle*) Stift m; (*déodorant*) Deostift m.

stigmate [stigmat] m Stigma nt; **stigmatiser** [stigmatize] ⟨1⟩ vt brandmarken.

stimulant, e [stimylɑ̃, ɑ̃t] **1.** adj (*encourageant*) aufmunternd; (*excitant*) anregend; **2.** m (*fig*) Ansporn m.

stimulateur [stimylatœʀ] m: ~ **cardiaque** [Herz]schrittmacher m.

stimuler [stimyle] ⟨1⟩ vt (*personne*) stimulieren, anregen; (*appétit*) anregen; (*exportations*) beleben.

stipulation [stipylasjɔ̃] f (*contrat*) Bedingung f.

stipuler [stipyle] ⟨1⟩ vt (*énoncer*) vorschreiben; (*préciser*) [eindeutig] angeben.

stock [stɔk] m (*de marchandises*) Lagerbestand m; (*réserve*) Reserve f; (*fig*) Vorrat m (*de* an +*dat*).

stockage [stɔkaʒ] m Lagerung f; ~ **d'informations** (*INFORM*) Datenspeicherung f.

stocker [stɔke] ⟨1⟩ vt (*marchandises*) [ein]lagern; (*INFORM*) speichern.

stoïque [stɔik] adj stoisch.

stomacal, e ⟨stomacaux⟩ [stɔmakal, o] adj Magen-.

stop [stɔp] **1.** m (*signal routier*) Stoppschild nt; (*feu arrière*) Bremsleuchte f; (*dans un télégramme*) stop; **faire du** ~ (*fam*) per Anhalter fahren; **2.** *excl* stop, halt.

stoppage [stɔpaʒ] *m* Stopfen *nt*.

stopper [stɔpe] ⟨1⟩ **1.** *vt* anhalten; (*machine*) abstellen; (*attaque*) aufhalten; (*COUTURE*) stopfen; **2.** *vi* [an]halten.

store [stɔʀ] *m* Rollo *nt*, Rolladen *m*.

strapontin [stʀapɔ̃tɛ̃] *m* (*cinéma, théâtre*) Klappsitz *m*.

stratégie [stʀateʒi] *f* Strategie *f*; **stratégique** *adj* strategisch.

stratifié, e [stʀatifje] *adj* (*GÉO*) geschichtet; (*TECH*) beschichtet.

streamer [stʀimœʀ] *m* (*INFORM*) Streamer *m*.

stressant, e [stʀɛsɑ̃, ɑ̃t] *adj* stressig; **stressé, e** *adj* gestreßt.

strict, e [stʀikt(ə)] *adj* streng; (*obligation*) striktj; (*sans ornements*) schlicht, schmucklos; **c'est son droit le plus ~** das ist sein gutes Recht; **dans la plus ~e intimité** im engsten Familienkreis; **au sens ~ du mot** im wahrsten Sinne des Wortes; **le ~ nécessaire** [*o minimum*] das [Aller]notwendigste; **strictement** *adv* (*rigoureusement*) absolut; (*uniquement*) ausschließlich; (*sévèrement*) streng.

strident, e [stʀidɑ̃, ɑ̃t] *adj* schrill, kreischend.

strie [stʀi] *f* Streifen *m*; **strié, e** [stʀije] *adj* gerillt.

strip-teaseur, -euse [stʀiptizœʀ, øz] *m* Striptease-Tänzer(in) *m(f)*, Stripper(in) *m(f)*.

strophe [stʀɔf] *f* Strophe *f*.

structuration [stʀyktyʀasjɔ̃] *f* (*a. INFORM*) Strukturierung *f*.

structure [stʀyktyʀ] *f* Struktur *f*.

stuc [styk] *m* Stuck *m*.

studieux, -euse [stydjø, øz] *adj* fleißig; (*vacances, retraite*) den Studien gewidmet, Studien-.

studio [stydjo] *m* (*logement*) Einzimmerwohnung *f*; (*atelier*) Atelier *nt*; (*CINÉ, TV*) Studio *nt*.

stupéfaction [stypefaksjɔ̃] *f* Verblüffung *f*.

stupéfait, e [stypefɛ, ɛt] *adj* verblüfft.

stupéfiant, e [stypefjɑ̃, ɑ̃t] **1.** *adj* (*étonnant*) verblüffend; **2.** *m* (*drogue*) Rauschgift *nt*.

stupeur [stypœʀ] *f* (*inertie*) Abgestumpftheit *f*; (*étonnement*) Verblüffung *f*.

stupide [stypid] *adj* dumm; **stupidité** [stypidite] *f* Dummheit *f*.

style [stil] *m* Stil *m*; **en ~ télégraphique** im Telegrammstil; **meuble de ~** Stilmöbel *nt*; **~ de vie** Lebensstil *m*.

stylé, e [stile] *adj* (*domestique*) geschult.

stylisé, e [stilize] *adj* stilisiert.

stylo [stilo] *m*: **~ [à] bille** Kugelschreiber *m*; **~ [à plume]** Füller *m*; **stylo-feutre** ⟨stylos-feutres⟩ *m* Filzstift *m*.

su, e [sy] *pp de savoir*; **2.** *m*: **au vu et au ~ de tout le monde** in aller Öffentlichkeit.

suave [sɥav] *adj* (*odeur*) süß, angenehm; (*voix*) sanft, weich.

subalterne [sybaltɛʀn(ə)] **1.** *adj* subaltern, untergeordnet; **2.** *m/f* Untergebene(r) *mf*.

subconscient, e [sypkɔ̃sjɑ̃, ɑ̃t] **1.** *adj* unterbewußt; **2.** *m*: **le ~** das Unterbewußtsein.

subdiviser [sybdivize] ⟨1⟩ *vt* unterteilen.

subir [sybiʀ] ⟨8⟩ *vt* erleiden; (*conséquences*) tragen; (*influence, charme*) erliegen +*dat*; (*traitement*) sich unterziehen +*dat*; (*fam: supporter*) ertragen.

subit, e [sybi, it] *adj* plötzlich; **subitement** *adv* plötzlich.

subjectif, -ive [sybʒɛktif, iv] *adj* subjektiv.

subjonctif [sybʒɔ̃ktif] *m* ≈ Konjunktiv *m*.

subjuguer [sybʒyge] ⟨1⟩ *vt* erobern, in seinen Bann ziehen.

sublime [syblim] *adj* überragend; (*très beau*) wunderbar.

submerger [sybmɛʀʒe] ⟨2⟩ *vt* überschwemmen; (*fig*) überwältigen.

subordonné, e [sybɔʀdɔne] **1.** *adj* untergeordnet; **2.** *m, f* Untergebene(r) *mf*.

subside [sybsid] *m* Zuschuß *m*, Beihilfe *f*.

subsidiaire [sybsidjɛʀ] *adj*: **question ~** Stichfrage *f*.

subsistance [sybzistɑ̃s] *f* Unterhalt *m*; **pourvoir à la ~ de qn** für jds Unterhalt sorgen.

subsister [sybziste] ⟨1⟩ *vi* (*rester*) [weiter]bestehen; (*vivre*) sein Auskommen finden.

substance [sybstɑ̃s] *f* (*matière*) Substanz *f*, Stoff *m*; (*essentiel*) Wesentliche(s) *nt*; **en ~** im wesentlichen; **~ nocive** (*environnement*) Schadstoff *m*.

substantiel, le [sybstɑ̃sjɛl] *adj* (*nourrissant*) nahrhaft; (*avantage, bénéfice*) wesentlich, bedeutend.

substantif [sybstɑ̃tif] *m* Substantiv *nt*.

substituer [sybstitɥe] ⟨1⟩ **1.** *vt*: **~ qn/qch à** jdn/etw ersetzen durch; **2.** *vpr*: **se ~ à qn** jdn ersetzen; **substitut** *m* (*d'un magistrat*) Vertreter(in) *m(f)*; (*succédané*) Ersatz *m*; **substitution** [sybstitysjɔ̃] *f* Ersetzen *nt*.

subterfuge [sybtɛʀfyʒ] *m* List *f*; (*échappatoire*) Ausrede *f*.

subtil, e [sybtil] *adj* subtil; (*personne*) feinsinnig.

subtilité [sybtilite] *f* Subtilität *f*, Feinsinnigkeit *f*.

subvenir [sybvəniʀ] ⟨9⟩ *vt* (*dépense*) bestreiten; **~ à** (*besoin*) sorgen für.

subvention [sybvɑ̃sjɔ̃] *f* Subvention *f*, Zuschuß *m*; **subventionner** [sybvɑ̃sjɔne] ⟨1⟩ *vt* subventionieren.

suc [syk] *m* Saft *m*; **~s gastriques** Magensaft

m.

succédané [syksedane] *m* Ersatz *m.*

succéder [syksede] ⟨5⟩ **1.** *vi:* ~ **à** *(successeur)* nachfolgen +*dat; (chose)* folgen auf +*akk,* kommen nach; **2.** *vpr:* **se** ~ aufeinanderfolgen.

succès [sykse] *m* Erfolg *m;* **à** ~ Erfolgs-; **avec** ~ erfolgreich; **sans** ~ erfolglos, ohne Erfolg.

successeur [syksesœr] *m* Nachfolger(in) *m(f); (héritier)* Erbe *m,* Erbin *f.*

successif, -ive [syksesif, iv] *adj* aufeinanderfolgend.

succession [syksesjɔ̃] *f (patrimoine)* Erbe *nt; (transmission de pouvoir royal)* Thronfolge *f.*

succinct, e [syksɛ̃, ɛ̃t] *adj* knapp, kurz und bündig.

succomber [sykɔ̃be] ⟨1⟩ *vi (mourir)* umkommen; ~ **à** *(céder)* einer Sache *dat* unterliegen [o erliegen].

succulent, e [sykylɑ̃, ɑ̃t] *adj* köstlich.

succursale [sykyrsal] *f* Filiale *f; magasin* **à** ~**s multiples** Ladenkette *f.*

sucer [syse] ⟨2⟩ *vt (citron, orange)* [aus]saugen; *(pastille, bonbon)* lutschen; ~ **son pouce** am Daumen lutschen.

sucette [sysɛt] *f (bonbon)* Lutscher *m; (de bébé)* Schnuller *m.*

sucre [sykr(ə)] *m* Zucker *m;* ~ **de canne/ betterave** Rohr-/Rübenzucker *m;* ~ **en morceaux/cristallisé/en poudre/glace** Würfel-/Kristall-/Fein-/Puderzucker *m;* **sucré, e** *adj (produit alimentaire)* gesüßt; *(au goût)* süß; *(tasse de thé, etc)* gezuckert; *(ton, voix)* [honig]süß; **sucrer** [sykre] ⟨1⟩ **1.** *vt (thé, café)* süßen; **2.** *vpr:* **se** ~ *(prendre du sucre)* Zucker nehmen; *(fam: faire des bénéfices)* absahnen; **sucrerie** [sykrəri] *f (usine)* Zuckerraffinerie *f;* ~**s** *fpl (bonbons)* Süßigkeiten *pl;* **sucrette** [sykrɛt] *f* Süßstofftablette *f;* **sucrier, -ière** [sykrije, ɛr] **1.** *adj* Zucker-; **2.** *m (récipient)* Zuckerdose *f.*

sud [syd] **1.** *m* Süden *m;* **2.** *adj inv* Süd-, südlich; **au** ~ **de** südlich von, im Süden von; **sud-américain, e** *adj* südamerikanisch.

sudation [sydasjɔ̃] *f* Schwitzen *nt.*

sud-est [sydɛst] *m* Südosten *m;* **sud-ouest** [sydwɛst] *m* Südwesten *m.*

Suède [sɥɛd] *f:* **la** ~ Schweden *nt;* **suédois, e** [sɥedwa, az] *adj* schwedisch; **Suédois, e** *m, f* Schwede *m,* Schwedin *f.*

suer [sɥe] ⟨1⟩ **1.** *vi* schwitzen; *(fam: se fatiguer)* sich abquälen; **2.** *vt (fig: exhaler)* ausstrahlen; *(bêtise)* strotzen vor +*dat.*

sueur [sɥœr] *f* Schweiß *m;* **en** ~ schweißgebadet; **j'en ai des** ~**s froides** *(fig)* das jagt mir kalte Schauer über den Rücken.

suffire [syfir] *irr* **1.** *vi* genügen, reichen; **2.**

vpr: **se** ~ unabhängig sein; **il suffit de ... [pour que ...]** man braucht nur ... [, damit ...]; **ça suffit!** jetzt reicht's!

suffisamment [syfizamɑ̃] *adv* genügend, ausreichend; ~ **de** genügend, genug.

suffisance [syfizɑ̃s] *f (vanité)* Selbstgefälligkeit *f;* **suffisant, e** *adj* genügend, ausreichend; *(vaniteux)* selbstgefällig.

suffocation [syfɔkasjɔ̃] *f* Ersticken *nt.*

suffoquer [syfɔke] ⟨1⟩ **1.** *vt* ersticken; *(chaleur)* erdrücken; *(fig)* überwältigen; **2.** *vi (personne)* ersticken.

suffrage [syfraʒ] *m (vote)* Stimme *f;* ~ **universel/direct/indirect** allgemeines Wahlrecht/direkte/indirekte Wahl.

suggérer [syɡʒere] ⟨5⟩ *vt (conseiller)* vorschlagen; *(évoquer)* erinnern an +*akk;* ~ **[à qn] que** *(insinuer)* [jdm] zu verstehen geben, daß.

suggestif, -ive [syɡʒɛstif, iv] *adj* ausdrucksvoll, stimmungsvoll; *(érotique)* aufreizend.

suggestion [syɡʒɛstjɔ̃] *f (conseil)* Vorschlag *m; (PSYCH)* Suggestion *f.*

suicide [sɥisid] *m* Selbstmord *m;* **suicider** ⟨1⟩ *vpr:* **se** ~ sich umbringen.

suif [sɥif] *m* Talg *m.*

suisse [sɥis] *adj* schweizerisch; ~ **romand(e)** welschschweizerisch; ~ **allemand(e)** deutschschweizerisch; **Suisse 1.** *m/f* Schweizer(in) *m(f);* **2.** *f:* **la** ~ die Schweiz; ~ **romande** französische [o welsche] Schweiz; ~ **allemande** [o **alémanique**] deutsche Schweiz.

suite [sɥit] *f* Folge *f; (liaison logique)* Zusammenhang *m; (appartement, MUS)* Suite *f; (escorte)* Gefolgschaft *f;* ~**s** *fpl (conséquences)* Folgen *pl;* **à la** ~ **de** hinter +*dat; (à cause de)* aufgrund von; **avoir de la** ~ **dans les idées** hartnäckig sein; **de** ~ nacheinander; *(immédiatement)* sofort; **donner** ~ **à** weiterverfolgen; **faire** ~ **à** sich anschließen an +*akk;* **faisant** ~ **à votre lettre du** ~ à votre lettre du mit Bezug auf Ihr Schreiben vom; **par la** ~ später; **prendre la** ~ **de qn** jds Nachfolge antreten; **une** ~ **de** *(série)* eine Reihe von.

suivant, e [sɥivɑ̃, ɑ̃t] **1.** *adj* folgend; **2.** *prép (selon)* gemäß +*dat;* je nach; **au** ~! der nächste bitte!; **le client** ~ der nächste Kunde; **le jour** ~ am Tag danach.

suivi [sɥivi] *adj (régulier)* regelmäßig; *(cohérent)* logisch; *(politique)* konsequent; **très** ~ *(cours)* gut besucht; *(mode)* der/die viel Anklang findet.

suivre [sɥivr(ə)] *irr* **1.** *vt* folgen +*dat; (poursuivre; regarder)* verfolgen; *(accompagner)* begleiten; *(bagages)* [nach]folgen +*dat; (venir après)* folgen auf +*akk; (traitement)* befolgen; *(cours)* teilnehmen an +*dat; (être attentif à)* aufpassen bei; *(contrôler l'évolu-*

tion de) beobachten; (*COMM: article*) weiter-
führen; **2.** *vi* folgen; (*écouter attentivement*)
aufpassen; **3.** *vpr:* **se ~** aufeinanderfolgen,
nacheinander kommen; **à ~** Fortsetzung
folgt; **~ son cours** seinen Lauf nehmen;
faire ~ (*lettre*) nachsenden; **~ des yeux** mit
den Augen verfolgen.

sujet, te [syʒɛ, ɛt] **1.** *adj:* **être ~ à** neigen zu;
(*vertige, etc*) leiden an +*dat*; **2.** *m, f* (*d'un
roi, etc*) Untertan(in) *m(f)*; **3.** *m* (*matière*)
Gegenstand *m*; (*thème*) Thema *nt*; (*raison*)
Anlaß *m*, Grund *m*; (*LING*) Subjekt *nt*;
(*élève*) Schüler(in) *m(f)*; **au ~ de** über
+*akk*; **avoir ~ de se plaindre** Grund zum
Klagen haben; **c'est ~ à caution** das ist mit
Vorsicht zu genießen; **~ m de conversation**
Gesprächsthema *nt*; **~ m d'examen** (*SCOL*)
Prüfungsstoff *m*/-frage *f*; **~ m d'expérience**
Versuchsperson *f*/Versuchstier *nt*.

sulfureux, -euse [sylfyrø, øz] *adj* Schwe-
fel-, schweflig.

sulfurique [sylfyrik] *adj:* **acide ~** Schwefel-
säure *f*.

summum [sɔmɔm] *m:* **le ~ de** der Gipfel
+*gen*.

superbe [sypɛrb(ə)] *adj* (*très beau*) wunder-
voll, herrlich; (*remarquable*) phantastisch.

super|carburant [sypɛr(karbyrɑ̃)] *m* Super|benzin| *nt*.

superficie [sypɛrfisi] *f* (*d'un terrain, d'un
appartement*) [Grund]fläche *f*; (*aspect extérieur*) Oberfläche *f*; **superficiel, le**
[sypɛrfisjɛl] *adj* oberflächlich; (*plaie*)
leicht.

superflu, e [sypɛrfly] **1.** *adj* überflüssig; **2.**
m: **le ~** das Überflüssige.

supérieur, e [sypeʁjœʁ] **1.** *adj* (*du haut*)
obere(s, r), Ober-; (*excellent, arrogant*)
überlegen; **2.** *m, f* (*hiérarchique*) Vorgesetz-
te(r) *mf*; (*REL*) Superior(in) *m(f)*, Oberin *f*;
~ à (*plus élevé*) höher [als]; (*meilleur*)
besser [als]; **~ en nombre** zahlenmäßig
überlegen.

supériorité [sypeʁjɔʁite] *f* Überlegenheit
f.

superlatif [sypɛrlatif] *m* Superlativ *m*.

supermarché [sypɛrmarʃe] *m* Supermarkt *m*.

superposer [sypɛrpoze] ⟨1⟩ **1.** *vt* aufein-
anderlegen/-stellen, stapeln; **2.** *vpr:* **se ~**
(*images, souvenirs*) zusammentreffen; **lits
superposés** Etagenbett *nt*.

superproduction [sypɛrprɔdyksjɔ̃] *f*
(*CINÉ*) Monumentalfilm *m*.

superpuissance [sypɛrpɥisɑ̃s] *f* (*POL*) Su-
permacht *f*.

supersonique [sypɛrsɔnik] *adj* (*avion,
vitesse*) Überschall-.

superstitieux, -euse [sypɛrstisjø, øz] *adj*
abergläubisch.

superstition [sypɛrstisjɔ̃] *f* Aberglaube *m*.

superstructure [sypɛrstryktyr] *f* Über-
bau *m*; (*NAUT*) Aufbauten *pl*.

superviser [sypɛrvize] ⟨1⟩ *vt* beaufsichtigen; **superviseur** *m* (*INFORM*) Überwa-
chungsprogramm *nt*.

suppléance [sypleɑ̃s] *f* Vertretung *f*; **sup-
pléant, e 1.** *adj* stellvertretend; **2.** *m, f*
Stellvertreter(in) *m(f)*.

suppléer [syplee] ⟨1⟩ *vt* (*mot manquant*) ergänzen; (*lacune*) ausfüllen; (*défaut*) ausgleichen; (*remplacer*) vertreten; **~ à qch**
(*remédier à*) etw ausgleichen; (*remplacer*)
etw ersetzen (*par* durch).

supplément [syplemɑ̃] *m* Ergänzung *f*; (*au
restaurant*) Extraportion *f*; (*d'un livre, d'un
dictionnaire*) Ergänzungsband *m*; (*d'un
journal*) Beilage *f*; (*à payer*) Zuschlag *m*;
un ~ d'information zusätzliche Informationen *pl*; **supplémentaire** [syplemɑ̃tɛr]
adj zusätzlich.

supplication [syplikasjɔ̃] *f* Bitte *f*; **~s** *fpl*
(*adjurations*) Flehen *nt*.

supplice [syplis] *m* (*peine corporelle*) Folter
f; (*fig*) Qual *f*; **être au ~** (*fig*) Folterqualen
leiden.

supplier [syplije] ⟨1⟩ *vt* anflehen.

support [sypɔr] *m* Stütze *f*; (*pour outils*)
Ständer *m*; **~ audio-visuel** audio-visuelles
Hilfsmittel; **~ de données** Datenträger *m*;
~ publicitaire Werbemittel *nt*.

supportable [sypɔrtabl(ə)] *adj* erträglich.

supporter [sypɔrtɛr] *m* Fan *m*.

supporter [sypɔrte] ⟨1⟩ *vt* (*porter*) tragen;
(*mur*) stützen; (*tolérer*) aushalten; dulden,
ertragen; (*chaleur, vin*) vertragen; **~ que**
ertragen, daß.

supposé, e [sypoze] *adj* mutmaßlich.

supposer [sypoze] ⟨1⟩ *vt* annehmen;
(*impliquer*) voraussetzen; **en supposant, à
~ que** vorausgesetzt, daß; **supposition**
[sypozisjɔ̃] *f* (*conjecture*) Vermutung *f*, Annahme *f*.

suppositoire [sypozitwar] *m* Zäpfchen *nt*.

suppression [sypresjɔ̃] *f* Aufhebung *f*, Ab-
schaffung *f*.

supprimer [syprime] ⟨1⟩ *vt* abschaffen;
(*mot, clause*) weglassen; (*obstacle*) beseitigen, entfernen; (*douleur*) nehmen; (*censurer*) nicht erscheinen lassen; **~ qn** jdn beseitigen; **~ qch à qn** jdm etw entziehen.

suprématie [sypremasi] *f* Überlegenheit *f*;
(*POL*) Vormachtstellung *f*.

suprême [syprɛm] *adj* oberste(r, s); (*bonheur, habileté*) höchste(r, s); **un ~ espoir/
effort** (*ultime*) eine äußerste Hoffnung/An-
strengung.

sur [syr] *prép* auf +*dat*; (*au-dessus de*) über
+*dat*; (*direction*) auf +*akk*; (*par-dessus*)
über +*akk*; (*à propos de*) über +*akk*; **avoir**

une influence ~ Einfluß haben auf +*akk*; **faire ~ bêtise** eine Dummheit nach der anderen machen; ~ **ce** daraufhin; ~ **sa recommandation** auf seine Empfehlung hin; **je n'ai pas d'argent ~ moi** ich habe kein Geld bei mir; **un ~ 10** (*SCOL*) eine Sechs; **2 ~ 20 sont venus** von 20 sind 2 gekommen; **4 m ~ 2** 4 m auf 2 m.

sur, e [syʀ] *adj* sauer [geworden], herb.

sûr, e [syʀ] *adj* sicher; (*digne de confiance, fiable*) zuverlässig; **être ~(e) de qn** sich *dat* jds sicher sein; ~ **de soi** selbstsicher; **le plus ~ est de …** das sicherste ist, …

surabondance [syʀabɔ̃dɑ̃s] *f* (*de produits, de richesses*) Überfluß *m* (de an +*dat*); (*de couleurs, de détails*) Überfülle *f* (de von).

suraigu, ë [syʀegy] *adj* schrill.

surajouter [syʀaʒute] ⟨1⟩ *vt:* ~ **qch à** noch etw hinzufügen zu.

suranné, e [syʀane] *adj* veraltet, rückständig.

surcharge [syʀʃaʀʒ(ə)] *f* (*de passagers*) Überlastung *f*; (*de marchandises*) Überbelastung *f*; **surchargé, e** *adj* überladen; **surcharger** ⟨2⟩ *vt* (*véhicule, a. fig*) überladen.

surchoix [syʀʃwa] *adj inv:* **un produit ~** ein Erzeugnis von bester Qualität.

surclasser [syʀklase] ⟨1⟩ *vt* übertreffen.

surcouper [syʀkupe] ⟨1⟩ *vt* (*CARTES*) übertrumpfen.

surcroît [syʀkʀwa] *m:* **un ~ de travail** zusätzliche Arbeit; **par ~** obendrein.

surdité [syʀdite] *f* Taubheit *f*.

surdose [syʀdoz] *f* (*médicament*) Überdosis *f*.

surdoué, e [syʀdwe] *adj* (*élève*) hochbegabt.

sureau ⟨-x⟩ [syʀo] *m* Holunder *m*.

surélever [syʀelve] ⟨4⟩ *vt* (*maison*) aufstocken; (*objet*) höher machen.

sûrement [syʀmɑ̃] *adv* sicher.

suremploi [syʀɑ̃plwa] *m* Überbeschäftigung *f*.

surenchère [syʀɑ̃ʃɛʀ] *f* höheres Gebot; **la ~ électorale** das gegenseitige Übertrumpfen im Wahlkampf; **surenchérir** [syʀɑ̃ʃeʀiʀ] ⟨8⟩ *vi* höher bieten.

surestimer [syʀɛstime] ⟨1⟩ *vt* (*objet*) überbewerten; (*possibilité, personne*) überschätzen.

sûreté [syʀte] *f* Sicherheit *f*, Zuverlässigkeit *f*; (*garantie*) Sicherheit *f*; **être/mettre en ~** in Sicherheit sein/bringen; **pour plus de ~** zur Sicherheit; **la Sûreté [nationale]** der Sicherheitsdienst.

surexciter [syʀɛksite] ⟨1⟩ *vt* überreizen.

surexposer [syʀɛkspoze] ⟨1⟩ *vt* (*PHOTO*) überbelichten; **surexposition** *f* (*PHOTO*) Überbelichtung *f*.

surf [sœʀf] *m* (*sur mer*) Surfbrett *nt*; (*sur neige*) Snowboard *nt*; **faire du ~** surfen.

surface [syʀfas] *f* Oberfläche *f*; (*MATH*) Fläche *f*; **faire ~** auftauchen; **refaire ~** (*fam*) allmählich wieder in besserer Form sein; **100 m² de ~** 100 m² Fläche; **grande ~** Einkaufszentrum *nt*; ~ **de réparation** (*FOOT-BALL*) Strafraum *m*.

surfait, e [syʀfɛ, ɛt] *adj* überbewertet.

surfin, e [syʀfɛ̃, in] *adj* hochfein.

surgelé, e [syʀʒəle] *adj* tiefgekühlt.

surgénérateur [syʀʒeneʀatœʀ] *m* schneller Brüter, Hochtemperaturreaktor *m*.

surgir [syʀʒiʀ] ⟨8⟩ *vi* (*jaillir*) hervorbrechen; (*personne, véhicule*) [plötzlich] auftauchen.

surhumain, e [syʀymɛ̃, ɛn] *adj* übermenschlich.

surimpression [syʀɛ̃pʀesjɔ̃] *f* (*PHOTO*) Doppelbelichtung *f*.

sur-le-champ [syʀləʃɑ̃] *adv* sofort, auf der Stelle.

surlendemain [syʀlɑ̃dmɛ̃] *m:* **le ~** der übernächste Tag; **am übernächsten Tag; le ~ de deux Tage nach.**

surligneur [syʀliɲœʀ] *m* Leuchtstift *m*.

surmenage [syʀmənaʒ] *m* Überanstrengung *f*, Streß *m*.

surmener [syʀməne] ⟨4⟩ **1.** *vt* überanstrengen, überfordern; stressen; **2.** *vpr:* **se ~** sich überanstrengen.

surmonter [syʀmɔ̃te] ⟨1⟩ *vt* (*être au dessus de*) angebracht sein über +*dat*; (*obstacle, peur*) überwinden.

surmultiplié, e [syʀmyltiplje] *adj:* **vitesse ~e** Overdrive *m*.

surnaturel, le [syʀnatyʀɛl] *adj* übernatürlich; (*extraordinaire*) außergewöhnlich.

surnom [syʀnɔ̃] *m* Spitzname *m*.

surnombre [syʀnɔ̃bʀ(ə)] *m:* **en ~** überzählig.

surnommer [syʀnɔme] ⟨1⟩ *vt:* **être surnommé(e)** genannt werden.

surpasser [syʀpase] ⟨1⟩ **1.** *vt* übertreffen; **2.** *vpr:* **se ~** sich selbst übertreffen.

surpeuplé, e [syʀpœple] *adj* (*région*) übervölkert; (*maison*) überfüllt.

sur-place [syʀplas] *m:* **faire du ~** (*dans un embouteillage*) nicht vorwärtskommen.

surplomb [syʀplɔ̃] *m* Überhang *m*; **surplomber** [syʀplɔ̃be] ⟨1⟩ **1.** *vi* (*mur*) überragen; **2.** *vt* überragen.

surplus [syʀply] *m* (*COMM*) Überschuß *m*.

surprenant, e [syʀpʀənɑ̃, ɑ̃t] *adj* überraschend, erstaunlich.

surprendre [syʀpʀɑ̃dʀ(ə)] ⟨13⟩ **1.** *vt* überraschen; (*secret*) herausfinden; (*conversation*) mithören; (*clin d'œil*) mitbekommen; (*ennemi*) überrumpeln; **2.** *vpr:* **se ~ à faire qch** sich bei etw erwischen [*o* ertappen].

surprime [syʀpʀim] *f* Zuschlagsprämie *f*.

surpris, e [syʀpʀi, iz] *adj* überrascht; **surprise** *f* Überraschung *f*; **faire une ~ à qn** jdn überraschen; **par ~** überraschend.

surréaliste [syʀʀealist(ə)] *adj* surrealistisch; *(fam)* bizarr.

surrégénérateur [syʀʀeʒeneʀatœʀ] *m* schneller Brüter, Hochtemperaturreaktor *m*.

sursaut [syʀso] *m* Zusammenzucken *nt*; **se réveiller en ~** aus dem Schlaf auffahren; **~ d'énergie/d'indignation** Energieanwandlung *f*/plötzlicher Ausbruch der Entrüstung; **sursauter** [syʀsote] ⟨1⟩ *vi* zusammenfahren.

sursis [syʀsi] *m* Aufschub *m*; *(MIL)* Zurückstellung *f*; *(JUR)* Bewährungsfrist *f*; **avec ~** auf Bewährung.

surtaxe [syʀtaks(ə)] *f (POSTES: supplément)* Zuschlag *m*; *(amende)* Nachporto *nt*.

surtout [syʀtu] *adv* besonders; **~ que** um so mehr, als; **cet été, il est ~ allé à la pêche in** diesem Sommer hat er hauptsächlich geangelt; **~ ne dites rien!** sagen Sie bloß nichts!; **~ pas!** bestimmt nicht!, bitte nicht!

surveillance [syʀvɛjɑs] *f* Überwachung *f*; *(d'un gardien)* Aufsicht *f*; **être sous la ~ de qn** unter jds Aufsicht stehen; **sous ~ médicale** unter ärztlicher Beobachtung; **conseil de ~** *(société anonyme)* Aufsichtsrat *m*; **Direction de la ~ du territoire** Geheimdienst *m*; **surveillant, e** *m, f* Aufseher(in) *m(f)*.

surveiller [syʀveje] ⟨1⟩ 1. *vt* überwachen; *(SCOL)* beaufsichtigen; 2. *vpr:* **se ~** sich beherrschen; **son langage/sa langue** auf seine Sprache/Linie achten.

survenir [syʀvəniʀ] ⟨9⟩ *vi avec être* eintreten, vorkommen; *(personne)* auftauchen.

survêtement [syʀvɛtmɑ] *m* Trainingsanzug *m*.

survie [syʀvi] *f* Überleben *nt*; *(REL)* [Fort]leben *nt* nach dem Tode.

survivant, e [syʀvivɑ, ɑt] *m, f* Überlebende(r) *mf*; *(d'une personne)* Hinterbliebene(r) *mf*.

survivre [syʀvivʀ(ə)] *irr comme vivre*, *vi* überleben.

survoler [syʀvole] ⟨1⟩ *vt* überfliegen.

survolté, e [syʀvolte] *adj (ÉLEC)* hinauftransformiert; *(personne, ambiance)* überreizt.

sus [sy(s)] *prép:* **en ~** zusätzlich; **en ~ de** zusätzlich zu.

susceptible [syseptibl(ə)] *adj (trop sensible)* empfindlich; **être ~ de faire qch** etw tun können; **être ~ de modification** [bei Bedarf] geändert werden können.

susciter [sysite] ⟨1⟩ *vt* hervorrufen.

suspect, e [syspɛ(kt), ɛkt(ə)] 1. *adj (personne, attitude)* verdächtig; *(témoignage, opinion)* zweifelhaft; 2. *m, f (JUR)* Verdächtige(r) *mf*; **être ~(e) de qch** einer Sache *gen* verdächtigt werden; **suspecter** [syspɛkte] ⟨1⟩ *vt (personne)* verdächtigen; *(honnêteté de qn)* anzweifeln; **~ qn de qch/faire qch** jdn einer Sache *gen* verdächtigen/jdn verdächtigen, etw zu tun.

suspendre [syspɑdʀ(ə)] ⟨14⟩ 1. *vt (accrocher)* aufhängen; *(interrompre)* einstellen; *(séance, jugement)* aufheben; *(interdire)* verbieten; *(démettre)* suspendieren; 2. *vpr:* **se ~ à** sich hängen an *+akk*; **suspendu, e** [syspɑdy] *adj:* **être ~ à** *(accroché)* hängen an *+dat*; **~ au-dessus de** *(perché)* schwebend über *+dat*; **être ~ aux lèvres de qn** an jds Lippen hängen; **voiture bien/mal ~e** gut/schlecht gefedertes Auto.

suspens [syspɑ] *m:* **en ~** in der Schwebe; nicht entschieden; **tenir en ~** fesseln, in Spannung halten.

suspense [syspɛns] *m* Spannung *f*.

suspension [syspɑsjɔ] *f* Einstellung *f*; *(de séance, de jugement)* Aufhebung *f*; *(interdiction)* Verbot *nt*; *(démission)* Suspendierung *f*; *(AUTO)* Federung *f*; *(lampe)* Hängelampe *f*; **en ~** schwebend; **~ d'audience** Vertagung *f*.

suspicion [syspisjɔ] *f* Mißtrauen *nt*.

suture [sytyʀ] *f:* **point de ~** *(MÉD)* Stich *m*; **suturer** [sytyʀe] ⟨1⟩ *vt (MÉD)* nähen.

svelte [svɛlt(ə)] *adj* schlank.

S.V.P. *abr de* **s'il vous plaît** bitte.

sweat-shirt ⟨sweat-shirts⟩ [switʃœʀt] *m* Sweatshirt *nt*.

syllabe [silab] *f* Silbe *f*.

sylviculture [sylvikyltyʀ] *f* Forstwirtschaft *f*.

symbole [sɛbol] *m* Symbol *nt*; **symbolique** *adj* symbolisch.

symétrie [simetʀi] *f* Symmetrie *f*; **symétrique** *adj* symmetrisch. ,

sympa [sɛpa] *adj (fam: personne)* sympathisch; *(fam: chose)* nett, angenehm.

sympathie [sɛpati] *f (affinité)* Sympathie *f*; *(participation à douleur)* Mitgefühl *nt*; **accueillir un projet avec ~** einem Vorhaben wohlwollend gegenüberstehen; **croyez à toute ma ~** mein aufrichtiges Beileid; **témoignages de ~** *(lors d'un deuil)* Beileidsbekundungen *pl*; **sympathique** *adj* sympathisch; *(repas, réunion, endroit)* nett.

sympathisant, e [sɛpatizɑ, ɑt] *m, f (POL)* Sympathisant(in) *m(f)*; **sympathiser** ⟨1⟩ *vi (s'entendre)* sich gut verstehen.

symphonie [sɛfɔni] *f* Sinfonie *f*; **symphonique** *adj:* **musique ~** sinfonische Musik; **orchestre/concert ~** Sinfonieorchester *nt*/ -konzert *nt*.

symptôme [sɛptom] *m (MÉD)* Symptom *nt*;

(fig) Anzeichen *nt*.

synagogue [sinagɔg] *f* Synagoge *f*.

synchroniser [sɛ̃kʀɔnize] ⟨1⟩ *vt* synchronisieren.

syncope [sɛ̃kɔp] *f* Ohnmacht *f*; *(MUS)* Synkope *f*; **tomber en ~** ohnmächtig werden.

syndic [sɛ̃dik] *m* *(d'un immeuble)* Verwalter(in) *m(f)*.

syndical, e ⟨syndicaux⟩ [sɛ̃dikal, o] *adj* gewerkschaftlich; **centrale ~e** Gewerkschaftsbund *m*.

syndicaliste [sɛ̃dikalist] *m/f* Gewerkschaft[l]er(in) *m(f)*.

syndicat [sɛ̃dika] *m* Gewerkschaft *f*; *(association d'intérêts)* Verband *m*; **~ d'initiative** Fremdenverkehrsverein *m*; **~ patronal** Arbeitgeberverband *m*; **~ de propriétaires** Eigentümerverband *m*.

syndiqué, e [sɛ̃dike] *adj* gewerkschaftlich organisiert; *(personne)* einer Gewerkschaft angeschlossen.

syndiquer [sɛ̃dike] ⟨1⟩ *vpr:* **se ~** sich gewerkschaftlich organisieren; *(adhérer)* in die Gewerkschaft eintreten.

syndrome [sɛ̃dʀom] *m* Syndrom *nt*, Krankheitsbild *nt; (fig)* Syndrom *nt*.

synonyme [sinɔnim] **1.** *adj* synonym *(de* mit); **2.** *m* Synonym *nt*.

synoptique [sinɔptik] *adj:* **tableau ~** Übersichtstabelle *f*.

syntaxe [sɛ̃taks(ə)] *f (LING)* Syntax *f*.

synthèse [sɛ̃tɛz] *f* Synthese *f*.

synthétique [sɛ̃tetik] *adj* synthetisch.

synthétiseur [sɛ̃tetizœʀ] *m:* **~ [de son]** Synthesizer *m*.

syphilis [sifilis] *f* Syphilis *f*.

Syrie [siʀi] *f:* **la ~** Syrien *nt*.

systématique [sistematik] *adj* systematisch.

système [sistɛm] *m* System *nt;* **le ~ débrouille/D** Selbsthilfe *f;* **taper sur le ~ à qn** *(fam)* jdm auf den Keks *[o* Wecker] gehen; **le ~ décimal** das Dezimalsystem; **~ d'exploitation** *(INFORM)* Betriebssystem *nt;* **~ immunitaire** Immunsystem *nt;* **le ~ métrique** das metrische System; **le ~ nerveux** das Nervensystem.

T

T, t [te] *m* T, t *nt*.

t. *abr de* **tonne** t.

t. *abr de* **tome** Bd.

t' [t(ə)] *pron v.* **te**.

ta [ta] *adj v.* **ton**.

tabac [taba] *m* Tabak *m; (magasin)* Tabakwarengeschäft *nt;* **faire un ~** enormen Er-

folg haben, ein Riesenerfolg sein; **~ blond/brun** heller/dunkler Tabak; **~ à priser** Schnupftabak *m*.

tabagisme [tabaʒism(ə)] *m* Nikotinsucht *f;* **~ passif** Passivrauchen *nt*.

table [tabl(ə)] *f* Tisch *m; (liste)* Verzeichnis *nt; (numérique)* Tabelle *f;* **à ~** zu Tisch!, Essen ist fertig!; **faire ~ rase de** Tabula rasa machen mit; **se mettre à ~** sich zu Tisch setzen; *(fam)* reden, auspacken; **~ des matières** Inhaltsverzeichnis *nt;* **~ de multiplication** kleines Einmaleins; **~ de nuit** *[o* **de chevet]** Nachttisch[chen] *nt m;* **~ ronde** *(fig)* runder Tisch.

tableau ⟨-x⟩ [tablo] *m (ART)* Gemälde *nt*, Bild *nt; (fig)* Schilderung *f; (répertoire)* Tafel *f; (schéma)* Tabelle *f;* **~ d'affichage** Anschlagbrett *nt*, schwarzes Brett; **~ de bord** Armaturenbrett *nt;* **~ noir** *(SCOL)* Tafel *f*.

tablette [tablɛt] *f (planche)* [Regal]brett *nt;* **~ de chocolat** Tafel *f* Schokolade.

tableur [tablœʀ] *m (INFORM)* Tabellenkalkulation[sprogramm *nt*] *f*.

tablier [tablije] *m* Schürze *f*.

tabou, e [tabu] *adj* tabu; **tabou** *m* Tabu *nt*.

tabouret [tabuʀɛ] *m* Schemel *m*, Hocker *m*.

tabulateur [tabylatœʀ] *m* Tabulator *m*.

tac [tak] *m:* **répondre du ~ au ~** schlagfertig antworten, Paroli bieten.

tache [taʃ] *f* Fleck *m;* **~s de rousseur, ~s de son** Sommersprossen *pl*.

tâche [tɑʃ] *f* Aufgabe *f;* **travailler à la ~** im Akkord arbeiten.

tacher [taʃe] ⟨1⟩ **1.** *vt* fleckig machen, schmutzig machen; *(fig)* beflecken; **2.** *vpr:* **se ~** *(fruits)* fleckig werden.

tâcher [tɑʃe] ⟨1⟩ *vi:* **~ de faire** versuchen zu machen.

taciturne [tasityʀn(ə)] *adj* schweigsam.

tacot [tako] *m (fam)* altes Auto, Karre *f*.

tact [takt] *m* Takt *m*, Feingefühl *nt;* **avoir du ~** Takt haben.

tactique [taktik] **1.** *adj* taktisch; **2.** *f* Taktik *f*.

tag [tag] *m* Graffito *m o nt;* **tagueur, -euse** [tagœʀ, øz] *m, f* Graffiti-Sprüher(in) *m(f)*.

taie [tɛ] *f:* **~ d'oreiller** Kopfkissenbezug *m*.

taille [tɑj] *f (milieu du corps)* Taille *f; (grandeur)* Größe *f; (fig)* Format *nt; (action: de pierres)* Behauen *nt; (de diamants)* Schliff *m; (d'arbres)* Beschneiden *nt; (de vêtements)* Schnitt *m;* **de ~** *(fam: important)* gewaltig; **être de ~ à** imstande *[o* fähig] sein zu tun; **taille-crayon** ⟨taille-crayons⟩ *m* Bleistiftspitzer *m;* **tailler** ⟨1⟩ **1.** *vt (pierre)* behauen; *(diamant)* schleifen; *(arbre, plante)* beschneiden; *(vêtement)* zuschneiden; *(crayon)* spitzen; **2.** *vi:* **~ dans le vif** *(fig)* einschneidende Maßnahmen ergreifen; **3.** *vpr:* **se ~ la barbe** sich *dat* den

Bart stutzen; **tailleur** [tajœʀ] *m* (*couturier*) Schneider(in) *m(f)*; (*vêtement*) Kostüm *nt*; **en** ~ (*assis*) im Schneidersitz.

taillis [taji] *m* Dickicht *nt*.

taire [tɛʀ] *irr* **1.** *vt* verschweigen; **2.** *vi:* **faire** ~ **qn** jdn zum Schweigen bringen; **3.** *vpr:* **se** ~ schweigen; (*s'arrêter de parler*) verstummen; **tais-toi!/taisez-vous!** sei/seid still!

talc [talk] *m* Talk *m*.

talent [talɑ̃] *m* Talent *nt*.

talkie-walkie [tokiwoki] ⟨talkies-walkies⟩ *m* Walkie-talkie *nt*.

talon [talɔ̃] *m* Ferse *f*; (*de chaussure*) Absatz *m*; (*jeu de cartes*) Talon *m*; (*de chèque, de billet*) Abschnitt *m*; ~**s aiguilles** Stöckelabsätze *pl*.

talonner [talɔne] ⟨1⟩ *vt* dicht folgen +*dat*; (*harceler*) hart verfolgen; (*RUGBY*) hacken.

talus [taly] *m* Böschung *f*.

tambour [tɑ̃buʀ] *m* Trommel *f*; (*musicien*) Trommler(in) *m(f)*; (*porte*) Drehtür *f*.

tamis [tami] *m* Sieb *nt*.

tamisé, e [tamize] *adj* (*lumière, ambiance*) gedämpft.

tamiser [tamize] ⟨1⟩ *vt* sieben.

tampon [tɑ̃pɔ̃] *m* (*d'ouate*) [Watte]bausch *m*, Tupfer *m*; (*amortisseur*) Puffer *m*; (*bouchon*) Stöpsel *m*; (*timbre*) Stempel *m*; ~ [**hygiénique**] Tampon *m*; (*mémoire*) (*INFORM*) Puffer *m*; **tamponner** [tɑ̃pɔne] ⟨1⟩ **1.** *vt* (*timbres*) stempeln; (*heurter*) zusammenstoßen mit; (*essuyer*) abtupfen; **2.** *vpr:* **se** ~ (*voitures*) aufeinanderfahren; **tamponneur, -euse** *adj:* **autos tamponneuses** [Auto]skooter *m*.

tandis [tɑ̃di] *conj:* ~ **que** während.

tangent, e [tɑ̃ʒɑ̃, ɑ̃t] **1.** *adj* (*fam: de justesse*) knapp; **2.** *f* (*MATH*) Tangente *f*; ~ **à** (*MATH*) tangential zu.

tangible [tɑ̃ʒibl(ə)] *adj* greifbar.

tank [tɑ̃k] *m* (*char*) Panzer *m*; (*citerne*) Tank *m*.

tanker [tɑ̃kœʀ] *m* Tanker *m*.

tanné, e [tane] *adj* (*cuir*) gegerbt; (*peau*) wettergegerbt.

tanner [tane] ⟨1⟩ *vt* (*cuir*) gerben; **tannerie** [tanʀi] *f* Gerberei *f*.

tant [tɑ̃] *adv* so, so viel, so sehr; ~ **de** (*quantité*) so viel; (*nombre*) so viele; ~ **mieux** um so besser; ~ **pis** macht nichts; ~ **pis pour lui** sein Pech; ~ **que** so, daß; (*aussi longtemps que*) solange ...; (*comparatif*) so[viel] wie; ~ **soit peu** ein bißchen.

tante [tɑ̃t] *f* Tante *f*.

tantôt [tɑ̃to] *adv* (*cet après-midi*) heute nachmittag; ~ ... ~ ... bald ... bald ...

taon [tɑ̃] *m* (*mouche*) Bremse *f*.

tapage [tapaʒ] *m* (*bruit*) Lärm *m*; ~ **nocturne** nächtliche Ruhestörung; **tapageur, -euse** *adj* (*bruyant*) lärmend, laut; (*voyant*) auffallend.

tape-à-l'œil [tapalœj] *adj inv* protzig.

taper [tape] ⟨1⟩ **1.** *vt* schlagen; (*dactylographier*) tippen, schreiben; (*INFORM*) eingeben; **2.** *vi* (*soleil*) stechen; **3.** *vpr:* **se** ~ **un travail** (*fam*) eine Arbeit aufgehalst bekommen; **se** ~ **une femme** (*fam*) eine Frau aufreißen; ~ **dans** (*se servir*) kräftig zugreifen bei; ~ [**à la machine**] tippen; ~ **des mains/pieds** in die Hände klatschen/mit den Füßen stampfen; ~ **à la porte** an die Tür klopfen; ~ **sur qch** auf etw *akk* schlagen; ~ **qn de 10 F** (*fam: emprunter*) jdn um 10 F anpumpen; ~ **sur qn** jdn verhauen; (*fam fig*) jdn schlechtmachen.

tapi, e [tapi] *adj:* ~ **dans/derrière** hockend [*o* kauernd] in/hinter +*dat*; (*caché*) versteckt in/hinter +*dat*.

tapis [tapi] *m* Teppich *m*; **aller au** ~ (*boxe*) zu Boden gehen; **mettre sur le** ~ (*fig*) aufs Tapet bringen; ~ **de prière** (*REL*) Gebetsteppich *m*; ~ **roulant** Rollsteg *m*; (*de montage*) Fließband *nt*; ~ **de sol** Bodenplane *f*; **tapis-brosse** ⟨tapis-brosses⟩ *m* Schuhabstreifer *m*.

tapisser [tapise] ⟨1⟩ *vt* tapezieren; (*fig*) beziehen (*de* mit).

tapisserie [tapisʀi] *f* (*tenture*) Wandteppich *m*; (*broderie*) Gobelin *m*; (*travail*) Gobelinarbeit *f*, Sticken *nt*; (*papier peint*) Tapete *f*.

tapissier, -ière [tapisje, ɛʀ] *m, f:* ~-[**décorateur, -trice**] Tapezierer(in) *m(f)*.

tapoter [tapɔte] ⟨1⟩ *vt* sanft klopfen auf +*akk*.

taquiner [takine] ⟨1⟩ *vt* necken.

tarabiscoté, e [taʀabiskɔte] *adj* überladen.

tard [taʀ] *adv* spät; **plus** ~ später; **au plus** ~ spätestens; **sur le** ~ spät, in vorgerücktem Alter.

tarder [taʀde] ⟨1⟩ *vi* (*chose*) lange brauchen; ~ **à faire qch** (*personne*) etw hinausschieben; **il me tarde d'arriver** ich wäre am liebsten schon da; **sans [plus]** ~ ohne [weitere] Verzögerung.

tardif, -ive [taʀdif, iv] *adj* spät.

targuer [taʀge] ⟨1⟩ *vpr:* **se** ~ **de** sich brüsten mit.

tarif [taʀif] *m* Tarif *m*; (*liste*) Preisliste *f*; **tarifer** ⟨1⟩ *vt* einen Tarif festsetzen für.

tarir [taʀiʀ] ⟨8⟩ **1.** *vi* versiegen; **2.** *vt* erschöpfen.

tarte [taʀt(ə)] *f* Kuchen *m*; ~ **à l'oignon** Zwiebelkuchen *m*; ~ **au citron** Zitronenkuchen in Törtchenform.

tartelette [taʀtəlɛt] *f* Törtchen *nt*.

tartine [taʀtin] *f* Schnitte *f*; ~ **de fromage à** ~ Streichkäse *m*.

tartre [taʀtʀ(ə)] *m* (*des dents*) Zahnstein *m*; (*de chaudière*) Kesselstein *m*.

tas [tɑ] *m* Haufen *m*; **formé sur le** ~ am Arbeitsplatz ausgebildet; **un ~ de** *(fig)* eine Menge …

tasse [tɑs] *f* Tasse *f;* **ce n'est pas ma ~ de thé** *(fam)* das liegt mir nicht.

tasser ⟨1⟩ **1.** *vt (terre, neige)* festtreten, feststampfen; **2.** *vpr:* **se ~** sich senken; **ça se tessera** *(fam)* das wird sich geben; **~ qch dans** *(entasser)* etw stopfen in +*akk.*

tâter [tɑte] ⟨1⟩ **1.** *vt* abtasten; **2.** *vpr:* **se ~** *(hésiter)* unschlüssig sein; **~ de qch** etw ausprobieren.

tâtonnement [tɑtɔnmɑ̃] *m* tastender Versuch.

tâtonner [tɑtɔne] ⟨1⟩ *vi* herumtappen; *(fig)* im dunkeln tappen.

tâtons [tɑtɔ̃] *adv:* **avancer à ~** sich vorantasten; **chercher à ~** tastend suchen.

tatouer [tatwe] ⟨1⟩ *vt* tätowieren.

taudis [todi] *m* Bruchbude *f.*

taule [tol] *f (fam)* Zimmer *nt; (prison)* Kittchen *nt.*

taupe [top] *f (a. fig)* Maulwurf *m.*

taureau ⟨-x⟩ [tɔʀo] *m* Stier *m;* **Taureau** *(ASTR)* Stier *m.*

tauromachie [tɔʀɔmaʃi] *f* Stierkampf *m.*

taux [to] *m* Rate *f; (d'alcool, de cholestérol)* Spiegel *m;* **~ d'accroissement** *(ÉCON)* Zuwachsrate *f;* **~ d'intérêt** Zinsfuß *m,* Zinssatz *m;* **~ de mortalité** Sterblichkeitsziffer *f.*

taxe [taks(ə)] *f (impôt)* Steuer *f; (douanière)* Zoll *m;* **~ de séjour** Kurtaxe *f;* **~ sur la valeur ajoutée** Mehrwertsteuer *f;* **taxer** ⟨1⟩ *vt* besteuern; **~ qn de qch** *(fig)* jdn etw nennen; *(accuser)* jdn einer Sache *gen* beschuldigen.

taxi [taksi] *m* Taxi *nt.*

taximètre [taksimɛtʀ(ə)] *m* Taxameter *m.*

T.B. *abr de* **très bien** sehr gut.

T.C.F. *m abr de* **Touring Club de France** ≈ ADAC *m.*

Tchad [tʃad] *m:* **le ~** der Tschad.

tchao [tʃao] *excl (fam)* tschüs.

Tchécoslovaquie [tʃekɔslɔvaki] *f:* **la ~** *(HIST)* die Tschechoslowakei.

tchèque [tʃɛk] *adj* tschechisch; **la République ~** die tschechische Republik, Tschechien *nt;* **Tchèque** *m/f* Tscheche *m,* Tschechin *f.*

T.D. *mpl abr de* **travaux dirigés** Seminar *nt.*

te, t' [t(ə)] *pron (direct)* dich; *(indirect)* dir.

technicien, ne [tɛknisjɛ̃, ɛn] *m, f* Techniker(in) *m(f).*

technique [tɛknik] **1.** *adj* technisch; **2.** *f* Technik *f.*

techniquement [tɛknikmɑ̃] *adv* technisch.

technologie [tɛknɔlɔʒi] *f* Technologie *f;* **technologique** *adj* technologisch.

teck [tɛk] *m* Teak[holz] *nt.*

TED [tɛd] *m acr de* **traitement électronique**

des données EDV *f.*

tee-shirt ⟨tee-shirts⟩ [tiʃœʀt] *m* T-Shirt *nt.*

teindre [tɛ̃dʀ(ə)] *irr comme* **peindre 1.** *vt* färben; **2.** *vpr:* **se ~ les cheveux** sich *dat* die Haare färben.

teint, e [tɛ̃, tɛ̃t] **1.** *adj* gefärbt; **2.** *m (du visage)* Teint *m;* **3.** *f* Farbton *m;* **grand ~** farbecht.

teinté, e [tɛ̃te] *adj (verre, lunettes)* getönt.

teinter [tɛ̃te] ⟨1⟩ *vt* [ein]färben.

teinture [tɛ̃tyʀ] *f (action)* Färben *nt; (substance)* Färbemittel *nt;* **~ d'iode/d'arnica** Jod-/Arnikatinktur *f.*

teinturerie [tɛ̃tyʀʀi] *f* Reinigung *f.*

tel, le [tɛl] *adj:* **un ~/une telle** so ein/so eine, solch ein(e); **de ~s/de telles** solche; **~ [et ~]** *(indéfini)* der und der, die und die, das und das; **rien de ~ que …** nichts geht über …; **~ que/telle que** so wie; **~ quel/telle quelle** so wie er/sie/es ist *[o* war]; **on n'a jamais rien vu de ~** so etwas hat man noch nie gesehen; **~ père, ~ fils** wie der Vater, so der Sohn; **~ doit être son but** das sollte sein Ziel sein; **~le est mon opinion** das ist meine Meinung.

tél. *abr de* **téléphone** Tel.

télé [tele] *f (fam)* Fernsehen *nt; (téléviseur)* Fernsehgerät *nt.*

télébenne [telebɛn] *f* Kabinenbahn *f.*

téléboutique [telebutik] *f (TV)* Teleshop *m.*

télécabine [telekabin] *f* Kabinenbahn *f.*

télécarte [telekaʀt] *f* Telefonkarte *f.*

télécommande [telekɔmɑ̃d] *f* Fernsteuerung *f; (TV)* Fernbedienung *f;* **télécommander** ⟨1⟩ *vt* fernsteuern.

télécommunications [telekɔmynikasjɔ̃] *fpl* Fernmeldewesen *nt,* Nachrichtentechnik *f.*

télécopie [telekɔpi] *f* Fernkopie *f,* Telefax *nt;* **télécopier** ⟨1⟩ *vt* fernkopieren, [tele]faxen; **télécopieur** *m* Telefaxgerät *nt,* Fernkopierer *m.*

téléfax [telefaks] *m inv* Telefax *nt,* Fernkopie *f.*

téléférique [teleferik] *m v.* **téléphérique.**

télégramme [telegram] *m* Telegramm *nt.*

télégraphe [telegraf] *m* Telegraf *m;* **télégraphier** ⟨1⟩ *vt, vi* telegrafieren; **télégraphique** [telegrafik] *adj* telegrafisch; **style ~** Telegrammstil *m.*

téléguider [telegide] ⟨1⟩ *vt* fernlenken.

télémécanicien, ne [telemekanisjɛ̃, ɛn] *m, f* Fernmeldetechniker(in) *m(f).*

téléobjectif [teleɔbʒɛktif] *m* Teleobjektiv *nt.*

télépathie [telepati] *f* Telepathie *f.*

téléphérique [teleferik] *m* [Draht]seilbahn *f.*

téléphone [telefɔn] *m* Telefon *nt;* **au ~ am**

Telefon; **avoir le ~** [ein] Telefon haben;
coup de ~ Anruf *m*; **~ arabe** (*fam*) Buschtrommel *f*; **~ sans fil** schnurloses Telefon;
~ portable tragbares Telefon; **~ à touches** Tastentelefon *nt*; **~ visuel** Bildtelefon *nt*; **~ de voiture** Autotelefon *nt*; **téléphoner** ⟨1⟩ **1.**
vt telefonisch mitteilen; **2.** *vi* telefonieren;
~ à qn jdn anrufen; **téléphonique** *adj* telefonisch; **cabine/appareil ~** Telefonzelle *f*/
-apparat *m*; **téléphoniste** *m/f* Telefonist(in) *m(f)*.
télescope [telɛskɔp] *m* Teleskop *nt*; **télescopique** *adj* (*qui s'emboîte*) ausziehbar.
téléscripteur [teleskriptœr] *m* Fernschreiber *m*.
télésiège [telesjɛʒ] *m* Sessellift *m*.
téléski [teleski] *m* Skilift *m*, Schlepplift *m*.
téléspectateur, -trice [telespɛktatœr, tris], *m*, *f* Fernsehzuschauer(in) *m(f)*.
téléviser [televize] ⟨1⟩ *vt* im Fernsehen übertragen (*o* senden).
télétraitement [teletrɛtmɑ̃] *m* (*INFORM*) Datenfernverarbeitung *f*.
télétransmission [teletrɑ̃smisjɔ̃] *f*
(*INFORM*) Datenfernübertragung *f*, DFÜ *f*.
téléviseur [televizœr] *m* Fernsehapparat *m*, Fernsehgerät *nt*.
télévision [televizjɔ̃] *f* (*système*) Fernsehen *nt*; **à la ~** im Fernsehen; **avoir la ~** einen Fernseher haben; **~ câblée, ~ par câble** Kabelfernsehen *nt*; **poste de ~** Fernsehgerät *nt*.
télex [telɛks] *m* Telex *nt*.
tellement [tɛlmɑ̃] *adv* (*tant*) so sehr, so viel, derartig; (*si*) so; **~ de** (*quantité*) so viel; (*nombre*) so viele; **pas ~** (*fam*) nicht so sehr, nicht besonders; **~ plus grand/cher** [que] so viel größer/teurer [als]; **il était ~ fatigué qu'il ...** er war so müde, daß er ...
téméraire [temerɛr] *adj* tollkühn; **témérité** [temerite] *f* Tollkühnheit *f*.
témoignage [temwaɲaʒ] *m* Zeugnis *nt*;
(*JUR*) Zeugenaussage *f*; **faux ~** Falschaussage *f*.
témoigner [temwaɲe] ⟨1⟩ **1.** *vt* (*manifester*) zeigen, beweisen; **2.** *vi* (*JUR*) [als Zeuge] aussagen; **~ de qch** etw bezeugen, etw beweisen; (*choses*) von etw zeugen; **~ que** bezeugen, daß.
témoin [temwɛ̃] **1.** *m* (*personne*) Zeuge *m*, Zeugin *f*; (*preuve*) Beweis *m*; (*SPORT*) Staffelstab *m*; **2.** *adj inv* Kontroll-, Test-; **être ~ de** Zeuge sein von; **appartement ~** Musterwohnung *f*; **~ lumineux** Leuchtanzeige *f*; **~ oculaire** Augenzeuge *m*, -zeugin *f*.
tempe [tɑ̃p] *f* Schläfe *f*.
tempérament [tɑ̃peramɑ̃] *m* Temperament *nt*; (*caractère*) Wesen *nt*; **achat à ~** Ratenkauf *m*; **vente à ~** Teilzahlungsverkauf *m*.

température [tɑ̃peratyr] *f* Temperatur *f*;
(*MÉD*) Fieber *nt*; **avoir** [*o* **faire] de la ~** Fieber haben; **prendre la ~ de** Temperatur messen bei; (*fig*) die Stimmung +*gen* sondieren; **~ ambiante** Zimmertemperatur *f*;
~ extérieure Außentemperatur *f*; **~ moyenne** Durchschnittstemperatur *f*.
tempérer [tɑ̃pere] ⟨5⟩ *vt* mildern.
tempête [tɑ̃pɛt] *f* Unwetter *nt*; **~ de sable/neige** Sand-/Schneesturm *m*.
temple [tɑ̃pl(ə)] *m* Tempel *m*; (*protestant*) Kirche *f*.
temporaire [tɑ̃pɔrɛr] *adj* vorübergehend.
temporiser [tɑ̃pɔrize] ⟨1⟩ *vi* abwarten, Zeit gewinnen wollen.
temps [tɑ̃] *m* Zeit *f*; (*atmosphérique*) Wetter *nt*; (*MUS*) Takt *m*; (*TECH: phase*) Hub *m*; **à ~** rechtzeitig; **avoir le ~/juste le ~** Zeit/gerade genug Zeit haben; **avoir fait son ~** ausgedient haben; **dans le ~** früher; **de ~ en ~, de ~ à autre** von Zeit zu Zeit, dann und wann; **en même ~** zur gleichen Zeit; **en ~ de paix/guerre** in Friedens-/Kriegszeiten;
en ~ utile [*o* **voulu**] zu gegebener Zeit;
entre ~ inzwischen; **être en avance sur son ~** seiner Zeit voraus sein; **il fait beau/mauvais ~** es ist schönes/schlechtes Wetter; **les ~ changent/sont durs** die Zeiten ändern sich/sind hart; **d'accès** (*INFORM*) Zugriffszeit *f*; **~ d'arrêt** Pause *f*; **~ réel** (*INFORM*) Echtzeit *f*; **~ de réflexion** Bedenkzeit *f*.
tenable [t(ə)nabl(ə)] *adj*: **ce n'est pas ~** das ist nicht auszuhalten.
tenace [tənas] *adj* beharrlich, hartnäckig.
tenailles [tənaj] *fpl* Kneifzange *f*.
tenancier, -ière [tənɑ̃sje, ɛr] *m*, *f* Inhaber(in) *m(f)*.
tendance [tɑ̃dɑ̃s] *f* Tendenz *f*, Richtung *f*;
(*inclination*) Hang *m*; **avoir ~ à grossir/exagérer** zum Dickwerden/Übertreiben neigen; **~ à la hausse/baisse** Aufwärts-/Abwärtstrend *m*; **tendancieux, -euse** [tɑ̃dɑ̃sjø, øz] *adj* tendenziös.
tendon [tɑ̃dɔ̃] *m* Sehne *f*.
tendre [tɑ̃dr(ə)] *adj* zart; (*bois, roche*) mürbe, brüchig, morsch; (*affectueux*) zärtlich.
tendre [tɑ̃dr(ə)] ⟨14⟩ **1.** *vt* (*allonger*) spannen; (*muscle, arc*) anspannen; (*piège*) stellen; **2.** *vpr*: **se ~** (*relations, atmosphère*) [an]gespannt werden; **~ la main** die Hand reichen (*o* geben); **~ à qch/à faire qch** etw anstreben/danach streben, etw zu tun; **~ qch à qn** (*donner*) jdm etw geben [*o* reichen].
tendrement [tɑ̃drəmɑ̃] *adv* zart, zärtlich.
tendresse [tɑ̃drɛs] *f* Zärtlichkeit *f*.
tendu, e [tɑ̃dy] **1.** *pp* de **tendre**; **2.** *adj* angespannt; (*personne*) gereizt.
ténébreux, -euse [tenebrø, øz] *adj* finster;
(*personne*) melancholisch.

teneur [tənœʀ] f Inhalt m; (d'une lettre) Wortlaut m; (concentration) Gehalt m.

tenir [t(ə)niʀ] ⟨9⟩ **1.** vt halten; (réunion, débat) [ab]halten; (magasin, hôtel) haben, führen; (caisse, comptes) führen; **2.** vi (être fixé) halten; (durer) andauern; **3.** vpr: se ~ (avoir lieu) stattfinden; se ~ **debout** sich aufrecht halten; **bien/mal se** ~ (se conduire) sich gut/schlecht benehmen; **s'en** à **qch** sich an etw akk halten; ~ à Wert legen auf +akk; (être attaché à) hängen an +dat; (avoir pour cause) kommen von; ~ **l'alcool** Alkohol vertragen; ~ **au chaud** (repas) warm halten; ~ **chaud** (vêtement) warm geben [o halten]; ~ **le coup** durchhalten, es aushalten; ~ **de qn** jdm ähneln; ~ **qch de qn** etw von jdm haben; ~ **qn pour** jdn halten für; ~ **un rôle** eine Rolle spielen; **tiens/ tenez, voilà le stylo!** da ist der Füller ja!; **tiens!** Pierre sieh da, Pierre!; **tiens?** wirklich?

tennis [tenis] m Tennis nt; (court) Tennisplatz m; **des [chaussures de]** ~ Tennisschuhe pl; ~ **de table** Tischtennis nt.

ténor [tenɔʀ] m Tenor m.

tension [tɑ̃sjɔ̃] f Spannung f; (concentration, effort) Anspannung f; (MÉD) Blutdruck m; **faire** [o avoir] **de la** ~ hohen Blutdruck haben; **chute de** ~ (ÉLEC) Spannungsabfall m; (MÉD) Blutdruckabfall m.

tentacule [tɑ̃takyl] m (de pieuvre) Tentakel nt o m, Fangarm m.

tentant, e [tɑ̃tɑ̃, ɑ̃t] adj verführerisch.

tentation [tɑ̃tasjɔ̃] f Versuchung f.

tentative [tɑ̃tativ] f Versuch m; ~ **de fuite** (délinquant) Fluchtversuch m.

tente [tɑ̃t] f Zelt nt; ~ **à oxygène** Sauerstoffzelt nt.

tenter [tɑ̃te] ⟨1⟩ vt (éprouver) in Versuchung führen; (séduire) verführen, verlocken; (essayer) versuchen.

tenture [tɑ̃tyʀ] f Wandbehang m.

tenu, e [t(ə)ny] adj: **bien/mal** ~(e) gut/ schlecht gepflegt; **être** ~(e) **de faire qch** gehalten sein, etw zu tun.

tenue [t(ə)ny] f (action) Halten nt; Führen nt; (vêtements) Kleidung f; (péj) Aufzug m; (comportement) Benehmen nt; **avoir de la** ~ (personne) sich gut benehmen; (journal) Niveau haben; **être en petite** ~ sehr wenig anhaben; **en** ~ **d'Adam/d'Ève** im Adams-/ Evaskostüm; ~ **de combat** Kampfanzug m; ~ **de route** (véhicule) Straßenlage f; ~ **de voyage/sport/soirée** Reise-/Sport-/Abendkleidung f.

ter [tɛʀ] adj: **le 16** ~ **de la rue Montmartre** Nr. 16b in der Rue Montmartre.

térébenthine [teʀebɑ̃tin] f: (essence de] ~ Terpentin nt.

terme [tɛʀm(ə)] m (LING) Ausdruck m; (élé-

ment) Glied nt; (fin) Ende nt; (FIN) Frist f, Termin m; (loyer) [vierteljährliche] Miete; **au** ~ **de** am Ende von; **à court/moyen/long** ~ kurz-/mittel-/langfristig; **mettre un** ~ **à qch** einer Sache ein Ende machen; **achat à** ~ Kreditkauf m; **naissance avant** ~ Frühgeburt f.

terminaison [tɛʀminɛzɔ̃] f Endung f.

terminal, e ⟨terminaux⟩ [tɛʀminal, o] **1.** adj End-, letzte(r, s); **2.** m (INFORM) Terminal nt; **3.** f (SCOL) Oberprima f.

terminer [tɛʀmine] ⟨1⟩ **1.** vt beenden; (nourriture) aufessen; (venir à la fin de) am Schluß kommen von; **2.** vpr: se ~ zu Ende sein; se ~ **par/en** aufhören mit.

terminus [tɛʀminys] f Endstation f.

terne [tɛʀn(ə)] adj trüb, matt; (regard, œil) stumpf; **ternir** ⟨8⟩ **1.** vt matt [o glanzlos] machen; (honneur, réputation) beflecken; **2.** vpr ~ matt [o glanzlos] werden.

terrain [tɛʀɛ̃] m Boden m; (COMM) Grundstück nt; (sujet, domaine) Gebiet nt, Bereich m; **gagner du** ~ (a) (fig) an Boden gewinnen; ~ **d'aviation** Flugplatz m; ~ **à bâtir** Baugrund m; ~ **de camping** Zeltplatz m; ~ **de football/rugby** Fußball-/Rugbyplatz m; ~ **de jeu** Spielplatz m; ~ **vague** unbebautes Grundstück.

terrasse [tɛʀas] f Terrasse f; **culture en** ~s Terrassenkultur f.

terrassement [tɛʀasmɑ̃] m (action) Erdarbeiten pl; (terre) [Erd]aufschüttung f.

terrasser [tɛʀase] ⟨1⟩ vt (adversaire) niederschlagen; (maladie, malheur) niederstrecken.

terrassier [tɛʀasje] m Straßenarbeiter(in) m(f).

terre [tɛʀ] f Erde f; (opposé à mer) Land nt; ~s fpl (propriété) Landbesitz m; **par** ~ auf dem Boden; (avec mouvement) an den Boden; **en** ~ (pipe, poterie) tönern; **mettre en** ~ (plante) einpflanzen; (enterrer) begraben; ~ **calcaire** Kalkboden m; ~ **cuite** Terrakotta f; ~ **d'élection/d'exil** Wahl-/Exilland nt; **la** ~ **ferme** das Festland; ~ **glaise** Ton m; **la Terre promise** das Gelobte Land; **la Terre sainte** das Heilige Land; **travail de la** ~ Landarbeit f.

terre-à-terre [tɛʀatɛʀ] adj nüchtern, prosaisch.

terreau [tɛʀo] m Kompost[erde] f].

terre-plein ⟨terre-pleins⟩ [tɛʀplɛ̃] m: ~ **central** (autoroute) Mittelstreifen m.

terrestre [tɛʀɛstʀ(ə)] adj (surface, croûte) Erd-, der Erde; (plante, animal, transport) Land-; (choses, problèmes) irdisch, weltlich.

terreur [tɛʀœʀ] f Schrecken m; **régime/poli- tique de** ~ Terrorregime nt/-politik f.

terrible [tɛʀibl(ə)] adj furchtbar; (violent)

fürchterlich; (*fam*) großartig; **pas ~** (*fam*) nicht besonders [gut]; **terriblement** *adv* (*très*) fürchterlich.

terrien, ne [tɛʀjɛ̃, ɛn] *m, f* (*habitant de la terre*) Erdbewohner(in) *m(f)*.

terrier [tɛʀje] *m* (*de lapin*) Bau *m;* (*chien*) Terrier *m.*

terrifier [tɛʀifje] ⟨1⟩ *vt* in Schrecken versetzen.

terrine [tɛʀin] *f* (*récipient; pâté*) Terrine *f.*

territoire [tɛʀitwaʀ] *m* Territorium *nt;* (*POL*) [Hoheits]gebiet *nt;* **territorial, e** (*territoriaux*) [tɛʀitɔʀjal, o] *adj* territorial, Hoheits-.

terroir [tɛʀwaʀ] *m* [Acker]boden *m;* (*vin*) [gute] Weinlage.

terroriser [tɛʀɔʀize] ⟨1⟩ *vt* terrorisieren.

terrorisme [tɛʀɔʀism(ə)] *m* Terrorismus *m;* **terroriste** *m/f* Terrorist(in) *m(f).*

tertiaire [tɛʀsjɛʀ] **1.** *adj* (*GÉO*) tertiär; (*ÉCON*) Dienstleistungs-; **2.** *m* (*ÉCON*) Dienstleistungssektor *m.*

tertio [tɛʀsjo] *adv* drittens.

tertre [tɛʀtʀ(ə)] *m* Anhöhe *f,* Hügel *m.*

tes [te] *adj v.* **ton.**

test [tɛst] *m* Test *m;* **~ de grossesse** (*MÉD*) Schwangerschaftstest *m.*

testament [tɛstamɑ̃] *m* Testament *nt.*

testicule [tɛstikyl] *m* Hoden *m.*

tétanos [tetanos] *m* Tetanus *m.*

tête [tɛt] *f* Kopf *m;* (*d'un cortège, d'une armée*) Spitze *f;* (*FOOTBALL*) Kopfball *m;* **arriver en ~** als erste(r, s) ankommen; **avoir la ~ dure** einen Dickkopf haben; **de ~** (*antérieur*) führend; (*calculer*) im Kopf; **de la ~ aux pieds** von Kopf bis Fuß; **en ~ à ~** unter vier Augen; **faire la ~** schmollen; **il a une ~ sympathique** er sieht sympathisch aus; **perdre la ~** (*s'affoler*) den Kopf verlieren; (*devenir fou*) verrückt werden; **se mettre en ~ que** sich *dat* in den Kopf setzen, daß; **la ~ la première** kopfüber; **tenir ~ à qn** jdm die Stirn bieten; **~ d'affiche** Hauptdarsteller(in) *m(f);* **~ chercheuse** (*MIL: de fusée*) Suchkopf *m;* **~ d'enregistrement/de lecture** Tonkopf *m;* **~ de liste** (*POL*) Spitzenkandidat(in) *m(f);* **~ de mort** Totenkopf *m;* **tête-à-queue** *m inv* Totenkopf *m;* **tête-à-queue** *m inv* **faire un ~** sich um die eigene Achse drehen; **tête-à-tête** *m inv* Tête-à-tête *nt;* (*POL*) Vieraugengespräch *m.*

téter [tete] ⟨5⟩ *vt* an der Brust der Mutter saugen, gestillt werden.

tétine [tetin] *f* (*de vache*) Euter *nt;* (*en caoutchouc*) Schnuller *m.*

têtu, e [tety] *adj* störrisch.

texte [tɛkst(ə)] *m* Text *m;* **apprendre son ~** seine Rolle lernen.

textile [tɛkstil] **1.** *adj* Textil-; **2.** *m* Stoff *m;* **le ~** (*industrie*) die Textilindustrie.

textuel, le [tɛkstɥɛl] *adj* wörtlich.

texture [tɛkstyʀ] *f* Struktur *f.*

T.G.V. *m abr de* **train à grande vitesse** Hochgeschwindigkeitszug *m.*

Thaïlande [tailɑ̃d] *f:* **la ~** Thailand *nt.*

thé [te] *m* Tee *m;* **faire du ~** Tee kochen; **prendre le ~** Tee trinken; **~ au lait/citron** Tee mit Milch/Zitrone.

théâtral, e (*théâtraux*) [teatʀal, o] *adj* dramatisch, bühnenmäßig; (*péj*) theatralisch.

théâtre [teatʀ(ə)] *m* Theater *nt;* (*genre*) Drama *nt;* (*œuvres*) Dramen *pl,* Theaterstücke *pl;* (*fig*) Schauplatz *m;* **faire du ~** Theater spielen.

théière [tejɛʀ] *f* Teekanne *f.*

thème [tɛm] *m* Thema *nt;* (*SCOL: traduction*) [Hin]übersetzung *f.*

théologie [teɔlɔʒi] *f* Theologie *f;* **théologique** *adj* theologisch.

théoricien, ne [teɔʀisjɛ̃, ɛn] *m, f* Theoretiker(in) *m(f).*

théorie [teɔʀi] *f* Theorie *f;* **en ~** in der Theorie; **théorique** *adj* theoretisch.

thérapeutique [teʀapøtik] **1.** *adj* therapeutisch; **2.** *f* Therapie *f.*

thérapie [teʀapi] *f* Therapie *f.*

thermal, e (*thermaux*) [tɛʀmal, o] *adj* Thermal-; **station ~e** Kurort *m.*

thermes [tɛʀm(ə)] *mpl* (*établissement thermal*) Thermalbad *nt;* (*romains*) Thermen *pl.*

thermique [tɛʀmik] *adj* thermisch; **imprimante ~** Thermodrucker *m;* **moteur ~** Verbrennungsmotor *m.*

thermomètre [tɛʀmɔmɛtʀ(ə)] *m* Thermometer *nt;* (*fig*) Barometer *nt.*

thermoplongeur [tɛʀmɔplɔ̃ʒœʀ] *m* Tauchsieder *m.*

thermos® [tɛʀmos] *m o f* Thermosflasche *f;* (*cafetière*) Isolierkanne *f.*

thermostat [tɛʀmɔsta] *m* Thermostat *m.*

thèse [tɛz] *f* These *f;* (*SCOL*) Dissertation *f.*

thon [tɔ̃] *m* Thunfisch *m.*

thoracique [tɔʀasik] *adj:* **cage ~** Brustkorb *m.*

thorax [tɔʀaks] *m* Brustkorb *m.*

Thuringe [tyʀɛ̃ʒ] *f:* **la ~** Thüringen *nt.*

thym [tɛ̃] *m* Thymian *m.*

thyroïde [tiʀɔid] *f* Schilddrüse *f.*

tibia [tibja] *m* Schienbein *nt.*

tic [tik] *m* (*nerveux*) Tic *m;* (*habitude*) Eigenheit *f,* Tick *m.*

ticket [tikɛ] *m* Fahrschein *m;* **~ de quai** Bahnsteigkarte *f;* **~-restaurant** *vom Arbeitgeber bezuschußter Restaurant-Scheck.*

tiède [tjɛd] *adj* lauwarm; (*vent, air*) lau; **tiédir** [tjediʀ] ⟨8⟩ *vi* (*refroidir*) abkühlen.

tien, ne [tjɛ̃, ɛn] *pron:* **le ~** (**la tienne**), **les ~s** (**tiennes**) deine(r, s), deine; **à la tienne!** auf dein Wohl!

tiens [tjɛ̃] *excl v.* **tenir**.

tierce [tjɛʀs(ə)] *adj v.* **tiers**.

tiercé [tjɛʀse] *m (pari)* Dreierwette *f*.

tiers, tierce [tjɛʀ, tjɛʀs] **1.** *adj:* le ~ monde die dritte Welt; **une tierce personne** ein Dritter, eine Dritte; **2.** *m (fraction)* Drittel *nt; (JUR)* Dritte(r) *mf;* **assurance au ~** Haftpflichtversicherung *f;* **3.** *f (MUS)* Drittaktakt *m; (CARTES)* Dreierreihe *f*.

tige [tiʒ] *f* Stengel *m*, Stiel *m; (baguette)* Stab *m*.

tigre, -esse [tigʀ(ə), ɛs] *m, f* Tiger(in) *m(f);* **tigré, e** [tigʀe] *adj (tacheté)* gefleckt; *(rayé)* getigert.

tilleul [tijœl] *m* Linde *f; (boisson)* Lindenblütentee *m*.

timbre [tɛ̃bʀ(ə)] *m (tampon)* Stempel *m; (a.: timbre-poste)* Briefmarke *f; (sonnette)* Glocke *f*, Klingel *f; (son)* Klangfarbe *f*, Timbre *nt;* **timbrer** ⟨1⟩ *vt* stempeln.

timide [timid] *adj* schüchtern; *(timoré)* ängstlich; *(fig)* zögernd; **timidement** *adv* schüchtern; **timidité** [timidite] *f* Schüchternheit *f*.

tinter [tɛ̃te] ⟨1⟩ *vi* klingeln.

tique [tik] *f* Zecke *f*.

tir [tiʀ] *m* Schuß *m; (action)* Schießen *nt; (stand)* Schießbude *f; ~* **à l'arc/au fusil** Bogen-/Gewehrschießen *nt; ~* **de barrage** Sperrfeuer *nt; ~* **d'obus/de mitraillette** *(rafale)* Granaten-/MG-Beschuß *m; ~* **au pigeon** Tontaubenschießen *nt*.

tirade [tiʀad] *f* Redeschwall *m*.

tirage [tiʀaʒ] *m (TYPO)* Drucken *nt; (PHOTO)* Abzug *m; (d'un journal, d'un livre)* Auflage *f; (édition)* Ausgabe *f; (d'une cheminée)* Zug *m; (de loterie)* Ziehung *f; (désaccord)* Mißstimmigkeiten *pl; ~* **au sort** Auslosung *f*.

tirailler [tiʀaje] ⟨1⟩ **1.** *vt* zupfen an +*dat; (fig)* quälen; **2.** *vi (au hasard)* drauflosschießen.

tiré [tiʀe] *m (COMM)* Bezogene(r) *mf*, Trassat *m; ~* **à part** Sonderdruck *m*.

tire-au-flanc [tiʀoflɑ̃] *m inv* Drückeberger(in) *m(f);* **tire-bouchon** ⟨tire-bouchons⟩ *m* Korkenzieher *m;* **tire-fesses** *m inv (fam)* Schlepplift *m*.

tirelire [tiʀliʀ] *f* Sparbüchse *f*.

tirer [tiʀe] ⟨1⟩ **1.** *vt* ziehen; *(fermer)* zuziehen; *(rideau, panneau)* vorziehen; *(en faisant feu)* abschießen; *(imprimer)* drucken; *(PHOTO)* abziehen; *(balle, boule)* schießen; **2.** *vi* schießen; *(cheminée)* ziehen; **3.** *vpr:* se ~ *(fam: partir)* sich verziehen; **s'en ~** davonkommen; ~ **à l'arc** mit Pfeil und Bogen schießen; ~ **avantage/parti de qch** Vorteil aus etw ziehen/etw nutzen; ~ **les cartes** die Karten legen; ~ **la langue** die Zunge herausstrecken; ~ **en longueur** in die Länge

ziehen; ~ **qch de** *(extraire)* etw [heraus]ziehen aus; *(substance d'une matière première)* etw entziehen +*dat; ~* **qn de** jdm [heraus]helfen aus; ~ **sur** ziehen an +*dat; (faire feu sur)* schießen auf +*akk; (approcher de)* grenzen an +*akk*.

tiret [tiʀɛ] *m* Gedankenstrich *m*.

tireur, -euse [tiʀœʀ, øz] *m, f* Schütze *m*, Schützin *f; (COMM)* Trassant(in) *m(f)*.

tiroir [tiʀwaʀ] *m* Schublade *f;* **tiroir-caisse** ⟨tiroirs-caisses⟩ *m* [Registrier]kasse *f*.

tisane [tizan] *f* Kräutertee *m*.

tisser [tise] ⟨1⟩ *vt* weben; *(fig)* spinnen; **tisserand, e** [tisʀɑ̃, ɑ̃d] *m, f* Weber(in) *m(f)*.

tissu [tisy] *m* Stoff *m; (MÉD)* Gewebe *nt; ~* **éponge** Frottee *nt o m; ~* **de mensonges** Lügengespinst *nt*.

tissu, e [tisy] *adj:* ~(e) **de** durchschossen [*o* durchwoben] mit.

titre [titʀə] *m* Titel *m; (de journal)* Schlagzeile *f; (diplôme)* Diplom *nt*, Qualifikation *f; (document)* Urkunde *f; (CHIM)* Titer *m*, Gehalt *m; à ~* **gracieux** unentgeltlich; **à juste** ~ mit vollem Recht; **au même** ~ **[que]** genauso [wie]; **à quel** ~? mit welchem Recht?; **à ~ exceptionnel** ausnahmsweise; **à ~ d'information** zur Kenntnisnahme, zur Information; **à ~ privé/consultatif** in privater/beratender Eigenschaft; **à ~ provisoire/ d'essai** provisorisch/versuchsweise; ~ **en** offiziell; ~ **de propriété** Eigentumsurkunde *f*.

tituber [titybe] ⟨1⟩ *vi* taumeln, schwanken.

titulaire [titylɛʀ] **1.** *adj:* **professeur** ~ ordentlicher Professor; **2.** *m/f* Inhaber(in) *m(f)* [eines Amtes]; **être** ~ **de** *(poste)* innehaben; *(permis)* besitzen; ~ **du compte** Kontoinhaber(in) *m(f)*.

toast [tost] *m (pain grillé)* Toast *m; (de bienvenue)* Trinkspruch *m;* **porter un ~ à qn** auf jds Wohl trinken.

toboggan [tɔbɔgɑ̃] *m (pour jouer)* Rutschbahn *f; ~* **de secours** *(AVIAT)* Notrutsche *f*.

tocsin [tɔksɛ̃] *m* Alarmglocke *f*.

toi [twa] *pron* du; *(objet)* dich; dir.

toile [twal] *f (matériau, tissu)* Stoff *m; (de lin)* Leinen *m; (coton)* Baumwollstoff *m; (ART)* Leinwand *f; (tableau)* Gemälde *nt; ~s fpl (fam)* Bettlaken *pl;* **se faire une ~** *(fam)* ins Kino gehen; **tisser sa ~** sein Netz spinnen; ~ **d'araignée** Spinnennetz *nt; ~* **cirée** Wachstuch *nt; ~* **de fond** *(fig)* Hintergrund *m; ~* **de tente** Zeltplane *f*.

toilette [twalɛt] *f (vêtements)* Garderobe *f; ~s fpl (W.-C.)* Toilette *f*, Abort *m;* **elle a changé quatre fois de** ~ sie hat sich viermal umgezogen; **faire sa** ~ sich waschen; **produits de** ~ Toilettenartikel *pl*.

toi-même [twamɛm] *pron* du [selbst]; dich [selbst].

toiser [twaze] ⟨1⟩ vt (*personne*) von oben bis unten mustern.

toison [twazõ] f (*de mouton*) Vlies nt.

toit [twa] m Dach nt; (*de véhicule*) Verdeck nt; ~ **ouvrant** (AUTO) Schiebedach nt.

toiture [twatyʀ] f Bedachung f, Dach nt.

tôle [tol] f Blech nt; ~ **d'acier** Stahlblech nt; ~ **ondulée** Wellblech nt.

tolérable [toleʀabl(ə)] adj erträglich.

tolérance [toleʀãs] f Toleranz f, Duldsamkeit f.

tolérer [toleʀe] ⟨5⟩ vt (*comprendre*) ertragen, tolerieren; (MÉD) vertragen; (TECH: *erreur*) zulassen.

T.O.M. [tɔm] m acr de **territoire d'outre-mer** überseeisches Gebiet.

tomate [tɔmat] f Tomate f.

tombant, e [tõbã, ãt] adj hängend.

tombe [tõb] f Grab nt.

tombeau ⟨-x⟩ [tõbo] m Grabmal nt.

tombée [tõbe] f: **à la ~ de la nuit** bei Einbruch der Nacht.

tomber [tõbe] ⟨1⟩ vi avec être fallen; (*fruit, feuille*) [he]runterfallen, abfallen; **laisser ~** fallen lassen (fam) aufgeben; ~ **de fatigue/ de sommeil** vor Erschöpfung/Müdigkeit fast umfallen; ~ **en panne** eine Panne haben; ~ **sur** (*rencontrer*) zufällig treffen; (*attaquer*) herfallen über +akk; **ça tombe bien/mal** das trifft sich gut/schlecht; **il est bien/mal tombé** er hat Glück/Pech gehabt.

tombeur [tõbœʀ] m (fam) Frauenheld m.

tome [tom] m (*d'un livre*) Band m.

tomographie [tomogʀafi] f [Computer]tomographie f.

ton, ta ⟨tes⟩ [tõ, ta, te] adj dein, deine, dein.

ton [tõ] m Ton m; (*d'un morceau*) Tonart f; (*style*) Stil m; **de bon ~** von gutem Geschmack; ~ **sur ~** Ton in Ton.

tonalité [tonalite] f (*au téléphone*) Ruf-/ Freizeichen nt; (MUS) Tonart f; (*de couleur*) dominierender Farbton.

tondeuse [tõdøz] f (*à gazon*) Rasenmäher m; (*du coiffeur*) Haarschneider m.

tondre [tõdʀ(ə)] ⟨14⟩ vt (*gazon*) mähen; (*haie*) beschneiden; (*mouton*) scheren; ~ **qn** (fam) jdn ausnehmen.

toner [tonɛʀ] m Toner m.

tonifier [tonifje] ⟨1⟩ vt stärken.

tonique [tonik] **1.** adj stärkend; **2.** m Tonikum nt.

tonne [ton] f (*poids*) Tonne f.

tonneau ⟨-x⟩ [tono] m Faß nt; (NAUT) Bruttoregistertonne f; **faire un ~** (*voiture*) sich überschlagen.

tonnelier [tonəlje] m Böttcher(in) m(f), Küfer(in) m(f).

tonnelle [tonɛl] f Gartenlaube f.

tonner [tone] ⟨1⟩ **1.** vi donnern; **2.** vb impers: **il tonne** es donnert.

tonnerre [tonɛʀ] m Donner m.

tonus [tonys] m Energie f; (~ **musculaire**) Tonus m.

top [tɔp] m: **au 3ème ~** beim 3. Ton.

topaze [tɔpaz] f Topas m.

toper [tɔpe] ⟨1⟩ vi: **tope là!/topez là!** topp!, abgemacht!

topinambour [tɔpinãbuʀ] m Topinambur m.

topographique [tɔpɔgʀafik] adj topographisch.

toque [tɔk] f (*cuisinier*) Kochmütze f; (*jockey*) Kappe f; (*juge*) Barett nt.

torche [tɔʀʃ(ə)] f Fackel f; (*électrique*) Taschenlampe f.

torchon [tɔʀʃõ] m Lappen m; (*pour épousseter*) Staublappen m; (*à vaisselle*) Geschirrtuch nt.

tordre [tɔʀdʀ(ə)] ⟨14⟩ **1.** vt (*vêtement, chiffon*) auswringen; (*barre, métal*) verbiegen; (*bras, pied*) verrenken; (*visage*) verziehen; **2.** vpr: **se ~** (*barre*) sich biegen; (*roue*) sich verbiegen; (*ver, serpent*) sich winden; **~ de rire** sich schieflachen; **se ~ le pied/bras** sich dat den Fuß/Arm verrenken; **tordu, e** [tɔʀdy] adj (fig) verdreht.

tornade [tɔʀnad] f Tornado m.

torpeur [tɔʀpœʀ] f Betäubung f, Benommenheit f.

torpille [tɔʀpij] f Torpedo m; **torpiller** ⟨1⟩ vt torpedieren.

torréfier [tɔʀefje] ⟨1⟩ vt (*café*) rösten.

torrent [tɔʀã] m Gebirgs-/Sturzbach m; **il pleut à ~s** es gießt in Strömen; **torrentiel, le** [tɔʀãsjɛl] adj: **pluie ~le** strömender Regen.

torride [tɔʀid] adj [glühend] heiß.

torse [tɔʀs(ə)] m Oberkörper m; (ART) Torso m.

torsion [tɔʀsjõ] f (*action*) Verbiegen nt; (*de bras, de jambe*) Verrenkung f; (*du visage*) Verziehen nt; (PHYS, TECH) Torsion f.

tort [tɔʀ] m (*défaut*) Unrecht nt; (*préjudice*) Unrecht nt; **~s** mpl (JUR) Schuld f; **à ~** zu Unrecht; **à ~ et à travers** aufs Geratewohl, wild drauflos; **avoir ~** unrecht haben; **causer du ~ à** schaden +dat; **donner ~ à qn** jdm unrecht geben; **en ~** im Unrecht; **être dans son ~** im Unrecht sein.

torticolis [tɔʀtikɔli] m steifer Hals.

tortiller [tɔʀtije] ⟨1⟩ **1.** vt (*corde, mouchoir*) zwirbeln; (*cheveux, cravate*) zwirbeln an +dat; (*doigts*) spielen mit; **2.** vpr: **se ~** sich winden.

tortue [tɔʀty] f Schildkröte f.

tortueux, -euse [tɔʀtɥø, øz] adj gewunden, sich schlängelnd; (fig) nicht geradlinig, kompliziert.

torture [tɔʀtyʀ] f Folter f; **torturer** ⟨1⟩ vt foltern; (fig) quälen.

tôt [to] *adv* früh; **au plus** ~ frühestens; ~ **ou tard** früher oder später; **pas de si** ~ nicht so bald; **il eut** ~ **fait de s'en apercevoir** er hat es schnell gemerkt.

total, e (totaux) [total, o] **1.** *adj* völlig; (*hauteur, somme*) gesamt; **2.** *m* (*somme*) Summe *f*, Gesamtbetrag *m*; **au** ~ (*en tout*) im ganzen; (*somme toute*) schließlich; **faire le** ~ zusammenzählen, zusammenrechnen; **totalement** *adv* völlig, total.

totaliser [totalize] 〈1〉 *vt* (*points*) [insgesamt] erreichen.

totalité [totalite] *f*: **la** ~ **de mes biens** mein ganzes Vermögen; **la** ~ **des élèves** die Gesamtheit der Schüler.

touchant, e [tuʃɑ̃, ɑ̃t] *adj* rührend.

touche [tuʃ] *f* (*de piano, machine à écrire*) Taste *f*; (ART) Pinselführung *f*, Pinselstrich *m*; (*fig*) Hauch *m*, Anflug *m*; [**ligne de**] ~ (FOOTBALL) Seitenlinie *f*; (ESCRIME) Treffer *m*; [**remise en**] ~ (FOOTBALL) Einwurf *m*; ~ **de correction** Korrekturtaste *f*.

toucher [tuʃe] 〈1〉 **1.** *vt* berühren; (*manger, boire*) anrühren; (*atteindre, affecter*) treffen; (*émouvoir*) ergreifen, bewegen; (*concerner*) betreffen, angehen; (*contacter*) erreichen; (*recevoir*) bekommen; **2.** *vpr*: **se** ~ sich berühren; **3.** *m* (*sens*) Tastsinn *m*; (MUS) Anschlag *m*; **être doux au** ~ sich weich anfühlen; ~ **à qch** (*frôler*) etw berühren; (*modifier*) etw ändern; (*traiter de*) etw betreffen; ~ **à qn** (*attaquer*) jdn anrühren; **ne touche pas à mon pote** rühr meinen Kumpel nicht an; **je vais lui en** ~ **un mot** ich werde mit ihm ein Wörtchen darüber reden.

touffe [tuf] *f* Büschel *nt*; **touffu, e** [tufy] *adj* (*haie, forêt*) dicht; (*cheveux*) buschig.

toujours [tuʒuʀ] *adv* immer; (*encore*) immer noch; (*constamment*) immer wieder; **depuis** ~ seit jeher; **pour** ~ für immer; ~ **est-il que** die Tatsache bleibt bestehen, daß; **cause** ~! (*fam*) red' du nur!; **essaie** ~ du kannst es ja mal versuchen.

toupie [tupi] *f* (*jouet*) Kreisel *m*.

tour [tuʀ] **1.** *f* Turm *m*; (*immeuble*) Hochhaus *nt*; **2.** *m* (*excursion*) Ausflug *m*; (*de piste, circuit*) Runde *f*; (*tournure*) Wende *f*; (*rotation*) Umdrehung *f*; (POL) Wahlgang *m*; (*ruse*) Trick *m*; (*d'adresse*) Kunststück *nt*; (*de potier*) Töpferscheibe *f*; (*à bois, métaux*) Drehscheibe *f*; **c'est mon/son** ~ ich bin/er [o sie] ist dran; **c'est au** ~ **de Philippe** Philippe ist an der Reihe; **faire le** ~ **de qch** um etw herumgehen; (*en voiture*) um etw herumfahren; (*en ville*) durch etw; **faire un** ~ **en ville** einen Stadtbummel machen; **fermer à double** ~ zweimal abschließen; **à** ~ **de rôle**, **à** ~ abwechselnd; ~ **m de chant** Tournee *f*; ~ **f de contrôle** Kontroll-

turm *m*; **le Tour** [**de France**] die Tour de France; ~ **m de garde** Wachdienst *m*; ~ **m d'horizon** (*fig*) Überblick *m*; ~ **m de poitrine/taille** Brust-/Taillenweite *f*; ~ **m de tête** Kopfumfang *m*.

tourbillon [tuʀbijɔ̃] *m* (*de vent*) Wirbelwind *m*; (*de poussière*) Gestöber *m*; (*d'eau*) Strudel *m*; (*fig*) Herumwirbeln *nt*; **tourbillonner** [tuʀbijɔne] 〈1〉 *vi* herumwirbeln; (*eau*) strudeln.

tourelle [tuʀɛl] *f* Türmchen *nt*; (*de véhicule blindé*) Turm *m*.

tourisme [tuʀism(ə)] *m* Tourismus *m*; **faire du** ~ auf Besichtigungstour gehen; **office/agence de** ~ Verkehrs-/Reisebüro *nt*; **touriste** *m/f* Tourist(in) *m(f)*; **touristique** *adj* (*voyage*) Touristen-; (*région*) touristisch; **prix/menu** ~ Touristenpreis *m*/-menü *nt*.

tourment [tuʀmɑ̃] *m* Plage *f*, Qual *f*; **tourmenter** [tuʀmɑ̃te] 〈1〉 **1.** *vt* quälen; **2.** *vpr*: **se** ~ sich Sorgen machen.

tournage [tuʀnaʒ] *m* (*d'un film*) Dreharbeiten *pl*.

tournant [tuʀnɑ̃] *m* (*de route*) Kurve *f*; (*fig*) Wende[punkt *m*] *f*.

tourne-disque 〈tourne-disques〉 [tuʀnədisk(ə)] *m* Plattenspieler *m*.

tournée [tuʀne] *f* (*du facteur, etc*) Runde *f*; (*d'artiste*) Tournee *f*; **payer une** ~ (*au café*) eine Runde zahlen; ~ **électorale** Wahlkampfreise *f*.

tourner [tuʀne] 〈1〉 **1.** *vt* drehen; (*sauce, mélange*) umrühren; (*obstacle, difficulté*) umgehen; (*cap*) umsegeln; **2.** *vi* sich drehen; (*changer de direction*) drehen; (*personne*) sich umdrehen; (*fonctionner*) laufen; (*lait*) sauer werden; (*chance*) sich wenden; **3.** *vpr*: **se** ~ sich umdrehen; **se** ~ **vers** sich zuwenden +*dat*; (*pour demander aide*) sich wenden an +*akk*; **à/en** sich verwandeln in +*akk*; ~ **à la pluie** regnerisch werden; ~ **autour de** herumlaufen/-fahren um; (*soleil*) sich drehen um; (*importuner*) herumhängen um; **bien/mal** ~ (*personne*) sich gut/zu seinem Nachteil entwickeln; (*chose*) gut/schlecht [ab]laufen; ~ **le dos à** den Rücken kehren +*dat*; ~ **de l'œil** ohnmächtig werden, umkippen; **il a la tête qui tourne** ihm ist schwindlig.

tournesol [tuʀnəsɔl] *m* Sonnenblume *f*.

tournevis [tuʀnəvis] *m* Schraubenzieher *m*; ~ **cruciforme** Kreuzschlitzschraubenzieher *m*; ~ **testeur** Spannungsprüfer *m*.

tourniquet [tuʀnikɛ] *m* (*pour arroser*) Sprenger *m*; (*portillon*) Drehkreuz *nt*; (*présentoir*) Drehständer *m*.

tournoi [tuʀnwa] *m* Turnier *nt*.

tournoyer [tuʀnwaje] 〈6〉 *vi* (*oiseau*) kreisen; (*fumée*) herumwirbeln.

tournure [tuʀnyʀ] f (LING) Ausdruck m.
tourte [tuʀt(ə)] f (GASTR) Pastete f.
tourterelle [tuʀtəʀɛl] f Turteltaube f.
tous [tu] adj, **tous** [tus] pron v. **tout**.
Toussaint [tusɛ̃] f: la ~ Allerheiligen nt.
tousser [tuse] ⟨1⟩ vi husten.
toussoter [tusɔte] ⟨1⟩ vi hüsteln.
tout, e ⟨tous, toutes⟩ [tu, tut, tus] **1.** adj alles, alle; **toute la journée** den ganzen Tag; **tous les jours** jeden Tag; **2.** pron alles, (pl) alle; **3.** adv ganz; **4.** m: **le ~** das Ganze; ~ **le, toute la** (la totalité) der/die/das ganze; ~ **un livre/pain** ein ganzes Buch/Brot; **tous les livres/enfants** alle Bücher/Kinder; **toutes les nuits** (chaque) jede Nacht; **à toute heure/à ~ âge** zu jeder Stunde/in jedem Alter; **toutes les fois** jedesmal; **toutes les fois que** jedesmal, wenn; **toutes les 3 semaines** alle 3 Wochen; **tous/toutes les deux** alle beide; ~ **le temps** immer; (sans cesse) dauernd; ~ **le contraire** genau das Gegenteil; **à toute vitesse** mit Höchstgeschwindigkeit; **de tous côtés, de toutes parts** von/nach allen Seiten; **à ~ hasard** auf gut Glück; **contre toute attente** wider Erwarten; **je les vois tous/toutes** ich sehe sie alle; **c'est** ~ das ist alles; **en ~** insgesamt; **elle était tout émue/tout petite** sie war ganz gerührt/klein; ~ **près, à ~ côté** ganz in der Nähe; **le ~ premier** der allererste; **le livre ~ entier** das ganze Buch; ~ **droit** geradeaus; **en travaillant/mangeant** während er/sie arbeitete/ aß; ~ **ou rien** alles oder nichts; ~ **d'abord** zuallererst; ~ **à coup** plötzlich; ~ **à fait** ganz und gar; (exactement) genau; **toute à l'heure** (passé) soeben, gerade; (futur) gleich; **à toute à l'heure!** bis später!; ~ **de même** trotzdem; ~ **le monde** alle; ~ **de suite** sofort; **à ~ de suite!** bis gleich!
toutefois [tutfwa] adv jedoch, dennoch.
tout-terrain [tuteʀɛ̃] adj: **voiture f** ~ Geländewagen m; **vélo m** ~ Mountainbike nt.
toux [tu] f Husten m.
toxicologique [tɔksikɔlɔʒik] adj toxikologisch.
toxicomane [tɔksikɔman] m/f [Rauschgift]-süchtige(r) mf.
toxique [tɔksik] adj (champignon) giftig; (gaz) Gift-.
T.P. mpl abr de **travaux pratiques** Übungsseminar nt.
trac [tʀak] m (fam) Bammel m; (THÉÂT) Lampenfieber nt.
tracas [tʀaka] m Schererei f, Sorgen pl; **tracasser** [tʀakase] ⟨1⟩ **1.** vt plagen, quälen; **2.** vpr: **se ~** sich dat Sorgen machen; **tracasserie** [tʀakasʀi] f Schikane f.
trace [tʀas] f Spur f; ~**s de pneus/de freinage** Reifen-/Bremsspuren pl.
tracer [tʀase] ⟨2⟩ vt zeichnen; (frayer)

eröffnen; (fig: chemin, voie) weisen (à qn jdm).
traceur [tʀasœʀ] m (INFORM) Plotter m.
tract [tʀakt] m Flugblatt nt.
tractations [tʀaktasjɔ̃] fpl Handeln nt, Feilschen nt.
tracteur [tʀaktœʀ] m Traktor m.
traction [tʀaksjɔ̃] f (action) Ziehen nt; (AUTO) Antrieb m; ~ **avant/arrière** Front-/Heckantrieb m; ~ **mécanique/électrique** mechanischer/elektrischer Antrieb.
tradition [tʀadisjɔ̃] f Tradition f; **traditionalisme** [tʀadisjɔnalism] m Traditionsbewußtsein nt; **traditionnel, le** [tʀadisjɔnɛl] adj traditionell.
traducteur, -trice [tʀadyktœʀ, tʀis] m, f Übersetzer(in) m(f); ~ m **de poche** Sprachcomputer m.
traduction [tʀadyksjɔ̃] f (écrit) Übersetzung f; (oral) Dolmetschen nt; ~ **assistée par ordinateur** computergestützte Übersetzung; ~ **consécutive** Konsekutivdolmetschen nt; ~ **simultanée** Simultandolmetschen nt.
traduire [tʀadɥiʀ] irr comme conduire **1.** vt übersetzen; (exprimer) ausdrücken; **2.** vpr: **se ~ par** sich ausdrücken durch; ~ **en français** ins Französische übersetzen.
trafic [tʀafik] m (illicite) [Schwarz]handel m; ~ **d'armes** Waffenschieberei f; ~ **routier/aérien** (circulation) Straßen-/Flugverkehr m.
trafiquant, e [tʀafikɑ̃, ɑ̃t] m, f Schwarzhändler(in) m(f), Schieber(in) m(f); ~ **de drogue** Dealer(in) m(f).
trafiquer [tʀafike] ⟨1⟩ vt (fam: transformer) sich dat zu schaffen machen an +dat.
tragédie [tʀaʒedi] f Tragödie f.
tragique [tʀaʒik] adj tragisch.
trahir [tʀaiʀ] ⟨8⟩ **1.** vt verraten; **2.** vpr: **se ~** sich verraten, sich verplappern; **trahison** [tʀaizɔ̃] f Verrat m.
train [tʀɛ̃] m (CHEMIN DE FER) Zug m; (allure) Tempo nt; **aller à fond de** ~ mit Höchstgeschwindigkeit fahren; **être en ~ de faire qch** gerade etw tun; ~ **d'atterrissage** (AVIAT) Fahrgestell nt; ~ **auto-couchettes** Autoreisezug m; ~ **avant/arrière** Vorder-/Hinterachse f; ~ **électrique** (jouet) Modelleisenbahn f; ~ **à grande vitesse** Hochgeschwindigkeitszug m; ~ **de pneus** Reifensatz m; ~ **spécial** Sonderzug m; ~ **de vie** Lebensstil m; **du** ~ **où vont les choses** wenn das so weitergeht.
traîneau ⟨-x⟩ [tʀɛno] m Schlitten m.
traîner [tʀɛne] ⟨1⟩ **1.** vt schleppen, ziehen; (enfant, chien) hinter sich dat herziehen; **2.** vi (être en désordre) herumliegen; (agir lentement) bummeln, trödeln; (durer) sich schleppen; (vagabonder) sich herumtrei-

ben; **3.** *vpr:* se ~ (*personne, voiture*) kriechen; (*durer*) sich in die Länge ziehen; **se ~ par terre** am Boden kriechen; ~ **en longueur** in die Länge ziehen; ~ **les pieds** schlurfen; (*fig*) sich bitten lassen; ~ **par terre** auf dem Boden schleifen.

train-train [tʀɛtʀɛ] *m* tägliches Einerlei, Trott *m.*

traire [tʀɛʀ] *irr vt* melken.

trait [tʀɛ] *m* Strich *m;* (*caractéristique*) Zug *m;* ~**s** *mpl* (*du visage*) Gesichtszüge *pl;* **avoir ~ à** sich beziehen auf +akk; **d'un ~** auf einen Zug; **animal de ~** Zugtier *nt;* **de caractère** Charakterzug *m;* ~ **d'esprit** Geistesblitz *m;* ~ **d'union** Bindestrich *m;* (*fig*) Verbindung *f.*

traitant, e [tʀɛtɑ̃, ɑ̃t] *adj:* **votre médecin ~** Ihr behandelnder Arzt; **shampooing ~** Pflegeshampoo *nt.*

traite [tʀɛt] *f* (*COMM*) Tratte *f;* (*AGR*) Melken *nt;* **d'une [seule] ~** ohne Unterbrechung; **la ~ des noirs/blanches** Sklaven-/Mädchenhandel *m.*

traité [tʀete] *m* Vertrag *m.*

traitement [tʀɛtmɑ̃] *m* Behandlung *f;* (*de matériaux*) Bearbeitung *f*, Verarbeitung *f;* (*salaire*) Gehalt *nt*, Besoldung *f;* ~ **des déchets radioactifs** Wiederaufbereitung *f* radioaktiver Stoffe; ~ **de données** Datenverarbeitung *f;* ~ **des ordures** Abfallbeseitigung *f;* ~ **de surface** (*carrosserie*) Oberflächenbehandlung *f;* ~ **de texte** Textverarbeitung *f.*

traiter [tʀete] ⟨1⟩ **1.** *vt* behandeln; (*matériaux, INFORM*) verarbeiten, bearbeiten; **2.** *vi* (*négocier*) verhandeln; **bien/mal ~** gut/ schlecht behandeln; ~ **de qch** etw behandeln; ~ **qn d'idiot/de tous les noms** (*qualifier*) jdn einen Idioten/alles mögliche heißen.

traiteur [tʀetœʀ] *m* Partyservice *m.*

traître, -esse [tʀɛtʀ(ə), ɛs] **1.** *adj* [heim]tükkisch; **2.** *m, f* Verräter(in) *m(f);* **traîtrise** [tʀetʀiz] *f* Verrat *m*, Hinterlist *f.*

trajectoire [tʀaʒɛktwaʀ] *f* Flugbahn *f.*

trajet [tʀaʒɛ] *m* Strecke *f;* (*parcours*) Fahrt *f;* (*fig*) Verlauf *m.*

tram [tʀam] *m v.* **tramway.**

trame [tʀam] *f* (*d'un tissu*) Schuß *m;* (*d'un roman*) Handlungsgerüst *nt;* (*TYPO*) Raster *m.*

tramway [tʀamwɛ] *m* Straßenbahn *f.*

tranchant, e [tʀɑ̃ʃɑ̃, ɑ̃t] **1.** *adj* scharf; (*remarque, ton*) kategorisch; **2.** *m* (*d'un couteau*) Schneide *f;* **à double ~** (*fig*) zweischneidig.

tranche [tʀɑ̃ʃ] *f* (*morceau*) Scheibe *f;* (*bord*) Kante *f;* (*d'un livre*) Schnitt *m;* (*partie*) Abschnitt *m*, Teil *m;* (*d'actions, de bons*) Tranche *f;* (*de revenus*) Spanne *f;* ~ **d'âge/de**

salaires Alters-/Gehaltsstufe *f;* ~ **de centrale nucléaire** Reaktorblock *m.*

tranché, e [tʀɑ̃ʃe] **1.** *adj* (*couleurs*) grell; (*opinions*) scharf abgegrenzt; **2.** *f* Graben *m.*

trancher [tʀɑ̃ʃe] ⟨1⟩ **1.** *vt* schneiden; (*résoudre*) entscheiden; **2.** *vi* (*résoudre*) entscheiden; ~ **avec** (*contraster*) sich scharf abheben [*o* unterscheiden] von.

tranchoir [tʀɑ̃ʃwaʀ] *m* (*planche*) Hack-/ Wiegebrett *nt.*

tranquille [tʀɑ̃kil] *adj* ruhig; **avoir la conscience ~** ein gutes Gewissen haben; **se tenir ~** sich ruhig verhalten; **laisse-moi ~!** laß mich in Ruhe!; **soyez ~** seien Sie unbesorgt; **tranquillement** *adv* ruhig.

tranquillisant [tʀɑ̃kilizɑ̃] *m* Beruhigungsmittel *nt.*

tranquillité [tʀɑ̃kilite] *f* Ruhe *f;* ~ **d'esprit** Gemütsruhe *f.*

transaction [tʀɑ̃zaksjɔ̃] *f* Geschäft *nt,* Transaktion *f.*

transat [tʀɑ̃zat] *m* Liegestuhl *m.*

transatlantique [tʀɑ̃zatlɑ̃tik] **1.** *adj* überseeisch; **2.** *m* (*bateau*) Überseedampfer *m.*

transborder [tʀɑ̃sbɔʀde] ⟨1⟩ *vt* umladen.

transcription [tʀɑ̃skʀipsjɔ̃] *f* (*copie*) Abschrift *f;* (*alphabet*) Transkription *f.*

transférer [tʀɑ̃sfeʀe] ⟨5⟩ *vt* (*prisonnier*) überführen; (*bureau*) verlegen; (*argent, PSYCH*) übertragen; (*par virement*) überweisen; (*fonctionnaire*) versetzen; **transfert** [tʀɑ̃sfɛʀ] *m* (*d'un prisonnier*) Überführung *f;* (*du bureau*) Verlegung *f;* (*d'argent, PSYCH*) Übertragung *f;* (*virement*) Überweisung *f;* (*de fonctionnaires*) Versetzung *f.*

transformateur [tʀɑ̃sfɔʀmatœʀ] *m* Transformator *m.*

transformation [tʀɑ̃sfɔʀmasjɔ̃] *f* Verwandlung *f;* (*d'une maison*) Umbau *m;* (*d'un vêtement*) Umarbeitung *f;* (*changement*) Veränderung *f.*

transformer [tʀɑ̃sfɔʀme] ⟨1⟩ **1.** *vt* verwandeln; (*maison, magasin*) umbauen; (*vêtement*) umarbeiten; **2.** *vpr:* **se ~** sich verändern; ~ **en qch** in etw *akk* umwandeln.

transfrontalier, -ière [tʀɑ̃sfʀɔ̃talje, ɛʀ] *adj* grenzüberschreitend.

transfuge [tʀɑ̃sfyʒ] *m* Überläufer(in) *m(f).*

transfusion [tʀɑ̃sfyzjɔ̃] *f:* ~ **sanguine** Bluttransfusion *f.*

transgresser [tʀɑ̃sgʀese] ⟨1⟩ *vt* (*loi, ordre*) übertreten.

transistor [tʀɑ̃zistɔʀ] *m* Transistor *m.*

transit [tʀɑ̃zit] *m* Transit[verkehr] *m.*

transitif, -ive [tʀɑ̃zitif, iv] *adj* transitiv.

transition [tʀɑ̃zisjɔ̃] *f* Übergang *m;* **de ~** vorübergehend.

transitoire [tʀɑ̃zitwaʀ] *adj* vorübergehend, vorläufig; (*fugitif*) kurzlebig.

translucide [tʀɑ̃slysid] *adj* durchscheinend.

transmetteur [tʀɑ̃smɛtœʀ] *m* Sender *m*.

transmettre [tʀɑ̃smɛtʀ(ə)] *irr comme mettre*, *vt* übertragen; ~ **qch à qn** jdm etw übermitteln; (*biens, droits*) etw auf jdn übertragen, jdm etw übergeben; (*secret, recette*) jdm etw mitteilen.

transmission [tʀɑ̃smisjɔ̃] *f* Übertragung *f*; (*d'un message*) Übermittlung *f*; ~ **de pensée** Gedankenübertragung *f*.

transparaître [tʀɑ̃spaʀɛtʀ(ə)] *irr comme connaître*, *vi* durchscheinen.

transparence [tʀɑ̃spaʀɑ̃s] *f* Transparenz *f*; **regarder qch par** ~ etw gegen das Licht halten; **transparent, e** [tʀɑ̃spaʀɑ̃, ɑ̃t] *adj* durchsichtig.

transpercer [tʀɑ̃spɛʀse] ⟨2⟩ *vt* durchbohren; (*fig*) durchdringen; ~ **un vêtement** (*pluie*) durch ein Kleidungsstück durchgehen.

transpiration [tʀɑ̃spiʀasjɔ̃] *f* (*sueur*) Schweiß *m*.

transpirer [tʀɑ̃spiʀe] ⟨1⟩ *vi* schwitzen.

transplanter [tʀɑ̃splɑ̃te] ⟨1⟩ *vt* verpflanzen.

transport [tʀɑ̃spɔʀ] *m* Transport *m*, Beförderung *f*; ~ **aérien/routier** Transport *m* per Flugzeug/auf der Straße; **avion de** ~ Transportflugzeug *nt*; ~ **de marchandises** Gütertransport *m*; ~ **de voyageurs** Beförderung *f* von Reisenden; **les** ~**s en commun** die öffentlichen Verkehrsmittel; **transporter** [tʀɑ̃spɔʀte] ⟨1⟩ *vt* befördern, transportieren; (*énergie, son*) übertragen; (*fig*) hinreißen; **transporteur** *m* (*entrepreneur*) Spediteur(in) *m(f)*.

transposer [tʀɑ̃spoze] ⟨1⟩ *vt* (*idée, fait*) umwandeln; (*MUS*) transponieren.

transversal, e ⟨transversaux⟩ [tʀɑ̃svɛʀsal, o] *adj* Quer-.

trapèze [tʀapɛz] *m* Trapez *nt*.

trappe [tʀap] *f* (*ouverture*) Falltür *f*; (*piège*) Falle *f*; **passer à la** ~ (*fig*) in der Versenkung verschwinden.

trappeur [tʀapœʀ] *m* Trapper(in) *m(f)*.

trapu, e [tʀapy] *adj* untersetzt, stämmig.

traumatiser [tʀomatize] ⟨1⟩ *vt* einen Schock versetzen +*dat*; (*fig*) mitnehmen, schaffen; **traumatisme** [tʀomatism(ə)] *m* (*MÉD*) Trauma *nt*; (*PSYCH*) Schock *m*; ~ **crânien** Gehirntrauma *nt*.

travail ⟨travaux⟩ [tʀavaj, o] *m* Arbeit *f*; (*accouchement*) Wehen *pl*; ~ **intérimaire, -temporaire** Zeitarbeit *f*; ~ **[au] noir** Schwarzarbeit *f*; ~ **à temps partiel** Teilzeitarbeit *f*; **travaux dirigés** (*université*) Übung *f*; **travaux forcés** Zwangsarbeit *f*; **travaux manuels** (*SCOL*) Handarbeit *f*; **travaux ménagers** Haushalt *m*; **Travaux publics**

staatliche Bauvorhaben *pl*.

travaillé, e [tʀavaje] *adj* aufpoliert.

travailler [tʀavaje] ⟨1⟩ *vi* arbeiten; (*bois*) sich werfen; **2.** *vt* arbeiten an +*dat*; (*bois, métal; influencer*) bearbeiten; ~ **à** arbeiten an +*dat*; (*contribuer à*) hinarbeiten auf +*akk*; ~ **son piano** Klavier üben; ~ **la terre** das Feld bestellen; **cela le travaille** das geht in seinem Kopf herum.

travailleur, -euse [tʀavajœʀ, øz] **1.** *adj*: **être** ~ arbeitsam sein, fleißig sein; **2.** *m, f* Arbeiter(in) *m(f)*.

travée [tʀave] *f* (*rangée*) Reihe *f*.

travelling [tʀavliŋ] *m* Kamerafahrt *f*; ~ **optique** Zoomaufnahmen *pl*.

travers [tʀavɛʀ] *m* (*défaut*) Schwäche *f*; **à** ~ quer durch; **au** ~ **[de]** quer [durch]; **de** ~ schief, verkehrt; **regarder de** ~ (*fig*) schief ansehen; **en** ~ **[de]** quer [zu].

traverse [tʀavɛʀs(ə)] *f* (*CHEMIN DE FER*) Schwelle *f*; **chemin de** ~ Abkürzung *f*.

traversée [tʀavɛʀse] *f* Durchquerung *f*; (*en mer*) Überfahrt *f*.

traverser [tʀavɛʀse] ⟨1⟩ *vt* (*rue, mer, frontière*) überqueren; (*salle, forêt*) gehen durch; (*ville, tunnel*) durchqueren; (*percer*) durchgehen durch; (*difficultés, temps*) durchmachen; (*ligne, trait*) durchqueren.

traversin [tʀavɛʀsɛ̃] *m* Kopfkissenrolle *f*.

travestir [tʀavɛstiʀ] ⟨8⟩ **1.** *vt* verzerren; **2.** *vpr*: **se** ~ sich verkleiden.

trébucher [tʀebyʃe] ⟨1⟩ *vi*: ~ **[sur]** (*a. fig*) stolpern [über +*akk*].

trèfle [tʀɛfl(ə)] *m* Klee *m*; (*CARTES*) Kreuz *nt*; ~ **à quatre feuilles** vierblättriges Kleeblatt.

treille [tʀɛj] *f* Weinlaube *f*.

treillis [tʀeji] *m* (*métallique*) Gitter *nt*.

treize [tʀɛz] *num* dreizehn; **treizième** *adj* dreizehnte(r, s).

tréma [tʀema] *m* Trema *nt*.

tremblant, e [tʀɑ̃blɑ̃, ɑ̃t] *adj* zitternd.

tremblement [tʀɑ̃bləmɑ̃] *m* Zittern *nt*, Beben *nt*; ~ **de terre** Erdbeben *nt*.

trembler [tʀɑ̃ble] ⟨1⟩ *vi* zittern; (*flamme*) flackern; (*terre*) beben; ~ **de froid/fièvre/ peur** vor Kälte/Fieber/Angst zittern.

trémousser [tʀemuse] ⟨1⟩ *vpr*: **se** ~ herumzappeln.

trempe [tʀɑ̃p] *f*: **de cette/sa** ~ (*caractère*) von diesem/seinem Schlag.

trempé, e [tʀɑ̃pe] *adj* klatschnaß; (*TECH*) gehärtet.

tremper [tʀɑ̃pe] ⟨1⟩ **1.** *vt* naß machen; **2.** *vi* eingeweicht sein, in einer Flüssigkeit liegen; **3.** *vpr*: **se** ~ (*dans mer, piscine*) kurz hineingehen; ~ **dans** (*fig*) verwickelt sein in +*akk*; **faire** ~, **mettre à** ~ einweichen; ~ **dans** (*plonger*) eintauchen in +*akk*.

tremplin [tʀɑ̃plɛ̃] *m* Sprungbrett *nt*; (*SKI*)

Sprungschanze f.

trentaine [tʀɑ̃tɛn] f: **une ~** [de] etwa dreißig.

trente [tʀɑ̃t] num dreißig; **trente-trois-
tours** [tʀɑ̃ttʀwatuʀ] m inv (disque) Lang-
spielplatte f, LP f.

trépied [tʀepje] m (d'appareil) Stativ nt;
(meuble) Dreifuß m.

trépigner [tʀepiɲe] ⟨1⟩ vi stampfen, tram-
peln.

très [tʀɛ] adv sehr; **~ critiqué(e)** viel kritisiert; **j'ai ~ envie de** ich habe große Lust
auf +akk/zu.

trésor [tʀezɔʀ] m Schatz m; **le Trésor
[public]** die Finanzbehörde; **trésorerie**
[tʀezɔʀʀi] f (gestion) Finanzverwaltung f;
(bureaux) Finanzabteilung f; **trésorier,
-ière** [tʀezɔʀje, ɛʀ] m, f (d'une société)
Kassenverwalter(in) m(f), Schatzmeister-
(in) m(f).

tressaillir [tʀesajiʀ] irr comme défaillir, vi
erbeben.

tresse [tʀɛs] f (cheveux) Zopf m; **tresser**
[tʀese] ⟨1⟩ vt flechten; (corde) drehen.

trêve [tʀɛv] f Waffenruhe f; (fig) Ruhe f; **~
de Schluß mit; ~ de plaisanterie!** Spaß beiseite!; **sans ~** unaufhörlich.

Trêves [tʀɛv] Trier nt.

tri [tʀi] m Sortieren f; (choix) [Vor]auswahl
f.

triage [tʀijaʒ] m: **gare de ~** Rangierbahnhof
m, Verschiebebahnhof m.

triangle [tʀijɑ̃gl(ə)] m Dreieck nt; (MUS) Tri-
angel m; **~ de présignalisation** Warndreieck
nt.

tribord [tʀibɔʀ] m: **à ~** nach Steuerbord.

tribu [tʀiby] f Stamm m.

tribunal ⟨tribunaux⟩ [tʀibynal, o] m Gericht
nt; **~ de commerce/de police** Handels-/Po-
lizeigericht nt; **~ pour enfants** Jugendge-
richt nt; **~ de grande instance** oberster Gerichtshof.

tribune [tʀibyn] f Tribüne f; (d'église) Em-
pore f; (de tribunal) Galerie f; (débat) Diskussion f.

tribut [tʀiby] m (argent) Abgabe f.

tributaire [tʀibytɛʀ] adj: **être ~ de** abhängig sein von; (fleuve) einmünden in +akk.

tricher [tʀiʃe] ⟨1⟩ vi schummeln; **tricherie**
[tʀiʃʀi] f Betrug m; **tricheur, -euse** m, f
Betrüger(in) m(f).

tricolore [tʀikɔlɔʀ] adj dreifarbig; (français)
rot-weiß-blau; **le drapeau ~** die Trikolore.

tricot [tʀiko] m (action) Stricken nt;
(ouvrage) Strickarbeit f, Strickzeug nt;
(tissu) Strickware f; Trikot m; (vêtement)
Pullover m; **tricoter** [tʀikɔte] ⟨1⟩ vt strik-
ken; **machine/aiguille à ~** Strickmaschine f/
-nadel f.

tricycle [tʀisikl(ə)] m Dreirad nt.

triennal, e ⟨triennaux⟩ [tʀiɛnal, o] adj drei-
jährlich; (mandat) dreijährig.

trier [tʀije] ⟨1⟩ vt (a. INFORM) sortieren;
(fruits) aussortieren; (sélectionner) [vor]-
auswählen.

trimestre [tʀimɛstʀ(ə)] m (SCOL) Trimester
nt; (COMM) Quartal nt, Vierteljahr nt; **tri-
mestriel, le** [tʀimɛstʀijɛl] adj vierteljähr-
lich.

tringle [tʀɛ̃gl(ə)] f Stange f; **~ à rideaux**
Gardinenstange f.

Trinité [tʀinite] f: **la ~** die Dreifaltigkeit.

trinquer [tʀɛ̃ke] ⟨1⟩ vi anstoßen, sich zupro-
sten; (fam) Unannehmlichkeiten bekom-
men, büßen müssen; **~ à qch/à la santé de
qn** auf etw akk /jds Wohl anstoßen.

triomphe [tʀijɔ̃f] m Triumph m; **triompher**
⟨1⟩ vi siegen; (idée, cause) triumphieren; **~
de qch** über etw akk triumphieren.

tripes [tʀip] fpl (GASTR) Kutteln pl, Kaldau-
nen pl; **prendre aux ~** an die Nieren gehen.

triple [tʀipl(ə)] 1. adj dreifach; (trois fois
plus grand) dreimal [so groß]; 2. m: **le ~
[de]** das Dreifache [von]; **en ~ exemplaire**
in dreifacher Ausfertigung; **triplé** [tʀiple]
m (SPORT) Hattrick m; (turf) Dreierwette f;
~[e]s m[f]pl Drillinge pl; **tripler** ⟨1⟩ 1. vi
sich verdreifachen; 2. vt verdreifachen.

trique [tʀik] f Knüppel m.

triste [tʀist(ə)] adj traurig; **tristesse**
[tʀistɛs] f Traurigkeit f.

trivial, e ⟨triviaux⟩ [tʀivjal, o] adj derb, vul-
gär; (commun) trivial, alltäglich.

troc [tʀɔk] m Tauschhandel m.

trognon [tʀɔɲɔ̃] 1. m (de fruit) Kerngehäuse
nt; (de légume) Strunk m; 2. adj (fam:
enfant) niedlich, süß.

trois [tʀwa] num drei; **le ~ avril** der dritte
April; **~ fois** dreimal; dreifach; **~ cents**
dreihundert; **de ~ ans** dreijährig; **les ~
quarts de ~** dreiviertel; **troisième**
[tʀwazjɛm] 1. adj dritte(r, s); 2. m/f (personne) Dritte(r) mf; **~ âge** Seniorenalter
nt; **troisièmement** adv drittens.

trolleybus [tʀɔlɛbys] m Obus m.

trombe [tʀɔ̃b] f: **des ~s d'eau** ein Regenguß
m; **en ~ (arriver, passer)** wie ein Wirbelwind.

trombone [tʀɔ̃bɔn] m (MUS) Posaune f; (de
bureau) Büroklammer f.

trompe [tʀɔ̃p] f (d'éléphant) Rüssel m; (MUS)
Horn nt.

tromper [tʀɔ̃pe] ⟨1⟩ 1. vt (personne) betrügen; (espoir, attente) enttäuschen; (vigi-
lance, poursuivants) irreführen; (distance,
objet, ressemblance) täuschen; 2. vpr: **se
~** sich irren; **se ~ de jour** sich im Tag täuschen; **se ~ de 3 cm/20 F** sich um 3 cm/20 F
vertun; **tromperie** [tʀɔ̃pʀi] f Betrug m.

trompette [tʀɔ̃pɛt] f (MUS) Trompete f;

trompettiste [tʀɔ̃petist(ə)] *m/f* Trompeter(in) *m(f)*.

trompeur, -euse [tʀɔ̃pœʀ, øz] *adj* trügerisch; **les apparences sont trompeuses** der Schein trügt.

tronc [tʀɔ̃] *m* (*d'arbre*) Stamm *m*; (*d'église*) Opferstock *m*; (ANAT) Rumpf *m*; ~ **d'arbre** Baumstamm *m*; ~ **commun** Kern[arbeits]zeit *f*; (SCOL) gemeinsamer Bildungsweg.

tronçon [tʀɔ̃sɔ̃] *m* Teilstrecke *f*; **tronçonner** [tʀɔ̃sɔne] 〈1〉 *vt* zersägen; **tronçonneuse** *f* Kettensäge *f*.

trône [tʀon] *m* Thron *m*; **monter sur le ~** den Thron besteigen.

trop [tʀo] *adv* (*avec verbe*) zuviel; (*devant adverbe*) zu; (*devant adjectif*) [viel] zu; ~ **de** (*nombre*) zu viele; (*quantité*) zu viel; ~ **nombreux** zu viele; zu zahlreich; ~ **[longtemps]** zu lange; ~ **peu nombreux** zu wenige; ~ **souvent** zu oft; **des livres en ~/3 F de** ~ einige Bücher/3 F zuviel; **du lait en ~** überschüssige Milch; **c'est ~!** was zuviel ist, ist zuviel!

trophée [tʀɔfe] *m* Trophäe *f*.

tropical, e 〈*tropicaux*〉 [tʀɔpikal, o] *adj* tropisch, Tropen-.

tropique [tʀɔpik] *m* Wendekreis *m*; ~**s** *mpl* (*région*) Tropen *pl*; ~ **du Cancer/Capricorne** Wendekreis des Krebses/Steinbocks.

trop-plein 〈*trop-pleins*〉 [tʀɔplɛ̃] *m* Überlauf *m*.

troquer [tʀɔke] 〈1〉 *vt*: ~ **qch contre qch** etw gegen etw eintauschen.

trot [tʀo] *m*: **le** ~ der Trab; **aller au** ~ Trab reiten; **trotter** [tʀɔte] 〈1〉 *vi* traben; (*souris, enfant*) [herum]huschen; **trotteuse** [tʀɔtøz] *f* (*de montre*) Sekundenzeiger *m*.

trottiner [tʀɔtine] 〈1〉 *vi* trippeln.

trottinette [tʀɔtinɛt] *f* Roller *m*.

trottoir [tʀɔtwaʀ] *m* Gehweg *m*; **faire le** ~ auf den Strich gehen; ~ **roulant** Rollsteg *m*.

trou [tʀu] *m* Loch *nt*; ~ **d'air** Luftloch *nt*; ~ **de mémoire** Gedächtnislücke *f*; ~ **perdu** (*fam*) gottverlassenes Nest; ~ **de la serrure** Schlüsselloch *nt*.

trouble [tʀubl(ə)] **1.** *adj* trüb; (*affaire, histoire*) zwielichtig; **2.** *m* (*désarroi*) Verwirrung *f*; (*émoi*) Erregung *f*; (*zizanie*) Unruhe *f*; ~**s** *mpl* (POL) Aufruhr *m*, Unruhen *pl*; (MÉD) Störung *f*, Beschwerden *pl*; ~**s respiratoires** Atembeschwerden *pl*.

troubler [tʀuble] 〈1〉 **1.** *vt* verwirren; (*émouvoir*) bewegen; (*inquiéter*) beunruhigen; (*liquide*) trüben; (*perturber, déranger*) stören; **2.** *vpr*: **se** ~ (*personne*) verlegen werden.

troué, e [tʀue] **1.** *adj* durchlöchert; **2.** *f* (*dans un mur, dans une haie*) Lücke *f*; (GÉO) Spalte *f*.

trouer [tʀue] 〈1〉 *vt* durchlöchern; (*mur*) durchbohren; (*silence, air, nuit*) durchbrechen.

troupe [tʀup] *f* (MIL) Truppe *f*; (*groupe*) Schar *f*, Gruppe *f*; ~ **[de théâtre]** [Theater]truppe *f*.

troupeau 〈-x〉 [tʀupo] *m* Herde *f*.

trousse [tʀus] *f* (*étui*) Etui *nt*; (*d'écolier*) [Feder]mäppchen *nt*; (*de docteur*) Arztkoffer *m*; **aux** ~**s de** auf den Fersen von; ~ **à outils** Werkzeugtasche *f*; ~ **de toilette** Kulturbeutel *m*.

trousseau 〈-x〉 [tʀuso] *m* (*de mariée*) Aussteuer *f*; ~ **de clefs** Schlüsselbund *nt o m*.

trouvaille [tʀuvaj] *f* Entdeckung *f*.

trouver [tʀuve] 〈1〉 **1.** *vt* finden; **2.** *vpr*: **se** ~ (*être*) sein, sich befinden; (*être soudain*) sich finden; **se** ~ **être/avoir** ... zufällig ... sein/haben; **se** ~ **mal** bewußtlos werden; **il se trouve que** zufälligerweise; **aller** ~ **qn** (*rendre visite*) bei jdm besuchen; ~ **à boire/critiquer** etwas zu trinken/kritisieren finden; **se trouve que** ich finde.

truand, e [tʀyɑ̃, ɑ̃d] *m* Gangster *m*.

truc [tʀyk] *m* (*astuce*) Dreh *m*; (*de cinéma, de prestidigitateur*) Trick *m*; (*fam: chose*) Ding *nt*.

truffe [tʀyf] *f* (*champignon, chocolat*) Trüffel *f*; (*chien*) Nase *f*.

truffé, e [tʀyfe] *adj*: ~ **de** gespickt mit.

truie [tʀɥi] *f* Sau *f*.

truite [tʀɥit] *f* Forelle *f*.

truquer [tʀyke] 〈1〉 *vt* fälschen; (*élections*) manipulieren; (CINÉ) Trickaufnahmen anwenden bei.

t-shirt 〈*t-shirts*〉 [tiʃœʀt] *m* T-Shirt *nt*.

T.S.V.P. *abr de* **tournez s'il-vous-plaît** b.w.

T.T.C. *abr de* **toutes taxes comprises** alles inkl.

tu [ty] *pron* du.

tu, e [ty] *pp de* **taire**.

tuba [tyba] *m* (MUS) Tuba *f*; (SPORT) Schnorchel *m*.

tube [tyb] *m* Röhre *f*; (*de canalisation*) Rohr *nt*; (*d'aspirine, etc*) Röhrchen *nt*; (*de dentifrice, etc*) Tube *f*; (*disque*) Hit *m*; ~ **à essai** Reagenzglas *nt*; ~ **au néon** Neonröhre *f*; **à plein[s]** ~**[s]** (*fam*) volles Rohr; ~ **cathodique** Bildröhre *f*; ~ **digestif** Verdauungskanal *m*.

tuberculose [tybɛʀkyloz] *f* Tuberkulose *f*.

tubulaire [tybylɛʀ] *adj* Stahlrohr-.

tuer [tɥe] 〈1〉 **1.** *vt* töten; (*commerce*) ruinieren; **2.** *vpr*: **se** ~ (*se suicider*) sich das Leben nehmen; (*dans un accident*) umkommen.

tue-tête [tytɛt] *adv*: **à** ~ aus Leibeskräften.

tueur, -euse [tɥœʀ, øz] *m, f* Mörder(in) *m(f)*; ~ **fou** Amokschütze *m*; ~ **à gages** bezahlter Killer.

tuile [tɥil] f Dachziegel m; (fam: ennui) Mißgeschick nt.

tulipe [tylip] f Tulpe f.

tulle [tyl] m Tüll m.

tumeur [tymœr] f Tumor m.

tumultueux, -euse [tymyltɥø, øz] adj tobend, lärmend.

tunique [tynik] f Tunika f.

Tunisie [tynizi] f: **la ~** Tunesien nt; **tunisien, ne** [tynizjɛ̃, ɛn] adj tunesisch; **Tunisien, ne** m, f Tunesier(in) m(f).

tunnel [tynɛl] m Tunnel m.

turban [tyrbɑ̃] m Turban m.

turbine [tyrbin] f Turbine f.

turbocompresseur [tyrbokɔ̃prɛsœr] m Turbolader m; **turbomoteur** m Turbomotor m; **turboréacteur** m Turbotriebwerk nt.

turbulent, e [tyrbylɑ̃, ɑ̃t] adj (enfant) wild, ausgelassen.

turc, turque [tyrk(ə)] adj türkisch; **Turc, Turque** m, f Türke m, Türkin f; **à la turque** (assis) mit gekreuzten Beinen; **cabinet à la turque** Stehklosett nt.

turf [tyrf, tœrf] m Pferderennsport m.

turque [tyrk] adj v. **turc.**

Turquie [tyrki] f: **la ~** die Türkei.

turquoise [tyrkwaz] **1.** adj inv türkis; **2.** f Türkis m.

tutelle [tytɛl] f (JUR) Vormundschaft f; (de l'État, d'une société) Treuhandschaft f; **être/ mettre sous la ~ de** (fig) jds Aufsicht dat unterstehen/unterstellen; (protégé) unter jds Schutz stehen/stellen.

tuteur, -trice [tytœr, tris] **1.** m, f (JUR) Vormund m; **2.** m (de plante) Stütze f, Stützstange f.

tutoyer [tytwaje] ⟨6⟩ vt duzen.

tuyau ⟨-x⟩ [tɥijo] m Rohr nt, Röhre f; (flexible) Schlauch m; (fam: conseil) Wink m, Tip m; ~ **d'arrosage** Gartenschlauch m; ~ **d'échappement** Auspuffrohr nt; **tuyauterie** [tɥijɔtri] f Rohrleitungsnetz nt.

TV abr de **télévision** TV.

T.V.A. f abr de **taxe à la valeur ajoutée** MWSt.

tympan [tɛ̃pɑ̃] m (ANAT) Trommelfell nt.

type [tip] **1.** m (a. fam) Typ m; **2.** adj inv typisch; **avoir le ~ nordique** ein nordischer Typ sein; **le ~ standard** die Standardausführung.

typhoïde [tifoid] f Typhus m.

typhus [tifys] m Flecktyphus m.

typique [tipik] adj typisch.

tyran [tirɑ̃] m Tyrann(in) m(f); **tyrannie** [tirani] f Tyrannei f; **tyrannique** adj tyrannisch.

tzigane [dzigan] **1.** adj Zigeuner-; **2.** m/f Zigeuner(in) m(f).

U

U, u [y] m U, u nt.

U.D.F. f abr de **Union pour la démocratie française** konservative demokratische Partei.

U.E. f abr de **Union européenne** E.U. f.

U.E.R. m o f abr de **unité d'enseignement et de recherche** (SCOL) Fachbereich m.

ulcère [ylsɛr] m Geschwür nt.

ulcérer [ylsere] ⟨5⟩ vt (fig) zutiefst verärgern.

ultérieur, e [ylterjœr] adj später; **remis à une date ~e** auf später verschoben; **ultérieurement** adv später.

ultime [yltim] adj letzte(r, s).

ultra... [yltra] préf ultra-; **ultrasensible** adj hochempfindlich; **ultrasons** mpl Überschall m; (TECH, MÉD) Ultraschall m; **ultraviolet, te** adj ultraviolett.

un, une [œ̃, yn] **1.** art ein, eine, ein; **2.** pron eine(r, s); **3.** num eins; **d'~ an** einjährig; **l'~(e) l'autre, les ~(e)s les autres** einander; **l'~ ..., l'autre ...** der/die/das eine, ... der/ die/das andere ...; **l'~ et l'autre** beide(s); **une fois** einmal; **l'~(e) des meilleurs** eine(r, s) der besten.

unanime [ynanim] adj einstimmig; **unanimité** f Einstimmigkeit f; **à l'~** einstimmig.

Unesco [ynɛsko] f acr de **Organisation des Nations Unies pour l'éducation, la science et la culture** UNESCO f.

uni, e [yni] adj (tissu) einfarbig, uni; (surface) eben; (famille) eng verbunden; (pays) vereinigt.

UNICEF [ynisɛf] m acr de **Fonds des Nations Unies pour l'enfance** UNICEF f.

unifier [ynifje] ⟨1⟩ vt vereinen, vereinigen; (systèmes) vereinheitlichen.

uniforme [yniform(ə)] **1.** adj gleichmäßig; (surface) eben; (objets, maisons) gleichartig; (péj) einförmig; **2.** m Uniform f; **uniformiser** ⟨1⟩ vt vereinheitlichen; **uniformité** f Gleichmäßigkeit f; (de surface) Ebenheit f; (d'objets) Gleichartigkeit f; (péj) Einförmigkeit f.

unilatéral, e ⟨unilatéraux⟩ [ynilateral, o] adj einseitig, unilateral; **stationnement ~** Parken nt nur auf einer Straßenseite.

union [ynjɔ̃] f Vereinigung f; (douanière, POL) Union f; (mariage) Verbindung f; ~ **libre** (concubinage) eheähnliche Gemeinschaft; **l'Union soviétique** (HIST) die Sowjetunion.

unique [ynik] adj (seul) einzig; (exceptionnel) einzigartig; **enfant/fils/fille ~** Einzelkind nt; **prix/système ~** (le même) Einheitspreis m/-system nt; **route à sens ~** Einbahnstraße f; **uniquement** adv nur, bloß.

unir [ynir] ⟨8⟩ **1.** vt vereinen, vereinigen; (éléments, couleurs) verbinden; **2.** vpr: **s'~** sich vereinigen; **~ qch à** etw vereinigen/verbinden mit.

unisson [ynisõ] adv: **à l'~** einstimmig.

unitaire [yniter] adj vereinigend; **prix ~** Einzelpreis m.

unité [ynite] f Einheit f; (accord) Einigkeit f; **~ centrale** (INFORM) Zentraleinheit f; **~ de commande** (INFORM) Steuerwerk nt; **~ de contrôle** (INFORM) Steuergerät nt; **~ de longueur** Längeneinheit f; **~ de lumière** (PHYS) Lichteinheit f; **~ de mesure** Maßeinheit f; **~ monétaire** Währungseinheit f; **~ de surface** Flächeneinheit f; **~ de temps** Zeiteinheit f.

universel, le [yniversel] adj allgemein; (esprit) vielseitig; **remède ~** Allheilmittel nt.

universitaire [yniversiter] **1.** adj Universitäts-; **2.** m/f Lehrkraft f an der Universität.

université [yniversite] f Universität f.

uranium [yranjɔm] m Uran nt.

urbain, e [yrbɛ̃, ɛn] adj städtisch.

urbanisme [yrbanism(ə)] m Städtebau m; **urbaniste** m/f Städteplaner(in) m(f).

urbanité [yrbanite] f Weltgewandtheit f.

urgence [yrʒɑ̃s] f Dringlichkeit f; (accidenté) dringender Fall; **d'~** dringend; **en cas d'~** im Notfall; **service des ~s** Unfallstation f; **urgent, e** adj dringend, eilig.

urine [yrin] f Urin m; **urinoir** m Pissoir nt.

urne [yrn(ə)] f Urne f; **aller aux ~s** zur Wahl gehen; **~ funéraire** Urne f.

U.R.S.S. f abr de **Union des républiques socialistes soviétiques** (HIST) UdSSR f.

us [ys] mpl: **~ et coutumes** Sitten und Gebräuche pl.

U.S.A. mpl abr de **États-Unis d'Amérique** USA pl.

usage [yzaʒ] m Benutzung f, Gebrauch m; (coutume) Sitte f; (bonnes manières) Sitten pl; (LING) Gebrauch m; **à l'~ de** zum Gebrauch von, für; **à ~ interne/externe** zur inneren/äußeren Anwendung; **avoir l'~ de qch** etw benutzen können; **c'est l'~** das ist Brauch; **en ~** in Gebrauch; **faire ~ de** Gebrauch machen von; **hors d'~** nicht mehr brauchbar.

usagé, e [yzaʒe] adj gebraucht; (usé) abgenutzt.

usager, -ère [yzaʒe, ɛr] m, f Benutzer(in) m(f).

usé, e [yze] adj abgenutzt; (santé, personne) verbraucht; (banal, rebattu) abgedroschen.

user [yze] ⟨1⟩ **1.** vt abnützen; (consommer) verbrauchen; (santé, personne) mitnehmen, verschleißen; **2.** vpr: **s'~** sich abnut

zen; (facultés, santé) nachlassen; **s'~ à la tâche** [o **au travail**] sich bei der Arbeit aufreiben; **~ de** gebrauchen.

usine [yzin] f Fabrik f, Werk nt; **~ à gaz** Gaswerk nt; **usiner** ⟨1⟩ vt verarbeiten, maschinell bearbeiten.

usité, e [yzite] adj gebräuchlich.

ustensile [ystɑ̃sil] m Gerät nt; **~s de cuisine** Küchengeräte pl.

usuel, le [yzɥɛl] adj üblich.

ut [yt] m (MUS) C nt.

utérus [yterys] m Uterus m, Gebärmutter f.

utile [ytil] adj nützlich; **en temps ~** zu gegebener Zeit.

utilisateur, -trice [ytilizatœr, tris] m, f Benutzer(in) m(f); (de logiciel) Anwender(in) m(f).

utilisation [ytilizasjõ] f Benutzung f; [Aus]nutzung f.

utiliser [ytilize] ⟨1⟩ vt benutzen; (force, moyen) anwenden; (GASTR: restes) verwenden, verwerten; (péj) ausnutzen.

utilitaire [ytiliter] adj Gebrauchs-; (préoccupations, but) auf unmittelbaren Nutzen gerichtet, utilitär; **véhicules ~s** Nutzfahrzeuge pl.

utilité [ytilite] f Nützlichkeit f; (avantage) Nutzen m; **~s** fpl (THÉÂT) Nebenrollen pl; **~ publique** Gemeinnützigkeit f; **reconnu(e) d'~ publique** (association) als gemeinnützig anerkannt.

V

V, v [ve] m V, v nt.

V abr de **volt** V.

va [va] vb v. **aller**.

vacance [vakɑ̃s] f (d'un poste) freie Stelle; **~s** fpl Ferien pl, Urlaub m; **les grandes ~s** die großen Ferien; **les ~s de Pâques/de Noël** die Oster-/Weihnachtsferien; **aller en ~s** in die Ferien fahren; **prendre des/ses ~s** Ferien machen; **vacancier, -ière** m, f Urlauber(in) m(f).

vacant, e [vakɑ̃, ɑ̃t] adj (poste, chaire) frei; (appartement) leerstehend, frei.

vacarme [vakarm(ə)] m Lärm m, Getöse nt.

vacataire [vakater] m/f Aushilfe f.

vaccin [vaksɛ̃] m Impfstoff m; **vaccination** [vaksinasjõ] f Impfung f; **vacciner** [vaksine] ⟨1⟩ vt impfen.

vache [vaʃ] **1.** f Kuh f; (cuir) Rindsleder nt; **~ laitière** (AGR) Milchkuh f; **2.** adj (fam: sévère) gemein.

vachement [vaʃmɑ̃] adv (fam: très) unheimlich.

vacherin [vaʃʀɛ̃] m (fromage) Weichkäse aus der Juragegend; ~ **glacé** (gâteau) Eismeringue f.

vaciller [vasije] ⟨1⟩ vi schwanken; (flamme, lumière) flackern; (mémoire) unzuverlässig sein.

vadrouille [vadʀuj] f: **être en ~** (fam) nicht zu Hause sein, ausgeflogen sein.

va-et-vient [vaevjɛ̃] m inv Kommen und Gehen nt; (ÉLEC) Wechselschalter m.

vagabond, e [vagabɔ̃, ɔ̃d] **1.** adj (chien) streunend; (vie) unstet, Zigeuner-; (peuple) umherziehend, nomadenhaft; (imagination, pensées) umherschweifend; **2.** m, f Vagabund(in) m(f), Landstreicher(in) m(f); **vagabonder** [vagabɔ̃de] ⟨1⟩ vi (errer) umherziehen; (fig: pensées) schweifen.

vagin [vaʒɛ̃] m Scheide f, Vagina f; **vaginal, e** ⟨vaginaux⟩ adj vaginal, Scheiden-.

vague [vag] **1.** f Welle f; **2.** adj (confus) unklar, unbestimmt, vage; (flou) verschwommen; (indéfinissable) unbestimmt, unerklärlich; (peu ajusté) weit, lose; **3.** m: **rester/être dans le ~** im unklaren bleiben/sein; ~ **souvenir/notion** vage Erinnerung/vager Begriff; **un ~ bureau/cousin** irgendein Büro/Vetter; ~ **f de fond** Sturmwelle f; **vaguement** adv vage.

vaillant, e [vajɑ̃, ɑ̃t] adj (courageux) mutig, tapfer; (en bonne santé) gesund.

vain, e [vɛ̃, vɛn] adj (illusoire, stérile) vergeblich; (fat) eitel, eingebildet; **en ~** vergeblich, umsonst.

vaincre [vɛ̃kʀ(ə)] irr vt besiegen; (fig) überwinden; **vaincu, e** [vɛ̃ky] m, f Besiegte(r) mf.

vainement [vɛnmɑ̃] adv vergeblich.

vainqueur [vɛ̃kœʀ] m Sieger(in) m(f).

vaisseau ⟨-x⟩ [vɛso] m (ANAT) Gefäß nt; ~x **sanguins** (ANAT) Blutgefäße pl; ~ **spatial** Raumschiff nt.

vaisselle [vɛsɛl] f Geschirr nt; (lavage) Abwasch m; **faire la ~** das Geschirr spülen, abwaschen.

val ⟨vaux, vals⟩ [val, vo] m: **par monts et par vaux** über Berg und Tal.

valable [valabl(ə)] adj gültig; (motif, solution) annehmbar; (interlocuteur, écrivain) fähig.

valet [valɛ] m Diener m; (CARTES) Bube m; ~ **de chambre** Kammerdiener m.

valeur [valœʀ] f Wert m; (boursière) Kurs [-wert] m; (d'une personne) Verdienst m; ~s **fpl** (morales) [sittliche] Werte pl; ~s **mobilières** bewegliche Habe; **avoir de la ~** wertvoll sein; **mettre en ~** nutzbar machen; (fig) zur Geltung bringen; **prendre de la ~** im Wert steigen; **sans ~** wertlos; ~ **absolue** Grundwert m; ~ **d'échange** Tauschwert m.

valide [valid] adj (en bonne santé) gesund;

(valable) gültig; **valider** ⟨1⟩ vt für gültig erklären; (billet) entwerten; **validité** f Gültigkeit f.

valise [valiz] f Koffer m.

vallée [vale] f Tal nt.

valoir [valwaʀ] irr **1.** vb avec attribut (un certain prix) wert sein, kosten; **2.** vi (être valable) taugen; **3.** vt (équivaloir à) entsprechen +dat; **4.** vpr: **se ~** (choses) gleichwertig sein; (personnes) sich ebenbürtig sein; ~ **cher** teuer sein; ~ **qch à qn** (procurer) jdm etw bringen; (négatif) jdn etw kosten; **faire ~** (défendre) geltend machen; (mettre en valeur) nutzbar machen; ~ **mieux** besser sein; ~ **la peine** sich lohnen; **ça ne vaut rien** das taugt nichts; **ça vaut le détour** (fam) das muß man gesehen haben.

valoriser [valɔʀize] ⟨1⟩ vt aufwerten.

valse [vals(ə)] f Walzer m; (fig fam) häufige Änderung, häufiger Wechsel.

valve [valv(ə)] f (ZOOL) Muschelschale f; (TECH) Ventil nt.

vandale [vɑ̃dal] m/f Wandale m, Wandalin f; **vandalisme** m Wandalismus m.

vanille [vanij] f Vanille f; **glace/crème à la ~** Vanilleeis nt/-creme f.

vanité [vanite] f (inutilité) Vergeblichkeit f; Nutzlosigkeit f; (fatuité) Eitelkeit f, Einbildung f; **vaniteux, -euse** adj eitel, eingebildet.

vannerie [vanʀi] f (art) Korbmacherei f; (objets) Korbwaren pl.

vantard, e [vɑ̃taʀ, d(ə)] adj angeberisch, großsprecherisch.

vanter [vɑ̃te] ⟨1⟩ **1.** vt preisen; **2.** vpr: **se ~** sich rühmen; (péj) prahlen; **se ~ de qch** sich einer Sache gen rühmen; (péj) mit etw anpreisen; ~ **qch à qn** jdm etw anpreisen.

vapeur [vapœʀ] f Dampf m; (brouillard) Dunst m; ~s **fpl** (MÉD) Wallungen pl; **cuit à la ~** dampfgekocht; **machine/locomotive à ~** Dampfmaschine f/-lokomotive f; **renverser la ~** (fig) eine Kehrtwendung machen [, um Schlimmeres zu vermeiden].

vaporeux, -euse [vapɔʀø, øz] adj (flou) dunstig; (léger) duftig.

vaporisateur [vapɔʀizatœʀ] m Zerstäuber m.

vaporiser [vapɔʀize] ⟨1⟩ vt (CHIM) verdampfen, verdunsten lassen; (parfum, etc) zerstäuben.

varappe [vaʀap] f (en montagne) Klettern nt.

varech [vaʀɛk] m [an den Strand gespülter] Seetang.

vareuse [vaʀøz] f (d'intérieur) Hausjacke f; (de marin) Matrosenbluse f; (d'uniforme) Uniformjacke f.

variable [vaʀjabl(ə)] **1.** adj veränderlich; (TECH) verstellbar; (divers) verschieden; **2.**

f (MATH) Variable *f*, Veränderliche *f*.

variante [varjãt] *f* (*d'un texte*) Lesart *f*.

variateur [varjatœr] *m*: ~ **de lumière** (ÉLEC) Dimmer *m*.

variation [varjasjõ] *f* Variation *f*; ~**s** *fpl* (*changements*) Veränderungen *pl*; (*écarts*) Schwankungen *pl*; (*différences*) Unterschiede *pl*.

varice [varis] *f* Krampfader *f*.

varicelle [varisɛl] *f* Windpocken *pl*.

varié, e [varje] *adj* (*qui change*) verschiedenartig; (*qui présente un choix*) abwechslungsreich; (*divers*) unterschiedlich.

varier [varje] ⟨1⟩ **1.** *vi* (*changer*) sich ändern; (TECH, MATH) variieren; (*différer*) unterschiedlich sein; (*changer d'avis*) die Meinung ändern; (*différer d'opinion*) verschiedener Meinung sein; **2.** *vt* (*diversifier*) variieren; (*faire alterner*) abwechseln.

variété [varjete] *f* Verschiedenartigkeit *f*, (BOT, ZOOL) Spielart *f*; ~**s** *fpl* Variété *nt*; **une** [**grande**] ~ **de** (*choix*) eine große Auswahl an +*dat*.

variole [varjɔl] *f* Pocken *pl*.

vase [vaz] **1.** *m* Vase *f*; **2.** *f* Schlamm *m*, Morast *m*; ~**s** *mpl* **communicants** (PHYS) kommunizierende Röhren; ~ **m de nuit** Nachttopf *m*; **vaseux, -euse** [vazø, øz] *adj* schlammig; (*confus*) schwammig; (*fatigué*) schlapp.

vasistas [vazistas] *m* Oberlicht *nt*.

vaste [vast(ə)] *adj* weit; (*fig*) umfangreich, groß.

Vatican [vatikã] *m*: **le** ~ der Vatikan.

va-tout [vatu] *m inv*: **jouer son** ~ seinen letzten Trumpf ausspielen.

vaudeville [vod(ə)vil] *m* Lustspiel *nt*.

vaurien, ne [vorjɛ̃, ɛn] *m*, *f* Nichtsnutz *m*.

vaut *vb v.* **valoir**.

vautour [votur] *m* Geier *m*.

vautrer [votre] ⟨1⟩ *vpr*: **se** ~ sich wälzen; (*fig*) sich suhlen.

V.D.Q.S. *abr de* **vin délimité de qualité supérieure** Qualitätswein *m*.

vds *abr de* **vends** verkaufe.

veau (-x) [vo] *m* (ZOOL) Kalb *nt*; (GASTR) Kalb[fleisch] *nt*; (*peau*) Kalbsleder *nt*.

vécu, e [veky] *pp de* **vivre**.

vedette [vədɛt] *f* Star *m*; (*canot*) Motorboot *nt*; **avoir la** ~ im Mittelpunkt stehen; **mettre en** ~ herausstreichen; (*personne*) groß herausbringen.

végétal, e (-végétaux) [veʒetal, o] *adj* **1.** (*huile*) Pflanzen-; (*graisse*, *teinture*) pflanzlich; **2.** *m* Pflanze *f*.

végétarien, ne [veʒetarjɛ̃, ɛn] **1.** *adj* vegetarisch; **2.** *m*, *f* Vegetarier(in) *m(f)*.

végétation [veʒetasjõ] *f* Vegetation *f*; ~**s** *fpl* Polypen *pl*.

véhément, e [veemã, ãt] *adj* heftig.

véhicule [veikyl] *m* Fahrzeug *nt*; (*fig*) Mittel *nt*, Medium *nt*; ~ **utilitaire** (AUTO) Nutzfahrzeug *nt*.

veille [vɛj] *f*: **l'état de** ~ der Wachzustand; **à la** ~ **de** (*fig*) am Vorabend +*gen*; **la** ~ am Tag zuvor; **la** ~ **de** der Tag vor +*dat*; **l'avant**-~ vorgestern.

veillée [veje] *f*: ~ **funèbre** Totenwache *f*.

veiller [veje] ⟨1⟩ **1.** *vi* wachen; **2.** *vt* wachen bei; ~ **à** (*s'occuper de*) sich kümmern um; (*faire attention à*) aufpassen auf +*akk*; ~ **à faire/à ce que** aufpassen, daß man etw tut/ daß; ~ **sur** aufpassen auf +*akk*.

veilleur [vɛjœr] *m*: ~ **de nuit** Nachtwächter *m*.

veilleuse [vɛjøz] *f* (*lampe*) Nachtlicht *nt*; **en** ~ (*fig*) auf Sparflamme.

veine [vɛn] *f* (ANAT) Ader *f*; Vene *f*; (*filon minéral*) Ader *f*; (*du bois, du marbre, etc*) Maserung *f*; (*fam: chance*) Glück *nt*.

Velcro® [vɛlkro] *m*: **fermeture** ~ Klettverschluß *m*.

vélin [velɛ̃] *m*: [**papier**] ~ Pergament *nt*.

véliplanchiste [veliplãʃist(ə)] *m/f* [Wind]surfer(in) *m(f)*.

vélo [velo] *m* Fahrrad *nt*; **faire du** ~ radfahren; ~ **de course** Rennrad *nt*; ~ **tout terrain** Mountainbike *nt*.

vélocité [velɔsite] *f* Geschwindigkeit *f*.

vélodrome [velodrom] *m* Radrennbahn *f*.

vélomoteur [velomotœr] *m* Mofa *nt*.

velours [v(ə)lur] *m* Samt *m*; ~ **côtelé** Kordsamt *m*.

velouté, e [vəlute] **1.** *adj* (*au toucher*) samtartig; (*à la vue*) samtig; (*au goût: vin*) lieblich; (*crème*) sämig; **2.** *m*: ~ **d'asperges** (GASTR) Spargelcremesuppe *f*.

velu, e [vəly] *adj* haarig.

vénal, e (-vénaux) [venal, o] *adj* käuflich, bestechlich.

venant [v(ə)nã] *adv*: **à tout** ~ dem ersten besten; **le tout-venant** der erstbeste.

vendange [vãdãʒ] *f* Weinlese *f*; **vendanger** ⟨2⟩ **1.** *vi* Wein lesen; **2.** *vt* lesen.

vendeur, -euse [vãdœr, øz] *m*, *f* Verkäufer(in) *m(f)*.

vendre [vãdr(ə)] ⟨14⟩ *vt* verkaufen; (*trahir*) verraten.

vendredi [vãdrədi] *m* Freitag *m*; **le** ~, **tous les** ~**s** freitags; **Vendredi saint** Karfreitag *m*.

vendu, e [vãdy] *adj* (*péj*) gekauft.

vénéneux, -euse [venenø, øz] *adj* (*plantes*) giftig.

vénérable [venerabl(ə)] *adj* ehrwürdig.

vénérer [venere] ⟨5⟩ *vt* ehren; (REL) verehren.

vengeance [vãʒãs] *f* Rache *f*.

venger [vãʒe] ⟨2⟩ **1.** *vt* (*affront*) sich rächen für; (*honneur*) retten; (*personne, famille*) rächen; **2.** *vpr:* se ~ [de qch] sich [für etw] rächen; **se ~ sur qn** sich an jdm rächen.

vengeur, -geresse [vãʒœʀ, ʒ(ə)ʀɛs] **1.** *m, f* Rächer(in) *m(f);* **2.** *adj* rächend.

venimeux, -euse [vənimø, øz] *adj* (*serpent*) giftig.

venin [vənɛ̃] *m* Gift *nt;* (*fig*) Bosheit *f.*

venir [v(ə)niʀ] ⟨9⟩ *vi avec être* kommen; ~ **de** kommen von; ~ **jusqu'à** gehen bis; **je viens d'y aller/de le voir** ich bin gerade dorthin gegangen/ich habe ihn gerade gesehen; **s'il vient à pleuvoir** wenn es regnen sollte; **j'en viens à croire que** ich glaube langsam, daß; **il en est venu à mendier** es ist soweit gekommen, daß er bettelte; **les années/générations à** ~ die kommenden Jahre/Generationen; **il me vient une idée** ich habe eine Idee; **faire** ~ (*docteur, plombier*) kommen lassen; **laisser** ~ (*fig*) auf sich *akk* zukommen lassen; **voir** ~ (*fig*) abwarten.

vent [vã] *m* Wind *m;* **il y a du** ~, **il fait du** ~ es ist windig; **avoir le** ~ **en poupe** (*fig*) eine Glückssträhne haben; **faire du** ~ (*fam*) viel Wind machen; **quel bon** ~ **vous amène?** was führt Sie hierher?; ~ **latéral** Seitenwind *m.*

vente [vãt] *f* Verkauf *m;* ~ **de charité** Wohltätigkeitsbasar *m;* ~ **par correspondance** (*COMM*) Versandhandel *m.*

venteux, -euse [vãtø, øz] *adj* windig.

ventilateur [vãtilatœʀ] *m* Ventilator *m.*

ventiler [vãtile] ⟨1⟩ *vt* (*local*) belüften; (*COMM: répartir*) aufgliedern.

ventouse [vãtuz] *f* (*de verre*) Schröpfkopf *m;* (*de caoutchouc*) Saugglocke *f;* (*ZOOL*) Saugnapf *m.*

ventre [vãtʀ] *m* Bauch *m;* **taper sur le** ~ **à qn** mit jdm zu vertraulich umgehen.

ventriloque [vãtʀilɔk] *m/f* Bauchredner(in) *m(f).*

ventru, e [vãtʀy] *adj* dickbäuchig.

venu, e [v(ə)ny] **1.** *adj:* **c'est mal** ~ **de faire cela** es ist eine Unverschämtheit, das zu tun; **mal/bien** ~**(e)** (*plante, etc*) mißraten/gelungen; **2.** *f* (*arrivée*) Ankunft *f.*

ver [vɛʀ] *m* Wurm *m;* ~ **blanc** Made *f;* ~ **luisant** Glühwürmchen *nt;* ~ **à soie** Seidenraupe *f;* ~ **solitaire** Bandwurm *m;* ~ **de terre** Regenwurm *m.*

véracité [veʀasite] *f* Wahrhaftigkeit *f.*

verbal, e [vɛʀbal, o] (*verbaux*) *adj* (*oral*) mündlich; (*LING*) Verbal-, Verb-.

verbe [vɛʀb(ə)] *m* (*LING*) Verb *nt;* **avoir le** ~ **haut/sonore** (*voix*) laut reden.

verdâtre [vɛʀdɑtʀ(ə)] *adj* grünlich.

verdeur [vɛʀdœʀ] *f* (*vigueur*) Vitalität *f;* (*crudité*) Schärfe *f;* (*défaut de maturité*) Unreife *f.*

verdict [vɛʀdik(t)] *m* Urteil *nt.*

verdir [vɛʀdiʀ] ⟨8⟩ **1.** *vi* grün werden; **2.** *vt* grün werden lassen.

verdure [vɛʀdyʀ] *f* Grün *nt,* Vegetation *f.*

verge [vɛʀʒ(ə)] *f* (*ANAT*) Penis *m,* Glied *nt.*

verger [vɛʀʒe] *m* Obstgarten *m.*

vergeture [vɛʀʒətyʀ] *f* Striemen *pl,* Schwangerschaftsstreifen *pl.*

verglacé, e [vɛʀglase] *adj* vereist.

verglas [vɛʀgla] *m* Glatteis *nt.*

vergogne [vɛʀgɔɲ] *f:* **sans** ~ schamlos.

véridique [veʀidik] *adj* (*témoin*) wahrhaftig; (*récit*) wahrheitsgemäß.

vérification [veʀifikasjɔ̃] *f* Überprüfung *f.*

vérifier [veʀifje] ⟨1⟩ **1.** *vt* überprüfen, kontrollieren; (*hypothèse*) verifizieren; (*prouver*) beweisen; **2.** *vpr:* **se** ~ sich bestätigen.

véritable [veʀitabl(ə)] *adj* wahr; (*ami, or*) echt; **un** ~ **miracle** ein wahres Wunder.

vérité [veʀite] *f* Wahrheit *f;* (*d'un portrait*) Naturgetreuheit *f;* (*sincérité*) Aufrichtigkeit *f;* **en** ~, **à la** ~ in Wirklichkeit; ~ **de La Palice** (*fig*) Binsenwahrheit *f.*

vermeil, le [vɛʀmɛj] *adj* karminrot.

vermicelles [vɛʀmisɛl] *mpl* Fadennudeln *pl.*

vermine [vɛʀmin] *f* Ungeziefer *nt;* (*fig*) Pack *nt,* Gesindel *nt.*

vermout[h] [vɛʀmut] *m* Wermut *m.*

verni, e [vɛʀni] *adj* lackiert; **cuir** ~ Lackleder *nt.*

vernir [vɛʀniʀ] ⟨8⟩ *vt* lackieren.

vernis [vɛʀni] *m* (*enduit*) Lack *m;* (*fig*) Schliff *m;* ~ **à ongles** Nagellack *m.*

vernissage [vɛʀnisaʒ] *m* Lackierung *f;* (*d'une exposition*) Vernissage *f.*

vérole [veʀɔl] *f:* **petite** ~ Pocken *pl.*

verre [vɛʀ] *m* Glas *nt;* **boire un** ~, **prendre un** ~ ein Glas trinken; ~ **de contact** Kontaktlinsen *pl;* ~ **à dents** Zahnputzbecher *m;* ~ **à vin** Weinglas *nt.*

verrerie [vɛʀʀi] *f* (*fabrique*) Glashütte *f;* (*fabrication*) Glasbläserei *f;* (*objets*) Glaswaren *pl;* **verrière** [vɛʀjɛʀ] *f* (*vitrail*) großes Fenster; (*toit vitré*) Glasdach *nt.*

verrou ⟨-x⟩ [veʀu] *m* Riegel *m;* (*obstacle*) Sperre *f;* **verrouillage** [veʀujaʒ] *m* Versperren *nt;* (*dispositif*) Sperrvorrichtung *f;* ~ **central/**~ **centralisé** [des portes] (*AUTO*) Zentralverriegelung *f;* **verrouiller** [veʀuje] ⟨1⟩ *vt* (*porte*) verriegeln, abriegeln, zuriegeln.

verrue [veʀy] *f* Warze *f.*

vers [vɛʀ] **1.** *m* Vers *m,* Zeile *f;* **2.** *mpl* Gedichte *pl;* **3.** *prép* (*en direction de*) gegen, in Richtung auf +*akk;* (*dans les environs de*) um; (*temporel*) gegen, etwa um.

versant [vɛʀsɑ̃] *m* (*une des deux pentes d'une montagne*) Hang *m;* **les deux** ~**s de qch** (*fig*) die beiden Seiten von etw.

versatile [vɛʀsatil] *adj* unbeständig, wankelmütig.

verse [vɛʀs(ə)] adv: **pleuvoir à ~** in Strömen gießen.

Verseau [vɛʀso] m (ASTR) Wassermann m.

versement [vɛʀsəmɑ̃] m [Ein]zahlung f.

verser [vɛʀse] ⟨1⟩ **1.** vt (liquide, grains) schütten; (dans une tasse, etc) gießen; (larmes, sang) vergießen; (argent) zahlen; (sur un compte) einzahlen; **2.** vi (basculer) umstürzen; **~ dans** (fig) neigen zu.

verset [vɛʀsɛ] m (de la Bible, etc) Vers m.

version [vɛʀsjɔ̃] f (a. INFORM) Version f; (SCOL: traduction) [Her]übersetzung f; **film en ~ originale [sous-titré]** Film in Originalfassung f [mit Untertiteln].

verso [vɛʀso] m Rückseite f; **voir au ~** siehe Rückseite.

vert, e [vɛʀ, t(ə)] **1.** adj grün; (vigoureux) rüstig; (langage, propos) derb; **2.** m (couleur) Grün nt; **en voir du ~es et des pas mûres** (fig) Unglaubliches zu sehen bekommen.

vertébral, e ⟨vertébraux⟩ [vɛʀtebʀal, o] adj Rücken-; **colonne ~e** Wirbelsäule f.

vertèbre [vɛʀtɛbʀ(ə)] f [Rücken]wirbel m.

vertébrés [vɛʀtebʀe] mpl Wirbeltiere pl.

vertement [vɛʀtəmɑ̃] adv scharf, grob.

vertical, e ⟨verticaux⟩ [vɛʀtikal, o] adj vertikal, senkrecht; **2.** f: **la ~e** die Senkrechte; **verticalement** adv senkrecht.

vertige [vɛʀtiʒ] m Schwindel m; **j'ai le ~** mir ist schwindlig; **ça me donne le ~** das macht mich schwindlig; **vertigineux, -euse** [vɛʀtiʒinø, øz] adj schwindelerregend.

vertu [vɛʀty] f (propriété) Eigenschaft f; **avoir la ~ de** (avoir pour effet) die Wirkung +gen haben; **en ~ de** aufgrund von; **vertueux, -euse** [vɛʀtɥø, øz] adj tugendhaft; (action) ehrenhaft.

verveine [vɛʀvɛn] f (plante) Eisenkraut nt; (infusion) Eisenkrauttee m.

vésicule [vezikyl] f (MÉD) Bläschen nt; **~ [biliaire]** Gallenblase f.

vessie [vesi] f (ANAT) [Harn]blase f.

veste [vɛst(ə)] f Jacke f; Jackett nt; **~ droite/croisée** Ein-/Zweireiher m; **prendre une ~** (fam) eine Schlappe einstecken; **retourner sa ~** (fig) umschwenken.

vestiaire [vɛstjɛʀ] m (théâtre) Garderobe f; (stade) Umkleideraum m.

vestibule [vɛstibyl] m Diele f, Flur m; (d'hôtel, de temple, etc) Vorhalle f.

vestige [vɛstiʒ] m (ruine, trace) Spur f; (reste) Überrest m, Überbleibsel nt.

vêtement [vɛtmɑ̃] m Kleidungsstück nt, Kleidung f; **~s** pl Kleider pl.

vétérinaire [veteʀinɛʀ] m/f Tierarzt m, Tierärztin f.

vêtir [vetiʀ] irr **1.** vt anziehen; **2.** vpr: **se ~** sich anziehen.

véto [veto] m Veto nt; **droit de ~** Vetorecht nt.

vêtu, e [vety] pp de **vêtir**.

veuf, veuve [vœf, vœv] **1.** adj verwitwet; **2.** m, f Witwer m, Witwe f.

vexation [vɛksasjɔ̃] f Demütigung f, Erniedrigung f.

vexer [vɛkse] ⟨1⟩ **1.** vt beleidigen; **2.** vpr: se **~** sich ärgern.

V.F. abr de **version française** (CINÉ) französische Fassung.

viabiliser [vjabilize] ⟨1⟩ vt erschließen.

viabilité [vjabilite] f Lebensfähigkeit f; (d'une route) Befahrbarkeit f.

viable [vjabl(ə)] adj (enfant) lebensfähig; (réforme) durchführbar; (entreprise) rentabel.

viaduc [vjadyk] m Viadukt m.

viager, -ère ⟨vjaʒe, ɛʀ] **1.** adj: **rente viagère** Rente f auf Lebenszeit; **2.** m Leibrente f.

viande [vjɑ̃d] f Fleisch nt.

vibrant, e [vibʀɑ̃, ɑ̃t] adj vibrierend; (fig: de colère) bebend.

vibration [vibʀasjɔ̃] f Schwingung f, Vibration f.

vibrer [vibʀe] ⟨1⟩ **1.** vi schwingen, vibrieren; (fig) hingerissen sein; **2.** vt (TECH: béton, etc) schütteln; **faire ~** mitreißen, fesseln.

vice [vis] m (immoralité) Laster nt; **~ de fabrication** (défaut) Fabrikationsfehler m; **~ de forme** (JUR) Formfehler m.

vice... [vis] préf Vize-; **vice-président, e** m, f Vizepräsident(in) m(f).

vice-versa [visevɛʀsa] adv: **et ~** und umgekehrt.

vicieux, -euse [visjø, øz] adj (pervers) pervers, lüstern; (fautif) inkorrekt, falsch; **cercle ~** Teufelskreis m.

vicinal, e ⟨vicinaux⟩ [visinal, o] adj: **chemin ~** Gemeindeweg m, -straße f.

victime [viktim] f Opfer nt; **être ~ de qch** ein Opfer von etw sein, einer Sache dat zum Opfer fallen.

victoire [viktwaʀ] f Sieg m.

victorieux, -euse [viktɔʀjø, øz] adj (personne, groupe) siegreich; (attitude) triumphierend.

vidange [vidɑ̃ʒ] f (d'un fossé, d'un réservoir) Entleerung f; (AUTO) Ölwechsel m; **~s** fpl (matières) Abwasser nt; **vidanger** ⟨2⟩ vt (fosse) entleeren; **~ l'huile** (AUTO) einen Ölwechsel machen.

vide [vid] **1.** adj leer; (existence) unausgefüllt; **2.** m (PHYS) luftleerer Raum, Vakuum nt; (solution de continuité) Lücke f; (sous soi) Abgrund m; (futilité, néant) Leere f; **à ~** leer; **avoir peur du ~** nicht schwindelfrei sein; **~ de** (dépourvu de) ohne; **regarder dans le ~** ins Leere starren; **tourner à ~** (moteur) leer laufen; **emballage sous ~** Vakuumverpackung f.

vidéo [video] **1.** adj Video-; **2.** f Video nt;

vidéocassette f Videokassette f; **vidéo-clip** m Videoclip m; **vidéodisque** m Bildplatte f; **vidéophone** m Bildtelefon nt.

vide-ordures [vidɔʀdyʀ] m inv Müllschlucker m.

vidéotex [videotɛks] m Bildschirmtext m; **vidéothèque** f Videothek f.

vide-poches [vidpɔʃ] m inv Ablagefach nt [in der Autotür].

vider [vide] ⟨1⟩ **1.** vt leeren, ausleeren; (salle, lieu) räumen; (GASTR) ausnehmen; (querelle) beilegen; **2.** vpr: se ~ (contenant, récipient) sich leeren.

videur [vidœʀ] m (de boîte de nuit) Rausschmeißer(in) m(f).

vie [vi] f Leben nt; (biographie) Biographie f; **élu à** ~ auf Lebenszeit gewählt; **sans** ~ leblos, ohne Leben.

vieillard [vjejaʀ] m alter Mann, Greis(in) m(f); **les ~s** die alten Leute pl, die älteren Menschen pl.

vieilleries [vjejʀi] fpl (objets) alte Sachen pl; (fig) alter Kram.

vieillesse [vjejɛs] f Alter nt; (ensemble des vieillards) alte Leute pl.

vieillir [vjejiʀ] ⟨8⟩ **1.** vi alt werden; (se flétrir) altern; (institutions, idées) veralten; (vin) reifen; **2.** vt alt machen.

vieillissement [vjejismɑ̃] m Altwerden nt, Altern nt.

Vienne [vjɛn] f Wien nt.

vierge [vjɛʀʒ(ə)] **1.** adj (personne) jungfräulich; (film) unbelichtet; (feuille) unbeschrieben, weiß; (terres, neige) unberührt; (casier judiciaire) ohne Vorstrafen; **2.** f Jungfrau f; **Vierge** (ASTR) Jungfrau f; ~ **de** ohne.

Viêt-nam, Vietnam [vjɛtnam] m: **le** ~ Vietnam nt; **vietnamien, ne** adj vietnamesisch; **Vietnamien, ne** m, f Vietnamese m, Vietnamesin f.

vieux (vieil), vieille [vjø, vjɛj] **1.** adj alt; **2.** m, f (péj) Alte(r) mf; **les** ~ mpl (péj) die alten Menschen pl; **mon vieux/ma vieille** (fam) mein Lieber/meine Liebe; **prendre un coup de** ~ [plötzlich] altern; ~ **jeu** altmodisch; ~ **rose** altrosa; **vieille fille** alte Jungfer; ~ **garçon** älterer Junggeselle.

vif, vive [vif, viv] adj (animé: personne, mélodie) lebhaft; (alerte) rege, wach; (brusque, emporté) aufbrausend; (air) scharf; (lumière, couleur) grell; (air) frisch; (froid) schneidend; (vent) scharf; (fort: douleur, intérêt) stark; à ~ (plaie) offen; (nerfs) aufs äußerste gespannt; **brûlé(e)** ~ (vivant) lebendig verbrannt; **sur le** ~ (ART) nach der Natur.

vigilant, e [viʒilɑ̃, ɑ̃t] adj wachsam.

vigne [viɲ] f (arbrisseau) Weinrebe f; (plantation) Weinberg m; ~ **vierge** wilder Wein.

vigneron, ne [viɲ(ə)ʀɔ̃, ɔn] m, f Winzer(in) m(f).

vignette [viɲɛt] f Vignette f; (d'une marque de fabrique) Markenzeichen nt; (petite illustration) Skizze f; (de l'impôt sur les automobiles) Autosteuerplakette f; (en Suisse) Vignette f; (de la Sécurité sociale) Gebührenmarke f.

vignoble [viɲɔbl(ə)] m (plantation) Weinberg m; (vignes d'une région) Weingegend f.

vigoureux, -euse [viguʀø, øz] adj kräftig; (fig) kraftvoll.

vigueur [vigœʀ] f Kraft f, Stärke f; (fig) Ausdruckskraft f; **en** ~ geltend; **être/entrer en** ~ (loi, etc) in Kraft sein/treten.

vil, e [vil] adj abscheulich, gemein; **à** ~ **prix** spottbillig.

vilain, e [vilɛ̃, ɛn] adj (laid) häßlich; (mauvais: temps, affaire) scheußlich, ekelhaft; (pas sage: enfant) ungezogen; ~ **mot** Grobheit f.

villa [villa] f Villa f.

village [vilaʒ] m Dorf nt; **villageois, e** [vilaʒwa, az] **1.** adj ländlich; **2.** m, f Dorfbewohner(in) m(f).

ville [vil] f Stadt f; **habiter en** ~ in der Stadt wohnen; ~ **d'eaux** Kurort m; ~ **jumelée** Partnerstadt f; ~ **portuaire** Hafenstadt f; ~ **universitaire** Universitätsstadt f; **ville-dortoir** (villes-dortoirs) f Schlafstadt f; **ville-satellite** (villes-satellites) f Satellitenstadt f, Trabantenstadt f.

vin [vɛ̃] m Wein m; **avoir le** ~ **gai/triste** nach ein paar Gläschen lustig/traurig werden; ~ **blanc/rouge** Weiß-/Rotwein m; **coq au** ~ Hähnchen nt in Weinsoße; ~ **d'honneur** kleiner Empfang; ~ **de messe** Meßwein m; ~ **ordinaire** [o de table] Tischwein m, Tafelwein m; ~ **de pays** Landwein m; ~ **rosé** Rosé m.

vinaigre [vinɛgʀ(ə)] m Essig m; **vinaigrette** [vinɛgʀɛt] f Vinaigrette f; **vinaigrier** [vinɛgʀije] m (personne) Essigsteller(in) m(f); (flacon) Essigflasche f.

vindicatif, -ive [vɛ̃dikatif, iv] adj rachsüchtig.

vingt [vɛ̃] num zwanzig; ~~**quatre heures sur** ~~**quatre** rund um die Uhr; **vingt et un** ein-undzwanzig; **vingtaine** [vɛ̃tɛn] f: **une** ~ [de] etwa zwanzig.

vinicole [vinikɔl] adj Weinbau-.

vinyle [vinil] m Vinyl nt; (disque noir) [Schall]platte f.

viol [vjɔl] m (d'une femme) Vergewaltigung f; (d'un lieu sacré) Entweihung f, Schändung f.

violation [vjɔlasjɔ̃] f (d'un lieu) Entweihung f, Schändung f; (d'un traité, d'une loi) Verstoß m (de gegen).

violemment [vjɔlamɑ̃] *adv* brutal; wild; heftig.

violence [vjɔlɑ̃s] *f* Gewalttätigkeit *f*; Brutalität *f*; (*fig*) Heftigkeit *f*; **la ~** die Gewalt.

violent, e [vjɔlɑ̃, ɑ̃t] *adj* (*personne, instincts*) gewalttätig; (*langage*) grob, brutal; (*effort, bruit*) stark; (*fig*) heftig, stark.

violer [vjɔle] ⟨1⟩ *vt* (*secret, loi*) brechen, verletzen; (*femme*) vergewaltigen; (*lieu, sépulture*) schänden.

violet, te [vjɔlε, εt] **1.** *adj* violett; **2.** *m* Violett *nt*; **3.** *f* Veilchen *nt*.

violon [vjɔlɔ̃] *m* (*instrument*) Geige *f*, Violine *f*; (*musicien*) Geiger(in) *m(f)*; **~ d'Ingres** Steckenpferd *nt*.

violoncelle [vjɔlɔ̃sεl] *m* Cello *nt*.

violoniste [vjɔlɔnist(ə)] *m/f* Geiger(in) *m(f)*.

vipère [vipεʀ] *f* Viper *f*.

virage [viʀaʒ] *m* (*d'une route*) Kurve *f*; (*CHIM*) Farbänderung *f*; (*PHOTO*) Tonung *f*; **prendre un ~** eine Kurve nehmen [*o* fahren].

viral, e ⟨viraux⟩ [viʀal, o] *adj* Virus-.

virée [viʀe] *f* Bummel *m*; (*en voiture*) Spritztour *f*.

virement [viʀmɑ̃] *m* (*COMM*) Überweisung *f*; **~ bancaire/postal** Bank-/Postüberweisung *f*.

virer [viʀe] ⟨1⟩ **1.** *vt* (*somme*) überweisen; (*PHOTO*) tönen; (*fam: renvoyer*) rausschmeißen; **2.** *vi* (*changer de direction*) [sich] wenden, drehen; (*CHIM, PHOTO*) die Farbe ändern; (*MÉD: cutiréaction*) positiv ausfallen.

virevolte [viʀvɔlt(ə)] *f* (*d'une danseuse*) schnelle Drehung; (*fig*) plötzliche Änderung.

virginité [viʀʒinite] *f* Jungfräulichkeit *f*; (*fig*) Reinheit *f*.

virgule [viʀgyl] *f* Komma *nt*; **~ flottante** Fließkomma *nt*.

viril, e [viʀil] *adj* männlich; (*courageux*) mannhaft; **virilité** [viʀilite] *f* Männlichkeit *f*; (*vigueur sexuelle*) Potenz *f*, Manneskraft *f*; (*fermeté, courage*) Entschlossenheit *f*.

virologie [viʀɔlɔʒi] *f* Viurusforschung *f*, Virologie *f*.

virtuel, le [viʀtyεl] *adj* potentiell.

virtuose [viʀtɥoz] *m/f* (*musicien*) Virtuose *m*, Virtuosin *f*; (*fig*) Meister(in) *m(f)*.

virulent, e [viʀylɑ̃, ɑ̃t] *adj* (*microbe*) bösartig; (*poison*) stark, tödlich; (*critique*) geharnischt, scharf.

virus [viʀys] *m* Virus *m*; **~ informatique** [Computer]virus *m*.

vis [vis] *f* Schraube *f*.

visa [viza] *m* (*sceau*) Stempel *m*; (*validation de passeport*) Visum *nt*; **~ de censure** Zensurvermerk *m*.

visage [vizaʒ] *m* Gesicht *nt*; **à ~ humain** (*chose*) menschlich, human; **visagiste** [vizaʒist] *m/f* Kosmetiker(in) *m(f)*.

vis-à-vis [vizavi] **1.** *adv* gegenüber; **2.** *m* Gegenüber *nt*; **~ de** gegenüber von +*dat*; (*en comparaison de*) im Vergleich zu; **en ~** gegenüberliegend.

viscéral, e ⟨viscéraux⟩ [viseʀal, o] *adj* Eingeweide-; (*fig*) tiefwurzelnd.

visée [vize] *f* (*avec une arme*) Zielen *nt*; (*arpentage*) Anpeilen *nt*; **~s** *fpl* (*intentions*) Absichten *pl*.

viser [vize] ⟨1⟩ **1.** *vi* zielen; **2.** *vt* (*cible*) zielen auf +*akk*; (*ambitionner: poste, etc*) anstreben; (*concerner*) betreffen; (*apposer un visa sur*) mit einem Sichtvermerk versehen; **~ à** (*avoir pour but*) abzielen auf +*akk*.

viseur [vizœʀ] *m* (*d'arme*) Kimme *f*; (*PHOTO*) Sucher *m*.

visibilité [vizibilite] *f* Sicht *f*; **pilotage sans ~** Blindflug *m*.

visible [vizibl(ə)] *adj* sichtbar; (*concret*) wahrnehmbar; (*évident*) sichtlich; (*personne: disponible*) zu sprechen.

visière [vizjεʀ] *f* Schirm *m*, Schild *m*.

vision [vizjɔ̃] *f* (*sens*) Sehvermögen *nt*; (*image mentale, conception*) Vorstellung *f*, Bild *nt*; (*apparition*) Halluzination *f*.

visite [vizit] *f* Besuch *m*; (*touristique*) Besichtigung *f*; (*MIL*) Musterung *f*; (*MÉD: consultation*) Untersuchung *f*; (*à l'hôpital*) Visite *f*; **être en ~** [chez qn] [bei jdm] zu Besuch sein; **faire une/rendre ~ à qn** jdn besuchen; **visiter** ⟨1⟩ (*lieu*) besuchen, besichtigen; **visiteur, -euse** *m*, *f* Besucher(in) *m(f)*.

visqueux, -euse [viskø, øz] *adj* (*fluide*) zähflüssig; (*peau, surface*) glitschig.

visser [vise] ⟨1⟩ *vt* festschrauben.

visualisation [vizɥalizasjɔ̃] *f* (*INFORM*) Bildschirmdarstellung *f*; **~ de la page** (*INFORM*) Seitenansicht *f*.

visuel, le [vizɥεl] **1.** *adj* visuell; **2.** *m* (*INFORM*) Display *nt*; **champ ~** Gesichtsfeld *nt*.

vital, e ⟨vitaux⟩ [vital, o] *adj* Lebens-; (*indispensable*) lebensnotwendig; **vitalité** *f* Vitalität *f*; (*d'une entreprise, d'une région*) Dynamik *f*.

vitamine [vitamin] *f* Vitamin *nt*.

vite [vit] *adv* schnell.

vitesse [vitεs] *f* Schnelligkeit *f*; (*mesurée*) Geschwindigkeit *f*; **les ~s** (*AUTO: dispositif*) die Gänge *pl*; **à toute ~** mit Volldampf; **passer les ~s** (*AUTO*) schalten; **en première/seconde** [~] im ersten/zweiten Gang; **prendre qn de ~** jdm zuvorkommen; **excès de ~** Geschwindigkeitsüberschreitung *f*; **limitation de ~** Geschwindigkeitsbegrenzung *f*; **~ d'horloge** (*INFORM*) Taktfrequenz *f*; **~ d'impression** (*imprimante*) Druckgeschwindig-

keit f; ~ **maximale/moyenne** Höchst-/
Durchschnittsgeschwindigkeit f.

viticole [vitikɔl] adj Weinbau-.

viticulteur [vitikyltœʀ] m Weinbauer(in)
m(f).

vitrage [vitʀaʒ] m (action) Verglasen nt;
(cloison) Glaswand f; (toit) Glasdach nt.

vitrail ⟨vitraux⟩ [vitʀaj, o] m buntes Kir-
chenfenster; (technique) Glasmalerei f.

vitre [vitʀ(ə)] f Fensterscheibe f; **baisser la** ~
(AUTO) die Scheibe herunterkurbeln.

vitrer [vitʀe] ⟨1⟩ vt verglasen.

vitreux, -euse [vitʀø, øz] adj (roche) Glas-;
(œil, regard) glasig.

vitrier [vitʀije] m Glaser(in) m(f).

vitrifier [vitʀifje] ⟨1⟩ vt zu Glas schmelzen;
(parquet) versiegeln.

vitrine [vitʀin] f (devanture) Schaufenster
nt; (étalage) Auslage f; (petite armoire) Vitrine f; (fig) Renommierstück nt; ~ **publicitaire** Schaukasten m.

vivace [vivas] adj widerstandsfähig; (fig)
tief verwurzelt; **plante** ~ mehrjährige
Pflanze.

vivacité [vivasite] f Lebhaftigkeit f, Lebendigkeit f.

vivant, e [vivɑ̃, ɑ̃t] 1. adj (qui vit) lebendig,
lebend; (animé) lebhaft; (preuve, exemple,
témoignage) lebend; 2. m: **du** ~ **de qn** zu
jds Lebzeiten.

vivats [viva] mpl Hochrufe pl.

vive [viv] excl: ~ **le roi!** es lebe der König!; ~
la liberté! ein Hoch auf die Freiheit!

vivement [vivmɑ̃] adv lebhaft; ~ **qu'il s'en
aille** wenn er doch nur ginge!

viveur [vivœʀ] m Lebemann m.

vivier [vivje] m Fischteich m; (au restaurant)
Fischbehälter m.

vivifiant, e [vivifjɑ̃, ɑ̃t] adj belebend, erfrischend; (fig) anregend, stimulierend.

vivre [vivʀ] irr 1. vi 1. leben; (demeurer)
weiterbestehen; 2. vt erleben; (une certaine
vie) führen; **faire** ~ **qn** (pourvoir à sa subsistance) jdn ernähren; **se laisser** ~ das Leben nehmen, wie es kommt; **cette mode/ce
régime a vécu** (va disparaître) diese Mode/
dieses Regime hat ihre/seine besten Tage
gesehen; **il est facile à** ~ mit ihm kann man
gut auskommen; **vivres** mpl Verpflegung
f.

vlan [vlɑ̃] excl peng.

V.O. abr de **version originale** OF (Originalfassung).

vocabulaire [vɔkabylɛʀ] m Wortschatz m;
(livre) Wörterverzeichnis nt.

vocal, e ⟨vocaux⟩ [vɔkal, o] adj Stimm-.

vocation [vɔkasjɔ̃] f Berufung f; **avoir la** ~
du théâtre für das Theater geschaffen sein.

vociférer [vɔsifeʀe] ⟨5⟩ vi, vt schreien,
brüllen.

vœu ⟨-x⟩ [vø] m (à Dieu) Gelübde nt; (souhait) Wunsch m; **faire** ~ **de qch** etw geloben; ~**x de bonheur** Glückwünsche pl; ~**x
de bonne année** Glückwunsch m zum Neu-
en Jahr.

vogue [vɔg] f: **en** ~ in Mode, in.

voici [vwasi] prép hier ist/sind; ~ **que** jetzt;
~ **deux ans** vor zwei Jahren; ~ **deux ans
que** es ist zwei Jahre [her], daß; **en** ~ **un**
hier ist eine(r, s); ~! bitte!

voie [vwa] f Weg m; (de chemin de fer) Gleis
nt; (AUTO) Spurweite f; **à** ~ **unique** eingleisig; **être en bonne** ~ sich gut entwickeln; **en**
~ **de disparition** vom Aussterben bedroht;
mettre qn sur la ~ jdm auf die Sprünge helfen; **par** ~ **buccale/rectale** oral/rektal; **pays
en** ~ **de développement** Entwicklungsland
nt; **route à trois** ~ dreispurige Straße; ~
d'eau Leck nt; ~ **ferrée** Schienenweg m; ~
de garage Abstellgleis nt; ~ **lactée** Milch-
straße f; ~**s respiratoires** (ANAT) Atemwege
pl.

voilà [vwala] prép (en désignant) da ist/sind;
les ~ da sind sie; **en** ~ **un** hier ist eine(r, s);
~ **deux ans** que nun sind es zwei Jahre,
daß; ~ **tout** das ist alles; ~! (en apportant
qch) bitte!; **et** ~! na also!

voile [vwal] 1. m Schleier m; (tissu) Tüll m;
(PHOTO) dunkler Schleier; 2. f (de bateau)
Segel nt; **la** ~ (sport) das Segeln; **mettre les**
~**s** (fam) abhauen; **voiler** ⟨1⟩ 1. vt verschleiern; (fig) verbergen, verhüllen;
(TECH: fausser, gauchir) verbiegen, verbeu-
len; 2. vpr: **se** ~ (lune) sich verschleiern;
(regard) sich trüben; (voix) heiser werden;
(TECH) sich verbiegen.

voir [vwaʀ] irr 1. vi sehen; 2. vt sehen; (film,
match) sich dat ansehen; (guerre, révolution) miterleben; (fréquenter) verkehren
mit; (considérer, examiner) sich dat ansehen; 3. vpr: **se** ~ **critiquer/transformer** kri-
tisiert/verändert werden; **cela se voit** (cela
arrive) das kommt [gelegentlich] vor; (c'est
évident) das sieht man; **aller** ~ **le médecin**
zum Arzt gehen; **avoir quelque chose à** ~
avec etwas zu tun haben mit; **faire** ~ zeigen; **en faire** ~ **à qn** jdm die Hölle heiß machen; ~ **loin** vorausschauen; **ne pas pouvoir**
~ **qn** (fig) jdn nicht riechen [o ausstehen]
können; ~ **que** (constater) feststellen, daß;
je vois (comprendre) ich verstehe, aha;
montrez ~! zeigen Sie mal!; **voyons!** na!

voire [vwaʀ] adv ja sogar.

voisin, e [vwazɛ̃, in] 1. adj (contigu) benachbart; (ressemblant) nah verwandt; 2.
m, f Nachbar(in) m(f); **voisinage**
[vwazinaʒ] m Nachbarschaft f; (proximité)
Nähe f; **relations de bon** ~ gutnachbarliche
Beziehungen pl; **voisiner** [vwazine] ⟨1⟩
vi (être proche) danebenstehen, daneben

sein.

voiture [vwatyʀ] f (automobile) Wagen m, Auto nt; (wagon) Wagen m; **en ~!** alle[s] einsteigen!; **~ de course** Rennwagen m; **~ d'enfant** Kinderwagen m; **~ de fonction** Dienstwagen m; **~ de location** Mietwagen m; **~ d'occasion** Gebrauchtwagen m; **~ radio** (police) Funkstreifenwagen m; **~ de tourisme** Personen[kraft]wagen m.

voix [vwa] f Stimme f; **parler à ~ haute/ basse** laut/leise reden; **à 2/4 ~** (MUS) zwei-/ vierstimmig.

vol [vɔl] m Flug m; (mode de locomotion) Fliegen nt; (mode d'appropriation) Diebstahl m; **20 km à ~ d'oiseau** 20 km Luftlinie; **attraper un objet au ~** etw auffangen; **de haut ~** (fig) von Format; **en ~** im Flug; **un ~ de sauterelles** Nonstopflug m; **~ aller/retour** Hin-/Rückflug m; **~ charter** Charterflug m; **~ direct** Direktflug m; **~ sans escale** Nonstopflug m; **~ à main armée** bewaffneter Raubüberfall; **~ de nuit** Nachtflug m; **~ à voile** Segelflug m/ -fliegen nt.

vol. abr de **volume** Bd.

volaille [vɔlaj] f Geflügel nt.

volant [vɔlɑ̃] m (d'automobile) Lenkrad nt; (de commande) Steuer[rad] nt; (lancé avec une raquette) Federball m; (jeu) Federball [-spiel nt] m; (bande de tissu) Volant m.

volatil, e [vɔlatil] adj flüchtig.

vol-au-vent [vɔlovɑ̃] m inv Königinpastetchen nt.

volcan [vɔlkɑ̃] m Vulkan m; **volcanique** [vɔlkanik] adj vulkanisch; (fig) aufbrausend.

volée [vɔle] f (groupe d'oiseaux) Schwarm m; (sport) Flugball m; **à toute ~** kräftig; **rattraper qch à la ~** etw im Flug erwischen; **~ de coups** Hagel m von Schlägen; **~ de flèches/d'obus** Pfeil-/Granathagel m.

voler [vɔle] ⟨1⟩ **1.** vi fliegen; (fig) eilen; (commettre un vol, des vols) stehlen; **2.** vt (dérober) stehlen; (dévaliser: personne) bestehlen; (client) übervorteilen; **~ qch à qn** jdm etw stehlen.

volet [vɔlɛ] m (de fenêtre) Fensterladen m; (AVIAT: sur l'aile) [Lande]klappe f; (fig: plan, projet) Teil m.

voleter [vɔl(ə)te] ⟨3⟩ vi flattern.

voleur, -euse [vɔlœʀ, øz] **1.** m, f Dieb(in) m(f); **~ à la tire** Taschendieb(in) m(f); **2.** adj diebisch.

volontaire [vɔlɔ̃tɛʀ] **1.** adj (délibéré) freiwillig; (décidé) entschlossen; **2.** m/f Freiwillige(r) mf.

volonté [vɔlɔ̃te] f (faculté de vouloir) Wille m; (fermeté) Willenskraft f; (souhait) Wunsch m; **à ~** nach Belieben; **bonne ~** guter Wille; **mauvaise ~** Mangel m an gutem

Willen.

volontiers [vɔlɔ̃tje] adv gern.

volt [vɔlt] m Volt nt.

voltage [vɔltaʒ] m (différence de potentiel) Spannung f; (nombre de volts) Voltzahl f.

volte-face [vɔltəfas] f inv Kehrtwendung f.

voltige [vɔltiʒ] f (au trapèze) Akrobatik f; (ÉQUITATION) Voltigieren nt; (AVIAT) Luftakrobatik f.

voltiger [vɔltiʒe] ⟨2⟩ vi flattern.

voltigeur, -euse [vɔltiʒœʀ, øz] m, f (acrobate) Trapezkünstler(in) m(f).

voltmètre [vɔltmɛtʀ(ə)] m Voltmeter nt.

volume [vɔlym] m Volumen nt; (MATH: solide) Körper m; (quantité globale; de la voix) Umfang m; (d'une radio) Lautstärke f; (livre) Band m; **volumineux, -euse** [vɔlyminø, øz] adj [sehr] groß; (courrier, etc) umfangreich.

volupté [vɔlypte] f (des sens) Lust f; (esthétique, etc) Genuß m; **voluptueux, -euse** [vɔlyptɥø, øz] adj sinnlich, wollüstig.

vomir [vɔmiʀ] ⟨8⟩ **1.** vi erbrechen; **2.** vt spucken, speien; (fig) ausstoßen, ausspeien; (exécrer) verabscheuen; **vomissement** [vɔmismɑ̃] nt Erbrechen nt; **vomitif** [vɔmitif] m Brechmittel nt.

vorace [vɔʀas] adj gefräßig; (fig) unersättlich.

vos [vo] adj v. **votre**.

Vosges [voʒ] fpl: **les ~** die Vogesen pl.

votant, e [vɔtɑ̃, ɑ̃t] m, f Wähler(in) m(f).

vote [vɔt] m (voix) Stimme f; (consultation) Abstimmung f; (élection) Wahl f; **~ par correspondance** Briefwahl f.

voter [vɔte] ⟨1⟩ **1.** vi abstimmen; (pour les élections) wählen; **2.** vt (loi) verabschieden; (décision) abstimmen über +akk; **~ pour qn** für jdn stimmen.

votre [vɔs] [vɔtʀ(ə), vo] adj euer, eure, euer; (forme de politesse) Ihr, Ihre, Ihr; (pl) eure; (forme de politesse) Ihre.

vôtre [votʀ(ə)] pron: **le/la ~** eure(r, s); (forme de politesse) Ihre(r, s); **les ~s** eure; (forme de politesse) Ihre; (vos parents: forme de politesse) die Ihren; **à la ~!** (toast) auf euer/Ihr Wohl!

voué, e [vwe] adj: **~(e) à l'échec** zum Scheitern verurteilt.

vouer [vwe] ⟨1⟩ vpr: **se ~ à qch** sich einer Sache dat verschreiben.

vouloir [vulwaʀ] irr **1.** vt, vi wollen; **2.** m: **le bon ~ de qn** jds guter Wille; **~ dire** (signifier) bedeuten, heißen sollen; **~ faire** tun wollen; **~ qch à qn** jdm etw wünschen; **~ de qch/qn** (accepter) etw wollen; **~ que** wollen, daß; **en ~ à qn/qch** (rancune) jdm/ einer Sache böse sein; **s'en ~ d'avoir fait qch** sich ärgern, etw getan zu haben; **sans le ~** (involontairement) unabsichtlich; **je vou-**

drais ceci/que (*souhait*) ich möchte das/ möchte gerne, daß; **la tradition veut que** die Tradition verlangt, daß; **veuillez attendre** bitte warten Sie; **je veux bien** (*bonne volonté*) gern[e]; (*concession*) schon ...; **si on veut** (*en quelque sorte*) wenn man so will; **que me veut-il?** was will er von mir?

voulu, e [vuly] *adj* (*requis*) erforderlich, (*délibéré*) absichtlich.

vous [vu] *pron* (*sujet: on*) ihr; (*objet direct*) euch; Sie; (*objet indirect*) euch; Ihnen; (*réfléchi*) euch; sich.

voûte [vut] *f* Gewölbe *nt;* **voûté, e** *adj* ge- wölbt; (*dos*) gekrümmt; (*personne*) ge- beugt; **voûter** [vute] ⟨1⟩ **1.** *vt* (*ARCHIT*) wölben; (*dos*) krümmen; (*personne*) beu- gen; **2.** *vpr:* **se ~** gebeugt werden.

vouvoyer [vuvwaje] ⟨6⟩ *vt* siezen.

voyage [vwajaʒ] *m* Reise *f;* (*course de chauffeur*) Fahrt *f;* (*de porteur*) Weg *m;* **le ~** (*fait de voyager*) das Reisen; **être en ~** auf Reisen sein; **partir en ~** verreisen; **les gens du ~** das fahrende Volk; **~ d'affaires** Ge- schäftsreise *f;* **~ d'agrément** Vergnügungs- reise *f;* **~ de noces** Hochzeitsreise *f;* **~ organisé** Gesellschaftsreise *f;* **voyager** ⟨2⟩ *vi* (*faire des voyages*) reisen; (*faire des déplacements*) unterwegs sein; (*marchandi- ses: être transporté*) transportiert werden;

voyageur, -euse [vwajaʒœr, øz] **1.** *m, f* Reisende(r) *mf;* (*aventurier, explorateur*) Abenteurer *m,* Abenteuerin *f;* **~ [de com- merce]** Handelsreisende(r) *mf;* **2.** *adj:* **pigeon ~** Brieftaube *f.*

voyance [vwajɑ̃s] *f* Hellsehen *nt.*

voyant, e [vwajɑ̃, ɑ̃t] **1.** *adj* grell, schreiend; **2.** *m* (*signal lumineux*) Warnlicht *nt;* **3.** *m,f* (*cartomancien*) Hellseher(in) *m(f).*

voyelle [vwajɛl] *f* Vokal *m.*

voyou [vwaju] *m* kleiner Ganove, Schlitzohr *nt.*

vrac [vrak] *adj, adv:* **en ~** (*pêle-mêle*) durch- einander; (*COMM*) lose.

vrai, e [vrɛ] **1.** *adj* wahr; (*non factice*) echt; **2.** *m:* **le ~** das Wahre; **à dire ~, à ~ dire** of- fen gestanden; **son ~ nom** sein wirklicher Name; **un ~ comédien/sportif** ein echter Schauspieler/Sportler; **vraiment** *adv* wirklich.

vraisemblable [vrɛsɑ̃blabl(ə)] *adj* (*plausi- ble*) einleuchtend; (*probable*) wahrschein- lich; **vraisemblance** [vrɛsɑ̃blɑ̃s] *f* Wahr- scheinlichkeit *f;* **selon toute ~** aller Wahr- scheinlichkeit nach.

V/Réf *abr de* **votre référence** Ihr Zeichen.

vrombir [vrɔ̃bir] ⟨8⟩ *vi* (*insecte*) summen; (*moteur, etc*) dröhnen, brummen.

V.R.P. *m abr de* **voyageur représentant pla- cier** Handelsvertreter *m.*

V.T.T. *m abr de* **vélo tout terrain** Mountain-

bike *nt.*

vu [vy] *prép* (*en raison de*) wegen +*gen,* an- gesichts +*gen.*

vu, e [vy] **1.** *pp de* **voir; 2.** *adj:* **cela/il est bien/mal ~** davon/von ihm hält man viel/ nicht viel.

vue [vy] *f* (*sens, faculté*) Sehen *nt,* Sehvermö- gen *nt;* (*fait de voir*) Anblick *m;* (*pano- rama*) Aussicht *f;* (*image*) Ansicht *f;* **~s** *fpl* (*idées*) Ansichten *pl;* à **~** (*COMM*) bei Sicht; à **~ d'œil** sichtbar; **à la ~ de tous** vor aller Augen; **avoir qch en ~** (*intentions*) etw anvisieren; **connaître qn de ~** jdn vom Sehen kennen; **en ~** (*aisé- ment visible*) in Sicht; **en ~ de** in der Absicht, etw zu tun; **hors de ~** außer Sicht; **perdre de ~** aus den Augen verlie- ren; (*principes, objectifs*) abkommen von; **perdre la ~** erblinden; à **première ~** auf den ersten Blick; **tirer à ~** (*sans somma- tion*) sofort schießen.

vulcanologue [vylkanɔlɔg] *m/f* Vulkanolo- ge *m,* Vulkanologin *f.*

vulgaire [vylgɛr] *adj* (*grossier*) ordinär, vul- gär; (*bassement matériel*) banal; **de ~ chai- ses de cuisine** (*péj: quelconque*) ganz ordi- näre Küchenstühle; **langue ~** Vulgärspra- che *f;* **nom ~** (*BOT, ZOOL*) gewöhnlicher Na- me.

vulgariser [vylgarize] ⟨1⟩ *vt* (*répandre des connaissances*) für die breite Masse ver- ständlich machen; (*rendre vulgaire*) derber machen.

vulgarité [vylgarite] *f* fam!arität *f.*

vulnérable [vylnerabl(ə)] *adj* (*physique- ment*) verwundbar; (*moralement*) verletz- bar; (*stratégiquement*) ungeschützt.

vulve [vylv(ə)] *f* Vulva *f.*

W

W, w [dublave] *m* W, w *nt.*

wagon [vagɔ̃] *m* Wagen *m;* (*de marchandi- ses*) Waggon *m;* **wagon-citerne** ⟨wagons- citernes⟩ *m* Tankwagen *m;* **wagon-lit** ⟨wagons-lits⟩ *m* Schlafwagen *m;* **wagon- restaurant** ⟨wagons-restaurants⟩ *m* Spei- sewagen *m.*

walkman [wɔ(l)kman] *m* Walkman *m.*

Wallonie [valɔni] *f* la **~** Wallonien *nt.*

w.-c. [vese] *mpl* WC *nt,* Toilette *f.*

week-end [wikɛnd] ⟨week-ends⟩ *m* Wo- chenende *nt;* **bon ~!** schönes Wochenende!

whisky ⟨whiskies⟩ [wiski] *m* Whisky *m.*

white-spirit [wajtspirit] *m* (*nettoyage*) Ter- pentinersatz *m.*

X

X, x [iks] *m* X, x *nt*.
xénophobe [gzenɔfɔb] *adj* ausländer-, fremdenfeindlich; **xénophobie** *f* Ausländerfeindlichkeit *f*.
xérès [gzeʀɛs] *m* Sherry *m*.
xylophone [gzilɔfɔn] *m* Xylophon *nt*.

Y

Y, y [igʀɛk] *m* Y, y *nt*.
y [i] **1.** *adv* (*à cet endroit*) da, dort; (*mouvement*) dorthin; (*dessus*) darauf; (*dedans*) darin; (*mouvement*) hinein; **2.** *pron* daran; damit; davon; **j'y pense** ich denke daran.
yacht [jɔt] *m* Jacht *f*.
yaourt [jauʀt] *m* Joghurt *m o nt*; **yaourtière** *f* Joghurtmaschine *f*.
yeux [jø] *mpl v.* **œil**.
yoga [jɔga] *m* Yoga *nt*, Joga *nt*.
yogourt [jogurt] *m v.* **yaourt**.
yougoslave [jugɔslav] *adj* jugoslawisch; **Yougoslave** *m/f* Jugoslawe *m*, Jugoslawin *f*; **Yougoslavie** [jugɔslavi] *f*: **l'ex-~** das ehemalige Jugoslawien.
yo[-]yo [jojo] ⟨yoyos, yo-yo⟩ *m* Jo-Jo *nt*.

Z

Z, z [zɛd] *m* Z, z *nt*.
Z.A. *abr de* **zone artisanale** Handwerksgebiet *nt*.

Z.A.C. [zak] *f acr de* **zone d'aménagement concerté** städtebauliches Erschließungsgebiet.
zèbre [zɛbʀ(ə)] *m* Zebra *nt*; **zébré, e** [zebʀe] *adj* gestreift.
zèle [zɛl] *m* Eifer *m*; **faire du ~** übereifrig sein; **zélé, e** *adj* eifrig.
zénith [zenit] *m* Zenit *m*.
zéro [zeʀo] *m* Null *f*; (*SCOL*) Sechs *f*.
zeste [zɛst(ə)] *m* (*agrumes*) Schale *f*.
zézayer [zezeje] ⟨7⟩ *vi* lispeln.
Z.I. *abr de* **zone industrielle** Industriegebiet *nt*.
zigouiller [ziguje] ⟨1⟩ *vt* (*fam*) umlegen, umnieten.
zigzag [zigzag] *m* Zickzack *m*; (*point*) Zickzackstich *m*.
Zimbabwe [zimbabwe] *m*: **le ~** Zimbabwe *nt*, Simbabwe *nt*.
zinc [zɛ̃g] *m* Zink *nt*; (*comptoir*) Theke *f*, Tresen *m*.
zodiaque [zɔdjak] *m* Tierkreis *m*.
zona [zona] *m* (*MÉD*) Gürtelrose *f*.
zone [zon] *f* Zone *f*, Gebiet *nt*; **~ d'aménagement concerté** städtebauliches Erschließungsgebiet; **~ d'aménagement différée** Bauerwartungsland *nt*; **~ bleue** Kurzparkzone *f*, blaue Zone; **~ démilitarisée** entmilitarisierte Zone; **~ d'habitation** Wohngebiet *nt*; **~ industrielle** Industriegebiet *nt*; **~ d'influence** Einflußbereich *m*; **~ interdite** Sperrgebiet *nt*; **~ non-fumeurs** Nichtraucherbereich *m*; **~ piétonne, ~ piétonnière** Fußgängerzone *f*; **zoner** ⟨1⟩ *vt* (*fam*) herumgammeln.
zoo [zoo] *m* Zoo *m*.
zoologie [zɔɔlɔʒi] *f* Zoologie *f*; **zoologique** *adj* zoologisch.
Z.U.P. [zyp] *f acr de* **zone à urbaniser en priorité** Gebiet *nt* für städtebauliche Sanierungs- und Entwicklungsmaßnahmen.
zut [syt] *excl* (*fam*) Mist.

Deutsch — Französisch

A

A, a *nt* A, a *m*; (*MUS*) la *m*.

Aachen *nt* ⟨-s⟩ Aix-la-Chapelle *f*.

Aal *m* ⟨-[e]s, -e⟩ anguille *f*.

Aas *nt* ⟨-es, -e *o* Äser⟩ charogne *f*; **Aasgeier** *m* vautour *m*.

ab 1. *präp* +*dat* (*örtlich*) de; (*zeitlich, nicht unter*) à partir de; **2.** *adv* (*weg*) parti(e); **~ und zu** [*o* **an**] de temps en temps; **von heute ~** à partir d'aujourd'hui; **weit ~** très loin.

Abart *f* variété *f*, variante *f*.

abartig *adj* anormal(e).

Abbau *m* (*Zerlegung*) démontage *m*, démantèlement *m*; (*Verminderung*) réduction *f*, diminution *f*; (*Verfall*) déclin *m*; (*BERGBAU*) exploitation *f*; (*CHEM*) décomposition *f*; **abbauen** *vt* (*zerlegen*) démonter, démanteler; (*verringern*) réduire, diminuer; (*BERGBAU*) exploiter; (*CHEM*) décomposer.

abbekommen *irr vt*: **etw ~** (*erhalten*) recevoir; (*beschädigt werden*) être abîmé; (*verletzt werden*) être blessé; (*entfernen können: Aufkleber, Farbe*) réussir à enlever.

abbestellen *vt* annuler [*o* résilier] l'abonnement de.

abbezahlen *vt* finir de payer.

abbiegen *irr vi* tourner.

Abbiegespur *f* voie *f* réservée aux véhicules qui obliquent.

Abbild *nt* portrait *m*; **abbilden** *vt* représenter; **Abbildung** *f* illustration *f*.

abbinden *irr vt* délier, détacher; (*MED*) ligaturer.

Abbitte *f*: **~ leisten** [*o* **tun**] demander pardon (*jdm* à qn).

abblenden *vt* (*Fenster, Licht*) voiler, masquer; **Abblendlicht** *nt* code[s] *m*[*pl*], feux *mpl* de croisement.

abbrechen *irr* **1.** *vt* (*Ast, Henkel*) casser, briser; (*Verhandlungen, Beziehungen*) rompre; (*Spiel*) arrêter; (*Gebäude, Brücke*) démolir; (*Zelt, Lager*) démonter; **2.** *vi* (*brechen*) casser; (*aufhören*) s'arrêter; (*Musik, Vorstellung*) s'interrompre.

abbrennen *irr* **1.** *vt* brûler; (*Feuerwerk*) tirer; **2.** *vi* (*Haus*) brûler.

abbringen *irr vt*: **jdn von etw ~** dissuader qn de qch.

abbröckeln *vi* s'effriter.

Abbruch *m* rupture *f*; (*von Gebäude*) démolition *f*; **jdm/einer Sache ~ tun** porter préjudice à qn/à qch; **abbruchreif** *adj* (*Haus*) délabré(e).

abbuchen *vt* débiter.

abdanken *vi* démissionner; (*König*) abdiquer.

abdecken *vt* (*Haus*) emporter le toit de; (*Tisch*) desservir; (*zudecken: Loch*) couvrir, boucher.

abdichten *vt* obturer, boucher; (*NAUT*) calfater.

abdrehen 1. *vt* (*abstellen*) fermer; (*Licht*) éteindre; (*Film*) tourner; **2.** *vi* (*Schiff, Flugzeug*) changer de cap [*o* de route].

Abdruck **1.** *m* ⟨*Abdrucke pl*⟩ impression *f*; **2.** *m* ⟨*Abdrücke pl*⟩ (*Gips~, Wachs~*) moulage *m*; (*Finger~*) empreinte *f*.

abebben *vi* (*Wasser*) reculer; (*fig*) baisser, décliner.

Abend *m* ⟨-s, -e⟩ soir *m*; (*im ganzen Verlauf betrachtet*) soirée *f*; **jeden ~** tous les soirs; **zu ~ essen** dîner, souper; **abend** *adv*: **heute/morgen ~** ce/demain soir; **Abendessen** *nt* dîner *m*; (*nach einer Vorstellung*) souper *m*; **Abendkleid** *nt* robe *f* de soirée; **Abendland** *nt* Occident *m*; **abendlich** *adj* du soir; **Abendmahl** *nt* (*REL*) communion *f*; **abends** *adv* le soir.

Abenteuer *nt* ⟨-s, -⟩ aventure *f*; **abenteuerlich** *adj* (*gefährlich*) aventureux(-euse); (*seltsam*) bizarre.

aber *konj* mais; **das ist ~ schön!** c'est vraiment beau!; **nun ist ~ Schluß!** ça suffit maintenant!; **Aber** *nt* ⟨-s, -⟩ mais *m*.

Aberglaube *m* superstition *f*; **abergläubisch** *adj* superstitieux(-euse).

aberkennen *irr vt*: **jdm etw ~** contester qch à qn.

aberwitzig *adj* insensé(e), absurde, fou (folle).

abfackeln *vt* (*Gas*) brûler.

abfahren *irr* **1.** *vi* partir; (*Skiläufer*) descendre; **2.** *vt* (*Schutt*) transporter, charrier; (*Strecke*) faire, parcourir; (*Arm, Bein*) écraser; (*Reifen*) user; (*Fahrkarte*) utiliser.

Abfahrt *f* départ *m*; (*SKI*) descente *f*; (*von Autobahn*) sortie *f*; **Abfahrtslauf** *m* descente *f*; **Abfahrtszeit** *f* heure *f* de départ.

Abfall *m* déchets *mpl*; (*~produkt*) résidus *mpl*; (*von Leistung*) perte *f*; (*von Temperatur etc*) baisse *f*; **Abfallbeseitigung** *f* traitement *m* des ordures; **Abfalleimer** *m* poubelle *f*.

abfallen *irr vi* tomber; (*sich neigen*) s'incliner; (*zurückgehen*) diminuer, décliner; (*übrigbleiben*) rester, être de reste; **gegen jdn/etw ~** être inférieur(e) à qn/à qch.

abfällig *adj* défavorable.

Abfallprodukt *nt* (*Rest*) rebut *m*, déchet *m*; (*Nebenprodukt*) sous-produit *m*; (*aus Abfällen hergestelltes Produkt*) produit *m* de récupération; **Abfallvermeidung** *f* réduction *f* de déchets.

abfangen *irr vt* intercepter; (*Flugzeug*) redresser; (*Stoß*) amortir.

abfärben vi déteindre.
abfertigen vt (Flugzeug, Schiff) préparer au départ; (Gepäck) enregistrer; (Postsendung) expédier; (an der Grenze) dédouaner; (Kundschaft, Antragsteller) servir; **jdn kurz ~** expédier qn; **Abfertigungsschalter** m guichet m d'enregistrement, comptoir m d'enregistrement.
abfeuern vt tirer.
abfinden irr 1. vt dédommager; 2. vr: **sich mit etw ~** prendre son parti de qch; **sich mit etw nicht ~** ne pas accepter qch; **Abfindung** f (von Gläubigern) dédommagement m; (Betrag) indemnité f.
abfliegen irr 1. vi (Flugzeug) décoller; (Passagier) partir; 2. vt (Gebiet) survoler.
Abflug m décollage m, départ m.
Abfluß m (Vorgang) écoulement m; (Öffnung) voie f d'écoulement.
abfragen vt, vi (a. INFORM) interroger.
Abfuhr f: **jdm eine ~ erteilen** envoyer promener qn.
abführen 1. vt (Verbrecher) emmener; (Abfall) enlever; (Gelder, Steuern) payer, verser; 2. vi (von Thema) écarter; (MED) purger; **Abführmittel** nt purgatif m, laxatif m.
Abgabe f (von Mantel) dépôt m; (von Wärme) dégagement m, émission f; (von Waren) vente f; (von Prüfungsarbeit, Stimmzettel) remise f; (von Stimme) vote m; (von Ball) passe f; (Steuer) impôts mpl; (eines Amtes) démission f; **abgabenfrei** adj non imposable; **abgabenpflichtig** adj imposable.
Abgang m (von Schule) fin des études; (von Amt) départ m; (THEAT) sortie f; (MED: Ausscheiden) écoulement m; (MED: Fehlgeburt) fausse couche f; (von Post, Ware) expédition f.
Abgas nt gaz m d'échappement; **abgasarm** adj à gaz d'échappement réduits; **Abgassonderuntersuchung** f test m antipollution (contrôle annuel des gaz d'échappement).
abgeben irr 1. vt (Gegenstand) remettre, donner; (an Garderobe) déposer; (Ball) passer; (Wärme) dégager; (Waren) expédier; (Prüfungsarbeit) rendre, remettre; (Stimmzettel, Stimme) donner; (Amt) démissionner de; (Schuß) tirer; (Erklärung, Urteil) donner; (darstellen, sein) être; 2. vr: **sich mit jdm/etw ~** s'occuper de qn/qch; **jdm etw ~** (überlassen) remettre [o céder] qch à qn.
abgedroschen adj (Redensart) usé(e), rebattu(e).
abgehen irr vi (sich entfernen) s'en aller; (THEAT) sortir de scène; (von der Schule) quitter l'école; (Post, Knopf) partir; (abge-

zogen werden) être déduit(e) (von de); (abzweigen) bifurquer; **jdm geht etw ab** (fehlt) qch manque à qn.
abgelegen adj éloigné(e), isolé(e).
abgeneigt adj: **jdm/einer Sache nicht ~ sein** ne pas voir qn/qch d'un mauvais œil.
Abgeordnete(r) mf député(e).
Abgesandte(r) mf délégué(e).
abgeschmackt adj fade, plat(e).
abgesehen adj: **es auf jdn/etw ~ haben** en vouloir à qn/qch; **~ davon, daß ...** sans compter que ...
abgespannt adj fatigué(e), abattu(e).
abgestanden adj éventé(e).
abgewinnen irr vt: **jdm Geld ~** (beim Kartenspiel) gagner de l'argent sur qn; **einer Sache** dat **Geschmack ~** trouver goût à qch; **einer Sache** dat **nichts ~** ne rien trouver à qch.
abgewöhnen vt: **jdm/sich etw ~** faire perdre l'habitude de qch à qn/se déshabituer de qch.
abgöttisch adv: **jdn ~ lieben** adorer qn, idolâtrer qn.
Abgrund m gouffre m, abîme m.
abhaken vt (auf Papier) cocher; (fig: als erledigt betrachten) faire une croix sur.
abhalten irr vt (Versammlung, Besprechung) tenir; (Gottesdienst) célébrer; **jdn von etw ~** (hindern) empêcher qn de faire qch.
abhandeln vt (Thema) traiter; **jdm etw ~** marchander qch à qn.
abhanden adv: [jdm] **~ kommen** disparaître; **etw ist jdm ~ gekommen** qn a perdu qch.
Abhang m pente f; (Berg-) versant m.
abhängen vt décrocher; (Verfolger) semer; **von jdm/etw ~** dépendre de qn/qch.
abhängig adj dépendant(e); **Abhängigkeit** f dépendance f.
abhärten 1. vt (Körper, Kind) endurcir; 2. vr: **sich ~** s'endurcir; **sich gegen etw ~** devenir insensible à qch.
abheben irr 1. vt (Dach, Schicht) enlever; (Deckel) soulever; (Hörer) décrocher; (Karten) couper; (Masche) diminuer de; (Geld) retirer; 2. vi (Flugzeug) décoller; (beim Kartenspiel) couper; 3. vr: **sich von etw ~** se détacher de qch.
Abhilfe f remède m.
abholen vt aller chercher.
Abholmarkt m grande surface cash and carry.
abholzen vt déboiser.
abhorchen vt (MED) ausculter.
abhören vt (Vokabeln) faire réciter; (Tonband, Telefongespräch) écouter.
Abitur nt -s, -e) baccalauréat m; **Abiturient(in)** m(f) candidat(e) au baccalau-

réat; (*nach bestandener Prüfung*) bachelier(-ière).
abkapseln *vr:* sich ~ (*fig*) se renfermer, s'isoler.
abkaufen *vt:* jdm etw ~ acheter qch à qn; (*umg: glauben*) croire qch.
Abklatsch *m* ⟨-es, -e⟩ (*fig*) imitation *f.*
abklingen *irr vi* s'atténuer.
abkommen *irr vi* (*SPORT*) partir; (*sich freimachen*) vom Weg ~ s'égarer; **von einem Plan** ~ renoncer à un projet; **vom Thema** ~ s'écarter du sujet.
abkömmlich *adj* disponible, libre.
abkühlen 1. *vt* faire [*o* laisser] refroidir; 2. *vr:* sich ~ se rafraîchir; (*Zuneigung, Beziehung*) se refroidir.
abkupfern *vt* copier, s'inspirer de.
abkürzen *vt* abréger; (*Strecke, Verfahren*) raccourcir; (*Aufenthalt*) écourter; **Abkürzung** *f* (*Wort*) abréviation *f*; (*Weg*) raccourci *m.*
abladen *irr vt* décharger.
Ablage *f* (*für Akten*) classement *m*; (*für Kleider*) vestiaire *m.*
ablagern 1. *vt* (*Sand, Geröll*) déposer; 2. *vi* (*Wein*) se faire; (*Holz*) sécher; 3. *vr:* sich ~ se déposer.
ablassen *irr vt* (*Wasser*) faire couler; (*Dampf, Luft*) faire partir [*o* sortir]; (*vom Preis*) rabattre, déduire.
Ablauf *m* (*Abfluß*) écoulement *m*; (*von Ereignissen*) déroulement *m*; (*einer Frist*) expiration *f*; **ablaufen** *irr* 1. *vi* (*abfließen*) s'écouler; (*Ereignisse*) se dérouler; (*Frist, Paß*) expirer; 2. *vt* (*Sohlen*) user; jdm den Rang ~ l'emporter sur qn.
ablegen *vt* (*Gegenstand*) déposer; (*Kleider*) enlever, ôter; (*Gewohnheit*) abandonner; (*Prüfung*) passer; **Zeugnis über etw** ~ faire une déposition sur qch.
Ableger *m* ⟨-s, -⟩ (*BOT*) bouture *f.*
ablehnen *vt* refuser; (*Einladung*) décliner; (*Vorschlag*) repousser; **ablehnend** *adj* défavorable; (*Haltung, Geste*) de refus.
ablenken 1. *vt* (*Strahlen etc*) dévier; (*Verdacht*) écarter; (*Konzentration, Interesse*) détourner; (*zerstreuen*) distraire; 2. *vi* changer de sujet; **Ablenkung** *f* distraction *f*; **Ablenkungsmanöver** *nt* diversion *f.*
ablesen *irr vt* (*Text, Rede*) lire; (*Meßgeräte, Werte*) relever.
abliefern *vt* (*Ware*) livrer; (*jdn*) conduire; (*abgeben*) remettre.
ablösen 1. *vt* (*abtrennen*) détacher; (*im Amt*) remplacer; (*Pflaster*) enlever; (*Wache, Schichtarbeiter*) relever; 2. *vr:* sich ~ se suivre; (*sich abwechseln*) se relever, se relayer.
ABM *f abk von* **Arbeitsbeschaffungsmaßnahme.**

abmachen *vt* (*Gegenstand*) enlever (*von de*); (*vereinbaren*) convenir de; (*in Ordnung bringen*) régler; **Abmachung** *f* (*Vereinbarung*) accord *m.*
abmagern *vi* maigrir.
Abmarsch *m* (*von Soldaten*) départ *m*; **abmarschieren** *vi* se mettre en route.
abmelden 1. *vt* (*Auto*) retirer de la circulation; (*Telefon*) résilier; 2. *vr:* sich ~ annoncer son départ; (*bei Polizei*) déclarer son départ; (*bei Verein*) retirer son adhésion.
abmessen *irr vt* mesurer.
abnabeln *vr:* sich ~ se détacher, s'émanciper.
Abnäher *m* ⟨-s, -⟩ pince *f.*
Abnahme *f* ⟨-, -n⟩ enlèvement *m*; (*WIRTS*) achat *m*; (*Verringerung*) diminution *f*, réduction *f.*
abnehmen *irr* 1. *vt* enlever; (*Bild, Hörer*) décrocher; (*entgegennehmen, übernehmen*) prendre; (*kaufen*) acheter; (*Führerschein*) retirer; (*Prüfung*) faire passer; (*prüfen: Neubau, Fahrzeug*) contrôler; (*Maschen*) diminuer; 2. *vi* diminuer; (*schlanker werden*) maigrir; jdm etw ~ (*für ihn machen*) faire qch pour qn; (*umg: glauben*) croire qch.
Abnehmer(in) *m(f)* ⟨-s, -⟩ (*WIRTS*) acheteur(-euse).
Abneigung *f* aversion *f*, antipathie *f* (*gegen pour*).
abnorm *adj* anormal(e).
abnutzen *vt* user.
Abonnement *nt* ⟨-s, -s⟩ abonnement *m.*
abonnieren *vt* abonner, s'abonner à.
Abort *m* ⟨-[e]s, -e⟩ cabinets *mpl.*
abpacken *vt* empaqueter.
Abpfiff *m* coup *m* de sifflet final.
abprallen *vi* (*Ball*) rebondir; (*Kugel*) ricocher; **an jdm** ~ (*fig*) ne pas toucher qn.
abputzen *vt* nettoyer.
abrackern *vr:* sich ~ se mettre en quatre.
abraten *irr vi* déconseiller (*jdm von etw* qch à qn).
abräumen *vt* (*Tisch*) débarrasser; (*Geschirr*) enlever.
abreagieren 1. *vt* (*Zorn*) passer; 2. *vr:* sich ~ se défouler (*an +dat* sur).
abrechnen 1. *vt* (*abziehen*) décompter, déduire; (*Rechnung aufstellen für*) faire le compte de; 2. *vi* (*Rechnung begleichen*) régler; (*Rechnung aufstellen*) faire la/une facture; **mit jdm** ~ régler ses comptes avec qn; **Abrechnung** *f* (*Schlußrechnung*) [dé]compte *m* final; (*Vergeltung*) règlement *m* de comptes.
Abreise *f* départ *m*; **abreisen** *vi* partir.
abreißen *irr* 1. *vt* arracher; (*Haus, Brücke*) démolir; 2. *vi* (*Faden*) se casser; (*Gespräch*) s'interrompre.

Abriß m (*Übersicht*) esquisse f, grandes lignes fpl.

Abruf m: **auf ~** sur appel, à l'appel; (*WIRTS*) sur commande.

abrufen irr vt (*INFORM*) appeler.

abrunden vt arrondir; (*Eindruck*) préciser; (*Geschmack*) affiner.

abrüsten vi (*MIL*) désarmer; **Abrüstung** f désarmement m.

ABS nt ⟨-⟩ abk von **Antiblockiersystem** système m A.B.S.

Absage f refus m; **absagen 1.** vt annuler; (*Einladung*) décommander; **2.** vi refuser.

absägen vt scier.

Absatz m (*WIRTS*) vente f; (*Abschnitt*) paragraphe m; (*Treppen~*) palier m; (*Schuh~*) talon m; **Absatzgebiet** nt (*WIRTS*) débouché m, marché m.

abschaffen vt (*Todesstrafe*) abolir; (*Gesetz*) abroger; (*Auto*) se débarrasser de.

abschalten 1. vt (*Radio*) éteindre; (*Motor, Strom*) couper; **2.** vi (fig umg) décrocher.

abschätzen vt estimer, évaluer; (*jdn*) juger.

abschätzig adj (*Blick*) méprisant(e); (*Bemerkung*) désobligeant(e).

Abschaum m ⟨-[e]s⟩ (pej) rebut m.

Abscheu m ⟨-[e]s⟩ dégoût m, répugnance f; **abscheuerregend** adj repoussant(e); (*Lebenswandel*) détestable; **abscheulich** adj horrible, affreux(-euse).

abschicken vt envoyer.

abschieben irr vt (*Verantwortung*) rejeter; (*jdn*) expulser.

Abschied m ⟨-[e]s, -e⟩ adieux mpl; (*von Armee*) congé m; **~ nehmen** prendre congé; **zum ~** en guise d'adieux.

abschießen irr vt abattre; (*Geschoß*) tirer; (*Gewehr*) décharger; (*umg: Minister*) liquider.

abschirmen vt protéger (*gegen* contre).

abschlagen irr vt (*wegschlagen*) couper; (*SPORT*) remettre en jeu; (*ablehnen*) refuser.

abschlägig adj négatif(-ive).

Abschlagszahlung f acompte m.

Abschleppdienst m service m de dépannage; **abschleppen** vt remorquer; **Abschleppseil** nt câble m de remorque.

abschließen irr vt fermer à clé; (*isolieren*) séparer, isoler; (*beenden*) achever, finir; (*Vertrag, Handel*) conclure.

Abschluß m (*Beendigung*) clôture f; (*Bilanz*) bilan m; (*Geschäfts~, von Vertrag*) conclusion f.

abschmieren vt (*AUTO*) faire un graissage de.

abschminken vt démaquiller; **das kannst du dir ~!** (umg) tu peux faire une croix dessus!

abschnallen 1. vt détacher; **2.** vi (umg: *nicht mehr folgen können*) décrocher; (fas-

sungslos sein) ne pas en revenir.

abschneiden irr vt couper; (*kürzer machen*) raccourcir; (*Rede, Fluchtweg*) couper; (*Zugang*) fermer, barrer; (*Truppen, Stadtteil*) isoler; **gut/schlecht ~** avoir [o obtenir] un bon/mauvais résultat.

Abschnitt m (*Teilstück*) section f; (*von Buch*) passage m; (*Kontroll~*) talon m; (*Zeit~*) période f.

abschotten vt (*Land etc*) barricader; **sich ~** (*sich isolieren*) s'isoler.

abschrauben vt dévisser.

abschrecken vt (*Menschen*) rebuter, décourager; (*Ei*) passer à l'eau froide; **Abschreckung** f (*MIL*) dissuasion f.

abschreiben irr vt (*Text*) [re]copier; (*SCH*) copier (*von* sur); (*verloren geben*) faire une croix sur; (*WIRTS*) déduire.

Abschrift f copie f.

Abschuß m (*von Geschütz*) tir m; (*von Waffe*) décharge f; (*von Flugzeug*) destruction f.

abschüssig adj en pente.

abschütteln vt (*Staub, Tuch*) secouer; (*Verfolger*) semer; (*Müdigkeit, Erinnerung*) oublier.

abschwächen 1. vt (*Eindruck, Wirkung*) atténuer; (*Behauptung, Kritik*) modérer; **2.** vr: **sich ~** s'affaiblir; (*Interesse, Lärm, Wärme*) diminuer.

abschweifen vi (*Redner*) digresser, s'écarter (*von* de); (*Gedanken*) divaguer.

abschwellen irr vi désenfler, dégonfler; (*Sturm*) se calmer; (*Lärm*) diminuer.

absehbar adj (*Folgen*) prévisible; **in ~er Zeit** dans un proche avenir.

absehen irr **1.** vt (*Ende, Folgen, Entwicklung*) prévoir; **2.** vi: **von etw ~** renoncer à qch; (*nicht berücksichtigen*) faire abstraction de qch; **es auf jdn/etw abgesehen haben** en vouloir à qn/qch.

abseits adv à l'écart; **~ von** loin de; **Abseits** nt ⟨-, -⟩ (*SPORT*) hors-jeu m.

absenden irr vt envoyer; **Absender(in)** m(f) ⟨-s, -⟩ expéditeur(-trice).

absetzen 1. vt déposer; (*Feder, Glas, Gewehr*) poser; (*Hut, Brille*) ôter, enlever; (*verkaufen*) écouler, vendre; (*abziehen*) défalquer; (*entlassen*) destituer, suspendre; (*König*) détrôner; (*hervorheben*) faire ressortir (*gegen* de); **2.** vr: **sich ~** (*sich entfernen*) partir, filer; (*sich ablagern*) se déposer.

absichern 1. vt assurer; (*Aussage, Position*) affermir; **2.** vr: **sich ~** (*Mensch*) s'assurer [contre toute éventualité].

Absicht f (*Vorsatz*) intention f; (*Wille*) volonté f; **mit ~** intentionnellement; **absichtlich 1.** adj délibéré(e), intentionnel(le); **2.** adv exprès, volontairement.

absolut 1. adj absolu(e); **2.** adv absolument.

absolvieren vt (*Pensum*) achever, venir à bout de.

absonderlich adj bizarre, singulier(-ière).

absondern 1. vt isoler, séparer; (*ausscheiden*) sécréter; **2.** vr: **sich ~** s'isoler.

abspeichern vt (*INFORM*) mémoriser, sauvegarder.

abspeisen vt: **jdn mit Redensarten ~** (*fig*) payer qn de belles paroles.

abspenstig adj: **jdn ~ machen** détourner qn (*jdm* de qn).

absperren vt (*Gebiet*) fermer; (*Tür*) fermer à clé; **Absperrung** f (*Vorgang*) blocage m; (*Sperre*) barrage m, barricade f.

abspielen 1. vt (*Platte*) passer; **2.** vr: **sich ~** se dérouler, se passer.

Absprache f accord m, arrangement m.

absprechen irr vt (*vereinbaren*) convenir de; **jdm etw ~** dénier qch à qn; (*aberkennen*) contester qch à qn.

abspringen irr vi sauter (*von* de); (*Farbe, Lack*) s'écailler; (*sich distanzieren*) prendre ses distances.

abstammen vi descendre (*von* de); (*Wort*) dériver, venir (*von* de); **Abstammung** f descendance f, origine f.

Abstand m distance f, écart m; (*zeitlich*) espace m; **von etw ~ nehmen** s'abstenir de qch; **mit ~ der Beste** de loin le meilleur; **Abstandssumme** f indemnité f.

Abstecher m ⟨-s, -⟩ crochet m.

absteigen irr vi descendre; (*SPORT*) rétrograder.

abstellen vt déposer; (*Auto, Fahrrad*) garer; (*Maschine*) arrêter; (*Strom, Wasser*) fermer, couper; (*Mißstand, Unsitte*) supprimer; **etw auf etw** akk **~** (*ausrichten*) adapter qch à qch.

abstempeln vt (*Briefmarke*) oblitérer; (*fig: Menschen*) étiqueter.

Abstieg m ⟨-[e]s, -e⟩ descente f; (*SPORT*) relégation f; (*fig*) déclin m.

abstimmen 1. vi voter; **2.** vt (*Farben*) assortir; (*Interessen*) accorder; (*Termine, Ziele*) fixer; **3.** vr: **sich ~** se mettre d'accord, s'accorder; **Abstimmung** f (*Stimmenabgabe*) vote m.

Abstinenz f abstinence f; (*von Alkohol*) sobriété f; **Abstinenzler(in)** m(f) ⟨-s, -⟩ buveur(-euse) d'eau, abstinent(e).

abstoßen irr vt (*fortbewegen*) repousser; (*beschädigen*) endommager; (*verkaufen*) liquider; (*anekeln*) dégoûter, écœurer; **abstoßend** adj dégoûtant(e), repoussant(e).

abstrakt 1. adj abstrait(e); **2.** adv abstraitement.

abstreiten irr vt contester, nier.

Abstrich m (*Abzug*) réduction f, diminution f; (*MED*) prélèvement m; **~e machen** (*fig*) se contenter de moins.

abstumpfen 1. vt émousser; (*fig: jdn*) abrutir; **2.** vi s'émousser; (*fig*) s'abrutir; (*fig: Gefühle*) perdre de l'intensité.

Absturz m chute f; **abstürzen** vi faire une chute; (*FLUG*) s'abattre.

absuchen vt fouiller.

Abszeß m ⟨Abszesses, Abszesse⟩ abcès m.

Abt m ⟨-[e]s, Äbte⟩ abbé m.

abtasten vt tâter; (*MED*) palper.

abtauen 1. vi (*Schnee, Eis*) fondre; (*Straße*) dégeler; **2.** vt dégivrer.

Abtei f abbaye f.

Abteil nt ⟨-[e]s, -e⟩ compartiment m.

abteilen vt diviser, partager; (*abtrennen*) séparer.

Abteilung f (*in Firma*) section f; (*in Kaufhaus*) rayon m; (*in Krankenhaus*) service m; (*MIL*) bataillon m, unité f; **Abteilungsleiter(in)** m(f) chef m de section/de rayon/de service.

Äbtissin f abbesse f.

abtragen irr vt (*Hügel, Erde*) déblayer; (*Essen*) desservir; (*Kleider*) user; (*Schulden*) acquitter.

abträglich adj nuisible, préjudiciable.

abtreiben irr **1.** vt (*Boot, Flugzeug*) déporter; (*Kind*) avorter; **2.** vi (*Schiff, Schwimmer*) dériver; (*Schwangerschaft abbrechen*) avorter; **Abtreibung** f avortement m.

abtrennen vt (*lostrennen*) détacher; (*entfernen*) enlever; (*abteilen*) séparer.

abtreten irr **1.** vt (*überlassen*) céder (*jdm etw* qch à qn); **2.** vi (*Wache*) se retirer; (*THEAT*) sortir de scène; (*zurücktreten: Minister*) se retirer [de la scène politique].

abtrocknen 1. vt essuyer; **2.** vi sécher.

abtrünnig adj renégat(e).

abwägen ⟨wog o wägte, abgewogen⟩ vt soupeser, examiner.

abwählen vt (*jdn*) ne pas réélire; (*SCH: Fach*) ne pas reprendre, ne pas choisir.

abwandeln vt changer, modifier.

Abwärme f chaleur f perdue, chaleur f d'échappement.

abwarten 1. vt attendre; **2.** vi voir venir, attendre.

abwärts adv vers le bas, en bas.

Abwasch m ⟨-[e]s⟩ vaisselle f; **abwaschbar** adj lavable; **abwaschen** irr vt (*Schmutz*) laver; **das Geschirr ~** faire la vaisselle.

Abwasser nt ⟨-s, Abwässer⟩ eaux fpl usées, eaux fpl d'égout.

abwechseln vi, vr: **sich ~** alterner; (*Menschen*) se relayer; **abwechselnd** adj alternativement, en alternant.

Abwechslung f changement m; (*Zerstreuung*) distraction f; **abwechslungsreich** adj [très] varié(e).

Abweg m: **auf ~e geraten/führen** s'écarter/

se détourner du droit chemin; **abwegig** *adj* saugrenu(e).

Abwehr *f* ⟨-⟩ (*Ablehnung*) résistance *f*; (*Verteidigung*) défense *f*; (*MIL: Geheimdienst*) contre-espionnage *m*; (*SPORT*) défense *f*; (*Schutz*) protection *f*.

abweichen *irr vi* (*Werte*) différer; (*Fahrzeug*) dévier; (*Meinung*) diverger.

abweisen *irr vt* (*Besucher*) renvoyer; (*Klage*) repousser, rejeter; (*Antrag, Hilfe*) refuser; **abweisend** *adj* (*Haltung*) froid(e).

abwenden *irr* **1.** *vt* (*Blick, Kopf*) détourner; (*verhindern*) écarter; **2.** *vr*: **sich ~** se détourner.

abwerfen *irr vt* (*Kleidungsstück*) se débarrasser de; (*Reiter*) désarçonner; (*Profit*) rapporter; (*Flugblätter*) lancer.

abwerten *vt* (*FIN*) dévaluer.

abwesend *adj* absent(e); **Abwesenheit** *f* absence *f*.

abwickeln *vt* (*Garn, Verband*) dérouler; (*Geschäft*) liquider.

abwimmeln *vt* (*umg: jdn*) envoyer promener; (*Auftrag*) rejeter, refuser.

abwischen *vt* (*Staub*) enlever; (*Schweiß, Hände*) essuyer; (*Tisch*) donner un coup d'éponge à.

Abwurf *m* lancement *m*; (*von Bomben etc*) largage *m*; (*SPORT*) remise *f* en jeu.

abwürgen *vt* (*umg: Gespräch*) étouffer; (*Motor*) caler.

abzahlen *vt* (*Schulden*) régler, payer; (*in Raten*) payer à tempérament; **Abzahlung** *f*: **auf ~ kaufen** acheter à tempérament.

Abzeichen *nt* insigne *m*, emblème *m*; (*Orden*) décoration *f*.

abzeichnen **1.** *vt* copier, dessiner; (*Dokument*) parapher, signer; **2.** *vr*: **sich ~** se profiler; (*fig: bevorstehen*) se dessiner.

abziehen *irr* **1.** *vt* (*entfernen*) retirer; (*Tier*) dépouiller; (*Truppen*) retirer; (*subtrahieren*) soustraire; (*kopieren*) tirer; **2.** *vi* (*Rauch*) sortir; (*Truppen*) se retirer; (*weggehen*) décamper, filer; **das Bett ~** enlever les draps; **eine Schau ~** (*umg*) faire du cinéma.

Abzug *m* retrait *m*; (*Kopie*) tirage *m*; (*FOTO*) épreuve *f*; (*Subtraktion*) soustraction *f*; (*Betrag*) retrait *m*; (*Rauch~*) sortie *f*; (*von Waffen*) gâchette *f*.

abzüglich *präp +gen* après déduction de.

abzweigen **1.** *vt* mettre de côté; **2.** *vi* bifurquer; **Abzweigung** *f* embranchement *m*.

ach *interj* ah; (*enttäuscht, verärgert*) oh; **~ ja** mais oui; **mit Ach und Krach** tant bien que mal.

Achse *f* ⟨-, -n⟩ axe *m*; (*AUTO*) essieu *m*; **auf ~ sein** être en vadrouille.

Achsel *f* ⟨-, -n⟩ aisselle *f*; **Achselzucken** *nt* ⟨-s⟩ haussement *m* d'épaules.

acht *num* huit; **~ Tage** huit jours, une huitaine; **Acht** *f* ⟨-, -en⟩ huit *m*.

Acht 1. *f* ⟨-⟩ (*HIST*) ban *m*, proscription *f*; **2.** *f* ⟨-⟩: **sich in acht nehmen** prendre garde; **etw außer acht lassen** négliger qch.

achte(r, s) *adj* huitième; **der ~ September** le huit septembre; **Stuttgart, den 8. September** Stuttgart, le 8 septembre; **Achte(r)** *mf* huitième *m/f*.

Achtel *nt* ⟨-s, -⟩ huitième *m*.

achten 1. *vt* respecter; **2.** *vi*: **auf etw** *akk* **~** faire attention à qch; **darauf ~, daß ...** faire attention que ...

achtens *adv* huitièmement.

Achterbahn *f* montagnes *fpl* russes; **Achterdeck** *nt* pont *m* arrière.

achtfach *adj* huit fois.

achtgeben *irr vi* faire attention (*auf +akk* à).

achthundert *num* huit cent[s]; **achtjährig** *adj* de huit ans.

achtlos *adj* négligent(e).

achtmal *adv* huit fois.

achtsam *adj* attentif(-ive).

Achtung 1. *f* respect *m*, estime *f* (*vor +dat* pour); **2.** *interj* attention; **~ Lebensgefahr!** Attention, danger de mort!; **~ Stufe!** Attention à la marche!

achtzehn *num* dix-huit.

achtzig *num* quatre-vingt[s].

ächzen *vi* (*Mensch*) gémir; (*Holz, Balken*) grincer.

Acker *m* ⟨-s, Äcker⟩ champ *m*; **Ackerbau** *m* agriculture *f*.

Acryl *nt* acrylique *m*, fibre *f* acrylique.

Adapter *m* ⟨-s, -⟩ adaptateur *m*.

addieren *vt* additionner.

ade *interj* adieu, salut.

Adel *m* ⟨-s⟩ noblesse *f*; (*Familie*) nobles *mpl*; **ad[e]lig** *adj* noble.

Ader *f* ⟨-, -n⟩ (*ANAT: Vene*) veine *f*; (*ANAT: Schlag~*) artère *f*; (*BOT*) nervure *f*; (*BERGBAU*) filon *m*; **eine ~ für etw haben** être doué(e) pour qch.

Adjektiv *nt* adjectif *m*.

Adler *m* ⟨-s, -⟩ aigle *m*.

adlig *adj s.* **adelig**.

Admiral(in) *m(f)* ⟨-s, -e⟩ amiral *m*.

adoptieren *vt* adopter; **Adoption** *f* adoption *f*; **Adoptiveltern** *pl* parents *mpl* adoptifs; **Adoptivkind** *nt* enfant *m* adoptif.

Adrenalin *nt* ⟨-s⟩ adrénaline *f*.

Adressat(in) *m(f)* ⟨-en, -en⟩ destinataire *m/f*.

Adresse *f* ⟨-, -n⟩ (*a. INFORM*) adresse *f*.

adressieren *vt* adresser.

Advent *m* ⟨-[e]s, -e⟩ avent *m*; **Adventskranz** *m* couronne *f* de l'avent.

Adverb *nt* adverbe *m*.

Aerobic nt ⟨-s⟩ aérobic f.
aerodynamisch adj aérodynamique.
Affäre f ⟨-, -n⟩ (Angelegenheit) affaire f; (Verhältnis) liaison f.
Affe m ⟨-n, -n⟩ singe m.
affektiert adj affecté(e), maniéré(e).
affig adj (Benehmen) affecté(e); (Mädchen) maniéré(e).
Afghanistan nt ⟨-s⟩ l'Afghanistan m.
Afrika nt ⟨-s⟩ l'Afrique f; **Afrikaner(in)** m(f) ⟨-s, -⟩ Africain(e); **afrikanisch** adj africain(e).
After m ⟨-s, -⟩ anus m.
AG f ⟨-, -s⟩ abk von **Aktiengesellschaft** S.A.
Agent(in) m(f) (Spion) agent m; (Vertreter) représentant(e); (Vermittler) agent m.
Agentur f (Geschäftsstelle) bureau m; (Vermittlungsstelle) agence f.
Aggregat nt agrégat m; (TECH) groupe m, unité f; **Aggregatzustand** m (PHYS) état m de la matière.
Aggression f agression f; **seine ~en an jdm abreagieren** passer son agressivité sur qn; **aggressiv** adj agressif(-ive); **Aggressivität** f agressivité f.
Agrarstaat m État m agricole.
Ägypten nt ⟨-s⟩ l'Égypte f; **Ägypter(in)** m(f) Égyptien(ne); **ägyptisch** adj égyptien(ne).
aha interj ah; **Aha-Erlebnis** nt: **ein ~ sein** faire tilt.
Ahn m ⟨-en, -en⟩ ancêtre m.
ähneln vi: **jdm/einer Sache ~** ressembler à qn/qch; **sich ~** se ressembler.
ahnen vt (vermuten) se douter de; (Tod, Gefahr) pressentir.
ähnlich adj semblable, pareil(le); **das sieht ihm ~** ça lui ressemble bien; **Ähnlichkeit** f ressemblance f.
Ahnung f (Vorgefühl) pressentiment m; (Vermutung) idée f; **keine ~!** aucune idée!; **ahnungslos** adv sans se douter de rien.
Ahorn m ⟨-s, -e⟩ érable m.
Ähre f ⟨-, -n⟩ épi m.
Aids nt ⟨-⟩ SIDA m, sida m; **Aids-Hilfe** f centre m d'assistance contre le sida; **aidskrank** adj atteint(e) du sida; **Aidstest** m test m HIV.
Airbag m ⟨-s, -s⟩ sac m gonflable.
Airbus m Airbus m.
Akademiker(in) m(f) ⟨-s, -⟩ personne f qui a fait des études universitaires.
akklimatisieren vr: **sich ~** s'acclimater.
Akkord m ⟨-[e]s, -e⟩ (Stücklohn) forfait m, payement m [o paiement m] à la pièce; (MUS) accord m; **im ~ arbeiten** travailler à la pièce; **Akkordarbeit** f travail m à la pièce.
Akkordeon nt ⟨-s, -s⟩ accordéon m.
Akkusativ m accusatif m.

Akt m ⟨-[e]s, -e⟩ (Handlung) acte m, action f; (Zeremonie) cérémonie f; (THEAT) acte m; (KUNST) nu m; (Sexual~) acte m sexuel.
Akte f ⟨-, -n⟩ dossier m, document m; **etw zu den ~n legen** (fig) considérer qch comme réglé(e); **Aktenkoffer** m attaché-case m; **aktenkundig** adj enregistré(e); **das ist ~ geworden** c'est dans les dossiers; **Aktenschrank** m casier m, classeur m; **Aktentasche** f porte-documents m.
Aktie f action f; **Aktiengesellschaft** f société f anonyme.
Aktion f action f, campagne f; (Polizei~, Such~) opération f; (Sonderangebot) promotion f; **in ~** en action.
aktiv adj actif(-ive).
aktivieren vt activer.
Aktivität f activité f.
aktualisieren vt (a. INFORM) mettre à jour.
Aktualität f actualité f.
aktuell adj actuel(le), d'actualité.
Akupunktur f acupuncture f, acuponcture f.
akut adj grave, urgent(e); (MED: Entzündung) aigu(ë).
AKW nt ⟨-s, -s⟩ abk von **Atomkraftwerk** centrale f atomique.
Akzent m ⟨-[e]s, -e⟩ accent m.
Akzeptanz f acceptation f.
akzeptieren vt accepter.
Alarm m ⟨-[e]s, -e⟩ alarme f; **Alarmanlage** f système m d'alarme, alarme f; **alarmieren** vt alerter; (beunruhigen) alarmer.
Albanien nt ⟨-s⟩ l'Albanie f.
albern adj stupide, sot(te).
Album nt ⟨-s, Alben⟩ album m.
Alge f ⟨-, -n⟩ algue f.
Algebra f ⟨-, Algebren⟩ algèbre f.
Algerien nt ⟨-s⟩ l'Algérie f.
algorithmisch adj algorithmique; **Algorithmus** m algorithme m.
Alibi nt ⟨-s, -s⟩ alibi m; **Alibifunktion** f rôle m d'alibi.
Alimente pl pension f alimentaire.
alkalisch adj (CHEM) alcalin(e).
Alkohol m ⟨-[e]s, -e⟩ alcool m; **alkoholfrei** adj non-alcoolisé(e); **Alkoholiker(in)** m(f) ⟨-s, -⟩ alcoolique m/f; **Alkoholismus** m alcoolisme m.
All nt ⟨-s⟩ univers m.
alle 1. adj (pl) tous les; toutes les; **2. pron** tous; toutes; **sie sind ~ gekommen** ils sont tous venus; **wir ~** nous tous; **~ beide** tous (toutes) les deux; **~ vier Jahre** tous les quatre ans; **~ sein** être fini(e); s. a. **alles**.
Allee f ⟨-, -n⟩ allée f.
allein adj seul(e); **nicht ~** (nicht nur) non seulement; **alleinerziehend** adj élevant son enfant/ses enfants seul(e); **Alleinerziehende(r)** mf parent m unique; **Allein-**

gang *m:* **im ~** en solitaire; **alleinig** *adj* unique, exclusif(-ive); (*Erbe*) universel(le); **alleinstehend** *adj* seul(e), célibataire.

allemal *adv* (*ohne weiteres*) facilement; **ein für ~** une fois pour toutes; **allenfalls** *adv* (*möglicherweise*) à la rigueur, éventuellement; (*höchstens*) tout au plus; **allerbeste(r, s)** *adj* le (la) meilleur(e); **allerdings** *adv* (*zwar*) pourtant, à la vérité; (*gewiß*) assurément, bien sûr.

Allergie *f* allergie *f;* **Allergiker(in)** *m(f)* ⟨-s, -⟩: **er ist ~** il est allergique; **allergisch** *adj* allergique; **gegen etw ~ sein** être allergique à qch.

allerhand *adj inv* beaucoup de, un tas de; (*substantivisch*) toutes sortes de choses; **das ist doch ~!** (*entrüstet*) C'est incroyable!, C'est du propre!; **~!** (*lobend*) il faut le faire!

Allerheiligen *nt* ⟨-⟩ la Toussaint.
allerhöchste(r, s) *adj* le (la) plus haut(e); **es ist ~ Zeit** il est grand temps; **allerhöchstens** *adv* tout au plus.

allerlei *adj inv* toute[s] sorte[s] de; (*substantivisch*) toute[s] sorte[s] de choses.

Allerseelen *nt* ⟨-⟩ la fête des Morts.
allerseits *adv:* **guten Morgen ~** bonjour à tous.

allerwenigste(r, s) *adj* le minimum de, le moins.

alles *pron* tout; **~ Brot/Mehl** tout le pain/ toute la farine; **~ übrige** tout le reste; **~ in allem** somme toute; **vor allem** avant tout, surtout; **er hat ~ versucht** il a tout essayé; **das ~** tout cela; *s. a.* **alle; Allesfresser** *m* ⟨-s, -⟩ omnivore *m/f.*

allgegenwärtig *adj* omniprésent(e).
allgemein 1. *adj* général(e); (*Wahlrecht, Bestimmung*) universel(le); **2.** *adv* (*überall*) partout; **im ~en** en général, généralement; **Allgemeinbildung** *f* culture *f* générale; **allgemeingültig** *adj* universellement reconnu(e); **Allgemeinheit** *f* (*Menschen*) communauté *f;* **Allgemeinmedizin** *f* médecine *f* générale; **Allgemeinplätze** *mpl* généralités *fpl.*

Alliierte(r) *mf* allié(e).
alljährlich *adj* annuel(le); **allmählich 1.** *adj* graduel(le); **2.** *adv* peu à peu, petit à petit.

Allradantrieb *m* (AUTO) quatre roues *fpl* motrices.

allseits *adv:* **er war ~ beliebt** il était aimé de tous.

Alltag *m* vie *f* quotidienne; **alltäglich** *adj* quotidien(ne).

allzu *adv* [beaucoup] trop; **allzuoft** *adv* [beaucoup] trop souvent; **allzuviel** *adv* [beaucoup] trop.

Alm *f* ⟨-, -en⟩ alpe *f,* pâturage *m.*
Almosen *nt* ⟨-s, -⟩ aumône *f.*
Alpen *pl* Alpes *fpl.*
Alphabet *nt* ⟨-[e]s, -e⟩ alphabet *m;* **alphabetisch** *adj* alphabétique.

alphanumerisch *adj* alphanumérique.
alpin *adj* alpin(e).
Alptraum *m* cauchemar *m.*
als *konj* (*zeitlich*) quand, lorsque; (*mit Komparativ*) que; (*wie*) que; (*Angabe von Eigenschaft*) en tant que, comme; **nichts ~** rien [d'autre] que; **~ ob** comme si.

also *adv* donc; (*abschließend, zusammenfassend*) donc, alors; (*auffordernd*) alors; **~ gut** [*o* **schön**] très bien; **~ so was!** eh bien ça alors!; **na ~!** tu vois alors!

alt *adj* (*älter, am ältesten*) vieux (vieille); (*antik, klassisch, lange bestehend, ehemalig*) ancien(ne); (*überholt: Witz*) dépassé(e); **sie ist drei Jahre ~** elle a trois ans; **alles beim ~en lassen** laisser comme c'était; **wie in ~en Zeiten** comme au bon vieux temps; **~ aussehen** (*umg*) avoir l'air idiot.

Alt *m* ⟨-s, -e⟩ (MUS) alto *m.*
Altar *m* ⟨-[e]s, Altäre⟩ autel *m.*
Altbau *m* ⟨Altbauten *pl*⟩ construction *f* ancienne; **altbekannt** *adj* bien connu(e); **Alteisen** *nt* ferraille *f.*

Alter *nt* ⟨-s, -⟩ (*Lebensjahre*) âge *m;* (*hohes ~*) âge *m* avancé, vieillesse *f;* **im ~ von** à l'âge de.

altern *vi* vieillir.
alternativ *adj* (*Weg, Methode*) alternatif(-ive); (POL) alternatif(-ive), autonome; (*umweltbewußt*) en écolo[giste]; (*Lebensweise*) écolo; (*Energiegewinnung*) nouveau (nouvelle) et renouvelable.

Alternativ- *in Zusammensetzungen* du mouvement alternatif; (*Bäckerei, Landwirtschaft*) bio[logique].

Alternative *f* alternative *f.*
Alternative(r) *mf* membre *m* du mouvement alternatif.

Alterserscheinung *f* signe *m* de vieillesse; **Altersheim** *nt* maison *f* de retraite; **altersschwach** *adj* (*Mensch*) sénile; (*Gebäude*) délabré(e); **Altersversorgung** *f* caisse *f* de prévoyance-vieillesse.

Altertum *nt* ⟨-s⟩ (*älteste Epoche*) antiquité *f;* (*Antike*) Antiquité *f;* **Altertümer** *pl* (*Gegenstände*) antiquités *fpl.*

Altglascontainer *m* conteneur *m* à verre usagé.

altklug *adj* précoce.
Altlasten *fpl* déchets *mpl* toxiques; **Altmaterial** *nt* matériel *m* usagé; **altmodisch** *adj* démodé(e); **Altpapier** *nt* papier *m* à recycler; **Altstadt** *f* vieille ville *f;* **Altweibersommer** *m* été *m* de la Saint-Martin.

Alufolie *f* papier *m* [d']alu.

Aluminium nt ⟨-s⟩ aluminium m.
Alzheimer-Krankheit f maladie f d'Alzheimer.
am = an dem: er ist ~ Kochen il est en train de faire à manger; **~ 15. März** le 15 mars; **~ besten** le mieux.
Amateur(in) m(f) amateur m.
Amboß m ⟨Ambosses, Ambosse⟩ enclume f.
ambulant adj (MED) en consultation externe.
Ameise f ⟨-, -n⟩ fourmi f.
Amerika nt ⟨-s⟩ l'Amérique f; **Amerikaner(in)** m(f) ⟨-s, -⟩ Américain(e); **amerikanisch** adj américain(e).
Amnestie f amnistie f.
Ampel f ⟨-, -n⟩ (Verkehrs~) feux mpl.
amputieren vt amputer.
Amsel f ⟨-, -n⟩ merle m.
Amt nt ⟨-[e]s, Ämter⟩ (Posten) office m; (Aufgabe) fonction f, charge f; (Behörde) service m, bureau m; (REL) office m.
amtieren vi être en fonction[s].
amtlich adj officiel(le).
Amtsperson f officiel m; **Amtsrichter(in)** m(f) juge m de première instance.
amüsieren 1. vt amuser; **2.** vr: **sich ~** s'amuser; **Amüsierviertel** nt quartier m des boîtes (de nuit).
an 1. präp +dat (räumlich) à; (auf, bei) sur, près de; (nahe bei) contre; (zeitlich) à; **2.** präp +akk (räumlich) à, contre; **3.** adv: **von ... ~** à partir de ...; **~: 18.30 Uhr** arrivée; 18 heures 30; **~ Ostern** à Pâques; **~ diesem Ort** à cet endroit; **~ diesem Tag** ce jour-là; **am Anfang** au début; **~ und für sich** au fond; **es ist ~ jdm, etw zu tun** c'est à qn de faire qch; **~ die 5 DM** environ 5 marks; **das Licht ist ~** la lumière est allumée.
Anabolikum nt ⟨-s, Anabolika⟩ anabolisant m.
analog adj analogue; (INFORM) analogique; **Analogie** f analogie f; **Analogrechner** m ordinateur m analogique.
Analyse f ⟨-, -n⟩ analyse f; **analysieren** vt analyser.
Ananas f ⟨-, -o -se⟩ ananas m.
Anarchie f anarchie f.
Anatomie f anatomie f.
anbahnen vr: **sich ~** se dessiner.
anbändeln vi: **mit jdm ~** (umg) flirter avec qn.
Anbau 1. m (AGR) culture f; **2.** m ⟨Anbauten pl⟩ (Gebäude) annexe f; **anbauen** vt (AGR) cultiver; (Gebäudeteil) ajouter.
anbehalten irr vt garder.
anbei adv ci-joint.
anbeißen irr vi (Fisch) mordre [à l'hameçon].
anbelangen vt concerner, regarder; **was**

mich anbelangt en ce qui me concerne.
anbeten vt adorer.
Anbetracht m: **in ~** +gen en considération de.
anbiedern vr: **sich ~** se mettre dans les bonnes grâces (bei jdm de qn).
anbieten irr **1.** vt offrir; (Vertrag) proposer; (Waren) mettre en vente; **2.** vr: **sich ~** (Mensch) se proposer; (Gelegenheit) s'offrir.
anbinden irr vt lier, attacher; **kurz angebunden** (fig) peu aimable, rébarbatif.
Anblick m vue f.
anbrechen irr **1.** vt (Flasche etc) entamer; **2.** vi (Zeitalter) commencer; (Tag) se lever; (Nacht) tomber.
anbrennen irr vi prendre feu; (GASTR) [commencer à] brûler.
anbringen irr vt (herbeibringen) apporter; (Bitte) présenter; (Wissen) placer; (Ware) écouler, vendre; (festmachen) apposer, fixer.
Anbruch m commencement m; **~ des Tages** lever m du jour; **~ der Nacht** tombée f de la nuit.
anbrüllen vt: **jdn ~** crier contre qn.
Andacht f ⟨-, -en⟩ recueillement m; (Gottesdienst) office m bref; **andächtig** adj (Beter) recueilli(e); (Zuhörer) très absorbé(e), très attentif(-ive); (Stille) solennel(le).
andauern vi durer, persister; **andauernd 1.** adj continuel(le), persistant(e); **2.** adv continuellement.
Andenken nt ⟨-s, -⟩ souvenir m.
andere(r, s) pron autre; **am ~n Tag** le jour suivant, le lendemain; **ein ~s Mal** une autre fois; **kein ~r** personne d'autre; **von etwas ~m sprechen** parler d'autre chose; **unter ~m** entre autres; **andererseits** adv d'autre part, d'un autre côté.
ändern 1. vt changer, modifier; **2.** vr: **sich ~** changer.
andernfalls adv sinon, autrement.
anders adv autrement; **wer ~?** qui d'autre?; **jemand ~** quelqu'un d'autre; **irgendwo ~** ailleurs, autre part; **andersgläubig** adj hétérodoxe; **andersherum** adv dans l'autre sens; **anderswo** adv ailleurs; **anderswoher** adv d'ailleurs; **anderswohin** adv ailleurs, autre part.
anderthalb num un(e) et demi(e).
Änderung f changement m, modification f.
anderweitig 1. adj autre; **2.** adv autrement.
andeuten vt indiquer; **Andeutung** f (Hinweis) indication f, allusion f; (Spur) trace f.
Andorra nt ⟨-s⟩ l'Andorre f.
Andrang m affluence f, foule f.
andrehen vt (Licht etc) allumer; **jdm etw ~** (umg) refiler [o coller] qch à qn.

androhen vt: **jdm etw** ~ menacer qn de qch.
aneignen vt: **sich** dat **etw** ~ s'approprier qch; (widerrechtlich) usurper qch.
aneinander adv (denken) l'un(e) à l'autre; **sie fuhren** ~ **vorbei** (in gleicher Richtung) ils roulaient côte à côte; (in entgegengesetzter Richtung) ils se sont croisés; **aneinanderfügen** vt joindre; **aneinandergeraten** irr vi se disputer; **aneinanderlegen** vt mettre [o poser] l'un(e) à côté de l'autre, juxtaposer.
anekeln vt dégoûter, écœurer.
anerkannt adj reconnu(e), admis(e).
anerkennen irr vt reconnaître; (würdigen) apprécier; **anerkennend** adj élogieux(-euse); **anerkennenswert** adj louable, appréciable; **Anerkennung** f (eines Staates) reconnaissance f; (Würdigung) appréciation f.
anfahren irr 1. vt (herbeibringen) apporter, charrier; (fahren gegen) heurter, accrocher; (Hafen, Ort) se diriger vers; (Kurve) s'engager dans; (zurechtweisen) rudoyer, rabrouer; 2. vi (losfahren) démarrer; (ankommen) arriver.
Anfall m (MED) attaque f; (fig) accès m.
anfallen irr 1. vt (angreifen) assaillir, attaquer; 2. vi: **es fällt viel Arbeit an** il y a beaucoup de travail, le travail s'accumule.
anfällig adj: **für etw** ~ **sein** être sujet(te) à qch.
Anfang m [-[e]s, Anfänge] commencement m, début m; **von** ~ **an** dès le début; **am** [o **zu**] ~ au début; **für den** ~ pour le début, pour commencer; ~ **Mai/des Monats** début mai/au début du mois; **anfangen** irr vi, vt, commencer; (machen) faire, s'y prendre; **Anfänger(in)** m(f) ⟨-s, -⟩ débutant(e); **anfänglich** adj premier(-ière), initial(e); **anfangs** adv au début, d'abord.
anfassen 1. vt (ergreifen) prendre, saisir; (berühren) toucher; (Angelegenheit) traiter; 2. vi: **mit** ~ (helfen) donner un coup de main; **zum Anfassen** (Mensch) facilement abordable; (Sache) à la portée de tous.
anfechten irr vt attaquer, contester; (beunruhigen) inquiéter.
anfertigen vt faire, fabriquer.
anfeuern vt (fig) encourager, stimuler.
anflehen vt supplier, implorer.
anfliegen irr 1. vt (Land, Stadt) desservir; 2. vi (Vogel) s'approcher.
Anflug m (FLUG) [vol m d']approche f; (Spur) trace f, soupçon m.
anfordern vt demander, réclamer; **Anforderung** f demande f; (Beanspruchung) exigence f.
Anfrage f demande f; (INFORM) consultation f; (POL) interpellation f.
anfreunden vr: **sich mit jdm** ~ se lier d'amitié avec qn; **sich mit etw** ~ s'habituer à qch.

anfühlen vr: **sich hart/weich** ~ être dur(e)/mou (molle) au toucher.
anführen vt (leiten) guider, conduire; (Beispiel, Zeugen) citer; **Anführer(in)** m(f) chef m, dirigeant(e); **Anführungsstriche** mpl, **Anführungszeichen** ntpl guillemets mpl.
Angabe f (Auskunft) information f; (das Angeben) indication f; (TECH) donnée f; (umg: Prahlerei) vantardise f.
angeben irr 1. vt donner; (Zeugen) citer; 2. vi (umg) se vanter.
Angeber(in) m(f) ⟨-s, -⟩ (umg) vantard(e), crâneur(-euse).
angeblich 1. adj prétendu(e); 2. adv soidisant.
angeboren adj inné(e); (ererbt) congénital(e).
Angebot nt offre f; (Auswahl) choix m.
angebracht adj opportun(e).
angegriffen adj (Gesundheit) fatigué(e).
angeheitert adj éméché(e).
angehen irr 1. vt (betreffen) regarder, concerner; (angreifen) attaquer; (bitten) demander (um etw qch); 2. vi (Feuer) prendre; (Licht) s'allumer; (ankämpfen) lutter (gegen etw contre qch); (umg: beginnen) commencer; (erträglich sein) être supportable; **angehend** adj (Lehrer) débutant(e), en herbe.
Angehörige(r) mf parent(e).
Angeklagte(r) mf accusé(e).
Angel f ⟨-, -n⟩ (Gerät) canne f à pêche; (Tür~, Fenster~) gond m, pivot m.
Angelegenheit f affaire f.
angeln 1. vt pêcher; 2. vi pêcher à la ligne; **Angeln** nt ⟨-s⟩ pêche f à la ligne.
angemessen adj convenable, approprié(e).
angenehm adj agréable; ~! (bei Vorstellung) enchanté(e)!; **jdm** ~ **sein** plaire à qn, faire plaisir à qn.
angenommen adj supposé(e).
angeschrieben adj: **bei jdm gut** ~ **sein** être bien vu(e) de qn.
angesehen adj considéré(e), estimé(e).
angesichts präp +gen face à.
angespannt adj (Aufmerksamkeit) intense; (Arbeiten) assidu(e); (kritisch: Lage) tendu(e), critique.
Angestellte(r) mf employé(e).
angetan adj: **von jdm/etw** ~ **sein** être enchanté(e) de qn/de qch; **es jdm** ~ **haben** (Mensch) avoir la cote auprès de qn.
angewiesen adj: **auf jdn/etw** ~ **sein** dépendre de qn/de qch.
angewöhnen vt: **sich** dat **etw** ~ s'habituer à qch; **Angewohnheit** f habitude f.
Angler(in) m(f) ⟨-s, -⟩ pêcheur(-euse) à la ligne.

angreifen irr vt attaquer; (anfassen) toucher; (Gesundheit) nuire à; **Angreifer(in)** m(f) ⟨-s, -⟩ attaquant(e); **Angriff** m attaque f; **etw in ~ nehmen** attaquer qch; **angriffslustig** adj agressif(-ive).

angst adj: **jdm ist/wird ~** qn prend peur; **jdm ~ machen** faire peur à qn; **Angst** f ⟨-, Ängste⟩ (Furcht) peur f (vor +dat de); (Sorge) peur f (um pour); **Angsthase** m (umg) froussard(e).

ängstigen 1. vt effrayer; **2.** vr: **sich ~** avoir peur, s'inquiéter.

ängstlich adj (furchtsam) peureux(-euse); (besorgt) inquiet(-ète), anxieux(-euse).

anhaben irr vt (Kleidung) porter; **er kann mir nichts ~** il ne peut rien me faire.

anhalten irr **1.** vt (Fahrzeug) arrêter; (Atem) retenir; **2.** vi s'arrêter; (andauern) durer; **um jds Hand ~** demander la main de qn; **jdn zu etw ~** exhorter qn à qch; **anhaltend** adj ininterrompu(e), persistant(e).

Anhalter(in) m(f) ⟨-s, -⟩ auto-stoppeur (-euse); **per ~ fahren** faire de l'auto-stop.

Anhaltspunkt m point m de repère, indication f.

anhand präp +gen à l'aide de.

Anhang m (von Buch etc) appendice m; (Anhänger) partisans mpl; (umg: Kinder) progéniture f; **mit seinem ~** (Frau und Kinder) avec femme et enfants.

anhängen vt accrocher; (Zusatz) ajouter; **jdm etw ~** imputer qch à qn.

Anhänger m ⟨-s, -⟩ (AUTO) remorque f; (am Koffer) étiquette f; (Schmuck) pendentif m.

Anhänger(in) m(f) ⟨-s, -⟩ (Parteigänger) partisan(e), adepte m/f; (Fußball~) fana m/f, supporter m.

anhänglich adj dévoué(e), fidèle; **Anhänglichkeit** f dévouement m, fidélité f.

anheben irr vt (Gegenstand) soulever; (Preise) relever.

anheimstellen vt: **jdm etw ~** laisser à qn libre choix de qch.

Anhieb m: **auf ~** d'emblée.

Anhöhe f hauteur f, colline f.

anhören 1. vt écouter; (anmerken) remarquer; **2.** vr: **sich ~** sonner; **sich** dat **etw ~** écouter qch.

Animateur(in) m(f) animateur(-trice).

animieren vt inciter, entraîner.

Ankauf m achat m.

Anker m ⟨-s, -⟩ ancre f; **vor ~ gehen** jeter l'ancre; **ankern** vi mouiller; **Ankerplatz** m mouillage m.

Anklage f accusation f; (JUR) inculpation f; **anklagen** vt accuser.

Anklang m: **bei jdm ~ finden** avoir du succès auprès de qn.

Ankleidekabine f (im Schwimmbad)

cabine f de bain; (im Kaufhaus) cabine f d'essayage.

anklopfen vi frapper à la porte.

anknüpfen 1. vt attacher, lier; (fig) commencer; **2.** vi: **an etw** akk **~** partir de qch; **Beziehungen mit jdm ~** entrer en relations avec qn.

ankommen irr vi arriver; (Anklang finden) avoir du succès (bei auprès de); **es kommt darauf an** cela dépend; (wichtig sein) c'est important; **gegen jdn/etw ~** l'emporter sur qn/qch.

ankündigen vt annoncer.

Ankunft f ⟨-⟩ arrivée f.

ankurbeln vt (fig: Wirtschaft etc) stimuler, relancer.

Anlage f (Veranlagung) disposition f (zu pour, à); (Begabung) talent m, don m; (Park) parc m, jardin m; (Gebäudekomplex) édifices mpl; (Beilage) annexe f; (EDV-~) installation f, système m; (TECH) installation f; (FIN) investissement m; (das Anlegen: von Garten, Stausee etc) aménagement m.

Anlaß m ⟨Anlasses, Anlässe⟩ (Ursache) cause f; (Gelegenheit) occasion f; **aus ~ +gen** à l'occasion de; **~ zu etw geben** donner lieu à qch; **etw zum ~ nehmen** profiter de qch.

anlassen irr **1.** vt (Motor, Auto) démarrer; (Mantel) garder; (Licht, Radio) laisser allumé(e); **2.** vr: **sich gut ~** bien s'annoncer.

Anlasser m ⟨-s, -⟩ (AUTO) démarreur m.

anläßlich präp +gen à l'occasion de.

Anlauf m (Beginn) commencement m; (SPORT) élan m; (Versuch) essai m.

anlaufen irr **1.** vi démarrer; (Fahndung, Film) commencer; (Metall) changer de couleur; (Glas) s'embuer; **2.** vt (Hafen) faire escale à; **angelaufen kommen** arriver en courant.

Anlaufstelle f permanence f.

anlegen 1. vt (Leiter) poser, appuyer; (Lineal, Maßstab) appliquer, mettre; (anziehen) mettre; (Park, Garten) aménager; (Liste) dresser; (Akte) ouvrir; (Geld: investieren) investir; (Geld: ausgeben) dépenser; (Gewehr) épauler; **2.** vi (NAUT) aborder, accoster; **es auf etw** akk **~** viser qch; **sich mit jdm ~** (umg) chercher querelle à qn; **Anlegeplatz** m, **Anlegestelle** f embarcadère m.

anlehnen 1. vt (Leiter, Fahrrad) appuyer; (Tür, Fenster) laisser entrouvert(e); **2.** vr: **sich ~** s'appuyer; **sich an etw** akk **~** (an Vorbild) suivre l'exemple de qch.

anleiern vt (umg) mettre en route.

Anleitung f directives fpl, instructions fpl.

anliegen irr vi (auf Programm stehen) être à faire, être au programme; (Kleidung) être ajusté(e).

Anliegen nt ⟨-s, -⟩ demande f, prière f; (Wunsch) désir m.

Anlieger(in) m(f) ⟨-s, -⟩ riverain(e).

anmachen vt (befestigen) attacher; (Licht, elektrisches Gerät) allumer; (Salat) assaisonner; (umg: aufreizen) aguicher; (umg: ansprechen) aborder, accoster.

anmaßen vt: **sich** dat **etw ~** s'attribuer qch, se permettre qch; **anmaßend** adj prétentieux(-euse), arrogant(e); **Anmaßung** f prétention f, arrogance f.

anmelden 1. vt (Besuch) annoncer; (Radio, Auto) déclarer; **2.** vr: **sich ~** s'annoncer; (für Kurs) s'inscrire (für, zu à); (polizeilich) faire une déclaration de séjour; **Anmeldung** f inscription f; déclaration f.

anmerken vt (hinzufügen) ajouter; (anstreichen) marquer; **jdm etw ~** lire [o remarquer] qch sur le visage de qn; **sich** dat **nichts ~ lassen** faire semblant de rien; **Anmerkung** f annotation f, remarque f.

Anmut f ⟨-⟩ grâce f, élégance f; **anmutig** adj gracieux(-euse); (Lächeln) charmant(e); (Dorf etc) charmant(e), agréable.

annähen vt [re]coudre.

annähernd adj (Wert, Betrag) approximatif (-ive).

Annäherung f approche f, rapprochement m.

Annahme f ⟨-, -n⟩ réception f; (von Vorschlag, Gesetz) adoption f; (Vermutung) supposition f, hypothèse f.

annehmbar adj acceptable; (Wetter) passable.

annehmen irr vt prendre; (Einladung) accepter; (vermuten) supposer; **sich jds/einer Sache ~** prendre soin de qn/de qch; **angenommen, das ist so** admettons qu'il en soit ainsi.

Annehmlichkeit f côté m agréable, agrément m.

annektieren vt annexer.

annoncieren 1. vi passer [o mettre] une annonce; **2.** vt passer [o mettre] une annonce pour.

annullieren vt annuler.

anöden vt (umg) barber, raser.

anonym adj anonyme; **Anonymität** f anonymat m.

anordnen vt ranger, disposer; (befehlen) ordonner; **Anordnung** f disposition f.

anorganisch adj inorganique.

anpacken vt (anfassen) empoigner, saisir; (behandeln: Menschen) traiter; (in Angriff nehmen: Arbeit) attaquer, aborder; **mit ~** (helfen) mettre la main à la pâte.

anpassen 1. vt (angleichen) adapter (dat à); **2.** vr: **sich ~** s'adapter (an +akk à).

Anpfiff m (SPORT) coup m d'envoi; (umg: Tadel) savon m, engueulade f.

anpöbeln vt (umg) apostropher.

anprangern vt clouer [o mettre] au pilori.

anpreisen irr vt recommander, vanter (jdm à qn).

Anprobe f essayage m; **anprobieren** vt essayer.

anrechnen vt compter; (altes Gerät) défalquer; **jdm etw hoch ~** savoir gré de qch à qn.

Anrecht nt droit m (auf +akk à, sur).

Anrede f apostrophe f; (Titel) titre m; **anreden** vt (ansprechen) adresser la parole à, aborder; (belästigen) accoster; **jdn mit Herr Dr./Frau ~** appeler qn docteur/madame; **jdn mit Sie ~** vouvoyer qn.

anregen vt (stimulieren) inciter, stimuler; (vorschlagen) proposer, suggérer; **angeregte Unterhaltung** discussion animée; **Anregung** f suggestion f; (das Stimulieren) stimulation f.

Anreise f arrivée f.

Anreiz m stimulant m, attrait m.

Anrichte f ⟨-, -n⟩ desserte f, buffet m.

anrichten vt (Essen) préparer, servir; (Verwirrung, Schaden) provoquer, causer.

anrüchig adj louche, suspect(e).

anrücken vi pousser (an +akk contre); (ankommen) avancer, approcher.

Anruf m appel m; **Anrufbeantworter** m ⟨-s, -⟩ répondeur m [automatique]; **anrufen** irr vt (TEL) appeler.

anrühren vt (anfassen) toucher; (essen) toucher à; (mischen) mélanger.

ans = an das.

Ansage f annonce f; **ansagen 1.** vt (Zeit, Programm) annoncer; **2.** vr: **sich ~** s'annoncer; **angesagt sein** (umg) être annoncé(e); (umg: modisch) être à la mode; **Spaß ist angesagt** (umg) l'amusement est maintenant au programme; **Ansager(in)** m(f) ⟨-s, -⟩ présentateur(-trice), speaker m, speakerine f.

ansammeln vr: **sich ~** s'accumuler; (Menschen) se rassembler; **Ansammlung** f accumulation f, amas m; (Leute) rassemblement m.

ansässig adj établi(e).

Ansatz m (Beginn) début m; (Versuch) essai m; (Haar~) racine f; (Rost~, Kalk~) dépôt m; (Verlängerungsstück) rallonge f; **Ansatzpunkt** m point m de départ.

anschaffen vt acquérir, acheter; **Anschaffung** f acquisition f.

anschalten vt allumer.

anschauen vt regarder.

anschaulich adj expressif(-ive).

Anschein m apparence f; **allem ~ nach** selon toute apparence; **den ~ haben** sembler, paraître; **anscheinend** adv apparemment.

Anschlag m (*Bekanntmachung*) affiche f; (*Attentat*) attentat m; (TECH) arrêt m; (*auf Klavier*) toucher m; (*auf Schreibmaschine*) frappe f; **anschlagen** irr vt (*Zettel*) afficher; (*Kopf*) cogner, heurter; (*beschädigen: Tasse*) ébrécher; (*Akkord*) frapper.

anschließen irr **1.** vt (*Gerät*) brancher; (*Sender*) relayer; (*Frage*) enchaîner; **2.** vi, vr: [sich] an etw akk ~ (*räumlich*) être contigu(ë) à qch; (*zeitlich*) suivre qch; **3.** vr: sich ~ (*an Menschen*) se joindre (*jdm* à qn); (*beipflichten*) se ranger à l'avis (*jdm* de qn); **anschließend 1.** adj (*räumlich*) contigu(ë); (*zeitlich*) successif(-ive); **2.** adv ensuite, après.

Anschluß m (ELEK) branchement m; (EISENBAHN) correspondance f; (TEL: Verbindung) communication f; (TEL: Apparat) raccord m; (*Kontakt zu jdm*) contact m; (*Wasser- etc*) distribution f; im ~ an +akk faisant suite à; (*zeitlich*) à la suite de; **Anschlußflug** m correspondance f.

anschmiegsam adj (*Mensch*) tendre, caressant(e); (*Stoff*) souple.

anschnallen vr: sich ~ (AUTO, FLUG) attacher sa ceinture.

anschneiden irr vt entamer.

anschreien irr vt rudoyer, apostropher.

Anschrift f adresse f.

ansehen irr vt regarder; (*betrachten*) contempler; jdm etw ~ lire qch sur le visage de qn; jdn/etw als etw ~ considérer qn/qch comme qch; ~ für estimer; **Ansehen** nt ‹-s› (*Ruf*) réputation f.

ansehnlich adj (*Mensch*) de belle apparence [o stature]; (*beträchtlich*) considérable.

ansetzen 1. vt (*Wagenheber*) mettre, placer; (*Glas*) porter à sa bouche; (*Trompete*) emboucher; (*anfügen*) ajouter; (*Knospen, Frucht*) faire, produire; (*Rost*) se couvrir de; (*Bowle*) faire macérer; (*Termin*) fixer; (*Kosten*) calculer; **2.** vi (*beginnen*) commencer; Fett ~ engraisser.

Ansicht f (*Anblick*) vue f; (*Meinung*) avis m, opinion f; zur ~ (WIRTS) à vue; meiner ~ nach à mon avis; **Ansichtskarte** f carte f postale.

anspannen vt (*Tiere*) atteler; (*Muskel*) bander; (*Nerven*) tendre; **Anspannung** f tension f.

Anspiel nt (SPORT) commencement m du jeu; **anspielen** vi (SPORT) commencer à jouer; **auf etw** akk ~ faire allusion à qch; **Anspielung** f allusion f.

Ansporn m ‹-[e]s› stimulation f.

Ansprache f allocution f.

ansprechen irr vt **1.** vt (*reden mit*) adresser la parole à; (*bitten*) demander à; (*gefallen*) plaire à; **2.** vi (*gefallen*) plaire, intéresser; (*reagieren*) réagir; (*wirken*) faire effet; jdn auf etw akk ~ parler de qch à qn; **Ansprechpartner(in)** m(f) interlocuteur (-trice).

anspringen irr vi (AUTO) démarrer.

Anspruch m (*Recht*) droit m; (*Forderung*) exigence f; hohe Ansprüche stellen/haben être exigeant(e); ~ auf etw akk haben avoir droit à qch; etw in ~ nehmen avoir recours à qch; **anspruchslos** adj modeste; **anspruchsvoll** adj exigeant(e), prétentieux(-euse).

anstacheln vt encourager, pousser.

Anstalt f ‹-, -en› (*Schule, Heim, Gefängnis*) établissement m; (*Institut*) institut m, institution f; (*Heil~*) maison f de santé; ~en machen, etw zu tun se préparer à faire qch.

Anstand m décence f; **anständig** adj (*Mensch, Benehmen*) honnête, convenable; (*Leistung, Arbeit*) bon(ne); (*umg: Schulden, Prügel*) sacré(e); **anstandslos** adv sans hésitation.

anstarren vt regarder fixement, fixer du regard.

anstatt 1. präp +gen à la place de; **2.** konj: ~ etw zu tun au lieu de faire qch.

anstecken 1. vt (*Abzeichen, Blume*) attacher; (MED) (*Pfeife*) allumer; (*Haus*) mettre le feu à; **2.** vi (fig) être contagieux(-euse); **ich habe mich bei ihm angesteckt** il m'a contaminé(e); **Ansteckung** f contagion f.

anstelle präp: ~ von +dat à la place de.

anstellen 1. vt (*Gerät*) allumer, mettre en marche; (*Wasser*) ouvrir; (*anlehnen*) poser, placer (an +akk contre); (*Arbeit geben*) employer, engager; (*umg: machen, unternehmen*) faire; **2.** vr: sich ~ (*Schlange stehen*) se mettre à la queue; **sich dumm ~** faire l'imbécile; **sich geschickt ~** s'y prendre bien; **Anstellung** f emploi m.

Anstieg m ‹-[e]s› montée f.

anstiften vt: jdn zu etw ~ pousser qn à qch.

anstimmen vt (*Lied*) entonner; (*Geschrei*) pousser.

Anstoß m (*Impuls*) impulsion f; (*Ärgernis*) offense f, scandale m; (SPORT) coup m d'envoi; ~ nehmen an +dat être choqué(e) par.

anstoßen irr **1.** vt pousser; (*mit Fuß*) heurter, buter; **2.** vi (SPORT) donner le coup d'envoi; (*mit Gläsern*) trinquer; (*sich stoßen*) se heurter; an etw akk ~ (*angrenzen*) être attenant(e) à qch.

anstößig adj choquant(e), inconvenant(e).

anstreben vt aspirer à.

Anstreicher(in) m(f) ‹-s, -› peintre m en [bâtiment[s]].

anstrengen 1. vt forcer; (*strapazieren*) surmener, fatiguer; (JUR: Prozeß) intenter; **2.** vr: sich ~ faire des efforts, s'efforcer; **an-**

strengend adj fatigant(e); **Anstrengung** f effort m, fatigue f.

Anstrich m couche f de peinture; (fig: Note) air m.

Ansturm m assaut m, attaque f.

Antarktis f l'Antarctique m.

Anteil m ⟨-[e]s, -e⟩ (Teil) part f; (Teilnahme) participation f; ~ **nehmen an** +dat (sich beteiligen) prendre part à; (Mitgefühl haben) compatir à; **Anteilnahme** f ⟨-⟩ (Mitleid) compassion f, sympathie f.

Antenne f ⟨-, -n⟩ antenne f.

Antibiotikum nt ⟨-s, Antibiotika⟩ antibiotique m.

Antiblockiersystem nt (AUTO) système m [de freinage] antiblocage.

Antihistaminikum nt ⟨-s, Antihistaminika⟩ (MED) antihistaminique m.

antik adj ancien(ne); **Antike** f ⟨-⟩ (Zeitalter) Antiquité f.

Antikörper m (MED) anticorps m.

Antilope f ⟨-, -n⟩ antilope f.

Antipathie f antipathie f.

Antiquariat nt librairie f d'occasions.

Antiquitäten fpl antiquités fpl; **Antiquitätenhändler(in)** m(f) antiquaire m/f.

Antisemitismus m ⟨-⟩ antisémitisme m.

Antrag m ⟨-[e]s, Anträge⟩ (POL) demande f; (Gesuch) demande f; (Formular) formulaire m; (Heirats~) demande f en mariage.

antreffen irr vt rencontrer.

antreiben irr vt pousser, faire avancer; (jdn) inciter; (Maschine) mettre en marche.

antreten irr 1. vt (Stellung) prendre; (Erbschaft) accepter; (Strafe) commencer à purger; (Beweis) fournir; (Reise, Urlaub) partir en; 2. vi s'aligner; **das Amt/die Regierung** ~ prendre ses fonctions/le pouvoir.

Antrieb m force f motrice; (fig) impulsion f; **aus eigenem** ~ de sa propre initiative.

Antritt m (von Erbschaft) prise f de possession; (von Reise) départ m; (von Stelle) entrée f en place; (von Amt) entrée f en fonction.

antun irr vt: **jdm etw** ~ faire qch à qn; **sich** dat **Zwang** ~ se faire violence, se contraindre.

anturnen vt (umg) faire planer.

Antwort f ⟨-, -en⟩ réponse f; **um** ~ **wird gebeten** RSVP (Répondez s'il vous plaît); **antworten** vi répondre (dat à).

anvertrauen 1. vt: **jdm etw** ~ confier qch à qn; 2. vr: **sich jdm** ~ se confier à qn.

Anwalt m ⟨-[e]s, Anwälte⟩, **Anwältin** f avocat(e).

Anwandlung f élan m; **eine** ~ **von etw** un accès de qch.

Anwärter(in) m(f) candidat(e), prétendant(e).

anweisen irr vt (anleiten) diriger, instruire;

(befehlen) ordonner à; (zuteilen) assigner à, attribuer à; (Geld) virer; **Anweisung** f (Anleitung) directives fpl; (Befehl) ordre m; (Zuteilung) assignation f, attribution f; (Post~, Zahlungs~) mandat m, virement m.

anwenden irr vt employer; (Gerät) utiliser; (Gesetz, Regel) appliquer; **etw auf jdn/etw** ~ appliquer qch à qn/à qch; **Gewalt** ~ user de violence; **Anwender(in)** m(f) ⟨-s, -⟩ utilisateur(-trice); **Anwenderprogramm** nt (INFORM) programme m d'application, programme m utilisateur; **Anwendung** f utilisation f, emploi m, application f.

anwesend adj présent(e); **die Anwesenden** les personnes présentes; **Anwesenheit** f présence f.

anwidern vt répugner à, dégoûter.

Anzahl f (Menge) quantité f; (Gesamtzahl) nombre m.

Anzahlung f acompte m; (Betrag) premier versement m.

Anzeichen nt signe m, indice m.

Anzeige f ⟨-, -n⟩ annonce f; (bei Polizei) dénonciation f; (INFORM) affichage m; ~ **gegen jdn erstatten** dénoncer qn; **anzeigen** vt (Zeit) marquer, indiquer; (Geburt) faire part de; (bei Polizei) dénoncer.

anziehen irr 1. vt attirer; (Kleidung) mettre; (anlocken) attirer; (sympathisch sein) plaire à; (Schraube, Handbremse) serrer; (Seil) tirer; (Knie) plier; (Feuchtigkeit) absorber; 2. vi (Preise etc) monter, être en hausse; (sich nähern) s'approcher; (MIL) avancer; 3. vr: **sich** ~ s'habiller; **anziehend** adj attirant(e), attrayant(e); **Anziehung** f (Reiz) attrait m, charme m.

Anzug 1. m ⟨-[e]s, Anzüge⟩ costume m; 2. m: **im** ~ **sein** s'approcher.

anzüglich adj de mauvais goût.

anzünden vt allumer; (Haus) mettre le feu à.

anzweifeln vt mettre en doute.

apart adj spécial(e), chic.

Apathie f apathie f, indifférence f; **apathisch** adj apathique, indifférent(e).

Apfel m ⟨-s, Äpfel⟩ pomme f.

Apfelsine f orange f.

Apfelwein m cidre m.

Apostel m ⟨-s, -⟩ apôtre m.

Apostroph m ⟨-s, -e⟩ apostrophe f.

Apotheke f ⟨-, -n⟩ pharmacie f; **Apotheker(in)** m(f) ⟨-s, -⟩ pharmacien(ne).

Apparat m ⟨-[e]s, -e⟩ appareil m; **am** ~ **bleiben** (TEL) rester en ligne [o l'appareil].

Apparatur f appareillage m.

Appell m ⟨-s, -e⟩ (MIL) revue f; (fig) exhortation f, prière f; **appellieren** vi: **an etw** akk ~ faire appel à qch.

Appetit m ⟨-[e]s⟩ appétit m; **guten ~!** bon appétit!; **appetitlich** adj appétissant(e); **Appetitlosigkeit** f manque m d'appétit.

Applaus m ⟨-es⟩ applaudissements mpl.

Appretur f apprêt m.

Aprikose f ⟨-, -n⟩ abricot m.

April m ⟨-[s], -e⟩ avril m; **im ~** en avril; **13. ~ 1958** le 13 avril 1958; **am 13. ~** le 13 avril; **Aprilwetter** nt giboulées fpl de mars.

Aquarell nt ⟨-s, -e⟩ aquarelle f.

Aquarium nt aquarium m.

Äquator m équateur m.

Araber(in) m(f) ⟨-s, -⟩ Arabe m/f.

Arabien nt ⟨-s⟩ l'Arabie f; **arabisch** adj arabe.

Arbeit f ⟨-, -en⟩ travail m; (Klassen~) composition f.

arbeiten vi travailler; (funktionieren) fonctionner.

Arbeiter(in) m(f) ⟨-s, -⟩ travailleur(-euse); (ungelernt) ouvrier(-ière); **Arbeiterschaft** f ouvriers mpl, main-d'œuvre f.

Arbeitgeber(in) m(f) ⟨-s, -⟩ employeur(-euse); **Arbeitnehmer(in)** m(f) ⟨-s, -⟩ salarié(e).

Arbeitsamt nt agence f pour l'emploi, bureau m de placement; **Arbeitsbeschaffungsmaßnahme** f mesure f pour la création d'emplois; **Arbeitsgang** m phase f de travail; **Arbeitsgemeinschaft** f groupe m de travail; **Arbeitskräfte** fpl main-d'œuvre f, **arbeitslos** adj au [o zen] chômage; **~ sein** être en chômage; **Arbeitslose(r)** mf chômeur(-euse); **Arbeitslosengeld** nt allocation f chômage; **Arbeitslosenhilfe** f allocation f de fin de droits; **Arbeitslosigkeit** f chômage m; **Arbeitsmarkt** m marché m du travail; **Arbeitsplatz** m lieu m de travail; (Computer~) poste m de travail; **arbeitsscheu** adj rétif(-ive) au travail, paresseux(-euse); **Arbeitsspeicher** m (INFORM) mémoire f de travail; **Arbeitsteilung** f division f du travail; **arbeitsunfähig** adj inapte au travail; **Arbeitszeit** f horaire m de travail; **gleitende ~** horaire souple; **Arbeitszeitverkürzung** f réduction f du temps de travail.

Archäologe m ⟨-n, -n⟩, **Archäologin** f archéologue m/f.

Architekt(in) m(f) ⟨-en, -en⟩ architecte m/f; **Architektur** f architecture f.

Archiv nt ⟨-s, -e⟩ archives fpl.

arg adj ⟨ärger, am ärgsten⟩ **1.** adj terrible; **2.** adv fort, très.

Argentinien nt ⟨-s⟩ l'Argentine f.

Ärger m ⟨-s⟩ (Wut) colère f; (Unannehmlichkeit) ennuis mpl, contrariété f; **ärgerlich** adj (zornig) fâché(e), en colère; (lästig) fâcheux(-euse), ennuyeux(-euse); **ärgern**

1. vt fâcher, contrarier; **2.** vr: **sich ~** se fâcher, s'énerver.

Argument nt argument m.

Argwohn m soupçon[s] m[pl], méfiance f; **argwöhnisch** adj soupçonneux(-euse), défiant(e).

Arie f aria f.

Aristokratie f aristocratie f; **aristokratisch** adj aristocratique.

Arktis f ⟨-⟩ l'Arctique m.

arm adj ⟨ärmer, am ärmsten⟩ pauvre; **~ an etw** dat **sein** être pauvre en qch; **~ dran sein** être à plaindre.

Arm m ⟨-[e]s, -e⟩ bras m; (von Leuchter) branche f; (von Polyp) tentacule m; **~ in ~** bras dessus bras dessous.

Armatur f (ELEK) tableau m [de contrôle]; **Armaturenbrett** nt tableau m de bord.

Armband nt ⟨Armbänder pl⟩ bracelet m; **Armbanduhr** f montre[-bracelet] f.

Armee f ⟨-, -n⟩ armée f.

Ärmel m ⟨-s, -⟩ manche f; **etw aus dem ~ schütteln** (fig) faire qch en un tour de main.

ärmlich adj pauvre.

armselig adj (elend) pauvre, misérable; (schlecht) piètre, minable.

Armut f ⟨-⟩ pauvreté f.

Aroma nt ⟨-s, Aromen⟩ arôme m; **Aromatherapie** f aromathérapie f.

arrangieren 1. vt arranger; **2.** vr: **sich ~** s'arranger (mit avec).

Arrest m ⟨-[e]s, -e⟩ (Haft) détention f, arrêts mpl.

arrogant adj arrogant(e); **Arroganz** f arrogance f.

Arsch m ⟨-es, Ärsche⟩ (umg!) cul m.

Art f ⟨-, -en⟩ (Weise) façon f, manière f; (Sorte) sorte f; (Wesen) caractère m, nature f; (BIO) espèce f, variété f; **Sauerkraut nach ~ des Hauses** choucroute-maison f; **Artenschutz** m protection f des espèces animales et végétales.

Arterie f artère f; **Arterienverkalkung** f artériosclérose f.

artig adj (folgsam) obéissant(e), sage.

Artikel m ⟨-s, -⟩ article m.

Arznei f, **Arzneimittel** nt médicament m.

Arzt m ⟨-es, Ärzte⟩ médecin m, docteur m; **Arzthelferin** f assistante f médicale; **Ärztin** f médecin m, docteur m.

ärztlich adj médical(e).

As nt ⟨Asses, Asse⟩ as m.

Asbest m ⟨-[e]s, -e⟩ amiante f.

Asche f ⟨-, -n⟩ cendre f; **Aschenbahn** f (SPORT) piste f cendrée, cendrée f; **Aschenbecher** m cendrier m; **Aschenbrödel** nt ⟨-s⟩ Cendrillon f; **Aschermittwoch** m mercredi m des Cendres.

ASCII-Code m ⟨-s, -s⟩ code m ASCII.

Asiat(in) m(f) ⟨-en, -en⟩ Asiatique m/f;

asiatisch adj asiatique; **Asien** nt ⟨-s⟩ l'Asie f.

asozial adj asocial(e).

Aspekt m ⟨-s, -e⟩ aspect m.

Asphalt m ⟨-[e]s, -e⟩ asphalte m; **asphaltieren** vt asphalter, bitumer.

aß imperf von **essen**.

Assembler m ⟨-s, -⟩ (INFORM) assembleur m.

Assistent(in) m(f) assistant(e).

Assoziation f association f.

Ast m ⟨-[e]s, Äste⟩ branche f.

ästhetisch adj esthétique.

Asthma nt ⟨-s⟩ asthme m.

Astrologe m ⟨-n, -n⟩ astrologue m; **Astrologie** f astrologie f; **Astrologin** f astrologue f.

Astronaut(in) m(f) ⟨-en, -en⟩ astronaute m/f.

Astronom m astronome m; **Astronomie** f astronomie f; **Astronomin** f astronome f.

ASU f ⟨-, -s⟩ akr von **Abgassonderuntersuchung** test m antipollution (contrôle annuel des gaz d'échappement).

Asyl nt ⟨-s, -e⟩ asile m; (Heim) hospice m; (Obdachlosen~) abri m, refuge m; **Asylant(in)** m(f) réfugié(e); **Asylantenwohnheim** nt centre m d'asile; **Asylbewerber(in)** m(f) demandeur m d'asile; **Asylrecht** nt droit m d'asile.

Atelier nt ⟨-s, -s⟩ atelier m.

Atem m ⟨-s⟩ (das Atmen) respiration f; (Luft) haleine f, souffle m; außer ~ hors d'haleine, à bout de souffle; jdn in ~ halten (fig) tenir qn en haleine; jdm den ~ verschlagen (fig) couper le souffle [o la respiration] à qn; **atemberaubend** adj (Spannung) palpitant(e); (Tempo) vertigineux(-euse); (Schönheit) époustouflant(e); **atemlos** adj (Mensch) essoufflé(e), hors d'haleine; **Atempause** f temps m d'arrêt [respiratoire]; **Atemzug** m souffle m; in einem ~ (fig) d'une [seule] traite.

Atheist(in) m(f) athée m/f; **atheistisch** adj athée.

Äther m ⟨-s, -⟩ éther m.

Äthiopien nt ⟨-s⟩ l'Éthiopie f.

Athlet(in) m(f) ⟨-en, -en⟩ athlète m/f; **Athletik** f athlétisme m; **athletisch** adj athlétique.

atlantisch adj: der Atlantische Ozean l'Atlantique m, l'océan m Atlantique.

Atlas m ⟨-ses, Atlanten⟩ atlas m.

atmen vt, vi respirer.

Atmosphäre f atmosphère f; **atmosphärisch** adj atmosphérique.

Atmung f respiration f.

Atom nt ⟨-s, -e⟩ atome m.

Atom- in Zusammensetzungen atomique, nucléaire.

atomar adj atomique, nucléaire.

Atombombe f bombe f atomique; **Atomkraft** f énergie f nucléaire; **Atomkraftwerk** nt centrale f atomique [o nucléaire]; **Atomkrieg** m guerre f atomique; **Atommüll** m déchets mpl radioactifs [o nucléaires]; **Atomsperrvertrag** m traité m de non-prolifération [des armes nucléaires]; **Atomstreitmacht** f force f [de frappe] nucléaire, force f nucléaire; **Atomwaffen** fpl armes fpl nucléaires [o atomiques]; **atomwaffenfrei** adj dénucléarisé(e); **Atomwaffengegner(in)** m(f) opposant(e) aux armements nucléaires m/f.

Attentat nt ⟨-[e]s, -e⟩ attentat m; **Attentäter(in)** m(f) auteur m d'un attentat.

Attest nt ⟨-[e]s, -e⟩ certificat m.

attraktiv adj séduisant(e), attrayant(e).

Attribut nt ⟨-[e]s, -e⟩ attribut m.

ätzen vi, vt corroder; (Haut) attaquer, brûler; **ätzend** adj (umg) chiant(e).

auch adv aussi; (überdies) en plus, de plus; (selbst, sogar) même; **oder** ~ ou bien; ~ **das ist schön** ça aussi, c'est beau; **ich** ~ **nicht** moi non plus; ~ **wenn das Wetter schlecht ist** même si le temps est mauvais; **was** ~ **immer** quoi que; **wer** ~ **immer** quiconque; **so sieht es** ~ **aus** ça se voit bien; ~ **das noch!** il ne manquait plus que cela!

audiovisuell adj audiovisuel(le).

auf 1. präp +akk o dat (räumlich) sur; (nach) après; **2.** adv: ~ **und ab** de haut en bas; (hin und her) de long en large; ~ **der Reise** en voyage; ~ **der Post/dem Fest** à la poste/à la fête; ~ **der Straße** dans la rue; ~ **das/dem Land** à la campagne; ~ **der ganzen Welt** dans le monde entier; ~ **deutsch** en allemand; ~ **Lebenszeit** à vie; **bis** ~ **ihn** à part lui, sauf lui; ~ **einmal** soudain, tout à coup; ~**!** (los) en route!; ~ **daß** afin que, pour que +subj.

aufatmen vi être soulagé(e).

aufbauen vt (Zelt, Maschine) monter; (Gerüst) construire; (Stadt) reconstruire; (gestalten: Vortrag, Aufsatz) élaborer; (Existenz) bâtir; (Gruppe) fonder; (Beziehungen) créer; (groß herausbringen: Sportler, Politiker) lancer.

aufbauschen vt (fig: Angelegenheit) exagérer.

aufbereiten vt (Daten) éditer.

aufbessern vt (Gehalt) augmenter.

aufbewahren vt (aufheben, lagern) garder, conserver; **Aufbewahrung** f conservation f; (Gepäck~) consigne f; **jdm etw zur** ~ **geben** donner qch à garder à qn.

aufbieten irr vt (Kraft, Verstand) employer; (Armee, Polizei) mobiliser.

aufblasen irr vt gonfler.

aufbleiben *irr vi* (*Geschäft*) rester ouvert(e); (*Mensch*) rester éveillé(e), veiller.

aufblenden 1. *vt* (*Scheinwerfer*) allumer; **2.** *vi* (*Fahrer*) allumer les phares.

aufblühen *vi* (*Blume*) fleurir; (*Mensch*) s'épanouir; (*Wirtschaft*) prospérer.

aufbrauchen *vt* épuiser, consommer.

aufbrausen *vi* (*Mensch*) se mettre en colère, s'emporter; **aufbrausend** *adj* (*Mensch, Wesen*) emporté(e).

aufbrechen *irr* **1.** *vt* (*Kiste*) ouvrir [en forçant]; (*Schloß*) fracturer; **2.** *vi* s'ouvrir; (*Wunde*) se rouvrir; (*gehen*) partir.

aufbringen *irr vt* (*öffnen können*) réussir à ouvrir; (*in Mode bringen*) introduire, mettre en vogue; (*Geld*) trouver, [se] procurer; (*Energie*) trouver; (*Verständnis*) montrer, avoir; (*ärgern*) mettre en colère; (*aufwiegeln*) monter (*gegen* contre).

Aufbruch *m* départ *m*.

aufbürden *vt:* sich *dat* etw ~ se charger de qch, se mettre qch sur le dos.

aufdecken *vt* découvrir; (*Bett*) ouvrir.

aufdrängen 1. *vt:* jdm etw ~ imposer qch à qn; **2.** *vr:* sich jdm ~ (*Mensch*) s'imposer à qn; (*Gedanke, Verdacht*) ne pas sortir de la tête de qn.

aufdringlich *adj* importun(e).

aufeinander *adv* (*übereinander*) l'un(e) sur l'autre; (*gegenseitig*) l'un(e) l'autre, réciproquement; (*schießen*) l'un(e) sur l'autre; (*vertrauen*) l'un(e) en l'autre; **aufeinanderprallen** *vi* se heurter.

Aufenthalt *m* -[e]s, -e séjour *m*; (*Verzögerung*) retard *m*, délai *m*; (*bei Flug, Zugfahrt*) arrêt *m*; **Aufenthaltsgenehmigung** *f* permis *m* de séjour; **Aufenthaltsort** *m* lieu *m* de séjour [o de résidence].

Auferstehung *f* résurrection *f*.

auffahren *irr vi* (*herankommen*) s'approcher; (*dicht aufschließen*) serrer (*auf jdn* qn); (*hochfahren*) se dresser [en sursaut]; (*wütend werden*) s'emporter; **auf etw** *akk* ~ (*dagegenfahren*) tamponner qch, emboutir qch.

Auffahrt *f* (*Haus~*) allée *f*; (*Autobahn~*) bretelle *f* d'accès.

Auffahrunfall *m* télescopage *m*.

auffallen *irr vi* se faire remarquer; **das ist mir aufgefallen** je l'ai remarqué; **auffallend** *adj* (*Erscheinung*) remarquable; (*Begabung*) extraordinaire; (*Kleid*) voyant(e); **auffällig** *adj* voyant(e), frappant(e).

auffangen *irr vt* (*Ball*) attraper; (*fallenden Menschen*) rattraper; (*Wasser*) recueillir; (*Strahlen, Funkspruch*) capter; (*Preisanstieg*) arrêter, freiner.

auffassen *vt* (*verstehen*) comprendre, saisir; (*auslegen*) interpréter; **Auffassung** *f*

(*Meinung*) opinion *f*, avis *m*; (*Auslegung*) interprétation *f*; (~*sgabe*) faculté *f* de compréhension, intelligence *f*.

auffordern *vt* (*befehlen*) exhorter; (*bitten*) inviter; **Aufforderung** *f* (*Befehl*) demande *f*, sommation *f*; (*Einladung*) invitation *f*.

auffrischen 1. *vt* (*Farbe, Kenntnisse*) rafraîchir; (*Erinnerungen*) raviver; **2.** *vi* (*Wind*) fraîchir.

aufführen 1. *vt* (THEAT) représenter, jouer; (*in einem Verzeichnis*) mentionner; **2.** *vr:* sich ~ (*sich benehmen*) se conduire, se comporter; **Aufführung** *f* (THEAT) représentation *f*; (*in einer Liste*) énumération *f*.

Aufgabe *f* (*Auftrag, Arbeit*) tâche *f*; (*Pflicht*, SCH) devoir *m*; (*Verzicht*) abandon *m*; (*von Gepäck*) enregistrement *m*; (*von Post*) expédition *f*; (*von Inserat*) publication *f*, insertion *f*; **Aufgabenbereich** *m* ressort *m*, compétence *f*.

Aufgang *m* (*Sonnen~*) lever *m*; (*Treppe*) escalier *m*.

aufgeben *irr* **1.** *vt* (*Paket, Gepäck*) envoyer, expédier; (*Bestellung*) passer, faire; (*Inserat*) insérer, passer; (*Schularbeit*) donner; (*Rätsel, Problem*) poser (*jdm* à qn); (*verzichten auf*) abandonner, renoncer à; (*Rauchen*) arrêter; (*Kampf*) abandonner; (*Hoffnung*) perdre; (*Verlorenes*) renoncer à; **2.** *vi* abandonner.

Aufgebot *nt* mobilisation *f*; (*Ehe~*) publication *f* des bans.

aufgedreht *adj* (umg) excité(e).

aufgedunsen *adj* enflé(e), boursouflé(e).

aufgehen *irr vi* (*Sonne*) se lever; (*Teig, Saat*) lever; (*sich öffnen*) s'ouvrir; (*Knospe*) éclore; (MATH) être divisible; **jdm** ~ (*klarwerden*) devenir clair(e) pour qn; **in etw** *dat* ~ (*sich begeistern widmen*) se consacrer avec passion [o entièrement] à qch; **in Flammen** ~ être la proie des flammes.

aufgeklärt *adj* (*Zeitalter*) éclairé(e); (*sexuell*) averti(e), au courant [des questions sexuelles].

aufgelegt *adj:* **gut/schlecht** ~ **sein** être de bonne/mauvaise humeur; **zu etw** ~ **sein** être disposée à faire qch.

aufgeregt *adj* énervé(e), agité(e).

aufgeschlossen *adj* ouvert(e), compréhensif(-ive).

aufgeschmissen *vi* (umg): ~ **sein** être fichu(e).

aufgeweckt *adj* éveillé(e).

aufgreifen *irr vt* (*Thema, Punkt*) reprendre; (*Verdächtige*) appréhender, saisir.

aufgrund *präp* +*gen* en raison de.

aufhaben *irr* **1.** *vt* (*Hut, Brille*) porter; (*machen müssen*, SCH) avoir à faire; **2.** *vi* (*Geschäft*) être ouvert(e).

aufhalsen vt: **jdm etw** ~ (umg) mettre qch sur le dos de qn.

aufhalten irr **1.** vt (stoppen) arrêter; (Entwicklung) freiner; (Katastrophe) empêcher; (verlangsamen) retarder, retenir; (Tür, Hand, Augen, Sack) garder, tenir ouvert(e); **2.** vr: **sich** ~ (bleiben) s'arrêter; (wohnen) séjourner; **sich über jdn/etw** ~ (aufregen) être énervé(e) par qn/qch; **sich mit etw** ~ passer son temps à qch.

aufhängen 1. vt accrocher; (Hörer) raccrocher; (jdn) pendre; **2.** vr: **sich** ~ se pendre.

aufheben irr **1.** vt (hochheben) [soul]lever, ramasser; (aufbewahren) conserver; (Sitzung, Belagerung, Widerspruch) lever; (Verlobung) rompre; (Urteil) casser; (Gesetz) abroger; **2.** vr: **sich** ~ se compenser; **bei jdm gut aufgehoben sein** être en [de] bonnes mains; **sich dat etw für später** ~ garder qch pour plus tard; **Aufheben** nt (-s): **viel Aufheben[s] machen** faire grand bruit, faire beaucoup de bruit.

aufheitern 1. vr: **sich** ~ (Himmel) s'éclaircir; (Miene, Stimmung) se dérider; **2.** vt (jdn) égayer.

aufhellen 1. vt (Geheimnis) faire la lumière sur; (Farbe, Haare) éclaircir; **2.** vr: **sich** ~ (Himmel) se dégager; (Miene) s'éclaircir.

aufhetzen vt: **jdn** ~ **gegen** dresser [o monter] qn contre.

aufholen vt, vi rattraper.

aufhorchen vi tendre [o dresser] l'oreille.

aufhören vi arrêter.

aufklären 1. vt (Fall etc) tirer au clair, élucider; (Irrtum) tirer [o mettre] au clair; (unterrichten) informer (über +akk de, sur); (sexuell) donner une éducation sexuelle à; **2.** vr: **sich** ~ (Wetter, Geheimnis) s'éclaircir; (Gesicht) s'éclairer; (Irrtum) s'expliquer; **Aufklärung** f (von Geheimnis) éclaircissement m; (Unterrichtung) information f; (sexuelle ~) éducation f sexuelle; (MIL) reconnaissance f; **die** ~ (Zeitalter) le Siècle des Lumières.

Aufkleber m (-s, -) autocollant m.

aufkommen irr vi (Wind) se lever; (Zweifel, Gefühl, Stimmung) naître; (Mode) se répandre, s'introduire; **für jdn/etw** ~ répondre de qn/qch.

aufladen irr vt (Batterie) recharger; **jdm etw** ~ (Last, Verantwortung) charger qn de qch.

Auflage f revêtement m; (von Zeitung etc) tirage m, édition f; (Bedingung) obligation f; **jdm etw zur** ~ **machen** imposer qch à qn.

auflauern vi: **jdm** ~ épier qn, guetter qn.

Auflauf m (GASTR) soufflé m; (Menschen~) attroupement m.

aufleben vi (Mensch, Pflanze) renaître; (Gespräch, Interesse) reprendre.

auflegen vt mettre; (Telefon) raccrocher;

(Buch etc) éditer.

auflehnen vr: **sich gegen jdn/etw** ~ se révolter contre qn/qch.

auflesen irr vt ramasser.

aufleuchten vi s'allumer; (Augen) s'illuminer.

Auflistung f (INFORM) listing m.

auflockern vt détendre; (Erde) rendre meuble, ameublir.

auflösen 1. vt (in Wasser) diluer, délayer; (Rätsel) résoudre; (Versammlung) dissoudre; (Geschäft) liquider; **2.** vr: **sich** ~ se dissoudre.

aufmachen 1. vt (öffnen) ouvrir; (Kleidung) déboutonner; (Geschäft) ouvrir; (Verein) fonder; (gestalten) arranger; **2.** vr: **sich** ~ (aufbrechen) se mettre en route; **Aufmachung** f (Kleidung) tenue f; (Gestaltung) présentation f.

aufmerksam adj attentif(-ive); (höflich) attentionné(e), prévenant(e); **jdn auf etw akk** ~ **machen** attirer l'attention de qn sur qch; **Aufmerksamkeit** f attention f; (Höflichkeit) attentions fpl, égards mpl.

aufmuntern vt (ermutigen) encourager; (erheitern) égayer.

Aufnahme f (-, -n) (Empfang) accueil m; (in Verein etc) admission f; (in Liste, Programm etc) insertion f; (von Geld) emprunt m; (von Verhandlungen, Beziehungen) établissement m; (FOTO) photo[graphie] f; (Tonband~ etc) enregistrement m; (Reaktion) accueil m; **aufnahmefähig** adj réceptif(-ive); **aufnehmen** irr vt (empfangen) accueillir; (in Verein etc) admettre; (einbeziehen) insérer; (FIN: Geld) emprunter; (notieren: Protokoll) établir, noter; (Kampf, Verhandlungen) ouvrir, engager; (fotografieren) photographier; (auf Tonband, Platte) enregistrer; (reagieren auf) réagir à, accueillir; (Eindrücke) enregistrer; (hochheben) lever, soulever; (Maschen) reprendre; (Anzahl, Menge) contenir; **es mit jdm** ~ **können** se mesurer à qn, égaler qn.

aufpassen vi faire attention (auf +akk à); **aufgepaßt!** attention!

Aufprall m (-[e]s) choc m, heurt m; **aufprallen** vi heurter (auf +akk qc).

aufpumpen vt gonfler.

Aufputschmittel nt excitant m, stimulant m.

aufraffen vr: **sich** ~ se décider enfin (zu à).

aufräumen vt, vi ranger.

aufrecht adj droit(e); **aufrechterhalten** irr vt maintenir.

aufregen 1. vt exciter, énerver; **2.** vr: **sich** ~ s'énerver, s'émouvoir; **Aufregung** f énervement m, émoi m.

aufreißen irr vt (Umschlag) déchirer; (Augen) écarquiller; (*Mund*) ouvrir grand; (*Tür*) ouvrir brusquement.

aufreizen vt exciter; **aufreizend** adj provocant(e).

aufrichten 1. vt mettre debout, dresser; (*moralisch*) consoler, remonter; **2.** vr: **sich ~** se dresser; (*nach Gebücktsein*) se mettre debout; (*moralisch*) se consoler, se remettre.

aufrichtig adj sincère; **Aufrichtigkeit** f sincérité f.

aufrücken vi avancer; (*beruflich*) monter en grade.

Aufruf m (a. *INFORM*) appel m (*an +akk* à); **aufrufen** irr vt (*INFORM*) appeler; (*Namen*) faire l'appel [nominal] de; **jdn zu etw ~** (*auffordern*) sommer qn de/à faire qch.

Aufruhr m ⟨-s, -e⟩ (*Erregung*) tumulte m, émeute f, (*POL*) révolte f, insurrection f.

aufrunden vt (*Summe*) arrondir.

aufrüsten vi (*MIL*) réarmer; **Aufrüstung** f (*MIL*) [ré]armement m.

aufs = auf das.

aufsässig adj rebelle, récalcitrant(e).

Aufsatz m (*Geschriebenes*) essai m; (*Schul~*) rédaction f, dissertation f; (*auf Schrank etc*) dessus m.

aufschieben irr vt (*verzögern*) remettre, différer; (*öffnen*) ouvrir.

Aufschlag m (*an Kleidung*) revers m; (*Aufprall*) choc m; (*Preis~*) augmentation f; (*TENNIS*) service m; **aufschlagen** irr **1.** vt (*öffnen*) ouvrir; (*verwunden*: Knie, Kopf) se blesser à; (*Zelt, Lager*) dresser, monter; (*Wohnsitz*) installer; (*Ärmel*) retrousser; (*Kragen*) relever; **2.** vi (*teurer werden*) augmenter; (*TENNIS*) servir; (*aufprallen*) percuter (*auf +akk* [contre]).

aufschließen irr **1.** vt ouvrir; **2.** vi (*aufrücken*) serrer les rangs.

Aufschluß m explication f, information f; **aufschlußreich** adj révélateur(-trice), significatif(-ive).

aufschneiden irr **1.** vt (*Knoten, Paket*) ouvrir [en coupant]; (*Brot, Wurst*) couper; (*MED*) inciser; **2.** vi (*prahlen*) se vanter.

Aufschnitt m (*Wurst~*) charcuterie f en tranches; (*Käse~*) fromage m en tranches.

aufschrecken 1. vt effrayer, faire sursauter; **2.** vi sursauter.

Aufschrei m cri m perçant.

aufschreiben irr vt écrire, noter; (*Polizist*) dresser un procès-verbal à.

Aufschrift f inscription f.

Aufschub m ⟨-[e]s, Aufschübe⟩ délai m, renvoi m.

Aufschwung m (*Auftrieb*) élan m, essor m; (*wirtschaftlich*) redressement m, expansion f.

aufsehen irr vi lever les yeux; **Aufsehen** nt

⟨-s⟩ sensation f; **aufsehenerregend** adj sensationnel(le), retentissant(e).

Aufseher(in) m(f) ⟨-s, -⟩ surveillant(e); (*Museums~, Park~*) gardien(ne).

aufsein irr vi (*umg*) être ouvert(e); (*Mensch*) être debout.

aufsetzen 1. vt (*Hut, Brille*) mettre; (*Essen*) mettre sur le feu; (*Fuß*) poser; (*Schreiben*) rédiger; **2.** vr: **sich ~** se redresser [pour s'asseoir]; **3.** vi (*Flugzeug*) atterrir.

Aufsicht f (*Kontrolle*) surveillance f; (*Mensch*) garde m/f, surveillant(e).

aufsitzen irr vi s'asseoir droit; (*aufs Pferd*) monter; (*aufs Motorrad*) s'asseoir à l'arrière; **jdm ~** (*umg*) se faire rouler par qn.

aufsparen vt mettre de côté; **sich** dat **etw ~** garder qch.

aufspielen vr: **sich ~** se donner de grands airs; **sich als etw ~** se poser comme qch.

aufspringen irr vi sauter (*auf +akk* sur, dans); (*hochspringen*) bondir, sauter; (*sich öffnen*) s'ouvrir [brusquement]; (*Hände, Lippen*) gercer; (*Ball*) rebondir.

aufspüren vt dépister.

aufstacheln vt soulever, exciter.

Aufstand m soulèvement m, insurrection f; **aufständisch** adj séditieux(-euse), rebelle.

aufstehen irr vi se lever; (*Tür*) être ouvert(e).

aufsteigen irr vi monter (*auf +akk* sur); (*Flugzeug*) s'envoler; (*Rauch*) s'élever; (*beruflich*) faire carrière; (*SPORT*) monter, être promu(e).

aufstellen vt (*hinstellen*) mettre, poser; (*Gerüst*) monter; (*Wachen*) poster, placer; (*Heer, Mannschaft*) constituer, former; (*Kandidaten*) présenter; (*Programm, Rekord etc*) établir.

Aufstieg m ⟨-[e]s, -e⟩ (*auf Berg, Fortschritt*) ascension f; (*Weg*) montée f; (*SPORT*) promotion f; (*beruflich*) avancement m.

aufstützen 1. vr: **sich ~** s'appuyer; **2.** vt (*Körperteil*) appuyer.

aufsuchen vt (*besuchen*) rendre visite à; (*konsultieren*) consulter.

Auftakt m (*fig*) début m.

auftanken vi, vt faire le plein d'essence.

auftauchen vi émerger; (*U-Boot*) faire surface; (*Zweifel, Problem*) apparaître.

auftauen 1. vt (*Gefrorenes*) décongeler; (*Leitung*) faire dégeler; **2.** vi (*Eis*) dégeler; (*fig: Mensch*) se dégeler.

Auftrag m ⟨-[e]s, Aufträge⟩ (*Bestellung*) commande f, ordre m; (*Anweisung*) instruction f; (*Aufgabe*) mission f, charge f; **im ~ von** par ordre de, de la part de.

auftragen irr **1.** vt (*Essen*) servir, apporter; (*Farbe, Salbe*) mettre, passer; **2.** vi (*dick machen*) grossir; **jdm etw ~** charger qn de

qch; **dick ~** (fig) exagérer.
auftreten irr vi (erscheinen) se présenter; (THEAT) entrer en scène; (mit Füßen) marcher; (sich verhalten) se conduire; **Auftreten** nt ⟨-s⟩ (Vorkommen) apparition f; (Benehmen) conduite f, attitude f.
Auftrieb m (PHYS) poussée f verticale; (fig) essor m, impulsion f.
Auftritt m (das Erscheinen) apparition f; (von Schauspieler) entrée f en scène; (THEAT, fig: Szene) scène f.
aufwachen vi s'éveiller, se réveiller.
aufwachsen irr vi grandir.
Aufwand m ⟨-[e]s⟩ (an Kraft, Geld etc) dépense f, apport m; (Kosten) frais mpl; (Luxus) luxe m, faste m.
aufwärts adv en haut, vers le haut.
aufwecken vt réveiller.
aufweisen irr vt présenter, montrer.
aufwenden irr vt employer; (Geld) dépenser.
aufwendig adj coûteux(-euse).
aufwerfen irr 1. vt (Fenster etc) ouvrir violemment; (Probleme) soulever; 2. vr: **sich zu etw ~** s'ériger [o se poser] en qch.
aufwerten vt (FIN) réévaluer; (fig) valoriser.
aufwiegeln vt soulever.
aufwiegen irr vt compenser.
Aufwind m vent m ascendant.
aufzählen vt énumérer.
aufzeichnen vt dessiner; (schriftlich) noter; (auf Band) enregistrer; **Aufzeichnung** f (schriftlich) note f; (Tonband~) enregistrement m; (Film~) reproduction f.
aufziehen irr 1. vt (Uhr) remonter; (Unternehmung, Fest) organiser; (Kinder, Tiere) élever; (umg: necken) faire marcher, taquiner; (öffnen) ouvrir; 2. vi (aufmarschieren) se déployer; (Sturm) approcher.
Aufzug m (Fahrstuhl) ascenseur m; (Aufmarsch) cortège m; (Kleidung) accoutrement m; (THEAT) acte m.
Augapfel m globe m oculaire; (fig) prunelle f des yeux.
Auge nt ⟨-s, -n⟩ œil m; (auf Würfel) point m; **ein ~ zudrücken** (fig) fermer les yeux; **ins ~ gehen** (fig umg) mal tourner; **jdm etw aufs ~ drücken** (fig umg) imposer qch à qn; **jdm etw vor ~n führen** démontrer qch à qn; **Augenarzt** m, **Augenärztin** f oculiste m/f, ophtalmologue m/f.
Augenblick m moment m, instant m; **augenblicklich** adj (sofort) instantané(e), momentané(e); (gegenwärtig) présent(e), actuel(le).
Augenbraue f sourcil m; **Augenweide** f régal m pour les yeux; **Augenzeuge** m, **Augenzeugin** f témoin m oculaire.
August m ⟨-[e]s o -, -e⟩ août m; **im ~** en août; **21. ~ 1964** le 21 août 1964; **am 21. ~**

le 21 août.
Auktion f vente f aux enchères; **Auktionator(in)** m(f) commissaire-priseur m.
Aula f ⟨-, Aulen o -s⟩ salle f des fêtes.
aus 1. präp +dat de; (Material) en, de; (wegen) par; **2.** adv (beendet) fini(e), terminé(e); (ausgezogen) enlevé(e); (nicht an) fermé(e), éteint(e); (Boxen) K.O.; **~ ihr wird nie etwas** on ne fera jamais rien d'elle; **etw ~ etw machen** faire qch de qch; **~ und vorbei** bien fini, passé; **bei jdm ~ und ein gehen** fréquenter qn; **weder ~ noch ein wissen** ne plus savoir sur quel pied danser; **vom Fenster ~** de la fenêtre; **von Rom ~** de Rome; **von sich ~** de soi-même, spontanément; **von mir ~** (meinetwegen) quant à moi; **Aus** nt ⟨-⟩ (SPORT) hors-jeu m; (fig) fin f.
ausarbeiten vt élaborer.
ausarten vi (Spiel, Party) dégénérer.
ausatmen vi expirer.
Ausbau m (ARCHIT) aménagement m; (fig) agrandissement m, extension f; **ausbauen** vt aménager, agrandir; (herausnehmen) démonter.
ausbedingen ⟨bedingte o bedang aus, ausbedungen⟩ vt: **sich dat etw ~** se réserver qch.
ausbessern vt réparer, améliorer.
ausbeulen vt débosseler.
Ausbeute f rendement m, profit m; **ausbeuten** vt exploiter.
ausbilden vt (beruflich) former; (Fähigkeiten) développer; (Stimme) former; (Geschmack) cultiver; **Ausbildung** f (beruflich) formation f.
ausbleiben irr vi (Mensch) ne pas venir; (Ereignis) ne pas se produire.
Ausblick m vue f; (fig) perspective f.
ausbrechen irr 1. vi (Gefangener) s'évader; (Krankheit, Feuer) se déclarer; (Krieg, Panik) éclater; (Vulkan) entrer en éruption; **2.** vt arracher; **in Tränen ~** fondre en larmes; **in Gelächter ~** éclater de rire.
ausbreiten 1. vt (Waren) étendre, étaler; (Karte) déplier; (Arme, Flügel) déployer; **2.** vr: **sich ~** s'étendre; (Nebel, Wärme) se répandre; (Seuche, Feuer) se propager.
Ausbruch m (von Gefangenen) évasion f; (Beginn) début m, commencement m; (von Vulkan) éruption f; (Gefühls~) effusion f; **zum ~ kommen** se déclarer.
ausbrüten vt couver.
Ausdauer f endurance f, persévérance f; **ausdauernd** adj endurant(e).
ausdehnen 1. vt étendre; (Gummi) étirer; (zeitlich) prolonger; **2.** vr: **sich ~** s'étendre; (zeitlich) se prolonger.
ausdenken irr vt (zu Ende denken) considérer à fond; **sich dat etw ~** imaginer qch.

Ausdruck 1. m ⟨Ausdrücke pl⟩ (verbal, mimisch) expression f; **2.** m ⟨Ausdrucke pl⟩ (INFORM) impression f.
ausdrucken vt (INFORM) imprimer.
ausdrücken 1. vt exprimer; (Zigarette) écraser; (Zitrone, Schwamm) presser; **2.** vr: **sich ~** s'exprimer.
ausdrücklich adj exprès(-esse).
auseinander adv (räumlich) éloigné(e) l'un(e) de l'autre; (zeitlich) loin l'un(e) de l'autre; **auseinandergehen** irr vi (Menschen) se séparer; (Meinungen) diverger, différer; (Gegenstand) se disjoindre, se disloquer; (umg: dick werden) engraisser; **auseinanderhalten** irr vt (unterscheiden) distinguer; **Auseinandersetzung** f (Diskussion) discussion f; (Streit) dispute f, démêlé m.
auserlesen adj choisi(e), de choix.
ausfahren irr **1.** vi (Schiff) partir; (spazierenfahren) se promener [en voiture]; **2.** vt (spazierenfahren) promener; (Ware) livrer, distribuer; (TECH: Fahrwerk) baisser, sortir.
Ausfahrt f (Autobahn~, Garagen~) sortie f; (des Zuges etc) départ m; (Spazierfahrt) promenade f [en voiture].
ausfallen irr vi (Zähne, Haare) tomber; (nicht stattfinden) ne pas avoir lieu; (wegbleiben) manquer; (nicht funktionieren) tomber en panne; (Resultat haben) tourner; **wie ist das Spiel ausgefallen?** comment s'est terminée la partie?
ausfallend adj blessant(e).
Ausfallstraße f route f de sortie.
ausfertigen vt (Urkunde, Paß) rédiger, délivrer; (Rechnung) faire; **doppelt ausgefertigt** en double exemplaire.
ausfindig adv: **~ machen** dénicher, découvrir.
ausflippen vi (umg) déconner.
Ausflug m excursion f, tour m.
Ausfluß m écoulement m; (MED) sécrétions fpl.
ausfragen vt questionner.
ausfransen vi effranger, effilocher.
Ausfuhr f (-, -en) exportation f.
ausführen vt (spazierenführen) sortir, promener; (erledigen) accomplir, exécuter; (verwirklichen) réaliser; (gestalten) produire, élaborer; (exportieren) exporter; (erklären) expliquer.
ausführlich 1. adj détaillé(e); **2.** adv en détail.
ausfüllen vt (Loch, Zeit, Platz) combler; (Fragebogen etc) remplir; (Beruf: jdn) satisfaire.
Ausgabe f (Kosten) dépense f; (Aushändigung) remise f; (bei einem Amt) délivrance f; (INFORM) sortie f; (Gepäck~) consigne f; (Buch, Nummer) édition f; (Modell, Versi-

on) version f.
Ausgang m (Stelle) sortie f; (Ende) fin f; (~spunkt) point m de départ; (Ergebnis) résultat m; (Ausgehtag) jour m de sortie; (MIL) quartier m libre; **kein ~** sortie interdite; **Ausgangssperre** f couvre-feu m.
ausgeben irr vt (Geld) dépenser; (austeilen) distribuer; **sich für etw/jdn ~** se faire passer pour qch/qn.
ausgebucht adj complet(-ète).
ausgebufft adj (umg: trickreich) roublard(e).
ausgefallen adj (ungewöhnlich) extravagant(e), étrange.
ausgeglichen adj (Mensch, Spiel) équilibré(e).
ausgehen irr vi (weggehen) sortir; (Haare, Zähne) tomber; (zu Ende gehen) finir, se terminer; (Benzin) venir à manquer, s'épuiser; (Feuer, Ofen, Licht) s'éteindre; (Resultat haben) finir; **von etw ~** partir de qch; (ausgestrahlt werden) provenir de qch; (herrühren) venir de qch; **schlecht ~** finir mal.
ausgelassen adj fougueux(-euse), plein(e) d'allant.
ausgelastet adj: **~ sein** être très occupé(e).
ausgelernt adj qualifié(e).
ausgenommen 1. präp +akk sauf, excepté; **2.** konj excepté si, à moins que [ne] +subj.
ausgepowert adj (umg): **~ sein** être vidé(e), être vanné(e).
ausgeprägt adj marqué(e), prononcé(e).
ausgerechnet adv justement, précisément.
ausgereift adj parachevé.
ausgeschlossen adj (unmöglich) impossible; **es ist nicht ~, daß ...** il n'est pas exclu que ...
ausgesprochen 1. adj prononcé(e), marqué(e); **2.** adv particulièrement.
ausgezeichnet adj excellent(e).
ausgiebig adj (Gebrauch) large, fréquent(e); (Essen) copieux(-euse).
Ausgleich m (-[e]s, -e) compensation f; (Gleichgewicht) équilibre m; (Kompromiß) compromis m; (SPORT) égalisation f; **zum ~** en compensation; **ausgleichen** irr **1.** vt (Höhe) égaliser; (Unterschied) aplanir, équilibrer; (Konflikt) arranger; (Mangel) compenser; (Konto) balancer; **2.** vr: **sich ~** s'équilibrer, se compenser; **Ausgleichssport** m sport m de compensation.
Ausgrabung f (archäologisch) fouilles fpl.
ausgrenzen vt (Menschen) exclure; (Sache) écarter.
Ausguß m (Spüle) évier m; (Abfluß) tuyau m d'écoulement; (Tülle) bec m.
aushalten irr **1.** vt (Schmerzen, Hunger) supporter, endurer; (Blick, Vergleich) soutenir; (Geliebte) entretenir; **2.** vi (durchhalten) tenir bon, durer; **das ist nicht zum Aus-**

halten c'est insupportable.

aushandeln vt négocier.

aushändigen vt: **jdm etw ~** remettre qch à qn [en mains propres].

Aushang m affiche f, placard m.

aushängen 1. vt (Meldung) afficher; (Fenster) décrocher, déboîter; **2.** vr: **sich ~** (Kleidung, Falten) se défroisser; **3.** irr vi (Meldung) être affiché(e).

aushecken vt (umg) manigancer, tramer.

aushelfen irr vi: **jdm ~** aider qn, donner un coup de main à qn.

Aushilfe f aide f; **Aushilfskraft** f aide f; **Aushilfskräfte** fpl personnel m auxiliaire; **aushilfsweise** adv à titre provisoire, provisoirement.

aushungern vt affamer.

auskennen vr: **sich ~** s'y connaître.

ausklammern vt (Thema) mettre de côté, exclure.

ausklingen irr vi (Ton, Lied) s'éteindre, s'achever; (Fest) se terminer.

ausklopfen vt (Teppich) battre; (Pfeife) débourrer.

auskochen vt (Wäsche) faire bouillir; (Knochen) faire bien cuire; (MED) stériliser.

auskommen irr vi: **mit jdm ~** s'entendre avec qn; **mit etw ~** se débrouiller avec qch; **ohne jdn/etw ~** pouvoir se passer de qn/qch.

auskosten vt savourer.

auskundschaften vt (Gegend) explorer; (Meinung) sonder, scruter.

Auskunft f ⟨-, Auskünfte⟩ (Mitteilung) information f; (nähere ~) détails mpl; (Stelle) bureau m de renseignements [o d'informations]; (TEL) renseignements mpl; **jdm ~ erteilen** renseigner qn, donner des renseignements à qn.

auslachen vt rire de.

ausladen irr vt décharger; (Gäste) décommander.

Auslage f (Waren) étalage m, éventaire m; (Schaufenster) vitrine f; **~n** (Kosten) frais mpl.

Ausland nt étranger m; **im/ins ~** à l'étranger; **Ausländer(in)** m(f) ⟨-s, -⟩ étranger (-ère); **ausländerfeindlich** adj hostile aux étrangers, xénophobe; **Ausländerfeindlichkeit** f xénophobie f; **ausländisch** adj étranger(-ère); **Auslandsgespräch** nt (TEL) communication f internationale.

auslassen irr **1.** vt omettre; (Fett) faire fondre; (Wut, Ärger) décharger, passer (an +dat sur); (umg: nicht anstellen) ne pas allumer; (umg: nicht anziehen) ne pas mettre; **2.** vr: **sich über etw** akk **~** s'étendre sur qch.

auslaufen irr vi (Flüssigkeit) s'écouler, cou-

ler; (Behälter) fuir; (NAUT) partir, appareiller; (Serie) se terminer; (Vertrag, Amtszeit) cesser, se terminer.

Ausläufer m (von Gebirge) contrefort m; (von Pflanze) pousse f, surgeon m.

ausleeren vt vider.

auslegen vt (Waren) étaler; (Köder, Schlinge) placer, poser; (leihen: Geld) avancer; (Kiste, Zimmer, Boden) revêtir; (interpretieren: Text etc) interpréter; (technisch ausstatten) concevoir.

Ausleihe f ⟨-, -n⟩ (Vorgang) prêt m; (Stelle) salle f de prêt; **ausleihen** irr vt (verleihen) prêter; **sich** dat **etw ~** emprunter qch.

Auslese f (Vorgang) choix m, sélection f; (Elite) élite f; (Wein) grand vin m, vin m de grand cru, grand cru m.

ausliefern 1. vt livrer; **2.** vr: **sich jdm ~** se livrer à qn; **jdm/einer Sache ausgeliefert sein** être à la merci de qn/qch.

ausliegen irr vi être exposé(e), être à l'étalage; (Zeitschrift, Liste) être à la disposition des lecteurs.

auslöschen vt effacer; (Feuer, Kerze) éteindre.

auslosen vt tirer au sort.

auslösen vt (Explosion, Alarm, Reaktion) déclencher, provoquer; (Panik, Gefühle, Heiterkeit) susciter; (Gefangene) racheter; (Pfand) dégager, retirer; **Auslöser** m ⟨-s, -⟩ (FOTO) déclencheur m.

ausmachen vt (Licht, Feuer, Radio) éteindre; (erkennen) distinguer, repérer; (vereinbaren) convenir de, fixer; (Anteil ausmachen, betragen) constituer; **das macht ihm nichts aus** ça ne lui fait rien; **macht es Ihnen etwas aus, wenn ...?** ça vous dérange si ...?

ausmalen vt (Bild, Umrisse) peindre; (fig: schildern) décrire, dépeindre; **sich** dat **etw ~** s'imaginer qch.

Ausmaß nt (von Katastrophe) ampleur f; (von Liebe etc) profondeur f.

ausmessen irr vt mesurer.

Ausnahme f ⟨-, -n⟩ exception f; **eine ~ machen** faire une exception; **Ausnahmefall** m cas m exceptionnel; **Ausnahmezustand** m état m d'urgence; **ausnahmslos** adv sans exception; **ausnahmsweise** adv exceptionnellement.

ausnutzen vt profiter de.

auspacken vt (Koffer) défaire; (Geschenk) déballer.

ausprobieren vt essayer.

Auspuff m ⟨-[e]s, -e⟩ (TECH) échappement m; **Auspuffrohr** nt tuyau m d'échappement; **Auspufftopf** m pot m d'échappement.

auspumpen vt pomper; (MED: Magen) faire un lavage [d'estomac].

ausrangieren vt (umg) mettre au rancart.
ausrasten vi (TECH) se décliqueter; (umg: durchdrehen) paniquer.
ausrauben vt dévaliser.
ausräumen vt (Dinge) enlever; (Schrank, Zimmer) vider; (Bedenken) écarter.
ausrechnen vt calculer; **sich** dat **etw ~ können** pouvoir s'imaginer qch.
Ausrede f excuse f, prétexte m.
ausreden 1. vi (zu Ende reden) finir [de parler]; **2.** vt: **jdm etw ~** dissuader qn de qch.
ausreichen vi suffire; **ausreichend** adj suffisant(e).
Ausreise f sortie f, départ m; **ausreisen** vi sortir du pays.
ausreißen irr **1.** vt arracher; **2.** vi (Riß bekommen) se déchirer; (umg: weglaufen) se sauver, déguerpir.
ausrenken vt: **sich** dat **etw ~** se déboîter qch, se démettre qch.
ausrichten vt (Botschaft, Gruß) transmettre; (in gerade Linie bringen) aligner; **jdm etw ~** faire savoir qch à qn.
ausrotten vt exterminer.
ausrücken vi (MIL) se mettre en marche; (Feuerwehr, Polizei) entrer en action; (umg: weglaufen) décamper.
ausrufen irr vt (schreien) crier, s'exclamer; (Stationen, Schlagzeile) annoncer; (Streik, Revolution) proclamer; **Ausrufezeichen** nt point m d'exclamation.
ausruhen 1. vi reposer; **2.** vr: **sich ~** se reposer.
ausrüsten vt équiper; **Ausrüstung** f équipement m.
ausrutschen vi glisser, déraper.
Aussage f ⟨-, -n⟩ déclaration f; (JUR) déposition f; **aussagen 1.** vt déclarer; **2.** vi (JUR) déposer [en justice].
ausschalten vt (Maschine) arrêter; (Licht) éteindre; (Strom) couper; (fig: Gegner, Fehlerquelle) éliminer, écarter.
Ausschank m ⟨-[e]s, Ausschänke⟩ (von Alkohol) débit m de boissons; (Theke) comptoir m.
Ausschau f: **~ halten** guetter (nach etw qch).
ausscheiden irr **1.** vt écarter; (MED) sécréter; **2.** vi (nicht in Betracht kommen) ne pas entrer en ligne de compte; (weggehen) partir; (SPORT) être éliminé(e).
ausschlafen irr vi, vr: **sich ~** dormir son content.
Ausschlag m (MED) éruption f; (Pendel~) oscillation f; (Nadel~) déviation f; **den ~ geben** être déterminant(e); **ausschlagen** irr **1.** vt (Zähne) casser; (auskleiden) tapisser, revêtir; (verweigern) refuser; **2.** vi (Pferd) ruer; (BOT) bourgeonner; (Zeiger,

Pendel) osciller; **ausschlaggebend** adj déterminant(e), capital(e).
ausschließen irr vt exclure.
ausschließlich 1. adj exclusif(-ive); **2.** adv exclusivement; **3.** präp +gen à l'exclusion de.
Ausschluß m exclusion f; **unter ~ der Öffentlichkeit** à huis clos.
ausschmücken vt décorer; (fig) enjoliver, embellir.
ausschneiden irr vt découper; (Büsche) élaguer, tailler.
Ausschnitt m (Teil) fragment m, partie f; (von Kleid) décolleté m; (Zeitungs~) coupure f de journal; (aus Film etc) extrait m.
Ausschreitungen fpl (Gewalttätigkeiten) excès mpl, actes mpl de violence.
Ausschuß m (Gremium) comité m; (Prüfungs~) commission f; (WIRTS: ~ware) marchandise f de rebut.
ausschweifend adj (Leben) de débauche; (Phantasie) extravagant(e); **Ausschweifung** f excès m, débauche f.
aussehen irr vi sembler, paraître; **es sieht nach Regen aus** le temps est à la pluie; **es sieht schlecht aus** ça va mal.
aussein irr vi (zu Ende sein) être fini(e); (vorbei sein) être passé(e); (nicht brennen) être éteint(e); (abgeschaltet sein) être arrêté(e); **auf etw** akk **~** vouloir avoir qch, aspirer à qch.
außen adv à l'extérieur, au dehors; **~ vor sein** être laissé(e) à l'écart.
aussenden irr vt envoyer; (Strahlen) émettre.
Außenminister(in) m(f) ministre m des Affaires étrangères; **Außenpolitik** f politique f étrangère (à l'extérieur); **Außenseite** f extérieur m, dehors m; **Außenseiter(in)** m(f) ⟨-s, -⟩ (SPORT) outsider m; (fig) marginal(e); **Außenspiegel** m rétroviseur m [extérieur]; **Außenstände** pl (WIRTS) créances fpl.
außer 1. präp +dat (räumlich) en dehors de; (abgesehen von) à l'exception de, sauf; **2.** konj (ausgenommen) sauf; **~ wenn** à moins que [ne] +subj; **~ daß** sauf que; **~ Gefahr sein** être hors de danger; **~ Zweifel/Atem/Betrieb** hors de doute/d'haleine/service; **~ sich sein** être hors de soi.
außerdem adv en outre, en plus.
äußere(r, s) adj (nicht innen) extérieur(e); (von außen) du dehors; (Erscheinung, Rahmen) apparent(e); **das Äußere** l'extérieur m, les dehors mpl.
außerehelich adj extra-conjugal(e); **außergewöhnlich** adj insolite; (außerordentlich) extraordinaire, exceptionnel(le); **außerhalb 1.** präp +gen hors de; (räumlich) en dehors de; (zeitlich) hors de; **2.** adv

au dehors, à l'extérieur.
äußerlich 1. adj externe, superficiel(le); **2.** adv en apparence; **Äußerlichkeit** f formalité f.
äußern 1. vt (aussprechen) dire, exprimer; **2.** vr: **sich ~** s'exprimer, se prononcer; (sich zeigen) se manifester.
außerordentlich adj extraordinaire.
äußerst adv extrêmement.
außerstande adj: **~ sein, etw zu tun** être incapable de faire qch.
äußerste(r, s) adj (größte, räumlich) extrême; (am weitesten weg) le (la) plus éloigné(e); (Termin, Preis) dernier(-ière).
Äußerung f propos m[pl].
aussetzen 1. vt (Kind, Tier) abandonner; (Boote) mettre à l'eau; (Belohnung) offrir; (Urteil, Verfahren) remettre, suspendre; **2.** vi (aufhören) cesser; (Herz) s'arrêter; (Motor) faire des ratés, caler; (bei Arbeit) s'interrompre; **jdn/sich einer Sache** dat ~ (preisgeben) exposer qn/s'exposer à qch; **an jdm/etw etw auszusetzen haben** trouver quelque chose à redire à qn/qch.
Aussicht f (Blick) vue f; (in Zukunft) perspective f; **etw in ~ haben** avoir qch en vue; **aussichtslos** adj sans espoir, vain(e); **aussichtsreich** adj prometteur(-euse); **Aussichtsturm** m belvédère m.
aussitzen irr vt attendre que les problèmes se résolvent d'eux-mêmes.
aussondern vt sélectionner.
aussortieren vt trier.
ausspannen 1. vt (Tuch, Netz) étendre, déployer; (Pferd, Kutsche) dételer; (umg: Mädchen) chiper, souffler (jdm à qn); **2.** vi (sich erholen) se détendre.
aussperren vt (ausschließen) fermer la porte à; (Streikende) lock-outer.
ausspielen vt (Karte) jouer; (Erfahrung, Wissen) faire valoir; **jdn gegen jdn ~** se servir de qn contre qn.
Aussprache f prononciation f; (Unterredung) explication f.
aussprechen irr **1.** vt (Wort) prononcer; (äußern) exprimer; (Urteil, Strafe, Warnung) prononcer; **2.** vi (zu Ende sprechen) finir de parler; **3.** vr: **sich ~** (sich äußern) s'exprimer; (sich anvertrauen) s'épancher, se confier; (diskutieren) discuter; **sich für/gegen etw ~** se prononcer pour/contre qch.
Ausstand m (Streik) grève f.
ausstatten vt: **jdn mit etw ~** doter qn de qch; **etw ~** équiper qch; **Ausstattung** f (das Ausstatten) équipement m; (Aufmachung) présentation f; (von Zimmer) ameublement m, mobilier m; (von Auto) équipement m.
ausstehen irr **1.** vt (ertragen) supporter; **2.** vi (noch nicht dasein) manquer, ne pas être

là; **ausgestanden sein** être passé(e); **etw nicht ~ können** ne pas pouvoir supporter qch.
aussteigen irr vi (aus Fahrzeug) descendre (aus de); (aus Geschäft) se retirer; **Aussteiger(in)** m(f) ⟨-s, -⟩ (aus Gesellschaft) marginal(e).
ausstellen vt (Waren) exposer; (Paß, Zeugnis) délivrer; (Rechnung, Scheck) établir; (umg: Gerät) arrêter; **Ausstellung** f (Kunst~ etc) exposition f; (von Waren) étalage m; (von Paß etc) délivrance f; (von Rechnung) établissement m.
aussterben irr vi disparaître; **wie ausgestorben** (fig) comme mort(e).
Aussteuer f ⟨-, -n⟩ trousseau m, dot f.
Ausstieg m ⟨-[e]s, -e⟩ abandon m (aus de); **~ aus der Gesellschaft** marginalisation f.
ausstopfen vt empailler.
ausstoßen irr vt (Luft, Rauch) émettre; (Drohungen) proférer; (Seufzer, Schrei) pousser; (aus Verein etc) exclure, expulser; (produzieren) produire.
ausstrahlen 1. vt répandre; (RADIO, TV) émettre, diffuser; **2.** vi: **von etw ~** émaner de qch; **Ausstrahlung** f diffusion f; (fig: eines Menschen) rayonnement m.
aussuchen vt choisir.
Austausch m échange m; **austauschbar** adj échangeable; (gegeneinander) interchangeable; **austauschen** vt échanger.
austeilen vt distribuer.
Auster f ⟨-, -n⟩ huître f.
austragen irr vt (Post) porter à domicile; (Streit etc) régler; (Wettkämpfe) disputer.
Australien nt ⟨-s⟩ l'Australie f; **Australier(in)** m(f) ⟨-s, -⟩ Australien(ne); **australisch** adj australien(ne).
austreiben irr vt (Geister) exorciser; **jdm etw ~** faire passer qch à qn.
austreten irr **1.** vt (Feuer) éteindre [avec les pieds]; (Schuhe) déformer; (Treppe) user; **2.** vi (zur Toilette) sortir, aller aux toilettes; (aus Verein etc) démissionner; (Flüssigkeit) s'échapper.
austrinken irr vt (Glas) finir, vider; (Getränk) finir de boire.
Austritt m démission f, retrait m.
ausüben vt exercer.
Ausverkauf m soldes fpl; **ausverkauft** adj épuisé(e); (THEAT: Haus) complet(-ète).
Auswahl f choix m; (SPORT) sélection f; (WIRTS: Angebot) assortiment m (an +dat de); **auswählen** vt choisir.
auswandern vi émigrer.
auswärtig adj étranger(-ère); **Auswärtiges Amt** Ministère m des Affaires étrangères; **auswärts** adv (nicht zu Hause) au dehors, à l'extérieur; (nicht am Ort) hors de la ville, à l'extérieur.

auswechseln vt remplacer.
Ausweg m issue f, sortie f; **ausweglos** adj sans issue.
ausweichen irr vi: **jdm/einer Sache ~** éviter qn/qch; **ausweichend** adj évasif(-ive).
Ausweis m ⟨-es, -e⟩ (*Personal~*) pièce f d'identité; (*Mitglieds~, Bibliotheks~* etc) carte f.
ausweisen irr **1.** vt expulser, chasser; **2.** vr: **sich ~** (*Identität nachweisen*) décliner son identité.
auswendig adv par cœur.
auswirken vr: **sich ~** se répercuter, faire effet.
Auswuchs m ⟨-es, Auswüchse⟩ excroissance f; (*fig*) excès m.
auswuchten vt (*AUTO*) équilibrer.
auszahlen **1.** vt payer; **2.** vr: **sich ~** être payant(e).
auszeichnen **1.** vt (*ehren*) décorer; (*hervorheben*) distinguer; (*WIRTS: Waren*) étiqueter; **2.** vr: **sich ~** se distinguer.
ausziehen irr **1.** vt (*Kleidung*) enlever; (*Tisch*) rallonger; (*Antenne*) sortir; **2.** vi (*aufbrechen*) partir; (*aus Wohnung*) déménager; **3.** vr: **sich ~** se déshabiller.
Auszubildende(r) mf stagiaire m/f, apprenti(e).
Auszug m (*aus Wohnung*) déménagement m; (*aus Buch* etc) extrait m; (*Abschrift*) copie f; (*Konto~*) relevé m.
Autismus m autisme m; **autistisch** adj autiste.
Auto nt ⟨-s, -s⟩ voiture f, auto f; **~ fahren** conduire [une voiture]; **Autobahn** f autoroute f; **Autobahndreieck** nt échangeur m; **Autobahngebühr** f péage m; **Autobahnkreuz** nt échangeur m; **Autobombe** f voiture f piégée; **Autofahrer(in)** m(f) automobiliste m/f; **Autogas** nt gaz m de pétrole liquéfié.
Autogramm nt ⟨-s, -e⟩ autographe m.
Automat m ⟨-en, -en⟩ distributeur m automatique.
Automatikgurt m ceinture f à enrouleur; **Automatikschaltung** f boîte f automatique; **Automatikwagen** m voiture f [à embrayage] automatique.
automatisch adj automatique.
Autopsie f autopsie f.
Autor m auteur m.
Autoreifen m pneu m; **Autorennen** nt course f automobile.
Autorin f auteur m.
autoritär adj autoritaire.
Autorität f autorité f.
Autotelefon nt téléphone m de voiture; **Autounfall** m accident m de voiture; **Autoverleih** m location f de voitures.

Axt f ⟨-, Äxte⟩ hache f.
Azubi m ⟨-s, -s⟩, f ⟨-, -s⟩ akr von **Auszubildende** stagiaire m/f, apprenti(e).

B

B, b nt B, b m; (*MUS: Note*) si m; (*MUS: Erniedrigungszeichen*) bémol m.
Baby nt ⟨-s, -s⟩ bébé m; **Babynahrung** f aliments mpl [o nourriture f] de bébé.
Bach m ⟨-[e]s, Bäche⟩ ruisseau m.
Backe f ⟨-, -n⟩ joue f.
backen ⟨backte, gebacken⟩ **1.** vt faire cuire; (*Fisch*) faire frire; **2.** vi cuire; (*Fisch*) frire.
Backenbart m favoris mpl; **Backenzahn** m molaire f.
Bäcker(in) m(f) ⟨-s, -⟩ boulanger(-ère); **Bäckerei** f boulangerie f.
Backobst nt fruits mpl secs; **Backofen** m four m; **Backpulver** nt levure f chimique; **Backstein** m brique f.
backte imperf von **backen**.
Bad nt ⟨-[e]s, Bäder⟩ (*das Baden*) bain m; (*Raum*) salle f de bains; (*Anstalt*) piscine f; (*Kurort*) station f thermale; (*das Schwimmen*) bain m, baignade f; **Badeanstalt** f piscine f; **Badeanzug** m maillot m de bain; **Badehose** f maillot m de bain, slip m de bain; **Badekappe** f bonnet m de bain; **Bademantel** m peignoir m; **Bademeister(in)** m(f) maître nageur m; **baden 1.** vi se baigner; **2.** vt baigner.
Baden-Württemberg nt ⟨-s⟩ le Bade-Wurtemberg.
Badewanne f baignoire f; **Badezimmer** nt salle f de bains.
baff adj: **~ sein** (*umg*) en rester baba.
Bafög nt ⟨-⟩ akr von **Bundesausbildungsförderungsgesetz** bourse f d'études.
Bagger m ⟨-s, -⟩ excavateur m, pelle f mécanique; **baggern** vt, vi excaver, creuser.
Bahamas pl [îles] Bahamas fpl.
Bahn f ⟨-, -en⟩ voie f; (*Kegel~, Renn~*) piste f; (*von Gestirn, Geschoß*) trajectoire f; (*Tapeten~*) bande f; (*Stoff~*) panneau m; (*Eisen~*) chemin m de fer; (*Straßen~*) tram m; (*Schienenstrecke*) voie f ferrée; **mit der ~ fahren** aller en train.
bahnbrechend adj novateur(-trice), révolutionnaire.
Bahndamm m remblai m [de chemin de fer].
bahnen vt: **sich/jdm einen Weg ~** se frayer un chemin/frayer un chemin à qn.
Bahnfahrt f voyage m en train; **Bahnhof** m gare f; **auf dem ~** à la gare; **Bahnhofs-**

mission f centre d'accueil de nature confessionnelle dans une gare; **Bahnhofspolizei** f police f des chemins de fer; **Bahnsteig** m ⟨-s, -e⟩ quai m; **Bahnstrecke** f ligne f de chemin de fer; **Bahnübergang** m passage m à niveau.

Bahre f ⟨-, -n⟩ brancard m, civière f.

Bakterie f bactérie f.

Balance f ⟨-, -n⟩ équilibre m; **balancieren 1.** vt faire tenir en équilibre; **2.** vi être en équilibre.

bald adv (zeitlich) bientôt; (leicht) vite; (fast) presque; ~ ..., ~ ... tantôt ... tantôt ...; **baldig** adj (Antwort, Bearbeitung) rapide; (Genesung) prochain(e).

Baldrian m ⟨-s, -e⟩ valériane f.

Balken m ⟨-s, -⟩ poutre f.

Balkon m ⟨-s, -s o -e⟩ balcon m.

Ball m ⟨-[e]s, Bälle⟩ ballon m, balle f; (Tanz) bal m.

Ballast m ⟨-[e]s⟩ lest m; (fig) poids m mort; **Ballaststoffe** mpl cellulose f alimentaire, fibres fpl.

ballen 1. vt (Papier) froisser; (Faust) serrer; **2.** vr: **sich ~** (Schnee) s'agglomérer; (Wolken) s'amonceler; (Industrieanlagen) se concentrer.

Ballen m ⟨-s, -⟩ (Stoff~) rouleau m; (Heu~) botte f; (Hand~) thénar m; (Fuß~) éminence f du gros orteil.

Ballett nt ⟨-[e]s, -e⟩ ballet m.

Ballon m ⟨-s, -s o -e⟩ ballon m.

Ballung f concentration f; (von Energie) accumulation f; **Ballungsgebiet** nt, **Ballungsraum** m, **Ballungszentrum** nt zone f à forte concentration urbaine.

Balsam m ⟨-s, -e⟩ baume m.

Baltikum nt ⟨-s⟩ les pays baltes.

Bambus m ⟨- o -ses, -se⟩ bambou m; **Bambusrohr** nt tige f de bambou.

banal adj banal(e); **Banalität** f banalité f.

Banane f ⟨-, -n⟩ banane f; **Bananenrepublik** f (pej) république f bananière.

Banause m ⟨-n, -n⟩ philistin m.

band imperf von **binden**

Band 1. m ⟨-[e]s, Bände⟩ (Buch~) volume m; **2.** nt ⟨-[e]s, Bänder⟩ (Stoff~) bandeau m; (Ordens~) ruban m; (Fließ~) chaîne f [de fabrication]; (Ton~) bande f magnétique; (ANAT) ligament m; **3.** nt ⟨-[e]s, -e⟩ (Freundschafts~ etc) lien m; **4.** f ⟨-, -s⟩ (Jazz~) orchestre m; (Pop~) groupe m; **etw auf ~ aufnehmen** enregistrer qch; **er hat sich am laufenden ~ beschwert** il n'a pas cessé de se plaindre.

bandagieren vt panser.

Bandbreite f (RADIO) largeur f de bande; (fig: von Gehältern) fourchette f, marge f; (von Meinungen etc) éventail m.

Bande f ⟨-, -n⟩ (Verbrecher, pej: Gruppe von Menschen) bande f.

bändigen vt (Tier) dompter; (Trieb, Leidenschaft) maîtriser.

Bandscheibe f (ANAT) disque m intervertébral.

Bandwurm m ténia m, ver m solitaire.

bange adj anxieux(-euse); **jdm ~ machen** faire peur à qn; **mir wird es ~** j'ai la frousse; **bangen** vi: **um jdn/etw ~** craindre pour qn/qch.

Bank 1. f ⟨-, Bänke⟩ (Sitz~) banc m; **2.** f ⟨-, -en⟩ (Geld~) banque f; **Bankanweisung** f mandat m de paiement [à une banque]; **Bankkonto** nt compte m en banque; **Bankleitzahl** f code m banque; **Banknote** f billet m de banque.

bankrott adj en faillite, failli(e); **Bankrott** m ⟨-[e]s, -e⟩ faillite f; **~ machen** faire faillite.

Banküberfall m hold-up m [dans une banque]; **Bankverbindung** f identité f bancaire.

bannen vt (Geister) exorciser; (Gefahr) conjurer; (bezaubern) ensorceler, captiver.

bar adj (unbedeckt) découvert(e); (offenkundig) pur(e); **~es Geld** argent m liquide; **etw [in] ~ bezahlen** payer qch en espèces; (Rechnung) payer qch comptant.

Bar f ⟨-, -s⟩ bar m.

Bär m ⟨-en, -en⟩ ours m.

Baracke f ⟨-, -n⟩ baraque f.

barbarisch adj barbare.

barfuß adv pieds nus.

barg imperf von **bergen**.

Bargeld nt espèces fpl, argent m liquide; **bargeldlos** adv par chèque; (durch Überweisung) par virement.

Barhocker m tabouret m de bar; **Barkeeper** m ⟨-s, -⟩, **Barmann** m ⟨Barmänner pl⟩ barman m.

barmherzig adj miséricordieux(-euse).

Barometer nt ⟨-s, -⟩ baromètre m.

Barren m ⟨-s, -⟩ (SPORT) barres fpl parallèles; (Gold~) lingot m.

Barrikade f barricade f.

barsch adj brusque, bourru(e).

Barsch m ⟨-[e]s, -e⟩ perche f.

barst imperf von **bersten**.

Bart m ⟨-[e]s, Bärte⟩ barbe f; (Schlüssel~) panneton m; **bärtig** adj barbu(e).

Barzahlung f paiement m comptant.

Basar m ⟨-s, -e⟩ (Markt) bazar m; (Wohltätigkeits~) vente f de bienfaisance.

Base f ⟨-, -n⟩ (CHEM) base f; (Kusine) cousine f.

basieren vi: **~ auf** +dat se baser sur, être basé sur.

Basis f ⟨-, Basen⟩ base f.

basisch adj (CHEM) basique.

Baskenland nt le Pays basque.

Basketball m (Ball) ballon m de basket; (nur sing: Spiel) basket m, basket-ball m.

Baß m (Basses, Bässe) basse f; **Baßschlüssel** m clé f de fa.

Bast m ⟨-[e]s, -e⟩ raphia m.

basteln vt, vi bricoler; **Bastler(in)** m(f) ⟨-s, -⟩ bricoleur(-euse).

bat imperf von **bitten**.

Batterie f batterie f, pile f.

Bau 1. m ⟨-[e]s⟩ (das Bauen) construction f; (Baustelle) chantier m; **2.** m (Baue pl) (Tier~) terrier m, tanière f; **3.** m (Bauten pl) (Gebäude) bâtiment m, édifice m; **sich im ~ befinden** être en construction; **Bauarbeiter(in)** m(f) ouvrier(-ière) du bâtiment.

Bauch m ⟨-[e]s, Bäuche⟩ ventre m; **Bauchfell** nt (ANAT) péritoine m; **bauchig** adj (Gefäß) ventru(e), renflé(e); **Bauchnabel** m (ANAT) nombril m; **Bauchredner(in)** m(f) ventriloque m/f; **Bauchschmerzen** mpl, **Bauchweh** nt mal m au ventre.

bauen vt, vi construire, bâtir; (Nest) faire; (Instrumente) fabriquer; **auf jdn/etw ~** compter sur qn/qch; **gut gebaut sein** (Mensch) être bien bâti(e); **kräftig gebaut sein** être solide.

Bauer 1. m ⟨-n o -s, -n⟩ paysan m; (pej) rustre m; (SCHACH) pion m; **2.** nt o m ⟨-s, -⟩ (Vogel~) cage f.

Bäuerin f paysanne f, fermière f.

bäuerlich adj paysan(ne), rustique.

baufällig adj délabré(e); **Baugenehmigung** f permis m de construire; **Bauland** nt terrain m à bâtir; **baulich** adj qui concerne la construction.

Baum m ⟨-[e]s, Bäume⟩ arbre m.

baumeln vi pendre.

bäumen vr: **sich ~** se cabrer.

Baumstamm m tronc m d'arbre; **Baumsterben** nt ⟨-s⟩ dépérissement m des arbres; **Baumstumpf** m souche f d'arbre.

Baumwolle f coton m.

Bauplatz m terrain m [à bâtir].

Bausch m ⟨-[e]s, Bäusche⟩ (Watte~) tampon m.

bauschen vr: **sich ~** se gonfler; (Hemd) bouffer.

bausparen vi faire de l'épargne-logement; **Bausparkasse** f caisse f d'épargne-logement; **Bausparvertrag** m plan m d'épargne-logement; **Baustein** m (für Haus) pierre f de construction; (Spielzeug~) cube m; (elektronischer ~) composant m électronique; (fig: Bestandteil) élément m, constituant m; **Baustelle** f chantier m; **Bauteil** nt élément m; **Bauunternehmer(in)** m(f) entrepreneur(-euse) en bâtiment[s]; **Bauwerk** nt construction f, édifice m.

bay[e]risch adj bavarois(e); **Bayern** nt ⟨-s⟩ la Bavière.

beabsichtigen vt: **~, etw zu tun** avoir l'intention de faire qch.

beachten vt (jdn, Worte) faire attention à; (Vorschrift, Regeln, Vorfahrt) observer.

beachtlich adj considérable.

Beachtung f attention f.

Beamte(r) m ⟨-n, -n⟩, **Beamtin** f fonctionnaire m/f; (Bank~) employé(e).

beanspruchen vt (Recht, Erbe) revendiquer; (Hilfe) demander; (Zeit, Platz) prendre; (jdn) occuper; (verbrauchen) user.

beanstanden vt contester, réclamer au sujet de.

beantragen vt demander [officiellement].

beantworten vt répondre à.

bearbeiten vt s'occuper de; (Thema) étudier; (Buch) revoir, corriger; (Film, Stück, Musik) adapter; (Material) travailler, façonner; (INFORM) traiter; (umg: beeinflussen wollen) travailler.

Beatmung f respiration f.

beaufsichtigen vt surveiller.

beauftragen vt charger (mit de).

bebauen vt (Grundstück) construire sur.

beben vi trembler; **Beben** nt ⟨-s, -⟩ tremblement m; (Erd~) tremblement m de terre.

Becher m ⟨-s, -⟩ (ohne Henkel) gobelet m; (mit Henkel) tasse f.

Becken nt ⟨-s, -⟩ bassin m; (Wasch~) lavabo m; (MUS) cymbale f.

Becquerel m ⟨-s, -⟩ becquerel m.

bedacht adj réfléchi(e); **auf etw** akk **~ sein** faire attention/veiller à qch.

bedächtig adj (umsichtig) prudent(e); (langsam) lent(e), posé(e).

bedanken vr: **sich ~** dire merci; **sich bei jdm für etw ~** remercier qn de [o pour] qch.

Bedarf m ⟨-[e]s⟩ besoin[s] m[pl] (an +dat en); (WIRTS) demande f; **je nach ~** selon les besoins; **bei ~** en cas de besoin; **an etw** dat **~ haben** avoir besoin de qch; **Bedarfshaltestelle** f arrêt m facultatif.

bedauerlich adj regrettable; **bedauern** vt regretter; (bemitleiden) plaindre; **Bedauern** nt ⟨-s⟩ regret m; **zu jds ~** au regret de qn; **bedauernswert** adj (Zustände) regrettable; (Mensch) à plaindre.

bedecken vt couvrir.

bedenken irr vt (Folgen, Tat) réfléchir à; **jdn mit etw ~** faire cadeau de qch à qn; **Bedenken** nt ⟨-s, -⟩ (Überlegung) réflexion f; (Zweifel) doute m; (Skrupel) scrupule m.

bedenklich adj (besorgt) préoccupé(e); (Zustand) inquiétant(e); (Aussehen) menaçant(e); (Geschäfte) douteux(-euse).

bedeuten vt signifier, vouloir dire; **jdm viel/wenig ~** avoir beaucoup/peu d'importance pour qn; **bedeutend** adj important(e);

(*beträchtlich*) considérable; **Bedeutung** f sens m, signification f; (*Wichtigkeit*) importance f.

bedienen 1. vt servir; (*Maschine*) faire marcher; **2.** vr: **sich ~** (*beim Essen*) se servir; **sich einer Sache** gen ~ faire usage de qch; **Bediener(in)** m(f) opérateur(-trice); **Bedienung** f service m; (*von Maschinen*) maniement m; (*in Lokal*) serveuse f, garçon m; (*Verkäufer*) vendeur(-euse); **Bedienungsanleitung** f mode m d'emploi.

bedingen vt (*voraussetzen*) demander, impliquer; (*verursachen*) causer; **bedingt** adj (*beschränkt*) limité(e); (*Lob*) réservé(e); (*Zusage*) conditionnel(le); (*Reflex*) conditionné(e); **Bedingung** f condition f; **bedingungslos** adj sans condition.

bedrängen vt harceler; **jdn mit etw ~** presser qn de qch.

bedrohen vt menacer; **bedrohlich** adj menaçant(e).

bedrücken vt oppresser, accabler.

Bedürfnis nt (*Notwendigkeit*) nécessité f; **nach etw ~ haben** désirer qch.

bedürftig adj (*arm*) dans le besoin.

beeilen vr: **sich ~** se dépêcher.

beeindrucken vt impressionner.

beeinflussen vt (*jdn*) influencer; (*Verhandlungen, Ergebnisse*) avoir une influence sur.

beeinträchtigen vt porter atteinte [o préjudice] à; (*Freiheit*) empiéter sur.

beenden vt (a. *INFORM*) terminer.

beengen vt (*Kleidung*) serrer; (*jdn*) oppresser.

beerben vt hériter de.

beerdigen vt enterrer; **Beerdigung** f enterrement m; **Beerdigungsunternehmer(in)** m(f) entrepreneur(-euse) de pompes funèbres.

Beere f (-, -n) baie f; (*Trauben~*) grain m.

Beet nt (-[e]s, -e) plate-bande f.

befahl imperf von **befehlen**.

befahrbar adj (*Straße*) carrossable; (*NAUT*) navigable.

befahren irr **1.** vt (*Straße, Route*) emprunter; (*NAUT*) naviguer sur; **2.** adj (*Straße*) fréquenté(e).

befallen irr vt (*Krankheit*) frapper; (*Übelkeit, Fieber*) saisir; (*Ekel, Angst, Zweifel*) envahir.

befangen adj (*schüchtern*) embarrassé(e); (*voreingenommen*) partial(e); **in etw** dat ~ **sein** être prisonnier(ère) de; **Befangenheit** f (*Schüchternheit*) embarras m; (*Voreingenommenheit*) manque m d'objectivité.

befassen vr: **sich ~ mit** s'occuper de.

Befehl m (-[e]s, -e) (*Anweisung*) ordre m; (*Führung*) commandement m; (*INFORM*) instruction f, ordre m; **befehlen** (befahl, befohlen) **1.** vt ordonner; **2.** vi commander;

über jdn/etw ~ commander qn/qch.

befestigen vt (*Gegenstand*) fixer; (*Straße, Ufer*) stabiliser, consolider; (*MIL: Stadt*) fortifier; **Befestigung** f fortification f; (*von Gegenstand*) fixation f.

befinden irr **1.** vr: **sich ~** se trouver; **2.** vt: **etw/jdn für** [o **als**] **~** tenir qch/qn pour qch; **Befinden** nt (-s) (*Zustand*) santé f, état m de santé; (*Meinung*) opinion f.

befohlen pp von **befehlen**.

befolgen vt suivre.

befördern vt (*Güter*) transporter, envoyer; (*beruflich*) promouvoir; **Beförderung** f (*von Gütern*) transport m; (*beruflich*) promotion f.

befragen vt interroger; (*Wörterbuch*) consulter.

befreien 1. vt délivrer, libérer; (*freistellen*) exempter (von de); **2.** vr: **sich ~** se libérer; **Befreiung** f libération f, délivrance f; (*Freistellung*) exemption f (von de).

befremden vt surprendre; **Befremden** nt (-s) surprise f.

befreunden vr: **sich mit jdm ~** se lier d'amitié avec qn; **sich mit etw ~** se faire à qch; **befreundet** adj ami(e).

befriedigen vt satisfaire; **befriedigend** adj satisfaisant(e); (*SCH*) assez bien; **Befriedigung** f satisfaction f.

befristet adj à durée limitée.

befruchten vt féconder; (*fig*) stimuler.

befugt adj: ~ **sein, etw zu tun** être compétent(e) pour faire qch.

befühlen vt toucher.

Befund m (-[e]s, -e) (*von Sachverständigen*) rapport m d'expertise; (*MED*) rapport m médical; **ohne ~** résultat m négatif, rien n'à signaler.

befürchten vt craindre; **Befürchtung** f crainte f.

befürworten vt parler en faveur de, appuyer; **Befürworter(in)** m(f) (-s, -) partisan(e).

begabt adj doué(e); **Begabung** f don m.

begann imperf von **beginnen**.

Begebenheit f événement m.

begegnen 1. vi: **jdm ~** rencontrer qn; **2.** vr: **sich ~** (*Blicke*) se croiser; **einer Sache** dat ~ se trouver face à qch; (*Frechheit, Meinung*) rencontrer qch; (*behandeln*) traiter qch; **wir sind uns** dat **begegnet** nous nous sommes rencontré(e)s; **Begegnung** f rencontre f.

begehen vt (*Straftat, Fehler*) commettre; (*Dummheit*) faire; (*Feier*) fêter.

begehren vt convoiter; **begehrenswert** adj désirable.

begeistern 1. vt enthousiasmer; **2.** vr: **sich ~** s'enthousiasmer (*für* pour); **Begeisterung** f enthousiasme m.

Begierde f (-, -n) désir m; **begierig** adj

avide.

Beginn m ⟨-[e]s⟩ commencement m, début m; **zu ~** pour commencer; **beginnen** ⟨begann, begonnen⟩ vt, vi commencer.

Beglaubigung f authentification f.

begleichen irr vt (Schulden) régler.

begleiten vt accompagner; (MIL) escorter; **Begleiter(in)** m(f) ⟨-s, -⟩ compagnon m, compagne f; **Begleitung** f compagnie f; (MUS) accompagnement m.

beglückwünschen vt féliciter (zu pour, de).

begnadigen vt gracier; **Begnadigung** f grâce f.

begnügen vr: **sich mit etw ~** se contenter de qch.

begonnen pp von **beginnen**.

begraben irr vt (Toten) enterrer; (Streit) oublier.

Begräbnis nt enterrement m.

begradigen vt rectifier.

begreifen irr vt (verstehen) comprendre.

Begriff m ⟨-[e]s, -e⟩ notion f, concept m; (Meinung, Vorstellung) idée f; **im ~ sein, etw zu tun** être sur le point de faire qch; **begriffsstutzig** adj: **~ sein** avoir l'esprit lent.

begründen vt (Tat) justifier; (Abwesenheit) excuser; (Theorie) fonder; **begründet** adj fondé(e); (Aussicht) raisonnable; **Begründung** f justification f.

begrüßen vt accueillir; **begrüßenswert** adj bienvenu(e), opportun(e); **Begrüßung** f accueil m; **zur ~ der Gäste** pour recevoir les invités.

begünstigen vt (jdn) favoriser; (Sache, Wachstum, Fortschritt) promouvoir.

begutachten vt expertiser; **jdn ~** (umg) voir de quoi qn a l'air.

behaart adj poilu(e); (Pflanze) velu(e).

behäbig adj (dick) corpulent(e) et flegmatique; (geruhsam) peinard(e).

behagen vi: **jdm ~** plaire à qn; **Behagen** nt ⟨-s⟩ plaisir m, aise f.

behaglich adj agréable, douillet(te).

behalten irr vt garder; (Mehrheit) conserver; (im Gedächtnis) retenir; **die Nerven ~** garder son sang-froid; **recht ~** avoir raison.

Behälter m ⟨-s, -⟩ récipient m.

behandeln vt traiter; (Maschine) manier; (MED) soigner; **Behandlung** f traitement m; (Maschine) maniement m.

beharren vi: **auf etw ~** ne pas démordre de qch; **beharrlich** adj (ausdauernd) ferme, résolu(e); (hartnäckig) opiniâtre, tenace.

behaupten vt affirmer; (Position) soutenir; 2. vr: **sich ~** s'affirmer; **Behauptung** f (Äußerung) affirmation f.

beheizen vt chauffer.

Behelf m ⟨-[e]s, -e⟩ expédient m.

behelfen irr vr: **sich mit etw ~** se débrouiller avec qch.

behelligen vt importuner.

beherrschen 1. vt (Volk) régner sur, gouverner; (Situation, Gefühle) maîtriser; (Sprache) posséder; (Szene, Landschaft) dominer; 2. vr: **sich ~** se maîtriser; **beherrscht** adj sûr(e) de soi; **Beherrschung** f (Selbst~) maîtrise f de soi; **die ~ verlieren** ne plus pouvoir se contrôler.

beherzigen vt prendre à cœur.

behilflich adj: **jdm ~ sein** aider qn (bei dans).

behindern vt gêner; (Verkehr) entraver; (Arbeit) empêcher; **Behinderte(r)** mf handicapé(e); **behindertengerecht** 1. adj adapté aux handicapés; 2. adv [spécialement] pour les handicapés; **Behinderung** f (Körper~) infirmité f.

Behörde f ⟨-, -n⟩ autorités fpl, administration f; **behördlich** adj officiel(le).

behüten vt garder, protéger; **jdn vor etw** dat **~** préserver qn de qch.

behutsam adv avec précaution.

bei präp +dat (räumlich) près de; (mit etw zusammen) dans, avec, parmi; (mit jdm zusammen) chez; (Teilnahme) à; (zeitlich) à; **~ der Firma XY arbeiten** travailler chez XY; **~ uns** chez nous; **etw ~ sich haben** avoir qch sur soi; **~m Friseur** chez le coiffeur; **~m Fahren** en conduisant; **~ Nacht/Tag** la nuit/le jour; **~ Nebel** quand il y a du brouillard; **~ einem Glas Wein** tout en buvant un verre de vin.

beibehalten irr vt conserver, garder.

beibringen irr vt (Beweis) fournir; (Zeugen) produire; **jdm etw ~** (lehren) apprendre qch à qn; (zu verstehen geben) faire comprendre qch à qn; (Wunde, Niederlage) infliger qch à qn.

Beichte f ⟨-, -n⟩ confession f; **beichten** 1. vt (Sünden) confesser; 2. vi aller à confesse.

beide pron les deux; **meine ~n Brüder** mes deux frères; **wir ~** nous deux; **einer von ~n** l'un des deux; **beidemal** adv les deux fois; **beiderlei** adj inv des deux, de l'un(e) et de l'autre; **Menschen ~ Geschlechts** des personnes des deux sexes; **beiderseitig** adj mutuel(le), réciproque; (Lungenentzündung) double; (Lähmung) bilatéral(e); **beiderseits** 1. adv des deux côtés; 2. präp +gen des deux côtés de; **beides** pron les deux; **alles ~** les deux.

beieinander adv ensemble.

Beifahrer(in) m(f) passager(-ère); **Beifahrersitz** m place f à côté du conducteur.

Beifall m ⟨-[e]s⟩ applaudissements mpl; (Zustimmung) approbation f.

beifügen vt joindre.

Beigeschmack m petit goût m.

Beihilfe f (für Bedürftige) aide f; (zur Krankenversicherung) contribution f; (Studien~) bourse f; (JUR) complicité f (zu de).
Beil nt ⟨-[e]s, -e⟩ hache f.
Beilage f (Buch~) supplément m; (GASTR) garniture f.
beiläufig 1. adj (Bemerkung) accessoire; **2.** adv en passant, incidemment.
beilegen vt (hinzufügen) joindre; (Wert, Bedeutung) attacher; (Streit) régler.
Beileid nt condoléances fpl.
beiliegend adj ci-joint(e).
beim = **bei dem**.
beimessen irr vt: **einer Sache** dat **Wert** ~ attacher de la valeur à qch.
Bein nt ⟨-[e]s, -e⟩ jambe f; (von kleinem Tier) patte f; (von Möbelstück) pied m.
beinah[e] adv presque.
beipflichten vi: **jdm/einer Sache** ~ être d'accord avec qn/qch.
beisammen adv ensemble; **Beisammensein** nt ⟨-s⟩ réunion f.
Beischlaf m rapports mpl sexuels.
Beisein nt ⟨-s⟩ présence f; **im** ~ **von jdm** en présence de qn.
beiseite adv de côté; (abseits) à l'écart; (THEAT) en aparté; **etw** ~ **legen** (sparen) mettre de côté; **jdn/etw** ~ **schaffen** faire disparaître qn/qch.
Beispiel nt ⟨-s, -e⟩ exemple m; **zum** ~ par exemple; **sich an jdm ein** ~ **nehmen** prendre exemple sur qn; **beispielhaft** adj exemplaire; **beispiellos** adj sans précédent.
beißen ⟨biß, gebissen⟩ **1.** vt, vi mordre; (Rauch, Säure) brûler; **2.** vr: **sich** ~ (Farben) jurer; **beißend** adj (Rauch) âcre; (Hohn, Spott) mordant(e).
Beißzange f tenailles fpl.
Beistand m ⟨-[e]s, Beistände⟩ aide f, assistance f; (JUR) avocat(e); **beistehen** irr vi: **jdm** ~ aider qn, assister qn.
beisteuern vt contribuer (zu à).
Beitrag m ⟨-[e]s, Beiträge⟩ contribution f; (Mitglieds~, Versicherungs~) cotisation f; **beitragen** irr vt contribuer (zu à).
beitreten irr vi adhérer (dat à).
Beitritt m ⟨-[e]s, -e⟩ adhésion f.
beiwohnen vi: **einer Sache** dat ~ assister à qch.
Beize f ⟨-, -n⟩ (Holz~) enduit m; (GASTR) marinade f.
bejahen vt (Frage) répondre par l'affirmative à; (gutheißen) approuver.
bekämpfen vt combattre; (Schädlinge, Unkraut, Seuche) lutter contre; **sich [gegenseitig]** ~ se battre.
bekannt adj connu(e); (nicht fremd) familier(-ière); **mit jdm** ~ **sein** connaître qn; **jdn mit etw** ~ **machen** présenter qn à qn; **das**

ist mir ~ je suis au courant [de cela]; **es kommt mir** ~ **vor** ça me rappelle quelque chose; **durch etw** ~ **werden** devenir célèbre grâce à qch; **Bekannte(r)** mf ami(e), connaissance f; **Bekanntenkreis** m cercle m d'amis, connaissances fpl; **bekanntgeben** irr vt annoncer; **Bekanntheitsgrad** m degré m de célébrité; **bekanntlich** adv comme on sait; **Bekanntmachung** f notification f, avis m; **Bekanntschaft** f connaissance f.
bekehren vt convertir (zu à).
bekennen irr **1.** vt reconnaître; (Sünden) confesser; (Glauben) professer; **2.** vr: **sich zu jdm** ~ prendre parti pour qn; **sich zu etw** ~ proclamer qch; **sich schuldig** ~ se reconnaître coupable; **Bekennerbrief** m lettre f revendiquant un attentat.
beklagen 1. vt pleurer; (Verluste) déplorer; **2.** vr: **sich** ~ se plaindre (über +akk de).
bekleiden vt (jdn) habiller; (Amt) occuper, remplir.
beklommen adj angoissé(e).
bekommen irr **1.** vt recevoir; (Kind) avoir; (im Futur) aller avoir; (Krankheit, Fieber) attraper; (Ärger) avoir; **2.** vi: **jdm gut/ schlecht** ~ faire du bien/mal à qn; **die Mauer bekommt Risse** le mur se lézarde; **Hunger** ~ commencer à avoir faim; **etw** ~ **haben** avoir reçu qch; **wir haben nichts zu essen** ~ on ne nous a rien donné à manger; **es nicht über sich** akk ~ ne pas arriver à faire qch.
bekömmlich adj sain(e), digeste.
bekräftigen vt confirmer.
belächeln vt sourire de.
beladen irr vt charger.
Belag m ⟨-[e]s, Beläge⟩ enduit m, couche f; (Zahn~) tartre m; (Brems~) garniture f.
belagern vt assiéger; **Belagerung** f siège m.
Belang m ⟨-[e]s, -e⟩: **von/ohne** ~ **sein** être d'/sans importance; ~**e** mpl intérêts mpl; **belanglos** adj insignifiant(e).
Belastbarkeit f (TECH) charge f admissible; (von Menschen, Nerven) résistance f.
belasten 1. vt charger; (Organ, Körper) surmener; (Gedächtnis) encombrer; (Stromnetz) saturer; (fig: bedrücken) causer de gros soucis à; (Konto) débiter; (Haus, Etat, Steuerzahler) grever; **2.** vr: **sich** ~ s'accabler (mit de).
belästigen vt importuner.
Belastung f charge f; (fig: Sorge) poids m; (von Konto) débit m; (FIN) charges fpl.
belaufen irr vr: **sich** ~ **auf** +akk s'élever à.
belebt adj animé(e).
Beleg m ⟨-[e]s, -e⟩ (WIRTS) reçu m; (Beweis) document m, attestation f; (Beispiel) exemple m.

belegen vt (Boden) recouvrir (mit de); (Kuchen) garnir; (Brot) tartiner; (Platz, Zimmer) retenir; (Kurs, Vorlesung) s'inscrire à; (beweisen) justifier; (urkundlich) documenter; **jdn mit einer Strafe ~** infliger une peine à qn.

belehren vt faire la leçon à.

beleidigen vt (durch Benehmen) offenser; (mündlich) insulter, injurier; (JUR) outrager; **beleidigt sein** être vexé(e); **Beleidigung** f offense f, injure f; (JUR) outrage m.

beleuchten vt éclairer; (Gebäude) illuminer; (Problem, Thema) éclaircir; **Beleuchtung** f éclairage m; (von Gebäude) illumination f; (von Fahrzeug) feux mpl, phares mpl.

Belgien nt ⟨-s⟩ la Belgique; **Belgier(in)** m(f) ⟨-s, -⟩ Belge m/f; **belgisch** adj belge.

Belichtung f (FOTO) exposition f, pose f; **Belichtungsmesser** m ⟨-s, -⟩ posemètre m.

Belieben nt: [ganz] nach ~ à volonté; (nach Geschmack) comme il vous plaira.

beliebig adj quelconque; (irgendein) n'importe quel(le); **~ viel** autant que vous voudrez.

beliebt adj populaire; **sich bei jdm ~ machen** se faire bien voir de qn.

beliefern vt (Firma) fournir (mit en).

bellen vi aboyer.

belohnen vt récompenser (für de, pour); **Belohnung** f récompense f.

belügen irr vt mentir à.

belustigen vt amuser; (Buch) divertir.

bemängeln vt critiquer.

bemerkbar adj sensible, notable; **sich ~ machen** se faire sentir; (Mensch) se faire remarquer.

bemerken vt remarquer.

bemerkenswert adj remarquable.

Bemerkung f remarque f.

bemitleiden vt plaindre.

bemühen 1. vr: **sich ~** s'efforcer; 2. vt (beanspruchen) mettre à contribution; **sich um jdn ~** prendre soin de qn; **sich um etw ~** veiller à qch; **Bemühung** f (Anstrengung) effort m; (Dienstleistung) peine f.

benachbart adj voisin(e).

benachrichtigen vt informer.

benachteiligen vt désavantager.

benehmen irr vr: **sich ~** (sich verhalten) se comporter; (höflich sein) bien se tenir; **Benehmen** nt ⟨-s⟩ comportement m.

beneiden vt envier (jdn um etw qch à qn); **beneidenswert** adj enviable.

Beneluxländer pl le Benelux.

Bengel m ⟨-s, -⟩ garnement m.

benommen adj hébété(e).

benötigen vt avoir besoin de.

benutzen, benützen vt utiliser; (Eingang)

emprunter; (Bücherei) fréquenter; (Zug, Taxi) prendre; **Benutzer(in)** m(f) ⟨-s, -⟩ (a. INFORM) utilisateur(-trice); (von Bücherei etc) usager m; **benutzerfreundlich** adj d'un emploi pratique; (INFORM) convivial(e); **Benutzeroberfläche** f (INFORM) interface f utilisateur/système; **Benutzung** f utilisation f; (von Gerät) emploi m.

Benzin nt ⟨-s, -e⟩ (AUTO) essence f; (Reinigungs~) benzine f; **Benzinkanister** m bidon m d'essence; **Benzinuhr** f jauge f d'essence.

beobachten vt observer; (Verdächtigen) filer; (bemerken) remarquer; **Beobachter(in)** m(f) ⟨-s, -⟩ observateur(-trice); (Zeitung, TV) correspondant(e); **Beobachtung** f observation f; (polizeilich, ärztlich) surveillance f.

bequem adj confortable; (Lösung, Ausrede) facile; (Schüler, Untergebene) docile; (träge) paresseux(-euse); **sitzen Sie ~?** êtes-vous bien assis?; **Bequemlichkeit** f confort m, commodité f; (Faulheit) paresse f.

beraten irr 1. vt (Rat geben) conseiller; (besprechen) discuter; 2. vr: **sich ~** tenir conseil; **gut/schlecht ~ sein** être bien/mal avisé(e); **Berater(in)** m(f) ⟨-s, -⟩ conseiller(-ère); **Beratung** f (das Beraten) conseil m; (ärztlich) consultation f; (Besprechung) délibération f.

berauben vt voler.

berechnen vt calculer; **jdm etw ~** facturer qch à qn; **berechnend** adj (Mensch) calculateur(-trice); **Berechnung** f calcul m; (WIRTS) facturation f.

berechtigen vt autoriser; (fig) justifier, autoriser; **jdn zum Gebrauch/Zutritt ~** donner à qn droit à l'usage/l'entrée; **berechtigt** adj (Sorge) fondé(e); (Ärger, Forderung) justifié(e).

Bereich m ⟨-[e]s, -e⟩ (Bezirk) région f; (Ressort, Gebiet) domaine m.

bereichern 1. vt (Sammlung) enrichir; (Wissen) augmenter; 2. vr: **sich ~** s'enrichir.

bereinigen vt (Angelegenheit) régler; (Mißverständnisse) dissiper; (Verhältnis) normaliser.

bereisen vt parcourir.

bereit adj: **~ sein** être prêt(e) (zu à); **sich ~ halten** se tenir prêt(e).

bereiten vt préparer; (Kummer, Freude) causer (jdm à qn).

bereithalten irr vt tenir prêt(e); **bereitmachen** vt préparer.

bereits adv déjà.

bereitstehen irr vi être prêt(e); **bereitstellen** vt préparer; (Geld) assurer; (Truppen, Maschinen) mettre à disposition; **bereitwillig** adj empressé(e).

bereuen vt regretter.

Berg m ⟨-[e]s, -e⟩ montagne f; **Bergarbei-**
ter m mineur m; **Bergbau** m exploitation
f minière.

bergen ⟨barg, geborgen⟩ vt (retten) sauver;
(Tote) dégager; (Material) récupérer; (enthalten) renfermer.

bergig adj montagneux(-euse).

Bergmann m (Bergleute pl) mineur m;
Bergsteigen nt ⟨-s⟩ alpinisme m; **Berg-**
steiger(in) m(f) ⟨-s, -⟩ alpiniste m/f.

Bergung f (von Menschen) sauvetage m;
(von Toten) dégagement m; (von Material)
récupération f.

Bergwerk nt mine f.

Bericht m ⟨-[e]s, -e⟩ rapport m; **berichten**
1. vi faire un rapport; **2.** vt faire un rapport
de, relater; **über etw** akk ~ relater qch; **jdm**
etw ~ informer qn de qch.

berichtigen vt corriger.

Berlin nt ⟨-s⟩ Berlin m.

Bermudainseln fpl, **Bermudas** pl Bermudes fpl; **Bermudashorts** pl bermuda m.

Bernstein m ambre m [jaune].

bersten ⟨barst, geborsten⟩ vi crever (vor
de).

berüchtigt adj (Gegend, Lokal) mal
famé(e); (Verbrecher) notoire.

berücksichtigen vt prendre en considération; **Berücksichtigung** f prise f en considération.

Beruf m ⟨-[e]s, -e⟩ (Tätigkeit) profession f;
(Gewerbe) métier m; **von ~ Lehrer sein**
être professeur de son métier; **ohne ~** sans
profession.

berufen irr **1.** vt nommer; **2.** vr: **sich auf jdn/**
etw ~ en appeler à qn/qch; **3.** adj compé-
tent(e); **sich zu etw ~ fühlen** se sentir appe-
lé(e) à qch.

beruflich adj professionnel(le); ~ **unter-**
wegs sein être en déplacement.

Berufsausbildung f formation f professionnelle; **Berufsberatung** f orientation f
professionnelle; **Berufserfahrung** f
expérience f professionnelle; **Berufs-**
schule f école f professionnelle; **Berufs-**
soldat(in) m(f) militaire m de carrière;
Berufssportler(in) m(f) sportif(-ive)
professionnel(le); **berufstätig** adj qui
exerce une activité professionnelle, qui travaille.

Berufung f nomination f; (innerer Auftrag)
vocation f (zu de); (JUR) appel m, recours
m; ~ **einlegen** faire appel.

beruhen vi: **auf etw** dat ~ reposer sur qch;
etw auf sich ~ lassen laisser dormir qch.

beruhigen 1. vt calmer, apaiser; (Gewissen) soulager, apaiser; **2.** vr: **sich ~** se calmer; **beru-**
higt sein être tranquille, être rassuré(e);
Beruhigung f apaisement m; (von Gewissen) soulagement m; **zu jds ~** pour rassurer

qn; **Beruhigungsmittel** nt tranquillisant
m, sédatif m.

berühmt adj célèbre, renommé(e); **Be-**
rühmtheit f célébrité f.

berühren 1. vt toucher; (MATH) être tangent
à; (flüchtig erwähnen) effleurer, mentionner; **2.** vr: **sich ~** se toucher; **Berührung** f
contact m; **Berührungsangst** f peur f
des contacts [corporels].

besänftigen vt apaiser.

besann imperf von **besinnen**.

Besatzung f équipage m; (MIL) troupes fpl
d'occupation; **Besatzungsmacht** f force
f occupante [o d'occupation].

beschädigen vt endommager, abîmer; **Be-**
schädigung f endommagement m; (Stelle) dégâts mpl.

beschaffen 1. vt procurer, fournir; **2.** adj: **so**
~ **sein, daß ...** être de nature à ...; **mit der**
Wirtschaft ist es schlecht ~ l'économie ne
va pas bien; **sich** dat **etw ~** se procurer qch.

beschäftigen 1. vt occuper; (Problem, Frage) préoccuper; (beruflich) employer; **2.** vr:
sich ~ s'occuper; **sich ~ mit** (sich befassen)
s'occuper de; **Beschäftigung** f occupation f; (Beruf) emploi m.

Bescheid m ⟨-[e]s, -e⟩ (Auskunft) renseignement m; (Benachrichtigung) information f;
(Weisung) ordre m, directive f; ~ **wissen**
être au courant; **jdm ~ geben** [o **sagen**]
avertir qn, informer qn.

bescheiden adj modeste.

bescheinigen vt attester; **Bescheinigung**
f certificat m, attestation f; (Quittung) reçu
m.

bescheißen irr vt (umg) rouler; **beschissen**
werden se faire avoir.

beschenken vt faire un cadeau à.

beschimpfen vt insulter, injurier.

beschlagen irr **1.** vt ferrer; (Schuhe) clou-
ter; **2.** vr: **sich ~** (Glas) s'embuer; (Metall)
se ternir; **in etw** dat ~ **sein** être ferré(e) sur
qch.

beschlagnahmen vt saisir, confisquer.

beschleunigen vt, vi accélérer; **Beschleu-**
nigung f accélération f.

beschließen irr vt décider; (beenden) terminer, achever.

Beschluß m décision f, résolution f.

beschmutzen vt salir.

beschränken 1. vt limiter, restreindre; **2.**
vr: **sich ~** se limiter, se restreindre; **sich auf**
etw akk ~ se borner à qch; **beschränkt**
adj limité(e); (Mensch) borné(e).

beschreiben irr vt décrire; (Papier) écrire
sur; **Beschreibung** f description f.

beschuldigen vt accuser (jdn einer Sache
gen qn de qch); **Beschuldigung** f accusation f.

beschützen vt protéger; **Beschützer(in)**

m(f) ⟨-s, -⟩ protecteur(-trice).

Beschwerde f ⟨-, -n⟩ plainte f; ~**n** (*Leiden*) troubles *mpl*.

beschweren 1. *vt* charger, alourdir; (*fig*) accabler, importuner; **2.** *vr*: **sich** ~ se plaindre.

beschwerlich *adj* pénible, fatigant(e).

beschwichtigen *vt* apaiser, calmer.

beschwingt *adj* gai(e), enjoué(e); (*Schritte*) léger(-ère).

beschwipst *adj* gris(e), éméché(e).

beschwören *irr vt* (*Aussage*) jurer, affirmer sous serment; (*anflehen*) implorer, supplier; (*Geister*) conjurer.

besehen *irr vt* regarder de près.

beseitigen *vt* éliminer, écarter; (*Zweifel*) lever; (*jdn*) supprimer.

Besen *m* ⟨-s, -⟩ balai *m*.

besessen *adj* obsédé(e) (*von* de, par).

besetzen *vt* occuper; (*Rolle*) donner; (*mit Edelstein, Spitzen*) garnir (*mit* de); **besetzt** *adj* occupé(e); **Besetzung** f occupation f; (*THEAT*) distribution f.

besichtigen *vt* visiter; (*ansehen*) aller voir.

besiegen *vt* vaincre.

besinnen (besann, besonnen) *vr*: **sich** ~ (*nachdenken*) réfléchir; (*sich erinnern*) se souvenir (*auf* +*akk* de).

besinnlich *adj* contemplatif(-ive).

Besinnung f (*Bewußtsein*) connaissance f; (*Nachdenken*) réflexion f; **zur** ~ **kommen** reprendre connaissance; (*fig*) revenir à la raison; **die** ~ **verlieren** perdre connaissance.

Besitz *m* ⟨-es⟩ propriété f; (*das Besitzen*) possession f; **besitzen** *irr vt* posséder; **Besitzer(in)** *m*(f) ⟨-s, -⟩ propriétaire *m/f*.

besoffen *adj* (*umg*) bourré(e).

Besoldung f (*von Beamten*) appointements *mpl*; (*von Soldaten*) solde f.

besondere(r, s) *adj* exceptionnel(le), extraordinaire; (*speziell*: *Liebling, Interesse, Wünsche, Auftrag*) particulier(-ière); (*gesondert, zusätzlich*) spécial(e); **nichts Besonderes** rien de spécial, pas grand chose; **etwas Besonderes** quelque chose de spécial; **im** ~**n** en particulier.

Besonderheit f particularité f.

besonders *adv* (*hauptsächlich*) principalement, surtout; (*nachdrücklich*) particulièrement, expressément; (*außergewöhnlich*) exceptionnel; (*sehr*) tout particulièrement, beaucoup; (*getrennt*) séparément; **nicht** ~ pas spécialement.

besonnen 1. *pp von* **besinnen**; **2.** *adj* réfléchi(e), raisonnable.

besorgen *vt* (*beschaffen*) procurer; (*Geschäfte*) faire, expédier; (*sich kümmern um*) prendre soin de.

Besorgnis f souci *m*, inquiétude f; **besorg-**

niserregend *adj* inquiétant(e).

besprechen *irr* **1.** *vt* discuter (*mit* avec); (*Tonband etc*) parler sur; (*Buch, Theaterstück*) critiquer; **2.** *vr*: **sich** ~ se concerter (*mit* avec); **Besprechung** f (*Unterredung*) réunion f; (*Rezension*) compte *m* rendu, critique f.

besser *komp von* **gut** **1.** *adj* meilleur(e); **2.** *adv* mieux; **tue das** ~ cela vaudrait mieux; **du hättest** ~ ... tu aurais mieux fait de ...; ~ **gesagt** ou plutôt; **es geht ihm** ~ il va mieux; **es wäre** ~, **wenn** ... il vaudrait mieux que ...; **etwas Besseres** quelque chose de mieux; **jdn eines Besseren belehren** détromper qn.

bessern 1. *vt* amender, rendre meilleur(e); **2.** *vr*: **sich** ~ s'améliorer; (*Wetter*) se mettre au beau; (*Verbrecher*) s'amender; **Besserung** f amélioration f; (*MED*) rétablissement *m*; **gute** ~**!** bon rétablissement!

Bestand *m* ⟨-[e]s, Bestände⟩ (*Fortbestehen*) persistance f, continuité f; (*Kassen~*) encaisse f; (*Vorrat*) stock *m*; ~ **haben, von** ~ **sein** durer, persister.

beständig *adj* (*ausdauernd*) persistant(e), constant(e); (*Wetter*) stable; (*widerstandsfähig*) résistant(e); (*dauernd*) continuel(le), ininterrompu(e).

Bestandteil *m* composante f; (*fig*) partie f intégrante; (*Einzelteil*) élément *m*.

bestärken *vt*: **jdn in etw** *dat* ~ appuyer qn dans qch.

bestätigen 1. *vt* confirmer; (*Empfang*) accuser réception de; **2.** *vr*: **sich** ~ se confirmer, se vérifier; **jdm etw** ~ confirmer qch à qn; **Bestätigung** f confirmation f.

Bestattung f inhumation f.

bestaunen *vt* s'émerveiller de.

beste(r, s) *adj superl von* **gut** meilleur(e); **sie singt am** ~**n** c'est elle qui chante le mieux; **am** ~**n gehst du gleich** il vaut mieux que tu partes tout de suite; **jdn zum** ~**n haben** se jouer de qn; **jdm etw zum** ~**n geben** régaler qn de qch; **aufs** ~ au mieux; **zu jds Besten** pour le bien de qn.

bestechen *irr vt* soudoyer; (*Leistung, Schönheit*) séduire, éblouir; **bestechlich** *adj* corruptible, vénal(e); **Bestechung** f corruption f, subornation f.

Besteck *nt* ⟨-[e]s, -e⟩ couverts *mpl*; (*MED*) trousse f.

bestehen *irr* **1.** *vi* (*existieren*) exister, être; (*andauern*) durer, subsister; **2.** *vt* (*Kampf, Probe*) soutenir; (*Prüfung*) réussir; **aus etw** ~ se composer de qch; **auf etw** *dat* ~ insister sur qch.

bestehlen *irr vt* voler.

bestellen *vt* (*Waren*) commander; (*reservieren lassen*) réserver, retenir; (*jdn*) faire venir (*zu* chez); (*Grüße, Auftrag*) transmettre; (*nominieren*) nommer, désigner; (*Akker*) cultiver; **um ihn ist es gut/schlecht bestellt** ses affaires vont bien/mal; **Bestellung** *f* commande *f*, ordre *m*.

bestens *adv* au mieux, parfaitement.

Bestie *f* bête *f* féroce; (*fig*) monstre *m*.

bestimmen *vt* (*anordnen*) décréter, ordonner; (*Tag, Ort*) déterminer, fixer; (*beherrschen*) dominer; (*ausersehen*) désigner; (*ernennen*) nommer; (*definieren*) définir, qualifier; (*veranlassen*) décider.

bestimmt 1. *adj* (*entschlossen*) ferme, décidé(e); (*gewiß*) certain(e); (*Artikel*) défini(e); **2.** *adv* sûrement, certainement; **Bestimmtheit** *f* (*Entschlossenheit*) détermination *f*.

Bestimmung *f* (*Verordnung*) décret *m*, ordonnance *f*; (*Festsetzen*) détermination *f*, fixation *f*; (*Verwendungszweck*) destination *f*, but *m*; (*Schicksal*) destin *m*; (*Definition*) définition *f*.

Bestleistung *f* record *m*; **bestmöglich** *adj*: **der/die/das Bestmögliche ...** le (la) meilleur(e) ... [possible].

bestrafen *vt* punir.

bestrahlen *vt* éclairer; (*MED*) traiter par les rayons.

Bestreben *nt* ⟨-s⟩ effort *m*, tentative *f*.

bestreiken *vt* faire grève dans; **der Betrieb wird bestreikt** l'entreprise est en grève.

bestreiten *irr vt* (*abstreiten*) contester, nier; (*finanzieren*) financer.

bestreuen *vt*: **etw mit Erde ~** répandre de la terre sur qch; **etw mit Mehl ~** saupoudrer qch de farine; **etw mit Sand ~** sabler qch.

Bestseller *m* ⟨-s, -⟩ best-seller *m*.

bestürmen *vt* assaillir, presser (*mit* de).

bestürzen *vt* bouleverser, affoler.

Besuch *m* ⟨-[e]s, -e⟩ visite *f*; (*von Gottesdienst*) présence *f* (*gen* à); **bei jdm einen ~ machen** rendre visite à qn; **~ haben** avoir de la visite, avoir des invités; **bei jdm auf** [*o* **zu**] **~ sein** être en visite chez qn; **besuchen** *vt* aller voir, rendre visite à; (*Ort*) visiter; (*Gottesdienst*) assister à; (*SCH*) aller à; (*Kurs*) suivre; **gut besucht** fréquenté(e); **Besucher(in)** *m(f)* ⟨-s, -⟩ visiteur(-euse).

Betablocker *m* ⟨-s, -⟩ (*MED*) bêtabloquant *m*.

betagt *adj* âgé(e), d'un âge avancé.

betätigen 1. *vt* actionner; **2.** *vr*: **sich ~** s'occuper, travailler; **sich politisch ~** exercer une activité politique; **Betätigung** *f* occupation *f*, activité *f*; (*beruflich*) travail *m*; (*TECH*) actionnement *m*.

betäuben *vt* (*durch Schlag*) assommer, sonner; (*durch Geruch*) griser, enivrer; (*MED*) endormir, anesthésier; **Betäubungsmittel** *nt* narcotique *m*, anesthésique *m*.

Bete *f* ⟨-, -n⟩: **rote ~** betterave *f* rouge.

beteiligen 1. *vr*: **sich ~** participer, prendre part (*an +dat* à); **2.** *vt*: **jdn ~** faire participer qn (*an +dat* à); **Beteiligung** *f* participation *f*.

beten *vi* prier.

beteuern *vt* affirmer; **jdm etw ~** assurer qn de qch.

Beton *m* ⟨-s, -s⟩ béton *m*.

betonen *vt* (*Wort, Silbe*) accentuer; (*Tatsache*) insister sur; (*hervorheben*) faire ressortir; **Betonung** *f* accentuation *f*.

Betracht *m*: **in ~ kommen** entrer en ligne de compte; **etw in ~ ziehen** prendre qch en considération.

betrachten *vt* regarder, contempler; **jdn als etw ~** considérer qn comme qch.

beträchtlich *adj* considérable.

Betrachtung *f* (*Ansehen*) examen *m*, contemplation *f*; (*Erwägung*) considération *f*; (*Gedanken*) réflexion *f*, méditation *f*.

Betrag *m* ⟨-[e]s, Beträge⟩ montant *m*, somme *f*.

betragen *irr* **1.** *vt* (*Summe, Anzahl*) s'élever à; **2.** *vr*: **sich ~** se comporter, se conduire; **Betragen** *nt* ⟨-s⟩ conduite *f*.

betreffen *irr vt* concerner; **was mich betrifft** en ce qui me concerne; **betreffend** *adj* concernant; (*Stelle*) concerné(e); **Ihre unser Angebot ~e Anfrage** votre question concernant notre offre; **betreffs** *präp* +*gen* concernant.

betreiben *irr vt* (*ausüben*) exercer; (*Studien*) faire, poursuivre; **Betreiber(in)** *m(f)* ⟨-s, -⟩ responsable *m/f*.

betreten *irr* **1.** *vt* (*Haus*) entrer dans; (*Gelände*) pénétrer dans [*o* sur]; (*Rasen*) marcher sur; (*Bühne*) entrer en; **2.** *adj* embarrassé(e), confus(e).

betreuen *vt* s'occuper de; (*Reisegruppe*) accompagner.

Betrieb *m* ⟨-[e]s, -e⟩ (*Firma*) entreprise *f*; (*von Maschine*) fonctionnement *m*; (*Treiben*) animation *f*; **außer ~ sein** être hors service; **in ~ sein** être en service; **Betriebsrat** *m* (*Gremium*) comité *m* d'entreprise; (*Einzelperson*) délégué(e) du personnel; **Betriebssystem** *nt* (*INFORM*) système *m* d'exploitation.

betrinken *irr vr*: **sich ~** s'enivrer.

betroffen *adj* (*bestürzt*) bouleversé(e); **von etw ~ werden** [*o* **sein**] être concerné(e) par qch.

betrübt *adj* triste, affligé(e).

Betrug *m* ⟨-[e]s⟩ tromperie *f*, duperie *f*; **betrügen** *irr* **1.** *vt* tromper; **2.** *vr*: **sich ~** s'abuser; **Betrüger(in)** *m(f)* ⟨-s, -⟩ escroc *m/f*; **betrügerisch** *adj* frauduleux(-euse).

betrunken *adj* ivre, soûl(e).

Bett *nt* ⟨-[e]s, -en⟩ lit *m*; **ins** [*o* **zu**] **~ gehen**

aller au lit; **Bettbezug** m garniture f de lit.

betteln vi mendier; **Bettler(in)** m(f) ⟨-s, -⟩ mendiant(e).

Bettnässer(in) m(f) ⟨-s, -⟩ **Bettvorleger** m descente f de lit; **Bettwäsche** f draps mpl; **Bettzeug** nt literie f.

beugen 1. vt (Körperteil) plier, fléchir; (LING) décliner; conjuguer; 2. vr: **sich** ~ s'incliner, se soumettre; (sich lehnen) se pencher.

Beule f ⟨-, -n⟩ bosse f.

beunruhigen 1. vt inquiéter; 2. vr: **sich** ~ s'inquiéter.

beurlauben vt (Arbeiter) donner un congé à; (Minister) relever de ses fonctions; **beurlaubt sein** être en congé; (Professor) être en disponibilité.

beurteilen vt juger; **Beurteilung** f jugement m, appréciation f.

Beute f ⟨-⟩ butin m; (Opfer) victime f.

Beutel m ⟨-s, -⟩ (Tasche) sac m; (Kultur~, Kosmetik~) trousse f de toilette; (Geld~) porte-monnaie m; (Tabaks~) blague f; (von Känguruh) poche f.

Bevölkerung population f; **Bevölkerungsexplosion** f explosion f démographique.

bevollmächtigen vt habiliter, autoriser; **Bevollmächtigte(r)** mf mandataire m/f; **Bevollmächtigung** f procuration f.

bevor konj avant de +inf, avant que +subj; ~ **ich noch etwas sagen konnte** avant que j'aie pu ouvrir la bouche; **überleg's dir gut,** ~ **du's tust** réfléchis avant de le faire.

bevormunden vt tenir en tutelle.

bevorstehen irr vi être imminent(e).

bevorzugen vt préférer.

bewachen vt surveiller; (Schatz) garder.

bewaffnen 1. vt armer; 2. vr: **sich** ~ s'armer (mit de); **bewaffnet** adj armé(e); (Überfall) à main armée; **Bewaffnung** f armement m.

bewahren vt garder; **jdn vor etw** dat ~ préserver qn de qch.

bewähren vr: **sich** ~ (Mensch) faire ses preuves; (Methode, Mittel) donner de bons résultats.

bewahrheiten vr: **sich** ~ se vérifier.

bewährt adj éprouvé(e).

Bewährung f (JUR) sursis m.

bewältigen vt surmonter; (Arbeit) arriver à faire; (Strecke) parcourir.

bewandert adj: **in etw** dat ~ **sein** être calé(e) en qch.

bewässern vt irriguer.

bewegen 1. vt remuer, bouger; (rühren: jdn) émouvoir, toucher; (Problem, Gedanke) préoccuper; 2. vr: **sich** ~ bouger; **jdn**

~, **etw zu tun** amener qn à faire qch; **es bewegt sich etwas** (fig) quelque chose se passe.

beweglich adj mobile; (flink) agile; (geistig wendig) vif (vive).

bewegt adj (Leben, Zeit) agité(e), mouvementé(e); (ergriffen) ému(e).

Bewegung f mouvement m; (sportlich) exercice m; **keine** ~! pas un geste!; **etw in** ~ **setzen** mettre qch en marche [o en mouvement]; **etw kommt in** ~ il y a du mouvement dans qch; **bewegungslos** adj immobile.

Beweis m ⟨-es, -e⟩ preuve f; (MATH) démonstration f; **beweisen** irr vt prouver; (MATH) démontrer; (Mut, Geschmack) faire preuve de.

bewerben irr vr: **sich** ~ poser sa candidature; (beim Vorstellungsgespräch) se présenter; **Bewerber(in)** m(f) ⟨-s, -⟩ candidat(e), postulant(e); **Bewerbung** f candidature f, demande f d'emploi; **Bewerbungsunterlagen** fpl dossier m de candidature.

bewerten vt évaluer, estimer; (SPORT) noter.

bewirken vt provoquer; **was will er damit** ~? qu'est-ce qu'il cherche?

bewirten vt régaler; **Bewirtung** f accueil m, hospitalité f.

bewohnen vt (Haus, Höhle) habiter; (Gebiet, Insel) occuper; **Bewohner(in)** m(f) ⟨-s, -⟩ habitant(e).

bewölkt adj nuageux(-euse); **Bewölkung** f nuages mpl, nébulosité f.

Bewunderer m ⟨-s, -⟩, **Bewunderin** f admirateur(-trice); **bewundern** vt admirer; **Bewunderung** f admiration f.

bewußt adj (Tag, Stunde, Ort) nommé(e), cité(e); (Erleben, Genuß) conscient(e); (absichtlich) délibéré(e), intentionnel(le); **sich** dat **einer Sache** gen ~ **sein** avoir conscience de qch; **die Folgen wurden ihm** ~ il se rendit compte des conséquences.

bewußtlos adj inconscient(e); ~ **werden** perdre connaissance; **Bewußtlosigkeit** f inconscience f.

Bewußtsein nt ⟨-s⟩ conscience f; (MED) connaissance f; **im** ~ **seines Unrechts** en pleine connaissance de ses torts; **das** ~ **und das Unterbewußtsein** le conscient et le subconscient; **das** ~ **verlieren** perdre connaissance; **sich** dat **etw ins** ~ **rufen** se rappeler qch; **bewußtseinsverändernd** adj (Droge) modifiant le champ de la conscience.

bezahlen vt payer; **sich bezahlt machen** être payant; **bitte** ~! l'addition, s'il vous plaît!; **Bezahlung** f paiement m.

bezähmen vt (fig) refréner, maîtriser.

bezeichnen vt (markieren) marquer, repérer; (benennen) appeler; (beschreiben) décrire; (zeigen) indiquer; **jdn als Lügner ~** qualifier qn de menteur; **bezeichnend** adj caractéristique, significatif(-ive); **Bezeichnung** f (Markierung) marquage m; (Zeichen) signe m; (Benennung) désignation f.

beziehen irr **1.** vt (Möbel) recouvrir; (Haus, Position) occuper; (Standpunkt) prendre; (Gelder) percevoir; (Zeitung) être abonné(e) à; **2.** vr: **sich ~** (Himmel) se couvrir; **sich auf jdn/etw ~** se référer [o rapporter] à qn/qch; **etw auf jdn/etw ~** rapporter qch à qn/qch; **das Bett frisch ~** mettre des draps propres.

Beziehung f (Verbindung) relation f; (Zusammenhang) rapport m; (Verhältnis) liaison f; **in dieser ~ hat er recht** à cet égard il a raison; **~en haben** (vorteilhaft) avoir des relations; **Beziehungskiste** f (umg) relation f [à deux]; **beziehungsweise** konj (genauer gesagt) ou plutôt; (im anderen Fall) ou.

Bezirk m ⟨-[e]s, -e⟩ (Stadt~) quartier m; (Polizei~) district m.

Bezug m ⟨-[e]s, Bezüge⟩ (Überzug) garniture f; (von Waren) commande f; (von Zeitung) abonnement m; (von Rente) perception f; (Beziehung) rapport m (zu avec); **Bezüge** pl (Gehalt) appointements mpl; **in bezug auf** +akk en référence à; **~ nehmen auf** +akk se référer à.

bezüglich 1. präp +gen concernant; **2.** adj concernant; (LING) relatif(-ive).

bezwecken vt viser, avoir pour but; **etw mit etw ~ wollen** vouloir obtenir qch avec qch.

bezweifeln vt douter [de].

BH m ⟨-[s], -[s]⟩ abk von Büstenhalter soutien-gorge m.

Bhagwan m ⟨-s⟩ gourou m.

Bhf. abk von **Bahnhof**.

Bibel f ⟨-, -n⟩ bible f.

Biber m ⟨-s, -⟩ castor m.

Bibliothek f ⟨-, -en⟩ bibliothèque f.

bieder adj (rechtschaffen) honnête, droit(e); (Frisur, Geschmack) sage, simple.

biegen (bog, gebogen) **1.** vt (Ast, Metall) courber; (Arm, Körper) plier; **2.** vr: **sich ~** se courber; (Ast) ployer; **3.** vi (ab~) tourner; **auf Biegen oder Brechen** quoi qu'il advienne.

biegsam adj flexible, souple.

Biegung f (von Straße) tournant m; (von Fluß) coude m.

Biene f ⟨-, -n⟩ abeille f.

Bier nt ⟨-[e]s, -e⟩ bière f; **Bierbrauer(in)** m(f) ⟨-s, -⟩ brasseur(-euse); **Bierdeckel** m, **Bierfilz** m dessous-de-verre m en carton [o pour la bière]; **Bierkrug** m, **Bierseidel** nt chope f.

Biest nt ⟨-[e]s, -er⟩ (umg: Tier) sale bête f; (pej: Mensch) vache f.

bieten (bot, geboten) **1.** vt présenter; (Arm, Hand) donner; (Schauspiel) représenter; (bei Versteigerung) offrir; **2.** vr: **sich ~** présenter; **sich** dat **etw ~ lassen** accepter qch.

Bilanz f bilan m; (Handels~) balance f.

Bild nt ⟨-[e]s, -er⟩ image f; (Gemälde) tableau m; (Foto) photo f; (Zeichnung) dessin m; (Eindruck) impression f; (Anblick) vue f; **über etw** akk **im ~e sein** être au courant de qch.

bilden 1. vt (formen) former; (Regierung) constituer; (Form, Figur) modeler, façonner; (Ausnahme, Ende, Höhepunkt) représenter, être; **2.** vr: **sich ~** (entstehen) se former, se développer; (geistig) s'instruire, se cultiver.

Bildfläche f: **auf der ~ erscheinen** (fig) apparaître; **von der ~ verschwinden** (fig) disparaître, s'éclipser; **Bildhauer(in)** m(f) ⟨-s, -⟩ sculpteur m; **bildhübsch** adj ravissant(e); **Bildplatte** f vidéodisque m; **Bildplattenspieler** m lecteur m de vidéodisques.

Bildschirm m (a. von Computer) écran m; **Bildschirmarbeitsplatz** m poste m de travail informatisé; **Bildschirmgerät** m visuel m, unité f de visualisation; **Bildschirmschoner** m (INFORM) économiseur m d'écran; **Bildschirmtext** m Minitel® m.

bildschön adj ravissant(e); **Bildtelefon** nt visiophone m, vidéophone m.

Bildung f (von Schaum, Wolken) formation f; (von Ausschuß, Regierung) constitution f; (Wissen) instruction f; (Benehmen) éducation f; **Bildungslücke** f lacune f; **Bildungspolitik** f politique f de l'éducation; **Bildungsurlaub** m congé formation m, congé m de formation professionnelle; **Bildungsweg** m: **auf dem zweiten ~** en prenant des cours du soir; **Bildungswesen** m enseignement m.

billig adj bon marché; (schlecht) mauvais(e); (Ausrede, Trost, Trick) médiocre, piètre; (gerecht) juste.

billigen vt approuver.

Bimsstein m pierre f ponce.

binär adj binaire.

Binde f ⟨-, -n⟩ bande f; (MED) bandage m; (Arm~) brassard m; (Damen~) serviette f périodique.

Bindegewebe nt tissu m conjonctif; **Bindeglied** nt lien m.

binden (band, gebunden) **1.** vt attacher (an +akk à); (Blumen) faire un bouquet de; (Buch) relier; (Schleife) nouer; (fesseln) ligoter; (verpflichten) obliger; (Soße, MUS

Töne) lier; **2.** *vr:* **sich ~** s'engager; **sich an jdn ~** se lier avec qn.
Bindestrich *m* trait *m* d'union.
Bindfaden *m* ficelle *f*.
Bindung *f* (*Verpflichtung*) obligation *f*; (*Verbundenheit*) lien *m*; (*Ski~*) fixation *f*.
Binnenhafen *m* port *m* fluvial.
Binse *f* ⟨-, -n⟩ jonc *m*; **Binsenweisheit** *f* lapalissade *f*, truisme *m*.
Biochemie *f* biochimie *f*.
biodynamisch *adj* biologique.
Biogas *nt* biogaz *m*.
Biographie *f* biographie *f*.
Biologe *m* ⟨-n, -n⟩ biologiste *m*; **Biologie** *f* biologie *f*; **Biologin** *f* biologiste *f*; **biologisch** *adj* biologique.
Biorhythmus *m* biorythme *m*.
Biotechnik *f* biotechnique *f*.
Biotop *nt* ⟨-s, -e⟩ biotope *m*.
Birke *f* ⟨-, -n⟩ bouleau *m*.
Birnbaum *m* poirier *m*.
Birne *f* ⟨-, -n⟩ poire *f*; (*ELEK*) ampoule *f*.
bis 1. *adv, präp* +*akk* jusqu'à; **2.** *konj:* **er wartet, bis er aufgerufen wird** il attend qu'on l'appelle; **von ... ~** de ... à; **~ hierher** jusqu'ici; **~ in die Nacht** jusque tard dans la nuit; **~ auf weiteres** jusqu'à nouvel ordre; **~ bald/gleich** à bientôt/à tout de suite; **~ auf etw** +*akk* sauf qch.
Bischof *m* ⟨-s, Bischöfe⟩ évêque *m*; **bischöflich** *adj* épiscopal(e).
bisexuell *adj* bisexuel(le).
bisher *adv* jusqu'à présent; **bisherig** *adj* qui a été [*o* existé] jusqu'à présent; (*POL*) sortant.
Biskaya *f:* **der Golf von ~** le golfe de Gascogne.
Biskuit *m* ⟨-[e]s, -s *o* -e⟩ génoise *f*.
Biß *m* ⟨Bisses, Bisse⟩ morsure *f*; **~ haben** (*fig umg*) avoir du mordant.
bißchen *pron* un peu; **ein ~ Ruhe/Salz** un peu de repos/de sel; **ein ~ viel/wenig** un peu beaucoup/pas assez; **kein ~ pas** du tout; **ein klein[es] ~** un tout petit peu.
Bissen *m* ⟨-s, -⟩ bouchée *f*.
bissig *adj* méchant(e).
Bistum *nt* ⟨-s, Bistümer⟩ évêché *m*.
Bit *nt* ⟨-[s], -[s]⟩ (*INFORM*) bit *m*.
bitte *interj* s'il vous/te plaît; (*wie ~?*) comment?, pardon?; (*als Antwort auf Dank*) je vous en prie.
Bitte *f* ⟨-, -n⟩ demande *f*, prière *f*; **bitten** ⟨bat, gebeten⟩ *vt, vi* demander; **jdn um etw ~** demander qch à qn; **jdn zu Tisch/zum Tanz ~** inviter qn à passer à table/inviter qn à danser; **bittend** *adj* suppliant(e), implorant(e).
bitter *adj* amer(-ère); (*Wahrheit*) triste; (*Ernst, Not, Hunger, Unrecht*) extrême; **bitterböse** *adj* très méchant(e); (*Blick*)

très fâché(e); **Bitterkeit** *f* amertume *f*.
Bizeps *m* ⟨-[es], -e⟩ biceps *m*.
Blackout *m* ⟨-[s], -s⟩ étourdissement *m*.
Blähungen *fpl* (*MED*) vents *mpl*, gaz *mpl*.
Blamage *f* ⟨-, -n⟩ honte *f*; **blamieren 1.** *vr:* **sich ~** se ridiculiser; **2.** *vt* couvrir de honte.
blank *adj* (*Metall, Schuhe, Boden*) brillant(e); (*unbedeckt*) nu(e); (*abgewetzt*) lustré(e); (*sauber*) propre; (*umg: ohne Geld*) fauché(e); (*umg: Unsinn, Neid, Egoismus*) pur(e).
Blankoscheck *m* chèque *m* en blanc.
Bläschen *nt* (*MED: auf der Haut*) pustule *f*; (*MED: im Mund, im Genitalbereich*) aphte *m*.
Blase *f* ⟨-, -n⟩ bulle *f*; (*MED*) ampoule *f*; (*ANAT*) vessie *f*.
Blasebalg *m* soufflet *m*.
blasen ⟨blies, geblasen⟩ **1.** *vt* souffler; (*MUS: Instrument*) jouer de; (*MUS: Melodie*) jouer; **2.** *vi* (*Mensch*) souffler; (*auf Instrument*) jouer.
blasiert *adj* hautain(e).
Blasinstrument *nt* instrument *m* à vent; **Blaskapelle** *f* orchestre *m* de cuivres.
Blasphemie *f* blasphème *m*.
blaß *adj* pâle; **Blässe** *f* ⟨-⟩ pâleur *f*.
Blatt *nt* ⟨-[e]s, Blätter⟩ feuille *f*; (*Seite*) page *f*; (*Zeitung*) papier *m*; (*von Säge, Axt*) lame *f*.
blättern *vi* (*INFORM*) dérouler; **nach oben/unten ~** (*INFORM*) faire défiler vers le haut/le bas; **in etw dat ~** feuilleter qch.
Blätterteig *m* pâte *f* feuilletée.
blau *adj* bleu(e); (*Auge*) au beurre noir; (*Blut*) bleu(e), noble; (*umg: betrunken*) noir(e); (*GASTR*) au bleu; **~er Fleck** bleu *m*; **Fahrt ins Blaue** voyage *m* surprise; **Baulicht** *nt* gyrophare *m*; **blaumachen** *vi* (*SCH*) sécher; **Blaustrumpf** *m* bas-bleu *m*.
Blech *nt* ⟨-[e]s, -e⟩ tôle *f*; (*Büchsen~*) ferblanc *m*; (*Back~*) plaque *f*; (*MUS*) cuivres *mpl*.
blechen *vt, vi* (*umg: Geld*) casquer, cracher.
Blechlawine *f* flot de voitures qui roulent pare-choc contre pare-choc; **Blechschaden** *m* (*AUTO*) dégâts *mpl* matériels/de carrosserie.
Blei *nt* ⟨-[e]s, -e⟩ plomb *m*.
bleiben ⟨blieb, geblieben⟩ *vi* rester; **bei etw ~** (*Einstellung nicht ändern*) persister dans qch; **stehen ~** rester debout; **bleibenlassen** *irr vt* ne pas faire.
bleich *adj* blême.
bleichen *vt* (*Wäsche*) blanchir; (*Haare*) décolorer.
bleifrei *adj* (*Benzin*) sans plomb; **bleihaltig** *adj* (*Benzin*) plombifère.
Bleistift *m* crayon *m*; **Bleistiftspitzer** *m* taille-crayon *m*.

Blende f ⟨-, -n⟩ (FOTO) diaphragme m.

blenden vt éblouir; (blind machen) aveugler.

blendend adj (umg) formidable; ~ **aussehen** être resplendissant(e).

Blick m ⟨-[e]s, -e⟩ regard m; (Aussicht) vue f; (Urteilsfähigkeit) coup m d'œil; **blicken** vi regarder; **sich ~ lassen** se montrer, se faire voir.

blieb imperf von **bleiben**.

blies imperf von **blasen**.

blind adj aveugle; (Spiegel, Glas etc) terne, mat(e); ~**er Passagier** passager m clandestin; ~**er Alarm** fausse alerte [o alerte].

Blinddarm m appendice m; **Blinddarmentzündung** f appendicite f.

Blindenschrift f écriture f braille, braille m.

Blindheit f cécité f; (fig) aveuglement m.

blindlings adv aveuglément.

Blindschleiche f ⟨-, -n⟩ orvet m.

blinken vi scintiller; (Licht) clignoter; (AUTO) mettre son clignotant; **Blinker** m ⟨-s, -⟩, **Blinklicht** nt (AUTO) clignotant m.

blinzeln vi cligner des yeux; (jdm zu~) faire un clin d'œil.

Blitz m ⟨-es, -e⟩ éclair m, foudre f; **Blitzableiter** m ⟨-s, -⟩ paratonnerre m; **blitzen** vi (Metall) briller, étinceler; (Augen) flamboyer; **es blitzt** (METEO) il fait des éclairs; **Blitzlicht** nt (FOTO) flash m; **Blitz[licht]würfel** m cube-flash m; **blitzschnell** adj rapide comme l'éclair [o la foudre].

Block 1. m ⟨-[e]s, Blöcke⟩ (Stein~ etc) bloc m; 2. m ⟨-s, -s⟩ (Papier~ etc) bloc m; (Häuser~) pâté m; (Gruppe) bloc m.

Blockade f blocus m.

Blockflöte f flûte f à bec.

blockfrei adj (POL) non aligné(e).

blockieren 1. vt bloquer; (unterbinden) entraver; 2. vi (Räder) être bloqué(e).

Blockschrift f caractères mpl d'imprimerie.

blöd[e] adj idiot(e); (unangenehm) ennuyeux(-euse), embêtant(e); **Blödsinn** m idiotie f.

blond adj blond(e).

bloß 1. adj nu(e); (nichts anderes als) rien [d'autre] que; 2. adv (nur) seulement; **sag ~!** dis donc!; **laß das ~!** laisse tomber!

Blöße f ⟨-, -n⟩: **sich** dat **eine ~ geben** montrer son point faible.

bloßstellen vt mettre à nu.

blühen vi fleurir; (fig) prospérer, être florissant(e); **jdm blüht etw** (umg) qch pend au nez de qn; **blühend** adj florissant(e); (Aussehen) éclatant(e).

Blume f ⟨-, -n⟩ fleur f; (von Wein) bouquet m; (von Bier) mousse f; **Blumenkohl** m chou-fleur m; **Blumentopf** m pot m de fleurs.

Bluse f ⟨-, -n⟩ corsage m, chemisier m.

Blut nt ⟨-[e]s⟩ sang m; **Blutdruck** m tension f artérielle.

Blüte f ⟨-, -n⟩ fleur f; (Blütezeit) floraison f; (fig) apogée f.

Blutegel m sangsue f.

bluten vi saigner.

Blütenstaub m pollen m.

Bluter m ⟨-s, -⟩ (MED) hémophile m.

Bluterguß m contusion f; **Blutgruppe** f groupe m sanguin.

blutig adj (Verband) ensanglanté(e); (Kampf) sanglant(e).

blutjung adj tout(e) jeune.

Blutkonserve f (flacon de] sang m de donneur; **Blutprobe** f prise f de sang; **Bluttransfusion** f, **Blutübertragung** f transfusion f sanguine; **Blutung** f saignement m; (starke ~) hémorragie f; **Blutwurst** f boudin m.

BLZ abk von **Bankleitzahl**.

Bock m ⟨-[e]s, Böcke⟩ (Reh~) chevreuil m; (Ziegen~) bouc m; (Gestell) tréteau m; (Kutsch~) siège m du cocher; **keinen ~ haben, etw zu tun** (umg) avoir la flemme de faire qch; **auf etw** akk **~ haben** (umg) avoir envie de qch.

Boden m ⟨-s, Böden⟩ terre f, sol m; (untere Seite) bas m; (Meeres~, Faß~) fond m; (Speicher) grenier m; (fig: Grundlage) base f, fond m; **auf dem ~ sitzen** être assis(e) par terre; **bodenlos** adj (Frechheit) inouï(e), énorme; **Bodenschätze** mpl ressources fpl naturelles.

Bodybuilding nt ⟨-s⟩ culturisme m.

Bö[e] f ⟨-, Böen⟩ rafale f.

bog imperf von **biegen**.

Bogen m ⟨-s, -⟩ (Biegung) courbe f; (Waffe, ARCHIT) arc m; (MUS) archet m; (Papier) feuille f.

Bohne f ⟨-, -n⟩ (Gemüsepflanze) haricot m vert; (Kern) haricot m; (Kaffee~) grain m de café.

bohren 1. vt (Loch) percer; (Brunnen) creuser, forer; (Metall) perforer; (hinein~) enfoncer; 2. vi (mit Werkzeug) percer, creuser; (Zahnarzt) passer la roulette; **in der Nase ~** se mettre les doigts dans le nez; **Bohrer** m ⟨-s, -⟩ foret m; (von Zahnarzt) fraise f; **Bohrinsel** f plateforme f pétrolière; **Bohrmaschine** f perceuse f; **Bohrturm** m derrick m.

Boiler m ⟨-s, -⟩ chauffe-eau m.

Boje f ⟨-, -n⟩ balise f.

Bolivien nt ⟨-s⟩ la Bolivie.

Bolzen m ⟨-s, -⟩ boulon m.

bombardieren vt bombarder; **jdn mit Fragen ~** mitrailler qn de questions.

Bombe f ⟨-, -n⟩ bombe f; **Bombenanschlag** m attentat m à la bombe; **Bom-**

benerfolg m (umg) succès m monstre [o fou].

Bonbon m o nt ⟨-s, -s⟩ bonbon m.

Bonn nt ⟨-s⟩ Bonn f.

Bonus m ⟨-, -se⟩ (Gewinnanteil) boni m; (Sondervergütung) bonification f.

Boot nt ⟨-[e]s, -e⟩ bateau m.

Bord 1. nt ⟨-[e]s, -e⟩ (Brett) étagère f; **2.** m ⟨-[e]s, -e⟩: **an ~** à bord; **über ~** par-dessus bord; **von ~ gehen** débarquer.

Bordell nt ⟨-s, -e⟩ bordel m.

Bordkarte f carte f d'embarquement.

borgen vt (verleihen) prêter; (ausleihen) emprunter (etw von jdm qch à qn); **sich** dat **etw ~** emprunter qch.

Borke f ⟨-, -n⟩ écorce f.

borniert adj borné(e).

Börse f ⟨-, -n⟩ (FIN) Bourse f; (Geld~) porte-monnaie m; **Börsenkrach** m krach m [boursier]; **Börsenkurs** m cours m de la Bourse.

Borste f ⟨-, -n⟩ soie f.

Borte f ⟨-, -n⟩ bordure f.

bösartig adj méchant(e), malfaisant(e); (MED) malin(-igne).

Böschung f (Straßen~) talus m; (Ufer~) berge f.

bös[e] adj mauvais(e); (bösartig) méchant(e); (Krankheit) grave; **ein ~es Gesicht machen** avoir l'air fâché; **boshaft** adj méchant(e); **Bosheit** f méchanceté f.

Bosnien nt ⟨-s⟩ la Bosnie. **Bosnien-Herzegowina** nt ⟨-s⟩ la Bosnie-Herzégovine; **Bosnier(in)** m(f) Bosniaque m/f; **bosnisch** adj bosniaque.

böswillig adj malveillant(e).

bot imperf von **bieten**.

Botanik f botanique f; **botanisch** adj botanique.

Bote m ⟨-n, -n⟩, **Botin** f messager(-ère); (Laufbursche) garçon m de courses.

Botschaft f message m; (POL) ambassade f; **Botschafter(in)** m(f) ⟨-s, -⟩ ambassadeur(-drice).

Bottich m ⟨-s, -e⟩ cuve f; (Wäsche~) baquet m.

Bouillon f ⟨-, -s⟩ bouillon m, consommé m.

boxen vi boxer; **Boxer** m ⟨-s, -⟩ boxeur m; **Boxerin** f boxeuse f; **Boxkampf** m match m de boxe.

Boykott m ⟨-[e]s, -s o -e⟩ boycott m, boycottage m; **boykottieren** vt boycotter.

brach imperf von **brechen**.

brachte imperf von **bringen**.

Brainstorming nt ⟨-s⟩ brainstorming m, remue-méninges m.

Branche f ⟨-, -n⟩ branche f; **Branchenverzeichnis** nt annuaire m des professions, pages fpl jaunes.

Brand m ⟨-[e]s, Brände⟩ feu m, incendie m; (MED) gangrène f.

branden vi (Meer) se briser; (fig) se déchaîner (um jdn contre qn).

Brandenburg nt ⟨-s⟩ le Brandebourg.

brandmarken vt (Tiere) marquer [au fer rouge]; (fig) stigmatiser; **Brandstifter(in)** m(f) ⟨-s, -⟩ incendiaire m/f, pyromane m/f; **Brandstiftung** f incendie m criminel.

Brandung f ressac m.

Brandwunde f brûlure f.

brannte imperf von **brennen**.

Branntwein m eau-de-vie f.

Brasilien nt ⟨-s⟩ le Brésil.

braten ⟨briet, gebraten⟩ vt (Fleisch) rôtir, cuire; (in Fett) frire; **Braten** m ⟨-s, -⟩ rôti m; **Brathuhn** nt poulet m; **Bratkartoffeln** fpl pommes fpl de terre sautées; **Bratpfanne** f poêle f à frire; **Bratrost** m gril m.

Bratsche f ⟨-, -n⟩ alto m.

Bratspieß m broche f; **Bratwurst** f (was man kauft) saucisse f à griller; (was man ißt) saucisse f grillée.

Brauch m ⟨-[e]s, Bräuche⟩ tradition f, usage m.

brauchbar adj utilisable; (Vorschlag) utile; (Mensch) capable.

brauchen vt avoir besoin (jdn/etw de qn/ qch); (verwenden) utiliser; (Strom, Benzin) consommer.

Braue f ⟨-, -n⟩ sourcil m.

brauen vt brasser; **Brauerei** f brasserie f.

braun adj brun(e), marron; (von Sonne) bronzé(e); **bräunen** vt (GASTR) faire revenir; (Sonne) bronzer.

Brause f ⟨-, -n⟩ (Dusche) douche f; (von Gießkanne) pomme f; (Getränk) limonade f; **brausen** vi rugir; (duschen) se doucher; (schnell fahren) foncer, filer.

Braut f ⟨-, Bräute⟩ mariée f; (Verlobte) fiancée f.

Bräutigam m ⟨-s, -e⟩ marié m; (Verlobter) fiancé m.

Brautpaar nt mariés mpl.

brav adj (artig) sage, gentil(le).

BRD f ⟨-⟩ abk von **Bundesrepublik Deutschland** R.F.A. f.

Brecheisen nt pince-monseigneur f.

brechen ⟨brach, gebrochen⟩ **1.** vt (zer~) casser; (Licht, Wellen) réfléchir, réfracter; (Widerstand, Trotz, jdn) briser; (Schweigen, Versprechen) rompre; (Rekord) battre; (Blockade) forcer; (Blut, Galle) vomir; **die Ehe ~** commettre un adultère; **2.** vi (zer~) rompre, se casser; (Rohr etc) crever; (Strahlen) percer (durch etw qch); (hervorstoßen) surgir; (sich übergeben) vomir, rendre; **mit jdm/etw ~** rompre avec qn/qch; **3.** vr: **sich ~** (Wellen) se briser (an +dat contre); **sich das Bein/den Arm ~** se casser la

jambe/le bras.
Brecher m ⟨-s, -⟩ lame f brisante.
Brechreiz m nausée f.
Brei m ⟨-[e]s, -e⟩ (Masse) pâte f; (GASTR)
bouillie f.
breit adj large; (ausgedehnt) vaste, éten-
du(e); (Lachen) gras(se); **1 m** ~ large de 1
m, 1 m de large; **die** ~**e Masse** la masse;
Breite f ⟨-, -n⟩ largeur f; (Ausdehnung)
étendue f; (GEO) latitude f; **Breitengrad**
m degré m de latitude; **breitmachen** vr:
sich ~ s'étaler; **breittreten** irr vt (umg)
rabâcher.
Bremen nt ⟨-s⟩ Brême m.
Bremsbelag m garniture f de frein, semelle
f de frein; **Bremse** f ⟨-, -n⟩ frein m; (ZOOL)
taon m; **bremsen 1.** vi freiner; **2.** vt (Auto) faire freiner; (fig) freiner; (jdn) retenir;
Bremslicht nt feu m de stop; **Bremspe-
dal** nt pédale f de frein; **Bremsschuh** m
sabot m; **Bremsspur** f trace f de freinage;
Bremsweg m distance f de freinage.
brennbar adj combustible; **Brennelement**
nt élément m combustible.
brennen ⟨brannte, gebrannt⟩ **1.** vi brûler; **2.**
vt brûler; (Zeichen) marquer au fer rouge;
(Muster) imprimer; (Ziegel, Ton) cuire;
(Branntwein) distiller; (Kaffee) torréfier,
griller; **mir** ~ **die Augen** j'ai les yeux qui
piquent; **es brennt!** au feu!; **darauf** ~, **etw**
zu tun être impatient(e) de faire qch.
Brennessel f ortie f; **Brennmaterial** nt
combustible m; **Brennpunkt** m (PHYS)
foyer m; (Mittelpunkt) centre m; **Brennspiritus** m alcool m à brûler; **Brennstab**
m crayon m combustible; **Brennstoff** m
combustible m.
brenzlig adj (Geruch) de brûlé; (Situation)
critique.
Brett nt ⟨-[e]s, -er⟩ planche f; (Bord) étagère
f; (Spiel~) damier m; (Schach~) échiquier
m; **Schwarzes** ~ panneau m d'affichage;
~**er** pl (Skier) skis mpl; **Bretterzaun** m
palissade f.
Brief m ⟨-[e]s, -e⟩ lettre f; **Briefkasten** m
(a. elektronischer ~) boîte f aux lettres;
brieflich adj par écrit, par lettre; **Briefmarke** f timbre[-poste] m; **Brieftasche** f
portefeuille m; **Briefträger(in)** m(f) fac-
teur(-trice); **Briefumschlag** m enveloppe
f; **Briefwechsel** m correspondance f.
briet imperf von **braten**.
brillant adj (ausgezeichnet) brillant(e),
excellent(e).
Brillant m brillant m, diamant m.
Brille f ⟨-, -n⟩ lunettes fpl; (Toiletten~)
lunette f.
bringen ⟨brachte, gebracht⟩ vt porter,
apporter; (mitnehmen) emporter; (jdn)
emmener; (Profit) rapporter; (veröffentli-

chen) publier; (THEAT, FILM) jouer, présenter; (RADIO, TV) passer; (in einen Zustand
versetzen) mener (zu, in +akk à); **jdn dazu**
~, **etw zu tun** amener qn à faire qch; **jdn**
nach Hause ~ ramener qn à la maison; **er**
bringt es nicht (umg) il n'y arrive pas; **jdn**
um etw ~ faire perdre qch à qn; **es zu etw** ~
parvenir à qch; **jdn auf eine Idee** ~ donner
une idée à qn.
Brise f ⟨-, -n⟩ brise f.
Brite m ⟨-n, -n⟩, **Britin** f Britannique m/f;
britisch adj britannique; **die Britischen**
Inseln les îles Britanniques fpl.
bröckelig adj friable.
Brocken m ⟨-s, -⟩ (Stückchen) morceau m;
(Bissen) bouchée f; (von Kenntnissen)
bribe f; (Fels~) fragment m; (umg: großes
Exemplar) sacré morceau m.
Brokkoli pl brocoli m.
Brombeere f mûre f.
Bronchien fpl (ANAT) bronches fpl.
Bronchitis f ⟨-⟩ (MED) bronchite f.
Bronze f ⟨-, -n⟩ bronze m.
Brosame f ⟨-, -n⟩ miette f.
Brosche f ⟨-, -n⟩ broche f.
Broschüre f ⟨-, -n⟩ brochure f.
Brot nt ⟨-[e]s, -e⟩ pain m; (belegtes ~) sand-
wich m, tartine f.
Brötchen nt petit pain m.
brotlos adj (Mensch) sans emploi; (Arbeit)
peu lucratif(-ive).
Bruch m ⟨-[e]s, Brüche⟩ cassure f; (fig) rup-
ture f; (MED: Eingeweide~) hernie f; (MED:
Bein~ etc) fracture f; (MATH) fraction f.
brüchig adj (Material) cassant(e), fragile;
(Stein) friable.
Bruchlandung f atterrissage m forcé;
Bruchstrich m barre f de fraction;
Bruchstück nt fragment m; **Bruchteil** m
fraction f.
Brücke f ⟨-, -n⟩ pont m; (Zahn~) bridge m;
(NAUT) passerelle f; (Teppich) carpette f.
Bruder m ⟨-s, Brüder⟩ frère m; **brüderlich**
1. adj fraternel(le); **2.** adv fraternellement;
Brüderschaft f amitié f, camaraderie f.
Brühe f ⟨-, -n⟩ (GASTR) bouillon m; (pej: Getränk) lavasse f; (pej: Wasser) eau f de vaisselle.
brüllen vi (Mensch) hurler; (Tier) mugir,
rugir.
brummen 1. vi grogner; (Insekt, Radio)
bourdonner; (Motoren) vrombir, ronfler;
(murren) ronchonner; **2.** vt (Antwort, Worte) grommeler; (Lied) chantonner; **jdm**
brummt der Schädel qn a mal au crâne.
brünett adj châtain.
Brunft f ⟨-, Brünfte⟩ rut m, chaleur f.
Brunnen m ⟨-s, -⟩ fontaine f; (tief) puits m;
(natürlich) source f.
brüsk adj brusque, brutal(e).

Brust f ⟨-, Brüste⟩ poitrine f; (~korb) thorax m.

brüsten vr: **sich ~** se vanter, se rengorger.

Brustschwimmen nt brasse f.

Brüstung f balustrade f.

Brustwarze f mamelon m.

Brut f ⟨-, -en⟩ (Tiere) couvée f; (pej: Gesindel) engeance f; (Brüten) incubation f.

brutal adj brutal(e); **Brutalität** f brutalité f.

brüten vi couver; **Brüter** m ⟨-s, -⟩: **schneller ~** sur[ré]générateur m.

brutto adv brut.

Bruttosozialprodukt nt produit m national brut.

Btx abk von **Bildschirmtext** Minitel® m; **Btx-Gerät** nt Minitel® m.

Buch nt ⟨-[e]s, Bücher⟩ livre m; (WIRTS) livre m de comptabilité, registre m; **Buchbinder(in)** m(f) ⟨-s, -⟩ relieur(-euse); **Buchdrucker(in)** m(f) imprimeur m.

Buche f ⟨-, -n⟩ hêtre m.

buchen vt réserver, retenir; (Betrag) inscrire, porter.

Bücherbrett nt étagère f.

Bücherei f bibliothèque f.

Bücherregal nt rayons mpl de bibliothèque; **Bücherschrank** m bibliothèque f.

Buchfink m pinson m.

Buchführung f comptabilité f; **Buchhalter(in)** m(f) ⟨-s, -⟩ comptable m/f; **Buchhändler(in)** m(f) libraire m/f; **Buchhandlung** f librairie f.

Büchse f ⟨-, -n⟩ boîte f; (Gewehr) carabine f, fusil m; **Büchsenfleisch** nt viande f en conserve; **Büchsenöffner** m ouvre-boîte m.

Buchstabe m ⟨-ns, -n⟩ lettre f; **buchstabieren** vt épeler; **buchstäblich** adv (fig) littéralement, à la lettre.

Bucht f ⟨-, -en⟩ baie f; (Park~) place f de stationnement.

Buchung f (Reservierung) réservation f; (WIRTS) opération f comptable.

Buckel m ⟨-s, -⟩ bosse f; (umg: Rücken) dos m.

bücken vr: **sich ~** se baisser.

Bückling m (Fisch) hareng m saur; (Verbeugung) courbette f.

Buddhismus m bouddhisme m.

Bude f ⟨-, -n⟩ baraque f.

Budget nt ⟨-s, -s⟩ budget m.

Büfett nt ⟨-s, -s⟩ (Schrank) buffet m; (Theke) comptoir m; **kaltes ~** buffet m froid.

Büffel m ⟨-s, -⟩ buffle m.

Bug m ⟨-[e]s, -e⟩ (NAUT) proue f.

Bügel m ⟨-s, -⟩ (Kleider~) cintre m; (Steig~) étrier m; (Brillen~) branche f; (an Handtasche etc) poignée f.

Bügeleisen nt fer m à repasser; **Bügelfalte** f pli m; **bügeln** vt, vi repasser.

Bühne f ⟨-, -n⟩ (Podium) podium m, estrade f; (im Theater) scène f; (Theater) théâtre m; **Bühnenbild** nt scène f, décor m.

Bulgarien nt ⟨-s⟩ la Bulgarie; **bulgarisch** adj bulgare.

Bulldogge f bouledogue m.

Bulldozer m ⟨-s, -⟩ bulldozer m.

Bulle m ⟨-n, -n⟩ taureau m.

Bummel m ⟨-s, -⟩ balade f, flânerie f; (Schaufenster~) lèche-vitrine m.

Bummelant(in) m(f) traînard(e).

bummeln vi (gehen) se balader, flâner; (trödeln) traîner; (faulenzen) se la couler douce.

Bummelstreik m grève f du zèle; **Bummelzug** m omnibus m.

Bummler(in) m(f) ⟨-s, -⟩ (langsamer Mensch) traînard(e), lambin(e); (Faulenzer) fainéant(e), flemmard(e) m.

bumsen vi (aufprallen) rentrer (gegen dans); (krachen) faire boum; (umg!: koitieren) baiser.

Bund 1. m ⟨-[e]s, Bünde⟩ (zwischen Menschen) lien m; (Vereinigung) alliance f; (POL) fédération f; (Hosen~, Rock~) ceinture f; **2.** nt ⟨-[e]s, -e⟩ (Zusammengebundenes) botte f; (Schlüssel~) trousseau m.

Bündchen nt manchette f; (Hals~) revers m.

Bündel nt ⟨-s, -⟩ paquet m, ballot m; (Strahlen~) faisceau m.

Bundesbahn f chemins mpl de fer fédéraux; **Bundeskanzler** m chancelier de la République fédérale m; **Bundesland** nt land m; **Bundesliga** f première division f de football; **Bundespräsident(in)** m(f) président(e) de la République fédérale; **Bundesrat** m conseil m fédéral, Bundesrat m; **Bundesrepublik** f république f fédérale; **die ~ Deutschland** la République fédérale d'Allemagne; **Bundesstaat** m État m fédéral; **Bundesstraße** f route f fédérale, route f nationale; **Bundestag** m parlement m fédéral, Bundestag m; **Bundeswehr** f armée f allemande.

Bundfaltenhose f pantalon m à pinces.

bündig adj (kurz) concis(e), succinct(e).

Bündnis nt alliance f, pacte m.

Bunker m ⟨-s, -⟩ bunker m, casemate f.

bunt adj coloré(e); (gemischt) varié(e); **jdm wird es zu ~** c'en est trop pour qn; **Buntstift** m crayon m de couleur.

Burg f ⟨-, -en⟩ (Festung) forteresse f, château m fort.

Bürge m ⟨-n, -n⟩ garant m; **bürgen** vi: **für jdn/etw ~** se porter garant de qn/qch.

Bürger(in) m(f) ⟨-s, -⟩ (Staats~) citoyen(ne); (Angehöriger des Bürgertums) bourgeois(e); **Bürgerinitiative** f comité

dafür adv pour cela; (*Ersatz*) en échange; ~ **sein** être pour; ~ **sein, daß …** (*der Meinung sein*) être d'avis que …; +*subj*; ~, **daß … étant donné que …**; **er kann nichts ~** il n'y peut rien; **was bekomme ich ~?** que recevrai-je en échange?

dagegen 1. adv contre [cela]; (*an, auf*) y; (*im Vergleich*) en comparaison; **2.** *konj* par contre, en revanche; **ein gutes Mittel ~** un bon remède à cela; **er prallte ~** il a foncé dedans; **ich habe nichts ~** je n'ai rien contre [cela]; **ich war ~** j'étais contre.

daheim adv à la maison, chez soi.

daher 1. adv de là; **2.** *konj* (*deshalb*) c'est pourquoi; **ich komme gerade ~** j'en viens; **die Schmerzen kommen ~** voilà la cause des douleurs; **das geht ~ nicht, weil …** c'est impossible pour la raison que …

dahin adv (*räumlich*) là; **gehst du auch ~?** tu y vas aussi?; **sich ~ einigen** se mettre d'accord sur cela; **bis ~** (*zeitlich*) jusque-là.

dahinten adv là-derrière; (*weit entfernt*) là-bas; (*in Raum*) au fond.

dahinter adv derrière; **was verbirgt sich/steckt ~?** qu'est-ce qui se cache/qu'il y a là-dessous?; **dahinterkommen** *irr vi*: ~, **daß/wer/was …** découvrir que/qui/ce que …

dalassen *irr vt* laisser [ici].

damalig adj d'alors; **der ~e Direktor war Herr …** le directeur était alors Monsieur …; **damals** adv à cette époque-[là]; ~ **als** à l'époque où; ~ **und heute** jadis et aujourd'hui.

Damast m (-[e]s, -e) damas m, damassé m.

Dame f (-, -n) dame f; (*SCHACH*) reine f; **meine ~n und Herren** mesdames et messieurs; **damenhaft** adj dame, comme une dame.

damit 1. *konj* pour que +*subj*; **2.** adv avec cela; (*begründend*) ainsi; **was ist ~?** qu'en est-il?; **genug ~!** suffit comme ça!; ~ **basta** [o **Schluß**] à point, c'est tout; ~ **eilt es nicht** ça ne presse pas.

dämlich adj (*umg*) idiot(e).

Damm m (-[e]s, Dämme) (*Stau~*) barrage m; (*Hafen~*) môle m; (*Bahn~, Straßen~*) chaussée f.

Dämmerung f (*Morgen~*) aube f, lever m du jour; (*Abend~*) crépuscule m, nuit f tombante.

dämmrig adj (*Zimmer*) sombre; (*Licht*) faible.

Dämon m (-s, -en) démon m; **dämonisch** adj démoniaque.

Dampf m (-[e]s, Dämpfe) vapeur f; **Dampfbügeleisen** nt fer m [à repasser] à vapeur; **dampfen** vi fumer.

dämpfen vt (*GASTR*) cuire à l'étuvée [o à la vapeur]; (*bügeln*) repasser à la vapeur;

(*Lärm*) étouffer; (*Freude, Schmerz*) atténuer.

Dampfer m (-s, -) bateau m à vapeur.

Dampfkochtopf m autocuiseur m, cocotte-minute® f; **Dampfmaschine** f machine f à vapeur; **Dampfschiff** nt bateau m à vapeur; **Dampfwalze** f rouleau m compresseur.

danach adv ensuite; (*in Richtung*) vers cela; (*demgemäß*) d'après cela; ~ **kann man nicht gehen** on ne peut pas s'y fier; **ich werde mich ~ richten** j'en tiendrai compte; **er schoß ~** il tira dessus; **mir ist nicht ~** je n'en ai pas envie; **er sieht auch ~ aus** il en a tout l'air.

Däne m (-n, -n) Danois m.

daneben adv à côté; (*im Vergleich damit*) en comparaison; (*außerdem*) en outre; **danebenbenehmen** *irr vr*: **sich ~** mal se conduire; **danebengehen** *irr vi* échouer; (*Schuß*) manquer la cible.

Dänemark nt (-s) le Danemark; **Dänin** f Danoise f; **dänisch** adj danois(e).

dank präp +*gen* o *dat* grâce à.

Dank m (-[e]s) remerciement[s] m[pl]; **vielen** [o *schönen*] ~! merci beaucoup!; **dankbar** adj (*Mensch*) reconnaissant(e); (*Aufgabe*) qui en vaut la peine; **danke** *interj* merci; ~ **schön!** merci [beaucoup]!; **danken** vt, vi remercier; **jdm für etw ~** remercier qn de qch; **ich danke** merci; (*ironisch*) non merci; **niemand wird dir das ~** personne ne t'en sera reconnaissant.

dann adv alors; (*danach*) puis, ensuite; (*außerdem*) et puis, en outre; ~ **und wann** de temps en temps.

daran adv à cela, y; (*zweifeln*) de cela; **im Anschluß ~** tout de suite après; **es liegt ~, daß …** c'est parce que …; **mir liegt viel ~** c'est très important pour moi; **das Beste ~ ist …** le meilleur de l'histoire, c'est …; **ich war nahe ~, zu …** j'étais sur le point de …; **er ist ~ gestorben** il en est mort.

darauf adv (*räumlich*) dessus; (*danach*) après; **es kommt ~ an, ob …** cela dépend si …; **ich komme nicht ~** cela m'échappe; **die Tage ~** les jours suivants; **am Tag ~** le lendemain; **darauffolgend** adj suivant(e).

daraus adv (*räumlich*) de là, en; (*Material*) en cela, de cela; **was ist ~ geworden?** qu'en est-il advenu?; ~ **geht hervor, daß …** il en ressort que …; **mach dir nichts ~** ne t'en fais pas.

darin adv là-dedans, y; (*Grund angebend*) en cela, y.

darlegen vt exposer, expliquer.

Darlehen nt (-s, -) prêt m, emprunt m.

Darm m (-[e]s, Därme) intestin m; (*Wurst~*) boyau m; **Darmsaite** f corde f de boyau.

darstellen 1. vt représenter; (*beschreiben*)

décrire; **2.** *vr:* **sich ~** se montrer, se présenter; **Darsteller(in)** *m(f)* ⟨-s, -⟩ acteur (-trice), interprète *m/f;* **Darstellung** *f* représentation *f; (Geschichte)* description *f.*

darüber *adv (räumlich)* au-dessus; *(zur Deckung)* par-dessus; *(in bezug auf Thema)* à ce sujet; *(bei Zahlen, Beträgen)* au-dessus; **er hat sich ~ geärgert/gefreut** ça l'a mis en colère/lui a fait plaisir; **er hat ~ gesprochen** il en a parlé; **~ geht nichts** il n'y a rien de mieux.

darum 1. *adv (räumlich)* autour; *(hinsichtlich einer Sache)* pour cela; **2.** *konj* c'est pourquoi; **wir bitten ~** nous vous en prions; **ich bemühe mich ~** je m'y efforce; **es geht ~, daß ...** il s'agit de ...; **er würde viel ~ geben, wenn ...** il donnerait beaucoup pour que ... *+subj.*

darunter *adv* en-dessous; *(mit Verb der Bewegung)* par-dessous; *(im Haus, bei Zahlen, Unterordnung)* au-dessous; *(dazwischen, dabei)* parmi eux (elles); **was verstehen Sie ~?** qu'entendez-vous par là?

das *art s.* **der, die, das.**

dasein *irr vi (anwesend)* être présent(e); **es ist noch Brot da** il y a encore du pain; **Dasein** *nt* ⟨-s⟩ *(Leben)* existence *f; (Anwesenheit)* présence *f.*

daß *konj* que; *(damit)* pour que *+subj; (in Wunschsätzen)* si; **zu teuer, als ~ ...** trop cher pour que ... *+subj;* **außer ~ ...** excepté que ...; **ohne ~** sans que *+subj.*

dasselbe *pron* la même chose.

dastehen *irr vi (bewegungslos ~)* être là; *(fig)* se trouver; *(in Buch* être mentionné(e)?; **dumm ~** avoir l'air bête.

DAT *nt* ⟨-, -s⟩ *abk von* **Digital Audio Tape** enregistrement *m* audionumérique.

Datei *f (INFORM)* fichier *m;* **Dateiname** *m* nom *m* de fichier.

Daten 1. *pl von* **Datum; 2.** *pl (INFORM)* données *fpl;* **Datenaustausch** *m* échange *m* des données; **Datenbank** *f* ⟨Datenbanken *pl⟩* banque *f* de données; **Datenbasis** *f* base *f* de données; **Datenbestand** *m* ensemble *m* des données; **Datenerfassung** *f* saisie *f* des données, acquisition *f* des données; **Datenfernverarbeitung** *f* télétraitement *m;* **Datenmißbrauch** *m* fraude *f* informatique; **Datenschutz** *m* protection *f* des données; **Datenschutzbeauftragte(r)** *mf* personne *f* chargée [*o* responsable] de la protection des données; **Datenträger** *m* support *m* de données; **Datentypist(in)** *m(f)* opérateur(-trice) de saisie; **Datenverarbeitung** *f* traitement *m* de données; **Datenzentrum** *nt* centrale *f* de données.

datieren 1. *vt* dater; **2.** *vi:* **~ von** dater de.

Dativ *m* datif *m.*

Dattel *f* ⟨-, -n⟩ datte *f.*

Datum *nt* ⟨-s, Daten⟩ date *f.*

Dauer *f* ⟨-⟩ durée *f;* **auf die ~** à la longue; **Dauerauftrag** *m (FIN)* ordre *m* de virement permanent, prélèvement *m* automatique; **dauerhaft** *adj* durable; **Dauerkarte** *f* abonnement *m;* **Dauerlauf** *m* course *f* à pied, jogging *m;* **dauern** *vi* durer; **es hat sehr lange gedauert, bis er begriffen hat** il a mis très longtemps à comprendre; **dauernd 1.** *adj* constant(e), incessant(e); *(andauernd)* permanent(e); **2.** *adv* constamment; **Dauerregen** *m* pluie *f* incessante; **Dauerwelle** *f* permanente *f;* **Dauerzustand** *m* état *m* permanent.

Daumen *m* ⟨-s, -⟩ pouce *m;* **am ~ lutschen** sucer son pouce.

Daune *f* ⟨-, -n⟩ duvet *m;* **Daunendecke** *f* édredon *m.*

davon *adv* en, de là; *(Trennung, Grund)* de cela; **die Hälfte ~ la** moitié [de cela]; **10 ~ waren abgenommen** d'entre eux étaient venus; **~ wußte er nichts** il n'en savait rien; **~ wissen** être au courant; **das kommt ~!** c'est bien fait!; **~ abgesehen** à part cela; **was habe ich ~?** à quoi ça m'avance?; **das hast du nun ~!** tu vois le résultat!; **davonkommen** *irr vi* s'en tirer; **mit dem Schrecken ~** en être quitte pour la peur; **davonlaufen** *irr vi* se sauver; **davontragen** *irr vt (Sieg)* remporter; *(Verletzung)* subir.

davor *adv* devant; *(zeitlich, Reihenfolge)* avant; **das Jahr ~** l'année d'avant; **ihn ~ warnen** l'en avertir; **Angst ~ haben** en avoir peur.

dazu *adj* avec cela; *(Zweck angebend)* pour cela; *(in bezug auf Thema, Frage)* sur cela; **er arbeitet und singt ~** il chante en travaillant; **was hat er ~ gesagt?** qu'en a-t-il dit?; **und ~ noch** et en plus; **~ fähig sein** en être capable; **Zeit/Lust ~ haben** en avoir le temps/envie; **dazugehören** *vi* en faire partie; **dazukommen** *irr vi (Ereignisse)* survenir; *(an einen Ort)* arriver.

dazwischen *adv (räumlich)* au milieu; *(zeitlich)* entre-temps; *(bei Maß-, Mengenangaben)* entre les deux; *(dabei, darunter)* dans le tas, parmi eux (elles); **dazwischenkommen** *irr vi:* **mit den Fingern ~** *(hineingeraten)* se coincer les doigts; **es ist etwas dazwischengekommen** il y a eu un contretemps; **dazwischenreden** *vi (unterbrechen)* interrompre.

DDR *f* ⟨-⟩ *abk von* **Deutsche Demokratische Republik** *(HIST)* R.D.A. *f;* **die ehemalige ~** anciennement la R.D.A.

Deal *m* ⟨-s, -s⟩ *(umg)* transaction *f;* **dealen** *vi* être revendeur de; **Dealer(in)** *m(f)* ⟨-s, -⟩ trafiquant(e) *m;* *(in kleinem Rahmen)*

revendeur(-euse), dealer m.
Debatte f ⟨-, -n⟩ débat m.
Deck nt ⟨-[e]s, -s⟩ pont m.
Decke f ⟨-, -n⟩ couverture f; (Tisch~) nappe f; (Zimmer~) plafond m; **unter einer ~ stecken** être de connivence.
Deckel m ⟨-s, -⟩ couvercle m; (Buch~) couverture f.
decken 1. vt couvrir; (Bedarf) satisfaire à; (FIN) couvrir; (Defizit) combler; (SPORT) marquer; **2.** vr: **sich ~** (Meinungen) être identique(s); (MATH) coïncider; **3.** vi (Farbe) couvrir, camoufler; **den Tisch ~** mettre le couvert [o la table].
Deckung f (Schutz) abri m; (SPORT: von Gegner) marquage m; (von Meinungen) accord m; (WIRTS: von Bedarf) satisfaction f; **in ~ gehen** se mettre à l'abri; **zur ~ des Defizits** pour combler le déficit; **zur ~ der Kosten** pour couvrir les frais.
Decoder m ⟨-s, -⟩ décodeur m.
defekt adj (Maschine) défectueux(-euse); **Defekt** m ⟨-[e]s, -e⟩ défaut m.
defensiv adj défensif(-ive).
definieren vt définir.
Definition f définition f.
Defizit nt ⟨-s, -e⟩ déficit m.
deftig adj (Essen) consistant(e); (Witz) grossier(-ière).
Degen m ⟨-s, -⟩ épée f.
degenerieren vi dégénérer; (Sitten) se dégrader.
dehnbar adj extensible.
dehnen 1. vt (Stoff) étirer; (Vokal) allonger; **2.** vr: **sich ~** (Stoff) s'allonger, s'élargir; (Mensch) s'étirer; (Strecke) s'étendre; (dauern) traîner en longueur.
Deich m ⟨-[e]s, -e⟩ digue f.
Deichsel f ⟨-, -n⟩ timon m.
dein pron in Briefen: **Dein** (adjektivisch) ton (ta); (pl) tes; **deine(r, s)** pron (substantivisch) le tien (la tienne); (pl) les tiens (les tiennes); **die Deinen** (Angehörige) les tiens; **deiner** pron gen von du de toi; **deinerseits** adv de ta part, de ton côté; **deinesgleichen** pron des gens comme toi; **deinetwegen** adv (für dich) pour toi; (wegen dir) à cause de toi; (von dir aus) en ce qui te concerne.
dekadent adj décadent(e); **Dekadenz** f décadence f.
Dekan m ⟨-s, -e⟩ doyen m.
Deklination f déclinaison f; **deklinieren** vt décliner.
Dekolleté nt ⟨-s, -s⟩ décolleté m.
Dekorateur(in) m(f) décorateur(-trice); **Dekoration** f décoration f; **dekorieren** vt décorer.
Delegation f délégation f.
Delikatesse f ⟨-, -n⟩ délicatesse f; (Fein-

kost) mets m délicat.
Delikt nt ⟨-[e]s, -e⟩ délit m.
Delle f ⟨-, -n⟩ (umg) bosse f.
Delphin 1. m ⟨-s, -e⟩ (Tier) dauphin m; **2.** nt ⟨-s⟩ (SPORT: Schwimmstil) brasse f papillon.
dem art s. **der, die, das.**
Demagoge m ⟨-n, -n⟩, **Demagogin** f démagogue m/f.
dementieren vt (Meldung) démentir.
demgemäß adv en conséquence.
demnach adv donc.
demnächst adv bientôt, sous peu.
Demo f ⟨-, -s⟩ (umg) manif f.
Demokrat m démocrate m; **Demokratie** f démocratie f; **Demokratin** f démocrate f; **demokratisch** adj démocratique.
demolieren vt démolir.
Demonstrant(in) m(f) manifestant(e); **Demonstration** f (Darlegung) démonstration f; (Umzug) manifestation f; **demonstrativ** adj démonstratif(-ive); **demonstrieren 1.** vt démontrer; (guten Willen) manifester, montrer; **2.** vi manifester.
Demoskopie f sondage m d'opinion.
Demut f ⟨-⟩ humilité f, soumission f; **demütig** adj humble.
demütigen 1. vt humilier; **2.** vr: **sich ~** s'humilier, s'abaisser.
demzufolge adv donc, par conséquent.
den art s. **der, die, das.**
denkbar 1. adj concevable; **2.** adv (sehr) extrêmement.
denken ⟨dachte, gedacht⟩ vt, vi penser; **sich dat etw ~** (Denkfähigkeit) penser; **gut/schlecht über jdn/etw ~** penser du bien/du mal de qn/qch; **an jdn/etw ~** penser à qn/qch; **denk[e] daran, daß ...** n'oublie pas que ...; **Denken** nt ⟨-s⟩ (das Überlegen) réflexion f; (Denkfähigkeit) pensée f; **denkfaul** adj paresseux(-euse) d'esprit; **Denkfehler** m faute f de raisonnement, erreur f de raisonnement; **Denkmal** nt ⟨-s, Denkmäler⟩ monument m; **Denkmalschutz** m protection f des monuments; **denkwürdig** adj mémorable; **Denkzettel** m: **jdm einen ~ verpassen** donner une leçon à qn.
denn 1. konj car; **2.** adv (verstärkend) donc; **wo ist er ~?** où est-il donc?; **mehr/besser ~ je** plus/mieux que jamais; **es sei ~** à moins que +subj.
dennoch adv cependant, pourtant.
Denunziant(in) m(f) dénonciateur(-trice).
Deo nt ⟨-s, -s⟩, **Deodorant** nt ⟨-s, -e o -s⟩ déodorant m; **Deoroller** m déodorant m à bille; **Deospray** m o nt déodorant m en bombe.
deponieren vt déposer.
Depot nt ⟨-s, -s⟩ dépôt m.
Depression f dépression f.

deprimieren vt déprimer.

der, die, das 1. art le (la); (pl) les; **2.** pron (demonstrativ) celui-ci (celle-ci), celui-là (celle-là); (pl) ceux-ci (celles-ci), ceux-là (celles-là); que; (bezüglich auf Sachen) que; (jemand) il (elle).

derart adv tellement, tant; (solcher Art) de ce genre[-là], de cette sorte; ~, **daß** ... (relativ) de telle sorte que ...; (verstärkend) tellement ... que ...; **derartig** adj tel(le).

derb adj grossier(-ière); (Kost) peu raffiné(e).

deren pron s. **der, die, das.**

dergleichen pron tel(le), semblable; **derjenige** pron: ~, **der** (demonstrativ) celui qui; **dermaßen** adv tant, si; **derselbe** pron le (la) même; **derzeitig** adj (jetzig) actuel(le); (damalig) d'alors.

des art s. **der, die, das.**

Desaster nt désastre m.

desertieren vi déserter.

desgleichen adv pareillement.

deshalb adv c'est pourquoi, pour cette raison, pour cela.

Design nt ⟨-s, -s⟩ design m, stylisme m; **Designer(in)** m(f) ⟨-s, -⟩ designer m/f, styliste m.

Desinfektion f désinfection f; **Desinfektionsmittel** nt désinfectant m; **desinfizieren** vt désinfecter.

Desinteresse nt manque m d'intérêt (an +dat pour).

Desktop Publishing nt ⟨-, -[s]⟩ microédition f, publication f assistée par ordinateur.

dessen pron s. **der, die, das; dessenungeachtet** adv malgré cela, néanmoins.

Destillation f distillation f; **destillieren** vt distiller.

desto konj d'autant; ~ **besser** d'autant mieux.

deswegen konj c'est pourquoi, à cause de cela.

Detail nt ⟨-s, -s⟩ détail m.

Detektiv(in) m(f) détective m.

deuten 1. vt interpréter; **2.** vi: **auf etw** akk ~ indiquer qch.

deutlich adj clair(e); (Schrift) lisible; (Aussprache) distinct(e); (Unterschied) net(te); **jdm etw ~ machen** faire comprendre qch à qn; **Deutlichkeit** f clarté f; netteté f.

deutsch adj allemand(e); ~ **sprechen** parler allemand; ~**er Schäferhund** berger m allemand; **Deutsch** nt ⟨-en⟩ (LING) l'allemand m; ~ **lernen** apprendre l'allemand; **ins** ~**e übersetzen** traduire en allemand; **Deutsche(r)** mf Allemand(e)f; **Deutschland** nt l'Allemagne f; **in** ~ en Allemagne; **nach** ~ **fahren** aller en Allemagne.

Devise f ⟨-, -n⟩ devise f.

Dezember m ⟨-[s], -⟩ décembre m; **im** ~ en

décembre; **18.** ~ **1998** le 18 décembre 1998; **am 18.** ~ le 18 décembre.

dezent adj discret(-ète).

dezentral adj décentralisé(e).

dezimal adj décimal(e); **Dezimalbruch** m fraction f décimale.

DFÜ f ⟨-⟩ abk von **Datenfernübertragung** télétransmission f.

d.h. abk von **das heißt** c.à.d.

Dia nt ⟨-s, -s⟩ diapo f.

Diabetes m ⟨-⟩ diabète m; **Diabetiker(in)** m(f) ⟨-s, -⟩ diabétique m/f.

Diagnose f ⟨-, -n⟩ diagnostic m.

Diagonale f ⟨-, -n⟩ diagonale f.

Dialekt m ⟨-[e]s, -e⟩ dialecte m, patois m.

Dialog m ⟨-[e]s, -e⟩ (a. INFORM) dialogue m, conversation f.

Dialyse f ⟨-, -n⟩ (MED) dialyse f.

Diamant m diamant m.

Diapositiv nt diapositive f.

Diät f ⟨-, -en⟩ régime m; **diät** adv: ~ **halten** être au régime, suivre un régime; **Diäten** pl indemnité f parlementaire.

dich pron akk von **du** (vor Verb) te; (vor Vokal o stummem h) t'; (nach Präposition) toi.

dicht 1. adj épais(se); (Menschenmenge, Verkehr) dense; (Bäume) touffu(e); (Gewebe) serré(e); (Dach) étanche; **2.** adv: ~ **an/bei** tout près de.

dichten 1. vt (dicht machen) étancher; (Leck) colmater; (verfassen) composer; (umg: erfinden) inventer, imaginer; **2.** vi (reimen) écrire des vers; **Dichter(in)** m(f) ⟨-s, -⟩ poète m; **dichterisch** adj poétique; **Dichtung** f (TECH) joint m, garniture f; (AUTO) joint m de culasse; (Gedichte) poésie f; (Prosa) œuvre f poétique.

dick adj épais(se); (Mensch) gros(se); **durch** ~ **und dünn** pour le meilleur et pour le pire.

dickflüssig adj visqueux(-euse), épais(se).

Dickicht nt ⟨-s, -e⟩ fourré m.

Dickkopf m (Mensch) tête f de mule; **einen** ~ **haben** être têtu(e) [comme une mule].

Dickmilch f lait m caillé.

die art s. **der, die, das.**

Dieb(in) m(f) ⟨-[e]s, -e⟩ voleur(-euse); **Diebstahl** m ⟨-[e]s, Diebstähle⟩ vol m; **Diebstahlsicherung[sanlage]** f alarme f.

diejenige pron: ~, **die** (demonstrativ) celle qui.

Diele f ⟨-, -n⟩ (Brett) planche f; (Flur) vestibule m, entrée f.

dienen vi servir; **Diener(in)** m(f) ⟨-s, -⟩ domestique m/f; (fig) serviteur m, servante f.

Dienst m ⟨-[e]s, -e⟩ service m; **außer** ~ hors service; **im** ~ en service; ~ **haben** être de service; **der öffentliche** ~ le service public.

Dienstag m mardi m; [**am**] ~ mardi [qui vient]; **dienstags** adv tous les mardis; (*Zeitplan*) le mardi.

Dienstbote m, **Dienstbotin** f domestique m/f; **diensteifrig** adj empressé(e), zélé(e); **dienstfrei** adj: ~ **haben** avoir congé; **Dienstgeheimnis** nt secret m professionnel; **Dienstgespräch** nt communication f de service; **diensthabend** adj de service; **Dienstleistung** f [prestation f de] service m; **dienstlich 1.** adj officiel(le); **2.** adv pour affaires; **Dienstmädchen** nt bonne f; **Dienstreise** f voyage m d'affaires; **Dienststelle** f bureau m, office m; **Dienstvorschrift** f instruction f de service; **Dienstweg** m voie f hiérarchique; **Dienstzeit** f heures fpl de service.

diesbezüglich adj (*Frage*) à ce propos.

diese(r, s) pron (*demonstrativ*) ce, cet(te); (*substantivisch*) celui-là (celle-là).

Diesel 1. m ⟨-s, -⟩ (*Auto*) diesel m; **2.** m ⟨-s⟩ (~*kraftstoff*) gazole m, gas-oil m.

dieselbe pron le (la) même.

diesig adj brumeux(-euse).

diesjährig adj de cette année.

diesmal adv cette fois.

Dietrich m ⟨-s, -e⟩ crochet m.

Differential nt ⟨-s, -e⟩ différentielle f; **Differentialgetriebe** nt (*AUTO*) engrenage m différentiel.

Differenz f différence f; (*pl: Streit*) différend m.

differenzieren vt, vi différencier.

digital adj numérique, digital(e); **Digitalanzeige** f affichage m numérique; **Digitaluhr** f montre f digitale, montre f à affichage numérique.

Diktat nt dictée f; (*fig: von Mode*) canons mpl.

Diktator(in) m(f) dictateur(-trice).

Diktatur f dictature f.

diktieren vt dicter.

Dilemma nt ⟨-s, -s⟩ dilemme m.

Dilettant(in) m(f) amateur m.

Dimension f dimension f.

Ding nt ⟨-[e]s, -e⟩ chose f.

Dingsbums nt ⟨-, -⟩ (*umg*) truc m, machin-chouette f.

Dinosaurier m ⟨-s, -⟩ dinosaure m.

Diode f ⟨-, -n⟩ diode f.

Dioxin nt ⟨-s⟩ dioxine f.

Diözese f ⟨-, -n⟩ diocèse m.

Diplom nt ⟨-s, -e⟩ diplôme m.

Diplomat(in) m(f) ⟨-en, -en⟩ diplomate m/f; **Diplomatie** f diplomatie f; **diplomatisch** adj diplomatique.

Diplomingenieur(in) m(f) ingénieur m diplômé.

dir pron dat von **du** (*vor Verb*) te; (*vor Vokal*

o stummem h) t'; (*nach Präposition*) toi; **das gehört** ~ c'est à toi.

direkt 1. adj direct(e); **2.** adv directement; (*ehrlich*) franchement.

Direktor(in) m(f) directeur(-trice); (*von Gymnasium*) proviseur m; (*von Realschule*) principal(e).

Direktübertragung f retransmission f en direct; **Direktzugriffsspeicher** m (*INFORM*) mémoire f vive.

Dirigent(in) m(f) chef m d'orchestre.

dirigieren vt, vi diriger.

Dirne f ⟨-, -n⟩ prostituée f.

Diskette f disquette f; **eine DD-~/~ mit doppelter Schreibdichte** une disquette [à] double densité; **eine HD-~/~ mit hoher Schreibdichte** une disquette [à] haute densité; **Diskettenlaufwerk** nt lecteur m de disquettes.

Disko f ⟨-, -s⟩ discothèque f, boîte f.

Diskont m ⟨-s, -e⟩ (*FIN*) escompte m; (*WIRTS*) remise f, rabais m; **Diskontsatz** m (*FIN*) taux m d'escompte.

Diskothek f ⟨-, -en⟩ discothèque f.

Diskrepanz f divergence f, contradiction f.

Diskretion f discrétion f.

diskriminieren vt discriminer; **Diskriminierung** f discrimination f.

Diskussion f discussion f; **zur ~ stehen** entrer en ligne de compte.

diskutieren vt, vi discuter (*über +akk* de).

Display nt ⟨-s, -s⟩ afficheur m.

disqualifizieren vt disqualifier.

Distanz f distance f; ~ **halten** garder ses distances; **distanzieren** vr: **sich von jdm/etw** ~ prendre ses distances par rapport à qn/qch.

Distel f ⟨-, -n⟩ chardon m.

Disziplin f discipline f.

Dividende f ⟨-, -n⟩ dividende m.

dividieren vt diviser (*durch* par).

DM abk von **Deutsche Mark** mark m.

doch 1. konj (*aber*) mais; (*trotzdem*) quand même; **2.** adv: ~! si!; **das ist** ~ **schön!** mais c'est beau!; **nicht** ~! mais non!; **er kam** ~ **noch** il est bien venu quand même; **komm** ~! viens donc!

Docht m ⟨-[e]s, -e⟩ mèche f.

Dock nt ⟨-s, -s⟩ dock m, bassin m.

Dogge f ⟨-, -n⟩ dogue m.

Dogma nt ⟨-s, Dogmen⟩ dogme m; **dogmatisch** adj dogmatique.

Doktor(in) m(f) docteur m; (*Arzt*) docteur m; **Doktorarbeit** f thèse f de doctorat.

Dokument nt document m; **Dokumentarbericht** m, **Dokumentarfilm** m documentaire m; **dokumentarisch** adj documentaire; **dokumentieren** vt (*a. INFORM*) documenter.

Dolch m ⟨-[e]s, -e⟩ poignard m.

dolmetschen 1. *vt* traduire, interpréter; **2.** *vi* servir d'interprète; **Dolmetscher(in)** *m(f)* ⟨-s, -⟩ interprète *m/f*.

Dom *m* ⟨-[e]s, -e⟩ cathédrale *f*.

Dompfaff *m* bouvreuil *m*.

Donau *f* ⟨-⟩ Danube *m*.

Donner *m* ⟨-s, -⟩ tonnerre *m*; **donnern** *vi* tonner.

Donnerstag *m* jeudi *m*; **[am]** ~ jeudi [qui vient]; **donnerstags** *adv* tous les jeudis; (*Zeitplan*) le jeudi.

Donnerwetter 1. *nt* (*fig*) engueulade *f*; **2.** *interj* (*verärgert*) bon sang!; (*überrascht*) dis donc!

doof *adj* (*umg*) idiot(e), stupide; **ein ~es Gesicht machen** faire une drôle de tête.

dopen *vt* doper; **Doping** *nt* ⟨-s⟩ doping *m*, dopage *m*; **Dopingkontrolle** *f* contrôle *m* antidopage.

Doppel *nt* ⟨-s, -⟩ double *m*; **Doppelbett** *nt* lit *m* pour deux personnes; **Doppelgänger(in)** *m(f)* ⟨-s, -⟩ sosie *m*; **Doppelpunkt** *m* deux-points *mpl*; **Doppelstecker** *m* prise *f* double.

doppelt 1. *adj* double; **2.** *adv* en double; (*sich freuen, ärgern*) doublement; **in ~er Ausfertigung** en double exemplaire.

Doppelzentner *m* quintal *m*; **Doppelzimmer** *nt* chambre *f* pour deux.

Dorf *nt* ⟨-[e]s, Dörfer⟩ village *m*; **Dorfbewohner(in)** *m(f)* villageois(e).

Dorn 1. *m* ⟨-[e]s, -en⟩ (*an Pflanze*) épine *f*; **2.** *m* ⟨Dorne *pl*⟩ (*aus Metall*) ardillon *m*; **dornig** *adj* épineux(-euse).

dörren *vt* sécher; **Dörrobst** *nt* fruits *mpl* secs.

Dorsch *m* ⟨-[e]s, -e⟩ petite morue *f*.

dort *adv* là[-bas]; ~ **drüben/oben** là-bas/là-haut; **dorther** *adv* de là; **dorthin** *adv* là-bas; **dortig** *adj* de là-bas.

Dose *f* ⟨-, -n⟩ boîte *f*.

dösen *vi* (*umg*) sommeiller.

Dosenöffner *m* ouvre-boîte *m*.

Dosis *f* ⟨-, Dosen⟩ dose *f*.

Dotter *m* ⟨-s, -⟩ jaune *m* d'œuf.

Dozent(in) *m(f)* maître *m* de conférences.

Drache *m* ⟨-n, -n⟩ (*Fabeltier*) dragon *m*.

Drachen *m* ⟨-s, -⟩ (*Spielzeug*) cerf-volant *m*; (*SPORT*) deltaplane *m*; (*umg pej: Frau*) dragon *m*; **Drachenfliegen** *nt* ⟨-s⟩ (*SPORT*) vol *m* libre, deltaplane *m*; **Drachenflieger(in)** *m(f)* libériste *m/f*.

Draht *m* ⟨-[e]s, Drähte⟩ fil *m* de fer; **auf ~ sein** (*fig umg*) savoir saisir les occasions; **Drahtseilbahn** *f* funiculaire *m*.

drall *adj* plantureux(-euse), robuste.

Drama *nt* ⟨-s, Dramen⟩ drame *m*; **dramatisch** *adj* dramatique.

dran 1. = **daran**; **2.** *adv*: **gut/schlecht ~ sein** être en bonne/mauvaise posture.

drang *imperf von* **dringen**.

Drang *m* ⟨-[e]s, Dränge⟩ (*Trieb*) forte envie *f*; (*Druck*) pression *f*.

drängeln *vt*, *vi* pousser.

drängen 1. *vt* presser; **2.** *vi* presser; **auf etw** *akk* ~ insister sur qch.

drastisch *adj* (*Maßnahme*) draconien(ne); (*Schilderung*) cru(e).

drauf = **darauf**.

Draufgänger(in) *m(f)* ⟨-s, -⟩ casse-cou *m*.

draußen *adv* [au] dehors.

Dreck *m* ⟨-[e]s⟩ saleté *f*; (*am Körper*) crasse *f*; **dreckig** *adj* sale; (*Bemerkung, Witz*) obscène; (*Lachen*) mauvais(e).

Dreharbeiten *fpl* tournage *m*.

drehen 1. *vt* tourner; (*Zigaretten*) rouler; **2.** *vi* tourner; (*Schiff*) virer de bord; **3.** *vr*: **sich** ~ tourner; (*Mensch*) se tourner; (*handeln von*) s'agir (**um** de).

Drehorgel *f* orgue *m* de Barbarie; **Drehtür** *f* porte *f* pivotante.

Drehung *f* (*Rotation*) rotation *f*; (*Um~, Wendung*) tour *m*.

Drehzahl *f* nombre *m* de tours; **Drehzahlmesser** *m* ⟨-s, -⟩ compte-tours *m*.

drei *num* trois; **Drei** *f* ⟨-, -en⟩ trois *m*; **Dreieck** *nt* ⟨-s, -e⟩ triangle *m*; **dreieckig** *adj* triangulaire; **dreieinhalb** *num* trois et demi; **Dreieinigkeit** *f* (*REL*) Trinité *f*; **dreierlei** *adj inv* de trois sortes; **dreifach** *adj* triple; **dreihundert** *num* trois cents; **dreijährig** *adj* de trois ans; **Dreikönigsfest** *nt* Épiphanie *f*, fête *f* des Rois; **dreimal** *adv* trois fois.

dreinreden *vi*: **jdm** ~ (*dazwischenreden*) interrompre qn; (*sich einmischen*) se mêler des affaires de qn.

dreißig *num* trente.

dreist *adj* impertinent(e).

dreiviertel *num* trois quarts; **Dreiviertelstunde** *f* trois quarts *mpl* d'heure.

dreizehn *num* treize.

dreschen ⟨drosch, gedroschen⟩ *vt* (*Getreide*) battre; **Phrasen** ~ (*umg*) faire des phrases.

Dresden *nt* ⟨-s⟩ Dresde *m*.

dressieren *vt* dresser.

Dressing *nt* ⟨-s, -s⟩ sauce *f* de salade.

Drillbohrer *m* drille *f*.

drin = **darin**.

dringen ⟨drang, gedrungen⟩ *vi*: **durch/in etw** *akk* ~ pénétrer dans qch; **in jdn** ~ presser qn; **auf etw** *akk* ~ insister sur qch.

dringend *adj* urgent(e), pressant(e); (*Verdacht*) sérieux(-euse).

drinnen *adv* à l'intérieur; (*in Behälter*) dedans.

dritte(r, s) *adj* troisième; **der** ~ **September** le trois septembre; **Paris, den 3. September** Paris, le 3 septembre; **die** ~ **Welt** le Tiers-

daß ... vous savez sûrement que ...
dürftig adj (ärmlich) misérable; (unzulänglich) insuffisant(e), maigre.
dürr adj (Ast) mort(e); (Land) aride; (mager) maigre; **Dürre** f ⟨-, -n⟩ (von Land) aridité f; (Witterung) sécheresse f; (Magerkeit) maigreur f.
Durst m ⟨-[e]s⟩ soif f; **durstig** adj assoiffé(e).
Dusche f ⟨-, -n⟩ douche f; **duschen** vi, vr: **sich ~** se doucher, prendre une douche; **Duschgel** nt gel m douche.
Düse f ⟨-, -n⟩ (FLUG) réacteur m; **düsen** vi (umg) aller à toute allure, foncer, filer; **Düsenantrieb** m propulsion f par réaction; **Düsenflugzeug** nt avion m à réaction.
düster adj sombre.
Duty-free-Shop m ⟨-[s], -s⟩ boutique f hors taxes.
Dutzend nt ⟨-s, -e⟩ douzaine f; **im ~** à la douzaine; **dutzendmal** adv des douzaines de fois; **dutzendweise** adv par douzaines.
duzen vt tutoyer.
Dynamik f (PHYS) dynamique f; (fig) élan m, dynamisme m; **dynamisch** adj dynamique.
Dynamit nt ⟨-s⟩ dynamite f.
Dynamo m ⟨-s, -s⟩ dynamo f.
D-Zug m train m express.

E

E, e nt E, e m; (MUS) mi m.
Ebbe f ⟨-, -n⟩ marée f basse.
eben 1. adj plat(e); (glatt) lisse; **2.** adv (bestätigend) justement; **er ist ~ abgereist** il vient de partir [en voyage]; **so ist das ~** eh bien, c'est comme ça.
ebenbürtig adj: **jdm ~ sein** valoir qn.
Ebene f ⟨-, -n⟩ plaine f; (fig) niveau m; (MATH) plan m.
ebenfalls adv aussi; **danke, ~!** merci, de même!; **ebenso** adv (vor Adjektiv, Adverb) [tout] aussi; (alleinstehend) pareillement; **ebensogut** adv [tout] aussi bien; **ebensooft** adv [tout] aussi souvent; **ebensoweit** adv [tout] aussi loin; **ebensowenig** adv [tout] aussi peu.
Eber m ⟨-s, -⟩ verrat m; (wilder ~) sanglier m.
Eberesche f sorbier m.
Echo nt ⟨-s, -s⟩ écho m.
echt adj vrai(e), authentique; (typisch) typique; **Echtheit** f authenticité f; **Echtzeit** f (INFORM) temps m réel.

Ecke f ⟨-, -n⟩ coin m; (von Kragen) pointe f; (SPORT) corner m; **eckig** adj anguleux(-euse); (fig: Bewegung) gauche; **Eckzahn** m canine f.
ECU m ⟨-[s], -[s]⟩ abk von **European Currency Unit** écu m, Écu m.
edel adj (Holz) précieux(-euse); (Wein) sélectionné(e); (Pferd) de race; (Tat, Mensch) noble, généreux(-euse); **Edelmetall** nt métal m précieux; **Edelstein** m pierre f précieuse.
editieren vt (INFORM) éditer.
Editor m ⟨-s, -en⟩ (INFORM) éditeur m [de texte].
EDV f ⟨-⟩ abk von **elektronische Datenverarbeitung** T.E.D. m; **EDV-Anlage** f système m informatique.
Efeu m ⟨-s⟩ lierre m.
Effekt m ⟨-[e]s, -e⟩ effet m; **Effekten** pl (WIRTS) titres mpl, valeurs fpl; **Effekthascherei** f recherche f de l'effet.
effektiv adj effectif(-ive).
effizient adj efficace.
egal adj égal(e); **das ist ~** c'est égal.
Egoismus m égoïsme m; **Egoist(in)** m(f) égoïste m/f; **egoistisch** adj égoïste.
Ehe f ⟨-, -n⟩ mariage m; **eheähnlich** adj: **~e Gemeinschaft** concubinage m; **Ehebruch** m adultère m; **Ehefrau** f femme f, épouse f; **Eheleute** pl couple m [marié]; **ehelich** adj (Beziehungen) conjugal(e); (Recht) matrimonial(e); (Kind) légitime.
ehemalig adj ancien(ne); **ehemals** adv autrefois.
Ehemann m ⟨Ehemänner pl⟩ mari m, époux m; **Ehepaar** nt couple m [marié].
eher adv (früher) plus tôt; (lieber, mehr) plutôt.
Ehering m alliance f; **Eheschließung** f mariage m.
eheste(r, s) adj (frühester) premier(-ière); **am ~n** (am liebsten) de préférence.
Ehre f ⟨-, -n⟩ honneur m; **zu ~n von** en l'honneur de; **es war mir eine ~** ce fut un honneur pour moi; **ehren** vt honorer; **Ehrengast** m invité(e) d'honneur; **Ehrenmitglied** nt membre m honoraire; **Ehrensache** f affaire f d'honneur; **ehrenvoll** adj honorable; **Ehrenwort** nt parole f [d'honneur].
Ehrgeiz m ambition f; **ehrgeizig** adj ambitieux(-euse).
ehrlich adj honnête; **es ~ meinen** avoir des intentions honnêtes; **~ gesagt** à vrai dire; **Ehrlichkeit** f honnêteté f.
Ehrung f honneur m, hommage m.
ehrwürdig adj vénérable, respectable.
ei interj mais.
Ei nt ⟨-[e]s, -er⟩ œuf m.
Eiche f ⟨-, -n⟩ chêne m.

Eichel f ⟨-, -n⟩ (Frucht) gland m.
eichen vt étalonner.
Eichhörnchen nt écureuil m.
Eid m ⟨-[e]s, -e⟩ serment m; **unter ~ stehen** être sous serment, être assermenté(e); **an ~es Statt** [par une déclaration] tenant lieu de serment.
Eidechse f ⟨-, -n⟩ lézard m.
Eidgenosse m, **Eidgenossin** f (Schweizer) confédéré(e) [suisse].
Eierbecher m coquetier m; **Eierkuchen** m omelette f; (Süßspeise) crêpe f; **Eierschale** f coquille f d'œuf; **Eierstock** m ovaire m; **Eieruhr** f sablier m.
Eifer m ⟨-s⟩ zèle m.
Eifersucht f jalousie f; **eifersüchtig** adj jaloux(-ouse).
eifrig adj zélé(e); (Antwort) empressé(e).
Eigelb nt jaune m d'œuf.
eigen adj propre (mit Possessivpronomen); (Meinung) personnel(le); (gesondert, typisch) particulier(-ière); (~artig) étrange; **der ~e Bruder** son propre frère; **mit der ihm ~en** ... avec ce... qui le caractérise; **sich dat etw zu ~ machen** faire sien(ne) qch; **Eigenart** f (von Mensch) particularité f; **eigenartig** adj étrange, bizarre; **Eigenbedarf** m besoins mpl personnels; **eigenhändig** adj de sa propre main; **Eigenheit** f particularité f; (von Mensch) bizarrerie f; **Eigenlob** nt éloge m de soi-même; **eigenmächtig** adj (Handeln) de son propre chef; (Entscheidung) arbitraire; **Eigenname** m nom m propre; **Eigenschaft** f (Merkmal) qualité f, propriété f; **in seiner ~ als** ... en [sa] qualité de ...; **Eigensinn** m obstination f.
eigentlich 1. adj (Grund) vrai(e); (Bedeutung) propre; 2. adv en réalité, à vrai dire; (überhaupt) au fait.
Eigentor nt but m contre son propre camp; **Eigentum** nt ⟨-s⟩ propriété f; **Eigentümer(in)** m(f) ⟨-s, -⟩ propriétaire m/f; **eigentümlich** adj bizarre, étrange; **Eigentumswohnung** f appartement m en copropriété.
eignen vr: **sich ~ convenir** (für, als à), être apte (für, als à); **er eignet sich nicht zum Lehrer** il n'est pas fait pour être professeur; **Eignung** f aptitude f, qualification f.
Eilbote m courrier m; **Eilbrief** m lettre f [par] exprès.
Eile f ⟨-⟩ hâte f, précipitation f; **es hat keine ~** ça ne presse pas.
eilen vi (Mensch) se presser, se dépêcher; (dringend sein) être urgent(e).
eilig adj (Passant, Schritt) pressé(e); (dringlich) urgent(e); **es ~ haben** être pressé(e).
Eilzug m rapide m.
Eimer m ⟨-s, -⟩ seau m.

ein(e) 1. num un(e); 2. art un(e); 3. adv: **nicht mehr ~ noch aus wissen** ne plus savoir quoi faire; **bei jdm ~ und aus gehen** fréquenter qn.
einander pron (dativisch) l'un(e) à l'autre, les uns (unes) aux autres; (akkusativisch) l'un(e) l'autre, les uns (unes) les autres.
einarbeiten vt: **jd in etw akk ~ apprendre** qc à qn; **sich ~ apprendre** le métier.
einatmen 1. vi inspirer; 2. vt inhaler.
Einbahnstraße f rue f à sens unique.
Einband m ⟨Einbände pl⟩ couverture f, reliure f.
einbändig adj en un volume.
einbauen vt installer, monter; (Schrank) encastrer; **Einbaumöbel** pl meubles mpl encastrables.
einberufen irr vt (Versammlung) convoquer; (Soldaten) appeler.
einbeziehen irr vt (Tatsache) inclure; (jdn) impliquer (in +akk dans).
einbilden vt: **sich dat etw ~ s'imaginer** qch; (stolz sein) se croire quelqu'un (auf +akk à cause de); **Einbildung** f imagination f; (Dünkel) suffisance f; **Einbildungskraft** f imagination f.
einbinden irr vt (Buch) relier; (fig: einbeziehen) intégrer, assimiler; **Einbindung** f (fig) intégration f, assimilation f.
einbleuen vt: **jdm etw ~** (umg) seriner qch à qn.
Einblick m aperçu m, idée f; **jdm ~ gewähren** autoriser qn à consulter (in +akk qch).
einbrechen irr vi (Nacht) tomber; (Winter) faire irruption; (Decke) s'effondrer; (in Eis) s'enfoncer; **in ein Haus ~** cambrioler une maison; **in ein Land ~** envahir un pays; **Einbrecher(in)** m(f) ⟨-s, -⟩ cambrioleur(-euse).
einbringen irr 1. vt (Geld, Nutzen, Zinsen) rapporter; (Gesetzesantrag) déposer; (Ernte) rentrer; (fig: integrieren) intégrer; 2. vr: **sich ~ s'intégrer, s'assimiler; jdm etw ~** rapporter qch à qn; **das bringt nichts ein** ça ne rapporte rien.
Einbruch m (Haus~) cambriolage m; (des Winters) irruption f; (Einsturz) effondrement m; **bei ~ der Dunkelheit** à la tombée de la nuit.
einbürgern 1. vt naturaliser; 2. vr: **sich ~** (üblich werden) devenir une habitude, passer dans l'usage.
Einbuße f ⟨-, -n⟩ perte f (an +dat de); **einbüßen** vt perdre; 2. vi: **an etw dat ~** perdre de qch.
einchecken vt (am Flughafen, in Hotel) enregistrer.
eindecken vr: **sich ~** s'approvisionner (mit de).
eindeutig adj (Beweis) incontestable; (Ab-

sage) clair(e).
eindringen *irr vi* pénétrer (*in* +*akk* dans); **auf jdn ~** harceler qn.
eindringlich *adj* (*Bitte*) pressant(e); (*Rede*) énergique.
Eindruck *m* (Eindrücke *pl*) (*Wirkung*) impression *f*; (*Spur*) trace *f*; **eindrucksvoll** *adj* impressionnant(e).
eine(r, s) *pron* (*jemand*) quelqu'un(e); (*etwas*) quelque chose; (*man*) on; **ich habe ~n gesehen** j'en ai vu un(e); **~r von uns** l'un d'entre nous.
eineiig *adj:* **~e Zwillinge** vrais jumeaux.
eineinhalb *num* un(e) et demi(e).
Einelternfamilie *f* famille *f* monoparentale.
einengen *vt* restreindre.
einerlei *adj inv* (*gleichartig*) du même genre; (*egal*) égal; **Einerlei** *nt* (-s) train-train *m*.
einerseits *adv* d'une part.
einfach 1. *adj* simple; 2. *adv:* **etw ~ tun** faire qch simplement; **~ großartig** tout simplement extraordinaire; **Einfachheit** *f* simplicité *f*.
einfädeln 1. *vt* (*Nadel*) enfiler; (*fig*) tramer; 2. *vr:* **sich ~** (*AUTO*) s'engager.
einfahren *irr* 1. *vt* (*Ernte*) rentrer; (*Mauer, Barriere*) défoncer; (*Fahrgestell*) rentrer; (*Auto*) roder; 2. *vi* entrer (*in* +*akk* dans); (*Zug*) entrer en gare.
Einfahrt *f* arrivée *f*; (*Ort*) entrée *f*.
Einfall *m* (-[e]s, Einfälle) (*Idee*) idée *f*; (*Licht~*) incidence *f* (*in* +*akk* sur); (*MIL*) invasion *f* (*in* +*akk* de).
einfallen *irr vi* (*Licht*) tomber (*in* +*akk* sur); (*MIL*) envahir (*in* +*akk* qch); (*einstimmen*) se joindre (*in* +*akk* à); (*einstürzen*) s'écrouler; **mir fällt etw ein** qch me vient à l'esprit; **das fällt mir gar nicht ein** je n'y pense même pas; **sich** *dat* **etwas ~ lassen** avoir une bonne idée.
einfältig *adj* niais(e).
einfangen *irr vt* attraper; (*Stimmung*) rendre.
einfarbig *adj* d'une [seule] couleur; (*Stoff*) uni(e).
einfliegen *vt* faire venir par avion; (*neues Flugzeug*) essayer.
einfließen *irr vi* (*Wasser*) couler; (*Luft*) arriver; **eine Bemerkung ~ lassen** ajouter une remarque.
einflößen *vt:* **jdm etw ~** (*Medizin*) faire prendre qch à qn; (*Angst etc*) inspirer qch à qn.
Einfluß *m* influence *f*; **Einflußbereich** *m* sphère *f* d'influence; **einflußreich** *adj* influent(e).
einförmig *adj* monotone.
einfrieren *irr* 1. *vi* geler; (*Schiff*) être pris(e) dans les glaces; 2. *vt* (*Lebensmittel*) conge-

ler, surgeler.
einfügen 1. *vt* insérer, emboîter (*in* +*akk* dans); (*INFORM*) insérer (*in* +*akk* dans); (*zusätzlich*) ajouter (*in* +*akk* à); 2. *vr:* **sich ~** s'adapter (*in* +*akk* à).
Einfühlungsvermögen *nt* capacité *f* à se mettre à la place des autres, psychologie *f*.
Einfuhr *f* (-, -en) importation *f*.
einführen *vt* introduire; (*jdn*) présenter; (*in Arbeit*) initier (*in* +*akk* à); (*importieren*) importer; **Einführung** *f* introduction *f*; (*in Arbeit*) initiation *f*; (*von Mensch*) présentation *f*; **Einführungspreis** *m* prix *m* de lancement.
Eingabe *f* pétition *f*; (*INFORM*) entrée *f*, saisie *f*; **Eingabetaste** *f* (*INFORM*) clef *f* d'entrée.
Eingang *m* entrée *f*; (*WIRTS: Ankunft*) réception *f*; (*WIRTS: Sendung*) courrier *m*; **Eingangsbestätigung** *f* avis *m* de réception, récépissé *m*.
eingeben *irr vt* (*Arznei*) donner; (*Daten*) taper; (*Gedanken*) suggérer, inspirer.
eingebildet *adj* (*Krankheit*) imaginaire; (*Mensch*) vaniteux(-euse); (*Benehmen*) suffisant(e).
Eingeborene(r) *mf* indigène *m/f*.
Eingebung *f* inspiration *f*.
eingefleischt *adj* invétéré(e); **~er Junggeselle** célibataire *m* endurci.
eingehen *irr* 1. *vi* (*Aufnahme finden*) entrer (*in* +*akk* dans); (*verständlich sein*) entrer dans la tête (*jdm* de qn); (*Sendung, Geld*) arriver; (*Tier, Pflanze*) mourir (*an* +*dat* de); (*Firma*) faire faillite (*an* +*dat* à cause de); (*schrumpfen*) rétrécir; 2. *vt* (*Vertrag, Wette, Verbindung*) conclure; (*Risiko*) courir; **etw** *akk* **~** s'occuper de qch; **auf jdn ~** s'occuper de qn.
eingehend *adj* détaillé(e), minutieux(-euse).
Eingemachte(s) *nt* conserves *fpl*, confitures *fpl*; **ans ~ gehen** entamer ses réserves.
eingemeinden *vt* rattacher [à une commune].
eingenommen *adj:* **~ [von]** infatué(e) [de]; **~ [gegen]** prévenu(e) [contre].
eingeschrieben *adj* (*Sendung*) recommandé(e).
Eingeständnis *nt* aveu *m*.
eingetragen *adj* (*Warenzeichen*) déposé(e); (*Verein*) déclaré(e); (*in Frankreich*) régi(e) par la loi de 1901.
Eingeweide *nt* (-s, -) viscères *mpl*, intestins *mpl*.
eingewöhnen *vr:* **sich ~** s'adapter (*in* +*akk* à).
eingleisig *adj* (*Bahnstrecke*) à voie unique; (*Denken*) borné(e).
eingreifen *irr vi* intervenir; **Eingriff** *m*

intervention f; (MED) intervention f chirurgicale.

einhalten irr vt (Regel) observer; (Plan, Frist) respecter; (Diät) suivre; (Richtung) garder.

einhändig adj à une [seule] main.

einhängen vt accrocher; (Telefon) raccrocher; **sich bei jdm ~** prendre le bras de qn.

einheimisch adj (Ware) local(e); (Mensch) indigène, autochtone; **Einheimische(r)** mf (Mensch) indigène m/f, autochtone m/f.

Einheit f unité f; **einheitlich** adj (System) cohérent(e); (Format) uniforme; (Preis) même; **Einheitspreis** m prix m unique.

einholen vt (Tau) haler; (Fahne) amener; (Segel) rentrer; (jdn, Verspätung) rattraper; (Rat, Erlaubnis) demander; (umg: einkaufen) acheter.

einhundert num cent.

einig adj (vereint) uni(e); **sich dat ~ sein/ werden** être/se mettre d'accord.

einige pron pl quelques; (ohne Substantiv) quelques-un(e)s; **einigemal** adv plusieurs fois.

einigen 1. vt unir, unifier; 2. vr: **sich ~** se mettre d'accord (**auf, über** +akk sur).

einigermaßen adv plus ou moins.

einiges pron plusieurs choses.

Einigkeit f unité f, union f; (Übereinstimmung) accord m.

Einigung f (Übereinstimmung) accord m; (das Einigen) unification f.

einjährig adj d'un an.

einkalkulieren vt (fig) tenir compte de.

Einkauf m achat m; **einkaufen** 1. vt acheter; 2. vi faire des courses; **Einkaufsbummel** m lèche-vitrine f; **Einkaufswagen** m caddie® m, chariot m; **Einkaufszentrum** nt grande surface f, centre m commercial.

einklammern vt mettre entre parenthèses.

Einklang m accord m; **in ~** en accord.

einklemmen vt coincer.

Einkommen nt ⟨-s, -⟩ revenu m; **einkommensschwach** adj à faible revenu; **einkommensstark** adj à haut revenu; **Einkommensteuer** f impôt m sur le revenu.

Einkünfte pl revenus mpl, ressources fpl.

einladen irr vt (jdn) inviter; (Gegenstände) charger; **Einladung** f invitation f.

Einlage f (Programm~) intermède m; (Spar~) dépôt m; (Schuh~) semelle f; (Zahn~) obturation f provisoire.

einlassen 1. vt (jdn) laisser entrer; (Wasser) faire couler; (einsetzen) encastrer, mettre (in +akk dans); 2. vr: **sich mit jdm ~** entrer en relations avec qn; **sich auf etw** akk ~ se laisser embarquer dans qch.

Einlauf m arrivée f; (MED) lavement m.

einlaufen irr 1. vi entrer, arriver; (in Hafen)

entrer dans le port; (Wasser) couler; (Stoff) rétrécir; 2. vt (Schuhe) faire à son pied; 3. vr: **sich ~** (SPORT) s'échauffer; (Motor, Maschine) se roder.

einleben vr: **sich ~** s'acclimater (in +dat à).

Einlegearbeit f marqueterie f.

einlegen vt (einfügen) insérer, joindre; (GASTR) mettre en conserve; (in Holz etc) incruster; (Geld) déposer; (Pause) faire; (Veto) opposer; **Berufung** ~ faire appel; **Protest** ~ protester; **ein gutes Wort für jdn bei jdm** ~ intercéder pour qn auprès de qn.

einleiten vt (Feier) ouvrir; (Maßnahmen, Rede) introduire; (Geburt) provoquer; **Einleitung** f introduction f.

einleuchten vi: **jdm** ~ paraître évident(e) à qn; **einleuchtend** adj convaincant(e).

einlösen vt (Scheck) encaisser; (Schuldschein, Pfand) retirer, dégager; (Versprechen) tenir.

einmachen vt (konservieren) mettre en conserve.

einmal adv une fois; (irgendwann: in Zukunft) un jour; (in Vergangenheit) une fois; **nehmen wir ~ an** supposons; **erst** ~ d'abord; **noch** ~ encore une fois; **nicht** ~ même pas; **auf** ~ (plötzlich) tout à coup; (zugleich) à la fois; **es war** ~ il était une fois; **Einmaleins** nt ⟨-⟩ tables fpl de multiplication; **einmalig** adj qui n'a lieu qu'une fois; (prima) unique.

Einmarsch m (MIL) invasion f; (von Sportlern) entrée f; **einmarschieren** vi: **in etw** akk ~ (Truppen) envahir qch; (Sportler) faire son entrée dans qch.

einmischen vr: **sich ~** se mêler (in +akk de).

einmünden vi (Straße) déboucher (in +akk sur); (Fluß) se jeter (in +akk dans).

einmütig adj unanime.

Einnahme f ⟨-, -n⟩ (Geld) recette f, revenu m; (von Medizin) absorption f; (MIL) prise f; **Einnahmequelle** f source f de revenus.

einnehmen irr vt (Geld) toucher; (Steuern) percevoir; (Medizin, Mahlzeit) prendre; (Stellung, Raum) occuper; **jdn für/gegen etw** ~ prévenir qn en faveur de/contre qch; **einnehmend** adj (Wesen) engageant(e), aimable.

Einöde f désert m, région f sauvage.

einordnen 1. vt ranger, classer (in +akk dans); 2. vr: **sich ~** s'intégrer (in +akk dans, à); (AUTO) prendre une file.

einpacken vt empaqueter, emballer; (in Koffer) mettre dans la/une valise.

einparken 1. vt garer; 2. vi se garer, faire un créneau.

Einpersonenhaushalt m ⟨-[e]s, -e⟩ ménage m d'une seule personne.

einpferchen vt parquer.

einpflanzen *vt* planter.
einplanen *vt* planifier; (*Ausgaben*) programmer; (*Abstecher*) prévoir.
einprägen 1. *vt* (*Zeichen*) graver, imprimer; (*beibringen*) inculquer; **2.** *vr:* **sich ~** (*Spuren*) s'imprimer; (*Erlebnisse*) rester dans la mémoire (*jdm* de qn); **sich** *dat* **etw ~** se graver qch dans la mémoire.
einräumen *vt* (*ordnend*) ranger; (*Platz*) laisser, céder; (*zugestehen*) concéder.
einreden *vt:* **jdm etw ~** persuader qn de qch.
einreichen *vt* (*Antrag*) présenter; (*Beschwerde*) déposer.
Einreise *f* entrée *f*; **Einreiseerlaubnis** *f*, **Einreisegenehmigung** *f* autorisation *f* d'entrée, permis *m* d'entrée; **einreisen** *vi:* **in ein Land ~** entrer dans un pays.
einreißen *irr* **1.** *vt* (*Papier*) déchirer; (*Gebäude*) démolir; **2.** *vi* se déchirer; (*Gewohnheit werden*) entrer dans les mœurs.
einrichten 1. *vt* (*Haus*) meubler, aménager; (*Büro*) ouvrir; (*arrangieren*) arranger; **2.** *vr:* **sich ~** (*in Haus*) se meubler, s'installer; (*sich vorbereiten*) se préparer (*auf +akk* à); (*sich anpassen*) s'adapter (*auf +akk* à); **es** [**sich** *dat*] **so ~, daß ...** s'arranger pour que ... *+subj*; **Einrichtung** *f* (*Wohnungs~*) installation *f*, équipement *m*; (*öffentliche Anstalt*) institution *f*, organisme *m*; (*Dienst*) service *m*.
einrücken 1. *vi* (*Soldat*) être incorporé(e); (*in Land*) pénétrer (*in +akk* en, à); **2.** *vt* (*Zeile*) commencer en retrait.
eins *num* un; **es ist mir alles ~** tout ça m'est égal; **Eins** *f* ⟨-, -en⟩ un *m*.
einsam *adj* solitaire, seul(e); **Einsamkeit** *f* solitude *f*.
einsammeln *vt* (*Geld*) recueillir; (*Hefte*) ramasser.
Einsatz *m* (*Teil*) pièce *f* amovible [*o* de rechange]; (*in Tisch*) rallonge *f*; (*Stoff~*) pièce *f* rapportée; (*Verwendung*) emploi *m*; (*Bemühung*) effort *m*; (*in Spiel*) mise *f*; (*Risiko*) risque *m*; (*MIL*) opération *f*, campagne *f*; (*MUS*) entrée *f*; **einsatzbereit** *adj* (*Gruppe*) opérationnel(le); (*Helfer*) disponible; (*Gerät*) en état de marche.
einschalten 1. *vt* (*Radio etc*) allumer; (*Maschine*) mettre en marche; (*einfügen*) ajouter; (*Pause*) faire; (*Anwalt*) demander les services de; **2.** *vr:* **sich ~** (*dazwischentreten*) intervenir.
einschärfen *vt:* **jdm etw ~** exhorter qn à qch.
einschätzen 1. *vt* estimer, juger; **2.** *vr:* **sich ~** s'estimer.
einschenken *vt* verser; **jdm ~** servir [à boire à] qn.
einschlafen *irr vi* s'endormir; (*Glieder*)

s'engourdir.
einschläfernd *adj* soporifique; (*Stimme*) monotone.
einschlagen *irr* **1.** *vt* (*Nagel*) enfoncer; (*Fenster, Zähne*) casser; (*Schädel*) défoncer; (*Steuer*) braquer; (*Ware*) emballer; (*Richtung*) prendre, suivre; (*Laufbahn*) embrasser, choisir; **2.** *vi* (*Blitz*) tomber (*in +akk* sur); (*sich einigen*) toper; (*Anklang finden*) être bien accueilli(e).
einschlägig *adj* (*Literatur*) relatif(-ive) au sujet; (*Geschäft*) spécialisé(e).
einschließen *irr vt* (*jdn*) enfermer; (*Gegenstand*) mettre sous clé; (*umgeben*) entourer; (*MIL*) encercler; (*fig*) inclure, comprendre; **einschließlich** *adv, präp +gen* y compris.
einschmeicheln *vr:* **sich ~** s'insinuer dans les bonnes grâces (*bei* de).
Einschnitt *m* coupure *f*; (*MED*) incision *f*.
einschränken 1. *vt* réduire (*auf +akk* à); (*Freiheit*) limiter; (*Behauptung, Begriff*) restreindre; **2.** *vr:* **sich ~** se priver; **Einschränkung** *f* (*von Freiheit*) limitation *f*; (*von Begriff*) restriction *f*; (*von Kosten*) réduction *f*; **ohne ~** sans réserve.
Einschreib[e]brief *m* lettre *f* recommandée; **einschreiben** *irr* **1.** *vt* inscrire; (*Post*) recommander; **2.** *vr:* **sich ~** s'inscrire; **Einschreiben** *nt* ⟨-s, -⟩ envoi *m* recommandé.
einschreiten *irr vi* intervenir.
einschüchtern *vt* intimider.
einsehen *irr vt* (*Akten*) examiner; (*verstehen*) voir; **ein Einsehen haben** être compréhensif(-ive).
einseitig *adj* (*Lähmung*) partiel(le); (*Erklärung*) partial(e), unilatéral(e); (*Ausbildung*) trop spécialisé(e).
einsenden *irr vt* envoyer.
einsetzen 1. *vt* (*Teil*) mettre, placer; (*Betrag*) miser; (*in Amt*) installer; (*verwenden*) employer; **2.** *vi* (*beginnen*) commencer; **3.** *vr:* **sich ~** (*sich bemühen*) payer de sa personne; **sich für jdn/etw ~** apporter son appui à qn/s'employer à qch; **das Fieber setzt wieder ein** il y a une nouvelle poussée de fièvre.
Einsicht *f* ⟨-, -en⟩ intelligence *f*, discernement *m*; (*in Akten*) consultation *f*, examen *m*; **zu der ~ kommen, daß ...** en arriver à la conclusion que ...; **einsichtig** *adj* raisonnable, compréhensif(-ive).
Einsiedler(in) *m(f)* ermite *m*.
einsilbig *adj* (*fig*) laconique.
einspannen *vt* (*Werkstück*) serrer; (*Papier*) mettre; (*Pferde*) atteler; (*umg: jdn*) embrayer.
einspeisen *vt* (*Strom*) distribuer; (*Daten, Programm*) taper.
einsperren *vt* enfermer.

einspielen 1. *vr: sich* ~ s'échauffer; **2.** *vt* (*Film: Geld*) rapporter; **gut eingespielt** (*Team*) bien rodé(e).

einspringen *irr vi* (*aushelfen*) remplacer (*für jdn* qn).

Einspritzmotor *m* moteur *m* à injection.

Einspruch *m* objection *f*, protestation *f* (*gegen* contre).

einspurig *adj* à une [seule] voie.

einst *adv* autrefois, jadis; (*zukünftig*) un jour.

Einstand *m* (*TENNIS*) égalité *f*; (*Antritt*) entrée *f* en fonction.

einstecken *vt* (*ELEK*) brancher; (*verdienen: Geld*) empocher; (*mitnehmen*) prendre; (*hinnehmen*) encaisser.

Einsteigekarte *f* (*FLUG*) carte *f* d'embarquement; **einsteigen** *irr vi:* ~ **in** +*akk* (*in Fahrzeug*) monter dans, monter en; (*in Schiff*) s'embarquer sur; (*sich beteiligen*) participer à.

einstellbar *adj* réglable.

einstellen 1. *vt* (*aufhören: Arbeit*) arrêter; (*Zahlungen*) cesser, suspendre; (*Geräte*) régler; (*Kamera etc*) mettre au point; (*anmachen: Radio etc*) allumer; (*unterstellen*) mettre (*in* +*akk* dans, *bei* chez); (*in Firma*) recruter, embaucher; (*SPORT: Rekord*) battre; **2.** *vr: sich* ~ (*kommen*) se trouver; (*Erfolg, Besserung, Interesse*) se manifester; **sich auf jdn/etw** ~ se préparer à qn/qch; (*sich anpassen*) s'adapter à qn/qch; **Einstellung** *f* (*das Aufhören*) arrêt *m*, cessation *f*; (*Einrichtung*) réglage *m*, mise *f* au point; (*in Firma*) recrutement *m*; (*Haltung*) attitude *f*.

Einstieg *m* ⟨-[e]s, -e⟩ (*Eingang*) entrée *f*; (*fig*) approche *f*.

einstig *adj* ancien(ne).

einstimmen 1. *vi* joindre sa voix (*in* +*akk* à); **2.** *vt* (*jdn*) préparer (*auf* +*akk* à).

einstimmig *adj* unanime.

einstöckig *adj* (*Haus*) à un étage.

einstudieren *vt* étudier, répéter.

einstündig *adj* d'une heure.

einstürmen *vi:* **auf jdn** ~ assaillir qn.

Einsturz *m* (*von Gebäude*) effondrement *m*, écroulement *m*; **einstürzen** *vi* s'écrouler, s'effondrer; **Einsturzgefahr** *f* danger *m* d'effondrement.

einstweilig *adj* provisoire, temporaire.

eintägig *adj* d'un jour, d'une journée.

eintauchen 1. *vt* tremper (*in* +*akk* dans); **2.** *vi* plonger (*in* +*akk* dans).

eintauschen *vt* échanger (*für, gegen* contre).

eintausend *num* mille.

einteilen *vt* (*in Teile*) partager, diviser (*in* +*akk* en); (*Menschen*) répartir.

einteilig *adj* (*Badeanzug*) d'une [seule]

pièce.

eintönig *adj* monotone.

Eintopf *m*, **Eintopfgericht** *nt* plat *m* unique.

Eintracht *f* ⟨-⟩ concorde *f*, harmonie *f*.

Eintrag *m* ⟨-[e]s, Einträge⟩ inscription *f*; **amtlicher** ~ enregistrement *m*; **eintragen** *irr* **1.** *vt* (*in Buch*) inscrire (*in* +*akk* dans, sur); (*Profit*) rapporter; **2.** *vr: sich* ~ s'inscrire (*in* +*akk* dans, sur); **jdm etw** ~ (*Lob, Tadel, Ehre*) valoir qch à qn.

einträglich *adj* profitable, lucratif(-ive).

eintreffen *irr vi* (*Prophezeiung*) se réaliser; (*ankommen*) arriver.

eintreten *irr vi* ni entrer (*in* +*akk* dans); (*sich einsetzen*) intervenir (*für* en faveur de); (*geschehen*) se produire.

Eintritt *m* entrée *f* (*in* +*akk* dans); (*Anfang*) début *m*; **Eintrittskarte** *f* billet *m* d'entrée; **Eintrittspreis** *m* [prix *m* d']entrée *f*.

einüben *vt* exercer; (*Rolle*) répéter; (*Klavierstück*) étudier.

einundzwanzig *num* vingt et un.

Einvernehmen *nt* ⟨-s⟩ accord *m*.

einverstanden 1. *interj* d'accord; **2.** *adj*: **mit jdm** ~ **sein** être d'accord avec qn; **mit etw** ~ **sein** approuver qch, accepter qch; **Einverständnis** *nt* (*Zustimmung*) consentement *m*; (*gleiche Meinung*) accord *m*.

Einwand *m* ⟨-[e]s, Einwände⟩ objection *f* (*gegen* à).

Einwanderer *m*, **Einwanderin** *f* (*jd, der in ein Land einwandert*) immigrant(e); (*jd, der in ein Land eingewandert ist*) immigré(e); **einwandern** *vi* immigrer; **Einwanderung** *f* immigration *f*; **Einwanderungsland** *nt* pays *m* d'immigration.

einwandfrei *adj* (*Ware*) impeccable; (*Benehmen*) irréprochable; (*Beweis*) irrécusable.

Einwegflasche *f* bouteille *f* non consignée [*o* perdue].

einweichen *vt* faire tremper.

einweihen *vt* (*Brücke, Gebäude*) inaugurer; (*umg: Gegenstand*) étrenner; (*jdn*) mettre au courant (*in* +*akk* de); **Einweihung** *f* inauguration *f*.

einweisen *irr vt* (*in Amt*) installer; (*in Arbeit*) initier; (*in Anstalt*) envoyer; **Einweisung** *f* (*in Amt*) installation *f*; (*in Arbeit*) initiation *f*; (*in Heilanstalt*) hospitalisation *f*.

einwenden *irr vt* objecter (*gegen* à, contre).

einwerfen *irr vt* (*Brief*) poster; (*SPORT: Ball*) remettre en jeu; (*Fenster*) casser; (*äußern*) objecter.

einwickeln *vt* envelopper.

einwilligen *vi* consentir (*in* +*akk* à).

Einwirkung *f* influence *f*, effet *m*.

Einwohner(in) *m(f)* ⟨-s, -⟩ habitant(e); **Einwohnermeldeamt** *nt* bureau *m* de déclaration de domicile; **Einwohnerschaft** *f* population *f*, habitants *mpl*.

Einwurf *m* (*Öffnung*) fente *f*; (*SPORT*) remise *f* en jeu; (*Einwand*) objection *f*.

Einzahl *f* singulier *m*.

einzahlen *vt*, *vi* (*Geld*) payer, verser (*auf*, *in* +*akk* sur).

Einzel *nt* ⟨-s, -⟩ (*TENNIS*) simple *m*; **Einzelfall** *m* cas *m* isolé; **Einzelgänger(in)** *m(f)* ⟨-s, -⟩ solitaire *m/f*; **Einzelhaft** *f* détention *f* cellulaire; **Einzelheit** *f* détail *m*; **Einzelkind** *nt* enfant *m/f* unique; **einzeln 1.** *adj* seul(e), unique; (*vereinzelt*) séparé(e), isolé(e); **2.** *adv* séparément; ~ **angeben** spécifier; **der/die** ~**e** l'individu *m*; **ins** ~**e gehen** entrer dans les détails; **Einzelteil** *nt* pièce *f* détachée; **Einzelzimmer** *nt* (*Krankenhaus*) chambre *f* individuelle; (*Hotel*) chambre *f* pour une personne.

einziehen *irr* **1.** *vt* (*Kopf*) baisser; (*Fühler*) rétracter; (*Zwischenwand*) construire; (*Steuern*) percevoir; (*Erkundigungen*) prendre; (*Rekruten*) appeler [sous les drapeaux]; (*aus dem Verkehr ziehen*) retirer de la circulation; (*konfiszieren*) confisquer, saisir; **2.** *vi* (*in Wohnung*) emménager; (*in Land, Stadion etc*) entrer (*in* +*akk* dans); (*Friede, Ruhe*) revenir, s'établir; (*Flüssigkeit*) pénétrer (*in* +*akk* dans).

einzig 1. *adj* seul(e), unique; (*ohnegleichen*) unique; **2.** *adv* (*nur*) seulement; ~ **er fehlt** ihr ne manque que lui; **das** ~**e** la seule chose; **der/die** ~**e** la seule personne; **einzigartig** *adj* unique en son genre, sans pareil.

Einzug *m* entrée *f* (*in* +*akk* dans); (*in Haus*) emménagement *m* (*in* +*akk* dans).

Eis *nt* ⟨-es, -⟩ glace *f*; **Eisbahn** *f* patinoire *f*; **Eisbecher** *m* coupe *f* glacée; **Eisblumen** *pl* cristaux *mpl* de glace; **Eisdecke** *f* couche *f* de glace; **Eisdiele** *f* [pâtissier-]glacier *m*.

Eisen *nt* ⟨-s, -⟩ fer *m*.

Eisenbahn *f* chemin *m* de fer; **Eisenbahnschaffner(in)** *m(f)* contrôleur(-euse) [des chemins de fer]; **Eisenbahnwagen** *m* wagon *m*, voiture *f*.

Eisenerz *nt* minerai *m* de fer.

eisern 1. *adj* de fer; **2.** *adv* tenacement, avec ténacité; **der Eiserne Vorhang** (*HIST*) le rideau de fer.

eisfrei *adj* dégagé(e), débarrassé(e) des glaces; **eisig** *adj* glacial(e); **eiskalt** *adj* glacial(e), glacé(e); **Eiskunstlauf** *m* patinage *m* artistique; **Eislauf** *m* patinage *m*; **Eispickel** *m* piolet *m*; **Eisschrank** *m* réfrigérateur *m*; (*umg*) frigo *m*; **Eiszapfen** *m* glaçon *m*; **Eiszeit** *f* période *f* glaciaire.

eitel *adj* (*Mensch*) vaniteux(-euse); (*rein: Freude*) pur(e); **Eitelkeit** *f* vanité *f*.

Eiter *m* ⟨-s⟩ pus *m*; **eitern** *vi* suppurer.

Eiweiß *nt* ⟨-es, -⟩ blanc *m* d'œuf; **eiweißreich** *adj* riche en protides; **Eizelle** *f* ovule *m*.

Ekel 1. *m* ⟨-s⟩ dégoût *m* (*vor* +*dat* pour); **2.** *nt* ⟨-s, -⟩ (*umg: Mensch*) horreur *f*; **ekelerregend, ekelhaft, ek(e)lig** *adj* dégoûtant(e), écœurant(e); **ekeln 1.** *vt* dégoûter, écœurer; **2.** *vr*: **ich ekle mich vor diesem Schmutz** cette saleté me dégoûte.

Ekstase *f* ⟨-, -n⟩ extase *f*.

Ekzem *nt* ⟨-s, -e⟩ (*MED*) eczéma *m*.

Elan *m* ⟨-s⟩ énergie *f*, vitalité *f*.

Elastizität *f* (*von Material*) élasticité *f*.

Elbe *f* ⟨-⟩ Elbe *f*.

Elch *m* ⟨-[e]s, -e⟩ élan *m*.

Elefant *m* éléphant *m*.

Eleganz *f* élégance *f*.

Elektriker(in) *m(f)* ⟨-s, -⟩ électricien(ne).

elektrisch *adj* électrique.

Elektrizität *f* électricité *f*; **Elektrizitätswerk** *nt* centrale *f* [électrique].

Elektroartikel *m* (*Einzelprodukt*) appareil *m* électroménager; (*Produktkategorie*) électroménager *m*.

Elektrode *f* ⟨-, -n⟩ électrode *f*.

Elektroherd *m* cuisinière *f* électrique.

Elektrolyse *f* ⟨-, -n⟩ électrolyse *f*.

Elektromotor *m* moteur *m* électrique.

Elektron *nt* ⟨-s, -en⟩ électron *m*; **Elektronen[ge]hirn** *nt* cerveau *m* électronique; **Elektronenmikroskop** *nt* microscope *m* électronique.

Elektronik *f* électronique *f*.

Elektrorasierer *m* rasoir *m* électrique; **Elektrotechnik** *f* électrotechnique *f*.

Element *nt* élément *m*; **in seinem** ~ **sein** être dans son élément.

elementar *adj* élémentaire.

elend *adj* misérable; (*krank*) malade; (*umg: Hunger*) terrible; **Elend** *nt* ⟨-[e]s⟩ misère *f*; **Elendsviertel** *nt* quartier *m* insalubre, bidonville *m*.

elf *num* onze; **Elf** *f* ⟨-, -en⟩ (*a. SPORT*) onze *m*.

Elfenbein *nt* ivoire *m*; **Elfenbeinturm** *m* tour *f* d'ivoire.

Elfmeter *m* (*SPORT*) penalty *m*.

Elite *f* ⟨-, -n⟩ élite *f*.

Ell[en]bogen *m* coude *m*.

Elsaß *nt* ⟨-⟩: **das** ~ l'Alsace *f*; **Elsässer(in)** *m(f)* ⟨-s, -⟩ Alsacien(ne).

Elster *f* ⟨-, -n⟩ pie *f*.

elterlich *adj* des parents, parental(e).

Eltern *pl* parents *mpl*; **Elternhaus** *nt* maison *f* familiale.

E-Mail *f* ⟨-, -s⟩ *abk von* electronic mail (*INFORM*) courrier *m* électronique.

Email nt ⟨-s, -s⟩ émail m; **emaillieren** vt émailler.

Emanze f ⟨-, -n⟩ (umg) femme f émancipée.

Emanzipation f émancipation f; **emanzipieren 1.** vt émanciper; **2.** vr: **sich ~** s'émanciper.

Embargo nt ⟨-s, -s⟩ embargo m.

Embryo m ⟨-s, -s o -nen⟩ embryon m.

Emigrant(in) m(f) émigré(e); **Emigration** f émigration f; **emigrieren** vi émigrer (nach en, à).

emotional adj émotionnel(le).

empfahl imperf von **empfehlen**.

empfand imperf von **empfinden**.

Empfang m ⟨-[e]s, Empfänge⟩ réception f; (der Gäste) accueil m; **in ~ nehmen** recevoir; **empfangen** ⟨empfing, empfangen⟩ **1.** vt recevoir, accueillir; **2.** vi (schwanger werden) concevoir; **Empfänger** m ⟨-s, -⟩ (Gerät) récepteur m; **Empfänger(in)** m(f) ⟨-s, -⟩ (von Brief etc) destinataire m/f.

empfänglich adj sensible (für à).

Empfängnis f conception f; **Empfängnisverhütung** f contraception f.

Empfangsbestätigung f accusé m de réception; **Empfangsdame** f hôtesse f d'accueil.

empfehlen ⟨empfahl, empfohlen⟩ vt recommander; **es empfiehlt sich, das zu tun** il est recommandé de faire ceci; **Empfehlung** f recommandation f; **Empfehlungsschreiben** nt lettre f de recommandation.

empfinden ⟨empfand, empfunden⟩ vt éprouver, ressentir.

empfindlich adj (Stelle) sensible; (Gerät) fragile; (Mensch) sensible, susceptible.

Empfindung f sensation f; (Gefühl) sentiment m.

empfing imperf von **empfangen**.

empfohlen pp von **empfehlen**.

empfunden pp von **empfinden**.

empören vt indigner.

Emporkömmling m parvenu(e).

Empörung f indignation f.

emsig adj (Mensch) affairé(e).

Endbahnhof m terminus m.

Ende nt ⟨-s, -n⟩ fin f; (von Weg, Stock, Seil) bout m, extrémité f; (Ausgang) fin f, conclusion f; **am ~** (räumlich) au bout [de]; (zeitlich) à la fin [de]; (schließlich) finalement; **am ~ des Zuges** en queue du train; **am ~ sein** être au bout du rouleau; **~ Dezember** fin décembre; **zu ~ sein** être terminé(e); (Geduld) être à bout; **enden** vi finir, se terminer.

Endgerät nt (INFORM) terminal m.

endgültig adj définitif(-ive).

Endivie f chicorée f.

Endlager nt centre m de stockage définitif; **endlagern** vt stocker [o entreposer] défi-

nitivement; **Endlagerung** f stockage m définitif, stockage m ultime, stockage m final.

endlich 1. adj limité(e); (MATH) fini(e); **2.** adv enfin, finalement.

endlos adj interminable; (Seil) sans fin; **Endlospapier** nt (INFORM) papier m en continu.

Endspiel nt finale f; **Endspurt** m sprint m; **Endstation** f terminus m.

Endung f terminaison f.

Energie f énergie f; **Energiebedarf** m besoins mpl énergétiques; **Energiekrise** f crise f de l'énergie; **energiesparend** adj qui consomme peu d'énergie.

energisch adj énergique.

eng adj étroit(e); (fig: Horizont) borné(e), limité(e); **etw ~ sehen** (umg) prendre qch trop au sérieux.

engagieren 1. vt (Künstler) engager; **2.** vr: **sich ~** s'engager.

Enge f ⟨-, -n⟩ étroitesse f; (Land~) isthme m; (Meer~) détroit m; **jdn in die ~ treiben** acculer qn.

Engel m ⟨-s, -⟩ ange m.

England nt l'Angleterre f; **Engländer(in)** m(f) ⟨-s, -⟩ Anglais(e); **englisch** adj anglais(e).

Engpaß m goulet m d'étranglement.

engstirnig adj (Mensch) borné(e); (Entscheidung) mesquin(e).

Enkel m ⟨-s, -⟩ petit-fils m; **Enkelin** f petite-fille f; **Enkelkind** nt petit-enfant m.

entarten vi dégénérer.

entbehren vt se passer de; **entbehrlich** adj superflu(e); **Entbehrung** f privation f.

entbinden irr **1.** vt dispenser (von de); (MED) accoucher; **2.** vi (MED) accoucher; **Entbindung** f dispense f (von de); (MED) accouchement m; **Entbindungsheim** nt maternité f.

entdecken vt découvrir; **Entdecker(in)** m(f) ⟨-s, -⟩ découvreur(-euse); **Entdeckung** f découverte f.

Ente f ⟨-, -n⟩ canard m; (fig) bobard m, fausse nouvelle f.

entehren vt déshonorer.

enteignen vt (Besitzer) exproprier, déposséder.

enteisen vt (auftauen) dégivrer.

enterben vt déshériter.

entfachen vt (Feuer) attiser; (Leidenschaft) enflammer.

entfallen irr vi (wegfallen) être annulé(e); **jdm ~** (vergessen) échapper à qn; **auf jdn ~** revenir à qn.

entfalten 1. vt (Karte) déplier; (Talente) développer; (Pracht, Schönheit) déployer; **2.** vr: **sich ~** (Blume, Mensch) s'épanouir; (Talente) se développer.

entfernen 1. vt éloigner; (*Flecken*) enlever; **2.** vr: **sich** ~ s'éloigner; **entfernt** adj éloigné(e), lointain(e); **weit davon** ~ **sein, etw zu tun** être bien loin de faire qch; **Entfernung** f (*Abstand*) distance f; (*das Wegschaffen*) enlèvement m; **Entfernungsmesser** m ⟨-s, -⟩ (*FOTO*) télémètre m.

entfremden 1. vt éloigner (*dat* de); **2.** vr: **sich jdm/einer Sache** ~ s'éloigner de qn/qch, s'aliéner qn/qch.

Entfroster m ⟨-s, -⟩ (*AUTO*) dégivreur m.

entführen vt enlever; (*Flugzeug*) détourner; **Entführer(in)** m(f) ⟨-s, -⟩ ravisseur(-euse); (*Flugzeug*~) pirate m de l'air; **Entführung** f enlèvement m, rapt m; (*Flugzeug*~) détournement m.

entgegen 1. präp +dat contre; **2.** adv: **neuen Abenteuern** ~ vers de nouvelles aventures; **entgegenbringen** irr vt (fig: *Vertrauen*) témoigner; **entgegengehen** irr vi: **jdm** ~ aller à la rencontre de qn; **entgegengesetzt** adj opposé(e); (*Maßnahme*) contradictoire; **entgegenkommen** irr vi venir à la rencontre (*jdm* de qn); (fig) obliger (*jdm* qn); **entgegennehmen** irr vt recevoir, accepter; **entgegensehen** irr vi: **jdm/einer Sache** ~ attendre qn/qch; **entgegenwirken** vi: **jdm/einer Sache** ~ contrecarrer qn/qch.

entgegnen vt répliquer.

entgehen irr vi: **jdm/einer Gefahr** ~ échapper à qn/à un danger; **sich** dat **etw** ~ **lassen** rater qch.

entgeistert adj abasourdi(e).

entgleisen vi (*Zug*) dérailler; (*Mensch*) dérailler.

entgleiten irr vi échapper (*jdm* à qn).

Enthaarungsmittel nt dépilatoire m.

enthalten vt contenir; **2.** vr: **sich der Stimme** gen ~ s'abstenir; **sich einer Meinung** gen ~ ne pas prendre position.

enthaltsam adj (*Leben*) abstinent(e); (*Mensch*) sobre; (*sexuell*) abstinent(e), chaste; **Enthaltsamkeit** f tempérance f; (*sexuell*) abstinence f, chasteté f.

enthemmen vt (*jdn*) désinhiber.

enthüllen vt (*Statue*) découvrir; (*Geheimnis*) dévoiler.

entkommen irr vi échapper (*dat* à), s'évader (*aus* de).

entkräften vt (*Menschen*) épuiser; (*Argument*) réfuter.

entladen irr **1.** vt (*Wagen, Schiff*) décharger; (*ELEK: Batterie*) vider; **2.** vr: **sich** ~ se décharger; (*Gewitter*) éclater.

entlang adv, präp +akk o dat le long de; **entlanggehen** irr vt, vi longer.

entlassen irr vt libérer, renvoyer; (*Arbeiter*) licencier; **Entlassung** f libération f; (*von Arbeiter*) licenciement m.

entlasten vt (*von Arbeit*) décharger; (*Achse*) soulager; (*Straßen*) délester; (*Angeklagten*) disculper; (*Konto*) créditer.

entmachten vt destituer.

entmilitarisiert adj démilitarisé(e).

entmündigen vt mettre sous tutelle.

entmutigen vt décourager.

entrosten vt débarrasser de sa rouille.

entrüsten 1. vt indigner; **2.** vr: **sich** ~ s'indigner (*über* +akk de qch, contre qn); **Entrüstung** f indignation f.

entschädigen vt dédommager (*für* de); **Entschädigung** f dédommagement m; (*Ersatz*) indemnité f.

entschärfen vt désamorcer.

entscheiden irr **1.** vt décider; **2.** vr: **sich** ~ se décider; **sich für jdn/etw** ~ se décider pour qn/qch; **entscheidend** adj décisif(-ive); (*Irrtum*) capital(e); **Entscheidung** f décision f; **Entscheidungsträger(in)** m(f) décideur(-euse).

entschlacken vt (*MED*) désintoxiquer.

entschließen irr vr: **sich** ~ se décider (*zu* à).

Entschlossenheit f résolution f, détermination f.

Entschluß m décision f.

entschuldigen 1. vt excuser; **2.** vr: **sich** ~ s'excuser (*für* de); **Entschuldigung** f excuse f; **jdn um** ~ **bitten** demander pardon à qn.

Entschwefelung f désulfuration f; **Entschwefelungsanlage** f système m de désulfuration.

entsetzen vt horrifier; **Entsetzen** nt ⟨-s⟩ (*von Mensch*) effroi m; **entsetzlich** adj effroyable; **entsetzt** adj horrifié(e).

entsorgen vt: **eine Stadt** ~ éliminer les déchets d'une ville; **Entsorgung** f élimination f des déchets.

entspannen 1. vt détendre; **2.** vr: **sich** ~ se détendre; **Entspannung** f détente f; **Entspannungspolitik** f politique f de détente.

entsprechen irr vi: **einer Sache** dat ~ correspondre à qch; **den Anforderungen/Wünschen** dat ~ satisfaire les exigences/désirs; **entsprechend 1.** adj approprié(e); (*Befehl*) correspondant(e); **2.** adv selon, conformément à.

entstehen irr vi naître; (*Unruhe*) se produire; (*Kosten*) résulter; (*Unheil*) arriver; **Entstehung** f naissance f, origine f.

entstellen vt (*jdn*) défigurer; (*Bericht, Wahrheit*) déformer, altérer.

Entstickungsanlage f dispositif m de dénitrification.

enttäuschen vt décevoir; **Enttäuschung** f déception f.

entwaffnen vt désarmer; **entwaffnend**

adj désarmant(e).

Entwarnung *f* fin *f* de l'alarme.

entwässern *vt* drainer, assécher.

entweder *konj:* ~ ... **oder** ... ou ... ou ...

entwerfen *irr vt* (*Zeichnung*) esquisser; (*Modell, Roman*) concevoir; (*Plan*) dresser; (*Gesetz*) faire un projet de.

entwerten *vt* dévaluer; (*Briefmarken*) oblitérer; (*Fahrkarte*) composter; **Entwerter** *m* ⟨-s, -⟩ composteur *m*.

entwickeln 1. *vt* développer; 2. *vr:* **sich** ~ se développer; **Entwicklung** *f* développement *m*; **Entwicklungsdienst** *m* coopération *f*; **Entwicklungshelfer(in)** *m(f)* coopérant(e); **Entwicklungshilfe** *f* aide *f* aux pays en voie de développement; **Entwicklungsland** *nt* pays *m* en voie de développement.

entwirren *vt* démêler, débrouiller.

entwöhnen *vt* sevrer; (*Süchtige*) désintoxiquer; **Entwöhnung** *f* (*von Säugling*) sevrage *m*; (*von Süchtigen*) désintoxication *f*.

entwürdigend *adj* dégradant(e).

Entwurf *m* esquisse *f*; (*Konzept*) brouillon *m*; (*Gesetz~*) projet *m*.

entziehen *irr* 1. *vt:* **jdm etw** ~ retirer qch à qn; 2. *vr:* **sich** ~ échapper (*dat* à), se dérober (*dat* à); **Entziehungskur** *f* cure *f* de désintoxication.

entziffern *vt* déchiffrer.

entzücken *vt* enchanter, ravir; **entzückend** *adj* ravissant(e); (*Kind*) adorable.

entzünden *vt* (*Holz*) allumer; (*Begeisterung, MED*) enflammer; (*Streit*) déclencher; **Entzündung** *f* (*MED*) inflammation *f*.

entzwei *adj:* ~ **sein** être cassé(e); **entzweibrechen** *irr* 1. *vt* mettre en morceaux; 2. *vi* se casser.

Enzian *m* ⟨-s, -e⟩ gentiane *f*.

Enzyklopädie *f* ⟨-, -n⟩ encyclopédie *f*.

Enzym *nt* ⟨-s, -e⟩ enzyme *m*.

Epidemie *f* épidémie *f*; **Epidemiologe** *m* ⟨-n, -n⟩ épidémiologiste *m*; **Epidemiologie** *f* épidémiologie *f*; **Epidemiologin** *f* épidémiologiste *f*; **epidemiologisch** *adj* épidémiologique.

Epilepsie *f* épilepsie *f*.

Epoche *f* ⟨-, -n⟩ époque *f*.

er *pron* il; (*bei weiblichen französischen Substantiven*) elle; (*alleinstehend*) lui; elle.

erbarmen *vr:* **sich** [**jds/einer Sache**] ~ avoir pitié [de qn/qch]; **Erbarmen** *nt* ⟨-s⟩ pitié *f*.

erbärmlich *adj* minable; (*Zustände*) misérable.

erbauen 1. *vt* (*Stadt*) bâtir; (*Denkmal*) construire; (*fig*) édifier; 2. *vr:* **sich an etw** *dat* ~ être édifié(e) par qch; **erbaulich** *adj* édifiant(e); **Erbauung** *f* construction *f*; (*fig*) édification *f*.

Erbe 1. *m* ⟨-n, -n⟩ héritier *m*; 2. *nt* ⟨-s⟩ héritage *m*; **erben** *vt, vi* hériter.

erbeuten *vt* prendre comme butin.

Erbfaktor *m* facteur *m* héréditaire; **Erbfehler** *m* affection *f* congénitale; **Erbfolge** *f* [ordre *m* de] succession *f*; **Erbgut** *nt* (*BIO*) patrimoine *m* héréditaire [*o* génétique]; **erbgutschädigend** *adj* nocif(-ive) pour le patrimoine génétique; **Erbin** *f* héritière *f*.

erbittert *adj* acharné(e).

erblich *adj* héréditaire.

Erbmasse *f* (*JUR*) masse *f* successorale; (*BIO*) génotype *m*.

erbrechen *irr* 1. *vt* vomir; 2. *vr:* **sich** ~ vomir.

Erbrecht *nt* droit *m* successoral; **Erbschaft** *f* héritage *m*.

Erbse *f* ⟨-, -n⟩ petit pois *m*.

Erdbahn *f* orbite *f* terrestre; **Erdbeben** *nt* tremblement *m* de terre.

Erdbeere *f* fraise *f*.

Erde *f* ⟨-, -n⟩ terre *f*; **zu ebener** ~ au rez-de-chaussée; **erden** *vt* (*ELEK*) relier à la terre.

erdenklich *adj* imaginable, concevable.

Erdgas *nt* gaz *m* naturel; **Erdgeschoß** *nt* rez-de-chaussée *m*; **Erdkunde** *f* (*SCH*) géographie *f*; **Erdnuß** *f* cacahuète *f*; **Erdöl** *nt* pétrole *m*.

erdrosseln *vt* étrangler.

Erdrutsch *m* ⟨-es, -e⟩ glissement *m* de terrain; (*POL*) raz-de-marée *m* [électoral]; **Erdteil** *m* continent *m*.

ereifern *vr:* **sich** ~ s'échauffer (*über* +*akk* au sujet de).

ereignen *vr:* **sich** ~ arriver, se passer; **Ereignis** *nt* événement *m*; **ereignisreich** *adj* mouvementé(e).

erfahren 1. *irr vt* apprendre; (*erleben*) éprouver; 2. *adj* expérimenté(e); **Erfahrung** *f* expérience *f*; **erfahrungsgemäß** *adv* par expérience.

erfassen *vt* saisir; (*fig: einbeziehen*) inclure, comprendre.

erfinden *irr vt* inventer; **Erfinder(in)** *m(f)* ⟨-s, -⟩ inventeur(-trice); **Erfindung** *f* invention *f*; **Erfindungsgabe** *f* esprit *m* inventif, imagination *f*.

Erfolg *m* ⟨-[e]s, -e⟩ succès *m*; **erfolglos** *adj* (*Mensch*) qui n'a pas de succès; (*Versuch*) infructueux(-euse), vain(e); **erfolgreich** *adj* (*Mensch*) qui a du succès; (*Versuch*) couronné(e) de succès; **Erfolgserlebnis** *nt* succès *m*, réussite *f*; **erfolgversprechend** *adj* promis(e) au succès; (*Versuch*) prometteur(-euse).

erforderlich *adj* nécessaire; (*Kenntnisse*) requis(e); **erfordern** *vt* demander, exiger; **Erfordernis** *nt* nécessité *f*.

erforschen *vt* (*Land*) explorer; (*Problem*)

étudier.

erfreulich adj qui fait plaisir; **erfreulicherweise** adv heureusement.

erfrieren irr vi geler; (Mensch) mourir de froid.

erfrischen 1. vt rafraîchir; **2.** vr: **sich ~** se rafraîchir; **Erfrischung** f rafraîchissement m; **Erfrischungsraum** m buvette f, cafétéria f; **Erfrischungstuch** nt serviette f rafraîchissante, pochette f rafraîchissante.

erfüllen 1. vt remplir; (Bitte) satisfaire; (Erwartung) répondre à; **2.** vr: **sich ~** s'accomplir.

ergänzen 1. vt compléter; **2.** vr: **sich ~** se compléter; **Ergänzung** f complément m; (Zusatz) supplément m.

ergeben irr **1.** vt (Betrag) donner, rapporter; (Bild) révéler; **2.** vr: **sich ~** (sich ausliefern) se rendre (dat à); (folgen) s'ensuivre; **3.** adj dévoué(e); (dem Trunk) adonné(e) (dat à).

Ergebnis nt résultat m; **ergebnislos** adj sans résultat.

ergiebig adj (Quelle) productif(-ive); (Untersuchung) fructueux(-euse); (Boden) fertile.

Ergonomie f ergonomie f; **ergonomisch** adj ergonomique.

ergreifen irr vt saisir; (Täter) attraper; (Beruf) choisir; (Maßnahmen) prendre; (rühren) toucher; **ergriffen** adj (Mensch) touché(e); (Worte) ému(e).

erhalten irr vt recevoir; (Art) maintenir; (Kunstwerk) conserver; **gut ~** en bon état.

erhältlich adj (Ware) disponible, en vente.

erhängen vt pendre.

erheben irr **1.** vt (hochheben) lever; (rangmäßig) élever (zu au rang de); (stimmungsmäßig) élever; (Steuern etc) percevoir; **2.** vr: **sich ~** (aufstehen) se lever; (aufsteigen) s'élever; (Frage) se poser; (revoltieren) se soulever; **sich über jdn/etw ~** se mettre au dessus de qn/qch; **Klage ~** porter plainte; **Anspruch auf etw** akk **~** revendiquer qch.

erheblich adj considérable.

erheitern vt égayer; **Erheiterung** f amusement m; **zur allgemeinen ~** à la grande joie de tout le monde.

erhitzen 1. vt chauffer; (fig) échauffer; **2.** vr: **sich ~** chauffer, s'échauffer.

erhöhen vt (Mauer) hausser; (Steuern) augmenter; (Geschwindigkeit) accroître.

erholen vr: **sich ~** (von Krankheit, Schreck) se remettre; (sich entspannen) se reposer; **erholsam** adj reposant(e); **Erholung** f (Gesundung) rétablissement m; (Entspannung) repos m, détente f; **Erholungsheim** nt maison f de repos [o de convalescence].

Erika f (-, -s o Eriken) bruyère f.

erinnern 1. vt: **jdn an jdn/etw ~** rappeler

qn/qch à qn; **2.** vr: **sich ~** se souvenir (an +akk de); **Erinnerung** f mémoire f; (Andenken) souvenir m; **zur ~ an** +akk en souvenir de.

erkälten vr: **sich ~** prendre froid; **erkältet sein** avoir un rhume, être enrhumé(e); **Erkältung** f refroidissement m, rhume m.

erkennbar adj reconnaissable.

erkennen irr vt (jdn, Fehler) reconnaître; (Krankheit) diagnostiquer; (sehen) distinguer.

erkenntlich adj: **sich ~ zeigen** se montrer reconnaissant(e) (für de).

Erkenntnis f reconnaissance f, connaissance f; (Einsicht) idée f; **zur ~ kommen** se rendre compte.

Erkennung f reconnaissance f.

Erker m (-s, -) encorbellement m.

erklären vt expliquer; **Erklärung** f explication f; (Aussage) déclaration f.

erkranken vi tomber malade; **Erkrankung** f maladie f.

erkundigen vr: **sich ~** se renseigner (nach, über +akk sur); **Erkundigung** f [prise f de] renseignements mpl.

Erlaß m (Erlasses, Erlasse) décret m; (von Strafe) remise f; **erlassen** irr vt (Gesetz) décréter; (Strafe) exempter; **jdm etw ~** dispenser qn de qch.

erlauben vt permettre (jdm etw qch à qn); **sich dat etw ~** se permettre qch; **Erlaubnis** f permission f.

erläutern vt expliquer; **Erläuterung** f explication f.

Erle f (-, -n) au[l]ne m.

erleben vt (Überraschung etc) éprouver; (Zeit) passer par; (mit~) assister à.

Erlebnis nt expérience f.

erledigen vt (Auftrag etc) exécuter; (umg: erschöpfen) crever; (umg: ruinieren) ruiner; (umg: umbringen) liquider; **er ist erledigt** (umg) il est foutu.

erleichtern vt alléger; (Aufgabe) faciliter; (Gewissen, jdn) soulager; **Erleichterung** f allègement m, soulagement m.

erlesen adj (Speisen) sélectionné(e); (Publikum) choisi(e).

Erlös m (-es, -e) produit m (aus de).

erlösen vt (jdn) délivrer; (REL) sauver.

ermächtigen vt autoriser, habiliter (zu à); **Ermächtigung** f (das Ermächtigen) autorisation f; (Vollmacht) pleins pouvoirs mpl.

ermahnen vt exhorter (zu à); **Ermahnung** f exhortation f.

ermäßigen vt (Gebühr) réduire; **Ermäßigung** f réduction f.

Ermessen nt (-s) jugement m; **in jds ~ liegen** être à la discrétion de qn.

ermitteln 1. vt (Wert) calculer; (Täter) retrouver; **2.** vi: **gegen jdn ~** ouvrir une information contre qn; **Ermittlung** *f* (*polizeiliche*) enquête *f*.

ermöglichen *vt*: jdm etw ~ rendre qch possible à qn.

ermorden *vt* assassiner; **Ermordung** *f* assassinat *m*.

ermüden 1. *vt* fatiguer; **2.** *vi* se fatiguer; **Ermüdung** *f* fatigue *f*; **Ermüdungserscheinung** *f* signe *m* de fatigue.

ermuntern *vt* (*ermutigen*) encourager; (*beleben*) animer; (*aufmuntern*) dérider.

ermutigen *vt* encourager (*zu* à).

ernähren 1. *vt* nourrir; **2.** *vr*: sich ~ vivre, se nourrir (*von* de); **Ernährer(in)** *m(f)* ⟨-s, -⟩ soutien *m* de famille; **Ernährung** *f* (*das Ernähren*) alimentation *f*; (*Nahrung*) nourriture *f*; (*Unterhalt*) entretien *m*.

ernennen *irr vt* nommer; **Ernennung** *f* nomination *f*.

erneuern *vt* (*renovieren*) rénover, restaurer; (*austauschen*) remplacer; (*verlängern*) renouveler; **Erneuerung** *f* (*von Gebäude*) restauration *f*, rénovation *f*; (*von Teil*) remplacement *m*; (*von Vertrag*) renouvellement *m*.

erneut 1. *adj* nouveau (nouvelle), répété(e); **2.** *adv* à nouveau.

ernst *adj* sérieux(-euse); (*Lage*) grave; **Ernst** *m* ⟨-es⟩ sérieux *m*; **das ist mein ~** je suis sérieux; **im ~** sérieusement; **mit etw ~ machen** mettre qch en pratique; **Ernstfall** *m* cas *m* d'urgence; **ernsthaft** *adj* sérieux(-euse); **ernstlich** *adj* sérieux(-euse).

Ernte *f* ⟨-, -n⟩ (*von Getreide*) moisson *f*; (*von Obst*) récolte *f*; **ernten** *vt* moissonner; récolter; (*Lob etc*) récolter.

ernüchtern *vt* dégriser; (*fig*) ramener à la réalité; **Ernüchterung** *f* dégrisement *m*.

erobern *vt* conquérir; **Eroberung** *f* conquête *f*.

eröffnen 1. *vt* ouvrir; (*mitteilen*) révéler (*jdm etw qch* à qn); **2.** *vr*: sich ~ (*Möglichkeiten*) se présenter; **Eröffnung** *f* (*von Sitzung etc*) ouverture *f*; (*Mitteilung*) communication *f*; **Eröffnungsfeier** *f* cérémonie *f* d'inauguration [o d'ouverture].

erogen *adj* (*Zonen*) érogène.

erörtern *vt* (*Vorschlag*) discuter.

Erotik *f* érotisme *m*; **erotisch** *adj* érotique.

erpicht *adj* avide (*auf* +*akk* de).

erpressen *vt* (*Geld etc*) extorquer; (*jdn*) faire chanter; **Erpresser(in)** *m(f)* ⟨-s, -⟩ maître chanteur *m*; **Erpressung** *f* chantage *m*.

erproben *vt* éprouver, mettre à l'épreuve; (*Gerät*) tester.

erraten *irr vt* deviner.

erregbar *adj* excitable; (*reizbar*) irritable.

erregen 1. *vt* exciter; (*ärgern*) irriter; (*Neid*

exciter; (*Neugierde*) éveiller; (*Interesse*) susciter; **Aufsehen ~** faire sensation; **2.** *vr*: sich ~ s'énerver (*über* +*akk* à cause de).

Erreger *m* ⟨-s, -⟩ (*MED*) agent *m* pathogène.

Erregtheit *f* excitation *f*; (*Ärger*) irritation *f*.

Erregung *f* excitation *f*.

erreichen *vt* atteindre; (*jdn*) joindre; (*Zug*) attraper.

errichten *vt* (*Gebäude*) dresser, ériger; (*gründen*) fonder.

erröten *vi* rougir.

Errungenschaft *f* conquête *f*; (*umg*: *Anschaffung*) acquisition *f*.

Ersatz *m* ⟨-es⟩ (*das Ersetzen*) remplacement *m*; (*Mensch*) remplaçant(e); (*Sache*) substitut *m*; (*Schadens~*) dédommagement *m*; **Ersatzbefriedigung** *f* compensation *f*; **Ersatzdienst** *m* (*MIL*) service *m* civil; **Ersatzreifen** *m* pneu *m* de rechange; **Ersatzteil** *nt* pièce *f* de rechange.

erschaffen *irr vt* créer.

erscheinen *irr vi* (*sich zeigen*) apparaître; (*auftreten*) surgir; (*vor Gericht*) comparaître; (*Buch etc*) paraître; **das erscheint mir vernünftig** cela me semble raisonnable; **Erscheinung** *f* (*Geist*) apparition *f*; (*Gegebenheit*) phénomène *m*; (*Gestalt*) air *m*, aspect *m*.

erschießen *irr vt* tuer d'un coup de feu; (*MIL*) fusiller.

erschlagen *irr vt* battre à mort.

erschöpfen *vt* épuiser; **erschöpft** *adj* épuisé(e); **Erschöpfung** *f* épuisement *m*.

erschrecken 1. *vt* effrayer; **2.** ⟨erschrak, erschrocken⟩ *vi* s'effrayer; **erschreckend** *adj* effrayant(e); **erschrocken** *adj* effrayé(e).

erschüttern *vt* (*Gebäude*, *Gesundheit*) ébranler; (*jdn*) secouer, émouvoir; **Erschütterung** *f* (*von Gebäude*) ébranlement *m*; (*von Menschen*) bouleversement *m*.

erschweren *vt* rendre [plus] difficile.

erschwinglich *adj* (*Artikel*) d'un prix accessible; (*Preise*) abordable.

ersetzbar *adj* remplaçable.

ersetzen *vt* remplacer; (*Unkosten*) rembourser; **jdm etw ~** remplacer qch, rembourser qch à qn.

ersichtlich *adj* (*Grund*) apparent(e).

ersparen *vt* (*Geld*) économiser; (*Ärger etc*) épargner; **jdm etw ~** épargner qch à qn.

Ersparnis *f* économie *f* (*an* +*dat* de); **~se** *pl* économies *fpl*.

erst *adv* (*zuerst*) d'abord; (*nicht früher/mehr als*) seulement, ne ... que; **~ einmal** d'abord.

erstatten *vt* (*Kosten*) rembourser; (*Bericht etc*) faire; **gegen jdn Anzeige ~** porter plainte contre qn.

Erstaufführung f première f.

erstaunen vt étonner; **Erstaunen** nt ⟨-s⟩ étonnement m; **erstaunlich** adj étonnant(e).

Erstausgabe f première édition f; **erstbeste(r, s)** adj (Mensch) le (la) premier(-ière) venu(e); (Sache) la première chose qui [vous] tombe sous la main.

erste(r, s) adj premier(-ière); **der ~ Juni** le premier juin; **Paris, den 1. Juni** Paris, le 1er juin; **Erste(r)** mf premier(-ière).

erstechen irr vt (jdn) poignarder.

erstellen vt (Gebäude) construire; (Gutachten) faire.

erstens adv premièrement, primo.

erstere(r, s) adj: **der ~** le premier.

ersticken 1. vt étouffer; 2. vi [s']étouffer; **Erstickung** f (von Mensch) étouffement m, asphyxie f.

erstklassig adj (Ware) de premier choix; (Sportler, Hotel) de première classe; (Essen) de première qualité; **erstmals** adv pour la première fois.

erstrebenswert adj désirable.

erstrecken vr: **sich ~** s'étendre.

Erstschlag m offensive f; **nuklearer ~** offensive f nucléaire.

ertappen vt surprendre; **jdn beim Stehlen ~** prendre qn en flagrant délit de vol.

erteilen vt donner.

Ertrag m ⟨-[e]s, Erträge⟩ (Ergebnis) rendement m; (Gewinn) recette f.

ertragen irr vt supporter.

erträglich adj supportable.

ertränken vt noyer.

erträumen vt: **sich dat etw ~** rêver de qch.

ertrinken irr vi se noyer; **Ertrinken** nt ⟨-s⟩ noyade f.

erübrigen 1. vt: **etw [für jdn] ~ können** pouvoir donner qch à qn; (Zeit) pouvoir consacrer qch à qn; 2. vr: **sich ~** être superflu(e).

erwachen vi se réveiller; (Gefühle, Mißtrauen) s'éveiller.

erwachsen adj (Mensch) adulte; **Erwachsene(r)** mf adulte m/f; **Erwachsenenbildung** f formation f permanente [o continue].

erwägen ⟨erwog o erwägte, erwogen⟩ vt (Plan) examiner; (Möglichkeiten) peser.

erwähnen vt mentionner; **Erwähnung** f mention f.

erwärmen 1. vt chauffer; 2. vr: **sich für jdn/ etw nicht ~ können** ne pas pouvoir s'enthousiasmer pour qn/qch.

erwarten vt (rechnen mit) s'attendre à; (warten auf) attendre; **ihn kaum ~ können** attendre qch avec impatience; **Erwartung** f attente f, espoir m.

erweisen irr 1. vt (Ehre, Dienst) rendre (jdm à qn); 2. vr: **sich ~** se révéler; **sich ~,**

daß ... s'avérer que ...

Erwerb m ⟨-[e]s, -e⟩ (von Haus, Auto) acquisition f; (Beruf) emploi m; (Lohn) gain m; **erwerben** irr vt acquérir; **erwerbslos** adj sans emploi; **Erwerbsquelle** f source f de revenus; **erwerbstätig** adj actif (-ive); **erwerbsunfähig** adj invalide.

erwidern vt (antworten; Gefühl) répondre (jdm à qn); (Besuch, Böses) rendre.

erwiesen adj prouvé(e), démontré(e).

erwischen vt (umg) attraper, choper.

erwog imperf von **erwägen**; **erwogen** pp von **erwägen**.

erwünscht adj désiré(e).

erwürgen vt étrangler.

Erz nt ⟨-es, -e⟩ minerai m.

erzählen vt raconter; **Erzählung** f histoire f, conte m.

Erzbischof m archevêque m; **Erzengel** m archange m.

erzeugen vt produire, fabriquer; (Angst) provoquer; **Erzeugnis** nt produit m; **Erzeugung** f production f.

erziehen irr vt (Kind) élever; (bilden) éduquer; **Erziehung** f éducation f; **Erziehungsberechtigte(r)** mf personne chargée de l'éducation.

erzielen vt obtenir, réaliser.

erzwingen irr vt forcer, obtenir de force.

es pron il (elle); (in unpersönlichen Konstruktionen) ce, c', cela, ça; (bei unpersönlichen Verben) il; (akk) le (la), l'; (in unpersönlichen Konstruktionen) le.

Esel m ⟨-s, -⟩ âne m; **Eselsbrücke** f (fig umg) moyen m mnémotechnique; **Eselsohr** nt (umg: im Buch) corne f.

Eskalation f escalade f.

Esoterik f ⟨-⟩ ésotérisme m.

eßbar adj mangeable; (Pilz) comestible.

essen ⟨aß, gegessen⟩ vt, vi manger; **gegessen sein** (fig umg) être classé(e); **Essen** nt ⟨-s, -⟩ (Nahrung) nourriture f; (Mahlzeit) repas m; **Essensmarke** f ticket-repas m; **Essenszeit** f heure f du repas.

Essig m ⟨-s, -e⟩ vinaigre m.

Eßkastanie f marron m; **Eßlöffel** m cuiller f [à soupe]; **Eßzimmer** nt salle f à manger.

Estland nt l'Estonie f.

etablieren vr: **sich ~** (Geschäft) s'installer; (Mensch) s'établir.

Etage f ⟨-, -n⟩ étage m; **Etagenbetten** pl lits mpl superposés.

Etappe f ⟨-, -n⟩ étape f.

Etat m ⟨-s, -s⟩ budget m.

Ethik f éthique f, morale f; **ethisch** adj éthique, moral(e).

ethnisch adj ethnique.

Etikett nt ⟨-[e]s, -e[n] o -s⟩ étiquette f.

etliche pron pl pas mal [de]; **~ sind gekommen** il y en a pas mal qui sont venus; **~s** pas mal de choses.

etwa adv (ungefähr) environ; (vielleicht) par hasard; (beispielsweise) par exemple; **nicht ~** non pas.

etwaig adj éventuel(le).

etwas 1. pron quelque chose; (ein wenig) un peu [de]; 2. adv un peu.

EU f ⟨-⟩ abk von **Europäische Union** UE f.

euch pron akk, dat von **ihr** vous; **dieses Buch gehört ~** ce livre est à vous.

euer pron (adjektivisch) votre; (pl) vos; 2. pron gen von **ihr** de vous; **euere(r, s)** pron (substantivisch) le (la) vôtre; (pl) les vôtres.

Eule f ⟨-, -n⟩ hibou m, chouette f.

eure(r, s) pron (substantivisch) le (la) vôtre; (pl) les vôtres; **eurerseits** adv de votre côté; **euresgleichen** pron des gens comme vous; **euretwegen** adv (für euch) pour vous; (wegen euch) à cause de vous; (von euch aus) en ce qui vous concerne.

Europa nt ⟨-s⟩ l'Europe f; **Europäer(in)** m(f) ⟨-s, -⟩ Européen(ne); **europäisch** adj européen(ne); **Europäische Binnenmarkt** marché m unique; **Europäische Union** Union f européenne; **Europäische Wirtschaftsgemeinschaft** (HIST) Communauté f économique européenne; **Europameisterschaft** f championnat m d'Europe; **Europaparlament** nt Parlement m européen; **Europarat** m Conseil m de l'Europe.

Euroscheck m eurochèque m.

Euter nt ⟨-s, -⟩ pis m, mamelle f.

evakuieren vt évacuer.

evangelisch adj protestant(e).

Evangelium nt évangile m.

eventuell 1. adj éventuel(le); 2. adv éventuellement.

EWG f ⟨-⟩ (HIST) abk von **Europäische Wirtschaftsgemeinschaft** CEE f.

ewig adj éternel(le); **Ewigkeit** f éternité f.

EWS nt ⟨-⟩ abk von **Europäisches Währungssystem** SME m.

Examen nt ⟨-s, - o Examina⟩ examen m.

Exempel nt ⟨-s, -⟩ exemple m; **an jdm ein ~ statuieren** faire un exemple de qn.

Exemplar nt ⟨-s, -e⟩ exemplaire m; **exemplarisch** adj exemplaire.

Exil nt ⟨-s, -e⟩ exil m.

Existenz f existence f; (fig) individu m; **Existenzminimum** nt minimum m vital.

existieren vi exister.

exklusiv adj (Bericht) exclusif(-ive); (Gesellschaft) sélect(e); **exklusive** präp +gen non compris(e).

exotisch adj exotique.

Experiment nt expérience f; **experimentieren** vi faire une expérience.

Experte m ⟨-n, -n⟩ expert m, spécialiste m; **Expertensystem** nt (INFORM) système m

expert; **Expertin** f experte f, spécialiste f.

explodieren vi exploser; **Explosion** f explosion f.

Exponent m (MATH) exposant m.

Export m ⟨-[e]s, -e⟩ exportation f; **Exporteur(in)** m(f) exportateur(-trice); **Exporthandel** m commerce m d'exportation; **exportieren** vt (Waren) exporter.

extra 1. adj séparé(e); (besonders) spécial(e); 2. adv (gesondert) à part; (speziell) spécialement; (absichtlich) exprès; (zuzüglich) en supplément; **ich bin ~ langsam gefahren** j'ai fait un effort pour conduire lentement; **Extra** nt ⟨-s, -s⟩ option f; **Extraausgabe** f, **Extrablatt** nt édition f spéciale.

Extrakt m ⟨-[e]s, -e⟩ extrait m.

Extrawurst f (fig umg): **jdm eine ~ braten** faire exception pour qn, être aux petits soins pour qn.

extrem adj extrême.

extremistisch adj (POL) extrémiste.

Extremitäten pl extrémités fpl.

exzentrisch adj excentrique.

Exzeß m ⟨Exzesses, Exzesse⟩ excès m.

Eyeliner m ⟨-s, -⟩ eye-liner m.

F

F, f nt F, f m; (MUS) fa m.

Fabel f ⟨-, -n⟩ fable f; **fabelhaft** adj merveilleux(-euse), fabuleux(-euse).

Fabrik f usine f, fabrique f; **Fabrikant(in)** m(f) (Hersteller) fabricant(e); (Besitzer) industriel m.

Fabrikat nt produit m.

Fabrikation f fabrication f, production f.

Fach nt ⟨-[e]s, Fächer⟩ rayon m, compartiment m; (Gebiet) discipline f, matière f, sujet m; **Facharbeiter(in)** m(f) ouvrier(-ière) qualifié(e); **Facharzt** m, **Fachärztin** f spécialiste m/f; **Fachausdruck** m terme m technique.

Fächer m ⟨-s, -⟩ éventail m.

fachkundig adj expert(e); **fachlich** adj professionnel(le); **Fachmann** m ⟨Fachleute pl⟩ spécialiste m/f; **Fachschule** f école f professionnelle; **fachsimpeln** vi (umg) parler métier; **Fachsprache** f langage m technique, jargon m; **Fachwerk** nt colombage m.

Fackel f ⟨-, -n⟩ torche f, flambeau m.

fad[e] adj fade.

Faden m ⟨-s, Fäden⟩ fil m; **der rote ~** le fil conducteur.

fadenscheinig adj (Lüge) cousu(e) de fil

blanc.

fähig *adj* capable; **zu etw ~ sein** être capable de qch; **Fähigkeit** *f* capacité *f*.

fahnden *vi:* **~ nach** rechercher; **Fahndung** *f* recherches *fpl;* **Fahndungsliste** *f* avis *m* de recherche.

Fahne *f* ⟨-, -n⟩ *(Flagge)* pavillon *m*, drapeau *m;* **eine ~ haben** *(umg)* sentir l'alcool.

Fahrausweis *m* titre *m* de transport; *(von Zug)* billet *m;* *(von Bus etc)* ticket *m;* **Fahrbahn** *f* chaussée *f*.

Fähre *f* ⟨-, -n⟩ bac *m*.

fahren ⟨fuhr, gefahren⟩ **1.** *vt (Rad, Karussell, Ski, Schlitten etc)* faire de; *(Fahrzeug, Auto)* conduire; *(befördern: Fuhre)* transporter; *(Strecke)* faire, parcourir; **2.** *vi* aller, rouler; *(Auto ~)* conduire; *(abfahren)* partir; **~ nach** partir à; partir en, partir à; **ein Gedanke fuhr ihm durch den Kopf** une idée lui passa par la tête; **mit der Hand über den Tisch ~** passer la main sur la table; **etw an eine Stelle ~** conduire qch quelque part; **Fahrer(in)** *m(f)* ⟨-s, -⟩ conducteur(-trice); **Fahrerflucht** *f* délit *m* de fuite; **Fahrgast** *m* passager(-ère); **Fahrgemeinschaft** *f* déplacement *m* en commun à frais partagés; **Fahrgestell** *nt* châssis *m;* *(FLUG)* train *m* d'atterrissage; **Fahrkarte** *f* billet *m;* **Fahrkartenausgabe** *f*, **Fahrkartenautomat** *m* distributeur *m* automatique de titres de transport; **Fahrkartenschalter** *m* guichet *m* [des billets].

fahrlässig *adj* négligent(e); *(JUR)* par négligence; **Fahrlässigkeit** *f* négligence *f*.

Fahrlehrer(in) *m(f)* moniteur(-trice) d'auto-école; **Fahrplan** *m* horaire *m;* **Fahrplanauszug** *m* horaire *m* des trains, fiche-horaire *f* des trains; **fahrplanmäßig** *adj* à l'heure prévue; **Fahrpreis** *m* prix *m* du billet; **Fahrpreisermäßigung** *f* réduction *f* sur le prix du billet; **Fahrprüfung** *f* examen *m* du permis de conduire; **Fahrrad** *nt* bicyclette *f*, vélo *m;* **Fahrradweg** *m* piste *f* cyclable; **Fahrschein** *m* ticket *m;* **Fahrscheinautomat** *m* distributeur *m* [automatique de tickets [*o* de billets]; **Fahrschule** *f* auto-école *f;* **Fahrstuhl** *m* ascenseur *m*.

Fahrt *f* ⟨-, -en⟩ voyage *m;* **in voller ~** à toute allure; **in ~ kommen** *(umg)* se mettre en train.

Fährte *f* ⟨-, -n⟩ piste *f*.

Fahrtkosten *pl* frais *mpl* de déplacement; **Fahrtrichtung** *f* direction *f;* **Fahrtunterbrechung** *f* arrêt *m*.

Fahrverbot *nt* interdiction *f* de circuler; **Fahrzeug** *nt* véhicule *m*.

fair *adj* équitable, loyal(e); **Fairneß** *f* ⟨-⟩ loyauté *f*, bonne foi *f;* *(a. SPORT)* fair-play *m*, franc-jeu *m*.

Faktor *m* facteur *m*.

Fakt[um] *nt* ⟨-s, Fakten⟩ fait *m*.

Fakultät *f* faculté *f*.

Falke *m* ⟨-n, -n⟩ faucon *m*.

Fall *m* ⟨-[e]s, Fälle⟩ *(Sturz, Untergang)* chute *f;* *(Sachverhalt, LING, MED)* cas *m;* *(JUR)* affaire *f;* **auf jeden ~, auf alle Fälle** en tout cas; **für den ~, daß ...** au cas où ...; **auf keinen ~** en aucun cas.

Falle *f* ⟨-, -n⟩ piège *m*.

fallen ⟨fiel, gefallen⟩ *vi* tomber; *(Entscheidung)* être pris(e); *(Tor)* être marqué(e).

fällen *vt (Baum)* abattre; *(Urteil)* rendre.

fallenlassen *irr vt (Bemerkung)* faire; *(Plan)* laisser tomber, abandonner.

fällig *adj (Zinsen)* exigible, arrivé(e) à échéance; *(Bus, Zug)* attendu(e).

Fallout *m* ⟨-s, -s⟩ retombées *fpl* radioactives.

falls *konj* au cas où.

Fallschirm *m* parachute *m;* **Fallschirmspringer(in)** *m(f)* parachutiste *m/f*.

falsch *adj* faux (fausse).

fälschen *vt* contrefaire.

fälschlich *adj* faux (fausse), erroné(e).

Fälschung *f* falsification *f*, contrefaçon *f;* **fälschungssicher** *adj* infalsifiable.

Faltblatt *nt* dépliant *m*.

Falte *f* ⟨-, -n⟩ pli *m;* *(Haut~)* ride *f;* **falten** *vt* plier; *(Hände)* joindre.

Falter *m* ⟨-s, -⟩ papillon *m*.

familiär *adj* de famille; *(vertraut)* familier(-ière).

Familie *f* famille *f;* **Familienfeier** *f* fête *f* de famille; **Familienkreis** *m* cercle *m* de famille; **Familienmitglied** *nt* membre *m* de la famille; **Familienname** *m* nom *m* de famille; **Familienplanung** *f* planning *m* familial; **Familienstand** *m* situation *f* de famille.

Fan *m* ⟨-s, -s⟩ fana[tique] *m/f;* *(eines Sängers)* fan *m/f*.

fanatisch *adj* fanatique.

fand *imperf von* **finden**.

Fang *m* ⟨-[e]s, Fänge⟩ capture *f;* *(das Jagen)* chasse *f;* *(Beute)* prise *f;* **Fänge** *pl (Zähne)* croc *m;* *(Krallen)* serres *fpl*.

fangen ⟨fing, gefangen⟩ **1.** *vt* attraper; **2.** *vr:* **sich ~** *(nicht fallen)* se rattraper; *(seelisch)* se reprendre.

Farbaufnahme *f* photo *f* en couleurs.

Farbe *f* ⟨-, -n⟩ couleur *f;* *(zum Malen etc)* peinture *f*.

farbecht *adj* grand teint.

färben **1.** *vi (Stoff etc)* déteindre; **2.** *vt* teindre; **3.** *vr:* **sich ~** se colorer.

farbenblind *adj* daltonien(ne); **farbenprächtig** *adj* haut(e) en couleur.

Farbfernsehen *nt* télévision *f* en couleurs; **Farbfernseher** *m* téléviseur *m* couleur; **Farbfilm** *m* film *m* [en] couleur[s].

farbig adj (bunt) coloré(e); (Mensch) de couleur; **Farbige(r)** mf homme m de couleur, femme f de couleur.

Farbkasten m boîte f de couleurs; **Farbkopierer** m photocopieuse f couleur; **farblos** adj incolore; (fig) terne, plat(e); **Farbstoff** m colorant m; **Farbton** m ton m.

Färbung f coloration f, teinte f; (fig) tendance f.

Farn m ⟨-[e]s, -e⟩ fougère f.

Fasan m ⟨-[e]s, -e[n]⟩ faisan m.

Fasching m ⟨-s⟩ carnaval m.

Faschismus m fascisme m; **Faschist(in)** m(f) fasciste m/f; **faschistisch** adj fasciste.

faseln vi, vi radoter.

Faser f ⟨-, -n⟩ fibre f; **fasern** vi s'effilocher.

Faß nt ⟨Fasses, Fässer⟩ tonneau m.

Fassade f façade f.

fassen 1. vt (ergreifen, angreifen) saisir, empoigner; (begreifen, glauben) saisir, comprendre; (inhaltlich) contenir; (Edelstein) sertir; (Plan, Gedanken) concevoir; (Entschluß, Vertrauen) prendre; (Verbrecher) arrêter, attraper; **2.** vr: **sich ~** se ressaisir, se calmer.

Fassung f (Umrahmung) monture f; (bei Lampe) douille f; (von Text) version f; (Beherrschung) contenance f, maîtrise f de soi; **jdn aus der ~ bringen** faire perdre contenance à qn; **fassungslos** adj déconcertacé(e); **Fassungsvermögen** nt (von Behälter) capacité f, contenance f; (von Mensch) compréhension f.

fast adv presque.

fasten vi jeûner; **Fastenzeit** f carême m.

Fast food nt ⟨-, -[s]⟩ fast-food m.

Fastnacht f Mardi m gras.

faszinieren vt fasciner.

fauchen vi siffler.

faul adj (verdorben) pourri(e), avarié(e); (Mensch) paresseux(-euse); (Witz, Ausrede, Sache) douteux(-euse), louche.

faulen vi pourrir.

faulenzen vi paresser.

Faulheit f paresse f.

faulig adj pourri(e), putride.

Fäulnis f décomposition f, putréfaction f.

Faust f ⟨-, Fäuste⟩ poing m; **auf eigene ~** de sa propre initiative; **Fausthandschuh** m moufle f.

Fax nt ⟨-es, -e⟩ fax m; **faxen** vt, vi faxer; **Faxgerät** nt fax m.

Fazit nt ⟨-s, -s⟩ bilan m.

FCKW m abk von **Fluorchlorkohlenwasserstoff** CFC m.

Februar m ⟨-[s], -e⟩ février m; **im ~** en février; **14. ~ 1969** le 14 février 1969; **am 14. ~** le 14 février.

fechten ⟨focht, gefochten⟩ vi (kämpfen) se battre [à l'épée]; (SPORT) faire de l'escrime.

Feder f ⟨-, -n⟩ plume f; (Bett~) duvet m; (TECH) ressort m; **Federball** m volant m; **Federbett** nt édredon m; **Federhalter** m porte-plume m, stylo m à encre; **federleicht** adj léger(-ère) comme une plume.

Federung f ressorts mpl; (AUTO) suspension f.

Fee f ⟨-, -n⟩ fée f.

Fegefeuer nt purgatoire m.

fegen vt balayer.

fehl adj: **~ am Platz** déplacé(e).

fehlen vi (nicht vorhanden sein) manquer; (abwesend sein) être absent(e); **etw fehlt jdm** il manque qch à qn; **du fehlst mir** tu me manques; **was fehlt ihm?** qu'est-ce qu'il a?; **es fehlt an etw** dat il manque qch.

Fehler m ⟨-s, -⟩ faute f; (bei Mensch, Gerät) défaut m; **fehlerfrei** adj irréprochable, impeccable; **fehlerhaft** adj incorrect(e), défectueux(-euse).

Fehlgeburt f fausse couche f; **Fehlgriff** m erreur f; **Fehlschlag** m échec m; **fehlschlagen** irr vi échouer; **Fehlstart** m (SPORT) faux départ m; **Fehltritt** m faux pas m; **Fehlzündung** f (AUTO) raté m, défaut m d'allumage.

Feier f ⟨-, -n⟩ fête f, cérémonie f; **Feierabend** m fin f du travail; **~ machen** arrêter de travailler; **jetzt ist ~** (fig) c'est terminé; **feierlich** adj solennel(le); **Feierlichkeit** f solennité f; **~en** pl cérémonie f; **feiern** vt, vi fêter; **Feiertag** m jour m férié.

feig[e] adj lâche.

Feige f ⟨-, -n⟩ figue f.

Feigheit f lâcheté f.

Feigling m lâche m/f, poltron(ne).

Feile f ⟨-, -n⟩ lime f.

feilschen vi marchander.

fein adj fin(e); (Qualität, vornehm) raffiné(e); **~!** formidable!

Feind(in) m(f) ⟨-[e]s, -e⟩ ennemi(e); **Feindbild** nt idée f préconçue de l'adversaire; **feindlich** adj hostile; **Feindschaft** f inimitié f, hostilité f; **feindselig** adj hostile; **Feindseligkeit** f hostilité f.

feinfühlig adj sensible; **Feingefühl** nt délicatesse f, tact m; **Feinheit** f finesse f, raffinement m; **Feinkostgeschäft** nt épicerie f fine; **Feinschmecker(in)** m(f) ⟨-s, -⟩ gourmet m.

feist adj gros(se), replet(-ète).

Feld nt ⟨-[e]s, -er⟩ (Acker, INFORM) champ m; (bei Brettspiel) case f; (fig: Gebiet) domaine m; (Schlacht~) champ m de bataille; (SPORT) terrain m; **Feldweg** m chemin m de terre [o rural].

Felge f ⟨-, -n⟩ jante f.

Fell nt ⟨-[e]s, -e⟩ poil m, pelage m; (von

Schaf) toison f; (*verarbeitetes* ~) fourrure f; **Felljacke** f veste f de fourrure.

Fels m ⟨-en, -en⟩, **Felsen** m ⟨-s, -⟩ rocher m, roc m; **felsenfest** adj ferme, inébranlable; **felsig** adj rocheux(-euse); **Felsspalte** f fissure f.

feminin adj féminin(e).

Feminismus m féminisme m; **Feminist(in)** m(f) féministe m/f; **feministisch** adj féministe.

Fenchel m ⟨-s⟩ fenouil m.

Fenster nt ⟨-s, -⟩ (a. INFORM) fenêtre f; **Fensterbrett** nt appui m de fenêtre; **Fensterladen** m volet m; **Fensterscheibe** f vitre f, carreau m; **Fenstersims** m rebord m de fenêtre; **Fenstertechnik** f (INFORM) technique f de multifenêtrage.

Ferien pl vacances fpl; ~ **machen** prendre des vacances; ~ **haben** avoir des vacances, être en vacances; **Ferienhaus** nt maison f de vacances; **Ferienlager** nt camp m de vacances; **Ferienwohnung** f appartement m de vacances.

Ferkel nt ⟨-s, -⟩ porcelet m.

fern 1. adj lointain(e), éloigné(e); **2.** adv loin; ~ **von hier** loin d'ici; **Fernabfrage** f (von Anrufbeantworter) interrogation f à distance; **Fernbedienung** f télécommande f; **Ferne** f ⟨-, -n⟩ lointain m.

ferner adv (zukünftig) à l'avenir, à venir; (außerdem) en outre.

Ferngespräch nt communication f interurbaine [o avec l'étranger]; **ferngesteuert** adj télécommandé(e); **Fernglas** nt jumelles fpl; **fernhalten** irr vt tenir à l'écart; **Fernheizung** f chauffage m urbain; **fernliegen** irr vi: jdm ~ être loin de la pensée de qn; **Fernmeldeamt** nt office m de télécommunications; **Fernrohr** nt longue-vue f, télescope m; **Fernschreiber** m téléscripteur m.

Fernsehapparat m poste m de télévision; **fernsehen** irr vi regarder la télévision; **Fernsehen** nt ⟨-s⟩ télévision f; im ~ à la télévision; **Fernsehgerät** nt télévision f, téléviseur m; **Fernsehsatellit** m satellite m de télévision.

Fernsprecher m téléphone m; **Fernsprechzelle** f cabine f téléphonique; **Fernstraße** f route f à grande circulation; **Fernverkehr** m trafic m à grande distance; (Zug) trafic m de grandes lignes.

Ferse f ⟨-, -n⟩ talon m.

fertig adj prêt(e); (beendet) fini(e); ~ **sein** (umg: müde) être à plat; **mit jdm** ~ **sein** en avoir fini avec qn; **mit etw** ~ **werden** finir qch; (zurechtkommen) venir à bout de qch; **Fertigbau** m ⟨Fertigbauten pl⟩ construction f en préfabriqué; **fertigbringen** irr vt (fähig sein) arriver à faire.

Fertigkeit f adresse f, habileté f.

fertigmachen 1. vt (beenden) finir, terminer; (umg: Menschen: körperlich) épuiser; (moralisch) démolir; **2.** vr: **sich** ~ se préparer; **fertigstellen** vt finir, achever.

Fessel f ⟨-, -n⟩ lien m, chaîne f; **fesseln** vt (Gefangenen) ligoter; (fig) captiver; **fesselnd** adj captivant(e).

fest adj ferme; (Nahrung, Stoff) solide; (Preis, Wohnsitz) fixe; (Anstellung) permanent(e); (Bindung) sérieux(-euse); (Schlaf) profond(e); ~ **e Schuhe** de bonnes chaussures.

Fest nt ⟨-[e]s, -e⟩ fête f.

festbinden irr vt lier, attacher.

Festessen nt banquet m.

festhalten irr **1.** vt (Gegenstand) tenir ferme; (Ereignis) noter, retenir; **2.** vr: **sich** ~ s'accrocher (an +dat à); **an etw** dat ~ (fig) rester fidèle à qch, garder qch.

festigen 1. vt consolider; (Material) renforcer; **2.** vr: **sich** ~ (Beziehung, Gesundheit) se consolider; **Festigkeit** f consistance f, fermeté f.

Festival nt ⟨-s, -s⟩ festival m.

festklammern vr: **sich** ~ s'accrocher (an +dat à); **Festland** nt continent m; **festlegen 1.** vt déterminer, fixer; **2.** vr: **sich** ~ s'engager (auf +akk à).

festlich adj de cérémonie, solennel(le).

festmachen vt fixer; **Festnahme** f ⟨-, -n⟩ arrestation f; **festnehmen** irr vt saisir, arrêter; **Festplatte** f (INFORM) disque m dur; **Festplattenlaufwerk** nt (INFORM) lecteur m de disque dur; **festschreiben** irr vt retenir, fixer par écrit; **festsetzen** vt fixer, établir.

Festspiele pl festival m.

feststehen irr vi être fixé(e); **feststellen** vt constater.

Festung f forteresse f.

fett adj gras(se); **Fett** nt ⟨-[e]s, -e⟩ graisse f; **fettarm** adj (Nahrung) pauvre en graisses; **fetten** vt graisser; **Fettfleck** m tache f de graisse; **fettgedruckt** adj imprimé(e) en caractères gras; **fettig** adj gras(se); **Fettnäpfchen** nt: **ins** ~ **treten** mettre les pieds dans le plat.

Fetzen m ⟨-s, -⟩ lambeau m, chiffon m.

fetzig adj (umg) qui décoiffe.

feucht adj humide; **Feuchtigkeit** f humidité f.

Feuer nt ⟨-s, -⟩ feu m; ~ **fangen** prendre feu; (fig) s'enthousiasmer; (sich verlieben) tomber amoureux(-euse); ~ **und Flamme sein** être tout feu tout flamme; **Feueralarm** m alerte f au feu; **feuerfest** adj (Geschirr) résistant(e) au feu; **Feuergefahr** f danger m d'incendie; **feuergefährlich** adj inflammable; **Feuerlöscher** m extincteur m; **Feuermelder** m ⟨-s, -⟩ avertisseur m d'incendie; **Feuerstein** m silex m, pierre f à briquet; **Feuerwehr** f ⟨-, -en⟩ sapeurs-pompiers mpl; **Feuerwehrauto** nt voiture f de pompiers; **Feuerwehrmann** m ⟨Feuerwehrleute pl⟩ pompier m; **Feuerwerk** nt feu m d'artifice; **Feuerzeug** nt briquet m.

feurig adj brûlant(e); (fig: Liebhaber) fervent(e), ardent(e).

Fichte f ⟨-, -n⟩ épicéa m, sapin m.

fidel adj joyeux(-euse), gai(e).

Fieber nt ⟨-s, -⟩ fièvre f; **fieberhaft** adj fiévreux(-euse); **Fieberthermometer** nt thermomètre m [médical].

fiel imperf von **fallen**.

fies adj (umg) dégoûtant(e), vache.

Figur f ⟨-, -en⟩ (von Mensch) stature f, silhouette f; (Mensch) personnage m; (Tanz~) figure f; (Kunst~) statue f; (Spiel~) pièce f, pion m; **sie hat eine gute ~** elle est bien faite; **auf die ~ achten** faire attention à sa ligne.

Filiale f ⟨-, -n⟩ succursale f.

Film m ⟨-[e]s, -e⟩ (Spiel~ etc) film m; (FOTO) pellicule f; **filmen** vt filmer; **Filmkamera** f caméra f; **Filmvorführgerät** nt projecteur m.

Filter m ⟨-s, -⟩ filtre m; (TECH) écran m; **filtern** vt filtrer; **Filterpapier** nt papier-filtre m; **Filterzigarette** f cigarette filtre f.

Filz m ⟨-es, -e⟩ feutre m; **Filzschreiber** m ⟨-s, -⟩, **Filzstift** m feutre m, stylo-feutre m, crayon m feutre.

Finanzamt nt perception f; **Finanzbeamte(r)** m, **Finanzbeamtin** f fonctionnaire m/f des finances; **Finanzen** pl finances fpl; **finanziell** adj financier(-ière); **finanzieren** vt financer.

finden ⟨fand, gefunden⟩ vt trouver; **ich finde nichts dabei, wenn ...** je ne trouve rien de mal à ce que ...; **zu sich selbst ~** se trouver; **Finder(in)** m(f) ⟨-s, -⟩ personne f qui trouve qch; **Finderlohn** m récompense f.

fing imperf von **fangen**.

Finger m ⟨-s, -⟩ doigt m; **laß die ~ davon** (umg) ne t'en mêle pas; **jdm auf die ~ sehen** avoir qn à l'œil; **Fingerabdruck** m empreinte f digitale; **Fingerhut** m dé m à coudre; (BOT) digitale f; **Fingernagel** m ongle m; **Fingerspitzengefühl** nt doigté m.

fingiert adj fictif(-ive).

Fink m ⟨-en, -en⟩ pinson m.

Finne m ⟨-n, -n⟩, **Finnin** f Finlandais(e), Finnois(e); **finnisch** adj finlandais(e), finnois(e); **Finnland** nt la Finlande.

finster adj sombre; (Mensch) lugubre; (Kneipe) sinistre; (Mittelalter) obscur(e); **Finsternis** f obscurité f.

Firma f ⟨-, Firmen⟩ compagnie f, firme f; **Fir-**

menschild nt enseigne f; **Firmenzeichen** nt marque f de fabrique.

Firnis m ⟨Firnisses, Firnisse⟩ vernis m.

Fis nt ⟨-, -⟩ (MUS) fa m dièse.

Fisch m ⟨-[e]s, -e⟩ poisson m; (ASTR) Poissons mpl; **Andrea ist [ein] ~** Andrea est Poissons; **fischen** vt, vi pêcher; **Fischer(in)** m(f) ⟨-s, -⟩ pêcheur(-euse); **Fischerei** f pêche f; **Fischfang** m pêche f; **Fischgeschäft** nt poissonnerie f; **Fischgräte** f arête f.

fit adj en forme; **Fitneßcenter** nt ⟨-s, -⟩ centre m de remise en forme.

fix adj (Mensch) leste, adroit(e); (Idee, Kosten) fixe; **~ und fertig** fin prêt(e); (erschöpft) éreinté(e); (erschüttert) bouleversé(e).

fixen vi (umg) se piquer [à l'héroïne]; **Fixer(in)** m(f) ⟨-s, -⟩ (umg) héroïnomane m/f.

fixieren vt fixer.

flach adj plat(e).

Fläche f ⟨-, -n⟩ surface f; superficie f; **flächendeckend** adj global(e), complet(-ète).

flackern vi vaciller.

Fladen m ⟨-s, -⟩ galette f.

Flagge f ⟨-, -n⟩ pavillon m.

flämisch adj flamand(e).

Flamme f ⟨-, -n⟩ flamme f; **in ~n stehen** être en flammes.

Flandern nt ⟨-s⟩ la [les] Flandre[s].

Flanell m ⟨-s, -e⟩ flanelle f.

Flanke f ⟨-, -n⟩ flanc m; (SPORT) saut m de côté.

Flasche f ⟨-, -n⟩ bouteille f; (umg: Versager) cloche f; **Flaschenbier** nt bière f en bouteille [o canette]; **Flaschenöffner** m ouvre-bouteille m; (Kapselheber) décapsuleur m.

flatterhaft adj volage, écervelé(e).

flattern vi voleter; (Fahne) flotter.

flau adj (Stimmung) mou (molle); (WIRTS) stagnant(e); **jdm ist ~** qn se trouve mal.

Flaum m ⟨-[e]s⟩ duvet m.

flauschig adj duveteux(-euse), cotonneux(-euse).

Flausen pl balivernes fpl.

Flaute f ⟨-, -n⟩ (NAUT) calme m; (WIRTS) récession f.

Flechte f ⟨-, -n⟩ tresse f, natte f; (MED) dartre f; (BOT) lichen m; **flechten** ⟨flocht, geflochten⟩ vt tresser.

Fleck m ⟨-[e]s, -e⟩ tache f; (umg: Ort, Stelle) endroit m; (Stoff~) petit bout [de tissu]; **nicht vom ~ kommen** ne pas avancer d'une semelle; **Fleckenmittel** nt détachant m; **fleckig** adj (schmutzig) taché(e), maculé(e).

Fledermaus f chauve-souris f.

Flegel m ⟨-s, -⟩ (*Dresch~*) fléau m; (*Mann*) mufle m; **flegelhaft** adj impertinent(e); (*Mann*) mufle; **Flegeljahre** pl âge m ingrat.

flehen vi implorer, supplier.

Fleisch nt ⟨-[e]s⟩ chair f; (*Essen*) viande f; **Fleischbrühe** f bouillon m [de viande]; **Fleischer(in)** m(f) ⟨-s, -⟩ boucher(-ère); (*für Schweinefleisch und Wurstwaren*) charcutier(-ière); **Fleischerei** f boucherie f; (*für Schweinefleisch und Wurstwaren*) charcuterie f; **fleischig** adj charnu(e); **fleischlich** adj (*Gelüste*) charnel(le); **Fleischwolf** m hachoir m.

Fleiß m ⟨-es⟩ application f, assiduité f; **fleißig 1.** adj travailleur(-euse), assidu(e); **2.** adv (*oft*) assidûment.

flicken vt rapiécer, raccommoder.

Flieder m ⟨-s, -⟩ lilas m.

Fliege f ⟨-, -n⟩ mouche f; (*zur Kleidung*) nœud m papillon.

fliegen ⟨flog, geflogen⟩ **1.** vt (*Flugzeug*) piloter; (*Menschen*) transporter [par avion]; (*Strecke*) parcourir; **2.** vi voler; (*im Flugzeug*) aller en avion; (*durch Schleudern*) être précipité(e); **nach London ~** aller à Londres en avion; **aus der Schule/Firma ~** (*umg*) être mis(e) à la porte de l'école/de l'entreprise; **auf jdn/etw ~** (*umg*) avoir un faible pour qn/qch.

Fliegenpilz m amanite f tue-mouches.

Flieger(in) m(f) ⟨-s, -⟩ aviateur(-trice); **Fliegeralarm** m alerte f aérienne.

fliehen ⟨floh, geflohen⟩ vi fuir; **vor etw** dat **~** [s'en]fuir devant qch.

Fliese f ⟨-, -n⟩ carreau m.

Fließband nt (*Fließbänder* pl) tapis m roulant; (*in Fabrik*) chaîne f de montage.

fließen ⟨floß, geflossen⟩ vi couler; (*Wasser*) courant(e); **2.** adv (*sprechen*) couramment.

flimmerfrei adj (*INFORM: Monitor*) non entrelacé; **flimmern** vi scintiller.

flink adj vif (vive), agile.

Flinte f ⟨-, -n⟩ fusil m [de chasse].

Flip-Chart nt ⟨-, -s⟩ tableau m à feuilles mobiles.

flippig adj (*umg*) farfelu(e).

Flirt m ⟨-s, -s⟩ flirt m; **flirten** vi flirter (*mit* avec).

Flitterwochen pl lune f de miel.

flitzen vi filer.

flocht imperf von **flechten**.

Flocke f ⟨-, -n⟩ (*Schnee~*) flocon m.

floh imperf von **fliehen**.

Floh m ⟨-[e]s, Flöhe⟩ puce f; **jdm einen ~ ins Ohr setzen** donner des idées à qn; **Flohmarkt** m marché m aux puces.

Flop m ⟨-s, -s⟩ bide m.

florieren vi prospérer.

Floskel f ⟨-, -n⟩ formule f rhétorique [o vide de sens].

floß imperf von **fließen**.

Floß nt ⟨-es, Flöße⟩ radeau m.

Flosse f ⟨-, -n⟩ (*von Fisch*) nageoire f, aileron m; (*Taucher~*) palme f.

Flöte f ⟨-, -n⟩ flûte f.

flott adj (*schnell*) rapide; (*Musik*) entraînant(e); (*schick*) chic, élégant(e); (*NAUT*) à flot.

Flotte f ⟨-, -n⟩ flotte f, marine f.

Fluch m ⟨-[e]s, Flüche⟩ juron m; (*Verfluchung*) malédiction f; **fluchen** vi jurer.

Flucht f ⟨-, -en⟩ fuite f; **auf der ~ sein** être en fuite; **fluchtartig** adv avec précipitation, précipitamment; **flüchten** vi fuir, s'enfuir (*vor* +dat devant); **sich ins Haus ~** se réfugier dans la maison.

flüchtig adj (*Arbeit*) superficiel(le); (*Besuch, Blick*) rapide; (*Bekanntschaft*) passager(-ère); (*geflohen: Verbrecher*) en fuite; **Flüchtigkeit** f rapidité f, caractère m superficiel; **Flüchtigkeitsfehler** m faute f d'inattention.

Flüchtling m fugitif(-ive); (*politischer ~*) réfugié(e); **Flüchtlingslager** nt camp m de réfugiés.

Flug m ⟨-[e]s, Flüge⟩ vol m; **im ~** en vol; **Flugbegleiter(in)** m(f) steward m, hôtesse f [de l'air]; **Flugblatt** nt tract m; **Flug|daten|schreiber** m ⟨-s, -⟩ boîte f noire.

Flügel m ⟨-s, -⟩ aile f; (*Altar~*) volet m; (*SPORT*) ailier m; (*MUS*) piano m à queue.

Fluggast m passager(-ère).

flügge adj (*Vogel*) capable de voler; (*fig: Mensch*) capable de voler de ses propres ailes.

Fluggesellschaft f compagnie f aérienne; **Flughafen** m aéroport m; **Fluglotse** m aiguilleur m du ciel; **Flugnummer** f numéro m de vol; **Flugplan** m horaire m d'avions; **Flugplatz** m aérodrome m; **Flugschein** m billet m d'avion; (*des Piloten*) brevet m de pilote; **Flugverkehr** m trafic m aérien.

Flugzeug nt avion m; **Flugzeugentführung** f détournement m d'avion; **Flugzeughalle** f hangar m; **Flugzeugträger** m porte-avions m.

Flunder f ⟨-, -n⟩ flet m.

flunkern vi raconter des bobards.

Fluorchlorkohlenwasserstoff m chlorofluorocarbone m.

Flur m ⟨-[e]s, -e⟩ entrée f.

Fluß m ⟨Flusses, Flüsse⟩ fleuve m, rivière f; (*das Fließen*) courant m, flot m; **im ~ sein** (*fig*) être en cours; **Flußdiagramm** nt ⟨-s, -e⟩ organigramme m.

flüssig adj liquide; (*Verkehr*) fluide; (*Stil*)

aisé(e); **Flüssigkeit** f liquide m; (Zustand) liquidité f, fluidité f; **Flüssigkristall** m cristal m liquide; **Flüssigkristallanzeige** f afficheur m à cristaux liquides; **flüssigmachen** vt (Geld) se procurer.

flüstern vt, vi chuchoter.

Flut f (-, -en) inondation f, déluge m; (Gezeiten) marée f haute; (Wassermassen) flots mpl; (fig) torrent m; **fluten** vi arriver à flots; **Flutlicht** nt lumière f des projecteurs, projecteurs mpl.

focht imperf von **fechten**.

Fohlen nt (-s, -) poulain m.

Föhre f (-, -n) pin m sylvestre.

Folge f (-, -n) suite f, continuation f; (Auswirkung) conséquence f; **etw zur ~ haben** avoir qch pour conséquence; **einer Sache** dat **~ leisten** donner suite à qch; **folgen** vi suivre; (gehorchen) obéir (jdm à qn); **daraus folgt ...** il en résulte ...; **folgend** adj suivant(e); **folgendermaßen** adv de la manière suivante.

folgern vt conclure (aus de); **Folgerung** f conclusion f; **folglich** adv en conséquence, par conséquent.

folgsam adj docile, obéissant(e).

Folie f feuille f, film m.

Folter f (-, -n) torture f; (Gerät) chevalet m; **foltern** vt torturer.

Fön® m (-[e]s, -e) sèche-cheveux m, séchoir m; **fönen** vt sécher [au séchoir].

fordern vt exiger.

fördern vt (Menschen, Produktivität) encourager; (Plan) favoriser; (Kohle) extraire.

Forderung f exigence f, demande f.

Förderung f encouragement m, aide f; (Kohle) extraction f.

Forelle f truite f.

Form f (-, -en) forme f; (Guß~, Back~) moule m; **in ~ sein** être en forme; **in ~ von** sous forme de; **die ~ wahren** respecter les formes.

Formaldehyd m (-s) formaldéhyde m.

Formalität f formalité f.

Format nt format m; (fig) envergure f, [grande] classe f.

formatieren vt (Diskette) formater.

Formel f (-, -n) formule f.

formell adj formel(le).

formen vt former.

förmlich 1. adj en bonne et due forme; (Mensch, Benehmen) cérémonieux(-euse); **2.** adv (geradezu) presque; **Förmlichkeit** f formalité f.

formlos adj sans forme, informe; (Antrag, Brief) sans formes.

Formular nt (-s, -e) formulaire m.

formulieren vt formuler; **Formulierung** f formulation f.

forsch adj résolu(e), énergique.

forschen vi chercher, rechercher (nach etw qch); (wissenschaftlich) faire de la recherche; **Forscher(in)** m(f) (-s, -) chercheur(-euse); **Forschung** f recherche f; **Forschungssatellit** m satellite m d'observation.

Förster(in) m(f) (-s, -) garde m/f forestier(-ière).

fort adv (verschwunden, weg) disparu(e), parti(e); **und so ~** et ainsi de suite; **in einem ~** sans arrêt; **fortbestehen** irr vi persister, survivre; **fortbewegen 1.** vt faire avancer; **2.** vr: **sich ~** (vorankommen) avancer; **fortbilden** vr: **sich ~** continuer ses études, se perfectionner; **fortbleiben** irr vi ne pas [re]venir; **Fortdauer** f continuation f; **fortfahren** irr vi (wegfahren) partir, s'en aller; (weitermachen) continuer; **fortgehen** irr vi (weggehen) s'en aller, partir; **fortgeschritten** adj avancé(e); **fortkommen** irr vi (wegkommen) arriver à s'en aller; (vorankommen) faire des progrès; (verlorengehen) disparaître; **fortlassen** irr vt laisser partir.

fortpflanzen vr: **sich ~** se reproduire; **Fortpflanzung** f reproduction f.

Fortschritt m progrès m; **fortschrittlich** adj progressiste.

fortsetzen vt (fortführen) continuer, poursuivre; **Fortsetzung** f continuation f, suite f; **~ folgt** à suivre; **fortwährend** adj constant(e), continuel(le); **fortziehen** irr **1.** vt tirer; **2.** vi émigrer; (umziehen) déménager.

fossil adj (Brennstoff) fossile.

Foto nt (-s, -s) photo f; **Fotoapparat** m appareil m photo; **Fotoartikel** mpl articles mpl photographiques; **Fotograf(in)** m(f) (-en, -en) photographe m/f; **Fotografie** f photographie f; **fotografieren 1.** vt photographier; **2.** vi faire de la photo, faire des photos; **Fotokopie** f photocopie f; **fotokopieren** vt photocopier; **Fotokopierer** m photocopieur m.

Fracht f (-, -en) fret m, cargaison f; **Frachter** m (-s, -) cargo m; **Frachtgut** nt fret m.

Frack m (-[e]s, Fräcke) frac m, habit m.

Frage f (-, -n) question f; **etw in ~ stellen** remettre qch en question; **das kommt nicht in ~** il n'en est pas question; **eine ~ stellen** poser une question; **Fragebogen** m questionnaire m; **fragen** vt, vi demander (jdn à qn); **Fragezeichen** nt point m d'interrogation; **fraglich** adj (in Frage kommend) en question; (ungewiß) incertain(e).

Fragment nt fragment m.

fragwürdig adj douteux(-euse).

Fraktion f fraction f.

frankieren vt affranchir.

franko adv franco de port.

Frankreich nt ⟨-s⟩ la France; **in** ~ en France; **nach** ~ **fahren** aller en France.

Franse f ⟨-, -n⟩ frange f.

Franzose m ⟨-n, -n⟩, **Französin** f Français(e); **französisch** adj français; ~ **sprechen** parler français; **die** ~**e Schweiz** la Suisse romande; **Französisch** nt ⟨-en⟩ (LING) français m; ~ **lernen** apprendre le français; **ins** ~**e übersetzen** traduire en français.

fraß imperf von **fressen**.

Fratze f ⟨-, -n⟩ grimace f.

Frau f ⟨-, -en⟩ femme f; ~ **Müller** Madame Müller; ~ **Doktor** Madame le docteur, Docteur; **Frauenarzt** m, **Frauenärztin** f gynécologue m/f; **Frauenbeauftragte(r)** mf délégué(e) à la condition féminine; **Frauenbewegung** f mouvement m féministe; **frauenfeindlich** adj misogyne; **Frauenhaus** nt centre m d'hébergement pour femmes battues; **Frauenzeitschrift** f magazine m féminin.

Fräulein nt demoiselle f; (Anrede) Mademoiselle f.

fraulich adj féminin(e).

Freak m ⟨-s, -s⟩ (umg) enragé(e), mordu(e).

frech adj insolent(e); (Lied, Kleidung, Aussehen) audacieux(-euse); **Frechheit** f insolence f, effronterie f.

frei adj libre; (Mitarbeiter) indépendant(e); (Arbeitsstelle) vacant(e); (Gefangener) en liberté; (kostenlos) gratuit(e); (Aussicht, schnee~) dégagé(e); sich dat einen Tag ~ **nehmen** prendre un jour de congé; **von etw** ~ **sein** être libéré(e) de qch; **im Freien** en plein air; **Freibad** nt piscine f en plein air; **freibekommen** irr vt: **jdn** ~ faire libérer qn; **einen Tag** ~ obtenir un jour de congé; **freiberuflich 1.** adj indépendant(e), à son compte, en free-lance; **2.** adv: ~ **tätig sein** travailler à son compte [o en free-lance]; **freigebig** adj généreux(-euse); **freihaben** irr vi être en congé; **freihalten** irr **1.** vt: **Ausfahrt** ~ sortie de voitures; **2.** vr: sich ~ **se libérer; freihändig** adv: ~ **fahren** conduire sans tenir son volant [o guidon].

Freiheit f liberté f; **Freiheitsstrafe** f peine f de prison.

Freikarte f billet m gratuit; **freikommen** irr vi recouvrer la liberté; **freilassen** irr vt libérer, remettre en liberté; **Freilauf** m (am Fahrrad) roue f libre.

freilich adv à dire vrai, à la vérité; **ja** ~ mais certainement.

Freilichtbühne f théâtre m en plein air; **freimachen 1.** vt (Post) affranchir; **2.** vr: sich ~ (zeitlich) se libérer; (sich entkleiden) se déshabiller; **freimütig** adj franc (franche), ouvert(e); **freisprechen** irr vt acquitter (von de); **Freispruch** m acquit-

tement m; **freistellen** vt: **jdm etw** ~ laisser le choix [de qch] à qn; **Freistoß** m (SPORT) coup m franc.

Freitag m vendredi m; **[am]** ~ vendredi [qui vient]; **freitags** adv tous les vendredis; (Zeitplan) le vendredi.

freiwillig adj volontaire.

Freizeit f loisirs mpl; **Freizeitausgleich** m repos m compensateur; **Freizeitgestaltung** f organisation f des loisirs.

freizügig adj large d'esprit; (großzügig) généreux(-euse).

fremd adj étranger(-ère); (unvertraut) étrange; sich ~ **fühlen** se sentir dépaysé(e); **fremdartig** adj étrange, bizarre; **Fremde(r)** mf étranger(-ère); **Fremdenführer(in)** m(f) guide m/f touristique; **Fremdenverkehr** m tourisme m; **Fremdenzimmer** nt chambre f à louer; **fremdgehen** vi (umg) tromper sa femme [o son mari]; **Fremdkörper** m (im Auge etc) corps m étranger; (fig: Mensch) intrus(e); **Fremdsprache** f langue f étrangère; **Fremdwort** nt mot m étranger.

Frequenz f fréquence f.

fressen ⟨fraß, gefressen⟩ vt, vi (Tier) manger; (umg: Mensch) bouffer.

Freude f ⟨-, -n⟩ joie f, plaisir m; an etw dat ~ **haben** trouver [du] plaisir à qch; **jdm eine** ~ **machen** faire plaisir à qn; **freudig** adj joyeux(-euse); **freuen 1.** vt faire plaisir à; **2.** vr: sich ~ être heureux(-euse), être content(e) (über +akk de); sich auf etw akk ~ attendre avec impatience; **es freut mich, daß** ... je suis content(e) que ...

Freund(in) m(f) ⟨-[e]s, -e⟩ (Kamerad) ami(e); (Liebhaber) petit(e) ami(e).

freundlich adj (Mensch, Miene) aimable, avenant(e); (Wetter, Farbe) agréable; (Wohnung, Gegend) accueillant(e), riant(e); **das ist sehr** ~ **von Ihnen** c'est très aimable à vous; **er war so** ~, **mir zu helfen** il a eu l'amabilité de m'aider; **freundlicherweise** adv aimablement; **Freundlichkeit** f amabilité f.

Freundschaft f amitié f.

Frevel m ⟨-s, -⟩ crime m, offense f (an +dat à); (REL) sacrilège m; **frevelhaft** adj criminel(le); sacrilège.

Frieden m ⟨-s, -⟩ paix f; **im** ~ en temps de paix; **in** ~ **leben** vivre en paix; **Friedensbewegung** f mouvement m pour la paix; **Friedensinitiative** f démarches fpl de paix, initiative f de paix; (Gruppe) comité m pour la paix; **Friedensvertrag** m traité m de paix.

Friedhof m cimetière m.

friedlich adj paisible.

frieren ⟨fror, gefroren⟩ vt, vi geler; (Mensch) avoir froid; **ich friere, es friert mich** j'ai froid.

Fries m ⟨-es, -e⟩ (ARCHIT) frise f.

frigid[e] adj frigide.

Frikadelle f boulette f de viande.

Frisbee® nt Frisbee® m.

frisch adj frais (fraîche); ~ **gestrichen** peinture fraîche; **sich ~ machen** faire un brin de toilette; **Frische** f ⟨-⟩ fraîcheur f; **Frischhaltefolie** f film m alimentaire; **Frischzellentherapie** f thérapeutique f par [les] cellules fraîches.

Friseur m, **Friseuse** f coiffeur(-euse); **frisieren 1.** vt coiffer; (fig: Abrechnung) maquiller, falsifier; (Motor) trafiquer; **2.** vr: **sich ~** se coiffer.

Frist f ⟨-, -en⟩ délai m, terme m; **fristlos** adj (Entlassung) sans préavis.

Frisur f coiffure f.

Frl. nt abk von **Fräulein** Mlle.

froh adj joyeux(-euse); ~**e Ostern** joyeuses Pâques; **ich bin ~, daß ...** je suis content(e) que ...

fröhlich adj joyeux(-euse), gai(e); **Fröhlichkeit** f gaieté f, joie f.

fromm adj ⟨frömmer, am frömmsten⟩ pieux(-euse); (Wunsch) vain(e); **Frömmigkeit** f piété f, dévotion f.

Fronleichnam m ⟨-[e]s⟩ Fête-Dieu f.

Front f ⟨-, -en⟩ (Haus~) façade f; (MIL) front m.

frontal adj frontal(e).

fror imperf von **frieren**.

Frosch m ⟨-[e]s, Frösche⟩ grenouille f; (Feuerwerks~) pétard m; **Froschmann** m ⟨Froschmänner pl⟩ homme-grenouille m; **Froschschenkel** m cuisse f de grenouille.

Frost m ⟨-[e]s, Fröste⟩ gelée f; **Frostbeule** f engelure f; **frösteln** vi frissonner; **es fröstelt mich** j'ai des frissons; **Frostgefahr** f danger m de gel; **frostig** adj glacial(e); **Frostschutzmittel** nt antigel m.

Frottee nt ⟨-[s], -s⟩ tissu m éponge.

frottieren vt frotter, frictionner.

Frottier[hand]tuch nt serviette éponge f.

Frucht f ⟨-, Früchte⟩ fruit m.

fruchtbar adj fertile; (Frau, Tier) fécond(e); (fig: Gespräch etc) fructueux(-euse); **Fruchtbarkeit** f fertilité f; fécondité f; productivité f.

früh 1. adj (vorzeitig) précoce; ~**e Kindheit** première enfance; **2.** adv tôt; (beizeiten) de bonne heure; **heute ~** ce matin; **Frühaufsteher(in)** m(f) ⟨-s, -⟩ lève-tôt m/f.

früher 1. adj ancien(ne); **2.** adv autrefois, avant.

frühestens adv au plus tôt.

Frühgeburt f (Kind) prématuré(e).

Frühjahr nt printemps m; **Frühjahrsmüdigkeit** f fatigue f due au printemps;

Frühling m printemps m; **im ~** au printemps.

frühreif adj précoce.

Frühstück nt petit déjeuner m; **frühstükken** vi prendre le petit déjeuner.

Frust m ⟨-[e]s⟩ (umg) frustration f; **frustrieren** vt frustrer; **frustriert** adj frustré(e).

Fuchs m ⟨-es, Füchse⟩ renard m.

fuchteln vi gesticuler (mit avec).

Fuge f ⟨-, -n⟩ jointure f; (MUS) fugue f.

fügen 1. vt (an~, bei~) joindre (an +akk à); (bestimmen) vouloir, déterminer; **2.** vr: **sich ~** se soumettre (in +akk à); (dem Schicksal) se résigner (dat à); (dem Befehl) se conformer (dat à).

fühlbar adj perceptible.

fühlen 1. vt sentir, ressentir; (durch Tasten, Puls) tâter; **2.** vi: **nach etw ~** chercher qch [en tâtant]; **mit jdm ~** comprendre [les sentiments de] qn; **3.** vr: **sich ~** se sentir.

Fühler m ⟨-s, -⟩ antenne f, tentacule m.

fuhr imperf von **fahren**.

Fuhre f ⟨-, -n⟩ (Ladung) charge f.

führen 1. vt (leiten: Gruppe etc) guider; (wohin) conduire; (Namen) porter; (Ware etc) avoir; (Geschäft, Haushalt, Kasse, Kommando) tenir; (Gespräch) avoir, tenir; **2.** vi mener; (an der Spitze liegen) être en tête; **3.** vr: **sich ~** se conduire; **etw mit sich ~** avoir qch sur soi [o avec soi]; **zu etw ~** (zur Folge haben) mener à qch; **Buch ~** tenir la comptabilité.

Führer(in) m(f) ⟨-s, -⟩ guide m/f; (POL) leader m; (von Fahrzeug) conducteur(-trice); **Führerschein** m permis m de conduire.

Führung f conduite f; (eines Unternehmens) direction f; (MIL) commandement m; (Benehmen) conduite f; (Museums~) visite f guidée; **Führungskraft** f cadre m [supérieur]; **Führungszeugnis** nt certificat m de bonne vie et mœurs.

Fuhrwerk nt ⟨-s, -e⟩ charrette f, voiture f.

Fülle f ⟨-⟩ (Menge) abondance f, masse f; (Leibes~) embonpoint m.

füllen 1. vt emplir, remplir; (Abend) occuper; (Zahn) plomber; (GASTR) farcir; **2.** vr: **sich ~** se remplir (mit de); **Bier in Flaschen ~** mettre de la bière en bouteilles.

Füller m ⟨-s, -⟩, **Füllfederhalter** m stylo m [à] plume [o à encre].

Füllung f remplissage m; (GASTR) farce f.

fummeln vi: **an etw** dat ~ (umg) tripoter qch.

Fund m ⟨-[e]s, -e⟩ trouvaille f, découverte f.

Fundament nt (Grundlage) base f, fondement m; (von Gebäude) fondations fpl; **fundamental** adj fondamental(e).

Fundamentalismus m ⟨-⟩ fondamentalisme m; **Fundamentalist(in)** m(f) (POL) fondamentaliste m/f; (REL) intégriste m/f;

gung) mesuré(e).

gemieden *pp von* **meiden**.

Gemisch *nt* ⟨-[e]s, -e⟩ mélange *m*; **Gemisch** *adj* mélangé(e); (*beider Geschlechter*) mixte; (*Gefühle*) mêlé(e).

gemocht *pp von* **mögen**.

Gemüse *nt* ⟨-s, -⟩ légumes *mpl*; **Gemüsegarten** *m* potager *m*.

gemußt *pp von* **müssen**.

Gemüt *nt* ⟨-[e]s, -er⟩ âme *f*, cœur *m*; (*Mensch*) nature *f*; **sich** *dat* **etw zu ~e führen** (*umg*) s'offrir qch; (*beherzigen*) noter qch.

gemütlich *adj* agréable; (*Haus*) accueillant; (*Tempo*) tranquille; **Gemütlichkeit** *f* atmosphère *f* accueillante/de bien-être; **in aller ~** tranquillement.

Gen *nt* ⟨-s, -e⟩ gène *m*.

genannt *pp von* **nennen**.

genau 1. *adj* exact(e); (*sorgfältig*) précis(e), minutieux(-euse); **2.** *adv* (*exakt*) exactement; (*sorgfältig*) consciencieusement; **er kam ~ da, als ...** il est arrivé juste au moment où ...; **das reicht ~** cela suffit tout juste; **etw ~ nehmen** prendre qch au sérieux; **genaugenommen** *adv* à strictement parler; **Genauigkeit** *f* (*Exaktheit*) exactitude *f*; (*Sorgfältigkeit*) soin *m*.

genehmigen *vt* approuver, autoriser; **sich** *dat* **etw ~** se permettre qch; **Genehmigung** *f* autorisation *f*.

geneigt *adj* favorable; **~ sein, etw zu tun** incliner à faire qch; **jdm ~ sein** être favorable à qn.

General(in) *m(f)* ⟨-s, -e *o* Generäle⟩ général *m*.

Generalkonsulat *nt* consulat *m* général; **Generalprobe** *f* répétition *f* générale, générale *f*; **Generalstreik** *m* grève *f* générale; **generalüberholen** *vt* effectuer une révision générale de.

Generation *f* génération *f*.

Generator *m* générateur *m*.

generell *adj* général(e).

Genesung *f* guérison *f*.

genetisch *adj* génétique; **~er Fingerabdruck** empreinte *f* génétique.

Genf *nt* ⟨-s⟩ Genève *f*.

genial *adj* génial(e), de génie; **Genialität** *f* génie *m*.

Genick *nt* ⟨-[e]s, -e⟩ nuque *f*.

Genie *nt* ⟨-s, -s⟩ génie *m*.

genieren *vr*: **sich ~** être embarrassé(e); **sich nicht ~** ne pas se gêner.

genießbar *adj* mangeable; (*Getränk*) buvable.

genießen ⟨genoß, genossen⟩ *vt* prendre plaisir à, apprécier; (*Essen*) savourer; (*erhalten*) recevoir, avoir droit à; **das ist nicht zu ~** (*Essen*) c'est immangeable; **Genie-**

ßer(in) *m(f)* ⟨-s, -⟩ bon vivant *m*.

Genmanipulation *f* manipulation *f* génétique.

genommen *pp von* **nehmen**.

genoß *imperf von* **genießen**.

Genosse *m* ⟨-n, -n⟩ camarade *m*.

genossen *pp von* **genießen**.

Genossenschaft *f* coopérative *f*.

Genossin *f* camarade *f*.

Gentechnik *f* technique *f* génétique; **Gentechnologie** *f* génie *m* génétique.

genug *adv* assez, suffisamment.

Genüge *f*: **zur ~** assez, suffisamment; **genügen** *vi* (*ausreichen*) suffire; **einer Sache** *dat* **~ satisfaire** qch; (*Ansprüchen*) correspondre à qch.

genügsam *adj* sobre, modeste.

Genugtuung (*Wiedergutmachung*) réparation *f*; (*innere ~*) satisfaction *f*.

Genuß *m* ⟨Genusses, Genüsse⟩ (*von Nahrung etc*) consommation *f*; (*Freude*) plaisir *m*; **in den ~ von etw kommen** bénéficier de qch; **genüßlich** *adv* avec délectation.

Geographie *f* géographie *f*; **geographisch** *adj* géographique.

Geologie *f* géologie *f*; **geologisch** *adj* géologique.

Geometrie *f* géométrie *f*.

Georgien *nt* ⟨-s⟩ la Géorgie.

Gepäck *nt* ⟨-[e]s⟩ bagages *mpl*; **Gepäckabfertigung** *f*, **Gepäckannahme** *f* enregistrement *m* des bagages; **Gepäckaufbewahrung** *f* consigne *f*; **Gepäckausgabe** *f* retrait *m* des bagages; **Gepäcknetz** *nt* filet *m* à bagages; **Gepäckschein** *m* bulletin *m* de consigne; **Gepäckträger** *m* porteur *m*; (*am Fahrrad*) porte-bagages *m*; **Gepäckwagen** *m* fourgon *m*.

gepfiffen *pp von* **pfeifen**.

gepflegt *adj* soigné(e); (*Atmosphäre*) raffiné(e); (*Park, Wohnung*) bien entretenu(e).

Gepflogenheit *f* coutume *f*.

gepriesen *pp von* **preisen**.

gequollen *pp von* **quellen**.

gerade 1. *adj* droit(e); (*Zahl*) pair(e); **2.** *adv* droit; (*genau das*) justement; **~ gegenüber** juste en face; **er ist ~ angekommen** il vient d'arriver; **er ißt ~** il est en train de manger; **warum ~ ich?** pourquoi moi?; **~ dann muß er kommen, wenn ...** il faut qu'il arrive juste au moment où ...; **~ eben** à l'instant; **~ noch** (*rechtzeitig*) juste à temps; **~, weil** précisément parce que; **das ist es ja ~** c'est justement ça le problème; **nicht ~ schön** pas précisément beau; **Gerade** *f* ⟨-n, -n⟩ (*MATH*) droite *f*; **geradeaus** *adv* tout droit; **geradeheraus** *adv* carrément; **geradezu** *adv* même, vraiment.

gerann *imperf von* **gerinnen**.

gerannt *pp von* **rennen**.

Gerät nt ⟨-[e]s, -e⟩ (Haushalts~) appareil m; (landwirtschaftliches ~) machine f; (Werkzeug) outil m; (RADIO, TV) poste m; (SPORT) agrès mpl.

geraten 1. pp von **raten**; **2.** ⟨geriet, geraten⟩ vi (gelingen) réussir; (mit Präposition: wohin kommen) arriver, atterrir; (in Zustand, Situation) se retrouver; **gut/schlecht ~** bien réussir/ne pas réussir; **an jdn ~** tomber sur qn; **in Schulden/Schwierigkeiten ~** s'endetter/avoir des difficultés; **in Angst ~** prendre peur; **nach jdm ~** ressembler à qn; **außer sich ~** être hors de soi.

Geratewohl nt: **aufs ~** au hasard, au petit bonheur.

geräumig adj spacieux(-euse).

Geräusch nt ⟨-[e]s, -e⟩ bruit m.

gerben vt tanner.

gerecht adj juste, équitable; **jdm/einer Sache ~ werden** rendre justice à qn/qch; **Gerechtigkeit** f justice f.

Gerede nt ⟨-s⟩ bavardage m.

gereizt adj irrité(e), énervé(e); **Gereiztheit** f irritation f.

Gericht nt ⟨-[e]s, -e⟩ (JUR) tribunal m; (Essen) plat m; **das Letzte ~** le Jugement dernier; **gerichtlich** adj judiciaire; **Gerichtsbarkeit** f juridiction f; **Gerichtshof** m cour f de justice; **Gerichtsverhandlung** f débats mpl [judiciaires]; **Gerichtsvollzieher(in)** m(f) ⟨-s, -⟩ huissier m.

gerieben pp von **reiben**.

geriet imperf von **geraten**.

gering adj minime; (Zeit) court(e), bref (brève); **nicht im ~sten** pas du tout; **geringfügig** adj insignifiant(e); **geringschätzig** adj dédaigneux(-euse); **geringste(r, s)** adj le (la) moindre.

gerinnen ⟨gerann, geronnen⟩ vi se figer; (Milch) cailler; (Blut) [se] coaguler.

Gerippe nt ⟨-s, -⟩ squelette m; (von Tier) carcasse f.

gerissen 1. pp von **reißen**; **2.** adj (Mensch) rusé(e), roué(e).

geritten pp von **reiten**.

gern[e] adv: **etw ~ tun** aimer faire qch; **jdn/etw ~ haben** [o mögen] bien aimer qn/qch; **~! avec plaisir!, volontiers!; ~ geschehen** il n'y a pas de quoi.

gerochen pp von **riechen**.

Geröll nt ⟨-[e]s, -e⟩ éboulis m.

geronnen pp von **gerinnen, rinnen**.

Gerste f ⟨-, -n⟩ orge f; **Gerstenkorn** nt (im Auge) orgelet m.

Geruch m ⟨-[e]s, Gerüche⟩ odeur f; **geruchlos** adj inodore; **Geruchsinn** m odorat m.

Gerücht nt ⟨-[e]s, -e⟩ bruit m, rumeur f.

gerufen pp von **rufen**.

geruhsam adj tranquille, calme.

Gerümpel nt ⟨-s⟩ fatras m.

gerungen pp von **ringen**.

Gerüst nt ⟨-[e]s, -e⟩ (Bau~) échafaudage m; (fig) structure f.

gesalzen pp von **salzen**.

gesamt adj tout(e) entier(-ière), tout(e) le (la); (Kosten) total(e); **Gesamtausgabe** f [édition f des] œuvres fpl complètes; **Gesamtheit** f ensemble m, totalité f; **Gesamtschule** f école réunissant enseignement primaire et secondaire.

gesandt pp von **senden**; **Gesandte(r)** mf ministre m plénipotentiaire; **Gesandtschaft** f légation f.

Gesang m ⟨-[e]s, Gesänge⟩ chant m; **Gesangverein** m chorale f.

Gesäß nt ⟨-es, -e⟩ derrière m, postérieur m.

gesch. adj abk von **geschieden**.

geschaffen pp von **schaffen**.

Geschäft nt ⟨-[e]s, -e⟩ affaire f; (Laden) magasin m; (umg) boulot m; (Aufgabe) travail m; **geschäftlich 1.** adj d'affaires, commercial(e); **2.** adv: **er muß ~ oft nach Paris** il va souvent à Paris pour affaires; **Geschäftsbericht** m rapport m de gestion; **Geschäftsessen** nt repas m d'affaires; **Geschäftsfrau** f femme f d'affaires; **Geschäftsführer(in)** m(f) gérant(e); (im Klub) secrétaire m/f; **Geschäftsjahr** nt exercice m; **Geschäftsleitung** f direction f, gestion f; **Geschäftsmann** m ⟨Geschäftsleute pl⟩ homme m d'affaires; **Geschäftspartner(in)** m(f) associé(e); **Geschäftsreise** f voyage m d'affaires; **Geschäftsschluß** m heure f de fermeture [des magasins, des bureaux]; **Geschäftsstelle** f (WIRTS) bureau m, agence f; **geschäftstüchtig** adj habile en affaires.

geschehen ⟨geschah, geschehen⟩ vi arriver; **jdm ~** arriver à qn; **es war um ihn ~** c'en était fait de lui; **das geschieht ihm recht** c'est bien fait pour lui.

gescheit adj intelligent(e); (umg) pas bête.

Geschenk nt ⟨-[e]s, -e⟩ cadeau m; **Geschenkgutschein** m chèque-cadeau m.

Geschichte f ⟨-, -n⟩ histoire f; **geschichtlich** adj historique.

Geschick nt ⟨-[e]s, -e⟩ (Schicksal) sort m, destin m; (Geschicklichkeit) adresse f; **geschickt** adj habile, adroit(e).

geschieden 1. pp von **scheiden**; **2.** adj divorcé(e).

geschienen pp von **scheinen**.

Geschirr nt ⟨-[e]s, -e⟩ vaisselle f; (für Pferd) harnais m; **Geschirrspülmaschine** f lave-vaisselle m; **Geschirrtuch** nt torchon m.

geschlafen pp von **schlafen**.

geschlagen pp von **schlagen**.

Geschlecht nt ⟨-[e]s, -er⟩ sexe m; (Generation) génération f; (Familie) famille f; (LING) genre m; **geschlechtlich** adj sexuel(le); **Geschlechtskrankheit** f maladie f vénérienne; **Geschlechtsteil** nt organe m [sexuel], organe m génital; **Geschlechtsverkehr** m rapports mpl sexuels.

geschlichen pp von **schleichen**.

geschliffen pp von **schleifen**.

geschlossen pp von **schließen**.

geschlungen pp von **schlingen**.

Geschmack m ⟨-[e]s, Geschmäcke⟩ goût m; **nach jds** ~ au goût de qn; **auf den** ~ **kommen** (fig) y prendre goût; **geschmacklos** adj (fig) de mauvais goût; **Geschmacksinn** m goût m; **Geschmack[s]sache** f question f de goût; **geschmackvoll 1.** adj de bon goût; **2.** adv avec goût.

geschmeidig adj (Haut, Stoff) doux (douce); (beweglich) souple.

geschmissen pp von **schmeißen**.

geschmolzen pp von **schmelzen**.

geschnitten pp von **schneiden**.

geschoben pp von **schieben**.

Geschöpf nt ⟨-[e]s, -e⟩ créature f.

geschoren pp von **scheren**.

Geschoß nt ⟨Geschosses, Geschosse⟩ (MIL) projectile m; (Stockwerk) étage m; **geschossen** pp von **schießen**.

Geschrei nt ⟨-s⟩ cris mpl; (fig) protestations fpl.

geschrieben pp von **schreiben**.

geschrie[e]n pp von **schreien**.

geschunden pp von **schinden**.

Geschütz nt ⟨-es, -e⟩ pièces fpl d'artillerie, canon m; **schwere** ~e **auffahren** (fig) sortir des arguments massue.

geschützt adj protégé(e).

Geschwätz nt ⟨-es⟩ bavardage[s] m[pl]; **geschwätzig** adj bavard(e).

geschweige adv: ~ **denn** et encore moins.

geschwiegen pp von **schweigen**.

Geschwindigkeit f vitesse f; **Geschwindigkeitsbegrenzung** f limitation f de vitesse; **Geschwindigkeitsüberschreitung** f excès m de vitesse.

Geschwister pl frère[s] et sœur[s] mpl.

geschwollen 1. pp von **schwellen**; **2.** adj (Gelenk) enflé(e); (Redeweise) ampoulé(e).

geschwommen pp von **schwimmen**.

geschworen pp von **schwören**; **Geschworene(r)** mf juré(e); **die** ~**n** pl le jury.

Geschwulst f ⟨-, Geschwülste⟩ enflure f; (Tumor) tumeur f.

geschwungen pp von **schwingen**.

Geschwür nt ⟨-[e]s, -e⟩ abcès m, ulcère m.

gesehen pp von **sehen**.

Geselle m ⟨-n, -n⟩ (Handwerks~) compagnon m; (Bursche) type m.

gesellig adj (Mensch, Wesen) sociable; **ein** ~**es Beisammensein** une réunion amicale; **Geselligkeit** f sociabilité f.

Gesellin f (Handwerks~) compagnon m.

Gesellschaft f société f; (Begleitung) compagnie f; **Gesellschaftsschicht** f couche f sociale.

gesessen pp von **sitzen**.

Gesetz nt ⟨-es, -e⟩ loi f; **gesetzgebend** adj législatif(-ive); **Gesetzgebung** f législation f; **gesetzlich** adj légal(e).

gesetzt adj posé(e), pondéré(e).

Gesicht nt ⟨-[e]s, -er⟩ figure f, visage m; (Miene) air m; **ein langes** ~ **machen** faire triste mine; **Gesichtsausdruck** m expression f; **Gesichtspunkt** m point m de vue; **Gesichtswasser** nt lotion [pour le visage] f.

Gesindel nt ⟨-s⟩ racaille f.

Gesinnung f mentalité f; (POL) idées fpl; **Gesinnungswandel** m volte-face f.

gesoffen pp von **saufen**.

gesogen pp von **saugen**.

Gespann nt ⟨-[e]s, -e⟩ attelage m; (umg) tandem m.

gespannt adj (voll Erwartung) impatient(e), curieux(-euse); (Verhältnis, Lage) tendu(e); **ich bin** ~, **ob** ... je me demande si ...; **auf etw/jdn** ~ **sein** attendre qch/qn avec impatience.

Gespenst nt ⟨-[e]s, -er⟩ fantôme m.

gespie[e]n pp von **speien**.

gesponnen pp von **spinnen**.

Gespött nt ⟨-[e]s⟩ moqueries fpl; **zum** ~ **der Leute werden** devenir la risée générale.

Gespräch nt ⟨-[e]s, -e⟩ entretien m, conversation f; (Telefon~) communication f téléphonique; **gesprächig** adj bavard(e), loquace; **Gesprächsstoff** m, **Gesprächsthema** nt sujet m de conversation.

gesprochen pp von **sprechen**.

gesprungen pp von **springen**.

Gespür nt ⟨-s⟩ sens m (für de).

Gestalt f ⟨-, -en⟩ forme f; (umg: Mensch) figure f; **in** ~ **von** sous forme de; ~ **annehmen** prendre forme.

gestalten 1. vt organiser; (formen) agencer; **2.** vr: **sich** ~ se révéler; **Gestaltung** f organisation f.

gestanden pp von **stehen**.

Geständnis nt aveu m.

Gestank m ⟨-[e]s⟩ puanteur f.

gestatten vt permettre; ~ **Sie?** vous permettez?; **sich** dat ~, **etw zu tun** se permettre de faire qch.

Geste f ⟨-, -n⟩ geste m.

gestehen irr vt avouer.

Sache ~ ressembler à qn/à qch; **2.** *vr:* **sich ~ se ressembler.**

gleichfalls *adv* pareillement; **Gleichförmigkeit** *f* uniformité *f*; **Gleichgewicht** *nt* équilibre *m*; **gleichgültig** *adj* indifférent(e); (*unbedeutend*) sans importance; **das ist mir ~** cela m'est égal; **Gleichgültigkeit** *f* indifférence *f*; **Gleichheit** *f* égalité *f*; **gleichkommen** *irr vi:* einer Sache *dat* ~ équivaloir à qch; **jdm ~** égaler qn; **gleichmäßig** *adj* régulier(-ière); **Gleichmut** *m* ⟨-[e]s⟩ égalité f d'humeur; **gleichsehen** *irr vi:* **jdm ~** ressembler à qn; **gleichstellen** *vt* mettre sur le même plan (*einer Sache dat* que qch); **Gleichstellung** *f* assimilation *f*; **Gleichstrom** *m* (*ELEK*) courant *m* continu.

Gleichung *f* équation *f*.

gleichwertig *adj* équivalent(e); **gleichzeitig** *adj* simultané(e).

Gleis *nt* ⟨-es, -e⟩ (*Schiene*) voie *f* ferrée, rails *mpl*; (*Bahnsteig*) quai *m*.

gleiten ⟨glitt, geglitten⟩ *vi* glisser; **~de Arbeitszeit** horaire *m* flexible; **Gleitzeit** *f* horaire *m* flexible.

Gletscher *m* ⟨-s, -⟩ glacier *m*; **Gletscherspalte** *f* crevasse *f*.

glich *imperf von* **gleichen.**

Glied *nt* ⟨-[e]s, -er⟩ (*einer Kette*) maillon *m*; (*Körper~*) membre *m*.

Gliederung *f* organisation *f*.

Gliedmaßen *pl* membres *mpl*.

glimmen ⟨glomm, geglommen⟩ *vi* rougeoyer, luire.

glimpflich *adj* (*nachsichtig*) indulgent(e); **~ davonkommen** s'en tirer à bon compte.

glitschig *adj* glissant(e).

glitt *imperf von* **gleiten.**

glitzern *vi* scintiller.

global *adj* (*weltumspannend*) mondial(e); (*allgemein*) global(e).

Globus *m* ⟨-o -ses, -se o Globen⟩ globe *m*.

Glocke *f* ⟨-, -n⟩ (*Kirchen~*) cloche *f*; (*Käse~*) cloche *f* à fromage; (*Schul~*) sonnerie *f*; **etw an die große ~ hängen** crier qch sur les toits; **Glockenspiel** *nt* carillon *m*; **Glockenturm** *m* clocher *m*.

glomm *imperf von* **glimmen.**

glotzen *vi* (*umg*) regarder bouche bée.

Glück *nt* ⟨-[e]s⟩ (*guter Umstand*) chance *f*; (*Zustand*) bonheur *m*; **~ haben** avoir de la chance; **viel ~!** bonne chance!; **zum ~** par bonheur; **auf gut ~** au petit bonheur; **glücken** *vi* réussir.

gluckern *vi* (*Wasser*) glouglouter.

glücklich *adj* heureux(-euse); **glücklicherweise** *adv* heureusement; **Glücksbringer** *m* ⟨-s, -⟩ porte-bonheur *m*; **Glücksfall** *m* coup *m* de chance; **Glücksspiel** *nt* jeu *m* de hasard; **Glückwunsch**

m félicitations *fpl*; **herzlichen ~** toutes mes félicitations; (*zum Geburtstag*) joyeux anniversaire.

Glühbirne *f* ampoule *f*.

glühen *vi* (*Draht, Kohle, Ofen*) rougeoyer; (*erregt, begeistert sein*) brûler (*vor* +*dat* de); **glühend** *adj* torride; (*leidenschaftlich*) passionné(e); **Glühwein** *m* vin *m* chaud; **Glühwürmchen** *nt* ver *m* luisant.

Glut *f* ⟨-, -en⟩ (*Feuers~*) braise *f*; (*Hitze*) chaleur *f* torride; (*von Leidenschaft*) feu *m*.

GmbH *f* ⟨-, -s⟩ *abk von* **Gesellschaft mit beschränkter Haftung** S.A.R.L. *f*.

Gnade *f* ⟨-, -n⟩ (*Gunst*) faveur *f*; (*Erbarmen*) grâce *f*; **gnadenlos** *adj* sans pitié; **Gnadenstoß** *m* coup *m* de grâce.

gnädig *adj* clément(e); **~e Frau** (*Anrede*) Madame.

Gold *nt* ⟨-[e]s⟩ or *m*; **golden** *adj* d'or; (*Zukunft*) doré(e); **Goldfisch** *m* poisson *m* rouge; **goldig** *adj* adorable; **Goldschmied(in)** *m(f)* orfèvre *m*.

Golf 1. *nt* ⟨-s⟩ (*SPORT*) golf *m*; **2.** *m* ⟨-[e]s, -e⟩ golfe *m*; **Golfkrieg** *m* guerre *f* du Golfe; **Golfplatz** *m* terrain *m* de golf; **Golfschläger** *m* crosse *f* de golf; **Golfstaat** *m* pays *m* du Golfe.

Gondel *f* ⟨-, -n⟩ (*Boot*) gondole *f*; (*von Seilbahn*) cabine *f* (de téléférique).

gönnen *vt:* **jdm etw ~** penser que qn à mérité qch; **sich dat etw ~** s'accorder qch; **Gönner(in)** *m(f)* ⟨-s, -⟩ bienfaiteur (-trice); (*von Künstler*) mécène *m*; **gönnerhaft** *adj* condescendant(e).

gor *imperf von* **gären.**

goß *imperf von* **gießen.**

Gosse *f* ⟨-, -n⟩ caniveau *m*; (*fig*) ruisseau *m*.

Gott *m* ⟨-es, Götter⟩ dieu *m*; (*christlicher ~*) Dieu *m*; **um ~es willen** mon Dieu; **grüß ~** bonjour; **leider ~es** malheureusement; **~ sei Dank** Dieu merci; **Gottesdienst** *m* (*evangelisch*) culte *m*; (*katholisch*) messe *f*; **Göttin** *f* déesse *f*; **göttlich** *adj* divin(e); **gottlos** *adj* impie, athée.

Götze *m* ⟨-n, -n⟩ idole *f*.

Grab *nt* ⟨-[e]s, Gräber⟩ tombe *f*.

graben ⟨grub, gegraben⟩ *vt, vi* creuser; **nach etw ~** chercher qch.

Graben *m* ⟨-s, Gräben⟩ fossé *m*; (*MIL*) tranchée *f*.

Grad *m* ⟨-[e]s, -e⟩ degré *m*; (*Rang*) grade *m*; (*akademischer ~*) grade *m* universitaire; **Gradeinteilung** *f* graduation *f*.

Graf *m* ⟨-en, -en⟩ comte *m*.

Graffiti *pl* graffiti *mpl*.

Grafikbildschirm *m* (*INFORM*) écran *m* graphique; **Grafikkarte** *f* (*INFORM*) carte *f* graphique; **Grafikprogramm** *nt* (*INFORM*) grapheur *m*.

Gräfin *f* comtesse *f*.

Gram m ⟨-[e]s⟩ chagrin m.
Gramm nt ⟨-s, -[e]⟩ gramme m.
Grammatik f grammaire f; **grammatisch** adj grammatical(e).
Granat m ⟨-[e]s, -e⟩ (Stein) grenat m.
Granate f ⟨-, -n⟩ (MIL) obus m; (Hand~) grenade f.
Grapefruit f pamplemousse m.
graphisch adj graphique.
Gras nt ⟨-es, Gräser⟩ herbe f; **grasen** vi paître; **Grashalm** m brin m d'herbe.
grassieren vi sévir.
gräßlich adj horrible.
Grat m ⟨-[e]s, -e⟩ arête f.
Gräte f ⟨-, -n⟩ arête f.
gratis adv gratuitement, gratis; **Gratisprobe** f échantillon m gratuit.
Gratulation f félicitations fpl; **gratulieren** vi: **jdm ~** féliciter qn (zu etw de qch); **ich gratuliere!** félicitations!
grau adj gris(e).
grauen 1. vi (Tag) se lever; **2.** vi unpers: **es graut ihm/ihr vor etw** dat il/elle appréhende qch; **3.** vr: **sich** akk **vor etw** dat **~** avoir horreur de qch; **Grauen** nt ⟨-s⟩ horreur f; **grauenhaft** adj horrible.
grausam adj atroce; (Mensch) cruel(le); (Sitten) barbare; **Grausamkeit** f atrocité f, cruauté f.
greifbar adj tangible; (deutlich) évident(e); **in ~er Nähe** tout près.
greifen (griff, gegriffen) **1.** vt (ergreifen) saisir; (auf Musikinstrument) jouer; **2.** vi (Wirkung haben: Maßnahmen, Regelung etc) opérer; (Reifen) avoir une adhérence; **in etw** akk **~** mettre la main dans qch; **an etw** akk **~** toucher qch; **nach etw ~** tendre la main pour prendre qch; **zu etw ~** (fig) recourir à qch; **um sich ~** (sich ausbreiten) se propager.
Greis m ⟨-es, -e⟩, **Greisin** f vieillard m, vieille f.
grell adj (Licht) aveuglant(e); (Farbe) criard(e), cru(e); (Stimme, Ton) perçant(e).
Grenzbeamte(r) m, **Grenzbeamtin** f douanier m; **Grenze** f ⟨-, -n⟩ frontière f; (fig) limite f; **sich in ~n halten** être modéré(e); **grenzen** vi: **an etw** akk **~** confiner à qch; **grenzenlos** adj immense, infini(e); (Angst) démesuré(e); **Grenzfall** m cas m limite; **Grenzübergang** m (Ort) poste m frontière; **Grenzwert** m limite f.
Greuel m ⟨-s, -⟩ horreur f; **Greueltat** f atrocité f.
Grieche m ⟨-n, -n⟩ Grec m; **Griechenland** nt la Grèce; **Griechin** f Grecque f; **griechisch** adj grec(que).
griesgrämig adj grincheux(-euse).
Grieß m ⟨-es, -e⟩ semoule f.

griff imperf von **greifen**.
Griff m ⟨-[e]s, -e⟩ poigne f, prise f; (an Tür etc) poignée f; (an Topf, Messer) manche m; **griffbereit** adj: **etw ~ haben** avoir qch sous la main.
Grill m ⟨-s, -s⟩ gril m; (Garten~) barbecue m.
Grille f ⟨-, -n⟩ grillon m.
grillen vt griller.
Grimasse f ⟨-, -n⟩ grimace f.
grimmig adj furieux(-euse); (heftig) terrible.
grinsen vi ricaner; (dumm ~) sourire bêtement.
Grippe f ⟨-, -n⟩ grippe f.
grob adj ⟨gröber, am gröbsten⟩ grossier(-ière); (brutal) brutal(e); (Netz) à larges mailles; (Eindruck, Überblick) sommaire; (Fehler, Unfug) grave; **Grobheit** f grossièreté f.
grölen vi brailler.
Groll m ⟨-[e]s⟩ rancœur f; **grollen** vi (Donner) gronder; (mit) **jdm ~** en vouloir à qn.
groß adj ⟨größer, am größten⟩ grand(e); (Mühe, Lärm) beaucoup de; **die ~e Zehe** le gros orteil; **~e Angst/Schmerzen haben** avoir très peur/mal; **im ~en und ganzen** dans l'ensemble; **er ist 1,80 m ~** il mesure 1,80 m; **großartig** adj formidable; **Großaufnahme** f gros plan m.
Großbritannien nt ⟨-s⟩ la Grande-Bretagne.
Großcomputer m super-ordinateur m, ordinateur de grande puissance.
Größe f ⟨-, -n⟩ taille f, dimensions fpl; (MATH) valeur f; (bei Kleidung) taille f; (bei Schuhen) pointure f; (fig) grandeur f; (von Ereignis) importance f.
Großeltern pl grands-parents mpl.
Größenordnung f ordre m de grandeur; **in der ~ von** de l'ordre de; **Größenwahn** m mégalomanie f, folie f des grandeurs; **größenwahnsinnig** adj mégalomane.
Großhandel m commerce m de gros; **Großhändler(in)** m(f) grossiste m/f; **Großmacht** f grande puissance f; **Großmarkt** m marché m de gros; **Großmaul** nt (umg) grande gueule f; **Großmut** f ⟨-⟩ magnanimité f; **Großmutter** f grand-mère f; **Großraumbüro** nt bureau m collectif; **großspurig** adj vantard(e); **Großstadt** f grande ville f.
größte(r, s) adj superl von **groß** le (la) plus grand(e); **größtenteils** adv pour la plupart.
Großvater m grand-père m; **großziehen** irr vt élever; **großzügig** adj généreux(-euse); (in Ausdehnung) où il y a de l'espace.
Grotte f ⟨-, -n⟩ grotte f.

grub imperf von **graben**.
Grübchen nt fossette f.
Grube f ⟨-, -n⟩ trou m, fosse f; (BERGBAU) mine f.
grübeln vi se creuser la tête; **über etw** akk ~ tourner et retourner qch dans sa tête [o son esprit].
Gruft f ⟨-, Grüfte⟩ caveau m, tombeau m; **Grufti** m ⟨-s, -s⟩ (Jugendsprache) vieux m, vielle f.
grün adj vert(e); (POL) vert(e), écologiste; (unerfahren) sans expérience; **Grünanlagen** pl espaces mpl verts.
Grund m ⟨-[e]s, Gründe⟩ (Motiv, Ursache) raison f; (von Gewässer) fond m; **im** ~**e genommen** au fond; **einer Sache** dat **auf den** ~ **gehen** tâcher de découvrir le fin fond de qch; **Grundbedeutung** f sens m premier; **Grundbesitz** m propriété f foncière; **Grundbuch** nt cadastre m.
gründen 1. vt fonder; 2. vr: **sich** ~ **auf** +akk être fondé(e) sur; **Gründer(in)** m(f) ⟨-s, -⟩ fondateur(-trice).
Grundgebühr f taxe f de base; **Grundgesetz** nt (in BRD) constitution f; **Grundlage** f base f, fondement m; **grundlegend** adj fondamental(e).
gründlich 1. adj (Mensch, Arbeit) consciencieux(-euse); (Kenntnisse) approfondi(e); (Vorbereitung) minutieux(-euse); 2. adv à fond.
Grundriß m plan m; (fig) grandes lignes fpl; **Grundsatz** m principe m; **grundsätzlich** 1. adj fondamental(e); 2. adv par principe; (normalerweise) en principe; **Grundschule** f école f primaire; **Grundstein** m première pierre f; **Grundstück** nt terrain m.
Gründung f fondation f.
grundverschieden adj tout à fait différent(e); **Grundwasser** nt ⟨-s⟩ nappe f phréatique.
Grüne(r) mf (POL) vert m, écologiste m/f.
Grüner Punkt m pictogramme indiquant qu'un emballage est recyclable; **Grünschnabel** m blanc-bec m; **Grünspan** m vert-de-gris m; **Grünstreifen** m bande f médiane, terre-plein m central.
grunzen vi grogner.
Gruppe f ⟨-, -n⟩ groupe m; **Gruppenarbeit** f travail m en [o de] groupe.
gruseln 1. vi: **es gruselt mir/ihm vor etw** dat je suis/il est épouvanté(e) par qch; 2. vr: **sich** ~ avoir peur.
Gruß m ⟨-es, Grüße⟩ salutations fpl, salut m; **viele Grüße** amitiés; **grüßen** vt saluer; **jdn von jdm** ~ saluer qn de la part de qn; **jdn** ~ **lassen** demander à qn de saluer qn.
gültig adj (Paß, Gesetz) valide; (Fahrkarte, Vertrag) valable; **Gültigkeit** f validité f.

Gummi nt o m ⟨-s, -[s]⟩ caoutchouc m; **Gummiband** nt ⟨Gummibänder pl⟩ élastique m; **Gummiknüppel** m matraque f; **Gummireifen** m pneu m; **Gummistrumpf** m bas m à varices.
Gunst f ⟨-⟩ faveur f.
günstig adj favorable; (Angebot, Preis) avantageux(-euse).
Gurgel f ⟨-, -n⟩ (umg) gorge f; **gurgeln** vi (Wasser) gargouiller; (Mensch) se gargariser.
Gurke f ⟨-, -n⟩ concombre m; **saure** ~ cornichon m.
Gurt m ⟨-[e]s, -e⟩ (Band) courroie f; (Sicherheits~) ceinture f.
Gürtel m ⟨-s, -⟩ ceinture f; **Gürtelreifen** m pneu m à carcasse radiale; **Gürtelrose** f zona m; **Gürteltier** nt tatou m.
Guru m ⟨-s, -s⟩ gourou m.
GUS f ⟨-⟩ abk von **Gemeinschaft Unabhängiger Staaten** CEI f.
Guß m ⟨Gusses, Güsse⟩ fonte f, coulage m; (Regen~) averse f; (GASTR) glaçage m; **Gußeisen** nt fonte f.
gut adj ⟨besser, am besten⟩ 1. adj bon(ne); 2. adv bien; **wenn das Wetter** ~ **ist** quand il fait beau/s'il fait beau; **es ist** ~**e 2 Meter lang** cela mesure bien 2 mètres de long; **es** ~ **sein lassen** ne plus en parler; **alles Gute** bonne chance; **alles Gute zum Geburtstag** bon anniversaire.
Gut nt ⟨-[e]s, Güter⟩ (Besitz) bien m; (Ware) marchandise f; (Land~) propriété f.
Gutachten nt ⟨-s, -⟩ expertise f.
gutartig adj (MED) bénin(-igne).
gutaussehend adj beau (belle), mignon(ne).
gutbürgerlich adj: ~**e Küche** cuisine f bourgeoise.
Güte f ⟨-⟩ (charakterlich) bonté f; (Qualität) qualité f.
Güterbahnhof m gare f de marchandises; **Güterzug** m train m de marchandises.
gutgehen irr vi bien se passer; **es geht ihm/mir gut** il va/je vais bien; **gutgemeint** adj qui part d'une bonne intention; **gutgläubig** adj crédule; **guthaben** irr vt avoir à son crédit; **Guthaben** nt ⟨-s, -⟩ avoir m; **gutheißen** irr vt approuver.
gütig adj bon(ne), gentil(le).
gütlich adj: **sich an etw** dat ~ **tun** se régaler de qch.
gutmütig adj brave, bon(ne); **Gutmütigkeit** f bonté f.
Gutsbesitzer(in) m(f) propriétaire m/f foncier.
Gutschein m bon m; **gutschreiben** irr vt créditer; **Gutschrift** f crédit m; (Bescheinigung) avis m de crédit; **guttun** irr vi: **jdm** ~ faire du bien à qn.

Gymnasium nt ≈ lycée m.
Gymnastik f gymnastique f.

H

H, h nt H, h m; (MUS) si m.
Haar nt ⟨-[e]s, -e⟩ poil m; (Kopf~) cheveu m; **sie hat schönes ~** [o schöne ~e] elle a de beaux cheveux; **um ein ~** (umg) à un cheveu près; **Haarbürste** f brosse f [à cheveux]; **haaren** vi, vr: **sich ~** perdre ses poils; **haarig** adj poilu(e); (Pflanze) velu(e); (fig umg) désagréable; **Haarnadelkurve** f virage m en épingle à cheveux; **haarscharf** adj (Beobachtung) très précis(e); **~ an etw dat vorbei** en évitant qch de justesse; **Haarschnitt** m coupe f de cheveux; **Haarspange** f barrette f; **haarsträubend** adj à faire dresser les cheveux sur la tête; **Haarteil** nt postiche m; **Haartrockner** m ⟨-s, -⟩ sèche-cheveux m.
Habe f ⟨-⟩ avoir m, propriété f.
haben ⟨hatte, gehabt⟩ 1. Hilfsverb avoir; (mit Infinitiv: müssen) devoir; 2. vt (besitzen) avoir; 3. vr: **sich ~** faire des manières; **damit hat es sich** c'est fini [o terminé]; **er hat sich** il a dit; **er hat zu gehorchen** il doit obéir; **etw von jdm ~** avoir qch de qn; **woher hast du denn das?** où as-tu trouvé cela?; (gehört) d'où tiens-tu cela?; **es am Herzen ~** être malade du cœur; **was hast du denn?** qu'est-ce que tu as?; **zu ~ sein** (erhältlich) être en vente; (Mensch) être libre; **für etw zu ~ sein** (begeistert) être enthousiasmé(e) par qch; **Haben** nt ⟨-s⟩ (FIN) avoir m.
Habgier f cupidité f, avidité f; **habgierig** adj cupide, avide.
Habicht m ⟨-s, -e⟩ autour m.
Habseligkeiten pl affaires fpl.
Hachse f ⟨-, -n⟩ jarret m.
Hacke f ⟨-, -n⟩ pioche f; (Ferse) talon m.
hacken 1. vi piocher; (Vogel) donner des coups de bec; 2. vt (Erde) piocher, retourner; (Holz) fendre; (Fleisch) hacher; (Loch) creuser (in +akk dans).
Hacker(in) m(f) ⟨-s, -⟩ (INFORM) pirate m informatique.
Hackfleisch nt viande f hachée.
Hafen m ⟨-s, Häfen⟩ port m; **Hafenstadt** f ville f portuaire.
Hafer m ⟨-s⟩ avoine f; **Haferbrei** m bouillie f d'avoine; **Haferschleim** m crème f d'avoine.
Haft f ⟨-⟩ détention f, prison f; **in ~ sein** [o

sitzen] être détenu(e), être en détention; **haftbar** adj responsable (für de); **Haftbefehl** m mandat m d'arrêt; **haften** vi (kleben) coller (an +dat à); **für jdn/etw ~** répondre de qn/qch, être responsable de qn/qch; **Haftnotiz** f papillon m adhésif [repositionnable], post-it® m; **Haftpflichtversicherung** f assurance f de responsabilité civile; **Haftung** f responsabilité f.
Hagebutte f ⟨-, -n⟩ cynorrhodon m, fruit m de l'églantier.
Hagel m ⟨-s⟩ grêle f; **hageln** 1. vi unpers grêler; 2. vt: **es hagelte Schläge** les coups pleuvaient.
hager adj décharné(e).
Häher m ⟨-s, -⟩ geai m.
Hahn m ⟨-[e]s, Hähne⟩ coq m; (Wasser~, Gas~) robinet m; **Hähnchen** nt poulet m.
Hai(fisch) m ⟨-[e]s, -e⟩ requin m.
Häkchen nt petit crochet m.
häkeln 1. vt faire au crochet; 2. vi faire du crochet; **Häkelnadel** f crochet m.
Haken m ⟨-s, -⟩ crochet m; (Angel~) hameçon m; (fig) accroc m; **Hakenkreuz** nt croix f gammée.
halb 1. adj demi(e); (Arbeit) à moitié fait(e); 2. adv à moitié, à demi; **eine ~e Stunde** une demi-heure; **~ zwei** une heure et demie; **ein ~es Jahr** six mois; **sein ~es Leben** la moitié de sa vie; **die ~e Stadt** la moitié de la ville; **ein ~es Dutzend** une demi-douzaine; **~ ... ~ mi-... mi-...; ~ und ~** moitié-moitié; **halbe-halbe machen** faire moitié-moitié; **Halbdunkel** nt pénombre f.
halber präp +gen pour.
halbieren vt partager en deux.
Halbinsel f presqu'île f; (groß) péninsule f; **Halbjahr** nt semestre m; **halbjährlich** adv tous les six mois; **Halbkreis** m demi-cercle m; **Halbkugel** f hémisphère m; **Halbleiter** m semi-conducteur m; **Halbmond** m premier [o dernier] quartier m de lune; **halbnackt** adj à demi-nu(e); **halboffen** adj entrouvert(e); **Halbschuh** m chaussure f basse; **halbstündlich** adv toutes les demi-heures; **halbtags** adv à mi-temps; **Halbtagsarbeit** f travail m à mi-temps; **halbvoll** adj à moitié plein(e); **Halbwaise** f orphelin(e) de père [o de mère]; **halbwegs** adv (umg: ungefähr) plus ou moins; **Halbwertzeit** f période f radioactive; **Halbzeit** f mi-temps f.
Halde f ⟨-, -n⟩ (Abhang) pente f, versant m; (Kohlen~) terril m; (Schutt~) éboulis m.
half imperf von **helfen**.
Hälfte f ⟨-, -n⟩ moitié f.
Halle f ⟨-, -n⟩ hall m; (FLUG) hangar m; (Turn~) gymnase m;
hallen vi résonner.

Hallenbad *nt* piscine *f* [couverte].
hallo *interj* (*Ruf*) hé!, hep!; (*am Telefon*) allô; (*überrascht*) eh!
Halluzination *f* hallucination *f*.
Halm *m* ‹-[e]s, -e› brin *m*, tige *f*.
Halogenlampe *f* lampe *f* [à] halogène.
Hals *m* ‹-es, Hälse› (*von Tier*) encolure *f*; (*von Mensch: außen*) cou *m*; (*innen*) gorge *f*; (*von Flasche*) col *m*; (*von Instrument*) manche *m*; **~ über Kopf abreisen** partir précipitamment; **Halsband** *nt* (*Halsbänder pl*) collier *m*; **Halsentzündung** *f* laryngite *f*; **Halskette** *f* collier *m*; **Hals-Nasen-Ohren-Arzt** *m*, **Hals-Nasen-Ohren-Ärztin** *f* oto-rhino[-laryngologiste] *m/f*; **Halsschlagader** *f* carotide *f*; **Halsschmerzen** *pl* mal *m* de gorge; **Halstuch** *nt* écharpe *f*.
Halt *m* ‹-[e]s, -e› (*das Anhalten*) arrêt *m*; (*für Füße, Hände*) appui *m*; (*fig*) soutien *m*, appui *m*; (*innerer ~*) stabilité *f*; **halt!** stop!; **haltbar** *adj* (*Material*) résistant(e); (*Lebensmittel*) non périssable; (*Position, Behauptung*) défendable; **Haltbarkeitsdatum** *nt* date *f* limite de consommation; **Haltbarkeitsdauer** *f* durée *f* de conservation.
halten ‹hielt, gehalten› **1.** *vt* tenir; (*Rede*) faire, prononcer; (*Abstand, Takt*) garder; (*Disziplin*) maintenir; (*Stellung, Rekord*) défendre; (*zurück~*) retenir; (*Versprechen*) tenir; (*in bestimmtem Zustand*) garder, conserver; (*Haustiere*) avoir; **2.** *vi* (*Nahrungsmittel*) se conserver; (*nicht abgehen, fest bleiben*) tenir; (*an~*) s'arrêter; **3.** *vr*: **sich ~** (*Nahrung*) se conserver; (*Blumen*) rester frais (fraîche); (*Wetter*) rester beau (belle); (*sich behaupten*) se maintenir; **jdn/etw für jdn/etw ~** prendre qn/qch pour qn/qch, considérer qn/qch comme qn/qch; (*versehentlich*) prendre qn/qch pour qn/qch; **viel/wenig von jdm/etw ~** estimer beaucoup/peu qn/qch; **ihn hält hier nichts** rien ne le retient ici; **an sich akk ~** (*sich beherrschen*) se contenir; **zu jdm ~** soutenir qn; **sich rechts ~** serrer à droite; **sich an jdn ~** (*sich richten nach*) prendre exemple sur qn; (*sich wenden an*) s'adresser à qn; **sich an etw akk ~** observer qch.
Haltestelle *f* arrêt *m*; **Halteverbot** *nt* interdiction *f* de stationner [o de s'arrêter].
haltlos *adj* instable, faible; (*Behauptung*) sans fondement; **~ weinen** pleurer sans retenue.
haltmachen *vi* s'arrêter, faire une halte; **vor nichts ~** ne reculer devant rien.
Haltung *f* (*Körper~*) posture *f*, allure *f*; (*Einstellung*) attitude *f*; (*Selbstbeherrschung*) maîtrise *f* de soi.
Hamburg *nt* ‹-s› Hambourg *f*.

hämisch *adj* sournois(e); (*Lachen*) sardonique.
Hammel *m* ‹-s, -› mouton *m*.
Hammer *m* ‹-s, Hämmer› marteau *m*; **hämmern 1.** *vt* (*Metall*) marteler; **2.** *vi* (*Herz, Puls*) battre.
Hämoglobin *nt* ‹-s› hémoglobine *f*.
Hämorrhoiden *pl* hémorroïdes *fpl*.
hamstern 1. *vi* faire des réserves; **2.** *vt* accaparer, amasser.
Hand *f* ‹-, Hände› main *f*; **an ~ von** à l'aide de, au moyen de; **~ in ~ arbeiten** collaborer [étroitement]; **~ in ~ gehen** marcher la main dans la main; **Handarbeit** *f* travail *m* manuel [o artisanal]; (*Nadelarbeit*) ouvrage *m* à l'aiguille; **Handbremse** *f* frein *m* à main.
Handel *m* ‹-s› commerce *m*.
handeln 1. *vi* agir; **2.** *vr unpers*: **sich um etw ~** s'agir de qch; **mit etw ~** faire commerce de qch; **um etw ~** (*feilschen*) marchander qch; **von etw ~** traiter de qch.
Handelsbilanz *f* balance *f* commerciale; **Handelskammer** *f* Chambre *f* de commerce; **Handelskette** *f* chaîne *f* [o circuit *m*] de distribution; **handelsüblich** *adj* courant(e).
Handfeger *m* ‹-s, -› balayette *f*; **handfest** *adj* (*Mahlzeit*) solide, copieux(-euse); (*Information, Ideen*) précis(e); **Handgelenk** *nt* poignet *m*; **Handgemenge** *nt* rixe *f*, bagarre *f*; **Handgepäck** *nt* bagages *mpl* à main; **handgeschrieben** *adj* manuscrit(e); **handgreiflich** *adj*: **~ werden** devenir violent(e), se livrer à des voies de fait; **handhaben** *vt* (*Maschine*) manier, manœuvrer; (*Gesetze, Regeln*) appliquer; **Handkuß** *m* baisemain *m*.
Händler(in) *m(f)* ‹-s, -› commerçant(e).
handlich *adj* facile à manier, maniable.
Handlung *f* action *f*; (*Geschäft*) commerce *m*, magasin *m*.
Handschelle *f* ‹-, -n› menotte *f*; **Handschlag** *m* poignée *f* de main; **Handschrift** *f* écriture *f*; (*Text*) manuscrit *m*; **Handschuh** *m* gant *m*; **Handschuhfach** *nt* boîte *f* à gants; **Handtasche** *f* sac *m* à main; **Handtuch** *nt* essuie-main[s] *m*, serviette *f* de toilette; **das ~ werfen** jeter l'éponge.
Handwerk *nt* métier *m*; **Handwerker(in)** *m(f)* ‹-s, -› artisan(e); **Handwerkszeug** *nt* outils *mpl*.
Hanf *m* ‹-[e]s› chanvre *m*.
Hang *m* ‹-[e]s, Hänge› (*Berg~*) versant *m*; (*Vorliebe*) penchant *m* (*zu* pour).
Hängebrücke *f* pont *m* suspendu; **Hängematte** *f* hamac *m*.
hängen 1. *vt* (*befestigen*) accrocher (*an +akk* à); (*töten*) pendre; **2.** ‹hing, gehangen› *vi*

(*befestigt sein*) être accroché(e) (*an* +*dat* à); **an etw** *dat* ~ (*abhängig sein von*) dépendre de qch; **an jdm/etw** ~ (*gern haben*) tenir à qn/qch; **hängenbleiben** *irr vi* rester accroché(e) (*an* +*dat* à); (*fig*) rester; (*im Gedächtnis* ~) rester en mémoire.

Hannover *nt* ⟨-s⟩ Hanovre *m*.

hänseln *vt* taquiner.

Hansestadt *f* ville *f* hanséatique.

Hantel *f* ⟨-, -n⟩ (*SPORT*) haltère *m*.

hantieren *vi* s'affairer; **mit etw** ~ manier qch, manipuler qch.

Happen *m* ⟨-s, -⟩ bouchée *f*, morceau *m*.

Happy-End *nt* ⟨-[s], -s⟩ happy end *m* o *f*, dénouement *m* heureux.

Hardware *f* ⟨-, -s⟩ hardware *m*, matériel *m*.

Harfe *f* ⟨-, -n⟩ harpe *f*.

Harke *f* ⟨-, -n⟩ râteau *m*; **harken** *vt, vi* ratisser.

harmlos *adj* inoffensif(-ive); (*Krankheit, Wunde*) bénin(-igne); (*Bemerkung*) innocent(e).

Harmonie *f* harmonie *f*; **harmonieren** *vi* (*Töne, Farben*) s'harmoniser; (*Menschen*) bien s'entendre, bien s'accorder.

Harmonika *f* ⟨-, -s *o* Harmoniken⟩ (*Zieh*~) accordéon *m*.

harmonisch *adj* harmonieux(-euse).

Harn *m* ⟨-[e]s, -e⟩ urine *f*; **Harnblase** *f* vessie *f*.

Harpune *f* ⟨-, -n⟩ harpon *m*.

hart *adj* ⟨härter, am härtesten⟩ **1.** *adj* dur(e); (*Währung*) stable, fort(e); (*Arbeit, Leben, Schlag*) rude; (*Winter, Gesetze, Strenge*) rigoureux(-euse); (*Aufprall*) violent(e); **2.** *adv:* ~ **an** (*dicht*) tout près de; **Härte** *f* ⟨-, -n⟩ dureté *f*; (*Strenge*) sévérité *f*; (*von Leben*) difficulté *f*; **hartgekocht** *adj:* ~**es Ei** œuf *m* dur; **hartherzig** *adj* dur(e), impitoyable; **hartnäckig** *adj* (*Mensch*) obstiné(e); (*Husten*) persistant(e).

Harz *nt* ⟨-, -e⟩ résine *f*.

Haschee *nt* ⟨-s, -s⟩ hachis *m*.

Haschisch *nt* ⟨-[s]⟩ haschisch *m*.

Hase *m* ⟨-n, -n⟩ lièvre *m*.

Haselnuß *f* noisette *f*.

Hasenscharte *f* bec-de-lièvre *m*.

Haß *m* ⟨Hasses⟩ haine *f*; **hassen** *vt* haïr, détester.

häßlich *adj* laid(e); (*gemein*) méchant(e); **Häßlichkeit** *f* laideur *f*.

Hast *f* ⟨-⟩ hâte *f*; **hastig** *adj* précipité(e).

hatte *imperf von* **haben**.

Haube *f* ⟨-, -n⟩ (*Kopfbedeckung*) bonnet *m*, coiffe *f*; (*von Nonne*) voile *m*; (*AUTO*) capot *m*; (*Trocken*~) casque *m*, séchoir *m*.

Hauch *m* ⟨-[e]s, -e⟩ souffle *m*; (*Duft*) odeur *f*; (*fig*) soupçon *m*; **hauchdünn** *adj* très mince; **hauchen** *vi* souffler (*auf* +*akk* sur).

hauen ⟨haute, gehauen⟩ **1.** *vt* (*Holz*) fendre; (*Bäume*) abattre; (*Stein*) tailler; (*umg: verprügeln*) rosser; **2.** *vi:* **jdm auf die Finger** ~ (*umg*) taper qn sur les doigts; **ein Loch in etw** *akk* ~ faire un trou dans qch.

Haufen *m* ⟨-s, -⟩ tas *m*; (*Leute*) foule *f*; **ein** ~ **Fehler** (*umg*) un tas de fautes; **auf einem** ~ en tas; **etw über den** ~ **werfen** bouleverser qch.

häufen 1. *vt* accumuler, amasser; **2.** *vr:* **sich** ~ s'accumuler.

haufenweise *adv* en masse.

häufig 1. *adj* fréquent(e); **2.** *adv* fréquemment; **Häufigkeit** *f* fréquence *f*.

Haupt *nt* ⟨-[e]s, Häupter⟩ (*Kopf*) tête *f*; (*Ober*~) chef *m*; **Hauptbahnhof** *m* gare *f* centrale; **Hauptdarsteller(in)** *m(f)* acteur(-trice) principal(e); **Hauptgeschäftszeit** *f* heure *f* d'affluence; **Hauptgewinn** *m* gros lot *m*.

Häuptling *m* chef *m* de tribu.

Hauptperson *f* personnage *m* principal; **Hauptquartier** *nt* quartier *m* général; **Hauptrolle** *f* rôle *m* principal, premier rôle *m*; **Hauptsache** *f* essentiel *m*; **hauptsächlich** *adv* surtout; **Hauptschlagader** *f* aorte *f*; **Hauptspeicher** *m* (*INFORM*) mémoire *f* centrale; **Hauptstadt** *f* capitale *f*; **Hauptstraße** *f* (*von Stadt*) grand-rue *f*; (*Durchgangsstraße*) rue *f* principale; **Hauptwort** *nt* nom *m*, substantif *m*.

Haus *nt* ⟨-es, Häuser⟩ (*Gebäude*) maison *f*; (*von Schnecke*) coquille *f*; (*Geschlecht*) famille *f*, dynastie *f*; (*THEAT*) salle *f* (de spectacle); **nach/zu** ~ à la maison; **von** ~ **zu** ~ de porte en porte; **ins** ~ **stehen** être imminent(e); **Hausapotheke** *f* pharmacie *f*; **Hausarbeit** *f* travaux *mpl* ménagers; (*SCH*) devoirs *mpl*; **Hausarzt** *m*, **Hausärztin** *f* médecin *m* de famille; **Hausaufgabe** *f* (*SCH*) devoirs *mpl*; **Hausbesetzer(in)** *m(f)* ⟨-s, -⟩ squatter *m*; **Hausbesetzung** *f* squat *m*; **Hausbesitzer(in)** *m(f)*, **Hauseigentümer(in)** *m(f)* propriétaire *m/f*.

hausen *vi* (*wohnen*) nicher; (*Unordnung schaffen*) faire des ravages.

Hausfrau *f* femme *f* au foyer, ménagère *f*; **Hausfriedensbruch** *m* violation *f* de domicile; **Haushalt** *m* ménage *m*; (*POL*) budget *m*; **haushalten** *irr vi* tenir son ménage; (*sparen*) économiser; **mit den Kräften** ~ ménager ses forces; **Haushälterin** *f* gouvernante *f*; **Haushaltsgeld** *nt* argent *m* du ménage; **Haushaltsgerät** *nt* appareil *m* ménager; **Haushaltsplan** *m* (*POL*) budget *m*; **Hausherr(in)** *m(f)* maître (maîtresse) de maison; (*Vermieter*) propriétaire *m/f*; **haushoch** *adv:* ~ **verlieren**

être battu(e) à plate[s] couture[s].

hausieren vi faire du porte à porte; **mit etw ~** colporter qch; **Hausierer(in)** m(f) ⟨-s, -⟩ colporteur(-euse).

häuslich adj domestique; (*Mensch*) casanier(-ière).

Hausmann m ⟨Hausmänner pl⟩ homme m au foyer; **Hausmeister(in)** m(f) concierge m/f; **Hausnummer** f numéro m [d'une maison]; **Hausratversicherung** f assurance f habitation; **Hausschlüssel** m clé f de la maison; **Hausschuh** m chausson m, pantoufle f; **Haustier** nt animal m domestique; **Hauswirtschaft** f économie f domestique.

Haut f ⟨-, Häute⟩ peau f; (*von Zwiebel, Obst*) pelure f; **Hautarzt** m, **Hautärztin** f dermatologue m/f.

haute imperf von **hauen**.

häuten 1. vt (*Tier*) écorcher; (*Wurst*) enlever la peau de; **2.** vr: **sich ~** (*Schlange*) muer; (*Mensch*) peler.

hauteng adj collant(e); **Hautfarbe** f couleur f de [la] peau.

Hbf. abk von **Hauptbahnhof**.

Hearing nt ⟨-[s], -s⟩ audition f.

Hebamme f ⟨-, -n⟩ sage-femme f, accoucheuse f.

Hebel m ⟨-s, -⟩ levier m.

heben ⟨hob, gehoben⟩ **1.** vt (*Gegenstand, Kind*) soulever; (*Arm, Augen*) lever; (*Schatz, Wrack*) retirer; (*Niveau, Stimmung*) améliorer; **2.** vr: **sich ~** (*Vorhang*) se lever; (*Wasserspiegel*) monter; (*Stimmung*) s'animer.

hecheln vi haleter.

Hecht m ⟨-[e]s, -e⟩ (*Fisch*) brochet m; **Hechtsprung** m saut m de carpe.

Heck nt ⟨-[e]s, -e o -s⟩ poupe f; (*von Auto*) arrière m.

Hecke f ⟨-, -n⟩ haie f; **Heckenrose** f églantier m; **Heckenschütze** m franc-tireur m.

Heckklappe f hayon m; **Heckmotor** m (*AUTO*) moteur m arrière; **Heckscheibe** f lunette f arrière, vitre f arrière; **Hecktür** f hayon m, porte f arrière.

Heer nt ⟨-[e]s, -e⟩ armée f; (*Unmenge*) multitude f, foule f.

Hefe f ⟨-, -n⟩ levure f.

Heft nt ⟨-[e]s, -e⟩ (*Schreib~*) cahier m; (*Fahrschein~*) carnet m; (*Zeitschrift*) numéro m [d'un magazine]; (*von Messer*) manche m.

heften vt (*befestigen*) épingler (*an +akk* à); (*nähen*) faufiler; **sich an jds Fersen ~** être sur les talons de qn.

heftig adj violent(e); (*Liebe*) passionné(e), ardent(e); **Heftigkeit** f violence f; intensité f.

Heftklammer f agrafe f; **Heftmaschine** f agrafeuse f; **Heftpflaster** nt pansement m

---

adhésif, sparadrap m; **Heftzwecke** f punaise f.

hegen vt (*Wild, Bäume*) protéger; (*jdn*) s'occuper de, prendre soin de; (*Pläne*) caresser; (*fig: empfinden*) avoir.

Hehl m o nt: **kein[en] ~ aus etw machen** ne pas cacher qch.

Hehler(in) m(f) ⟨-s, -⟩ receleur(-euse).

Heide 1. f ⟨-, -n⟩ (*Gebiet*) lande f; (*Gewächs*) bruyère f; **2.** m ⟨-n, -n⟩ païen m; **Heidekraut** nt bruyère f.

Heidelbeere f myrtille f.

Heidin f païenne f.

heikel adj délicat(e); (*Mensch*) difficile.

heil 1. adj (*nicht kaputt*) intact(e); (*unverletzt*) indemne; **2.** interj vive; **Heil** nt ⟨-s⟩ (*Glück*) bonheur m; (*Seelen~*) salut m.

heilen vt, vi guérir.

heilig adj saint(e); **Heiligabend** m nuit f de Noël, veille f de Noël; **Heilige(r)** mf saint(e); **Heiligenschein** m auréole f; **heiligsprechen** irr vt canoniser; **Heiligtum** nt ⟨-s, Heiligtümer⟩ (*Ort*) sanctuaire m.

heillos adj terrible; **Heilmittel** nt remède m; **Heilpraktiker(in)** m(f) ⟨-s, -⟩ thérapeute m utilisant des médecines naturelles, guérisseur(-euse); **Heilsarmee** f armée f du salut; **Heilung** f (*von Kranken*) guérison f; (*von Wunde*) cicatrisation f.

heim adv à la maison, chez soi; **Heim** nt ⟨-[e]s, -e⟩ foyer m, maison f; (*Alters~*) maison f de retraite; (*Kinder~*) home m d'enfants.

Heimat f ⟨-, -en⟩ (*von Mensch*) patrie f; (*von Tier, Pflanze*) pays m d'origine; **Heimatort** m lieu m de naissance, ville f natale.

heimbegleiten vt raccompagner; **Heimcomputer** m ordinateur m domestique.

heimelig adj (*Wohnung, Atmosphäre*) douillet(te).

heimfahren irr vi rentrer chez soi; **Heimfahrt** f retour m; **heimgehen** irr vi rentrer chez soi; **heimisch** adj local(e), du pays; **sich ~ fühlen** se sentir chez soi; **Heimkehr** f ⟨-⟩ retour m; **heimkehren** vi retourner chez soi, rentrer.

heimlich adj secret(-ète); **Heimlichkeit** f secret m.

Heimreise f retour m.

heimtückisch adj (*Krankheit*) malin(-igne); (*Mensch, Blick*) sournois(e); (*Tat*) perfide.

Heimvorteil m avantage d'une équipe sportive qui joue sur son propre terrain.

Heimweg m chemin m du retour; **Heimweh** nt ⟨-[e]s⟩ mal m du pays, nostalgie f; **heimzahlen** vt: **jdm etw ~** rendre à qn la monnaie de sa pièce.

Heirat f ⟨-, -en⟩ mariage m; **heiraten 1.** vi

avancée [*o* de pointe], haute technologie *f*.

Hilfe *f* ⟨-, -n⟩ aide *f*; ~! au secours!; **Erste** ~ premiers secours *mpl*, premiers secours *mpl*; **kontextsensitive** ~ (*INFORM*) aide *f* contextuelle; **hilflos** *adj* sans défense, impuissant(e); **hilfreich** *adj* secourable, serviable; **Hilfsarbeiter(in)** *m(f)* manœuvre *m*, O.S. *m*; **hilfsbereit** *adj* serviable; **Hilfsbereitschaft** *f* serviabilité *f*; **Hilfsdatei** *f* fichier *m* de travail; **Hilfskraft** *f* aide *m/f*; **Hilfsorganisation** *f* organisation *f* humanitaire.

Himbeere *f* framboise *f*.

Himmel *m* ⟨-s, -⟩ ciel *m*; **Himmelsrichtung** *f* point *m* cardinal; **himmlisch** *adj* céleste, divin(e).

hin *adv* (*umg: kaputt*) cassé(e), fichu(e); **bis zur Mauer** ~ vers le sud; **wo gehst du** ~? où vas-tu?; **über Jahre** ~ pendant des années; ~ **und zurück** aller [et] retour; ~ **und her laufen** faire les cent pas; **vor sich** ~ **reden/weinen** marmonner/pleurnicher; ~ **und wieder** de temps à autre.

hinabgehen *irr vi* descendre.

hinauf *adv*: ~! montez!; **hinaufsteigen** *irr vi* monter.

hinaus *adv*: ~! dehors!; **hinausgehen** *irr vi* sortir; **über etw** *akk* ~ dépasser qch, excéder qch; **hinauslaufen** *irr vi* sortir en courant; **auf etw** *akk* ~ revenir à qch; **hinausschieben** *irr vt* remettre, reporter; **hinauswerfen** *irr vt* (*Gegenstand*) jeter [dehors]; (*jdn*) mettre à la porte; **hinauswollen** *irr vi* vouloir sortir; **auf etw** *akk* ~ vouloir en venir à qch.

Hinblick *m*: **in/im** ~ **auf** +*akk* eu égard à.

hinderlich *adj* gênant(e), encombrant(e); **hindern** *vt* empêcher; **jdn an etw** *dat* ~ empêcher qn de faire qch; **Hindernis** *nt* obstacle *m*.

hindurch *adv*: **durch etw** ~ à travers qch; (*zeitlich*) pendant qch.

hinein *adv*: ~! entrez!; **bis in die Nacht** ~ jusque tard dans la nuit; **hineingehen** *irr vi* entrer (*in* +*akk* dans); **hineinpassen** *vi* (*Sache*) entrer (*in* +*akk* dans); **hineinstecken** *vt* (*Schlüssel*) mettre, introduire; (*Geld, Mühe*) investir.

hinfahren *irr* **1.** *vi* (*mit Fahrzeug*) [y] aller [en voiture]; **2.** *vt* conduire; **Hinfahrt** *f* aller *m*.

hinfällig *adj* (*Mensch*) fragile, décrépit; (*Argument, Pläne*) périmé(e), caduc(-que).

hing *imperf von* **hängen**.

Hingabe *f* dévouement *m* (*an* +*akk* à); **hingehen** *irr vi* (*Mensch*) [y] aller; **etw** ~ **lassen** fermer les yeux sur qch; **hinhalten** *irr vt* (*Gegenstand*) tendre; (*vertrösten*) faire attendre.

hinken *vi* (*Mensch*) boiter; (*Vergleich*) être boiteux(-euse); (*gehen*) aller en boitant.

hinkommen *irr vi* (*an Ort*) [y] arriver; **wo kämen wir da hin?** où irions-nous?; **wo ist das hingekommen?** où est-il (elle) passé(e)?; **mit den Vorräten** ~ avoir assez de réserves.

hinlänglich *adj* suffisant(e).

hinlegen 1. *vt* (*Gegenstand*) poser; (*jdn*) coucher; (*Geld*) débourser; **2.** *vr*: **sich** ~ se coucher.

Hinreise *f* aller *m*.

hinrichten *vt* exécuter; **Hinrichtung** *f* exécution *f*.

hinsichtlich *präp* +*gen* en ce qui concerne.

Hinspiel *nt* match *m* aller.

hinten *adv* derrière; (*am Ende*) à la fin; (*in Raum*) au fond; ~ **und vorne nicht reichen** ne pas suffire du tout; **hintenherum** *adv* par derrière.

hinter *präp* +*akk o dat* derrière; ~ **dem Komma** après la virgule; ~ **Glas aufbewahren** conserver sous verre; **etw** ~ **sich** *dat* **lassen** dépasser qch; **etw** ~ **sich** *dat* **haben** avoir fini avec qch; **jdn** ~ **sich** *dat* **haben** (*als Unterstützung*) avoir qn derrière soi; ~ **jdm hersein** (*fahnden*) être aux trousses de qn; (*werben*) courir après qn; ~ **etw** *dat* **hersein** être après qch; ~ **ein Geheimnis kommen** découvrir un secret; **etw** ~ **sich** *akk* **bringen** en finir avec qch; **Hinterachse** *f* essieu *m* arrière; **Hinterbein** *nt* (*von Tier*) patte *f* de derrière; **Hinterbliebene(r)** *mf*: **die** ~**n** la famille du défunt (de la défunte); **hintere(r, s)** *adj* (*an der Rückseite*) arrière; (*am Ende*) dernier(-ière).

hintereinander *adv* (*räumlich*) l'un(e) derrière l'autre; (*zeitlich*) l'un(e) après l'autre.

Hintergedanke *m* arrière-pensée *f*; **Hintergrund** *m* fond *m*, arrière-plan *m*; (*von Geschehen*) antécédents *mpl*, dessous *mpl*; **Hinterhalt** *m* embuscade *f*; **hinterhältig** *adj* sournois(e); **hinterher** *adv* après coup; **hinterlassen** *irr vt* (*zurücklassen*) laisser; (*nach Tod*) léguer; **hinterlegen** *vt* déposer; **Hinterlist** *f* ruse *f*; **hinterlistig** *adj* sournois(e), rusé(e).

Hintern *m* ⟨-s, -⟩ derrière *m*, postérieur *m*; **Hinterrad** *nt* roue *f* arrière; **Hinterradantrieb** *m* traction *f* arrière; **hinterrücks** *adv* par derrière; **Hinterteil** *nt* derrière *m*; **hintertreiben** *irr vt* faire échouer, contrecarrer; **Hintertür** *f* (*fig*) porte *f* de sortie; **hinterziehen** *irr vt*: **Steuern** ~ frauder le fisc.

hinüber *adv* de l'autre côté; ~! traversez!; **hinübergehen** *irr vi* traverser (*über etw akk* qch); **zu jdm** ~ (*besuchen*) aller voir qn.

hinunter *adv*: ~! descendez!; **hinunter-**